HARLEY-DAVIDSON®

Dieses Buch ist eine überarbeitete Neuauflage
der zweibändigen 1998er Ausgabe „Ride Free Forever – Harley-Davidson:
Geschichte und Mythos" und ist lizensiertes Produkt von Harley-Davidson.
Alle Eigentumsrechte von H-D sind im Buch verzeichnet.

Bonner Straße 126, D – 50968 Köln

Projektleitung: Peter Feierabend
Layout: Christian Maiwurm, Ralf Podratzky, Christina Berghoff, Nik Kesten, Gerald Behrendt
Bildbeschaffung: Dieter Rebmann, Oluf F. Zierl, Monika Bergmann
Bildnachweis: Ursula Kollenbach

Projektkoordination: Kirsten E. Lehmann, Assistenz: Britta Harting
Lektorat: Dr. Wolfgang Westphal, Kirsten E. Lehmann
Fachlektorat: Andy Schwietzer
Satz: Christof Isselmann, Cathrin Gutwald
Index: Regine Ermert
Korrektorat: Kirsten Skacel

Herstellung: Mark Voges
Reproduktionen: Omniascanners, Mailand, Italien; typografik, Köln
Druck und Bindung: Jean Lamour, Maxéville

Printed in France
ISBN: 3-89508-296-1

10 9 8 7 6 5 4 3 2 1

Oluf F. Zierl

HARLEY-DAVIDSON®

Geschichte und Mythos

Fotografie:
Dieter Rebmann

Creative und Art Direction:
Peter Feierabend, Christian Maiwurm

KÖNEMANN

Inhaltsverzeichnis

Einzelne Texte sind Beiträge folgender Autoren und wurden am Ende des jeweiligen Artikels mit einem Kürzel gekennzeichnet: Tobias Aichele – T. A.; Chris Pfouts – C. P.; Horst Rösler – H. R.; Michael Weber – M. W.; Oluf F. Zierl (Essays) – O. Z.

Sportster 883
(1998)

In der Garage eines Harley-Davidson-Fahrers

Wer die Garage eines Harley-Besitzers betritt, befindet sich – bei allem Respekt – auf heiligem Boden. Die Wände sind mit Harley-Davidson-Postern dekoriert, ebenso mit Fotos, die auf einer Spritztour mit Kumpels gemacht wurden oder von neuen Freunden, die man auf Rallies oder Bikerfeten getroffen hat. Besonders beliebt sind Motive alter Motorräder, aber auch unzählige detaillierte Darstellungen der Harley, die mitten in dieser Garage aufgebockt steht.

Hier findet man Armeekisten voller Putzzeug und Poliermitteln und eine alte Apfelsinenkiste aus den 1960er Jahren, die mit Ölen und anderen Schmiermitteln bis zum Rand gefüllt ist. Mann, Frau oder Kind dürfen auf keinen Fall in der Garage herumwühlen oder gar das Motorrad anfassen.

Alles in diesem Raum ist liebevoll ausgesucht. In einer Ecke steht ein Tisch mit Handbüchern, Motorradzeitschriften und ein paar ausgewählten Büchern. Und auf diesen Tisch gehört dieses Buch. Oluf Zierl und Dieter Rebmann haben ein Buch geschaffen, das den Geist der Besitzer, Bewunderer und Fahrer von Harley-Davidson-Motorrädern einfängt.

Ich bin stolz, dieses Buch in meiner Garage zu haben. Es ist für mich wie ein Ritual, darin zu lesen, die Bilder zu betrachten, während meine Harley-Davidson Softail Springer nach unserem Ausritt abkühlt und der Motor friedvoll klickert und vibriert, wie um meine besinnliche Beschäftigung mit diesem Buch zu unterstreichen.

Dieses Buch sollte in jeder Garage eines Harley-Fans zu finden sein. Und es sollte das eine Teil sein, das jeder Besucher anfassen darf. Ja, es sollte denen, die das große Glück haben, die Garage betreten zu dürfen, sogar ausdrücklich vorgelegt werden, weil es authentisch und lebendig die Geschichte und Kultur von Harley-Davidson widerspiegelt.

Dr. Martin Jack Rosenblum

Historiker des Archivs der Harley-Davidson Motor Company

Im folgenden sind alle derzeitigen Harley-Davidson trademarks mit ihren offiziellen Bezeichnungen aufgeführt:

Biker Blues ®
Disc Glide ®
Dyna Glide ®
Eagle Iron ®
Electra Glide ®
Evolution ®
Fat Boy ®
H-D ®
Harley ®
Harley Owners Group ®
Harley-Davidson ®
HD ®
Heritage Softail ®
Heritage Springer ®
H.O.G. ®
Hog Tales ®
Hugger ®
Ladies of Harley ®
Low Riders ®
Motorclothes ®
Night Train ™
Pre-Luxe ®
Road Glide ®
Road King ®
Roadster ®
Screamin' Eagle ®
Soft Glide ®
Softail ®
Sport Glide ®
Sportster ®
Springster ®
Super Glide ®
The Enthusiast ®
The Legend Rolls On ®
Tour Glide ®
Tour Park ®
Twin Cam 88 ™
Ultra Classic ®
V^2 ®
Wide Glide ®
Willie G. ®

Zu diesem Buch

Mehr als ein Buch – beinahe schon eine Enzyklopädie. Eine komplexe Welt: Harley-Davidson, seine Geschichte, seine Motorräder, seine Erbauer ... und seine Benutzer. Dann der ganze Troß drumrum – die Geschäftemacher, die Bessermacher, die Schnellermacher, die Schönermacher mit ihren Shows und dem ganzen Getöse. Und dann die Leute, die für und mit und wegen Harleys leben. Junge, Alte, Reiche, Arme, Berühmte, Unbekannte ... überall auf der Welt, ihre Parties, ihre Lokalitäten, ihre Gemeinsamkeiten, vor allem aber ihre Besonderheiten.

Diese zweite Auflage ist eine ganz besondere, denn sie ist eine Lizenzausgabe der Company. Darum wurden einige Änderungen und Korrekturen am Text vorgenommen, die Harley-Davidson für notwendig hielt. Diese Korrekturen sind nach Maßgabe der Company erfolgt, der Autor war an den Änderungen nicht beteiligt.

Wie wohl kein anderer Motorradhersteller der Welt kann Harley-Davidson auf eine lebendige Geschichte mit vielen – teilweise recht extremen – Widersprüchen zurückblicken, die die in Milwaukee ansässige Firma durch alle Höhen und Tiefen wirtschaftlicher und menschlicher Verhaltensregister führte. Waren es doch nicht nur kommerzielle Umstände, sondern vor allem Menschen, die diesen faszinierenden Weg der Company bestimmten und bis heute bestimmen. Die Geschäftspolitik war oft recht kontrovers, aber Harley-Davidson kümmerte sich immer in sehr persönlicher Weise um die Belange der Angestellten und der Händler, was in der industriellen Welt zu Beginn des 20. Jahrhunderts seinesgleichen suchte.

Ein genauer Abriß der Geschichte von Harley-Davidson muß auch die Beziehungen zwischen der Company und der AMA zur Sprache bringen. Es wird oft gesagt, die Company hätte ungenierten Druck auf die AMA und ihre Funktionäre ausgeübt. Doch die Firma gedieh sowieso. Natürlich gab es auch immer wieder und zu gleichen Teilen glückliche und unglückliche Ereignisse, die den Weg der Company zeichneten: Ereignisse, die sie immer wieder über Wasser hielten oder an den Abgrund des Bankrotts brachten.

Eine Harley ist weit mehr als ein Motorrad im üblichen Sinn. Mögen andere Motorräder Fortbewegungsmittel, Sport- und Spielgeräte sein, oder auch technische Leckerbissen – eine Harley ist ein zutiefst emotionales Phänomen. Als Legende geboren, hatte sie bereits früh den Status eines Gesellschaftssymbols erreicht. Aber erst in der Nachkriegszeit wurde die Harley zu dem, was sie heute ist: ein „Way of Life“. Bis zu seinem 95. Firmenjubiläum im Jahre 1998 hat Harley-Davidson insgesamt knapp drei Millionen Motorräder gebaut – keine allzu imponierende Zahl, wenn man sie mit Produktionsziffern anderer, wesentlich jüngerer Motorradhersteller vergleicht, aber die produzieren eben auch keine Harleys.

Viele Leute meinen, daß das Zeitalter des Verbrennungsmotors zu Ende geht. Wenn dem tatsächlich so ist – wie schön, wie aufregend, wie lustvoll war die kurze Zeit doch, nicht wahr? Neue Technologien und ein neues Umweltbewußtsein werden die alten (technischen) Zöpfe ablösen. Schon jetzt, aus dem Blickwinkel der modernen Technik gesehen, hat Harley kaum noch eine langfristige Überlebenschance für seinen typischen großvolumigen V-Twin-Motor. Aber die Harleys fahren weiter, egal wie alt, egal wie altmodisch sie sind.

Die Tür des Industriezeitalters, die sich zu Beginn des 20. Jahrhunderts so weit auftat, fällt langsam, aber unerbittlich zu. Nur ein kleiner Spalt ist noch für die unverbesserlichen Nostalgiker, Träumer und „Ewig-Gestrigen“ offen geblieben. Mit aller Macht stemmen sich die Harleyfahrer, vor allem die „echten Biker“ gegen diese Gefährdung ihres Lebensraumes. In fünfzig oder hundert Jahren (was spielen ein paar Jahre mehr oder weniger schon für eine Rolle) kann das alles vorbei sein.

Heute hat Harley-Davidson ein anderes Management, ein anderes Image wird gepflegt, und auch die Zielsetzung hat sich geändert. Doch um den Mythos, solange es geht, am Leben zu erhalten, wird Harley-Davidson nicht umhin können, mehrgleisig zu fahren; mit anderen Worten: wenn der Mythos erlischt, erlischt auch Harley-Davidson.

Quo vadis, Harley?

Früher bestimmte die Technik die Modellpolitik – heute ist es weitgehend die Modellpolitik, die die Technik bestimmt. Um eine präzise Zahl zu nennen: weltweit wurden fast drei Millionen Harleys verkauft, Motorräder, die – im Gegensatz zu vielen Konkurrenten – nicht nach ein paar Jahren auf dem Schrottplatz enden. Während dieses Buch versucht, einige Fragen aus der Geschichte der Company zu beleuchten, sind die Fragen an die Zukunft fast noch spannender: Hält die Nostalgiewelle weltweit weiterhin an? Werden neue Modelle den alten Mythos weitertragen, nicht nur bis ins nächste Jahrhundert, sondern auch noch darüber hinaus? Wird der „Big Twin“, die Manifestation des Mythos, überleben, und wenn ja, in welcher Form?

Und was sind das für Menschen, die sich so kompromißlos und radikal zu einer Marke bekennen, sich mit ihr identifizieren, sich zu ihrer Philosophie und ihrem Image bekennen? Denn wer das legendenumwobene Produkt aus Milwaukee bewegt, ist nicht nur einfach Motorradfahrer – er verkörpert eine Idee, einen Lebensstil. Wie kein anderes Motorrad vermittelt die massige Maschine aus Milwaukee ein Gefühl von Unabhängigkeit, Freiheit und Überlegenheit. Wer das abstreitet, hat wenig vom Wesen einer Harley begriffen.

Die zahllosen Harley-Davidson-Kunden sind alle sehr unterschiedlich. Das reicht vom langjährigen Motorradfahrer bis zum Wochenendbiker. Sie sind jung oder alt, weiblich oder männlich, weiß oder farbig, aber egal was für einen Beruf oder sozialen Status sie haben – der Harley-Geist verbindet sie: der Spirit of Harley, der sich durch Freiheit und Individualität auszeichnet und immer wieder neu interpretiert wird. Daraus nach Marketinggesichtspunkten eine Zielgruppe zu formen ist unmöglich. Dieses Buch will einen Einblick geben in die Mischung von Mensch und Motorrad, die so typisch für die Szene ist. Es will das Gemeinsame, aber vor allem auch das Trennende innerhalb der Harley-Gemeinde aufzeigen. Ob dieses Buch eine Antwort findet auf die Frage, was an Harley-Davidson so einzigartig und faszinierend ist, mag der Leser selbst entscheiden.

Man könnte dieses Buch einen Versuch nennen. Einen beinahe ohnmächtigen Versuch, Zusammenhänge und Bezüge universal sichtbar zu machen. Aber wie packt man diese ungeheure Vielfalt zwischen zwei – zugegebenermaßen dicke – Buchdeckel? Wie viele Harleys gibt es? Millionen – wir zeigen nur ein paar hundert. Wie viele Biker gibt es? Auch Millionen, und wieder können wir nur einige Hundert von ihnen vorstellen. Wie viele Clubs, wie viele Händler, wie viele extravagante Custom-Schöpfungen gibt es? Von allem wird es nur ein Ausschnitt sein, den wir hier vorstellen können. Der ist jedoch umfangreich und aufregend genug, um eine Vorstellung von dem Gesamtumfang des Mythos Harley-Davidson zu geben. Vollständigkeit wäre Anmaßung, aber sie war auch nicht geplant, denn dann wäre dieses Buch in Tausenden von Archivkästen und Karteien steckengeblieben.

Daß dieses Buch so viele Amerikanismen aufweist, liegt in der Natur der Sache. Alle Begriffe im Umfeld von Harley-Davidson werden international immer mehr aus der Sprache des Herkunftslandes des dicken V-Twins übernommen. Ein „Event“ ist eben ein Event und keine Veranstaltung. Harley-Händler sind nun mal „Dealer“, und „Saddlebacks“ kann man nur sehr unzureichend mit Seitentaschen übersetzen. Kurz: Viele Begriffe sind ohnehin unübersetzbar. Wer eine Harley fährt, lernt als erstes die Harley-Sprache mit ihren spezifischen, subjektbezogenen Amerikanismen.

In diesem Buch werden auch die beiden Begriffe „Mythos“ und „Legende“ häufiger bemüht – aber das ist schon in Ordnung. Gewiß, sie sind inzwischen reichlich verbrauchte Modeworte geworden, leichtfertig auf alles angewandt, was sich im nebulösen Umfeld menschlicher Emotionen bewegt, aber bei Harley ist es doch ein wenig anders. Hier ist alles auf die eine oder andere Weise Mythos und Legende, seien es Modelle, Motoren oder der Sound – Hauptsache, es steht irgendwo Harley-Davidson drauf. Dieser Mythos wird verehrt, gepflegt, auch schon mal belächelt und natürlich hemmungslos verkauft und bis zum Geht-nicht-mehr vermarktet.

Ein emotionsgeladenens Buch? Natürlich – wie könnte man eine Harley ohne Emotionen fahren oder auch nur betrachten! Der Mythos hat Harley-Davidson über die Jahre gezeichnet und wird immer eine überragende Rolle spielen.

Und nun viel Spaß beim „Mitfahren“ ...

Oluf F. Zierl
Dieter Rebmann

Die Harley-Davidson Motor Company unterstützt die Veröffentlichung dieses Buches. Der Text gibt jedoch nicht zwingend die offizielle Meinung von Harley-Davidson wieder.

Fahren Sie immer vorsichtig, defensiv und halten Sie sich an die Verkehrsregeln. Schalten Sie den Scheinwerfer ein, tragen Sie Helm, Schutzbrille und Schutzkleidung und achten Sie darauf, daß Ihre Mitfahrer ebenso handeln. Fahren Sie nie unter Einfluß von Alkohol oder Drogen.

History

Der Workshop Amerikas

Ein atemberaubender Sprung in 150 Jahren

Ein schönes Land, ein liebliches Land. In der nördlichen Mitte der USA liegt der Bundesstaat Wisconsin mit der berühmten Stadt Milwaukee. Schon der Name indianischen Ursprungs bedeutet etwa „der Platz, an dem sich die Wasser sammeln" und weist auf die fischreichen Seen des Landes hin. Früher zogen hier viele Indianerstämme umher – Winnebagos, Ottawas, Potawatomies oder Menominees. In diese Idylle unberührter Weite brach der weiße Mann mit weitreichenden Konsequenzen ein, und bald nahmen die Vereinigten Staaten das riesige Territorium um die großen Seen in ihre politische und wirtschaftliche Obhut ...

So oder ähnlich lauten die üblichen historischen Darstellungen über die amerikanische Pionierzeit. Tatsächlich aber tat sich Atemberaubendes – vor allem in den letzten 150 Jahren. Eine außergewöhnliche Geschichte soll hier erzählt werden; doch beginnen wir von vorn ...

Um 1835 etablierten sich – nach ihren Gründern benannt – Juneautown, Kilbourntown und Walkers Point an den Ufern der Flüsse Milwaukee und Menominee, heillos untereinander zerstritten, bis sie sich mit ihren insgesamt rund 20.000 Einwohnern 1846 zur „City of Milwaukee" zusammenschlossen.

Ihr erster Bürgermeister hieß Solomon Juneau, ein seit 1818 ansässiger ehemaliger Trapper und Pelzhändler. Aus dem verarmenden, wirtschaftlich und politisch zerrissenen Europa schwappte zu jener Zeit eine gewaltige Welle energischer und erfolgshungriger Einwanderer ins Land, vor allem Deutsche sowie Engländer, Polen, Mexikaner und Immigranten aus den skandinavischen Ländern – alle voller Ideen und Begeisterung für das neue Abenteuer der Existenzgründung. Bald war die Stadt als „America's workshop" bekannt. Eine vorbildliche Verwaltung, die Attraktivität und Schönheit seiner Lage taten ein übriges – Basis aber blieb die metallverarbeitende Industrie.

Zum Ende des 20. Jahrhunderts hat Milwaukee 630.000 Einwohner (mit abnehmender Tendenz), über 2.500 kleinere und größere Produktionsstätten und Fabriken und weltberühmte Bierbrauer-Giganten wie Pabst, Miller und Schlitz. Dazu kommen etliche TV-Stationen und Radiosender, rund ein Dutzend Universitäten und Colleges sowie weit über hundert sorgsam gepflegte Parks.

War Milwaukee um die Jahrhundertwende nur eine der vielen aufstrebenden Industriezentren des amerikanischen Stahlgürtels, ist die Stadt für Millionen Menschen auf allen Kontinenten längst zum Mittelpunkt ihrer Welt geworden.

Downtown Milwaukee – die imposante Kulisse einer Industriestadt der Neuzeit.
Im Kontrast: vorindustrielle Idylle am geschäftigen Milwaukee-River.

© Harley-Davidson

Die wilde Gründerzeit

Wenig Ahnung, aber jede Menge Begeisterung

Das Foto (oben rechts) wurde freundlicherweise von der Golda Meir Library, University of Wisconsin (Milwaukee), zur Verfügung gestellt.

Die Geschichte der Harley-Davidson begann irgendwann um die Jahrhundertwende in jener besagten Stadt Milwaukee, ein ebenso spezieller wie idealer Nährboden mit einmaligen Bedingungen. Betrachten wir die einmal näher: Das ganze Land – aber vor allem der industriell schon recht weit entwickelte Osten – brodelte vor Unternehmungslust und Erfindungsgeist. Der industrielle Aufbruch im ausgehenden 19. Jahrhundert hatte ihm bereits den Namen „Land der unbegrenzten Möglichkeiten" eingetragen. Die Vereinigten Staaten von Amerika waren reif für eines der großen Abenteuer der zivilisierten Menschheit – den zunächst noch recht unscheinbaren Verbrennungsmotor.

Längst war die Zeit der Planwagen vorbei, die Eisenbahnen hatten ihre Schienenstränge gelegt, und nun stand die dritte, die größte Revolution der inneramerikanischen Mobilmachung bevor: Der Individualverkehr klopfte an die Tür des neuen Jahrhunderts. Und die tat sich weit auf.

Dabei sah zunächst alles recht bescheiden aus. Um die Jahrhundertwende waren in den USA knapp 4.000 selbstgetriebene Fahrzeuge registriert: was für eine Chance, was für ein Markt! Dazu kam ein neues Spielzeug einer technikverrückten Gesellschaft: das Motorrad. Freilich war es damals eher ein Motor-Fahrrad, aber sein im wahrsten Sinne des Wortes explosives Novum war der Motor.

In Europa erfunden, fand er schnell seinen Weg über den großen Teich, wo im Land einer großen Technikbegeisterung seinem unbändigen Expansionsdrang kaum Hindernisse entgegenstanden. Schon um 1900 gab es die ersten organisierten Rennen – todesmutige Herren (und Damen!) versuchten sich auf gebrechlichen, krachenden Donnerbolzen zur Gaudi des begeisterungsfähigen, zahlenden Publikums in olympischen Dimensionen: Größer, stärker, schneller ging es durch hölzerne Bretterovale und über sandige Pferderennbahnpisten. Andere versuchten erfolgreich, auf nahezu unpassierbaren Holper- und Schlaglochstrecken Hindernisse und Entfernungen zu überwinden, die Rekorde überschlugen sich – oftmals unbemerkt – nahezu von Tag zu Tag.

Für Warentransporte waren noch Pferde zuständig, zum Personentransport schraubte man schon Motoren an die üblichen Fahrräder.

© Harley-Davidson

Die reichlich skurrilen Fahrzeuge waren oft nur verstärkte Fahrräder, an deren Rahmen irgendwie und -wo Motor, Benzintank, Zündung, Werkzeugbox, Batterie und andere Notwendigkeiten zur selbständigen Fortbewegung befestigt waren. Später nannte man das die „Clip-on-Ära". Völlig ungefedert waren sie mühsam auf nahezu unbefahrbaren Straßen zu bewegen; Geschwindigkeit, Bremsen und Antrieb waren kaum zu kontrollieren, was der Begeisterung jedoch keinen Abbruch tat, und selbst im Gewühl von Menschen und in Panik geratenen Pferdefuhrwerken gab es kein Halten für die tempobesessenen Stahlroßreiter. Das kam nicht von ungefähr. Genau wie die Europäer waren die Amerikaner ausgesprochene Fahrradnarren. 1895 gab es bereits über 3 Mio. Drahtesel in den USA und Hunderte von Fahrradclubs. 1877 gründete sich das erste von mehreren Fachmagazinen: *The Bicycle World*. Im Herbst 1902 wurde das Motorradfahren so populär, daß es sich in *The Bicycle World & Motorcycle Review* umbenannte. 1898 wurden die ersten Schrittmachermaschinen mit De-Dion-Motoren bei Fahrradrennen im Madison Square Garden in New York eingesetzt. 1901 fand im Kolosseum von Chicago die erste Automobil- und Motorradshow des mittleren Westens statt und erregte großes Aufsehen. Bekannte europäische Motorradhersteller, wie etwa Werner, stellten dort aus und hofften auf das große Geschäft.

Inzwischen nahmen die Amerikaner die Motorisierung ihres riesigen Kontinents selbst in die Hand. 1899 ratterte als eines der ersten Motorfahrräder eine Orient Aster der Firma Orient Cycles aus Waltham, Massachusetts, mit einer De-Dion-Motorkopie über die Straßen Neuenglands. Um 1900 folgte die Marsh Cycle Company aus Brockton und kurz darauf die bereits seit längerem im Fahrradgeschäft erfolgreiche Firma des Colonel Albert A. Pope aus Hartford, Connecticut, und Toledo, Ohio.

1901 stellte einer der begabtesten Hersteller, der bereits im Schrittmacher-Motorradbau erfolgreiche Carl Oscar Hedstrom, das erste Straßenmotorrad seiner Firma aus Springfield vor, die einem Herrn George M. Hendee gehörte und sich Indian Motocycle nannte. In Racine, Wisconsin, tauchte Mitchell auf, in Westfield, Ohio, Columbia, in St. Paul Wagner – neben vielen anderen, die es jedoch fast nie bis zur Serienfertigung brachten.

Von 1902 bis 1905 schossen die Motorradfabriken – wenn man sie denn so nennen will – wie Pilze aus dem Boden: Die Aurora Automatic Machine Company baute die von Hedstrom und Hendee entworfenen und fabrizierten Motoren in ihre Marke Thor ein; Audi-Bi erschien in Buffalo, New York; Dyke in St. Louis; Curtiss & Erie in Hammondsport, New York; Freyer & Miller in Cleveland, Ohio; Holley in Bradford, Pennsylvania; Geer in St. Louis; Merkel in Milwaukee;

Typisches Stadtbild zur Jahrhundertwende – noch dominieren die Fußgänger.

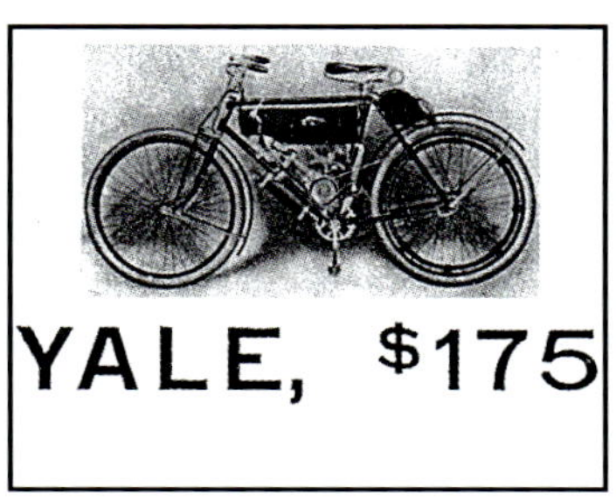

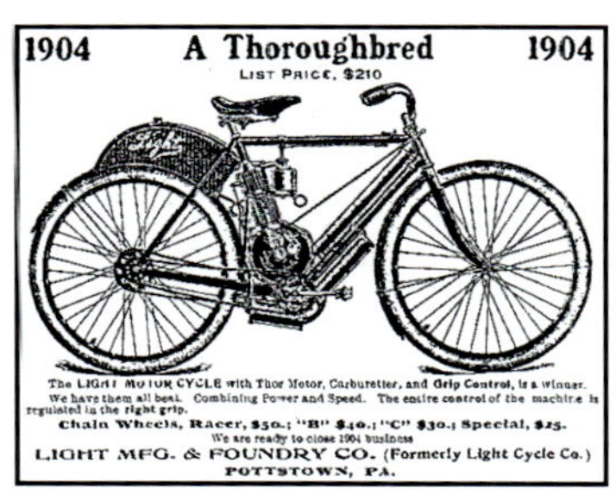

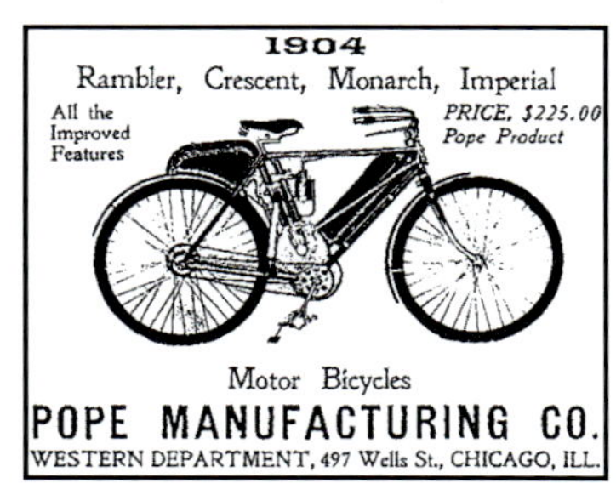

Konkurrenz zuhauf: einige der vielen bereits existierenden Motorradfirmen, gegen die sich Harley-Davidson durchsetzen mußte.

Rambler in Racine; Reading Standard in Reading, Pennsylvania; Steffey in Philadelphia und schließlich Harley-Davidson in Milwaukee.

Zahlreiche Fachpublikationen widmeten sich mit Enthusiasmus dem neuen Sujet: die *Cycling Gazette* etwa oder die *Horseless Age* und ab 1901 das *Automobile and Cycle Trade Journal*. Danach folgten *Motorcycle* und *Bicycle Illustrated* und schließlich *Motorcycling* und *The Motorcyclist*.

Aus fahrradfahrenden Clubs wurden motorradfahrende Vereine, die sich jetzt auch sportlichen Veranstaltungen widmeten. Am 7. September 1903 gründeten 92 Mitglieder des New York Bicycle Club und des Alpha Motorcycle Club in New York die nationale Organisation Federation of American Motorcyclists – kurz FAM genannt –, Vorläufer der späteren American Motorcycle Association (AMA). Jetzt sahen auch viele clevere Fahrradhändler im Zusatzgeschäft des Motorradverkaufs eine prächtige Chance, ihren Umsatz zu steigern. Die Nachfrage war enorm, die Kenntnisse im Umgang mit der neuen Materie allerdings weniger. Immerhin gab es in Amerika Anfang des Jahrhunderts bereits 65 Motorradhersteller. Aber noch war das große Geschäft nicht angelaufen. Die Technik war primitiv und ziemlich anfällig. Es gab weder eine Zubehörindustrie noch informative technische Literatur; Benzin war nur selten zu bekommen und von schlechter Qualität. Zudem fehlte es an Kapital, dem Hauptantrieb für eine erfolgreiche Produktion.

Überall wurde ebenso begeistert wie verzweifelt erfunden, nacherfunden, gebaut und gebastelt, geschraubt und getestet. Aus Hinterhofschuppen wurden Werkstätten, aus Werkstätten Fabriken, die sich nicht selten zu großen Pleiten entwickelten.

Eine wilde Zeit, nicht wahr? Heute mögen wir amüsiert darüber lächeln, aber damals muß ein unbeschreibliches Gefühl des Aufbruchs geherrscht haben. Doch kehren wir zurück in das für uns so wichtige Jahr 1900, genauer gesagt, ins zuvor schon beschriebene Industriestädtchen Milwaukee ...

Die unglaublichen Herausforderungen

Das erste Baby fährt 163.000 Kilometer ohne Panne

Die weltweite Legende Harley-Davidson begann ganz unscheinbar und unauffällig. Durch die Freundschaft zweier junger Männer, die in unmittelbarer Nachbarschaft als typische Arbeiterkinder europäischer Einwanderer aufwuchsen, kamen die beiden Namen, die Geschichte machten, zusammen.

William S. Harley, geboren 1880 als Sohn englischer Immigranten aus den Industriegebieten bei Liverpool, war schon in früher Jugend ein begabter und an allem Technischen interessierter Tüftler und Bastler. Er hatte ein besonderes Talent zum Zeichnen und liebte die Natur, Bootsfahren und Angeln und ganz besonders sein Fahrrad. Etwa dieselben Interessen hatte auch sein Freund Arthur Davidson, der 1881 als jüngster Sohn von William C. Davidson, eines energischen und erfolgreichen Zimmermanns, geboren wurde, der 1872 aus dem schottischen Aberdeen direkt nach Milwaukee gekommen war und sich dort in einem dreistöckigen Häuschen an der Highland Avenue, Ecke 38. Straße, mit seiner Werkstatt niedergelassen hatte. Arthur hatte noch zwei Schwestern und die Brüder William und Walter. Zusammen mit einigen weiteren Verwandten bildeten sie einen traditionellen schottischen Familienclan, der sich stets gegenseitig half und eisern zusammenhielt, um die Herausforderungen in der Neuen Welt erfolgreich zu meistern.

Die beiden jungen Freunde besuchten dieselbe Schule, die Bill Harley mit 15 Jahren verließ, um drei Jahre lang eine Mechanikerstelle bei einer kleinen Fahrradfabrik im Norden Milwaukees anzunehmen. Dann bekam er einen Job als technischer Zeichner bei der metallverarbeitenden Company Barth Manufacturing, wo bereits sein alter Kumpel Arthur als Gußformenbauer arbeitete.

Das war um die Jahrhundertwende, und jetzt beginnt auch die erstaunliche Geschichte der Harley-Davidson. Auslöser war wohl ein später völlig in Vergessenheit geratener deutscher Arbeitskollege, der, wie der Historiker Harry V. Sucher vermutet, vielleicht Kröger oder Krüger hieß und vor kurzem aus Frankreich eingewandert war, wo er beim Aster-Konzern gearbeitet hatte, der De-Dion-Bouton-Motoren in Lizenz baute. Er brachte detaillierte Kenntnisse mit und vor allem einige hochinteressante Blaupausen – Informationen, die man in dieser Fortschrittlichkeit in Amerika noch nicht kannte. Die beiden Freunde – ohnehin an der neuen Antriebsart höchst interessiert – waren fasziniert von den Möglichkeiten, die sich auftaten. Sie diskutierten ausführlich, besorgten sich einschlägige Literatur, soweit diese zu bekommen war, und beobachteten sorgfältig die aufkommende Motorradindustrie und deren Produkte. Man darf annehmen, daß sie wohl auch jene erste berühmte große Automobil- und Motorradshow 1901 im nahe gelegenen Chicago besucht haben.

Langsam begann sich dabei das große Ziel aus dem Nebel unbestimmter Vorstellungen zu lösen – die Fabrikation eines zuverlässigen, robusten Motorrads von Weltqualität, und das in möglichst

großen Stückzahlen. Der Anfang war zunächst nur wenig mehr als ein vager Traum, und die beiden Freunde wußten zum Glück noch nichts von den unendlichen Hindernissen und Problemen, die sich ihnen von nun an in den Weg stellen würden. Es hätte sie allerdings auch kaum von ihrem Vorhaben abgehalten – zu schön, zu groß, zu realistisch war dieser Traum. So gingen sie zielstrebig und unbeirrt an die Arbeit und fingen unter extrem primitiven Umständen an, in den Kellern ihrer Elternhäuser zu experimentieren. Bill Harley zeichnete die ersten Entwürfe, Arthur baute die Formen, und dann kochten sie Graugußmixturen, feilten und sägten, hämmerten und bohrten. So entstanden in langen Nächten mehr schlecht als recht die ersten Kurbelwellengehäuse, Zylinder, Pleuel, Kolben, Ventile, und was nicht funktionierte, mußten die beiden neu oder nacherfinden.

Dabei fehlte es nahezu an allem. Sie hatten weder die nötigen Kenntnisse noch hochwertiges Werkzeug, auch wenn Bruder William Davidson, der ein versierter Werkzeugmacher war, manchmal mit Rat und Tat zur Seite stand. Vor allem aber fehlte es an Geld, und so nahm Arthur Nebenjobs an, um die explosionsartig steigenden Kosten irgendwie in den Griff zu bekommen. Es gab aber auch noch andere Explosionen. Die größten Sorgen bereitete der Vergaser. Sie experimentierten mit den verschiedensten Systemen, und nachdem einige Male beinahe Mutter Davidsons Küche in die Luft gejagt worden war, fand man eine relativ einfache und praktikable Lösung – einen Spritzvergaser, den sie unter Zuhilfenahme einer Tomatendose gebaut hatten. Nicht ganz unbeteiligt daran war ein Dritter im Bunde der Bastler, ein zeitweiliger Partner, dessen Name später ebenfalls berühmt wurde: Ole Evinrude. Er trennte sich jedoch bald wieder von den beiden, um sich ganz der Herstellung seiner Außenbordmotoren zu widmen.

Irgendwie schafften sie es auch alleine – und bald liefen die ersten Versuchsmotörchen. Den nötigen Sprit holten die beiden als Dauerkunden im nahegelegenen Laab's Drugstore an der Vliet Street in Halb- oder Literflaschen. Der kleine Einzylinder-Viertakter, eine – wie der Autor Wolfgang Wiesner treffend bemerkte – schamlose Kopie eines De-Dion-Motors, mit 54 mm Bohrung und 73 mm Hub, was etwa 175 ccm ergab, war zwar erfolgversprechend, von seiner Brauchbarkeit her jedoch eine wahre Katastrophe. Er hatte kaum Leistung – etwa 1,5 PS – war undicht und neigte zu unkontrollierbaren Eigenmächtigkeiten – aber immerhin, er lief!

Von diesem ersten Modell bauten sie drei Exemplare und setzten sie versuchsweise in verschiedene Fahrradrahmen, was nichts brachte, denn die zu schwachen Rahmen brachen und zerschüttelten sich, Lager liefen fest. Den zuverlässigsten Motor versahen sie mit Welle und Schiffsschraube und benutzten ihn als Bootsantrieb.

In dieser Anfangsphase schrieb Arthur, begeistert von seinen Erfolgen, viele enthusiastische Briefe an seinen älteren Bruder Walter

De Dion-Bouton

Das Schnüffelventil eines französischen Marquis

Bereits 1882 arbeitete der Marquis De Dion in Frankreich mit seinen beiden Partnern Bouton und Trepardoux an selbstfahrenden Zwei- und Dreirädern, zunächst mit Dampfmaschinenantrieb. Als er die Zukunft im schnellaufenden Verbrennungsmotor sah, schied 1894 Trepardoux aus, der eisern am Dampfantrieb festhielt.

Zusammen mit dem bürgerlichen Mechaniker George Bouton entwickelte De Dion 1894 einen kleinen, luftgekühlten 120-ccm-Einzylinder-Viertaktmotor mit 50 mm Bohrung und 60 mm Hub. Er hatte einen einfachen Oberflächenvergaser, als Einlaß diente ein automatisches Saugventil (auch Schnüffelventil genannt), und über eine eine Batterie mit 4 V/30 Amp/h sorgte eine verstellbare Glührohrzündung für den richtigen Zündzeitpunkt. Das Kurbelwellengehäuse war aus Aluminium und längsgeteilt. Das kleine, ungemein zuverlässig arbeitende Maschinchen entwickelte etwa ein halbes PS bei erstaunlichen 1.800 U/min. Kurz darauf konnte die industrielle Großfirma De Dion bereits eine ganze Palette der verschiedenartigsten Ein- und Anbaumotoren anbieten, und viele Firmen im In- und Ausland bemühten sich entweder um eine Vertriebsagentur oder den Lizenzbau. De Dion verkaufte außerdem mit großem geschäftlichen Erfolg nicht nur komplette Motoren, sondern auch alles Zubehör, das für die Motorrad- und Autoherstellung benötigt wurde. Da es damals noch keinen funktionierenden internationalen Patentschutz gab, wurden De-Dion-Motoren auf der ganzen Welt kopiert. In den USA vertrieb die Firma Edmond die De-Dion-Erzeugnisse.

Davidson, der damals gerade als Maschinist bei der Missouri, Kansas & Texas Railroad in Parsons, Kansas, arbeitete, und bat ihn immer dringender, doch zurückzukommen, um die ersten Testfahrten mit dem neuen Wunderfahrzeug zu machen. Das war zunächst wohl mehr eine schöne Illusion, aber Walter war höchst interessiert.

Als er am 29. April 1903 zur Hochzeit seines Bruders William Davidson wieder nach Milwaukee kam, erkannte er als erfahrener Mechaniker schnell, daß er bei dem neuen Projekt erst einmal kräftig mit Hand anlegen mußte, bevor er seine ersten Probefahrten – auf die er genauso neugierig war – absolvieren konnte. Entschlußfreudig, wie es seine Art war, kündigte er kurzerhand in Kansas und nahm eine Stellung bei der Chicago-Milwaukee Railroad an, bei der er früher schon gearbeitet hatte.

Ein weiterer glücklicher Umstand wollte es, daß die Jungunternehmer, die vor Sorgen kaum noch ein und aus wußten, die Werkstatt eines gemeinsamen Freundes benutzen durften, einschließlich einer Drehbank und Standbohrmaschine, die von einem kleinen stationären Gasmotor angetrieben wurden. Dort brachten sie im Frühjahr 1903 aufgrund ihrer Erfahrungen einen neuen verbesserten Motor zur Welt, den sie in einen eigens dafür konstruierten, robusten Schleifenrahmen setzten. Der Embryo wies bereits viele Merkmale eines modernen Motorrades auf.

Der Motor mit 76 mm Bohrung und 89 mm Hub hatte knappe 400 ccm und etwa 3 PS. Mit seiner massiven Schwungscheibe entwickelte er genug Drehmoment, um nun auch Steigungen mühelos bewältigen zu können, und Walter Davidson konnte seine Testfahrten voller Genugtuung durchziehen. Auch er war jetzt rundum von dem neuen Konzept überzeugt.

Nachdem man sich über die richtige Kombination des Firmennamens geeinigt hatte, wobei wohl die hervorragende Rolle des Konstrukteurs Bill Harley den Ausschlag für die erste Stelle gab, malte die künstlerisch ambitionierte Tante Janet Harley die klassischen Schriftzüge in rot mit goldumrandeten Buchstaben zum ersten Mal auf den in Piano-Schwarz lackierten Tank.

Der Weg dieser ersten als Serienmodell produzierten Harley-Davidson läßt sich genau verfolgen. Sie wurde mehrere Male verkauft, hatte insgesamt fünf Besitzer, die alle mit ihr große Strecken zurücklegten, und brachte es schließlich auf unglaubliche 163.000 km ohne größere Pannen. Es gab kaum einen besseren Beweis für die Zuverlässigkeit und Sorgfalt von Harley-Davidson-Motorrädern, was später auch in eine erfolgreiche und viel beachtete Werbekampagne umgesetzt wurde.

Der gute Ruf sprach sich aber auch 1904 schnell im näheren Umkreis herum, und bald gab es genug zahlungskräftige Kunden, die ebenso begeistert wie begierig auf das neue Fortbewegungsmittel waren. So waren die nachfolgenden Exemplare meist schon verkauft und bezahlt, bevor sie ihren bescheidenen Montageplatz verlassen hatten. Der Chicagoer Fahrradhändler C. H. Lang, der dank seiner ungewöhnlichen Verkaufsmethoden später zu einem der erfolgreichsten Motorradhändler der USA wurde, brachte sie für 200 Dollar – mit einer profitablen Gewinnspanne, versteht sich – unter die Leute.

Der kleine Werkstattschuppen, den Vater Davidson 1903 in den bescheidenen Ausmaßen von 3,5 x 5 m im Hinterhof für die frisch ge-

Erinnerungsbild 1907 mit der gesamten Belegschaft, mit weißer Jacke in der Mitte: Walter Davidson. © Harley-Davidson

backenen Firmeninhaber baute, die voller Stolz die unvergänglichen Worte „Harley Davidson Motor Co.“ in ungelenken Buchstaben an seine Brettertür gepinselt hatten, erwies sich schnell als viel zu klein. Er wurde auf das Doppelte vergrößert und maß nun gute 3,5 x 10 m – die erste echte Produktionsstätte. Dort wurden im Jahr 1904 acht weitere Maschinen gebaut, getreu dem Motto, die besten Motorräder der Welt zu produzieren. Testpilot Walter ließ keine Gelegenheit aus, mit ihnen Wettbewerbe und lokale Rennen zu bestreiten, zahlreiche Pokale aus dieser frühen Zeit belegen seine Erfolge und Siege.

In der Zwischenzeit kamen immer mehr Bestellungen. Man stellte einige Mitarbeiter ein, aber letztendlich mußten schwerwiegende und grundlegende Entscheidungen für die Zukunft getroffen werden. Walter Davidson wagte, entschlußfreudig wie immer, den ersten Schritt in die Selbständigkeit und gab seinen Job bei der Eisenbahngesellschaft auf. Arthur kümmerte sich jetzt vorrangig um Verkauf und Vertrieb, war aber zu vorsichtig und zu sehr auf Sicherheit bedacht, um nun ganz in der Firma zu arbeiten, und jobbte deshalb noch nebenher. Bill Harley, der neuernannte Chefingenieur und technische Direktor, tat bereits 1903 den wohl wichtigsten Schritt für das junge Unternehmen, indem er seine gut bezahlte Stellung bei Marsh kündigte und sich an der Universität Wisconsin im benachbarten Madison zum Ingenieurstudium einschrieb. Es war ihm schnell klar geworden, daß er mehr über die Technik der Verbrennungsmotoren wissen mußte. Seinen Unterhalt verdiente er sich als Kellner in einer Studentenmensa.

In der kleinen Fertigungsstätte ging es inzwischen hoch her. Die Chefs arbeiteten bis zum Umfallen, legten überall, wo es notwendig war, selbst Hand an und kamen selten vor Mitternacht ins Bett. Sogar zur weihnachtlichen Familienfeier kamen sie erst im letzten Augenblick spät am Heiligabend.

In den einschlägigen Magazinen erschienen immer mehr begeisterte Artikel. Am 13. Dezember 1905 schrieb Arthur Davidson an einen Kunden: „Nach eingehender Überprüfung können wir sagen, daß wir derzeit den schnellsten Einzylinder-Motor herstellen. Einen unserer Rekorde haben wir bei einem 15-Meilen-Rennen in Chicago am 4. Juli aufgestellt, als wir diese Strecke in nur 19,02 Minuten bewältigten, was die Zuverlässigkeit und die gute Kühlung unseres Motors zur Genüge beweist.“

Die Expansion

Zwar sehr mühsam, aber steil bergauf

Das Foto entstand mit freundlicher Genehmigung des Harley-Davidson-Archivs.

In den folgenden Jahren überschlugen sich die Ereignisse: Materialbeschaffung, Fabrikationsstättenerweiterung und -einrichtung, Tests und sportliche Wettbewerbe, konstruktive Verbesserungen ebenso wie Kundenbetreuung und Verkauf, alles mußte nahezu gleichzeitig bewältigt werden.

Sofern sie nicht bei ihren Eltern lebten, übernachteten die Brüder Davidson in bescheidenen Appartements in der Nähe ihrer kleinen Werkstatt, wo sie viele Stunden bis spät in die Nacht hinein verbrachten.

Ihre Erlöse versteckten sie im elterlichen Heim in einem Medizinschrank, wo sie ihr Geld sicher wähnten. Ihre Mutter, entsetzt über den Dreck und das Öl, das die beiden bei ihren „Experimenten" hinterließen, hatte eine Putzhilfe angeheuert, die den Geldtopf entdeckte. Obwohl einige ihrer „Raubzüge" bekannt wurden, hatte es keinen unmittelbaren Einfluß auf das kleine Unternehmen. 1906 erschien der erste Katalog. 50 produzierte und auch verkaufte Motorräder waren die Voraussetzung, sie wurden in Piano-Schwarz oder „Renault-Grau" angeboten, letztere Farbe führte dann zum bekannten Typ des Silent Grey Fellow. Der Markenname wurde – nach dem Entwurf von Tante Janet – mit goldumrandeten roten Buchstaben für die Zukunft beibehalten.

Jetzt sah auch der vorsichtige Arthur ein, daß er seinen Job als Formenbauer bei Barth aufgeben mußte: die neue Firma beanspruchte seine gesamte Zeit und Kraft.

Mit Hilfe von Onkel James McLays (gut verzinsten) Krediten und seinem Geschick als Makler kauften sie sich ein größeres Gelände in dem Industriegebiet unmittelbar neben der Chicago, Milwaukee & St. Paul Railroad, Ecke 38. und Chestnut Street, aus der später die Juneau Ave wurde, historischer Stammplatz des heutigen Verwaltungssitzes.

Dort errichtete man im Herbst 1906 ein etwa 9 x 25 m umfassendes Holzgebäude mit einem zusätzlichen ersten Stockwerk. Als das Gerüst fertig war, stellten die Vermessungsingenieure der Eisenbahngesellschaft fest, daß es ihrem Gleiskörper im Wege stand. Kurzerhand und mit Hilfe von etwa einem Dutzend kräftiger Männer versetzte man das ganze Baugerüst etwa um einen halben Meter und war damit „in Sicherheit", wie sich Walter Davidson später erinnerte. Das Fabrikgebäude wurde kurz darauf nochmals um das Doppelte erweitert und besseres Werkzeug sowie die eine und andere Maschine angeschafft.

Nun gab auch der älteste Bruder William A. Davidson seinen Job bei der Eisenbahn auf. Auf Lehrgängen in Chicago machte er sich mit den neuesten Techniken des Azetylen-Schweißens vertraut, um sie sofort in die Produktion einzubringen.

Inzwischen hatte die junge Firma 18 Angestellte, baute und verkaufte im Jahre 1907 nunmehr schon 150 Motorräder. Zum ersten Mal wurden sie jetzt mit der Sager-Cushion-Springergabel ausgerüstet – ein von Sager entwickeltes Konzept, das Harley-Davidson aufkaufte und weiterentwickelte und das bis 1949 beibehalten wurde. Das gesamte Geld, auch das der sehr engagierten Schwester Elizabeth, wurde ins Geschäft gesteckt.

(siehe auch: Die Produktionsstätten – 50 Jahre lang blieb das Fließband unbeachtet)

1907 wurde das Fabrikgebäude nochmals vergrößert, um den ständig wachsenden Bedarf an Silent Grey Fellows für das nächste Jahr decken zu können.

Das Foto wurde freundlicherweise von der Milwaukee County Historical Society zur Verfügung gestellt.

Die Company

Diese Harley-Davidson macht die Arbeit von drei Pferden

Die rasch steigende Nachfrage, der gute Ruf der Harley-Davidson-Motorräder, ihr technischer Vorsprung vor der aggressiven, aber zum Teil unseriösen Konkurrenz forderten grundlegende Entscheidungen. Geniale Ideen, handwerkliches Können, Organisationstalent und die immer größer werdenden Darlehen eines wohlgesonnenen Onkels langten letztlich nicht mehr. Das kleine aufstrebende Fabrikantenteam machte sich keine Illusionen darüber, daß man nun in andere Dimensionen des industriellen Aufbaus vorstoßen mußte, um die Gunst der Stunde nicht zu verpassen – und zwar schnell. Einen Tag, nachdem Walter Davidson wieder einmal von einem siegreichen Wettbewerb eines zweitägigen Endurance Run von Chicago nach Kokomo/Indiana zurückgekommen war, wurde am 17. September 1907 die Company als offizielle „Corporation" angemeldet.

Mit penibler Schönschrift wurde die Gründungsversammlung ins Handelsregister der Vereinigten Staaten eingetragen. Walter Davidson, nunmehr Präsident und Generaldirektor, zeichnete 50 Anteilscheine zu je 100 Dollar, also insgesamt 5.000 Dollar; William A. Davidson, der neue Vizepräsident und Chef der Produktion, 4.000 Dollar; Arthur Davidson, Sekretär und Verkaufsleiter, 4.700 Dollar und Schatzmeister William S. Harley 500 Dollar.

In echt schottischer Genügsamkeit billigten sich die vier Aktionäre und neu gebackenen Direktoren je 5 Dollar als Aufwandsentschädigung für diese Sitzung zu, was gewissenhaft unter Artikel III, Sektion 6 des Gründungsprotokolls festgehalten wurde. Jetzt hatten sie also 14.200 Dollar, eine eher bescheidene Kapitalgrundlage. Aber sie genügte, vor allem den gesetzlichen Auflagen. Aus Handwerkern wurden damit verantwortungstragende Chefs, aber von nun an waren es Banken und Werbeagenturen, die den Erfolg der Company wesentlich beeinflußten.

Inzwischen hatte William Harley an der Universität in Madison sein Studium mit Auszeichnung abgeschlossen und kehrte als frischgebackener Diplom-Ingenieur voller Tatendrang und mit neuen Ideen nach Milwaukee zurück. Die junge Company entwickelte sich in geradezu atemberaubendem Tempo.

Der kleine Fabrikschuppen platzte schon wieder aus allen Nähten und wurde um mehr als 44 m² erweitert. 1908 produzierten 36 Angestellte 450 Motorräder, die als Typ 5 angeboten wurden, wobei man 1904 als das Typ-0-Jahr ansah. Die Verdreifachung der Produktion war nicht zuletzt auch dem vielbeachteten und publizierten Endurance-Sieg des Vorjahres zu verdanken. Jetzt konnte Harley-Davidson auch das Vertrauen der Banken gewinnen. Erste große Kredite wurden von der Milwaukee Marshall & Ilsley Bank (M&I) gewährt, wie auch von der First Milwaukee National Bank. Die von nun an gute Zusammenarbeit währte bis 1969 und machte Harley-Davidson bald zum größten Motorradhersteller der Welt. Gerechterweise muß man sagen, daß es nicht nur Bankgeld war, das Harley so beherrschend machte, sondern auch eine ortsansässige Werbeagentur, mit der die Firmengründer mittlerweile einen recht unüblichen Vertrag abgeschlossen hatten.

Walter Dunlap, der verantwortliche Leiter der neu gegründeten Werbeagentur Klaus van Peterson & Dunlap, war bereit, alle Anzeigenkampagnen und Werbebroschüren gewissermaßen vorzufinan-

Immer für ein Werbefoto im *Enthusiast* gut: Walter Davidson am Lenker und Bill Harley im Beiwagen.

zieren und wurde entsprechend danach – gewissenhaft, wie das ja zur Harley-Davidson-Firmenpolitik gehörte – anständig bezahlt. Diese Zusammenarbeit erwies sich für beide Seiten als äußerst erfolgreich, und „Klaus van Peterson & Dunlap" stieg mit viel Begeisterung und intelligenten Ideen in die Motorradwerbung ein, eine Beziehung, die sich über Jahrzehnte hinweg bestens bewährte. Die seriöse und informative Werbung hob sich wohltuend von dem üblichen wilden Marktgeschrei ab. Einer der erfolgreichsten Slogans der ersten Zeit war dann auch der berühmt gewordene Satz: „Diese Harley-Davidson macht die Arbeit von drei Pferden." Ebenso erfolgreich und langanhaltend war die Verbindung mit dem Milwaukeer Fotostudio Pohlmann, das sämtliche Aufnahmen für die Prospekte machte.

Inzwischen verbreitete Arthur Davidson das Firmenimage auf seine eigene Weise. Als neuer (und alter) Vertriebsdirektor reiste er unermüdlich im Lande herum und warb neue Händler an. Dabei sah er sich seine zukünftigen Repräsentanten sehr gewissenhaft an und schloß neuartige Franchise-Verträge ab, die den Händler quasi als Subunternehmer in die Company integrierten. Gleichzeitig richtete er in Milwaukee Schulungskurse für die zukünftigen Verkäufer und Mechaniker ein, eine Tradition, die sich bis heute bestens bewährt hat. Bereits im Jahr 1908 gab es Harley-Davidson-Niederlassungen in New York, Chicago, Philadelphia, Atlanta, Newark und an der Westküste in Los Angeles, San Francisco und Seattle. Erste Auslandskontakte wurden geknüpft. Durch Arthur Davidsons Verkaufsbegabung und mit Hilfe des ersten Prospekts, einer bescheidenen und sachlichen Broschüre, wurden auch immer mehr große Firmen und staatliche Organisationen auf das robuste Motorrad aufmerksam, das sich offensichtlich hervorragend im Außendienst einsetzen ließ.

So orderten bereits 1908 die ersten Polizeibehörden und Postämter ihre Harleys. Die Gesellschaft Bell Telephone fand das neue Transportmittel ideal, um Reparatur- und Wartungsarbeiten auf dem Land durchzuführen. Günstiger Umstand dafür war vor allem die vielseitige Ausstattung mit den verschiedenartigsten Beiwagen, die mit allerlei individuell gestalteten Aufbauten als Kasten- und Lastentransporter angepriesen wurden – den ab 1915 auch so bezeichneten „Package Trucks". Auch Vorsteck-Konstruktionen waren im Fertigungsprogramm. Die umfangreiche Seitenwagenproduktion wurde aber schon aus Platzmangel meist an Zulieferfirmen vergeben.

Schon waren die Fabrikationsräume wieder zu klein, und so wurde nochmals erweitert: auf einem stattlichen, mehrstöckigen Ziegelbau prangte jetzt der Firmenname stolz in riesigen Lettern.

Das Einzylinder-Modell 5, der berühmte „Silent Grey Fellow" – „leiser grauer Kumpel" –, erfuhr eine Reihe von Verbesserungen. Der Rahmen wurde nochmals verstärkt und der Radstand um 15 cm verlängert. Der Motor erhielt eine größere Bohrung auf nunmehr 85 mm und hatte damit 30,16 Kubikinch. Er brachte es auf 4,3 PS, und es gab ihn in mehreren Ausführungen zu kaufen: als Modell 5 A mit Magnetzündung, wobei zum ersten Mal ein verläßliches Magnet-System verwendet wurde. Die Standardausführung hatte Batteriezündung und 28-Zoll-Reifen, das Modell 5 C dagegen 26-Zoll-Räder und Magnetzündung. Auch die Riemenantriebstrommel konnte man in verschiedenen Ausführungen bestellen. Damit ließ sich die Übersetzung besser an die vorherrschenden Einsatzbedingungen der Maschine, beispielsweise im Berg- oder Flachland, anpassen. Ein kombinierter Öltank mit getrenntem Benzin- und Ölbehälter war ein weiteres gut gelungenes Detail. Eine Klappe am Auspuffrohrende, die in geschlossenen Ortschaften – bitte sehr – zu schließen war, sorgte für eine leise Fahrt, während man in freiem Gelände die Leistungssteigerung des offenen Rohrs üblicherweise gerne lautstark in Kauf nahm.

Die gesamte 5er Modellreihe war jedoch bereits für das nächste Jahr konzipiert. 1909 sollte das Jahr werden, in dem der Mythos Harley-Davidson geboren wurde ...

Dokument der Firmengründung: Am 17. September 1907 wurde die Harley-Davidson Motor Company eingetragen.

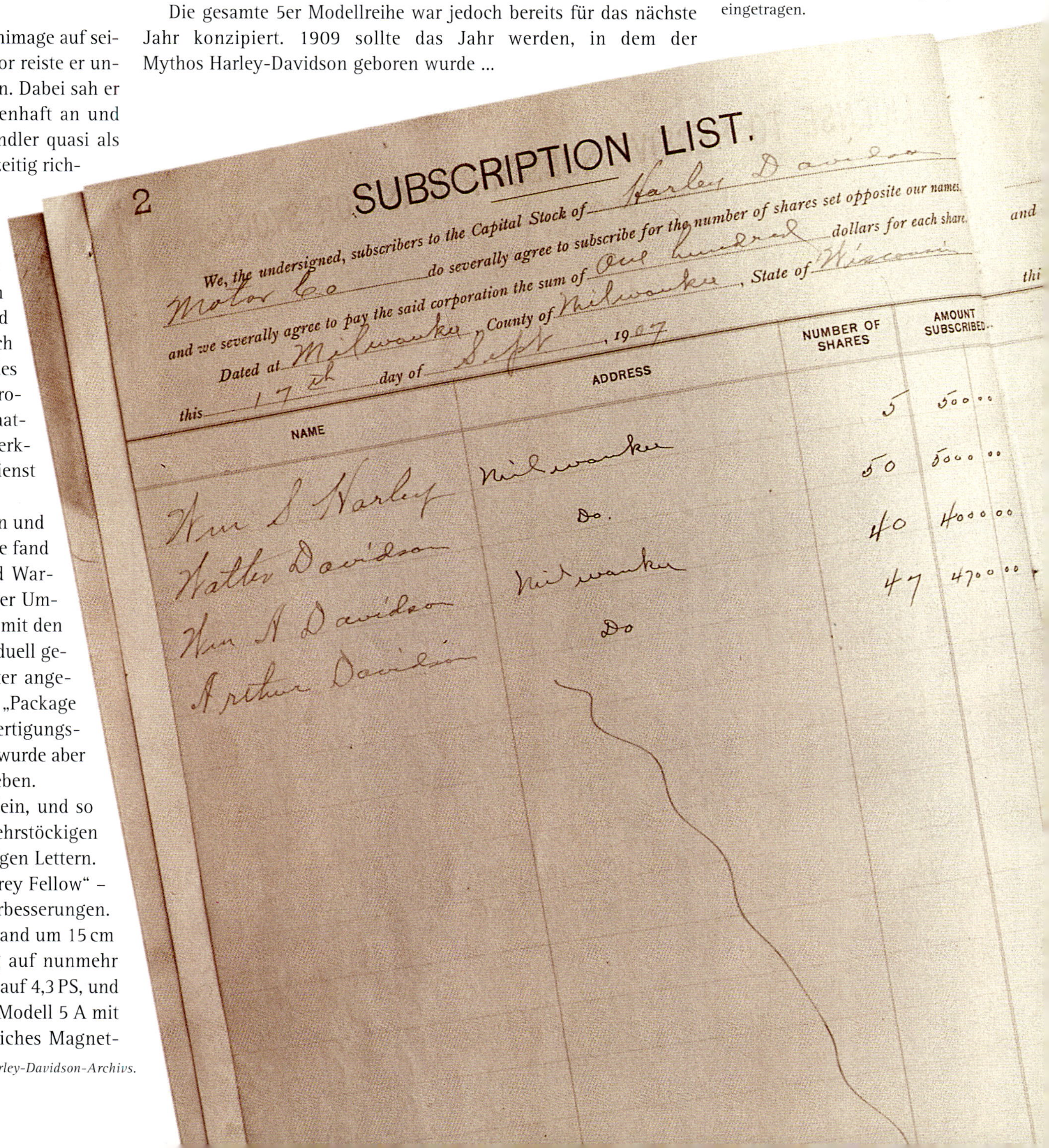
2

SUBSCRIPTION LIST.

We, the undersigned, subscribers to the Capital Stock of Harley Davidson Motor Co do severally agree to subscribe for the number of shares set opposite our names, dollars for each share, and we severally agree to pay the said corporation the sum of One hundred dollars for each share ... County of Milwaukee, State of Wisconsin

Dated at Milwaukee, 1907

this 17th day of Sept

NAME	ADDRESS	NUMBER OF SHARES	AMOUNT SUBSCRIBED
Wm S Harley	Milwaukee	5	500.00
Walter Davidson	Do.	50	5000.00
Wm A Davidson	Milwaukee	40	4000.00
Arthur Davidson	Do	47	4700.00

Das nebenstehende Foto entstand mit freundlicher Genehmigung des Harley-Davidson-Archivs.

Silent Grey Fellow

(1908)

Die 1005 Punkte

Mit einer Sensation zur Nummer Eins in den USA

Der erste Präsident, Walter Davidson, mit dem Erfolgsmodell aus der eigenen Produktion nach seinem Endurance-Sieg.

© Harley-Davidson

1908 schrieb die FAM (Federation of American Motorcyclists), gerade fünf Jahre alt geworden, wieder einmal einen ihrer großen sportiven Wettbewerbe des Ostens aus. Er nannte sich Great Endurance Run und begann in Catskill am Hudson River in Richtung Brooklyn, um dann in einem Rundkurs auf Long Island zu enden.

Die zweitägige Veranstaltung galt als gnadenlose Materialschlacht ersten Ranges und fand schon deshalb besondere Beachtung in den zahlreichen Magazinen der Fachpresse und bei einschlägigen Motorradsportlern.

Als das Feld von 61 Teilnehmern am Morgen des 29. Juni in die rauhen Catskill Mountains startete, befand sich unter ihnen auch ein bis dahin völlig unbekannter Fahrer aus dem mittleren Westen auf der einzig gemeldeten Harley-Davidson, einer Marke, die ebenso unbekannt war. Keine große Konkurrenz also. Es war der stets an sportlichen Wettbewerben interessierte Walter Davidson, frisch gebackener Generaldirektor und Chefmanager seiner kleinen Motorradfabrik mit gerade mal 35 Angestellten. Unauffällig fuhr er ein normales Einzylinder-Standardmodell aus der bescheidenen eigenen Produktion. Aber schon auf den ersten Abschnitten der schweren Strecke wurde der unbeachtete Neuling zu einer echten Bedrohung für einige Favoriten. Trotz schwierigster Steilstrecken, tief eingefahrener Hohlwege und strapaziöser Feldpfade passierte er Sektion um Sektion und eine Kontrollstation nach der anderen, exakt im Zeitlimit liegend und präzise wie ein Uhrwerk. Dabei erzielte er Höchstgeschwindigkeiten bis zu 80 km/h.

Dasselbe Ergebnis führte er am nächsten Tag vor, als er zusammen mit den noch verbliebenen 46 Teilnehmern den 180 Meilen langen Rundkurs auf Long Island fehlerfrei absolvierte. Damit gewann Walter Davidson – zur großen Verblüffung aller – diesen schwierigen Wettbewerb mit der bis dahin noch nie vergebenen Höchstzahl von 1.000 Punkten. Die enorm beeindruckte Jury verlieh ihm noch fünf Extra-Punkte, die eigentlich nicht vorgesehen waren, als Anerkennung für die beste Dauerleistung.

Aber damit noch nicht genug: Nur eine Woche später nahm Walter Davidson mit demselben Motorrad an einem Economy-Run, einem Verbrauchswettbewerb teil, der über 50 Meilen durch rauhes Gelände bei Roslyn, Long Island, führte. Er erreichte dabei den unglaublichen Rekord mit einem bisher unerreichten Minimalverbrauch von rund einer Gallone auf 188 Meilen, das sind umgerechnet ungefähr 1,4 l/100 km! Die Presse feierte dieses sensationelle Ergebnis enthusiastisch, und Harley-Davidson wurde mit einem Schlag die Nummer Eins unter den amerikanischen Motorrädern.

Später wurde dieser Triumph Basis für eine der erfolgreichsten Werbekampagnen der Firma, und seither bestand ein ganz besonders inniges Verhältnis zur FAM und vor allem auch zu ihrer späteren Nachfolger-Organisation AMA.

Die Geburt eines Mythos

Vom Marquis de Dion zum Harley-V-Twin-Motor

Erster Versuch und noch nicht ausgereift: das legendäre Urmodell 5D von 1909.

Das Foto entstand mit freundlicher Genehmigung des Harley-Davidson-Archivs.

Bereits in ihrer Ausgabe vom 25. April 1908 stellte die angesehene Zeitschrift *The Bicycling World and Motorcycle Review* als letzte Neuheit auf dem Motorradmarkt eine neue V-Twin der Firma Harley-Davidson vor: das Modell 5 D.

Es hatte in etwa dieselben Zylinder wie der robuste Einzylinder: zwei Grauguß-F-Heads, also je aus einem Stück, mit Ventilen, die in Stahltaschen mit Federn steckten, den sogenannten Pocket-Valves. Der Einlaß war noch automatisch – Schnüffelventil – und zu dieser Zeit schon veraltet. Die Technik schien nicht allzu umwerfend zu sein: zweimal 76 mm Bohrung und 89 mm Hub brachten 49,48 Kubikinch und rund 7 PS. Als Vergaser saß ein Schebler, Modell H, zwischen den beiden, im Winkel von 45 Grad zueinander geneigten Zylindern, worauf sich der Name V-Twin gründet, und als Höchstgeschwindigkeit waren 105 km/h angegeben. So weit, so gut.

Es war ein Modellversuch, und die Zeit drängte. Längst war auch in der kleinen Milwaukeer Motorradschmiede der Ruf nach mehr Power unüberhörbar geworden. Eine ganze Reihe konkurrierender Firmen hatte bereits Zweizylinder auf den Markt gebracht und vor allem auf sportlichem Gebiet mit ihnen beachtliche Erfolge erzielt. Speziell bei den immer beliebter werdenden Flat Track Races waren die Twins verdammt schnell. William Harley hatte bereits jahrelang an der Entwicklung eines Zweizylinder-Modells gearbeitet, und nach langen Vorstudien und Versuchen war es 1909 endlich soweit: Die Firma stellte ihre neueste Sensation vor.

Zudem gab es bereits in den Jahren davor einige Privatfahrer, die sich bei Harley Twins bauen ließen, um damit erfolgreich an den Rennen teilzunehmen, einer Sportart, von der die Firmenleitung jedoch konsequent nichts wissen wollte. So gewann im Juli 1908 ein gewisser Harvey Bernard das Hillclimb-Rennen von Algonquin in Illinois auf einer 1000er Harley V-Twin. Dafür engagierte sich Harley-Davidson um so mehr bei Zuverlässigkeitswettbewerben. 1909 führte Walter Davidson ein Team von (privaten) Harley-Fahrern an, die mit Bravour einen 520 km langen FAM Endurance Run von Cleveland, Ohio, nach Indianapolis und zurück – und dies nicht zum ersten Mal! – mit der höchstmöglichen Punktzahl gewannen.

Das Prinzip des Modell 5 D war einfach und nicht unbedingt neu: Die Explosionskraft drückte zwei Kolben gleichzeitig nach unten, die beiden Pleuel gaben sie direkt über einen gemeinsamen Hubzapfen an die Kurbelwelle weiter. Im Prinzip war es immer noch das alte De-Dion-Bouton-Konzept, an dem William Harley festhielt, vorsichtig und konservativ, mehr auf berechenbare Zuverlässigkeit bedacht als darauf, motortechnisches Neuland zu erobern, in dem sich schon so viele konkurrierende Firmen ruiniert hatten. Dennoch – damit war der unsterbliche Harley-V-Twin-Motor geboren. Er wurde Herz und Mythos einer ganzen Motorengeneration und hat sich – unzählbare Male verändert und verbessert, heißgeliebt und oft als veraltet geschmäht – im Prinzip bis heute gehalten.

Das Modell 5 D hatte jedoch seine Tücken. Zwar lief der Motor erwartungsgemäß zuverlässig, seiner ungewohnten Kraftentfaltung hielt jedoch der Keilriemenantrieb nicht stand, er rutschte permanent und war zunächst nicht zu fixieren. Es gab Ärger mit den Kunden, und schließlich wurde das untaugliche Modell wieder vom Markt genommen. Bill Harley suchte in der Zwischenzeit nach einem neuen Transmissionssystem.

So waren die meisten der rund tausend Motorräder, die im Jahre 1909 verkauft wurden, die bewährten und begehrten Einzylinder, und die Stadtpolizei von Pittsburgh war stolz, nicht mehr nur auf einer Pferdestärke zu sitzen, sondern ab sofort ihren Dienst auf den Stahlrössern aus Milwaukee versehen zu können.

Auf einem Kongress der Landpostzusteller RFD (Rural Free Delivery) in Milwaukee nahmen Walter Davidson und Bill Harley die Gelegenheit wahr, dort ihre Motorräder vorzuführen. Die Delegierten waren begeistert, und von nun an waren Harley-Davidson-Motorräder ihre bevorzugten Transportmittel.

1910 wurden 3.168 Motorräder produziert. William S. Harley reichte ein Patent für ein Zweigang-Planeten-Getriebe in der Hinterradnabe ein, das jedoch so nie in Produktion ging. Dafür wurde ein neues Riemen-Leerlaufsystem eingeführt, das 1912 als Free Wheeling den neuesten Stand der Kraftübertragung per Riemenantrieb markierte. Das Ärgernis mit dem rutschenden Riemen, besonders bei Nässe, blieb jedoch bestehen. Zur besseren Sicht im Dunkeln gab es die ersten Acetylenlampen als Sonderzubehör zu kaufen.

Inzwischen hatten sich Motorradrennen – vor allem die wilden Steilwandrundrennen und die sogenannten Dirt Tracks – längst zum favorisierten Volkssport gemausert. Nachdem man eingesehen hatte, daß die ursprünglich für Fahrradrennen gebauten hölzernen Achtel- oder Sechstelmeilen-Velodromes bei den starken Motorrädern besonders für die Zuschauer zu gefährlich wurden, baute man holzbeplankte, kesselartige Viertel- und Drittelmeilenarenen, die man jetzt Motodromes nannte. Sie wurden ungemein populär, ebenso wie die Dirt-Track-Rennen, die auf Pferderennbahnen stattfanden. So wie die wilden Ritter dort feuer- und flammenspuckend, querdriftend und Sand und Staub aufwirbelnd um die Runden donnerten, raste und tobte auch das begeisterte Publikum, das stets das gesamte Geschehen gut im Blickfeld hatte. Wo sonst konnte man aufregendere Unterhaltung so hautnah miterleben? Das Radio war noch unbekannt, die

Hillclimbing gehörte mit zu den ersten großen Attraktionen des Motorradsports.

© Harley-Davidson

Die Start-Zeremonien

Gerade noch atemlos in den Sattel gehopst

„Nach gründlicher Vorbereitung und Durchsicht des Fahrzeugs überzeugt sich der Fahrer, ob genügend Benzin und Öl vorhanden ist, die Zulaufhähne geöffnet sind und alle Schmierstellen sorgfältig gewartet wurden."

So oder ähnlich begann die Anleitung für das „Inbetriebsetzen" eines Motorrads im ersten Jahrzehnt unseres glorreichen technischen Jahrhunderts.

Aber da waren die Zeiten schon vorbei, in denen das Motorrad kräftig und so schnell wie möglich angeschoben werden mußte und der Fahrer nebenherzulaufen hatte, bis der vermaledeite Motor endlich ansprang oder einem letztlich doch die Puste ausging. Mit dem noch verbliebenen Elan hatte der Fahrer zuvor noch mehr oder minder treffsicher in den Sattel zu hopsen und mittels verschiedener Hebel Gaszufuhr und Zündung zu regulieren, um das bockende und spuckende Ungetüm auch weiterhin am Laufen zu halten. Und wehe, wenn er dann plötzlich anhalten mußte oder gar durch eine Steigung zu kräftigem Mittrampeln genötigt wurde ...

Doch jetzt konnte das Motorrad in aller Ruhe auf den hinteren Standbügel aufgebockt und der Motor über einen Riemen angeworfen werden, der durch kräftiges und gleichmäßiges Pedaltreten in Gang gebracht wurde. Nach einer gewissen Anwärmzeit konnte der Fahrer die Kupplung ziehen und das Motorrad von seinem Ständer herunterschieben. Nach dem Aufsitzen brauchte er nur noch durch geschicktes Handhaben von Kupplung, Gaszufuhr und Zündverstellung das Fahrzeug zum kontinuierlichen Fahren zu bewegen. Moderne Zeiten eben.

Spielfilmproduktion steckte noch in den Kinderschuhen, und so schossen die Rennstrecken und Motodromes wie Pilze aus dem Boden. Das lautstarke und rasante Spektakel der Rundkursrennen war zum Hit der Nation geworden, und überall trug man jetzt regionale Meisterschaften aus. Die Werbewirksamkeit der groß publizierten Sieger und Siegermarken war ungeheuer.

Die Firmenbosse von Harley-Davidson konnten sich jedoch nicht für den reinen Rennsport begeistern. In einer Werbeanzeige, die in der Septemberausgabe 1911 der führenden *Motorcycle Illustrated* erschien, gaben sie ihre Meinung kund: „No – we don't believe in racing and we don't make a practice of it, but when Harley-Davidson Owners win races with their own stock machines hundreds of miles from the factory, we can't help crowing about it."* Dies war eines der seltsamsten Anzeigen-Statements.

Doch die ehrenhafte, aber veraltete Fixierung auf reine Zuverlässigkeit war längst überholt – und obendrein äußerst nachteilig für Image und Verkaufserfolg. Excelsior, Indian, Pope, Merkel, Reading Standard oder Thor waren die großen Namen, die in flammenden Überschriften ihre Überlegenheit (im Rennsport) verkündeten. Was zählte es da schon, daß Harley-Davidson wieder mal in dem 225-Meilen-Enduro von Harrisburg nach Philadelphia und zurück gegen die gesamte Konkurrenz mit seinem achtköpfigen privaten Teilnehmerteam – und ohne jegliche Firmenunterstützung – gegen die hochgeputschten Werksmannschaften von Indian, Flying Merkel, Pope und Thor gewann und die ersten drei Plätze herausfuhr!

Indian und Excelsior, die damals die größten Motorradfabriken der Welt waren, konnten woanders – nämlich auf den zuschauerträchtigen Racing Tracks – überwältigende Rennerfolge vorweisen, manchmal gewannen sie neun Zehntel aller Motorradrennen in den USA. Daneben konnte Indian im Sommer 1911 mit seinem vielfach beachteten Dreifach-Sieg bei der Tourist Trophy auf der Isle of Man in der Irischen See glänzen. Die Veranstaltung war bis in die 70er Jahre das berühmteste und schwerste Motorradrennen der Welt. Dieser Sieg bescherte der amerikanischen Marke lange Jahre hohe Exporte nach Europa. Als wahrer Industriegigant verkaufte Indian 1912 nahezu 20.000 Motorräder, 1913 rund 35.000, und mehr als 2.000 Indian-Vertragshändler sorgten weltweit für einen bestens organisierten Vertrieb. Immerhin – Harley hatte inzwischen den Trend der Zeit erkannt und konzipierte 1910 das erste Rennmodell, den Stock Racer 6 E.

„Nein – wir glauben an sich nicht an Rennen und nehmen daran auch nicht teil. Wenn aber Harley-Davidson-Fahrer auf ihren eigenen Maschinen aus Serienproduktion Hunderte von Meilen von der Fabrik entfernt Rennen gewinnen, müssen wir einfach davon erzählen."

Immer mit dabei: Harleys waren auch bei den Farmern außerordentlich beliebt.

Die Technik im Trend

Wir bauen keine speziellen Rennmaschinen mehr, aber …

In den ersten Firmenprospekten und Manuals wies die Company ausführlich auf die neuesten technischen Errungenschaften ihrer jeweiligen Modelle hin (siehe unten).

Der große Durchbruch von Harley-Davidson gelang 1911. Aus heutiger Sicht war es wohl das bis dahin erfolgreichste Jahr der Firmenfrühzeit, was die Technik betrifft. Das Fabrikgelände war wieder einmal zu klein geworden und wurde nochmals verdoppelt – es hatte jetzt 748 m^2. 481 Angestellte fertigten dort 5.625 Motorräder. Langfristige Bankkredite mußten aufgenommen werden, um die enormen Betriebsinvestitionen zu finanzieren, und die ebenso langfristigen Rückzahlungen verschlangen auf Jahre hinaus nahezu die gesamten Gewinne. Dies muß den überaus korrekten Firmeninhabern, die noch dazu ihrer schottischen Knausrigkeit verhaftet waren, wie ein schreckliches Spiel mit dem Feuer vorgekommen sein. Doch letztendlich ging Harley-Davidson wie ein Phönix aus der Asche hervor.

Der neue V-Twin, an dem man im Vorjahr so intensiv gearbeitet hatte, war endgültig konkurrenzfähig geworden. Zusammen mit Henry Melk hatte Bill Harley eine effektive Hinterradnaben-Kupplung entwickelt, die über einen Handhebel oder das Fußpedal betätigt werden konnte. Das Riemenspannen war damit passé, und es gab wahlweise eine Kraftübertragung per Rollenkette, gegen deren Einsatz sich William Harley so lange gesperrt hatte, bis das Problem mit einer zuverlässigen Kupplung gelöst war. Die technischen Maximen – Zuverlässigkeit, Robustheit und Einfachheit –, denen sich die Firma bedingungslos verschrieben hatte, mußten vorrangig bleiben, und das war gut so.

Der V-Twin-Motor hatte noch immer 50 Kubikinch und eine Leistung von knapp 7 PS. Für sein Pleuel wurde Chrom-Vanadium-Hochleistungsstahl verwendet, die Ventile waren aus Nickelstahl. Wichtigste technische Neuerung aber war das nunmehr mechanisch betätigte Einlaßventil. Es wurde durch eine lange Stößelstange über den oben auf dem Zylinderkopf befestigten Kipphebel – (rocker arm) – geöffnet, offenliegend und der ständigen Schmierung per Ölkanne bedürftig. Das Auslaßventil stand – wie bei einem Seitenventiler mit dem Teller nach oben – im unteren Teil des F-Head-Zylinders und wurde direkt von einem Schlepphebel – (lifter arm) – über das ebenfalls unten auf einer Welle liegende Nockenpaar geöffnet. Diese Gegenüberstellung der Ventile – Einlaß von oben, Auslaß von unten – kennzeichnete den IOE-Motortyp (inlet over exhaust), auf deutsch „wechselgesteuert“. Das alte, schwache und ineffektive Schnüffelventil, das durch den Unterdruck im Zylinder geöffnet, das heißt angesaugt wurde, hatte endgültig ausgedient.

Für dieses neue Modell 7D wurde auch noch ein stabilerer Rahmen gebaut, und es gab die Zündung wahlweise mit Magnet- oder Batteriebetrieb.

1912 – nur ein paar Jahre nach ihrer Gründung als bescheidener Handwerksbetrieb – explodierte die Firma und verwandelte sich in eine dynamische Großindustrie: 9.500 Motorräder wurden gefertigt, 1.076 Angestellte standen jetzt bei Harley-Davidson in Brot und Arbeit, viele Zulieferfirmen waren vollauf beschäftigt, und nochmals wurde das Fabrikgelände erweitert – diesmal auf 17.440 m^2 –, ein mehrstöckiger Ziegelbau und diverse Neben- und Lagergebäude mußten errichtet werden, Schichtarbeit gehörte zum Alltag.

Als neues Kommunikationsmittel und zur Verbesserung des Fir-

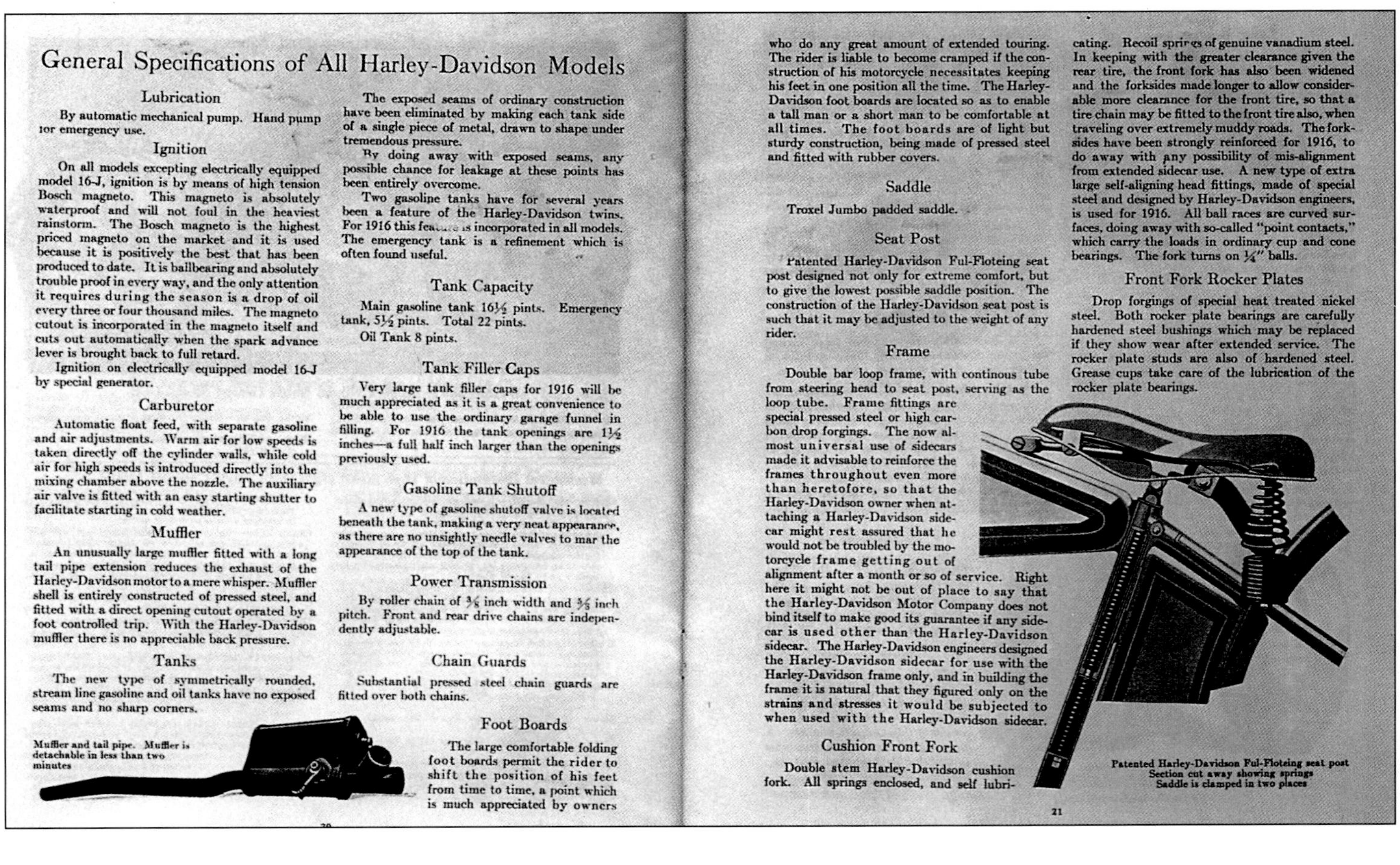

General Specifications of All Harley-Davidson Models

Lubrication

By automatic mechanical pump. Hand pump for emergency use.

Ignition

On all models excepting electrically equipped model 16-J, ignition is by means of high tension Bosch magneto. This magneto is absolutely waterproof and will not foul in the heaviest rainstorm. The Bosch magneto is the highest priced magneto on the market and it is used because it is positively the best that has been produced to date. It is ballbearing and absolutely trouble proof in every way, and the only attention it requires during the season is a drop of oil every three or four thousand miles. The magneto cutout is incorporated in the magneto itself and cuts out automatically when the spark advance lever is brought back to full retard.

Ignition on electrically equipped model 16-J by special generator.

Carburetor

Automatic float feed, with separate gasoline and air adjustments. Warm air for low speeds is taken directly off the cylinder walls, while cold air for high speeds is introduced directly into the mixing chamber above the nozzle. The auxiliary air valve is fitted with an easy starting shutter to facilitate starting in cold weather.

Muffler

An unusually large muffler fitted with a long tail pipe extension reduces the exhaust of the Harley-Davidson motor to a mere whisper. Muffler shell is entirely constructed of pressed steel, and fitted with a direct opening cutout operated by a foot controlled trip. With the Harley-Davidson muffler there is no appreciable back pressure.

Tanks

The new type of symmetrically rounded, stream line gasoline and oil tanks have no exposed seams and no sharp corners.

The exposed seams of ordinary construction have been eliminated by making each tank side of a single piece of metal, drawn to shape under tremendous pressure.

By doing away with exposed seams, any possible chance for leakage at these points has been entirely overcome.

Two gasoline tanks have for several years been a feature of the Harley-Davidson twins. For 1916 this feature is incorporated in all models. The emergency tank is a refinement which is often found useful.

Tank Capacity

Main gasoline tank 16½ pints. Emergency tank, 5½ pints. Total 22 pints.

Oil Tank 8 pints.

Tank Filler Caps

Very large tank filler caps for 1916 will be much appreciated as it is a great convenience to be able to use the ordinary garage funnel in filling. For 1916 the tank openings are 1½ inches—a full half inch larger than the openings previously used.

Gasoline Tank Shutoff

A new type of gasoline shutoff valve is located beneath the tank, making a very neat appearance, as there are no unsightly needle valves to mar the appearance of the top of the tank.

Power Transmission

By roller chain of ⅜ inch width and ⅝ inch pitch. Front and rear drive chains are independently adjustable.

Chain Guards

Substantial pressed steel chain guards are fitted over both chains.

Muffler and tail pipe. Muffler is detachable in less than two minutes

Foot Boards

The large comfortable folding foot boards permit the rider to shift the position of his feet from time to time, a point which is much appreciated by owners who do any great amount of extended touring. The rider is liable to become cramped if the construction of his motorcycle necessitates keeping his feet in one position all the time. The Harley-Davidson foot boards are located so as to enable a tall man or a short man to be comfortable at all times. The foot boards are of light but sturdy construction, being made of pressed steel and fitted with rubber covers.

Saddle

Troxel Jumbo padded saddle.

Seat Post

Patented Harley-Davidson Ful-Floteing seat post designed not only for extreme comfort, but to give the lowest possible saddle position. The construction of the Harley-Davidson seat post is such that it may be adjusted to the weight of any rider.

Frame

Double bar loop frame, with continous tube from steering head to seat post, serving as the loop tube. Frame fittings are special pressed steel or high carbon drop forgings. The now almost universal use of sidecars made it advisable to reinforce the frames throughout even more than heretofore, so that the Harley-Davidson owner when attaching a Harley-Davidson sidecar might rest assured that he would not be troubled by the motorcycle frame getting out of alignment after a month or so of service. Right here it might not be out of place to say that the Harley-Davidson Motor Company does not bind itself to make good its guarantee if any sidecar is used other than the Harley-Davidson sidecar. The Harley-Davidson engineers designed the Harley-Davidson sidecar for use with the Harley-Davidson frame only, and in building the frame it is natural that they figured only on the strains and stresses it would be subjected to when used with the Harley-Davidson sidecar.

Cushion Front Fork

Double stem Harley-Davidson cushion fork. All springs enclosed, and self lubricating. Recoil springs of genuine vanadium steel. In keeping with the greater clearance given the rear tire, the front fork has also been widened and the forksides made longer to allow considerable more clearance for the front tire, so that a tire chain may be fitted to the front tire also, when traveling over extremely muddy roads. The forksides have been strongly reinforced for 1916, to do away with any possibility of mis-alignment from extended sidecar use. A new type of extra large self-aligning head fittings, made of special steel and designed by Harley-Davidson engineers, is used for 1916. All ball races are curved surfaces, doing away with so-called "point contacts," which carry the loads in ordinary cup and cone bearings. The fork turns on ¼" balls.

Front Fork Rocker Plates

Drop forgings of special heat treated nickel steel. Both rocker plate bearings are carefully hardened steel bushings which may be replaced if they show wear after extended service. The rocker plate studs are also of hardened steel. Grease cups take care of the lubrication of the rocker plate bearings.

Patented Harley-Davidson Ful-Floteing seat post
Section cut away showing springs
Saddle is clamped in two places

21

menimages wurde das Händlermagazin *The Harley-Davidson Dealer* herausgegeben. In ihm wurden Verkaufstechniken diskutiert und die besonderen Vorzüge aller Harley-Produkte gepriesen, um der Konkurrenz Überlegenheit zu demonstrieren. Vor allem aber sollten die Verkaufspolitik und ihre Methoden vereinheitlicht werden, denn hier gab es bereits die ersten Differenzen. Als anläßlich des dritten alljährlichen kalifornischen Straßenrennens in Bakersfield und des San José California Road Race (am 8. Dezember 1912) wieder einmal serienmäßige Harley-V-Twins gewannen, war das vor allem auf die tatkräftige finanzielle Unterstützung lokaler Harley-Händler zurückzuführen. Sowohl Fahrer als auch Händler, die einen schweren Stand gegen die übermächtige Konkurrenz hatten, rügten die rennsportliche Zurückhaltung der Firma, obwohl diese sich – sehr zum Verdruß aller engagierten Beteiligten – doch gerne mit deren Erfolgen schmückte. In einer Ausgabe des *Pacific Motorcyclist* vom September 1913 wiederholte Harley-Davidson in einer ganzseitigen Anzeige nochmals seine durchaus verständliche, doch ebenso unglückliche Position: „Werfen Sie uns nicht vor, wenn Harley-Davidson ein Rennen gewinnt, denn wir halten nichts von Rennen. Wir beschäftigen keine Werksfahrer. Wir bauen keine speziellen Rennmaschinen, aber wir glauben, daß die Resultate für sich selbst sprechen.“ Es hagelte Proteste – doch Harley lernte schnell und hatte sich bereits entschlossen, mit voller Kraft in den Rennsport einzusteigen.

Währenddessen wurden die neuen Motorräder erheblich verbessert: Das V-Twin-Modell X8E hatte dank des schon propagierten Free Wheeling eine robuste Rollenkette. Zur Bequemlichkeit trug der als „ful floteing“ bezeichnete Sattel bei, der durch 35 cm lange Spiralfedern in einem Sattelfederrohr bis zu 10 cm Federweg auf- und abschwingen konnte, ein Prinzip, das sich bis zur Einführung der Electra Glides der 60er Jahre gehalten hat!

Ein erstmals perfekt funktionierender Kupplungsmechanismus in der Hinterradnabe unterband das lästige Ruckeln beim Anfahren, eine neue Ölpumpe mit halbautomatischem Unterdrucksystem, die durch eine Tropfendosierung durch ein Schauglas das Öl über ein Ventil ins Kurbelgehäuse spuckte, und eine zusätzliche Handpumpe für den Mehrbedarf bei starker Belastung machten den Motor, der jetzt auf 60 Kubikinch vergrößert worden war, in jeder Hinsicht konkurrenzfähig. Daneben gab es auch noch das etwas schwächere Modell 8D mit dem 49,48-Kubikinch-Motor.

Für 1913 wurde bereits das verbesserte Einzylinder-Modell X8 und 8A gebaut, das Harley auch als Modell 5-35 anbot, wahrscheinlich, weil es 5 PS mit einem 35-cui-Zylinder entwickelte. Es verfügte bereits über das in den Twins verwendete, mechanisch gesteuerte Einlaßventil, Primär- und Sekundärkette, ein zuverlässiges Zweiganggetriebe mit der schon bekannten Hinterradnabenkupplung und einen Bosch-Hochspannungsmagneten, der dann später – kriegsbedingt – durch ein ähnliches amerikanisches System von Remy oder Dixie ersetzt wurde. Sein IOE-Motor hatte 34,47 Kubikinch, was 565 ccm entsprach, und war damit an der Grenze seiner Modifikation angelangt. Aber die vielen Verbesserungen machten den Silent Grey Fellow letztlich doch zur sensationellen Neuheit, die in Testberichten wie auch in der Werbung entsprechend gefeiert und gewürdigt wurde. Farblich blieb man fürs erste bei dem gerade in Mode gekommenen, vornehmen „Schlachtschiff-Grau“, nur die Ausführung der Schriftzüge variierte. 1913 – das Jahr der 9er Modelle – war ein überaus erfolgreiches Jahr, denn inzwischen wurden fast 13.000 Einheiten produziert! Harley-Davidson war zu einem Industrieriesen in der Motorradbranche gewachsen, nur noch von Indian übertroffen. Dabei waren die ersten Zeichen der Rezession nicht zu übersehen. Henry Ford hatte für die Fertigung seines legendären Ford-T-Modells gerade das Fließband installiert. Während man für eine Harley zwischen 200 und 300 Dollar bezahlen mußte und für den familien- und gewerbefreundlichen robusten Seitenwagen nochmals 75 Dollar dazu, kostete der Ford T noch teure 850 Dollar. Im Laufe der Jahre sollte Fords Millionending vom ersten Fließband der Welt ständig billiger werden. Aber die Leute stiegen schon jetzt auf das komfortable Auto um – die Verkaufszahlen lagen 1913 bereits um 30% höher als im Jahr zuvor. Die Motorradindustrie sah sich durch dieses neue Phänomen irritiert, und bald verschwanden viele der ersten Motorradhersteller sang- und klanglos wieder vom Markt. Darüber hinaus war vor dem Ersten Weltkrieg das Motorradfahren außerhalb der nordamerikanischen Städte eher mit heutigem Geländefahren vergleichbar. Ein Straßennetz wie in Europa existierte praktisch nicht, so daß dem Motorradspaß oft enge Grenzen gesetzt waren. Auf den schlammigen Pisten war ein Auto doch leichter zu beherrschen. Nur Indian, Excelsior und Harley-Davidson hatten noch Verkaufszuwächse zu verzeichnen.

1908 stieg die Polizei von Detroit auf Harleys um, und 1909 folgten die Polizeibehörden von Cincinnati ihrem Beispiel, zumindest was den Sommerbetrieb anging – eine folgenreiche Entscheidung, nicht nur für die amerikanische Polizei, sondern auch für Harley-Davidson.

Wurde schnell zum beliebtesten Motorrad: der Silent Grey Fellow mit seinem kraftvollen V-Twin-Motor.

Die Rennen und die Seitenwagen

Als Begeisterung selbst bei den Briten hoffähig wurde

Immer mehr wurden die robusten Harleys auch als Liefer- und Firmenfahrzeug eingesetzt. Hier eine Dokumentation aus den 20er Jahren.

Das Foto wurde freundlicherweise von der Milwaukee County Historical Society zur Verfügung gestellt.

„Das einzige Motorrad mit einjähriger Garantie!" So warb der Londoner Harley-Importeur 1915 für den Silent Grey Fellow.

Rennen hin, Zuverlässigkeitswettbewerbe her – auch in Milwaukee konnte die immer stärker auf Rennsport fixierte Motorradszene nicht mehr ignoriert werden. Motorradmagazine, Lokalzeitungen, Werbebroschüren und Anzeigen waren voller überschwenglicher Berichte und Sensationsmeldungen. Die Schattenseiten, vor allem die der frühen wilden Rennveranstaltungen, wurden zwar weniger bejubelt, doch auch sie trugen wesentlich zum Erfolg einer Marke bei. Besonders bei den extrem gefährlichen Speedbowl Runs in den holzbeplankten „Todeskesseln" hatte es immer wieder tödliche Unfälle und Katastrophen gegeben – eine merkwürdig attraktive Mischung aus Schrecken und Faszination. Lange hatte Harley-Davidson solche marktschreierisch angepriesenen „Volksbelustigungen" als nicht vertretbare Alternative zum Motorradsport angesehen und sich zu Recht von ihnen distanziert – auch wenn sich dort genügend Harley-Fahrer tummelten. Als aber die Flat-Track-Rennen auf den flachen sandigen Pferderennbahnen immer seriöser und vor allem besser organisiert wurden, konnte sich Harley dem Trend nicht mehr entziehen, und das Firmenmanagement entschloß sich – nach heftigen Diskussionen – voll in den attraktiven Rennsport einzusteigen, allerdings mit der gewohnten Gründlichkeit und der gebotenen technischen Perfektion. Dazu holte William Harley im Frühjahr 1912 Bill Ottaway, den Chefingenieur der Thor Motorcycle Division der Aurora Automatic Machine Company aus Aurora, Illinois, nach Milwaukee und gab ihm den Posten des Zweiten Ingenieurs. Bill Ottaway war ein genialer Techniker, und unter der Protektion von Bill Harley war seine große historische Stunde gekommen. Konsequent fing er an, eine perfekte Rennabteilung mit einem optimal gedrillten Racing Team aufzubauen. Zugleich optimierte er die Technik der Rennmotorräder, wobei er kein noch so kleines Detail aus den Augen ließ. Hauptsächlich aber war es der auf der Basis des 61 Kubikinch Pocket-Valve-Motors getunte V-Twin, der in dem II-K-Rennmodell Sixty-One grandiose Erfolge garantierte, ein schlagender Beweis für Ottaways erfindungsreiches technisches

Können und die Disziplin seines Rennstalls. Noch im Jahr 1913 wurden die Rennerfolge des Harley-Davidson-Teams, wenngleich sie auch noch nicht in Spitzenpositionen vertreten waren, weltweit stark beachtet. Für Bill Ottaway war dieses „Trainingsjahr" allerdings erst der Anfang einer legendären Rennkarriere.

Doch auch die normalen Straßenmodelle wurden technisch immer ausgereifter. Die 10er Modelle des Jahrgangs 1914 hatten zum ersten Mal einen sogenannten Step-Starter, ein Kickstarter, der nach vorn getreten wurde. Jetzt konnte der eine Fuß neben dem Motorrad stehen, so daß nicht mehr aufgebockt werden mußte, und mit dem anderen konnte man den Motor über ein Pedal nach vorne antreten. Ein ausgeklügeltes System von Sperrklinken und Nocken verhinderte das Zurückschlagen. Breite, umklappbare Trittbretter wurden montiert, auf denen sich die Füße während der Fahrt ausruhen konnten, und erstmals gab es dazu die nötigen Brems- und Kupplungspedale. Geschaltet wurde mit einem Hebel an der linken Tankseite, eine Stange führte zum Hinterrad, an dessen Nabe das integrierte Zweiganggetriebe und die schon existierende Kupplung saß. Dort war auch noch die einzige Bremse untergebracht – eine für die damalige Zeit recht wirksame Kombination einer Trommel-Backenbremse mit zusätzlich straffbarem Außenband. Angesichts dieser höchst komplizierten technischen Lösung war es erstaunlich, daß niemand bisher auf die einfache Idee einer Vorderradbremse gekommen war.

Da sich immer mehr Familien den preiswerten Luxus eines Motorradabenteuers leisten konnten, wurde der Seitenwagen bald ein Riesengeschäft. Daran waren auch die unzähligen Firmen nicht ganz unschuldig, die die sparsame Kombination längst als ideales Transportmittel erkannt hatten. Zudem machte eine Vielzahl von Transportaufbauten das Gespann zum echten Lieferwagen. Die ständig steigende Nachfrage veranlaßte die Company aus Platzmangel, den größten Teil der Seitenwagenproduktion außer Haus zu geben, und beauftragte damit die schon seit 1910 in diesem Geschäft tätige Firma Rogers aus Chicago. Eine erste Bestellung von 2.500 Stück mit verstärktem Chassis wurde ausgeliefert, aber als 1915 ein weiterer Auftrag über 5.000 Stück kam, konnte Rogers – ebenfalls aus Platzmangel – nur 3.000 bauen. Insgesamt verkaufte Harley 8.500 Seitenwagen im Jahr 1915. Recht erfolgreich war auch die Produktion von Vorsteck-Dreirädern, den sogenannten Fore Cars oder Motorcycle Trucks. Der vierrädrige Cycle Car war dagegen eher ein Kuriosum und wurde auch nicht in allzu großer Stückzahl gebaut.

Mr. Duncan Watson

Einstieg in das Exportgeschäft

Nach einigen längeren und erforderlichen Vorbereitungen wagte sich Arthur Davidson ins Exportgeschäft. Erste Anlaufstelle war, wie nicht anders zu erwarten, Großbritannien, genauer gesagt ein britischer Importeur namens Duncan Watson, der in London Teilhaber der Firma Robertson Motors in der Great Portland Street war. Im Frühjahr 1914 traf die erste Schiffsladung amerikanischer Ein- und Zweizylinder-Harleys dort ein. Allerdings war das Land bereits mitten in den Vorbereitungen zum bevorstehenden Krieg, und die gesamte englische Motorradindustrie hatte ihre zivile Produktion nahezu eingestellt. So versprach sich die Company von den neuen Importen ein gutes Geschäft. Die Presse wurde geladen und zu ausgiebigen Tests ermuntert: Während sie den eher „primitiven" robusten Einzylindern wenig abgewinnen konnte, war sie von den 8 PS starken Big Twins nahezu restlos begeistert. Handlichkeit und Schönheit wurden hoch gelobt, die sanfte Kupplung entzückte die Tester, und die bequeme Sitzposition samt hochklappbaren Trittbrettern verleitete sie zu absolut unbritischen Gefühlsausbrüchen. Nur das Zweiganggetriebe wäre für den Seitenwagenbetrieb noch etwas nachzubessern, und der Einfüllstutzen im Tank sei zu klein. Aber sonst – einfach super! Leider kam der Krieg dazwischen, und nur 350 Motorräder erreichten gerade noch rechtzeitig Großbritannien. Trotzdem versuchte der unermüdliche Duncan Watson noch Filialen in Paris, Amsterdam, Brüssel und Kopenhagen aufzubauen. Vergeblich, denn ab jetzt hatte das Militär in Europa das Sagen.

Mit Siegestrophäe zurück vom Hillclimb: ein Harley-Sportler in typischem Outfit.

Die frühen Rennsporterfolge

Harry Ricardo sorgt für sensationelle 55 PS

Eine große technische Verbesserung stellte das neue Dreiganggetriebe des J-Modells dar.

Unter der großartigen Regie von William Ottaway stieg nun Harley-Davidson voll ins Renngeschäft ein. Gegen eine nahezu übermächtige Konkurrenz – vor allem von Indian, Excelsior, Pope und Thor – konnte Bill Ottaway nur mit systematischer und kompromißloser Zielsetzung angehen. Er holte die besten Fahrer in sein Werksteam, schulte, trainierte und motivierte sie mit genauen Instruktionen zu absoluter Firmentreue und diszipliniertem Verhalten. Der damals schon legendäre Otto Walker wurde Teamchef, dazu kamen unter anderem Floyd Clymer, Harry Brant, Sam Corrento, Harry Crandall, Fred Ludlow, Paul Gott, Irving Jahnke, Ray Weishaar, Jim Davis und ein Superstar – der stets markentreu ergebene und technisch hochversierte „Red“ Parkhurst. Diese außerordentlich intensive und vor allem menschlich sehr erfreuliche Zusammenarbeit hatte nicht nur stetig neue Siege und Rekorde zur Folge, sondern brachte auch das ein, worüber Harley besonders glücklich war: neue technische Verbesserungen in der Produktionspalette, einen gewaltigen Imageschub und damit noch größere Verkaufserfolge.

In den ersten Jahren dieser Aktivitäten – 1914 und 1915 – gab es fast kein Rennen, an dem das Harley-Davidson-Werksteam nicht erfolgreich teilnahm, die meisten gewann es mit Abstand. Ob die überwältigenden Siege des 300 Meilen langen Dodge City Classic, das 300-Meilen-Rennen von Venice, Californien, das 200-Meilen-Rennen von Phoenix, Arizona, oder das 150-Meilen-Rennen von Oklahoma City: das Team rannte erbarmungslos nieder, was seinem Siegeszug im Wege stand, und hatte bald seinen – höchst respektablen – Spitznamen weg: „The Wrecking Crew“. Aber Bill Ottaway hatte nicht nur die besten Fahrer, er hatte auch das beste Maschinen- und speziell Motorenmaterial.

Zwei berühmte Rennfahrer und Freunde: Otto Walker und Dud Perkins.

Als der unter seiner Leitung entwickelte neue Achtventil-OHV-Hochleistungsmotor getestet wurde, gab es immer wieder Zündungsprobleme. OHV (overhead valves, im Zylinderkopf hängende Ventile) waren für höhere Leistungen unverzichtbar. Wenn man wie beim Achtventiler statt zwei sogar vier Ventile pro Brennraum vorsah, ließ sich die Leistung noch weiter steigern. Während Bill Ottaway bei dem ständig verbesserten wechselgesteuerten Pocket-Valve-Zweizylinder wohl an die Grenze der Kraftentfaltung gestoßen war, versprach das neue Prinzip mit seinen je vier in den Brennraum „hängenden“, von oben gesteuerten Ventilen (wie es Oscar Hedstrom schon 1911 bei Indian-Motoren angewendet hatte) wesentlich mehr Power. Man baute dabei auf den epochalen Erfindungen des englischen Motoreningenieurs Harry Ricardo auf, der als Spezialist für Brennraumtechnik galt. Als Bill Ottaway nicht mehr weiterkam, bat er seinen Präsidenten, Walter Davidson, den Motoren-Zauberkünstler aus England einladen zu dürfen. Damit stieß er jedoch bei dem sparsamen Schotten auf Granit, dem die teure Schiffspassage Ricardos und überhaupt das ganze „ausländische“ Engagement nicht schmeckte. Erst als ihm Bill Ottaway eröffnete, daß dann möglicherweise die bisherigen Entwicklungskosten von 25.000 Dollar in den Sand gesetzt seien, gab Walter Davidson nach und genehmigte die „Kosten“. Kurz darauf traf der berühmte Motorenspezialist in Milwaukee ein und machte sich erfolgreich an die Arbeit. Die teure Investition hatte sich schnell gelohnt – das neue Rennmodell 17 mit dem Achtventil-OHV-Motor wurde eine Sensation. Es brachte bei den ersten Testläufen aus seinen 1.000 ccm unglaubliche 55 PS auf den Prüfstand – und das im Jahre 1915!

Hatte Indian noch vier Jahre vorher mit 35 PS den weltweit stärksten Motorradmotor gebaut, konnte Harley-Davidson jetzt den wohl unschlagbarsten Rennmotor seiner Zeit auf den Markt bringen – allerdings mit einem kleinen Schönheitsfehler. Entgegen anderen käuflichen Rennmaschinen – etwa von Indian, die „nur“ 350 Dollar kosteten – war dieser neue Production Racer Sixty-One nicht für jeden zu erwerben, und wenn, dann nur zu dem Wahnsinnspreis von 1.500 Dollar. Harley wollte damit konsequent vermeiden, daß sich publicitysüchtige, aber unerfahrene Nachwuchsfahrer das mörderische Geschoß zulegten und dann durch eventuelle Unfälle dem Image der Firma Schaden zufügten. Für einen erfahrenen Rennfahrer aber war die neue Sixty-One praktisch schon die Garantie für reichlich Siegerlorbeer und damit eine sinnvolle Anschaffung.

Auch auf dem normalen Fertigungssektor war die produktive Kombination der beiden Motorenbauer Ottaway und Ricardo höchst erfolgreich. 1915 erschien zum ersten Mal das Modell J, das eine technisch ständig auf neuesten Stand gebrachte Baureihe mit dem zuverlässigen, wechselgesteuerten 1000er V-Twin-Motor eröffnete, die sich ansonsten unverändert erfolgreich bis 1930 im Angebot hielt. Das neue Modell bot als wichtigste Änderung nunmehr ein robustes Dreiganggetriebe, das unmittelbar hinter dem Motor im Rahmen saß, sowie eine Mehrfachlamellenkupplung – beides kennzeichnete von nun an

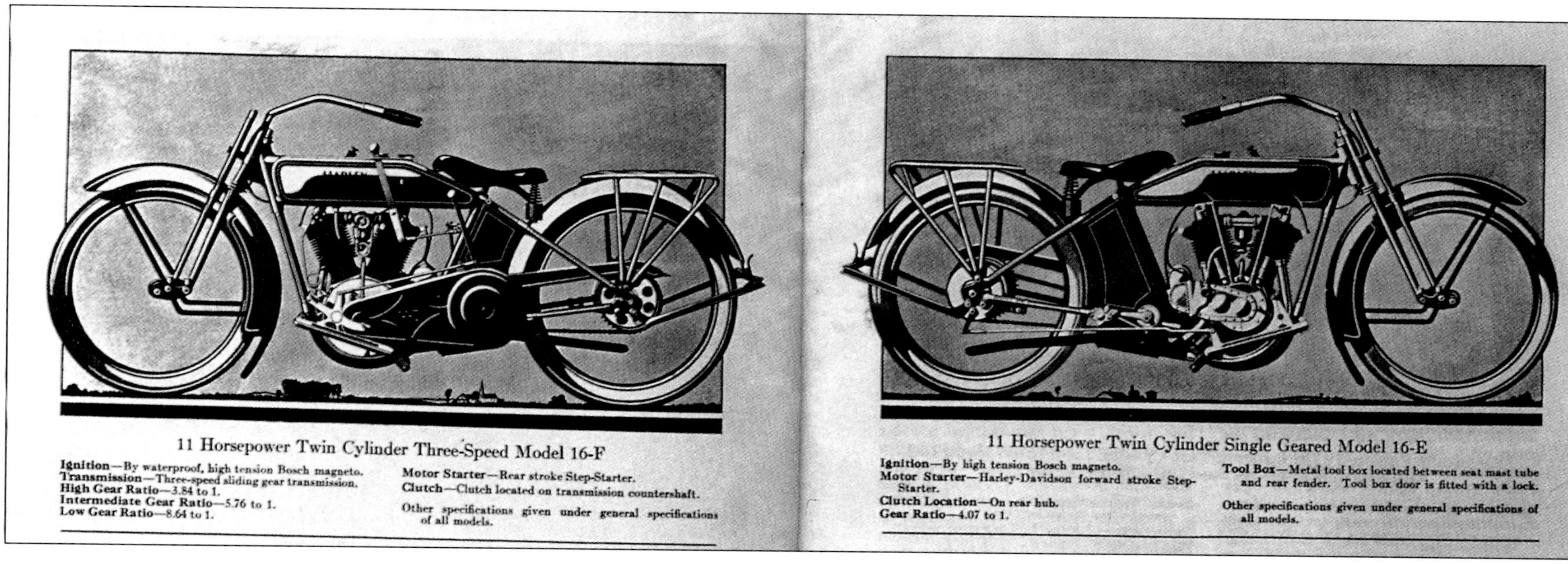

11 Horsepower Twin Cylinder Three-Speed Model 16-F

Ignition—By waterproof, high tension Bosch magneto.
Transmission—Three-speed sliding gear transmission.
High Gear Ratio—3.84 to 1.
Intermediate Gear Ratio—5.76 to 1.
Low Gear Ratio—8.64 to 1.

Motor Starter—Rear stroke Step-Starter.
Clutch—Clutch located on transmission countershaft.

Other specifications given under general specifications of all models.

11 Horsepower Twin Cylinder Single Geared Model 16-E

Ignition—By high tension Bosch magneto.
Motor Starter—Harley-Davidson forward stroke Step-Starter.
Clutch Location—On rear hub.
Gear Ratio—4.07 to 1.

Tool Box—Metal tool box located between seat mast tube and rear fender. Tool box door is fitted with a lock.

Other specifications given under general specifications of all models.

die charakteristische Form des Primärkettengehäuses. Anstatt des Step-Starters bekam das Modell J im Jahre 1916 auch einen echten Kickstarter – kurzum, es war der nunmehr ausgereifte Urahn aller kommenden Harley-V-Twin-Generationen.

Nochmals erreichten die Produktionszahlen phantastische Ziffern: 1914 wurden 16.427 Stück gebaut, 1915 16.493 und 1916 gar 19.924 Einheiten. Dann fielen die ersten dunklen Schatten des Weltkriegs auf die blühende Motorradindustrie: Importiertes Zubehör fehlte, Rohmaterial wurde knapp, inflationäre Preissteigerungen machten der Wirtschaft zu schaffen, und der zivile Markt wurde eng – der Krieg hatte auch Amerika erreicht.

Im Herbst 1916 wurden in Übereinstimmung mit der FAM und den Motorradherstellern alle sportlichen Wettbewerbe eingestellt – zu sehr hatten jetzt militärische Notwendigkeiten den Vorrang.

Damit endete die erste erfolgreiche Rennperiode von Harley-Davidson. Ihre Champions wurden woanders gebraucht …

In der zweiten Dekade des Jahrhunderts profitierte die Harley-Technik enorm von den Rennerfahrungen, hier die Modelle 16 E und F.

Immer erfolgreich, die Mitglieder der berühmten Wrecking Crew: das Venice-Team mit seinem Maskottchen.

Die Feuertaufe

Olivgrün als Signal für patriotische Gesinnung

Vorbereitung für den Krieg: leichte Motorrad-Kavallerie beim Übungsschießen.

Im April 1917 traten die USA in den Krieg ein. Bis dahin hatte man seine englischen und französischen Verbündeten kräftig mit Kriegsmaterial unterstützt, und bereits 1916 bereitete sich auch die Motorradindustrie intensiv auf die erwarteten Rüstungsaufträge vor. Das militärisch olivgrüne Farbdesign wurde Symbol für patriotisches Engagement und stand für eine entsprechende Gesinnung. Indians nicht motorradfahrendes Führungsteam machte den fatalen Fehler, die staatliche – also militärische – Herstellung der zivilen vorzuziehen, und bot der US-Regierung den größten Teil seiner gewaltigen Produktion zu ruinösen Dumpingpreisen an. 20.000 Solomaschinen sollten für nur 187,50 Dollar pro Stück den Militärs verscherbelt werden, die dazu passenden Seitenwagen für 49,50 Dollar das Stück. Der riesigen Händlerorganisation standen kaum noch Kontingente zur Verfügung. Harley-Davidsons Top-Management war da vorsichtiger und bot der Regierung nur etwa 7.000 Maschinen zu einem immer noch profitablen Preis an, während etwa 10.000 Motorräder nach wie vor dem zivilen Verkauf vorbehalten blieben. Erst sehr spät – Mitte 1917 – bot Harley-Davidson dem unersättlichen Moloch von Uncle Sams Kriegsmaschine 50% seiner Gesamtproduktion an.

Insgesamt kauften die Beschaffungsämter der US-Militärs, die seit Pancho Villas Zeiten von der vielseitigen kriegerischen Verwendung überzeugt waren, 26.468 Motorräder von Harley-Davidson, 41.000 von Indian, 2.600 von Excelsior und etwa 200 leichte Zweitakter von Cleveland. Davon wurden knapp 20.000 Maschinen – meist Harleys und Indians – nach Übersee verschifft, doch nur etwa 7.000 dürften den französischen Kriegsschauplatz erreicht haben. Der größere Teil wurde in US-Militär-Camps, bei den Pionieren oder im Lazarett-Zubringerdienst wie auch bei den Nachrichtenverbänden eingesetzt. Einige Maschinen kamen nach Mittelamerika, Kuba, Panama, auf die Philippinen oder fanden (nicht immer militärische) Verwendung bei den amerikanischen Stäben in England. Angeblich soll selbst das zaristische Militär über den englischen Exporteur Robertson 65 Harley-Motorcycle-Trucks als Munitionstransporter nach Rußland importiert haben.

Eines der Hauptprobleme nach der Indienststellung der ersten Motorräder waren die fehlenden Trainings- und Reparaturwerkstätten. Unter der Leitung des Regierungsbeauftragten Thomas Calahan Butler wurden diese schnell eingerichtet, und man rekrutierte dafür insgesamt etwa 3.000 Mechaniker und Instrukteure zu diesen Training & Service Facilities, die aber – weil hauptsächlich an der Ostküste gelegen – bei Kriegsende noch nicht voll einsatzbereit waren. Doch die Idee hatte sich auf einen Schlag durchgesetzt, und unmittelbar nach dem Krieg bauten die großen Motorradwerke ihre eigenen Service Schools auf. Bei Harley-Davidson zum Beispiel war dafür Joseph Ryan zuständig.

Bei Kriegsende hatte Harley keine großen Probleme, sich auf Zivilproduktion umzustellen, seine Modelle waren nahezu identisch mit den militärischen, und die beliebte Farbe Olivgrün hielt sich noch bis in die frühen 30er Jahre. Ein Vertriebsnetz von über 1.000 Händlern sorgte für genügend Absatz.

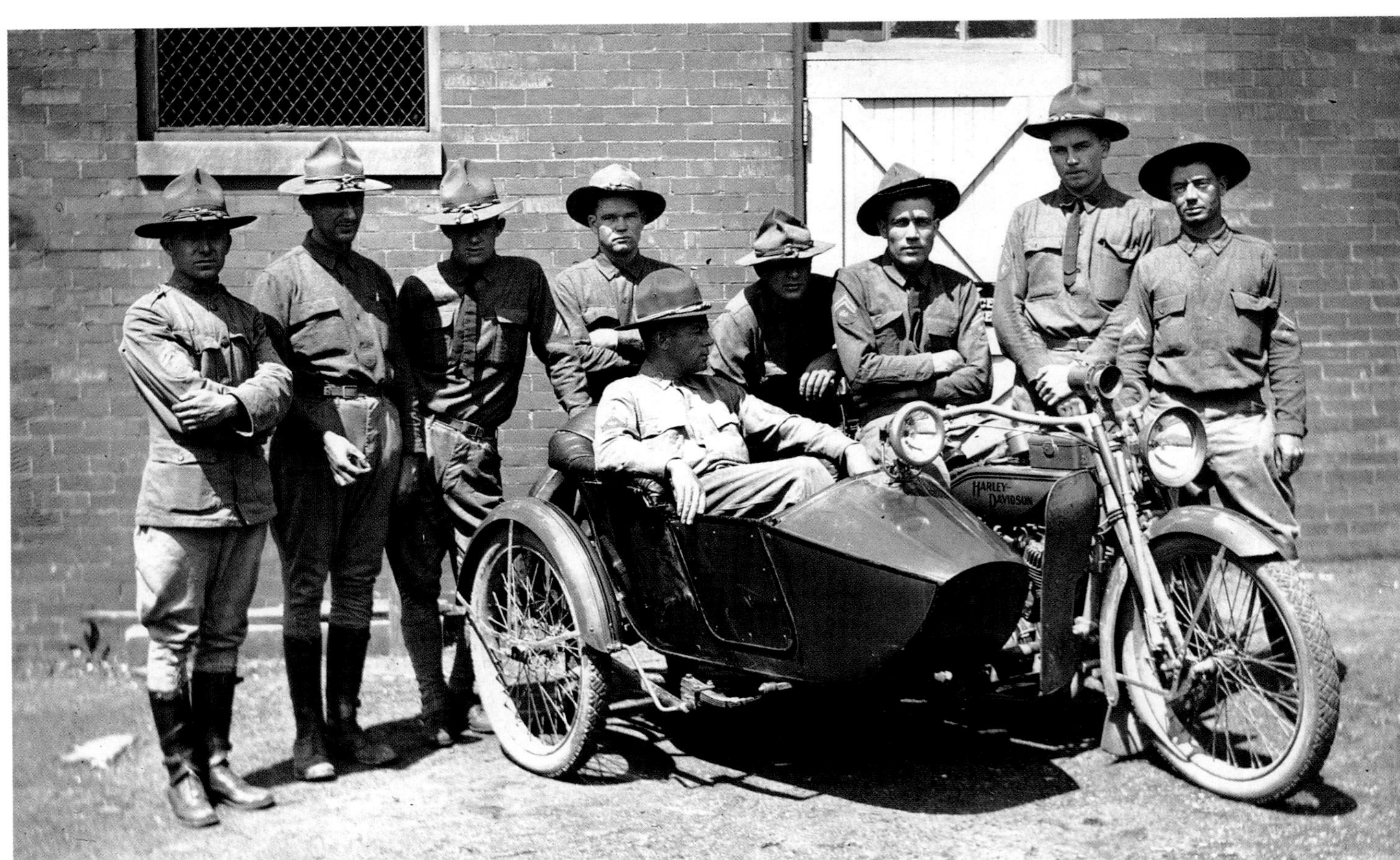

Militärisches Gruppenbild mit Harley.

Alle Fotos dieser beiden Seiten wurden freundlicherweise vom Harley-Davidson-Archiv zur Verfügung gestellt.

Die motorisierten Kampfverbände

Mit Harley-Davidson gegen Pancho Villa

Harley-Davidson hatte Pancho Villa gewissermaßen seine erste Feuerprobe zur militärischen Tauglichkeit zu verdanken. Der „Banditen"-General Pancho Villa – ehemaliger Freiheitsheld und Teilnehmer an der mexikanischen Revolution von 1910 gegen das Diaz-Regime –, verfügte über eine starke Anhängerschaft. Wütend über die amerikanische Unterstützung der amtierenden mexikanischen Regierung, fiel er 1916 entlang der Grenzlinie in einige amerikanische Städtchen von New Mexico ein und plünderte und brandschatzte. Bei einem Überfall auf die Stadt Columbus jedoch gab es 19 Tote, was die USA beinahe an den Rand eines Krieges brachte. Mexikos Präsident Francisco I. Madero, dessen marode Truppen unfähig waren, Pancho Villas Yaqui-Indianer-Stützpunkte zu erobern, gab der US-Regierung die Genehmigung, im eigenen Land militärische Operationen durchzuführen, in der Hoffnung, den Rebellenführer zu fangen und dem Spuk ein Ende zu bereiten. Die U.S. Army sandte daraufhin eine Strafexpedition unter der Leitung von General J. J. „Black Jack" Pershing mit 20.000 Mann über den Rio Grande. Zu seiner Ausrüstung gehörten zum ersten Mal schnelle motorisierte Verbände, die für den fliegenden Einsatz in unwegsamem Gelände gedacht waren. Darunter waren etwa gleich viele Indian- und Harley-Davidson-Motorräder und ein paar Excelsior-Maschinen, die sowohl als Solomotorräder wie auch als Gespanne eingesetzt wurden. Teilweise waren sie schwer gepanzert und mit montierten Schnellfeuergewehren und leichten Geschützen versehen. Man nannte sie Mounted Infantry oder auch Motor Mobile Infantry, und sie wurden überall dort eingesetzt, wo der schwerfällige Militärtroß nicht mehr weiterkam. Leider vergeblich, sie konnten Pancho Villa und seine Leute nicht fangen. Der war übrigens stolzer Besitzer einer Indian und kannte sich in der motorradrelevanten Kriegsführung und vor allem in seinen heimatlichen Bergen aus. Immerhin zogen die Militärs aus dieser ziemlich erfolglosen Expedition ihre taktischen und logistischen Lehren. Besonders beeindruckt waren sie von der Beweglichkeit und Zuverlässigkeit der motorradfahrenden Einheiten und ihrer Maschinen.

Fertig zum Einsatz: Outfit eines Militärgespanns.

Die überlegenen US-Motorräder

Harley-Davidson, wenn das Beste gerade gut genug ist

Zu Beginn des Ersten Weltkriegs war die amerikanische Motorradindustrie in der Welt führend. Dafür gab es einige gute Gründe. Zunächst waren ihre Produkte auf extreme Zuverlässigkeit und größtmögliche Bequemlichkeit ausgelegt. Zur Überwindung riesiger Entfernungen unter denkbar schlechtesten Bedingungen – auf fast unpassierbaren Straßen bei jedem Wetter – brauchten die Maschinen Kraft und Robustheit, also stabile Fahrwerke, gute Vorderradfederung (bereits existierende Hinterradfederungen wie beim deutschen NSU-Heeresmodell verschlechterten die Fahreigenschaften drastisch) und zuverlässige, starke Motoren. Eine stets funktionierende elektrische Ausrüstung war dabei ebenso wichtig wie dicke Reifen und sinnvolles Zubehör – kurz: Amerikanische Motorräder waren rundum praktisch.

Ein weiterer Grund lag in dem amerikanischen Standardsystem. Seit den waffentechnischen Erfahrungen aus der Zeit des Bürgerkriegs galt die Austauschbarkeit – also die Standardisierung aller technischen Teile – als oberstes Gebot, einschließlich Werkzeug und Fertigungsmaschinen. Während man sich in Europa die immer komplizierter werdenden Patente um die Ohren schlug und ständig neue Formen erfand, konnte man in Amerika jahrzehntelang praktisch unverändert jedes Ersatzteil in jedem Hardware Store erstehen und sicher sein, daß jede Schraube oder jeder Schraubenschlüssel überall paßte. Dieses Prinzip der Austauschbarkeit war zudem nicht nur für die Kunden von Vorteil, sondern ebenso für Hersteller und Händler.

Auch in London waren Werber unterwegs, um Freiwillige zu rekrutieren.

Als der Erste Weltkrieg ausbrach, war die europäische Motorradindustrie bereits in den eher destruktiven Sog der militärischen Fertigung geraten, während man sich in den USA nach wie vor den zivilen und sportlichen Bedürfnissen widmen konnte. Auch einer der Gründe, warum die amerikanische Motorradindustrie ein weltmarktbeherrschender Gigant geworden war. Daran hatten besonders die drei Superfirmen Indian, Excelsior und Pope Anteil, die von Anfang an mit genügend Kapital, Grundbesitz und gut eingerichteten Herstellungsfabriken ausgestattet waren.

Anders als in Europa unterschieden sich die gängigen amerikanischen Motorradmarken im Prinzip gar nicht so sehr voneinander. Das typisch amerikanische Motorrad zwischen 1914 und 1918 hatte einen kraftvollen, zuverlässigen Motor, ein einfaches Dreiganggetriebe, Kettenantrieb, eine ausgezeichnete Vordergabel, einen Drehgriff fürs Gas und einen für die Zündverstellung, einen bequemen, breiten und gut gefederten Sattel, komfortable Trittbretter und überdimensionierte, dicke Reifen. Damit waren sie ideal ausgestattet für strapaziöse Fahrten unter extremsten Bedingungen. Gerade das war auch der ausschlaggebende Vorteil für ihre militärische Verwendbarkeit. Und hier kommen wieder die Motorräder von Harley-Davidson ins Spiel, Motorräder, die von Anfang an konsequent für die Bedürfnisse ihrer Kunden und Käufer entwickelt und gebaut worden waren, ehrlich und seriös vermarktet. Diese stets überzeugend eingehaltene Geradlinigkeit brachte Harley bald an die Spitze einer riesigen Motorradindustrie, die sich bereits in unzähligen Motorradmarken mit etwa denselben Kriterien etabliert hatte: Flying Merkel, Henderson, Reading-Standard, Pierce-Arrow, Yale, Thor, Dayton, Curtiss, Peerless, Militaire, Cyclone oder Schickel, um nur einige der wichtigsten zu nennen. Für die militärischen Beschaffungsämter, die ein gewaltiges Auftragsvolumen zu vergeben hatten, war jedoch nur das Beste gut genug, einschließlich einer nachweisbaren Herstellerkapazität. Harley-Davidson war mit dabei.

Die mißglückte Mission

Im Stabsquartier der Fünften Bayerischen Division

Im Zuge patriotischer Verherrlichung der heroischen Harley-Davidson-Kriegserlebnisse gab es ein berühmtes und vielfach publiziertes Foto, das ein Motorradgespann neben einer langen militärischen Pferdewagenkolonne zeigt, welche sich offensichtlich auf dem Rückzug befand. Die handschriftliche Notiz „The first Yank and Harley-Davidson to enter Germany" war mit dem Vermerk 12. November 1918 versehen, einen Tag nach dem historischen Datum des Waffenstillstands. Ort und Fahrer waren unbekannt.

Erst als im Jahre 1943 ein älterer Herr in die Redaktion des *Enthusiast* kam und um ein paar Belegexemplare bat, stellte sich heraus, daß es sich bei dem Fahrer um den Geschäftsmann Roy Holtz aus Chippewa Falls in Wisconsin handelte, der damals als Meldefahrer der U.S. Army im Range eines Korporals auf dem Harley-Davidson-Gespann gesessen hatte. Und dann erzählte Mr. Holtz seine ebenso erstaunliche wie amüsante Geschichte: In der Nacht des 8.November 1918 wurde der Korporal beordert, seinen Leutnant auf einer nächtlichen Mission zu chauffieren. Sie standen kurz vor den deutschen Linien bei Spa in Belgien und erwarteten stündlich den Waffenstillstand. Die beiden verschwanden mit ihrem Harley-Gespann – der Herr Leutnant im Beiwagen – in der regenverhangenen Finsternis, und der forsche Befehlsträger verlor rasch die Orientierung. Korporal Holtz, der aufgrund seiner vielen Meldefahrten die Gegend gut kannte, war sich klar darüber, daß sie direkt auf die feindlichen Linien zufuhren, wurde aber barsch angewiesen, sein Maul zu halten und gefälligst den Befehlen zu gehorchen. Schließlich sahen sie von einem Hügel aus Licht in einem Bauernhaus, und Korporal Holtz wurde beauftragt, dort nachzufragen, wo man sei. Wütend klopfte Holtz an die Tür, und als ihm geöffnet wurde, starrte ihn eine Gruppe deutscher Offiziere entgeistert an, die gerade um einen großen Kartentisch stand. Er war direkt in das Stabsquartier der Fünften Bayerischen Division geraten. Mit einer gewissen Genugtuung holte er seinen „Buddy" und nunmehr gewesenen Leutnant herein, um mit ihm eine reichlich absurde Gefangenschaft anzutreten.

Da Holtz zum allgemeinen Erstaunen gut deutsch sprach, wurde er von einem freundlichen General verhört und mit höllisch scharfem Kartoffelschnaps bewirtet. Anschließend wurden die beiden Unglücksvögel zum deutschen Hauptquartier nach Spa beordert. Ein deutscher Leutnant hatte das peinvolle Vergnügen, sie auf dem harten Gepäckträger ihres Harley-Davidson-Gespanns dorthin zu dirigieren, und der rachelüsterne Korporal Holtz ließ bei der frustrierenden Fahrt kein einziges Schlagloch auf der ohnehin schon schlechten Strecke aus.

Drei Tage später war der Krieg zu Ende, und die beiden schon als vermißt gemeldeten Irrläufer konnten wieder zu ihrer Einheit zurückkehren. Auf dem Weg dorthin wurden sie noch einen Tag lang in einem kleinen belgischen Grenzdorf überschwenglich als die ersten Befreier gefeiert. Dann ratterten sie auf holprigen Pflasterstraßen Richtung Westen, zurück zu den Alliierten. Bei dieser Fahrt an den endlosen Kolonnen der geschlagenen deutschen Armee vorbei, die nach Deutschland zurückfuhren, entstand wohl dieses Foto.

Werbebild für die U.S. Army: die ersten Kradschützen im Training.

Das berühmte Bild des Korporal Holtz in Flandern.

Aufmarsch einer motorisierten Einheit der U.S. Army im Ersten Weltkrieg.

Der Welt größte Motorradfabrik

Biker-Mythos aus einem denkmalgeschützten Haus

Ununterbrochen verlassen gutverpackte Harleys in ihren Transportkisten das Werk.

Hurra – der Krieg war gewonnen, die tapferen Helden kehrten – so sie überlebt hatten – mit stolzgeschwellter Brust zurück, und alles lief bestens.

Bei Harley hatte man keine große Mühe, in die zivile Produktion zurückzukehren, die Modelle waren fast identisch mit den militärischen, und selbst all die Harley-Twins aus ehemaligen Militärbeständen, die jetzt weit unter Wert weiterverkauft wurden, schadeten dem Geschäft nicht. Anders bei Indian. Dort war beinahe alles auf militärische Belange umgestellt worden, und jetzt fehlten die nötigen Kontingente für den überlebenswichtigen Inlandverkauf. Der clevere und weitsichtige Arthur Davidson brachte das erstaunliche Kunststück fertig, viele durch diese Krise in Not geratene Indian-Händler auf seine Seite zu ziehen, und bot ihnen als Rettung an, nunmehr – exklusiv, versteht sich – Harleys zu verkaufen. Damit legte Harley-Davidson den Grundstein für das größte Händlernetz in Amerika.

Die gewaltige Vertriebsorganisation wurde straff geführt. Erfolg und Loyalität der Händler wurden genauestens überwacht, die jährlich zu erneuernde Firmenvertretung (Franchise) nur dann gewährt, wenn die ausführlichen Berichte der vielen Bezirksvertreter entsprechend positiv ausfielen. Andererseits halfen diese District Representatives allen Händlern bei technischen und kaufmännischen Problemen und berieten sie in finanziellen Dingen und bei größeren lokalen Operationen.

Die PR-Abteilung des Werkes versorgte ihre Händler großzügig mit Werbebroschüren, Katalogen, Handbüchern und Reparaturanleitungen sowie sonstigem verkaufsträchtigen Anschauungsmaterial. Jeder Käufer wurde mit einem ausführlichen Owners Manual ausgestattet und bekam zusätzlich kostenlos das Firmenmagazin *Enthusiast*, das jetzt in einer Auflage von monatlich 50.000 Stück herauskam. Das exklusive Zubehör und die schicke Harley-Bekleidung konnte man nur bei autorisierten Händlern kaufen. Umfassende Werbekampagnen in populärwissenschaftlichen und Hobbymagazinen ergänzten diese Marketingstrategie.

Als Gegenleistung wurde bedingungslose Loyalität zur Firma erwartet. Der neue, wichtige Posten eines PR-Managers wurde geschaffen und dem bekannten Motorradpionier Julian C. „Hap“ Scherer übertragen, den man von den Firestone-Reifenwerken geholt hatte.

Aufgrund der vielversprechenden Prognosen gaben die vier Generaldirektoren ihre bisher so sorgfältig gepflegte, umsichtige und sparsame Firmenpolitik auf und wagten den Sprung in eine bisher unbekannte Größenordnung. Mit einem immensen Kreditvolumen ihrer Hausbank Marshall & Illsley ausgerüstet (man sprach von drei Mio. Dollar), wurde noch im Spätherbst 1911 mit dem Bau eines gewaltigen L-förmigen Fabrikkomplexes an der Juneau Avenue begonnen, der 1914 vollendet wurde. Mit einer Gesamtfläche von 55.574m² und bis zu sechs Stockwerken dient dieser Bau auch heute noch als – unter Denkmalschutz stehendes – Firmenhauptquartier. Das Werk wurde nach modernsten Gesichtspunkten konzipiert und mit neuesten

Motorenproduktion im Werk: hier werden die Zylinder überprüft.

Alle Fotos dieser beiden Seiten: © Harley-Davidson

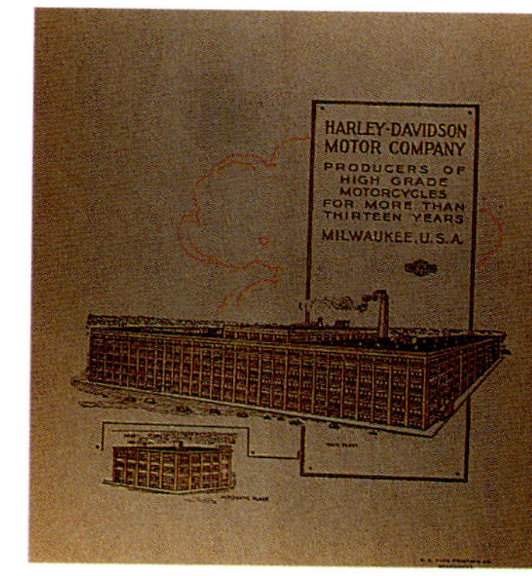

Das riesige Werk wurde gerne auf Firmenprospekten und Katalogen abgebildet, schon um eine Demonstration der Produktionskapazität zu vermitteln.

automatischen Maschinen bestückt. 2.400 Arbeiter und Angestellte in 96 Abteilungen konnten nun bis zu 35.000 Motorräder jährlich produzieren. Damit wurde Harley-Davidson – gewissermaßen über Nacht – zum größten Motorradhersteller der Welt, und die vier unermüdlichen Firmengründer konnten sich – gerade mal nach einem guten Jahrzehnt – zur „Nummer Eins" gratulieren.

Das eisern eingehaltene Prinzip, nur höchste Qualität zu fertigen, wurde bis zur letzten Perfektion verfeinert, jede auch noch so kleine Neuerung floß in die Produktion ein, sobald sie sich im Test erfolgreich bewährt hatte. So kündigten die Firmengründer kurzerhand die bisher gute Zusammenarbeit mit der Firma Remy, deren elektrische Erzeugnisse nicht mehr dem geforderten Standard entsprachen, und entwickelten eigene Zündanlagen und Generatoren.

Als die neue Harley-Elektrik immer noch Probleme machte, warb man George Appel, einen erfahrenen Elektroingenieur von Remy, ab. Durch sein Know-how wurden die Modelle der J-Serie erfolgreich verbessert. „J" stand für die elektrische Ausführung mit Batteriezündung, Beleuchtung und Hupe, die F-Serie gab es weiterhin mit Magnetzündung. Die gesamte Produktion konzentrierte sich zunächst auf die wechselgesteuerten 1000er V-Twins.

1919 wurde mangels Nachfrage der Einzylinder vom Markt genommen und nur noch bis zum Jahr 1924 als kommerzielles Modell CD mit dem 350-ccm-Motor auf Sonderwunsch ausgeliefert. 1920 wurden weltweit 28.000 Motorräder von Harley-Davidson verkauft – ein nie dagewesener Höhepunkt in der steil nach oben steigenden Erfolgskurve.

Bei der Massenanfertigung einzelner Teile wurde auf sorgfältige Überprüfung geachtet.

Die sechsstöckige Werksanlage an der Juneau Avenue Anfang der 20er Jahre.

Herstellung der Rahmen.

Die Sport Twin

Kreuz und quer durchs Tal des Todes

© Harley-Davidson

Im April 1919 wartete Harley-Davidson mit einer Sensation auf. Die Company brachte ein neues, völlig untypisches, um nicht zu sagen reichlich exotisch anmutendes Allround-Motorrad auf den boomenden Markt, von dem sowohl Manager als auch Konstrukteure annahmen, er habe sich inzwischen grundlegend geändert.

Das neue Mittelgewicht hatte einen 600 ccm starken Längs-Twin-Boxermotor (flat twin) mit integriertem, aufgesetztem Dreiganggetriebe mit einer Mehrfachlamellen-Naßkupplung, der tief als tragendes Element in einem unten offenen Keystone-Rahmen hing. Der Kettenantrieb befand sich in einem rundum geschlossenen Kettenkasten, das Motorrad wog 120 kg, hatte etwas über 6 PS und sollte gute 80 km/h schnell sein. Seine ausgezeichnete Straßenlage, die aus dem tiefen Schwerpunkt des Boxermotors und dem steifen Rahmen resultierte, wurde noch durch eine neue Cushion-Trapezgabel verstärkt. Es nannte sich vielsagend Sport Twin und bekam die Modellbezeichnung W (WJ mit elektrischer Ausstattung). Für Experten sah es ein wenig wie die in den USA nahezu unbekannte britische Douglas aus, aber es hatte so viele technische Neuerungen, daß man bei näherem Hinsehen schnell eines Besseren belehrt wurde. Die neue Flat Twin war zudem eine technische Ohrfeige für das veraltete, Douglas nachgebaute Längs-Twin-Modell 0 von Indian, das als 3-PS-Leichtkraftrad seit 1917 ziemlich erfolglos war.

Unverzüglich machte sich der neue Publicity-Manager Hap Scherer daran, die Zuverlässigkeit und Schnelligkeit der neuen Sport Twin unter Beweis zu stellen. Dazu bediente er sich der gerade allgemein beliebten und publicityträchtigen Langstrecken-Rekordfahrten quer durch Amerika, wie sie vor allem vom Star der Szene, „Cannonball" Baker, recht wirksam zelebriert wurden. Am 21. Juni 1919 fuhr Hap Scherer eine vom Werk präparierte Sport Twin von der kanadischen Grenze nach Tijuana, Mexiko, und setzte einen neuen Rekord in diesem als Drei-Flaggen-Rennen bekannten Wettbewerb von 64 Std. und 58 Min. über die Distanz von 2.718 km. Dabei hielt sich hartnäckig das Gerücht, damals hätten die südkalifornischen Harley-Händler mit den sonst recht rüden Verkehrspolizisten, die jede Geschwindigkeitsübertretung unnachsichtig bestraften, die „Absprache" getroffen, bei ihrer Marke einfach wegzusehen, um den verkaufsfördernden Sieg nicht zu gefährden ...

Im Frühjahr 1920 setzte Hap Scherer noch eins drauf und unterbot den bestehenden Rekord Floyd Clymers (auf Henderson Four) mit Hilfe des begeisterten Harley-Händlers Walter W. Whiting auf der 1.969 km langen Strecke von Chicago nach Denver um 16,5 Stunden.

Wirklich berühmt wurde die Längs-Twin aber, als der Outdoor-Pionier Edwin Hogg es vorzog, eine mehrwöchige Vermessungsexpedition durch das damals noch völlig unerschlossene Tal des Todes nicht wie üblich mit einer Maultierkolonne, sondern mit einem einzelnen, leichten und geländegängigen Motorrad zu unternehmen – eben mit der neuen Sport Twin. Über 1.450 km fuhr er im Auftrag der Death Valley Railroad, der Tonopah & Tidewater System und der Pacific Coast Borax Company kreuz und quer durch die mörderische Wüste, verschliß lediglich einen Satz Reifen und sandte danach einen überschwenglichen, begeisterten Bericht über das fabelhaft zuverlässige Expeditionsfahrzeug an den damaligen Harley-Davidson-Werbechef Lacy Crolins.

Doch irgendwie biß die neu ins Visier gefaßte Kundschaft – Jugendliche, Studenten, motorradbegeisterte Damen und sportlich ambitionierte Touristen – nicht so recht an: Die supermoderne, avantgardistische Sport Twin erwies sich als Flop. Händler und männliche Fahrer bevorzugten nach wie vor den großvolumigen Macho-V-Twin, fast schien es, als habe sich der Mythos des mächtigen Motors schon zu tief in ihre Herzen gefressen. Schließlich wurde das so hochgepriesene Modell W 1922 wieder aus dem Programm genommen, obwohl es sich im Export recht gut verkauft hatte. Aber das allein rechtfertigte wohl nicht den enormen technischen und finanziellen Aufwand seiner Produktion.

Hap Scherer auf einer seiner PR-Fahrten (Bild oben).

Auch die Post benutzte die zuverlässigen Sport Twins.

© Harley-Davidson

© Harley-Davidson

Titelblatt der Harley-Davidson-Zeitschrift *Enthusiast* vom Oktober 1920.

Die Unbesiegbaren

In Daytona Beach an einem Tag 23 Rekorde

Die ersten Hochgeschwindigkeitsrennen fanden auf hölzernen Board Tracks statt.

Mit einem zur damaligen Zeit ungewöhnlich hohen Jahresetat von 250.000 Dollar nahm die Rennsportabteilung des Werkes bisher nicht gekannte Dimensionen an. Die während des Krieges auf Eis gelegte Wrecking Crew fand sich bald wieder unter der Leitung von Bill Ottaway und seinem neuen Teamchef R. W. Enos zusammen und lief schnell zu Höchstformen auf. Mit Spitzenfahrern wie Jim Davis, Ralph Hepburn, Walter Higley, Fred Ludlow, Otto Walker, Ray Weishaar und natürlich Red Parkhurst gewann sie ein Rennen nach dem anderen und wurde nahezu unbesiegbar.

Neben den bewährten wechselgesteuerten V-Twin-Rennmaschinen kamen nun auch verstärkt die neuen OHV-Achtventiler zum Einsatz. Fast alle bestehenden Rekorde wurden jetzt von Harley-Davidson-Motorrädern gebrochen. Dabei stellte sich heraus, daß weniger die sicher überragende Technik und Zuverlässigkeit der Werksrenner den Erfolg brachten als vor allem die sorgfältige, minutiös durchorganisierte Planung Bill Ottaways vor und während der Rennen. Beim Ascot-Park-Rennen am 4. Januar 1920 in Los Angeles belegte Harley-Davidson die ersten vier Plätze.

Fred Ludlow, Leslie „Red“ Parkhurst und Otto Walker stellten zur Eröffnung der Rennsaison in Daytona Beach am 13. Februar des selben Jahres unter schlechtesten Wetterbedingungen 23 neue Rekorde auf. Nachdem die FAM 1919 wegen Mißmanagement von der AMMA (American Motorcycle Manufacturer Association) aufgelöst und die neue Dachorganisation AMA (American Motorcycle Association) gegründet worden war, waren dies ihre ersten offiziell gemessenen und bestätigten Ergebnisse; darunter der neue Serienmaschinenrekord von 166 km/h über eine Meile und beim Achtventiler von 179 km/h über 7 Meilen.

Im selben Jahr gewann Ray Weishaar mit vier Minuten Vorsprung das neben Dodge City wohl populärste Rennen Amerikas auf dem bestens präparierten 5-Meilen-Rundkurs von Marion in Indiana. Unter dem Jubel der riesigen Zuschauermenge verwies er den bisherigen Favoriten Indian auf den 2. Platz. Indians Chefmanager Frank J. Weschler schüttelte in ehrlicher Begeisterung William Harley und Arthur Davidson, die mit allen Top-Executives angereist waren, die Hände. Eine herzliche Geste, voll sportlicher Fairneß.

Anläßlich dieser Rennveranstaltungen veröffentlichte die Lokalpresse wohl erstmals einige recht aktuell anmutende Warnungen: „An alle Rennbesucher! Seid auf der Hut vor Verkehrspolizei. Denkt daran, daß für alle Motorräder Front- und Rücklichter vorgeschrieben sind und funktionieren müssen, ebenso muß auch der Seitenwagen ein Begrenzungslicht haben. Besondere Vorsicht ist auf der beliebten Schnellfahrstrecke des Old National Trail geboten, da dort Geschwindigkeitskontrollen durchgeführt werden!“

Die Harleyquins

Auch ein Motorrad geht mal in die Luft

Das revolutionäre Notstromaggregat

Natürlich kann eine Harley auch Mehl mahlen

Unter den vielen militärischen Episoden gibt es eine aus dem Spanischen Bürgerkrieg. Anfang der 30er Jahre verkaufte Harley-Davidson über seine Vertretungen in Madrid, Barcelona und Sevilla seine Motorräder sowohl an das faschistische Franco-Regime (was für die Company durchaus peinlich war und geheim bleiben sollte) als auch an die verfassungsmäßige Regierung der Spanischen Republik. Anläßlich der Belagerung des Alcazar durch die Faschisten im Jahr 1936 montierten die verteidigenden Kadetten von einer VL-Maschine Vorder- und Hinterrad ab und ließen den Motor einen Generator antreiben, der das ganze Fort tagelang mit Strom versorgte. Die Kühlung erfolgte durch zwei normale Haushaltsventilatoren.

Eine andere Legende berichtet von einer Getreidemühle, die von einer der beiden im Fort befindlichen Harleys angetrieben wurde und so den Belagerten das Mehl für das tägliche Brot bescherte.

Harley-Davidson hatte, obwohl dies von seiten der Firma nie ein Thema war, eine gewisse Beziehung zu Flugzeugen. Als die britische Tageszeitung *Daily Mail* 1923 einen Wettbewerb für Leichtflugzeuge im Lympne Aerodrome veranstaltete, um das Interesse an preiswerter Luftfahrttechnik zu fördern, schwappte die dabei aufgekommene Begeisterung auch über den großen Teich, wo viele beschäftigungslose Militärflieger aus dem Ersten Weltkrieg sehnlichst auf neue Abenteuer warteten. Nachdem bei der Daily-Mail-Flugschau die Motoren auf 750 ccm begrenzt waren und somit die Tauglichkeit der dabei verwendeten Motorradaggregate dokumentiert wurde, machte sich in Amerika der Flugzeugingenieur Harvey Mummert, der bei den Curtiss-Wright-Aviation-Werken angestellt war, daran, ein wettbewerbsfähiges Ultraleichtflugzeug zu bauen. Da er zugleich begeisterter Harley-Fahrer war, verwendete er als Antrieb einen modifizierten wechselgesteuerten Harley-Twin der J-Baureihe mit 1.000 ccm. Normalerweise waren diese unwuchtig laufenden Motortypen nicht als Flugzeugantrieb tauglich – meist zerschüttelten sie buchstäblich das Fluggerät in der Luft. Nicht so bei Mummerts Sport Plane. Er wuchtete die Kurbelwelle sorgfältig aus und fand heraus, daß die größte Propellereffizienz bei maximal nur 1.800 Umdrehungen lag. Obwohl er mit diesem Leichtflugzeug viele Luftrennen und Airshows erfolgreich absolvierte, blieb es bei dem einen Exemplar.

Mehr Erfolg hatte der Luftfahrtpionier Lester „Les" Long aus Beaverton, Oregon, mit seinem Leichtflugzeug, das später als Harleyquin Plane bekannt wurde. Long konstruierte einen ursprünglich als Bootsmotor konzipierten luftgekühlten Boxer-Zweizylinder, für den er Harley-Zylinder der wechselgesteuerten J-Serie, Kolben und andere Komponenten verwendete. Durch ein verlängertes Pleuel hatte er ein Volumen von 80 Kubikinch, das Kurbelwellengehäuse war eine Eigenkonstruktion. Der ganze Motor wog weniger als 90 Pfund, erzeugte etwa 30 PS bei 2.750 U/min und kostete einbaufertig weniger als 100 Dollar. Anfang der 30er Jahre versuchte Long Harley-Davidson zur Produktion zu überreden, fand jedoch dort kein Interesse. Schließlich produzierte Long einige hundert Motoren in eigener Regie, und die Harleyquin-Leichtflugzeuge waren bald in ganz Amerika als zuverlässig bekannt. Später riß Cessna das große Geschäft an sich.

Offensichtlich gab es noch andere frühe Experimente mit Harley-Flugmotoren, wie etwa der legendäre Dreizylinder-Sternmotor. Kris Kusto berichtete Mitte der 80er Jahre von einem Flugzeugfund mit einem 1928er Harley-Motor, den er aus einer Scheune mit Hilfe des Harley-Experten Bruce Lindsay glücklich und nahezu neuwertig bergen konnte. Auch in den Ausgaben der *Aviation Revue* aus den 20er und 30er Jahren finden sich immer wieder Hinweise auf Ultraleichtflugzeuge mit Harley-Davidson-Motoren.

Sogar die Rote Armee hat gewissermaßen ihre ersten Flugzeugversuche mit Harley-motorisierten Kleinflugzeugen gemacht. In seinem Buch „Ziel des Lebens" berichtet der sowjetische Konstrukteur Alexander Jakolew, wie im Sommer 1925 der damalige Vorsitzende des Revolutionskriegsrats und Volkskommissar Michail Frunse eine Flugausbildungsstätte besuchte. Dort wurden kleine Leichtflugzeuge aus verschiedenen Ersatzteilen zusammengebaut, und weil das Hauptproblem fehlende Motoren waren, verwendete man aus dem Ersten Weltkrieg übriggebliebene Motorrad-Motoren, vorwiegend italienische Anzani-Aggregate, die später der Konstrukteur Tupolew einbaute. Darunter waren auch Harley-Davidson-Motoren mit 13 PS – offensichtlich frühe Twins. Testpilot W. P. Newdatschin führte das Leichtflugzeug Burewestnik (Sturmvogel) vor, das von einem solchen Harley-Motor angetrieben wurde, und flog einige Demonstrationsrunden über den Moskauer Flugplatz. Beide überlebten unbeschadet.

Dreizylinder-Flugzeugmotor mit Harley-IOE-Technik.

(Bes.: Dales Walksler, Wheels Through Time Museum, Mount Vernon, IL/USA)

Der Export

Sir Duncan eröffnet in London einen Harley-Palast

© Harley-Davidson

Anfang der 20er Jahre sahen sich die Firmengründer einer Unzahl neuer Probleme gegenüber, darunter besonders dem drastischen Rückgang der Verkaufszahlen. Diese erholten sich nur mühsam und schwankend: 1922 auf 10.786, 1923 auf 17.046, 1924 auf 17.648 und 1925 wieder rückläufig auf 15.731 Stück. Ursache war die Eroberung des Fahrzeugmarktes durch Henry Ford, dessen T-Modell zum Jedermann-Auto wurde und das Motorrad – wie vor dem Ersten Weltkrieg – wieder zum Fahrzeug von Enthusiasten werden ließ.

Die ausgeweitete Fabrik wurde den Betreibern zunehmend zu einem Klotz am Bein, die Zinsen fraßen nahezu das gesamte Einkommen auf, die großen Konkurrenten Indian und Excelsior brachten bedrohlich erfolgreiche neue Modelle auf den immer enger werdenden Markt, das Händlernetz war nicht mehr zu halten. Doch mit der ihnen eigenen unerschrockenen Hemdsärmeligkeit starteten die gebeutelten Aktionäre eine Serie aggressiver Werbekampagnen, zum ersten Mal auch in großen, überregionalen Tageszeitungen.

Wichtigstes Standbein wurde der Export. Unter der straffen Organisation des Versandmanagers Eric von Gumpert, der eigentlich für die Logistik von Versand und Vertrieb zuständig war, wurden die alten Vorkriegsbeziehungen wieder aktiviert und weltweit ausgebaut. Die wichtigsten Märkte waren Commonwealth-Länder, die niederländischen Kolonien und US-Stützpunkte im Pazifik, Kanada, England, Australien, Neuseeland, Burma, Malaysia, Indonesien, die Philippinen und Südafrika. Auch Europa war nun voll im Geschäft – Irland, Deutschland*, die Niederlande, Belgien, Italien, Spanien, Schweden und Dänemark bestellten Harleys. Broschüren, Handbücher, Kataloge und Reparaturanleitungen erschienen in sieben Sprachen. Der *Enthusiast* wurde 1925 schließlich mit 60.000 Kopien in 115 Ländern verteilt.

Der energische und umtriebige Sir Duncan Watson, Bürgermeister von London und von König Georg V. zum Ritter geschlagen, eröffnete einen prächtigen Verkaufspalast in der Newman Street und machte Pläne für immer neue Satellitenfilialen. Seine Aktivitäten wurden jedoch im Frühjahr 1925 durch eine 33,5%ige Einfuhrsteuer Großbritanniens auf alle ausländischen Motorräder zunichte gemacht. Sir Duncan quittierte seine Dienste bei Harley-Davidson.

**In Deutschland lief der Handel über Georg Suck. (siehe auch: Die deutsche Legende – Ein Stück Motorradgeschichte bei Suck in Hamburg).*

Die Prohibition

Eine Harley als Standardausrüstung der Schmuggler

In den USA überschwemmte die Prohibition das Land mit einer ungeheuren Welle von Korruption und organisierter Kriminalität in bisher nicht für möglich gehaltenen Ausmaßen. Der Schwarzmarkt blühte, die bisher so integren Polizisten degenerierten zu käuflichen Staatsbütteln. Das von Moralisten, verklemmten Frömmlern, aufgebrachten Frauenverbänden und den ewigen Weltverbesserern durchgesetzte Alkoholverbot riß Amerika in ein gesellschaftspolitisches Desaster.

Man mag heute über die Roaring Twenties – die wilden Zwanziger – lächeln, damals jedoch verloren die USA ihre moralische Unschuld, die sie sich mit ihrer großartigen und einmaligen Verfassung so mühsam erkämpft hatten.

Besonders in Milwaukee, der größten Bierbrauerstadt Amerikas, hatte die Prohibition eine verheerende Wirkung. Viele tausend Arbeiter saßen über Nacht auf der Straße, aus ehrbaren Bierbrauern wurden diskriminierte Schwarzbrenner, denn niemand konnte nur mit Sprudel und Fruchtsäften den nach wie vor ungeheuren Durst nach Alkohol löschen.

In dieser Situation kam es den stets vor den allgegenwärtigen Gesetzeshütern auf der Flucht befindlichen „Nacht-und-Nebel-Ganoven" gerade recht, daß Harley-Davidson 1922 das neue, stärkere Big-Twin-Modell JD auf den Markt brachte – mit einem komplett überarbeiteten 1200 ccm IOE-Motor, der mit seinen 18 PS vor allem für den Seitenwagenbetrieb gedacht war. Die neue Seventy-Four (74 Kubikinch) erreichte sogar mit Seitenwagen über 90 km/h, solo konnte man mit mehr als 110 km/h rechnen. Mit diesem Temperament und in Verbindung mit ihrer Wendigkeit und Geländegängigkeit gehörte sie bald zur Standardausrüstung der Alkoholschmuggler. Die wahre historische Bedeutung dieses gewaltigen Dampfhammers aber erlangte die Maschine als Urahn aller späteren Harley-Big-Twin-Generationen.

Nicht nur bei Schmugglern beliebt: das kraftvolle JD-Modell.

Das ganz normale Business

Meetings, Patente, Doppelboote, Exporte

Seitenwagen wurden für die Geschäftswelt in allen möglichen Ausführungen angeboten, zum Beispiel als „Package Truck".

Während die Firmenbosse genau wußten, wie es um die Motorradbranche stand, ignorierte die Fachpresse (die ja von den Anzeigenaufträgen leben mußte) die tatsächliche Situation völlig und überschlug sich in Lobreden, optimistischen Prognosen und ebenso großspurigen wie irreführenden Berichten über Verkaufsrekorde. Der technische Fortschritt wurde mit immer neuen, verfälschten Erfolgsmeldungen propagiert. Man nannte das bezeichnenderweise ein „journalistisches Märchenland".

Als der Herausgeber des Wirtschaftsmagazins *Automotive Industries* Norman G. Shidle 1921 seine realistische Marktanalyse „Where is the Motorcycle Going" veröffentlichte, brach ein Sturm der (gut gespielten) Entrüstung los, offiziell war die Industrie schockiert und vor allem beleidigt. Dabei standen nicht zuletzt durch die jährlich sinkenden Preise für Ford-Automobile und das täglich größer werdende Gebrauchtwagenangebot sogar für Laien die Zeichen deutlich an der Wand! Inoffiziell hatte man längst reagiert. Obwohl vor allem die Harley-Davidson-Bosse weiterhin ihre Abneigung gegen eine wie auch immer geartete Form der Zusammenarbeit mit der Konkurrenz aufrechterhielten, traf man sich doch seit Jahren, mal in New York, mal in Chicago, um die Beziehungen untereinander zu pflegen.

Auf einem dieser Treffen formulierte der prinzipientreue Walter Davidson die Forderung, daß alle Vertragshändler, sowohl von Harley-Davidson als auch von Indian, exklusiv nur eine Marke vertreten sollten. Indians Chef Frank Weschler, der die Probleme seiner Händler wohl kannte, widersprach dem nicht. In der Folge dieser Entscheidung gingen auch weitere, Harley treu ergebene Händler andere Wege, was sich letztendlich im Umsatz doch recht bedrohlich summierte und was Harley-Davidson deutlich zu spüren bekam. Trotz dieser Entwicklungen taten sich aber immer wieder auch andere Geschäftsbereiche auf.

Daß dabei leider viele kleine Motorradhersteller in den Ruin getrieben wurden, war zwar bedauerlich, aber ein typisches Merkmal dieser Zeit des unerbittlichen Wettbewerbs.

1922 kostete das billigste Modell von Harley-Davidson – die 1000er mit Magnetzündung – 295 Dollar, das teuerste – die 1200er JD, elektrische Ausführung – 335 Dollar. Das entsprach in etwa den gleichwertigen Modellen von Indian und Excelsior. Ein neuer Ford war Anfang der 20er Jahre für rund 400 Dollar zu bekommen.

Inzwischen hatte auch die Seitenwagenproduktion immer größere wirtschaftliche Bedeutung für Harley-Davidson gewonnen. 1921 ließ die Company bei ihrem Zulieferer Rogers ein breiteres Boot für zwei Personen bauen. Daß damit illegale Alkoholfässer transportiert wurden, ist kaum anzunehmen, denn die schwerfälligen Transporte wären wohl leicht von den Schnapsjägern geschnappt worden. Generell aber wurde die Seitenwagenkombination als ideale Lösung für schnelle Transport- und Lieferprobleme angesehen. Die Seaman Body Company (später Nash Motors) fertigte die skurrilsten Firmenaufbauten an, wie etwa für Kameras und Schuhe, oder die beliebten Eiskrem- und Süßigkeiten-Kastenstände.

Im Ausland setzte sich dagegen das Transportdreirad durch. Wie Jerry Hatfield berichtet, kaufte ein Beauftragter der Sowjet-Regierung namens Karsow durch Vermittlung des englischen Harley-Vertreters Charles Cartwright 1.200 Seitenwagen-Einheiten über einen New Yorker Bankkredit.

1924 wurde Harley-Davidson gezwungen, seine Seitenwagen wieder selbst zu produzieren, weil nach dem Tod des Firmeninhabers B. F. Rogers der alteingeführte metallverarbeitende Betrieb verkauft wurde und der neue Besitzer sich nach anderen und gewinnträchtigeren Objekten umsah.

Insgesamt war 1924 für Harley-Davidson ein recht aufregendes Jahr. Victor Bendix von der Eclipse Machine Company in Elmira, New York, verklagte Harley wegen einer Patentverletzung einiger Kupp-

Seitenwagen-Sonderanfertigungen gab es in großer Auswahl. Rechts zum Beispiel das Katalogbild eines Exemplars, das für eine Süßwarenfabrik – die Fanny Farmer Inc. aus Rochester/NY – angefertigt wurde.

lungsdetails auf die absolut tödliche Summe von 1,1 Mio. Dollar, vielleicht in der Hoffnung, bei Erfolg die Firma billig übernehmen zu können. Erst fünf Jahre später zog sich Harley-Davidson mit einer Abschlagszahlung von 18.000 Dollar aus der unangenehmen Affäre, die wie ein Damoklesschwert über der Firma hing. Das Kupplungsteil wurde schleunigst geändert, und auch sonst war man ab diesem Zeitpunkt ziemlich sensibel in Sachen Patentrechte, mit denen man vormals recht großzügig umgegangen war.

1927 brach die Firma Ace endgültig zusammen und wurde von Indian übernommen; aus dem Ace-Reihen-Vierzylinder wurde so die später bekannte Indian Four. Der nunmehr freigewordene Ace-Entwicklungsingenieur Everett O. DeLong fand bei Harley mit dem befristeten Geheimauftrag, in völliger Isolation neue Prototypen zu entwickeln, eine neue Anstellung. DeLong konstruierte zunächst einen Vierzylinder-Reihenmotor, der aber wegen zu hoher Fertigungskosten abgelehnt wurde. Auch der recht fortschrittliche V-Four-Motor mit zwei nebeneinander in V-Form angeordneten Zylindern des Typs J auf einem gemeinsamen Kurbelwellengehäuse fand nicht die Zustimmung von William Davidson. Alle Unterlagen, einschließlich der Modelle, wurden vernichtet.

Die Überlegungen der Firmenchefs gingen zunehmend in eine andere Richtung. Beeindruckt von den Verkaufs- und Publikumserfolgen der Leicht- und Mittelgewichtmotorräder bei Indian und Excelsior hofften sie, vor allem im Export solcher Modelle einen zusätzlichen Markt erschließen zu können. William Harley und Walter Davidson sahen sich in Westeuropa um, Verkaufschef Eric von Gumpert in Südeuropa, und Arthur Davidson unternahm eine längere Informationsreise nach Australien und Neuseeland, wo der Motorsport, speziell mit englischen Einzylinder-Maschinen, in Speedway-Rennen (Flat Track Races) ungeheuer populär war.

Auffallende Werbung: eine Milchflasche als Transportbehälter.

Die Alternative zur Einzylinder Prince

Endlich eine Vorderradbremse für die Big Twins

(Rechte Seite, Bes.: Max Middelbosch, Zwolle, NL)

Kaum war die Firma Mitte der 20er Jahre wieder etwas zu Kräften gekommen, wurde die Entwicklungsabteilung beauftragt, schleunigst eine Alternative zum immer erfolgreicher werdenden Einzylinder-Modell Prince – einem 350 ccm starken Leichtgewicht-Seitenventil-Einzylinder von Indian – zu konstruieren.

1926 erschien als Resultat erstmals im Angebot der Harley-Motorräder die sofort heftig propagierte Twenty-One, ein ähnlich wie die Prince konstruiertes, aber technisch überlegenes Leichtmotorrad mit 21 Kubikinch Hubraum. Der ökonomische Seitenventiler, der sich besser verkaufte als das Konkurrenz-Modell und gerne von der Post, Landzustellern und Depeschenfahrern benutzt wurde, kostete als billigste Version 210 Dollar, das sportliche und etwas schnellere (bis zu 100 km/h) OHV-Modell, Modell AA und Modell AB, war für 235 bzw. 275 Dollar zu haben. Beide Motoren hatten, wie auch die Prince, abnehmbare Zylinderköpfe, die Brennräume waren nach Ricardos neuesten Berechnungen gestaltet.

Zwang Harley zum Reagieren: Indians Prince.

Das anfänglich bei hohen Dauergeschwindigkeiten zum Kolbenfressen neigende Seitenventiler-Modell war leicht zu reparieren, aber viele erfahrene Werkstätten bauten vorsorglich statt des anfälligen Graugußkolbens gleich einen besseren aus der Oldsmobile-Autoproduktion ein oder boten begabten Bastlern diesen als „Sonderzubehör" an. Das zuverlässigere OHV-Modell hatte diese Probleme mit seinem modernen Hochleistungskolben aus Aluminium nicht.Später entstand aus dem AA-Modell das berühmte Flat-Track- und Hillclimb-Rennmotorrad mit dem legendären Namen „Peashooter", der sich von dem charakteristischen trockenen Knallen aus den kurzen Auspuffkrümmern ableitete, die wie Schüsse aus dem gleichnamigen Revolver klangen.

Etwa zur selben Zeit wurde in der Rennabteilung unter der Leitung von Arthur A. Constantine an einer wesentlichen Verbesserung der 1000er wechselgesteuerten Motoren gearbeitet. Obwohl die Entwicklungs- und Versuchsabteilung nicht mehr allzuviel investieren konnte und wollte, sah man die Notwendigkeit ein, bei den immer noch dominierenden IOE-Racern technische Neuerungen einzuführen. So gab es schon 1924 eine Doppelnocken-Ventilsteuerung mit vier Schlepphebeln – ein System, das nach erfolgreicher Erprobung im Renneinsatz 1928 als Two-Cam-Version in die Produktionsreihe der J-Modelle übernommen wurde.

Der neue 74 Kubikinch JDH Two-Cam-Motor erschien 1928.

Währenddessen arbeitete Arthur Constantine an einer neuen, verbesserten Konstruktion eines kleinvolumigen V-Twin-Motors, verkrachte sich aber über dieses Projekt mit den Firmenchefs und lief mit fliegenden Fahnen – und allen Konstruktionsunterlagen – zu Excelsior über, wo ihn Ignaz Schwinn und sein leitender Ingenieur Arthur Lemon mit offenen Armen aufnahmen. Wenig später erschien die neue 750 ccm Super X V-Twin auf dem Markt und wurde sofort ein Verkaufshit.

Harley beließ es vorerst bei unzähligen Verbesserungen und Neuerungen an den gut eingeführten Big Twins der J-Modellreihe. Sie bekamen Ballonreifen, eine stärkere Kupplung, einen stromlinienförmigen Tropfen-Tank mit zwei seitlichen Aussparungen für die obenliegenden Einlaßkipphebel, das revolutionäre Alemite-Schmiersystem – eine Trockensumpfschmierung, deren Fördermenge lastabhänging vom Gasgriff reguliert wurde – , Doppelfeder-Gabeln, einen extrem tief gelegten Schwingsattel, Doppel-Schalldämpfer, Meilenzähler und Tacho, und ab 1928 erstmalig auch eine „Vorderrad-Hilfsbremse", die man bis dahin als unnötig, ja sogar gefährlich angesehen hatte. Im selben Jahr gab es dann auch endlich die neuen Two-Cammers (Doppelnocken-Modelle) H – als JH mit 61 Kubikinch und als JDH mit 74 Kubikinch – für jedermann zu kaufen.

Die beiden neuen 21,5 Kubikinch Einzylinder: das kopfgesteuerte Modell BA und das seitengesteuerte Modell A (Bild ganz rechts).

SV Single, Model B

(1929)

Die Big Twins kommen

Zeitlos: die Stars von damals sind die Klassiker von heute

Es mag seltsam erscheinen, daß gerade 1928 – im Jahr der sich bereits deutlich abzeichnenden großen Wirtschaftskrise – Harley-Davidson mit dem Gedanken spielte, einen Reihenvierzylinder-Motor herauszubringen. Vielleicht war es auch nur der Umstand, daß die Company nun in der Lage war, die zum Verkauf stehende, in finanzielle Schwierigkeiten geratene Cleveland Motorcycle Manufacturing Company zu kaufen, die ja seit längerem ein hochwertiges Reihenvierzylinder-Modell baute. Das Management ließ die Idee aber wieder fallen – wahrscheinlich, weil man diesbezüglich ja schon eigene Baupläne entwickelt hatte – und wandte sich einem neuen Projekt zu, das zu den größten Hoffnungen berechtigte. 1929 erschien das wohl erfolgreichste Modell der Vorkriegs- und auch Kriegszeit: die Fourty-Five mit dem neuentwickelten 45 Kubikinch Seitenventiler-Motor, der als unverwüstliche Arbeitsmaschine in großer Serie gebaut und noch bis 1973 im Servi-Car weiterverwendet wurde.

Der Hauptgrund für Harley-Davidson, von den alten F-Head-Motoren zu den neuen, aber nicht unbedingt modernen Seitenventilern zu wechseln anstatt zu den fortschrittlichen OHV-Typen, dürfte wohl in den enormen Erfolgen und dem hohen Beliebtheitsgrad der von Indian gebauten 750er Scouts, der 1000er und 1200er Chiefs liegen: SV-Modelle, die in der Gunst des US-Publikums vorn lagen.

Auch im Rennsport waren die Indian-Seitenventiler oftmals den sonst so hochgepriesenen OHV-Maschinen überlegen. Für den rauhen Alltagsgebrauch und im Langstreckenbetrieb waren den Fahrern die wesentlich ruhigeren und leiser laufenden, robusten SV-Motorräder sowieso viel symphatischer. Mußte man doch die totale Zerstörung eines OHV-Motors befürchten, wenn bei Motorschaden einmal eines der von oben in den Brennraum hängenden Ventile „in den Keller fiel“ – kein sehr angenehmer Gedanke, wenn man sich irgendwo weit draußen befand.

Alles sah zunächst vielversprechend aus – die Fourty-Five, wie sie allgemein genannt wurde, gab es in drei Ausführungen, alle mit elektrischer Ausrüstung und den typischen Doppelscheinwerfern: dem Modell D mit niedriger Verdichtung von 4,3 : 1, robust und zuverlässig, wenn auch ein wenig schwach auf der Brust mit knapp 14 PS, in einer seitenwagentauglichen Ausführung als Modell DS mit einer kürzeren Übersetzung und in dem etwas höher verdichteten Modell DL, sozusagen der sportlichen Version. Dieses hatte eine Kompression von 5 : 1, die später in der Version DLD nochmals auf 6 : 1 erhöht wurde.

Im modernen Outfit mit Doppellampe, Tropfentank und tiefgelegtem Sattel: das seitengesteuerte V-Modell 74 aus dem Jahr 1930.

Generell aber hatten sie alle den bescheidenen 45,32 Kubikinch starken V-Twin-Seitenventil-Motor, der immerhin dem Konkurrenzmotorrad, der etwas schwächeren Indian 101 Scout, technisch überlegen war. Power war damals bei den Speed-Freaks „in".

Das Dilemma war jedoch, daß Harley-Davidson es allen recht machen wollte und zur selben Zeit auch noch eine verbesserte Version der Twenty-One auf den Markt brachte – den neuen 500 ccm seitengesteuerten Einzylinder, das Modell C. Es hatte einen robusten 30,1 Kubikinch SV-Motor mit satten 12 PS, Dreiganggetriebe und wurde schnell unter dem Namen „Baby Harley" bekannt.

Die an sich klug angedachte Vorgabe, sowohl die Einzylinder als auch die V-Twins bis auf den Motor nahezu identisch zu gestalten und damit in fast allen Teilen voll austauschbar zu machen, hatte in der Praxis jedoch ihre Tücken. Das stabile Fahrgestell war für die 500er Single zu schwer und machte sie damit zu langsam. Andererseits waren das für dieses Modell ausgelegte Getriebe und die Kupplung für die Fourty-Five zu schwach.

Von seiten der Händlerschaft hagelte es Beschwerden ins Werk über ständige Probleme mit unzuverlässiger Technik und erboster Kundschaft. Damit nicht genug, erwies sich der Seitenwagenbetrieb mit dem neuen Twin-Modell als ziemliche Katastrophe. Selbst mit einem extra leichten Boot ausgerüstet, konnte es kaum einen zusätzlichen Passagier über die kleinsten Steigungen schleppen. Das änderte sich zum Glück schnell, als Harley noch 1929 seinen ersten Big Twin, das schwere 1200 ccm Seitenventil-Modell VL, vorstellte. Mit gesunden 26–28 PS und stolzen 550 Pfund konnte es sich zu den massiven Schwergewichten zählen – die bisher marktbeherrschende Indian Chief hatte endlich ihren Meister gefunden! Und bis heute ist man sich darüber einig, daß diese von William Harley und Bill Ottaway durchgestylten Motorräder zu den schönsten klassischen Harleys gehören, die jemals gebaut wurden.

Zwar hatte auch die VL (88 mm Bohrung, 102 mm Hub und 1208,19 ccm) noch viele Kinderkrankheiten, aber der große Durchbruch in eine neue Ära war geschafft.

Diese Ära begann jedoch mit einem Paukenschlag, den niemand erwartet hatte: Am Schwarzen Freitag im Oktober 1929 stürzte die Bankrotterklärung der amerikanischen Staatsbank die gesamte US-Wirtschaft in ihre größte Katastrophe – „The Great Depression", die Weltwirtschaftskrise, hatte begonnen.

Die familientypische Umarmung

Gypsy-Touren und Schluß mit den Army-Farben

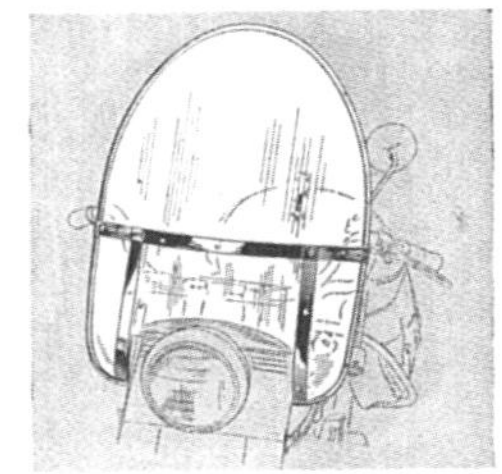

Windshield . . . The ideal shield for the Hydra-Glide. Made of shatter proof Vinilite plastic $18.95

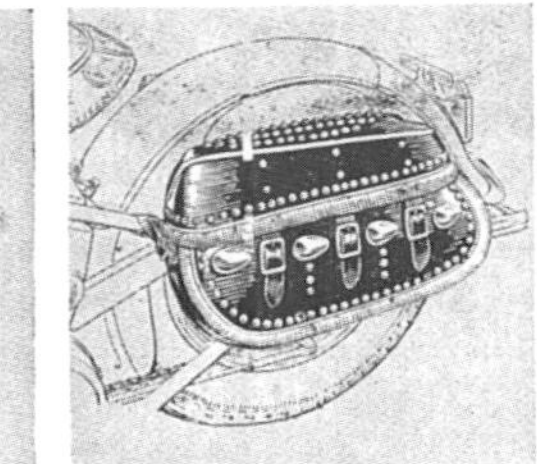

King Saddle Bags . . . Big, handsome, sturdy. The finest bags anywhere. Beauties from every angle $39.00

Zum ersten Mal gewann der zukünftige Präsident William H. Davidson die berühmte Kuhglocken-Trophäe als Jack-Pine-Gewinner 1930.

In der Motorradbranche – oder was davon noch übrig war – tat man zunächst so, als wäre nichts geschehen, und Harley-Davidson propagierte seine neuen Produkte kräftig. 1930 gewann William Herbert Davidson, der Sohn von William A. Davidson, das Jack Pine Enduro gegen Oskar Lenz, der ebenfalls mit einer 750er den zweiten Platz erreichte. Joe Petrali, nunmehr bei Harley-Davidson, gewann souverän ein Hillclimb- oder Flat-Track-Rennen nach dem anderen und war bald Publikumsliebling Nummer Eins.

Anfang der 30er Jahre gab es rund 300 Motorradclubs in den USA, meist entweder Harley-Davidson oder Indian zugetan, und beide Firmen versuchten, ihre Händler nach Kräften dazu zu motivieren, diese Clubs um sich zu scharen und mit sogenannten Gypsy-Tours zu gemeinsamen Besuchen von Renn- und anderen Motorradveranstaltungen zu bewegen. Mit einem weitgestreuten Angebot an verschiedenartigstem Zubehör, das es nur bei den Vertragshändlern zu kaufen gab und das wesentlich höher als der Motorradverkauf selbst rabattiert war, versuchte Harley-Davidson, alte Kunden bei der Stange zu halten, neue zu gewinnen und den Händlern das Fortkommen zu sichern. Immer neue Kataloge mit immer bunteren, mehr oder minder nützlichen Firmenaccessoires sollten Kunden anlocken und Motorradfahren zu einem neuen Markenerlebnis machen.

Aber Harley wurde zunächst mehr durch zahlreiche Großaufträge von Polizei, Post und anderen Behörden über Wasser gehalten, die an den großkalibrigen und mit vielen Sonderausstattungen und Sonderkonditionen versehenen, repräsentativen Highway-Dampfern Gefallen fanden. Auch der sehr beliebte Servi-Car, ein vielseitig verwendbares Lasten-Trike mit dem wirtschaftlichen 750er Seitenventil-Twin, brachte gute Gewinne. Letztlich aber schlug sich die allgemeine Arbeitslosigkeit und Absatzkrise auch auf die Verkaufszahlen nieder: Während 1931 noch 10.407 Maschinen gebaut wurden, waren es 1932 nur noch 7.218 und im schlimmsten Jahr 1933 gerade mal noch 3.703 Stück von den in diesem Jahr insgesamt 8.000 in

Stolz präsentieren sich die Damen des Buckeyes Girls Club in ihrem preisgekrönten Outfit.

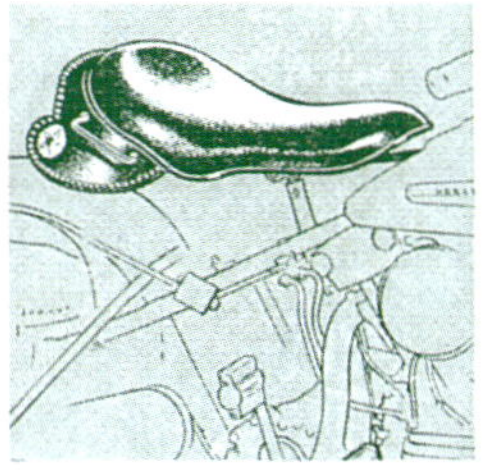

Buddy Seat . . . He will be proud of this gift. Made of foamy, rubber latex and cowhide leather $32.50

Cyclette Cap . . . A beautiful asset to her riding outfit. Choice of many stunning colors $3.50

Goggles . . . Protect the eyes from sun glare, wind and dust. A must for every motorcyclist $9.95

Amerika produzierten Motorrädern. 1930 hatte Ignaz Schwinn aufgegeben, und Henderson schloß das Werk. Nur die Vierzylinder waren nach wie vor bei der Polizei beliebt. Von den Herstellern blieben jetzt noch Harley-Davidson und Indian übrig, und beide kämpften verzweifelt ums Überleben. Um größere Massenentlassungen zu vermeiden, stellte man auf Kurzarbeit um – manche Angestellten kamen nur an zwei oder drei Tagen in das nur noch zu einem Bruchteil ausgelastete Werk. Aber sie blieben.

In dieser Zeit suchte Harley-Davidson unermüdlich nach neuen Einnahmequellen. Hier halfen zum Beispiel die Lizenzgebühren, die Richard A. Child aus Japan für Nachbauten überwies: bis zu 10.000 Dollar jährlich und über 32.000 Dollar für Werkzeugmaschinen, die man in Milwaukee nicht mehr benötigte.

Inzwischen hatte der „Farbenkönig" und Chemiegigant E. Paul DuPont, ein langjähriger Motorradenthusiast und Indian-Fan, das „Wigwam" übernommen. Als erste sichtbare Folge waren wunderschöne, farbenprächtige neue Lackierungen bei Indian in der Angebotspalette zu bewundern. Harley nahm sofort die Herausforderung an – schon 1932 wurden alle Modelle in einer ganzen Serie von verschiedenen Farben angeboten. Das an das militärische Erbe erinnernde Brewster-Grün hatte endgültig ausgedient. Zusätzlich konnte man gegen geringen Aufpreis (so um die 20 Dollar) Sonderlackierungen in den verlockendsten Farbkombinationen ordern. Vermillion-Rot oder Azur-Blau etwa als Standardfarbe mit goldenen, schwarzen, silbernen oder kupferfarbenen Streifen und in diversen Zusammenstellungen boten neue Anreize, und anstatt der lackierten gab es alternativ auch kadmierte Felgen. 1932 wurde nach zweijähriger Pause nochmals das seitengesteuerte 21 Kubikinch starke Modell B in verbesserter Ausführung zum Dumpingpreis von 195 Dollar angeboten. Zugleich wurde der Bau von industriellen Motoren eingestellt. Hauptgrund war die Stornierung aller Aufträge von Sears-Roebuck, die für ihre Gartentraktoren größere und stärkere Aggregate suchten.

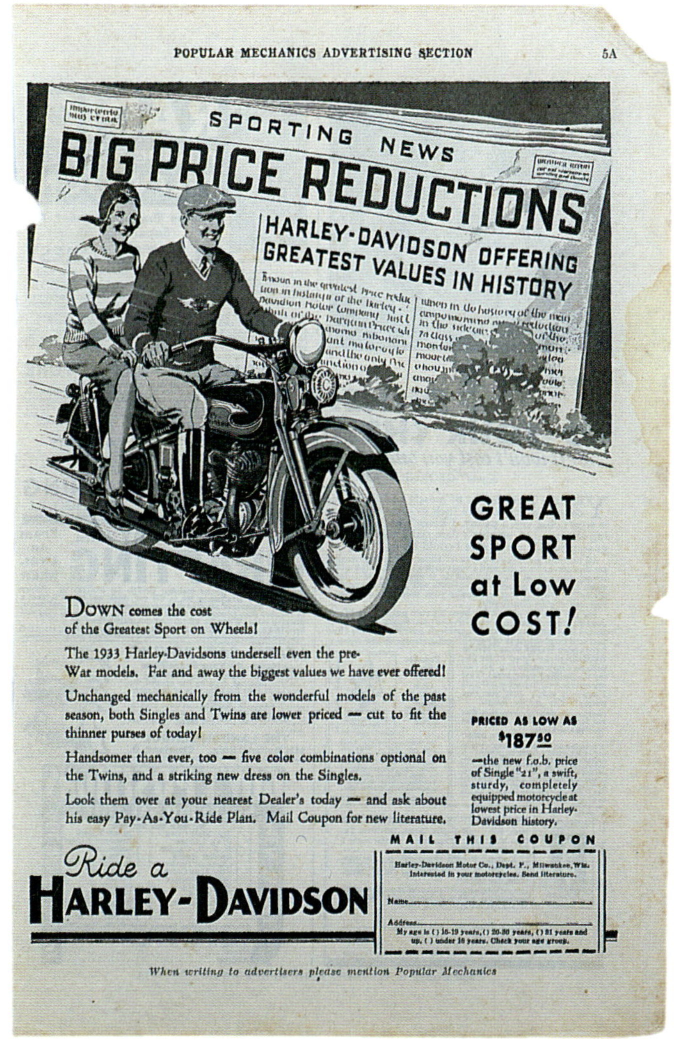

Zur Zeit der Wirtschaftskrise versuchte Harley-Davidson mit Preisreduzierungen Kunden zu werben.

William H. Davidson auf seiner privaten Flathead vor dem Werksgebäude.

Die zermürbenden Dreißiger

Ein Leben mit und von der Wirtschaftskrise

Die erste große Belastungsprobe der Company – 1931 war die neu erbaut Fabrik nur noch zu 10% ausgelastet – brachte Harley, nach der überschäumenden Expansionswelle, schnell wieder auf den harten Boden der ökonomischen Tatsachen zurück. Die Firma war längst zu groß geworden, um wie viele andere einfach unterzugehen, und ihre Gründer waren gottlob mit genügend Hartnäckigkeit, Sparsamkeit und Umsicht gesegnet, allen Widrigkeiten zum Trotz weiterzumachen. In Wirklichkeit hatten sie wohl kaum eine andere Wahl – zwar wären alle Familienmitglieder durch Grundbesitz, Aktienkapital und Beteiligungen hinreichend abgesichert gewesen, aber die Banken forderten unablässig ihre Gelder zurück, was für die überaus korrekten und auf ihren guten Ruf bedachten Gründer eine zwingende Verpflichtung fürs Weitermachen war. Ein Verkauf ihres mühevoll aufgebauten Imperiums stand für die kompromißlos an ihrem einmal eingeschlagenen Firmenkurs festhaltenden Inhaber nicht zur Debatte. Zudem standen die Zukunftsaussichten so schlecht auch wieder nicht. Die Konkurrenz war, bis auf Indian, nahezu ausgeschaltet, der Export lief einigermaßen gut an, von einigen Schwankungen, Kriegs- und Zollproblemen einmal abgesehen. Die japanische Filiale unter Rich A. Child überwies ständig Kontributionszahlungen sowie Lizenzgebühren und bestellte nach wie vor Motoren und Motorräder, auch die Polizei und andere öffentliche Dienste stiegen immer mehr auf Harleys um. Eine am straffen Zügel gehaltene Händlerschaft sicherte bestmöglichen Absatz, intensive Werbung und reichlich Zubehör sowie schicke Bekleidung banden die Kunden an die Company, Markenimage und Markenbindung standen hoch im Kurs.

Auf der anderen Seite gab es bedrohlich dunkle Wolken am wirtschaftspolitischen Horizont. Die Weltwirtschaftskrise hatte ihre unübersehbaren Auswirkungen, die Gewerkschaften gewannen an Macht und konnten ihre Forderungen zunehmend durchsetzen, und der frustrierte Vorstand brachte es eines Tages auf den Punkt: „Wir können einerseits unsere Preise nicht erhöhen – und andererseits unsere Kosten nicht in den Griff kriegen!" Harley sah sich gefangen: Die Kosten für Material und Preise gingen rauf, die Preise beim Verkauf jedoch runter. Zudem entwickelte der motorradrelevante Markt seine eigenen Gesetzmäßigkeiten. Die Kundschaft hatte sich geändert und damit ihre Wünsche, die Händler hatten und machten Probleme, das Interesse am Motorradsport ging zurück oder verlagerte sich auf andere Sportarten, der Bruderkrieg gegen Indian kostete Nerven und gute Mitarbeiter und schadete letztlich nicht nur Harley-Davidson, sondern der gesamten Motorradbranche.

Heute erscheint es leicht, über Sinn und Unsinn, Richtigkeit oder Unrichtigkeit von Firmenpolitik und Firmenentscheidungen zu urteilen, historisch haben sie sich letztendlich doch als erfolgreich erwiesen. Es war eine gnadenlose Überlebensstrategie, die ihren Preis hatte, aber auch ihren Lohn bekam. Trotzdem oder vielleicht gerade deshalb lief Harley-Davidson in den 30er Jahren zu seiner Höchstform auf. Sie bauten in den Augen von Harley-Enthusiasten die schönsten und zuverlässigsten Motorräder der Welt. Auf ähnlich hohem Niveau siedelten sonst nur Brough-Superior und Vincent-HRD in Großbritannien nebst BMW und Zündapp im Deutschen Reich. Und Indian-Freunde sahen diese Tatsache auch wieder anders!

Der allzeit bereite Servi-Car

In weiblicher Hand selbst von Parksündern gern gesehen

Profitable Geschäfte versprach der Besitz eines Servi-Car, und selbstverständlich gehörte dann auch eine entsprechende Uniform dazu. Als Lieferwagen und Abschleppservice war das robuste Gefährt nahezu unschlagbar.

Die Zahl der Parksünder nahm in Evanston rapide ab, nachdem Servi-Cars zur Markierung der Reifen eingesetzt wurden.

1933 ist der Höhepunkt der Weltwirtschaftskrise, und Präsident Roosevelt deklariert seinen „New Deal". Harley-Davidson produziert gerade mal noch 5.690 Einheiten, von denen etwa 3.700 verkauft werden können. Die ganze Firma kämpft verzweifelt ums Überleben. Ein gewisser Lichtblick sind die Exportaufträge aus Südamerika, Japan, Spanien, Deutschland, den Niederlanden und Skandinavien. Trotzdem kürzt die Firma alle Gehälter ihrer Büroangestellten mit über 100 Dollar um 10%. Und in vorbildlicher Sparsamkeit sind die vier Gründer mit dabei – sie halbieren ihren Salär.

Aus der Serie D der 45 Kubikinch V-Twin wird nun die verbesserte Modellreihe R, mit den höher verdichteten RL (5,1 : 1) und RLD Sport (6 : 1) sowie der niedrigverdichteten RS für den Seitenwagenbetrieb. Aber das brave Arbeitspferd der Harley-Motoren bekommt nun noch eine andere Aufgabe, die es bis 1974 behält. 1932 bringt Harley-Davidson das neueste Modell der Serie G heraus, den Servi-Car: ein robustes, leicht zu handhabendes Dreirad mit Kette und Differential und einem geräumigen kastenartigen Aufbau, angetrieben vom unverwüstlichen Low Compression, dem 45 Kubikinch V-Twin-Seitenventiler mit schwacher Verdichtung und dem sprichwörtlichen „ewigen Leben". Der Bedarf nach einem preiswerten, zuverlässigen und unkomplizierten Allwettertransportmittel ist in dieser Zeit größer denn je. Der Servi-Car erfüllt diese Voraussetzungen ebenso ideal wie genial. Zunächst war er allerdings für die städtische Verkehrsüberwachung gedacht. Diese suchte schon lange ein langsames Vehikel, mit dem man im Vorbeifahren Parksünder markieren konnte, um sie dann später abzukassieren. Die mit ihrem Kreidestock, dem „marker stick", ausgerüsteten Cops wurden bald zum Schrecken der Parksünder, die zahlreichen weiblichen Politessen waren jedoch als attraktive „meter maids" nicht ungern gesehen.

Die kommerzielle Verwendung des Servi-Car setzte sich schnell durch. Obwohl er zunächst bei den Händlern nicht allzuviel Begeisterung auslöste, wurde er von Handel und Handwerk rasch angenommen. Wie bereits sein Vorgänger – das Dispatch-Tow-Dreirad von Indian – bekam auch der Servi-Car eine sogenannte Tow Bar, einen Bügel, an dem man ihn nach erfolgter Hilfeleistung am stehengebliebenen Auto wieder nach Hause schleppen konnte. Anruf genügte – ein Mechaniker konnte alles erledigen.

Die amerikanische Urfeindschaft

Konkurrenzkampf, Schlägereien und eine neue Amateurklasse

Traulich vereint – ein Schnappschuß aus der heutigen Zeit, in der Indian keine Konkurrenz mehr für Harley-Davidson darstellt.

Auf einem anderen Gebiet hatte Harley-Davidson eine nicht so glückliche Hand. Der immer größer werdende Druck, den das Top-Management auf seine Händler bezüglich ihrer Markenbindung ausübte, hatte teilweise verheerende Folgen. Beinahe kategorisch und mit der Drohung des Franchise-Entzugs verbot Harley seinen Händlern, andere Motorräder als die der eigenen Marke – neu oder gebraucht – zu verkaufen oder zu warten, was normalerweise für viele Händler ein lebensnotwendiger Zusatzverdienst war. Dadurch hoffte das Management Harley-Davidsons auch, die ungeliebte Konkurrenz vom Gebrauchtmarkt verschwinden zu sehen. Die Empörung und Konfusion war groß, viele Händler liefen zu Indian über, die nicht so restriktiv waren, und die verunsicherten Kunden hatten das Nachsehen.

Einige Historiker nehmen heute an, daß hier die wahren Gründe für die „Urfeindschaft" zwischen Harley- und Indian-Anhängern zu suchen sind. Die Wirklichkeit sah jedoch nicht ganz so wild aus. Es gab zahlreiche Ausnahmen, und bei besonders erfolgreichen Harley-Händlern drückte man hin und wieder durchaus beide Augen zu. Viele ließen sich durch solche Praktiken ihre langjährige Freundschaft einfach nicht zerstören.

Die AMA – nahezu völlig von Harley beherrscht – bekam zu ihrer großen Bestürzung die direkten Auswirkungen dieser neuen Feindschaft zu spüren. Manche Rennfunktionäre entschieden in ihren Urteilen oftmals ungerecht zu Gunsten von Harley-Davidson gegen erfolgreiche Indian-Fahrer und forderten damit offene und manchmal auch brutale Zusammenstöße zwischen den markentreuen Fans heraus.

Schlägereien waren an der Tagesordnung, der AMA wurde Parteilichkeit und Korruption vorgeworfen. Das nahm solche Ausmaße an, daß sich der Geschäftsführer der AMA, E. C. Smith, 1933 bemüßigt fühlte, eine Goodwill-Tour (natürlich auf einem von Harley-Davidson gestellten Gespann) durch die Staaten zu machen, um verfeindete Clubs zu versöhnen und zu besänftigen und sie zu einer Mitgliedschaft in der AMA zu überreden. Er muß viele böse Worte eingesteckt haben, aber zumindest ein erfreuliches Ergebnis war die Einführung der Amateurklasse C, bei der jedermann mit einer normalen Straßenmaschine, die er selbst zum Rennen fahren mußte, teilnehmen konnte. Es wurde die populärste Klasse überhaupt, die grundsätzlichen Probleme wurden damit jedoch nicht gelöst.

Die Klasse A der hochspezialisierten Werksrenner war ohnehin fast bedeutungslos geworden, nachdem es weder konkurrierende Werke noch Werksmannschaften mehr gab. Der amerikanische Motorradsport hatte sich von den Rennen und Trials, wie sie in Europa gepflegt wurden, so weit weg entwickelt, daß Harley und Indian nur gegeneinander antreten konnten. Unter europäischen Bedingungen hätten die großvolumigen, seriennahen US-Maschinen nicht den Hauch einer Chance gehabt. Daher mußte man schon im eigenen Land bleiben, was den internationalen Werbeeffekt in Grenzen hielt. Auch das Publikumsinteresse in Amerika hatte sich inzwischen anderen Motorradsportarten zugewandt – weg von den gefährlichen und nur von Profis beherrschbaren Holzbahnkarussells zu den volkstümlichen Short-Track-Rundrennen auf den überall vorhandenen Pferderennbahnen und vor allem zu den Hillclimbs, bei denen jetzt jedermann mitmachen konnte.

Die Augenweide Knucklehead

Darling der Cops und ein Spielzeug für die Machos

© Harley-Davidson

Arthur Davidson, Walter Davidson, Bill Harley und William Davidson inspizieren die erste 61 Kubikinch OHV EL Knucklehead, die 1936 die Produktionsstätte verläßt.

Eine 61 Kubikinch Police wird für den Transport fertig gemacht.

Nach jahrelangen Vorbereitungen und Tests der Entwicklungs- und Designabteilung unter William S. Harley, seinem Sohn William J. Harley und Bill Ottaway sowie unter der Mithilfe des immer aktiven Technikspezialisten Joe Petrali und seines Rennsportabteilungskollegen Hank Syvertson gelang Harley 1936 der große Wurf: Die 61 E OHV, ein technisches und ästhetisches Meisterstück. Wegen der charakteristischen Form ihrer Kipphebelverkleidungen hatte sie bald ihren Spitznamen „Knucklehead“ (Knöchelkopf) weg, die Kipphebelgehäuse des Zylinderkopfs erinnerten an Handknöchel. Als Typ E (Solo) mit einer Verdichtung von 6,5 : 1 und EL Sport mit 7 : 1 erreichte sie mit 36 bzw. 40 PS Geschwindigkeiten bis zu 150 km/h – das war sensationell für ein käufliches Straßenmotorrad, wenngleich zunächst einmal geringe Stückzahlen und der hohe Preis von 380 Dollar dem Kaufdrang gewisse Grenzen setzten. Die Presse überschlug sich jedoch in Lobpreisungen, und der allgemeinen Begeisterung taten auch anfängliche Kinderkrankheiten keinen Abbruch. Die unschönen Öl-Leckagen an den Stößeldichtungen konnten schnell und kulant behoben werden, aber man mußte diese fantastische neue High-Tech-Maschine schon gut und mit viel Gefühl behandeln. Wer ein robustes verläßliches Bike brauchte, griff besser zu den ausgereiften SVs. Stromlinienförmig, atemberaubend schön, war die Knucklehead für die konservativen amerikanischen Verhältnisse ein vollkommen neuartiges, revolutionäres Motorrad, mit dem ein neues Zeitalter in der amerikanischen Motorradgeschichte begann.

(Rechte Seite, Bes.: Mark Jonas, Milwaukee, WI/USA)

Doch daneben perfektionierte Harley-Davidson auch seine gut eingeführten Big-Twin-Seitenventiler ständig weiter. Im gleichen Jahr erschien ein neues Schwergewicht in der V-Reihe – das Modell H mit 80 Kubikinch als VHL, Special Sport Solo und VHS für den Seitenwagenbetrieb.

Die überaus robusten, zuverlässigen und gewaltigen Motorräder wurden unter anderem wegen ihres attraktiven Macho-Looks schnell die Lieblinge der Polizei und vor allem in Mexiko und Südamerika populär, dort fuhr bald das ganze Militär Harleys. Ein Jahr später wurde daraus die U-Serie (U-Solo, UL-Sport Special Solo und US für die 74 Kubikinch SV-Modelle; ULH Special Sport Solo, UH Solo und UHS Sidecar Twin für die 80 Kubikinch starken V-Twins).

Die Big Twins unterschieden sich übrigens rein äußerlich von den kleineren 750ccm Fourty-Fives vor allem dadurch, daß sie die Kette auf der linken Seite hatten.

1937 wurde aus der 45er R-Serie nunmehr die W-Serie. Mit dieser ausgeglichenen, universellen Produktpalette hatte Harley-Davidson nicht nur die Krise überwunden, sondern auch eine marktbeherrschende Position gewonnen, der ewige Konkurrent Indian hatte dem nicht mehr viel entgegenzusetzen. So stieg die Produktion, von der 50% exportiert wurden, kontinuierlich an: 1936 = 9.812 Stück, 1937 = 11.674 Stück, 1938 = 8.158 Stück, 1939 = 8.290 Stück und 1940 = 10.461 Stück (1938 und 1939 ging der Export kräftig zurück).

Knucklehead F/ FL

(1941 – 1947)

Das Fernost-Abenteuer

Vom Harley-Souverän zum tief enttäuschten Heimkehrer

Harry Jarnell, Admiral der U.S. Navy, wird 1939 in Shanghai von einer chinesischen Motorrad-Eskorte zu seiner Ausreise begleitet.

Harley-Davidson service in Tokyo! Here we see the sales and service force of the Harley-Davidson Sales Co., Tokyo, Japan. This famous establishment is renowned for its service which covers the whole of Japan. Sixth from the left (sitting) is Mr. A. R. Child, business manager. On his right, is Mr. Fukui, director.

Kaum ein anderer Außenseiter hat im Exportgeschäft der frühen Firmengeschichte eine derart bedeutende und oft auch dramatische Rolle gespielt wie Alfred „Rich" Child, begeisterter Harley-Fahrer, Abenteurer, Selfmademan, Verkaufsgenie und Weltenbummler. Dementsprechend ungewöhnlich ist auch sein Lebensweg. Als Sohn eines Marineoffiziers in England geboren, in einer Kadettenanstalt penibel erzogen, riß er 1907 von zu Hause aus und gelangte völlig mittellos nach New York. Nach mehreren Tätigkeiten als Butler, Kurzwaren- und Fahrradzubehörvertreter bewarb er sich bei Harley-Davidson und wurde Bezirksvertreter für die Südstaaten.

Sein universales Verkaufstalent bewies er erstmals 1921 auf einer Afrika-Durchquerung, wo er zunächst die südafrikanische Händlerschaft im Burenland auf Vordermann brachte und dann quer durch den Kontinent bis Kairo Harleys an Missionare, eingeborene Stammesfürsten und Kriegshäuptlinge verkaufte. Die beeindruckten Harley-Chefs schickten ihn daraufhin 1922 nach Japan, wo die undurchsichtige Importfirma Nippon Jidoshe des Herzog Okura obskure Geschäfte in Japan, Korea und der Mandschurei machte. Rich Child sorgte für Ordnung, feuerte den beteiligten intrigenreichen Geschäftsmann Charles Cable aus San Francisco, brach mit dem selbstherrlichen Herzog Okura und gründete zusammen mit dem japanischen Pharmazie-Konzern Sankyo eine neue Harley-Davidson-Alleinvertriebsfirma für Fernost, deren Geschäftsführer er wurde. Der Verkauf lief von nun an korrekt, und die Geschäfte gingen prächtig. Vor allem durch die Beziehungen von Sankyo wurde bald das gesamte japanische Militär, vor allem aber Marine und Polizei mit Harleys ausgerüstet.

Als während der Weltwirtschaftskrise 1929 der Wert des Dollars gegenüber dem Yen fast um die Hälfte sank und den lukrativen Beziehungen ein schnelles Ende drohte, konnte Rich Child die Firmenleitung von der Idee einer eigenständigen Lizenzfertigung in Japan überzeugen. Dank der Finanzierung durch den Sankyo-Konzern und mit Hilfe des Harley-Davidson-Verkaufsleiters Harry Divine sowie einiger fähiger Werksmitarbeiter baute er in Shinagawa die erste japanische Motorradfabrik. Blaupausen, Werkzeugmaschinen und Material-Listen aus Milwaukee ermöglichten der Filialfabrik unter Leitung des Chefingenieurs Fred Barr, ab 1935 die Produktion der 750er und 1200er SV-Modelle aufzunehmen. Über die Lizenzbedingungen für die unausgereifte Knucklehead kam es jedoch zum Bruch mit Sankyo, und Rich A. Child wurde autorisiert, eine eigene Harley-Vertriebsfirma zu etablieren – die Nichiman Harley-Davidson Sales in Tokyo. Sankyo baute im Shinagawa-Werk fortan die Seitenventiler-Harley-Davidsons unter dem Namen „Rikuo" (König der Straße) weiter.

Als 1937 die kriegslüsterne Militärregierung an die Macht kam, zahlte sie Rich Child kurzerhand aus und verwies ihn des Landes. Die Rikuo wurde bis 1946 als Militärmaschine weitergebaut, es entstand auch eine Version als dreirädriger Lastentransporter, ähnlich dem Servi-Car. Daneben fertigte das Werk in Shinagawa Torpedos und andere Waffen, die gegen die Amerikaner eingesetzt wurden. Der seit über 16 Jahren treu ergebene Rich Child bekam nach seiner Rückkehr in die USA jedoch keine erhoffte Anstellung bei der Company und ging frustriert als Verkaufsleiter von Bendix nach Nord-China. Später eröffnete er eine Vertretung für BSA-Motorräder in New York. Rich A. Childs Sohn Richard gründete nach dem Krieg die Balcolm Company in Takanawa, Tokyo, und wurde Alleinimporteur für Harley-Motorräder und BMW-Autos. Er legte damit den Grundstein für die Harley-Begeisterung der neuen japanischen Motorradgeneration.

In Shinagawa wurden zuletzt auch noch 750er und 1200er Panhead-Kopien angefertigt, jedoch nur knapp 1.500 Stück pro Jahr, vorwiegend für die Polizei. Das Rikuo-Werk wurde 1959 geschlossen. Eine andere Fabrik – die Kurogane Company in Hiroshima – baute ab 1937 exakte Kopien der 1200er VL-Harleys. Das Werk wurde 1945 durch die Atombombe zerstört.

(siehe auch: Die Invasion aus Fernost – Ein Alptraum trifft auf die total ungeschützte US-Flanke)

Rich Child verläßt Yokohama 1936 und schifft sich mit seinem Gespann auf der „Empress of Britannia" ein.

Clubausflüge

Best dressed zur chromblitzenden Harley-Parade

© Harley-Davidson

Weil die alte Fourty-Five unter harten sportlichen Belastungen immer noch zur Überhitzung neigte und vielleicht auch, um der immer noch erfolgreichen, schnellen Sport Scout von Indian zu entgegnen, spielte man bei Harley-Davidson mit dem Gedanken, einen neuen 45-Kubikinch-Hochleistungsmotor für die V-Twin OHV zu bauen, aber schließlich wurde das Projekt, das schon bis zur Modellreife gediehen war, aus Kostengründen verworfen.

Statt dessen wurden alle Modellreihen weiter maximiert. Sie bekamen jetzt die neue stromlinien-tropfenförmige Tachometer-Konsole – Air Plane Style Speedometer Dial, und die bisherigen, unförmigen 18-mm-Kerzen wurden gegen solche mit 10 oder 14 mm Gewinde ausgetauscht.

Für die Custom-Liebhaber stand eine Unmenge Zubehör zur Verfügung, mit dem sie ihre Motorräder „aufmotzen" konnten, so daß sie manchmal wie übermäßig geschmückte Weihnachtsbäume aussahen, wofür sie die begehrte Best Equipped Trophy gewinnen konnten. Clubausflüge wurden immer häufiger zu chromblitzenden Parade-Shows einer Harley fahrenden Glanz- und Glamour-Society. Die Mitglieder uniformierten sich mit schicken Breecheshosen, polizeiähnlichen Käppis und hochglänzenden schwarzen Schaftstiefeln, und im *Enthusiast* wurden regelmäßig die „best dressed" Gruppen veröffentlicht.

Uniformen waren überhaupt „in" – bald jedoch sollten sie etwas anders aussehen ...

Die Patriarchen treten ab

Abschied von der Gründergeneration

Am 21. April 1937, zwei Tage nach schweren Verhandlungen mit den Gewerkschaften über Produktions- und Personalpolitik, starb William A. „Bill" Davidson. Er hatte Diabetes, vor seinem Tod hatten ihm die Ärzte noch beide Beine amputieren müssen. Der älteste der Davidson-Brüder und Firmen-Vizepräsident war 67 Jahre alt geworden. „Big Bill" war die Seele der Fabrik und verantwortlich für den hohen Fertigungsstand. Obwohl er selbst nie Motorrad gefahren ist, kannte er sich in Material- und Maschinentechnik aus wie kein anderer, und das Wohlergehen seiner Untergebenen war ihm eine Herzensangelegenheit. Nach dem überraschenden Tod von William A. Davidson übernahm zunächst William Ottaway das Produktionsmanagement, später nahm Williams Sohn, William Herbert Davidson, seinen Platz ein und wurde neuer Vizepräsident in der Familienhierarchie. 1937/38 kamen zu dem Vorstand noch William J. Harley, Robert P. Nortmann und Gordon Davidson hinzu. Am 7. Februar 1942 starb Präsident Walter Davidson an Streß und Leberversagen. Er hatte das Charisma eines großartigen Industrieführers, und seine patriarchalische Persönlichkeit wurde bewundert wie gefürchtet und manchmal auch gehaßt. Er hatte die Politik der Firma geleitet, und mag diese auch manchmal gegen die Händlerschaft und deren Kunden gerichtet gewesen sein, so dienten seine kompromißlosen Entscheidungen doch immer nur dem Wohle der Company. Die Akzeptanz seines Führungsstils stand für die Größe von Harley-Davidson.

Die WLA zieht in den Krieg

Am Ende Einzelteile für 30.000 komplette Motorräder

Die Patriarchen treten ab (Forts.)

Nachfolger und neuer Präsident bis in die 70er Jahre wurde sein Neffe William Herbert Davidson, seine Söhne Walter C. und Gordon übernahmen später die Verkaufsabteilung und die Leitung der Produktion.

Nur 63 Jahre alt geworden, verstarb am 18. September 1943 der dritte der Firmengründer, William S. Harley, an einer plötzlichen Herzattacke.

Der geniale Ingenieur und Designer war das schöpferische Herz des Mythos Harley-Davidson. Als ruhiger und musisch begabter Mann hatte er viele künstlerische Ambitionen, zeichnete und fotografierte erfolgreich und war oft mit gleichgesinnten Freunden in der von ihm so geliebten Natur unterwegs. Sein Sohn William J. Harley, Bill Ottaway, Arthur Constantine und Joe Petrali führten vorerst seine Arbeit weiter.

Als 1945 Bill Ottaway in den Ruhestand ging, übernahm William J. Harley, der die Begabung seines Vaters geerbt hatte, die Konstruktions- und Entwicklungsabteilung. Unter seiner Leitung entstanden viele neue und richtungsweisende Projekte, wie etwa die Panhead, die K- und Sportster-Modellreihe, der Servi-Car mit dem XA-Boxermotor, der Topper-Scooter, die 125er DKW-Kopie und verschiedene Prototypen, wie Parallel-Twins und das nie gebaute Modell KL – eine 750er OHV Twin mit zwei obenliegenden Nockenwellen.

So war von der Gründergeneration nur noch Arthur Davidson übriggeblieben, der sich jedoch von seinen Führungsaufgaben zunehmend zurückzog. Aufgrund seiner großen Beliebtheit und der vielen Freundschaften, die er auf unzähligen Reisen durch die Staaten geschlossen hatte, wurde er 1944 zum AMA-Präsidenten gewählt.

Im Dezember 1950 kam der letzte und wohl aktivste Firmengründer, Arthur Davidson, zusammen mit seiner Gattin bei einem Autounfall ums Leben.

Sein Nachfolger wurde der von der Kettenfabrik Baldwin-Duckworth übergewechselte Georg D. Gilbert.

Bereits Ende 1939 – zwei Jahre vor Pearl Harbor – waren sich Pessimisten in Amerika im klaren darüber, in den Krieg, den Hitler in Polen angezettelt hatte, hineingezogen zu werden, da man die Neutralität kaum würde wahren können.

Noch vor Kriegseintritt lieferte Amerika 5.000 Indian-Gespanne nach Frankreich und 5.080 Harley-Solomaschinen nach England, nachdem dort von der deutschen Luftwaffe die Triumph-Werke bei Coventry zerstört worden waren. Onkel Sams gigantische Militärmaschinerie vergaß niemand – die US-Rüstungsindustrie war unersättlich und lief auf Hochtouren, das Land blühte auf. Jeder hatte Arbeit, hohe Löhne wurden gezahlt, Überstunden gemacht. Harley-Davidson vergrößerte unverzüglich seine Fertigungsstätten und begann, auf Teufel komm raus zu produzieren. 500 neue Arbeiter wurden eingestellt, der Schichtbetrieb ging rund um die Uhr, die Company war zum kriegswichtigen Rüstungsbetrieb geworden, mit allen Nach-, aber auch Vorteilen.

1939 begannen in den verschiedenen Trainingscamps der U.S. Army umfangreiche Tests von Motorrädern und Trikes der Firmen Indian, Harley-Davidson und Delco, die für militärische Belange in Frage kamen – die Strategen hatten dabei gewisse Vorstellungen. Speziell auf Fort Knox und in Louisiana unterhielt Harley-Davidson ein eigenes Testgelände, wo sich die Chefs und ihre Techniker mit den Wünschen der Militärs herumschlagen mußten. Die Testmotorräder wurden gnadenlosen Belastungs- und Zerreißproben ausgesetzt, Verbesserungen und Standards für den Kriegseinsatz erprobt, und schließlich präsentierte Harley-Davidson den Experten das ultimative zweirädrige Kriegsgerät: die WLA (A für Army).

Es war der gute alte, zuverlässige 45er Seitenventiler-Twin, der noch etwas niedriger verdichtet wurde und mit Alugußköpfen gegen Überhitzung, einer besseren Übersetzung für Langsamfahrten sowie mit einem speziellen großen Luftfilter für den Linkert-Vergaser ausgerüstet war. Dazu kamen zwei Sturzbügel, eine schützende Stahlplatte unter dem Rahmen und diverse Aufsätze für allerlei militärisches Schießgerät. Zur Standardausrüstung gehörten auch ein breiter Preßstahl-Gepäckträger und schöne Lederhalterungen für den Karabiner oder das Maschinengewehr. Insgesamt lieferte Harley-Davidson 88.000 Stück an die Army aus, dazu noch 20.000 WLC-Modelle für die kanadischen Streitkräfte (C stand für Canada), die entgegen der WLA den Kupplungshebel und das Bremspedal links hatten, die Fußschaltung rechts, dazu die Auxiliary Box auf dem Vorderschutzblech.

Später wurde noch eine Gespannversion WSR für die UdSSR gebaut, die in unbekannter Zahl (man spricht von 30.000, aber das ist höchst unwahrscheinlich) mit Geleitzügen nach Murmansk im

© Harley-Davidson

Werbung und Wirklichkeit: Patriotische Ansichtskarten und martialische Gefechtsbereitschaft werben für die Meldefahrer auf ihren WLAs.

Die Ausschiffung aus britischen Truppentransportern war nicht gerade einfach.

Rahmen des Leih- und Pachtabkommens verschifft wurde. Eine nicht unbeträchtliche Zahl davon wird wohl für immer auf dem Meeresgrund liegen. Für den Inlandbedarf lieferte Harley ein paar tausend Motorräder an die Militärpolizei der Navy aus; die grauen Maschinen trugen groß aufgemalt die Buchstaben SP – Shore Patrol. Zusätzlich für den Stab bestellten die Beschaffungsämter noch einige Seitenventil-Modelle der 74er Big Twin UA und ebenso einige 61er E- und ELC-OHV-Typen.

Mitten in diesen hektischen Kriegsvorbereitungen brachte Harley-Davidson 1941 seine neue 1200er OHV-Maschine heraus – die 74 F/FL Knucklehead, mit 160km/h eines der schnellsten und schwersten Motorräder der damaligen Zeit. Für 465 Dollar war dies ein ebenso ultimatives wie exklusives Juwel, das auch nach Kriegsende noch bis 1947 weitergebaut wurde.

Während der letzten Kriegsjahre war die zivile Produktion fast völlig zum Erliegen gekommen. Wer ein Motorrad zur privaten Nutzung kaufen wollte, brauchte dafür einen Berechtigungsschein von einer der 37 staatlichen Vergabebehörden, und die gingen verdammt knauserig damit um. Praktisch wurden nur Ausnahmegenehmigungen zum Zwecke der Landesverteidigung erteilt. Die Lackfarbe aller neuen Zivilmaschinen war dementsprechend einheitlich grau.

Zu schwer, zu teuer, zu spät: die XA

Offensichtlich beeindruckt durch die Siege des deutschen Generals Rommel in Nordafrika, wünschten sich die Militärs ein sandresistentes, also kardangetriebenes und für den Wüstenkrieg ähnlich erfolgreiches Modell wie die deutsche BMW R 75 und beauftragten im Herbst 1942 sowohl Harley-Davidson als auch Indian mit der Entwicklung.

Das Harley-Management besorgte sich über die Niederlande eine BMW R12 und baute sie unter enormem Termindruck kurzerhand nach. Aus Platzmangel im eigenen Werk wurde dieses als XA bekannte 750er Seitenventil-Boxer-BMW-Plagiat bei General Motors gefertigt. Nachdem etwa 1.000 Stück produziert worden waren, stellte die Army ihre Bestellungen ein. Rechnet man die horrenden Entwicklungskosten mit dazu, lag ihr Stückpreis bei rund 1.000 Dollar.

Keine XA hat jemals einen Kriegseinsatz erlebt. Sie kam schlicht zu spät, denn längst hatte sich der Jeep als ideales Transportmittel in unwegsamen Terrains durchgesetzt. Die XA-Restbestände wurden statt dessen später auf dem zivilen Markt verramscht.

Die Händler waren verzweifelt. Jetzt, wo endlich genügend Geld vorhanden war und Nachfrage ohne Ende, konnten sie nicht liefern. Von der Devise „Zuerst der Krieg, dann das Vergnügen“ konnten sie nicht überleben.

Zu Kriegsende waren Tausende WLAs ungenutzt übriggeblieben und Ersatzteile, aus denen man nochmals weitere 30.000 Stück zusammenbauen konnte. Sie wurden bis 1956 auf dem zivilen Markt mehr oder minder verschleudert – mit aller Ausrüstung und in voller Kriegsbemalung.

Für ihre herausragenden Verdienste bekam Harley-Davidson in einer feierlichen militärischen Zeremonie gleich zweimal den begehrten Army-Navy-Preis E überreicht. E steht für Excellence, also für außergewöhnliche Leistungen in der Kriegsproduktion.

Noch vor Kriegsende stornierte die U.S. Army 11.331 bereits bestellte Motorräder. Harley-Davidson mußte wieder 500 Arbeiter entlassen, und die Arbeitswoche hatte im Sommer 1945 nur noch 40 Stunden. Langsam stellte die Company auf die vernachlässigte, aber vielversprechende zivile Produktion um. Immerhin, der Krieg war gewonnen.

In Gefechtsmanövern (Camp Oglethorpe/GA, Bild oben) und in schwierigem Gelände werden Mensch und Maschine für den Militäreinsatz fit gemacht.

(Rechte Seite, Bes.: Mark Jonas, Milwaukee, WI/USA)

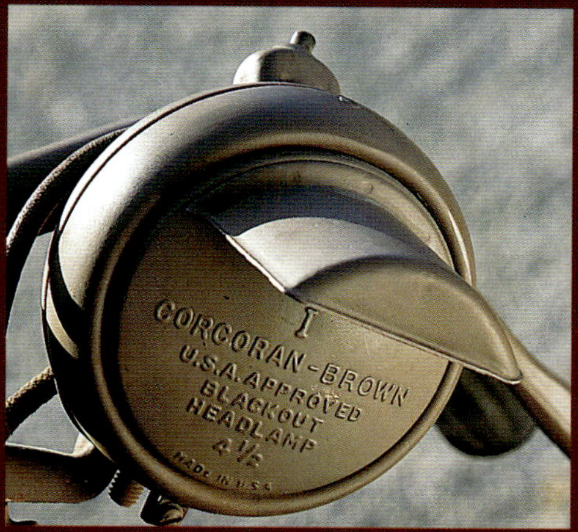

WLA Model

(1939 – 1946)

Die flotten Briten kommen

Lederjacken auf bulligen Panheads halten dagegen

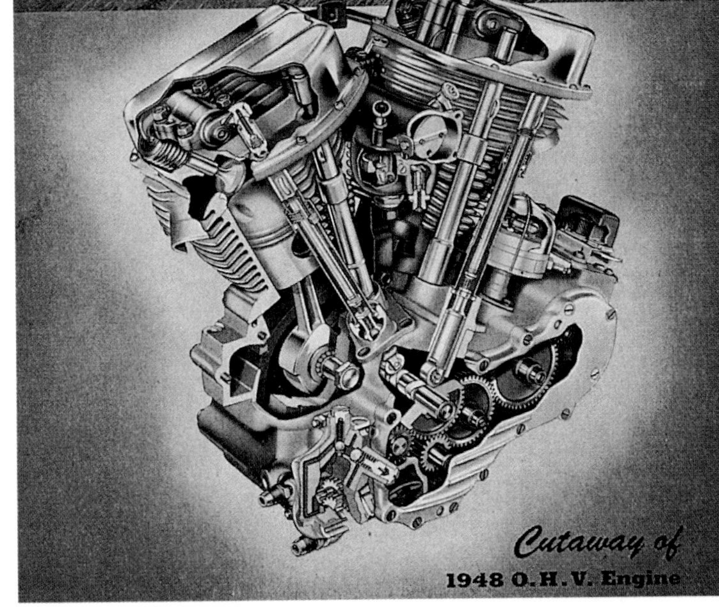

Die neue OHV-Panhead von 1947: das Paradepferd der Company.

Der 61- bzw. 74-Kubikinch-Motor saß bis 1955 noch im Wishbone-Rahmen. Ab1949 mit Telegabel statt der alten Springer-Gabel.

Die Produktionsreihe der Big Twins im Jahr 1948 mit den Seitenventil-Flatheads und der neuen OHV-Panhead.

Die wirtschaftliche Situation der Industrie im Nachkriegsamerika war durch anhaltende Rohmaterial-Engpässe gekennzeichnet. Auch die beiden noch übriggebliebenen Motorradfirmen Harley-Davidson und Indian taten sich zunächst schwer, auf Friedensproduktion umzustellen, aber die Nachfrage, ohnehin unter Kriegsbedingungen kaum befriedigt, nahm ständig zu. Neue Jobs brachten Geld unter die Leute, die Kaufkraft stieg, und der Nachholbedarf war enorm. Nur – die Kundenwünsche hatten sich geändert.

Plötzlich waren kleine Motorräder gefragt – „fröhliche" Mittel- und Leichtgewichte, Fun- oder Pleasure-Bikes. Sie entsprachen mehr dem neuen, adretten Lebensstil einer aufstrebenden - und vor allem jungen - Wohlstandsgesellschaft, die mit Luxus und Bequemlichkeit endlich Sieg und Lorbeeren eines entbehrungsreichen Weltkriegs ernten wollte.

Harley-Davidson hatte diesem neuen Trend zunächst nur sein veraltetes Vorkriegssortiment entgegenzusetzen, dessen begrenzte Produktion die Company 1946 weiterzuführen beschloß: an der Spitze die nunmehr ausgereiften 61 und 74 Kubikinch OHV Knuckleheads, dann die robusten, aber schwerfälligen Seitenventiler der 74 und 80 Kubikinch Big Twins und natürlich der gute alte und entsprechend lahme 45er Seitenventil-WL-Kriegsveteran, dessen Motor nach wie vor auch im Servi-Car seinen Dienst tat. Noch liefen jedoch die Militärverträge, noch brauchte man eine behördliche Genehmigung, wollte man als Privatperson ein Motorrad kaufen ...

Inzwischen trat der europäische Wiederaufbau-Hilfsplan des ehemaligen Stabschefs der U.S. Army, George C. Marshall, in Kraft. Unter anderem senkte er die US-Einfuhrzölle auf 8%, während die Ausfuhrzölle nach wie vor bei 35–50% lagen. Die englische Motorradindustrie, die nach ihrer fast völligen Zerstörung nun mit modernsten Maschinen voll in die Produktion ging, nahm diese Chance sofort wahr und belieferte intensiv den neuen, aufnahmefähigen amerikanischen Markt mit ihren fortschrittlichen 250–500 ccm starken Singles und Twins, die von einer verkaufshungrigen Händlerschaft heftig und hektisch vermarktet wurden. Für die flotten neuen Spielzeuge aus Übersee namens Norton, BSA, Triumph, Ariel oder Royal Enfield gab es hohe Gewinnspannen, kaum Beschränkungen und keine Restriktionen, Gängelungen oder Konkurrenz-Vorschriften seitens der Hersteller. Die einheimische Industrie hatte dem nichts entgegenzusetzen, einmal abgesehen von dem eher spaßigen Einzylinder Cushman-Scooter aus Lincoln/Nebraska, der für knapp 150 Dollar zwar billig, aber dafür kein echtes Motorrad war. Sein Verkauf durch Harley-Händler wurde deshalb auch von der Firmenleitung toleriert, brachte er doch neue, junge Kunden in die Läden. Das änderte sich 1947 jedoch abrupt. Die gutaussehenden Engländer, modern und wendig, mit Fußschaltung und Handkupplung leicht zu bedienen und auch im Sport zunehmend erfolgreicher, waren zur immer größeren Bedrohung der schwergewichtigen Harleys geworden. In Milwaukee läuteten die Alarmglocken.

Harley-Davidson mußte die mehr auf Profit als auf Investitionen bedachten Familienmitglieder der Aktionäre wieder einmal zur Kasse bitten, was diese jedoch äußerst unwillig und zurückhaltend akzeptierten. Als erster Schritt wurde die Produktionskapazität ausgebaut und für 1,5 Mio. Dollar die Propellerfabrik A.O. Smith in der Milwaukeer Vorstadt Wauwatosa gekauft. Ein Jahr später begann in der neuen Fabrikationsanlage am heutigen Capitol Drive die Motoren- und Getriebeherstellung.

Dem Management war klar, daß die in der Kriegszeit so vernachlässigte und durch die Importlage so sehr frustrierte Händlerschaft schnellstens neu aktiviert und vor allem auch motiviert werden mußte. Es wurde ein klassisches Zuckerbrot-und-Peitsche-Programm.

So rief Harley-Davidson im November 1947 die bisher größte Händlerkonferenz im Milwaukeer Schroeder-Hotel zusammen. Die vorprogrammierte Stimmung war höchst patriotisch. „Buy American" hieß die Parole, und folglich wurden alle Händler eindringlich vor den englischen Importen gewarnt. „Laßt die Finger von den Limeys (Zitronen – wie die britischen Bikes abfällig genannt wurden), oder ihr verliert eure Franchise!" hörten die erstaunten Händler, und außerdem, daß ab

Ab 1947 wurden die neuen 125er-Zweitakter in großen Stückzahlen produziert. Hier die Endmontage im Butler Plant.

1948 wird der erste Harley-Zweitakter mit 125 ccm vorgestellt. Gordon Davidson, William Harley jun., Arthur Davidson und William H. Davidson posieren für ein Werbefoto.

sofort jeder Verkauf von Cushman-Produkten ebenfalls untersagt sei. Auf die immer dringlicher gestellte Frage, was Harley-Davidson denn bezüglich der immer stärker werdenden Nachfrage für Leicht- und Mittelgewicht-Motorräder auf Lager habe, gab es keine Antwort. Dafür enthüllte Chefingenieur William J. Harley feierlich Harleys neueste Waffe im Kampf um die neuen Käuferschichten mit einem 125-ccm-Zweitaktmotörchen. Es war die 125 S, die später als „Hummer" groß propagierte Kopie der deutschen DKW, die (ebenso wie BSA und weltweit noch fast ein Dutzend andere Hersteller) als Beutepatent-Nachbau schnell und günstig produziert werden konnte. Der Verkaufspreis des für Harley eher untypischen Leichtmotorrads war mit 325 Dollar gerade noch akzeptabel, aber die Händlerrabatte waren im Vergleich zu Cushman geradezu lächerlich gering. Trotzdem verkaufte sich der zuverlässige und robuste Zweitakter (ab 1953 auch mit einem 165-ccm-Motor) bestens, wohl auch, weil er den vergleichbaren englischen Modellen von James, Villiers, Excelsior und Francis-Barnett technisch weit überlegen war.

Im Rummel um das neue Sternchen im Schroeder-Hotel ging beinahe die Premiere eines neuen OHV-Twins unter, der die bisherige Knucklehead ab 1948 ablösen würde: der moderne, als EL und FL (61 und 74 Kubikinch) vorgestellte Highway-Dampfer, der bald als „Panhead" bekannt werden sollte – eines der am schönsten gestylten, richtungsweisenden Schwergewichte der Nachkriegszeit.

Um ihren Händlern gegenüber der immer aggressiver werdenden Konkurrenz etwas unter die Arme zu greifen, kurbelte Harley eine gewaltige Zubehör-Kampagne an. Nie war die Werbung so attraktiv, nie waren die dicken neuen Kataloge so umfangreich und vielseitig. Bezeichnenderweise tauchten in ihnen zum ersten Mal die nunmehr verpönten schwarzen Lederjacken auf.

Die Full-Dresser-Manie wurde zum Kult erhoben, aber eigentlich war deren Zeit schon vorbei, und erst viele Jahre später sollte sie im von Harley-Davidson unabhängigen Zubehörhandel der Custom-Szene wieder auferstehen.

Die Company läßt bitten

Licht aus – Spot an
für den 125er S-Zweitakter

Immer auch ein gesellschaftliches Ereignis: eine Händler-Tagung im Schroeder-Hotel von Milwaukee. aus: *The Enthusiast*, 1938

In seiner Januar-Ausgabe von 1948 schildert das Firmenmagazin *The Enthusiast* ausführlich das berühmte Nachkriegs-Dealer-Meeting vom 24. bis 26. November 1947 im eleganten Schroeder-Hotel in Milwaukee, an dem Händler aus 47 Staaten und Ländern des In- und Auslands teilnahmen. In der Lobby vor dem Konferenzsaal, dem Crystal Ball Room, stand ein Polizei-Servi-Car mit der neuesten Errungenschaft, einem Zweiweg-Motorola-Funkgerät.

Nebenan hatte die Ersatzteil- und Zubehörabteilung im Pére-Marquette-Saal seine Schätze ausgestellt: „The world largest display of motorcycles accessories". Als Vorsitzender der Veranstaltung begrüßte J. G. Gilbert die gutgelaunten Teilnehmer und stellte dem hochkarätigen Auditorium zunächst Arthur Davidson vor, jedem Anwesenden ohnehin persönlich wohlbekannt.

Nach dessen Beurteilung der (nicht sehr rosigen) Situation kam der große, mit Spannung erwartete Augenblick: Chefingenieur William J. Harley zelebrierte wie ein professioneller Showmaster die Enthüllung des bestgehüteten Geheimnisses der letzten zwei Jahre. Lichter aus – Spots an! Die beiden schwarzen Hüllen links und rechts neben dem Rednerpult fielen, und unter allgemeinem „Aaahh" erstrahlten zwei Exemplare des „Little Fellow" der Harley-Familie. Da war er nun, der kleine 125er S-Zweitakter, der die Firma zu neuen Horizonten führen sollte.

Nach diversen weiteren Fachreferaten und Ansprachen überreichte E. C. Smith, der Generalsekretär der AMA (die sich bekanntermaßen fest in Harleys Händen befand), Arthur Davidson eine Trophäe als Dank für die großzügige Unterstützung. Walter Davidson erläuterte das neue Rennprogramm und kündigte das zukünftige Rennmodell, eine Neuentwicklung der WR, an.

Zu guter Letzt gab es noch eine Überraschung: Während eines kräftigen Schneesturms wurden die Tagungsteilnehmer in 14 Bussen zu einem geheimgehaltenen Ort gebracht. Im Außenbezirk Wauwatosa fand ein festlicher Empfang im neuen Werk statt, einer supermodernen, großzügigen Produktionsstätte. Die Händler waren, wie erwünscht, stark beeindruckt. Die glanzvolle Tagung schloß mit Ehrungen und Auszeichnungen verdienter Harley-Davidson-Händler. Und natürlich mit einem opulenten Buffet.

• A real family reunion. The grand banquet scene in the beautiful Crystal Ballroom of the Schroeder Hotel on the closing evening of the Harley-Davidson National Dealers' Sales Conference.

Das Outlaw-Syndrom

Marlon Brando und die gnadenlos gestrippten Harleys

Bis in die 60erJahre hinein beinahe unbeachtet, hatte sich eine neuartige Form der Motorradszene entwickelt. Diese Gruppe hatte nichts mit der Company zu tun – außer daß sie deren Maschinen fuhr. Obwohl es bereits vor dem Krieg einige wilde Zweirad-Gangs gegeben hatte, bildeten sich erst nach der Rückkehr einiger motorradbesessener GIs aus einem grausamen und entmenschten Krieg diese verschworenen Gemeinschaften, die sich in die – in ihren Augen – kleinbürgerliche Moral eines betulichen Spießertums nicht mehr einordnen konnten. Als kompromißlos radikale Motorradclubs (MCs) gaben sie sich möglichst provokative Namen wie Boozefighters (Kampftrinker), Satans Sinners (Satans Sünder) oder Winoes (weintrinkende Alkoholiker) und verabscheuten Recht und Gesetz als Manifestation einer maroden, verlogenen und korrupten Wohlstandsmentalität. Zwangsläufig betrachteten sie die Polizei, vor allem die Verkehrs-Cops, als ihre natürlichen Feinde. Ihre Philosophie, wenn es denn eine gab, war Rebellion gegen alles, was eine propere, adrette, glattgebügelte Bürgerlichkeit repräsentierte, samt ihren moralischen Zwängen, und folgerichtig nannten sie sich Rebellen.

Die ihnen von der erschreckten Gesellschaft verpaßte Definition als „Outlaws" wurde für sie zum Ehrentitel. Ihr Aussehen war gewollt furchterregend, ihr Gehabe aggressiv, ihre Motorräder hubraumstark, laut und möglichst unkonventionell, ihr Benehmen macho-brutal – kurz, ihr Erscheinungsbild wurde, wo immer sie auftauchten, zum Schrecken aller braven Bürger und zum geheimen Idol einer bevormundeten, freiheitsdurstigen Jugend. Hollywood hat sie später durch zahlreiche Motorradgang-Filme aufgewertet und damit wesentlich zur Bildung einer neuen Bewegung beigetragen, die sich bald als „biker lifestyle" etablierte. Hauptverbreitungsgebiet dieses Phänomens war vor allem Süd-Kalifornien. Dort wurde ein Ereignis zum Auslöser einer Biker-Bewegung mit vielen bösen Konsequenzen, für die Motorradfahrer in aller Welt heute noch büßen müssen.

In Hollister kam es 1947 anläßlich der alljährlich zum Unabhängigkeitstag abgehaltenen AMA-Rennveranstaltung am 4. Juli zu lautstarken Krawallen mehr oder minder stark betrunkener Motorrad-Halbstarker. Nicht unbedingt etwas Besonderes in diesen Tagen, und nach einigen Schlägereien hatten die Polizeikräfte durchaus wieder alles im Griff. Das Unglück war eine Berichterstattung des *Life*-Magazins, die, unterstützt von sensationsgierigen Medien, zum nationalen Reizthema hochgeputscht wurde und eine wahre „Hexenjagd"-Hysterie auslöste (Titelblatt der Ausgabe siehe rechts). Vielerorts bildeten sich Bürgerwehren, um der Gefahr vor den drohenden Hunnenhorden, die angeblich mordend und brandschatzend ganz Amerika mit ihren Motorrädern terrorisierten, entgegenzutreten; der Ruf nach Lynchjustiz feierte wieder einmal fröhliche Urstände, und wehe dem arglosen Biker, der jetzt noch unbedarft herumtuckerte. Ein Statement der AMA, daß nämlich 99% aller Motorradfahrer brave Motorradfahrer seien, fachte die Flammen nur weiter an – durch die öffentlich so gebrandmarkte und zum Staatsfeind erklärte Rebellenwelt ging ein Aufschrei der Empörung, der bis heute noch nachhallt. Biker-Symbole wie das gefürchtete 1%-Zeichen wurden zum Kulminationspunkt einer – inzwischen gut vermarkteten – antiautoritären Biker-Bewegung.

CYCLIST'S HOLIDAY

He and friends terrorize a town

On the Fourth of July weekend 4,000 members of a motorcycle club roared into Hollister, Calif. for a three-day convention. They quickly tired of ordinary motorcycle thrills and turned to more exciting stunts. Racing their vehicles down the main street and through traffic lights, they rammed into restaurants and bars, breaking furniture and mirrors. Some rested awhile by the curb (*above*). Others hardly paused. Police arrested many for drunkenness and indecent exposure but could not restore order. Finally, after two days, the cyclists left with a brazen explanation. "We like to show off. It's just a lot of fun." But Hollister's police chief took a different view. Wailed he, "It's just one hell of a mess."

Mit Harley hatte das zunächst wenig zu tun; nachdem jedoch das Schwergewicht aus Milwaukee, reichlich modifiziert natürlich, immer mehr zum bevorzugten Statusvehikel der wilden Horden wurde, traf es die Firma an einer außerordentlich empfindlichen Stelle: Das peinlich gemiedene „Böse Buben"-Image wurde zum Alptraum für die Company, war es doch für das sorgsam gepflegte seriöse Ansehen ihrer Upper-Class-Motorräder völlig unakzeptabel. Eine Einstellung, die jahrzehntelang den Zugang zu einem explodierenden Zubehörmarkt blockierte.

Kaum ist 1954 der von Produzent Stanley Kramer den Ereignissen von Hollister nachempfundene und von Regisseur Laszlo Benedek treffend in Szene gesetzte Film „Der Wilde" in die Kinos gekommen, wird er von der rebellischen Jugend zum Heldenepos hochstilisiert. Die AMA, die sich als Vetretrer der geschmähten „good guys" versteht, ruft zum Boykott des Films auf, und vor vielen Lichtspielhäusern formieren sich aufgebrachte Clubmitglieder zum Protest.

Obwohl Hauptdarsteller Marlon Brando in der Halbstarken-Legende eine Triumph Speed Twin fährt, trifft es doch im Kern Harley-Davidson, das schwergewichtige Kultsymbol aller jugendlichen Outlaws. Seither breitete sich von Kalifornien ausgehend die neue Rebellenbewegung epidemieartig über ganz Amerika aus. Aus den Vorkriegs-Boppern sind inzwischen Chopper geworden, und die schönen Harleys wurden gnadenlos gestrippt, optisch und technisch frisiert und bis zur Schmerzgrenze hochgepowert – je wilder, desto besser. Kein anderes Motorrad konnte so herrlich vergewaltigt werden, und jeder zünftige Biker mußte so einen heißen Ofen besitzen.

(siehe auch: Im Schatten der Vergangenheit – Hollister zum Fünfzigsten)

Die Dinosaurier bäumen sich auf

Harley-Davidson gegen den Rest der Welt

Die zweite und dritte Generation: Präsident William H. Davidson und seine beiden Söhne John und William G. (rechts).

Der DKW-Nachbau verkaufte sich wider Erwarten bestens, schon 1949 konnte man rund 10.000 Stück an die Schoolboys absetzen, na klar, Schulmädchen waren auch reichlich darunter, schließlich entdeckte die holde Weiblichkeit zunehmend das (Leicht-)Motorrad als praktisches und unkompliziertes Fortbewegungsmittel, vor allem im Nahbereich zwischen Elternhaus, Schule und Eisdiele.

Einmal im leichtfüßigen Zweitaktgeschäft, produzierte Harley-Davidson in den frühen 60er Jahren eine ganze Reihe weiterer Geräte, die wenig mit Motorrädern zu tun hatten, wie zum Beispiel Golf Carts, und 1971–75 sogar Motorschlitten.

1954 wurde das kranke K-Modell auf 55 Kubikinch vergrößert, war nun ein gern gekauftes Sportmotorrad, und schließlich posierte auch Rock'n Roll-Idol Elvis Presley mit ihm auf der Titelseite des *Enthusiast* vom Mai 1956. In der Leichtgewichtklasse kam ein stärkerer 165-ccm-Zweitakter mit der Modellbezeichnung ST und STU hinzu, während sich der 125er ab 1955 nun als „Hummer" bis 1957 zum wohl erfolgreichsten Kleinmotorrad von Harley entwickelte. 1960 erschien der etwas seltsam dimensionierte Roller Topper mit 165 ccm und knapp 3 PS, die größeren Zweitakter wandelten sich anschließend zu immer neuen Modelltypen wie Scat, Pacer, Ranger und 1966 in modernem Design als Bobcat.

Die neuen OHV-Panheads EL und FL hatten dagegen wieder einmal ihre Kinderkrankheiten. Diesmal waren es vor allem die hydraulischen Stößel und High-Speed-Überhitzungserscheinungen. Schon nach einem Jahr gab es jedoch eine entscheidende Komfortverbesserung: Statt der alten Springer-Gabel erhielt die Panhead 1949 eine moderne ölgedämpfte Telegabel, die ihr den Namen „Hydra Glide" gab.

Vielerorts zeigten sich die Händler jedoch verärgert, bemängelten die schlechten und, wie sie meinten, ungerechten Zuteilungsraten und beschwerten sich über die allzu restriktive Bindung an die Firmenprodukte, während ihre „freien" Kollegen mit den britischen Importen herrlich unbeschwert dicke Profite machen konnten, speziell mit den größeren und stärkeren 650er Big Twins, die BSA und Triumph neben den hubraumkleineren Modellen verstärkt auf den Markt drückten. Obwohl diese immer noch als echte „Bastler-Gurken" verschrien waren, nahm sich die Motorradpresse ihrer liebevoll an, pries ihre technische Überlegenheit ebenso enthusiastisch, wie sie die US-

Ein noch ziemlich unbekannter Elvis Presley auf seinem neuen KH-Modell 1956.

Motorräder (also vor allem Harley-Davidson) als völlig veraltete, übergewichtige Dinosaurier schlecht machte.

Unter seinem Präsidenten Ralph B. Rogers versuchte Indian noch ein letztes Mal, das Ruder herumzureißen, und entschied sich endgültig für die vielversprechende Produktion von Leichtmotorrädern. Es war, wie sich bald herausstellte, eine falsche Entscheidung, und der ewige Konkurrent Harley-Davidsons mußte aufgeben und stellte 1953 seine Produktion ein.

Aber auch ohne Indian war der amerikanische Motorradmarkt längst weitgehend in den Händen britischer Marken. Harleys waren fast nur noch bei der Polizei und bei den treugebliebenen Clubs abzusetzen. 1950 diskutierte das Harley-Davidson-Management daher, ob man die US-Zolltarif-Kommission um eine Schutzzollerhöhung für ausländische Motorräder auf 50% bitten sollte. Hauptsächlich aufgrund negativer Zeugenaussagen über die Firmenpolitik wurde das ein Jahr später eingereichte Gesuch abgelehnt.

Ende 1951 wurde auf der jährlichen Dealer Convention – diesmal in der City Hall von Milwaukee – endlich das langerwartete 45 Kubikinch K-Modell vorgestellt, der neue Hoffnungsträger gegen die immer übermächtiger werdende britische Konkurrenz. Der neu durchkonstruierte, stärkere Seitenventil-Motor sollte die immer dringlicheren Forderungen der Händler nach einer wettbewerbsfähigen Mittelgewichtsmaschine befriedigen. Der sportlich ausgelegte Motor war zwar mit dem integrierten Getriebe, das mit Handkupplung und Fußschaltung betätigt wurde, leicht und entsprechend einfacher zu warten und zu reparieren als das alte WL-Modell, doch in der Praxis erwies sich das K-Modell als ziemliche Katastrophe. Erst als sein Motorvolumen auf 900ccm erhöht wurde, konnte es mit den wendigen und schnellen Nortons oder BSAs einigermaßen mithalten.

Allerdings hatte sich Harley-Davidson damit wieder aus der so lukrativen Mittelgewichtsklasse herauskatapultiert. Die besser durchkonstruierten KR- und KRTT-Racer erzielten dagegen auf amerikanischen Rennstrecken erstaunliche Erfolge. Zu weiteren finanziellen Investitionen waren die nunmehr über 330 Anteilseigner der Harley- und Davidson-Familien aber nicht bereit, sie gaben der zunehmend veraltenden Company insgeheim kaum noch Chancen und legten ihre Gelder lieber in profitableren Objekten an.

Die dritte Generation: John und William G. Davidson mit den neuesten K-Modellen.

Das Leben war schön und am schönsten zu zweit: Harley-Motorräder brachten Spaß und Partnerschaft auf Tuchfühlung.

So wurde ein zukunftsträchtiger 45 Kubikinch starker OHC-Prototyp mit einem leistungsstarken V-60-Grad-Motor namens KL nicht gebaut – angeblich, weil das Patent in den Händen der Firma Vincent lag.

1953 – im Jahr des 50jährigen Firmenjubiläums – ging der Verkauf um 20% zurück. Amerikas Technikbegeisterung wandte sich immer mehr den bequemen Autos zu, die sich zu wahren Chrom-, Blech- und Plastik-Plüschmonstern entwickelt hatten. Zudem war das britische Pfund stark gefallen – das machte die übermächtigen englischen Motorräder noch billiger, während bei Harley-Davidson die Kosten ständig stiegen. Die Panheads waren mit einem Preis von über 1.000 Dollar nicht mehr gewinnbringend zu vermarkten. Auch die unter Druck stehenden Händler rebellierten ein ums andere Mal gegen die intolerante „diktatorische“ Firmenpolitik, die ihnen in diesen schweren Zeiten nicht helfend zur Seite stand, worunter vor allem die kleineren Händler zu leiden hatten.

Trotz heftiger Auseinandersetzungen mußte zu guter Letzt Harley-Davidson einlenken. Zwar gab es „abschreckende“ Konsequenzen, aber einigen besonders umsatzstarken Vertretungen erlaubte die Company dann doch, auch nichtfirmeneigene Produkte zu vertreiben, eine Genehmigung, die völlig gegen das heilige und mit viel Aufwand propagierte Grundprinzip „Ein Harley-Händler verkauft nur Harley-Produkte“ ging.

Etwa zur gleichen Zeit breitete sich eine lautstarke und hochtechnisierte Sportart aus, die allerdings in England schon einige Zeit als Sprint bekannt war: wahre Beschleunigungsorgien über eine Viertelmeile aus dem Stand heraus. In Amerika hießen sie Drags und wurden unter ihren ersten Dragster-Piloten wie Mike Tucker, Joe Smith oder Bob George, die mit hochgezüchteten Harley-Motoren den Dragstrip hinunterdonnerten, bald ungeheuer populär. Sowohl Harley-Davidson als auch die weitgehend mit der Company identische AMA ignorierten den zukunftsträchtigen Dragstersport vollständig. Clevere Händler hatten jedoch die enorme Werbewirksamkeit der attraktiven Beschleunigungsrennen längst erkannt, und viele wandelten sich bald von braven Harley-Händlern zu innovativen kleinen Industriebetrieben, die neben einem angesehenen Rennstall auch noch jede Menge neue Kunden bekamen.

1957 wurde das kranke Kind KH endlich begraben und von der völlig neu entwickelten 61 Kubikinch XL-Sportster abgelöst. Sie hatte einen zwar rauhen und geräuschintensiven, aber kräftigen OHV-Motor, ebenfalls mit integriertem Getriebe, und gewisse modelltypische Fehler, wie Stabilitätsprobleme im oberen Tempobereich; sie war schwer zu kickstarten und brauchte ganz allgemein eine kräftig zulangende Hand. Trotzdem – oder auch vielleicht gerade deswegen – wurde sie von den Sport- und Speedfreaks als längst fällige Alternative zu britischen Bikes stürmisch begrüßt und wurde – mit gewissen späteren modelltechnischen Neuerungen – ein Dauerbrenner.

Ein Jahr später bekamen auch die dicken Touren-Modelle der Hydra-Glide-Serie eine neuartige hydraulische Hinterradfederung – der alte Starrahmen hatte damit ausgedient, und die FL und FLH-Harleys hießen ab sofort Duo Glide und waren die komfortabelsten Reisemotorräder, die es bis dahin gab.

(siehe auch: Customs – Dragster)

Die Revanche der Verprellten

Ohne Schutzzölle ist das Management angeschlagen

Als die wirtschaftliche Situation aufgrund der immer aggressiveren Vermarktung der britischen Motorradimporteure für Harley-Davidson zunehmend existenzbedrohend wurde, beauftragte die Company ihren Exportmanager Eric von Gumpert, bei der US-Zolltarif-Kommission ein offizielles Gesuch um eine Erhöhung des Einfuhrzolls auf 40% für ausländische Motorräder einzureichen. Unverzüglich nahm die inzwischen mächtig gewordene British Motorcycle Dealers Association den Fehdehandschuh auf und formierte sich unter der Führung ihres Präsidenten, des Triumph-Händlers Denis McCormack, zum Gegenschlag.

Als die beiden Parteien wunschgemäß ihre Demonstrationsobjekte in den Anhörungssaal im zweiten Stock des Senatsgebäudes (Washington/DC) brachten, wo schon die gesamte Presse und interessierte Motorradfahrer und -händler in gespannter Erwartung die Ränge füllten, wäre diesen beinahe Harleys bestes Stück entgangen. Der voluminöse Full Dresser paßte nämlich nur mit knapper Not in den Aufzug.

Bei der dreiwöchigen Anhörung im Juli 1951 rächten sich einige der so oft abgewiesenen und düpierten früheren Harley-Freunde und Mitarbeiter (inzwischen alle bestens im lukrativen englischen Importgeschäft etabliert) – allen voran Alfred Rich Child, aber auch Floyd Clymer und der ehemalige Werksfahrer Hap Alzina, indem sie schonungslos, wenn auch reichlich polemisch, die anmaßenden und kundenfeindlichen Praktiken der Company offenlegten und sie als „unamerikanisch, antidemokratisch und monopolkapitalistisch" anprangerten.

Das entsetzte Harley-Management, allen voran William H. Davidson, schwieg – und das war's dann. Das Schutzzollbegehren wurde abgelehnt. Obwohl die rebellischen „Rufmörder" später einige formelle Entschuldigungen gegenüber William H. Davidson vorbrachten, war der Schaden doch nicht wieder gutzumachen: das gute Image von Harley-Davidson war angeschlagen.

Stolz präsentiert die zweite Generation das neue K-Modell: Chefingenieur und Schatzmeister William Harley jun., Sekretär Walter Davidson jun., Gordon Davidson und Präsident William H. Davidson.

Star der Modellpalette der 50er Jahre: das Schlachtschiff Duo Glide in voller Ausstattung.

Die Invasion aus Fernost

Ein Alptraum trifft auf die ungeschützte US-Flanke

(Rechte Seite, Bes.: Art Psatmas, Daytona Beach, FL/USA)

Während die kleinen Flitzer von Honda in Amerika immer beliebter wurden, galt dasselbe für Harleys in Japan. Die 22jährige Pilotin Kikuko Matsumoto auf ihrer Maschine.

Nach 1959 kam eine neue und diesmal wesentlich ernstere Bedrohung auf Harley-Davidson zu. Nach intensiven, wissenschaftlich fundierten Marketing-Studien beschloß die neuerwachte japanische Motorradindustrie, Amerika zu erobern. Die Chancen dazu standen bestens. Als erste Firma stieß Honda mit ihren 50 ccm Viertakt-Mopeds (mit elektrischem Anlasser!) und später mit den futuristischen 250er Dream- und den 350er-Super-Hawk-Modellen auf das völlig brachliegende Terrain vor. Suzuki und Yamaha stießen bald hinterher. Niemand nahm die putzigen kleinen, aber leistungsstarken und vor allem billigen High-Tech-Produkte aus Fernost ernst. Nur die Motorradpresse überschlug sich wieder einmal vor Begeisterung, allen voran Floyd Clymers Cycle, der dieses Mal die Zeichen der Zeit wohl richtig erkannt hatte.

Der zunächst belächelte Wahlspruch „You meet the nicest people on a Honda“ wurde schnell zum weiteren Alptraum für Harley-Davidson, besonders weil er diesmal jene Seite der Motorradszene charakterisierte, die Harley-Davidson fest auf seiner Seite wähnte. Die erste Invasionswelle der völlig neuartig konzipierten Mopeds und Leichtgewichte aus Japan schlug auf dem sträflich vernachlässigten Markt wie eine Bombe ein. Weder die Engländer noch Harley-Davidson hatten der Technik und den Strategien der Japaner irgend etwas Vergleichbares entgegenzusetzen.

© Harley-Davidson

Electra Glide Panhead Model FLH

(1965)

Die unruhigen Sechziger

„Easy Rider“ oder: Herr Gott findet ein neues Abenteuer

Obwohl Harley jetzt eine komplette Palette von Motorrädern aller Klassen besaß, blieb die Electra Glide das Flaggschiff der Company.

1960 kaufte Harley-Davidson 50% der in Schwierigkeiten geratenen italienischen Firma Aermacchi, deren Mittel- und Leichtgewichte sich nun mit dem Doppelnamen schmückten und zunächst mit den Modellen der 250 und 350 ccm Viertakt-Sprint, dann mit den 50 und 65 ccm Kleinmopeds, später als Leggero bezeichnet, und anschließend auch mit weiteren Zweitaktern die Modellpalette bereicherten – nicht unbedingt zur Freude der Händler und kaum eine echte Alternative zu den immer stürmischer vordringenden Japanern. Harley-Davidsons eigene Leichtgewichte wurden als 175er Zweitakter (BT, BTU und BTH) zu moderneren Modellen wie Bobcat, Pacer und Scat aufgebessert, und von 1960–64 erschien noch der reichlich plumpe, aber eifrig beworbene Topper-Roller mit 165er Zweitaktmotor und Automatik-Getriebe. Er hatte gerade mal 3 PS und war generell nicht nur zu schwer und zu langsam, sondern auch zu teuer (600 Dollar).

William J. Davidson wird Präsident von Aermacchi-Harley-Davidson. In Milwaukee kümmert sich fortan John A. Davidson um die aufmüpfigen Händler, und 1963 übernimmt Willie G. Davidson das „Design Department“ und wandelt sich langsam vom smarten glattrasierten Schlipsträger zum noch smarteren, vollbärtigen, firmeneigenen Top-Management-Biker.

Inzwischen hatte 1962 Harley 60% der Tomahawk-Bootsfabrik in Tomahawk, Wisconsin, gekauft und ließ dort alle Plastik- und Fiberglasteile für seine Motorräder, aber auch für die Golf Carts herstellen.

Ebenfalls 1962 erscheint ein neues, technisch orientiertes Motorradmagazin namens *Cycle World,* das sich offen gegen die AMA-Praktiken und damit auch gegen Harley-Davidson ausspricht, obwohl der Herausgeber Joe Parkhurst dies bestreitet. Harley-Davidson straft ihn mit minimalen Anzeigenaufträgen.

Die Finanzlage ist bedrohlich. Um neues flüssiges Kapital zu bekommen, wagt Harley 1965 zum ersten Mal den Sprung in den öffentlichen Kapitalmarkt und beauftragt zuverlässige Wallstreet-Makler mit der Ausgabe neuer Anteilscheine. Sicherheitshalber behalten jedoch die Mitglieder der Harley- und Davidson-Familien die Aktienmehrheit von 53%. Doch schon versucht die für feindliche Übernahmen einschlägig bekannte Finanzgruppe Bangor Punta, insgeheim soviel Harley-Davidson-Aktien wie möglich zu erwerben. Nur Spekulation? Man ist besorgt.

Im selben Jahr setzt Harley zum großen Schlag gegen die übermächtige Konkurrenz an und präsentiert das Nonplusultra-Schwergewichtsmotorrad, die Electra Glide. Der später als „King of the Highway“ legendär gewordene Luxusdampfer hat nun 12 V, einen Elektrostarter (ziemlich überflüssig, wie alte Harley-Freaks meinen) und wieder mal eine Menge Probleme. Schließlich werden sie gelöst, und als Folge erscheint 1966 ein völlig neuer Motor: der Shovelhead. Wahlweise mit Hand- oder Fußschaltung, 1.200 ccm, und als Electra Glide oder als Electra Glide Super Sport hat die FL jedoch noch bis 1969 das alte Panhead-Motorunterteil mit der vorgesetzten Lichtmaschine, im Fachjargon auch Early Shovel genannt.

Mit Argwohn beäugt, aber weiterhin mit Ignoranz der Company belegt, weitet sich unterdessen der Custom-Markt gewaltig aus. Immer mehr Händler steigen in das lukrative neue Geschäft ein, zahlreiche Firmen etablieren sich mit Produkten, die es von Harley-Davidson selbst so nicht gibt – die aber von Tausenden von Harley-Besitzern, die etwas ganz Besonderes wollen, sehr gefragt sind.

So baut die Jammer Company Springer-Gabeln und Belt Drives, und den umfangreichen Katalog ziert bereits als Titel ein typisches Air-

Dennis Hopper und Peter Fonda in dem 1969 gedrehten Film „Easy Rider".

brush-Bild von Dave Mann. W & S Engineering bietet Umrüstteile für Sportsters an, Tom Sifton inseriert im Szene-Magazin *Easyriders* seine High-Performance-Produkte, die Little John Ltd. aus Denver, Colorado, offeriert das erste Fünfganggetriebe, und STD macht sich an die Verbesserung der Motorengehäuse – kurz, das Geschäft mit Aftermarket-Teilen boomt, und Custom-Styling ist angesagt.

Aber die Company hat andere Sorgen. 1967/68 übernimmt John Harley die Ersatzteil- und Zubehörabteilung, und am 6. März 1968 stirbt Gordon Davidson. Im selben Jahr verkauft Harley-Davidson 26.600 Motorräder, darunter nur etwas über 15.000 aus amerikanischer Produktion. Der gesamte Vorstand gibt öffentlich die Gefahr eines Bankrotts zu und sucht verzweifelt einen neuen Partner, oder genauer gesagt einen potenten Käufer, der bereit ist, die amerikanische Motorradinstitution vor dem Untergang zu retten. Wieder versucht Bangor Punta die Übernahme, und in seiner Not wendet sich William H. Davidson an seinen langjährigen Freund und Harley-Enthusiasten Rodney C. Gott, Direktor und Präsident des Mischkonzerns American Machine & Foundry Company (AMF), der ebenfalls an einer Übernahme interessiert ist, und bittet förmlich um Hilfe. Rodney C. Gott – kurz vor seiner Pensionierung – stürzt sich und die AMF mit Begeisterung in das neue Zweirad-Abenteuer, und 1969 übernimmt AMF endgültig Harley-Davidson. Es war eine komplizierte und sicher auch demütigende Angelegenheitt – aber schon bald sollte sich zeigen: Harley-Davidson war gerettet.

Zufall oder Omen? Noch im gleichen Jahr erscheint der gesellschaftskritische Drogen- und Hippiefilm „Easy Rider" und wird in einem weltweiten Triumphzug zum Harley-Davidson-Kultsymbol schlechthin, denn alle Stunts werden auf Harleys gedreht.

Eine ungleiche Ehe

Harley-Davidson und Aermacchi

Der Versuch, sich mit fremden Federn zu schmücken, ging letztendlich daneben, auch wenn die kleinen Zwei- und Viertaktflitzer aus Italien zur Geschichte von Harley-Davidson gehören.

Der amerikanische Motorradmarkt ließ sich mit dem europäischen und speziell dem italienischen nicht vergleichen – das konnte man aber Ende der 50er Jahre noch nicht genau erkennen. Aufgeschreckt durch die erstaunlichen Erfolge spritziger japanischer Leichtgewichte, suchte Harley-Davidson intensiv nach neuen Möglichkeiten, die eigene, veraltet wirkende Modellpalette um diese scheinbar so lukrativen sportlichen Fun Bikes zu erweitern. Nachdem William H. Davidson 1958 und 1959 fast zwei Jahre lang in Europa auf Informationstour war, bot sich die italienische Firma Aeronautica Macchi – kurz „Aermacchi" genannt – wie ein Geschenk des Himmels an. Die zunächst in Mailand, dann in Varese ansässige Firma hatte früher Flugzeuge gebaut. Aermacchi war nicht zuletzt durch die Rüstungsaufträge Mussolinis groß geworden und nach dem Zweiten Weltkrieg notgedrungen zum Motorradfabrikanten degeneriert, allerdings mit einer in Italien recht erfolgreichen Serie schneller und sportlich erfolgreicher Zwei- und Viertakter bis 250 ccm.

Aermacchi war billig zu haben, denn die Firma hatte sich gerade am indischen Motorradmarkt gründlich verspekuliert und wurde von den kreditgebenden Banken bereits als Verlustkandidat abgeschrieben. So konnte sich Harley-Davidson 1960 als Retter in der Not zeigen. Durch Vermittlung einer Schweizer Bank in Lugano kaufte sich Harley-Davidson für nur eine Viertelmillion Dollar mit einer Beteiligung von 50% ein. William J. Harley wurde Präsident der neuen Firma Aermacchi Harley-Davidson, und das Werk wurde zur Produktionsoptimierung von Varese ins nahe gelegene Schiranna verlegt. Schon Ende 1960 wurden die ersten Motorräder für den neuen Markt USA gebaut und verschifft. Aus der Aermacchi 250er Viertakt-Modellreihe mit den berühmten horizontalen Einzylindern, Ala Bianca, Ala Azzurra, Ala Rossa (und der Rennversion Ala D'Oro) entschieden sich die Manager in Milwaukee für die Straßenversion Ala Verde, ein Name, den die Amerikaner allerdings weder verstanden noch aussprechen konnten. So einigte man sich auf den Ehrentitel „Wisconsin", gab ihn mangels Attraktivität aber schnell wieder auf und nannte das neue Kind – vielfach auch als „Baby-Sportster" bezeichnet – „Sprint".

Ab 1961 tauchte dann die Sprint als Straßenversion C in den Harley-Katalogen auf, später als sportliches Modell H, aus dem dann ab 1964 die Geländemaschine R, ein Scrambler ohne Licht und Schutzbleche, wurde. Ein Scrambler war ursprünglich ein für die Straße untauglicher Moto Crosser. Seit Ende der 60er Jahre wurde daraus jedoch eine optisch off-road-taugliche Tourenmaschinenversion. Da aber derartige Leichtgewichte in Amerika eigentlich mehr als Spielzeug angesehen werden, entschloß sich Harley-Davidson zu einer stärkeren Variante. Die mit längerem Hub nunmehr auf 350 ccm vergrößerte Sprint wurde in verschiedenen Ausführungen als SS 350 und SX (Scrambler) angeboten, während sie in England immer noch Sprint und in Italien GT und GTS hieß. Immerhin: 75% der Produktion ging nach Amerika. Das Modell, das 1967 die 250er Sprint ablöste, verkaufte sich jedoch zunehmend schlechter, und 1974 stellte AMF die Produktion der Viertakter aus Italien ein.

Andere Spielzeuge waren im Kommen: Die Jugend stieg immer mehr auf die flotten Kleinen aus Japan um, und so ließ Harley in Varese jetzt Mopeds bauen: 1965 zunächst das 50 ccm Zweitakt-Mofa M 50 Leggero (der Name kam erst 1968 oder 1969 auf), das dann ständig nachgebessert als M 50 S, M 65 und M 65 S in großen Mengen auf den Markt geworfen wurde und sich zunächst auch ganz gut

Das „italienische Abenteuer" begann mit der Übernahme und dem Ausbau des kleinen Motorradwerks in Varese und brachte eine neue Generation von sportlichen Mittelklassemotorrädern auf die amerikanischen Straßen und Pisten.

© Harley-Davidson

Die ersten Viertakter aus Italien: Stolz betrachten die Inhaber jetzt zweier Motorradfirmen das „seltsame“ Produkt.

Die erste Ausgabe der Sprint hieß noch Wisconsin und zeigte typisch italienisches Design.

verkaufte. 1968 folgte das 125er Zweitakt-Leichtmotorrad Rapido als TX, SX und SXT und 1970 die 100 ccm SR und MSR Baja. Es wurden ziemliche Ladenhüter, von echten Harley-Liebhabern ohnehin ignoriert, und die neue Kundschaft sprang schneller als erwartet wieder ab, um sich den weitaus besseren und kräftigeren japanischen Zweitaktern zu widmen. Die AMF, seit 1972 alleiniger Inhaber von Aermacchi, versuchte die Japaner abermals zu kopieren und baute in Italien stärkere Zweitakt-Einzylinder-Maschinen, die ab 1974 als 175 ccm und ab 1975 auch als 250 ccm Straßenmaschine SS und Enduro SX auf den Markt kamen. Vergeblich: Trotz der drei WM-Titel des Rennteam-Stars von Harley-Italia Walter Villa in der 250er Klasse sah sich AMF gezwungen, das italienische Abenteuer zu beenden, und verkaufte das Werk in Varese 1978 an die Gebrüder Castiglioni, die dort die Marke Cagiva zum Erfolg führten.

Das Stimmungsbarometer sinkt

Harley-Davidson kämpft gegen ein bedrohlich schlechtes Medien-Image

© Harley-Davidson

© Harley-Davidson

AMF-Szenarium: Schneller Wechsel

Während der zwölf Jahre (1969–1981) unter dem Regiment des Konzerns American Machine & Foundry wurde der einst so stabile Chefsessel der Harley-Davidson-Präsidenten, Vizepräsidenten und Chief Executive Officers (CEO) zum Schleudersitz.
Insgesamt sechs amtierende Präsidenten versuchten ihr Glück, nicht immer im Sinne des obersten AMF-Gremiums. So fühlte sich Walter Davidson jr. zum Befehlsempfänger degradiert und quittierte 1970 verärgert seinen Posten als Verkaufsdirektor und Vizepräsident. Präsident war damals William Herbert Davidson (der Vater von Willie G.), der das Amt als CEO seit 1942 innehatte. Er trat am 30. September 1971 zurück. Sein Nachfolger als amtierender Vize wurde John H. O'Brian. Er hielt es etwas länger aus und wurde später vom ehemaligen AMF-Manager E. Gus Davis abgelöst.
1977 wurde Vizepräsident Vaughn L. Beals, der als Chefingenieur die Entwicklungsabteilung erfolgreich reformiert hatte, oberster Harley-Davidson-Chef. Letzter amtierender Präsident unter der AMF-Regie wurde 1980 Charles K. Thompson, der bereits seit 1979 Vizepräsident und Leiter der Ersatzteil- und Zubehörabteilung bei Harley-Davidson war. Er starb 1988 an einer plötzlichen Herzattacke.

Bei AMF wehte ein anderer Wind. Kein vorsorglich abgeschotteter Familienbetrieb mehr, keine Geborgenheit unter der Autorität eines patriarchalischen Führungsstils, kein Markenmythos schwebte durch die Vorstandsetagen. Die Frontlinie der Händler wurde nicht mehr beachtet und die immer noch loyalen Kunden nicht mehr gehört.

Andererseits hatte Harley-Davidson keine andere Chance, als sich dem neuen Management unterzuordnen. Dabei wurde die Kluft zwischen dem in Milwaukee sitzenden, traditionsbehafteten Harley Führungsgremium und dem im fernen New York regierenden AMF-Direktorium immer größer. Die gesamte Motorradproduktion war – sowohl modellpolitisch wie maschinell – veraltet, die Produktionskapazität erschöpft und in keiner Weise für das große Geschäft eines sich bereits abzeichnenden Motorradbooms gerüstet. Die finanzielle Decke war so zusammengeschrumpft, daß weitreichende Entscheidungen zur Aufrüstung unmöglich waren. Die gesamte Company war durch ihre eigenen Prinzipien blockiert, und der Motorradmarkt hatte in diesen Jahren Dimensionen erreicht, bei denen ein Familienbetrieb mit seinen typischenStrukturen nicht mehr mithalten konnte.

Die AMF-Devise für ihr neues Kind Harley-Davidson hieß: Produzieren – koste es, was es wolle, nur Stückzahlen zählten. So waren es 1972 bereits über 60.000 Einheiten. Das sollte sich bald rächen, denn eine Harley war nun einmal kein Massenartikel.

Die notwendige Logistik des Verteilersystems von Zubehör und Ersatzteilen, eine der existenziellen Lebensadern, wurde dabei sträflich vernachlässigt und brach demzufolge fast völlig zusammen.

Die Company – nunmehr aller Selbständigkeit nahezu beraubt – mußte miterleben, wie ihr renommiertes Know-how in das ökonomisch nüchterne Getriebe eines modernen, marktorientierten Mischkonzerns hineingezogen wurde. Weil die Fertigungskapazitäten in ihrem Werk in York, Pennsylvania (Waffen und Bowling-Sportartikel), gerade brachlagen, baute AMF kein neues Werk in Milwaukee, sondern errichtete die neue Fertigungsstraße (Sportster-Produktion und Montage) in den großzügig ausgelegten Produktionsanlagen von AMF-York. Ab Februar 1973 lief dort die Produktion an, und was gebraucht wurde – Motoren und Getriebe etwa –, transportierten LKWs fast 1.200 km über Land. Bei der ersten Ölkrise 1974 stiegen prompt die Benzinrechnungen in astronomische Dimensionen. Die AMF-Firmenpolitik litt natürlich unter dem Zwang, Harley-Davidson profitabel zu machen, und hatte daher keine andere Wahl, als weitere Millionen in die Motorradproduktion zu pumpen. Für die Vorstellungen des AMF-Chefs Rodney C. Gott, der ja für Harley-Davidson hauptverantwortlich war, konnte das noch nicht modernisierte Stammwerk in Milwaukee den Bedarf von York nicht erfüllen, zwischen den beiden räumlich so weit auseinanderliegenden Produktionsstätten gab es Mißstimmungen und logistische wie auch personelle Probleme ohne Ende. Trotzdem wurde die Produktion weiter hochgefahren. Das Resultat war Chaos. Während das Yorker Werk verzweifelt auf Anlieferungen aus Milwaukee wartete, wurden alle Planungen durch die Realität wiederholt über den Haufen geworfen. Vergeblich wurden Management und Geschäftsleitung der Motorcycle Group in immer schnellerer Folge ausgewechselt, wobei bemerkenswert viele nicht-motorradkundige Mitarbeiter aus dem AMF-Stab in Führungspositionen bei Harley-Davidson kamen. Um die Forderungen und Bedürfnisse der Arbeiter kümmerte man sich dagegen wenig. Sie wurden hin- und hermanövriert, massive Umschichtungen und rigorose Entlassungen brachten die Stimmung bald auf einen Tiefpunkt. Mit den Gewerkschaften wurde schon gar nicht verhandelt. Die bisher loyalen Arbeiter wurden demotiviert, schlampige Arbeit riß ein, die bis zur Sabotage ging, der 101-Tage-Streik 1974 war ein gefährliches Alarmzeichen. Der Schaden war groß, aber die Konsequenzen gleich Null. Teilweise stauten sich Hunderte von Ausschuß-Harleys in York zur Nachbesserung auf Halde, an denen dieses oder jenes Teil fehlte, weil es am laufenden Montageband gerade mal wieder nicht zur Hand war. Was passierte, wenn solche „Gurken" bei den Händlern, Kunden und, noch schlimmer, bei den Testern der Motorradmagazine landeten, kann man sich leicht vorstellen. Der Imageverlust des Highest-Quality-Prinzips war verheerend.

Aber das war nur die eine Seite der AMF-Regie. Die andere – positivere – kam in Gestalt eines neuen, marktorientierten Managements, das den Herausforderungen der neuen Zeit durchaus gewachsen war. Die alten Strategen mußten umdenken. Am 30. September 1971 trat William H. Davidson von seinem Harley-Präsidentenposten zurück und übergab das Ruder (immer mit Zustimmung von AMF) an den ideenreichen und energischen John H. O'Brian. Neue Horizonte und neue Chancen taten sich auf. Nüchtern betrachtet hätte es ohne die AMF wahrscheinlich keine Firma Harley-Davidson mehr gegeben.

Die neuen Strategien

Harley-Sound steht für den Traum von der großen Freiheit

© Harley-Davidson

Während erste Versuche sportiver Gestaltung mit dem Cafe Racer fehlschlugen, konnte sich AMF-Chef Rodney Gott von dem Erfolg der neuen 1200er Motoren im Butler Plant von Milwaukee persönlich überzeugen.

Die Marktsituation hatte sich inzwischen völlig verändert. Das Motorrad wurde von einer Transport- und Sportmaschine zu einem Gerät für Spaß- und Freizeitvergnügen, die neue Klientel wollte ein fröhliches, unkompliziertes (und selbstverständlich preiswertes) Spielzeug haben, und das sofort. Dahinter stand im Zeichen eines neuen, bisher unbekannten Wohlstands eine ungeheure Kaufkraft; man konnte praktisch alles verkaufen, ja, es wurde einem aus der Hand gerissen, wenn es nur schnell und effizient genug auf den Markt geworfen wurde. In diesem Boom brachen die Japaner mit ihrer gewaltigen Motorradproduktion – allen voran Honda – nach sorgfältigen Marktanalysen mit einer geballten wirtschaftlichen, technischen und kaufmännischen Wucht ein, die bisher unvorstellbar war. AMF reagierte, so gut sie konnte: Um die Harleys gegen die übermächtige Invasion aus Fernost behaupten zu können, investierte AMF immer größere Summen. Allein für die Fertigung neuer Getriebe wurden 45 Mio. Dollar für Maschinen und Werkzeug ausgegeben – unter wirtschaftlichem Gesichtspunkt ein höchst riskantes Abenteuer, wie die beratende Boston Consulting Group besorgt feststellte. Nicht genug damit – unter der genialen Leitung von Jeffrey L. Bleustein, einem versierten AMF-Chefingenieur, den der neue Harley-Davidson-Chef Ray Tritten (AMF) im Zuge seiner Rundumerneuerung an die Spitze der Entwicklungsabteilung berufen hatte, wurde nun auch eine moderne Generation des V-Twin-Mythos geplant und gebaut: der Evolution-Motor. Er kam jedoch während der AMF-Zeit nicht mehr in die Fertigung. Dafür brachte Design-Direktor Willie G. Davidson völlig neuartige Ideen in eine verstaubte, konservative Modellpolitik. Zunächst mit Mißtrauen betrachtet und teilweise blockiert, wurden die dem ängstlich gemiedenen Outlaw-Image zugeordneten Custom-Modelle Super Glide, Fat Bob, Low Rider, Sturgis und vor allem Wide Glide vom Publikum begeistert aufgenommen. Mit ihnen änderte sich nicht nur das Firmen-Image, sondern auch das Image des Harley-Fahrers schlechthin. Aus Rebellen und Outlaws sind nun akzeptable Biker geworden. Bärte und Tattoos, schwarze Lederjacken und abgespeckte Macho-Maschinen waren plötzlich nicht mehr der Schrecken aller braven Bürger, sondern Ausdruck des motorradfahrenden „American Way of Life". Wehende Haare im Wind und die große Freiheit auf zwei (Harley-)Rädern wurden zum Bestandteil einer neuen Philosophie. Die aufgetakelten Highway-Fregatten waren dagegen ziemlich out und mehr eine Angelegenheit der älteren Generation, höchstens noch gut für Shows, Paraden und familiäre Überlandtouren.

Zugegeben, es gab auch Flops in Willie G.'s Modellpalette, wie der nachtschwarze Café Racer, der eher ein typisch europäisches Element verkörperte und beim Publikum durchfiel. Leistung, Preis und Fahrwerksqualitäten konnten nicht mit den aus Italien stammenden Vorbildern des Café Racers mithalten. Bei individualistisch angehauchten Sportfahrern, der angepeilten Zielgruppe, gaben Ducati, Moto Guzzi und Laverda den Ton an.

Wie sehr man unter dem AMF-Regime an die Zukunft dachte, war an dem später nur mit Abscheu betrachteten „Projekt Nova" zu sehen: Der bei Porsche entwickelte V-4-Zylinder war zwar ein völlig untypischer Harley-Motor, wäre aber mit Sicherheit eine effektive Antwort auf den aggressiven und erfolgreichen Angriff von Honda auf das bisher von Harley allein beherrschte Big-Bike-Monopol gewesen. Nachdem das Projekt Nova aber endgültig verworfen wurde (wie man heute erkennen kann, zu Recht!), mußte Harley ein großes Marktsegment der Schwergewichtsklasse an die leisen und äußerst komfortablen Highway-Cruiser, Hondas Goldwing GL 1000 und GL 1100, abtreten.

Das Ende der Minibikes

„Think big“ und laß den Adler endlich wieder fliegen!

Motorradträume in einer warmen Sommernacht: Das typische Prospektbild von Harley-Davidson weckt Sehnsüchte im Herzen jedes Bikers.

Als weitere Maßnahme, um den neuen Motorradbereich von AMF aufzufrischen, berief AMF-Direktor Ray Tritten bald den versierten Motorentechniker Vaughn L. Beals zum technischen Leiter der Ingenieurabteilung. Der begann ab 1976 mit der im Vorstand von Harley-Davidson eingerissenen Apathie gründlich aufzuräumen.

1978 ging der Harley-Enthusiast und AMF-Direktor Rodney C. Gott in den Ruhestand. Man mag ihm manche Fehlentscheidung zuschreiben, aber letztlich war es seiner großen Persönlichkeit und – mit der Zeit etwas ernüchterten – Begeisterung für Harley-Davidson-Motorräder zu verdanken, daß die Company überlebte.

Sein von ihm designierter Nachfolger Tom York hatte dagegen mit Harley-Davidson wenig im Sinn, wie überhaupt mit Motorrädern. Er überließ die Harley-Firmenpolitik, die natürlich zuvor immer vom AMF-Direktorium abgesegnet sein mußte, weitgehend Vaughn Beals und den jeweiligen CEOs (Chief Executive Officers), was zunehmend zu Spannungen und Verstimmungen zwischen Milwaukee, York und dem AMF-Headquarters in New York führte.

In der Zwischenzeit installierte Vaughn Beals ein wirksames Qualitäts- und Produktions-Kontrollprogramm, das sich „I Make the Eagle Fly“ nannte und den vernachlässigten Arbeitern wieder neue Motivation und vor allem Mitverantwortung gab.

Schon in den 70er Jahren ermittelten die US-Finanzbehörden auf Antrag von Harley-Davidson-Präsident John A. Davidson gegen die Dumpingpreispraktiken der japanischen Motorradhersteller, die sich inzwischen auch in Amerika mit Fertigungsstätten etabliert hatten und ihre überschüssigen Modelle zu Schleuderpreisen auf den Markt warfen. Bei einer Verurteilung (was im Sinne von Harley-Davidson lag) würde eine entsprechende Importzollerhöhung die Folge sein. Die mit der Marktanalyse beauftragte, unabhängige International Trade Commission (ITC) bat um informative Mithilfe aller Betroffe-

Die Steuermänner: Rodney C. Gott/AMF (rechts) und Vaughn Beals/Harley-Davidson Division.

© Harley-Davidson

nen. Doch dies erwies sich als Bumerang. Bei dem Hearing rächten sich einige Händler, indem sie der Kommission unverblümt zu erkennen gaben, daß die zum Vergleich stehenden – ungeliebten – Leichtgewichte (aus der italienischen Aermacchi-Produktion), die ihnen von der Company aufgehalst worden waren, weder im Bedarf noch im Design oder in Zuverlässigkeit und im Service für sie akzeptabel und zudem – gemessen an japanischer Technik – hoffnungslos veraltet waren. Die ITC entschied gegen Harley, verurteilte aber zugleich die japanischen Hersteller wegen ihrer Dumpingpreispraktiken.

Das für Harley so vernichtende Urteil hatte jedoch auch seine guten Seiten: Die Japaner mußten aufhören, ihre Überschüsse zu verschleudern, und Harley-Davidson entschied sich, das italienische Abenteuer schleunigst zu beenden. Die noch in Massen herumstehenden Aermacchi-Mopeds und -Leichtmotorräder mußten allerdings weit unter Preis verramscht werden – und man tat damit genau das, was die Japaner auch getan hatten. Aber die Zweitakt- und Minibike-Periode war endgültig vorbei, und Harley-Davidson hat sich nie wieder damit beschäftigt. „Think Big" war die neue Devise, und „Tue und verbessere das, was du am besten kannst".

Besonders Vaughn Beals vertrat diese (alte) neue Firmenpolitik konsequent, und sie sollte sich, trotz aller Unwägbarkeiten, letztendlich als richtige Strategie erweisen. Aber noch stand alles auf der Kippe. Während Harley-Davidson noch 1973 in der Schwergewichtsklasse über 750 ccm einen führenden Marktanteil von 77,5% hatte, schrumpfte der bis 1980 auf 30,8% zusammen, für den ausschließlichen Big-Bike-Produzenten eine nahezu tödliche Situation. Für AMF sah es noch schlimmer aus: Eigentlich als gewinnbringende Subdivision gedacht, brachte Harley-Davidson bei 17% Umsatzanteil nur etwa 1% Gewinnanteil ein. Tom York sah sich sicherheitshalber schon nach profitableren Beteiligungen um – kurz, man wollte die problembehaftete Firma Harley-Davidson so schnell wie möglich loswerden – und mancher „Geier" fand sich, der hoffte, an einem weiteren maroden Familienbetrieb leichte Beute zu finden. Doch es sollte anders kommen. Vaughn Beals hatte als treibende Kraft bessere Ideen und letztlich auch die besseren Argumente ...

Das AMF-Szenarium

1969 – Die Aktionärsversammlung des Mischkonzerns American Machine & Foundry Company (AMF) beschließt, Harley-Davidson zu übernehmen, und kauft für 21 Mio. Dollar die Aktienmehrheit (Unternehmen auf 40 Mio. Dollar geschätzt). Rodney C. Gott wird Vorsitzender von AMF-Harley-Davidson.

1970 – Ein neues Rennmodell macht Karriere: die XR 750.

1971 – Das neue AMF-Harley-Davidson-Logo erscheint auf allen Harley-Davidson-Produkten. Das ehemalige AMF-Werk in York nimmt die Produktion auf. Der Firmenkomplex an der Juneau Avenue wird zum Lagerhaus und zur Verwaltungszentrale umgebaut, bleibt aber immer mehr als ein reiner Produktionsstandort. Evel Knievel wird als Geschäftspartner engagiert. Die von Willie G. entworfene FX Super Glide gibt als erste Custom-Harley ihr Debut.

1974 – Die Gewerkschaft organisiert einen 101 Tage währenden Streik. Die Super Glide gibt es nun auch als FXE mit Elektrostarter. Die Partnerschaft mit Evel Knievel wird wieder gelöst.

1976 – Die Modelle XLH/XLC, FLH und FX/FXE erhalten zur 200-Jahrfeier Amerikas spezielle Liberty-Edition-Tank-Decals.

1977 – Die Company eröffnet in York ein Firmen-Museum, das Rodney C. Gott Museum genannt wird. Als neues Custom-Modell aus Willie G.'s Designerwerkstatt kommt der XLCR Cafe Racer in der Sportster-Serie ins Angebot.

1978 – Harley-Davidson feiert sein 75. Jubiläum. Die Beteiligung an Aermacchi wird beendet und verkauft. Ein neues Sportster Modell – die XLT 1000 – erscheint sowie der erste 80-Kubikinch-Shovel-Motor in der FLH 80.

1979 – Das NOVA-Projekt wird verworfen, und während der AMF-Zeit wird Porsche beauftragt, den EVO-Motor zu bauen. In der Super-Glide-Modellreihe gibt es als neuen Customtyp die FXEF Fat Bob sowohl mit dem 1.200 ccm als auch mit dem 80-Kubikinch-Shovelmotor. In der FLH-Reihe erscheint erstmalig die Classic-Ausführung.

1980 – Die XLS 1000 Roadster ergänzt die Sportster-Reihe. Als Custom-Ausführung der Super-Glide-Serie werden die FXWG Wide Glide und FXB Sturgis, beide mit dem 80-Kubikinch-Shovelmotor, vorgestellt.

1981 – Mit dem von Erik Buell entworfenen Rahmen erscheint die FLT Tour Glide mit 80-Kubikinch-Motor und Fünfganggetriebe. Unter dem Management von Vaughn Beals kauft sich Harley-Davidson von AMF frei.

Die schmerzhafte Radikalkur

Schwieriger Rückkauf und neue Konzepte

© Harley-Davidson

Historischer Augenblick – Unterzeichnung der Dokumente zum Rückkauf von Harley-Davidson im Juni 1981: Ralph Swenson, Charles K. Thompson, AMF-Präsident Ray Tritten (sitzend) sowie Vaughn Beals (v.l.n.r.).

Unter schwierigsten Bedingungen und in oft eisiger Atmosphäre handelte Harley-Chef Vaughn Beals monatelang mit – oder besser gegen – seinen eigenen Boß Merlin Nelson von der AMF den Deal aus. Jack Reilly von Citicorp unterstützte den LBO (Leveraged Buy Out) kräftig, und schließlich lud Vaughn Beals 13 ausgesuchte Harley-Direktoren und Abteilungsleiter Anfang 1981 zu einer denkwürdigen Zusammenkunft nach Stamford, Connecticut, ein und eröffnete ihnen die Möglichkeit, die von AMF zum Verkauf angebotene Firma Harley-Davidson in eigene Hände zu übernehmen. Es war wieder einmal ein letzter, verzweifelter Versuch, die Company zu retten. Die Idee, eine kapitalverschlingende Fabrik, die auf dem Motorradmarkt fast schon auf verlorenem Posten um ihr Überleben kämpfte, mit einer Selbstbeteiligung von etwa 10 Mio. Dollar zu kaufen, klang zu lächerlich, zu absurd.

Der große Helfer in der Not war die Citicorp Industrial Credit Bank, die den von AMF geforderten Kaufpreis von rund 80 Mio. Dollar auf ihre Kappe nahm, allerdings zu grausamen Bedingungen. Um die 16% Zinsen bezahlen zu können, müßte Harley-Davidson seine Gewinne nahezu verdoppeln, und das, obwohl die wirtschaftlichen Prognosen mehr als düster aussahen. John A. Davidson bekam ob dieses Wahnsinnsabenteuers kalte Füße und stieg aus. Sein Bruder Willie G. blieb todesmutig bei den anderen, einem nunmehr auf Sieg oder Untergang verschworenen (und persönlich völlig verschuldeten) Haufen von (allerdings hochmotivierten) Hasardeuren, wie es schien. Unter ihnen waren Präsident Charlie Thompson, Vaughn Beals, Dr. Jeffrey Bleustein, Willie G. Davidson, Kurt Woerpel, Dave Lickerman, Chris Sartalis, John Hamilton, James Paterson, Timothy Hoelter, David Caruso, Ralph Swenson und Peter Profumo.

Schließlich war der Deal perfekt, und Harley-Davidson gehörte wieder den eigenen Leuten, das heißt nicht ganz, denn sowohl sie selbst als auch die eigene Firma hafteten mit dem gesamten Vermögen gegenüber dem Kreditgeber Citicorp. In einer publicitywirksamen Parade – angeführt von Willie G. Davidson und allen Direktoren – zelebrierten sie am 16. Juni 1981 den vielbejubelten „Homecoming Ride" von York nach Milwaukee, wo vor 78 Jahren alles angefangen hatte. Der richtige Propaganda-Slogan war auch schon gefunden: „The Eagle Soars Alone" – zunächst wohl mehr ein verzweifelter Mutmacher. Vaughn Beals' Optimismus war ebenso grenzenlos wie nötig.

Das Motto der künftigen Firmenpolitik – „Motorcycles by the People, for the People" – war dagegen schon direkter. Das Konzept – noch unter dem AMF-Regime ausgearbeitet und nun von Citicorp nach Kräften unterstützt – war ebenso revolutionär wie überzeugend. Das Hauptproblem lag offensichtlich in der Qualitätskontrolle, und eine aus Japan „importierte" neue Methode – EI oder „Employee Involvement" – sollte es aus der Welt schaffen, indem zukünftig alle Angestellten persönlich an der direkten Qualitätskontrolle teilnehmen und die Arbeitsanweisungen nicht mehr von bürofernen Managern und Ingenieuren kommen sollten, sondern von den Menschen, die direkt im Arbeitsprozeß stehen.

Dazu kam noch eine weitere wichtige Neuerung: das MAN-System (material as needed). Also keine teure Lagerhaltung mehr, in der die Teile in großen und meist überschüssigen Mengen oft jahrelang in Regalen und Verstecken veralten, verrotten oder gar beschädigt werden, sondern nach einer raffinierten, computergesteuerten Logistik immer dann und dort angeliefert werden, wo man sie gerade braucht. Inzwischen ist dieses heute übliche Verfahren unter dem Begriff JIT (just in time) bekannt. Zu guter Letzt kam noch das dritte und vielleicht wichtigste „Standbein" der neuen Fabrikationsmethoden, die SOC (Statistical Operator Control), hinzu, in der die Arbeiter ihre Arbeit nach ausgeklügelten Überwachungs- und Kontrollvorgängen selbst überprüfen, denn erfahrungsgemäß können sie Fehler am schnellsten selbst erkennen, korrigieren und Verbesserungen am effektivsten gestalten. Faßt man alle drei Methoden zusammen, läßt sich das große Wunder des neuen Programms plötzlich klar erkennen – es heißt MOTIVATION. Ron Hutchinson übernahm Planung und Ausführung, und bald wurden eine Menge teurer Bürokraten, Ingenieure und Kontrolleure überflüssig.

Das war genau im Sinne von Vaughn Beals' Spartaktik, denn er hatte inzwischen harte Management-Maßnahmen ergriffen: Stellen wurden eliminiert, Angestellte und Arbeiter entlassen, die Gehälter der Top-Manager eingefroren, Sonderzulagen und Sozialleistungen gestrichen sowie Health Care beschnitten – es gab Einsparungen in allen Bereichen. Zum Herbst 1981 wurden 200 Angestellte und 1.600 Arbeiter entlassen, darunter der junge John Harley, das letzte Mitglied der Harley-Familie. Als diese Sparmaßnahmen 1982 bis zur äußersten Schmerzgrenze ausgereizt waren, stieg die Produktion auf 31.000 Stück, und die Kapazität der Fabrikationsanlagen war zu 50% wieder ausgelastet.

Die neuen Herren

Der Kurs aus der Krise

Als der Freikauf von AMF Mitte 1981 abgeschlossen war, saßen in den Chefsesseln der gebeutelten Company neue Manager als Entscheidungsträger. Die wichtigsten waren:

Vaughn L. Beals

gilt als der Architekt und das Gehirn hinter dem Rückkauf. Seine Familie stammt aus Nova Scotia, er selbst studierte Aeronautik am Massachusetts Institute of Technology (MIT) und spezialisierte sich auf Raketensystem-Ballistik. Nachdem er bei Cummins Diesel als Manager gearbeitet hatte, wurde er vor allem wegen seines brillanten Führungsstils zum Vizepräsidenten der Motorradgruppe (Harley-Davidson) von AMF berufen. Vaughn L. Beals hatte bis zu seinem 45. Lebensjahr noch nie auf einem Motorrad gesessen, besaß aber ein ausgesprochenes Talent und wurde bald ein begeisterter Fahrer einer Tour Glide. Berühmt dafür, sich um alles zu kümmern, sagt man von ihm: „Wenn jemand was erreichen und bewegen kann – dann er!"

Charles K. Thompson

Präsident und CEO von Harley-Davidson, war von Jugend an mit John Davidson befreundet. Nach einem Start als Lehrer und Fußballtrainer übernahm er von 1966 bis 1969 Harley-Davidson of Louisville. Motorradfahren liebte er von Jugend an und wurde bald stolzer Besitzer einer FLT, mit der er auch als Harley-Präsident weite Touren unternahm. 1969 wurde Charlie Thompson Vertriebsleiter und später unter der Präsidentschaft von John Davidson Vizepräsident. Während der AMF-Zeit wurde er 1976 General Manager der Abteilung für Zubehör- und Ersatzteile und 1980 schließlich Präsident von Harley-Davidson. Er starb 1988 an einer Herzattacke. Charlie Thompson war ein äußerst beliebter, jovialer Mann, der sich stets gern in Motorradfahrerkreisen und der Biker-Szene bewegte.

William (Willie) G. Davidson

studierte als Jugendlicher am Art Center College of Design in Los Angeles und besuchte während dieser Zeit viele Motorrad- und Biker-Treffen, Shows und Parties. Er liebte es, unter seinesgleichen zu sein, und lernte ausgiebig den Biker Lifestyle kennen, der seine spätere Arbeit als Chefdesigner der Company stark beeinflußte. Nachdem er fünf Jahre lang für Brook Stevens (Excalibur Sports Car) und in der Continental Division bei der Ford Motor Company gearbeitet hatte, wurde er am 18. Februar 1963 von seinem Vater, dem damaligen Präsidenten William H. Davidson, zum Chefdesigner ernannt. Seine Antwort auf diese Ernennung ging in die Geschichte der Firma ein: „I'll bring my crayons and be right down ..."

Willie G. als Gewinner eines Enduro-Runs im Jahre 1952.

Mit sicher gemischten Gefühlen präsentierten sich nach dem Rückkauf die neuen Besitzer von Harley-Davidson zu einem offiziellen Gruppenbild: John Hamilton, Dr. Jeffrey Bleustein, Kurt Woerpel, Chris Sartalis and William G. Davidson (stehend), James Paterson, Timothy Hoelter, David Lickerman, Peter Profumo, David Caruso, Ralph Swenson, Charles Thompson und Vaughn Beals (sitzend; v.l.n.r.).

Jeffrey L. Bleustein

stammt aus New York und machte seinen PHD-Ingenieurabschluß an der Columbia-Universität. Er ging für die NATO nach England und arbeitete als Dozent für Technik an der Universität in Yale. Ab 1971 wurde er bei AMF Direktor der Abteilung für Konstruktion und Entwicklung und 1975 zum Chef der Konstruktionsabteilung von AMF-Harley-Davidson ernannt.
Die Hauptprobleme, die er dort zu lösen hatte, waren die strengen Umweltschutzauflagen der Federal Environmental Protection Agency (EPA) – die Lautstärke- und Emissionsvorschriften –, die Harley-Davidson als die größte Herausforderung für ein zukünftiges Überleben sah.

Timothy K. Hoelter

ein Rechtsanwalt aus Milwaukee, war Justitiar der Firma, aber weder bei AMF noch bei Harley-Davidson angestellt. Bei der in Milwaukee ansässigen Rechtsanwaltskanzlei Whyte & Hirchboek S.C. beriet er die Company in Finanzfragen und machte sein Rechtsdiplom an der Harvard Law School.
Seine Aufgabe war es, sich um die Rechts- und Urheberrechtsinteressen der Firma zu kümmern und alle schlechten Einflüsse wie negative Images (Drogen, Totenköpfe, Nazi-Embleme usw.) von jedem Zusammenhang mit Harley-Davidson fernzuhalten. Tim Hoelter versuchte, dies mehr durch persönliche Gespräche als durch Gerichtsurteile zu tun. Außerdem kümmerte er sich auch darum, wie Harley-Davidson mit seinen Händlern umging.

David Caruso

kam aus Chicago, hatte ein Technikstudium am Illinois Benedictine College absolviert und besaß ein Master Degree der Purdue-Universität. Nachdem er einige Zeit bei der Cummins-Motorenfabrik gearbeitet hatte, wurde er – nach einem Zwischenspiel als allgemeiner Vertriebsleiter für Golf Carts – 1973 von John Davidson zum Chef der neu konzipierten Abteilung für Zubehör und Ersatzteile ernannt. Er wurde Nachfolger des 1974 verstorbenen John Harley.
Caruso baute den Zubehörbereich als selbständig geführte Abteilung auf und kümmerte sich vor allem auch um Lizenz-Vergaberechte. Unter Präsident Charlie Thompson war David Caruso Vizepräsident und Chefmanager für das gesamte Marketing (Werbung, Öffentlichkeitsarbeit, Verkaufsausstellungen und Händlerbeziehungen) von Harley-Davidson.

Chris Sartalis

begann 1966 seine Laufbahn als Leiter, Geschäftsführer und Rechnungsprüfer der AMF Lawn & Garden-Abteilung (Recreational Group) und wurde dann Chefbuchhalter bei der Motorcycle Group. Seither ist er als versierter Wirtschaftsprüfer Harley-Davidson treu geblieben und bis zum Vizepräsidenten aufgestiegen.

Peter L. Profumo

stammt aus New Jersey und promovierte als Wirtschaftsprüfer an der Fordham-Universität in New York City. Nach einer kurzen Zeit, die er bei der U.S. Army verbrachte, wurde er 1968 interner Rechnungsprüfer bei AMF.
Als Vizepräsident der Motorcycle Division war er für das richtige Marketing zuständig sowie für alle Prototypen und Pilotprojekte. In seiner Verantwortlichkeit lag es, festzustellen, wann ein Produkt reif für den Markt und der Markt aufnahmefähig für ein neues Produkt war. Profumo liebt Harleys und ist ein eingeschworener Solo-Fahrer.

James Paterson

stammt aus Connecticut und promovierte an der dortigen Universität. Nach einer Anstellung bei „Kraft Food" in Chicago kam er 1971 zu AMF und war später verantwortlich für Budgetanalysen und Bankverbindungen.
Zusammen mit Vaughn Beals konstruierte er das finanzielle Gerüst des Buyouts. James Paterson ist ein begeisterter Segler und liebt den Harley-Sound.

Ralph Swenson

wurde 1920 in Brooklyn geboren und ist somit der älteste im neuen Harley-Management. Er studierte an einer technischen Hochschule, machte eine vierjährige Ausbildung als Maschinist und Werkzeugmacher, arbeitete für die US-Marine und kam bereits 1947 zu AMF, wo er im Werk Brooklyn blieb, bis es 1968 geschlossen wurde. Nach einer kurzen Zeit im AMF-Werk in Des Moines wurde er 1972 beauftragt, für die neue Harley-Produktion im Werk York die Montagevorrichtungen zu installieren. Zusammen mit drei weiteren AMF-Angestellten von York (Art Donofrio/Industriekonstruktionen, Art Jenkings/Planung und Curt Tucker/Kalkulation) besuchte er die Harley-Davidson Service School, um mehr über die Montage von Motorrädern zu lernen. Anschließend organisierte er in sechs Monaten den Bau der Sportster Assembly Line; 1973 lief die erste Sportster vom Band. Ralph Swenson war bis 1982 Präsident von Harley-Davidson York.

David R. Lickerman

stammt aus Chicago und kam 1962 in Mexiko zu AMF, wo er für die Ingenieurfirma seines Vaters arbeitete, wurde Präsident von AMF Mexico und 1975 Vorstand der internationalen Bowling-Sportgeräteabteilung von AMF. Als Präsident von Harley-Davidson International blieb er zur besseren Kontrolle des Überseemarktes in der Exportzentrale von Harley in Stamford, Connecticut, die Harley-Davidson von AMF übernommen hatte. Zuständig für alle Ausfuhren nach Übersee, hatte er sich vor allem mit den Sicherheitsvorschriften der verschiedensten Staaten auseinanderzusetzen, für die alle exportierten Harleys entsprechend umgerüstet werden mußten. David R. Lickerman ist begeisterter Harley-Fahrer und besitzt eine FLH Classic.

Das Jahr der Wende

Neue Technik und neue Jongleure des guten Rufs

1983: das Jahr der Wende. Erste zaghafte Gewinne. Die harten Maßnahmen der Firmenleitung schienen zu greifen, die Qualitätskontrolle, SOC und das JIT-System hatten die zunächst riesigen Ausschußberge schnell abgebaut, und die gesundgeschrumpfte Company fing an, sich langsam zu erholen. Aggressive Werbe- und Marketingkampagnen zeigten erste Wirkung. Die meisten Händler waren bereit, sich den konsequent konzipierten Forderungen zu beugen und ihre Läden attraktiver zu gestalten.

Technisch gesehen gab es eine Revolution, denn der neue Evolution-Motor konnte nun endlich die längst fälligen Kriterien der Umweltschutz-, Lärm- und Emissionsauflagen erfüllen. Das lästige „Harley Oil only"-Problem war gelöst, das neue Triebwerk vertrug auch Markenöle anderer Hersteller. Ein wartungsfreies elektronisches Zündsystem, das Magnavox Control Module, löste die alte Unterbrecherzündung ab, und neue Modelle bekamen unverwechselbare Namen: die XLX 61er Sportster etwa, die FXDG 80 Disc Glide – eine Wide Glide mit Scheibenhinterrad – sowie die Super Glide II und Super Glide II De Luxe. Noch unerfahren in der neuen Kundenmotivations-Strategie, ab sofort mehr auf das zu achten, was die Harley-Käufer wollten, wurde herumexperimentiert, aber irgendwie brachte man das Kunststück fertig, den alten, heißgeliebten Mythos des großvolumigen 45 Grad luftgekühlten V-Twin-Motors, der von Technik-Experten längst auf den Müllhaufen der Motorradgeschichte geworfen worden war, wieder auf Vordermann zu bringen und ihm ein zunächst unbefristetes Überleben zu sichern. Die deutsche Firma Porsche hatte dabei exzellente Vorarbeit geleistet. Die weltweite Harley-Gemeinde atmete hörbar auf und kratzte ihre Ersparnisse zusammen, und selbst betuchtere Motorradfans fanden es plötzlich todschick, sich auf dem prestigeträchtigen Modell aus Milwaukee zu präsentieren. Die Custom-Modelle verkauften sich wie warme Semmeln, am besten aber diejenigen im Nostalgie-Look ...

Doch das wichtigste Ereignis in diesem Jahr war wohl die Gründung der Harley Owners Group, kurz H.O.G. genannt. Längst hatte Harley-Davidson erkannt, daß auch beim Kunden die Motivation der wichtigste Anreiz zum Kauf eines Motorrads ist, und H.O.G. entsprach dieser Firmenpolitik in geradezu idealer Weise. Dieses von der Firma gemanagte, fast familiäre Verhältnis ist einmalig auf der Welt. Kein japanischer Firmenboß würde sich je dazu herablassen, auf urigen Biker-Parties ölverschmierte Hände zu schütteln und mit rauhen, aber herzlichen Gesellen auch einmal ein Dosenbier zu zischen.

Mitverantwortlich für verbesserte Produktionstechnik und erhöhte Qualitätsnormen: Manager Dave Gurka und Ingenieur Gelb.

Doch die Harley-Bosse tun es, und inzwischen ist das gesamte Management von Harley-Davidson fester Bestandteil aller größeren H.O.G.-Veranstaltungen geworden.

Von den örtlichen Händlern unterstützte Chapter Runs und Parties wurden vor allem wegen ihres wohltätigen Charakters von der Öffentlichkeit und den Medien mit besonderem Wohlwollen bedacht, was eine totale Umkehrung des bisher leicht anrüchigen Biker-Images zur Folge hatte. H.O.G. und Harley-Davidson schoben kräftig nach: Immer neue Sondermodelle, reichlich Zubehör, spektakuläre Rallies, Werbekampagnen, Präsentationen (in Daytona oder Sturgis etwa), Werksbesichtigungen, Verkaufsaktionen – „demo rides" – und Chefs zum Anfassen ließen Emotionen und Verkaufsziffern hochschnellen. Das clubeigene Magazin *Hog-Tales*, das in verschiedenen Versionen veröffentlicht wurde, verbreitete Heile-Welt-Familienatmosphäre und warb kräftig um Mitgliedschaft. Für Neukäufer einer Harley gab es eine H.O.G.-Jahresmitgliedschaft, automatisch und umsonst.

Was war wirklich geschehen? Nun – Harley begann sein Image zu vermarkten. Deutschlands Generalimporteur Klaus Zobel brachte es auf den etwas saloppen, aber durchaus treffenden Punkt: „Wir verkaufen Träume, die Harley gibt's umsonst dazu." – Schön gesagt und durchaus im Sinne einer knallharten Verkaufsstrategie.

Neue attraktive Modelle tauchten auf, wie etwa die FXST Softail, die den nach wie vor von echten Bikern favorisierten Starrahmen vortäuscht. Willie G. Davidson hatte das innovative Heckteil, das durch zwei Stoßdämpfer im Rahmenunterzug abgefedert wird, entdeckt.

Eine andere Sensation war die leider nur in kleiner Auflage gebaute XR 1000 – die Straßenversion einer echten Rennmaschine. Das wunderbar durchgestylte, kraftvolle Sportmotorrad ist heute ein begehrtes Sammlerobjekt.

Zusätzliche Einnahmen brachten ein neuerlicher Regierungsauftrag für weitere Übungsbomben der U.S. Navy und die Herstellung von Verkabelungs-Systemen für Computersteuerungen kleinerer Jets.

Dem dreirädrigen Kleinwagen Tri Hawk, der in einer bescheidenen, 1984 von Harley gekauften Fabrik in Dana Point, Kalifornien, in sehr geringen Stückzahlen (11 pro Monat) hergestellt wurde, war dagegen kein Erfolg beschieden. Gänzlich neue Perspektiven eröffneten hingegen der deutsche Designer Hans A. Muth und, zur selben Zeit, ein begabter junger Konstrukteur, der eng mit Harley-Davidson verbunden war und in ähnlicher Richtung arbeitete: Erik Buell.

(siehe auch: Der Eine-Million-Dollar-Deal – Mit dem 285 km/h schnellen Erik Buell zu neuen Ufern)

Der erste Versuch Harley-Davidsons, eine echte Rennsportmaschine für private Käufer auf den Markt zu bringen, war die neue XR 1000. Der Erfolg entsprach jedoch nicht den Erwartungen.

© Harley-Davidson

© Harley-Davidson

XLCH Sportster

(1970)

Der Silvester-Thriller

Rettende Unterschriften kurz vor 12 Uhr nachts

Alles gut gelaufen: ein glücklicher Rich Teerlink ein paar Jahre nach der bösen Silvesternacht.

Alles sah danach aus, als ob Harley es 1984 endlich geschafft hatte. Die jährlichen Bilanzen sprachen eine deutliche Sprache, und die neue Firmenstrategie lag eindeutig auf Erfolgskurs. Doch schon zog sich ein neues Unwetter über der Company zusammen, das jedoch diesmal bedrohlicher war als alles bisher Dagewesene.

Initialzündung für die kommende Katastrophe war der Wechsel des zuständigen Darlehenssachbeauftragten bei der Großbank Citicorp. Der Harley-Davidson stets wohlgesonnene, verantwortliche, für Darlehen zuständige Direktor Jack Reilly wurde ersetzt. Sein Nachfolger Todd Slotkin, der von Anfang an gegen den Harley-Kredit gestimmt hatte, glaubte einer Wirtschaftsprognose, wonach Harley-Davidson in einer kommenden Rezession besonders hart getroffen sein würde.

Zu allem Überfluß war sein Verhältnis zu Vaughn Beals denkbar schlecht – kurz, Citicorp wollte jetzt den fragwürdig gewordenen Kreditnehmer so schnell wie möglich loswerden. „Seht euch nach jemand anderem um", lautete das barsche Statement Slotkins. Slotkin gab die Devise aus: Kein Überziehungskredit mehr! Das war das Todesurteil – Harley drohte erneut die Liquidation.

Finanzdirektor Rich Teerlink und CEO Vaughn Beals traten abermals in verzweifelte Verhandlungen mit Citicorp ein, erreichten für 1985 noch einen kurzen, auf sechs Monate befristeten Aufschub, aber Citicorp legte das endgültige Todesdatum fest: 1. Januar 1986. Bis dahin mußte das Gesamtkreditvolumen zurückgezahlt sein, und auch wenn Citicorp noch eine Ermäßigung von rund 10 Mio. Dollar gewährte, war es eine ausweglose Situation. Die tödliche Kugel, die den kreisenden Adler von seinem Höhenflug herunterholen würde, steckte schon im Rohr, der Hahn war gespannt ...

Aber es gab noch einen winzigen Lichtblick. Auf Empfehlung von Steve Deli, dem Manager des Chicago-Büros der Finanzgruppe Dean Witter Reynolds, zeigte sich Norm Blake, der Direktor der ebenfalls in Chicago ansässigen Heller-Finanzgruppe, an einer Kreditübernahme interessiert. Der „Rabatt" von Citicorp wirkte sich jedoch negativ aus. (Welche Bank zahlt schon freiwillig 10 Mio. Dollar, nur um einen Kunden loszuwerden?) Es gab frustrierende Zusammenkünfte und knallharte, ja brutale Verhandlungen. Banker sind an Sicherheiten interessiert und nicht an Mythen.

Am 23. Dezember 1984, elf Tage vor dem Ultimatum, kam das Desaster. Norm Blake nahm sein Angebot, aus welchen Gründen auch immer, zurück. Rich Teerlink, Vaughn Beals und Vizepräsident Tom Gelb, die zusammen mit Steve Deli im Büro von Heller die Hiobsbotschaft erhielten, wurden leichenblaß. Aber sie gaben nicht auf. Mit Hilfe von Steve Deli erreichten sie, daß sich Norm Blake nochmals zu Verhandlungen an den Tisch setzte. Schließlich traf man eine Notvereinbarung: Mit dreimonatiger Kündigungsfrist sagte Heller Financing das nötige Kapital unter absolut wahnwitzigen Bedingungen zu. Harleys Managern blieb jedoch keine andere Wahl, als zu unterschreiben, aber zum Aufatmen war keine Zeit mehr – denn die lief in Riesensprüngen davon.

Die dramatischen Augenblicke am letzten Tag vor der Deadline schildert Peter C. Reid in seinem Buch *Well made in America* wie folgt: „Es war wie ein Fortsetzungsroman, der im spannendsten Augenblick aufhört."

Nach Angaben von Thomas Rave, dem Vizepräsidenten der First Wisconsin National Bank of Milwaukee, erschien am Dienstagmorgen, den 31. Dezember, Rich Teerlink in seinem Büro in Jeans und Flanellhemd, um sich dort häuslich niederzulassen und sicherzustellen, daß das Geld, welches von verschiedenen Geldgebern zur Verfügung gestellt wurde, letztendlich bei der Citibank landete, damit die Citicorp Industrial Credit ausbezahlt werden konnte.

Da es der letzte Werktag des Jahres war, ging es in den Telegraphenräumen der Banken hoch her, und bei der Citibank hatte man vor, den eigenen Telegraphenraum pünktlich um Mittag dicht zu machen, die Konten zu saldieren und die Geschäftsbücher des laufenden Jahres zu schließen. In der Zwischenzeit informierte Citicorp Rave und Teerlink darüber, daß man die Gesamtfinanzierung am Ende dieses Geschäftstages aufkündigen würde, wenn das Geld nicht rechtzeitig einträfe. In diesem Falle müßte Harley-Davidson dann entweder Schutz gemäß Paragraph 11 des amerikanischen Handelsgesetzes beantragen oder einer Liquidation seines Geschäfts ins Auge blicken.

Am selben Dienstagmorgen war Walter Einhorn, der bei der Transaktion die Mellon Bank East in Philadelphia vertreten und auch die Kreditvereinbarung im Namen dieser Bank unterzeichnet hatte, nicht in der Lage, jemanden mit Entscheidungsbefugnis aufzutreiben, der die erforderlichen telegraphischen Überweisungen hätte anordnen können, die zur Komplettierung des Neufinanzierungspakets unerläßlich waren.

Teerlink saß immer noch im Büro von Tom Rave, als er ein Gespräch der Heller Financing erhielt, die ihm mitteilen wollten, daß die ganze Angelegenheit nicht rechtzeitig abgeschlossen werden könne, da bei der Mellon Bank niemand zur Unterzeichnung der erforderlichen Unterlagen aufzutreiben war, die zur Anordnung einer telegraphischen Überweisung zwingend notwendig waren. Da man darüber hinaus noch Silvester zu feiern gedachte, würde Heller auch noch etwas früher schließen.

Teerlink schaffte es, Heller davon zu überzeugen, noch etwas länger mit dem Geschäftsschluß zu warten, und rief unmittelbar Einhorn an, um ihm mitzuteilen, wie aussichtslos die Lage sei. „Er raste so lange herum, bis er die erforderlichen Unterschriften endlich bekommen hatte. Das Geld wurde wirklich kurz vor Ultimo überwiesen."

Wenn er an diesen Tag denkt, seufzt Teerlink tief. – „Das war schon verdammt knapp. Aber das Geschäft ging über die Bühne, und wir waren gerettet."

Der Weg zur Börse

Mr. President besucht eine kraftstrotzende Company

© Harley-Davidson

Erfolge und Triumphe: Ronald Reagan gratuliert Vaughn Beals am 6. Mai 1987 in York.

Die finanzielle Atempause mit dem nach wie vor drohenden Bankrott im Hintergrund förderte neue Denkvorgänge. „Wie wär's," meinte Steve Deli, der stets ideenreiche Finanzexperte, „wenn ihr offiziell an die Börse geht?" „Going public" nennt man das. Harley-Davidson als richtige Aktiengesellschaft? Alle Bilanzen, Einkünfte und Schulden öffentlich darlegen, keine internen Geheimstrategien gegen eine stets feindlich gesonnene Konkurrenz? – Was würden die Mächtigen von der Wall Street zu so einem schwächlichen Winzling sagen?

Erstmalig mit einer Parade zum Börseneinzug zur Wall Street.

Im Sommer 1987 wurde Harley-Davidson an der NYSE (New York Stock Exchange) gelistet. Anstelle des üblichen Einstand-Dinners organisierte das Top Management eine patriotisch gestimmte Motorrad-Parade von der 59. Straße über die Fifth Avenue zur Wall Street, wo die neuen Gesellschafter auf den Stufen des Börsengebäudes vom Präsidenten der NYSE höchstpersönlich willkommen geheißen wurden. Es war die erste derartige Aufnahmezeremonie in der Geschichte der New Yorker Börse – und eine recht effektvoll inszenierte PR-Aktion obendrein.

Die neuen Aktien hatten einen Ausgabekurs von elf Dollar und verdoppelten sich schon kurz nach ihrer Handelsfreigabe. Viele Angestellte von Harley, die schon aus Loyalität Aktien gekauft hatten, wurden so mit Zusatzeinkünften belohnt.

Ende 1986 hatte Harley-Davidson einen unerwarteten Barüberschuß von 50 Mio. Dollar und suchte nun einen gewinnbringenden Weg, dieses Geld anzulegen. Wieder war es Steve Deli, der Harley die zum Verkauf stehende Holiday Rambler Corporation aus Indiana vermittelte. Doch der Kaufpreis lag bei rund 150 Mio., und das Geschäft war zeitlich knapp terminiert. Schließlich akzeptierte Harley die harschen Bedingungen und hatte nun das wohl luxuriöseste Wohnmobil mit im Verkaufsprogramm. Vaughn Beals sah darin eine Produktverwandtschaft: „Making big toys for big boys." Die Rambler RVs (Recreational Vehicles) brachten gute Gewinne, doch wurde die Beteiligung zehn Jahre später wieder verkauft.

Anfang 1987 erklärte Harley-Davidson, daß man nun auf den Schutz des Zolltarifs verzichten könne, der seit 1983 erhoben wurde und auf jeden Fall 1988 auslaufen würde. Der wahre Hintergrund waren wohl die ständig steigenden Exporte, die dem erbetenen Protektionismus moralisch entgegenstanden. Gleichzeitig zeigte Harley aller Welt, daß die Company keine staatliche Hilfe mehr benötigte. Glanzvoller Höhepunkt der politisch gut abgestimmten Propaganda-Aktion war der Besuch Präsident Reagans im Mai 1987 im Montagewerk in York.

1988 – im Jahr des 85. Firmenjubiläums – konnte Harley-Davidson stolze Bilanzen vorweisen: Jede gebaute Harley wurde verkauft, der Umsatz lag jetzt bei 757,4 Mio. Dollar und das Nettoeinkommen bei 27,2 Mio. – nicht gerechnet die Gewinne aus den Holiday-Rambler-Verkäufen und denen aus einem weiteren Auftrag der U.S. Navy für Bombengehäuse.

Erfreulich war auch, daß das Law Enforcement das hauptsächlich an Kawasaki verlorengegangene Terrain wieder zurückerobern konnte – die CHP (California Highway Patrol) vergab einen größeren Beschaffungsauftrag an Harley-Davidson. Der Export – besonders nach Japan – nahm ebenfalls gewaltig zu.

Technische Vollendung der Sportster-Reihe: 1988 kam die 1200er XLH Sportster heraus.

Statt der nun schon zwei Jahre im Verkauf befindlichen 1100er Sportster kam jetzt endlich die „große" 1200er XLH auf den Markt, ein der Schwergewichtsklasse ebenbürtiges Sportmotorrad. Damit hatte Harley-Davidson seinen Marktanteil in dieser Klasse von ehemals 23,3% (1983) auf nunmehr 46,5% ausbauen können. Der alte Feind Honda, der 1983 mit 44,3% marktbeherrschend in den Heavy Weights war, wurde mit nun 24,1% in die Schranken gewiesen – Zahlen, die die Harley-Herzen höher schlagen ließen.

So war es nicht verwunderlich, daß die Festivitäten zum 85. Firmenjubiläum in Milwaukee mit über 40.000 Teilnehmern zum glanzvollen Höhepunkt einer vielbejubelten Geburtstagsshow wurden. Emotionen und Motivationen überschlugen sich beinahe, und nebenbei wurden für das Wohltätigkeitsprogramm „For Jerry's Kids" (zugunsten der Muscular-Distrophy-Hilfe unter Jerry Lewis), für das Harley-Davidson die Patenschaft übernommen hatte, mehr als 500.000 Dollar gesammelt.

Gewann schnell an Wert und Vertrauen: die neue Harley-Davidson-Aktie.

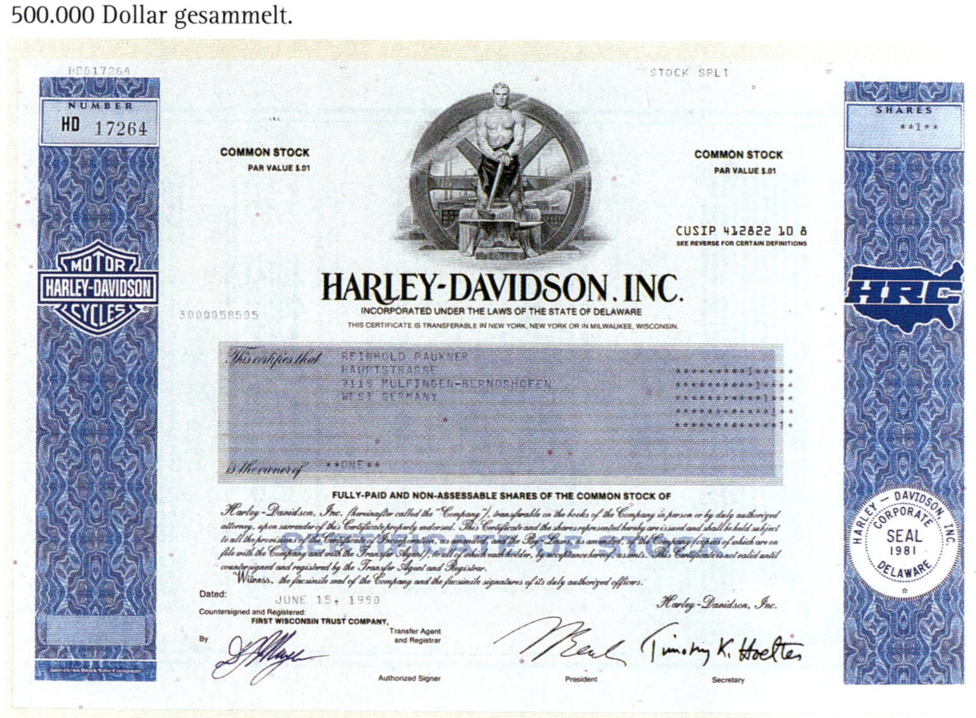

Die satte Bilanz

Fast jedes zweite Motorrad in den USA ist eine Harley

1997 – ein Jahr vor dem 95jährigen Jubiläum – präsentiert sich die Company stolz als ein imposanter, durchstrukturierter und effizient gemanagter, weltweit operierender Industriekonzern. In seiner Jahresbilanz teilt das Unternehmen interessante Fakten mit: 1996 setzte Harley-Davidson rund 1,5 Mrd. Dollar um und verdiente 228 Mio. Dollar. 118.771 Motorräder wurden produziert sowie 2.800 Modelle von Buell. Für 210,2 Mio. Dollar wurden originale Ersatzteile und Zubehör umgesetzt, 90,7 Mio. Dollar allein mit Bekleidung. Ein weltweites Händlernetz von über 1.000 Franchise-Nehmern sorgt für ständig steigenden Absatz. Rund 5.000 Angestellte arbeiten direkt für die Company. Allein für die Erweiterung von Fertigungsstätten und Investitionen wurden 179 Mio. Dollar ausgegeben.

Die Aufschlüsselung nationaler und internationaler Aktivitäten für 1996/97 ergibt folgendes Bild:

Amerika: 77% aller bei Harley-Davidson produzierten Motorräder verbleiben in Amerika. In den USA gibt es 593 Harley-Händler, in Kanada 76 und in Lateinamerika und Mexiko 14.

Europa: 15% aller Harley-Davidson-Motorräder werden nach Europa exportiert. Ende der 90er Jahre gibt es in Europa über 250 Harley-Händler, die von einem Hauptquartier in London verwaltet werden. Dazu kommen eigenständige Filialen in Deutschland, Frankreich, den Niederlanden und in Großbritannien. (Einige unabhängige Verteiler bedienen andere Länder, und direkte Händlerschaften befinden sich im mittleren Osten und in Südafrika.)

Asien und Pazifischer Raum: 8% aller jährlich produzierten Harleys werden in den asiatischen Raum exportiert. Verwaltet von einer Harley-Davidson-Zentrale in Japan, befinden sich dort 40 Händler. Drei unabhängige Importeure versorgen 64 Händler in Australien und Neuseeland. Dazu kommen noch Händler in Korea, Malaysia, Singapur, Taiwan und Thailand.

Veranlaßt durch günstige Marketing-Prognosen und kontinuierlich steigendende Verkaufszahlen sowie gestützt durch die weltweit erfolgreichen Aktivitäten der H.O.G., hat Harley-Davidson in den letzten Jahren große Anstrengungen gemacht, die gesamte Firma zu modernisieren, auf größere Kapazitäten umzurüsten und sie finanziell und verwertungsrechtlich so weit wie möglich abzusichern. Wie sehr sich Harley-Davidson im Auf- und Umbruch befindet, zeigt die 1997er Firmenstruktur:

Stolze Mannschaft: Jeff Bleustein, Willie G., Bill Davidson und Rich Teerlink (v.l.n.r.).

Mitgarant des Erfolges: Chefdesigner Willie G. Davidson im Jahr 1993.

Die Marktanteile von Harley-Davidson bei Motorrädern über 650 ccm in:

Amerika (USA und Kanada)

Harley-Davidson	47,6 %
Honda	18,6 %
Kawasaki	12,3 %
Suzuki	9,1 %
Yamaha	6,4 %
BMW	2,8 %
Andere	3,2 %

Europa

Honda	20,7 %
Yamaha	20,7 %
Suzuki	17,4 %
BMW	13,6 %
Kawasaki	11,6 %
Harley-Davidson	6,8 %
Andere	9,2 %

Asien / Pazifischer Raum (Japan und Australien)

Kawasaki	22,9 %
Harley-Davidson	21,9 %
Yamaha	18,5 %
Honda	13,3 %
Suzuki	8,8 %
BMW	5,4 %
Andere	9,2 %

(Quelle: Harley-Davidson 1996 Annual Report)

Firmensitz und Hauptverwaltung sowie das umfangreiche Archiv befinden sich nach wie vor am alten historischen Platz, der jetzt unter Denkmalschutz steht.

• Harley-Davidson, Inc.
3700 West Juneau Avenue
Milwaukee, Wisconsin 53208

Powertrain Operations, also das Motoren- und Getriebewerk, auch „Butler Plant" genannt, befindet sich in Wauwatosa, einer Vorstadt von Milwaukee.

• Harley-Davidson
Powertrain Operations
11700 West Capitol Drive
Wauwatosa, Wisconsin 53222

Product Development Center (PDC) liegt dicht daneben. Es wurde im Juli 1997 eröffnet.

• Willie G. Davidson Product Development Center
11800 West Capitol Drive
P.O. Box 25527
Wauwatosa, Wisconsin 53225

Pilgrim Road Facilities, ein neues Werk, in dem Motoren und Getriebe für die FL/FX (1.340 ccm) hergestellt werden sollen, wurde erst kürzlich von der Firma Briggs & Stratton (Werk Vanguard) gekauft beziehungsweise angemietet und liegt etwas weiter nördlich in Menominee Falls. Seit Frühjahr 1998 läuft die Produktion.

• Harley-Davidson
Powertrain Operations
Pilgrim Road West 156
North 9000 Pilgrim Road
Menominee Falls,
Wisconsin 53051

Franklin Distribution Center, das neu erbaute, mehr als 2.300 m² große Vertriebscenter für Parts und Accessories (P & A).

Buell Motors, die derzeitige Produktionsstätte aller Buell-Motorräder, befindet sich westlich von Milwaukee. Die Motoren kommen aus dem Capitol Drive Powerplant.

• Buell Motors
2815 Buell Drive
East Troy, Wisconsin 53120

Harley-Davidson Assembly Plant York, das ehemalige AMF-Werk in Pennsylvania, in dem heute alle 1340 und 1450 ccm Sportster- und FL-Modelle – in getrennten Abläufen – montiert werden. Dort befindet sich auch die neue Lackieranlage.

• Harley-Davidson York
1425 Eden Road
York, Pennsylvania 17402

Tomahawk Fiberglass Plant, die Fabrikationsstätte für alle Plastikteile, befindet sich im Norden Wisconsins. Das Werk wurde erst kürzlich um mehr als 1.400 m² erweitert.

• Harley-Davidson Tomahawk
426 East Somo Avenue
Tomahawk, Wisconsin 54487

Talladega Test Facility ist der Ort in Alabama, an dem Harley-Davidson unmittelbar neben der Rennstrecke des Talladega Superspeedway sein eigenes Test- und Erprobungsgelände hat.

• Harley-Davidson Talladega
Test Facility
144 Division Street
Lincoln, Alabama 35096

Harley-Davidson Kansas City, das Fertigungswerk für die Sportster-Produktion, wurde Anfang 1998 fertiggestellt. In der über 28.000m² großen Fabrik arbeiten über 300 Angestellte.

• Harley-Davidson Kansas City
1225 Bedford
North Kansas City,
Missouri 64116

Harley-Davidson Credit hat nun ein neues Operation Center in Carson City. Die firmeneigene Kredit- und Versicherungsgesellschaft Eaglemark Financial Services hat noch Niederlassungen in Chicago, Illinois, und Plano, Texas.

• Harley-Davidson Credit
Carson City, Nevada

Firmeneigene Niederlassungen und Zentralen in Übersee

• Harley-Davidson Europe
32 Frances Road
Windsor, Berkshire
England, SL43AA

• Harley-Davidson European Distribution
Center Cleton & Co BV
Schrijnwerkerstraat 2
2984 BC Ridderkerk
Rotterdam Port Area
The Netherlands

• Harley-Davidson Japan
Isuzu Shiba Bldg.
4/2/3 Shiba, Minato-Ku
Tokyo, Japan 108

• Harley-Davidson Singapore
Representitive Office
111 North Bridge Road
11-04/06 Peninsula Plaza
Singapore

Die firmeneigene Bank

Geld ist die Luft, die den Adler fliegen läßt

Die vier Gewerkschaften

Mitbestimmung nach den Jahren der Patriarchen

Zu Zeiten der patriarchalischen Firmenstruktur sorgte noch „Old Bill" William A. Davidson als etablierter Übervater für seine Fabrikarbeiter und Angestellten. Er war stets verantwortungsvoll und hilfsbereit und bewies das auch durch die konsequente Weiterbeschäftigung während der „Great Depression" der 30er Jahre.

Im Frühjahr 1937 beginnen sich die Gewerkschaften für die Company zu interessieren. Der Lohn bei Harley-Davidson lag mit 45–75 Cents für die Stunde etwas über dem üblichen Minimum. Die Gewerkschafter waren zunächst vom Management nicht so gern gesehen, es gab ein paar unfreundliche Auseinandersetzungen, und einige übereifrige Sympathisanten wurden gefeuert. Harley-Davidson verstand sich als fürsorglicher Familienbetrieb, der für seine Leute sorgte, in guten wie in schlechten Zeiten. Doch schließlich einigte man sich freundschaftlich auf neue Tarifverträge und bezahlten Urlaub.

Aber die Zeiten änderten sich, und unter dem modernen Management von Vaughn Beals erkannte man die Vorteile einer engen Zusammenarbeit mit den „Unions", den Arbeitervertretungs-Organisationen. 1988 schlossen beide Seiten einen richtungsweisenden Kooperations-Vertrag über zukünftige gemeinsame Ziele. 80 Experten sowie Führungskräfte der Company und der Gewerkschaften setzten sich zusammen, um alle Hindernisse und noch anstehende Probleme aus dem Weg zu räumen. Es lohnte sich, und inzwischen hat Harley-Davidson viele Auszeichnungen der vier beteiligten Gewerkschaften erhalten, auf die man mächtig stolz ist: Der erste je vergebene Union Label Award wurde von der AIW (Allied Industrial Workers) Local 209 für die Capitol-Drive-Fabrik in Milwaukee, von der AIW Local 460 für das Werk in Tomahawk, von der IAM (Machinist and Aerospace Workers) Lodge 175 für das Werk in York und ebenfalls von der IAM, Lodge 78 für die Werkzeugmacher in Milwaukee verliehen. Heute wird kein größeres Projekt der Fertigung ohne eingehende Konsultation der Gewerkschaften mehr in Angriff genommen.

© Harley-Davidson

© Harley-Davidson

Stolze Kreditgeber und -nehmer: Jim Ryan von der Harley-Davidson Motor Credit (links) und der texanische Harley-Händler Sherman Barnett.

© Harley-Davidson (Foto: Barnett)

Clevere Finanzmanager wissen längst, daß die beste Sicherung und Garantie für einen steten und voraussehbaren Absatz ihrer Produkte ein seriöses Finanzierungssystem mit korrekten Bedingungen ist, das Händler und Kunden der Sorge einer ungewissen Fremdfinanzierung enthebt. Bei Harley wurde daraus inzwischen eine längst überfällige, überlebenswichtige Firmenstrategie.

Das eiserne Geschäftsprinzip, nur das auszuhändigen, was auch bei Lieferung sofort bezahlt wird – das COD-Prinzip (Cash On Delivery) – führte vor allem in den kritischen 80er Jahren dazu, daß viele Händler ihre Harleys nicht ohne Fremdkapital einlösen konnten. Da ihre Kunden auch immer erst nach dem Kauf bezahlten, mußten die Händler auf die oft geradezu unverschämt-unsittlichen Bedingungen der lokalen Banken oder Finanzierungsgesellschaften eingehen. Das führte zu absurden Situationen. Anstatt im Schaufenster des Händlers standen die neuen Modelle oft einige Wochen als Sicherungspfand in den Lagerhäusern der Geldgeber herum, während mancher Kunde gegen entsprechenden Nachlaß gebeten wurde, sein Bike noch eine Zeitlang im Showroom des Dealers stehenzulassen. Händler schlossen sich zu „Pools" zusammen, um die Motorräder effektiver liefern zu können, und eine Menge von ihnen ging dabei in Konkurs.

Nicht nur aufgrund der ewigen und immer dringlicher werdenden Beschwerden der Händler war auch der Company längst klargeworden, daß eine hauseigene Finanzierung der beste Weg ist, Händlern und Kunden den Kauf ihrer Produkte zu erleichtern. So gründete Harley-Davidson ein eigenes Finanzierungsimperium, das inzwischen völlig in den Besitz der Company übergegangen ist und den Kunden und Händlern Garantien und Sicherheiten bietet. Und sollte tatsächlich mal etwas schiefgehen, fällt das Inventar wieder an Harley zurück – und nicht in die Hände geldgieriger Liquidatoren.

Um jedoch ein solches unabhängiges Finanzimperium krisenfest zu machen, erfordert es Größenordnungen, die selbst ein internationaler Konzern nicht so leicht erbringen kann. Bei Harley scheint die Rechnung aufzugehen.

Harley-Davidson Credit funktioniert wie eine Bank. Die Unterabteilung *Eagle Mark Financial Services* (EMF) finanziert zu moderaten Bedingungen für die Händler Motorräder, Inventuren, Versicherungen, Immobilien sowie die Endverbraucher-Finanzierung. EMF (zu 100% im Besitz von Harley-Davidson) betreut die Inhaber aller Harley-Davidson-Kreditkarten. Früher geschah das noch in Zusammenarbeit mit AMEX, heute ist es VISA, deren neuste Attraktion die Harley-Davidson CHROME VISA CARD ist.

Die Endverbraucher können ihre Kreditanträge direkt über die Händler stellen, der EMF-Vertreter besucht dann die Händler persönlich. Er hat eine ganze Palette von Finanzierungs- und Versicherungsplänen zur Hand, um alle nur denkbaren Wünsche zu erfüllen. Aus der Zentrale der *Harley Financial Services* in Chicago kommen ständig Informationen über das Advisor-Programm und den Harley Credit Report, wie die Optionen dieser Finanzierungshilfen richtig und auch gewinnbringend anzuwenden sind. Keine Angst mehr, daß der Adler abstürzt – *Harley-Davidson Credit* ist die Luft, die ihn trägt.

Die Davidson-Dynastie

Vom Familienunternehmen zur globalen „family affair"

Der Davidson-Clan heute: Amy D., Carrie D.-Wood, Michael D., Willie G. D., Nancy D., Karen D., Bill D., Carlie und John Davidson (v.l.n.r.).

Ohne Zweifel ist Harley-Davidson von seinen vier Gründervätern als Familienclan verstanden worden. Dafür spricht schon die Namensgebung. Dementsprechend wurden Angehörige beider Familien stets gerne in die Firma integriert – was natürlich nicht immer gelang, denn neue Generationen haben oft andere Vorstellungen und Interessen. Immerhin: 1930 arbeiteten zum Beispiel 17 Davidsons und drei Harleys in mehr oder minder wichtigen Stellungen, und alle hatten sie „von der Pike auf" ihren Job gelernt. Ein großer Teil der Familien wurde zudem Mitbesitzer der Firma, indem sie interne Anteile (Shares oder Stocks) kauften, was ihnen meist ein sorgloses Leben garantierte. Die Beteiligungen wurden jedoch streng geheimgehalten, denn die Familienbosse wollten dadurch allen eventuellen – leider üblichen – geschäftsschädigenden Enthüllungen durch die Medien vorbeugen. Bis heute ist es kaum möglich, die verzweigten und komplizierten Strukturen der Familienbeteiligung zu durchschauen. Darüber hinaus war Harley-Davidson aber wohl längst zu groß und zu mächtig geworden, um noch als privater Familienbetrieb funktionieren zu können.

Das wahre Ende kam jedoch erst lange nach dem Tod der vier Patriarchen, als der Industriekonzern AMF 1969 das immer hilfloser gewordene Familienmanagement ablöste. Für die übriggebliebenen Namensträger war es eine bittere Erfahrung, daß sich eine privat gesteuerte Firmenstruktur in dieser Größenordnung in der Welt heutiger Wirtschafts- und Industriemechanismen nicht mehr behaupten konnte. Es ist müßig, Überlegungen des Was-wäre-gewesen-wenn nachzuhängen, aber bei der Fortführung der Familiendynastie spielten ausgerechnet die beiden genialen Firmengründer William S. Harley und Arthur Davidson die geringste Rolle. Die Harleys sind heute völlig aus dem aktiven Firmengeschehen verschwunden, aber bei den Davidsons hat nunmehr die dritte und vierte Generation von William A. „Bill" Davidson durch die herausragende Persönlichkeit seines Enkels Willie G. mit seinen Kindern – vor allem Bill und Karen Davidson – wieder eine beziehungsreiche Konstante des familiären Firmenmythos etabliert.

Damit schließt sich der Kreis einer in der Motorradwelt einzigartigen Konstellation, und Harley-Davidson ist heute wieder – wenn auch in einem übertragenen, weit größeren und universalen Sinne, eine „family affair" – eine einzige, große Familie geworden.

© Harley-Davidson

Die vier Firmengründer demonstrieren Einigkeit im Jahr 1910.

Der Vater

William S. Harley

Geboren am 29. Dezember 1880 in Milwaukee. Schulfreund von Arthur Davidson. Mit 15 Jahren arbeitete er in einer Fahrradfabrik und konstruierte zusammen mit Arthur das erste Harley-Davidson-Motorrad. 1903 Ingenieurstudium an der Universität von Wisconsin in Madison. William war ein begabter Zeichner, großer Naturfreund und exzellenter Techniker. Er liebte es, Motorrad zu fahren, und nahm an zahlreichen Enduro-Wettbewerben erfolgreich teil. Bei der Firmengründung wurde er Chefingenieur und Schatzmeister von Harley-Davidson. In beiden Weltkriegen war er alleinverantwortlich für alle Kontakte und Beziehungen zu den Beschaffungsämtern des US-Kriegsministeriums. 24 Jahre lang war William Harley maßgeblich im Wettbewerbskomitee der AMA tätig. Er spielte gern Handball und war Mitglied im örtlichen Business Men's Sketch Club of Milwaukee, einer honorigen Amateurkünstler-Vereinigung. William S. Harley starb am 18. September 1943 an einer Herzattacke.

Die Söhne Zweite Generation

William J. Harley

Dem 1912 geborenen Ingenieur mit abgeschlossenem Studium wurde nichts geschenkt. Ab seinem 19. Lebensjahr arbeitete er sich zunächst als technischer Zeichner in der Produktionsabteilung hoch. Nachdem Bill Ottaway in den Ruhestand gegangen war, übernahm er die Konstruktions- und Entwicklungsabteilung. Während seiner Amtsperiode entstanden unter anderem die 125er DKW-Kopie, die K-Modelle und die ersten Shovelheads. William J. Harley starb 1971.

John Harley

Der zweite Sohn von William S. Harley war Anfang der 40er Jahre Assistent und später Leiter der Zubehörabteilung. Für einige Zeit war er Vorstandsvorsitzender bei der AMA und wurde dort auch Schatzmeister.

Der Enkel Dritte Generation

John Harley jr.

Über ihn wird in den Firmenannalen nichts berichtet, also belassen wir es dabei.

Der Vater

Arthur Davidson

Geboren am 11. Februar 1881 in Milwaukee, war Arthur die treibende Kraft voller Ideen und Zukunftsvisionen hinter der neuen Firma, die er zusammen mit seinem Schulfreund William Harley kurz nach der Jahrhundertwende ins Leben gerufen hatte. Er kümmerte sich sofort intensiv um den Verkauf, baute ein großes und effizientes Händlernetz im In- und Ausland auf und entwickelte neue Vermarktungsstrategien. Bei der Company war er von Anfang an Vizepräsident, Sekretär und Verkaufschef. Nach 1923 wurde Arthur Davidson zeitweilig Präsident der Kilburn Finance Corporation. Sein Engagement als Präsident der M & ATA führte später auch zur Präsidentschaft bei der AMA, die er sechs Jahre lang bis zu seinem Tod innehatte. Obwohl er immer der Firma verbunden blieb, lehnte er im Alter die Präsidentschaft bei Harley-Davidson ab. Arthur Davidson war begeisterter Hobby-Farmer und züchtete Guernsey-Rinder. Er starb bei einem Autounfall am 30. Dezember 1950.

Der Sohn Zweite Generation

James Davidson

Auch über ihn wird nichts in der Firmenchronik berichtet. Bekannt ist nur, daß er 1965 – zusammen mit seiner Frau – ebenfalls bei einem Autounfall ums Leben kam.

Der Vater

Walter Davidson

Der gelernte Eisenbahnmaschinist war als exzellenter Material- und Werkzeugspezialist ein Pionier der ersten Stunde und entwickelte sich rasch vom versierten Motorradbauer und erfolgreichen Sportfahrer bei Enduro- und Zuverlässigkeitswettbewerben zum ebenso peniblen wie patriarchalischen Präsidenten der Company. Diese Funktion hatte er bei stets vollem persönlichen Einsatz bis zu seinem Tod am 7. Februar 1942 ununterbrochen inne. Walter Davidson galt als der „Kopf" der Firma, sein überragender Charakter und sein Charisma in Verbindung mit seiner persönlichen Bescheidenheit, seinem Witz und seiner „schlagfertigen Schlitzohrigkeit" (wie es Autor Wolfgang Wiesner nennt) machten ihn zum ebenso gefürchteten wie respektierten Großindustriellen. Seine Macht setzte Walter Davidson konsequent und kompromißlos (manche sagten auch rücksichtslos) stets zum Wohl von Harley-Davidson ein. Er war ein unbestechlicher Perfektionist und dachte in großen Dimensionen und langen Zeiträumen. Die Geschichte hat ihm inzwischen recht gegeben. Als einflußreichste Persönlichkeit der amerikanischen Motorradindustrie hatte er eine gewichtige Funktion bei der AMA und war unter anderem im Aufsichtsrat der Northwestern Mutual Life Insurance Company sowie der Milwaukee Gas Light Company. Walter Davidson war verheiratet mit Emma und hatte zwei Schwestern – Janet und Elisabeth, später Davidson-Marx.

Die Söhne Zweite Generation

Walter C. Davidson jr.

Walter Davidson jr. trat 1936 in die Company ein und arbeitete zunächst als Assistent seines Onkels Arthur, dem damaligen Verkaufschef. 1943 wurde er Direktor, 1951 Sekretär und Vizepräsident. Als Verkaufschef und Schatzmeister war er ein begnadeter Materialbeschaffer und Organisator, vor allem während des Zweiten Weltkriegs. Gleichzeitig mußte er sich aber auch mit den rebellischen Händlern herumschlagen, weil die Company, die sich voll auf die Kriegsproduktion umgestellt hatte, ihnen in dieser Zeit nicht genügend Motorräder liefern konnte. Nachdem AMF in den 70ern Harley-Davidson übernommen hatte, trat Walter C. Davidson frustriert von seinem Posten zurück und ging in den Ruhestand. Zu seinen Hobbies zählten die Entenjagd und das Reiten. Seine Frau, eine geborene Briggs, besaß eine beachtliche Anzahl von Cushman-Anteilen.

Gordon M. Davidson

Als Teenager nahm Gordon 1929 an der bekannten Propagandafahrt von Milwaukee nach Los Angeles teil. Später wurde er Vizepräsident und zeitweiliger Produktionsleiter. Der beliebte und humorvolle Gordon Davidson starb 1967 an Lungenkrebs.

Robert Davidson

Über ihn gibt es in der Firmengeschichte keine Aufzeichnungen.

Der Vater

William A. Davidson

© Harley-Davidson

William Davidson, der älteste der drei Davidson-Brüder – am 14. Oktober 1870 noch in Schottland geboren – kam als gelernter Werkzeugmacher und versierter Kenner von Material und Maschinen sowie als letzter Teilhaber zu der neuen Motorradfirma, nachdem er seinen gutdotierten Job bei der Eisenbahn aufgegeben hatte. Obwohl er selbst nicht Motorrad fuhr, kümmerte er sich als Werksdirektor und Personalchef außerordentlich erfolgreich und effektiv um alle Betriebsabläufe, technischen Entwicklungen, den Maschinenpark und die Materialbeschaffung. Vor allem aber betreute er seine Arbeiter und Angestellten, zu denen er ein fast väterliches Verhältnis hatte, und war stets hilfsbereit – sei es mit gutem Rat oder mit Geld (das er selten zurückbekam). „Old Bill", wie er liebevoll genannt wurde, war das „Herz" der Company.

Er starb, diabeteskrank, am 21. April 1937 – zwei Tage nachdem er einen lange bekämpften Vertrag mit den Gewerkschaften unterzeichnen mußte.

Die Söhne
Zweite Generation

William H. Davidson jr.

William Herbert Davidson wurde 1905 geboren, absolvierte ein betriebswirtschaftliches Studium, das er mit Auszeichnung abschloß, an der Universität von Wisconsin und trat 1928 zunächst als Arbeiter in die Company ein. Er war hochbegabt und arbeitete sich konsequent vom Vormann über verschiedene Abteilungsmanagerposten bis in leitende Positionen vor. Durch den hohen Aktienkapitalanteil seines Vaters William A. Davidson hatte er eine einflußreiche Stellung in der Company. 1942 wurde William H. Davidson Präsident von Harley-Davidson und verblieb auch während der AMF-Motorcycle-Division in dieser Position. Konflikte mit der AMF-Politik sowie die chaotische Marktsituation führten 1973 zu seinem Rücktritt. William H. Davidson jr. starb 1992.

Allan Davidson

Auch er war, wie sein Neffe Gordon, mit von der Propaganda-Partie, die Harley-Davidson 1929 zur Vorstellung der neuen 45 Kubikinch Seitenventil-Modelle in Szene setzte, blieb aber dann nur kurze Zeit bei der Company.

Die Enkel
Dritte Generation

John A. Davidson

Bereits mit 13 Jahren lernte John A. Davidson unter Anleitung seines Vaters William H. Davidson, mit einem Harley-Gespann umzugehen, und als Teenager trieb er zusammen mit seinem ebenso begeisterten Bruder Bill (Willie G.) viel Geländesport. Nach seinem Staatsexamen als Volkswirt (1957) an der Lawrence Universität in Appleton, Wisconsin, einer zweijährigen Managerausbildung sowie einer Anstellung bei der Milwaukeer Motorenbaufirma Allis Chalmers trat er 1961 bei Harley-Davidson ein – zunächst als Leiter der Abteilung für Händlerbetreuung. John A. Davidson durchlief zahlreiche Positionen in der Company und wurde 1969 als Verkaufschef Vizepräsident. 1971 leitete er als ausführender Vizepräsident die Marketingabteilung und wurde 1973 schließlich Präsident von Harley-Davidson. Im selben Jahr wurde er zum Präsidenten der AMA gewählt. Er unterstützte den Rückkauf der Company, zog sich aber nach 1981 von allen Posten zurück.

William G. Davidson

Mit Motorrädern groß geworden, absolvierte „Willie G." sein Studium im Fachbereich Bildende Kunst an der Universität von Wisconsin und ging dann zum Art Center College of Design nach Pasadena, Kalifornien, wo er mit der dortigen Biker-, Custom- und Motorradszene in Berührung kam. Nach seiner Ausbildung in Kalifornien arbeitete er zunächst in der Designabteilung bei Ford in Detroit, danach fünf Jahre lang bei Brook Stevens (Excalibur), wo er bereits eigene Custom-Motorräder und Chopper entwarf. 1963 holte ihn sein Vater, William Herbert Davidson, zur Company und bat ihn, die Designabteilung zu übernehmen. Gerne als Nonkonformist abgetan, entwickelte Willie G. zunächst gegen die Bedenken und den Widerstand der Firmenleitung unbeirrt neue, revolutionäre Stilrichtungen und schuf völlig neue Modellreihen, beginnend mit der berühmten FX Super Glide Night Train – zu gut hatte er auf den vielen Bikertreffen die Zeichen der Zeit erkannt. Heute ist Willie G. Vizepräsident und Chef der Designabteilung. Zusammen mit seiner Frau Nancy ist er als der unermüdliche, immer freundliche und stets für jedermann zugängliche Repräsentant auf unzähligen größeren und kleineren Harley-Veranstaltungen zu sehen und längst zum legendären Familien-Symbol der Company geworden.

Die Urenkel
Vierte Generation

Bill Davidson

Im Alter von sieben Jahren begann er seine Motorrad-Karriere auf einer M 50. Später kamen größere Harleys dazu. Seit 1984 arbeitet er bei Harley-Davidson – auch als Manager der Harley Owners Group, eine Tätigkeit, die ihn zu H.O.G.-Events rund um den Globus brachte. Heute ist Bill Davidson Direktor der Abteilung für Produktentwicklung und nach wie vor auf den meisten Harley-Veranstaltungen zu sehen. Seine besondere Unterstützung galt stets den MDA-Kids.

Karen Davidson

Karen ist heute bei Harley-Davidson Leiterin der Abteilung für Motorradbekleidung. Wie alle in der Familie ist sie eine begeisterte Motorradfahrerin.

Michael Davidson

Michael (siehe Foto der Davidson-Familie S. 91) lebt als Künstler in New York und berät die Harley-Davidson-Abteilung für „Store Design".

Der Eine-Million-Dollar-Deal

Mit dem 285 km/h schnellen Erik Buell zu neuen Ufern

Erik Buell (oben) und eine seiner sportlichen Maschinen, die Willie G. gehört.

Zunächst wollte er Rockmusiker werden, doch dann packte ihn der Motorradrennsport. Er fuhr so ziemlich alles, was schnell, gut und teuer war – Kawasaki, Velocette, Yamaha, Honda – und zum Schluß die XR 1000 von Harley-Davidson. Aber irgend etwas blieb bei ihm unbefriedigt. Er beschloß, sein eigenes ultimatives Rennmotorrad zu bauen, schließlich war er graduierter Maschinenbauingenieur.

Als solcher arbeitete er von 1978-1984 in der Entwicklungs- und Konstruktionsabteilung bei Harley-Davidson erfolgreich an der Verbesserung von Fahrgestellen (der Tour-Glide-Rahmen ist eine seiner Innovationen). In dieser Zeit kaufte er sich die Rechte an einem Zweitakt Square Four Motor mit Disc-Valve (Drehschieber)-Steuerung, der von der Firma Barton Engineering gebaut wurde, und konstruierte für diesen Motor einen Rahmen. Mit dieser ersten eigenen Rennmaschine, die er RW 750 nannte, wollte er kräftig in der Königsklasse der AMA, der Formel 1, mitmischen. Auf dem Talladega Speedway erreichte er eine Höchstgeschwindigkeit von 285 km/h! Gerade als er in seiner neuen Produktionswerkstatt Pittsburg Performance Products richtig anfangen wollte, erklärte die AMA, daß 1985 das letzte Jahr der Formel-1-Klasse sein würde und eine neue Königsklasse geschaffen werden sollte – die Superbike-Kategorie. Damit war Erik Buell am Ende. Schließlich konnte er unter Einsatz seines Charmes und seiner guten Beziehungen Harley-Davidson dazu bringen, ihm 50 übriggebliebene XR-1000-Motoren zu überlassen. Diese Super-Sportster, die von 1983 bis 1984 gebaut wurden, hatten sich als Verkaufsflop erwiesen, obwohl Gene Church und David McClure damit in der BoTT (Battle of the Twins) durchaus erfolgreich waren. Buell hoffte, daraus ein besseres Wettbewerbsmotorrad für diese Klasse zu konstruieren.

Das Experiment gelang, und von 1985 bis 1988 wurden 50 Stück der 90–100 PS starken RR 1000 Battletwin gebaut, mit einer besonders effizienten Aerodynamik, einschließlich einiger Straßenversio-

Das Werk in East Troy, daneben das Motorenlager und die Montage, die hier noch von Hand durchgeführt wird.

Rick Kuchenbecker, Polizist in East Troy, mit der wohl einzigen inoffiziellen Police White Lightning, einer Sonderanfertigung der Firma Buell.

nen, um den Wettbewerbsregeln zu genügen. Möglicherweise wurde auch eine Straßenversion gebaut, um die AMA-Homologationsvorschriften zu erfüllen. Als die XR-1000-Motoren ausliefen, setzte Erik Buell den neuen Viergang-Motor der 1200 ccm Evo-Sportster in sein Fahrwerk. Bis 1989 wurden insgesamt 65 Stück dieser neuen 1200 Battletwin gebaut.

Aus ihr entstand noch im selben Jahr die RS 1200 Westwind, von der 102 Stück bis 1991 gebaut wurden – auch als Straßensportmaschine für eine neue Klientel, die sich bisher nur aus japanischen Produktionen bedient hatte. Verbessert – nun mit Fünfganggetriebe und Sechsbackenbremszange im Vorderrad – wurde 1991 aus ihr die RSS 1200 Westwind, von der bis 1993 insgesamt 325 Einheiten produziert wurden.

1993 kaufte sich Harley-Davidson für rund eine Million Dollar mit 49% Beteiligung bei Buell ein und wurde so ein Partner der neuen Buell Motorcycle Company, die nun mit ihrem Werk in East Troy, südwestlich von Milwaukee gelegen, eine Abteilung der Harley-Davidson Motor Company wurde. Damit brach Harley endgültig in die Domäne der Supersportbikes ein. Das erste gemeinsame Modell war die S2 Thunderbolt und S2T Thunderbolt als tourentauglicher Zweisitzer mit entsprechend zivilem Outfit in einer Auflage von 1.500 und 1995 nochmals 429 Stück. 1996 kam die 51 Lightning mit 1.407 Stück dazu. 1997 dann zwei weitere aufsehenerregende Sportmotorräder: die S3 Thunderbolt – als Tourenversion mit Packtaschen S3T Thunderholt genannt – sowie die M2 Cyclone, die sofort von allen Testern begeisterte Bestnoten erhielt.

Mit diesen Sportmotorrädern ist Harley-Davidson auch mit denen im Geschäft, die rasante Muskel-Bikes bevorzugen. Inzwischen gibt es für alle Buell-Typen reichlich Ersatzteile und Zubehör, von der passenden Bekleidung bis zur speziellen Zündkerze, einschließlich vieler, nicht von Harley vertriebener Tuning-Teile. Und wer die Geschosse einmal selber ausprobieren will, kann dies auf den zahlreichen Demo Rides überall dort tun, wo auch Harley bei größeren Veranstaltungen vertreten ist.

Montage, Endtest und Verpackung im Buell Werk. Inzwischen ist Harley-Davidson 100%iger Eigner von Buell geworden. Firmenchef wurde Jerry Wilke, Erik Buell bleibt jedoch weiterhin Technischer Direktor.

Flathead Big-Twin Model VL

(1930 – 1936)

Die Produktionsstätten

50 Jahre blieb das Fließband unbeachtet

Händler aus aller Welt führen auf ihren phantasievollen Prospekten – wie hier Walter Andrews aus Toronto – gerne den Umfang der Company vor.

(Linke Seite, Bes.: Fritz Simmerlein, D)

Drei Jahre nachdem das erste Motorrad verkauft war, platzte der 3x5m große Schuppen, den Vater William seinen motorradbastelnden Söhnen in den Garten des Familienanwesens an der Highland Avenue gestellt hatte, aus allen Nähten. Die Auftragseingänge für Harley-Davidson-Motorräder stiegen von Tag zu Tag, und die vier Jungunternehmer brauchten für sich und ihre sechs festangestellten Mitarbeiter eine Fertigungsstätte.

Als sie 1905 mit Hilfe eines kräftigen Kredits ihres stets investitionsfreudigen Onkels James McLay („honey uncle") ein größeres Grundstück in einem westlichen Vorort Milwaukees erwarben, ahnten sie noch nicht, daß sie knapp zwei Jahrzehnte später die größte Motorradfabrik der Welt besitzen sollten.

1906 zimmerten die drei Davidsons und Bill Harley zusammen mit ein paar Freunden auf dem weitläufigen Gelände an der Kreuzung der 27. und der Chestnut Street (der späteren Juneau Avenue) eine etwa 9x25m große, zweistöckige Holzkonstruktion, die zunächst einer Eisenbahntrasse im Wege stand. 1907 arbeiteten bereits 18 Angestellte in dem kleinen Werk. Ein Jahr später waren es schon 35 Personen, und ein 8x25m großer Ziegelanbau wurde errichtet.

1910 war schon wieder alles zu eng, und die vor drei Jahren gegründete Corporation nahm einen saftigen Kredit bei ihrer neuen Hausbank Marshal & Ilsley auf, um ein erstes massives Fabrikationsgebäude zu errichten.

Nun hatte man 863m² Fläche zur Verfügung. 1911 waren es bereits 418 Angestellte! Das nächste Gebäude mußte mehrstöckig sein. 1912 drängten sich 1.076 Angestellte auf 7.440m², ein fünfstöckiges Fabrikgebäude kam hinzu. In diesem roten Ziegelbau – 3.700 West Juneau Avenue – ist heute noch die Firmenzentrale untergebracht. Insgesamt war damit die Produktionsfläche aller Anlagen auf 17.500m² gestiegen. 1914 setzte die Harley-Company noch eins drauf – nämlich den 6. Stock – und verfügte damit über knapp 28.000m² – eine gewaltige Anlage, die sich sehen lassen konnte und gerne vorgeführt wurde.

16.427 Harleys wurden 1914 dort produziert, 2.500 Seitenwagen zusätzlich bei der Firma Rogers bestellt. In den immer noch beengten Werkhallen waren inzwischen die modernsten Werkzeug- und Fertigungsmaschinen installiert. Riesige, mit unzähligen Lederriemen versehene Transmissionen hielten sie in Bewegung.

Staatsaufträge und Bestellungen des US-Postdienstes brachten einen neuen Produktionsschub. Die Fertigungskapazität lag bei jährlich knapp 30.000 Einheiten. Die Motorräder wurden nach Auftragseingang zusammengebaut und dann schnellstmöglich ausgeliefert. Die immer neuen Modellvarianten und Farbkombinationen verlangten ständig nach mehr Platz für die umfangreiche Lagerhaltung der vielen vorgefertigten Teile. So lieh sich die Company 1918 nochmals 3 Mio. Dollar von ihrer Hausbank, kaufte weiteres Gelände hinzu und baute ein neues, fünfstöckiges Industriegebäude im rechten

Das Harley-Davidson-Fabrikgebäude 1911.

© Harley-Davidson

Das frühe Werk mit dem berühmten Wasserturm an der Juneau Avenue.

Schichtwechsel am vorderen Büroausgang. Die Flagge ist eine Auszeichnung des Kriegsministeriums für exzellente Leistung.

Winkel zur Hauptfabrik. Nun standen 50.430 m² zur Verfügung, und 1920 – bei Fertigstellung der Gesamtanlage – war Harley-Davidson die größte Motorradfabrik der Welt. Stolz verkündete die Firma diesen imposanten Superlativ in aufwendigen Prospekten, reich bebilderten Pressemitteilungen und Anzeigen. In den neuen Werksanlagen arbeiteten jetzt 2.400 Arbeiter und Angestellte, und der Verkauf stieg in diesem Jahr in bisher unbekannte Höhen.

Die ungeheuren Dimensionen forderten schnell ihren Preis. Bereits 1921 mußte die Fabrik von Mitte März bis Mitte April zeitweilig schließen, weil nicht mehr genügend Aufträge eingingen; der Erste Weltkrieg war zu Ende, und die wirtschaftliche Rezession warf ihre Schatten voraus. 1925 wurde dennoch ein eigenes Gebäude für die Seitenwagenproduktion errichtet.

Die offiziellen Produktionszahlen der 20er Jahre, die ja nahezu mit den Verkaufszahlen identisch sind, vermitteln einen aufschlußreichen Einblick in die Probleme, die Harley-Davidson mit seiner riesigen Fabrik hatte:

1920: 27.040 Stück	1923: 17.046 Stück	1926: 22.275 Stück
1921: 11.460 Stück	1924: 17.648 Stück	1927: 18.546 Stück
1922: 10.786 Stück	1925: 15.371 Stück	1928: 20.684 Stück

Vorarbeiter und Meister des Werkes in Milwaukee während des Ersten Weltkriegs, ganz links: J. P. Ryan, der jahrzehntelange Leiter der HD-Service School.

Ausgerechnet 1929, im Jahr des Schwarzen Freitags zu Beginn der Weltwirtschaftskrise, verzeichnete die Company ihre dritthöchste Fertigungszahl: 23.989 Motorräder. In den Jahren danach sah es nicht mehr so gut aus:

1930: 18.036 Stück   1931: 10.407 Stück   1932: 7.218 Stück

1933 schließlich war der fast tödliche Tiefstand von nur 3.703 Einheiten erreicht: Die Company mußte schlimme Verluste einstecken, und das Werk war nur noch zu 10% ausgelastet.

In dieser Zeit spielte der Export eine bedeutende Rolle. 1932 schloß die Company mit dem japanischen Vertreter Alfred Rich Child für den Sankyo-Konzern einen Vertrag über die Lieferung von Blaupausen und nicht benötigten Maschinen und Werkzeugen ab, der ein wenig Geld in die strapazierte Kasse brachte. Der Rest kam hauptsächlich aus Verkäufen an Behörden.

Nach den Großaufträgen der U.S. Army im Zweiten Weltkrieg und dem nahezu völligen Erlöschen der Produktion ziviler Motorräder kam bereits 1944 der nächste Rückschlag: Die US-Regierung kündigte einen Auftrag von 11.331 Militärmaschinen. Über 500 Arbeiter wurden entlassen, und im Oktober 1945 kam es zu einem vierzigtägigen Streik der Angestellten. 1946 erholte sich die Auftragslage, und die Produktion stieg auf 16.222 Stück, 1947 auf 20.115 und 1948 auf einen neuen Höchststand von 29.612 Einheiten. Bereits 1946 hatte die Company eine weitere, einstöckige Fabrikationsanlage der ehemaligen Maschinenfabrik A. O. Smith für 1,5 Mio. Dollar in dem weit westlich gelegenen Vorort Butler/Wauwatosa hinzugekauft, in der während des Krieges Propeller für Kampfflugzeuge hergestellt wurden.

Die Butler-Fabrik (später Capitol Drive) wurde in einer Überraschungsaktion im November 1947 den Händlern vorgestellt, die zur Dealer Convention angereist waren. In den etwa 100.000m² großen Werkshallen wurden vor allem Werkzeugmaschinen, Getriebefertigung, Dreh-, Fräs- und Schleifanlagen installiert. 1954 kam ein Erweiterungsbau hinzu. An der Nordoststrecke des Butler Plant wurde ein weiteres einstöckiges Fabrikgebäude errichtet, das die Härterei und die galvanischen Anlagen aufnahm, um das lästige Hin- und Hertransportieren von der Juneau Avenue zu vermeiden.

1962 kaufte sich Harley in eine Bootsfabrik im 300km nördlich gelegenen Tomahawk, Wisconsin, ein. Dort laminierte und lackierte man die gesamten Plastikteile, die an den Maschinen eingebaut wurden. Während der AMF-Zeit wurden im Butler Plant am Capitol Drive vor allem Motoren und Getriebe hergestellt. Die Endmontage, Rahmen- und Sportster-Fabrikation verlegte die Company aus Platzgründen in das leerstehende AMF-Rüstungs- und Sportartikelwerk nach York, Pennsylvania. Anfang der 70er Jahre konnte AMF gegen den Widerstand des konservativen Harley-Vorstands auch endlich die Fließbandfertigung und -montage durchsetzen, über ein halbes Jahrhundert, nachdem Henry Ford diese automatische Ferigungsmethode „erfunden“ hatte.

Die Werksanlagen aus den 50er Jahren in einem Harley-Davidson-Prospekt.

Der imposante Produktionsweg I

1939: Ein Appell an die Feinfühligkeit der Frauen

Kleiner Ausschnitt aus dem Erdgeschoß des Butler Plant.

In einer dreiteiligen Folge im *Enthusiast* von 1939 gibt Howard E. Jameson unter seinem Pseudonym „Hap Hayes" einen detaillierten Einblick in die umfangreichen Produktionsvorgänge mit ihren unzähligen Departments, den einzelnen Fertigungsabteilungen im Fabrikkomplex an der Juneau Avenue, der damals über 40.000 m^2 umfaßte. Hier eine Zusammenfassung:

•Der Display Room, eine weitläufige Halle, in der Modelle aus der momentanen Fertigung sowie einige historische Motorräder der Firma ausgestellt wurden.

•Das Engineering Department, Planning Department, Experimental Department und die Drafting Boards – also das gesamte Planungs-Center, Entwicklungs- und Konstruktionsbüros – alle mit der großen Hinweistafel „Zutritt verboten" versehen.

•Das Tool Department. Hier standen die vielen Werkzeugmaschinen, Spannvorrichtungen, Spritzgußformgeräte für Modelle und Maschinenteile, mit denen das gesamte Werk autark versorgt wurde. Dazu Rohrstahl in allen Varianten im Lager, je nach Verwendungszweck und Härte der Materialbeschaffenheit in verschiedenen Kennfarben. Eindrucksvoll: die schnellaufenden Gewindeschneidmaschinen für Schrauben und Bolzen in allen Größen. 130 automatische Maschinen erinnern an eine Batterie von Geschützen. Hier wurden Rohlinge für Zahnräder, Kugellager und Kleinteile aus langen Stahlstangen geschnitten, gefräst, gedreht und gebohrt.

•Das Automatic Screw Machine Department verbrauchte rund 5.700l Kühlflüssigkeit im Monat und verarbeitete rund 80t Stahl zu Schrauben.

•Im Punch Press Department stand die gewaltige, zwei Stockwerke hohe 100-t-Stahlpresse, die von Tankhälften bis zu Schutzblechen alles aus Stahlblec formte, was an Formteilen benötigt wurde. Ihr dumpfes Stampfen ließ das ganze Gebäude vibrieren. Andere Pressen ergänzten diese Abteilung. Sie verarbeiteten die dünneren Bleche. Daneben standen die ebenso mächtigen Stanzen. Bakelit-Teile für die Elektrik wurden hier ebenfalls gepreßt.

In nur wenigen Jahren entwickelten sich primitive Werkstätten – wie hier zu Beginn des Jahrhunderts – zu gigantischen, vollmaschinellen Fertigungsanlagen.

Eine riesige Lagerhaltung erfordert eine entsprechende Logistik.

Schweißen, Löten und Ausglühen waren eine höllische Arbeit beim Rahmenbau.

•Das Gear Cutting Department stellte die Zahn- und Stirnräder her, vor allem drei Typen: schneckenförmige (helical), schräg verzahnte (bevel) und gerade Stirnräder (spur), alle in etwa 30 verschiedenen Größen.

Eine ganze Batterie von Gear-Shapers-Präzisionsfräser, auch Enveloping Gear Generator genannt – arbeiteten auf ein halbes Zehntausendstel Inch genau. Nicht umsonst sind die Getriebe von Harley-Davidson für ihren ruhigen Lauf und die leichte Schaltbarkeit berühmt. Das größte technische Wunder waren die Bullard-Multi-Matics-Maschinen, die mit 15 Schneidewerkzeugen gleichzeitig alle runden Teile in fünf Arbeitsgängen zum Einbauzustand brachten: Kurbelwellen, Hinterradzahnkränze, Lichtmaschinengehäuse, Bremstrommeln, Pleuel und kleinere Teile bekamen hier ihren letzten Schliff.

•Im Lathe and Drill Press Department wurden vor allem die kleineren Teile von langen Reihen automatischer Drehbänke und Fräsmaschinen vorgefertigt.

•Das Plating Department war zusammen mit dem Heat Treating Control Department die Abteilung, in der galvanisch verkupfert, vernickelt und verchromt wurde und wo Fachkräfte in genau temperierten Öfen und Ölwannen speziell zu härtende Teile vorbereiteten. Angeschlossen an diese „heißen" Abteilungen war das Brace Department, wo zum Beispiel die Muffen der Rahmen hartgelötet wurden.

Von der Produktion zur Montage:

•Das Small Assembly Department war der Ort, an dem kleinere Teile sorgfältig per Hand zusammengesetzt wurden. In diesem Teil der Fabrik waren eine Menge weiterer Endverarbeitungsabteilungen untergebracht: das Enameling Department – die Lackiererei, das Grinding Department – die Schleiferei, das Milling Department – die Fräserei und viele einzelne Spezialabteilungen des General Assembly Department. Übrigens: In der Lackiererei wurden pro Jahr rund 38.000l Lack, Glasur und Verdünnung verbraucht. In auf 200°C genau temperierten Öfen brannte sich die Lackschicht zweimal ein. Zwischen diesen Arbeitsgängen wurde mit feinstem Sandpapier geglättet, Tanks bekamen eine extra Glasur, und Zierlinien wurden – wie heute auch noch – einzeln per Hand mit dem Schleppinsel aufgetragen.

Der fünfte Davidson

Crystal Haydel war Wisconsins first Bike Lady

Wer bei Harley-Davidson Anfang der 30er Jahre wo zu finden war, hat Robert Wagner im Eingangskapitel seines Buches *Harley-Davidson 1930–1941* sehr eindrucksvoll beschrieben. Hier ein kurzer Einblick:

Am Empfang saß als Telefonistin Stella Forge. Im Firmensekretariat konnte man Arthur Davidson antreffen, den Verkaufs- und Werbedirektor, mit seinem Sekretär Francis Miller.

Im Verkaufsbüro arbeiteten T. A. Miller, Hermann Schulke und der Exportmanager Eric von Gumpert.

Die Montage im alten Werk an der Juneau Avenue war zeitraubend und umständlich. Die Modelle wurden auf Karren von Arbeitsgang zu Arbeitsgang geschoben.

Der fünfte Davidson (Forts.)

Im Büro der Firmenleitung residierte Walter Davidson mit seiner Sekretärin Miß Crystal Haydel, die für die Buchhaltung, Personalentscheidungen und die Lagerlogistik zuständig war – übrigens wahrscheinlich die erste Frau in Wisconsin, die offiziell ein Motorrad fuhr ...

Im Finanz- und Buchhaltungsbüro saßen Joe Kilbert und Jack Balsom. In der Abteilung für Ersatzteile und Zubehör war Harry Devine zuständig und in der Kundendienstabteilung Joe Ryan, der polternde irische Riese mit dem Computer-Gedächtnis. Die Werkskundendienstschule – Factory Service School & Training – betreute Orin Lamb, und in der Rennabteilung war Hank Syvertsen der wichtigste Mann.

Im „fountain pen" genannten Redaktionsbüro saßen die *Enthusiast*-Macher: Walter Kleimenhagen und Howard E. Jameson, der als „Hap" Jameson unter der Kolumne „Onkel Frank sagt ..." technische Ratschläge gab. Was festzuhalten war, schrieb die Stenotypistin Nellie Newkirk nieder. „Big Bill", der Vizepräsident und Manager der Fabrik, William A. Davidson, saß in seinem Präsidialbüro, wenn er nicht gerade seinen Hobbys Angeln und Jagen nachkam. Dann erledigte sein Betriebsverwalter Georg Nortmann die Arbeit. Ihn nannte man auch den „fünften Davidson"; seit 1907 widmete er sein ganzes Leben der Company.

Im Office des Firmenschatzmeisters konnte man den Chefkonstrukteur William S. Harley finden und seinen persönlichen Sekretär Joe Geiger, der alle Pläne, Konstruktionsunterlagen, Zeichnungen und Tausende von Dokumenten verwaltete sowie Bill Harleys Korrespondenz erledigte. Als er 1982 in Pension ging, war er mit 63 Firmenjahren der am längsten bei Harley-Davidson beschäftigte Mitarbeiter.

Für die Ingenieur- und Entwicklungsabteilung war William Ottaway zuständig, der seit 1913 bei Harley vor allem die Rennabteilung betreute. Er arbeitete nun eng mit seinem Vormann Rudy Moberg zusammen. Erstaunlich war, wie oft man in den Werks- und Montagehallen deutsche Worte hören konnte ...

•Im Generator and Ignition Department wurde alles angefertigt, was zum Bereich Elektrik und Zündung gehört – bis hin zu Zündkerzen und Zündspulen, die andere Firmen stets von Zulieferern bezogen.

•Alle fertigen Einzelteile durchliefen die wohl wichtigste Abteilung: das General Inspection Department, wo feinfühlig arbeitende Frauen alles auf Minimal-Toleranzen prüften. Modernste Präzisionsmeßwerkzeuge waren die Voraussetzung dafür, wie etwa die Johansson-Gage-Blocks-Metallblöcke von der Genauigkeit eines Millionstel Inch. Jedes Einzelteil wurde in allen Fertigungsphasen genau überwacht und bekam nach seiner Endkontrolle eine mehrfach abgezeichnete Inspektionskarte. Die auf diese Weise sichergestellte, sorgfältig gehandhabte Qualitätskontrolle bürgte für das Produkt der Firma, auf das alle so stolz waren.

•Danach gingen die Einzelteile zum Motorcycle Assembly Department, in dem schließlich die Motorräder nach der Reihe des Auftragseingangs und in den gewünschten Kombinationen montiert wurden.

•Im Final Inspection Department checkten Inspektoren alles nochmals durch und konservierten schließlich alle Teile. Selbstverständlich wurde jedes einzelne Motorrad auf seine Funktionen überprüft – das geschah im Testing Department.

•Danach wurde es teilzerlegt und ins Crating Department geschoben, wo Schreiner arbeiteten und große Mengen von bereits zugeschnittenen Brettern und Latten auf ihre Verwendung als Transportbehältnis für die nagelneuen Harleys warteten.

•Im Shipping Department wurden letztendlich die in Kisten verpackten Motorräder für den Versand vorbereitet und im Anschluß verladen.

•Das riesige Warenhaus aber, aus dem Harley-Davidson seine Endprodukte zusammensetzt, war das gewaltige Parts and Accessory Department. In endlosen Regalen bis unter die Decke stapelten sich die Einzelteile. Mehr als 3.000m² benötigte diese Lagerhaltung. Tanks, Sturzbügel, Motoren, Schutzbleche, Räder, Sitze, Lampen, Getriebe, Auspuffe, Lenker, Kleinteile – alles lag in langen Reihen, exakt beschriftet und ordentlich verpackt. Rund 8 Mio. Teile durchliefen jährlich diese Abteilung. – Noch ein kurzer Blick in den obersten, den sechsten Stock: Dort wurden Seitenwagen und Servi-Cars zusammengebaut.

•Den Abschluß dieser Factory Tour bildet ein schmuckloser, kahler Raum, in dem die gesamte Historie der Company Jahr für Jahr ab 1904 in Reih und Glied ausgerichtet ist: Im Historical Display stehen alle jemals gefertigten Typen – eine beeindruckende Parade, die das Herz jedes Harley-Liebhabers höher schlagen läßt ...

Der imposante Produktionsweg II

1998: Roboter statt weiblicher Feinfühligkeit

Ende 1946 kaufte Harley-Davidson die leerstehende ehemalige Propellerfabrik A. O. Smith aufgrund der dringend notwendig gewordenen Ausweitung der Produktionskapazitäten. Die jetzt Powertrain Operations genannten großräumigen Fabrikhallen stehen in Wauwatosa, etwa 10 Meilen westlich von Milwaukee, 11700 West Capitol Drive. Früher nannte man das Werk einfach Butler Plant.

Die 80.000 m² große Fabrik wurde zunächst als Maschinenhalle genutzt, bevor 1973 die Produktion von Motoren und Getrieben hierhin verlagert wurde. Heute werden in der Harley-Davidson Engine and Transmission Plant unter anderem auch Kupplungen, Antriebseinheiten und diverse Kleinteile gegossen, bearbeitet und montiert, gehärtet und pulverbeschichtet. Etwa 1.200 Arbeiterinnen und Arbeiter bedienen nach dem MAN/JIT-Verfahren (Material as needed – Just in time) die unzähligen Fräs-, Dreh- und Schleifmaschinen und arbeiten in eigens dafür installierten Montagestationen – „machine cells“ – in voller Eigenverantwortung für den ihnen zugeordneten Produktionsabschnitt.

In der Vorfertigungshalle sind zahlreiche Roboteranlagen installiert. Ein „cell robot“ produziert zum Beispiel Belt-Drive- und Zahnkränze, ein computergesteuerter Transmission-Sound-Test-Roboter testet alle Getriebe und überprüft sie auf eventuelle Störgeräusche. Automatische Zylinder- und Zylinderkopf-Bearbeitungsmaschinen sorgen für die Vorgabe extrem geringer Fertigungstoleranzen. Sechs computergesteuerte Vielfachspindel-Maschinenmodule, von denen jedes bis zu 80 verschiedene Werkzeuge aufnehmen kann, bearbeiten die Sportster-Gehäuse. Alle dafür notwendigen Werkzeuge werden im hauseigenen Werkzeugcenter hergestellt. Manuelle und computerüberwachte Fertigungskontrollen garantieren einen noch nie dagewesenen Qualitätsstandard.

Eine Attraktion, die alljährlich einige tausend Harley-Fans erleben, ist die werktags dreimal (9 Uhr, 10.30 Uhr und 12.30 Uhr) stattfindende Betriebsbesichtigung, bei der die Besucher – wie auch in York und Tomahawk – den Produktionsprozeß hautnah verfolgen können – eine Tradition, die zu den besonders effizienten Werbekampagnen der Company zählt.

Die Motorenfabrikation im Power Train Plant am Capitol Drive. Selbstverständlich fahren die Angestellten ihre eigenen Harleys, die sie stolz vor dem Haupteingang auf einem eigenen Parking Lot abstellen.

Die Good Vibrations

Einmal im Leben zur Wallfahrt an die West Juneau Ave.

Jeder echte Harley-Freak muß sich mindestens einmal im Leben den Traum seines Biker-Daseins erfüllen und eine Wallfahrt zum Ursprungsort seines geliebten Mythos machen. Im Bundesstaat Wisconsin, rund 120 km nördlich vom Flughafen O'Hara entfernt, im Westbezirk der Bierbrauerstadt Milwaukee am Michigan-See, liegt der legendäre Firmensitz der Harley-Davidson Motor Company. Das Herz schlägt höher, wenn man von der Nordtangente, der 35. Straße, links in die Juneau Avenue einbiegt und auf den altmodischen, roten Backsteingebäudekomplex zufährt. Oberhalb befindet sich der Wasserturm, ein unübersehbares Wahrzeichen, das sich durch das häufige Betrachten vieler alter Bilder bereits nachhaltig ins Gedächtnis eingebrannt hat; links darunter, ein wenig hinter Bäumen versteckt, stehen diverse Lagergebäude mit dem berühmten Schriftzug, und rechts, hinter einer kleinen Shopping-Plaza, ragt das riesige, sechsstöckige Fabrikgebäude heraus – die Zentrale, das Headquarters, auf dem stolz die Stars & Stripes und darunter das Firmenlogo flattern. Zur Zeit des Besuchs jedoch ist leider Baustelle, was für ein repräsentatives Erinnerungsfoto der geeignete Platz wäre!

Ist der Besucher endlich dort und berührt die gute alte Ziegelmauer leibhaftig, wird er überwältigt von dem plötzlichen Zauber einer faszinierenden Geschichte, die dieser nüchterne Bau ausstrahlt. Niemand kann so gefühlskalt sein, um sich den magischen „good vibrations" zu entziehen, die sich fast greifbar verdichten, wenn man vor dem einfachen, schwarzweißen Hausnummernschild mit der Zahl „3700" steht und weiß, daß dies einmal die alte Chestnut Street war, wo die ersten Produktionsstätten vor gut 90 Jahren hochgezogen wurden, neben den Eisenbahngleisen, die im Weg waren, und mit dem großen Schrottplatz dahinter, wo der gesamte Ausschuß „entsorgt" wurde. Sehr zur Freude einiger Lausbuben, die sich durch

Vielbewundert unter Glas: das Modell mit der Seriennummer Eins in der Empfangshalle des Headquarters.

Gern fotografiertes Symbol: das Bar & Shield-Logo, das vor allen firmeneigenen Gebäuden steht.

ein Loch im Drahtzaun dort mit billigen Ersatzteilen eingedeckt haben. Es ist alles noch da, fast so, wie es einmal war, und glücklicherweise steht der ganze Komplex heute unter Denkmalschutz. Erreicht hat das Marty Rosenblum, der engagierte Firmenhistoriker.

Es gibt nur eine unauffällige, schmalbrüstige Eingangstür zum Herzen der Company, zu der eine schmucklose Seitentreppe hinaufführt. Dann steht der Besucher unmittelbar in einem kleinen Vorraum, dem Empfang. Fast könnte man glauben, im Büro einer biederen Provinzfirma zu sein – kein Protz und Pomp, Glas und Chrom, wie es sonst für diese Dimensionen üblich ist. Ein einfaches Zimmer mit einer unauffälligen Sitzgruppe, einem Empfangstresen, alles eher bescheiden-beschaulich, und wenn mehr als zehn Leute da sind, wird es eng. Fast ein wenig abseits steht in einer Ecke hinter Glas das wohl edelste Stück der Firmengeschichte – eine seltsame Mischung aus Fahr- und Motorrad: das berühmte erste Einzylindermodell, mit dem alles angefangen hat, und gegenüber ein paar kostbare Trophäen und Fotos der vier Gründer. Eine freundliche Werkspolizistin sorgt dafür, daß niemand unbefugt durch die Schwingtür geht, hinter der das komplizierte Gehirn des Konzerns arbeitet.

Bis 1973 befanden sich hier, zusätzlich zur Verwaltung, auch noch die Produktionsstätten. In den Stockwerken wurden nach Herstellung und Auftragseingang die Motorräder zeitaufwendig und unter recht beengten Verhältnissen zusammengebaut. Die benötigten Einzelteile und die fertigen Maschinen mußten über Lastenaufzüge transportiert werden, an denen es regelmäßig Staus und Engpässe gab. Riesige, durchgehende Transmissionsanlagen, die von Dampfmaschinen angetrieben wurden, lieferten die Kraft für die Werkzeugmaschinen. Seinerzeit muß hier ein ziemliches Getöse geherrscht haben ...

Wallfahrtsort für alle Harley-Fans: Das heutige Gebäude an der Juneau Avenue, mit der original Eingangstreppe zum jetzigen Headquarters, steht unter Denkmalschutz.
Den kleinen Schuppen, in dem alles begonnen hatte, pflegte man inmitten der gewaltigen Fabrikanlagen liebevoll – bis er aus Versehen niedergewalzt wurde.

Das Entwicklungszentrum

Simulierte Marterstrecke und Gewitter im Aquarium

Gleich neben den Powertrain Operations am West Capitol Drive steht seit 1997 das moderne PDC, benannt nach dem Styling Director Willie G. Davidson. 25 Mio. Dollar hat sich Harley-Davidson dieses Entwicklungs-Center kosten lassen – eine Investition, die für das zukünftige Überleben der Firma existenziell sein wird.

Im Parterre des zweistöckigen Gebäudes State of the Art befinden sich neun Entwicklungs- und Testlabors, die mit den modernsten Analyse- und Prüfgeräten ausgerüstet sind, darunter das Akustik-Labor NVH (Noise, Vibrations & Harshness), das in zwei schalldichten Sound-Kammern den für Harley so wichtigen „guten Ton" testet, überwacht und gegebenenfalls den jeweiligen Vorschriften anpaßt.

Willie G. Davidson in seinem Büro.

Einer der fortschrittlichsten Fahrzeugsimulatoren (Structures Laboratory) erzeugt alle denkbaren Härtesituationen, denen eine Harley lebenslang ausgesetzt sein kann, von einem schlechten Straßenbelag bis hin zu mangelnder Pflege. Das Elektronik-Hochfrequenz-System-Labor prüft alle elektronischen Bauteile auf ihre Zuverlässigkeit und Verträglichkeit. Unter anderem steht eine Wasserkammer bereit, in der ein 24stündiger Dauerregen simuliert werden kann. Der Prüfstand zur Messung von Abgaswerten, das Materialtestlabor und ein Labor für Tests an Prototypen komplettieren die Prüfeinrichtungen des Erdgeschosses. Zukünftig werden Harley-Motoren vor allem im Werk in Milwaukee entwickelt.

Im Obergeschoß befinden sich ein für die Öffentlichkeit nicht zugänglicher Ausstellungsraum für alle Design-Studien und zukünftigen Modelle sowie die mit modernster Kommunikationstechnik ausgerüsteten Büros, die Dokumentationsabteilung, die Designabteilung und das Entwicklungsbüro für das gesamte Zubehörprogramm. Funktionalität und Kommunikation sind oberstes Prinzip und beherrschen das gesamte PDC-Gebäude. Von besonderem Vorteil ist natürlich, daß das Fertigungswerk, in dem dann alles in die Produktion umgesetzt wird, nur ein paar Schritte entfernt liegt.

(siehe auch: Die Zukunft von Harley-Davidson – Mit einem bewährten Partner die Zukunft bestreiten)

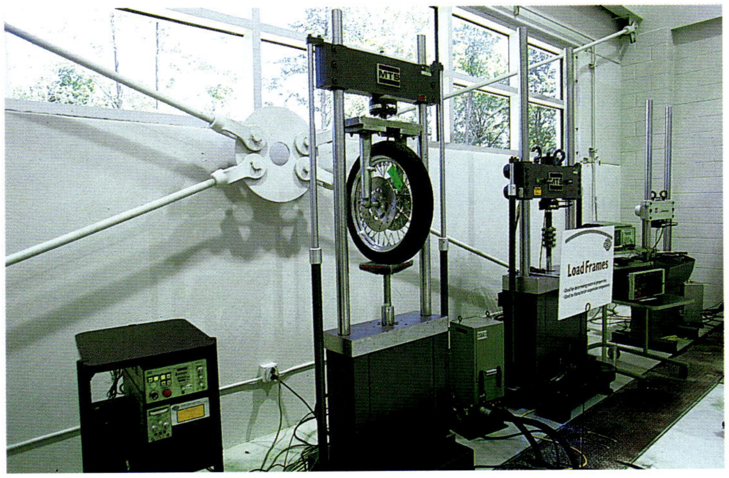

Auf dem Grundstück hinter dem Capitol Drive Plant entstand das neue Product Development Center mit seinen modernen technischen Einrichtungen.

Tropische Regenfälle werden in der Naßzelle der Versuchsabteilung simuliert.

Die großzügigen Lagerkapazitäten sind auf Zuwachs ausgelegt.

Im schalldicht isolierten Motorentestraum werden alle Funktionen von Motor und Getriebe geprüft und gemessen.

Die glatte Verführung

Bei Harley-Davidson wird selbst Plastik zum Kultobjekt

Über Ästhetik kann man streiten – praktisch sind Plastikteile jedoch auf alle Fälle. Sie rosten nicht, sie dellen nicht, sie sind leicht zu reparieren, und sie halten nahezu ewig. Auch brauchen sie keine gewaltigen Präge- und Formpressen, sondern eher sensibles Fingerspitzengefühl, und werden daher heute noch in penibler Handarbeit hergestellt – mit etwas hilfreicher Mechanik natürlich, fürs Grobe ...

Der Kennbuchstabe „T“ verrät es: So ziemlich alles, was aus Plastik ist, kommt aus dem etwa 300 km nördlich von Milwaukee gelegenen Werk Tomahawk. 1962 wurde die Tomahawk Division gegründet, als Harley-Davidson eine ehemalige Bootsfabrik kaufte, die sich auf Kunstharzverarbeitung spezialisiert hatte, um dort den gesamten Bedarf an Plastik- beziehungsweise Fiberglasteilen herstellen zu lassen – damals überwiegend die Karossen der Golf Carts und ihrer kommerziellen Version, der Utility Cars, danach vorrangig Seitenwagen-Boote und heute hauptsächlich Saddlebags (Seitenkoffer), den sogenannten Tour Packs, sowie alle nötigen Groß- und Kleinteile aus Kunststoff.

Jeder, der dieses kunstharzverarbeitende Werk in Tomahawk einmal besichtigt hat, ist beeindruckt von dem enorm hohen Qualitätsstandard, der dort vorgeführt wird: dem edlen Finish und der absoluten Paßgenauigkeit aller Teile, der perfekt abgestimmten Farbgebung mit verführerisch glatter Oberfläche – alles Dinge, die nur dank jahrelanger Erfahrung „einfühlender“ Experten erreicht wurden. Und insofern meinen nicht nur Harley-Liebhaber, daß man über die Plastik-Ästhetik eben doch nicht streiten kann. Für Harley-Davidson-Motorräder sind Plastikteile längst Kultsymbole geworden. Zur Montage werden sie lastwagenweise direkt nach York, Pennsylvania, verfrachtet.

Die Fertigung von Plastikteilen ist reine Handwerkskunst – ganz gleich ob Löcher bohren, Endlackierung, Entgraten oder das Finish von Seitenwagen, hier in einer gesonderten Produktionshalle.

Das wohlsortierte Chaos

Mit einer Sportster vom Geburtshelfer zu den Cosmetics

Überblick auf die Montagebänder des Werks in York mit den einzelnen Arbeitszellen, die vom JIT-Department ständig mit Nachschub beliefert werden.

Heute haben wir York besucht. York, das riesige Montagewerk in Pennsylvania, 111.480m2 groß, 830 Meilen von Milwaukee entfernt. Früher gehörte es zur AMF, die hier Kriegsgerät und Bowlingausrüstungen herstellte. Seit 1973 werden in diesem Yorker Zweigwerk alle Harleys zusammengebaut, 2.400 Menschen arbeiten hier, und man kann ihnen bei der Arbeit zuschauen.

Wie ein überdimensionales flaches Raumschiff liegt die Anlage weißschimmernd zwischen Baumgruppen und grünen Wiesen. Der Besucherparkplatz ist proppenvoll, Nummernschilder aus allen US-Staaten.

So drückend heiß es draußen ist, so angenehm kühl wird es, sobald wir das Empfangs-Refugium betreten, die Warte-, Souvenir- und Vorbereitungshalle für die Factory Tour, die man schon mal in groben Zügen auf der riesigen Videowand des Besucher-Centers betrachten kann – mit einem kühlen Drink aus der Coke-Maschine in der Hand, versteht sich. Zuerst aber lassen wir uns an der Anmeldung einschreiben, denn die Warteschlange ist lang.

O.K. – Tour Nummer 26, 14 Uhr 25, don't miss it! Pünktlich wird die Gruppe 26 aufgerufen, man hat gelernt, mit Besuchermassen umzugehen. Janet, eine freundliche ältere Dame im Pensionärsalter, ist unser Tour-Guide. Bevor sie uns in die Mysterien des auf Hochtouren laufenden Produktionsprozesses einführt, stehen noch die obligatorischen Sicherheitsvorkehrungen des Sicherheitsdienstes an: Kameras und Taschen abgeben, Überbrille aufsetzen, Plastikschutzkappen über die Schuhe ziehen und den Knopf des kleinen Funkempfängers ins Ohr stecken, damit wir immer Janets Erklärungen hören können, denn der Lärm, der uns jetzt überfällt, ist ohrenbetäubend. Auch die Hitze ist schweißtreibend. Vorsichtig stolpern wir in die riesige Montagehalle. „Übertreten Sie bitte nicht die weißen Linien!" schrillt es aus dem Ohrknopf. Gott bewahre – wir sind ja nicht lebensmüde! Die weißen Linien sind überall, Sperrzonen für allzu neugierige und vorwitzige Besucher, um nicht vom Montagebetrieb niedergewalzt zu werden.

Hier wird zusammengefügt, was zusammengehört, doch irgendwie fangen wir an der falschen Stelle an, und was in Wirklichkeit ein bis ins kleinste Detail wohlgeordnetes und durchdachtes, höchst kompliziertes System des Zusammenwirkens ist, kommt uns zunächst wie das völlige Chaos vor. Überall sausen Transportkarren herum, wild drehen sich Gabelstapler und hieven Paletten, vollgepackt mit Motoren, Getrieben und anderen wohlbekannten Teilen, alles in die

Vorratslager der Motoren, die in diesen Paletten direkt aus Milwaukee angeliefert wurden.

Handarbeit ist wieder ein wichtiger Bestandteil in den Produktionsabläufen des Yorker Werkes.

Bereitstellungsregale der einzelnen Montagestationen. Dort bauen Frauen und Männer sie mit sichtbarem Vergnügen an ihren endgültigen Positionen ein, jeder Handgriff sitzt. An ihnen vorbei schweben halbfertige Harleys, die an einem langsam vorrückenden Montageband hängen und sich vom ersten Gerippe schließlich in ein komplettes Motorrad verwandeln. Kreuz und quer kommen sie daher: Electra Glides, Dynas, Super Glides, Softails, Tour Glides und Sondermodelle, erst langsam erkennen wir, daß es alles Modelle mit den großen 1340er-Motoren sind, und das noch in den verschiedensten Farblackierungen. Diese farbenprächtigen Kombinationen kommen alle aus der neuen Lackieranlage, die zu dem Modernsten gehört, was es heute auf diesem Gebiet gibt. 24 Mio. Dollar hat es sich Harley kosten lassen, dieses elektronisch gesteuerte und überwachte Grundierungs- und Elektrobeschichtungs-Wunder von Dürr, Parker-Amchem und PPG-Industries zu installieren. Bis 1991 war die alte Lackieranlage noch der neuralgische Punkt im gesamten Fertigungsablauf, heute ist der Paint Shop das Paradepferd der Factory. Nur die wundervoll geschwungenen Zierstreifen werden wie eh und je von Hand mit dem Pinsel aufgetragen.

Doch zurück zum ewig wandernden Monorail-Transportband. Dort an den einzelnen Montagestationen muß jedes Teil stets zur Hand sein, wenn es gebraucht wird. Die Logistik des JIT-Verfahrens hat ihre eigenen Gesetze, die vom Zeittakt und Fertigungstempo bestimmt werden. Blinkt irgendwo ein grünes Licht auf und ertönt ein bestimmter Signalton, heißt das für den Nachschublieferanten, daß Teile benötigt werden. Gelbes Licht und Signalton rufen einen Spezialisten zu Hilfe, und rotes Licht samt Sirene hält das Band an, wenn es irgendwo ernsthaft klemmt – immer eine kritische Situation, die den gesamten Produktionsablauf stoppt, schnell ins Geld gehen kann und so manche Kalkulation durcheinanderbringt. Dank ständiger Überwachung durch die SOC (Statistical Operator Control) und EI-Überwachungssysteme (Employee Involvement) kommt das aber kaum noch vor.

Die Sportster-Motorräder werden auf eine andere Weise zusammengesetzt. Sie haben eine kürzere Montagezeit, und um Leerlauf zu vermeiden, hat man sie aus der FL- und FX-Montagestraße herausgenommen und ihnen ein eigenes Laufwerk verpaßt. Alle XL/XLH-Typen mit den 883- und 1200-ccm-Motoren werden von drei „buildern" begleitet – dem „Geburtshelferteam", das vom blanken Rahmen bis zum fertigen Modell die komplette Montage durchführt. Zusammen mit dem Träger, an dem das Baby hängt, werden fünfzehn Stationen mit 45 verschiedenen Fertigungsstufen durchlaufen, und bei jeder Station haben die drei Arbeiter gerade mal gut drei – genau austarierte – Minuten Zeit, um die jeweiligen Teile anzubringen. Ein Alarmton und ein Sicherheitslicht warnen vor Zeitüberschreitungen, bevor das Monorail-Band zur nächsten Station weiterwandert. Nach Station 15 ist die Sportster fahrfertig und wird zum Prüfstand gebracht. Gibt der „Cosmetic Inspector" sein letztes O.k., geht es ab in den Versand – wenn nicht, wird intensiv über die Fehlerursache diskutiert und das kranke Kind zurück in die Nachbesserung geschickt. Das Montageteam kehrt wieder zur Station 1 zurück und macht sich über ein weiteres Modell her. Sieben Sportster setzt so jedes Team Tag für Tag zusammen, fünf Tage die Woche, 237 Tage im Jahr.

Überall sind emsige Handarbeiter und Handwerker dabei, die benötigten Einzelteile fertigzustellen und anschließend den Montagestationen zuzuliefern. Besonders eindrucksvoll ist das manuelle Einspeichen der Räder, das 3–5 Minuten pro Stück dauert. Während bei der modernen Fahrzeugfabrikation in der Regel nur vollautomatische Roboter arbeiten, fasziniert hier die Fertigung von Hand – auch das bekommt dem Mythos Harley durchaus gut. Automation in der Vorfertigung ist normal, aber die Endmontage geschieht eben doch noch mit Handarbeit, denn nichts kann das menschliche Auge und Gefühl ersetzen. Das ist gut zu wissen und zu sehen.

Auf Maschinen wird poliert, was auf Hochglanz gebracht werden muß, der Rest kommt aus der vollautomatisierten Galvanik. Die Rahmen, mit denen das Montageband seinen Kreislauf beginnt, werden in der Rahmenmaschine – „flexible frame machine" – zusammengebogen und geschweißt. Sie schafft alle gewünschten Typen von Dyna-, Softail-, Sportster- und FL-Rahmen in bis zu 400 Einheiten pro Tag. Tanks und Schutzbleche werden gepreßt, gestanzt und bis zur millimetergenauen Passung nachgehämmert, Bremsscheiben, Primärgehäuse und Hunderte verschiedener Aluminiumteile kommen zur Nachmessung aus einzelnen Spezialabteilungen. Zusätzlich werden die vielen Fremdanlieferungen zeitgenau in den Montagevorgang eingeschleust: Reifen, Gußfelgen, Telegabeln, Federbeine, Elektrokomponenten und unzählige Kleinteile. Bei längerem und genauerem Hinsehen kann man sich des Eindrucks nicht erwehren, daß hier Menschen ein wunderbar faszinierendes Puzzle zusammensetzen, auf das sie mächtig stolz sind.

Als wir – noch leicht benommen von dem eben Erlebten – wieder zu unserem Parkplatz gehen, hupt ein riesiger 48-Wheeler-Truck im schwarz-orangen Harley-Outfit, und der Fahrer winkt uns zu: Er ist auf dem Weg zum nächsten Containerhafen, vollgepackt mit neuen Harleys für den Überseemarkt. Auf der Gegenseite kommt gerade ein Kollege in einem ähnlichen Gefährt an. Er bringt eine weitere Ladung von Motoren und Getrieben aus Milwaukee.

Die Quadratur des Kreises

Öko-Check: Eine Harley ist eine Harley ist eine Harley

Während die simulierten Tests 1997 weitgehend ins neue Product Development Center verlegt wurden, wird in Talladega unter der meist heißen Sonne des amerikanischen Deep South jahrein, jahraus praktisch getestet. Seit 1981 hat Harley-Davidson unmittelbar an der berühmten Rennstrecke des Talladega Superspeedway in Alabama sein Prüf- und Testgelände. Natürlich gibt es auch dort Motoren- und Bremsprüfstände und solche, auf denen Lärm- und Emissionswerte exakt gemessen werden können. Die immer rigoroser werdenden Vorschriften und diesbezüglichen Bestimmungen – Kalifornien ist da führend, nicht etwa Deutschland oder die EU – machen den eher altmodischen, luftgekühlten und großvolumigen Langhubern immer mehr zu schaffen, doch nostalgische Kundenwünsche haben Vorrang vor technischen Entwicklungen: Eine Harley soll eben eine Harley bleiben – da hat die Company keine Chance –, und so wird in Talladega getestet wie in kaum einer anderen Firma. Die Ingenieure stehen dabei vor fast unlösbaren Problemen, und wenn die neuesten Zukunftsmodelle auf ihren Hochgeschwindigkeits- und Dauerteststrecken durchgecheckt werden, fährt immer die Sorge mit, ob sie wohl die Quadratur des Kreises – Kundenwünsche gegen Behördenauflagen – bestehen. Auch alle Homologationen – die Freigabe der Motorräder nach technischen und amtlichen Auflagen – werden hier vorgenommen, sowohl für den internationalen Markt als auch für den sogar in Talladega gefürchteten deutschen TÜV. Aber letztlich hat es noch immer funktioniert, und die Tester in Alabama sind sich sicher, daß Harley-Davidson weiter auf der Straße bleibt.

In der Windanlage sind die seitlichen Versetzungen deutlich sichtbar. Ein Motoren- und Abgasprüfstand (keine Originalaufnahmen aus Talladega).

Die gar nicht stille Reserve

Über 80.000 m² für Technik, Lager und Training

1998 kommt noch eine weitere Produktionsstätte im Großraum Milwaukee dazu: In den im Oktober 1996 teils gekauften, teils angemieteten leerstehenden Fabrikhallen der stets mit Harley-Davidson verbundenen Motorenfabrik Briggs & Stratton in der Pilgrim Road mit insgesamt 82.670 m² sind zunächst 37.155 m² als neue Fertigungsstätte für FL-Motoren und Getriebeeinheiten vorgesehen, einschließlich Pulverbeschichtung und Metallhärtung. 9.288 m² sind für zukünftige Erweiterungen – so sie denn nötig werden – reserviert, und weitere 36.227 m² sollen als Materiallager und Trainingsstätten dienen.

Die neuen Produktionsstätten an der Pilgrim Road in Milwaukee.

Die Harley-Davidson-Universität

„Factory trained" – ein Ehrentitel wie Dr. h. c. Harley

1947/48 wurde die erste Panhead auf dem betriebseigenen Parkplatz an der Juneau Avenue vorgestellt. Mit dabei waren Arthur, William, Gordon Davidson und John Harley sowie District Manager und Händler.

Wie aus einer offiziellen Mitteilung des Harley-Davidson-Archivs hervorgeht, berichtete *The Motor Cycle* in seiner Ausgabe vom 16. September 1917 bereits von der „ersten Klasse von Schülern der Harley-Davidson School of Instruction". Neben einem ordentlich gestellten Bild dieser ersten Schulklasse wurde weiterhin erwähnt, daß die Company systematisch auch Offiziere, Polizisten und Postboten in der Kunst des Wartens und Reparierens von Harley-Motorrädern unterrichtet.

Diese 1917 von der Abteilung für Kundenbetreuung gegründete Einrichtung hat sich inzwischen zu einer ehrwürdigen Institution mit Universitäts-Status erweitert und steht allen autorisierten Händlern, ihren Mechanikern und militärischen wie zivilen Instruktoren offen. In den 50er Jahren durchliefen über 3.500 „Studenten" diese Motorradtechnik-Universität und bestanden ihre Prüfungen mit Auszeichnung. Das Attribut „factory trained" ist ein Ehrentitel für höchstqualifizierte Harley-Mechaniker.

Etwas leichter zugänglich für die Erlangung eines Mechaniker-Diploms – Factory trained & PHD Certification – ist das private Motorcycle Mechanics Institute (MMI) mit den beiden Ausbildungsstätten in Orlando, Florida, und Phoenix, Arizona. Seit über einem Jahrzehnt in enger Zusammenarbeit mit der Company und von Harley-Davidson autorisiert, kann man sich auch dort zum anerkannten Harley-Spezialisten ausbilden lassen. Das MMI bietet seit einigen Jahren auch Fachkurse für ältere Harley-Motorräder an, das sogenannte „Early Model Program" (1936–1969: Panhead-, Knucklehead- und Flathead-Restaurierung und -Reparatur) sowie das „Late Model Program" (von 1970 bis Ende der 90er Jahre – also Shovelheads und Evos). Außerdem gibt es noch das „Performance Program" für spezielles Motor-Tuning.

Genau wie Harley-Davidson bietet auch das MMI täglich mehrere Besichtigungstouren durch seine Werkstätten. Wer sich interessiert, kann dort nachfragen:

Motorcycle Mechanics Institute
2844 W. Deer Valley Road
Phoenix, AZ 85027

Motorcycle Mechanics Institute
4065 L.B. McLeod Road, Suite A
Orlando, FL 32811

Die technische Ausbildung wurde stets mit großer Perfektion betrieben.

Das unglaubliche Archiv I

Marty Rosenblum, der Hüter der verborgenen Schätze

Manchmal hat man das seltene Glück, daß sich eigentlich fest verriegelte Panzertüren zum Tresor der Zeitgeschichte weit öffnen und einen Blick zurück in eine andere Welt freigeben, die normalerweise verschlossen bleibt: ein atemberaubendes Erlebnis! Und genau das passierte dem Autor und dem Fotografen, als sie bei ihren Nachforschungen Marty Rosenblum kennenlernten, den Chefarchivar von Harley-Davidson und Herr über alle historischen Schätze der Company. Die befanden sich damals in einem unscheinbaren Nebengebäude gegenüber der Hauptverwaltung – in Wirklichkeit ein mit allen technischen Raffinessen abgesicherter Hochsicherheitstrakt. Das Gebäude war ein fensterloser Bunker, zu dem nur drei auserwählte Vertrauenspersonen die Sesam-öffne-dich-Formel kannten: der Historiker Marty Rosenblum, gewissermaßen als wissenschaftlicher Hohepriester, seine Assistentin Susan Fariss und der Chefrestaurator Ray Schlee, den gute Freunde auch „Chicago Ray“ nennen dürfen.

Marty drückte also ein paar geheimnisvolle Knöpfe und versteckte Schalter, und unvermittelt waren wir im Allerheiligsten.

Allmächtiger – da standen Sachen herum, die sonst niemand zu sehen bekommt: Prototypen, Mustermodelle, Versuchsmaschinen, Uraltrelikte und die komplette Motorradpalette aus guten und schlechten Zeiten.

In schweigender Erwartung drängten sich die zweirädrigen Schätze zusammen, ein wenig verstaubt – aber es ist der ehrwürdige Staub einer überaus glorreichen Geschichte. Irgendwann sollen und werden sie einmal glanzvoll wiederauferstehen und die lange Historie der Marke Harley-Davidson einem faszinierten Millionenpublikum präsentieren. Eine aufwendige und kostenintensive Aktion, die noch Jahre dauern wird, aber Marty und sein Restaurator sind optimistisch.

Gerade saß Ray Schlee über einem besonders kniffligen Projekt: Abgeschirmt von jeglicher Außenwelt, baute er in der einsamen Zelle seiner neonbeleuchteten Abgeschiedenheit auf einem alten Montagetisch wieder das zusammen, was vor 95 Jahren die legendären Gründer der Company als erstes Modell geschaffen hatten – die sagenumwobene Nummer Eins. Jedes auch noch so kleinste Detail wurde exakt beschrieben, fotografiert, gelistet und sorgfältigst aufbewahrt.

Was jemals davon aus Gründen einer maschinellen Überarbeitung – die Ray im innersten Archivbereich nicht durchführen kann – den Bunker verlassen muß, durchläuft unzählige Checks und Gegenchecks und wird von einem ganzen Stab von Sicherheitsleuten bewacht und begleitet.

Eine enorme Menge an Dokumenten, Firmenunterlagen, Konstruktionsplänen, alten Magazinen und Publikationen, Fotos und Korrespondenz, in zum Teil noch unerschlossenen Aktenschränken, lagerten um uns herum. Wir waren wie erschlagen von der geballten Fülle dieses unersetzlichen Materials.

Wo immer Marty eine Schublade aufzog oder eine Schranktür öffnete, manifestierten sich Schicksale, Entscheidungen, Erfolge und Niederlagen, Fakten und Daten – längst verschüttete Episoden wurden wieder zum Leben erweckt ...

1997 zog das gesamte Archiv in die freigewordenen Räume des gegenüberliegenden Firmenhauptquartiers um. Der „Bunker“ ist nun selbst Vergangenheit geworden!

Eine Schatztruhe wird geöffnet.

Marty Rosenblum zeigt einen Metall-Härtegrad-Tester aus frühen Jahren.

Heute schon Geschichte: die noch im Bunker eingelagerte Werkssammlung.

Das Foto entstand mit der freundlichen Genehmigung von Harley-Davidson.

Das unglaubliche Archiv II

Ein rollender Reliquienschrein in Schwarz-Orange

Der Museums-Truck auf Ausstellungstour.

Lange Zeit konnte man den Eindruck gewinnen, daß die glorreiche Firmenhistorie und Modellgeschichte eher lästige Überbleibsel aus einer Zeit waren, an die man sich besser nicht erinnert. Ziemlich lieblos wurden Archive, Unterlagen, Prototypen und Modelle irgendwo ein- oder ausgelagert und nach Möglichkeit vergessen. Dabei war bereits in den 20er Jahren ein Company Museum gegründet worden, in dem einige Exemplare aus der Produktion der Firma sowie einige Prototypen aufbewahrt wurden. Ausgefallene Stücke kaufte man laufend von Händlern und Privatleuten dazu. Diese Sammlung wurde später die Grundlage für das Museum in York, das im Auftrag von AMF zu Ehren ihres Harley-begeisterten Direktors Rodney C. Gott im Juni 1977 als Vorbau des Yorkschen Montagewerks vom damaligen Harley-Davidson-Präsidenten John Davidson eröffnet wurde – eine permanente Attraktion für alle Besucher.

Das Yorker Harley-Davidson-Museum, in dem natürlich nur ein kleiner Teil der im Firmenarchiv gelagerten Schätze gezeigt werden kann, besteht aus sechs Themenbereichen: Zunächst empfängt den Besucher der Trophy Room, wo alle Preise, Trophäen und Ehrenurkunden ab 1906 ausgestellt sind. Dann folgt die Historic Collection mit den wichtigsten Modellen aus der Firmengeschichte. Eine eigene Abteilung ist dem Thema Organisations and Public Service gewidmet, in der Polizei- und Militärmaschinen zu sehen sind. Die Konstruktionsabteilung zeigt technische Entwicklungen und Modelle. „Proud Owners“ (stolze Besitzer) präsentieren ihre schönsten und seltsamsten Harleys aus allen Jahrzehnten in einer weiteren Abteilung. Den Schluß bilden im Bereich „Heritage of Winning“ die erfolgreichsten Sportmodelle und die bestaunenswerten Bilder ihrer Triumphe und Fahrer.

Seit 1988 werden Teile dieses Museums zeitweilig ausgelagert und auf die Straße verlegt: Ein umgebauter Peterbilt-Sattelschlepper bringt eine Sammlung von Exponaten zu den großen Harley-Davidson-Veranstaltungen. Das schwarz-orange Ungetüm wird dann vor Ort zum Reliquienschrein und nennt sich Travelling Museum oder auch Time Machine. Es wurde zunächst von ITT, einem Finanzpartner von Harley-Davidson, gesponsert. Sechs speziell ausgebildete Fahrer aus der Harley-Davidson Transportation Division kümmern sich um das klimatisierte, fast 20 m lange rollende Museum, das vom Harley-Archiv eingerichtet wurde. Die einmalige Attraktion steht jedem Besucher kostenlos zur Verfügung, aber Spenden zugunsten der Muscular-Distrophy-Organisation werden gerne angenommen ...

In einer der wechselnden Ausstellungen wurden auch berühmte Rennmaschinen gezeigt: hier eine Bahnmaschine und die Rekord-Knucklehead von Joe Petrali (Bild rechts).

Das Firmenmuseum in York zeigt in sorgfältiger Themenauswahl einen Abriß über die Firmen- und Produktionsgeschichte:
Oben ein Display der 20er Jahre, unten eines aus der Zeit des Zweiten Weltkriegs.

Die Zukunft von Harley-Davidson

Mit einem bewährten Partner die Zukunft bestreiten

Was haben Porsche und Harley-Davidson gemeinsam? Nichts, werden viele spontan sagen. – Doch je länger die Frage im Raum steht, desto mehr manifestieren sich Parallelen. Schließlich pflegen beide Marken die Tradition und wecken Emotionen. Nach reiflicher Überlegung wird die gemeinsame Basis deutlich: Beide bauen luftgekühlte Motoren, die den Charakter der Maschine ausmachen. Harley-Davidson und Porsche bauen die letzten luftgekühlten Dinosaurier.

Auch wenn eine Harley zum Cruisen gedacht ist und der Porsche für eine deutlich sportlichere Gangart – die Motoren als Herzstück beider trugen und tragen maßgeblich zum Mythos der Hersteller bei. Seit 1909 baut Harley-Davidson den legendären langhubigen Motor, der zwei in V-Form (45 Grad) angeordnete Zylinder hat und dessen Pleuel auf einem Hubzapfen „laufen". Durch dieses gleichzeitige Zünden der Kolben findet praktisch kein Massenausgleich statt, und die Triebwerke geben ihre Arbeit durch das charakteristische Schütteln kund und erfreuen durch ihren unvergeßlichen Klang, der mit dem menschlichen Herzschlag zu vergleichen ist: „Dabum, Dabum".

Die Mitbewerber, die den Hubraumumfang auf sechs Zylinder verteilt haben, haben ihren Teil zu dem einmaligen Charakter von Harley-Davidson-Motorrädern beigetragen. Die Zahl sechs – die Anzahl der Zylinder in Boxeranordnung betreffend – ist für Porsches Jahrhundertsportwagen 911 (Ergebnis einer Umfrage unter 15 international renommierten Auto-Journalisten in der französischen Fachzeitschrift *Sport Auto*) seit 1963 heilig. Hinzu kommt, daß es sich ebenfalls um ein luftgekühltes Triebwerk handelt, das sich akustisch durch ein unvergleichliches „Bellen" hervorhebt. Der Sound beider Fahrzeuge ist so charakteristisch, daß jeder, der nur etwas Benzin im Blut hat, sowohl eine Harley-Davidson als auch einen Porsche 911 sofort am Klang erkennt. Und das – darauf legen sowohl Porsche als auch Harley-Davidson großen Wert – soll auch in Zukunft so bleiben.

Auch das immer akuter werdende Thema Katalysatoren ist für Harley-Davidson kein Neuland mehr. Die Motorräder für den österreichischen Markt beispielsweise werden bereits mit einem ungeregelten Katalysator ausgestattet, der vor dem Endtopf sitzt. Die zur Ab-

gasminimierung ebenso notwendige Einspritzung ist für alle E-Glide-Modelle gegen 1.500 DM Aufpreis auch in Deutschland zu haben. Sie verbessert den Kaltstart und optimiert den Drehmomentverlauf.

Inzwischen haben Harley-Davidson und Porsche ein Joint-Venture geschlossen. Gegenstand des Gemeinschaftsunternehmens ist die Produktion von Komponenten für neue Motorradmodelle von Harley-Davidson. Wie der Sportwagenhersteller mitteilte, wird die Produktion auf dem Gelände einer der amerikanischen Harley-Fabriken erfolgen. Die Kapitaleinlage beider Partner wird voraussichtlich jeweils knapp 10 Mio. Dollar betragen.

Die Entwicklung und der Prototypenbau der neuen Modelle sollen in enger Kooperation der beiden Firmen ablaufen und bis zum einwandfreien Serienanlauf wird sicher noch viel Arbeit von beiden Seiten notwendig sein. Aber beide Partner sind sehr zufrieden mit dieser Verbindung und blicken optimistisch in die Zukunft.

Detaillierte Produktionsentscheidungen wird man aber erst im Laufe der Zusammenarbeit treffen. Die Company hat jede Menge Möglichkeiten. 1998 hat Harley-Davidson in Kansas City, Missouri, eine neue Fabrik mit 3.000 m^2 Produktionsfläche eröffnet. Im Januar 1998 rollte dort die erste Sportster-Maschine vom Band; die gesamte Endmontage der Sportster-Serie wird dort vorgenommen. Ebenfalls 1998 wurde das neue Forschungs- und Entwicklungszentrum von Buell mit knapp 4.000 m^2 fertiggestellt.

Die Eröffnung eines eigenen Entwicklungs-Centers in Milwaukee am 8. Juli 1997 zeigt deutlich das Vertrauen der Company in die Zukunft. Dieses Product Development Center (PDC) verfügt über die modernsten Meß- und Prüfanlagen und hält das Equipment stets auf dem neusten Stand. Harley hat noch viel vor.

Seit dem Frühjahr 1997 sind die beiden Partner auch auf einem anderen Gebiet verbunden: der erste Porsche/Harley-Davidson-Club wurde gegründet. Das Harley-Fieber griff auf Porsche-Mitarbeiter über, die diesen Club ins Leben riefen. Vorsitzender ist der Gesamtbetriebsrats-Vorsitzende Franz Steinbeck. Somit steht interessanten Meetings auf dem Werksgelände nichts mehr im Wege. T. A.

Die neue Generation

Der 88 Kubikinch Twin-Cam-Motor

Wieder einmal ist es Harley-Davidson gelungen, den immer rigoroseren, neuen behördlichen Auflagen ein Schnippchen zu schlagen und dem geliebten luftgekühlten 45 Grad V-Twin-Motor eine weitere Runde des Überlebens zu sichern.

Der neue Twin-Cam-Motor hat jetzt 88 Kubikinch (1.449 ccm) bei 95,3 mm Bohrung und 101,6 mm Hub, eine Verdichtung von 8,8 : 1 und entwickelt etwa 50 KW bei 5.400 U/min. Sowohl äußerlich wie innerlich ist der in Milwaukee entwickelte Motor neu gestaltet: Zylinder und Köpfe sind stärker verrippt, die Ventildeckel sind neu, im Motorblock liegen jetzt zwei getrennte Nockenwellen, und die integrierten Stößelgehäuse wurden ins Innere verlegt – wie auch die neue, verstärkte Ölpumpe. Es gibt einen neuen Vergaser und eine elektronische Zündung ebenso wie eine neue Benzineinspritzung (ESPFI-System), letztere mit einer etwas höheren Leistung als die vorhergehende Version.

Folgende Modelle der 1999er Serie werden mit diesem Motor ausgerüstet: FXDX Dyna Super Glide Sport, FXD Dyna Super Glide, FXDWG Dyna Wide Glide, FXDL Dyna Glide Low Rider, FLTRT Road Glide Injection (ESPFI), FLHRCI Electra Glide Road King Classic (ESPFI), FLHR Electra Glide Road King und FLHT Electra Glide Standard.

Die Zukunft

Eine Herausforderung

Die Zukunft – natürlich, dieses Kapitel muß immer wieder neu geschrieben werden, und da wir nicht in die Zukunft blicken können, bleibt es auch immer gleich spannend. Aber Industriemanager, die heute entwickeln, was erst Jahre später erfolgreich verkauft werden soll, müssen versierte Vorausdenker sein, denn Entscheidungen für falsche Produkte, die zum falschen Zeitpunkt auf den Markt kommen, sind in jedem Fall fatal. Das trifft vor allem auf ein Motorrad zu, das wie kein anderes von seinem legendären Mythos zehrt. Für Harley sprechen die legendäre Beliebtheit und das unverändert klassische Design, dagegen technische Auflagen, die stets am aktuellen Stand der Technik gemessen werden, und immer strengere Umweltschutzbestimmungen. Viele Experimente kann sich Harley nicht leisten, aber der geglückte Einstieg bei Buell zeigt, daß es durchaus noch große, neue Käuferschichten gibt, die eine Harley-Davidson nicht unbedingt wegen ihres nostalgischen Highway-Dampfer-Looks kaufen. Werden die Harley-Kunden ihrer Marke treu bleiben? Werden sie sich mit neuen Techniken anfreunden? Die Investitionen der letzten Jahre lassen Harley keine Wahl – die Company muß expandieren. Wird der Mythos kräftig genug sein, veränderte Wirtschafts- und Absatzmarktstrukturen zu verkraften und die Legende am Leben zu erhalten? Wir werden sehen ...

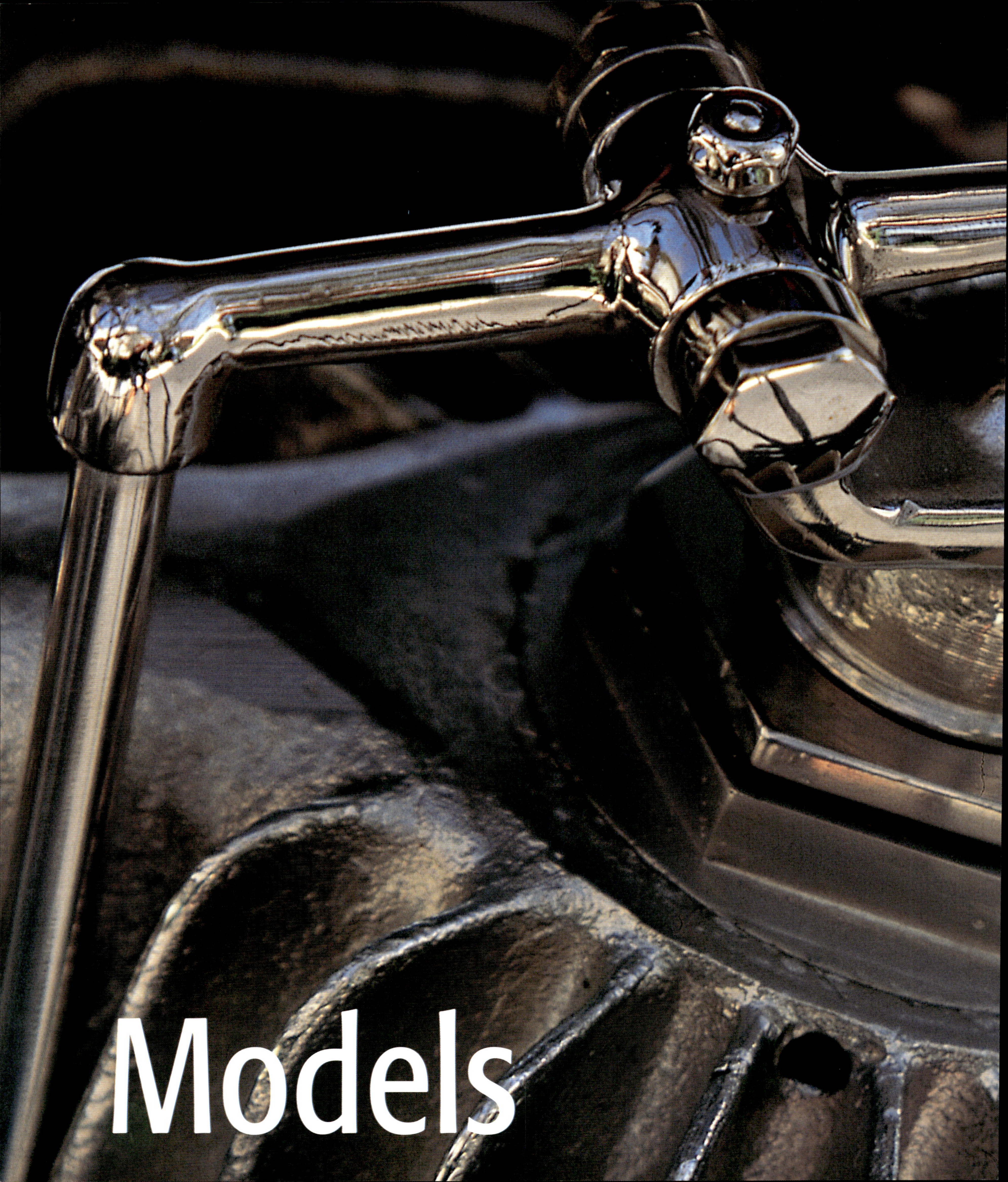

Models

Die geheimnisvolle Nummer Eins

Lange Zeit fristete sie ein relativ unbeachtetes Dasein, wurde ab und zu symbolträchtig abgestaubt und vorgeführt, von Standort zu Standort verfrachtet und präsentierte zuletzt etwa 20 Jahre lang ihre schweigende Existenz in einer Glasvitrine in der Ecke des Empfangsraumes des Firmenhauptquartiers an der Juneau Avenue. Auf ihrem vorderen Schutzblech trug sie eine Art Nummernschild mit der zweideutigen Jahreszahl 1903–1904, womit sie sich als das wohl älteste Modell aus den legendären Jahren der Firmengründung auswies, aber so ganz genau wußte es keiner. Niemand konnte ihre Existenz gänzlich zurückverfolgen oder sich erinnern. Der Harley-Historiker Marty Rosenblum, dem diese ungereimten Fakten keine Ruhe ließen, vergrub sich in einen Wust schon fast vergilbter Firmenakten, aber die ganze Sache wurde nur noch mysteriöser.

Fast jeder Hinweis führte auf eine falsche Spur oder in eine Sackgasse. Entweder war es eine Maschine, die für Harley-Davidson selbst gebaut worden und gar nicht für die Serienproduktion vorgesehen war, oder es war das Motorrad eines gewissen Herrn Meyer, das durch verschiedene Hände gegangen war und etliche 10.000 Meilen gelaufen hatte, bevor es wieder an die Firma zurückgegeben wurde.

Als Marty Rosenblum und sein Restaurator Ray „Chicago Ray" Schlee das Fahrzeug jedoch eingehender untersuchten, ergaben sich neue Fragen. Die Lackierung konnte nicht original sein, Zierstreifen und Logos gab es nicht vor 1908, der Rahmen war nicht aus dem Jahr 1903, und schließlich entdeckten sie, daß sich in den Reifen, die ständig platt waren, keine Schläuche befanden. Zusammen mit der Firmenleitung kam man schließlich zu der Überzeugung, daß nur eine völlige Zerlegung des geheimnisumwitterten Modells endgültige Klarheit schaffen konnte, und Ray Schlee begann mit dem „Traumjob". Es sollte fast ein Alptraum-Job werden. Und es gab erstaunliche und überraschende Entdeckungen. Der Autor hatte das große Glück, zu den wenigen Privilegierten zu gehören, die den Augenblick miterleben durften, als Chicago Ray im innersten Top-Secret-Bereich des hermetisch abgesicherten „Bunkers" (hier befand sich damals noch das Firmenarchiv) den in alle Einzelteile zerlegten Motor begutachtete. Marty nannte es die „Wiedergeburt einer Seele", und alle waren zutiefst bewegt. Irgendwie hatte man das Gefühl, als würden die Geister von Bill Harley und der drei Brüder Davidson einem über die Schulter sehen und jenen Motor betrachten, den sie einmal mit soviel Hoffnungen zusammengesetzt hatten.

Es war tatsächlich der erste von Harley-Davidson produzierte Motor. Die auf der Kurbelwelle sichtbare Nummer „1" beweist es. Wer mochte sie damals mit welchen Gefühlen eingeschlagen haben?

Aber dieser Motor gehörte zu keinem der beiden anderen, für den Verkauf bestimmten Motorrädern dieses Jahrgangs. Es handelte sich um einen Prototyp mit größerem Kubikvolumen, der offensichtlich als firmeneigene Wettbewerbs- bzw. Rennmaschine gebaut worden war und sich demnach immer im Besitz der Firma befunden hatte. Nach

Die Nummer Eins – nach der Restaurierung wieder in ihrem ursprünglichen Zustand.

Der erste original Harley-Schriftzug erscheint nur auf der linken Seite des piano-schwarzen Tanks.

Alle Fotos dieser beiden Seiten entstanden mit freundlicher Genehmigung des Harley-Davidson-Archivs.

Stunde der Wahrheit: Die Nummer Eins gibt ihr Geheimnis preis.

neuesten Erkenntnissen wurde das Fahrzeug in seinen frühen Jahren jedoch mehrere Male verändert oder abgeändert, und zumindest sein derzeitiger Rahmen ist eine Kombination des 1905er und 1906er Typs. Aber erst 1915 findet sich wieder eine verfolgbare Spur der ersten Harley: Anläßlich der damaligen Panama-Pacific-Ausstellung in San Franciso wurde die gute alte Number One als Ergänzung zur ausgestellten Modellpalette benötigt und anscheinend in aller Eile provisorisch „zivilisiert", wie Marty Rosenblum es nennt. Sie bekam Schutzbleche und allerlei zusätzliche Teile, welche die wahrscheinlich fehlenden ersetzten. Warum das mit diesem reichlich veralteten Motorrad geschah, bleibt ein Rätsel – offensichtlich hatte die Company kein anderes historisches Modell zur Hand. 1914 baute Harley-Davidson bereits 3.000 Einzylinder, von denen die meisten schon Kettenantrieb und einen ausgereiften IOE-Motor besaßen. Immerhin beschlossen danach die Firmeninhaber, zukünftig eine Sammlung anzulegen, und legten damit den Grundstock für eine heute unvergleichliche historische Kollektion.

Die Number One wurde dann während der AMF-Zeit nochmals – wenn auch nicht sehr professionell – repariert und restauriert und zunächst im Yorker Museum, danach im Firmenhauptquartier in Milwaukee ausgestellt. Heute ist sie – dank historischer Forschung und der peniblen Arbeit von Ray Schlee und dem Spezialisten für historische Lackierungen, John Rank – wieder in ihren originalen Zustand zurückversetzt.

Ray Schlee bei der letzten Überprüfung der fertig restaurierten Nummer Eins.

Die Produktion beginnt – erste Modelle Die Einzylinder von 1903 bis 1905

In diesem ersten Serienmodell wurde der neue, verbesserte Motortyp statt des kleinen, 1901 entworfenen De-Dion-Nachbaus (mit 167ccm und 54x73 Bohrung/Hub) eingebaut. Er hatte nunmehr 405ccm (bei 76x89 Bohrung/Hub) und eine doppelt so große Schwungscheibe mit 24,9cm Durchmesser. Für diesen wesentlich stärkeren Motor entwarf Bill Harley auch einen neuen, robusteren Schleifenrahmen. Die Vordergabel war eine ebenfalls verstärkte Fahrradgabel, die einzig federnden Teile waren Sattel und Reifen. Das Gas wurde durch eine Gestängekombination zwischen Lenker, Rahmen und Vergaser reguliert. Der Vergaser war eine eigene Ent- wicklung und ließ sich verstellen. Die Ölversorgung arbeitete als Verlustschmierung, und der Öltank befand sich auf dem mittleren Rahmenrohr über dem Benzintank. Der direkte Riemenantrieb war nachspannbar. Auf der rechten Außenseite des großen, stabilen Kurbelgegehäuses war auf der außenliegenden Nockenwelle (für die Betätigung des Auslaßventils) auch der Zündunterbrecher montiert. Das Werkzeug war – wie bei Fahrrädern üblich – in einem kleinen dreieckigen Behälter im oberen Teil des hinteren Rahmendreiecks unter dem Sattel verstaut.

1903 wurden drei Stück gebaut – davon zwei Produktionsmodelle –, 1903/1904 waren es vier, und wahrscheinlich wurden alle verkauft. Der Verbleib eines der 1904er Modelle ist nachverfolgbar: Ein gewisser Mr. Meyor (oder Meyer) verkaufte es mit fast 10.000km an George Lyon, der es dann mit rund 34.000km an einen Dr. Webster weiterverkaufte. Danach ging die Harley in den Besitz von Louis Fluke über und wurde schließlich von George Sparrow erworben, der sie mit angeblichen 160.000km in den Ruhestand schickte. Eine erstaunliche Leistung, mit der die Company auch kräftig geworben hat.

Typ:	**F-Head Single**
Modell:	**Einzylinder**
Baujahr:	1903–1905
Motor:	luftgek. Einzylinder Viertakt IOE mit Schnüffelventil
Hubraum:	405,20 ccm (24,74 cui)
Bohrung/Hub:	76,20 x 88,9 mm
Vergaser:	22 mm Ø H-D
Primärantrieb:	Direktantrieb
Sekundärantrieb:	Lederriemen
Getriebe:	keines
Batterie:	6 V/Verlustabgabe (keine Nachladung)
Zündung:	Batterie-Spulenzündung
Rahmen:	Einschleifen-Stahlrohr
Bremsen vorne:	keine
Bremsen hinten:	Freilaufbremse
Federung:	keine (gefederter Sattel)
Radstand:	1.295 mm
Gewicht:	81 kg
Tankinhalt:	5,7 l
Ölvolumen:	n.a.
Bereifung:	2.5 x 28
PS:	3
Höchstgeschw.:	56 km/h
Preis:	$ 200
Modellvarianten:	in Piano-Schwarz

Erstes Werbefoto der Modellreihe 1903 bis 1905.

Die Einzylinder 1906 und 1907

Das Motorvolumen wurde durch eine auf 79,4mm erweiterte Bohrung auf 440ccm vergrößert, was ein beachtliches PS mehr brachte. Der Motor war jetzt mit einer Vierpunktbefestigung auch oben am Rahmen verankert. Das Gasgestänge wurde durch ein verbessertes Drehgriff-Kettenzugsystem abgelöst.
1907 wurde erstmalig die Springer-Vordergabel eingebaut, die William Harley vor kurzem von Sager gekauft hatte. Dieses System wurde für die nächsten 46 Jahre beibehalten.
Auf freier Strecke konnte der Pilot eine Auspuffklappe öffnen, was die Leistung noch ein wenig erhöhte. Die 1906 vorgestellte Lackierung (die ersten Prospekte erschienen 1907) in vornehmem Renault-Grau oder Schwarz gaben den Einzylinder-Harleys bald den von der Werbung kreierten Kosenamen „The Silent Grey Fellow“ (etwa: der leise, graue Kamerad). 1906 wurden 50, 1907 bereits 152 Stück gebaut und alle problemlos verkauft.

Typ:	**F-Head Single Silent Grey Fellow**
Modell:	**1908: 4**
Baujahr:	1906–1908
Motor:	luftgek. Einzylinder Viertakt IOE mit Schnüffelventil
Hubraum:	439,9 ccm (26,8 cui)
Bohrung/Hub:	79,4 x 88,9 mm
Vergaser:	Schebler
Primärantrieb:	Direktantrieb
Sekundärantrieb:	Lederriemen
Getriebe:	keines
Batterie:	6-V-Trockenbatterie
Zündung:	Batterie-Spulenzündung
Rahmen:	Einschleifen-Stahlrohr
Bremsen vorne:	keine
Brermsen hinten:	Freilaufbremse
Federung vorne:	Schwingengabel mit Doppelfedern
Federung hinten:	keine
Radstand:	1.295 mm
Gewicht:	84 kg
Tankinhalt:	5,7 l
Ölvolumen:	1,9 l
Bereifung:	2.5 x 28
PS:	4
Höchstgeschw.:	64 km/h
Preis:	$ 210
Modellvarianten:	in Schwarz oder Renault-Grau

Juwel unter Glas:
Eines der ersten Modelle in der Lobby des Harley-Davidson-Headquarters an der Juneau Avenue.

Das Foto entstand mit freundlicher Genehmigung des Harley-Davidson-Archivs.

Standesgemäße Ausfahrt im Korbgeflecht-Seitenwagen.

Die Einzylinder von 1908 und 1909

Nach dem 440 ccm (26,8 Kubikinch) Modell 4, von dem 450 Stück im Jahr 1908 gebaut wurden, erschien 1909 das neue Modell 5 mit einem auf 494 ccm (30,17 Kubikinch) vergrößerten Motor, verstärkter Springer-Gabel, verlängertem Radstand, mit Batterie-Spulenzündung oder mit der neuen Magnetzündung. Je nach Größe des Harley-Fahrers konnten wahlweise statt der 28-Zoll-Räder nunmehr auch 26-Zoll-Räder bestellt werden.

Dieses Modell war so zuverlässig – Walter Davidson gewann 1908 mit einem Modell 4 die Catskill-Mountain-Zuverlässigkeitsfahrt – und verkaufte sich so gut, daß der schon fast legendäre Silent Grey Fellow in ganz Amerika populär wurde. Hilfreich war zudem, daß der Preis für das Standard-Modell mit Batteriezündung konsequent auf 210 Dollar gehalten wurde. Für die Modelle mit Magnetzündung mußte man 40 Dollar mehr bezahlen.

Der batteriegetriebene Einzylinder in Renault-Grau mit dem von Tante Janet entworfenen Schriftzug auf dem Tank.

Typ:	**F-Head Single Silent Grey Fellow**
Modell:	**5/6**
Baujahr:	1909–1910
Motor:	luftgek. Einzylinder Viertakt IOE mit Schnüffelventil
Hubraum:	494,05 ccm (30,17 cui)
Bohrung/Hub:	84,14 x 88,90 mm
Vergaser:	Schebler
Primärantrieb:	Direktantrieb
Sekundärantrieb:	Lederriemen
Getriebe:	keines
Batterie:	6-V-Trockenbatterie
Zündung:	Batterie- oder Magnetzündung
Rahmen:	Einschleifen-Stahlrohr
Bremsen vorne:	keine
Bremsen hinten:	Freilaufbremse
Federung vorne:	Schwingengabel mit Doppelfedern
Federung hinten:	keine
Radstand:	1.435 mm
Gewicht:	107 kg
Tankinhalt:	5,7 l
Ölvolumen:	1,9 l
Bereifung:	2.5 x 28 (5B/5C: 2.5 x 26)
PS:	4,3
Höchstgeschw.:	72 km/h
Preis:	$ 210 Batteriezündung $ 250 Magnetzündung
Modellvarianten:	5/6: Batteriezündung, 28" Räder 5A/6A: Magnetzündung, 28" Räder 5B/6B: Batteriezündung, 26" Räder 5C/6C: Magnetzündung, 26" Räder 6E: Serien-Rennmodell mit 30 cui ($ 275)

Die Gaszufuhr wurde am rechten Griff mittels eines daumenbetätigten Hebels über diverse Umlenkungen geregelt. Die restlichen Tankarmaturen betätigen Auspuffklappe und Zündverstellung. Die neue Sager-Cushion Springer-Gabel wurde ab 1907 verwendet.

Alle Fotos dieser beiden Seiten entstanden mit freundlicher Genehmigung des Harley-Davidson-Archivs.

Produktionszahlen 1909

864 Stk.	Modell 5	(Batteriezündung, 28" Rad)
54 Stk.	Modell 5A	(Magnetzündung, 28" Rad)
168 Stk.	Modell 5B	(Batteriezündung, 26" Rad)
36 Stk.	Modell 5C	(Magnetzündung, 26" Rad)

Immer noch der alte Harley-Vergaser.

Die Einzylinder von 1910 bis 1913

Die Harley-Modelle von 1910 (Modell 6) und 1911 (Modell 7) waren mit ihrem 494-ccm-Motor und dem automatischen Einlaßventil, auch „Schnüffelventil" genannt, nahezu identisch.
Erst im Jahr 1912 brachte Harley-Davidson eine wesentliche Verbesserung für das neue Modell 8 heraus. Der Motor bekam eine zusätzliche von Hand betriebene Ölpumpe. Die wichtigste Neuerung aber war eine von William Harley und Henry Melk genial konstruierte und außerordentlich wirksame in die Hinterradnabe integrierte Kupplung. Sie nannte sich Free Wheel Control und wurde über einen Handhebel an der linken Tankseite betätigt. Für sie stand das X in der Modellbezeichnung. Auch der neue Ful Floteing Seat, der mit einer im Rahmenrohr verankerten innenliegenden 36 cm (14 Zoll) langen Feder ausgestattet war, brachte eine enorme Verbesserung gegenüber den frühen Modellen – die sich zudem als so erfolgreich herausstellte, daß sie bis in die 70er Jahre beibehalten wurde.
Alle Modelle gab es wahlweise entweder mit Batterie- oder Magnetzündung, 26-Zoll- oder 28-Zoll-Rädern. Sowohl Riemen- als auch Kettenantrieb standen zur Auswahl. Der Batteriekasten war jetzt im Rahmen unter dem Sattel angebracht. Ab 1912 produzierte man alle Modelle nur noch in Grau.

Ab 1909 wurden die Einzylinder-Modelle auch mit Magnetzündung ausgerüstet.

Auf einer Swap Meet Anfang der 90er Jahre in Syracuse/New York fand sich diese einmalige „Rostlaube". Verkaufspreis: über 100.000 Dollar.

Mit dem feststellbaren Handhebel konnte der ständig rutschende Riemen nachgespannt werden – eine neu patentierte Rutschkupplung.

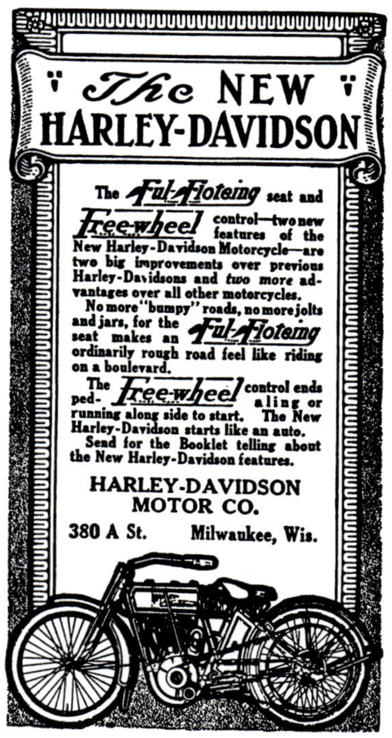

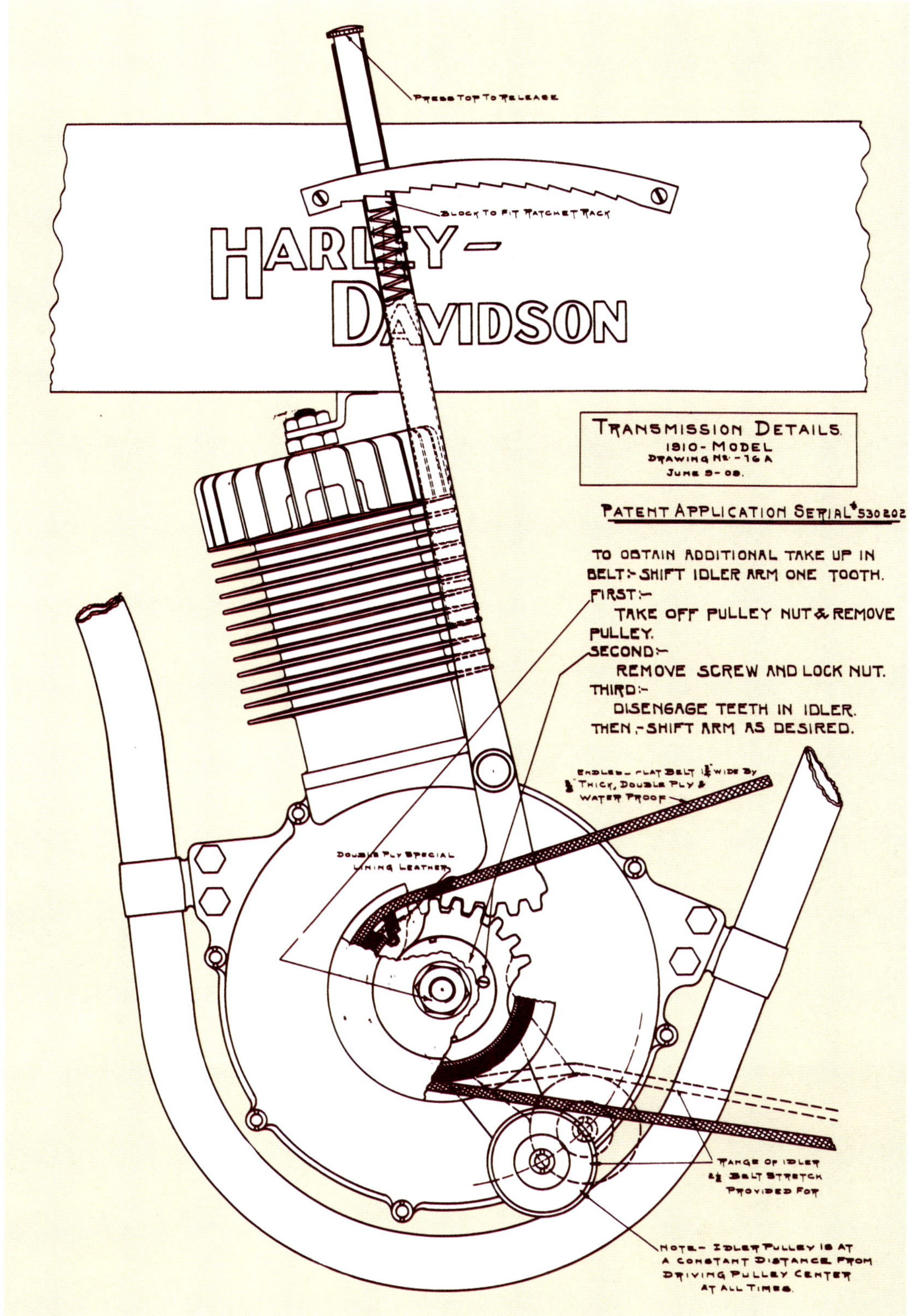

Typ:	**F-Head Single Silent Grey Fellow**
Modell:	**X 8 A**
Baujahr:	1912
Motor:	luftgek. Einzylinder Viertakt IOE mit Schnüffelventil
Hubraum:	522 ccm
Bohrung/Hub:	89 x 84 mm
Vergaser:	Schebler
Primärantrieb:	Direktantrieb
Sekundärantrieb:	Riemen oder Kette
Getriebe:	Free Wheel Control
Zündung:	Bosch-Magnetzündung
Rahmen:	Einschleifen-Stahlrohr
Bremsen vorne:	keine
Bremsen hinten:	Freilaufbremse
Federung vorne:	Schwingengabel, Doppelfeder
Federung hinten:	keine
Radstand:	1.435 mm
Gewicht:	111 kg
Tankinhalt:	9,5 l
Ölvolumen:	3,8 l
Bereifung:	2.5 x 28
PS:	4,3
Höchstgeschw.:	80 km/h
Preis:	$ 225

Modellvarianten, Preise und Produktionszahlen

1910		
Modell 6		
(Batteriezündung, 28" Rad)	$ 210	2.302 Stk.
Modell 6A		
(Magnetzündung, 28" Rad)	$ 250	334 Stk.
Modell 6B		
(Batteriezündung, 26" Rad)	$ 210	443 Stk.
Modell 6C		
(Magnetzündung, 26" Rad)	$ 250	88 Stk.
1911		
Modell 7		
(Batteriezündung, 28" Rad)	$ 225	2.302 Stk.
Modell 7A		
(Magnetzündung, 28" Rad)	$ 250	334 Stk.
Modell 7B		
(Batteriezündung, 26" Rad)	$ 225	443 Stk.
Modell 7C		
(Magnetzündung, 26" Rad)	$ 250	88 Stk.
1912		
Modell 8		
(Batteriezündung)	$ 200	
Modell X8		
(Batteriezündung und Hinterradnabenkupplung)	$ 210	
Modell 8A		
(Magnetzündung)	$ 225	
Modell X8A		
(Magnetzündung und Hinterradnabenkupplung)	$ 235	

Der neue Schebler-Vergaser.

Alte Liebe rostet nicht – einer Harley zum 82sten

Ja, was kommt denn da? Ein seltsames Gefährt, ratternd und hustend, der Fahrer leicht vornübergebeugt über Schlaglöcher hopsend und heftig in die Pedale tretend, wo es ein wenig bergauf geht. Ein Fahrrad mit Hilfsmotor? Hört sich eigentlich nicht so an. Das Ding hält neben mir, rüttelt puffend und rasselnd vor sich hin, der, der drauf sitzt, grinst staubüberkrustet zu mir rüber: „Hallo!"
Es ist Jeff, besser gesagt „Indian Jeff", bürgerlich Jeff McGeary, von Beruf Motorradrestaurateur und Universalgenie. Vier Tage hat er gebraucht von Seattle, Kanada, bis er hier war, zum Biker-Treffen in Sturgis, South Dakota, dieses Jahr zum 21. Mal – und wieder mal auf seinem treuen Silent Grey Fellow.
Ich glaub, ich bin im falschen Film – das Ding ist eine Harley Single 1912 und gehört normalerweise hinter Panzerglas ins Museum.
„Nö", sagt Jeff, „es gehört dahin, wofür es gebaut wurde, damals vor 82 Jahren, in Milwaukee – auf die Straße!"
Übrigens: ein Unfallbike. Sein erster Besitzer wurde bei einem Crash getötet, die Spuren sind heute noch sichtbar. Die Mutter wollte das Gerät danach nicht mehr sehen, versteckte und verkaufte es schließlich. Irgendwann hat der Motor auch Fremdarbeit verrichten müssen und wurde zum Holzsägen mißbraucht. Über und über mit ölverklebtem Sägemehl verkleistert, hat Jeff das Bike von einem guten Freund erworben. Willie G. wollte es auch haben. 1950 ist es zum letzten Mal gefahren worden. Aber jetzt ist es wieder „on the road". Alles, was Jeff nach einer gründlichen Säuberung dafür brauchte, waren neue Kolbenringe und ein Unterbrecherkontakt. Was er denn auf dem Gepäckträger (er montiert ihn immer schamhaft wieder ab, weil er nicht original dazugehört) unterwegs so dabei hat, frage ich ihn. Na, die Standardausrüstung für Motorradtouren halt: Schlafsack und Zahnbürste. Aber so ganz einsam ist Jeff natürlich nie. Viele Freunde fahren mit ihm, vor allem die großen Entfernungen. Man kann ja die kostbare Antiquität nicht allein lassen, nicht wahr? Quatsch, sagt Jeff – die Harley sei robust und zuverlässig wie immer, macht mit ihren bescheidenen 4,34PS flotte 80km/h, wenn's geradeaus (na, sagen wir mal, leicht bergab) geht.Jeff schläft auch schon mal im Straßengraben neben seinem historischen Stahlkamerad, wenn das Geld nicht mehr langt. Ansonsten ein sparsames Reiseabenteuer: Jede Art von Benzin tut es, 80 Meilen kommt Jeff mit einer Gallone! 1.800 Umdrehungen schafft der 500-ccm-Dampfhammer bei Full Speed, das meistert auch der Bosch-Magnet (US-Produktion aus New York) gerade noch. Fürs Licht reicht er nicht, da braucht es eine gute alte Azetylen-Lampe. Nur beim Öl muß Jeff aufpassen – das spritzt einfach so raus, Verlustschmierung nennt man das. 1.000 bis 1.500 Meilen juckelt Jeff jedes Jahr mit seiner braven Harley herum. Und immer hat sie ihn sicher wieder nach Hause gebracht. Sagt er. Pannen? Oh ja! Einmal – einen Platten. Böse Sache.

Die Einzylinder von 1913 bis 1918

Drei Jahre nach dem V-Twin-Motor erhielt auch das Einzylindermodell von 1913 (Modell 9), das sich auch „5-35“ nennt (5 PS aus 35 Kubikinch), den wechselgesteuerten Motor mit dem mechanischen Einlaßventil. Für den großvolumigen Langhuber (102 mm Hub) wurde die Magnetzündung im gleichen Jahr Standard. Die Farbe blieb noch das vertraute Renault-Grau, und das Modell war mit Ketten- oder Riemenantrieb zu haben sowie mit 28-Zoll- oder 26-Zoll-Rädern.
Das Modell 10 von 1914 bekam eine ganze Reihe weiterer Neuerungen: ein Step-Starter-System, Kupplungs- und Bremspedal und vor allem ein Zweiganggetriebe. 1915 wurde aus dem Zweigang- ein Dreiganggetriebe und aus dem Step-Starter, der nach vorne getreten wurde, ein echter Kickstarter. Ab dem Jahr 1916 nannte man alle Modelle nach ihren beiden Jahresendzahlen. Ab 1917 wurden die Singles ganz im militärischen Olivgrün lackiert, und ab 1918 bekamen die letzten Einzylinder den leistungsstarken High-Tension-Magneten.

Modellvarianten

1913	Modell 9A (Riemen)	$ 290	1.510 Stk.
	Modell 9B (Kette)	$ 290	4.601 Stk.
1914	Modell 10A (Riemen)	$ 200	316 Stk.
	Modell 10B (Kette)	$ 210	2.034 Stk.
	Modell 10C (Kette u. Zweiganggetriebe)	$ 245	877 Stk.
1915	Modell 11B	$ 200	670 Stk.
	Modell 11C (Zweiganggetriebe)	$ 230	545 Stk.
1916	Modell 16B	$ 215	292 Stk.
	Modell 16C (Dreiganggetriebe)	$ 230	862 Stk.
1917	Modell 17B	$ 215	124 Stk.
	Modell 17C (Dreiganggetriebe)	$ 240	605 Stk.
1918	Modell 18B	$ 235	19 Stk.
	Modell 18C (Dreiganggetriebe)	$ 260	251 Stk.

Typ:	**F-Head Single Silent Grey Fellow**
Modell:	**9A/B „5-35“ (5 PS/35 cui)**
Baujahr:	1913–1918
Motor:	luftgek. Einzylinder Viertakt IOE mit mechanischem Einlaßventil
Hubraum:	565 ccm (35 cui)
Bohrung/Hub:	84,14 x 101,6 mm
Vergaser:	Schebler
Primärantrieb:	Direktantrieb
Sekundärantrieb:	Riemen (9A), Kette (9B)
Getriebe:	ab 1914 Zweigang, ab 1916 Dreigang
Zündung:	Bosch-Magnetzündung
Rahmen:	Einschleifen-Stahlrohr
Bremsen vorne:	keine
Bremsen hinten:	Freilaufbremse
Federung vorne:	Schwingengabel mit Doppelfedern
Federung hinten:	keine
Radstand:	1.435 mm
Gewicht:	143 kg
Tankinhalt:	5,7 l
Ölvolumen:	3,3 l
Bereifung:	2.75 x 28 oder 2.75 x 26 (US Empire oder Goodyear)
PS:	4,5
Höchstgeschw.:	80 km/h
Preis:	$ 290

© Harley-Davidson

6 Horsepower Single Cylinder Single Geared Model 16-B

Zwei frühe Modelle im Originalzustand: 16B/1916 (Bild links) und 11B/1915 (oben) mit Erstzulassungs-Kennzeichen.

Mythos V-Twin

Mythos – das ist etwas Geheimnisvolles. Kann aber eine rein technische Sache ein Geheimnis haben? Da ist etwas Unerklärliches an diesem mächtigen, großvolumigen V-Twin-Motor mit seinen hintereinanderliegenden Zylindern, die im spitzen Winkel von 45 Grad zueinander stehen. Man muß ihn nachhaltigst sehen, hören und vor allem fühlen. Manche Leute sagen, seine Explosionstakte lägen auf derselben Frequenz wie der menschliche Herzschlag.

Das ist etwas, woran die Firmengründer und auch ihre späteren Ingenieure sicher nicht gedacht haben – sie wollten keinen Mythos schaffen, sondern ein robustes, zuverlässiges Motorrad. Aber das kommt dann beim Herumbasteln heraus: eine Weltanschauung und ein mystischer V-Twin, den übrigens kein anderer V-Twin-Hersteller so intensiv in die Herzen seiner Fahrer katapultieren konnte. Bis heute.

Dieses aufregende, polternde Kraftwerk – eigentlich ein Einzylinder-Prinzip, nur auf doppelte Leistung gebracht: zwei dicke Kolben im synchronen Auf und Ab, mal im einen, mal im anderen Zylinder zündend, den jeweiligen explosiven Hammerschlag weitergebend an die Drehbewegung einer gewichtigen Kurbelwelle, zwischen deren beiden massiven Stahlscheiben – der Schwungmasse – die beiden Pleuelstangen auf einem gemeinsamen Kurbelzapfen gelagert sind. Das Gewicht dieser Schwungmasse sorgt auch bei niedrigen Drehzahlen für genügend Drehmoment – den „Wumm aus dem Keller“ – und läßt den Motor rütteln und schütteln und erzeugt diese angenehmen Vibrationen, „Ganzkörpermassage“, wie die Fans es nennen. Dazu der dumpf ballernde Sound aus möglichst langen Auspuffrohren, die den kernigen Baß noch dunkler und satter werden lassen, je länger sie sind, auch wenn das von Gesetzes wegen – um es mal neutral auszudrücken – immer rigoroser bekämpft wird. Harley-Davidson hat sich seinen guten Ton vorsorglich rechtlich schützen lassen. Aber Faszination hin oder Status-Symbol her: Auch der hartgesottenste Biker hat seine sensiblen Bereiche, und der Harley-V-Twin-Motor ist einer davon. Es ist übrigens müßig, darüber zu diskutieren: Entweder „man hat's“, sagen die Genießer – dann braucht es keine Erklärungen, oder „man hat's nicht“ – dann ist jeder Erklärungsversuch leeres Gerede. Also belassen wir es dabei, und dem Mythos bleibt sein beziehungsreiches Geheimnis.

Der IOE V-Twin-Motor: zerlegt, aus dem Jahr 1920, und aus einem Harley-Prospekt des Jahres 1924 als JD in der 1200-ccm-Ausführung (Bild Mitte).

V-Twin im Takt

Position der Kolben beim Zündvorgang

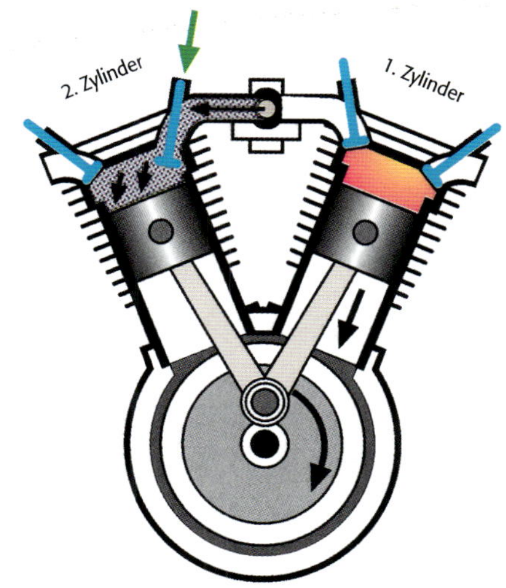

**Nach der Zündung,
beide Kolben sind oben:**

2. Zylinder: Einlaßventil öffnet
Ansaugtakt

1. Zylinder: beide Ventile geschlossen
Arbeitstakt

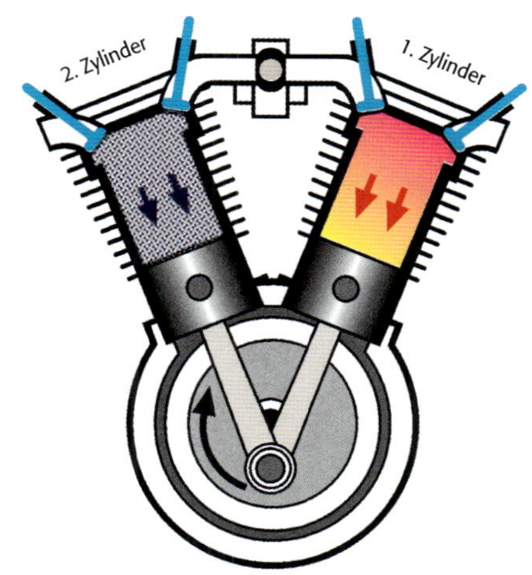

Beide Kolben gehen nach unten:

2. Zylinder: beide Ventile geschlossen
(Verdichtung)

1. Zylinder: beide Ventile geschlossen
Arbeitstakt (Verbrennung)

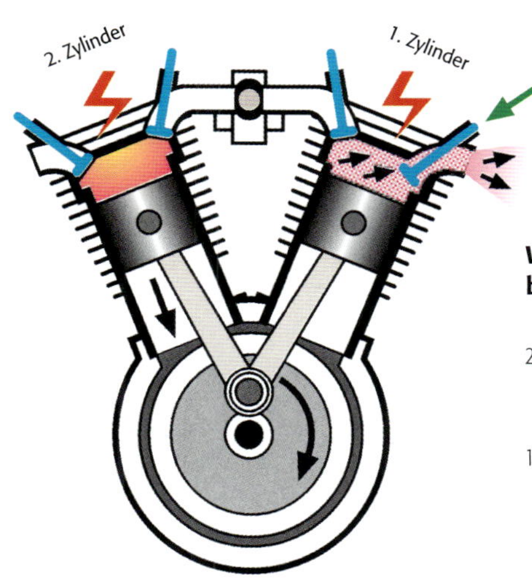

**Während der Zündung,
beide Kolben sind oben:**

2. Zylinder: beide Ventile geschlossen
Arbeitstakt (Zündung)

1. Zylinder: Auslaßventil offen
Auspufftakt (Leerzündung)

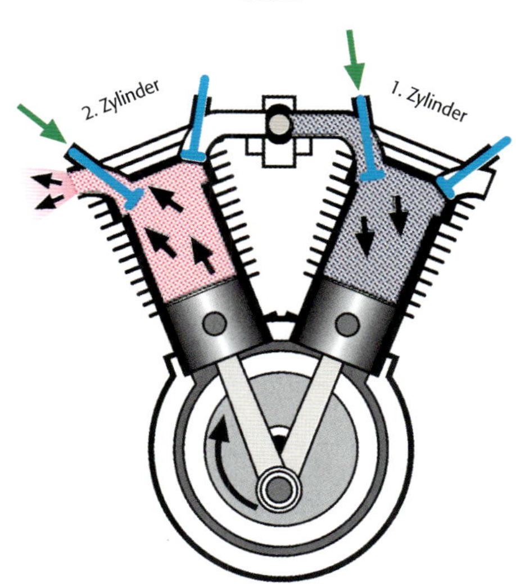

Beide Kolben gehen nach unten:

2. Zylinder: Auslaßventil öffnet
Auspufftakt

1. Zylinder: Einlaßventil offen
Ansaugtakt

1909: Geburtsstunde des Mythos Modell 5 D, der erste V-Twin

Lang erwartet und als große Neuigkeit angekündigt, startete Harley-Davidson 1909 seinen ersten Versuch, ein konkurrenzfähiges Zweizylindermodell auf den Markt zu bringen. Es war der klassische V-Twin mit zwei Pleueln auf einem Kurbelzapfen. Noch war er zum großen Teil aus Komponenten des erfolgreichen Einzylinders zusammengesetzt. Zwar wurden das Kurbelwellengehäuse und seine Lager verstärkt, aber die F-Head-Zylinderköpfe besaßen noch immer das automatische Einlaßventil (Schnüffelventil), das jedoch nun durch die veränderten Druck- und Unterdruckverhältnisse des vergrößerten Kurbelwellengehäuse-Volumens nicht mehr so recht funktionierte. Der 810-ccm-Motor (49,46 Kubikinch) startete schlecht, lief unsauber, und zu allem Ärger rutschte auch noch der Riemen durch die zu schwach ausgelegte Kraftübertragung.
Nachdem 27 Stück gebaut worden waren, stellte Harley die Produktion ein, um sich zunächst der Lösung der anstehenden Probleme zu widmen.

Der kraftvolle, aber noch unausgereifte, horizontal verrippte Zweizylinder-Motor des Modells 5D mit 810,42 ccm (49,46 cui).

Der frühe Schebler-Vergaser, Modell H (links), und die berühmte Auspuffklappe.

Das neue Firmenlogo auf dem Lenkkopf.

Die linke Tankhälfte war für Öl, die rechte für Benzin, rechts oben die Bedienung der zusätzlichen handbetriebenen Ölpumpe.

Typ:	**F-Head V-Twin First Twin**
Modell:	**5D (Double Cylinder)**
Baujahr:	1909
Motor:	luftgek. 45° V-Twin Viertakt IOE mit automatischem Schnüffelventil und waagerecht verrippten Zylindern
Hubraum:	810,42 ccm (49,46 cui)
Bohrung/Hub:	76,20 x 88,9 mm
Vergaser:	Schebler, Modell H
Primärantrieb:	Direktantrieb
Sekundärantrieb:	Riemen
Zündung:	Bosch-Magnetzündung
Rahmen:	Einschleifen-Stahlrohr mit zwei horizontalen Rohren für den zweigeteilten Tank
Bremsen vorne:	keine
Bremsen hinten:	Freilaufbremse
Federung vorne:	Schwingengabel mit Doppelfedern
Federung hinten:	keine
Radstand:	1.435 mm
Tankinhalt:	5,7 l
Ölvolumen:	1,9 l
Bereifung:	2,5 x 28
PS:	7
Höchstgeschw.:	72 km/h
Preis:	$ 325

Modellvarianten:
In Schwarz oder Renault-Grau. Insgesamt wurden nur 27 Stück gebaut, und noch 1909 nahm man das Modell wieder aus dem Verkauf.

Der kraftvolle Motor hatte zwar einen breiten Antriebsriemen, jedoch keine Nachspannvorrichtung.

Alle Fotos dieser beiden Seiten entstanden mit freundlicher Genehmigung des Harley-Davidson-Archivs.

Die großdimensionierte Riemenfelge wurde neben der eigentlichen Felge mit Haltelaschen befestigt.

1911: Der zweite V-Twin, das Modell 7D

Der nächste Versuch mit dem nunmehr rundum aufgebesserten Zweizylindermodell gelang besser. Der neu entwickelte IOE-F-Head-Motor hatte jetzt das über eine Nocke zwangsgesteuerte obenliegende Einlaßventil, die sogenannte Wechselsteuerung (inlet over exhaust). Nach wie vor besaß der neue Motor ein Zylindervolumen von 810 ccm und entwickelte dabei 6,5 PS. Eine verbesserte Riemenspannvorrichtung verhinderte das lästige Durchrutschen, ein verstärkter Rahmen sorgte für mehr Stabilität. Wieviel von der bekannten Gesamtzahl der Jahresproduktion von 1911 (5.625 Stück) jedoch auf das neue Zweizylindermodell entfielen, läßt sich nicht mehr ermitteln. Alle Unterlagen darüber fielen einem Wasserschaden zum Opfer.

(Alle Fotos dieser beiden Seiten, Bes.: Otis Chandler/Vintage Museum of Transportation, Oxnard,CA/USA)

Neu: die verstärkte, vernickelte Kette zum Starten und Bremsen.

Typ:	**F-Head V-Twin Early Twin Silent Grey Fellow**
Modell:	**7D**
Baujahr:	1911
Motor:	luftgek. 45° V-Twin Viertakt IOE mit mechanisch gesteuertem Einlaßventil und senkrecht verrippten Zylindern
Hubraum:	810,42 ccm (49,46 cui)
Bohrung/Hub:	76,20 x 88,9 mm
Vergaser:	Schebler
Primärantrieb:	Direktantrieb
Sekundärantrieb:	Lederriemen mit Spannvorrichtung
Zündung:	Bosch-Magnetzündung
Rahmen:	Einschleifen-Stahlrohr
Bremsen vorne:	keine
Bremsen hinten:	Freilaufbremse
Federung vorne:	Schwingengabel
Federung hinten:	keine
Radstand:	1.435 mm
Tankinhalt:	9,5 l
Ölvolumen:	3,8 l
Bereifung:	2,5 x 28
PS:	6,5
Höchstgeschw.:	97 km/h
Preis:	$ 300
Modellvarianten:	breite Zierstreifen in Rot oder Grau

Der neue F-Head-Motor mit oberen, vertikalen Kühlrippen und der feststellbaren Vorrichtung zum Spannen des Riemens. Die restaurierten, doppelten Zierstreifen des Silent-Grey-Fellow-Designs sind, wie auch der Schriftzug, originalgetreu.

Erstmalig: die mechanische Zwangssteuerung des Einlaßventils, hier der Kipphebel auf einem der Zylinderköpfe.

Die Zweizylinder von 1912 bis 1921

Die Serie der wechselgesteuerten 61-Kubikinch-Zweizylinder zwischen 1912 und 1921 wies Detailunterschiede und eine ständig steigende Zahl von Verbesserungen auf, die teils als Standardausrüstung, teils als extra Zubehör angeboten wurden.
Zur Optimierung des noch neuen Motors änderten die Techniker mehrmals das Verhältnis von Bohrung und Hub. So hatten die Modelle 8 und 9 (1912 und 1913) einen Hubraum von 1044 ccm, der 8 PS erbrachte. Als Neuerung gab es eine zusätzliche, handbetätigte Ölpumpe, den gerade patentierten Ful-Floteing-Schwingsattel und als Option eine Azetylen-Lichtanlage sowie – zunächst für kommerzielle Ausführungen – ein neu entwickeltes Zweiganggetriebe in der Hinterradnabe. Die Typenbezeichnung X stand – wie bei den Einzylindern – für die fortschrittliche Free-Wheel-Control-Kupplung, die Bezeichnung E für alle Modelle mit einer Rollenkette als Sekundärantrieb.
1914 waren zwei Motortypen auf dem Markt: der mit 810 ccm und ein stärkerer mit 988 ccm. An Neuheiten gab es einen nach vorne zu tretenden Step-Starter, Brems- und Kupplungspedale, einklappbare Trittbretter und eine verbesserte Innenbacken-Hinterradbremse „HD Band Brake". Im reichhaltigen Zubehör tauchten Seitenwagen auf, Tachometer und die „Prest-O-Lite"-Gasbeleuchtung.
Ab 1915 besaßen alle Zweizylindermotoren wieder 988 ccm und eine automatische Ölpumpe mit Schauglas. Zum ersten Mal wurde eine zweiteilige Magnet-Lichtanlage – das Remy-Modell 15 – mit Scheinwerfer, demontierbarem Rücklicht und Horn angeboten.
Ab 1916 wurden alle Modelle nach der jeweiligen Jahreszahl gekennzeichnet. Ein neues Standardisierungssystem wurde eingeführt: gleiche Rahmen, Fußbretter und Bremsen für alle Typen. Das neue – nach hinten zu tretende – Kickstartsystem kam, und bei den Dreigang-Modellen fielen als letztes Fahrrad-Relikt die Pedale weg. Ab 1917 wurden alle Standard-Modelle in Olivgrün lackiert.
Eine breite Palette mit unzähligem, als „options" angebotenem Sonderzubehör erlaubte die verschiedenartigsten Auf- und Umrüstungen. Dazu gehörten Seitenwagen in allen möglichen Varianten für eine oder zwei Personen, spezielle Lackierungen, Logos und Zierstreifen, verschiedene Reifentypen und Radgrößen, breitere Schutzbleche, extra bequeme Sättel, großvolumige Tanks, Hand- oder Fußkupplung und Bremsbetätigung sowie eine Menge speziell angefertigter technischer Komponenten, die vor allem für den immer beliebteren Sportbetrieb gedacht waren. Ein außerordentlich vielfältiges Angebot an Sport- und Rennmaschinen ergänzte das serienmäßige Motorradprogramm.

Ein 1914er V-Twin-Modell mit Azetylen-Beleuchtung und handbetriebenem Klaxon-Horn in unrestauriertem Originalzustand.
(Bes.: Dale Walksler/Wheels Through Time Museum, Mount Vernon, IL/USA)

Die verwendeten F-Head-Gußzylinder waren aus einem Stück, das machte den Einbau der Innereien kompliziert.

Modellvarianten, Preise und Produktionszahlen

1912			
Modell 8D	(Magnetzündung und Riemenantrieb)	$ 275	
Modell X8D	(Magnetzündung, Riemenantrieb und Hinterradnabenkupplung)	$ 285	
Modell X8E	(Magnetzündung, Hinterradnabenkupplung und Sekundär-Kette)	$ 285	
1913			
Modell 9E	(mit Kettenantrieb)	$ 350	6.732 Stk.
1914			
Modell 10E	(mit Kettenantrieb)	$ 250	5.055 Stk.
Modell 10F	(mit Kettenantrieb und Zweiganggetriebe)	$ 285	7.956 Stk.
1915			
Modell 11E	(Direktantrieb)	$ 240	1.275 Stk.
Modell 11F	(mit Dreiganggetriebe)	$ 275	9.855 Stk.
Modell 11H	(Direktantrieb mit elektr. Lichtanlage)	$ 275	140 Stk.
Modell 11J	(mit Dreiganggetriebe und elektr. Lichtanlage)	$ 310	3.719 Stk.

Die Modellbezeichnung FS und JS gilt für Seitenwagenausführungen

Preise und Produktionszahlen der 61er V-Twin-Reihe 1916 – 21

	Modell E (Direktantrieb)		Modell F (Dreiganggetriebe)		Modell J (Dreiganggetriebe mit elektr. Lichtanlage)	
1916	$ 240	252 Stk.	$ 265	9.496 Stk.	$ 295	5.898 Stk.
1917	$ 255	68 Stk.	$ 275	8.527 Stk.	$ 310	9.180 Stk.
1918	$ 275	–	$ 290	11.746 Stk.	$ 320	6.571 Stk.
1919	–	–	$ 350	5.064 Stk.	$ 370	9.941 Stk.
1920	–	–	$ 370	7.579 Stk.	$ 395	14.192 Stk.
1921	–	–	$ 450	2.413 Stk.	$ 485	4.526 Stk.

Typ:	**F-Head V-Twin Early Twin Silent Grey Fellow**
Modell:	**16J**
Baujahr:	1916–1920 (ab 1916 Modellbezeichnung nach Jahreszahl)
Motor:	luftgek. 45° V-Twin Viertakt IOE
Hubraum:	988 ccm (60,30 cui)
Bohrung/Hub:	84 x 89 mm
Vergaser:	Schebler (ab 1917 De-Luxe)
Primärantrieb:	Kette
Sekundärantrieb:	Kette
Getriebe:	Dreigang mit Kickstarter
Batterie:	6 V
Zündung:	Batterie-Spulenzündung
Rahmen:	Einschleifen-Stahlrohr
Bremsen vorne:	keine
Bremsen hinten:	Trommelbremse
Federung vorne:	Schwingengabel
Federung hinten:	keine
Radstand:	1.511 mm
Gewicht:	47 kg
Tankinhalt:	10,4 l
Ölvolumen:	2,4 l
Bereifung:	3.00 x 28
PS:	11 (ab 1917: 16 PS)
Höchstgeschw.:	97 km/h (ab 1918: 105 km/h)
Preis:	$ 295
Modellvarianten:	16E 16F 16R Road Racer 16T Track Racer 1916: HD-Grau, ab 1917 in Olivgrün 1917–1920 wurden hauptsächlich Militärmodelle gebaut.

Typ:	**F-Head V-Twin Early Twin Silent Grey Fellow**
Modell:	**11J**
Baujahr:	1915
Motor:	luftgek. 45° V-Twin Viertakt IOE (High Duty Twin Cylinder Motor)
Hubraum:	988,10 ccm (60,33 cui)
Bohrung/Hub:	84,14 x 88,90 mm
Vergaser:	Schebler
Primärantrieb:	Kette
Sekundärantrieb:	Kette
Getriebe:	Schubradgetriebe, Dreigang mit Step-Starter
Batterie:	6 V
Zündung:	Batterie-Spulenzündung
Rahmen:	Einschleifen-Stahlrohr
Bremsen vorne:	keine
Bremsen hinten:	Trommelbremse
Federung vorne:	Schwingengabel
Federung hinten:	keine
Radstand:	1.511 mm
Gewicht:	147 kg
Tankinhalt:	10,4 l
Ölvolumen:	2,4 l
Bereifung:	3.00 x 28
PS:	11
Höchstgeschw.:	97 km/h
Preis:	$ 310

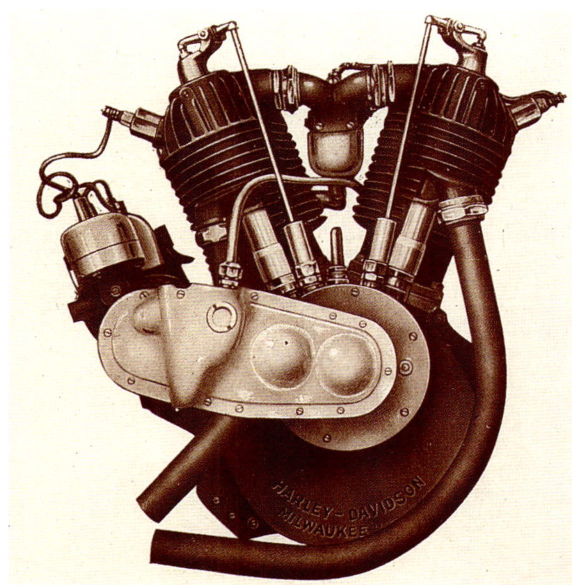

Wechselgesteuerte F-Head V-Twin Motoren (Magnet- und Batteriezündung) mit offenem und geschlossenem Steuergehäuse.

Superbike der frühen Jahre: Harleys OHV-Achtventiler

Nachdem Indian im Rennsport immer erfolgreicher wurde und 1912 ein äußerst schnelles Achtventil-OHV V-Twin-Rennmodell auf den Markt brachte, dessen Preis von 350 Dollar nur wenig über dem der Straßenmodelle lag, die sich aufgrund der Rennerfolge zudem immer besser verkauften, wurde es auch Harley klar, daß man dagegenhalten müsse.

Die Antwort war das achtventilige V-Twin R-Modell (R für Racing), das nach einigen anfänglichen technischen Rückschlägen 1915 in die erste große Schlacht geschickt wurde. Bereits 1913 konnte William Harley auch seine Mitstreiter Walter und Arthur Davidson, die sich bisher gegen eine eigene Werksrennabteilung gesträubt hatten, von der Werbewirksamkeit spektakulärer Rennerfolge überzeugen, und so wurde der von den Thor-Werken abgeworbene Entwicklungsingenieur William Ottaway mit der Aufstellung eines Harley-Davidson Racing Teams beauftragt. Unter seiner Leitung und mit Hilfe des aus England eingeladenen Brennraum-Experten Harry Ricardo, der das aus dem Flugmotorenbau stammende Prinzip des kugelförmigen Brennraums mit vier hängenden Ventilen wesentlich verbessert hatte, wurde der außergewöhnliche Achtventiler entwickelt. Die damaligen Wettbewerbsvorschriften der FAM schrieben einen maximalen Kubikinhalt von 61 Kubikinch (1.000 ccm) vor. Außerdem mußte das Modell frei im Handel erhältlich sein, doch der extrem hohe Verkaufspreis von 1.500 Dollar machte dieses Modell wie auch einen parallel gebauten, ähnlich konstruierten 500 ccm OHV-Vierventil-Einzylinder für 1.400 Dollar für jeden Privatfahrer unerschwinglich. Keine einzige der Achtventil-OHV-Rennmaschinen wurde an einen Privatfahrer verkauft. Es ist jedoch nicht bekannt, wie viele Rennmaschinen dieses Typs tatsächlich gebaut wurden. Schätzungen schwanken zwischen 20 und 60 Stück. Etwa 10–15 Maschinen fanden bei Rennen in den USA Verwendung, der Rest wurde über die jeweiligen Werksvertretungen im Ausland – vor allem in England, Australien und Neuseeland – abgesetzt.

Mit seinen 50 PS war Harleys neues Kraftpaket 1916 eine Sensation. Der achtventilige Production Racer mit dem aggressiven Aussehen wurde in verschiedenen Versionen gebaut. Es gab Ausführungen mit verschiedenen Kipphebeln, mit einer oder zwei Nockenwellen, mit oder ohne Auspuffrohr, mit Handölpumpe oder mechanisch angetriebener Pumpe, mit Harley- oder Flying-Merkel-Gabel und mit Verdichtungen von 6–9,5 : 1, was darauf schließen läßt, daß auch Alkoholgemische gefahren wurden. Die Verdichtung (normal 8 : 1) war so hoch, daß man die Boliden zum Starten nur mit einem vorgespannten Auto anschleppen konnte. Kick- oder Trittstarter sowie eine geradezu lächerliche hintere Bandbremse wurden erst später nachgerüstet. In der Standardausführung gab es gar keine Bremsen! Die Kraftübertragung erfolgte über je eine Primär- und Sekundärkette ohne Getriebe mit nur einem Doppelritzel dazwischen. Das Getriebe war exzentrisch gelagert, so daß durch Verschieben beide Ketten gespannt werden konnten. Der Motor wurde mit zwei Stahlplatten als tragendes Element mit dem Einrohrrahmen aus Stahl verschraubt.

Alle achtventiligen Production Racer waren mit nur einem Schebler-Vergaser zwischen den beiden Zylindern ausgestattet. Der Engländer Freddy Dixon jedoch, der die Maschine erfolgreich auf der Rennbahn von Brooklands fuhr, leistete sich zwei Vergaser. Am häufigsten wurde der Racer auf Oval-Steilwandbahnen oder Flat-Track-Bahnen für Hochgeschwindigkeits- und Rekordfahrten eingesetzt. 1921 erreichte Otto Walker eine bis dahin unerreichte und auch noch lange bestehende Rekordgeschwindigkeit von 107,78 mph (173,41 km/h) in der Steilwand des Fresno-Ovals in Kalifornien. Floyd Clymer war einer der ersten erfolgreichen Werksfahrer, dem Harley das enorm schnelle, aber doch empfindliche Gerät anvertraute.

Rennleiter Bill Ottaway verfolgte beim Einsatz dieser Achtventiler stets eine besondere Taktik: Mit dem extrem schnellen Racer zwang er die Konkurrenz zunächst zum Mithalten, was für die meisten Maschinen mit Motorschaden endete. Das passierte allerdings auch den Harley-Achtventilern – aber danach konnten die etwas zuverlässigeren wechselgesteuerten F-Head-Racer, die sich zunächst geschont hatten, das Rennen siegreich zu Ende bringen. Meist führte diese Taktik zum Erfolg. Wichtig war nur, daß die empfindlichen Achtventiler so lange durchhielten, bis die Konkurrenzmaschinen auseinanderbrachen – was fast immer der Fall war –, denn Harley besaß eben das geeignetere Maschinenmaterial, die sorgfältigere Wartung und die besseren Fahrer. Die legendäre Wrecking Crew feierte mit diesem taktisch kaum schlagbaren Konzept ihre größten Erfolge. Nachdem 1922 das Harley-Rennteam wieder aufgelöst wurde – wahrscheinlich weil trotz der unglaublichen Rennerfolge der Verkauf nicht mitzog –, sind die meisten Achtventiler kurzerhand verschrottet worden.

Filigrane Renntechnik: Harleys Achtventil-Production-Racer.

Typ:	**Achtventil-Racer**
Modell:	**16 R**
Baujahr:	1915–1921
Motor:	luftgekühlter OHV-V-Twin Viertakt mit je 4 Ventilen pro Zylinder
Hubraum:	986 ccm (61 cui)
Bohrung/Hub:	84 x 89 mm
Verdichtung:	8 : 1
Vergaser:	1 1/16" Schebler, 27 mm Ø
Primärantrieb:	Kette
Sekundärantrieb:	Kette
Getriebe:	keines/Mehrscheiben-Trockenkupplung
Batterie:	keine
Zündung:	Bosch-Magnet
Rahmen:	Stahlrohr
Bremsen vorne:	keine
Bremsen hinten:	keine
Federung vorne:	Kurzschwingen-Gabel (Springer)
Federung hinten:	keine
Radstand:	1.308 mm
Gewicht:	120 kg
Tankinhalt:	5,4 l
Ölvolumen:	2,4 l
Bereifung:	3,0 x 28
PS:	ca. 50 bei 4.000 U/min
Höchstgeschw.:	bis 180 km/h
Preis:	$ 1.500
Modellvarianten:	Ein umgebauter 500 ccm OHV-Vierventil-Einzylinder ohne hinteren Zylinder wurde zum Preis von $ 1.400 angeboten.

Renntechnik vom Feinsten: Harley-Davidson ließ es an nichts fehlen und trieb – nachdem man sich einmal für den Renneinsatz entschieden hatte – einen enormen Aufwand, der die damals modernsten Errungenschaften des Motorenbaus berücksichtigte.

(Alle Fotos dieser beiden Seiten, Bes.: Otis Chandler/ Vintage Museum of Transportation, Oxnard, CA/USA)

Ein erfolgloser Außenseiter: Die Sport Twin

Nach dem Krieg machte das Motorrad als Spaß- und Freizeitgerät immer mehr Karriere, und auch Harley-Davidson sah sich genötigt, neue Wege zu gehen. Das als leichtes Sportmotorrad konzipierte Modell W Sport Twin mit dem seitengesteuerten 584-ccm-Boxermotor in Längsrichtung war ein ziemliches Wagnis – hier betrat die Company sowohl technisch wie auch geschäftlich Neuland. Aber die Sport Twin entpuppte sich als eine ausgereifte Konstruktion nach dem Vorbild des englischen Douglas-Boxermodells, einem der populärsten Motorräder in Europa – war ihrer Zeit allerdings weit voraus.

Der als tragendes Element verbaute SV-Boxer hatte zwar nur bescheidene 6 PS, aber die Sport Twin erreichte dank ihres geringen Gesamtgewichts von nur 120 kg immerhin 80 km/h.

Eine ganze Reihe technischer Finessen wies bereits eindeutig in die Zukunft des Motorradbaus: Alle vier Ventile wurden von einer einzigen Nockenwelle gesteuert, der mit dem Abgasrohr zusammengefügte Ansaugkrümmer nützte die Auspuffwärme zur besseren Verbrennung aus, die vollverkapselte Kette war vor Staub und Schmutz geschützt, und die speziell gefederte Merkel-Gabel sorgte auch im unwegsamen Gelände für hohen Fahrkomfort. Leichte Zugänglichkeit zu allen Teilen garantierte Reparaturfreundlichkeit. Ab 1920 war die Sport Twin auch mit einer elektrischen Lichtanlage lieferbar.

Obwohl das Modell sich im Ausland gut verkaufte und im Inland spektakuläre Erfolge bei Langstrecken- und Zuverlässigkeitsfahrten erzielte, war es nicht allzu beliebt – die Amerikaner waren und blieben nun mal V-Twin-Fans. Harley-Davidson erkannte, daß die Zeit für die Sport Twin noch nicht gekommen war, und 1923 wurde sie wieder aus dem Programm genommen.

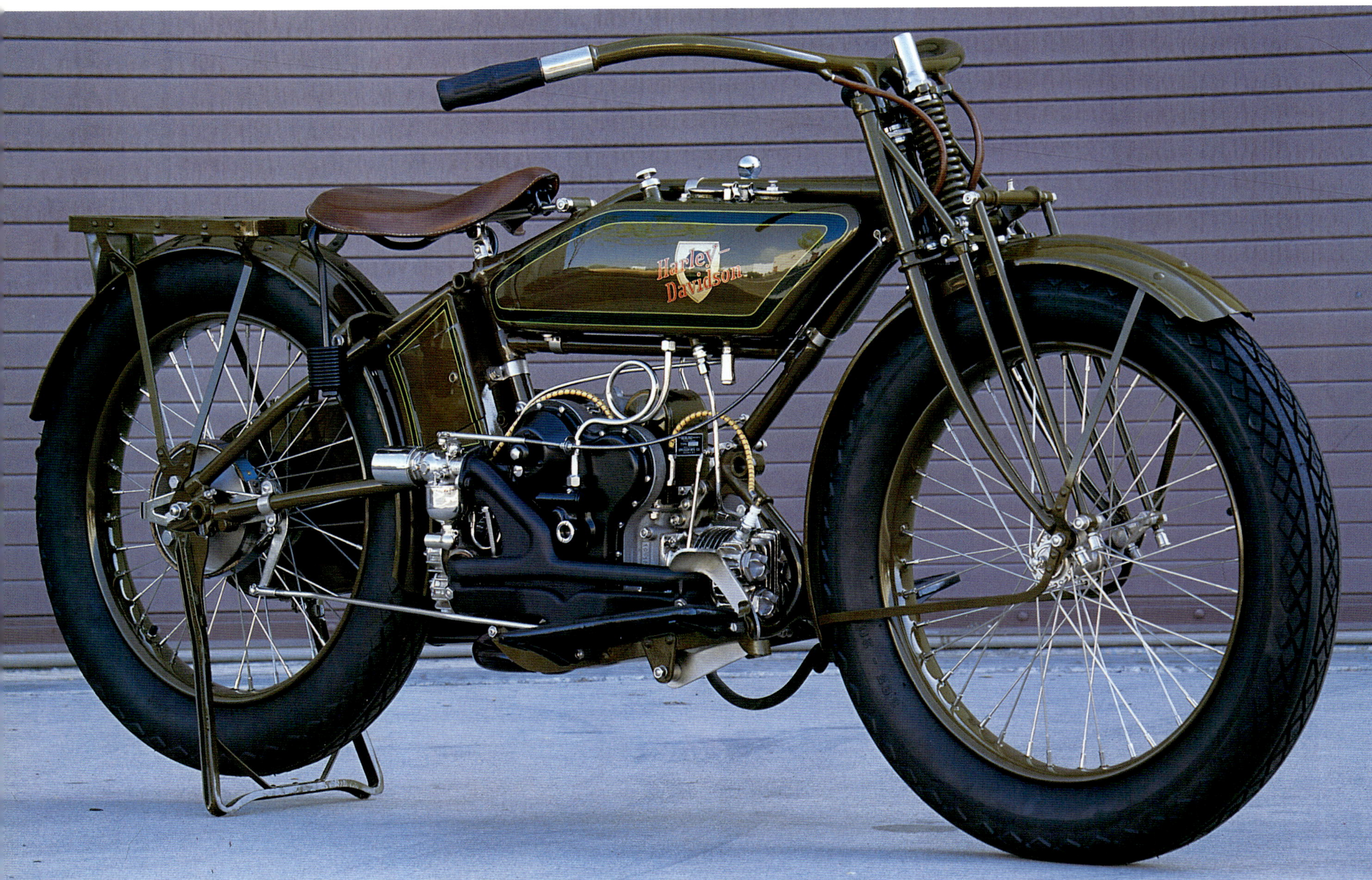

(Alle Fotos dieser beiden Seiten, Bes.: Otis Chandler/ Vintage Museum of Transportation, Oxnard, CA/USA)

Der speziell staubgeschützte Schebler Standard 3/4-Zoll-Vergaser mit dem langen Krümmer für das obenliegende Verbindungsrohr, das beide Zylinder mit dem Gemisch versorgt.

The 4 h.p. unit combining engine, gear box clutch and spiral drive from engine to gear box

Die komplette Motoreinheit aus einem Originalprospekt, sehr gut zu sehen sind die beiden nebeneinanderliegenden Füll- und Abgasrohre.

Modellvarianten, Preise und Stückzahlen

1919		
WF (Magnetzündung)	$ 335	753 Stk.
1920		
WF (Magnetzündung)	$ 335	4.459 Stk.
WJ (mit elektr. Lichtanlage)	n.a.	810 Stk.
1921		
WF (Magnetzündung)	$ 415	1.100 Stk.
WJ (mit elektr. Lichtanlage)	$ 445	823 Stk.
1922		
WF (Magnetzündung)	$ 310	388 Stk.
WJ (mit elektr. Lichtanlage)	$ 340	455 Stk.
1923		
WF (Magnetzündung)	$ 275	614 Stk.
WJ (mit elektr. Lichtanlage)	$ 295	481 Stk.

Typ:	**Flathead Längs-Twin**
Modell:	**W Sport Twin**
Baujahr:	1919–1923
Motor:	luftgek. Zweizylinder Viertakt Boxer SV
Hubraum:	584,03 ccm (35,64 cui)
Bohrung/Hub:	69,85 x 76,20 mm
Vergaser:	Schebler
Primärantrieb:	Schraubrad
Sekundärantrieb:	Kette
Getriebe:	Dreigang
Batterie:	6 V
Zündung:	Magnetzündung
Rahmen:	Einschleifen-Stahlrohr
Bremsen vorne:	keine
Bremsen hinten:	Außenbandbremse
Federung vorne:	gezogene Schwinge
Federung hinten:	keine
Radstand:	1.448 mm
Gewicht:	120 kg
Tankinhalt:	10,4 l
Ölvolumen:	1,9 l
Bereifung:	3.00 x 26
PS:	6
Höchstgeschw.:	80 km/h
Preis:	$ 335
Modellvarianten:	WF: Magnetzündung WJ: mit elektrischem System

Linke Seite des Längs-Twin-Motors mit dem großen, runden Staubschutzdeckel des Kickstarter-Ritzels.

Die wechselgesteuerten 1200er Big-Twin-Modelle von 1921 bis 1929

Der allgemeine Trend zu großvolumigen, starken und zuverlässigen Motorrädern veranlaßte Harley-Davidson 1921, neben den 61-Kubikinch-Modellen (1000 ccm) eine neue Hubraumklasse vorzustellen: die 74-Kubikinch-Serie D (1.200ccm) mit den Basismodellen FD (Magnetzündung) und JD (Batteriezündung mit elektrischer Lichtanlage).
Für die nunmehr besonders gefragten Gespanne (Zusatz-Kennbuchstabe S) gab es Motoren mit speziellen Dekompressionsplatten sowie Seitenwagenübersetzungen. Im Seitenwagenprogramm stand eine ganze Palette von kommerziellen und privaten Gespannmodellen mit verschiedenen Motoren und reichhaltigem Sonderzubehör zur Verfügung.
1922/23 änderte sich die Standardlackierung in ein dunkleres Brewster-Grün. Ab 1923 wurden verschiedene Motoren mit Gußeisenkolben (A-Typ und C-Typ) sowie mit Eisen/Aluminiumlegierungen angeboten.
1925 verbesserte Harley-Davidson das 74-Kubikinch-Modell nochmals. Es erhielt einen neuen, niedrigeren Rahmen mit einer Motormontageplatte, einen tiefergelegten Sattel mit einer von 230 mm auf 360 mm verlängerten Feder im Mittelrohr, was die Sitzposition optimierte, sowie breitere 26-Zoll-Ballonreifen. Zu den Neuerungen gehörte auch ein Einrohr-Speedster-Auspufftopf. Zu ihrer Zeit nannte man diese Modelle die „komfortabelsten Motorräder der Welt".
Für alle Modelle gab es eine große Auswahl an Umrüstmöglichkeiten und Zubehörteilen: Tachometer (Speedometer von Corbin Brown und Jahns-Manville), Amperemeter, Gepäckträger, Fersenbremse, Zenith-Vergaser, Tandemsitz von Mesinger, Firestone Non-Skid-Reifen, den Jiffy-Seitenständer (1928) sowie einen Tank-Werkzeugkasten. Das bekannte Olivgrün war die Standardfarbe, aber in den folgenden Jahren standen auch andere Farben zur Auswahl.

(Bes.: Max Middelbosch, Zwolle/NL)

Unter der hochgesetzten Lampe das elektrische Horn und die Werkzeugbox.

(Bes.: Max Middlebosch, Zwolle/NL)

Der klassische, vollschwingende Solosattel.

((Bes.: Max Middelbosch, Zwolle/NL)

Als Sonderausführung: Der Stop-Aufsatz für das elektrische Rücklicht.

(Bes.: Otis Chandler/Vintage Museum of Transportation, Oxnard, CA/USA)

Typ:	**F-Head Big Twin**
Modell:	**21 JD**
Baujahr:	1921–1924
Motor:	luftgek. 45° V-Twin Viertakt IOE
Hubraum:	1.215,96 ccm (74,21 cui)
Bohrung/Hub:	87,31 x 101,6 mm
Vergaser:	Schebler, 32 mm Ø
Primärantrieb:	Kette
Sekundärantrieb:	Kette
Getriebe:	Dreigang
Batterie:	6 V
Zündung:	Batterie-Spulenzündung
Rahmen:	Einschleifen-Stahlrohr
Bremsen vorne:	keine
Bremsen hinten:	Trommelbremse
Federung vorne:	Schwingengabel Springer
Federung hinten:	keine
Radstand:	1.510 mm
Gewicht:	166 kg
Tankinhalt:	10,4 l
Ölvolumen:	1,9 l
Bereifung:	3.00 x 28
PS:	18
Höchstgeschw.:	113 km/h
Preis:	$ 485
Modellvarianten:	21 JD Solo 21 JDS Sidecar 1921: Olivgrün ab 1922 in Brewster-Grün

Originalprospekt 1923 mit den neuen 1.000 und 1.200 ccm V-Twins.

Typisches Kennzeichen der J-Modelle: Aussparungen an der rechten Tankseite für die Kipphebel der Einlaßventilsteuerung.

(Bes.: Max Middelbosch, Zwolle/NL)

Typ:	**F-Head Big Twin**
Modell:	**25 JD**
Baujahr:	1925–1929
Motor:	luftgek. 45° V-Twin Viertakt IOE
Hubraum:	1.215,96 ccm (74,21 cui)
Bohrung/Hub:	87,31 x 101,6 mm
Vergaser:	Schebler, 32 mm Ø
Primärantrieb:	Kette
Sekundärantrieb:	Kette
Getriebe:	Dreigang
Batterie:	6 V
Zündung:	Batterie-Spulenzündung
Rahmen:	Einschleifen-Stahlrohr
Bremsen vorne:	keine
Bremsen hinten:	Trommelbremse
Federung vorne:	Schwingengabel Springer
Federung hinten:	keine
Radstand:	1.510 mm
Gewicht:	184 kg
Tankinhalt:	15,4 l
Ölvolumen:	2,4 l
Bereifung:	3.85 x 27
PS:	24
Höchstgeschw.:	97 km/h
Preis:	$ 335
Modellvarianten:	25 FE, 25 JE, 25 FDCB, 25 JDCB, 25 FES, 25 JES, 25 FDCBS, 25 JDCBS

Schalthebel an der linken Tankseite.

(Bes.: Max Middelbosch, Zwolle/NL)

Als Sonderzubehör: Tachometer mit elektrischer Beleuchtung.

(Bes.: Otis Chandler/Vintage Mus. of Transportation, Oxnard, CA/USA)

Modellvarianten, Preise und Stückzahlen

FD (Dreigang mit Magnetzündung)	1921	$485	277 Stk.
	1922	$360	909 Stk.
	1923	$ 310	869 Stk.
	1924	$ 315	502 Stk.
(1925 auch als **FDCB**)	1925	$ 315	433 Stk.
	1926	$ 315	232 Stk.

Für Seitenwagenbetrieb: **FDS** (1921–1925)
FDCBS (1925)

JD (Dreigang mit Batteriezündung und elektrischer Lichtanlage)	1921	$ 520	2.321 Stk.
	1922	$ 390	3.988 Stk.
	1923	$ 330	7.458 Stk.
	1924	$ 335	2.955 Stk.
(1925 auch als **JDCB**)	1925	$ 335	9.506 Stk.
	1926	$ 335	9.544 Stk.
	1927	$ 320	9.691 Stk.
	1928	$ 320	11.007 Stk.
	1929	$ 320	10.182 Stk.

Für Seitenwagenbetrieb: **JDS** (1921–1929)
JDCBS (1925), **JS** (1929)

Spezialmodelle:

A-Motor/Eisengußkolben (ab 1923): **FDA, FDCA, JDA, JDCA**
Leichtmetallkolben, erleichterte Pleuel (ab 1924): **FDSCA, JDCA, JDSCA**

Das wechselgesteuerte Modell J Two Cam von 1928 und 1929

Bereits 1927 angekündigt, erschien Ende 1928 Harleys stärkstes, bestes und auch letztes F-Head-Typ V-Twin-Motorrad mit einem 61 und einem 74 Kubikinch IOE-Hochleistungsmotor: Die Ventilsteuerung wirkte – wie schon seit einigen Jahren bei den Rennmodellen – nun über zwei Nockenwellen (two cam), jedoch hier mittels Stößeln statt über Rollenschlepphebel. Doppelte Einlaßventilfedern ermöglichten höhere Drehzahlen und damit mehr Füllung. Eine stärkere Verrippung sorgte für bessere Kühlung. Die Kolben waren aus einer besonders widerstandsfähigen Magnesiumlegierung (dow metal). Die vom Gaszug mitregulierte Ölpumpe verbesserte die Schmierung. Der zweiteilige, sehr leise und aus vier Endrohren bestehende Pipes-O'Pan-Auspuff war jedoch nicht sehr beliebt – einen solch mächtigen Motor wollte man auch hören.

Das Two-Cam-Modell (auch Two Cammer genannt) gab es als JH mit 1.000 ccm und JDH mit 1.200 ccm (Preis 1929: 370 Dollar), und sein äußeres Erscheinungsbild – ein kleinerer 18-Liter-Tank, der nur in den Jahren 1929 und 1930 verwendete Dual-Bullet-Doppelscheinwerfer und die 18-Zoll-Räder mit Ballonreifen – war imponierend.

Die Vorderradbremse brachte endlich akzeptable Verzögerung. Der tiefliegende, extra breite Solo-Schwingsattel konnte auch gegen den beliebten zweisitzigen Buddy Seat ausgetauscht werden, der zu zweit engen Körperkontakt mit sich brachte, beim Alleinfahren durch verschiedene Sitzpositionen aber ein entspanntes Fahren ermöglichte. Die Standardfarbe war immer noch Olivgrün, daneben gab es nun aber auch als Option Zweifarbenlackierungen in großer Auswahl, darunter vor allem Azur-Blau, Police-Blau, Coach-Grün, Kastanienrot, Rehbraun, Cremefarben oder Orange.

Armaturen, Kulissenschaltung, Öl- und Benzinverschluß auf der linken Tankhälfte.

Typ:	**Two Cam IOE**
Modell:	**28 JHD**
Baujahr:	1928–1929
Motor:	luftgek. 45° V-Twin Viertakt IOE
Hubraum:	1.215,96 ccm
Bohrung/Hub:	87,31 x 101,6 mm
Verdichtung:	6,5 : 1
Vergaser:	Schebler
Primärantrieb:	Kette
Sekundärantrieb:	Kette
Getriebe:	Dreigang
Batterie:	6 V
Zündung:	Batterie-Spulenzündung
Rahmen:	Einschleifen-Stahlrohr
Bremsen vorne:	Trommelbremse
Bremsen hinten:	Trommelbremse
Federung vorne:	Schwingengabel mit Doppelfedern Springer
Federung hinten:	keine
Radstand:	1.511 mm
Gewicht:	185 kg
Tankinhalt:	18 l
Ölvolumen:	3,8 l
Bereifung:	3.85 x 18
PS:	29
Höchstgeschw.:	137 km/h
Preis:	$ 370
Modellvarianten:	JDH: 1.200 ccm Two Cam JH: 1.000 ccm Two Cam

Obwohl von den meisten Markenherstellern als „veraltetes Design" bereits aufgegeben, war die von Bill Harley und Bill Ottaway vollends entwickelte Two Cam ein Höhepunkt des amerikanischen Motorbaus.

Alle Fotos dieser beiden Seiten entstanden mit freundlicher Genehmigung des Harley-Davidson-Archivs.

Die Einzylinder von 1926 bis 1935

Als Sofortreaktion auf Indians Einzylinder Prince brachte Harley-Davidson 1926 gleich zwei neuentwickelte 350-ccm (21 Kubikinch)-Singles heraus: einmal das seitengesteuerte Modell Solo als Typ A mit Magnetzündung und als Typ B mit Batteriezündung und Beleuchtung, beide mit etwa 8PS und zum Kampfpreis von 210 bzw. 235 Dollar.
Für etwas anspruchsvollere Kunden gab es das Modell Sport Solo mit dem aufwendigeren und stärkeren OHV-Motor, der etwa 12PS entwickelte, als Typ AA mit Magnetzündung und als Typ BA mit Batteriezündung und Lichtanlage zum Preis von 250 bzw. 275 Dollar. Für 300 Dollar wurde zudem noch das OHV-Rennsportmodell S angeboten (mit Sager-Gabel und 27-Zoll-Rädern), das später auch als „Peashooter" bekannt wurde.
Die Modelle waren besonders reparaturfreundlich, hatten komplett abnehmbare Zylinderköpfe, deren Brennräume von Ricardo gestaltet worden waren, ein Dreiganggetriebe, den stromlinienförmigen Teardrop-Tank, der eine noch niedrigere Sitzposition auf dem Ful-Floteing-Schwingsattel erlaubte, einklappbare Fußbretter, einen Hinterradstützständer, natürlich Kickstarter, 26er Ballonreifen und (Modell B und BA) eine schwarze Klaxon-Hupe. 1927 erhielten die Harleys einen verstärkten Rahmen, stärkere Kupplungsfedern und verbesserte Auspufftöpfe. Zur Standardausrüstung des Werkzeugs gehörten eine Alemite-Fettpresse, eine Luftpumpe und ein verstellbarer Schraubenschlüssel.
1928 gab es für das Modell B Leichtmetallkolben und eine erleichterte Kurbelwelle. Alle Modelle bekamen zudem einen Luftfilter, eine gasdrehgriffkontrollierte Ölpumpe (Alemite-System) und eine extra Vorderradbremse.
Ab 1929 wurden nur noch die Modelle B und BA mit dem kompletten elektrischen System angeboten, wahlweise mit einem neuartigen Vierrohr-Pipes-O'Pan-Auspuff. Alle Modelle wurden noch auf Wunsch und je nach Bestellung bis 1935 in kleinen Mengen weitergebaut.
Auch für diese Einzylindermodelle gab es zahlreiche Details als Sonderzubehör – unter anderem einen Luftfilter, Mesinger-Tandem-Sitz, verschiedene Lenker (Solo oder Speedster), cadmierte Felgen, einen High-Performance-Umrüstsatz, den Jiffy-Seitenständer, einen Tachometer sowie spezielle Ballonreifen.

Seitenventil-Modell A mit Acetylenbeleuchtung.
(Bes.: Suck, Hamburg/D)

Das Konkurrenz-Modell von Indian: die 350er SV-Einzylinder Prince. (links)

Das Harley-Davidson OHV-Modell BA mit 350 ccm.

Das Modell B mit voller elektrischer Ausrüstung.

(Bes.: Fritz Simmerlein, Nürnberg/D)

Zur Ausrüstung der „Baby Harley“, Modell B, gehörten die große Lampe mit zwei Birnen, der massive Tachometerantrieb mit zwei eigenen Ritzeln und der einschnappbare Rückständer.

Typ:	**Flathead Twenty-One**
Modell:	**26 A**
Baujahr:	1926–1928
Motor:	luftgek. Einzylinder SV
Hubraum:	345,6 ccm (21,09 cui)
Bohrung/Hub:	73,03 x 82,55 mm
Vergaser:	Schebler DeLuxe
Primärantrieb:	Kette
Sekundärantrieb:	Kette
Getriebe:	Dreigang
Batterie:	6 V
Zündung:	Magnetzündung
Rahmen:	Einschleifen-Stahlrohr
Bremsen vorne:	keine
Bremsen hinten:	Außenbandbremse
Federung vorne:	Schwingengabel Springer
Federung hinten:	keine
Radstand:	1.436 mm
Gewicht:	114 kg
Tankinhalt:	11,4 l
Ölvolumen:	2,8 l
Bereifung:	3.30 x 26
PS:	8
Höchstgeschw.:	90 km/h
Preis:	$ 210
Modellvarianten:	B: mit elektrischem System

Typ:	**Sport Solo Twenty-One**
Modell:	**26 BA**
Baujahr:	1926
Motor:	luftgek. Einzylinder OHV
Hubraum:	345,6 ccm (21,09 cui)
Bohrung/Hub:	73,03 x 82,55 mm
Vergaser:	Schebler
Primärantrieb:	Kette
Sekundärantrieb:	Kette
Getriebe:	Dreigang
Batterie:	6 V
Zündung:	Batterie-Spulenzündung
Rahmen:	Einschleifen-Stahlrohr
Bremsen vorne:	keine
Bremsen hinten:	Außenbandbremse
Federung vorne:	Schwingengabel Springer
Federung hinten:	keine
Radstand:	1.463 mm
Gewicht:	119 kg
Tankinhalt:	11,4 l
Ölvolumen:	2,8 l
Bereifung:	3.30 x 26
PS:	12
Höchstgeschw.:	97 km/h
Preis:	$ 275
Modellvarianten:	AA: Magnetzündung
	BA: Batteriezündung
	S: Rennausführung

Modellvarianten, Preise und Produktionszahlen

Modell A	1926	$ 210	1.128 Stk.
(SV-Motor)	1927	$ 210	444 Stk.
Magnetzündung	1928	n.a.	519 Stk.
	1929	n.a.	197 Stk.
	1930	n.a.	4 Stk.
Modell B	1926	$ 235	5.979 Stk.
(SV-Motor)	1927	$ 235	3.711 Stk.
Batteriezündung	1928	$ 235	3.483 Stk.
elektrisches System	1929	$ 235	1.592 Stk.
	1930	$ 235	577 Stk.
Modell AA	1926	$ 250	61 Stk.
(OHV-Motor)	1927	$ 250	32 Stk.
Magnetzündung	1928	n.a.	65 Stk.
	1929	n.a.	21 Stk.
	1930	n.a.	1 Stk.
Modell BA	1926	$ 275	515 Stk.
(OHV-Motor)	1927	$ 275	481 Stk.
Batteriezündung,	1928	$ 255	943 Stk.
elektrisches System	1929	$ 255	191 Stk.
	1930	n.a.	9 Stk.

Exportmodelle von 1926–1929: Modelle AAE und AAB

In einem Harley-Prospekt wird die leichte Demontage des Seitenventil-Zylinderkopfes demonstriert.

Das 500 ccm SV-Einzylindermodell C von 1929 bis 1934

Der robuste und zuverlässige Single mit dem 30 Kubikinch Seitenventil-Motor hatte einen verstärkten Rahmen, wie er auch bei der neuen Fourty-Five (750ccm SV-Twin) Verwendung fand, später wurde auch der Rahmen des 350er Modells verwendet. Das Modell C lief mit dem üblichen Dreiganggetriebe, und der Motor bestand im wesentlichen aus dem kompletten Unterbau des 350-ccm-Modells mit einem aufgebohrten Zylinder und angepaßtem Kopf. Sein Rahmen wurde 1932 nochmals verstärkt und bekam eine verbesserte Springer-Gabel. Das elektrische 6-V-System war zunächst mit einem Klaxon-Horn und dem Dual-Bullet-Doppelscheinwerfer ausgerüstet, ab 1930 mit einem Sunburst-Face-Hupentyp und einem John Brown Sieben-Zoll-Scheinwerfer mit flacher, diffuser Glasscheibe. Der vierrohrige Pipes-O'Pan-Auspuff wurde von einem Doppelrohrauspuff abgelöst und die Werkzeugbox an der Gabel befestigt. Mehrere Lenkertypen standen zur Auswahl. Die Farbe war Olivgrün, und ab 1933 zeigte das Tanklogodesign im neuen Art-Deco-Stil das Adler-Symbol. Auch dieses Modell konnte man mit viel Zubehör aufwerten. Neben den Typvarianten CM, CR, CH, CC und CS (für den Export nach Japan) gab es einen Speedway Racer CAC mit OHV-Motor, der hauptsächlich für den Export nach England, Australien und Neuseeland bestimmt war.

Das Modell C – auch als „Baby Harley" bekannt – verkaufte sich im Inland nicht gut, war dann aber als Exportmodell erfolgreich. Es wurde 1933 und 1934 noch als Modell CB weiterproduziert und war der letzte Einzylinder von Harley-Davidson bis zum Erscheinen des 125-ccm-Zweitakters im Jahre 1948.

Nicht mehr ganz im Originalzustand: eines der seltenen, noch fahrenden C-Modelle aus der Schweiz.

The Harley-Davidson "30.50" Single

For anyone who desires a lighter weight motorcycle that is just as sturdily built but even easier to handle than the "74" and "45" Twins, the new "30.50" Single is an ideal mount.

Designed exclusively for solo riding, this zippy new Single has a big, rugged motor that easily turns up better than mile-a-minute speed, and develops power enough for the toughest going. The motor has moderate high compression which means long motor life and exceptional operating economy. The light Dow metal piston minimizes vibration and gives quick acceleration.

The "30.50" motor is remarkably simple and accessible. Its genuine Ricardo cylinder head is easily removable and gives quick access to the valves and piston head. Carbon can be scraped and valves ground in twenty minutes. Anyone can do the job and no special tools are required.

Except for the motor, all parts of the "30.50" Single for 1930 are interchangeable with the "45" Twin. The new 1930 features of the "45," such as the double strength frame, drop forged forks, bigger tires, drop-center rims, wider and shorter tanks, theft-proof lock, improved clutch and enlarged front brake are standard equipment on the "30.50."

On the "30.50" Single, as on all the 1930 models, Harley-Davidson again sets the pace in electrical equipment with the new generator that automatically increases its output for night riding. When the rider switches on the headlights, the output of current from the generator is automatically increased to take care of the added consumption of current.

On pages 8 to 11 you will find complete details of design, construction and equipment of all the new 1930 models.

The 30.50 cubic inch Single, Model 30C, fitted with a Dow metal piston, is intended for solo use only.

Illus. 2
Compression Release Lever Single Model

1—Lever in running position; 2—Move lever to this position to release compression.

Typ:	**Flathead Thirty-Fifty**
Modell:	**C**
Baujahr:	1930
Motor:	luftgek. Einzylinder SV
Hubraum:	492,48 ccm (30,05 cui)
Bohrung/Hub:	78,58 x 101,6 mm
Vergaser:	Schebler De-Luxe
Primärantrieb:	Duplexkette
Sekundärantrieb:	Kette
Getriebe:	Dreigang
Batterie:	6 V
Zündung:	Batterie-Spulenzündung
Rahmen:	Einschleifen-Stahlrohr
Bremsen vorne:	Trommelbremse
Bremsen hinten:	Außenbandbremse
Federung vorne:	Schwingengabel Springer
Federung hinten:	keine
Radstand:	1.460 mm
Gewicht:	154 kg
Tankinhalt:	14,2 l
Ölvolumen:	3,6 l
Bereifung:	4.00 x 18
PS:	10,5
Höchstgeschw.:	97 km/h
Preis:	$ 260
Modellvarianten:	C, CM, CR

Preise und Produktionszahlen

1929	C	$ 255	1.570 Stk.
1930	C	$ 260	1.483 Stk.
1931	C	$ 260	874 Stk.
1932	C	$ 235	213 Stk.
1933	C	$ 225	112 Stk.
1934	C	$ 220	220 Stk.
	CB	$ 197,50	310 Stk.

Technische Details aus dem „Riders Handbook": der Ventilausrückhebel zum leichteren Starten des Motors (Bild links) und die exakte Anordnung der Markierungen der Steuerzahnräder für die korrekten Zündzeitpunkte.

Die Steuerseite des 500er SV-Motors.

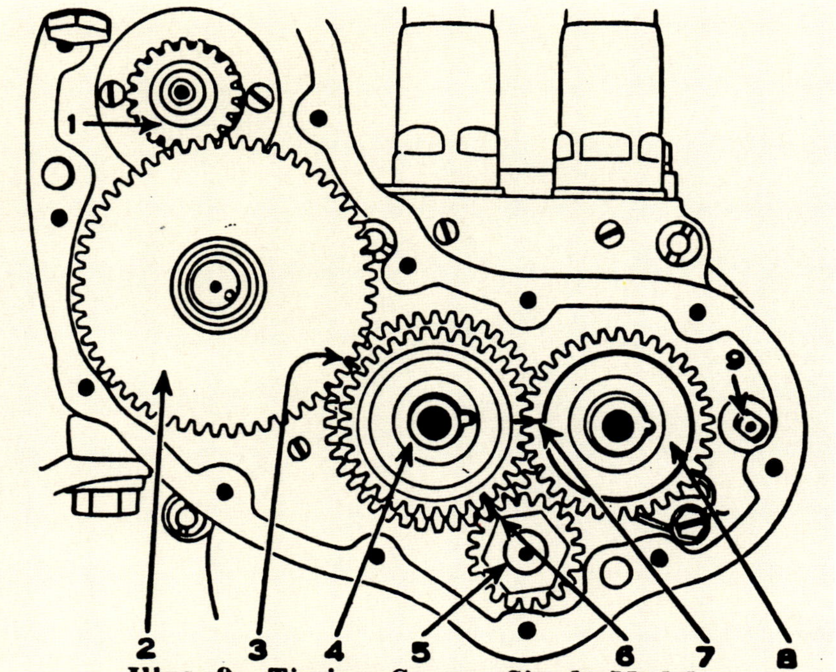

Illus. 9—Timing Gears—Single Model
1—Generator gear; 2—Intermediate gear; 3—This mark on gear 4 does not register with any other mark; 4—Inlet cam gear; 5—Pinion gear; 6—Marks on pinion gear and inlet cam gear correctly aligned; 7—Marks on inlet and exhaust cam gears correctly aligned; 8—Exhaust cam gear; 9—Compression release lever stud.

1929: Die Fourty-Five kommt – das Modell D

Das neue Alltagsmotorrad der D-Modellreihe war eine richtungsweisende Basiskonstruktion für Harleys zukünftige Modellpalette. Den seitengesteuerten 45 Kubikinch V-Twin-Flathead-Motor gab es mit geringerer Verdichtung (low compression) für den normalen Gebrauch – Modell D und DS – und als Ausführung mit höherer Verdichtung (high compression) – Modell DL und DLD. Er wurde mit Dow-Metal-Kolben, einer Batteriespulenzündanlage, der neuen 14-Federn-Trockenkupplung, Kickstarter und dem extrem leisen Pipes-O'Pan-Auspuffsystem mit den vier Endrohren ausgerüstet. Zur Erstausstattung gehörte auch der bis 1930 verwendete Doppelscheinwerfer, das darunter befindliche Klaxon-Horn und eine schwache Vorderradbremse.

1930 bekam das Modell D einen stärkeren Rahmen, der eine noch niedrigere Sitzposition und bessere Bodenfreiheit garantierte, den größeren „bullet shaped" Tank sowie eine Diebstahlsperre am Steuerkopf. Der runde Werkzeugbehälter wurde nun unter dem Scheinwerfer an der Gabel befestigt, und der Auspuff war wieder zweirohrig. Eine Doppelzündung und eine automatische Kettenschmierung verbesserten den Motor. 1931 wurde weiter modifiziert, hinzu kamen der Schebler De-Luxe-Vergaser, ein Sunburst-Face-Horn, der John Brown Sieben-Zoll-Scheinwerfer mit mattem Reflektorglas, ein Fishtail-Typ-Auspuff, Sifton-Rahmenverstärkungen und wahlweise ein Standard- oder Speedster-Lenker. Verschiedene Kleinteile wurden verchromt. Die Standardfarbe aller D-Modelle war das bekannte Olivgrün, es gab jedoch auch Alternativen. Selbstverständlich stand die gesamte Zubehör-Umrüstungspalette zur Verfügung.

Ein etwas „überrestauriertes" 1930er Modell D: Spiegel gab es damals noch nicht, und die Auspuffe waren original schwarz mattiert.

1932: Fourty-Five, zweite Auflage – das Modell R

Als Weiterentwicklung des D-Modells mit dem bewährten 45 Kubikinch SV-Motor gab es ab 1932 verschiedene gravierende Neuerungen. Der Flathead-Motor erhielt stärkere Ventilfedern, eine massivere, größere Kurbelwelle, ein neues Kurbelwellengehäuse, Leichtmetallkolben, eine verbesserte Ölpumpe und eine horizontal montierte Lichtmaschine. Der Vergaser wurde mit dem charakteristischen langgezogenen, verchromten Luftfilter versehen. Das sportliche Modell RLD hatte nun einen M11 oder M16 Linkert-Vergaser, und ein kernig klingender 2,5 Zoll Fishtail-Auspuff erfreute die Kundschaft. Die verstärkte Gabel sorgte für mehr Stabilität und Fahrsicherheit.

1934 kamen eine neue Ölpumpe und ein Auspuff vom Typ High Flo hinzu. Die auf 12 Federn reduzierte Kupplung war nun wesentlich besser zu bedienen, und stromlinienförmige Schutzbleche, ein Airflow-Rücklicht sowie der Bucket-Solosattel sorgten für eine neue optische Komponente.

Typ:	**Flathead Fourty-Five**
Modell:	**DL**
Baujahr:	1929–1931
Motor:	luftgek. 45° V-Twin Viertakt SV
Hubraum:	741,80 ccm (45,26 cui)
Bohrung/Hub:	69,85 x 96,84 mm
Vergaser:	Schebler
Primärantrieb:	Duplexkette
Sekundärantrieb:	Kette
Getriebe:	Dreigang
Batterie:	6 V
Zündung:	Spulenzündung
Rahmen:	Einschleifen-Stahlrohr
Bremsen vorne:	Trommelbremse
Bremsen hinten:	Außenbandbremse
Federung vorne:	Schwingengabel Springer
Federung hinten:	keine
Radstand:	1.460 mm
Gewicht:	177 kg
Tankinhalt:	14,2 l
Ölvolumen:	3,6 l
Bereifung:	4.00 x 18
PS:	18,5
Höchstgeschw.:	113 km/h
Preis:	$ 290
Modellvarianten:	D: geringe Verdichtung
	DL: hohe Verdichtung (Sport)
	DS: Seitenwagen
	DLD: hohe Verdichtung (Special Sport)

Modell R (1932–1936)
Varianten, Preise und Stückzahlen

1932	**R**	$ 295	410 Stk.
	RL	$ 295	628 Stk.
	RLD	$ 310	98 Stk.
1933	**R**	$ 280	162 Stk.
	RL	$ 280	264 Stk.
	RLD	$ 290	68 Stk.
1934	**R**	$ 280	450 Stk.
	RL	$ 280	743 Stk.
	RLD	$ 290	240 Stk.
1935	**R**	$ 295	543 Stk.
	RL	$ 295	819 Stk.
	RLD	$ 305	177 Stk.
1936	**R**	$ 295	539 Stk.
	RL	$ 295	355 Stk.
	RLD	$ 295	540 Stk.

Das Modell D (hier von 1930) besaß umfangreiche Armaturen und die charakteristischen Doppelscheinwerfer.

(Bes.: Martin Unger)

Typ:	**Flathead Fourty-Five**
Modell:	**RL**
Baujahr:	1932–1936
Motor:	luftgek. 45° V-Twin Viertakt SV
Hubraum:	741,80 ccm (45,26 cui)
Bohrung/Hub:	69,85 x 96,84 mm
Verdichtung:	nach Modellvariante
Vergaser:	Linkert/Schebler
Primärantrieb:	Kette
Sekundärantrieb:	Kette
Getriebe:	Dreigang
Batterie:	6 V
Zündung:	Batterie-Spulenzündung
Rahmen:	Einschleifen-Stahlrohr
Bremsen vorne:	Trommelbremse
Bremsen hinten:	Außenbandbremse
Federung vorne:	Schwingengabel Springer
Federung hinten:	keine
Radstand:	1.460 mm
Gewicht:	177 kg
Tankinhalt:	14 l
Ölvolumen:	3,6 l
Bereifung:	4.00 x 18
PS:	18,5
Höchstgeschw.:	113 km/h
Preis:	$ 295
Modellvarianten:	R: geringe Verdichtung
	RL: hohe Verdichtung
	RS: geringe Verdichtung (Seitenwagen)
	RLD: mit M16 Linkert-Vergaser
ab 1936:	RLDR: Rennausführung

Modell D (1929–1931)
Varianten, Preise und Stückzahlen

1929	**D**	$ 290	4.531 Stk.
	DL	$ 290	2.343 Stk.
1930	**D**	$ 310	2.000 Stk.
	DL	$ 310	3.191 Stk.
	DLD	$ 325	206 Stk.
1931	**D**	$ 310	715 Stk.
	DL	$ 310	1.306 Stk.
	DLD	$ 325	241 Stk.

Die 74 Kubikinch (1.200 ccm) Big Twin Seitenventiler V/VL von 1930 bis 1936 und U/UL von 1937 bis 1948

1930 lösten die seitengesteuerten 74-Kubikinch-Modelle der V-Typenreihe die IOE Two Cam Big Twins J und JD ab.

Das Triebwerk mit den von Harry Ricardo gestalteten Brennräumen wurde mit verschieden hohen Kolben, also mit unterschiedlicher Verdichtung geliefert. Die Versionen mit niedriger Verdichtung hießen V und VS, wobei letztere die Seitenwagenversion mit Rückwärtsganggetriebe war. Die hochverdichtete Sportversion hieß VL, besaß leicht abnehmbare Zylinderköpfe – wie die anderen Modelle auch – und Kolben aus einer Magnesium-L-Legierung (ab 1934 als Modell VFD auch Nickel-Eisen-Legierung). Jedes ihrer Ventile wurde von einer eigenen Nocke gesteuert. Zunächst hatte der Motor noch Verlustschmierung. Ein Sondermodell VLM wurde mit Magnetzündung angeboten.

Der Rahmen wurde gegenüber den JD-Modellen mehrmals verstärkt und dadurch um etwa 25% schwerer. Die seitlichen Fußbretter waren klappbar, und die Zündanlage war mit zwei unabhängigen Zündspulen ausgerüstet. Für das 1930er Design gab es den Dual-Bullet-Doppelscheinwerfer, das schwarze Klaxon-Horn, den Doppelrohrauspuff und eine Werkzeugbox, die an der Gabel montiert war.

Ab 1932 erhielten die Big Twins einen Schebler De-Luxe-Vergaser, ein verchromtes Sunburst-Face-Horn, cadmierte Pedale und den John Brown Sieben-Zoll-Scheinwerfer mit flacher, diffuser Scheibe, später auch mit konvexer Linse.

Ab 1937 hieß die neue Modellbezeichnung U, und alle Big Twins wurden in Stil und Design der modernen E/EL Knucklehead angepaßt.

Die Standardfarbe war immer noch olivgrün – wie hier die beiden VLS-Modelle 1930 und 1932 (links). Es gab aber auch zu dieser Zeit prächtige Art-Deco-Sonderlackierungen, der Prospekt aus dem Jahre 1933 zeigt eine davon.

Eine UL aus dem Jahr 1936.

(Bes.: Max Middelbosch, Zwolle/NL)

Die umfangreichen Bedienungselemente der Big Twins wurden in beigefügten Handbüchern ausführlich erklärt.

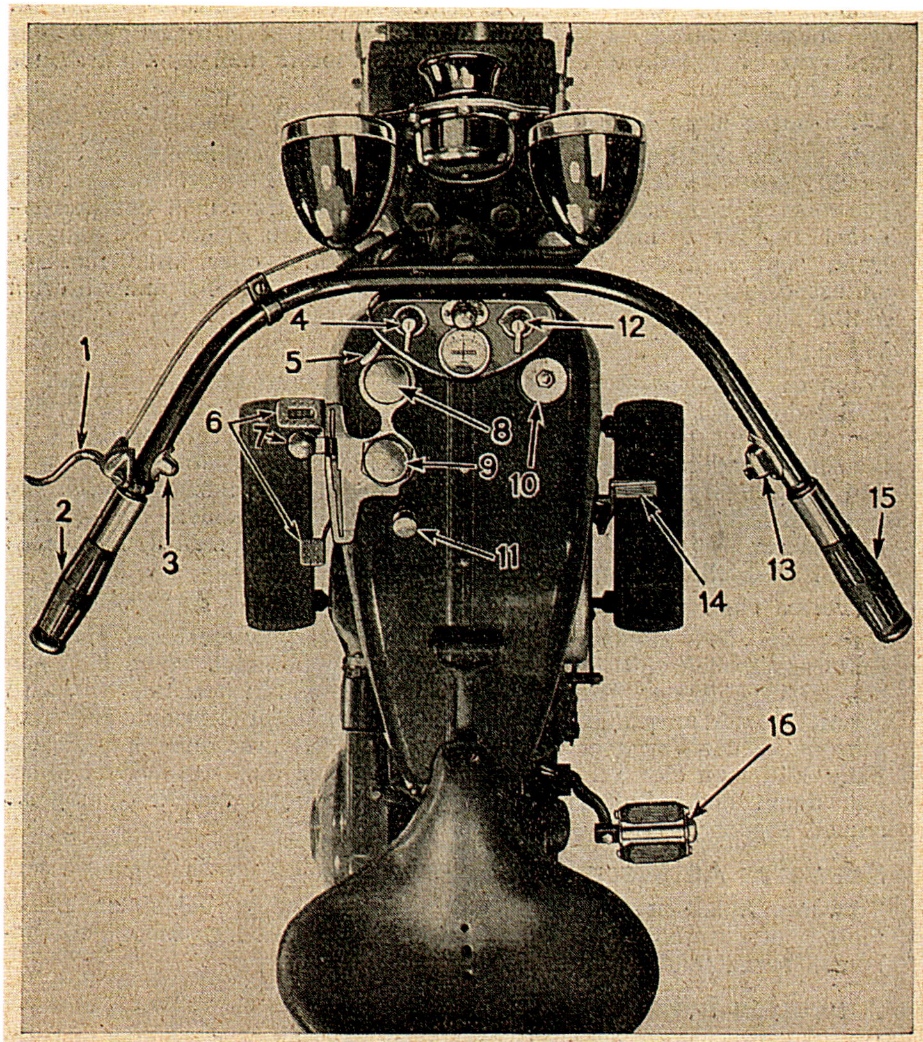

Figur 1, Bedienungsorgane

1. Handhebel der Vorderrad-Bremse; 2. Griff für Zündung (einwärts gedreht ist Frühzündung, auswärts gedreht ist Spätzündung); 3. Signal-Druckknopf; 4. Zündungsschalter (man führe den Schlüssel ein und drehe gemäß Zeichen auf Schaltbrett); 5. Steuerungsdämpfer [Sonder-Ausrüstung], (Drehen nach rechts stellt die Steuerung fester, nach links loser), 6 Kupplungspedal (Drücken nach hinten löst die Kupplung aus, Drücken nach vorne kuppelt ein); 7. Gangschalthebel; 8. Stopfen zum Öltank (Fassungsvermögen des Öltanks 3,8 Liter); 9. Stopfen zum Reservebrennstoff-Tank (dessen Fassungsvermögen ist

7

Als Sonderzubehör gab es den De-Luxe-Vergaser mit dem gefächerten Luftfilter.

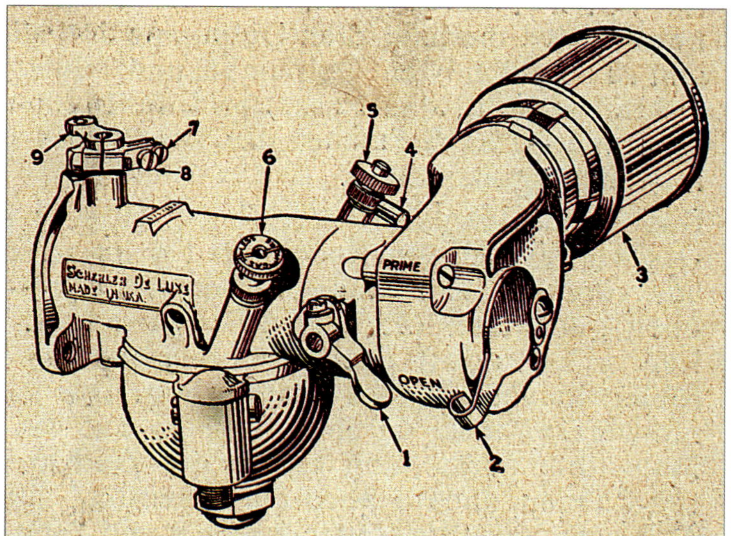

Figur 7. De Luxe-Vergaser.

1. Drosselhebel in Stellung OPEN (ganz herunter), der normalen Fahrstellung, 2. Luftzusatzklappe, nur bei hohen Geschwindigkeiten zu öffnen, 3. Luftreiniger, 4. Langsamlauf-Hebelnadel, 5. Langsamlauf-Stellnadel, 6. Schnellauf-Stellnadel, 7. Sicherungsmutter, 8. Drosselanschlag-Schraube, mit der die Geschwindigkeit des Motors bei geschlossener Drossel reguliert wird. 9. Drosselhebel.

Typ:	**Flathead Big Twin**
Modell:	**VL**
Baujahr:	1930–1936
Motor:	luftgek. 45° V-Twin Viertakt SV
Hubraum:	1.215,96 ccm (74,21 cui)
Bohrung/Hub:	87,31 x 101,6 mm
Verdichtung:	4,5 : 1
Vergaser:	Schebler, 32 mm Ø
Primärantrieb:	Duplexkette
Sekundärantrieb:	Kette
Getriebe:	Dreigang
Batterie:	6 V/22 Ah
Zündung:	Batterie-Spulenzündung
Rahmen:	Einschleifen-Stahlrohr
Bremsen vorne:	Trommelbremse
Bremsen hinten:	Trommelbremse
Federung vorne:	Schwingengabel (Doppel-T Springer)
Federung hinten:	keine
Radstand:	1.524 mm
Gewicht:	240 kg
Tankinhalt:	15 l
Ölvolumen:	3,8 l
Bereifung:	4.00 x 18
PS:	30
Höchstgeschw.:	128 km/h
Preis:	$ 340
Modellvarianten:	V: mittlere Verdichtung (28 PS)
	VL: hohe Verdichtung
	VS: Seitenwagen
	VC: Commercial (Nickel-Eisen-Kolben)
	VM: mittlere Verdichtung und Magnetzündung
	VLM: hohe Verdichtung und Magnetzündung
ab 1933:	VLD: Special Sport Solo
ab 1937:	U, UL, US

Modellvarianten, Preise und Stückzahlen

	V (Solo)		VL (Sport Solo)	
1930	$ 340	1.960 Stk.	$ 340	3.246 Stk.
1931	$ 340	825 Stk.	$ 340	3.477 Stk.
1932	$ 320	478 Stk.	$ 430	2.684 Stk.
1933	$ 310	233 Stk.	$ 310	866 Stk.
	VD (Solo)		**VLD (Special Sport Solo)**	
1933	n.a.	780 Stk.		
1934	$ 310	644 Stk.	$ 310	4.527 Stk.
1935	$ 320	585 Stk.	$ 320	3.963 Stk.
1936	$ 320	176 Stk.	$ 320	1.577 Stk.
	U (Solo)		**UL (Sport Solo)**	
1937	$ 395	612 Stk.	$ 395	2.861 Stk.
1938	$ 395	504 Stk.	$ 395	1.099 Stk.
1939	$ 395	421 Stk.	$ 395	902 Stk.
1940	$ 385	260 Stk	$ 385	822 Stk.
1941	$ 385	884 Stk.	$ 385	715 Stk.
1942	$ 385	421 Stk.	$ 385	405 Stk.
1943	$ 385	493 Stk.	$ 385	11 Stk.
1944	$ 385	580 Stk.	$ 385	366 Stk.
1945	$ 427,25	513 Stk.	$ 427,25	555 Stk.
1946	$ 427,25	670 Stk.	$ 427,25	1.800 Stk.
1947	$ 545	422 Stk.	$ 545	1.243 Stk.
1948	$ 590	401 Stk.	$ 590	970 Stk.

Die 80 Kubikinch (1.340 ccm) Big Twin Seitenventiler VLH und UH/ULH von 1935 bis 1941

Mit den überschweren 80-Kubikinch-Modellen hatte Harley 1935 (neben Indians Big Chief) nicht nur das hubraumstärkste Motorrad, sondern zugleich das komfortabelste in typisch amerikanischen Dimensionen. Die H-Typen mit den in jeder Beziehung gewaltig ausgelegten Seitenventil-V-Twins bildeten die erste derartige Modellserie.

Bis auf den etwas größeren und stärkeren Motor waren die 80 Kubikinch Flatheads baugleich mit den 74 Kubikinch Modellen. Die 80er Modelle gab es mit niedriger, später mit etwas erhöhter Verdichtung für den Solo- und als UHS auch für den Seitenwagenbetrieb. Mit mittlerer und hoher Verdichtung hießen sie ULH.

Robust und massiv: Der Lenker und die Cat's-Eye-Tankkonsole.

Typisch auch für die Zukunft: die halbmondförmigen, elastischen Gummitrittbretter.

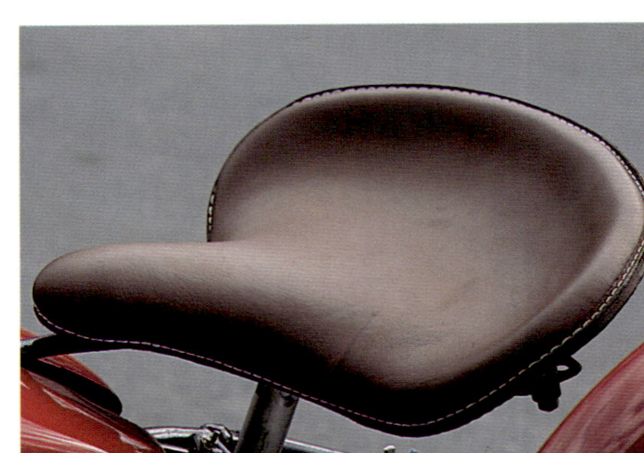

Höchster Fahrkomfort: der breite Solo-Sattel mit Zentralfederung.

(Bes.: Mark Jonas, Milwaukee, WI/USA)

Typ:	**Flathead Big Twin**
Modell:	**VLH**
Baujahr:	1936
Motor:	luftgek. 45° V-Twin Viertakt SV
Hubraum:	1.292,6 ccm (78,84 cui)
Bohrung/Hub:	87,31 x 108 mm
Verdichtung:	5,5 : 1
Vergaser:	Linkert, 32 mm Ø
Primärantrieb:	Duplexkette
Sekundärantrieb:	Kette
Getriebe:	Dreigang
Batterie:	6 V
Zündung:	Batterie-Spulenzündung
Rahmen:	Doppelschleifen-Stahlrohr
Bremsen vorne:	Trommelbremse
Bremsen hinten:	Trommelbremse
Federung vorne:	Schwingengabel Springer
Federung hinten:	keine
Radstand:	1.524 mm
Gewicht:	247 kg
Tankinhalt:	11,4 l
Ölvolumen:	4 l
Bereifung:	4.00 x 18 (oder 4.00 x 19)
PS:	34
Höchstgeschw.:	145 km/h
Preis:	$ 340
Modellvarianten:	VFH: mit Nickel-Eisen-Kolben VFHS: Seitenwagen, Dreigang und Rückwärtsgang
ab 1937:	UH ULH UHS (Seitenwagen)

Modellvarianten, Preise und Produktionszahlen

1935		
VLDD (Sport Solo)	$ 347	179 Stk.
1936		
VLH (Dreigang)	$ 340	2.046 Stk.
1937		
UH (mittl. Verd./Vierg.)	$ 415	185 Stk.
ULH (hohe Verd./Vierg.)	$ 415	579 Stk.
1938		
UH	$ 415	108 Stk.
ULH	$ 415	579 Stk.
1939		
UH	$ 415	92 Stk.
ULH	$ 415	384 Stk.
1940		
UH	$ 410	187 Stk.
ULH	$ 410	672 Stk.
1941		
UH	$ 410	126 Stk.
ULH	$ 410	420 Stk.

1937–1951: Fourty-Five zum Dritten – die W-Serien

1937 änderte sich die Modellbezeichnung der 45-Kubikinch-Typen. Mit den Grundmodellen W und WS (S für Seitenwagen) Solo Low Compression, WL Sport Solo High Compression sowie dem Production Racer Typ WLDR Competition Special (für 380 Dollar) wurde die neubezeichnete W die meistproduzierte Serienmaschine. Dazu kam noch ein Exportmodell für Japan: die WSR.
Daneben wurde der Flathead 45-Kubikinch-Motor ständig nachgebessert, der ab jetzt eine horizontale Verrippung am Kurbelwellengehäuse, ein neues Schmiersystem und eine am Getriebegehäuse angebrachte Ölpumpe bekam. So wurde das Gesamtstyling der modernen E 61 Knucklehead angeglichen. Der Tank war geteilt: die linke Hälfte für Benzin, die rechte für Öl. Eine neugestaltete Instrumentenkonsole auf dem Tank (White Face von Stewart Warner) – mit Tachometer und Tageszähler (Tripmeter), Amperemeter und Zündschaltereinheit – entsprach jetzt genau den Instrumentenkonsolen der Big Twins.

1938 wurden weitere Verbesserungen an Motor, Getriebe und Fahrgestell vorgenommen, ein Vierganggetriebe stand zur Auswahl, und das Gesamtdesign übernahm viele Details aus der Big-Twin-Serie. 1941 wurde helles Grau zur Standardfarbe, und aus dem Rennsportmodell WLRD wurde ein Straßenmodell. Die Production-Racer – vor allem für die AMA C-Klasse gedacht – hießen jetzt WR (für Bahnrennen) bzw. WRTT (für Straßenrennen und Hillclimbs), hatten hochverdichtete Motoren mit polierten Einlaßkanälen und Brennräumen, sie wurden ohne Lichtanlage und vordere Schutzbleche ausgeliefert. Während die alte WL noch Graugußzylinderköpfe besaß, hatten die WLDR-Modelle jetzt den strapazierfähigen Alukopf, verstärkte Kurbelzapfen und Ventilfedern sowie einen größeren Vergaserdurchlaß. Ihre Leistung lag bei etwa 35PS. Weitere Neuerungen im Design: die Cats-Eye-Instrumentenkonsole, das Boat-Tail-Rücklicht und der zunächst braune, später dann schwarze Solosattel aus Leder.

1940 lieferte Harley-Davidson die ersten WL-Prototypen an die U.S. Army aus, mit einem M 64 Linkert-Vergaser und diversen Umrüstungen. Während des Krieges wurde die gesamte W-Modellreihe mehrmals verändert, vor allem den militärischen Anforderungen angepaßt und war in dieser Zeit für Zivilisten nicht mehr zu kaufen. Erst ab 1947 tauchte das WL-Modell als modifiziertes 45er Flathead V-Twin-Motorrad wieder auf. Das mit Drei- oder Vierganggetriebe ausgerüstete Modell hatte zum Beispiel das neue Tombstone-Rücklicht, einen schwarzen Ledersattel, ein Doppellicht-Instrumenten-Cover und glänzte mit zweifarbigen Lackierungen in den Farben Brillant-Schwarz, Riviera-Blau oder Rubinrot. Die 45er bekam Airflow-Schutzbleche, neue auffällige Tanklogos, verchromte Auspuffe oder Sportauspuffe vom geraden Straight-Pipe-Typ. Handschaltung (Kulissenschaltung) an der linken (oder auch rechten) Tankseite und die ebenfalls links liegende Fußkupplung waren bis zuletzt obligatorisch.

Beliebt und unverwüstlich: das legendäre 45 Kubikinch Modell WLD aus der Vorkriegszeit.
(Alle Fotos der blauen WLD auf diesen beiden Seiten, Bes.: Mark Jonas, Milwaukee, WI/USA)

Fast schon ein Custom Bike: in zweifarbiger Lackierung und mit elegantem, weißem Lederbesatz präsentiert sich eine 45er Flathead auf der Daytona Bike Show – mit originalem Werkzeug-Set.

W-Modellserie (1937–1951)
Varianten, Preise und Stückzahlen

1937	W	$ 355	509 Stk.
	WL	$ 355	560 Stk.
	WLD	$ 355	581 Stk.
1938	W	$ 355	302 Stk.
	WL	$ 355	309 Stk.
	WLD	$ 355	402 Stk.
1939	W	$ 355	260 Stk.
	WL	$ 355	212 Stk.
	WLD	$ 355	326 Stk.
1940	W	$ 350	439 Stk.
	WL	$ 350	569 Stk.
	WLD	$ 365	567 Stk.
Von 1941 bis 1946 weitgehend Kriegsproduktion			
1941	W 45	$ 350	4.095 Stk.
	WL	$ 350	4.277 Stk.
	WLD	$ 365	455 Stk.
1942	WL	$ 350	142 Stk.
	WLD	$ 365	133 Stk.
1945	WL	$ 395,97	1.357 Stk.
1946	WL	$ 395,97	4.410 Stk.
	WL Special	$ 402,97	
1947	WL	$ 490	3.338 Stk.
1948	WL	$ 535	2.124 Stk.
1949	WL	$ 590	2.289 Stk.
1950	WL	$ 590	1.108 Stk.
1951	WL	$ 730	1.044 Stk.

Typ:	**Flathead**
Modell:	**WL/WLD**
Baujahr:	1947
Motor:	seitengesteuerter 45° V-Twin Viertakt
Hubraum:	741,80 ccm (45,26cui)
Bohrung/Hub:	69,85 x 96,84 mm
Verdichtung:	5 : 1
Vergaser:	Linkert
Primärantrieb:	Duplexkette
Sekundärantrieb:	Kette
Getriebe:	Dreigang
Batterie:	6 V
Zündung:	Batterie-Spulenzündung
Rahmen:	Einschleifen-Stahlrohr
Bremsen vorne:	Trommel 28 mm Ø
Bremsen hinten:	Trommel 36 mm Ø
Federung vorne:	Schwingengabel
Federung hinten:	keine
Radstand:	1.460 mm
Gewicht:	250 kg
Tankinhalt:	13 l
Ölvolumen:	3,6 l
Bereifung:	4.00 x 18
PS:	24
Höchstgeschw.:	120 km/h
Preis:	$ 490

Tankkonsole und Schokoladenseite: Das originale Design einer WLD von 1941.

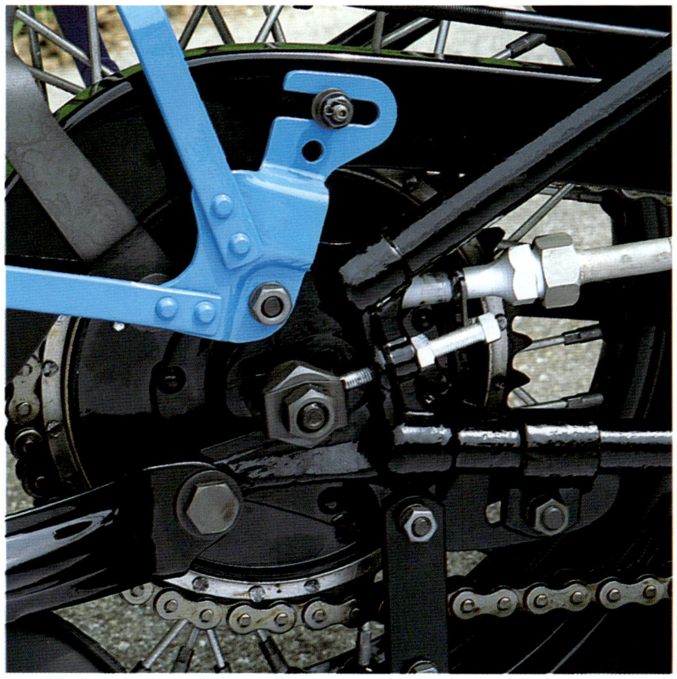

Die klassische Frontpartie mit hochgesetzter Lampe, Hupe und Sturzbügel, der etwas komplizierten Heckpartie und dem typischen Rücklicht mit Nummernschildbeleuchtung nach oben.

Kriegsgerät

Das erste Militärmodell von Harley war die als Solo- und Beiwagenmaschine gelieferte 1.000ccm IOE F-Head V-Twin. Sie wurde im Ersten Weltkrieg als Meldefahrzeug, zur Personenbeförderung und im allgemeinen Transportbereich wie auch im Lazarettdienst eingesetzt. Für den Kampfeinsatz gab es gepanzerte Aufbauten und diverses waffentechnisches Zubehör. Im Zweiten Weltkrieg war es vor allem der in unzähligen Varianten und Riesenstückzahlen gefertigte 45 Kubikinch SV-WLA-Typ, der bei der U.S. Army Dienst tat.

1942 wurden 1.000 Stück des All-Terrain-Modells XA gebaut, mit einem 750er Seitenventil-Boxermotor und Kardanantrieb. Sie wurden jedoch nie eingesetzt, da der Wüstenkrieg in Nordafrika, für den die XA konzipiert worden war, bei ihrem Marktauftritt bereits Geschichte war.

Die im Rahmen des Pacht- und Leihabkommens (Lend and Lease Agreement) von 1941 bestellten Militärmodelle WLC und ELC (mit der Bezeichnung C für Canada) sowie einige 1.200ccm Seitenventil-Big Twins (Modelle UA und US), zum Teil mit Seitenwagen, wurden über das British Supply Council an die kriegführenden Commonwealth-Staaten ausgeliefert. Sie kamen so nicht nur zu den kanadischen Streitkräften, sondern auch nach England, Südafrika, Australien und Neuseeland und wurden auf britischen Militärstandard umgerüstet.

Nach 1945 verschwanden Motorräder zusehends aus den Armeearsenalen. Einige wenige überlebten bei der Militärpolizei und dem Küstenschutz. So wurden in den späten 50er und frühen 60er Jahren 418 Sportster für die Shore Patrol (SP) geliefert. 1967 orderte die Armee noch einige zusätzliche XLA-, FL- und FLH-Solomaschinen für den militärischen Dienst, vor allem zur Eskortierung und für Militärpolizeieinsätze auf den letzten europäischen Standorten in Belgien und den Niederlanden. Der von Harley Davidson offerierte Militär-Prototyp XLA, der in den 70er Jahren zum Einsatz kommen sollte, wurde nur in ganz geringen Stückzahlen hergestellt.

Erst die Benzinknappheit von 1976/77 bewog die Militärs, wieder über eine ökonomisch sinnvolle Verwendung von Motorrädern nachzudenken. Gefragt waren nun vor allem sparsame und geländegängige Leichtgewichte, die jedoch Harley zu dieser Zeit nicht anbot. Dagegen wurden einige militärisch umgerüstete 250 ccm Enduro-Zweitakter des kanadischen Schneemobilherstellers Bombardier, die mit österreichischen Rotax-Motoren ausgerüstet waren, ab 1982 als Meldefahrzeuge in den Dienst der U.S. Army und U.S. Navy gestellt. Aufgrund weiterer anstehender Militärmotorrad-Aufträge der US-Regierung kaufte Harley-Davidson am 10. Oktober 1987 der britischen „Armstrong Military Division“ alle Herstellungs- und Designrechte für das Militärmodell MT 500 ab.

Die von der US-Regierung geforderten Auflagen konnten gegen die eher halbherzig angetretene Konkurrenz von Yamaha und Kawasaki nur Harley-Davidson und Gilera/Cagiva erfüllen. Immerhin stand ein Auftragsvolumen von 5.000 Motorrädern zur Debatte. Für diesen Zuschlag hatte Harley eben jene MT 500 vorgesehen: eine leichte Enduro-Maschine mit dem in Österreich gefertigten Vierventil-Rotax Einzylinder -Viertakter. Aber die Verhandlungen zogen sich hin, und schließlich wurde der Vertrag dann vorläufig „eingefroren“.

Dafür bekam Harley-Davidson 1993 einen Lieferauftrag vom britischen Verteidigungsministerium über 1.570 Militärmotorräder vom Typ MT 35, die ebenfalls mit einem Rotax-Motor ausgerüstet waren. Diese sollten bei Nato-Einsätzen der Interarmed Forces Verwendung finden. In York baute man vier Jahre lang zwei solcher Maschinen pro Tag.

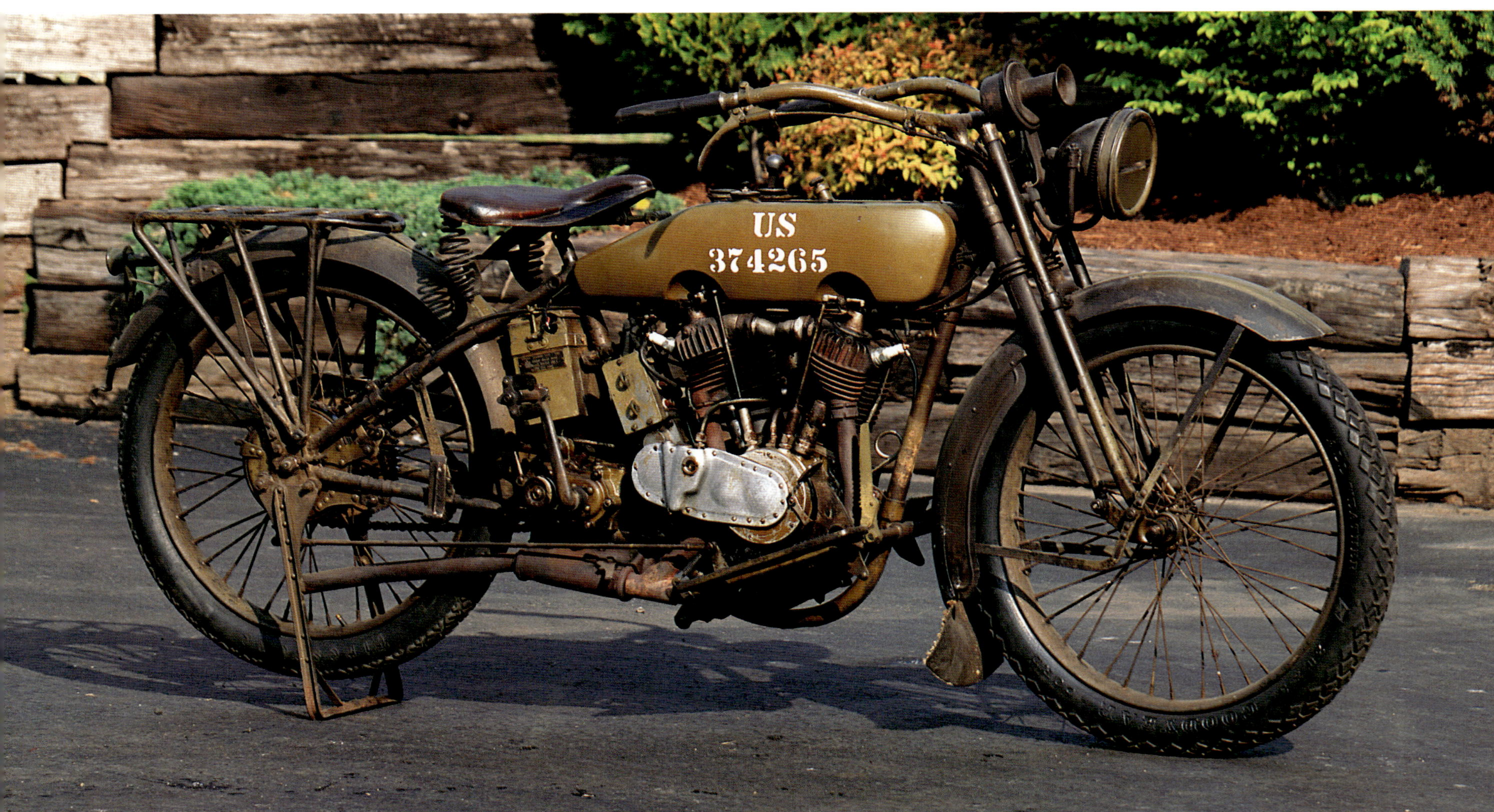

Eine 1000 ccm V-Twin von 1917 in original Armee-Ausführung.

(Bes.: Dale Walksler/Wheels Through Time Museum, Mount Vernon, IL/USA)

Eine XA aus dem Jahr 1943 mit Seitenwagen und zusätzlichem Teleskopdämpfer an der Vordergabel sowie Handkupplung und Fußschaltung.

Ein Entwurf von Harley-Davidson für das Standardfahrzeug der U.S. Army – ein „Allzweck-Servi-Car“. Das 1940 zu militärischen Testzwecken gelieferte Modell wurde jedoch von der Armee nicht übernommen, man entschied sich für den effektiveren Jeep.

Experimentelle Ausführung eines gepanzerten Militärgespanns, das jedoch nicht zum Einsatz kam.

Eine der überaus seltenen 74 Kubikinch OHV Servi-Car-Varianten mit Kardanantrieb hat den Militärdienst überlebt. Der Holzkasten wurde nachträglich aufgesetzt.

(Bes.: Dale Walksler/Wheels Through Time Museum, Mount Vernon, IL/USA)

In den späten 50er und frühen 60er Jahren wurden nochmals 418 Sportster – wie dieses Modell XLA 1964 – an die U.S. Army und die Militärpolizei geliefert.

Die Armstrong MT 500 wurde von Harley-Davidson in Lizenz gebaut. Hier im „Nato-Look“.

Die Militärmodelle WLA/WLC von 1939 bis 1946

Bereits Anfang 1939 schickte Harley-Davidson zwei in Hochglanz-Olivgrün lackierte, zivile 45 Kubikinch WL-Seitenventilmaschinen – mit weißen Lenkergriffen, unverkleideten Kotflügeln und einer zusätzlichen Motorschutzplatte – als Testmotorräder zum Militärtestgelände des Mechanized Cavalry Board nach Fort Knox, Kentucky, wo sie vor allem mit Low-Speed-Tests auf rauhem Gelände militärischen Tauglichkeitsprüfungen unterzogen wurden. Dabei wurde durch Handauflegen der Hitzegrad der durch endloses Langsamfahren strapazierten Motoren geprüft.

Es gab natürlich Beanstandungen und Umrüstauflagen. So sollte vor allem der Gasgriff – wie bei Indian – linksseitig sein, um das rechtshändige Schießen und die Übergabe von Dokumenten sowie das Grüßen während der Fahrt zu ermöglichen. Besonders gelobt wurde die Geländegängigkeit der robusten Harleys. Nach endlosen Verhandlungen bekam Harley den fetten Regierungsauftrag. Auch Rußland orderte im Zuge des Pacht- und Leihabkommens WLA-Solomaschinen, später kamen noch speziell für die Rote Armee gefertigte WSR Sidecar-Russia-Gespanne.

1940 bestellte die U.S. Army als Erstlieferung 745 WLAs. Eine weitere Bestellung über 185 Militärmotorräder (sowohl WLA als auch 74 Kubikinch Flathead) folgte. Insgesamt wurden 88.000 WLA- und WLC-Modelle sowie Ersatzteile für weitere 30.000 Maschinen geordert. Dadurch wurde das WL-Modell zum meistgebauten Motorradtyp von Harley-Davidson.

Das neue militärische Outfit brachte eine Menge Änderungen mit sich: So änderte Harley im Linkert M-88-Vergaser die Düsenbestückung, um dadurch den starken Ölkohleablagerungen im Brennraum entgegenzuwirken. Ein stabiler Gepäckträger, der bis zu 120 kg – beispielsweise Funkgeräte – tragen konnte, die moderne Springer-Gabel der EL Knucklehead und die bekannten Half-Moon-Trittbretter kamen hinzu. Alle verchromten und vernickelten Teile wurden durch mattierte ersetzt – zunächst mußten sie noch mit Klebestreifen abgedeckt werden.

1941 wurde der staubdichte Ölbad-Luftfilter mit dem charakteristischen großen Luftfilterkasten und dem waagerechten Verbindungsrohr zum Vergaser obligatorisch. Der vordere Scheinwerfer (mit einer verdunkelnden Blackout-Lichtabdeckung) wurde tiefer gelegt, und weit ausladende Sturzbügel schützten beim Umfallen. Das zivile Beehive-Rücklicht wurde durch das Stop & Blackout-Rücklicht ersetzt.

1943 erhielten alle WLAs im Zuge der Gummiknappheit grüne Kunststoffgriffe, eiserne Kickstartpedale und gerippte Metalltrittbretter. Der Sitz wurde weiter nach vorne versetzt. Die einheitliche Standardlackierung war mattes Militär-Olivgrün, jegliche Firmenlogos und Aufschriften auf der Maschine waren von der Army verboten. Die bei den zivilen WL-Motoren übliche Verdichtung von 6 : 1 wurde bei den ersten Militärmodellen zunächst auf 4,3 : 1 reduziert, danach aber wieder auf 5 : 1 heraufgesetzt.

Die für die kanadischen und britischen Streitkräfte gebauten WLC-Modelle verfügten über einen zusätzlichen vorderen Hauptständer sowie einen Soziussitz britischen Typs mit Haltegriff, und anstatt der Fußkupplung gab es eine spezielle, rechtsseitige Handkupplung. Wie bei den Big-Twin-Modellen waren Vorder- und Hinterrad austauschbar. Die typische US-Halterung für das Thompson-Maschinengewehr fehlte an den WLCs.

Zahlreiche Änderungen von Armaturen, Scheinwerfer- und Rücklichttypen, Schalter und diversen Instrumenten nach britischem Standard wurden vorgenommen.

Dazu kamen unterschiedliche Motorlackierungen. Für die Gespannausführung, die an die Rote Armee geliefert wurde, montierte man besondere Goulding-Seitenwagen. Dazu kam noch – wie auch bei den WLA-Modellen – eine große Anzahl von Sonderzubehör-Anfertigungen wie Munitionskisten, Verbandskästen, Maschinengewehr-Halterungen und Funkausrüstungen.

Ständige Umbauten, Nachrüstungen und Reparaturen ergaben jedoch unzählige neue Varianten, die im einzelnen kaum aufzulisten sind.

Für mittleres und schweres Militärgerät wurden Seitenwagen mit entsprechender Panzerung für den Kampfeinsatz entwickelt, die dafür verwendeten Modelle waren vorrangig die 74 und 80 Kubikinch Big-Twin-Seitenventiler.

Typische WLA mit militärischer Grundausrüstung.

(Bes.: Franz Simmerlein, Nürnberg/D)

WLC-Modelle in britischem Standard für die Kanadische Armee und in winterlicher Tarnfarbe (Bild rechts). Typisch ist der Verbandskasten auf dem vorderen Kotflügel.

(Bes.: Max Middelbosch, Zwolle/NL)

Typ:	**Flathead**
Modell:	**WLA/WLC**
Baujahr:	1941–1945
Motor:	luftgek. 45° V-Twin Viertakt SV
Hubraum:	741,63 ccm (45,26 cui)
Bohrung/Hub:	69,85 x 96,84 mm
Verdichtung:	5 : 1
Vergaser:	Linkert
Primärantrieb:	Duplexkette
Sekundärantrieb:	Kette
Getriebe:	Dreigang
Batterie:	6 V
Zündung:	Batterie-Spulenzündung
Rahmen:	Einschleifen-Stahlrohr
Bremsen vorne:	Trommelbremse
Bremsen hinten:	Trommelbremse
Federung vorne:	Schwingengabel Springer
Federung hinten:	keine
Radstand:	1.460 mm
Gewicht:	250 kg
Tankinhalt:	13 l
Ölvolumen:	3,6 l
Bereifung:	4.00 x 18
PS:	23,5
Höchstgeschw.:	105 km/h
Preis:	$ 380
Modellvarianten:	als WLC für die kanadische Armee nach britischem Standard

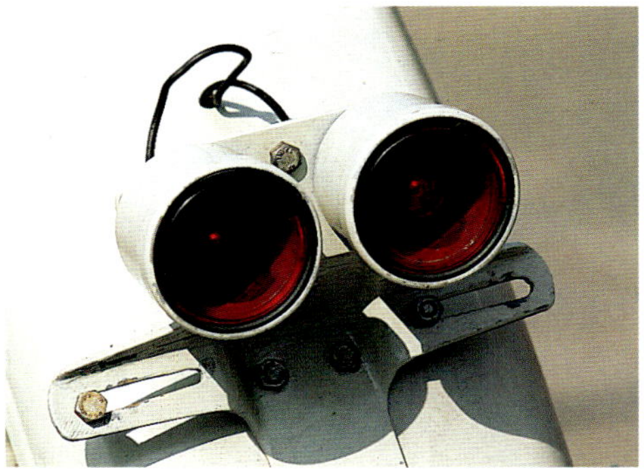

WLA-Sonderausführung in Marinegrau für die U.S. Navy.

Ein spezielles Winterizing Kit, das den Motorrädern als Ausrüstung beigegeben wurde, um das Öl bei extrem niedrigen Temperaturen wieder zu verflüssigen.

Standard-Militärmodelle und ihre Produktionszahlen

WLA	45 Kubikinch SV für die U.S. Army	
	1940	n.a.
	1941	2.282 Stk.
	1942	13.460 Stk.
	1943	24.717 Stk.
	1944	11.531 Stk.
	1945	8.317 Stk.
WLC	45 Kubikinch SV für die Canadian Army	
	1942	9.825 Stk.
	1943	2.647 Stk.
	1944	5.356 Stk.
UA/USA	74 Kubikinch SV (S mit Seitenwagen) für die U.S. Army	
	1941	n.a.
	1942	426 Stk.
ELA	61 Kubikinch OHV Knucklehead für die U.S. Army	
	1942	8 Stk.
ELC	61 Kubikinch OHV Knucklehead für die Canadian Army	
	1942	45 Stk.
WSR	45 Kubikinch SV mit Seitenwagen für die Russische Armee (Sidecar Russia)	
	1945	n.a.
XA	45 Kubikinch SV Boxer mit Kardan für die U.S. Army	
	1942	1011 Stk.
Modell G	(Servi-Car) mit 45 Kubikinch SV-Motor	

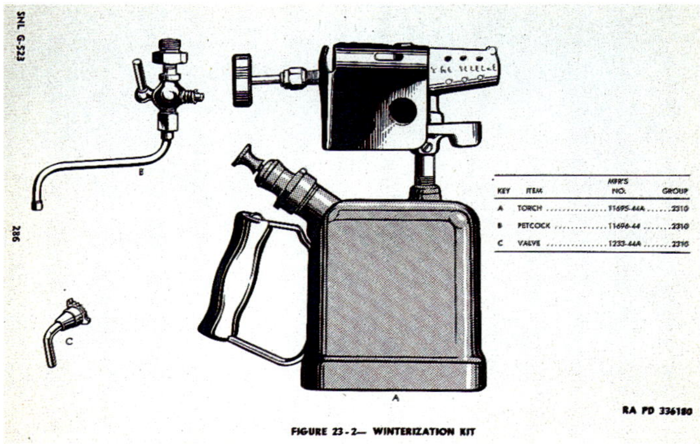

Original „russisches Outfit“ der WLA für die Rote Armee – dem russischen Motorradmagazin *MOTO* entnommen.

Die abgedunkelten Doppel-Rücklichter der WLA waren Militärvorschrift.

(Bes.: Franz Simmerlein, Nürnberg/D)

© Harley-Davidson

Ein militärischer Sondertyp – die XA

Beeindruckt von Generalfeldmarschall Rommels Wüstensiegen in Nordafrika, bei denen auch Motorräder eine große Rolle spielten, glaubten hohe US-Militärs, daß Kettenantrieb bei Motorrädern in sandigem Gelände nichts tauge, und sie beauftragten Indian, Harley-Davidson und Delco mit der Entwicklung eines kardangetriebenen Modells. William Harley organisierte über die Niederlande eine BMW R 12 (gewünscht war eigentlich eine neuere R 75) und ließ sie – aus Zeitmangel – kurzerhand nachbauen. Da das eigene Werk mit Rüstungsaufträgen voll ausgelastet war, wurde das XA genannte Modell bei General Motors gefertigt. 1941 wurde der Prototyp vorgestellt, 1.000 Stück sollten bis zum Juli 1942 zum Preis von 870,35 Dollar geliefert werden. Der neue Hybrid war eine seltsame Mischung aus deutschem BMW-Motor und -Rahmen und amerikanischem Design von Tank, Sattel und Gabel. Die ersten Erprobungen wurden von Dezember 1941 bis Februar 1942 zusammen mit dem kardangetriebenen Modell 841 von Indian in Camp Holabird vorgenommen und verliefen nicht unbedingt zur vollen Zufriedenheit.

Der XA-Motor – eine ziemlich genaue Kopie der BMW R 12 (1935–1938) mit Seitenventilsteuerung – hatte einen Boxermotor und daher einen ruhigen Lauf sowie praktisch keine Vibrationen. Die Ventilsteuerung erfolgte über eine im Motorgehäuse befindliche Nockenwelle, die Ölversorgung wurde durch eine Trockensumpfschmierung sichergestellt. Zwei Vergaser sorgten für die Gemischzufuhr. Den fast versteckten Kickstarter mußte man seitlich heruntertreten. Anstelle der deutschen Telegabel verwendete Harley-Davidson die erprobte Springer-Gabel der Big Twin Knucklehead. Der Tank, die Armaturen sowie die Lichtanlage stammten aber allesamt aus der Harley-Produktion. Für die geforderten US-Militärstandards mußten verschiedene Spezialausrüstungen als Sonderzubehör für die XA verändert werden: Bügel, Halterungen, Lampen, Gepäckträger und Kleinteile aus der WLA-Produktion, die so nicht zur XA paßten. Die Produktionskosten für das XA-Modell dürften bei einer Stückzahl von nur 1.000 bei etwa 1.000 Dollar gelegen haben.

Die XA erreichte nie einen Kriegsschauplatz. Als die Produktion anlief, war der Krieg in Nordafrika schon beendet. Im Juli 1943 entschloß sich das US-Verteidigungsministerium, die Herstellung der XA-Modelle einzustellen, und annullierte alle Aufträge.

Harley-Davidson plante darauf zusammen mit Allis Chalmers die Weiterverwendung der Boxermotoren als Antrieb für Schneemobile oder stationäre Generatoren. Daraus wurde jedoch nichts, und nach Kriegsende verramschte die US-Regierung die XAs auf dem zivilen Markt zum Stückpreis von 500 Dollar.

Eines der überaus seltenen XA-Modelle im Originalzustand.

(Bes.: Otis Chandler/Vintage Museum of Transportation, Oxnard, CA/USA)

(Rechte Seite, Bes.: Mark Jonas, Milwaukee, WI/USA)

Die XA wies neben ihrem ungewöhnlichen Boxermotor auch einige militärische Sonderausstattungen auf, wie zum Beispiel das Vollgußrad, zusätzliche Stoßdämpfer am Vorderrad oder die Hitzeleitbleche an den Zylindern.

Typ:	**Flathead Boxer**
Modell:	**XA**
Baujahr:	1942–1943
Motor:	luftgek. Zweizylinder Viertakt Boxer SV
Hubraum:	738 ccm
Bohrung/Hub:	78 x 78 mm
Verdichtung:	5,7 : 1
Vergaser:	zwei Linkert
Primärantrieb:	Zahnrad
Sekundärantrieb:	Kardan
Getriebe:	Viergang mit Handkupplung
Batterie:	6 V
Zündung:	Batterie-Spulenzündung
Rahmen:	Doppelschleifen-Stahlrohr
Bremsen vorne:	Trommelbremse
Bremsen hinten:	Trommelbremse
Federung vorne:	Schwingengabel Springer
Federung hinten:	Geradwegfederung
Radstand:	1.492 mm
Gewicht:	244 kg
Tankinhalt:	15,5 l
Ölvolumen:	1,9 l
Bereifung:	4.00 x 18
PS:	23
Höchstgeschw.:	105 km/h
Preis:	$ 879,35

Modellvarianten:
Gespann-Prototyp mit Seitenwagenantrieb

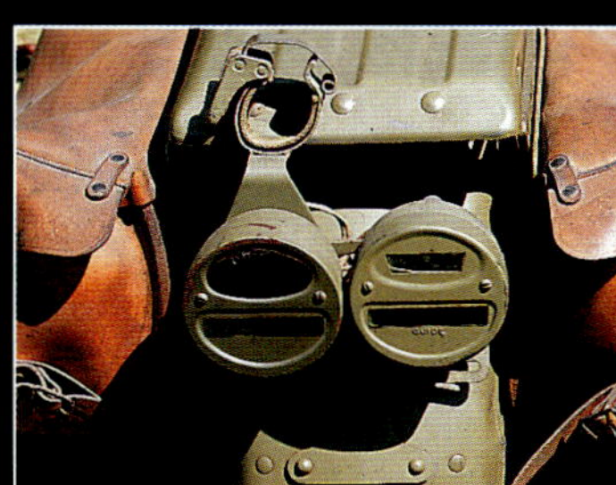

Links: eine montagefertige Einheit des XA-Motors, eine täuschend ähnliche Kopie der Vorkriegs-BMW R12.

Der Forecar – eine Art Lasten-Rikscha

Zu den seltsamsten Gefährten, die Harley je gebaut hat, gehört der von 1913 bis 1915 produzierte,dreirädrige „Lieferwagen". Er war für den rein kommerziellen Gebrauch, aber auch für den Personentransport gedacht und entsprach der neuen Mobilität von fliegenden Händlern sowie dem allgemeinen Trend nach preiswerter Durchführung von Kleintransporten. Die dafür vorgesetzten Kästen waren riesig, unförmig und oft viel zu schwer beladen, aber sie erfüllten offensichtlich ihren Zweck.

1913 erschien das Modell 9G, der Forecar Delivery Van mit dem 61 Kubikinch F-Head IOE V-Twin-Motor und einem vorgesetzten Kastenaufbau, der Delivery Box, in mannigfacher Ausführung. 1914 erhielt der Van das Zweiganggetriebe in der Hinterradnabe und 1915 das angeflanschte Dreiganggetriebe. Ab 1915 wurde das unhandliche und schwerfällige Lieferdreirad durch diverse kommerzielle Seitenwagentypen abgelöst. Diese „Package Trucks" waren vergleichsweise preiswert in der Herstellung und konnten für die unterschiedlichsten Zwecke eingesetzt werden. Originale Forecars gehören heute zu den seltensten Reliquien aus der Frühzeit der Company.

Die Produktionszahlen des Forecar

1913	Modell 9G	63 Stk.
1914	Modell 10G	171 Stk.
1915	Modell G	98 Stk.

Von den ursprünglich häufig verwendeten, kommerziellen Forecars sind – soweit bekannt – keine Exemplare mehr erhalten. Nur seltenes, historisches Bildmaterial kann ihre damalige Existenz bezeugen.

Der erste größere Auftrag für Forecars kam von der U.S. Mail.

Besonders beliebt waren die Forecars bei Gewerbetreibenden im „fliegenden Einsatz".

Harleys langlebigste Produktionslinie – der Servi-Car

Das erste Trike von Harley-Davidson erschien 1932 – nachdem es bereits am 9. November 1931 vorgestellt worden war – unter dem Namen Servi-Car und kostete 450 Dollar. Es hatte den neuen, niedrig verdichteten 45-Kubikinch-Seitenventilmotor der D-Serie mit Dreiganggetriebe plus Rückwärtsgang und entwickelte etwa 18 PS. Der Servi-Car hatte sofort enormen Erfolg. Kfz-Werkstätten und die Polizei sowie verschiedene Transport- und Postdienste wurden schnell Großabnehmer. Der großvolumige Laderaum bot innen genug Platz für Werkzeug und Ersatzteile und außen genügend Fläche für individuelle Werbung. Liegengebliebene Autos konnten nun schnell und effizient bedient werden. Die Polizei hatte endlich ein leicht zu bedienendes, wendiges Fahrzeug, um Parksünder abzukassieren und den städtischen Verkehr zu überwachen.
Es sollte nicht unerwähnt bleiben, daß in diesen Jahren in Japan unter der Regie von Alfred Rich Child dem Servi-Car ähnliche Boxcars gebaut wurden, allerdings mit den wesentlichen stärkeren 74 Kubikinch (1200 ccm) Big-Twin-Motoren. Inwieweit diese sehr erfolgreichen Transportfahrzeuge den Servi-Car beeinflußt haben, ist nicht bekannt.
Bereits 1933/34 gab es vier Varianten dieser G-Serie: großer oder kleiner Aufbau, mit oder ohne Anhängerkupplung und mit Platz für ein Auto-Reserverad. 1935 bekam der Servi-Car ein neues Getriebe, eine verstärkte Hinterradachse und den klappbaren Tow-Bar-Bügel, der dazu diente, den Servi-Car an ein Auto anzuhängen. Ein Mechaniker konnte auf diese Weise Autos zur Inspektion bringen oder wegschaffen. Insgesamt waren die Modellvarianten G, GA, GDT, GD und GE im Angebot.
1937 spendierte die Company ein neues Design mit modernen Linien. Zwei Jahre später baute Harley-Davidson ein Test-Servi-Car für die U.S. Army mit dem 1000er Knucklehead-OHV-Motor und Kardanantrieb. Die 16 zur Verfügung gestellten Militär-Trikes fielen jedoch beim Härtetest in Camp Holabird durch. Erst ein zweiter Prototyp, der 1940 an die Army geliefert wurde, bestand die Prüfungen. Doch nach den Erfolgen von Willys Jeep standen bei den US-Streitkräften Servi-Cars nicht mehr zur Debatte, und es blieb bei Verbesserungen für den zivilen Gebrauch: ein verstärkter Achskasten (1940/42), eine bessere Kettenführung, Hinterradbremse mit Gußtrommel, verstärkte Kupplung und das Vorderrad von der Big-Twin-Serie. Die Kompression wurde von 4,5 : 1 auf 4,75 : 1 erhöht. Die Rohstoffknappheit, die durch die Fortdauer des Krieges zunehmend einschneidender wurde, legte jedoch die Produktion bald nahezu lahm.
Kurz nach dem Krieg experimentierte Harley an einem K-Prototyp mit dem Boxermotor der XA und Kardanantrieb. Das Projekt wurde aber wieder eingestellt. Als die WL-Seitenventilserie 1953 auslief, wurde ihr unverwüstlicher 45 Kubikinch V-Twin-Motor noch 20 Jahre lang als Antrieb für den Servi-Car weiterproduziert.
Ab 1951 wurden hydraulische Bremsen und ab 1958 die hydraulisch gedämpfte Telegabel der Hydra Glide eingeführt. 1964 – ein Jahr vor der ersten Electra Glide – bekam der Servi-Car eine 12-Volt-Anlage und einen Elektrostarter und hieß nun wieder GE. Statt des bisherigen Dynamos wurde eine größere und stärkere Lichtmaschine am vorderen Rahmenrohr montiert. Ab 1966/67 bestand der gesamte Kastenaufbau aus leichtem Fiberglas. Nach 41 Jahren endete die Produktion des Servi-Car 1973/74, aber das unvergängliche Harley-Trike lebt bis heute in unzähligen Custom-Umbauten und Varianten weiter.

Der erste Servi-Car von 1932, Typ G, in Originalausführung.
(Bes.: Bob Studer, Milwaukee, WI/USA)

Servi-Car: Varianten, Preise und Produktionszahlen

	G		GA		GD		GDT		GE	
Jahr	Preis ($)	Stückzahl	Preis ($)	Stückzahl	Preis ($)	Stückzahl	Preis ($)	Stückzahl	Preis ($)	Stückzahl
1932	450.–	219 *			–.–	36			–.–	5
1933	450.–	80	–.–	12	–.–	60	–.–	18	–.–	12
1934	430.–	317	415.–	40	430.–	104	445.–	58	485.–	27
1935	440.–	323	425.–	64	440.–	91	455.–	72	495.–	17
1936	440.–	382	425.–	55	440.–	96	455.–	85	495.–	30
1937	515.–	491	500.–	55	515.–	112	530.–	136	570.–	22
1938	515.–	259	500.–	83	515.–	81	530.–	102		
1939	515.–	320	500.–	126	515.–	90	530.–	114		
1940	515.–	468	500.–	156	515.–	158	530.–	126		
1941	515.–	607	500.–	221	515.–	195	530.–	136		
1942	525.–	138	510.–	261						
1943	–.–	22	–.–	113						
1944	–.–	6	–.–	51						
1945	580.–	26	568.–	60						
1946	593.93	766	582.07	678						
1947	710.–	1,307	695.–	870						
1948	755.–	1,050	740.–	728						
1949	860.–	494	845.–	545						
1950	860.–	520	845.–	483						
1951	1,095.–	778	1,080.–	632						
1952	1,175.–	515	1,160.–	532						
1953	1,190.–	1,146 *	1,175.–	n.a.						
1954	1,240.–	1,397 *	1,225.–	n.a.						
1955	1,240.–	394	1,225.–	647						
1956	1,240.–	467	1,225.–	736						
1957	1,367.–	518	1,352.–	674						
1958	1,465.–	283	1,450.–	643						
1959	1,500.–	288	1,470.–	524						
1960	1,530.–	707 *	1,500.–	–.–						
1961	1,555.–	628 *	1,525.–	–.–						
1962	1,555.–	703 *	1,525.–	–.–						
1963	1,590.– (als GE)	–.–	1,550.–	–.–						
1964	1,628.–	725								
1965	–.–	625								
1966	–.–	625								
1967	1,930.–	600								
1968	1,930.–	600								
1969	2,065.–	475								
1970	–.–	494								
1971	–.–	500								
1972	–.–	400								
1973	–.–	425								

* G und GA zusammen

Typ:	**Flathead Servi-Car**
Modell:	**G (mit Tow Bar)**
Baujahr:	1932
Motor:	luftgek. 45° V-Twin Viertakt SV
Hubraum:	741,80 ccm (45,26 cui)
Bohrung/Hub:	69,85 x 96,84 mm
Verdichtung:	4,75 : 1
Vergaser:	Schebler
Primärantrieb:	Duplexkette
Sekundärantrieb:	Kette/Differential
Getriebe:	Dreigang mit Rückwärtsgang
Batterie:	6 V
Zündung:	Batterie-Spulenzündung
Rahmen:	Servi-Car-Stahlrohrrahmen
Bremsen vorne:	Trommelbremse
Bremsen hinten:	Trommelbremse und Feststellbremse
Federung vorne:	Schwingengabel Springer
Federung hinten:	Schraubenfedern
Radstand:	1.550 mm
Gewicht:	620 kg
Tankinhalt:	14 l
Ölvolumen:	3,6 l
Bereifung:	4.00 x 16
PS:	18
Höchstgeschw.:	78 km/h
Preis:	$ 450
Modellvarianten:	GA: ohne Tow Bar GD: Large Compartment GDT: Large Compartment und Airtank

Typ:	**Flathead Servi-Car**
Modell:	**GA**
Baujahr:	1941
Motor:	luftgek. 45° V-Twin Viertakt SV
Hubraum:	741,80 ccm (45,26 cui)
Bohrung/Hub:	69,85 x 96,84 mm
Verdichtung:	4,75 : 1
Vergaser:	Linkert M, 25,4 mm Ø
Primärantrieb:	Kette
Sekundärantrieb:	Kette/Differential
Getriebe:	Dreigang mit Rückwärtsgang
Batterie:	6 V
Zündung:	Batterie-Spulenzündung
Rahmen:	Einschleifen-Stahlrohr
Bremsen vorne:	Trommelbremse
Bremsen hinten:	Trommelbremse und Feststellbremse
Federung vorne:	Schwingengabel Springer
Federung hinten:	Schraubenfedern
Radstand:	1.550 mm/Spurweite 1.067
Gewicht:	619 kg
Tankinhalt:	13 l
Ölvolumen:	3,3 l
Bereifung:	5.00 x 16
PS:	22
Höchstgeschw.:	80 km/h
Preis:	$ 510
Modellvarianten:	G: mit Tow Bar GD: Large Compartment GDT: Large Compartment und Tow Bar

Das Weglassen des Frachtkastens zeigt die gekapselte Antriebskette mit Differential und Starrachse, Schraub- wie Blattfederung, doppelte Hinterbremse sowie den dicken Auspufftopf. Der Servi-Car war beeindruckend aufwendig verarbeitet.

Der Mechaniker fuhr auf dem Servi-Car zum Haus des Kunden, übernahm dort das Auto und hängte seinen Servi-Car einfach an die Stoßstange des Wagens.

Der große Durchbruch
Der Knucklehead-Motor

Unter zwingenden wirtschaftlichen Umständen erschien 1936 der erste 61 Kubikinch OHV-Motor der Modelle E/EL (Verdichtung 6 : 1/7 : 1), der wegen seiner charakteristischen Zylinderkopf-Abdichtungen später auch „Knucklehead“ genannt wurde. Er erzeugte bei 4.800 U/min 40 PS – 10 PS mehr als die gleichzeitig produzierten Flathead-Big-Twins. Die im ersten Jahr auftretenden Öl- und Schmierungsprobleme wurden 1937 behoben, aber die Knucklehead blieb ein schnelles, jedoch empfindliches Aggregat. Wichtigste technische Neuerungen waren die Zentrifugal-Ölpumpe, das drehzahlabhängige „Entlastungsventil“, das sich bei hoher Drehzahl automatisch schloß, und die zentrale Nockenwelle mit vier Steuernocken. Die Kupplung hatte mit drei Stahl- und drei Fiberglasplatten 65% mehr Reibungsfläche und machte dadurch Schalten und Kuppeln wesentlich leichtgängiger. Die Knucklehead war ein schneller Motor und sollte im Jahr 1937 den Geschwindigkeitsweltrekord brechen, angestrebt waren 150 mph. Joe Petrali erreichte auf dem Strand von Daytona jedoch nur 136,183 mph – immerhin, auch das war ein neuer Weltrekord. 1941 erschien das erste 74-Kubikinch-Modell FL, aber die Kriegszeit erlaubte keine großen Produktionszahlen mehr. 1947 wurde der Knucklehead-Motor zum letzten Mal gebaut.

Als Exponat steht der 1939er Motor EL 61 im Yorker Firmenmuseum.

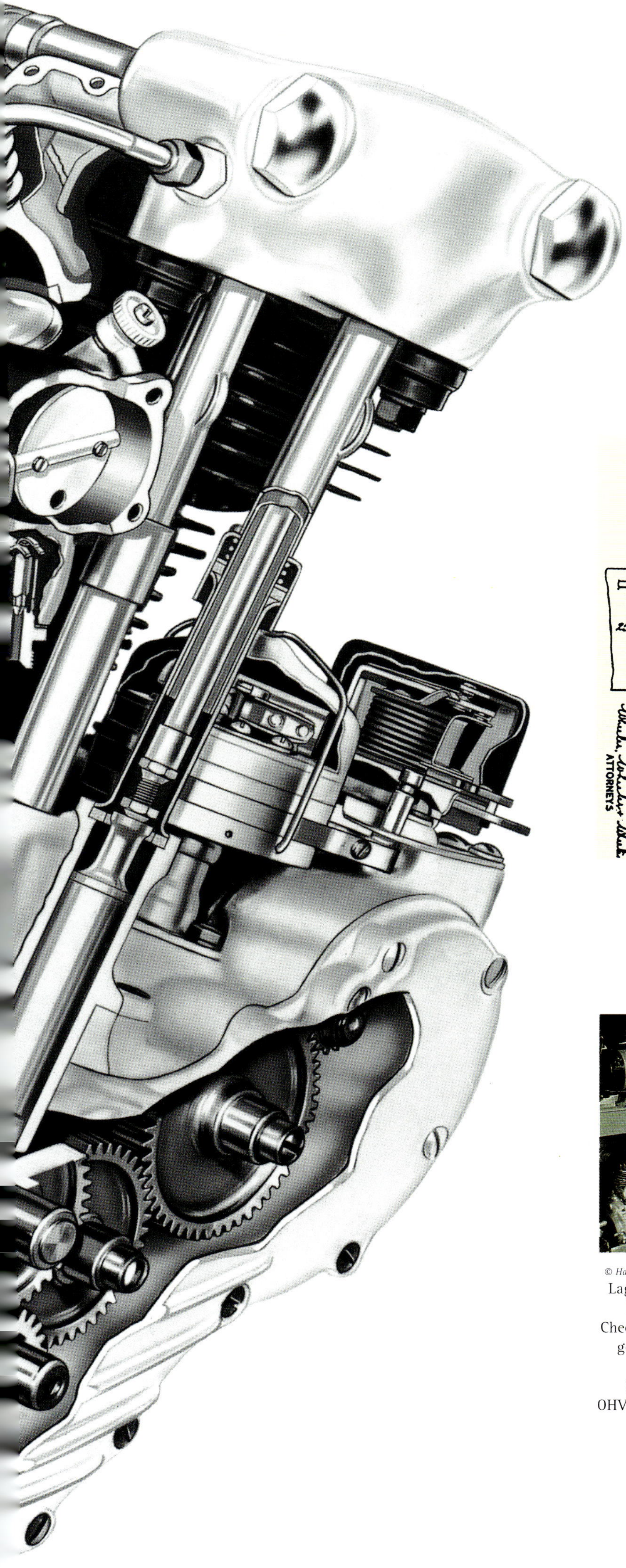

Zylinderkopf des 61er OHV-Motors aus dem Jahr 1938. Die äußeren Ventilabdeckungen gaben der Knucklehead ihren Namen.

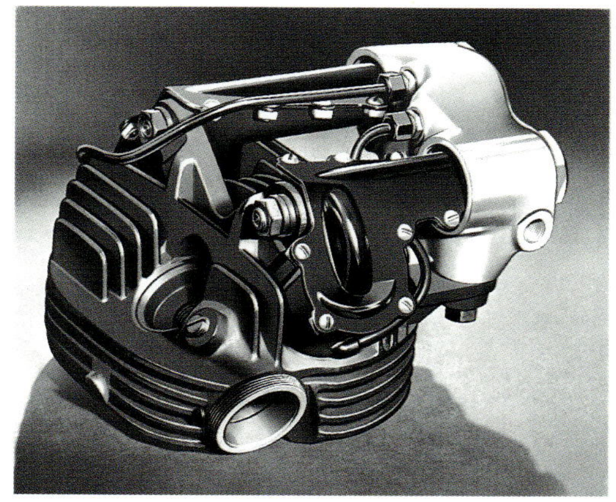

Ölkreislauf-Schema und Außenansicht des 61er E/EL-Motors mit original Luftfilter.

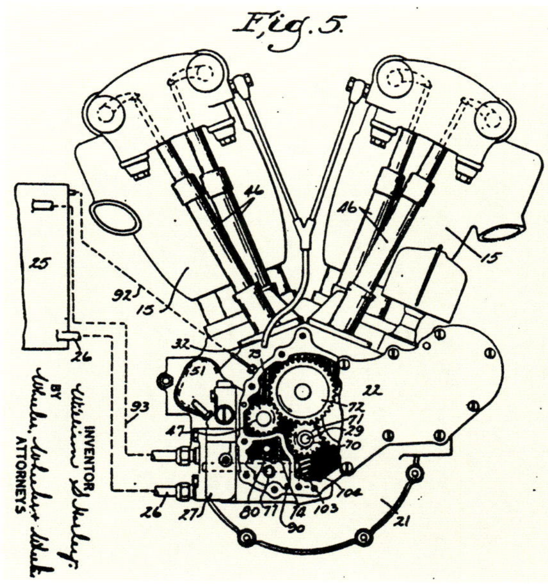

© Harley-Davidson

© Harley-Davidson

© Harley-Davidson

Lagerbestände an Knucklehead-Motoren im Werk und letzter Check vor der Auslieferung fertiger Maschinen an die Händler.

Originalprospektbild des 61er OHV-Modells aus dem Jahr 1936.

© Harley-Davidson

Die Knucklehead E/EL (1936 – 1947)

Es gehörten viel Mut und gute Nerven dazu, um in der schlimmsten Zeit der großen Wirtschaftskrise ein völlig neues Motorrad zu entwerfen und dafür Geld in neue Maschinen und Fertigungsanlagen zu investieren, anstatt sich aus der Affäre zu ziehen und den Laden dichtzumachen. Aber den kämpferischen Firmenbossen war klar, daß etwas getan werden mußte, um den stagnierenden Absatz wieder anzukurbeln.

Bereits 1931/32 wurde unter Hochdruck an dem Konzept eines völlig neu entwickelten OHV-Twin-Motors mit dem international üblichen Hubraum von 61 Kubikinch (1.000 ccm) mit Hochdruck gearbeitet. 1935 ging er in die Produktion. Etwas zu früh – nach Joe Petralis Ansicht. Er hatte an der Entwicklung des neuen Motors maßgeblich mitgearbeitet und wollte ihn am liebsten wegen Mängeln und Ölleckagen noch für ein Jahr in der Erprobung zurückbehalten. Doch Händler und Kunden waren begeistert von dem attraktiven, sportlichen Design und der bulligen Kraft, die in dem neuen Modell E (mittlere Verdichtung) und EL (hohe Verdichtung) steckten – fast 10 PS mehr als im schwerfälligen 1.200 ccm Seitenventil-Twin. Insgesamt mußten über 100 technische Änderungen im ersten Jahr vorgenommen werden, um der Sixty-One, wie sie offiziell hieß, die Kinderkrankheiten auszutreiben. Knucklehead wurde sie in der Szene genannt – der Name stammt von der knöchelartigen Abdeckung der Kipphebel (rocker boxes). Mit diesem neuen OHV-Modell war Harley-Davidson der große Wurf gelungen: die Knucklehead war Technik pur, und ihre Schönheit und Eleganz überzeugten jedermann. Sie wird noch heute, Ende der 90er Jahre, als das schönste Motorrad der Company angesehen.

Die Sixty-One bekam einen extra für sie gestalteten, neuen Rahmen mit verstärkter Springer-Gabel, nunmehr aus Chrom-Molybdän-Stahl. Das gut schaltbare Vierganggetriebe gehörte zur Standardausrüstung, die Scheibenkupplung mit stark vergrößerten Reibflächen sorgte für leichteres Schalten und ruckfreies Fahren. Vorder- und Hinterradbremsen wurden neu überarbeitet, vergrößert und die Dosierung verbessert. Der Fishtail-Auspuff brachte den geliebten Sound gut zur Geltung.

Der OHV-Motor hatte neben der Trockensumpfschmierung eine verbesserte, drehzahlabhängige Ölpumpe, die bei niedrigen Drehzahlen für mehr Druck sorgte. Die Ventilsteuerung erfolgte durch vier einzelne Nocken auf einer zentralen Nockenwelle über Stößelstangen und Kipphebel. Das moderne, wenn auch ein wenig komplizierte Triebwerk mußte gefühlvoll behandelt und von sachkundiger Hand gewartet werden. Nicht richtig überwacht, neigte es gerne zu Undichtigkeiten, vor allem im Bereich der Ventilführungen an den Zylinderköpfen.

Originalgetreu restaurierte 1936er EL61 OHV mit dem schrägstehenden Luftfiltercover.

(Alle Fotos dieser beiden Seiten, Bes.: Mark Jonas, Milwaukee, WI/USA)

Das Modell 1937 EL mit der Spezial-Tankkonsole.

Typ:	**Knucklehead**
Modell:	**EL**
Baujahr:	1936
Motor:	luftgek. 45° V-Twin Viertakt OHV
Hubraum:	988,1 ccm (60,29 cui)
Bohrung/Hub:	84,14 x 88,9 mm
Verdichtung:	7 : 1 (Modell E 6,5 : 1)
Vergaser:	Linkert, 32 mm Ø
Primärantrieb:	Duplexkette
Sekundärantrieb:	Kette
Getriebe:	Viergang
Batterie:	6 V
Zündung:	Batterie-Spulenzündung
Rahmen:	Doppelschleifen-Stahlrohr
Bremsen, vorne:	Trommelbremse
Bremsen, hinten:	Trommelbremse
Federung, vorne:	Ovalrohr-Schwingengabel Springer
Federung, hinten:	keine
Radstand:	1.511 mm
Gewicht:	256 kg
Tankinhalt:	14 l
Ölvolumen:	3,8 l
Bereifung:	4.50 x 18
PS:	40 (Modell E: 37 PS)
Höchstgeschw.:	153 km/h
Preis:	$ 385
Modellvarianten:	E: mittlere Verdichtung EL: hohe Verdichtung ES: (Side Car) geringe Verdichtung 5,5 : 1 / 6,5 : 1

Preise und Produktionszahlen

Knucklehead (61 cui)

1936	E	$ 380	152 Stk.
	EL	$ 380	1.526 Stk.
1937	E	$ 435	126 Stk.
	EL	$ 435	1.829 Stk.
1938	EL	$ 435	2.289 Stk.
1939	EL	$ 435	2.695 Stk.
1940	EL	$ 430	3.893 Stk.
1941	EL	$ 425	2.280 Stk.
1942	E/EL	$ 425	620 Stk.
1943	E/EL	$ 425	53 Stk.
1944	E/EL	$ 425	116 Stk.
1945	E/EL	$ 463,67	398 Stk.
1946	E/EL	$ 463,67	2.098 Stk.
1947	E/EL	$ 590	4117 Stk.

1938 ersetzten zwei Warnlichter das Amperemeter und den Öldruckanzeiger. Unterhalb des Zündschalters befand sich bei den 1937er und 1938er Modellen ein kleiner Hebel zur Beleuchtung des Tachometers.

Das Beehire-Rücklicht der Knucklehead-Modelle wurde von den Big-Twin-Seitenventilern übernommen.

Vorderbremse, vordere Begrenzungsleuchte, die Cats-Eye-Tankkonsole im Airplane Style und das neue Rücklicht des EL-Modells von 1935.

Ebenfalls Modell EL 1939: Das typische Fishtail-Auspuffende und die linksseitige Fußkupplung, auch „suicide clutch“ (Selbstmord-Kupplung) genannt.

Die Knucklehead F/FL (1941–1947)

1941 erschien aufgrund vielfacher Kundenwünsche – vor allem von seiten der Polizei, die schnellere Einsatzfahrzeuge verlangte – die 74-Kubikinch-Ausführung (1.200 ccm) der Knucklehead mit nunmehr 48 PS. Endlich konnten die Harley-Enthusiasten die Konkurrenz aus dem Wigwam in Springfield hohnlachend überholen – Indian hatte den neuen OHV Big Twins nichts mehr entgegenzusetzen. Der Motor erhielt viele Verbesserungen, etwa ein verstärktes Kurbelwellengehäuse, vergrößerte Lager, eine neue Ölpumpe, verbesserte Bremsen und Kupplung sowie einen erweiterten Lufteinlaß. Der Leerlauf lag bis 1939 zwischen dem 2. und 3. Gang, erst danach wurde er zwischen den 1. und 2. Gang verlegt. Beide Modelle erhielten den Speedometer im Airplane Style mit schwarzem Zifferblatt und weißer Nadel und das Air-Streamed-Rücklicht. Nach dem Krieg wurden beide Modelle mit vielen verchromten Extras ausgerüstet, sahen sich aber zum Schluß immer ähnlicher. Noch 1946 wurde an der Knucklehead der Prototyp einer hydraulisch gedämpften Telegabel erprobt, der aber nicht mehr zum Einsatz kam. Im Prinzip war das immer noch handgeschaltete Motorrad schon wieder veraltet und wurde 1948 durch die Panhead abgelöst.

Knucklehead (74 cui)

1941	F/FL	$ 465	2.452 Stück
1942	F/FL	$ 465	799 Stück
1943	F/FL	$ 465	33 Stück
1944	F/FL	$ 465	172 Stück
1945	F/FL	$ 465	619 Stück
1946	F/FL	$ 465	3.986 Stück
1947	F/FL	$ 605	6.893 Stück

Für Seitenwagenbetrieb gab es darüber hinaus niedriger verdichtende S-Modelle.

Die letztgebaute Knucklehead: das 1200er Modell FL von 1947.

(Alle Fotos dieser beiden Seiten, Bes.: Roger A. Kramer, Chesterland, OH/USA)

Typ:	**Knucklehead**
Modell:	**FL**
Baujahr:	1941
Motor:	luftgek. 45° V-Twin Viertakt OHV
Hubraum:	1.206,39 ccm (73,63 cui)
Bohrung/Hub:	87,31 x 100,8 mm
Verdichtung:	7 : 1 (Modell F 6,6 : 1)
Vergaser:	Linkert, 33 mm Ø
Primärantrieb:	Duplexkette
Sekundärantrieb:	Kette
Getriebe:	Viergang
Batterie:	6 V
Zündung:	Batterie-Spulenzündung
Rahmen:	Doppelschleifen-Stahlrohr
Bremsen, vorne:	Trommelbremse
Bremsen, hinten	Trommelbremse
Federung, vorne	Schwingengabel Springer
Federung, hinten:	Spiralfedern
Radstand:	1.511 mm
Gewicht:	261 kg
Tankinhalt:	14 l
Ölvolumen:	3,8 l
Bereifung:	5.00 x 16
PS:	48
Höchstgeschw.:	153 km/h
Preis:	$ 465
Modellvarianten:	F: mittlere Verdichtung FL: hohe Verdichtung FS: geringe und mittlere Verdichtung (Seitenwagen)

Detailaufnahmen zur 1947er FL Knucklehead: Kulissenschaltung, Bremshebel und Tachometerblatt (ganz oben), kurzer Fishtail-Auspuff und Werkzeugbox (oben), Suicide Clutch, Bremspedal und Rücklicht mit Hinterradständer (unten).

HS 125, ST 165 Super Ten, Hummer
Die Ära der Leichtgewichte

Unmittelbar nach dem Zweiten Weltkrieg folgte Harley-Davidson dem neuen Trend und paßte sich der veränderten Marktsituation an, denn plötzlich waren Leichtgewichte gefragt – eine zweitaktende Spezies, der das Big-Bike-Management bisher nie Beachtung geschenkt hatte.
Als Mitglied der Siegermächte des Zweiten Weltkriegs nutzte auch Harley-Davidson die Gunst der Stunde. Die mit großem Werbeaufwand auf der berühmten Händlertagung im November 1947 in Milwaukee vorgestellte S 125 war – bis auf den Peanut-Tank, der später Kennzeichen der Sportster wurde – eine Kopie der deutschen, seit 1939 gebauten DKW RT 125, also ein Kriegsbeutepatent, an dem sich auch die Engländer mit der BSA Bantam, Polen mit der WSK, Rußland mit der Komet und später Japan mit der Yamaha YA 1 bedient hatten. Die robuste, leichte Maschine, die im Verkauf den nur halb so teuren Cushman-Viertakt-Scooter ablösen sollte, war vor allem für die Jugend gedacht und hatte eine eher schlichte Technik: Starrahmen, gummibandgefederte Trapezgabel (die 1951 durch die Telegabel Teleglide ersetzt wurde) und ein 3-PS-„Motörchen", das so gar keinen harleytypischen Sound hatte.
Doch trotz der technischen Minimalausstattung überzeugte der Verkaufserfolg mit rund 10.000 Stück im ersten Halbjahr viele der zunächst skeptischen Händler, und schließlich bekam die S 125 (auch M 125 genannt) Anfang der 50er Jahre eine größere Schwester – die ST 165, auch „Super Ten" genannt (nach dem 10-Kubikinch-Motorvolumen). Die 125er wurde 1958 zum „Hummer" umgerüstet, einem modernisierten Leichtmotorrad, das nochmals mit großem Werbeaufwand und einer aggressiven Anzeigenkampagne den Markt eroberte.

© Harley-Davidson

Das Leichtgewicht S 125, später auch „Hummer" genannt, aus dem Jahr 1948 mit Trapezgabel, zusätzlichem Windshield und Packtaschen.

(Bes.: Mark Jonas, Milwaukee, WI/USA)

Ein Exportmodell des Hummer mit Trapezgabel aus dem Jahr 1948.

(Bes.: Christian von Alvensleben, Hamburg/D)

Typ:	**ST 165 Super Ten** (1952–1957)
Motor:	Zweitakt-Einzylinder
Hubraum:	164 ccm
Bohrung/Hub:	60 x 58 mm
Verdichtung:	6,6 : 1
Getriebe:	Dreigang-Fußschaltung
Bereifung:	3.50 x 19
Tankinhalt:	6,6 l
PS:	6
Preis:	$ 445
Sonderausführungen:	auch mit 18"–Rädern

Typ:	**S125** (1948–1954) **125 Hummer** (1958–1960)
Motor:	Zweitakt-Einzylinder
Hubraum:	123 ccm
Bohrung/Hub:	52 x 58 mm
Verdichtung:	6,6 : 1
Getriebe:	Dreigang-Fußschaltung
Bereifung:	3.25 x 19
Tankinhalt:	6,6 l
PS:	3
Preis:	$ 375
Sonderausführungen:	ab 1951 mit Telegabel als Teleglide

Prospekt und Original der 165er Super Ten (S10), hier mit speziellem Hochlenker.

(Bes.: Dale Walksler/Wheels Through Time Museum, Mount Vernon, IL/USA)

Anzeige und Original der S 125 Teleglide von 1949.

Ein Jahr der Wende
Der Panhead-Motor

Harley-Davidson propagierte 1948 stolz sein neues Baby als „Standard of the World“: Nur das Beste, Modernste und Zuverlässigste habe man in diesem Motor verbaut. Amerika war inzwischen marktführend auf diesem Gebiet. Nun, nach dem Ende des Krieges, ging es wieder ans Zivilgeschäft, und der Bedarf an modernen Motorrädern war enorm. Der neue Motor hatte einen raffinierten Aluminiumkopf, die obengesteuerten, rotierenden Ventile bekamen eine effektivere Schmierung, die Kühlung wurde verbessert, und die alten 18-mm-Kerzen erhielten ein kurzes 14-mm-Gewinde. Die hydraulischen Lifter – letzte Errungenschaft aus dem Automobilmotorenbau – wurden 1953 an die unteren Enden der Stößelstangen verlegt, ab diesem Jahr gab es dann nur noch den mächtigen 1200er Typ. Schließlich wurde 1956 die Kurbelwelle mit einem neuen Kegelrollenlager ausgerüstet, das alte Wälzlager hatte somit ausgedient. Lange Zeit setzte der Panhead höchste technische Maßstäbe für einen Spitzenmotor – und vielen Harley-Freaks gilt er auch heute noch als Spitzenreiter.

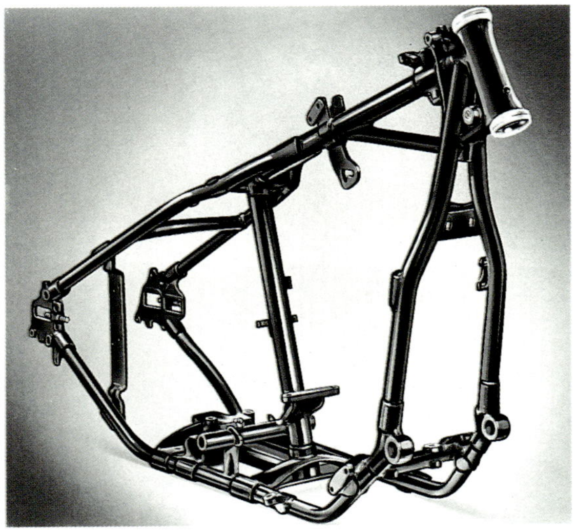

Der erste FL-Panhead-Motor aus dem Jahr 1948 als Exponat im Yorker Museum.

Auch heute noch gefragt: der Wishbone-Rahmen aus den Modelljahren 1948–1955.

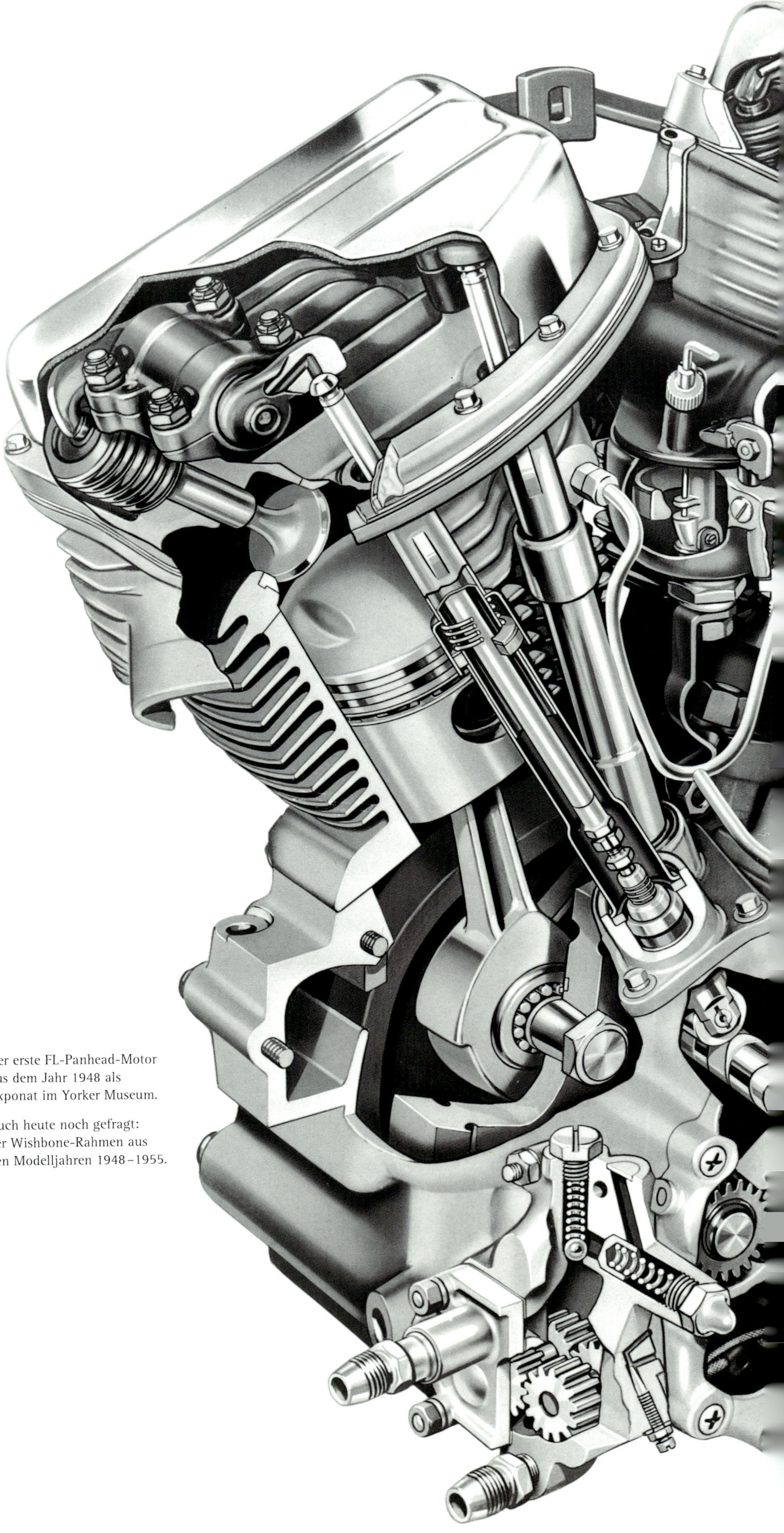

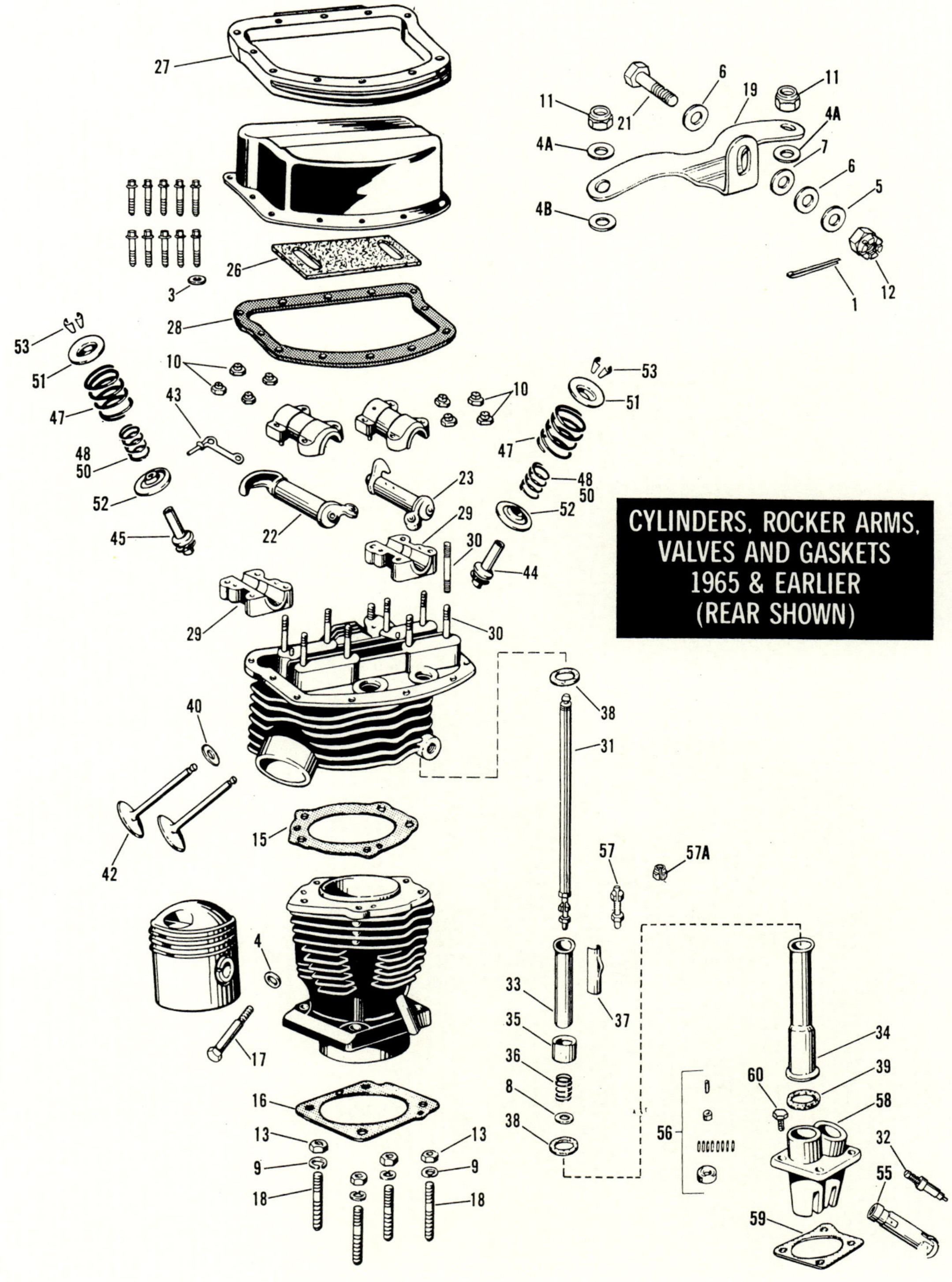

Panhead im Detail

10. Sicherungsmuttern, 15. Zylinderkopfdichtung, 16. Zylinderfußdichtung, 18. Zylinderfußbolzen, 22./23. Kipphebel, 26. Antidröhneinlage, 27. Zylinderkopfdeckel und Verstärkungsunterlage, 28. Zylinderkopfdeckel-Korkdichtung, 29. Kipphebel-Lagerblöcke, 30. Zylinderkopf mit Befestigungsbozen, 31. Stößelstange, 32. hydraulischer Stößel, 33. oberes Stößelcover, 34. unteres Stößel-Cover, 37. Stößelsicherung, 42. Ventile, 43. Ölzufuhr, 44./45. Ventilführung, 47./48./50. innere und äußere Ventilfedern, 51. obere Ventilschaft-Haltescheibe, 52. Ventilführungshaltescheibe, 53. Keile, 55. hydraulische Stößeleinheit mit Rolle, 58. Stößelführung, 59. Stößelführungsdichtung

Nachkriegspremiere: Die Panhead

Nach dem Zweiten Weltkrieg war die Zeit wieder einmal reif für Verbesserungen. Die technischen Entwicklungen hatten enorme Fortschritte gemacht, und auch Harley-Davidson konnte nun mit seiner veraltet wirkenden Vorkriegs-Knucklehead niemanden mehr beeindrucken. Ein neuer Motor mußte her – besser, schöner und stärker. Daraus entstand ein neues Motorrad.
1948 präsentierte daher die Company das 1.000-ccm-Modell E/EL und das 1.200-ccm-Modell F/FL mit einem veränderten OHV-Motor, der dank seiner charakteristischen, pfannenähnlichen Kipphebelabdeckungen sofort zum „Panhead" ernannt wurde. Mit seinen Kubik- und Verdichtungsvarianten bestand er im wesentlichen aus dem alten Knucklehead-Unterteil (lower end), dem ein neu konstruiertes Oberteil (top end) mit Aluminiumkopf, obenliegenden hydraulischen Stößeln und verbesserten Ventilsitzen verpaßt wurde. Dazu kamen unter anderem Schmierkanäle im Gehäuse, damit auf die außenliegenden Ölleitungen verzichtet werden konnte, eine stärkere Ölpumpe und eine modifizierte Nockenwelle. Zusätzlich erhielten beide Modelle einen neuen – starren – Rahmen, der wegen seiner Form bald den Namen Wishbone Frame* trug – mit Befestigungslaschen für einen massiven Sturzbügel. Auch das Styling wurde modernisiert, nur die altbewährte Springer-Gabel blieb – allerdings nur noch für ein Jahr. Die ersten Panheads kamen wohl etwas zu früh auf den Markt – die Stylisten und Techniker in Milwaukee waren inzwischen dem Trend bereits ein gutes Stück voraus ...

* *„Wunschknochen-Rahmen": Ein Wunschknochen ist ein bestimmter Truthahnknochen, der nach dem Mahl zerbrochen wird und Wünsche in Erfüllung gehen lassen soll.*

1948 kam die erste 1200er FL Panhead heraus – zunächst mit der alten Springer-Gabel, die aber nur im Erscheinungsjahr verwendet wurde. Hier ein Originalmodell aus diesem Jahr, allerdings mit nachträglichen Verchromungen. Die tatsächliche Standardausführung zeigt das kleine Bild aus dem Harley-Davidson-Prospekt.

(Bes.: Joseph M. Gardella, Redford, MI/USA)

Typ:	**Panhead**
Modell:	**74 FL**
Baujahr:	1948
Motor:	luftgek. 45° V-Twin Viertakt OHV
Hubraum:	1.206,39 ccm (73,63 cui)
Bohrung/Hub:	87,31 x 100,8 mm
Verdichtung:	7 : 1
Vergaser:	Linkert M, 38 mm Ø
Primärantrieb:	Duplexkette
Sekundärantrieb:	Kette
Getriebe:	Viergang
Batterie:	6 V
Zündung:	Batterie-Spulenzündung
Rahmen:	Doppelschleifen-Stahlrohr
Bremsen vorne:	Trommelbremse
Bremsen hinten:	Trommelbremse
Federung vorne:	Schwinge/Dämpfer Springer-Typ
Federung hinten:	keine
Radstand:	1.511 mm
Gewicht:	256 kg
Tankinhalt:	14 l
Ölvolumen:	3,8 l
Bereifung:	5.00 x 16
PS:	50
Höchstgeschw.:	160 km/h
Preis:	$ 650
Modellvarianten:	als Modell E mit 1.000 ccm Die Zusatzbezeichnung L steht bei beiden Modellen für höhere Verdichtung.

1948 – die ersten Panheads

E Sport Solo
61 cui (1.000 ccm) mittlere Verdichtung

EL Special Sport Solo
61 cui (1.000 ccm) hohe Verdichtung

F Sport Solo
74 cui (1.200 ccm) mittlere Verdichtung

FL Special Sport Solo
74 cui (1.200 ccm) hohe Verdichtung

Das Komfort-Modell: Hydra Glide

Die zweite Version der Panhead folgte bereits im Jahr darauf: 1949 ersetzte man die altbewährte, ehrwürdige Springer-Gabel durch eine moderne hydraulische Telegabel, deren Bezeichnung Hydra-Glide-Gabel für den Modellnamen Pate stand. Mit der zusätzlichen Hinterradfederung wurde das Modell dann unter dem Namen Duo Glide bekannt. Allerdings behielt die neue Hydra Glide noch neun Jahre lang ihren alten, starren Wishbone-Rahmen, wurde jedoch kräftig im Trend der Zeit hochgestylt, etwa mit lang heruntergezogenen Schutzblechen, barock geschwungenen Bügeln und Auspuffen sowie unendlich viel Chrom und stilvollem Beiwerk. Komfort- und Full-Dress-Zubehör bot man zusätzlich in großem Umfang an. Aber auch motortechnisch konnte manches Detail nachgebessert werden. Vor allem die hydraulischen Stößel brachten ständig Ärger und kostspielige Garantiefälle. Das Problem wurde 1952 endgültig behoben, indem man sie an das untere Ende der Stößelstangen ins Motorgehäuse verlegte.

Ab 1952 gab es alle Modelle wahlweise mit Fußschaltung (Typenbezeichnung FLF, FLHF). Als Kupplungsverstärker half eine skurrile Spannfederumlenkung, die man liebevoll „Mousetrap“ (Mausefalle) nannte. 1955 änderte sich schließlich die Typenbezeichnung für die High-Compression-Modelle – aus der FL wurde nun die FLH, und da die 1.000ccm E/EL-Typen äußerlich nicht mehr von der 1200er Version zu unterscheiden waren, wurden sie aus dem Programm genommen.

Mit viel Chrom und Sonderzubehör strahlt diese 1954er Hydra Glide gehobenen Lebensstil und amerikanischen Luxus aus.

(Bes.: Pistor Harley-Davidson, Stuttgart/D)

Linke Seite der 1954er Hydra Glide.

Typ:	**74 FL Panhead**
Modell:	**Hydra Glide**
Baujahr:	1949–1955
Motor:	luftgek. 45° V-Twin Viertakt OHV
Hubraum:	1.212 ccm (73,63 cui)
Bohrung/Hub:	87,31 x 100,8 mm
Verdichtung:	7 : 1
Vergaser:	Linkert M, 38 mm Ø
Primärantrieb:	Duplexkette
Sekundärantrieb:	Kette
Getriebe:	Viergang
Batterie:	6 V
Zündung:	Batterie-Spulenzündung
Rahmen:	Doppelschleifen-Stahlrohr
Bremsen vorne:	Trommelbremse
Bremsen hinten:	Trommelbremse
Federung vorne:	Telegabel
Federung hinten:	keine
Radstand:	1.511 mm
Gewicht:	268 kg
Tankinhalt:	14 l
Ölvolumen:	3,8 l
Bereifung:	5.00 x 16
PS:	60
Höchstgeschw.	160 km/h
Preis:	$ 900
Modellvarianten:	als ES, EP, FS und FP mit Spezialgetriebe (drei Vorwärtsgänge, ein Rückwärtsgang in Seitenwagen-Ausführung)

1949–1955: Hydra Glide

E **Hydra Glide Solo**
1.000 ccm (61 cui)
mittlere Verdichtung (bis 1952)

EL **Hydra Glide Sport Solo**
1.000 ccm (61 cui)
hohe Verdichtung (bis 1952)

F **Hydra Glide Solo**
1.200 ccm (74 cui)
mittlere Verdichtung (bis 1956)

FL **Hydra Glide Sport Solo**
1.200 ccm (74 cui)
hohe Verdichtung

FLH **Hydra Glide Super Sport**
1.200 ccm (74 cui)

Fast schon ein richtiges Show-Bike: Mit Buddy Seat mit Chrombügel, Fishtail-Auspuff, Weißwandreifen und reichlich Sonderzubehör ausgestattet, zeigt diese Hydra Glide den typisch bombastischen Stil der späten 50er Jahre.

Ausladende Zierbügel und reichlich verchromtes Zubehör waren ein typisches Merkmal der 50er Jahre.

Noch mehr Komfort: Duo Glide

1958 wurde ein weiteres 74er FL- bzw. FLH-Modell vorgestellt. Es bekam einen neuentwickelten Rahmen mit Hinterradschwinge sowie zwei hydraulisch gedämpften Federbeinen und hieß demnach Duo Glide (geschützter Markenname). Der alte Starrahmen hatte damit ausgedient. Der zudem verbesserte Motor mit verstärktem Kurbelantrieb und größer dimensionierten Lagern besaß nun in seiner High-Compression-Ausführung (Typenbezeichnung H) eine Verdichtung von 8 : 1 und entwickelte stattliche 60 PS. Die Kipphebelabdeckungen wurden jetzt zur besseren Wärmeableitung verstärkt und verrippt - die „Pfanne" wurde massiv. Außerdem bekam die Duo Glide zusätzlich eine effektivere hydraulische Öldruck-Hinterradbremse, wobei der Bremsflüssigkeitsbehälter gleich neben dem Bremshebel am Rahmen montiert war.
Mit allem erdenklichen Zubehör verschwenderisch ausgestattet, war sie für ihre Zeit das komfortabelste, aber auch kolossalste Motorrad der Welt. Und wenn ihr manchmal ein wenig zuviel des Guten angetan wurde, so traf das genau den amerikanischen Geschmack im Zeitalter der monströs übertakelten Luxusschlitten.

1958 – 1964: Duo Glide

FL	**Duo Glide Sport Solo** 1.200 ccm (74 cui)
FLH	**Duo Glide Super Sport** 1.200 ccm (74 cui), hohe Verdichtung

(Bes.: Axel Daibenzeiher, Aalen/D)

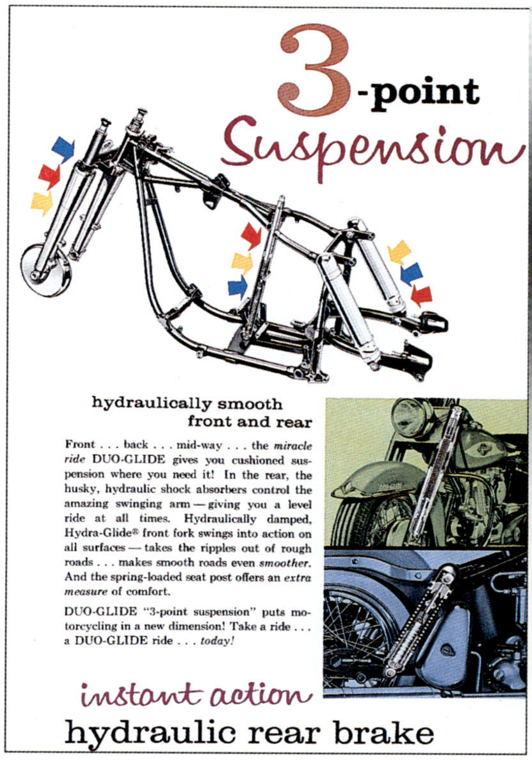
3-point
Suspension
hydraulically smooth
front and rear
Front . . . back . . . mid-way . . . the *miracle ride* DUO-GLIDE gives you cushioned suspension where you need it! In the rear, the husky, hydraulic shock absorbers control the amazing swinging arm — giving you a level ride at all times. Hydraulically damped, Hydra-Glide® front fork swings into action on all surfaces — takes the ripples out of rough roads . . . makes smooth roads even *smoother*. And the spring-loaded seat post offers an *extra measure* of comfort.
DUO-GLIDE "3-point suspension" puts motorcycling in a new dimension! Take a ride . . . a DUO-GLIDE ride . . . *today!*
instant action
hydraulic rear brake

NO PARKING

Störfall Elektrostarter

Anfang der 60er Jahre war der importierte Fortschritt auf dem Motorradsektor nicht mehr aufzuhalten. Was kommen mußte, kam dann auch prompt – der Markt verlangte es, und die Japaner machten es längst vor: der Knopfdruck-Start als ultimatives Luxus-Equipment.
1965 stellte Harley-Davidson sein Highway-Flaggschiff FL bzw. FLH mit einer 12-Volt-Startanlage in Dienst und gab ihm den unsterblichen, legendären Namen Electra Glide. Ein neues Zeitalter war angebrochen, und Milwaukees Werbestrategen nannten es enthusiastisch „The Modern Age of American Motorcycling".
Allerdings war das jüngste Kind der Company zunächst wieder ein Problemfall. Das nicht ausreichend erprobte 12-V-System erwies sich für alle Arten von Nässe als unerwartet anfällig, und erst in Zusammenarbeit mit der Homelight Corporation gelang es den Technikern, die gesamte Elektroanlage regenfest und wasserdicht zu machen. Dafür mußten – bedingt durch eine größere Batterie, einen veränderten Rahmen und die Startereinheit – 38 kg mehr Gewicht in Kauf genommen werden. Die Gewichtszunahme löste eine Kettenreaktion aus:
Zunächst ließen die seit Jahren nicht mehr veränderten Bremsen zu wünschen übrig und mußten verstärkt werden. Dann brauchte der Motor mehr Power. Durch höhere Kompression und eine veränderte Nockenwelle bekam er jetzt 8 PS zusätzlich, dafür schüttelte und rächte er sich mit nicht mehr akzeptierbaren Vibrationen. Vor allem die Kurbelwelle wurde dabei unverhältnismäßig belastet und benötigte neue, größer dimensionierte Lager. Die recht brutale Kraft ging voll auf die Kette, die sich als zu schwach erwies und gegen eine mit größeren Rollen ausgetauscht werden mußte. Dann stimmte die Lenkgeometrie nicht mehr, und das Vorderrad begann bei hoher Geschwindigkeit furchterregend zu flattern. Versteifungen am Rahmen schafften Abhilfe. Die Manager waren die endlosen Beschwerden schnell leid und wiesen ihre Konstrukteure und Techniker an, Nägel mit Köpfen zu machen, bevor die Imageprobleme ihrer neuen Electra Glide irreparabel würden. Und so beschloß man, den 18 Jahre alten treuen Panhead-Motor zu opfern ...

Die erste Electra Glide von 1965 – noch als Panhead mit der großen Batterie und Solositz ohne jegliches Zubehör.

(Bes.: Max Middelbosch, Zwolle/NL)

Das berühmte Prospekt-Foto der Company: die neue E-Glide in der Touren-Version mit Windschutzscheibe, Custom Buddy Seat und Fiberglaspacktaschen.

(Bes.: Max Middelbosch, Zwolle/NL)

Typ:	**74 FL Panhead**
Modell:	**Electra Glide**
Baujahr:	1965
Motor:	luftgek. 45° V-Twin Viertakt OHV
Hubraum:	1.206,39 ccm (73,63 cui)
Bohrung/Hub:	87,31 x 100,8 mm
Verdichtung:	8 : 1
Vergaser:	Linkert, 38 mm Ø
Primärantrieb:	Duplexkette
Sekundärantrieb:	Kette
Getriebe:	Viergang
Batterie:	12 V
Zündung:	Batterie-Spulenzündung
Rahmen:	Doppelschleifen-Stahlrohr
Bremsen vorne:	Trommelbremse
Bremsen hinten:	Trommelbremse
Federung vorne:	Telegabel
Federung hinten:	Schwinge mit Federbeinen
Radstand:	1.524 mm
Gewicht:	355 kg
Tankinhalt:	19 l
Ölvolumen:	3,8 l
Bereifung:	5.00 x 16
PS:	60
Höchstgeschw.:	160 km/h
Preis:	$ 1.595

Typische Chromabdeckung des Vorderradschutzblechs und zum ersten Mal die große, schwere 12-Volt-Batterie.

Der legendäre Starterknopf auf der rechten Lenkerseite – auf der linken Seite behielt er seine Funktion als Hupknopf.

Die Neue

Sie war schön, sie war sportlich – und sie wirkte wie ein kompaktes Kraftbündel. 1952 reagierte Harley-Davidson auf die bedrohliche Invasion britischer zweirädriger „Krawalltüten“ und brachte sein K-Modell gegen die heißblütigen Maschinen von Norton, BSA, Triumph und Konsorten, die der PS-süchtigen Jugend gerade recht in der nervösen Gashand lagen, zum Einsatz. Die K Sport Solo war eine völlige Neukonstruktion. Sie besaß zwar noch einen Seitenventilmotor mit 45 Kubikinch, aber das war auch so ziemlich alles, was sie noch mit dem alten W-Modell gemein hatte. Motor und Getriebe bildeten nun eine Einheit, der Fußschalthebel wie auch die Kette lagen rechts, der Handkupplungshebel links am Lenker. Die K Sporty war die erste Harley mit Telegabel und einem Schwingenrahmen mit zwei allerdings ziemlich harten, hydraulischen Stoßdämpfern.

Aber schon die ersten Erfahrungen in der rauhen Wirklichkeit nächtlicher (illegaler) Straßensprints waren ernüchternd – die hochgelobte K/KH erwies sich, gemessen an den englischen „heißen Öfen“, als ziemlich lahme Ente, und die Company sah sich genötigt, wesentlich mehr spritzige PS in den neu konzipierten Flathead-Motor zu packen. So erschien bereits 1954 die KH 55 mit dem 54-Kubikinch-Aggregat, von 6 : 1 auf 6,8 : 1 höher verdichtet, und mit nunmehr 38 statt bisher 30 Pferdestärken. Schließlich nahm Harley 1956 – im letzten Jahr der K-Serie – nochmals einen Anlauf zur Nachbesserung und brachte die KHK heraus. Vergeblich – die verachteten „Limeys“ waren immer noch um eine Nasenlänge voraus.

Weniger ungestüme Kunden konnten die K-Modelle mit reichlich Zubehör – wie Plastik-Satteltaschen, Windschutzscheibe oder Buddy Seat – zum sportiven Tourer umkostümieren, aber das entsprach nicht ihrer ursprünglichen Bestimmung und fand daher auch kaum Anklang. Bedauerlicherweise ließ das Development Department das damals vielversprechende KL-Projekt eines 60° V-Twin OHC-Motors mit einer obenliegenden Nockenwelle wieder fallen und förderte dafür das Four Cam X-Projekt mit vier untenliegenden Nocken.

Offensichtlich konnten die K-Sportster-Modelle aber doch wesentlich mehr leisten als die der eher braven Straßenversion. Mit den sorgfältig getunten Rennausführungen KK, KR und dem Track Racer KRTT erzielte Harley noch jahrelang überragende Erfolge. Und nicht selten hielt dann für mutige Käufer etwa eine KK auch im Alltagsbetrieb das, was eine KH oder KHK versprochen hatte ...

Das neue K-Modell von 1952. Hier mit Buddy Seat und verändertem Rücklicht, Stoßdämpfern sowie zusätzlichen Balgen an der Gabel. Die Standardversion der Company zeigt das Pospektbild rechts.

(Bes.: Glenn Bator/Vintage Museum of Transportation, Oxnard, CA/USA)

© Harley-Davidson

Das 1952er K-Modell mit Standard-Solositz (Bild links) und mit Tourenzubehör wie Windschutzscheibe und Packtaschen (Bild unten).

(Bes.: Ernst Michl, Arkansas/USA)

Typ:	**K 45**
Modell:	**Sportster Flathead**
Baujahr:	1952
Motor:	luftgek. 45° V-Twin Viertakt SV
Hubraum:	741,80 ccm (45,26 cui)
Bohrung/Hub:	69,85 x 96,84 mm
Verdichtung:	6 : 1
Vergaser:	Linkert M, 38 mm Ø
Primärantrieb:	Triplexkette
Sekundärantrieb:	Kette
Getriebe:	Viergang, integriert
Batterie:	6 V
Zündung:	Batterie-Spulenzündung
Rahmen:	Einschleifen-Stahlrohr
Bremsen vorne:	Trommelbremse
Bremsen hinten:	Trommelbremse
Federung vorne:	Telegabel
Federung hinten:	Schwinge mit Federbeinen
Radstand:	1.435 mm
Gewicht:	181 kg
Tankinhalt:	17 l
Ölvolumen:	2,8 l
Bereifung:	3.25 x 19
PS:	30
Höchstgeschw.:	130 km/h
Preis:	$ 865

Modellvarianten:

1954 als KH mit 883 ccm (45 cui) auf 6,8 : 1 verdichtet mit 38 PS

1956 als KHK mit Rennsportnockenwelle, gegen Aufpreis auch Bereifung 4.00 x 18 hinten in Verbindung mit 3.50 x 18 oder 3.25 x 19 vorn

Zahlreiches Zubehör zum Umrüsten auf Tourer.

K-Modelle

1952–53:	K Sport, Sport Solo 750 ccm Flathead SV (45 cui)
1954–55:	KH Sport Solo Roadster 883 ccm Flathead SV (55 cui)
1956:	KHK Sport 883 ccm Flathead SV (55 cui) mit Rennocken

© Harley-Davidson

LEFT SIDE

KR/KRTT
Ein Seitenventiler als Kraftpaket

Im Sommer 1952 stellte Harley-Davidson mit dem K-Modell eine völlige Neukonstruktion vor. Die Rennausführung dieses Modells, die KR, kam allerdings erst 1953 zum Einsatz und war zunächst mit diversen Kinderkrankheiten behaftet. Die ersten Versuche waren jedoch erfolgversprechend, und Harley hoffte, mit der KR endlich die verhaßte Konkurrenz der siegreichen OHC- und OHV-500er von Norton, BSA und Triumph schlagen zu können. Zwar hatte die KR, die vor allem für die amerikanischen Oval Dirt Tracks konzipiert wurde, immer noch einen seitengesteuerten Motor, aber die Köpfe, Kolben und Zylinder bestanden aus Leichtmetall, und der 750er V-Twin war mit einem integrierten Getriebe ausgestattet. Außerdem besaß die KR einen Starrahmen. In der Straßenversion KRTT kamen Fußschaltung, Doppelschleifenrahmen, Hinterradfederung und Telegabel hinzu.

1953, nach einigen frustrierenden Mißerfolgen, begann jedoch die Siegesserie dieses Seitenventilers, als Paul Goldsmith das Daytona-200-Rennen mit 151,97 km/h gegen alle englischen Konkurrenten gewann. Eine weitere Siegesserie startete Joe Leonard auf einer von Tom Sifton aus San José getunten KR (unter anderem nachgearbeitete Kanäle, Ventil-Doppelfedern, sodiumgekühlte Ventile, verchromte Kolbenringe, verstärkte Pleuellager), die für einen Seitenventiler unglaubliche 50 PS ans Hinterrad brachte.

1955 errang der junge Brad Andres auf dieser Maschine als Rookie das „Nr. 1 White Plate“ der nationalen Meisterschaft. Als auf Druck der nicht Harley fahrenden Konkurrenz die AMA 1954 das Verdichtungslimit von 8 : 1 auf 9 : 1 heraufsetzte, nützte das vor allem den hochverdichteten BSA-, Norton- und Triumph-Maschinen. Für Seitenventiler war damit die absolute Grenze erreicht. Trotzdem holten die Harley-Tuner wahre Wunder aus dem K-Motor heraus, der von der internationalen Presse abfällig als „Anachronismus“ bezeichnet wurde.

Eine weitere Version der K-Rennmaschinen war die Geländeausführung KRM, die hauptsächlich bei Enduro- und Wüstenrennen eingesetzt wurde. Sie blieb jedoch erfolglos, vor allem, weil sie für diese Sportart zu schwer war.

Nach der Niederlage gegen Triumph im Jahre 1967 wurde die KR 1968/69 unter dem neuen Rennleiter Dick O'Brien nochmals überarbeitet und weiterentwickelt – unter anderem mit einem niedrigeren Rahmen (low boy), leichten Kunststoffteilen, windkanalgetesteter Verkleidung, einem Tillotson-Doppelhals-Unterdruckvergaser und Nockenwellen mit geänderten Auslaßsteuerzeiten. Die Umrüstungen brachten bis zu 60 PS bei 7.000 U/min. Roger Reimann erreichte mit ihr beim Daytona-Rennen mit 239,39 km/h eine neue Bestzeit.

1968 wurden nur noch acht KR 750 Werksrennmaschinen gebaut, die mit den besten damals verfügbaren Komponenten ausgerüstet waren: Ceriani-Gabeln, Fontana-Trommelbremsen vorne und Scheibenbremsen hinten. Als jedoch 1969 die AMA unter immer stärker werdendem Einfluß, vor allem der englischen Rennsportteilnehmer, die Restriktionen dieser Klasse aufhob, war das Ende der seitengesteuerten Rennmotoren gekommen. Die überaus robuste KR wurde aber noch jahrelang erfolgreich auf den Dirt Tracks eingesetzt.

Bes.: Otis Chandler/Vintage Museum of Transportation, Oxnard, CA/USA

Flat Tracker der 50er Jahre: ein KR Factory Racer von 1956.

Typ:	**Racer**
Modell:	**KR/KRTT**
Baujahr:	1953–1970
Motor:	45° V-Twin Viertakt SV
Hubraum:	741 ccm (45 cui)
Bohrung/Hub:	69,77 x 96,82 mm
Verdichtung:	9 : 1
Vergaser:	Linkert, 33,32 mm Ø
Antrieb:	Doppelzündung
Getriebe:	Viergang
Rahmen:	Stahlrohr-Doppelschleifen-rahmen mit Schwingarm und Stoßdämpfern, (KR: Starrahmen)
Federung vorne:	Telegabel
Federung hinten:	hydraulische Racing-Dämpfer mit Schraubenfedern
Gewicht:	153 kg
Tankinhalt:	8,5 l oder 12,4 l
Ölvolumen:	3,3/6,6 l
Räder:	18" oder 19" mit Alu- oder Stahlfelgen
Bereifung:	KR: Goodyear „Grashopper" 3,50 x 19/4.00 x 18
PS:	48 bei 6.600 U/min
Höchstgeschw.:	235 km/h
Preis:	KR: $ 1.295 KRTT: $ 1.425

Sonderausführungen:
KRTT (Straßenrennmaschinen Production Racer)
KRM (Enduro)

Erfolgreiche Rennfahrer:
Caroll Reweber, Joe Leonard, Bart Markel, Roger Reimann, Everett Brashear, Paul Goldsmith, Brad Andres, Mert Lawwill, Troy Lee

Standard-Flat-Tracker: das KR-Modell 1956.

Ein privater Straßenrenner:
die KHRM 1959 von Kosma.

Der KRTT Factory Racer für Straßenrennen.

Pacer, Scat, Ranger, Bobcat
Die zweite Zweitakt-Generation

In den 60er Jahren legte Harley-Davidson – bedrängt von den immer erfolgreicheren britischen Konkurrenten – eine neue Serie von Zweitakt-Leichtgewichten auf: die 175-ccm-Modelle Pacer und Scat, den als reines Trailbike (leichte Geländemaschine) konzipierten Ranger sowie 1966 die durch eine Monocoque aus Fiberglas stilistisch modern wirkende Straßenmaschine Bobcat, die schon in Richtung der anschließend in Italien bei Aermacchi gefertigten Typen deutete.
Telegabel, Trommelbremsen und Dreiganggetriebe gehörten zur Grundausstattung dieser Zweitakter.

Bemerkenswert war die neue Hinterradschwinge, die 1963 – außer beim Ranger – den alten Starrrahmen ablöste: Die Federdämpfereinheit lag nun unter dem Motor, vergleichbar dem 1984 eingeführten Softail-System.
Aufgrund der Entscheidung von 1966, alle Leichtmotorräder aus Italien einzuführen, wo man sich mit den Kundenwünschen in den kleinen Klassen besser auskannte, wurde 1967 die gesamte Produktion der in Amerika gebauten Leichtmotorräder eingestellt. Diese Linie wurde auch nach der Übernahme durch die AMF beibehalten.

Typ/Baujahr:	**Pacer** (Straßenausführung) 1960–1963
	Scat (Offroad-Ausführung) 1960–1965
	Ranger (Trailbike) 1962
	Bobcat (Modell BTH) 1966
Motor:	Zweitakt-Einzylinder
Hubraum:	173 ccm (10,7 cui)
Bohrung/Hub:	60 x 61 mm
Verdichtung:	7,5 : 1
Leistung:	6–8 PS, je nach Modellversion
Getriebe:	Dreigang
Reifen:	3.50 x 18
Tankinhalt:	7 l
Besonderheiten:	
Pacer	ab 1963 mit unter dem Motor liegender Federdämpfereinheit der Hinterradschwinge
Scat	ab 1963 mit unter dem Motor liegender Federdämpfereinheit der Hinterradschwinge, hochgelegter Auspuff
Ranger	ohne Beleuchtung
Bobcat	im Café-Racer-Design: Tank, Sitzbank und Fiberglasteile

Der nur 1966 gebaute Bobcat mit der supermodernen Hinterrad-Cantilever-Schwinge.

Das Foto entstand mit freundlicher Genehmigung des Harley-Davidson-Archivs.

Noch mit Starrahmen: Der 175er vor 1963 (Bild links) und der Pacer.

250/350 Sprint
Spritzige Italo-Viertakter

Nachdem sich Harley-Davidson 1960 bei dem Hersteller Aeronautica Macchi (Aermacchi) in Varese, Italien, eingekauft hatte, erschien 1961 auf dem US-Markt der erste Viertakter mit liegendem Einzylinder in der Viertelliterklasse: die Sprint. Hervorgegangen aus dem italienischen 250-ccm-Modell Ala Verde, wurde es zuerst Wisconsin genannt, erhielt aber dann den etwas besseren, leicht verständlichen Namen Sprint und bekam die Typenbezeichnung C.

Von diesem Basistyp gab es im Laufe der nächsten Jahre mehrere sportlich getrimmte Renn-Versionen, die gebräuchlichste war der etwas höher verdichtete Modelltyp H (H für Hot) im Enduro-Scrambler-Design (10-Liter-Tank, 18-Zoll-Räder, hochgelegte Auspuffanlage), statt mit 18 nunmehr mit 25 PS ausgestattet. Daneben konnten noch reine Wettbewerbs-Racer geordert werden, wie der Typ R (R für Racing) ohne Licht und mit offenen Megaphonen und seit 1967 der Clubman Racer Sprint SS, ein gestripptes Modell der italienischen CRS-Ausführung. Das spartanische, typisch italienische Design wurde bei der Sprint stark „veramerikanisiert“ (Hochlenker, Tank in Tropfenform etc.) und war in verschiedenen Varianten zu haben. Grundsätzlich war die Sprint ein ausgesprochen sportliches Motorrad, das vor allem bei der Jugend als „Baby Sporty“ zunächst gut ankam. 1969 – nach der Übernahme von Harley-Davidson durch den AMF-Konzern – wurde die 250er-Sprint-Modellreihe durch die stärkeren 350er Sprints abgelöst, die 1969 auf dem Markt erschienen.

Trotz großangelegter Werbekampagnen konnten die Sprints sich jedoch letztendlich nicht gegen die wesentlich unkomplizierteren, schnelleren und auch billigeren Zweitakt-Japaner durchsetzen, und so beschloß 1974 AMF-Harley-Davidson – der inzwischen Aermacchi vollständig gehörte –, trotz beachtlicher Rennerfolge in Amerika und vor allem in Europa, die Sprint-Viertakt-Produktion für den Import endgültig einzustellen.

© Harley-Davidson

Typ:	**250 Sprint C**
Baujahr:	1961–1967
Motor:	liegender Einzylinder Viertakt OHV
Hubraum:	246 ccm (15 cui)
Bohrung/Hub:	66 x 72 mm
Verdichtung:	8,5 : 1
Leistung:	18 PS (2,7 NACC) bei 7,500 rpm
Vergaser:	Dell'Orto, 24 mm Ø
Getriebe:	Viergang, rechtsgeschaltet
Primärantrieb:	Zahnräder
Sekundärantrieb:	Kette
Bremsen vorne:	Trommelbremsen
Bremsen hinten:	Trommelbremsen
Zündung:	Batterie-Spulenzündung
Rahmen:	Einschleifen-Stahlrohr
Federung vorne:	Telegabel
Federung hinten:	Schwinge mit Federbeinen
Radstand:	1.320 mm
Gewicht:	125 kg
Tankinhalt:	15 l
Ölvolumen:	1,9 l
Reifen:	3.00 x 17
Höchstgeschw.:	120 km/h
Preis:	$ 690
Produktion:	ca. 40.000 Stück

Sonderausführungen:

Modell H	(ab 1962) mit 25 PS und 9,4 : 1 Verdichtung, 9,6-Liter-Tank und 18-Zoll-Rädern
Modell R/CR	als Produktion-Racer-Typ vor allem als Short-Track-Rennmaschine
Modell CRS/SS	(1967) mit Alu-Zylinder, vollverkleidet auch als Straßen-Racer CRTT

© Harley-Davidson

Die 350er Aermacchi SS Sprint 1971 als typische US-Straßenausführung und als 350er Modell SX Scrambler (unten).

Typ:	**350 Sprint** **350 Sprint SS** **(Street Scrambler)**
Baujahr:	1969–1974
Motor:	liegender Einzylinder Viertakt OHV
Hubraum:	344 ccm (21 cui)
Bohrung/Hub:	74 x 80 mm
Verdichtung:	9 : 1
Leistung:	25 PS bei 7.000 U/min
Vergaser:	Dell'Orto, 27 mm Ø
Getriebe:	Fünfgang, linksgeschaltet
Primärantrieb:	Zahnräder
Sekundärantrieb:	Kette
Starter:	zuerst Kickstarter, später E-Starter
Zündung:	Batterie-Spulenzündung
Bremsen vorne:	Trommelbremse
Bremsen hinten:	Trommelbremse
Rahmen:	Doppelschleifen-Stahlrohr (ab 1973)
Federung vorne:	Telegabel
Federung hinten:	Schwinge mit Federbeinen
Radstand:	1.425 mm
Sitzhöhe:	800 mm
Gewicht:	155 kg
Tankinhalt:	13 l
Ölvolumen:	2 l
Bereifung vorne:	3.25 x 19
Bereifung hinten:	3.50 x 18
Höchstgeschw.:	145 km/h
Preis:	$ 795

Sonderausführungen:

Sprint SX:	als Alltags-Enduro, ab 1973 Straßenversion mit Elektrostarter
Sprint ERS:	als Dirtbike mit Viergang-Magnetschaltung
CRS und CRTT:	Rennversionen

Von der SS 350 wurden 1969 4.575 Stück verkauft.

Mopeds und Minibikes: M 50/65, Z/X 90

Aufgeschreckt durch die zunehmenden Verkaufserfolge der „lustig schnurrenden“ Kleinmotorräder und Mopeds aus japanischer Produktion (vor allem Honda), sah Harley-Davidson seine ohnehin angeschlagene Position im eigenen Land in ernster Gefahr. Der Einkauf bei Aermacchi bot Harley die Chance, auch das gesamte Feld der Leichtgewicht-Motorräder neu abzudecken – ein marktstrategisches Abenteuer, das letztlich vollends scheiterte. Zunächst aber nutzte Harley die italienischen Kapazitäten, und 1965 kamen die ersten 50-ccm-Mopeds im biederen „Damenlook“ als M 50 und etwas maskuliner als M 50 S (Sport) in die Harley-Läden. 1967 wurde daraus das etwas attraktivere und stärkere 65-ccm-Moped M 65 (und M 65 S), das später unter dem exotisch klingenden Namen Leggero vermarktet wurde. Es verkaufte sich jedoch miserabel, und schließlich stand fast die halbe Produktion auf Halde und wurde zu Schleuderpreisen angeboten.
Die Händler merkten sehr schnell und schmerzlich, was die Kunden wirklich wollten, und drangen auf eine andere Modellpolitik: Sportliche Fun Bikes waren gefragt, mit denen man auch im Gelände herumtoben konnte. Die ersten Versuche, diesen Forderungen nachzukommen, führten zu zwei sonderbaren Hybrid-Modellen, die im krassen Gegensatz zum sonstigen Harley-Mythos standen: die 1972 Shortster – fast ein „richtiges“ Motorrad, nur kleiner – wurde von der Werbung mit vorwiegend jugendlich-flotten Fahrern im extremen Gelände gezeigt, und das seltsam zusammengestaucht wirkende Minibike X 90 (TX als Geländeausführung), das ironischerweise zum beliebtesten Transportmittel in den Fahrerlagern der Rennstrecken avancierte. Nach zwei Jahren verschwanden diese Modelle wieder, und niemand weinte ihnen eine Träne nach.

Die X 90 wurde zu einem der beliebtesten Minibikes von Harley-Davidson.

M 50, 1965–66

M 50 S, 1965–66

M 65 (Leggero), 1970–71

M 65 (Leggero), 1972

SR 100 (Baja), 1973

X 90 (Minibike)

Z 90 , 1973

MSR 100 (Baja), 1971–72

MC 65 (Minibike), 1972

Alle Fotos der Modellreihe auf diesen beiden Seiten: © Harley-Davidson

© Harley-Davidson

Typ/Baujahr:	**M 50** (1965–1966)
Motor:	Zweitakt-Einzylinder
Hubraum:	49,66 ccm (3,03 cui)
Bohrung/Hub:	38,8 x 42 mm
Verdichtung:	10 : 1
Leistung:	0,9 PS
Getriebe:	Dreigang
Reifen:	2.00 x 17
Tankinhalt:	6,3 l
Preis:	$ 225

Typ/Baujahr:	**M 65** (1967–1970)
Motor:	Zweitakt-Einzylinder
Hubraum:	63,86 ccm (3,89 cui)
Bohrung/Hub:	44 x 42 mm
Verdichtung:	9 : 1
Leistung:	1,4 PS
Getriebe:	Dreigang
Reifen:	2.00 x 17
Tankinhalt:	6,3 l
Preis:	$ 230

Sonderausführungen:
Beide Modelle als Sportausführung (S) mit größerem Tankvolumen, geschlossenem Rahmen, etwas verringertem Gewicht durch sportliches Outfit. Insgesamt sollen ca. 9.000 Stück produziert worden sein.

Die Harley-Mopeds mit 50- und 65-ccm-Motoren (Leggero) gab es in offener und in der Sport-version in geschlossener Aus-führung (Bild links).

(Bes.: Harley-Davidson Museum, York, PE/USA)

Das Foto entstand mit freundlicher Genehmigung des Harley-Davidson-Archivs.

MSR 100, ML 125, 125 SS, 250 SX
Baja, Rapido und die anderen

Nach der langjährigen Harley-Davidson-Zweitakt-Ära, die 1948 mit der DKW-Kopie S 125 begann, brachte die Ehe mit Aermacchi nochmals neuen Aufschwung in die Produktion der kleinen Flitzer, die ab Mitte der 60er Jahre gänzlich nach Varese verlegt wurde. Nach einem nicht allzu glücklichen Start im Minibike-Bereich legte Aermacchi-Harley-Davidson eine ganze Reihe von Leichtgewicht-Zweitaktern auf, die vor allem der unglaublich erfolgreichen Yamaha DT 1 das Wasser abgraben sollte; das gelang jedoch nicht. Zu verschieden, zu unübersichtlich und zu unstet war die Modellpalette. Alle 125er, 175er und 250er gab es in zahlreichen Modifikationen als Straßenversion (SS) oder als Offroad-Ausführung (SX, TX, MX) für Trial, Enduro und Motocross, wobei die etwas inkonsequente Zuteilung der Buchstaben S, M und R – mal Straße, mal Sport bedeutend – unausweichlich zu Verwirrungen führte. Prinzipiell waren jedoch die meisten Zweitakter mehr für den Offroad-Sport gedacht als für den Alltagsgebrauch. Mit dem Verkauf von Aermacchi endete 1978 auch die Zweitakt-Produktion von Harley-Davidson.

Die sportliche Ausführung der 125er war durch verlängerte Gabel, hohen Lenker, einen hochgezogenen Auspuff sowie Stollenreifen erkenntlich.

125 SS, 1975–76

125 SX, 1975–76

TX 125, 1973

MLS 125 Rapido

Werbung für die Allround-Zweitakter, die vor allem als Spaß- und Sportgeräte für die Jugend gedacht waren. Eine 125 MLS Trialmaschine, hier in ziviler Straßenausführung.

© Harley-Davidson

(Bes.: Willi's Motorcycle World, Daytona Beach, FL/USA)

Typ:	**MSR 100 Baja**
Baujahr:	1970–1974
Motor:	Zweitakt-Einzylinder
Hubraum:	98 ccm (5,98 cui)
Bohrung/Hub:	50 x 50 mm
Verdichtung:	9,5 : 1
Leistung:	11 PS
Getriebe:	Fünfgang
Bereifung vorne:	3.00 x 21
Bereifung hinten:	3.50 x 18
Tankinhalt:	9,5 l
Preis:	$ 670

Typ:	**ML 125 Rapido**
Baujahr:	1968–1972
Motor:	Zweitakt-Einzylinder
Hubraum:	124 ccm (7,53 cui)
Bohrung/Hub:	56 x 50 mm
Verdichtung:	7,65 : 1
Leistung:	13 PS
Getriebe:	Viergang
Bereifung vorne:	3.50 x 18
Bereifung hinten:	3.50 x 18
Tankinhalt:	9,5 l
Preis:	$ 395

Sonderausführungen:
auch als Standard-, Straßen(S)- und Trial-Modell

Typ:	**125 SS**
Baujahr:	1973–1975
Motor:	Zweitakt-Einzylinder
Hubraum:	124 ccm (7,53 cui)
Bohrung/Hub:	56 x 50 mm
Verdichtung:	10,8 : 1
Leistung:	13 PS (15 PS)
Getriebe:	Fünfgang
Bereifung vorne:	3.00 x 19
Bereifung hinten:	3.50 x 18
Tankinhalt:	10,5 l
Preis:	n. a. (um $ 800)

Sonderausführungen: auch als TX, SXT (Enduro)

Typ:	**250 SS/SX**
Baujahr:	1975–1978
Motor:	Zweitakt-Einzylinder
Hubraum:	243 ccm (14,8 cui)
Bohrung/Hub:	72 x 59,6 mm
Verdichtung:	10,3 : 1
Leistung:	16 PS
Getriebe:	Fünfgang
Bereifung vorne:	3.00 x 21
Bereifung hinten:	4.00 x 18
Tankinhalt:	10,5 l
Preis:	$ 1.130

Sonderausführungen:
auch als SX 175 (1974), MX (Motocross)
1977–1978: SX/SST 350 als hubraumvergößertes Modell mit 80 mm Bohrung und 68 mm Kolbenhub als Enduro und Straßenmaschine mit 26 PS

MLS 125 Rapido

MLS 125 Rapido

ML 125 Rapido, 1970–72 (Straßenausführung)

Alle Fotos der Modellreihe auf diesen beiden Seiten: © Harley-Davidson

Am Trend vorbei: Der Topper Scooter

Nicht sehr schnell, nicht besonders schön und nicht gerade billig, war dem einzigen jemals von Harley gebauten Roller kein allzu großer Erfolg beschieden. Das „Nutzfahrzeug" – mit einem knapp 9 PS leistenden 165-ccm-Zweitaktmotor und Riemen-Automatik angetrieben – konnte sich gegen die beliebten Scooter von Cushman, Vespa oder Lambretta nicht durchsetzen. Der hochgepriesene Topper Scooter paßte weder in die Zeit noch zur Harley-Philosophie. Von 1960 bis 1965 wurden insgesamt nur etwa 3.000 Stück produziert – viel zu wenig, um die Entwicklungs- und Produktionskosten zu kompensieren.

In großen Stückzahlen warten Topper auf ihre Auslieferung.

Das Standardmodell des Topper-Rollers.

TOPPER H MOTOR SCOOTER AND "UTILITY BOX"

Build your profits . . . cut delivery operating costs with a Harley-Davidson TOPPER H and Utility Box. This compact toter has more than 5 cubic feet of cargo space capable of handling 200 lbs. of payload. It offers widespread application to all types of industry, delivery, courier, messenger and service work. Low initial cost and gasoline mileage of up to 100 M.P.G. will save you money on every job. Best of all, it's easy to ride, easy to park and glides through traffic. Call your Harley-Davidson dealer for a free demonstration.

TOPPER H MOTOR SCOOTER AND "SIDECAR"

Every member of your family will find the TOPPER H with a Harley-Davidson Sidecar the 'greatest'! It's swell for commuting, errands and outings. You can take along a passenger in padded comfort or use it to carry groceries and packages on shopping trips. This handy combination will hold golf clubs, fishing and hunting gear, or any fun equipment. Get fun transportation with a practical side! Get TOPPER H with Sidecar! It's the economical way to get to work, school, the store, wherever you want to go.

Harley legte großen Wert darauf, den Topper in unterschiedlichen Prospekten als Allzweckfahrzeug anzupreisen. Hier mit verschiedenen Seitenwagen für den Waren- wie auch den Personentransport.

Typ:	**Topper Scooter**
Modell:	AU/AH (nur 1960: Modell A)
Baujahr:	1960 – 1965
Motor:	luftgek. Zweitakt-Einzylinder
Hubraum:	165 ccm (10 cui)
Bohrung/Hub:	60 mm x 58 mm
Verdichtung:	6,6 : 1 (Modell AH: 8 : 1)
Primärantrieb:	stufenlose Automatik
Sekundärantrieb:	Kette
Getriebe:	Scootaway-Drive-Variomatik
Batterie:	6 V
Zündung:	Batterie-Spulenzündung
Rahmen:	Stahlrahmen mit Fiberglasaufbau
Bremsen vorne:	Trommelbremse
Bremsen hinten:	Trommelbremse
Federung vorne:	Dämpfer-Schwinge
Federung hinten:	Schwinge
Tankinhalt:	6,5 l
Bereifung:	4.00 x 12
PS:	6 (AU), 9 (AH)
Preis:	$ 430 – 600 (1960 – 1965)
Modellvarianten:	Für den Topper gab es spezielle Seitenwagen in Personen- und Utility-Box-Ausführung.

An der Sitzbankkonsole konnte der Motor mit einem Seilzug gestartet werden.

Der Tacho war vorgesetzt und in der vorderen Verkleidung integriert.

Neu am Top End: Der Shovelhead-Motor

Ab 1966 wurden auf dem zunächst unverändert belassenen, unteren Teil des Panhead-Motors neue Zylinderköpfe verwendet, die eine gewisse Ähnlichkeit mit jenen der bereits 1947 gebauten XL Sportster-Modelle hatten. Der mit 74 Kubikinch konzipierte Motor erzeugte 54 PS als FL und mit höherer Kompression als FLH 60 PS – 5 PS mehr als der bisherige Panhead-Motor –, hatte weniger Vibrationen und beschleunigte besser. Dazu trug auch der Tillotson Diaphragm-Vergaser bei, der für besseren Kaltstart mit einem Choke ausgerüstet war. Eine neue Ölpumpe und ein entsprechendes Öldruck-Warnlicht waren weitere Neuerungen. 1968 wurden Generator und Zündanlage in ein neues Kurbelwellengehäuse integriert. 1978 gab es den Shovelhead auch als FLH mit 80 Kubikinch. 1980 wurde er für die Tour Glide mit der elektronischen V-Fire-Zündung ausgestattet, 1981 mit V-Fire II. Die größten Probleme bereitete damals jedoch das bleifreie Benzin. 1984 wurde der Shovelhead von dem völlig neu überarbeiteten Evolution-Motor abgelöst.

Der Shovelhead-Motor

	Early Shovel 1.200 ccm	Shovelhead 1.200 ccm	Shovelhead 80 cui
	1966–1969	1970–1980	1978–1984
Motortyp:	luftgek. 45° V-Twin Viertakt OHV	luftgek. 45° V-Twin Viertakt OHV	luftgek. 45° V-Twin Viertakt OHV
Hubraum:	1.206,39 ccm (73,63 cui)	1.206,39 ccm (73,63 cui)	1.337,06 ccm (81,64 cui)
Bohrung:	87 mm	87 mm	89 mm
Hub:	102 mm	102 mm	108,0 mm
Verdichtung:	FL 7,25 : 1/FLH 8 : 1	8 : 1	7,4 : 1
Vergaser:	Tillotson, 38 mm Ø	Bendix, ab 1976 Keihin, jeweils 38 mm Ø	Keihin, 38 mm Ø, 1990: 40 mm Ø
Zündung:	Batterie-Spule/Handverstellung	Batterie-Spule/autom. Verstellung	V-Fire II, elektronisch, kontaktlos
Stromerzeugung:	Gleichstromlichtmaschine	Wechselstromlichtmaschine (Solid State)	Drehstromlichtmaschine (17,8 A)
PS:	FL: 55 (57 PS/5.200 U/min) FLH: 60 (62 PS/5.400 U/min)	60–62 PS	65PS/5400 U/min

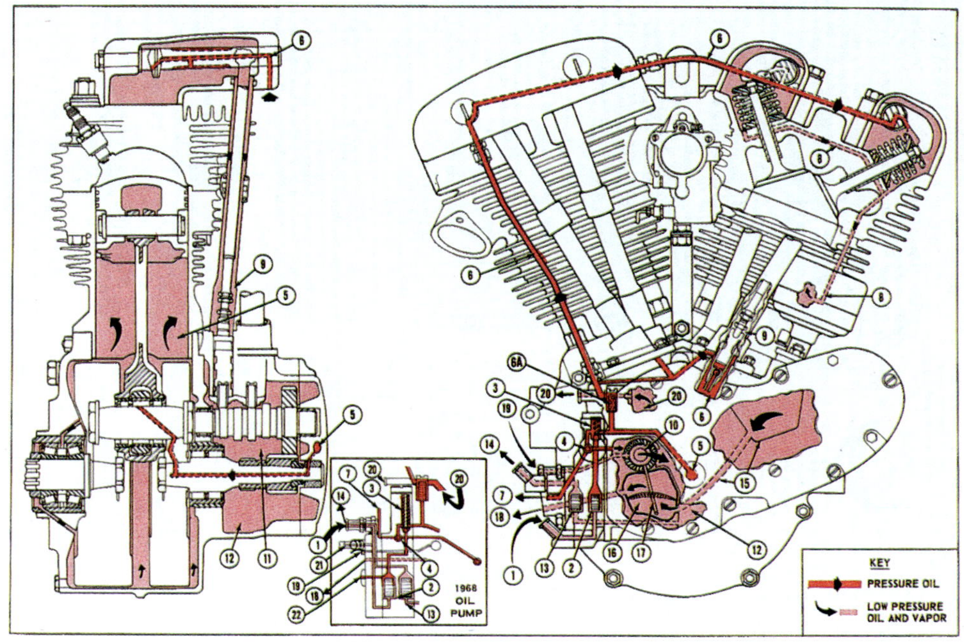

Figure 3A-3. Electra-Glide Lubrication System

© Harley-Davidson

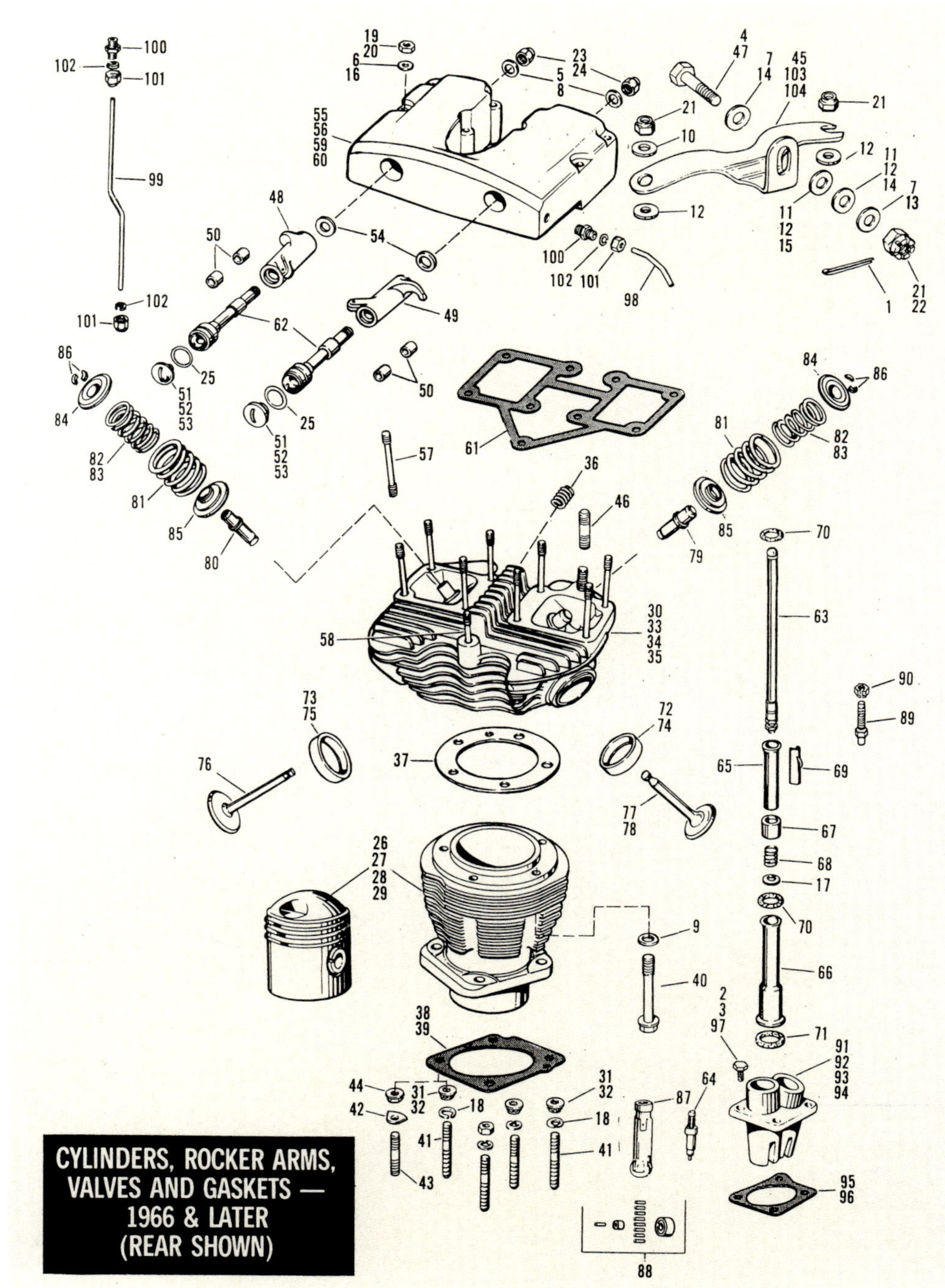

© Harley-Davidson

FL und FLH Electra Glide Shovelhead

© Harley-Davidson

Nachdem die Electra Glide durch ihre Umrüstung auf 12 Volt stark an Gewicht zugelegt hatte, bekam sie 1996 endlich einen längst überfälligen, neuen und stärkeren Motor, der aber – vor allem aus Kostengründen – zunächst nur im oberen Bereich wesentlich verbessert wurde. Seine Leistungssteigerung um etwa 10% erreichte er durch neu gestaltete Aluminiumzylinderköpfe mit überarbeiteten Kanälen, höher verdichtenden Kolben sowie einer Nockenwelle mit längeren Öffnungszeiten.

Da die charakteristische Form der Zylinderkopfabdeckungen den Sportster XL-Typen nachgebildet worden war und irgendwie einer Schaufel ähnlich sah, hatten die Harley-Fans schnell einen neuen Namen für den Motor gefunden: Shovelhead. Der untere Teil wurde vorerst noch so belassen wie beim alten Panhead-Motor, also mit der vorgesetzten Lichtmaschine und dem Zündverteiler auf dem Kurbelwellengehäuse. Diese Baureihe erhielt unter Kennern bald die Bezeichnung Early Shovel. Erst 1970 wurde der Motor gänzlich erneuert und bekam einen neuen unteren Teil mit einem nach innen verlegten Stromerzeuger – einer moderneren Wechselstromlichtmaschine. Der Regler blieb allerdings zweckmäßigerweise außen. Auch die Zündeinheit mit Unterbrecher und Kondensator sowie einer nunmehr automatischen Zündverstellung wurde auf die rechte Seite der Kurbelwelle verlegt. Die ersten, mit dem neuen Shovelhead-Motor ausgerüsteten Modelle nannten sich jetzt Electra Glide Super Solo (FL) und Electra Glide Super Sport (FLH) mit den Zusätzen „B" für Handschaltung und „FB" für Fußschaltung.

Als Standardmodell hatte der FL-Typ zunächst 54, später 57 PS, die FLH mit etwas höherer Verdichtung zuerst 60, dann 62 PS. Beide Modelle waren anfänglich mit einem Linkert-DC-Vergaser ausgerüstet, anschließend mit einem Tillotson, Bendix und zuletzt mit dem japanischen Keihin.

Für beide Modelle gab es umfangreiches Zubehör, vor allem durch zwei Ergänzungsprogramme: einmal in der Chrome-Finish-Gruppe mit verchromten Teilen, Covers und Bügeln und in der Gruppe „King of the Highway", die neben speziellen Luxuskomponenten (Buddy Seat), Sturzbügeln, Chrome Covers, Fiberglassatteltaschen, Blinkern und Gepäckträgern auch Plexiglaswindschutzscheiben mit getönten Unterteilen in Blau, Grün oder Rot auflistete.

Zusätzlich konnte man seine Electra Glide mit den vielen als Optimal Custom Features angebotenen Parts und Accessories zum ultimativen Dresser oder Full Dresser aufrüsten. Erst in den späten 70er Jahren hat Harley-Davidson Modellpolitik mit den Classic-Typen betrieben, aber auch bei diesen klassischen Highwaydampfern war noch genügend Platz für reichlich Extra-Zubehör. Schwerwiegend waren dagegen die vielen Verarbeitungsmängel, die vor allem in den frühen 70er Jahren unter dem AMF-Regime auftraten; das ehemals so sorgsam gepflegte Qualitätsimage der Firma litt stark unter diesen Fertigungsproblemen.

Als Alternative zum 1200er Motor wurde 1978 erstmalig die stärkere Version des Shovelhead mit 80 Kubikinch angeboten, und zwar in der 1978er Electra Glide Classic. Der Motor, auf 8 : 1 verdichtet, brachte nun 65 PS und hatte eine elektronische, kontaktlose Zündeinheit. Obwohl er tatsächlich „nur" 1.311 ccm besaß, lief er international im Verkauf als „1340er". 1981 wurden aus der FLH 80 die Electra Glide Classic, die FLHC 80, und 1983 – im letzten Jahr vor dem Evolution-Motor – die FLHT (Electra Glide 80) und die FLHTC (Electra Glide Classic).

(Bes.: Marcial Becerra, San Diego, CA/USA)

Typisch für die Early Shovel FLH ist das Timing Cover mit dem dahinterliegenden Generator.

Die Shovelhead Electra-Glide-Familie

1966–1969	**FL/FLH** Early Shovel Electra Glide
1970–1980	**FL/FLH** Electra Glide
1979–1981	**FLHS** Electra Glide Sport (nur USA)
1979–1982	**FLH 80** Electra Glide
1978–1982	**FLH 80/FLHC 80** Electra Glide Classic
1983–1984	**FLH 80** Electra Glide
1983	**FLHT 80** Electra Glide
1983	**FLHTC 80** Electra Glide Classic
1984	**FLHX 80** Sondermodell

Typ:	**FL/FLH Early Shovel**
Modell:	**Electra Glide**
Baujahr:	1966–1969
Motor:	luftgek. 45° V-Twin Viertakt OHV
Hubraum:	1.206,39 ccm (73,63 cui)
Bohrung/Hub:	87,31 x 100,8 mm
Verdichtung:	8 : 1 (FL: 7.25 : 1)
Vergaser:	Tillotson, 38 mm Ø
Primärantrieb:	Duplexkette
Sekundärantrieb:	Kette
Getriebe:	Viergang
Batterie:	12 V
Zündung:	Batterie-Spulenzündung
Rahmen:	Doppelschleifen-Stahlrohr
Bremsen vorne:	Trommelbremse
Bremsen hinten:	Trommelbremse
Federung vorne:	Telegabel
Federung hinten:	Schwinge mit Federbeinen
Radstand:	1.524 mm
Gewicht:	355 kg (Standard)
Tankinhalt:	19 l
Ölvolumen:	3,8 l
Bereifung:	5.00 x 16
PS:	60 (FL: 58)
Höchstgeschw.:	160 km/h
Preis:	1966: $ 1.610 1969: $ 1.900
Modellvarianten:	FL Electra Glide Super Solo, auch als Polizeiausführung mit speziellem Zubehör (Police Groups & Equipment)

Typ:	**FLH Shovelhead**
Modell:	**Electra Glide**
Baujahr:	1970–1980
Motor:	luftgek. 45° V-Twin Viertakt OHV
Hubraum:	1.206,39 ccm (73,63 cui)
Bohrung/Hub:	87,31 x 100,8 mm
Verdichtung:	8 : 1
Vergaser:	Bendix, ab 1976 Keihin, jeweils 38 mm Ø
Primärantrieb:	Duplexkette
Sekundärantrieb:	Kette
Getriebe:	Viergang
Batterie:	12 V
Zündung:	Batterie-Spulenzündung
Rahmen:	Einschleifen-Stahlrohr
Bremsen vorne:	Scheibenbremse ab 1972
Bremsen hinten:	Trommelbremse
Federung vorne:	Telegabel
Federung hinten:	Schwinge mit Federbeinen
Radstand:	1.562 mm
Gewicht:	355 kg (Standard)
Tankinhalt:	19 l
Ölvolumen:	3,8 l
Bereifung:	5.00 x 16
PS:	66
Höchstgeschw.:	160 km/h
Preis:	$ 2.500
Modellvarianten:	Für den Seitenwagenbetrieb gab es ein Getriebe mit drei Vorwärtsgängen und Rückwärtsgang. (siehe Kasten/Anhang)

Die neue Tankkonsole und die Aluminiumverkleidung der Lampe sowie der Lenkerbefestigung sind ein typisches Design der frühen FLH Modelle.

FLT Tour Glide Shovelhead

1980 präsentierte Harley-Davidson einen völlig neu durchkonstruierten Tourer in seiner Schwergewichtsklasse: die FLT 80 Tour Glide. Die monströse Frontverkleidung mit den für Harley unüblichen Doppelscheinwerfern ließ sie etwas kopflastig erscheinen – doch der Schein trog, sie war fabelhaft leicht zu lenken.

Der von Erik Buell entwickelte Rahmen besaß dank einer neuartigen Fahrwerksgeometrie wesentlich verbesserte Lenkeigenschaften. Der Lenkkopf verfügte über extreme 65-Grad-Lenkkopfwinkel, während die Telegabel durch einen Versatz von 3 Grad mit 62-Grad-Lenkkopfwinkel spitzwinkelig und nicht parallel zum Lenkkopf stand. Die mutige Konstruktion erfüllte die in sie gesetzten Erwartungen: leichtes Lenken und dennoch sauberer Geradeauslauf.

Für zusätzliche Stabilität sorgte die am Rahmen fest montierte Verkleidung; der völlig in Gummielementen gelagerte mächtige 80 Kubikinch (1.338 ccm) Shovelhead-Motor behielt seine Vibrationen für sich – das Schütteln und das Rütteln sowie das Kribbeln an den Fußsohlen, die nach wie vor auf breiten Trittbrettern ausruhen konnten, hatten ein Ende. Das ebenfalls neu entwickelte Fünfganggetriebe mit seinem als Overdrive ausgelegten fünften Gang schonte den Motor, der selbst bei hoher Reisegeschwindigkeit nun kaum über 3.000 Touren kam. Die voll gekapselte Hinterradkette schnurrte im Ölbad.

Obwohl mit der Tour Glide eine neue zukunftsweisende Dimension des Motorradbaus bei Harley-Davidson beschritten wurde, lehnten viele Liebhaber klassischer Formen die FLT wegen ihres etwas unproportioniert wirkenden Gesamterscheinungsbildes als „Harley-untypisch" ab, so daß sie lange als Ladenhüter diesseits und jenseits des Ozeans in den Schaufenstern herumstand.

Einige ihrer Verbesserungen wurden 1983 auch in die Electra-Glide-Modelle übernommen. Dort stand nun das „T" für Touring der FLHT und FLHTC-Typen dieses Jahrganges, dem letzten mit dem 80 Kubikinch Shovelhead-Motor.

© Harley-Davidson

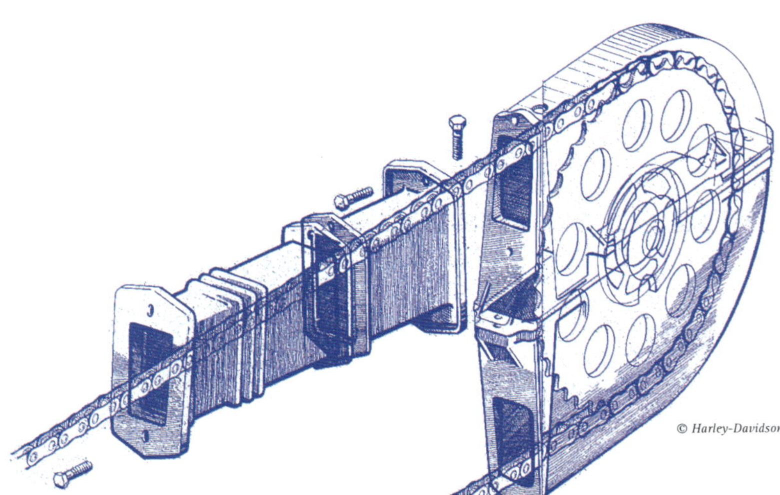

© Harley-Davidson

Die FLTC mit dem neuen 1340-ccm-Motor und dem etwas überdimensionierten Cockpit mit Doppelscheinwerfern aus dem Jahr 1983. Die Kette läuft staub- und öldicht gekapselt, wie die Zeichnung zeigt.

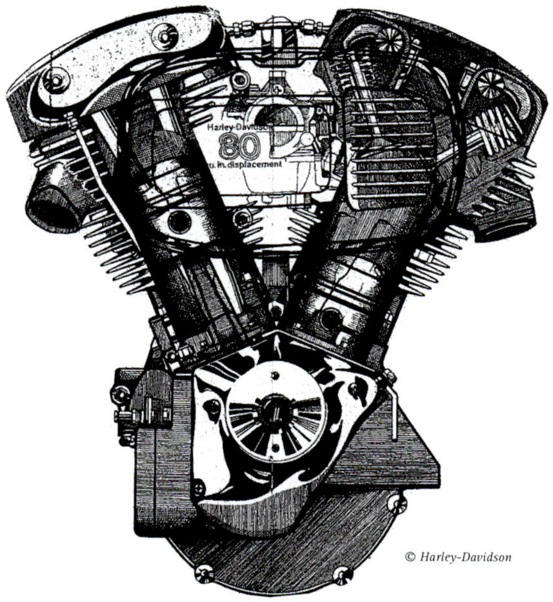

© Harley-Davidson

© Harley-Davidson

Als pures Detail dargestellt: die neue Rahmenkonstruktion mit dem vorversetzten Lenkkopf der FLT sorgt für besonders stabiles Fahrverhalten.

Typ:	**FLT Shovelhead**
Modell:	**Tour Glide**
Baujahr:	1980–1983
Motor:	Luftgek. 45° V-Twin Viertakt OHV
Hubraum:	1337,06 ccm (81,6 cui)
Bohrung/Hub:	88,8 x 108 mm
Verdichtung:	7,4 : 1
Vergaser:	Keihin, 38 mm Ø
Primärantrieb:	Duplexkette
Sekundärantrieb:	Kette
Getriebe:	Fünfgang
Batterie:	12 V
Zündung:	Transistor CDI, kontaktlos
Rahmen:	Einschleifen-Stahlrohr
Bremsen vorne:	Doppel-Scheibenbremse
Bremsen hinten:	Scheibenbremse
Federung vorne:	Telegabel
Federung hinten:	Schwinge mit Federbeinen
Radstand:	1.588 mm
Gewicht:	354 kg (Standard)
Tankinhalt:	19 l
Ölvolumen:	3,8 l
Bereifung:	5.00 x 16
PS:	65
Höchstgeschw.:	153 km/h
Preis:	$ 6.961
Modellvarianten:	mit Sonderausstattung auch als FLTC Tour Glide Classic (siehe Kasten/Anhang)

Die Shovelhead Tour-Glide-Familie

1980–1983	**FLT 80** Tour Glide
1980–1983	**FLTC 80** Tour Glide Classic

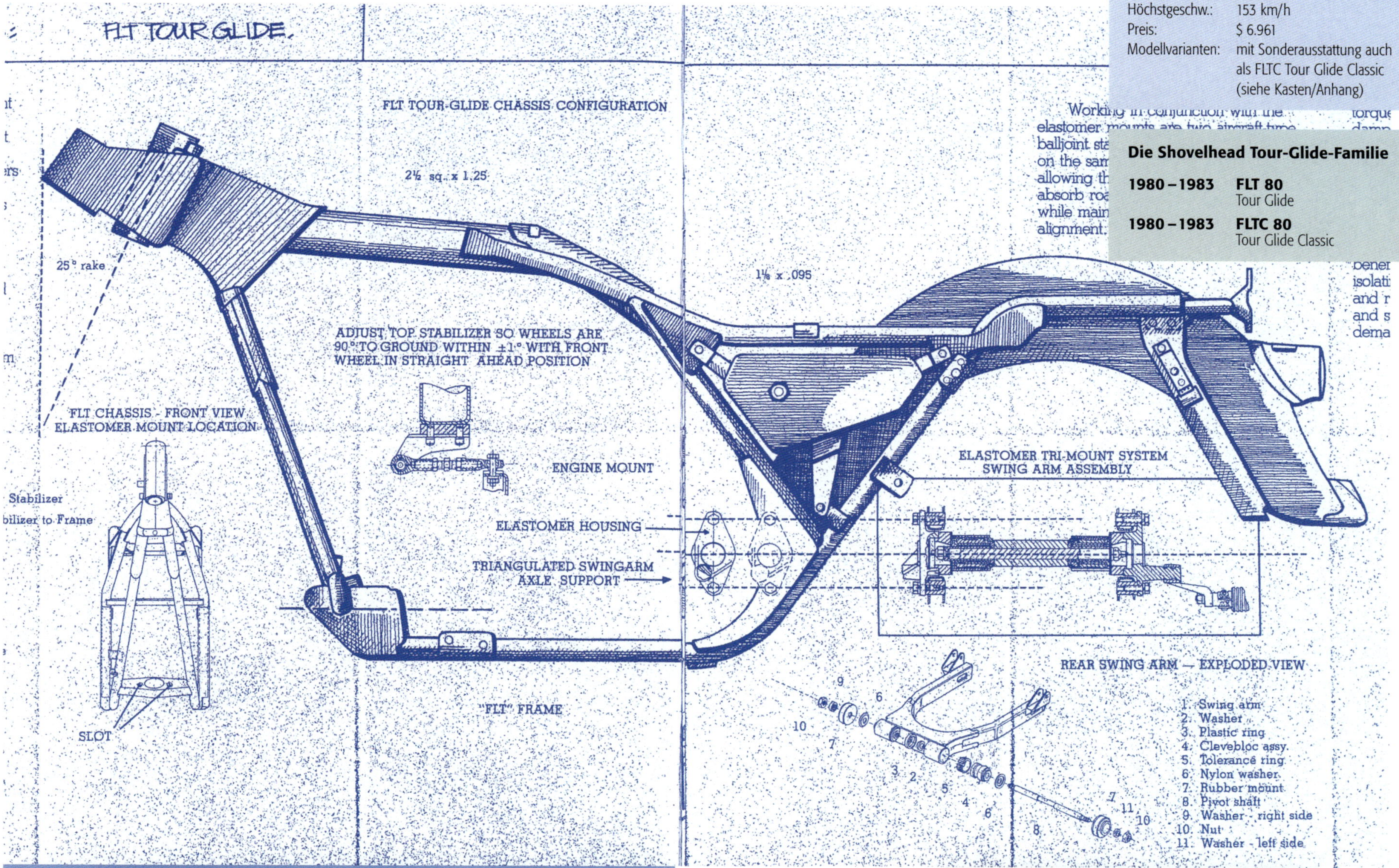

Die Classic-Ausführung der Tour Glide (FLTC) ist mit zusätzlichen Rundinstrumenten auf der linken und rechten Seite der Cockpitverkleidung versehen.

(Bes.: H.-D.)

Das Foto (links) entstand mit freundlicher Genehmigung des Harley-Davidson-Archivs.

© Harley-Davidson

Die FX Super Glide – Harleys erstes Custom Bike

Ende der 60er Jahre befand sich Amerika in einem gesellschaftspolitischen Umbruch. Der Vietnam-Krieg lief auf vollen Touren, und zu Hause sorgte eine Generation von rebellischen Studenten für unruhige Zeiten. Woodstock wurde zum Symbol einer friedlich protestierenden Hippie-Bewegung und der Film „Easy Rider" zum Fanal einer freiheitsdurstigen Jugend. Die Motorräder der beiden sympathischen Film-Superhelden waren natürlich Harleys: wilde, extreme Chopper und keine betulichen Original-Modelle.

Endlich verstanden auch die Harley-Bosse in Milwaukee die Zeichen der Zeit, und die überholten, verkrusteten Denkweisen, die jeden Motorradfahrer auf einem Custom Bike als „verabscheuungswürdigen Outlaw" abgestempelten, wurden vom neuen AMF-Management gründlich umgekrempelt. Zum ersten Mal reagierte die Company frühzeitig auf Kundenwünsche. Speziell Chefdesigner Willie G. Davidson wußte ziemlich genau, was die Leute wollten, war er doch lange genug auf Biker-Parties und Motorradtreffen gewesen, um – besonders in Kalifornien – die neuen Trends zu beobachten.

1971 brachte Harley-Davidson das erste, von Willie G. designte Custom Bike heraus – einen aufsehenerregenden, imposanten Cruiser mit dem anspruchsvollen Namen Super Glide, der vor Easy-Rider-Symbolik und patriotischem Kultdenken nur so strotzte. Schon die Farbkombination rot-weiß-blau und diverse Begriffsattribute verrieten viel von der neuen Mentalität: „All American Freedom Machine", jubelte die Werbung, während die Szene romantischere Namen wie „Midnight Express" oder „Night Train" erfand.

Das Konzept war strategisch und technisch klug durchdacht und fügte sich ideal in das bestehende Harley-Programm ein. Die neue FX 1200 Super Glide war eine gelungene Kombination der engen Sportster-Vordergabel mit dem schmalen 19er, später auch 21er Rad und dem bulligen Electra-Glide-Rahmen mit dem dicken 16er Hinterrad, angetrieben von Harleys stärkstem 1200er Shovelhead-Motor. Dazu kam ein neu gestylter 13-Liter-Tank. Dafür beließ man es beim Kickstarter, der keine schwere Batterie erforderte.

Die exotische Fiberglas-Heckpartie (boat tail) mit der überlangen Sitzbank fand zunächst keine allzu große Begeisterung, aber als sie 1973 gegen ein eleganteres Schutzblech ausgetauscht wurde und die Super Glide einen kleineren, stilvollen Tank bekam, war die FX ein Verkaufshit ersten Ranges. 1974 wurde sie dann mit einem E-Starter ausgerüstet und führte ab da die Typenbezeichnung FXE.

Die Super Glide stellte den Beginn einer ganzen Serie neuer Custom-Modelle dar, die sich nach einigem anfänglichen Mißtrauen seitens der Firmenleitung aber bald als die erfolgreichste Modellgruppe Harley-Davidsons entpuppte. Willie G. hatte den richtigen Riecher gehabt...

In patriotischer Farbgebung: die tiefblaue „nachgedunkelte" Version von Willie G.'s erster Super Glide – Midnight Train.

(Bes.: Max Middelbosch, Zwolle/NL)

Typ:	**FX/FXE Shovelhead**
Modell:	**Super Glide**
Baujahr:	1971–1980
Motor:	luftgek. 45° V-Twin Viertakt OHV
Hubraum:	1.206,39 ccm (73,63 cui)
Bohrung/Hub:	87,31 x 100,8 mm
Verdichtung:	8 : 1
Vergaser:	Bendix, ab 1976 Keihin, jeweils 38 mm Ø
Primärantrieb:	Duplexkette
Sekundärantrieb:	Kette
Getriebe:	Viergang (FX nur Kickstart)
Batterie:	12 V
Zündung:	Batterie-Spulenzündung
Rahmen:	Doppelschleifen-Stahlrohr
Bremsen vorne:	Trommel, ab 1972 Scheibe (später Doppelscheibe)
Bremsen hinten:	Trommel, ab 1972 Scheibe
Federung vorne:	Telegabel
Federung hinten:	Schwinge mit Federbeinen
Radstand:	1.575 mm
Gewicht:	254 kg
Tankinhalt:	13 l
Ölvolumen:	3,8 l
Bereifung vorne:	3.50 x 19
Bereifung hinten:	5.00 x 16
PS:	58/65
Höchstgeschw.:	177 km/h
Preis:	$ 2.500
Modellvarianten:	siehe Kasten/Anhang

Das erste Custom-Modell von Willie G. war die 1200er FX mit dem charakteristischen Boat-tail.

© Harley-Davidson

1975 erschien die stilistisch gelungene Version der FXE Super Glide.

© Harley-Davidson

Die Shovelhead FX Super-Glide-Familie

1971–1980	**FX/FXE 1200** Super Glide
1981–1983	**FXE 80** Super Glide
1977–1979	**FXS 1200** Low Rider
1980–1982	**FXS 80** Low Rider
1979	**FXEF** 1200 Fat Bob
1980–1982	**FXEF 80** Fat Bob
1980–1982	**FXB 80** Sturgis
1983	**FXSB 80** Low Rider Belt
1980–1983	**FXWG 80** Wide Glide
1983	**FXDC 80** Disc Glide, Wide Glide
1982–1983	**FXR 80/FXRS 80** Super Glide II/De Luxe
1983	**FXRT 80** Sport Glide

Der typische Fiberglas Boat-tail der ersten FX – hier wie die „All American Freedom Machine“ in den Farben Blau, Rot und Weiß lackiert – konnte seine Herkunft aus der ehemaligen Bootsfabrik in Tomahawk nicht verleugnen.

Nahezu original: die 1976er FX Super Glide, lediglich mit einem Gepäckträger aus dem Zubehör-Angebot versehen.

Der große Wurf

Die FXS Low Rider war der zweite Versuch von Willie G. Davidson und seiner Crew, der enormen Nachfrage für Custom Bikes nachzukommen, und er gelang prächtig. Obwohl aus vielen gängigen Harley-Komponenten zusammengesetzt, stand die Low Rider wie aus einem Guß da: ein echter Highway Cruiser im zeitgemäß allgefälligen Softchopper-Look. Sie besaß diese typisch niedrige Sitzhöhe von 68 cm und die – zumindest für den Fahrer – äußerst bequeme Sitzposition: leicht zurückgelehnt und die Füße auch schon mal nach vorn auf die zusätzliche Fußrastenanlage (Highway Pegs) ausgestreckt, den flachen Lenker mit leicht angewinkelten Armen gut im Griff – da konnte man die Fahrt genießen, die Nase im Wind und nicht auf dem Tank, so wie es der geltenden Easy-Rider-Philosophie entsprach.
Dazu ein kraftvolles Triebwerk – zunächst den bewährten 1200er, später den 1340er, der seltsamerweise in Kubikinch vermarktet wurde. Dazu einen fülligen (Fat-) Bob-Tank, die etwas flacher gelegte Showa-Gabel und eine monströse Zwei-in-Eins-Auspuffanlage. Kurzum, alles schien rundum gut gelungen. Über die LM-Gußspeichenräder gingen die Meinungen heftig auseinander, aber zumindest waren sie praktisch. Die Kombination von E-Start und altmodischem Kickstarter empfand man dagegen als ideal. Die Doppelscheibenbremse am Vorderrad war ihren Anforderungen gewachsen und brachte den 260 kg schweren Koloß tadellos zum Halten.
Bereits im ersten Erscheinungsjahr wurden 3.742 Low Rider verkauft, ein Jahr darauf waren es bereits 9.787 Stück, und als sie 1980 mit dem größeren und stärkeren 80-Kubikinch-Motor ausgeliefert wurde, erreichte sie fast die Hälfte des Gesamtabsatzes.
Ihr enormer Erfolg schlug also alle Rekorde und gab Willie G. und seiner Designermannschaft grünes Licht für alle zukünftigen Custom-Ideen.
So nebenbei gab es natürlich auch für dieses Modell reichlich Chrom- und Spezialzubehör. Die Low Rider wurde zum neuen Symbol der Harley-Custom-Szene, und Harleys Outlaw-Empfindlichkeit war damit endgültig vorbei.

Typ:	**FXS Shovelhead**
Modell:	**Low Rider**
Baujahr:	1977–1982
Motor:	luftgek. 45° V-Twin Viertakt OHV
Hubraum:	1.206,39 ccm (73,63 cui) (ab 1980: 1.343 ccm)
Bohrung/Hub:	87,31 x 100,8 mm (ab 1980: 89 x 108 mm)
Verdichtung:	8 : 1 (ab 1980: 7,4 : 1)
Vergaser:	Keihin, 38 mm Ø
Primärantrieb:	Duplexkette
Sekundärantrieb:	Kette
Getriebe:	Viergang
Batterie:	12 V
Zündung:	Batterie-Spulenzündung (ab 1980 kontaktlose Elektronik)
Rahmen:	Doppelschleifen-Stahlrohr
Bremsen vorne:	Doppel-Scheibenbremse
Bremsen hinten:	Scheibenbremse
Federung vorne:	Telegabel
Federung hinten:	Schwinge mit Federbeinen
Radstand:	1.615 mm
Gesamtlänge:	2.350 mm
Gewicht:	261 kg
Tankinhalt:	13,2 l/15,4 l
Ölvolumen:	4,2 l
Bereifung vorne:	3.25 x 19
Bereifung hinten:	5.10 x 16
PS:	58
Höchstgeschw.:	165 km/h
Preis:	$ 3.475
Modellvarianten:	1984, als FXSB mit Sekundär-Belt-Drive (noch mit dem 80-cui-Shovelhead-Motor)

© Harley-Davidson

Das Erfolgsmodell FXS Low Rider wurde bis 1982 mit Sekundärkette geliefert, in den Jahren 1983 und 1984 – noch vor den Evo-Modellen – bereits mit dem neuen Zahnriemenantrieb als FXSB Low Rider.

© Harley-Davidson

Ein fettes Kind: Der Fat Bob

Die dritte Variante der Harley-Custom-Reihe war der FXE sehr ähnlich: die FXEF Fat Bob. Sie war gewissermaßen das „dicke Kind" der Super Glide mit breitem Tank, hochgesetztem Buckhorn-Lenker, tiefem Sitz und einem satten, drehmomentstarken Kraftwerk. Die Fat Bob entsprach dem geradezu unsittlichen Verlangen, den schweren Motor möglichst unmittelbar zu fühlen – mit allen positiven und negativen Assoziationen –, eine Maschine für echte Macho-Typen, von denen es anscheinend doch erstaunlich viele gab, denn trotz jährlicher Produktionszahlen so um die 5.000 Stück waren die Fat Bobs sofort vergriffen. 1979 – im ersten Jahr – gab es sie noch wahlweise mit dem 1200er, danach nur noch mit dem 80 Kubikinch Shovelhead-Motor. Wie die Low Rider hatte auch die Fat Bob die charakteristische Zwei-in-Eins-Auspuffanlage, die später etwas modifiziert wurde. Auch die in den USA obligaten Neun-Speichen-ML-Gußvorderräder konnten gegen die originalen Speichenräder ausgetauscht werden. Den Kickstarter hatte man dem Elektrostarter geopfert, dessen Zuverlässigkeit offensichtlich über alle Zweifel erhaben war. Die Fat Bob wurde – wie auch schon die Low Rider – von ihren Besitzern gerne mit einer komplett vorverlegten Fußrastenanlage aus dem Zubehörhandel bestückt – eine Umrüstung, die von Harley schnell aufgegriffen wurde. Relaxtes Highway-Feeling war angesagt ...

Typ:	**FXEF Shovelhead**
Modell:	**Fat Bob**
Baujahr:	1979–1982
Motor:	luftgek. 45° V-Twin Viertakt OHV
Hubraum:	1.338 ccm*
Bohrung/Hub:	89 x 108 mm
Verdichtung:	7,4 : 1
Vergaser:	Keihin, 38 mm Ø
Primärantrieb:	Duplexkette
Sekundärantrieb:	Kette
Getriebe:	Viergang
Batterie:	12 V
Zündung:	elektronisch, kontaktlos
Rahmen:	Doppelschleifen-Stahlrohr
Bremsen vorne:	Doppel-Scheibenbremse
Bremsen hinten:	Scheibenbremse
Federung vorne:	Telegabel
Federung hinten:	Schwinge mit Federbeinen
Radstand:	1.590 mm (1.613 mm)
Gewicht:	290 kg
Tankinhalt:	15,4 l
Ölvolumen:	3,8 l
Bereifung:	3.50 x 19 (vorne), 5.00 x 16 (hinten)
PS:	58
Höchstgeschw.:	165 km/h
Preis:	$ 10.995 (1990)

** Für dieses Modell gibt es keine publizierte Kubikinch-Angabe.*

Die FXEF Fat Bob, sowohl primär wie sekundär mit Kettenantrieb, wurde auch mit der seltenen Sitzbank aus braunem Kunstleder geliefert. Ein typisches Merkmal ist die Zwei-in-Eins-Auspuffanlage, die sich um die Zündungsabdeckung schlingt und in einem Auspufftopf mündet.

(Bes.: Jürgen Ritter, Düsseldorf/D)

Schatten der Nacht

Die Idee zur Sturgis ist Willie G. Davidson angeblich auf der Rückfahrt von der Bikerfete in den Black Hills gekommen, und er soll sie irgendwo unterwegs auf einer aus einem Abfallkorb gefischten halbwegs sauberen Papiertüte skizziert haben. In Milwaukee setzte er dann seine Vision Schritt für Schritt in die Tat um.
Basis für die FXB (B steht für Belt) war die Low Rider mit dem 80 Kubikinch Shovelhead-Motor, dem man nun sowohl im Primär- wie auch im Sekundärantrieb einen Zahnriemen (Twin Belt Drive) der Gates Rubber Company aus Aramid-Nylon (Polychain) verpaßte – eine mutige und vor allem zukunftsträchtige Kombination, aber zunächst doch nur ein Versuchsballon, denn bei aller Laufruhe und angeblicher Haltbarkeit blieben die Kunden skeptisch, stellte doch ein gerissener „Belt“ ein ernstes Problem dar.
Eine neue, verlängerte Übersetzung des überarbeiteten Vierganggetriebes brachte zwar keine großartigen Beschleunigungswerte, sorgte aber für eine besonders ausgeglichene Laufkultur. Einiges wurde vibrationsdämpfend in Gummi gelagert (nicht der Motor), der Lenker war der Dragster-Szene entlehnt, und zur Freude aller echten Biker hatte die Sturgis neben dem Elektro- noch einen Kickstarter. Die Zwei-in-Eins-Auspuffanlage übernahm man von der Fat Bob, die Neun-Speichen-Gußräder waren neu, und eine zusätzliche, vorverlegte Fußraste erlaubte das entspannte Ausruhen bei längerem Cruisen.
Ansonsten war die Sturgis schwarz in schwarz bis in die Zylinderrippen – ein echter Nachtvogel eben und darüber hinaus ein überaus elegantes, zeitgemäßes Motorrad. Trotzdem erreichte die FXB keine aufregenden Produktionszahlen: 1980, im ersten Jahr, waren es 1.470 Stück, im Jahr darauf immerhin 3.543 und im letzten Jahr, 1982, dann nur noch 1.833 Einheiten. Heute ist die Sturgis ein begehrtes Sammelobjekt.

Ganz in Schwarz gehalten: die Sturgis mit Shovelhead-Motor, Dragster-Lenker, Fat-Bob-Armaturen und der Zwei-in-Eins-Auspuffanlage.

Typ:	**FXB Shovelhead**
Modell:	**Sturgis**
Baujahr:	1980–1982
Motor:	luftgek. 45° V-Twin Viertakt OHV
Hubraum:	1.338 ccm
Bohrung/Hub:	89 x 108 mm
Verdichtung:	7,4 : 1
Vergaser:	Keihin, 38 mm Ø
Primärantrieb:	Zahnriemen
Sekundärantrieb:	Zahnriemen
Getriebe:	Viergang
Batterie:	12 V
Zündung:	elektronisch, kontaktlos
Rahmen:	Doppelschleifen-Stahlrohr
Bremsen vorne:	Doppel-Scheibenbremse
Bremsen hinten:	Scheibenbremse
Federung vorne:	Telegabel
Federung hinten:	Schwinge mit Federbeinen
Radstand:	1.615 mm
Gewicht:	286 kg
Tankinhalt:	15,4 l
Ölvolumen:	3,8 l
Bereifung vorne:	3.50 x 19
Bereifung hinten:	5.00 x 16
PS:	65
Höchstgeschw.:	170 km/h
Preis:	$ 5.698

Modellvarianten:
1983 erschien die Low Rider noch mal mit dem zukunftsweisenden Twin-Belt-Drive-System für den Primär- und Sekundärantrieb als FXSB Low Rider Belt.

Während sich der sekundäre Zahnriemen immer mehr bewährte, blieb er als Primärantrieb bei der ersten Sturgis ein einmaliger Versuch. Der schwarzmattierte Motor wurde dagegen erst in den 90er Jahren wieder populär.

Alle Fotos dieser beiden Seiten entstanden mit freundlicher Genehmigung des Harley-Davidson-Archivs.

Das „Böse Buben"-Bike

Einige Biker meinten, sie mußte ja mal kommen, andere wieder glaubten, es sei ein Wunder, daß sie überhaupt kam – die FXWG Wide Glide war gewiß die bisher radikalste Custom-Schöpfung des Design Department, ein kompromißloses Zugeständnis an die früher so verdammte Outlaw-Szene, die inzwischen jedoch zur heftig umworbenen, glorreichen Biker-Lifestyle-Klientel konvertiert war.

Trotzdem begegneten einige Hardliner der Company dieser zu sehr an das „Böse Buben"-Image erinnernden Wide Glide mit Mißtrauen und blockierten die Fertigung anderthalb Jahre lang. Als aufregender Verführer vieler geheimer Süchte und Sehnsüchte wurde sie jedoch eines der erfolgreichsten Modelle von Harley-Davidson.

Das Erscheinungsbild der Wide Glide – mit ihrer abgespeckten, breiten FLH-Gabel und dem darin steckenden schmalen 21-Zoll-Speichenrad, einer Winzlampe obendrauf, mit einem extrem niedrigen Sitz und der integrierten Sissybar, dem dicken Fünf-Gallonen-Tank und der komplett nach vorne verlegten Fußrasten-, Brems- und Schaltanlage – signalisierte unmißverständlich das Ende einer branchenüblichen Tabuzone im progressiven Motorradbau: Nicht mehr der technische Fortschritt, sondern die Philosophie – der „Mythos" – wird zum beherrschenden Element. Produktionsrelevante Zugeständnisse, wie der zusätzliche Elektrostarter und andere High-Tech-Komponenten in Fahrwerk, Motor und Ausrüstung, machten die Wide Glide trotz aller Andersartigkeit zu einer waschechten Harley.

Das beliebteste Modell in der Biker-Szene war die FXWG Wide Glide mit der entkleideten, breiten Electra-Glide-Gabel, dem mächtigen Tank und der klassischen Electra-Glide-Konsole – hier im berühmt-berüchtigten Flammen-Design.

Typ:	**FXWG Shovelhead**
Modell:	**Wide Glide**
Baujahr:	1980–1983
Motor:	luftgek. 45° V-Twin Viertakt OHV
Hubraum:	1.338 ccm*
Bohrung/Hub:	89 x 108 mm
Verdichtung:	7,4 : 1
Vergaser:	Keihin, 38 mm Ø
Primärantrieb:	Duplexkette
Sekundärantrieb:	Kette
Getriebe:	Viergang
Batterie:	12 V
Zündung:	elektronisch, kontaktlos
Rahmen:	Doppelschleifen-Stahlrohr
Bremsen vorne:	Doppel-Scheibenbremse
Bremsen hinten:	Scheibenbremse
Federung vorne:	E-Glide Telegabel, verlängert
Federung hinten:	Schwinge mit Federbeinen
Radstand:	1.620 mm
Gewicht:	266 kg
Tankinhalt:	19 l
Ölvolumen:	3,8 l
Bereifung vorne:	M 90 x 21
Bereifung hinten:	M 90 x 16
PS:	68
Höchstgeschw.:	165 km/h
Preis:	$ 6.900
Modellvarianten:	in Sonderlackierung mit Flammentank als Wide Glide Flame (1982) und als Sonderedition FXDG Disc Glide (1983)

** Für dieses Modell gibt es keine publizierte Kubikinch-Angabe.*

Alle Fotos dieser beiden Seiten entstanden mit freundlicher Genehmigung des Harley-Davidson-Archivs.

Die sportlichen Comfort Cruiser

1982 – „The Eagle soars alone" – Harley-Davidson war wieder sich selbst überlassen, und es war an der Zeit, eine zweite Generation Super Glides herauszubringen, die sich jetzt als FXR-Modelle manifestierte, wobei das R für „rubber" (Gummi) stand: den voll in drei Gummielementen (tri-point elastomeric) gelagerten 80 Kubikinch Shovelhead-Motor. Im internen Sprachgebrauch hießen sie dann auch Rubber Glide, was zudem deutlich macht, daß alle FXR-Modelle abgespeckte Versionen der FLT Tour Glide waren.

Der von Erik Buell konstruierte Rahmen wurde für die FXR-Typen aufgrund des sichtbaren Lenkkopfs etwas zurückgenommen, doch gab das neue, mit diversen Stahlelementen versteifte, äußerst verwindungsfeste stabile Tour-Glide-Fahrgestell dem Motorrad eine ausgewogene Laufkultur sowie eine leichte Lenkbarkeit. Dazu bekam die FXR ein Fünfganggetriebe, während der Rest mehr oder weniger zur neuen Super-Glide-Serie gehörte.

Alle Modelle waren mit neuen, am Lenker befestigten Instrumenten ausgestattet, und der Tacho funktionierte elektronisch. Auf dem Tank befand sich eine schmale Mittelkonsole mit Tankuhr und Tankverschluß.

Die sehr bequem ausgelegte Sitzbank im Sofakissen-Design verschluckte die letzten Vibrationen, und gegen zu schnelles Aufsetzen in Schräglage waren die Fußrastengummis angeschrägt. Das mit etwas mehr Extras versehene FXRS-Modell bekam noch zusätzlich vorverlegte Fußrasten für gestreckt entspanntes Cruisen.

Beide Modelle gab es sowohl mit Drahtspeichen- wie auch mit Neun-Speichen-Gußrädern. Besonders stolz wies die nunmehr wieder auf eigenen Füßen stehende Company auf das neue „Harley-Davidson"-Tanklogo ohne AMF-Zusatz hin. Bei der dritten Version der Sport Glide, der FXRT – das T steht hier für Touring –, kehrte man fast wieder zum alten FLT-Tour-Glide-Konzept zurück, aber eben nur fast. Die nach wie vor etwas vorlastig anmutende Verkleidung war im Windkanal auf ihre strömungsgünstigste Form hin entwickelt worden, die runden Fiberglaspacktaschen fielen erheblich kleiner aus (das Tour-Pack gab es als Extra-Zubehör), die vollgekapselte Sekundärkette lief verschleißarm im Ölbad, und auf den Gußfelgen waren schlauchlose Reifen der Marke Dunlop „Touring Elite" montiert. Die Gabel besaß das von Erik Buell konstruierte luftunterstützte Anti-Dive-Federungsdämpfungssystem.

Die FXRT wurde nur im Jahr 1983 mit dem 80 Kubikinch Shovelhead-Motor und in einer Auflage von 1.458 Stück gebaut, die FXR dagegen mit 3.065 bzw. 1.069 Stück in den Jahren 1982 und 1983, die FXRS mit 3.190 bzw. 1.413 Stück. Als spezielle Custom-Modelle wurden sie aber oft schon ab Werk – teils aufgrund spezieller Kundenbestellungen – entsprechend umgerüstet ausgeliefert.

Die Fotos dieser Seite entstanden mit freundlicher Genehmigung des Harley-Davidson-Archivs.

Die Standardausführung der Super Glide II, produziert wurde sie in mehreren Varianten.

Versuch in freier Gestaltung

1983 brachte Harley-Davidson nochmals ein neues, faszinierendes Custom-Sondermodell heraus: die Special Edition Twin Belt Wide Glide mit der Typenbezeichnung FXDG, wobei das DG für Disc Glide steht. Willi G. Davidson nannte sie die „ultimativste Wide Glide“ aus seiner Designerwerkstatt, und tatsächlich bot sie einige höchst unkonventionelle Kombinationen – Ideen, die man erst Jahre später wieder aufgriff: Die erfolgreiche Wide Glide mit ihrer um 8,8 cm verlängerten FLH-Gabel bekam als Kontrast zu dem schmalen 21er Speichen-Vorderrad nun ein dickes, kompaktes Leichtmetallscheiben-Hinterrad und das bereits in der FXB Sturgis erprobte Twin-Belt-System – die primäre und sekundäre Kraftübertragung per Zahnriemen. Zum weiteren exklusiven Outfit gehörte ein von 7,6 cm langen Risern hochgesetzter Pull-Back-Lenker, ein Solositz, ergänzt durch ein Sozius-Sitzkissen mit gepolsterter Sissybar, ein hochgeschwungener hinterer Bobfender-Kotflügel, Kickstarter zum E-Starter und die bewährte V-Fire-II-Zündelektronik. Ein Firmenlogo aus dem Jahr 1919 schmückte den Tank, und geprägte Medaillen zierten Schutzblech und Werkzeugtäschchen.

Das auffälligste aber war die rundum schwarze Speziallackierung des Motors, der Super-Glide-Auspuffanlage, des Getriebes und aller sonst verchromten Abdeckungen. 810 Stück wurden von diesem bemerkenswerten Sondermodell produziert, das leider aufgrund der stürmischen Entwicklung bald in Vergessenheit geriet.

© Harley-Davidson

Typ:	**FXR Shovelhead**
Modell:	**Super Glide II**
Baujahr:	1982–1983
Motor:	luftgek. 45° V-Twin Viertakt OHV
Hubraum:	1.338 ccm*
Bohrung/Hub:	89 x 108 mm
Verdichtung:	7,4 : 1
Vergaser:	Keihin, 38 mm Ø
Primärantrieb:	Duplexkette
Sekundärantrieb:	Kette
Getriebe:	Fünfgang
Batterie:	12 V
Zündung:	elektronisch, kontaktlos
Rahmen:	Doppelschleifen-Stahlrohr
Bremsen vorne:	Doppel-Scheibenbremse
Bremsen hinten:	Scheibenbremse
Federung vorne:	Telegabel
Federung hinten:	Schwinge mit Federbeinen
Radstand:	1.643 mm
Gewicht:	277 kg
Tankinhalt:	13 l
Ölvolumen:	3,8 l
Bereifung vorne:	3.50 x 19
Bereifung hinten:	5.00 x 16
PS:	65
Höchstgeschw.:	175 km/h
Preis:	$ 6.690 (FXRS)
Modellvarianten:	alle FXR/FXRS-Modelle wahlweise mit Speichen- oder Gußrädern FXRS in Mehrfarbenlackierung und leicht „customized“ mit gepolsterter Sissybar und zusätzlichen vorverlegten Fußrasten FXRT Sport Glide mit Verkleidung, Packtaschen, Anti-Dive-Gabeldämpfung und vollverkleideter Hinterradkette im Ölbad

** Für dieses Modell gibt es keine publizierte Kubikinch-Angabe.*

© Harley-Davidson

Mit Cockpitverkleidung – den Polizei-Modellen nachempfunden – und Fiberglaspacktaschen präsentierte sich die FXRT Sport Glide.

New kid on the block

Mitte der 50er Jahre wurde der allgemeine Ruf nach einem neuen, kraftvollen Zweiradspielzeug unüberhörbar: Die Jugend, hochgeputscht durch die gerade in Mode gekommenen Hot Rodder V-8 Krawall- und Kraftpakete von Ford, Chevy und Chrysler, forderte auch auf dem sportlich orientierten Motorradsektor ihren Tribut – am liebsten von heute auf morgen! In Milwaukee brannte es mal wieder, und Harley-Davidson mußte den immer frecher röhrenden englischen Twins etwas Besseres entgegensetzen als die zuletzt auf 54 Kubikinch hochgetrimmte KH Sportster, deren langhubiger Seitenventiler endgültig ausgereizt war. Da weder genügend Zeit noch Geld für eine totale Neuentwicklung zur Verfügung stand, entschloß sich die Company, den Unterbau der KH mit dem integrierten Vierganggetriebe im Prinzip zu belassen und sich ganz auf ein neues Top End zu konzentrieren: Die Zylinderbohrung von 2,75 Zoll (69,9 mm) wurde auf genau 3 Zoll (76,20 mm) verbreitert und der Hub von 4,56 Zoll (115,8 mm) auf 3,81 Zoll (96,8 mm) verringert. So hatte man zwar nach wie vor 54 Kubikinch (883 ccm), aber letztlich durch höhere Drehzahlbereiche mehr PS. Wichtigste und wohl auch eine revolutionäre Neuerung aber war der OHV-Zylinderkopf, dessen vergrößerte Ventile nun von oben in den halbkugelförmigen Brennraum hingen und jeweils von einer eigenen Nocke geliftet wurden. Dieses Prinzip nannte man dann auch „four cam". Allerdings beließen es die Techniker bei den robusten und bewährten Graugußzylinderköpfen, was die XL zwar schwer, aber auch zuverlässig machte. Zu frisch waren noch die bösen Erfahrungen mit den zahlreichen frustrierenden Garantiefällen bei den Aluminiumköpfen der ersten (1948er) Panheads.

So erschien 1957 die neue Sportster, „XL 55" genannt, obwohl sie eigentlich nur knapp 54 Kubikinch hatte, in den Schaufenstern der Händler, und die starken Jungs stürzten sich begeistert auf das „new kid on the block". In Wirklichkeit sah die XL jedoch eher wie eine kleine Schwester der dicken Electra Glide aus und war bei weitem nicht so aggressiv und kraftvoll, wie man es sich eigentlich gewünscht hatte. Ein großer Tank, eine mächtige Lampe vor einer breiten Gabelabdeckung, lang herabgezogene Schutzbleche, ein starr oder elastisch befestigter Buckhorn-Lenker und eine recht zivile Zwei-in-Eins-Auspuffanlage rissen die radikalen, heimlichen Burnout-Sprinter nicht gerade vom Hocker. Immerhin hatte die XL die Fußschaltung rechts und den Bremshebel links, wie bei der englischen Konkurrenz üblich, der man jetzt zumindest um ein paar Kubikzentimeterchen überlegen war. Viel brachten die allerdings nicht, denn mit 40 PS lag die XL 10–15% unter den heißen Öfen von Norton, BSA oder Triumph.

Im Prinzip war die XL Sportster mit ihrer geringen Verdichtung von 7,4 : 1 die Low-Compression-Version und blieb das Standard-Modell bis 1959.

Aber schon 1958 mußte Harley-Davidson eine neue, hochgepowerte Version – die XLH (H steht für High Compression) und als reine Sportmaschine die XLCH (C steht für Competition) – auf den begierig wartenden, PS-hungrigen Markt bringen.

Die „alte" XL wurde als Basismodell 1959 mit gerade mal noch 42 Stück gebaut. Insgesamt hatte Harley Davidson in den drei Jahren ihrer Existenz 2.604 Einheiten gefertigt – aber sie blieb die Mutter aller zukünftigen Sportster-Generationen.

(Bes.: Pat Keane, Crystal Lake, IL/USA)

© Harley-Davidson

Typ:	**XL 54 Shovelhead**
Modell:	**Sportster 55**
Baujahr:	1957–1959
Motor:	luftgek. 45° V-Twin Viertakt OHV
Hubraum:	882,8 ccm (53,87 cui)
Bohrung/Hub:	76,2 x 96,84 mm
Verdichtung:	7,5 : 1
Vergaser:	DC, 38 mm Ø
Primärantrieb:	Triplex
Sekundärantrieb:	Kette
Getriebe:	Viergang, integriert
Batterie:	6 V
Zündung:	Batterie-Spulenzündung
Rahmen:	Einschleifen-Stahlrohr
Bremsen vorne:	Trommelbremse
Bremsen hinten:	Trommelbremse
Federung vorne:	Telegabel
Federung hinten:	Schwinge mit Federbeinen
Radstand:	1.448 mm
Gewicht:	225 kg
Tankinhalt:	16,7 l
Ölvolumen:	2,8 l
Bereifung:	3.50 x 18
PS:	40/5.500 U/min
Höchstgeschw.:	155 km/h
Preis:	$ 1.103 (Standard)

Der erste Jahrgang der neuen OHV Sportster XL hatte eine mächtige Lampe mit eingebauten Kontrolleuchten und ein ausladendes Armaturen-Cover.

© Harley-Davidson

Die schmale Innenbackenbremse war recht bescheiden.

Der Motor beruhte vornehmlich auf der Neukonstruktion von Zylinder und Zylinderköpfen mit OHV-Antrieb.

© Harley-Davidson

Nostalgische Elemente aus der Hydra-Glide-Serie: Fanfare und obere Gabelabdeckung mit dem gewaltigen Scheinwerfer.

Die XLH – Basismodell der neuen Sportster-Generation

Die XLH war als Nachfolgerin der XL ab 1958 für die ruhigeren, nicht ganz so heißblütigen Fahrer gedacht und wurde daher mit allerlei komfortablen Extras sowohl für den Straßen- als auch für den Tourenbetrieb ausgestattet. Sie hatte zunächst eine etwas niedrigere Verdichtung als ihre aggressive Schwester XLCH sowie eine Batterie-Kontaktzündung, mit der sie leichter anzutreten war. 1961 kamen serienmäßig die Sitzbank dazu und der neue 14-Liter-Tank. Ab 1963 fand sich an der XLH die auch bei der XLCH verwendete Shorty-Dual-Auspuffanlage. Darüber hinaus war reichlich Zubehör im Angebot: Buddy-Sitz, Sturzbügel, Satteltaschen und viel verchromter Zierat.

1965 wurde das elektrische System auf 12 Volt (nunmehr mit zwei hintereinandergeschalteten 6-Volt-Akkus) umgestellt, und statt der manuellen Zündverstellung am Drehgriff wurde diese jetzt automatisch gesteuert. Diese 12-Volt-Anlage (mit vergrößertem Akku) ermöglichte schließlich den E-Starter – von Puristen verabscheut – der ab1968 den Kickstarter vollständig ersetzte.

1972 wurde der gußeiserne OHV-Sportster-Motor parallel bei der XLH wie auch bei der XLCH von 76,2mm auf 80,9mm aufgebohrt, wobei der Hub von 96,8mm unverändert blieb, und auf 9 : 1 verdichtet. Mit dem neuen Bendix-Vergaser hatte die neue 1000er jetzt 61 „horsepowers“ (61 Kubikinch stand nun im Jargon für „pony per cubicinch“ – also 61 Kubikinch für 61 PS), was die Sporty auf eine beachtliche Geschwindigkeit von über 180km/h brachte.

Weitere Verbesserungen waren unter anderem eine Ölbadkupplung und die verbesserte Schaltwalze. Zu dem neuen aggressiven Styling gehörten auch eine Stufensitzbank mit Sissybar und der „atmungsaktive“ Doppelauspuff sowie 1973 eine vordere Scheibenbremse.

Aufgrund neu erlassener Vorschriften der US-Verkehrsbehörden mußten ab 1975 die Fußschaltung einheitlich nach links und der Bremshebel nach rechts verlegt werden. Das geschah zuerst durch eine mechanische Umlenkung und ab 1977 durch eine geänderte Schaltwelle. Mit den immer neuen Verbesserungen, die sowohl der XLH wie auch der sportlicheren XLCH zugute kamen, wurden sich Mitte der 70er Jahre beide Modelle immer ähnlicher. Schließlich stellte man 1980 die XLCH ein und brachte dafür neue Typen auf den Markt.

1979 bekamen alle Sportster-Modelle den neuen Cafe Racer (XLCR)-Rahmen, eine längere Gabel, einen flacheren Lenker, ein breites 16er Hinterrad und die berühmte „siamesische“ Zwei-in-Eins-in-Zwei-Auspuffanlage. 1982 wurde der Rahmen nochmals entscheidend geändert und hatte nun keine Gußmuffen mehr.

Noch im selben Jahr fügte eine viel einschneidendere Maßnahme dem Sportster-Image reichlich Schaden zu, denn aufgrund der verringerten Oktanzahl der amerikanischen Kraftstoffe mußte die Verdichtung erheblich herabgesetzt werden, und die XLH, die nun als Straßen-Sportster 225 kg wog, brachte es danach nur noch auf frustrierende 161 km/h. Dementsprechend schlecht entwickelten sich die Verkaufszahlen, so daß 1983 wieder einmal die Zeit reif war für eine radikale Änderung.

Die klassische Sportster, hier als 1972er XLH 1000 mit dem berühmten Peanut-Tank.

XL 55, 1960

© Harley-Davidson

© Harley-Davidson

XLS 1000 Roadster, 1975 (mit der Café-Racer-Auspuffanlage)

XLH, 1965 (im Touring-Outfit)

© Harley-Davidson

XLH 1000 Sportster

XLH, 1970 (mit Doppelschalldämpfer und im Touring-Outfit)

© Harley-Davidson

XLH 1000, 1982

XLH 1000, 1975

© Harley-Davidson

© Harley-Davidson

XLH Sportster, 1983 (mit FX-Tank)

Typ:	**XLH**
Modell:	**Sportster**
Baujahr:	1972–1985
Motor:	luftgek. 45° V-Twin Viertakt OHV
Hubraum:	996,54 ccm (60,81cui)
Bohrung/Hub:	80,96 x 96,84 mm
Verdichtung:	9 : 1
Vergaser:	Bendix, 38 mm Ø ab 1976 Keihin mit 38 mm Ø
Primärantrieb:	Triplexkette
Sekundärantrieb:	Kette
Getriebe:	Viergang
Batterie:	12 V
Zündung:	Batterie-Spulenzündung, ab 1980 kontaktlos
Rahmen:	Doppelschleifen-Stahlrohr
Bremsen vorne:	Trommelbremse (ab 1973 Scheibenbremse)
Bremsen hinten:	Trommelbremse
Federung vorne:	Telegabel
Federung hinten:	Schwinge mit Federbeinen
Radstand:	1.486 mm
Gewicht:	240 kg
Tankinhalt:	14 l (12,5 l) (8,5 l), je nach Tanktyp
Ölvolumen:	2,8 l (3,8 l)
Bereifung vorne:	3.75 x 19, ab 1980 MJ 90-19
Bereifung hinten:	4.25 x 18 (4.25 x 16), MT 90–16
PS:	61
Höchstgeschw.:	180 km/h
Preis:	$ 2.120

Die Shovelhead-Sportster-X-Familie

1957–1959	**XL 55** Sportster (883 ccm)
1957	**XLA** Sportster (883 ccm, Armee-Ausführung)
1958–1978	**XLH** Sportster (883 ccm) Street, ab 1967 mit E-Starter
1958–1971	**XLCH** Sportster (883 ccm) **XLC** Scrambler
1972–1985	**XLH 1000** Sportster
1972–1978	**XLCH 1000** Sportster
1977–1978	**XLT 1000** Sportster
1983–1985	**XLX 61** Sportster (1.000 ccm) Standard
1978–1982 **1984–1985**	**XLS 1000** Roadster
1983	**XLS** Roadster (1.000 ccm) Custom Sport
1983–1984	**XR 1000**

Die XLCH – Harleys heißer Ofen

Sie war von vornherein als giftiges Biest für Puristen und harte Burschen konzipiert und kam 1958 zunächst als reinrassige Offroad-Scrambler-Version nach kalifornischem Geschmack auf den Markt – das CH stand dabei intern für Competition Hot. Das Macho-Gerät hatte 55 PS, der hochverdichtete OHV-Motor vergrößerte Ventile und halbkugelförmige High-Domed-Kolbenböden.

Mit abgemagerten Schutzblechen, einem 19-Zoll-Vorderrad mit Aluminiumfelgen und Offroad-Reifen, einem kleinen Acht-Liter-Tank, der mit seinem Peanut-Design Vorbild für alle späteren echten Sportster-Tanks wurde, einem Solosattel auf zwei kurzen Federn, einer Lichtmaschine, aber keiner Lichtanlage war die Competition Hot sonst ganz auf intensiven Sporteinsatz ausgerichtet. Eine Magnetzündung machte das Starten zur Kraftprobe, der Kickstarter war berüchtigt für sein bösartiges Zurückschlagen, die unterdimensionierten Bremsen hätte Nietzsche als „jenseits von Gut und Böse“ beschrieben, der Rahmen war ein kaum beherrschbares Abenteuer und die mechanischen Geräusche furchteinflößend. Aber die XLCH war von der Leistung und nicht zuletzt vom Sound eine amerikanische Alternative zu den sportlichen englischen Twins.

Doch schon 1959 wurde die XLCH entschärft und „street legal“ umgerüstet mit einem Winzscheinwerfer (Eyebrow), mit Rücklicht, Hupe und Tachometer versehen und bekam statt der Gleichstrom- eine Wechselstromanlage. Die hochgelegte Zwei-in-eins-Auspuffanlage, die ihren sportlichen Charakter hervorheben sollte, fand dagegen wenig Anklang und verschwand bald wieder. 1965 erhielt auch die XLH eine 12-Volt-Anlage, 1966 schärfere Nocken und einen Tillotson-Vergaser und erreichte damit beachtliche 60 PS. 1969 waren die geliebten Zeiten der offenen Rohre offiziell vorbei – Schalldämpfer wurden amtlich vorgeschrieben, und das Zeitalter der gesetzlichen Reglementierung begann. Dafür wurde das Starten leichter: Statt des Zündmagneten bekam die XLCH eine Batterie-Spulenzündung mit automatischer Verstellung.

1972 wurde sie – wie auch die XLH – mit dem neuen, stärkeren, auf 61 Kubikinch aufgebohrten Motor mit einer Verdichtung von 9 : 1 aufgerüstet. Die 61 PS brachten sie auf 180 km/h, aber auch kosmetische Verbesserungen konnten die schwerfällige Sportster nicht mehr gegen die rasanten Japaner wettbewerbsfähig machen. 1973 wurden noch 10.825 XLHs verkauft, und 1979 wurde der Modelltyp endgültig eingestellt.

Zwei Sportster-Generationen: die XLH 1960 (Bild links) und die XLH 1979.

(Bes.: Gale McFarland, Largo, FL/USA)

© Harley-Davidson

Die 1968er XLCH präsentierte sich mit neuen Armaturen, einer kleinen Lampe mit Abdeckung, in der sich die Kontrolleuchten befanden, und einer vorderen Vollnabenbremse.

Typ:	**XLCH**
Modell:	**Sportster**
Baujahr:	1958–1971
Motor:	luftgek. 45° V-Twin Viertakt OHV
Hubraum:	882,8 ccm (53,87 cui)
Bohrung/Hub:	76,2 x 96,84 mm
Verdichtung:	9 : 1
Vergaser:	DC, 38 mm Ø, ab 1966 MD, 32 mm Ø
Primärantrieb:	Triplexkette
Sekundärantrieb:	Kette
Getriebe:	Viergang
Batterie:	6 V
Zündung:	Batterie-Spulenzündung
Rahmen:	Einschleifen-Stahlrohr
Bremsen vorne:	Trommelbremse
Bremsen hinten:	Trommelbremse
Federung vorne:	Telegabel
Federung hinten:	Schwinge mit Federbeinen
Radstand:	1.448 mm
Gewicht:	218 kg
Tankinhalt:	7,2 l
Ölvolumen:	2,8 l
Bereifung vorne:	3.50 x 19
Bereifung hinten:	4.00 x 18
PS:	45
Höchstgeschw.:	185 km/h
Preis:	$ 1.155
Modellvarianten:	1958 als Sport- und Offroad-Version mit Magnetzündung und offenen Auspuffen

Typ:	**XLH**
Modell:	**Sportster**
Baujahr:	1958–1974
Motor:	luftgek. 45° V Twin Viertakt OHV
Hubraum:	882,8 ccm (53,87 cui)
Bohrung/Hub:	76,2 x 96,84 mm
Verdichtung:	9 : 1
Vergaser:	DC, 38 mm Ø
Primärantrieb:	Triplex-Kette
Sekundärantrieb:	Kette
Getriebe:	Viergang
Batterie:	6 V
Zündung:	Magnetzündung, später Batterie-Spulenzündung
Rahmen:	Einschleifen-Stahlrohr
Bremsen vorne:	Trommelbremse
Bremsen hinten:	Trommelbremse
Federung vorne:	Telegabel
Federung hinten:	Schwinge mit Federbeinen
Radstand:	1.448 mm
Gewicht:	218 kg
Tankinhalt:	7,2 l
Ölvolumen:	2,8 l
Bereifung vorne:	3.50 x 19
Bereifung hinten:	4.00 x 18
PS:	45
Höchstgeschw.:	180 km/h
Preis:	$ 1.155
Modellvarianten:	1958 als Sport- und Offroad-Version mit Magnetzündung und offenen Auspuffen

XR 750 – Königin des Oval Track

Die XR 750 wurde im Februar 1970 auf der Motorradshow in Texas von Rennleiter Dick O'Brien erstmalig als neueste Wunderwaffe von AMF-Harley-Davidson gegen die immer stärker werdende englische und japanische Konkurrenz präsentiert. Nach den Vorgaben des niederländischen Ingenieurs Pieter Zylstra war sie in nur vier Monaten konstruiert worden und sollte die Erfolgsserien der alten KR 750 fortsetzen.

Die neue XR 750 – im Prinzip ein getunter XLR-Sportster-Motor im alten KR-Rahmen – erwies sich bei ihrem ersten Straßenrenneinsatz 1970 in Daytona als eine ziemliche Katastrophe. Der mit Gußeisenzylindern ausgerüstete Motor war problematisch und fiel ständig wegen Überhitzung aus. Im Winter 1970/71 wurde er nochmals gründlich überarbeitet und erhielt insbesondere neue Zylinderköpfe, die mit durchgehenden Stehbolzen befestigt waren, sowie eine verbesserte, aus einem Stück geschmiedete Kurbelwelle. In der nächsten Rennsaison machte das Getriebe Ärger.

Hauptsächlich auf den Oval Dirt Tracks eingesetzt, avancierte die XR 750 jedoch zum unbestrittenen Favoriten. 1971 kam der neue Alu-Motor bei den Dirt Tracks zum Einsatz, der im Oktober desselben Jahres insgeheim auch beim Straßenrennen in Ontario getestet wurde. Er hatte jedoch einen schweren Stand gegen die neuen japanischen Zweitakter und die Dreizylinder-Viertakter von Triumph und BSA in der jetzt offenen AMA-Klasse. Die ersten großen Siege errang Cal Rayborn noch auf der alten XR bei den britisch-amerikanischen Match Races in England. Die besten Erfolge jedoch feierte die XR 750 nach wie vor auf den Halfmile- und Mile-Short-Track-Ovalkursen.

Standardausrüstung aller Flat Tracker: der kraftvolle XR 750er Motor mit zwei Vergasern.

Der originale Factory Flat Track Racer XR 750, hier Baujahr 1987.
(Bes.: Otis Chandler/Vintage Museum of Transportation, Oxnard, CA/USA)

Die 750er Flat Tracker wurden gerne von verschiedenen Teams nach Bedarf getunt und den jeweiligen Gegebenheiten der verschiedenen Ovalkurse angepaßt. Hier einige typische Beispiele aus dem Fahrerlager.

Typ:	**Racer**
Modell:	**XR 750**
Baujahr:	1970–1980
Motor:	45° V-Twin Viertakt OHV
Hubraum:	750 ccm
Bohrung/Hub:	79 x 76 mm
Verdichtung:	10,5 : 1
Vergaser:	2 x Mikuni, 36 mm Ø
Getriebe:	Viergang
Primärantrieb:	Triplexkette
Sekundärantrieb:	Rollenkette
Zündung:	Magnet
Rahmen:	Doppelschleifen-Stahlrohr
Bremsen:	Scheibenbremse hinten
Federung vorne:	Telegabel
Federung hinten:	Schwinge, Feder-Dämpfer
Radstand:	1.448 mm
Gewicht:	145 kg
Tankinhalt:	9,5 l
Ölvolumen:	2,8 l
Bereifung:	4.00 x 19
PS:	90
Höchstgeschw.:	210 km/h
Preis:	$ 4.000
Produktion:	etwa 540 Stk.

Sonderausführungen:
XRTT (1971/72) als US-TT-Version
XR-RR (1972/73) in Varese getunt

Erfolgreiche Rennfahrer:
Cal Rayborn, Mark Brelsford, Gary Scott, Mert Lawwill, Renzo Pasolini, Dave Sehl

Die XLCR Cafe Racer – ein amerikanischer Zukunftstraum

Bei ihrer Vorstellung im März 1977 anläßlich der Bike Week von Daytona löste die als Cafe Racer bezeichnete XLCR (CR für Competition Racing) helle Begeisterung aus. Sie war die kompromißloseste Arbeit, die Willie G. Davidson, dem Designer-Chef bei AMF, vorstellte. Er hatte sie fast im geheimen – fernab von allen Firmeneinflüssen – in Zusammenarbeit mit seinem Assistenten Lou Netz in der Werkstatt von Jim Haubert entwickelt.

Das ganz in Schwarz gehaltene, konsequent gestaltete Design ähnelte im Stil dem englischen Cafe Racer, besonders das lange Fastback-Heckteil mit der unterhalb davon montierten Rücklicht-Nummernschild-Kombination. Dazu kamen ein extrem langgestreckter, kantiger Tank, eine kleine Cockpitverkleidung, völlig neu geformte Armaturen und Bedienungselemente, Leichtmetallgußräder und eine Kelsey-Hayes Doppelscheiben-Bremsanlage vorne sowie eine Scheibenbremse hinten.

Der 1000er Sportster-Motor saß in dem Rahmen, der auch schon in der erfolgreichen XR 750er Rennmaschine verwendet wurde. Die durchgehend mattschwarze, leistungssteigernde Zwei-in-Zwei-Auspuffanlage (Siamese Dual Collector) war ebenso ungewöhnlich wie auffällig. Kurzum, hier wurde eine vielversprechende neue Richtung eingeschlagen, die jedoch in Stil und Technik ihrer Zeit noch weit voraus war.

Der mutige Versuch schlug fehl. Die konservativen Amerikaner bevorzugten das altvertraute Sportster-Outfit. Der Café Racer wurde nur zwei Jahre lang gebaut: 1977 waren es 1.923 Stück, 1978 1.201 Stück, und 1979 kamen noch mal 9 Stück dazu. Noch jahrelang standen große Mengen unverkauft bei den Händlern. Heute ist die XLCR ein äußerst seltenes und hochbezahltes Sammlerstück, sofern sie nicht – was oft geschah – umgebaut wurde.

In englischer Cafe-Racer-Tradition: die XLCR mit minimaler Lenkerverkleidung, Boat-Tail-Heck und Gußspeichenrädern.

(Alle Fotos dieser beiden Seiten, Bes.: Dr. Martin J. Rosenblum, Milwaukee, WI/USA)

Die typische Lenkerverkleidung mit dem integrierten Cockpit.

Typ:	**XLCR**
Modell:	**Cafe Racer**
Baujahr:	1977–1978
Motor:	luftgek. 45° V-Twin Viertakt OHV
Hubraum:	996,54 ccm (60,81 cui)
Bohrung/Hub:	80,96 x 96,84 mm
Verdichtung:	9 : 1
Vergaser:	Keihin, 38 Ø mm
Primärantrieb:	Triplexkette
Sekundärantrieb:	Kette
Getriebe:	Viergang
Batterie:	12 V
Zündung:	Batterie-Spulenzündung
Rahmen:	Doppelschleifen-Stahlrohr
Bremsen vorne:	Doppelscheibenbremse
Bremsen hinten:	Scheibenbremse
Federung vorne:	Telegabel
Federung hinten:	Schwinge mit Federbeinen
Radstand:	1.486 mm
Gewicht:	234 kg
Tankinhalt:	15 l
Ölvolumen:	3,8 l
Bereifung vorne:	3.75 x 19 oder MT 90-19
Bereifung hinten:	4.25 x 18 oder MJ 90-16
PS:	61
Höchstgeschw.:	177 km/h
Preis:	$ 3.623

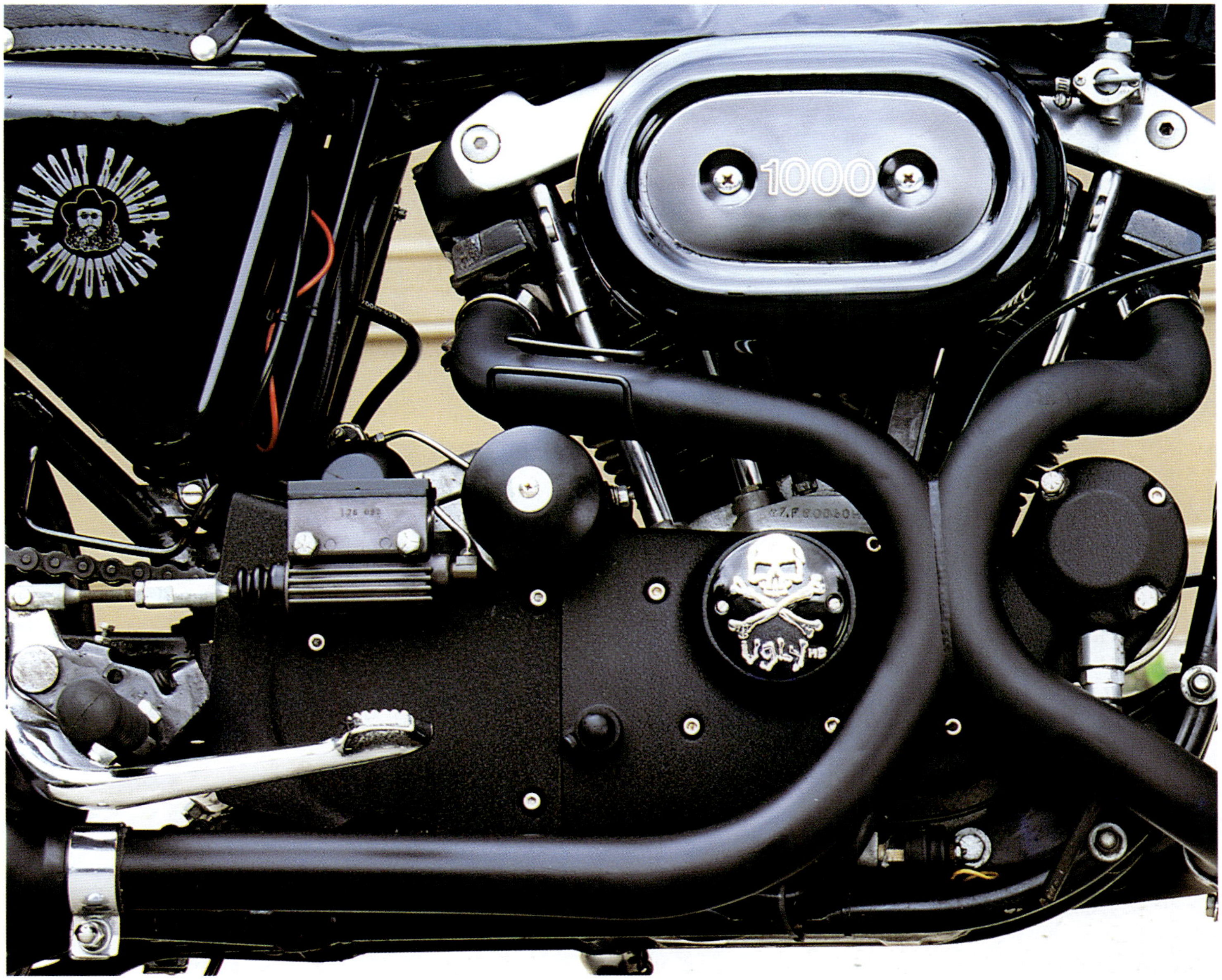

Die eigenartig geführte Zwei-in-Zwei-Auspuffanlage diente der besseren Verbrennung.

Die XLX 61 Standard – Sportster pur

Der ständig rückläufige Sportster-Verkauf sowie der zunehmende Ärger über eine immer stärker werdende japanische Konkurrenz veranlaßten Harley-Davidson 1983, die Notbremse zu ziehen: Eine neue Sportster aus der XL-Reihe wurde auf den Markt gebracht – zu einem umfassend propagierten, sensationellen Einführungspreis von nur 3.995 Dollar als verführerischem Kaufanreiz.

Die XLX war dann auch die reinste Sportster, die jemals angeboten wurde: eine bis auf das Allernötigste abgespeckte Version mit kleinem Peanut-Tank, Solositz, einem einzigen Instrument, dem Tacho, einem geraden, kurzen Lenker (Drag-Bar-Typ), Neun-Speichen-Gußrädern (silver cast) und einem geschwärzten Dual-Auspuffsystem, das recht gut zu dem attraktiven Schwarz paßte, in dem das ganze Modell gehalten war. Als Motor kam der 1000er mit den neuesten technischen Verbesserungen, wie etwa der durch Unterdruck gesteuerten elektronischen Zündverstellung, zum Einsatz. Für den Export – speziell nach Europa und Deutschland – waren jedoch einige Umrüstungen fällig. Beipielsweise gab es eine (durch Prallbleche im Schalldämpfer) auf 49 PS gedrosselte Ausführung mit vergrößertem Luftfilter und einer Doppelscheibenbremsanlage vorne. Dadurch wurde der Preis der Maschine zwar erheblich höher – in den USA kostete das letzte Modell 1985 bereits 4.695 Dollar –, aber die Versicherungskosten waren günstiger. Mit der XLX war die Shovelhead-Serie endgültig ausgelaufen.

Typ:	**XLX-61**
Modell:	**Sportster Standard**
Baujahr:	1983–1985
Motor:	luftgek. 45° V-Twin Viertakt OHV
Hubraum:	996,54 ccm (60,81 cui)
Bohrung/Hub:	80,96 x 96,84 mm
Verdichtung:	8,8 : 1
Vergaser:	Keihin, 34 mm Ø mit Beschleunigerpumpe
Primärantrieb:	Triplexkette
Sekundärantrieb:	Kette
Getriebe:	Viergang
Batterie:	12 V
Zündung:	elektronisch, kontaktlos, V-Fire III
Rahmen:	Doppelschleifen-Stahlrohr
Bremsen vorne:	Scheibenbremse
Bremsen hinten:	Scheibenbremse
Federung vorne:	Telegabel
Federung hinten:	Schwinge mit Federbeinen
Radstand:	1.524 mm
Gewicht:	235 kg
Tankinhalt:	8,5 l
Ölvolumen:	2,8 l
Bereifung vorne:	MJ 90 x 19
Bereifung hinten:	MT 90 x 16
PS:	61 (Exportausführung auf 49 PS gedrosselt)
Höchstgeschw.:	167 km/h
Preis:	$ 3.995 (1983)

Die Exportausführung wurde auch mit einer vorderen Doppelscheibenbremse geliefert.

Neues minimalistisches Design – der Tacho als einziges Anzeige-Instrument.

Kraftvoll und kompakt: der Sportster-Motor.

Die XLT/XLS – Sportster als Touren- und Custom-Modell

1977 – gleich zu Beginn und nur in diesem einen Jahr – wurde eine echte Touring-Version der XLH auf den Markt gebracht: die XLT (T für Touring) mit Electra-Glide-Packtaschen, einer Windschutzscheibe und dem 3,5-Gallonen-Tank der Super Glide. Ansonsten war der neue Schmalspur-Tourer die gute alte Sporty.
Von 1979 bis 1982 wurde daraus eine echte Sportster. Die erste XLS (S für Special) Roadster war die sportive Version der Low Rider und fiel vor allem durch ihre vom Cafe Racer übernommene, X-förmig geschwungene „siamesische“ Zwei-in-Zwei-Auspuffanlage auf. Sie hatte nun wieder den typischen kleinen Peanut-Tank für eine sehr begrenzte Reichweite, einen auf gebogene Riser hochgelegten geraden Drag-Bar-Lenker, zwei Einzelinstrumente (Tacho und Drehzahlmesser) und ein dickes 16-Zoll-Hinterrad. Aber schon 1980 bekam sie wieder einen größeren Tank und eine reguläre Shorty-Dual-Auspuffanlage, wahlweise auch einen Buckhorn-Lenker.
Ab 1983 wandelte sich die XLS Custom Sport dann zum echten Tourer mit dem großen 3,8 Gallonen (14,5 l) Fat-Bob-Tank, auf dem eine Konsole angebracht war, jedoch mit nur einem Instrument – dem Tachometer.
Der Speedometer (Drehzahlmesser) saß nun als Einzelinstrument oben über der Lampe, auf dem Drag-Bar-Lenker montiert. Der breite Solositz war recht bequem – das dahinterliegende Beifahrer-„Brötchen“ dagegen schrecklich unbequem.
Die XLS war wahlweise mit Neun-Speichen-Gußrädern oder mit klassischen Speichenrädern zu haben. Den Rest mußte man sich aus dem Zubehörkatalog heraussuchen.

Der Harley-Prospekt von 1982 zeigt die letzte XLS Roadster im alten Stil.

Typ:	**XLS**
Modell:	**Roadster**
Baujahr:	1983–1985
Motor:	luftgek. 45° V-Twin Viertakt OHV
Hubraum:	996,54 ccm (60,81 cui)
Bohrung/Hub:	80,96 x 96,84 mm
Verdichtung:	8,8 : 1
Vergaser:	Keihin, 34 mm Ø mit Beschleunigerpumpe
Primärantrieb:	Triplexkette
Sekundärantrieb:	Kette
Getriebe:	Viergang
Batterie:	12 V
Zündung:	elektronisch, kontaktlos, V-Fire III
Rahmen:	Doppelschleifen-Stahlrohr
Bremsen vorne:	Scheibenbremse/Doppelscheibe
Bremsen hinten:	Scheibenbremse
Federung vorne:	Telegabel
Federung hinten:	Schwinge mit Federbeinen
Radstand:	1.524 mm
Gewicht:	249 kg
Tankinhalt:	14,4 l
Ölvolumen:	2,8 l
Bereifung vorne:	MJ 90 x 19
Bereifung hinten:	MT 90 x 16
PS:	61
Höchstgeschw.:	167 km/h
Preis:	$ 4.995
Modellvarianten:	Zunächst als XLT Tourenversion, danach in mehrfach geänderter XLS-Roadster-Ausführung.

In elegantem Touring-Outfit präsentiert sich die zweifarbig lackierte XLS Roadster (1983): großer Tank, integrierte Instrumentenkonsole und Einfüllstutzen sowie zusätzlicher Tachometer.

Die XR 1000 – ein Geschoß für die Straße

Die andauernden, spektakulären Rennerfolge der legendären XR 750 („Königin des Dirt Track") ließ die Forderung nach einer XR-Rennmaschine für den Straßenbetrieb immer lauter werden, so daß Harley-Davidson sich entschloß, eine kraftvolle, neue Version in limitierter Auflage (geplant waren 1.100 Stück) für eine exklusive Kundschaft anzufertigen. 1983 wurde die XR 1000 anläßlich der Daytona-Bike-Week-Präsentation vorgestellt. Das (gut vorbereitete) Glück wollte es, daß mit dieser neuen Werksrennmaschine Jay Springsteen das saisonale Auftaktrennen, die BOT von Daytona, gewann – zum ersten Mal wieder ein Sieg nach dem letzten großen Erfolg von Cal Rayborn im Jahr 1973. Mit 267 km/h verblies er locker alle Ducati, BMW, BSA, Triumph und sonstigen Twins.

Die auf der Basis und dem Chassis der XR-750er-Rennmaschine konzipierte XR Sport 1000 hatte neuartige Leichtmetallzylinderköpfe, die von Jerry Branch getunt waren und mit durchgehenden Stehbolzen am Motorgehäuse befestigt wurden. Eine kurze Kurbelwelle, leichte Pleuel und zwei mächtige 36er Dell'Orto-Vergaser mit Beschleunigerpumpen brachten satte 70 PS. Die hochgelegten, mattschwarzen Megaphon-Auspufftöpfe, ein Solositz, der kleine Peanut-Tank sowie zwei großzügig dimensionierte Doppelscheibenbremsen am Neun-Speichen-Gußvorderrad sorgten auch äußerlich für echtes Racing-Outfit. Nur der getrennte Tacho und Tourenzähler auf dem Lenker bescherten ein „ziviles" Aussehen. Insgesamt wurden von der XR 1000 1983 und 1984 etwa 1.500 Stück verkauft – ein größerer Erfolg war ihr angesichts der unzähligen Auflagen und technischen Änderungen, die eine Straßenzulassung in den meisten Ländern nötig machte, nicht beschieden. Der hohe Preis von rund 7.000 Dollar tat ein übriges. Die XR 1000 war und blieb ein exotischer Außenseiter. Für unverbesserliche Power-Freaks gab es einen 100 PS Umrüst-Kit mit spezieller Nockenwelle, 10 : 1 verdichtenden Kolben und einer Racing-Auspuffanlage, die sie zu einem nur von erfahrenen Experten beherrschbaren Geschoß machte.

Die XR 1000 hatte eine eigens gestaltete Zündanlagen-Abdeckung. Die an der linken Seite hochgezogene Doppelauspuffanlage in Mattschwarz war den Rennmodellen nachempfunden.

(Bes.: Otis Chandler/Vintage Museum of Transportation, Oxnard, CA/USA)

Typ:	**XR 1000**
Modell:	**Sportster**
Baujahr:	1983–1984
Motor:	luftgek. 45° V-Twin OHV Viertakt
Hubraum:	996,54 ccm (60,81 cui)
Bohrung/Hub:	80,96 x 96,84 mm
Verdichtung:	9 : 1
Vergaser:	zwei 36 mm Ø Dell'Orto mit Beschleunigerpumpe
Primärantrieb:	Triplexkette
Sekundärantrieb:	Kette
Getriebe:	Viergang
Batterie:	12 V
Zündung:	elektronisch, kontaktlos, V-Fire III
Rahmen:	Doppelschleifen-Stahlrohr
Bremsen vorne:	Doppelscheibenbremse
Bremsen hinten:	Scheibenbremse
Federung vorne:	Telegabel
Federung hinten:	Schwinge mit Federbeinen
Radstand:	1.500 mm
Gewicht:	220 kg
Tankinhalt:	8,36 l
Ölvolumen:	2,8 l
Bereifung vorne:	100/90 x 19 V
Bereifung hinten:	130/90 x 16 V Dunlop Sport Elite
PS:	70 (mit 100 PS-Kit: 90)
Höchstgeschw.:	185 km/h
Preis:	$ 6.995

Die Standardausführung des Motors der XR 1000 hatte zwei unabhängige Dell´Orto-Vergaser mit offenen Luftfiltern, beide auf der rechten Seite, die im Renneinsatz manchmal entfernt wurden.

Evolution – ein technisches Programm

Im April 1976 rief Chairman Vaughn Beals eine Gruppe von leitenden Harley-Davidson-Top-Managern zu einem richtungsweisenden Treffen in Pinehurst, North Carolina, zusammen, um mit ihnen die Firmen- und Modellpolitik der nächsten zehn Jahre festzulegen. Was dabei herauskam, war vor allem die Erkenntnis, daß der japanischen Invasion ein High-Tech-Produkt von höchster Qualität entgegenzusetzen sei, einschließlich einer garantierten Erfüllung der immer schärfer werdenden Emissions- und Geräuschgrenzwerte. Mit den fast unerschöpflichen Geldreserven des AMF-Konzerns im Rücken wurde neben der vorrangigen Entwicklung eines neuen V-Twin-Motors auch das Alternativprojekt „Nova" gestartet, das jedoch später nach unbefriedigenden Testläufen in aller Stille beerdigt werden sollte. Hinzu kam, daß die Company mittlerweile sorgsam darauf bedacht war, die Wünsche der Kunden zu erfüllen, und die verlangten nach wie vor das klassische Design, so mußte bei dem später „Evolution" genannten Motorenprojekt die nostalgische Optik des typischen V-Twins gewahrt bleiben. Nach siebenjähriger Entwicklung ging der neue Motor nach diversen Prototypen und erbarmungslosen Härtetests 1983 in Produktion. 1984 stellte Harley-Davidson zum ersten Mal fünf Modelle vor, die mit dem Evo-Motor bestückt waren. Ein neues Zeitalter hatte begonnen.
Obwohl das alte Prinzip des luftgekühlten 45°-V-Twin-Motors (Mythos Harley-Davidson!) beibehalten wurde, ist der Evolution-Motor doch ein völlig neuartiges Triebwerk. Sein Grundkonzept heißt: Aus demselbem Kubikinhalt (80 Kubikinch) mehr Kraft (also PS) bei jeder Drehzahl herauszuholen, den Motor leichter, thermisch stabiler und vor allem öldicht zu machen. Es ist interessant zu erwähnen, daß Harley bereits seit geraumer Zeit an großvolumigeren Motoren experimentierte, die jedoch alle weniger leistungseffizient waren als der auf 1.340 ccm gebrachte Motor. Also beließ man es bei 88,8 mm Bohrung und 108 mm Hub und hob lediglich die Verdichtung auf 8,5 an. Neu ist am EVO-Triebwerk vor allem die Metallurgie, wobei die beiden (austauschbaren) Zylinder sowie der Kopf aus einem besonderen Leichtmetall beschaffen sind und die flachen Mahle-Spezialkolben aus einer „SAE 242"-Aluminiumlegierung mit zwölfprozentigem Silikonanteil bestehen. Ihr Laufspiel in den Graugußlaufbuchsen beträgt nur 14 tausendstel Inch (4/100 mm).
Die innovativ konstruierten Zylinderköpfe, die von einer trickreichen, 3,5 Millionen Dollar teuren, komplizierten Präzisionsmaschine gefertigt werden, haben besonders strömungsgünstig gestaltete Brennräume (Side Squish Combustion Chamber) mit einer Quetschkante. Die kleineren Ventile besitzen größeren Hub und längere Öffnungszeiten. Die Steuerzeiten sind Erfahrungswerte, die aus der Entwicklungsabteilung des Racing Department stammen.
Auch der Ölkreislauf hat ein stärkeres Rücklaufsystem bekommen. Das führt zu sparsamerem Ölverbrauch und bringt bessere Kühlung. Die dreigeteilte Zylinderkopfabdeckung (Rocker Box oder Kipphebel-Cover), nach deren Form der Motor seinen Spitznamen Blockhead bekam, erlaubt das einfache Ein- und Ausbauen des Motors, obwohl er dicht unter den Rahmenoberrohren sitzt. Massive, durchgehende Stahlbolzen halten Kopf und Zylinder auf dem Kurbelgehäuse.
Natürlich gibt es beim Evolution-Konzept noch eine ganze Menge weiterer technischer Detailverbesserungen, die von Jahr zu Jahr variieren, so daß die an sich schon hohe Qualität ständig weiter zunimmt. Generell betrachtet: ein ausgereiftes, konkurrenzfähiges Kraftwerk der Oberklasse auf dem modernen Motorradmarkt und trotz aller Unkenrufe ein erfolgreicher Wegbereiter in die Zukunft der unsterblichen Harley-Legende.

Die Entwicklung der Evo-Motoren – Die neue Generation

Harley-Davidson-Motorräder besaßen schon immer das typische „Schrauber-Image", zu dem der markige Sound untrennbar dazugehörte. Doch genau dieser berühmte Sound war eine Herausforderung für Europa. Harley-Davidson wandte sich mit seinen Problemen an Porsche, und das bekannte Entwicklungszentrum in Weissach unterstützte die Company maßgeblich bei der Anpassung der EVO-Motoren an die europäische 80-Dezibel-Norm.
Aber diese Geräuschdämpfung für die europäische Zulassung war nur ein Aspekt der gründlichen Überarbeitung, die die verantwortlichen Ingenieure bei Harley-Davidson vornahmen. Dabei sollte der Charakter des Motors im wesentlichen erhalten bleiben, und so mußte es bei einem Hubzapfen für beide Zylinder bleiben. Gleichzeitig suchte man nach Möglichkeiten, das Triebwerk zu zähmen und noch dazu standfest zu machen. Auch sollte das starke Ölen abgestellt werden. Das neue, im Detail stark überarbeitete Triebwerk schüttelte durch Ausgleichsgewichte bald weniger und wurde zudem noch gummigelagert im Rahmen aufgehängt. Eingefleischte Fans lehnten das zunächst ab, doch bald setzte sich das neue Triebwerk mit all seinen Vorzügen durch.
Der Kontakt zum Entwicklungszentrum in Weissach wurde für bestimmte Projekte stets aufrechterhalten, und Porsche wurde auch weiterhin mit speziellen technischen Änderungen beauftragt, wobei die Company hinsichtlich Abgas- und Geräuschoptimierung große Achtung vor den Fähigkeiten der Porsche-Ingenieure hatte.
Die nochmals überarbeitete Motoren-Generation für das Modelljahr 1995, die bis zum Ende der 90er Jahre aktuell ist, überraschte mit relativ laufruhigen Motoren, die sich durch besseren Durchzug bei etwas mehr PS auszeichneten. Der Klang blieb dabei nur vordergründig auf der Strecke. Der Pilot hört den Twin durchaus noch stampfen, und er spürt ihn an den Füßen, dem Hintern und den Händen. Harley-Davidson hat alles darangesetzt, damit das typische Feeling mit seinem unverwechselbaren Sound trotz aller Modifikationen am Motor erhalten blieb; dieses Erbe will ein Harley-Fahrer unbedingt gewahrt wissen. Aber trotz aller Bemühungen hat die Company seit dieser Modellstufe zunehmend mit Vorurteilen zu kämpfen: „Du denkst, du sitzt auf dem falschen Motorrad" ist nicht selten bei Stammtischgesprächen zu hören. Dabei kann eine Harley zu fahren heute bestimmt nicht mehr nur heißen, Lärm zu machen. Entscheidend ist vielmehr das subjektive Empfinden des Fahrers. Er muß das Erlebnis mit dem Dampfhammer aus Milwaukee haben. Ein Selbstversuch schafft da Klarheit. T. A.

Elektronische Herausforderung – die Kraftstoffeinspritzung

© Harley-Davidson

Seit 1995 bietet Harley-Davidson das von der Vergaserfirma Weber neu entwickelte System der „Electronic Sequential Port Fuel Injection“ (ESPFI) an. Es garantiert geringeren Benzinverbrauch, besseres Kaltstartverhalten, ruhigeren Motorlauf und, vor allem im unteren Drehzahlbereich, 10% mehr Drehmoment. Das ergibt bessere Abgaswerte, und der Motor arbeitet nicht nur wesentlich ökonomischer, sondern auch umweltfreundlicher.

Das Einspritzelement mit zwei getrennten Einlaßkanälen ersetzt den Vergaser. Einspritzdüsen, Druckregler, Gasgriffstellungs-Sensoren, Lufteinlaß- und Temperatursensoren mit dem Steuermotor für die Leerlaufzahlen und viele andere Komponenten wirken zusammen, um den beiden Zylindern unter den jeweiligen Bedingungen stets das bestmögliche Benzin-Luftgemisch zuzuführen. Über das unter einem Seitendeckel versteckte Kontrollmodul ECM (Electronic Control Modul) werden alle Daten ausgewertet und in die richtigen Einspritz- und Zündbefehle umgewandelt. Die Benzinpumpe ist direkt im Tank untergebracht. Der Reservehahn entfällt, und bei Benzinknappheit leuchtet ein rotes Warnlicht auf.

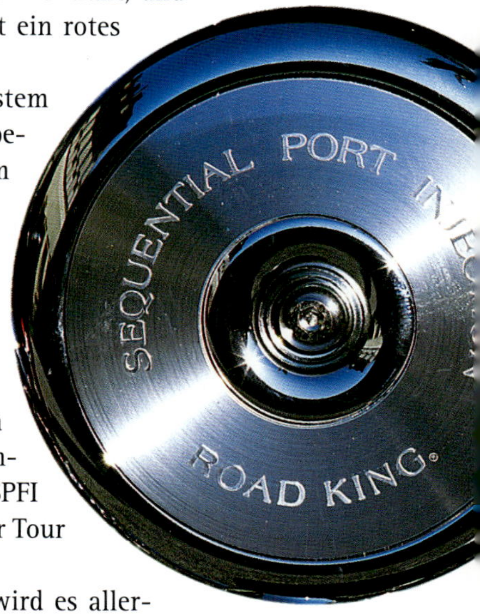

Das neue Fuel-Injection-System wurde erstmalig 1995 in die Special Anniversary Edition (zum 30jährigen Jubiläum der Electra Glide) der FLHTCUI Ultra Classic Electra Glide eingebaut, ab 1996 gilt es als optionale Ausrüstung der Road King (FLHRCI), der Electra Glide Classic und der Ultra Classic Electra Glide. Als Standard-Ausrüstung gehört das ESPFI nun auch zu den Modellen der Tour Glide Classic (FLTUI).

Versagt die Bordelektronik, wird es allerdings kritisch, und bei Störfällen unterwegs ist guter Rat teuer. Helfen kann nur ein offizieller Harley-Dealer, der mit dem entsprechenden System der „Electronic Diagnosis“ ausgerüstet ist. Aber Harley-Davidson gibt sich zuversichtlich: Auch für den geliebten Dinosaurier soll sich die Nostalgie in Zukunft nur auf die äußere Optik beschränken.

Die Elemente der elektronischen Benzineinspritzung: Der Vergaser wird durch das Einspritzelement ersetzt (Bild links), die im Tank befindliche Benzinpumpe und die Steuerelektronik unter dem rechten Seitendeckel (rechts).

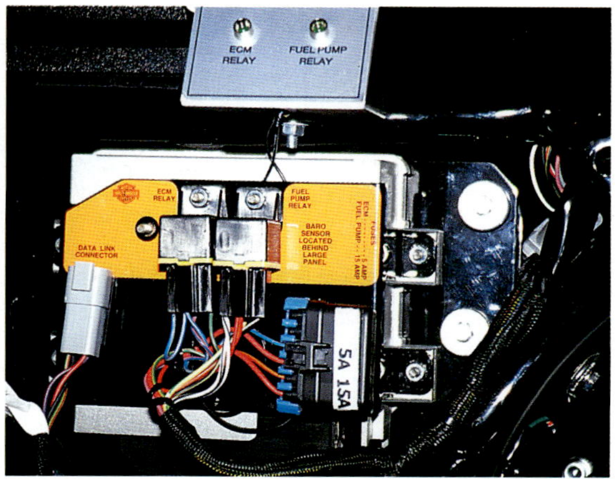

Electras, Classics und Ultras – die neuesten Übertourer

Das Basismodell der dicken Electra Glides hat seit 1995 die Bezeichnung FLHT (nicht zu verwechseln mit den FLT Tour-Glide-Modellen!) und weist neben dem neuen 1.340 ccm (80 Kubikinch) Evolution-Motor einige zusätzliche Neuerungen auf. Das Fünfganggetriebe mit Sekundärzahnriemen sowie die klassische Lenkerverkleidung sind geblieben. Gegenüber dem Classic- und Ultra-Classic-Modell hat die FLHT relativ wenig Chrom, keine Kunststoffkoffer und ist einfarbig lackiert. Neu ist die rutschfestere Tellerfederkupplung und die luftunterstützte Dämpfung (Anti-dive) der Telegabel und der hinteren Federbeine, was eine wesentliche Verbesserung des Fahrkomforts bedeutet.

Die FLHTC Classic Electra Glide ist noch um einiges besser ausgestattet und entsprechend teurer als die FLHT. Mehrfarbige Lackierungen und reichlich Chrom sind die auffallendsten Merkmale. MW/UKW-Kassettenradio, Sturzbügel, Satteltaschenbügel, ein Standard-Tour-Pack und Sozius-Fußbretter sind einige der vielen Features. Die Classic-Version ist gewissermaßen die Full-Dresser-Variante der Electra Glide.

Als FLHTU Ultra Classic Electra Glide gibt es dann zubehörmäßig eigentlich nichts mehr, was irgendwelche „Normalo-Wünsche" offenläßt: edle Zierstreifen, kolossale Sitzkissen im Plüschsofa-Format, eine 80 Watt Radio-/Kassettenrecorderanlage in Stereo, die von der Fahrerstimme aktiviert werden kann, CB-Funk im Helm, Zigarettenanzünder, Doppelantenne, verstellbare Trittbretter, zusätzliche Stauräume, Zusatzleuchten, Leuchtleisten, Metall-Logos, ...

Seit 1995 – anläßlich des 30jährigen Jubiläums der E-Glide – hat die FLHTU auch wahlweise eine elektrische Einspritzanlage, die ihr noch den zusätzlichen Typenbuchstaben „I" verleiht, das ergibt dann solche Kennzeichnungsungetüme wie FLHTCUI. Ihr zulässiges Gesamtgewicht von präzise limitierten 571,5 kg ist da mit Fahrer und Beifahrer schnell erreicht.

Eigentlich kommt die FLHTU schon einem Luxusauto auf zwei Rädern gleich. Die endlosen Lämpchen und Leuchtleisten, in großer Vielfalt aus dem Zubehörkatalog angeboten, werden von einer extra starken Lichtmaschine, die eine Leistung von 445 Watt schon bei minimalen Drehzahlen erbringt, und einer 20 Amp/h 12-Volt-Autobatterie versorgt. Ein Tempomat für Drehgriff-Faule und ein Stop-Sensor, der den Motor abschaltet, wenn der Koloß mal umfällt, ergänzen die Luxusausrüstung des fahrbaren Eigenheims.

Die Ultra Classic ist mit einem Listenpreis von 12.995 um rund 1.000 Dollar teurer als die Standard FLHT (1995). Eine limitierte Auflage ist, vor allem in den USA, auch mit dem Benzin-Einspritzungs-System ESPFI zu haben.

Standardausführung einer FLHT, 1996.

Als Factory Full Dresser hat dieses FLHTCUI-Sondermodell zum 95. Firmenjubiläum (1998) alles, was es an Originalzubehör für die Ultra-Classic-Modelle gibt: Licht- und Schmuckleisten, Radio mit Kassettendeck, CB-Funk und Gegensprechanlage sowie aufblasbare Sitzpolster mit integrierter Lautsprecheranlage.

Die FLH Electra-Glide-Evo-Familie

1986	**FLHT** Electra Glide
1987	**FLHT** Electra Glide Sport
1985	**FLHTC** Electra Glide Classic
1996	**FLHTCI** Electra Glide Classic Injection
1989	**FLHTCU** Ultra Classic Electra Glide
1995	**FLHTCUI** Ultra Classic Electra Glide Injection
1988–1993	**FLHS** Electra Glide Sport
1995	**FLHR** Electra Glide Road King
1996	**FLHRI** Electra Glide Road King Injection

Sondermodelle:
FLHTP als Police Edition
FLHTC als Shriner Edition

Wertsteigerung

Wie sich die Preise der FLHTC Electra Glide Classic (Stock = Serienausführung) entwickelt haben. (In U.S. Dollar):

1984	**8.199**	**1991**	**11.745**
1985	**8.999**	**1992**	**12.250**
1986	**9.974**	**1993**	**12.949**
1987	**10.045**	**1994**	**13.285**
1988	**10.145**	**1995**	**13.875**
1989	**10.799**	**1996**	**14.410**
1990	**11.300**	**1997**	**14.745**
		1998	**14.975**

(Quelle: Harley-Davidson Verkaufslisten)

Typ:	**FLHTC Evolution**
Modell:	**Electra Glide Classic**
Baujahr:	1985
Motor:	elastisch gelagerter, luftgek. 45° V-Twin OHV Viertakt
Hubraum:	1.340 ccm
Bohrung/Hub:	89 x 108 mm
Verdichtung:	8,5 : 1
Vergaser:	Keihin, 38 mm Ø, ab 1990 Keihin CV, 40 mm Ø
Primärantrieb:	Duplexkette
Sekundärantrieb:	Zahnriemen (Gates Polychain)
Getriebe:	Fünfgang
Batterie:	12 V
Zündung:	elektronisch, kontaktlos (V-Fire III CDI Transistor)
Rahmen:	Doppelschleifen-Stahlrohr
Bremsen vorne:	Doppel-Scheibenbremse
Bremsen hinten:	Scheibenbremse
Federung vorne:	Telegabel mit Anti-Dive-System (luftunterstützt)
Federung hinten:	Schwinge mit Anti-Dive-Federbeinen (luftunterstützt)
Radstand:	1.598 mm
Gewicht:	345 kg
Tankinhalt:	19 l
Ölvolumen:	3,8 l
Bereifung vorne:	5.00 x 16
Bereifung hinten:	5.00 x 16
PS:	60
Höchstgeschw.:	150 km/h
Preis:	$ 9.199 (1985)

Modellvarianten:
Als Standard Electra Glide Modell FLHT von 1986 bis 1987 und 1995.
Als Ultra Classic Electra Glide Modell FLHTU von 1989 bis 1995.
Als FLHTCU von 1995 bis 1996.
Als Fuel Injection FLHTCUI 1995–1996 und FLHTCI 1996.

Sondermodelle:
1986: Special Anniversary Edition (536 Stk.)
Electra Glide Liberty Edition (810 Stk.)
1987: Special Anniversary Edition (800 Stk.)
1988: 85th Anniversary Edition (715 Stk.)
1993: 90th Anniversary Edition
1995: 30th Electra Glide Anniversary
Als FLHTU Ultra Classic Electra Glide:
1993: 90th Anniversary Edition
1995: 30th Electra Glide Anniversary (FLHTCUI)

Ab 1994/95 teilte sich der Buchstabencode in den Typ FLT und das Modell FLHTC Electra Glide Classic

FLTC und FLTCU – die Langstreckenbomber

Bei der Tour-Glide-Modellserie setzt Harley-Davidson am Ende der 90er Jahre noch eins drauf. Sie repräsentiert die ultimativen, absoluten Spitzentourer, ausgerüstet mit allem nur erdenklichen Fahrkomfort und dem letzten High-Tech des Motorradbaus. Gegenüber der FLHT Electra Glide hat sie vor allem den neuen, vielfach versteiften und mit vorversetztem Steuerkopf versehenen Tour-Glide-Rahmen mit dem elastisch aufgehängten 1340er Evo-Motor samt Fünfganggetriebe. Das äußere Erscheinungsbild der Tour Glide Classic und Ultra Classic wird nach wie vor von der großen, am Rahmen befestigten Frontverkleidung mit dem Doppelscheinwerfer bestimmt. Das Cockpit ist mit autoähnlichen Instrumenten und allen lieferbaren Extras ausgestattet, inklusive einer stimmaktivierten Stereo-Gegensprechanlage. Eine neue Tankform, ein extra großes Topcase und Speziallackierungen machen die FLTC – ab 1989 die FLTCU – zum luxuriösesten Touring-Bike, das Harley-Davidson je gebaut hat. Ab 1996 gibt es alle Ultra-Classic-Tour-Glide-Modelle mit elektronischer Benzineinspritzung. Nach 1997 wurde das Modell eingestellt.

Eine Ultra Tour Glide FLTCU 1989 in voller Pracht.

© Harley-Davidson

Typ:	**FLTC Evo**
Modell:	**Tour Glide Classic**
Baujahr:	1984–1994
Motor:	luftgek. 45° V-Twin OHV Viertakt
Hubraum:	1.338 ccm
Bohrung/Hub:	89 x 108 mm
Verdichtung:	8,5 : 1
Vergaser:	Keihin, 38 mm Ø ab 1990 Keihin CV 40 mm Ø
Primärantrieb:	Duplexkette
Sekundärantrieb:	Zahnriemen
Getriebe:	Fünfgang
Batterie:	12 V
Zündung:	kontaktlos, Transistor (CDI)
Rahmen:	Doppelschleifen-Stahlrohr
Bremsen vorne:	Doppel-Scheibenbremse
Bremsen hinten:	Scheibenbremse
Federung vorne:	Telegabel (Anti-Dive, luftunterstützt)
Federung hinten:	Schwinge mit Federbeinen
Radstand:	1.603 mm
Gewicht:	354 kg
Tankinhalt:	19 l
Ölvolumen:	3,8 l
Bereifung vorne:	MT 90 x 16
Bereifung hinten:	MT 90 x 16
PS:	64
Höchstgeschw.:	150 km/h
Preis:	$ 13.695 (1990)

Sondermodelle

1986	**FLTC**	Liberty Edition
1986	**FLTC**	Special Anniversary
1987	**FLTC**	Special Anniversary
1988	**FLTC**	85th Anniversary Edition
1993	**FLTCU**	90th Anniversary Edition
1998	**FLTR**	95th Anniversary Edition

Die FLT Tour-Glide-Evo-Familie

1984–1994	**FLTC** Classic Tour Glide
1989	**FLTCU** Ultra Classic Tour Glide
1996	**FLTCUI** Ultra Classic Tour Glide Injection
1998	**FLTR/FLTRI** Road Glide Injection

FLTR – die neue Eleganz

Als Neuausgabe der Tour Glide erscheint 1998 die FLTR Road Glide mit einer niedrigen, getönten Windschutzscheibe und einem neuartigen Doppelscheinwerfer (twin oval reflector optic) in der Frontverkleidung. Eine glatte, fast stromlinienförmige Sitzkombination von Solosattel und Beifahrersitz nebst neuen, runden Anzeigeninstrumenten bringt Eleganz und einen Hauch von Nostalgie in das etwas überladene Outfit. Unsichtbar sorgt eine verbesserte, im Ölbad laufende Neun-Scheiben-Kupplung für noch leichteres Schalten.

Auch die Road Glide gibt es wahlweise mit elektronischer Benzineinspritzung (FLTRI) und seit neuestem auch mit Guß- oder Speichenrädern. Zum 95. Firmenjubiläum gab es 1998 eine limitierte „95th Anniversary Edition“ in Sonderausführung.

Nischenfüller: Die Electra Glide Sport und Road King

Irgendwann machten es die Company-Designer jenen Harley-Fahrern nach, denen eine Electra Glide zu übertakelt, aber ansonsten wohl richtig dimensioniert war. Sie rüsteten das „Dickschiff" ab, und die Electra Glide Sport FLHS war geboren.

Harley-Davidson nennt das Ergebnis etwas sphinxhaft „Back to the Basics"-Tourer, und so wurde die neue FLHS eine etwas abgespeckte Version der FLHT Electra Glide – mit leicht abnehmbarer klarer Windschutzscheibe, ohne Frontverkleidung und ohne Topcase, dafür mit einem Gepäckträger und den ebenfalls leicht demontierbaren Satteltaschen. 1988 wurde sie zum ersten Mal mit 1.677 Stück aufgelegt und danach – mit kleinen Änderungen – fünf Jahre lang weiterproduziert, 1993 mit etwa 2.500 Stück. Ihr Preis stieg in dieser Zeit von 8.545 Dollar im ersten Jahr auf 11.700 Dollar 1993.

1994 änderte sich das Basismodell FLHT, das es ja nun nicht mehr gab, zur FLHTC Electra Glide Classic, und so erhielt das Modell auch einen neuen Namen – FLHR Road King.

Windschutzscheibe, Satteltaschen und Soziussitz konnten schnell abgenommen werden – man hatte dann wieder eine echte Solo Electra Glide. Geblieben sind die mächtige Scheinwerferlampe auf dem verkleideten Gabeloberteil und die 16 Zoll Zehn-Speichen-Gußräder. Neu ist ein elektronischer Tacho (der von der Electra Glide Classic) mit digitaler Anzeige – „Back to the Basics"?

1996 kostete die FLHR Road King stolze 14.035 Dollar. Noch etwas teurer war die seit 1996 ebenfalls angebotene Version mit elektronischer Benzineinspritzung – die FLHRI als neueste Variante der guten alten Electra Glide Sport Solo ...

Road King FLHR, 1998

Die neueste Touring-Version einer abgespeckten Electra Glide kam 1993 als FLHS Electra Glide Sport heraus. Besonders auffällig sind der mattgehaltene Motor und die Fiberglasabdeckungen von Öltank und Batterie.

Customs – Trendsetter im Zugzwang

Die Einführung der Super Glide 1971 war eine längst überfällige Überlebensstrategie, die eine Menge bisher sträflich vernachlässigter Harley-Fans wieder in den Schoß der Company zurückholte. Darüber hinaus war der neue Evolution-Motor von Anfang an ein großer Erfolg. Sein heißgeliebter Oldie-Look – das klassische Outfit des legendären Mythos – wurde sofort begeistert angenommen.
Aber gleichzeitig waren die Japaner mit ihren preiswerten, zuverlässigen und luxuriösen High-Tech-Motorrädern brutal in den amerikanischen Big-Bike-Markt eingebrochen, und die Produktionszahlen bei Harley-Davidson (1984: 38.825, 1985: 34.632 und 1986: 39.116 Stück) stiegen nur langsam an. Allerdings kam der Company seit 1983 eine neue, geniale Marketing-Kampagne zu Hilfe: die „Harley Owners Group" (H.O.G.), mit der alle neuen Käufer sofort in die große Harley-Familie aufgenommen wurden und Harley-fahren so zu einem mitreißenden Gemeinschaftserlebnis machte. In der Modellpolitik war sich die Company aber noch nicht ganz sicher, was die Kunden genau wollten und wieweit technische Innovationen vermarktet werden konnten.
1980 kam der absolut ultimative Chopper auf den Markt: die FXWG Wide Glide, ebenfalls noch mit Vierganggetriebe, der niedrigen Sitzposition, der weitgespreizten Electra-Glide-Gabel, in der jedoch das extrem schmal wirkende 21-Zoll-Drahtspeichen-Vorderrad mit nur einer Scheibenbremse steckte. Dieses beliebte Bike wurde bis 1985 4.171mal und 1986 1.200 mal produziert – übrigens gab es 1984 einige Exemplare mit dem alten Shovelhead-Motor.
1985 – mitten in der Umbruchphase – kamen nochmals einige Neuauflagen und nachgebesserte Custom-Modelle aus Willie G.'s ungebrochen kreativer Designerwerkstatt in die Showrooms, darunter die FXSB Low Rider, noch mit dem alten Vierganggetriebe, dem konservativen, nicht besonders attraktiven, aber kostengünstigen und praktischen 19 Zoll Neun-Speichen-Gußvorderrad im schon bekannten Outlaw-Look.
Das dritte Modell dieser Baureihe war 1985 jedoch eine Neuheit: die FXEF Fat Bob, die nur ein Jahr lang 2.324mal produziert wurde. Aus der alten Shovelhead-Version entstand ein attraktiver, klassischer Chopper mit einem schmalen 19-Zoll-Drahtspeichen-Vorderrad, Buckhorn-Lenker, niedriger Sitzhöhe (660 mm) und einem breiten 15,9-Liter-Tank, auf dem nun eine längliche, schwarze Instrumentenkonsole angebracht war.
Bei allen drei Modellen ist der Motor fest mit dem Rahmen verschraubt, die „good vibrations" kommen also noch ungedämpft rüber. Als grundlegende Neuerung gilt jedoch der Sekundär-Riemenantrieb, dem die eher mißtrauische Käufer-Klientel noch eine Weile kritisch gegenüberstand, bevor der Belt Drive vorbehaltlos akzeptiert wurde.
Allen drei Modellen war in dieser Ausführung nur eine kurze Zeit beschieden, und im Originalzustand sind sie heute – Ende der 90er Jahre – gesuchte Raritäten aus den Anfängen der umfangreichen Evolution-Typenreihe.

FX Super-Glide-(Belt)-Evo-Custom-Familie	
1985	FXSB Low Rider (Belt) Viergang
1985–1986	FXWG Wide Glide (Belt) Viergang
1985	FXEF Fat Bob (Belt) Fünfgang

Standardausführung der FXWG Wide Glide Belt von 1985.

Klassisch: die Electra-Glide-Konsole
der FX Wide Glide.

Nach wie vor sparsam –
die Einscheibenbremse im 21er-Vorderrad.

Mittlerweile erprobt und zuverlässig:
der Zahnriemen-Sekundärantrieb der Wide Glide.

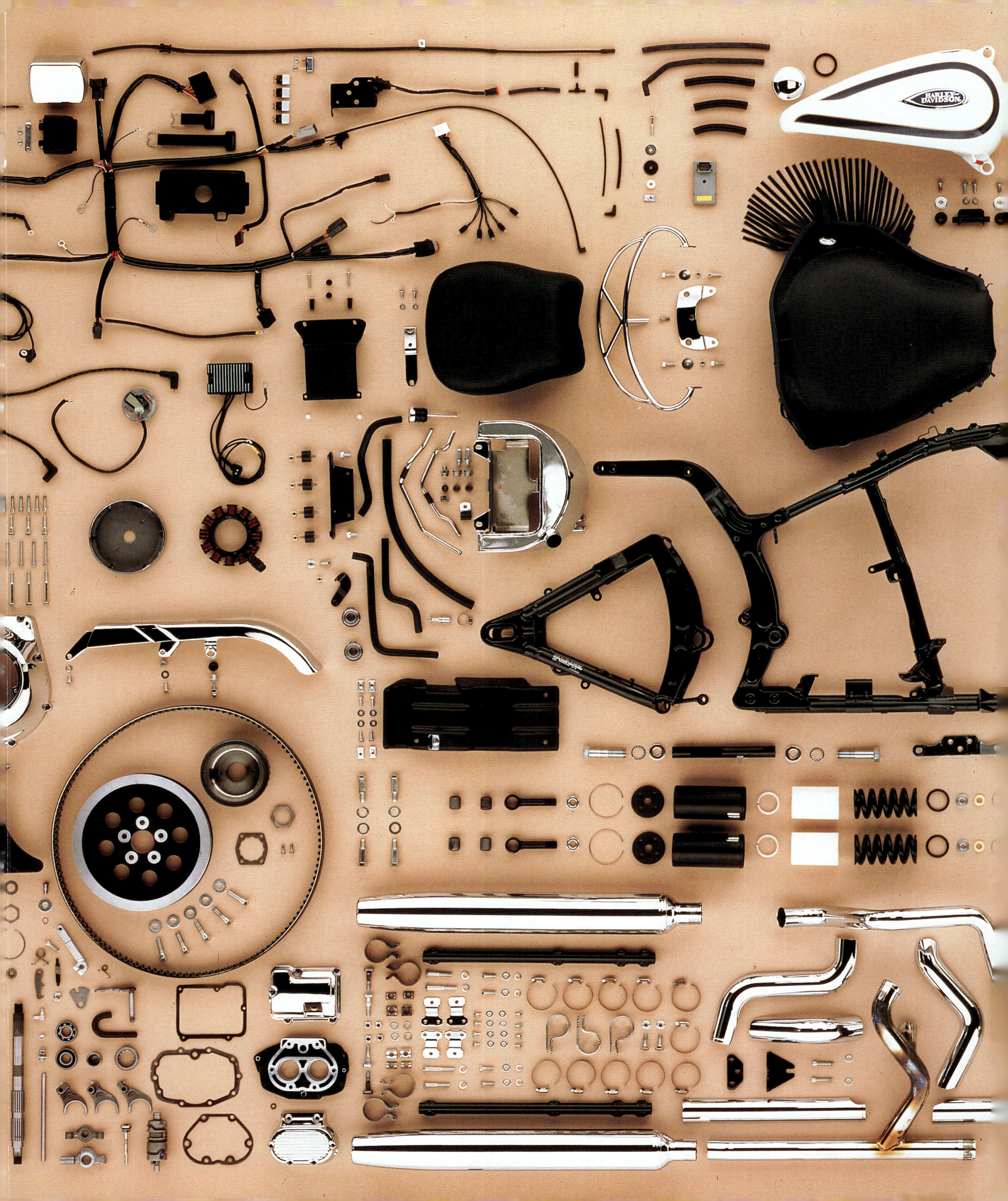
HARLEY DAVIDSON

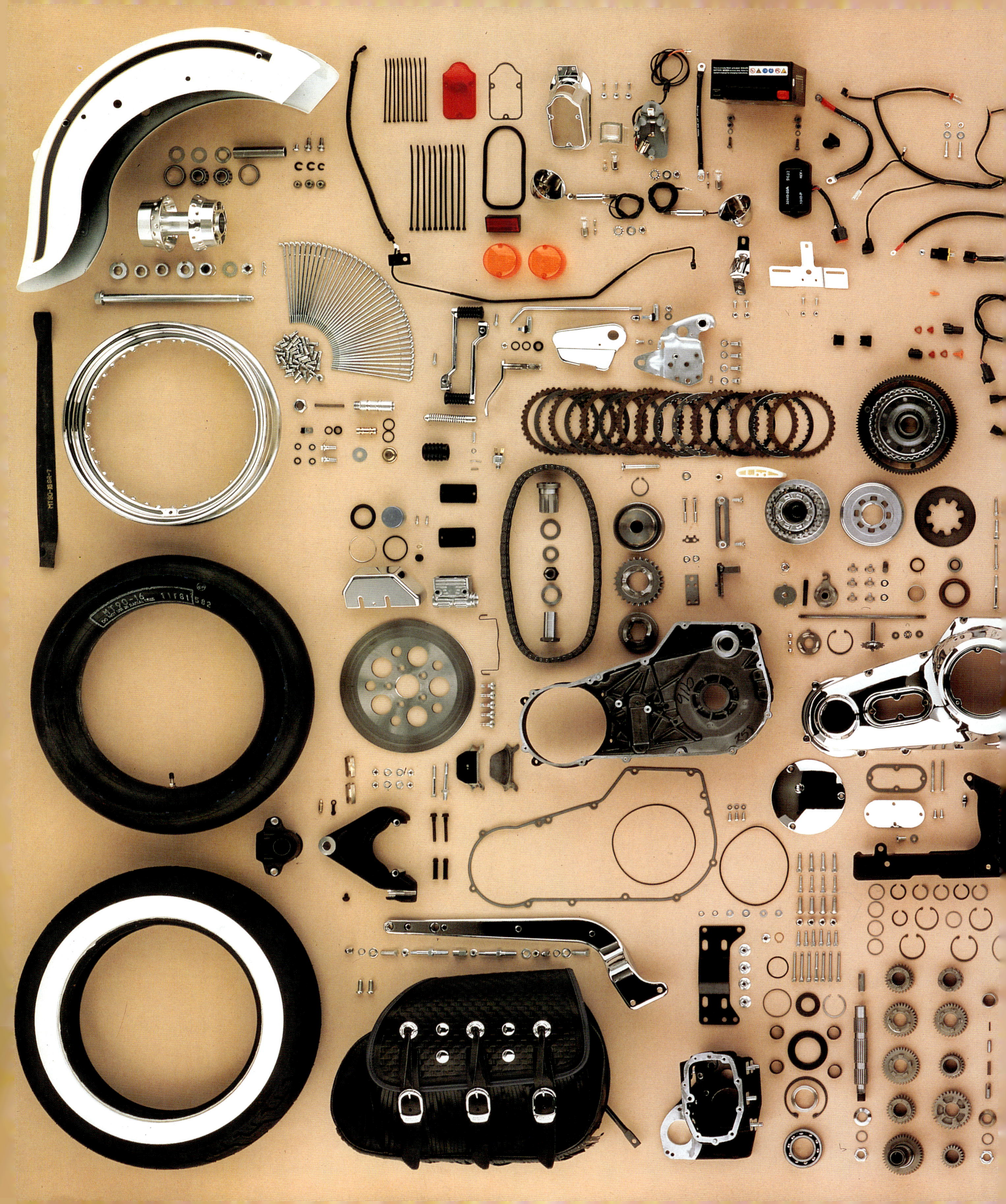

Bis ins kleinste Detail: Mikrokosmos eines Mythos

Eine moderne Harley zerlegen – komplett, total, bis in ihre kleinstmöglichen Teile. Ausgenommen nur, was vernietet oder verschweißt ist. Dann wohlgeordnet hinlegen und in einem Stück ablichten. 8,60 m lang, 2,60 m breit, sorgfältig ausgeleuchtet und mit extrem feinkörnigem Dia-Planfilm und einer 8 x 10 Inch Spezialkamera fotografiert, damit auch noch das kleinste Teil – eine Feder im Automatic Lifter, kaum 2 mm groß und hauchzart – in 20facher Verkleinerung gut zu erkennen ist. Eine Herausforderung! Endlich könnte man das gesamte Produktionsprogramm in seiner komplexen Vielfalt sichtbar machen und in klinischer Offenlegung alle anatomischen Innereien des „Mythos" Harley darstellen.

Aber schon das Wiederauseinandernehmen all dessen, was fleißige Hände und höchst komplizierte Montagemaschinen zusammengesetzt haben, ist eine knifflige, diffizile Arbeit, die höchste Konzentration erfordert. Schließlich soll das gute Stück anschließend wieder funktionsfähig zusammengebaut werden. Dann die Logistik der Zuordnung – kein noch so winziges Teil, keine Schraube, Mutter, Federring oder Beilagscheibe etwa, darf sich verirren oder verloren gehen. Sind die Speichen und die Nippel alle vollzählig? Aus wie vielen Einzelteilen besteht nun eine moderne Harley? Raten Sie mal. Oder zählen sie einfach nach ...

Kurzum – eine teure und zeitaufwendige Aktion, die schöne Idee in die Tat umzusetzen. Wir haben lange Zeit überlegt, ob es einen anderen, preisgünstigeren, Weg gibt, dieses Foto zu produzieren. In Einzelsektionen etwa, die dann am Computer korrigiert und danach digital zusammengesetzt werden. Alle Versuche schlugen fehl – es ging nicht. Also zurück zum ursprünglichen Konzept – ein Bild, eine Fläche, ein Arbeitsgang. Das wurde allerdings schnell aufwendiger, als wir kalkuliert hatten, denn eigentlich waren es viele Arbeitsgänge.

Die zerlegten und sorgfältig vorsortierten Teile auszulegen, erwies sich jedoch im ersten Anlauf als unbefriedigend, die Anordnung und auch die Kamerahöhe (6 m) brachten trotz Spezialweitwinkel – oder gerade deswegen – unakzeptable Verzerrungen, und das Lege-Schema geriet außer Kontrolle. Kosten des ersten (Drei-Tage-) Experiments: rund 30.000 DM. Also – alles wieder einsammeln und neu beginnen.

Sechs ergebene, hochmotivierte Mitarbeiter plagten sich dann nochmals vier Tage und Nächte rund um die Uhr, gebückt, auf Knien rutschend, die Einzelteile in die richtige Position zu bringen – von der Mitte konzentrisch nach außen arbeitend, in Socken oder auf Schutzmatten halb kriechend, halb liegend, um jedes Teil auf seinem Platz zu fixieren – und wenn es sein muß mit Plastilin. Fotograf Dieter Rebmann hatte die Oberleitung – wörtlich genommen – von 15 m Höhe, wo die Kamerabühne über allem schwebte, Harley-Spezialist und Kfz-Meister Reinhold Paukner („Pauki's") und seine Mitarbeiter sowie Gattin Karin wie auch Dieter Rebmanns Gattin Gaby dirigierten die logistische Lage am Boden.

Das erste Polaroidbild diente nun als Basisvorlage. Die Vorteile dieses ersten Versuchs waren, daß man nun genau die Größe und Fläche kannte, die durch das Endformat des Centerfolds vorgegeben war, und das machte die Höhe des Studios

Kreuz und quer und drunter und drüber – die Low-Rider-Serien: FXRS, FXRC und FXRDG

Harley-Davidson nannte sie die Low-Rider-Serie. Das ist nicht ganz korrekt, denn Low Rider gibt es auch in anderen Kombinationen. Richtiger wäre die Bezeichnung FXR-Serie, obgleich man sich darunter wenig vorstellen kann, vor allem, wofür das „R" steht: R ist das gemeinsame Kennzeichen für „rubber isolated drive train" – also den in elastischen Gummielementen gelagerten V-Twin-Motor.

Die ersten derartigen „rubber mounted" FXRs erschienen 1982, und sie gehörten zu den fünf Harley-Modellen, die in diesem Jahr erstmalig mit dem neu entwickelten Shovelhead-Motor ausgerüstet waren: die FXRS Low Glide, die FXRT Sport Glide und die FXRDG Disc Glide mit dem ungewöhnlichen Aluminiumscheiben-Hinterrad.

Später erschien in dieser Typenreihe noch eine ganze Palette der unterschiedlichsten Custom-Kombinationen, wie etwa die FXRC Low Glide Custom (1985), eine Neuauflage der Super Glide – die FXR (1986), die FXRD Sport Glide Grand Touring und die zweite Auflage der Low Rider als FXRS (1990).

In diese Buchstabenfolge passen zwei Modelle nicht hinein, die statt des R die Kennzeichnung LR tragen, was Low Rider bedeutet: die FXLR Low Rider Custom (1987) und ihre Schwester FXRS Convertible Low Rider (1989), die auch als FXRS-CON gehandelt wurde: eine Sport-Touring-Kombination, bei der Windschutzscheibe und Packtaschen leicht an- und abgebaut werden konnten, wenn es denn sein mußte.

1994 lief diese FXR-Serie aus, die Basistypen aber blieben im Programm erhalten.

Grundmodell der Low-Rider-Serie ist die FXRS Low Glide, die 1990 in FXRS Low Rider umbenannt wurde. Sie ersetzte die Super Glide II und wurde 1982–83 noch zum Teil mit dem Shovelhead-Motor ausgeliefert, hatte aber bereits das neue Fünfganggetriebe, Zahnriemen-Sekundärantrieb und eine Dreischeiben-Bremsanlage.

Ebenfalls noch zuerst mit dem Shovelhead-Motor wurde 1983 die FXRT Sport Glide gebaut, aus der dann 1986 die FXRD Sport Glide/Grand Touring Edition entstand. Als Variante davon gab es in den Vereinigten Staaten die Polizeiausführung FXRP Sport Glide Police. 1985 erschien die FXRS-Variante FXRC Low Glide Custom für ein Jahr als Limited Edition mit Draht-Speichenrädern und viel Chrom.

Aus der 1984er FXRDG Disc Glide wurde 1987 die FXLR Low Rider Custom. Sie behielt ihr hinteres Scheibenrad und hatte einen instrumentenfreien Tank – der Tachometer saß als einziges Instrument vor dem Lenker. Ein schmales 21 Zoll Drahtspeichen-Vorderrad war ein weiteres ungewöhnliches Merkmal dieses Modells.

Typisch für die gesamte Modellpalette war, daß Jahr für Jahr unzählige technische Änderungen und Verbesserungen sowie stilistische Neuerungen ständig untereinander ausgewechselt wurden, was die Klassifizierung immer schwieriger werden ließ. Neue Tanklogos, veränderte, stärkere und länger gefederte Gabeln mit verschieden steilen Lenkkopfwinkeln, Auspuffanlagen, Sitzbänke, vorverlegte Fußrastenanlagen (Highway Pegs), Armaturen in immer neuen Varianten, mal Belt-, mal Kettenantrieb – alles lief darauf hinaus, daß eine klare Modell-Linie nicht mehr zu erkennen war.

Harley-Davidson wurde voll in den verwirrenden Trend hineingezogen, jedes Jahr mit vielen hochtönenden Werbesprüchen immer sogenannte „neue" Modelle auf den Markt zu werfen, obwohl diese sich technisch kaum noch voneinander unterschieden. Im Prinzip tauschte man nur noch die Grundkomponenten Rahmen (mit immer demselben Motor und Getriebe), Gabel, Lenker, Räder, Tanks und Zubehör untereinander aus und gab dem Kind eine neue Buchstabenkombination und vielleicht einen fetzigen, markengeschützten Namen. Die FXR-Reihe war ein typisches Beispiel für diesen Trend.

Das kompakte, hintere Gußscheibenrad gab der FXRDG Disc Glide (1984) ihren Namen.

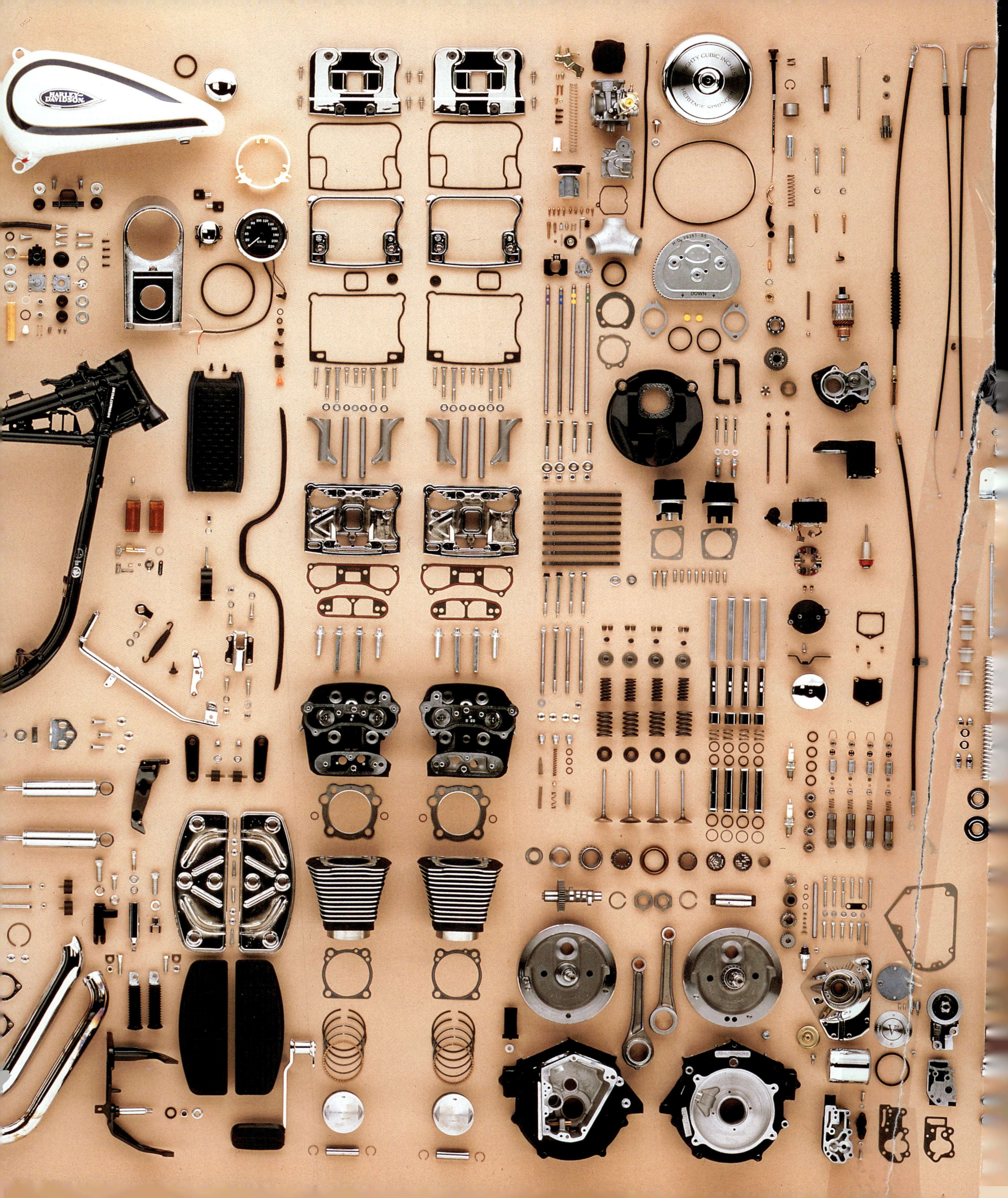
HARLEY DAVIDSON
DOWN

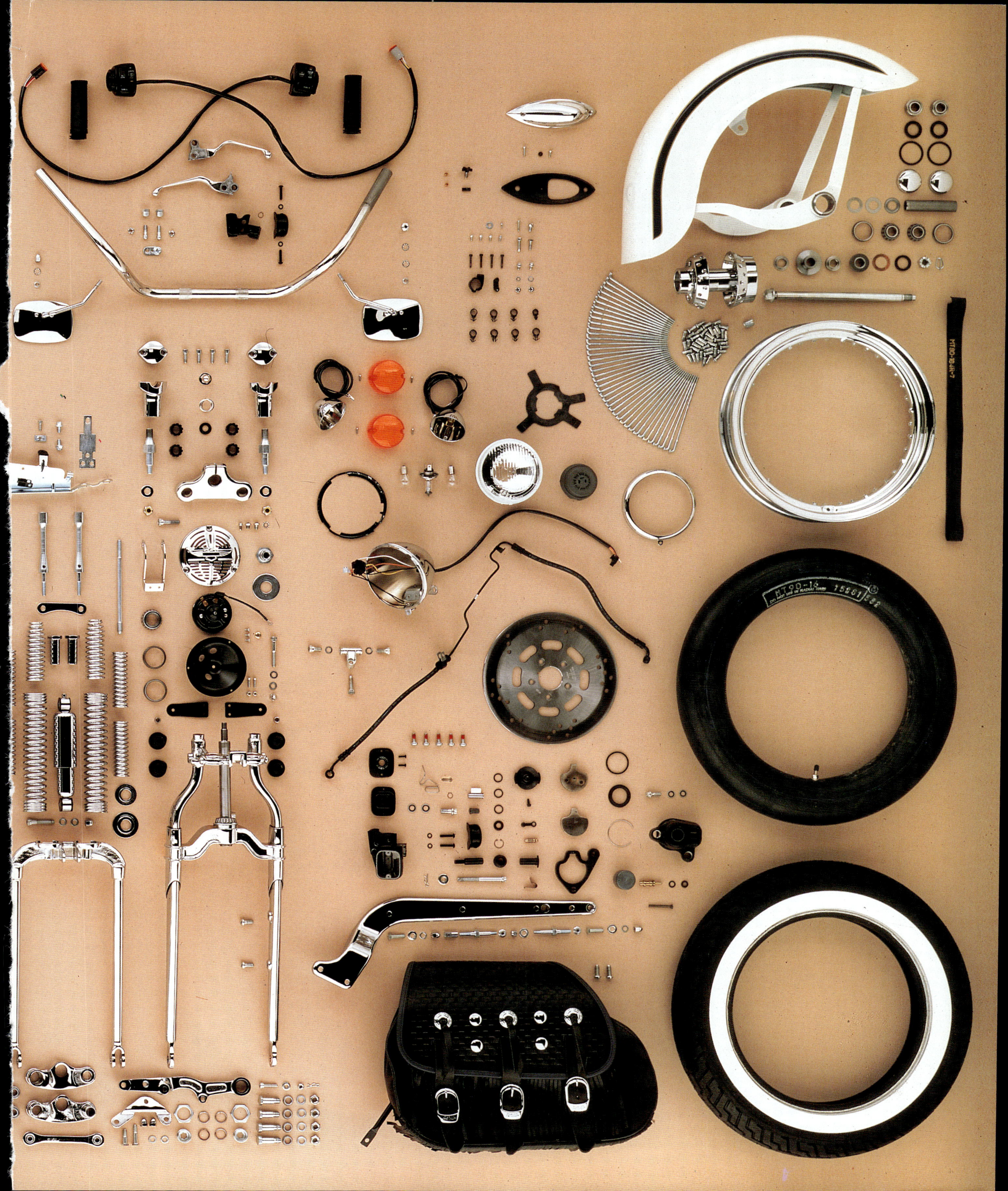

berechenbar. 15 m mußten es sein, wenn man das Bild als Ganzes aufnehmen wollte, worauf wir aus schon genannten Gründen sehr stolz waren. Unzählige Testaufnahmen mußten angefertigt – alle auf Polaroid-Planfilm und im Format 20 x 25,5 (30,- DM das Stück!) – und an Ort und Stelle sofort entwickelt werden. Für das Endbild machte der feinkörnige „Velvia" mit 50 ASA das Rennen.

Nur für fünf hektische Tage zwischen Weihnachten und Neujahr konnten wir das riesige Werbestudio der Firma Rieker in Stuttgart mieten (zum Vorzugstagessatz von 3.000,– DM inklusive Entwicklungslabor und Küche), die Zeit wurde verdammt knapp. Die Hotelzimmer blieben meist leer, und die Crew schlummerte abwechselnd auf Feldbetten vor Ort. Inzwischen überschritten die Kosten für das endgültige Bild den vorgesehenen Etat um ein Vielfaches, und das Projekt entwickelte – wie wir es halb scherzhaft, halb entsetzt nannten – eine „explosive Eigendynamik".

Aber irgendwie wurden wir fertig, und unter dem Blitzlichtgewitter der gewaltigen Lichtwände entstand das endgültige Foto. Eine spezielle Unterdruckkassette hielt dabei den in der Waagerechten hängenden Film plan. Das Resultat ist imponierend, nicht wahr? Und äußerst informativ, natürlich. Danach wurde alles sorgfältig wieder eingesammelt und verpackt, und Meister Pauki oblag es, in den nächsten Monaten daraus wieder eine fahrbereite Harley-Davidson Heritage Springer FLSTS 1997 zusammenzubauen. Noch Fragen? Und damit kennen Sie – wie man so schön sagt – „the rest of the story".

Die Familie der Evolution FXR Low Rider

1984–1987	FXRS Low Glide
1984–1992	FXRT Sport Glide
1984	FXRP Sport Glide Police (nur USA)
1984	FXRDG Disc Glide Limited Edition
1985	FXRC Low Glide Gustom Limited Edition
1986–1994	FXR Super Glide
1986	FXRT Sport Glide Grand Touring
1987–1993	FXRS-SP Low Rider Sport Edition
1987–1994	FXLR Low Rider Custom
1989–1993	FXLR-CON/FXRS-CON Low Rider Convertible
1987–1991	FXRS (II) Low Rider

Die FXRS Low Glide in Standardausführung mit Hambox-Luftfilter.

Die FXRC Low Glide Custom Limited Edition mit der braunen Kunstledersitzbank.

Hinterräder: FXRS 1985 Low Glide, FXRDG Disc Glide mit Kettenantrieb und FXRC Low Glide Custom Belt (v. o. n. u.).

Die Low-Rider-Serien: FXRT

Typ:	**FXRT**
Modell:	**Sport Glide**
Baujahr:	1984–1992
Motor:	luftgek. 45° V-Twin OHV Evolution Viertakt, vibrationsisoliert
Hubraum:	1.338 ccm
Bohrung/Hub:	89 x 108 mm
Verdichtung:	8,5 : 1
Vergaser:	38 mm Ø mit Beschleunigerpumpe
Primärantrieb:	Duplexkette
Sekundärantrieb:	Gates Kevlar Polychain-Zahnriemen
Getriebe:	Fünfgang
Batterie:	12 V/19 Ah
Zündung:	elektronisch, kontaktlos, V-Fire III
Rahmen:	Doppelschleifen-Stahlrohr
Bremsen vorne:	Doppelscheibenbremse
Bremsen hinten:	Einscheibenbremse
Federung vorne:	Telegabel
Federung hinten:	Schwinge/Federdämpfer
Radstand:	1.643 mm
Gewicht:	310 kg
Tankinhalt:	15,9 l
Ölvolumen:	2,8 l
Bereifung vorne:	MM 90 x 19
Bereifung hinten:	MT 90 x 16
PS:	61
Höchstgeschw.:	155 km/h
Preis:	$ 9.156 (1987)

Standardausführung der FXRT, 1984.

Die Fotos entstanden mit freundlicher Genehmigung des Harley-Davidson-Archivs.

Die Low-Rider-Serien: FXLR und FXRS-SP

FXRS-SP Low Rider Sport Edition, 1987

FXLR Low Rider Custom, 1987

Tankkonsole der FXRS-SP mit integriertem Einfüllstutzen, Tankanzeige und vorgesetzten Doppelinstrumenten.

Dragster-Lenker der FXLR mit sparsamem Einzelinstrument.

Die Low-Rider-Serien: FXR

Typ:	**FXR**
Modell:	**Super Glide**
Baujahr:	1986–1994
Motor:	luftgek. 45° V-Twin OHV Evolution Viertakt, vibrationsisoliert
Hubraum:	1.338 ccm
Bohrung/Hub:	89 x 108 mm
Verdichtung:	8,5 : 1
Vergaser:	38 mm Ø mit Beschleunigerpumpe
Primärantrieb:	Duplexkette
Sekundärantrieb:	Gates Kevlar Polychain-Zahnriemen
Getriebe:	Fünfgang
Batterie:	12 V/19 Ah
Zündung:	elektronisch, kontaktlos, V-Fire III
Rahmen:	Doppelschleifen-Stahlrohr
Bremsen vorne:	Scheibenbremse
Bremsen hinten:	Scheibenbremse
Federung vorne:	Telegabel
Federung hinten:	Schwinge/Federdämpfer
Radstand:	1.604 mm
Gewicht:	270 kg
Tankinhalt:	15,9 l
Ölvolumen:	2,8 l
Bereifung vorne:	MJ 90 x 19
Bereifung hinten:	MT 90 x 16
PS:	61
Höchstgeschw.:	150 km/h
Preis:	$ 7.920 (1987)

© Harley-Davidson

Die Kontrolleuchten der FXR sind in der Lampenabdeckung untergebracht.

Frontansicht der FXR Super Glide 1986.

Die Tankkonsole der FXR Super Glide enthält den Tachometer und den Tankdeckel.

Die Low-Rider-Serien: FXRS und FXRS-CON

Typ:	**FXRS**
Modell:	**Low Rider**
Baujahr:	1987–1991
Motor:	luftgek. 45° V-Twin OHV Evolution Viertakt, vibrationsisoliert
Hubraum:	1.338 ccm
Bohrung/Hub:	89 x 108 mm
Verdichtung:	8,5 : 1
Vergaser:	38 mm Ø mit Beschleunigerpumpe
Primärantrieb:	Duplexkette
Sekundärantrieb:	Gates Kevlar Polychain-Zahnriemen
Getriebe:	Fünfgang
Batterie:	12 V/19 Ah
Zündung:	elektronisch, kontaktlos, V-Fire III
Rahmen:	Doppelschleifen-Stahlrohr
Bremsen vorne:	Scheibenbremse
Bremsen hinten:	Scheibenbremse
Federung vorne:	Telegabel
Federung hinten:	Schwinge/Federdämpfer
Radstand:	1.603 mm
Gewicht:	263 kg
Tankinhalt:	17 l
Ölvolumen:	2,8 l
Bereifung vorne:	MJ 90 x 19
Bereifung hinten:	MT 90 x 16
PS:	55
Höchstgeschw.:	177 km/h
Preis:	$ 8.499 (1987)

Modellvarianten:
Auch als FXRS-CON Low Rider Convertible mit leicht montierbarem Windshield und Saddlebags.

Mit schnell abnehmbarer Frontscheibe und ledernen Satteltaschen: die FXRS Convertible 1993.

Der Mythos lebt – die Nostalgiewelle rollt: die Softails

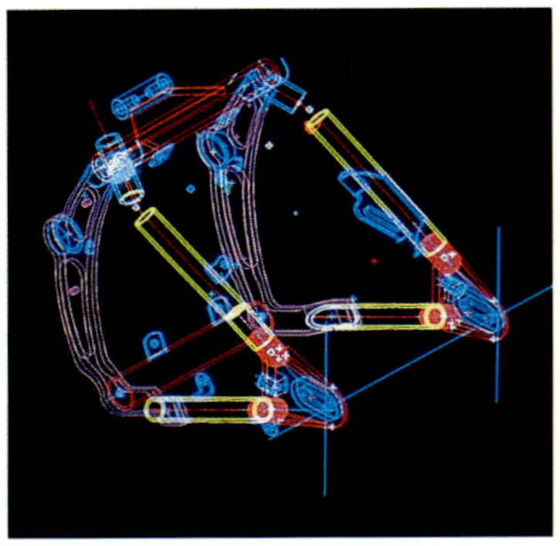

© Harley-Davidson

Eigentlich war die Hinterradschwinge der Softail eine Erfindung des Motorrad-Designers Bill Davis aus St. Louis, der das geniale bewegliche rückwärtige Rahmenteil, das optisch einen starren Rahmen vortäuscht, schon in seiner kleinen Firma Road Work produzierte, bevor ihm Harley-Davidson die Lizenz seines Patents abkaufte. Zusammen mit Willie G. Davidson wurde daraus dann ein neues Harley-Modell entwickelt, dessen Rahmen äußerlich dem alten Starrahmen aus den 50er Jahren verblüffend glich, aber dennoch voll gefedert war und daher seinen Typennamen Softail erhielt.
Sein eigentliches Geheimnis sind die beiden Gasdruck-Stoßdämpfer, die unsichtbar unter der fest mit dem Rahmen verschraubten Motor-Getriebe-Einheit liegen und die hintere Rahmenschwinge abfedern. So ganz neu war das Prinzip übrigens nicht – die kleinen Zweitakter Scat und Bobcat aus den frühen 60er Jahren hatten eine verwandte Federungskonstruktion – allerdings nur mit einem Federbein. Auch bei Vincent in England gab es bereits in den 30er Jahren eine ähnliche Technik. Für Harley-Davidson aber wurde die 1984 zusammen mit dem neuen Evo-Motor vorgestellte Softail der klassische Chopper schlechthin.
Zwei Basis-Varianten gab es bei den Softails: einmal die FX-Modelle mit dem schmalen 21 Zoll Drahtspeichen-Vorderrad und zum anderen die FL-Modelle, die auch vorne das dicke 16er Drahtspeichenrad der frühen Electra Glide hatten. Beide Varianten gab es als Classic- oder Custom-Modelle mit zusätzlicher Sonderausstattung, und bei beiden Baureihen wurde die Modellpalette noch durch Sonderausführungen, zum einen mit der nostalgisch auf alt gebauten Springer-Gabel und zum anderen mit zwei Sonder-Custom-Modellen – der Fat Boy und der Bad Boy –, ergänzt.

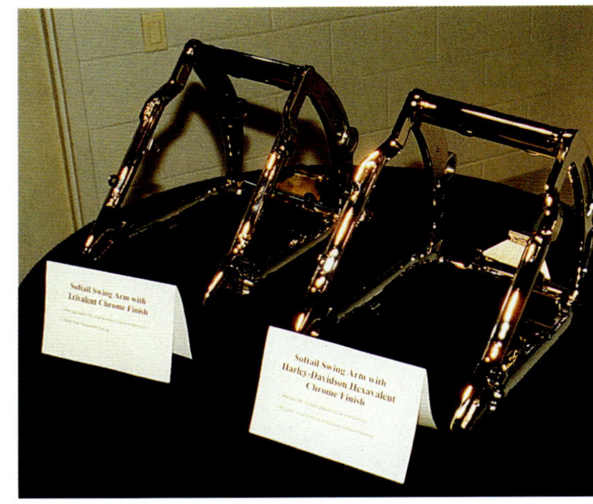

Die Evolution-FX-Softail-Familie

1984	FXST Softail (mit Vierganggetriebe)
1985–1990	FXST Softail (mit Fünfganggetriebe)
ab 1986	FXSTC Softail Custom
ab 1988	FXSTS Softail Springer
1995–1997	FXSTSB Bad Boy

Nur von unten zu sehen: die beiden Stoßdämpfereinheiten der Hinterradschwinge unter dem Getriebe.

Die Springer-Gabel

Die Neukonstruktion der alten Springer-Gabel war sowohl technisch als auch stilistisch eine Meisterleistung, jedoch nicht ganz unproblematisch. Mit ihr bewies Harley aber, daß klassisches Aussehen sich mit den hohen Ansprüchen moderner Technik durchaus vereinbaren läßt. Ein doppelt so langer Federweg wie 1948, Teflon-Lager, computerberechnete Wirkungsgrade und statt der schlecht wirksamen Trommelbremse eine effektive Scheibenbremse brachten auch für die neue Springer zufriedenstellende Eigenschaften. Die Kunden kritisierten nur das zunächst hochgelegte Schutzblech, das mehr einem Trial-Gelände-Outfit ähnelte; mit einem genialen Trick wurde es wieder dicht an den schmalen Reifen gelegt – Harley hatte seine Lektion gelernt, und alle waren glücklich.

Die „alte" Springer-Gabel mit zusätzlichem Stoßdämpfer und Custom-Mini-Lampe in der verchromten Standardausführung.

U.S. Patent 4,775,163 Patented Springer

The U.S. Patent Office granted a patent covering the „Springer". This excludes others from „making, using or selling this invention throughout the United States of America for the term of seventeen years from the date of this patent, subject to the payment of fees as provided by law."
Harley-Davidson engineers Tom McGowen and Steve Wentworth are listed on the the patent as the inventors with Harley-Davidson as the assignee. Quelle: Enthusiast 1989

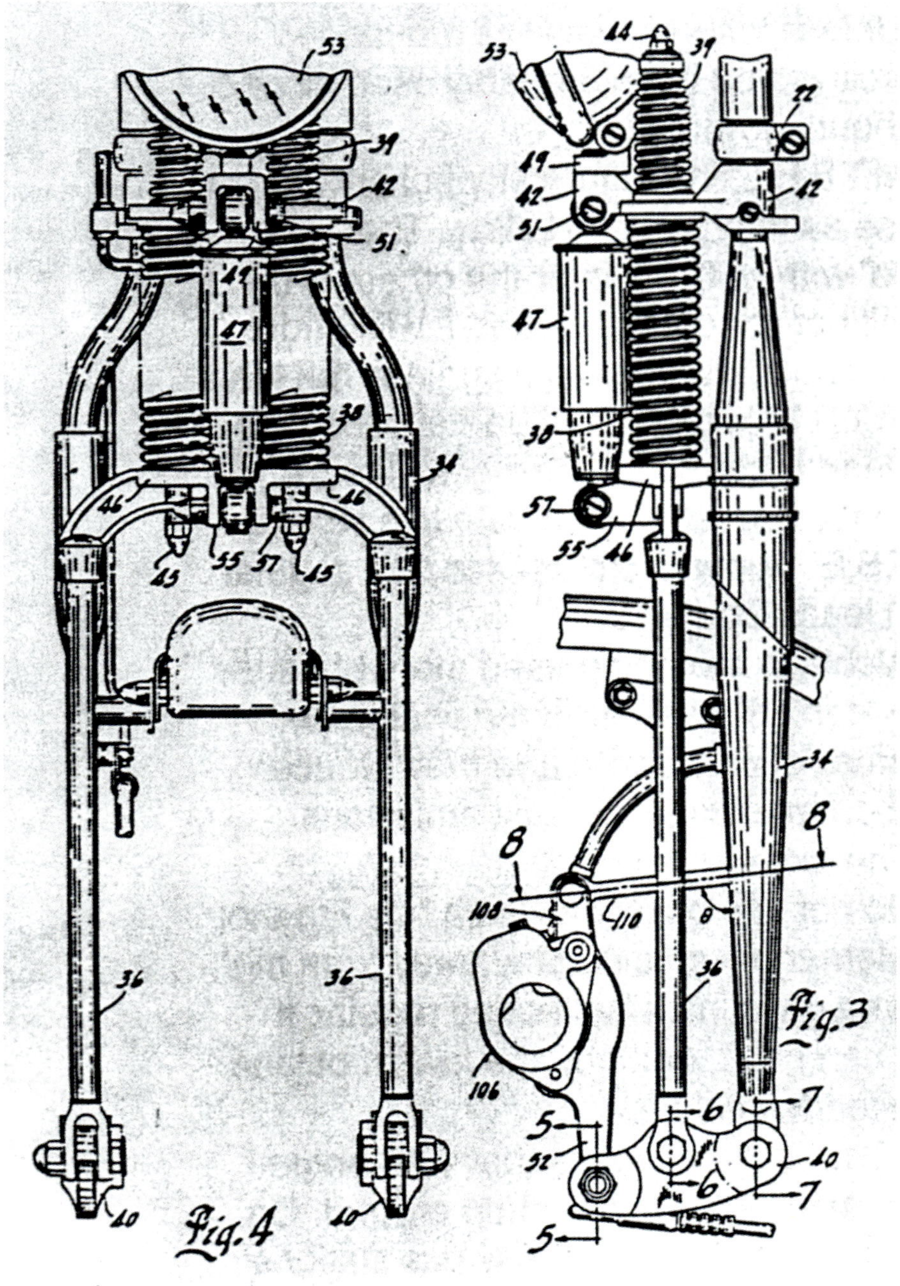

Das zunächst hochgelegte Vorderschutzblech wurde bald – wunschgemäß – tiefergelegt.

Die FX-Softail

Das Grundmodell war die FXST, der „coole Chopper", mit tiefer Sitzposition, dem charakteristischen großen, schmalen Vorderrad, der lang vorgereckten Gabel, der gestutzten Dual-Auspuffanlage auf der rechten Seite und natürlich mit dem neuen Fünfganggetriebe und Sekundärriemenantrieb. Ein breiter Tank mit der klassischen Instrumentenkonsole, der Horseshoe-Öltank, die kleinen Lampen und das custom-typische „Entenbürzel"-Heck vervollständigten den Eindruck des wiederauferstandenen Vorbilds aus den rebellischen Zeiten der 50er Jahre.

Noch stärker kam das dann bei der weiter gestylten FXSTC, der Softail Custom zum Ausdruck: Hier dominierten das massive Aluminium-Vollscheibenrad hinten, der nochmals höher gelegte Buckhorn-Lenker und eine zusätzliche Sissybar sowie die reichlich vielen Chromteile. Die Softail Custom wurde auf Anhieb ein Riesenerfolg: 1986, in ihrem Erscheinungsjahr, wurde sie bereits 3782 mal verkauft, 1987 waren es 5.264 Stück, 1988 schon 6.621 und so weiter.

1988 erschien die erste Softail mit der neu aufgelegten Springer-Gabel, die FXSTS – zunächst als Anniversary-Sondermodell zum 85. Firmenjubiläum.

1995 wurde nochmals ein neues Custom-Modell aufgelegt, die FXSTB Bad Boy, die an Radikalität nichts mehr zu wünschen übrig ließ. Mit schwarzer Springer-Gabel, 21-Zoll-Vorderrad, schwimmend gelagerten Bremsscheiben und dem obligaten Vollscheiben-16-Zoll-Hinterrad sowie reichlich Chrom ausgestattet, war die Bad Boy auch mit getönter Zubehörscheibe noch ein wildes Gerät.

Wieder klassisch: die Tankkonsole mit Tachometer, Kilometerstand, Tageskilometeranzeige, Null-Verstellung und Choke sowie Kontrolleuchten und Zündschalter.
Die beiden Tankdeckel sind zum Auffüllen der jeweiligen Tankhälften gedacht, die jedoch mit einem Ausgleichsschlauch verbunden sind.

Aus der Softail-Reihe: FXSTB Bad Boy 1996 (oben links), FXST Softail 1989 (Mitte rechts).

FXST Softail Custom 1998 (unten links) und FXSTS Softail Springer 1989 (unten rechts).

Typ:	**FXST**
Modell:	**Softail**
Baujahr:	1985–1990
Motor:	luftgek. 45° V-Twin Viertakt OHV Evolution
Hubraum:	1.338 ccm
Bohrung/Hub:	89 x 108 mm
Verdichtung:	8,5 : 1
Vergaser:	38 mm Ø mit Beschleunigerpumpe
Primärantrieb:	Duplexkette
Sekundärantrieb:	Gates Kevlar Polychain-Zahnriemen
Getriebe:	Fünfgang
Batterie:	12 V/19 Ah
Zündung:	elektronisch, kontaktlos, V-Fire III
Rahmen:	Doppelschleifen-Stahlrohr mit triangulärem Schwingarm
Bremsen vorne:	Scheibenbremse
Bremsen hinten:	Scheibenbremse
Federung vorne:	Telegabel
Federung hinten:	Softail-Schwingarm mit 2 Gasdruck-Stoßdämpfern
Radstand:	1.684 mm
Gewicht:	285 kg
Tankinhalt:	19,7 l
Ölvolumen:	2,8 l
Bereifung vorne:	MH 90 x 21
Bereifung hinten:	MT 90 x 16
PS:	65
Höchstgeschw.:	174 km/h
Preis:	$ 8.949 (1987)
Modellvarianten:	FXSTC Softail Custom

Typ:	**FXSTS**
Modell:	**Softail Springer**
Baujahr:	ab 1988
Motor:	luftgek. 45° V-Twin Viertakt OHV Evolution
Hubraum:	1.338 ccm
Bohrung/Hub:	89 x 108 mm
Verdichtung:	8,5 : 1
Vergaser:	Keihin-Gleichdruckvergaser, 40 mm Ø
Primärantrieb:	Duplex-Kette
Sekundärantrieb:	Gates Kevlar Polychain-Zahnriemen
Getriebe:	Fünfgang
Batterie:	12 V/19 Ah
Zündung:	elektronisch, kontaktlos, V-Fire III
Rahmen:	Doppelschleifen-Stahlrohr mit triangulärem Schwingarm
Bremsen vorne:	Scheibenbremse
Bremsen hinten:	Scheibenbremse
Federung vorne:	Springer-Neubau, 32° gereckt
Federung hinten:	Softail-Schwingarm mit 2 Gasdruck-Stoßdämpfern
Radstand:	1.636 mm
Gewicht:	202 kg
Tankinhalt:	15,91 l
Ölvolumen:	2,8 l
Bereifung vorne:	MH 90 x 21
Bereifung hinten:	MT 90 x 16
PS:	61
Höchstgeschw.:	150 km/h
Preis:	$ 10.695 (1988)
Modellvarianten:	1988 Softail Springer Anniversary

Das neue Outfit der alten Springer-Gabel: auf dem mittleren Stoßdämpfer dieser FXST Softail Springer prangt als Erinnerung an ihren Ursprung das alte Techno-Logo der ersten Springer-Gabel.

Die FL-Softail

Ihr Hauptmerkmal war das dicke 16-Zoll-Vorderrad der frühen Electra Glides – gewissermaßen eine „abgespeckte“ Version der massigen Highway-Dampfer – mit der einseitig verlegten FX-Auspuffanlage, ohne Verkleidung, aber mit charakteristischem Front End: der großen Lampe, der breiten, verkleideten Gabel und dem massiven Vorderschutzblech.

Basismodell war die 1986 vorgestellte FLST Heritage Softail, zu der sich ein Jahr später die C-Variante gesellt: die FLSTC, im „Nietenlook“ mit riesigen, ebenfalls nietenbesetzten ledernen Packtaschen (studs and conchos) und reichlich verchromten Extras. Auch hier wurde wieder ganz bewußt direkt an das beliebte Outfit der 50er Jahre angeschlossen. Dazu gehörten auch die Fishtail-Enden der Schalldämpfer, die allerdings für Deutschland nicht zulässig waren, sowie beidseitige Zusatzscheinwerfer.

1990 erschien mit der harmlosen Kennzeichnung FLSTF Fat Boy Willie G.'s Zukunftsvision wie ein Blitz aus heiterem Himmel: ein extrem futuristisches Design, radikal und ein wenig an die frühe Raumfahrtära des Flash-Gordon-Zeitalters erinnernd – also das genaue Gegenteil der bisherigen Softail-Politik. Metallisch silbern lackiert, mit Vollscheibenrädern vorn und hinten glich die kompromißlos gestylte Fat Boy eher einem kleinen Raumkreuzer auf zwei Rädern als einer nostalgischen Harley. Die ersten 4.440 Stück waren sofort vergriffen, und Ende der 90er Jahre ist die außerordentlich beliebte Fat Boy der Außenseiter in der eher historisch orientierten Modellpalette der klassischen Harleys.

1993 erschien die FLSTN Nostalgia in einer Limited Edition. Ihre Farben waren Birkenweiß und Schwarz, und ihr Spitzname lautete Cow Glide – nach dem mit original Kuhfell besetzten Sitz, der allerdings etwas haarte. Schmale Lederpacktaschen, 16-Zoll-Drahtspeichenräder und das tief herabgezogene hintere Schutzblech prägten ihr Aussehen. Sie behielt zwar ab 1994 die Bezeichnung FLSTN bei, doch ihr Name wandelte sich zur Heritage Softail Special, das haarige Kuhfell verschwand, und neue Farben tauchten auf.

1997 brachte Harley-Davidson noch eine neue Version der Nostalgiewellen-Modelle heraus – die FLSTS Heritage Springer –, diesmal mit Springer-Gabel und der alten Befestigung, wie es das breite Schutzblech der Hydra Glide hatte. Ledergeflochtene und mit Fransen gesäumte Packtaschen, Weißwandreifen auf den dicken 16-Zoll-Rädern, sowohl vorne als auch hinten, ließen die Heritage fast wie einen Oldtimer von 1948 erscheinen.

Da sie wie kaum ein anderes Modell den geballten klassischen Mythos der urigen Harley-Motorräder verkörpert, haben wir sie zum Gegenstand unseres Centerfold-Posters gemacht und den Mythos damit gewissermaßen in seine kleinstmöglichen technischen Einzelteile zerlegt. Wieder zusammengebaut, erinnert sie an jene wunderbar auf alt getrimmten Western-Saloons, wo jede moderne Annehmlichkeit unsichtbar unter der Theke versteckt ist.

Die Familie der Evolution FL Softail

1987–1990	FLST	Heritage Softail
ab 1988	FLSTC	Heritage Softail Classic
ab 1990	FLSTF	Fat Boy
1993	FLSTN	Heritage Softail Nostalgia
ab 1994	FLSTN	Heritage Softail Special
ab 1997	FLSTS	Heritage Springer

Als abgespeckte Version der Electra Glide erscheint ab 1987 die FLST Heritage Softail.

Die Heritage-Softail-Serie: FLST, FLSTC

Typ:	**FLST**
Modell:	**Heritage Softail**
Baujahr:	1987–1990
Motor:	luftgek. 45° V-Twin Viertakt OHV Evolution
Hubraum:	1.338 ccm
Bohrung/Hub:	89 x 108 mm
Verdichtung:	8,5 : 1
Vergaser:	38 mm Ø mit Beschleunigerpumpe
Primärantrieb:	Duplexkette
Sekundärantrieb:	Gates Kevlar Polychain-Zahnriemen
Getriebe:	Fünfgang
Batterie:	12 V/19 Ah
Zündung:	elektronisch, kontaktlos, V-Fire III
Rahmen:	Doppelschleifen-Stahlrohr mit triangulärem Schwingarm
Bremsen vorne:	Scheibenbremse
Bremsen hinten:	Scheibenbremse
Federung vorne:	Telegabel
Federung hinten:	Softail-Schwingarm mit 2 Gasdruck-Stoßdämpfern
Radstand:	1.588 mm
Gewicht:	285 kg
Tankinhalt:	13,2 l
Ölvolumen:	2,8 l
Bereifung vorne:	MT 90 x 16
Bereifung hinten:	MT 90 x 16
PS:	65
Höchstgeschw.:	165 km/h
Preis:	$ 9.329 (1989)
Modellvarianten:	FLSTC Softail Classic FLSTN Heritage Softail Special

In der Classic-Version FLSTC bekommt die Heritage Softail zusätzlich eine Windschutzscheibe sowie nieten- und fransenbesetzte Lederpacktaschen.

Die Heritage-Softail-Serie: FLSTS, FLSTN

Die FLSTS Heritage Softail Springer in der 95th Anniversary Edition.

Mit dem berühmten Kuhfell-Sitz präsentiert sich die FLSTN Nostalgia von 1993 (Cow Glide).

Die Heritage-Softail-Serie: FLSTF

Mit zwei Vollscheiben-Gußrädern und ganz in Silber: die FLSTF Fat Boy.

© Harley-Davidson

Typ:	**FLSTF**
Modell:	**Fat Boy**
Baujahr:	ab 1990
Motor:	luftgek. 45° V-Twin Viertakt OHV Evolution
Hubraum:	1.338 ccm
Bohrung/Hub:	89 x 108 mm
Verdichtung:	8,5 : 1
Vergaser:	Keihin-Gleichdruckvergaser, 40 mm Ø
Primärantrieb:	Duplexkette
Sekundärantrieb:	Gates Kevlar Polychain-Zahnriemen
Getriebe:	Fünfgang
Batterie:	12 V/19 Ah
Zündung:	elektronisch, kontaktlos, V-Fire III
Rahmen:	Doppelschleifen-Stahlrohr mit triangulärem Schwingarm
Bremsen vorne:	Scheibenbremse
Bremsen hinten:	Scheibenbremse
Federung vorne:	Telegabel
Federung hinten:	Softail-Schwingarm mit 2 Gasdruck-Stoßdämpfern
Radstand:	1.623 mm
Gewicht:	298 kg
Tankinhalt:	15,91 l
Ölvolumen:	2,8 l
Bereifung vorne:	MT 90 x 16
Bereifung hinten:	MT 90 x 16
PS:	56
Höchstgeschw.:	145 km/h
Preis:	$ 10.995 (1990)

Modellvarianten:
Auch in verschiedenen Farbkombinationen
95th Anniversary Edition 1998.

Die futuristische, ganz in Silber gehaltene Fat Boy hatte als charakteristisches Merkmal gelbe Zylinderkopf-Abdeckungen.

© Harley-Davidson

© Harley-Davidson

Technik mit neuer Dynamik – die Dyna-Glide-Serie

1991 erschien eine technisch weiterentwickelte Harley-Generation: die Dyna Glide, deren Rahmen per Computerdesign mit allen Raffinessen ausgestattet war. Im CAD (Computer Aided Design)-entwickelten Zentralrohr-Stahlrahmen mit geschmiedeten Versteifungen am Lenkkopf, dessen durchgehendes „Rückgrat" aus einem stabilen Kastenprofil bestand, war der um 4 Grad leicht nach vorne geneigte Motor nur noch mit zwei statt vier elastischen Dämpfungselementen vibrationshemmend aufgehängt. Der Öltank befand sich nun unter dem Getriebe, und die leicht zugängliche Einfüllkappe hatte einen integrierten Meßstab. Das Verbindungsrohr der tiefgelegten FX-Auspuffanlage war unsichtbar, der außenliegende Sekundär-Zahnriemen konnte endlich ohne Demontage der Hinterradschwinge problemlos gewechselt werden. Neue Armaturen zierten die Tankkonsole, und in Zusammenarbeit mit dem kriminaltechnischen Labor von Wisconsin wurde ein fälschungssicheres Typenschild entwickelt. Trev Deeley hatte maßgeblich an der Entwicklung dieser Dyna Glides mitgewirkt; Einzelheiten kann man in seinem *Motorcycle Millionair* nachlesen. Als erstes Dyna-Glide-Modell wurde die wieder ganz in Schwarz gehaltene zweite Sturgis, die FXDB, aufgelegt. Sie hatte, wie alle Dyna Glides – außer der Dyna Wide Glide – vorne ein 19 Zoll Neun-Speichen-Gußrad mit nur einer Bremsscheibe.

1992, im zweiten Modelljahr, erschienen gleich zwei ähnliche Dyna-Glide-Modelle als Limited Edition von je 1.700 Stück: die FXDB Daytona zum 50jährigen Jubiläum der Daytona-Rennwoche und die ganz in Silber-Metallic und Schwarz gehaltene FXDC Dyna Glide Custom mit pulverbeschichtetem Rahmen. Beide Modelle hatten am vorderen Gußspeichenrad eine Doppelbremsscheibenanlage. Für den europäischen Markt wurden die Vorderräder auf Wunsch auch in Drahtspeichen-Ausführung geliefert.

1993 erschien die dritte Dyna-Glide-Version, die FXDL Dyna Low Rider – wieder mit dem vorderen 19 Zoll Guß- oder Drahtspeichenrad und Doppelscheibenbremsanlage sowie einem Pull-Back-Lenker – gleichsam als konservative Custom-Ausführung. Neu war der nun bei allen Dyna Glides verwendete elektronische Tachometer.

Ganz anders war das ebenfalls 1993 auf den Markt kommende Modell FXDWG Dyna Wide Glide kombiniert. Es war mit einem großen 21 Zoll Drahtspeichen-Vorderrad mit nur einer Scheibenbremse in der um 35 Grad vorgereckten Wide-Glide-Gabel ausgerüstet, hatte den hohen Ape-Hanger-Lenker, eine weit nach vorne gelegte Fußrastenanlage, das Entenbürzel-Boat-Tail-Heck mit dem darunter befestigten Nummernschild und die alte Electra-Glide-Instrumentenkonsole auf dem Tank mit dem großkalibrigen Tacho. Ansonsten blieb es aber beim Dyna-Glide-Konzept. Zum 90jährigen Firmengeburtstag wurde die Dyna Wide Glide – der Jahreszahl gemäß – genau 1993 mal produziert.

1994 wurde die „sportive" FXDS-CON Low Rider Convertible aufgelegt, die aus der normalen Dyna Low Rider durch rasche Verwandelbarkeit entweder einen Tourer oder einen Sportler machen sollte – zumindest äußerlich. Die schon bekannte Montage oder Demontage von Windschutzscheibe und ledernen Satteltaschen war aber eigentlich nur ein optischer Gag.

1995 erschien schließlich das einfach ausgestattete Basismodell der Dyna-Glide-Serie, die FXR Dyna Super Glide, in ihrer ursprünglichen Form ohne jeden Schnickschnack und nur mit einer Scheibenbremse im Guß- (oder für Europa auch Draht-) Speichenvorderrad. Sie wurde 1994 einfarbig als die preiswerteste Big Twin angeboten und kostete 9.995 Dollar.

Als zweites Dyna-Glide-Modell erscheint 1992 die Daytona.

Die Dyna-Glide-Serie: FXDB, FXDWG, FXD, FXDS und FXDL

© Harley-Davidson

FXDS-CON Dyna Low Rider Convertible (ganz oben), FXD Super Glide 1995 (oben), FXDWG Dyna Wide Glide 1995 (rechts) und FXDL Dyna Low Rider 1998 (unten).

FXDB Dyna Glide, 1991, Sturgis.

Typ:	**FXDB**
Modell:	**Dyna Glide Sturgis**
Baujahr:	1991
Motor:	luftgek. 45° V-Twin Viertakt OHV Evolution, 2-Punkt-vibrationsisoliert
Hubraum:	1.338 ccm
Bohrung/Hub:	89 x 108 mm
Verdichtung:	8,5 : 1
Vergaser:	Keihin-Gleichdruckvergaser, 40 mm Ø
Primärantrieb:	Duplexkette
Sekundärantrieb:	Gates Kevlar Polychain-Zahnriemen
Getriebe:	Fünfgang
Batterie:	12 V/19 Ah
Zündung:	elektronisch, kontaktlos, V-Fire III
Rahmen:	Doppelschleifen-Stahlrohr (CAD)
Bremsen vorne:	Scheibenbremse
Bremsen hinten:	Scheibenbremse
Federung vorne:	Telegabel/28°
Federung hinten:	Schwinge/Feder-Dämpfer
Radstand:	1.663 mm
Gewicht:	280 kg
Tankinhalt:	18,9 l mit Tankanzeige
Ölvolumen:	2,8 l
Bereifung vorne:	MH 90 x 19
Bereifung hinten:	MT 90 x 16
PS:	55
Höchstgeschw.:	160 km/h
Preis:	$ 12.120

Typ:	**FXDWG**
Modell:	**Dyna Wide Glide**
Baujahr:	ab 1993
Motor:	luftgek. 45° V-Twin Viertakt OHV Evolution, 2-Punkt-vibrationsisoliert
Hubraum:	1.338 ccm
Bohrung/Hub:	89 x 108 mm
Verdichtung:	8,5 : 1
Vergaser:	Keihin-Gleichdruckvergaser, 40 mm Ø
Primärantrieb:	Duplexkette
Sekundärantrieb:	Zahnriemen
Getriebe:	Fünfgang
Batterie:	12 V/19 Ah
Zündung:	elektronisch, kontaktlos
Rahmen:	Doppelschleifen-Stahlrohr (CAD)
Bremsen vorne:	Scheibenbremse
Bremsen hinten:	Scheibenbremse
Federung vorne:	Telegabel Wide Glide/35°
Federung hinten:	Schwinge/Feder-Dämpfer
Radstand:	1.678 mm
Gewicht:	295 kg
Tankinhalt:	19,7 l
Ölvolumen:	2,8 l
Bereifung vorne:	MH 90 x 21
Bereifung hinten:	MT 90 x 16
PS:	56
Höchstgeschw.:	160 km/h
Preis:	$ 12.550 (90th Anniversary Edition)

Die Familie der FX Dyna Evolution

1991	FXDB Dyna Glide Sturgis
1992	FXDB Dyna Glide Daytona
1992	FXDC Dyna Glide Custom
ab 1993	FXDL Dyna Low Rider
ab 1993	FXDWG Dyna Wide Glide
ab 1994	FXDS-CON Dyna Low Rider Convertible
ab 1995	FXD Dyna Super Glide

Die Evo-Sportster-Generation

Nach der Einführung des neu entwickelten Evolution-Motors 1984 dauerte es noch weitere zwei Jahre, bis das moderne, effektive Hightech-Aggregat auch für die Sportster-Reihe fertig war. Erst im Jahr1986 kamen die neuen Evo-Sportster-Modelle auf den Markt und lösten die bisherigen Shovel-1000er-Typen XLH, XLS und XLX ab.
Die Entwicklung des integrierten Getriebes war nicht ganz einfach, aber mittlerweile verfügte Harley über fortschrittlichste Produktionsmethoden, ein strenges Qualitätskontrollsystem sowie neue, computer-überwachte und -gesteuerte Fertigungsroboter, die minimale Toleranzen garantierten: Zwischen Zylinderwand und Kolben sowie anderen direkten beweglichen Reibungsflächen sind Toleranzen nötig, um unterschiedliche Metallausdehnung zu ermöglichen.
Zur allgemeinen Überraschung hatte sich Harley-Davidson wieder für das ursprüngliche Sportster-Displacement der ersten XL OHV-Sportster von 1957 entschieden: 55 Kubikinch (eigentlich 53,9 Kubikinch) oder 883 ccm mit identischen Maßen von Bohrung und Hub. Aber welcher Unterschied zu dem eher bieder wirkenden Erstling! 45 PS brachte das neue, heiße Gerät jetzt im äußerst gelungenen Design auf den dicken Hinterreifen, und das war nur das Endresultat. Die Sportster-Zylinder des Evolution-Motors aus Leichtmetallguß ähnelten denen des großen Bruders der 1340er-Reihe, die ehemals parallel durchlaufenden Shovelhead-Stößel-Cover waren nun den integrierten, unter dem Kopf liegenden gewichen. Die nur leicht veränderten Zylinderkopfabdeckungen hatten die typische Dreiteilung, die es auch beim Evo-Sportster-Motor erlaubt, die Zylinderköpfe abzunehmen, ohne daß der ganze Motor aus dem Rahmen genommen werden muß. Der wahre Fortschritt aber lag im Inneren: Neben dem Aluzylinder und dem völlig neu gestalteten Kopf, veränderten, halbkugeligen Brennräumen und flachen Kolben (diesmal in den USA hergestellt) hatte der Evo-Sportster-Motor noch hydraulische Stößel bekommen, einen neugestalteten Nockenwellenantrieb, neue Kurbelwelle und Kurbelwellengehäuse und einen verbesserten Ölkreislauf – alles Dinge, die ihn leichter machten, seine mechanischen Geräusche stark reduzierten, ihn besser kühlten

Schnittmodell des neuen EVO-Sportster Motors.

© Harley-Davidson

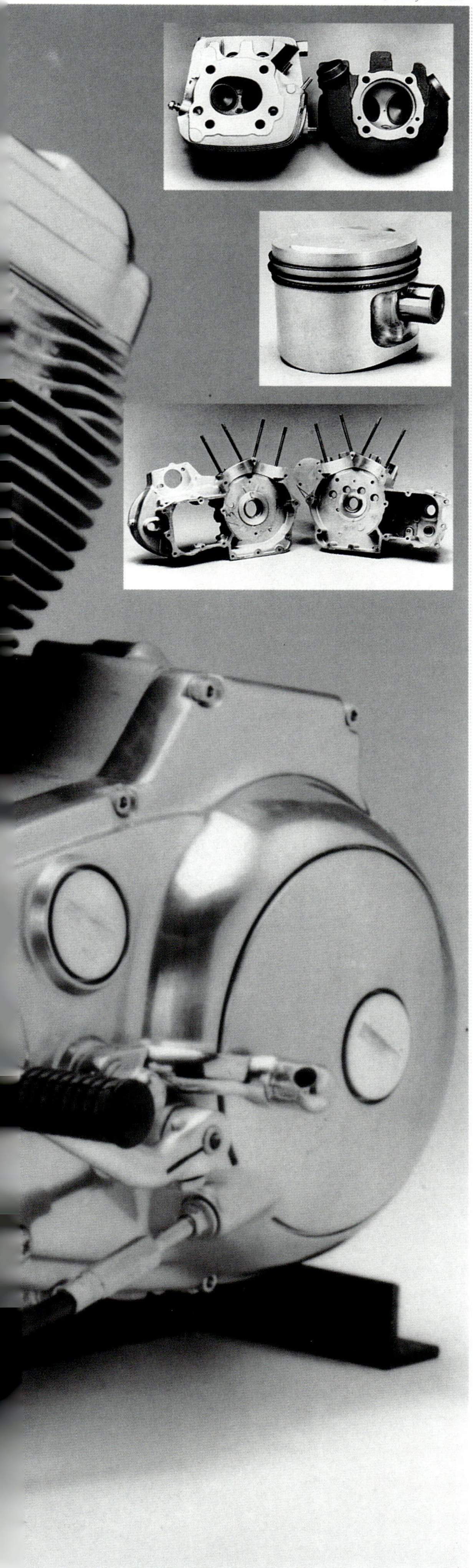

und damit seine Lebensdauer beträchtlich steigerten. Bester Beweis dafür war die Anhebung der Wartungsintervalle von 2.500 auf 5.000 Meilen! Von den 426 Teilen des neuen Motors – der alte hatte über 450 – wurden 206 neu konstruiert. Einer davon fiel bei näherem Hinsehen auf: Die Wechselstromlichtmaschine war nun im Primärgehäuse untergebracht, an ihrer Stelle saß jetzt – leicht zugänglich – der Ölfilter. 1985 wurde die Evo-Sportster 883 der Presse vorgestellt, und 1986 konnte man sie kaufen, wie auch ihre „große Schwester", die fast baugleiche, etwas luxuriöser ausgestattete XLH 1100 mit dem auf 1.100 ccm aufgebohrten Motor.

Was die XLH 883 aber zunächst so einzigartig machte, war ihr sensationeller Preis: 3.398 Dollar, 800 Dollar billiger als das bisher preiswerteste, nun schnell veraltende Modell – die 1000er Shovelhead Sportster. Das attraktive Preisschild unter der 4.000-Dollar-Grenze war zwar trotz aller hochtönenden Propaganda ein effektvoller Schlag gegen die verhaßten „Billigimporte" aus Japan, der Verkaufspreis lag aber für die Company dennoch beim absoluten Ertragsminimum und ließ sich daher auch nicht allzulange aufrechterhalten, denn nicht alle Händler spielten mit. Aber das moderne, außerordentlich gut gestylte, aggressive Basis-Einstiegsmodell der 883er – mit immerhin 46 PS, Leichtmetall-Gußspeichenrädern (für Europa auch mit Drahtspeichenrädern verfügbar), Solositz, keine Blinker, einer Vorderradscheibenbremse und nur einfarbig in Schwarz oder Rot lieferbar – war als Standard-Sportster mit diesem Kampfpreis eine hervorragende Marketingstrategie. Dazu gehörte auch das (kurzzeitige) Angebot, beim Kauf einer „Großen" den vollen 883er-Kaufpreis angerechnet zu bekommen.
Kurzum: Die XLH 883 Sportster verkaufte sich prächtig – im ersten Jahr bereits über 10.000 Stück – und wurde im Laufe der nächsten Jahre das populärste und meistverkaufte Modell auf dem US-Markt. Für Anspruchsvollere gab es noch die De-Luxe-Ausführung mit Doppelsitzbank, Soziusrasten, diversen Chromteilen und Metallic-Lackierung mit pulverbeschichtetem Rahmen.
1988 erschien die einsitzige 883 XLH als Modell Hugger mit einer besonders niedrigen Sitzposition, was sie – ohne daß dies von der Company besonders propagiert wurde – sofort zum Liebling aller Frauen machte. Obwohl weibliche

Die Familie der XL Sportster Evo

ab 1986	XLH	Sportster	883
1986–1987	XLH	Sportster	1100
1988–1995	XLH	Sportster	883 De-Luxe
ab 1988	XLH	Sportster	883 Hugger
ab 1988	XLH	Sportster	1200
ab 1996	XL 1200 C	Sportster	1200 Custom
ab 1996	XL 1200 S	Sportster	1200 Sport

Piloten bei Harley-Davidson seit jeher alle Modelle fahren, wurde der Hugger doch ihr bevorzugtes Einstiegsmodell. Im selben Jahr löste die neue XLH 1200 Sportster die 1100er ab, der mächtige 1200-ccm-Motor (74 Kubikinch) hatte nun 59 PS, unterschied sich aber optisch kaum von dem der 883er-Serie. Mit neuem Ventiltrieb, 40 mm Gleichdruckvergaser (Constant Velocity) und verbesserter Federung vorne und hinten brachte er 12% mehr Kraft auf den Prüfstand als die Vorgängerin XLH 1100 und war das stärkste, jemals gebaute Sportster-Modell.
1991 bekamen alle Sportster ein neues Fünfganggetriebe, was eine ganz wesentliche Verbesserung der Fahreigenschaften bewirkte. 1996 ergänzten zwei neue Varianten die 1200er Sportster-Serie: die XL 1200 C Sportster 1200 Custom und die XL 1200 S Sportster 1200 Sport, womit nun auch die Sporty-Typen der unendlichen Vielfalt der Custom-Kombinationen unterliegen. Man darf gespannt sein, was aus Willie G.'s kreativem Design-Center in dieser Hinsicht zukünftig noch alles zu erwarten ist ...

Die wesentlichen Merkmale des veränderten Ölkreislaufs (hier farbig gekennzeichnet) werden im Handbuch erklärt.

© Harley-Davidson

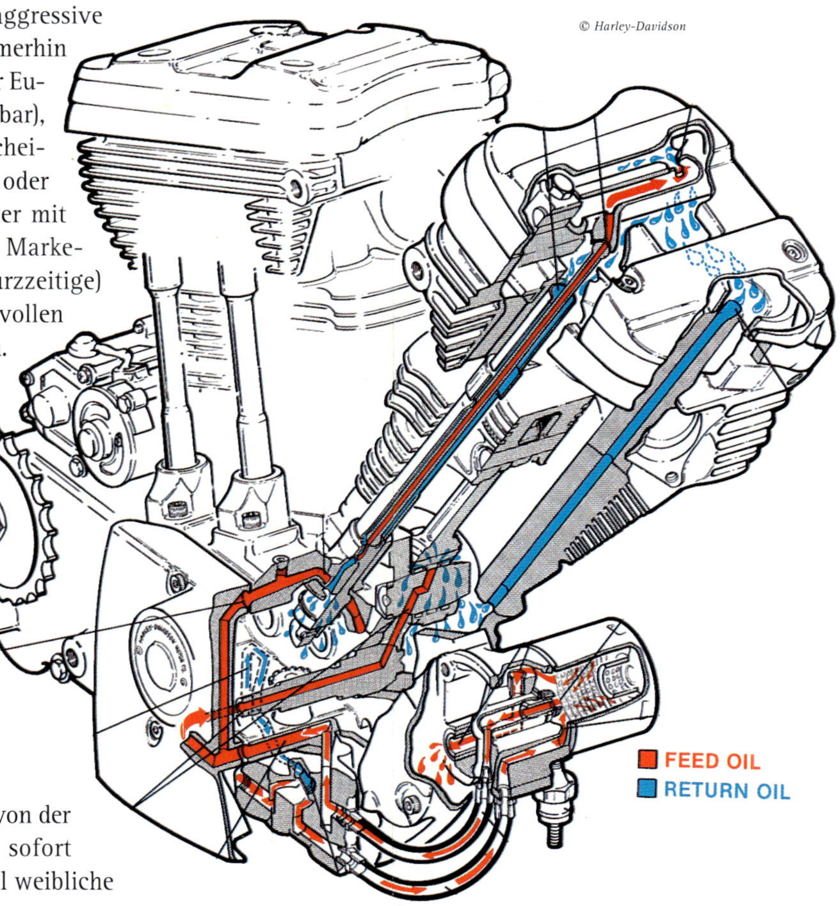

The Sportster Series: the XLH 883 Standard, XLH 883 DeLuxe and Hugger

Das von Frauen bevorzugte Modell XLH 883 Hugger hat gegenüber der XLH 883 Standardausführung eine leicht niedrigere Sitzhöhe und einen kräftigen Buckhorn-Lenker.

XLH Sportster 883 in Standardausführung, Baujahr 1993.

Typ:	**XLH (XL/2)**
Modell:	**Sportster 883 Standard**
Baujahr:	1986 (–1998)
Motor:	luftgek. 45° V-Twin Viertakt OHV Evolution
Hubraum:	882,8 ccm
Bohrung/Hub:	76,2 x 96,87 mm
Verdichtung:	9,0 : 1
Vergaser:	Keihin-Gleichdruckvergaser, 40 Ø mm
Primärantrieb:	Triplexkette
Sekundärantrieb:	Kette (später Zahnriemen)
Getriebe:	Viergang (ab 1991: Fünfgang)
Batterie:	12 V/19 Ah
Zündung:	elektronisch, kontaktlos, V-Fire III
Rahmen:	Doppelschleifen-Stahlrohr
Bremsen vorne:	Scheibenbremse
Bremsen hinten:	Scheibenbremse
Federung vorne:	Telegabel
Federung hinten:	Schwinge/Feder-Dämpfer
Radstand:	1.528 mm
Gewicht:	230 kg
Tankinhalt:	8,5 l (später 12,5 l)
Ölvolumen:	2,8 l
Bereifung vorne:	MH 90 x 19
Bereifung hinten:	MT 90 x 16
PS:	46 (später 49)
Höchstgeschw.:	156 km/h
Preis:	$ 3.995 (1995: 4.995 $)
Modellvarianten:	Sportster 883 De Luxe Sportster 883 Hugger

Die XLH 883 Standard – 1985 mit Sekundärkette (Bild oben links), 1996 mit Sekundärzahnriemen (oben rechts) und als De Luxe mit Doppelsitzbank (links).

Die Sportster-Serie: XLH 1100 und 1200, XL 1200 Custom und Sport

Die XLH Sportster gab es nur zwei Jahre mit dem 1100-ccm-Motor.

Alle Fotos auf dieser Seite entstanden mit freundlicher Genehmigung des Harley-Davidson-Archivs.

1987 kam eine Sonderausgabe zum 30jährigen Jubiläum der XL Sportster (unten).

Ab 1988 erschien die XLH Sportster mit dem 1.200-ccm-Motor, hier das Standardmodell aus diesem Jahr.

Typ:	**XLH (XL/2)**
Modell:	**Sportster 1200**
Baujahr:	ab 1988
Motor:	luftgek. 45° V-Twin Viertakt OHV Evolution
Hubraum:	1201,59 ccm (73,32 cui)
Bohrung/Hub:	88,9 x 96,84 mm
Verdichtung:	9,0 : 1
Vergaser:	Keihin-Gleichdruckvergaser, 40 mm Ø
Primärantrieb:	Triplexkette
Sekundärantrieb:	Kette oder Zahnriemen
Getriebe:	Vier-, später Fünfgang
Batterie:	12 V/19 Ah
Zündung:	elektronisch, kontaktlos, V-Fire III
Rahmen:	Doppelschleifen-Stahlrohr
Bremsen vorne:	Scheibenbremse
Bremsen hinten:	Scheibenbremse
Federung vorne:	Telegabel
Federung hinten:	Schwinge/Feder-Dämpfer
Radstand:	1.528 mm
Gewicht:	236 kg
Tankinhalt:	12,3 l (ab 1995)
Ölvolumen:	2,8 l
Bereifung vorne:	MH 90 x 19
Bereifung hinten:	MT 90 x 16
PS:	75
Höchstgeschw.:	176 km/h
Preis:	$ 7.200 (1995)
Modellvarianten:	XL 1200 C Sportster 1200 Custom mit 21 Zoll Drahtspeichen-Vorderrad und Zahnriemenantrieb XL 1200 S Sportster 1200 Sport mit 19 Zoll 13 Speichen-Guß-vorderrad und Zahnriemenantrieb

1998 gab es zwei Sondermodelle der XLH 1200 Sportster: die XL 1200 C Custom, unter anderem mit einer neugestalteten Luftfilter-Abdeckung (oben),
und die XL 1200 S Sport mit Spezialarmaturen, Doppelzündung und – zum ersten Mal – mit einer Vance-Custom-Auspuffanlage.

englischer Text:

1998 gab es zwei Sondermodelle der XLH 1200 Sportster: hier die XL 1200 S Sport mit Spezial-armaturen, Doppelzündung und zum ersten Mal – mit einer Vance-Custom-Auspuffanlage.

Harleys neues Super-Bike: Die VR 1000

Mit der VR 1000 stellte die Harley-Davidson-Rennabteilung 1994 eine Neuentwicklung vor, die sich von den bisherigen V-Twins grundlegend unterschied: 60-Grad-Zylinderwinkel, Flüssigkeitskühlung, zwei obenliegende Nockenwellen und das extreme Kurzhubverhältnis waren völlig neue Komponenten, die nichts mehr mit dem alten, für Harley typischen Konzept gemeinsam hatten. Eine neue Generation von V-Twin-Rennmotorrädern sollte Harley im Kampf gegen die Konkurrenz wieder fit machen. Der dazu in fünfjähriger Entwicklungsarbeit konstruierte Motor hat ein horizontal geteiltes Gehäuse, bei dem die obere Hälfte und die Zylinder aus einem Stück bestehen. Rahmen und Schwinge sind aus Leichtmetallstrukturen (Milwaukee Alloy), die Verkleidung aus Kohlefaser. Besonders erwähnenswert sind darüber hinaus die starken Indy-Car-Type-Scheibenbremsen von Wilwood. Beim Daytona-200-Rennen 1994 brachte Chefingenieur Mark Tuttle den rechts orangerot und links schwarz lackierten Renner zum ersten Mal auf die Piste. Miguel Duhamel, der Sieger des Daytona-200-Rennens von 1991, war der „Testpilot". Nach den AMA-Homologationsvorschriften wurden zunächst 15 Stück der VR 1000 gebaut. Eine Straßenversion war angedacht, kam aber wegen der hohen Produktionskosten nicht in die Fertigung. Mit der VR 1000 erlebte Harley-Davidson ein erfolgreiches Comeback in Superbike- und BoTT-Wettbewerben.

Ihre spektakulärsten Siege errang die VR 1000 beim Daytona-200-Rennen.

Typ:	**Racer**
Modell:	**VR 1000**
Baujahr:	1994
Motor:	flüssigkeitsgekühlter Achtventil-DOHC 60° V-Twin
Hubraum:	996 ccm (60,78 cui)
Bohrung/Hub:	98 mm x 66mm
Verdichtung:	11,6 : 1
Vergaser:	Kraftstoffeinspritzung Weber-Marelli EFI
Primärantrieb:	Zahnräder
Sekundärantrieb:	O-Ring-Kette
Getriebe:	Fünfgang
Zündung:	elektronisch
Rahmen:	Brückenrohrrahmen aus Aluprofilen, Motor als tragendes Bauteil
Bremsen vorne:	2 x 320 mm Wilwood-Scheiben mit Sechskolben-Alu-Bremszangen
Bremsen hinten:	210 mm Wilwood-Scheibe mit Zweikolben-Bremszange
Federung vorne:	Upside-Down-Gabel mit 46 mm messenden Standrohren (Öhlins)
Federung hinten:	Zentralfederbein mit Hebelsystem
Radstand:	1.410 mm
Gewicht:	177 kg
Tankinhalt:	17,15 l
Ölvolumen:	2,84 l
Felgen vorne:	3,50 x 17"
Felgen hinten:	6,00 x 17"
PS:	135 bis 149, je nach Abstimmung und atmosphärischen Bedingungen
Höchstgeschw.:	265 km/h

Aus- und eingebauter Motor der VR 1000 zeigen deutlich die völlig neue Konzeption des wassergekühlten 60-Grad-V-Twins.

1994 wurde die VR 1000 zum erstenmal öffentlich vorgestellt – hier bei der H.O.G.-Rally in München.

Die Buell-Reihe: 1998er Modelle

Mit den von Erik Buell konzipierten High-Performance-Sportmotorrädern beginnt die Company, sich eine völlig neue Zielgruppe zu erschließen: die junggebliebenen Sport-Fans aus der Mittelklasse mit gehobenem Einkommen.

Zu diesem Zweck kaufte sich Harley-Davidson 1993 mit 49% in die neu strukturierte „Buell Motorcycle Company“ ein, in der Jerry Wilke Präsident und Chief Operating Officer wurde. Die gesamte Produktion befindet sich in East Troy, Wisconsin, wo die Buell-Motorräder in sorgfältiger Handarbeit zusammengebaut werden. In einigen Jahren sollen sie in Großserie im neuen Sportster-Werk in Kansas City, Missouri, vom Band laufen. 1997 wurden in East Troy bereits knapp 4.000 Einheiten gefertigt und vermarktet.

Fünf Modelltypen sind 1998 im Angebot: Als Sportler und Supersportler präsentieren sich die M2 Cyclone und die S1 Lightning sowie der Einsitzer in der Ultra-Sport-Version S1 White Lightning mit einem auf 101 PS gesteigerten Motor der Thunderstorm-Baureihe. Die S3 Thunderbolt gilt als Tourensportler mit Teilverkleidung und bequemer Sitzposition, die S3T Thunderbolt mit zusätzlichen Packtaschen und Beinschutz als Reisemaschine im sportlichen Outfit.

Das Touren-Bike von Buell: die S3T Thunderbolt (1998).

Das extremste Sport-Bike von Buell: die S1 White Lightning.

Modell:	**S1 White Lightning** Thunderstorm-Motor mit 101 PS
Farbe:	Ice White Pearl
Preis:	$ 10.595
Modell:	**S1 Lighthing** mit 86 PS-Motor
Gesamtgewicht:	193 kg
Farben:	Carbon Black, Spark Red, Billet Metallic, Molten Orange (Rahmen und Felgen in Nuclear Blue)
Preis:	$ 9.999
Modell:	**M2 Cyclone** Zweisitzer mit 86-PS-Motor
Gesamtgewicht:	197 kg
Farben:	Carbon Black, Red Snap, Blue Streak
Preis:	$ 8.995
Modell:	**S3 Thunderbolt** Thunderstorm-Motor mit 101 PS (nur USA), rahmenfeste Oberteilverkleidung, flacher Tourenlenker, Zeituhr und Zündschloß
Farben:	Black Magic, Spark Red, Amazon Green, Billet Metallic
Preis:	$ 11.999
Modell:	**S3T Thunderbolt** Thunderstorm-Motor mit 101 PS (nur USA), rahmenfeste Oberteilverkleidung, schwarze Instrumentenkonsole mit Zeituhr und Zündschloß, Seitenkoffer mit 31,31 l Stauraum, hochgezogener Tourenlenker, Aegis-Tankschutz und Beinschilder
Gesamtgewicht: (trocken)	211 kg, Zuladung: 201 kg
Farben:	Black Magic, Spark Red, Amazon Green, Billet Metallic
Preis:	$ 12.799
Zubehör und Accessoires:	Für alle Buell-Typen gibt es modellrelevante Umbau- und Umrüstkits. Im Pro-Series-Angebot sind u.a. „Billet"-Aluminium-Fußrastenanlagen, Competition-Lenker im Renndesign, die „Twintail"-Doppelsitzbank oder ein Solositz, ein Rennkit (Krümmer, Auspuff, Luftfilter, Zündmodul) – allerdings nicht für Straßenzulassung. Weiterhin gibt es Renncockpit-Verkleidungen, das Cyclone-Drehzahlmesser-Kit, den Thunderstorm-Zylinderkopf, Gabelbrücken aus Aluminium, verschiedene Packtaschen-Kits, Verkleidungstaschen, lackierte Beinschilder oder den „Aegis"-Tankschutz. Dazu kommen alle Arten von Bekleidung und Helme des „Buell Appearel Lines"-Programms.

Typ:	**Buell**
Modell:	**S/M**
Baujahr:	1998
Motor:	luftgekühlter 45° V-Twin OHV Viertakt
Hubraum:	1.200 ccm
Bohrung/Hub:	89 x 96,5 mm
Verdichtung:	10 : 1
Vergaser:	40 Ø mm Keihin CV mit Helmholtz-Resonanz-kammersystem-Luftfilter
Auspuff:	Zwei-in-eins, Edelstahl
Primärantrieb:	Triplexkette und Ölbadkupplung
Sekundärantrieb:	kevlarverstärkter Zahnriemen
Getriebe:	Fünfgang
Batterie:	12 V
Instrumente:	Tachometer mit Kilometerzähler und Tageskilometerzähler, Drehzahlmesser, Kontrolleuchten für Öldruck, Fernlicht, Blinker und Leerlaufanzeige
Rahmen:	umlaufender Gitterrohrrahmen aus Chrom-Molybdän-Rohr, Uniplanar-Antriebsaufhängung
Bremsen vorne:	340 mm Einzelscheibe, schwimmend gelagert mit Sechskolbenzange
Bremsen hinten:	240 mm Einzelscheibe mit Zweikolbenzange
Federung vorne:	White-Power-Upside-Down-Gabel, in Zug- und Druckstufe verstellbar
Federung hinten:	Vierkantschwinge aus Chrom-Molybdän-Stahl, White-Power-Federbein, zugbelastet
Gewicht:	197–211 kg
Tankinhalt:	15,11/18,9 l (Super bleifrei)
Ölvolumen:	1,9 l
Bereifung vorne:	120/70 ZR 17 TL
Bereifung hinten:	170/60 ZR 17 TL
Räder vorne:	3,3 x 17" Dreispeichen-Alugußrad
Räder hinten:	5,0 x 17" Dreispeichen-Alugußrad
PS:	86/93 (Thunderstorm-Motor: 101)
Höchstgeschw.:	über 200 km/h

Die S1 White Lightning und ihre charakteristischen Details: das vesetzte Instrumenten-Paneel unter der Mini-Verkleidung und das typische, unter dem Rahmen liegende Federdämpfer-Element.

Glorreiche Bandbreite – der Jahrgang 1998

1998, zum 95jährigen Bestehen der Company, bietet die Harley-Modellpalette 20 bzw. 22 Modelle aus vier „Familien“ an: die Touring-Typen (FLH und FLHT), die Softails (FXST und FLST), die Dynas (FXD) und die Sportster (XL und XLH). Alle haben das dicke 16er Hinterrad, jeweils mit verschiedenen Felgen und Speichen, den Polychain-Zahnriemen als Sekundärantrieb, die kontaktlose Transistorzündung und das Fünfganggetriebe.
Drei Evolution-Motortypen stehen zur Auswahl: der 1340er für die Touring-Modelle, Dynas und Softails, sowie der 883er und der 1200er für die Sportster-Typen mit integriertem Getriebe. Natürlich gibt es – wie jedes Jahr – vielseitige technische Verbesserungen, wie zum Beispiel Neunscheibenkupplung, Tempomat, Nebelscheinwerfer, Leerlaufschalter, bessere Verkabelungen, integriertes Senso-Zündmodul, neue Ölpumpe, Single-Fire-Zündung, einen elektronischen Tachometer, die Bernstein-Beleuchtung oder für die 1200er Sportster S Sport eine neue Nockenwelle, eine auf 10 : 1 erhöhte Verdichtung, einen effektiveren Auspuff, Doppelkerzen, um nur einiges zu nennen – alles schön unterschiedlich auf die verschiedenen Modelle verteilt. Der Rest ist mehr oder weniger Dekoration und schöpferisches Design, vor allem bei den sieben Sondermodellen zum 95. Firmenjubiläum.
Kurz nach Erscheinen der neuen Modellpalette schob Harley-Davidson zwei weitere Sondereditionen für den Export nach: die XL 53 C Custom 53 Sportster und das Project Softail, eine ganz in Schwarz gehaltene FXSTB Softail, der man den nostalgischen Namen Night Train gab.

Touring-Familie

FLHR
Road King

FLHRCI
Road King Classic

FLHT
Electra Glide Standard

FLHTC
Electra Glide Classic

FLHTCI
Electra Glide Classic

FLHTCUI
Electra Glide Ultra Classic

noch Touring-Familie:
FLTRI
Road Glide
(ohne Abbildung)

Softail-Familie

FXSTC
Softail Custom

FXSTS
Springer Softail

FLSTF
Fat Boy

FLSTC
Heritage Softail Classic

FLSTS
Heritage Springer

Dyna-Familie

FXD
Dyna Super Glide

FXDL
Dyna Low Rider

FXDS-CON
Dyna Convertible

FXDWG
Dyna Wide Glide

Alle Fotos auf diesen beiden Seiten: © Harley-Davidson

Exportmodelle zum 95. Jubiläum 1998

FXSTB Softail
Night Train

XL 53 C
Custom 53 Sportster

Sportster-Familie

XLH
Sportster 883

XLH
Sportster 883 Hugger

XLH
Sportster 1200

XL 1200S
Sportster 1200 Sport

XL 1200C
Sportster 1200 Custom

Sondermodelle zum 95. Jubiläum 1998

XL 1200 C
Sportster 1200 Custom

FXDWG
Dyna Wide Glide

FLSTF
Fat Boy

FLSTS
Heritage Springer

FLHTCI
Electra Glide Classic
(EFI)

FLHTCUI
Ultra Electra Glide
Classic (EFI)

FLHRCI
Road King Classic
(EFI)

1998 Motorcycle Models Colors

Vivid Black

Violet Pearl

Lazer Red Pearl

Sinister Blue Pearl

Mystique Green & Black

Lazer Red & Black

Sinister Blue Pearl & Platinum Silver

Midnight Red & Champagne Pearl

Custompaint Atomic Red & Grey

Zwei Sonderlackierungen zum 95. Firmenjubiläum (links) und ein Beispiel von vier verschiedenen Custom-Lackierungen, hier in Atomic Red & Grey (Bild rechts).

Code-Knacker

Was bitte ist eine FXST FLSTN? Ganz einfach: eine Heritage Softail Special. Oder vielleicht doch nicht ganz so einfach? Zugegeben, der Buchstabensalat der letzten 30 Jahre bei Harley-Davidson ist nicht gerade verständlicher geworden. Um die „alphabetic soup“ besser verstehen zu können, gibt es jedoch ein paar einfache Regeln, die Licht in den Kombinationswirrwarr bringen, indem man ein bestimmtes Schema zugrunde legt, das allerdings von Harley selbst so nie kenntlich gemacht wurde.

Zunächst die Typenbezeichnungen:

Der Anfangsbuchstabe F steht für alle Modelle mit dem großvolumigen V-Twin-Motor (74 oder 80 Kubikinch bzw. 1.200 oder 1.340 ccm) und getrenntem Getriebe. Ab 1984 ist es nur noch der 1340er Evolution-Motor.
Die Anfangskombination FL bezeichnet alle Electra-Glide-Modelle mit den beiden 16-Zoll-Rädern und den dicken 5.00/MT 90-Reifen.
Die nachfolgenden Buchstaben H und T stehen für Highway bzw. für Touring, wobei alle FLT-Modelle den neugestalteten Rahmen haben. Später wird daraus die Kombination FLHT.
Die Anfangskombination FX bezeichnet alle Super-Glide-Modelle, die hinten das dicke 16-Zoll-Rad haben, vorne jedoch ein schmales 19- oder auch 21-Zoll-Rad – ein Mix aus der Electra Glide und der Sportster. Der Anfangsbuchstabe X steht für alle Modelle, die einen V-Twin-Motor von 883, 1.000, 1.100 oder 1.200 ccm mit integriertem Getriebe haben – also die Sportster-Reihe.
Bis 1984 gab es noch die Zusatzbezeichnung E (zum Beispiel FXE), die alte Kennzeichnung für Elektrostart, die bald sinnlos wurde, weil inzwischen alle Modelle E-Startanlagen bekommen hatten.

Bei den Modellbezeichnungen, die immer am Schluß der Buchstabenreihe stehen, ist es etwas komplizierter, da manche Buchstaben im Laufe der Jahre eine Mehrfachbedeutung bekamen. So gab es in den 80er Jahren die Endbuchstaben WG für Wide Glide, LR für Low Rider, F für Fat Bob oder später für Fat Boy und L wiederum für Low Rider. Dazu kam als neuer Typ die FXR-Low-Rider-Serie, wobei das R für „rubber isolated drive train“ – also gummigelagerten Motor – stand. Weitere Typen waren dann die ST-Serien, was Softail bedeutete, und die D-Serien, mit denen der neue Dyna-Rahmen gekennzeichnet wurde.
Hier also noch einmal eine kleine Orientierungshilfe für die Modellbestimmung mit den Zuordnungen der Endbuchstaben. Es bedeutet:

B	Belt
C	Classic oder Custom
CH	Competition High Compression (bei Sportster-Modellen)
CON	Convertible
F	Fat Boy oder Fat Bob
E	Electro Start
G	Glide
H	Highway
I	(Fuel)-Injection
N	Nostalgia
P	Police
R	Rubber Mounted (oder Isolated)
S	Sport
SP	Sport Edition oder Special Police
T	Touring
U	Ultra
W	Wide (WG: Wide Glide)

Die Krönung des Verwirrspiels aber war der Versuch im Jahr 1995, Ordnung in das immer unübersichtlicher werdende Buchstabenchaos durch die Trennung von Typen- und Modellkennzeichnungen zu bringen. Die Bemühungen der Company erzielten jedoch den genau entgegengesetzten Effekt, und so ließ man es schnell wieder bleiben.
Der Vollständigkeit halber aber soll das einjährige Kuriosum vorgestellt sein, zeigt es doch gleichermaßen Durchblick wie Dilemma bei der Codierung immer neuer Modellkombinationen:

FXD:	Dyna Super Glide
FXDX:	Dyna Super Glide Sport
FXDL:	Dyna Low Rider
FXDS-CONV:	Dyna Convertible
FXDWG:	Dyna Wide Glide
FXST:	Softail Standard
FXSTB:	Night Train
FXSTC:	Softail Custom
FSXSTS	Springer Softail
FLSTF:	Fat Boy
FLSTXC	Heritage Softail Classic
FLSTS:	Heritage Springer
FLHT:	Electra Glide Standard
FLHTC/FLHTCI:	Electra Glide Classic
FLHTCUI ULTRA:	Classic Electra Glide
FLHR	Road King
FLHRCI	Road King Classic
FLTR/FLTRI	Road Glide
XLH	Sportster 883
XLH	Sportster 883 Hugger
XL	883 C Sportster/883 Custom
XLH	Sportster 1200
XL 1200S	Sportster 1200 Sport
XL 1200C	Sportster 1200 Custom

Diese Bezeichnungen sind teilweise eingetragene Warenzeichen von Harley-Davidson.

Special Editions

31

Die Jubiläumsmodelle

Limitierte Auflagen zum speziellen Anlaß

Seit den 70er Jahren erleben sie bei Harley-Davidson eine immer intensiver gepflegte Tradition: Sondermodelle anläßlich Firmenjubiläen, zur Erinnerung an bemerkenswerte klassische Motorradtypen oder auch nationale Gedenktage. Ausgestattet mit speziell gestalteten Insignien, Plaketten oder Logos, einer besonderen Lackierung und oft auch mit ornamentalen Zierstreifendekors, werden sie in relativ kleinen Auflagen – meist zwischen 1.000 und 2.000 Stück – zum Kauf angeboten.

Diese Limited Editions werten nicht nur das Image der Company als Bewahrerin eines historischen Erbes auf, sondern sind in vielen Fällen auch kongeniale PR-Aktionen, um Aufmerksamkeit in der Öffentlichkeit zu erlangen und neue Käuferschichten zu motivieren. Die Demo-Rides mit ihren Wohltätigkeitskampagnen und Spendenaktionen sind solche Beispiele für gelungene Marketing-Strategien.

Limited Editions, Sonder- und Jubiläumsmodelle sind grundsätzlich nicht zum Umbauen gedacht, ihre Lackierung und Decals, Logos oder Embleme sind oft ihr einziger Identitätsnachweis und sollten sorgfältig geschützt werden. Je besser sie erhalten sind, um so höher ist sowohl der historische als auch der merkantile Wert. Limited Editions sind Sammlerstücke und sollen es auch bleiben.

Die ersten Motorradtypen, die als Sondermodelle bezeichnet werden können, waren die mit der berühmten V-Plakette zum 50. Firmenjubiläum im Jahr 1953. Sie erschienen aber erst auf den Modellen des Folgejahres und stellten auch keine limitierten Auflagen dar.

Jubiläumschronologie

1976 – Die ersten echten Sondermodelle als Liberty Edition zur Zweihundertjahrfeier der USA. Ihr Kennzeichen: ein großformatiges Abziehbild auf dem Tank in den Farben rot, weiß und blau und die schwarze Metal-Flake-Lackierung:
- XLH Sportster Super H
- XLCH Sportster Super CH
- FLH 1200 Electra Glide
- FX 1200 Super Glide
- FXE 1200 Super Glide

1978 – 75. Firmenjubiläum die 75th Anniversary Edition – Midnight Black, lackiert mit Goldstreifen:
- XLH Sportster
- FLH 1200 Electra Glide

1981 – Sonderausgabe in der orange-grünen Lackierung der 30er Jahre:
- FLH Heritage Edition

1982 – Zum 25. Jubiläum der XL Sportster OHV-Modelle 1957 zwei limitierte Ausgaben:
- XLSA Roadster (778 Stück)
- XLHA Sportster (932 Stück)

Alle Bikes erhielten von Vaughn Beals, Charlie Thompson und Willie G. Davidson persönlich unterzeichnete Urkunden.

1984 – Eine Limited Edition ganz in Schwarz in einer Auflage von nur 499 Stück:
- FLHS Electra Glide Sport

1986 – Zum 100jährigen Bestehen der New Yorker Freiheitsstatue auf Ellis Island und zur Unterstützung ihrer Restaurierung eine Harley-Davidson PR-Kampagne: Der Statue of Liberty Run von Los Angeles nach New York in zwei Routen, die südliche unter Führung von Willie G. Davidson und die nördliche, geführt von Vaughn Beals, direkt zum Festival im Liberty State Park, wo man unter dem Jubel Tausender Mitfahrer einen Scheck über 250.000 Dollar an die Statue of Liberty Foundation überreichte. Jedes verkaufte Exemplar der Liberty Edition brachte 100 Dollar für die Statue.

Sondermodell zum 30jährigen Sportster-Jubiläum 1987.

Eine der beiden Heritage Softails, die die Parade der Super Bowl Editions 1989 in Miami anführten.

FXDB Dyna Glide Daytona 1992 zum 50jährigen Bestehen der Daytona-Rennwoche.

© Harley-Davidson

Die FXDWG Anniversary Edition zum 90jährigen Firmenjubiläum 1993.

Embleme und Decals des Liberty Ride zum hundertjährigen Bestehen der Freiheitsstatue 1986 (linke Seite).

- FLTC Tour Glide Classic
- FXRS Low Rider
- FXRT Sport Glide
- XLH 1100 Sportster
- FLHTC Electra Glide Classic

Dazu die Special Anniversary Editions:

- FLTC
- FXRS
- FLHTC

1987 – Zwei Sondermodelle „10 Jahre Low Rider“:

- FXLR Low Rider Custom
- FXLR Low Rider

sowie zum 30jährigen Jubiläum der XL-Sportster eine Limited Edition mit gol- denem Emblem und Batterieabdeckung:

- XLH 1100 Sportster

1988 – Zum 85. Firmenjubiläum die 85th Anniversary Edition:

- FXRS Low Rider
- FLTC Tour Glide Classic
- FLHTC Electra Glide Classic
- FXSTC Springer Softail Custom

1989 – Eine exklusive Sonderauflage zur Superbowl XXIII (Januar 1989 im Joe Robie Stadion, Miami) mit nur 106 Stück:

- FXSTC Springer Softail

1991 – Zur Erinnerung an die erste Sturgis vor 10 Jahren gab es das erste Dyna-Modell als Sonderausgabe:

- FXDB Dyna Glide Sturgis

1992 – Wiederauflage des Custom-Modells zum 50jährigen Bestehen der Daytona-Rennwoche (1.084 Stück):

- FXDB Dyna Glide Daytona

1993 – Sieben Sondermodelle zum 90jährigen Bestehen von Harley-Davidson, die 90th Anniversary Edition:

- XLH 1200 Sportster
- FXLR Low Rider Custom
- FXDWG Dyna Wide Glide
- FLSTN Softail Nostalgia
- FLHTC Electra Glide Classic
- FLHTC Ultra Classic Electra Glide
- FLTC Ultra Classic Tour Glide

1995 – Sonderausgabe zum 30jährigen Jubiläum der Electra Glide:

- FLHTCU Electra Glide Classic Ultra

1998 – Sieben Limited Editions zum 95. Firmenjubiläum, mit Sonderlackierungen, Spezialdesigns und Plaketten:

- XL 1200 C Sportster 1200 Custom
- FXDWG Dyna Wide Glide
- FLSTS Fat Boy (in Heritage-Grau)
- FLSTS Heritage Springer
- FLHTCI Electra Glide Classic (EFI)
- FLHTCUI Ultra Electra Glide Classic (EFI)
- FLHRCI Road King Classic (EFI)

Auch deutsche Harley-Händler brachten einige eigenständige Sondermodelle heraus, u.a.:

1996 – XL 883 Blackster
1997 – FLST 10 Jahre Heritage

Die verlorene Generation

Prototypen, die die Reifeprüfung nicht bestanden

Die X 1000 – ein schönes, aber nicht Harley-typisches Modell – verschwand schnell wieder in der Versenkung.

Vor jedem Motorradmodell stand einmal die Entwicklung eines oder mehrerer Prototypen. Diejenigen, die zur Serienreife gediehen, danach in Produktion gingen und mit großem Aufwand vermarktet wurden, waren schnell berühmt und begehrt, die verworfenen Modelle verschwanden dagegen sang- und klanglos in der Versenkung firmenpolitischer Direktiven.

Das ist bei Harley nicht anders als in jeder anderen Entwicklungsabteilung. Einmal mit viel Pioniergeist, Enthusiasmus und neuestem technischen Know-how von den hellsten und klügsten Köpfen erdacht, gebaut und verbessert – von den Kosten und dem Aufwand gar nicht zu reden –, erleiden fast alle Prototypen ein trauriges und oft auch ungerechtes Schicksal.

Die meist im geheimen entwickelten Muster- und Meisterstücke, die eigentlich die Konkurrenz das Fürchten lehren und der eigenen Firma das Überleben sichern sollten, wurden mit Tabus belegt, ihre Unterlagen und gebauten Modelle geflissentlich vernichtet, ihre Schöpfer zum Stillschweigen verpflichtet (was allerdings nicht immer funktionierte), und nur sehr wenige Prototypen blieben – in welchem Zustand und Besitz auch immer – erhalten. Oft waren es nur noch Fragmente, Fotos, Skizzen oder alte Berichte aus der Fachpresse.

Derartige Prototypen gehören auch bei Harley zu den bestgehüteten Firmengeheimnissen, und ihnen nachzuspüren ist eine der reizvollsten Aufgaben für jeden Chronisten.

Die letzten noch existierenden Reste des wieder verworfenen OHC-KL-Motors.

Hier sind einige Beispiele für solche aufwendigen Projekte. 1925 engagierte Harley-Davidson den ehemaligen Entwicklungsingenieur bei Henderson, Everett M. DeLong, mit dem Auftrag, einen eigenen Reihen-Vierzylinder zu entwickeln. DeLong entwarf daraufhin einen neuartigen Vierzylinder-V-Twin-Motor, der auf dem Unterbau der J-Modelle basierte. Obwohl alle Verantwortlichen von dem Modell begeistert waren, kippte Big Bill Davidson nach kühler Kalkulation das Projekt aus Kostengründen und aufgrund der komplizierten Fertigungstechnik. 1940 wurden die seit drei Jahren laufenden Arbeiten an einem neuen 750er OHV-Twin-Motor eingestellt – zu teuer und zu aufwendig erschien diese zusätzliche Entwicklung, man konzentrierte sich statt dessen auf das neue, verkaufsträchtigere 1.200 ccm OHV-Modell. Nach dem Krieg verlangten vor allem die Händler schnell eine Alternative zu den immer beliebter werdenden englischen Singles und Twins, und man dachte an eine Modernisierung des alten 30,5 Kubikinch- (500er OHV-Einzylinder-) Modells. Präsident William H. Davidson hatte bereits eine Gruppe von Technikern, Ingenieuren und Stilisten mit neuen Entwicklungen beauftragt, als diese aber ihre Ergebnisse unter der Leitung von Ingenieur John R. Bond vorstellten, war den geldgebenden Shareholders die konzipierte Produktion vor allem zu kostspielig, und alle Planungen wurden daraufhin eingestellt – William J. Harley und seine Leute in der Entwicklungsabteilung mußten weiterhin die alten Vorkriegsmodelle „aufmöbeln“ – Harley verlor dadurch entscheidende Marktanteile.

Das Modell KL

Noch während der Fertigung der seitengesteuerten K-Modellserie wurde gleichzeitig ein sensationell neugestalteter 45 Grad V-Twin Aluminium-Motor mit obenliegender, kettenangetriebener Nockenwelle konstruiert und gebaut, der schon bei den ersten Probeläufen in der 45 Kubikinch-Version (750 ccm) wesentlich mehr Leistung erbrachte als der auf 55 Kubikinch (900 ccm) vergrößerte Seitenventil-KH-Motor. Das bereits zur Serienreife entwickelte KL-Modell wurde jedoch immer wieder zurückgestellt und 1957, als die außerordentlich erfolgreiche XL-OHV-Sportster herauskam, endgültig auseinandergenommen und eingemottet. Von dem genialen KL-Motor sind heute nur noch Fragmente erhalten.

Die X 1000

1966 – also lange vor der ersten Super Glide (1971) – stellte Harley-Davidson die Neuentwicklung eines stilistisch völlig vom üblichen Konzept abweichenden supermodernen Tourensportlers als Prototyp vor, der, wie sich herausstellte, mit dem typischen Mythos einer „echten Harley“ nichts mehr gemein hatte: die X 1000, dem Aussehen nach eher mit einer MV-Agusta vergleichbar, mit einem quergestellten 1.000 ccm Vierzylinder-Reihenmotor – elegant und durchaus attraktiver als etwa die neue Honda CB 750 Four, die ein Jahr später erfolgreich die Märkte eroberte – aber eben keine typische Harley. Händler und Harleyfreaks liefen Sturm gegen diesen „amerikanischen Japaner“, als die ersten PR-Fotos erschienen, und Harley ließ verschreckt das so zukunftsträchtige Projekt wie eine heiße Kartoffel wieder fallen.

Das unglückliche Nova-Modell

Kurs rechtzeitig korrigiert

Dieses Foto eines angeblichen Nova-Modells wurde von Harley-Davidson in Umlauf gebracht, entspricht jedoch nicht dem tatsächlichen Prototyp (oben links).

Das Problem ist so aktuell wie alt. Bereits in den 70er Jahren begannen luftgekühlte Triebwerke problematisch zu werden. Sie waren schlichtweg zu laut. Gerade aber der „stampfende" Klang war einer der Charakterzüge, die eine Harley-Davidson schon immer ausmachten. Die Legenden der Straße drohten auszusterben. Und nicht nur Harley hatte dieses Problem, auch Porsche, die den geliebten 911 (auch „Elfer" genannt) durch den 928 mit wassergekühltem Achtzylinder ersetzen wollten.

Harley-Davidson suchte bei Porsche Rat. Diese Entscheidung ist durchaus nachvollziehbar. Erstens hatte Porsche die gleiche Problematik an den eigenen Fahrzeugen zu lösen, und zweitens betreibt der Sportwagenhersteller in Weissach ein Entwicklungszentrum mit Weltruf, das mit der Abteilung Engineering Services auch Fremdaufträge bearbeitet. Daß in dem schwäbischen Kleinstädtchen besonders kreative Ingenieure eingesetzt werden, die mehr als Porsche-Technik kennen, belegen die Patentstatistiken: Allein im Bereich der Verbrennungsmotoren hält Porsche rund die Hälfte aller Patente. So konnten die 1981 nie in der Öffentlichkeit bekannt gewordenen Harley-Vierzylinder-Motoren technisch überzeugen. Techniker berichteten damals, daß die 72 PS (800 ccm) und 90 PS (1.000 ccm) starken Triebwerke selbst bei der Nenndrehzahl von 9.000 U/min leiser säuselten als die Honda VF 750 S, die zu der Zeit als Maßstab galt. Die Porsche-Ingenieure erreichten diese „Laufkultur" durch aufwendige Technik. Eine Welle zwischen den Zylinderfüßen trieb über zwei Zahnkränze und Ketten die vier obenliegenden Nockenwellen an. Die 34 mm (Einlaß) und 32 mm (Auslaß) großen Ventile – zwei pro Brennraum – wurden über Tassenstößel betätigt. Ein um die Zylinder gelegter Wassermantel garantierte die thermische Gesundheit der Triebwerke und reduzierte gleichzeitig das Geräuschniveau. Derart modernisiert fiel jedoch die neue V-Motoren-Reihe ganz aus dem Harley-typischen Hubraum-Rahmen, und die neuen, vierzylindrigen Triebwerke hatten für eingefleischte Harley-Fans zwei Zylinder zuviel!

Parallelen zu Porsche waren hierbei als Erfahrungsschatz von Nutzen. So stand bis dahin fest, daß ein Porsche sechs Zylinder haben mußte, alle Vierzylinder-Versuche (924, 944 und später 968) schlugen fehl, denn der Markt akzeptierte diese Fahrzeuge nie als echte Porsche. Der Verkauf stimmte trotzdem, da neue Zielgruppen erschlossen wurden. Harley-Davidson aber sollte niemals ein Massenprodukt werden und brauchte deshalb auch nicht den Trends zu folgen, die japanische Motorradhersteller vorgaben. Das wurde in den 80er Jahren gerade noch rechtzeitig erkannt und das Harley-Davidson 800-V-Vier-Projekt gestoppt. Es blieb beim Big Twin, der weiter schüttelte und stampfte.

Doch nicht nur aufgrund der an der Zielgruppe vorbeientwickelten Triebwerke steckt das sogenannte Nova-Projekt heute noch als Schock der Firmengeschichte in den Gliedern derer, die an die 80er Jahre zurückdenken. Auch das Äußere der Maschinen hätte die Harley-Tradition gebrochen: Sie waren für Harley-Fans einfach häßlich und werden bis heute streng unter Verschluß gehalten. T. A.

Kuriositäten-Kabinett: Harley oder nicht?

Skurrile Motorräder, die sich in irgendeine Beziehung zu Harley setzten, gab es immer – manche mit, andere ohne Billigung oder Wissen der Company. So bat nach dem Ersten Weltkrieg der Harley-Davidson-Generalvertreter in Rom um die Genehmigung eines Namenspatents für ein kleinvolumiges Zweitakt-Alltagsmotorrad der österreichischen Motorradfirma Puch, das einen Harley-ähnlichen Stromlinien-Tank hatte und in Khaki und Rot lackiert war. Wie sich die Company dazu stellte, wissen wir nicht, jedenfalls entstand 1926/27 das Puch-Modell „Harlette" mit einem 123- bzw. 173-ccm-Zweitaktmotor, das in Frankreich unter dem Namen „Harlette Geco" in den Handel kam. In den 60er Jahren tauchte in Italien eine Miniatur-Kopie einer Electra Glide mit einem 50-ccm-Zweitaktmotörchen auf, die unter HRD firmierte (was immer das sein mochte, es hatte mit der englischen Firma HRD-Vincent nichts zu tun) und sich „Florida" nannte. Das Modell wurde auch in kleinen Mengen in die USA exportiert. Ein anderes seltsames Gerät beschreibt David K. Wright in seinem Buch Harley-Davidson Motor Company – An Official 80-Year History: ein schmalbrüstiges „Gasturbinen"-Moped als „Prototyp".

Eine echte Harley ist dagegen der Einzylinder-Eigenbau von Buddy Stubbs, heute Harley-Händler in Arizona und einstmals Stuntman und Bekannter von Evel

Knievel. Er hat das kuriose Gefährt aus einer 883er Sportster entwickelt, die er um den hinteren Zylinder erleichterte, so daß ohne sonstige größere Veränderungen aus dem Zwei- ein Einzylinder wurde- eigentlich ein altes Umbauprinzip, das schon die ersten Rennfahrer aus den 20er Jahren anwendeten, um einen großvolumigen Einzylinder von robuster Bauart zu haben.

Das dritte Rad – die ersten Seitenwagen

Einer der unzähligen Aufbauten, die Harley-Davidson bei verschiedenen Firmen für ihre Commercial Package Trucks in Auftrag gab.

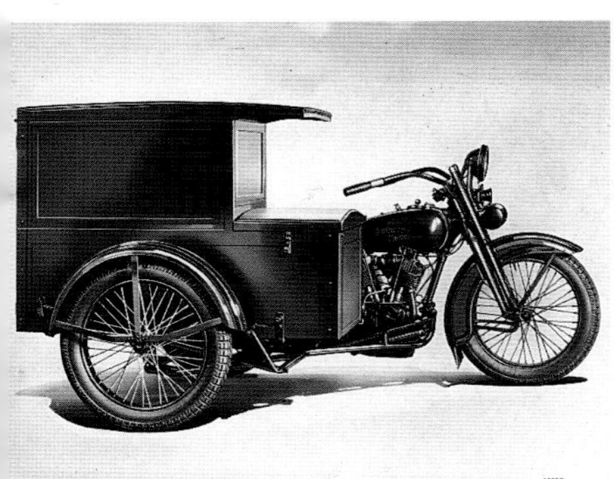

Ein Gespann, wie man es heute nennt, war früher zunächst mal eine schrecklich unstabile Angelegenheit: Das seltsame Fahrzeug hatte die irritierende Tendenz, immer in die entgegengesetzte Richtung auszubrechen, es schwabbelte und schwankte mit manchmal aberwitzigen Schaukelbewegungen und neigte zum raschen Umkippen. So ganz hatten die Konstrukteure die komplizierte Fahrwerksgeometrie eben noch nicht im Griff – aber man konnte plötzlich eine Menge Zeug transportieren. Außerdem fiel das Motorrad nicht um, wenn es stand; es brauchte nicht erst mühsam aufgebockt zu werden, und das Ganze erwies sich als ideales Fahrzeug für den Winterbetrieb auf rutschigem Untergrund.

Harley-Davidson dürfte – soweit bekannt – einer der ältesten Hersteller von Seitenwagen sein, die einen extra Behälter – das Boot– an ein Motorrad montierten. Die dreirädrige Kombination wurde ein Riesenerfolg und sofort populär. Wahrscheinlich existierten schon 1912/13 die ersten, im Auftrag von der Firma „Seaman" gebauten Seitenwagen. Montiert wurden sie an die stärkeren V-Twin-Modelle. Zuvor kombinierte man zweirädrige Karren und Motorräder zu „Vorsteckwagen", die als Lastentransporter – „motorcycle trucks" – bei der ländlichen Postzustellung (rural free delivery) und als Lieferwagen in der Geschäftswelt ihren Dienst taten. Ab 1914 erwiesen sich jedoch die Seitenwagen als einfacher und praktischer. Sie konnten bis zu 300 kg Zuladung tansportieren, was einem Gesamtgewicht (mit Fahrer) von etwa 600 kg entsprach, welches der arme Motor mit seinen bescheidenen 6 PS schleppen mußte. Da war robuste Qualität gefordert.

So hatte der erste echte Seitenwagen (1914) ein enorm stabiles Stahlblechchassis mit massiven Bügeln als Unterbau. Da das dritte Rad

Ein original Harley-Davidson-Seitenwagen von 1920 mit Klapptür und Regenschutzdach.

Ein wintertaugliches Lastgespann, möglicherweise als Geldtransporter konzipiert.

keine eigene Bremse hatte, konnte der Seitenwagen mit wenigen Handgriffen in ein paar Minuten an- und abgebaut werden. Das schwere Pflichtequipment mußte aber richtig ausbalanciert sein und sorgfältig dimensioniert werden, damit es nicht wie ein Schiff auf- und abschwang (pitch and roll). Die Boote wurden „Gondel" oder „Holzschuh" („dutch shoe") genannt.

1915 wurde der Side Van angeboten, aus dem sich dann der Parcel Car und schließlich der Package Truck mit schmalem (45 Zoll) oder extra breitem (56 Zoll) Unterbau entwickelte.

Es kamen mit der Zeit unzählige Varianten und Sonderaufbauten auf: Pritschenwagen, Tankwagen, Speiseeiscontainer, Spezialtransporter, in denen man ein ganzes Gemischtwarenlager unterbringen konnte, und von allen Modellen natürlich die entsprechenden Kombinationen. Allein für die Landpostzustellung waren 1915 schon über 5.300 Rural Mail Delivery Motorcycle Trucks im Einsatz! Die Ein-Personen- oder extrabreiten Zwei-Personen-Boote hatten reichlich Platz (oft für die gesamte Familie), waren mit Einstiegtürchen und Trittbrett versehen – manchmal mit einem kutschenähnlichen Wetterschutz – und verkauften sich prächtig.

Allein 1919 produzierte Harley-Davidson 16.400 Seitenwagen. Komplett mit Rad kostete dieser in der einfachen Ein-Personen-Ausführung 85 Dollar. Ein Viertel aller verkauften Harleys wurde damit ausgerüstet. Viele Aufträge wurden an Spezialfirmen vergeben (Seaman, Rogers oder Goulding etwa), weil die eigenen Fabriken nicht genug Platz für die Fertigung hatten. So wurden 1914 zum Beispiel 2.500 Seitenwagen bei Rogers bestellt, und erst im Jahr 1925 errichtete Harley ein eigenes Gebäude für die Seitenwagenproduktion.

Ein frühes Gespann von 1919 mit original Harley-Seitenwagen und einem JD V-Twin-Modell.

(Bes.: John W. Parham, Anamosa, IA/USA)

Die wichtigsten Harley-Davidson-Seitenwagenmodelle von 1915 bis 1929

1915	L/L-L	links- oder rechtsseitiger Seitenwagen für eine Person
	M	kommerzieller Standard-Seitenwagen
1916	XT	Doppelbügelchassis mit Suit-Box-Aufbau und Motorrad
	L/LC/LCL	links- oder rechtsseitiger Seitenwagen für eine Person
	RFD	kommerzieller Transport-Seitenwagen mit Rural-Free-Delivery-Kastenaufbau
	P	Doppelbügelchassis mit geschlossenem Kasten
	U	Doppelbügelchassis mit offenem Kasten
	V	Doppelbügelchassis mit geschlossenem Doppelkasten
	GC	Militärausführung mit Pritsche für Kanone/MG
	AC	Munitionstransportausführung
1917	N	Standard-Rural-Free-Delivery-Aufbau
1918	Q	breiter Seitenwagen (56") für zwei Personen
	QA	breiter Standard-Seitenwagen (56") für kommerzielle Zwecke mit geschlossenem Aufbau
	QB	dito, mit offenem Aufbau
	QD	dito, doppelstöckiger, geschlossener Container
	QL	breiter (56") Seitenwagen für zwei Personen, rechtsseitig
	QC3	breiter Paketwagen, sogenannter Parcel Car, dreistöckiger Aufbau
	QC4	dito, mit vierstöckigem Aufbau
1919	LUS	rechtsseitiger Seitenwagen für eine Person für die US-Regierung
1920	LR/L-LR	rechts- oder linksseitiger Seitenwagen Roadster für eine Person
	LX	rechtsseitiger Speedster-Seitenwagen für eine Person
	WD	doppelstöckiger Parcel Car (56" breit)
	PC	breites (56") Chassis mit Doppelbügel
1921	QL	rechtsseitiger Seitenwagen für zwei Personen
1922	QT	rechtsseitiger Tourist-Seitenwagen für zwei Personen
	LT	rechts- oder linksseitiger Seitenwagen Tourist für eine Person
1924	LT	rechtsseitiger Seitenwagen Royal Tourist für eine Person
	LX	Renn-Seitenwagen, rechtsseitig, für eine Person
	QT	rechtsseitiger Seitenwagen Delight für zwei Personen
1926	MO	rechtsseitiger kommerzieller Seitenwagen mit offenem Container
1928	MWX	kommerzieller Express Van mit extra großer Ladefläche
	MW	kommerzieller Side Van
	MWXP	kommerzieller Express Van mit Paneelen-Verkleidung
	MX	Standard Commercial Van
	MXP	dito mit Paneelen-Verkleidung

Nahezu alle Modelle waren sowohl für Rechts- als auch für Linksmontage lieferbar.

Die Goulding-Saga

Seitenwagen made in Australia

Dot Robinson und ihre Tochter in den 40er Jahren auf ihrer berühmten Harley mit der verchromten Goulding-Bombe auf einem frühen Motor-Maids-Treffen in Laconia.

Die Geschichte der Goulding-Seitenwagen beginnt in Australien, wo der Motorrad-Liebhaber und Harley-Enthusiast James „Jim" Goulding 1910 seine ersten Seitenwagen als Transportgeräte für die berüchtigt schlechten Straßen baute. Dank ihrer guten Federung und der robusten, aber leichten Bauart verkauften sie sich prächtig, und so konnte Mr. Goulding 1915 seine offizielle Werkstatt für den Seitenwagenbau eröffnen. Inzwischen war 1912 seine erste Tochter Dot zur Welt gekommen (sozusagen fast im Seitenwagen, in dem Vater Jim ihre Mutter im letzten Moment zur Entbindung brachte), die einmal eine Legende der besonderen Art werden sollte. 1915 folgte Sohn Claude, 1917 die zweite Tochter Edna. 1917 fertigte Gouldings kleine Fabrik in Melbourne etwa 100 Seitenwagen im Monat, im gleichen Jahr wurde auch die Goulding-Seitenwagenkonstruktion patentiert. Goulding wurde zum führenden Seitenwagenhersteller in Australien und Neuseeland – vor allem für Harley-Motorräder, die damals in großen Mengen eingeführt wurden.

1920 unternahm James Goulding mit seiner Frau und einem gut ausgerüsteten Harley-Gespann eine sechsmonatige abenteuerliche 12.000-Meilen-Reise durch die USA, um sich nach neuen Absatzmöglichkeiten und Geschäftspartnern umzusehen. In San Francisco freundete er sich dabei mit Dudley Perkins an. 1921, während eines zweiten Besuchs im Land der unbegrenzten Möglichkeiten, schloß er einen Vertrag mit der Hastings Company in Goshen, Indiana, ab, die nun die Goulding-Seitenwagen als National Sidecars in den USA herstellte und vertrieb. Kurz danach wanderte er mit seiner Familie in die geliebten USA ein und ließ sich zunächst in Milwaukee nieder, um besser mit Harley-Davidson zusammenarbeiten zu können. Später entwickelte er ein besonders praktisches Seitenwagenmodell für die leichte Fourty-Five. Jim Goulding richtete eine kleine Fabrik an der 4. Straße ein und wurde von dem rührigen Vertreter Hy Haskell und der Firma Abresh, die den Lite-Car-Typ vertrieb, kräftig unterstützt. Der Umzug war die Folge der verunglückten Geschäftsbeziehungen mit der Hastings Company und daraus resultierenden unerfreulichen Patentstreitigkeiten, wobei der gutgläubige Goulding skrupellos über den Tisch gezogen wurde. 1926 verlegte Jim Goulding sein Geschäft nach Saginaw, Michigan, wo er eine kleine Fabrik in der Waterstreet eröffnete. 1928 wurde er dort offizieller Harley-Händler.

Während der ganzen Zeit (1920–1930) erhielt er Lizenzgebühren von der A. G. Healing Company, die seine Seitenwagen weiterhin in Australien baute und vertrieb – ein Geschäft, das noch mit Handschlag besiegelt wurde.

1931 heiratete seine Tochter Dot den Harley-begeisterten (und in die attraktive Sekretärin in Papa Gouldings Laden hoffnungslos verliebten) Farmerssohn Earl Robinson, der zwei Jahre später mit Hilfe von Arthur Davidson die HD-Vertretung übernahm. 1936 verlegte Earl Robinson jedoch seine Harley-Händlerschaft von Saginaw nach Detroit. In der Zwischenzeit waren Dot Robinson und Claude Goulding längst motorradsportliche Berühmtheiten geworden. Unterstützt von Vater Goulding, gewannen sie (oft gegen fragwürdige AMA-Einsprüche) unzählige Enduros, Zuverlässigkeitsfahrten und Gypsy-Tour-Wettbewerbe auf Harleys mit Goulding-Seitenwagen.

1956 stellte James Goulding wegen Absatzmangel den Seitenwagenbau ein, und 1967 verkaufte er seine Firma an die Crompton & Knowles Company in Wooster, Massachussetts.

Zur Technik der Goulding-Seitenwagen

Der Goulding-Sidecar besaß eine spezielle Federung für das Seitenwagenrad. Vorne unter dem Boot befanden sich zwei Schraubenfedern, hinten zwei übereinandergelegte Blattfedern. Das Boot war auf einem massiven Rohrrahmen und die Radachse an einem frei schwingenden Längslenker befestigt. Am Motorrad selbst befanden sich nur drei Anschlußpunkte. Das Boot (auch wegen seiner Form gerne „Holland Klompen", „dutch shoe" oder „Rocket" genannt) war in allen Komponenten gegeneinander abgefedert. Die Konstruktion war besonders auf schlechten Straßen wirksam. Goulding fertigte zehn verschiedene Grundtypen, unter anderem das Leichtboot für die 45-Kubikinch-Harleys, den Lite Car (1929–1945), den Rocket-Typ bis in die 50er Jahre, auch als Cruiser oder Zep (wegen seiner bulligen, runden Front Zeppelin genannt) und den Gould-Car – ein Versuchs-Trike mit Knucklehead-Motor, das sich nicht absetzen ließ.

Als Luxus-Ausführung gab es den Goulding-Sidecar im Superior-Design und mit dem Wonder Chassis für die Big-Twin-Modelle.

Gewaltig und nach allen Richtungen abgefedert: der legendäre Goulding-Seitenwagen, Zep-Typ, aus den 40er Jahren mit einer etwas moderneren Hydra Glide als Zugmaschine.

Spaß zu dritt

Harley mit Boot

Der Harley-Davidson-Seitenwagen: Typ TLE/RLE

Boot: Leichtes Glasfiberboot mit Vinylsitz und gepolstertem Einstieg. Fußstütze integriert. Stauraum hinter dem Sitz.

Aufhängung: Halbstarrer Seitenwagenanschluß mit gefedertem Boot.

Wetterschutz: Gewölbte Windschutzscheibe.

Abdeckung: Gewebeverstärkte Vinylpersenning.

Seitenwagenrad: 16 Zoll-Leichtmetallgußrad mit Schlauchlosbereifung.

Anschluß: Leicht demontierbare Konstruktion. Es gab drei unterschiedliche Ausführungen (RLE, TLE, TLF) für folgende Fahrzeugtypen:

- RLE: geeignet für Low Rider Sport Edition, Low Rider Convertible und Sport Glide, seit 1994 nicht mehr lieferbar.
- TLE und TLF: geeignet für FLHT- und FLT- Modelle.

Farbauswahl: Je nach Auswahl des dazugehörenden Motorrad-Modells.

Gespannfahren ist Motorraderleben der besonderen Art. Man fährt zwar ein Motorrad naturnah mit Wind und Wetter im Gesicht, aber man lenkt es anders – nämlich zunächst ungewohnt mit dem Lenker statt mit der üblichen Verlagerung des Körpergewichts. Wer sich aber daran gewöhnt hat – das hilfreiche Harley-Seitenwagen-Manual berät ganz vortrefflich in allen kniffligen Fragen –, ist von der ungeheuren Wendigkeit eines Gespannes schnell begeistert. Beim Kurvenfahren ist allerdings Vorsicht geboten. Gespanne haben ihre eigenen Schwerkraftgesetze. Wer jedoch gelernt hat, mit Bremse, Gas und Kupplung richtig umzugehen, kann problemlos wahre Kunststücke absolvieren. Routinierte Gespannfahrer machen sich gern einen Spaß daraus, Neulinge im Beiboot zu erschrecken. Aber von den typischen Seitenwagen-Stunts mal abgesehen, ist ein Gespann ein ideales Fahrzeug – nicht nur für weite Reisen, sondern auch für unwegsames Gelände und Fahrten im Winter bei Schnee und Eis, einer Jahreszeit, die normalerweise für jeden Motorradfahrer verschlossen bleibt. Ein Gespann ist auch das Familienfahrzeug schlechthin, und Kinder lieben das Gefährt sowohl im kuscheligen Beiwagen wie auch auf dem Fahrersitz.

Während der 30er und 40er Jahre behielt Harley seine umfangreiche Beiwagenpalette von individuellen Sidecars bis zu industriellen Nutzlastenaufbauten weitgehend unverändert im Angebot. Der Package Truck (Basismodell M) blieb bis 1957 und wurde dann noch einige Zeit als Sonderanfertigung ausgeliefert. Ab 1959 gab es das Standardmodell, Typ LE Sport Sidecar, aus dem später die beiden Grund-

Eine 1948er UL 74 Kubikinch Big Twin mit einer Replika eines Seitenwagens von 1945 (links oben), eine originalgetreue Replika von Krafft Harley-Davidson Deutschland (rechts oben), ein LE-Seitenwagen aus den 90er Jahren (Mitte) und eine der vielen Custom-Ausführungen (links).

modelle RLE (für alle FXR-Serien mit 150 kg Zuladung, SW-Radbremse, Schlechtwetterverdeck, Windschild und Weißwandreifen) und das Modell TLE (im selben Outfit) für alle FLHT und FLT-Motorradtypen entstanden. Letzteres wurde auch als Ultra angeboten – hier fehlte dann wirklich nichts mehr.

Die Produktion der Fiberglasboote erfolgte ab 1967 im Tomahawk-Werk, und bei allen Gespannen wurden an den Motorrädern Änderungen an Federung, Dämpfung und Lenkgeometrie vorgenommen.

Obwohl es zahlreiche Fotografien von Militärgespannen gibt, hat Harley keine Seitenwagen an die US-Army geliefert. Da das WLA-Modell offenbar als zu leistungsschwach befunden wurde, bekam der dafür gebaute Lite Car sehr zum Ärger von Jim Goulding, der von der Tauglichkeit seines Seitenwagens überzeugt war, keinen Staatsauftrag. Über einige in die UdSSR gelieferten Gespanne gibt es jedoch keine Detailinformationen mehr. Einzig für die U.S. Navy wurden ganze 136 Stück vom Typ U in Verbindung mit 74 Kubikinch Big-Twin-Seitenventilmaschinen geliefert – alle in Schlachtschiff-Grau.

Seit Beginn der 90er Jahre bietet Harley-Davidson einen luxuriösen Seitenwagen (Modell TLE oder TLF) an, der für Tourenfahrer und Weltenbummler keinen Wunsch mehr offenläßt und der an die großen Tourenmodelle der F-Baureihe montiert werden kann. Er hat allerdings seinen Preis: Mit rund 6.800 Dollar für den TLE und 8.000 Dollar für den noch luxuriöseren TLF ist er teurer als ein Mittelklassewagen. Der Spaß damit dürfte jedoch um ein Vielfaches größer sein.

Aus der großen Vielzahl von skurrilen Seitenwagenschöpfungen: eine „Flasche“, ein Spezialtransporter und eine schwedische „Haifisch-Bombe“.

Breites Angebot für Seitenwagen

Eine ganze Reihe von weltweit bekannten Spezialfirmen für den Seitenwagenbau rüsten natürlich auch die kraftvollen Tourenmotorräder von Harley-Davidson für den Seitenwagenbetrieb um – manche mit Vorderschwinge statt Telegabel und vielen anderen technischen Tricks, um die bestmöglichen Fahreigenschaften zu erreichen. Hier eine Auswahl:

- Armec (Schweiz) baut ein breites Boot auf Harley-Davidson-Blattfederchassis, das besonders familientauglich ist.

- California Sidecar/Escapade Trailer (USA) bietet die Luxusausführungen Compagnon GT, Friendship I–III an sowie den Anhänger Escapade.

- EML (Niederlande) liefert ein stabiles Beiboot, das aus den Erfahrungen beim Motocross-Sport entwickelt wurde.

- Liberty (USA) – ein klassischer Nachbau von 1936 mit Gummidämpfung, hydraulischer SW-Radbremse, geschliffenen und verchromten Blattfedern und einem stabilen Vierpunkt-Anschluß.

- Mobec (Deutschland) fertigt ein geräumiges Boot mit extra Kofferraum und besonders bequemem Sitz.

- Sauer (Deutschland) baut Sonder- und Einzelmodelle mit obligatem Einstiegstürchen und viel Platz. Aufwendiger Umbau aller Harleys, wie Ultra-Classic-Modelle und Softtails. Typisches Modell ist der Kondor-Seitenwagen.

- Walter (Deutschland) baut Seitenwagen vor allem im nostalgischen Outfit. Die Modelle Side Glide oder Freeway King haben Einstiegstürchen und gut gepolsterte Sitze.

Natürlich gibt es daneben noch eine Unzahl begabter Edelbastler, die sich einen Beiwagen nach eigenen Vorstellungen und Wünschen zusammenbauen. Nostalgisch, antik, klassisch oder manchmal auch skurril – immer werden dabei moderne Fahrwerkskonstruktionen als tragender Unterbau verwendet.

Japans Harley

Die Rikuo – König der Straße

Nachdem Ende der 20er, Anfang der 30er Jahre die wirtschaftliche Rezession in Japan mit dem horrenden Kursverfall des Yen die amerikanischen Importe um das Vierfache verteuert hatte, startete Harley-Davidson unter der Regie von Alfred Rich Child sein erstes Joint Venture: die eigenständige Produktion von Harley-Motorrädern in Japan – allerdings für nur ein Modell und mit der strengen Auflage, dieses ausschließlich für den inländischen Eigenbedarf und keinesfalls für den Export einzusetzen. Das japanische Filialwerk wurde nach langen Verhandlungen mit Hilfe des Pharmakonzerns Sankyo Seiyaku in Shinagawa, einem Vorort von Tokyo, hochgepowert. Die Produktion startete 1935 mit dem 45 Kubikinch 750er Seitenventil-Modell, das nach zwei Jahren – als das Werk in japanischen Besitz überging – „Rikuo" (König der Straße) genannt wurde. Von 1936 bis 1945 wurden davon 1.479 Stück gebaut, hauptsächlich für die Polizei und das japanische Militär.

Kurz vor dem zweiten Weltkrieg entwickelte Chefingenieur Sakurai das Modell 97, das vor allem in der japanisch besetzten Mandschurei als offizielles Militärmotorrad zum Einsatz kam, meist noch mit einem von Sakurai eigens konstruierten robusten Seitenwagen. 1937, nach Ausbruch des japanisch-chinesischen Krieges, war das Werk in Shinagawa durch die enormen Militäraufträge total überlastet und gab daher einen Teil seiner Fertigung an Jidosha und Mazda ab. Während des zweiten Weltkriegs produzierte Rikuo über 18.000 Stück des Modells 97, die an der chinesischen und später auch an der pazifischen Front eingesetzt wurden.

Als das Werk Shinagawa 1947, nach Kriegsende, wieder 326 Rikuos absetzen konnte, war es der größte Motorradhersteller Japans. Aber die Konkurrenz holte mit Riesenschritten auf. 1953 wurde die zwar recht beliebte, aber technisch völlig veraltete Rikuo (750 ccm SV – 15 PS!) mit einer Teleskopgabel nachgerüstet und bekam dann als Modell RQ neue Aluminiumzylinderköpfe mit einer höherern Verdichtung, was immerhin 22 PS brachte. Insgesamt wurden 1.983 Stück verkauft. 1954 nahm Rikuo mit dem Modell RT, das nun einen Vollaluminiummotor mit 27 PS hatte, nochmals einen Modernisierungsanlauf. Die RT verfügte auch endlich über ein Trockensumpfschmierungs-Ölkreislaufsystem, aber es half nichts: Mit dem Modell RX – einer (unerlaubten) Kopie der 1200er OHV-Panhead mit Hinterradfederung und Aluminiumradnaben – konnten 1958 nur noch 520 Rikuos abgesetzt werden. Gegen die modernen Parallel-Twins der japanischen Konkurrenz hatte der König der Straße keine Chancen mehr, und das Werk in Shinagawa schloß 1960 endgültig seine Tore. Das japanische Abenteuer war damit für Harley-Davidson zu Ende.

Die Nebenprodukte

Zusatzgeschäft mit Harley-Logo

Immer wieder versuchte sich Harley-Davidson an Geräten, die nur sehr entfernt etwas mit Motorrädern zu tun hatten. Gründe für Harley-Davidson, sich an anderen Unternehmen zu beteiligen, waren Nichtauslastung des Betriebs und die Suche nach zusätzlichen Einkünften. Schließlich erkannte die Company aber, daß sie sich auf das Wesentliche beschränken mußte und sich letzten Endes auf das zu konzentrieren hatte, was den legendären Namen zum weltweiten Mythos gemacht hat: großvolumige Motorräder mit dem einzigartigen Motor und Design. Alle anderen Erzeugnisse gingen mehr oder minder in die falsche Richtung. Dennoch trugen auch sie das berühmte Logo.

Fahrräder (1917–1924)

Von 1918 bis 1924 verkaufte Harley-Davidson sechs Jahre lang auch Fahrräder. Sie wurden bei der Davis Sewing Machine Company hergestellt, jedoch nicht sehr erfolgreich über das Harley-Händlernetz vertrieben.

Aber die Händler waren mit dem wesentlich lukrativeren Verkauf der neuen Harley-Motorräder viel zu sehr beschäftigt, so daß sie sich nicht noch zusätzlich ums Fahrradgeschäft kümmern konnten. Walter Davidson erkannte dann auch sehr schnell, daß Motorradfahrer und Radfahrer grundverschiedene Interessen haben, und so wurde das Fahrradgeschäft eingestellt.

Die Restbestände übernahm die Davis Sewing Machine Company, die dadurch noch bis ins Jahr 1924 die Harley-Händ-

Nebenprodukte auf einem Blick: die moderne Ausführung des Golf Cart, das luxuriöse Holiday Rambler Motor Home, ein als Pflug verwendeter Stationärmotor, eine der berühmten Übungsbomben für die U.S. Army, ein Snow Mobil aus früher Zeit und das moderne Snow Mobil, das hauptsächlich im Norden der USA und in Kanada zum Einsatz kam.

(Bes.: John W. Parham, Anamosa, IA/USA)

ler mit Fahradersatzteilen versorgen konnte. Erst 1996 vergab Harley-Davidson wieder Lizenzen zum Bau eines Harley GT-Fahrrads an eine Fahrradfabrik in Santa Ana, Kalifornien. Das neue Custom-Fahrrad sollte sieben Gänge haben, außerdem eine Tank-Imitation und einen dicken Sattel. Die Auflage der Produktion war auf 1.000 Stück limitiert.

Stationäre Motoren

Von Anfang an baute Harley-Davidson immer wieder verschiedene ein- und zweizylindrige Stationär-Motoren, die für die unterschiedlichsten Antriebe Verwendung fanden: Bootsmotoren, Motorsägen, Traktoren, Pflüge, Rasenmäher, Stromaggregate – sowohl für den zivilen, landwirtschaftlichen als auch den militärischen Gebrauch. Es gab sie als V-Twins, F-Heads, Flat Twins und Einzylinder. Zu den gängigsten Modellen gehörten das Viertakt-Einzylinder Modell F mit 21 Kubikinch (350 ccm) und das Modell G mit 23 Kubikinch (400 ccm). Sie verkauften sich gegen eine riesige inländische Konkurrenz jedoch schlecht und wurden nie ein finanzieller Erfolg.

Golf Carts (ab 1963)

Hier sah es ganz anders aus: Die Golf-Cart-Produktion erreichte Mitte der 60er Jahre nahezu 20% der Gesamtproduktion und war damit sehr erfolgreich. Golf Carts gab es wahlweise mit einem Benzin- oder einem Elektromotor, erstere mit „Dyna-Startsystem“ (Kick auf das Gaspedal. Ein Dyna-Starter ist normalerweise eine Lichtmaschine, die auch als Anlasser arbeiten kann), Scheibenbremsen und einer automatischen Parkbremse. Sie wurden in Milwaukee gebaut, aber ihre Fiberglaskarosserie kam aus dem Tomahawk-Werk. Für größere Lastentransporte gab es auch die Utilicar-Ausführung, eine Art universeller Kleintransporter.

Snow Mobiles (1971–1975)

Früher waren Snow Mobiles wilde Eigenbauten: auf Schneekufen montierte V-Twins mit langem Lenkrad und abenteuerlichen Eigenschaften. Offensichtlich gab es jedoch Bedarf für derartige, serienmäßig produzierte Fahrzeuge im „Schneegürtel“ Amerikas. So legte Harley für seine Händler im schneesicheren Norden 1971 ein neues Verkaufsprogramm auf: die Snow Mobiles. Sie wurden in der Fabrik am Capitol Drive in zwei Grundausführungen, dem Modell Y-398 (398 ccm oder 24,29 Kubikinch) und dem Modell Y-440 (440 ccm oder 26,42 Kubikinch), gebaut. Diese Schneeflitzer mit ihren Zweitakt-Motoren von Harley-Davidson gab es mit manuellem oder Elektrostart. Sie hatten Kettenantrieb, ein Automatikgetriebe, etwa 30 PS und natürlich Skihalter.

Holiday Rambler (1986–1996)

Das wohl interessanteste Unternehmen außerhalb des Motorradsektors war der Kauf der Holiday Rambler Corporation, eines in Wakarusa, Indiana, seit 33 Jahren ansässigen Mischkonzerns, der sich auf hochwertige RVs (Recreational Vehicles), Campingartikel, sogenannte Motorhomes und Liefertrucks spezialisiert hatte. Der Gesamtkaufpreis von 155 Mio. Dollar konnte mit einer Anzahlung von 35 Mio. Dollar aus Eigenkapital sowie über Kredite finanziert werden.

Die mobilen Luxusheime mit den Modellen Imperial, Presidential, Alumalite, Monitor und Trailseeker kosteten zwischen 100.000 und 180.000 Dollar und brachten Harley satte Gewinne. Auch wenn die Company-Manager nicht müde wurden zu erklären, wie sehr das Holiday-Rambler-Programm zu ihrem eigenen paßte – die Zielgruppe war nahezu dieselbe, und es gab keine ausländische Konkurrenz –, trennte sich Harley-Davidson trotz des enormen wirtschaftlichen Erfolgs nach zehn Jahren wieder von den luxuriösen Wohnmobilen. Holiday Rambler Recreational Vehicle Division wurde an die Monaco Coach Corporation in Coburg, Oregon, verkauft, um sich ganz auf das Motorradgeschäft konzentrieren zu können.

Bombengehäuse

Ein lukratives Zusatzgeschäft wollte sich Harley aber auf keinen Fall entgehen lassen: Das Army Munitions and Chemical Command vergab einen Auftrag für Übungsbombengehäuse. Durch Qualitätsverbesserung und eine 25%ige Kostensenkung wurde der Company, die die Bombshells in York herstellte, der CQCP (Contractor Quality Certification Program)-Preis der U.S. Army verliehen.

Fremdarbeiten

Langjährige eigene Entwicklungen im spezifischen Hochtechnologie-Bereich bringen immer wieder kleine Aufträge branchenfremder Firmen ein: Computer-Kabelstränge für die Luftfahrtindustrie, Kontrakte mit Acustar, Briggs & Stratton oder Kohler für die Herstellung von Teilen und Zubehör.

Trihawk (1984/85)

Erfolglos endete Harley-Davidsons Versuch, in das Geschäft der Trikes einzusteigen. Der gegenüber Konkurrenten nahezu unschlagbare Trihawk war ein von einem 1.300 ccm luftgekühlten Citroën-Frontmotor angetriebener Sport-Zweisitzer. Die Company hatte das Fahrzeug 1984 von Robert McKee und Lou Richards gekauft, aber es eignete sich nicht für den Einbau von Harley-V-Twin-Motoren. In dem kleinen Werk in Dana Point, Kalifornien, wurden nur etwa 10–15 Stück monatlich montiert. Der Fehltritt wurde schnell wieder abgestoßen.

Im Dienst von Recht und Gesetz

Das Law Enforcement, der besondere Kunde

Ein typisches Action-Foto einer Polizeistreife im riskanten Einsatz.

Titelbild der Police-Sonderausgabe des *Enthusiast* vom Februar 1935.

Nach den jüngsten Erkenntnissen der Harley-Davidson Motor Company ist es also amtlich: Die ersten Polizisten saßen in Detroit auf einer Harley – und nicht wie bisher angenommen in Pittsburgh. Und zwar schon 1908. Das ist insofern bemerkenswert, als Detroit Amerikas Automobil-Metropole war, und so waren auch die frühen motorisierten Herrscher dieser Stadt eher Ford und General Motors als Harley-Davidson zugetan. Aber die wendigen, sparsamen Zweiräder aus Milwaukee hatten ihre Vorzüge und lösten mehr und mehr die berittenen „Pferdepolizisten" ab. 1911 folgten San Francisco und Los Angeles, 1913 Cincinnati, 1919 North Carolina. 1925 waren schon über 2.500 City- und County Police Departments mit Harleys ausgerüstet, 1930 mehr als 3.000.

Damit begann die bemerkenswerte Geschichte einer bei Harley eigens für die Belange des Law Enforcements eingerichteten Werksabteilung. Die Herstellung und Ausrüstung von Polizeimotorrädern gehört bis heute zu den sorgfältigst gepflegten Abteilungen des Harley-Imperiums. Aber erst in den 30er Jahren hatte Harley entsprechendes Zubehör im Angebot.

Motorradpolizisten sind – besonders bei Hochgeschwindigkeits-Verfolgungsjagden – extremen Risiken ausgesetzt und mit normalen Motorradfahrern nicht zu vergleichen. Menschen und Maschinen unterliegen besonderen Anforderungen und benötigen besondere Qualifikationen. Ebenso wie im Motorradsport mußten die Polizisten lernen, mit Grenzsituationen fertig zu werden und ihre schweren Motorräder in allen Situationen zu beherrschen. Kein Wunder, daß aus den vielen Trainings-Erfahrungen eine Menge Drill Teams mit Show-Aktionen hervorgegangen sind, bei denen Polizisten akrobatische Kunststücke vorführen. Motorradpolizisten mußten Verkehrssünder und Verbrecher jagen, wo und wann immer es die Situation erforderte. Sie konnten sich dafür weder die Tageszeit noch die Strecke aussuchen, das bestimmte der Verfolgte. Benutzte er – wie es noch vor dem zweiten Weltkrieg auf den meisten Landstraßen der Fall war – ungeteerte „gravel roads" und sandige Feldwege, hatte er oft die besseren Chancen. Und obwohl die Motorrad-Cops harte Burschen waren, endete für manche von ihnen eine Verfolgung tödlich.

Die ersten Motorradpolizisten waren noch echte Gentlemen. Ihre Strafmandate überreichten sie respektvoll mit einem ausgesucht höflichen Zeremoniell – ein wenig schulmeisterlich vielleicht, aber unerbittlich. Langatmige Belehrungen wiesen den hochverehrten Bürger auf sein gefährliches Tun hin. Raser, Alkoholsünder, Krachmacher und Fahrer mit fehlerhaften (oder gar keinen) Bremsen – nichts entging ihrem geschulten, wachsamen Auge. Und sie waren – im Gegensatz zu den heutigen Zwillingspatrouillen – immer allein und höchstens mit erbärmlichen 7–12 PS ausgestattet. Es war ein hartes Dasein und schlecht bezahlt obendrein.

Harley-Davidson hat seine motorradfahrenden Police Fellows stets mit bevorzugter publizistischer und propagandistischer Aufmerksamkeit behandelt. Voller Stolz berichtete das Firmenmagazin *The Enthusiast* in nahezu jeder Ausgabe von Harley fahrenden Polizeitruppen, ihren Erfolgen, Shows und Paraden. Besonders gern zeigte man penibel ausgerichtete Polizeimotorrad-Reihen. Oft erschienen Polizei-Themen auf dem Titel, und 1935 wurde ein ganzes Heft als

Eine der ersten Harley-motorisierten Polizeitruppen von 1909.

Die City Police der 30er Jahre markiert Parksünder.

Die Polizei im Winterdienst – ebenfalls 30er Jahre.

Police Special-Ausgabe den uniformierten Gesetzeshütern gewidmet. Vor allem aber wurde die Company nicht müde, mit erhobenem Zeigefinger für die Verkehrssicherheit zu werben („Servi-Cars lösen das Park-Problem ..."), und sie sagte dem täglichen Verkehrs-Blutbad („traffic slaughter") durch rücksichtslose, meist besoffene, Verkehrsrowdys den Kampf an.

Darüber hinaus erhielten die Kunden des Law Enforcements einen besonderen Service und generöse Sonderkonditionen. Anfang der 30er Jahre startete Walter Davidson, besorgt über den Rückgang von Polizeiaufträgen (verursacht durch die neuen fehlerhaften VL-Modelle), eine spezielle Verkaufskampagne. Der Preis für Police Bikes wurde auf 195 Dollar reduziert, was kaum über den Herstellungskosten lag, und sie wurden über speziell ausgebildete „Verkaufsagenten" vertrieben statt wie bisher über die Händler vor Ort. Natürlich gab es darüber unter den Händlern, die an einer guten Zusammenarbeit mit ihren Polizeibehörden interessiert waren, ziemliche Verbitterung.

Aber nicht nur Harleys wurden im Polizeidienst verwendet. Ebenso beliebt waren Indians und Excelsior-Maschinen, vor allem die zwar etwas teureren, aber ungemein komfortablen Reihen-Vierzylinder-Modelle. Als die Zeiten schwieriger und die Konkurrenz für Harley immer bedrohlicher wurde, ließ Harley-Davidson nichts unversucht, um die Beschaffungsämter für Harley-Motorräder zu begeistern. Die Verkaufsabteilung entwickelte eigens dafür Strategien – zum Beispiel, wie lokale Händler mit korrupten Politikern umgehen sollten, die deren Entscheidungen beeinflussen konnten. Letztendlich blieb – von wenigen ausländischen Konkurrenten abgesehen – nur noch Harley-Davidson als Ausrüster übrig. Wie einige andere Stadtverwaltungen hielt auch das New York City Police Department treu zu Indian, und als die Firma die Tore schloß, baute die kleine Tete-Flex-Company nach 1953 einige Indian Fours für das NYCPD weiter – alle im klassischen, polizeikonformen Indian-Rot lackiert. Rasch bewarb sich Harley mit seinen Modellen in allen geforderten Spezifikationen und natürlich im obligaten Indian-Rot um zukünftige Aufträge. Unter den eingefleischten Indian-Polizisten herrschte einhellige Empörung, und Tete-Flex schlug mit einer Patent-Klage gegen die Nachahmung zurück. Viel genützt hat es nicht. In den späten 50er Jahren wurden alle Indians ausgemustert und durch neue Harley-FL-Modelle ersetzt. Natürlich im unveränderten Indian-Rot.

Andere Indian-Reservate waren nicht so einfach zu knacken. New Orleans zum Beispiel war durch die guten persönlichen und politischen Beziehungen des Indian-Händlers George Gonzales zum Gouverneur Louisianas, Huey P. Long, noch lange Zeit nach dem Ende von Indian ein schwer zu eroberndes Territorium.

Eine Elite-Einheit der California Highway Patrol Anfang der 30er Jahre.

Die Prätorianer-Garde

Meldete sich in den 20er Jahren ein motorradbegeisterter Bewerber zu so einer Elite-Truppe, etwa zur Highway Patrol, bekam er eine Harley-Davidson ausgehändigt, dazu ein Gesetzbuch und einen

gut dimensionierten Revolver. Den Rest besorgten das martialische Outfit und ein unerschütterliches Selbstbewußtsein.
Auch heutzutage pflegen die meisten Motorcycle Cops (so wollen sie allerdings nicht gerne genannt werden, die korrekte Anrede ist immer „Officer") ihr Image als personifizierte Furchterreger: Dunkle Sonnenbrillen, reichlich Gold und Silber an schwarzen Lederjacken, stramme Breecheshosen, die in glänzenden Schaftstiefeln stecken, gehören ebenso dazu wie ein makellos gepflegtes Motorrad mit allem Drum und Dran. Ihr Wort ist Gesetz, und ihre Allmacht scheint nahezu göttlich. Es empfiehlt sich, nicht mit ihnen zu streiten.
Amerikanischer Motorcycle Officer auf einer dicken Harley zu sein ist immer noch eines der höchstmöglichen Motorrad-Ziele der Welt. Die „überschwere amerikanische Polizeimaschine" hat eine magische Anziehungskraft auf männliches Machogehabe, obwohl es auch weibliche Motorrad-Cops gibt. Zumindest stellen sie alle eine Elite-Truppe der besonderen Art dar, eine integre Law & Order-Kaste gewissermaßen. Das drückt sich auch in ihrem internen Motorradclub Blue Knights MC aus, der 1974 als privater Verein in Bangor, Maine, gegründet wurde.
Sheriffs und Polizisten mögen manchmal als läppische Witzfiguren oder korrupte Gangster in Uniform dargestellt werden, aber ein motorradfahrender Highway-Polizist bleibt für immer ein unantastbares Symbol für die Integrität von Recht und Gesetz.

Die Polizeimütze mußte mit einem straffen Band befestigt werden. Heute ist der offene Polizeihelm eine patente Sache und steht auch Harley-Polizistinnen recht gut.

Die Sonderausrüstungen für Polizei-Motorräder

Wie man Fahren und Schießen in Einklang bringt

Während der ersten Jahre mußten die Motorrad-Cops ihre Sonderausrüstungen selbst bestellen und auch bezahlen. Erst in den späten 30er Jahren wurden die Ausrüstungen von den Dienststellen geordert und bezahlt.

Besonders unbeliebt waren die vorgeschriebenen steifen Polizeimützen, die ständig vom Fahrtwind weggeweht wurden und mit allerlei Bändern und Riemen befestigt werden mußten. Für motorradfahrende Polizisten war daher das nach dem Krieg eingeführte Helmet Law eine wahre Erlösung.

Ein weiteres Problem bereitete das Kickstarten. Bis der Patrolman seine Maschine angetreten hatte, war oftmals der Verkehrssünder längst verschwunden – erboste Reports berichteten von bis zu 40 Startversuchen! So war die Einführung des Elektrostarters 1965 wohl eine der wichtigsten Maßnahmen zur effektiven Verbrecherjagd per Motorrad.

Schließlich war da noch die ständige Forderung der Polizeibehörden nach dem Gasgriff am linken Lenkerende. Wie sollte man sonst (es betraf wohl mehr die Rechtshänder) während der Fahrt die Pistole ziehen und schießen können?

Harley-Davidson Police Model, left side view, showing the DeLuxe Police Accessory Group The DeLuxe Group includes the most neccessary accessories for Police Motorcycle service

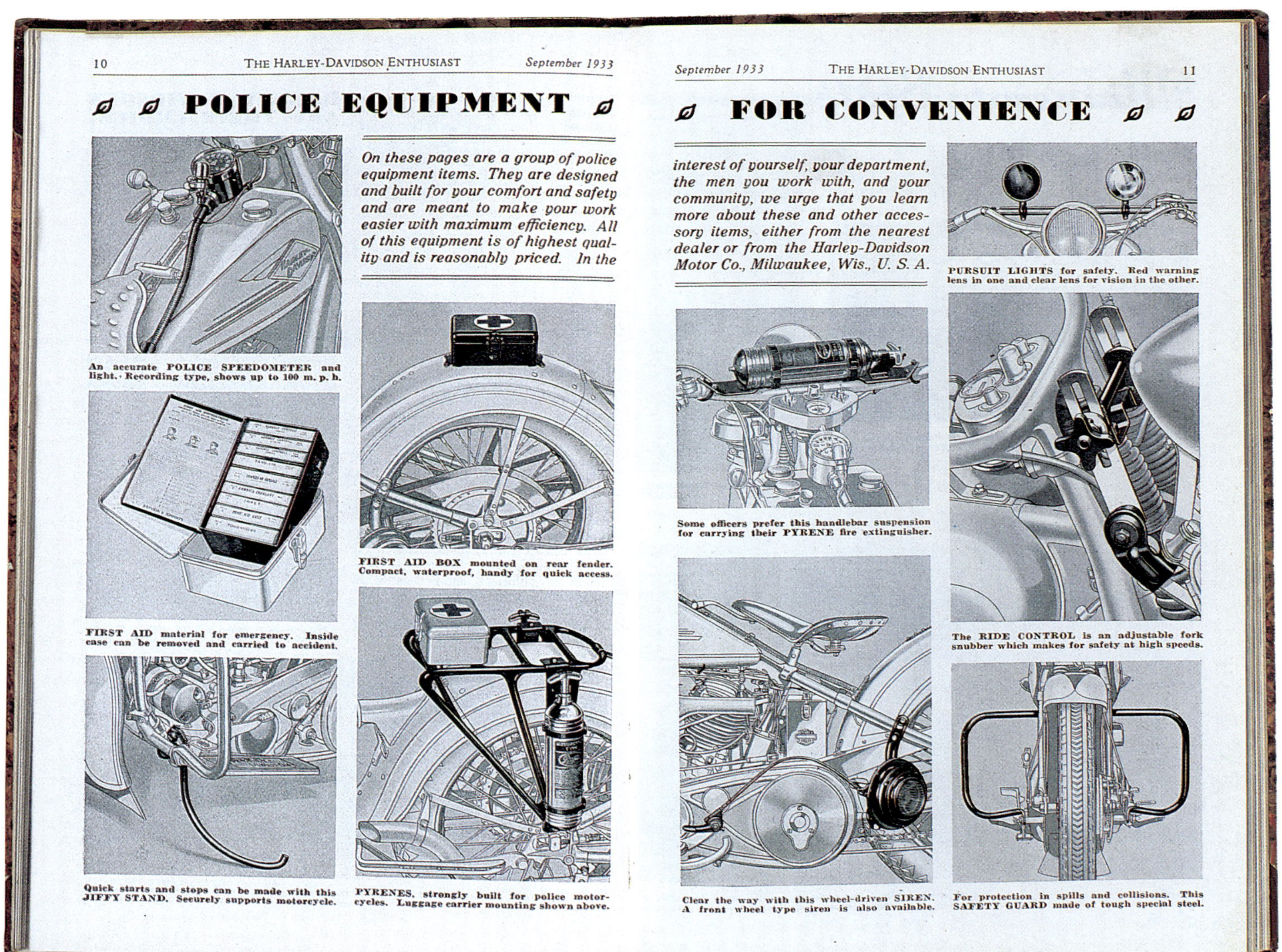

10 The Harley-Davidson Enthusiast September 1933

POLICE EQUIPMENT

On these pages are a group of police equipment items. They are designed and built for your comfort and safety and are meant to make your work easier with maximum efficiency. All of this equipment is of highest quality and is reasonably priced. In the

An accurate POLICE SPEEDOMETER and light. Recording type, shows up to 100 m. p. h.

FIRST AID BOX mounted on rear fender. Compact, waterproof, handy for quick access.

FIRST AID material for emergency. Inside case can be removed and carried to accident.

Quick starts and stops can be made with this JIFFY STAND. Securely supports motorcycle.

PYRENES, strongly built for police motorcycles. Luggage carrier mounting shown above.

September 1933 The Harley-Davidson Enthusiast 11

FOR CONVENIENCE

interest of yourself, your department, the men you work with, and your community, we urge that you learn more about these and other accessory items, either from the nearest dealer or from the Harley-Davidson Motor Co., Milwaukee, Wis., U. S. A.

PURSUIT LIGHTS for safety. Red warning lens in one and clear lens for vision in the other.

Some officers prefer this handlebar suspension for carrying their PYRENE fire extinguisher.

The RIDE CONTROL is an adjustable fork snubber which makes for safety at high speeds.

Clear the way with this wheel-driven SIREN. A front wheel type siren is also available.

For protection in spills and collisions. This SAFETY GUARD made of tough special steel.

Chronik der Aufrüstung

1930 – verstärkte Bremsen am Vorder- und Hinterrad, ein speziell geeichter Tachometer bis zu 100 mph (160 km/h) mit Beleuchtung

1931 – eine Vorderrad-Sirene, ein Erste-Hilfe-Kasten und der Pyrene-Feuerlöscher

1934 – Sturzbügel, zwei Lampentypen zur Auswahl: Little King und Little Beauty

1935 – der Jiffy-Seitenständer, eine Hinterrad-Sirene, Steuerungdämpfer und ein robuster Gepäckträger, rote und weiße Flashlights, Stoplicht und Windschutzscheibe, One Way Radio, Funkempfänger, Sonderlackierung in „safety silver" zur besseren Erkennung in der Dunkelheit

1938 – verbesserter Radio-Empfänger von RCA im AM-Band

1948 – erstes Two Way Radio, ein leistungsstarkes Funkgerät von Motorola auf FM-Band, 152 kHz

… Zentrale ruft Außenstelle …

Als es noch keinen CB (Citizen Band)- oder Polizeifunk gab – also vor 1948 – war die Funksteuerung für den Motorradpolizisten ein echtes Kommunikationsabenteuer. Während der Officer die endlosen Highways entlangbretterte, ertönte aus dem Empfänger ein lang anhaltender Piepston: die unmißverständliche Aufforderung, sofort anzuhalten, das Motorrad aufzubocken und den Motor abzustellen. War das rechtzeitig geglückt, versuchte der Officer, indem er den Lautstärkeregler bis zum Anschlag aufdrehte, dem Krächzen einer Stimme zu lauschen, die ihm den Einsatzbefehl durchgab. Das war nur verständlich, wenn sich ein starker Sender in nicht allzugroßer Entfernung befand, was in ländlichen Gegenden nicht immer der Fall war. Diese Durchsage wurde dreimal in Abständen von 15 Minuten wiederholt. Eine Empfangsbestätigung konnte der Motorradpolizist allerdings nicht abgeben, und so blieb dem Fahrdienstleiter in der Zentrale nichts anderes übrig, als zu hoffen, daß er den motorisierten Arm des Gesetzes rechtzeitig erreicht hatte.

CHP und LAPD

Harleys im Härtetest

Verkehrspolizist in Puerto Rico.

Das exportierte Machtsymbol

Die bulligen Statussymbole sind nicht nur beim amerikanischen Law Enforcement beliebt. Polizeieinheiten aus aller Welt – vor allem aber in der unmittelbaren amerikanischen Einflußsphäre wie Mittel- und Südamerika – fahren die Schwergewichte aus Milwaukee. Besonders gern gesehen sind sie bei prächtigen Paraden und prestigeträchtigen Eskorten.

Schon in den 30er Jahren waren unter anderem die kanadische Hafenpolizei von Montreal, das Shanghai French Municipal Council in China, die Polizei-Eskorte von Rotterdam in Holland, das Motorrad-Korps und die Zollbehörde von Cucuta in Kolumbien sowie die Verkehrspolizei im südafrikanischen Kapstadt mit Harley-Polizeimaschinen ausgerüstet. Heute gibt es Polizei-Harleys in über 20 Ländern. Die Mexico City Police besitzt die meisten, gefolgt von der Südkoreanischen Nationalpolizei mit etwa 1.500 Harleys.

Über 900 Polizeidienststellen in Nordamerika sind Kunde bei Harley-Davidson. Die New York City Police ist der größte Abnehmer, gefolgt von Florida mit über 90 Police Departments sowie Texas und Kalifornien. Ein gut organisiertes Wartungs- und Rückkaufsystem erleichtert den öffentlichen Diensten ihre Kaufentscheidung. Längst haben die Polizeimaschinen aus Milwaukee die geforderten Standards erreicht. Dazu trug auch das 1992 gegründete Police Advisory Council bei, das in enger Zusammenarbeit mit dem Verkehrsinstitut der Northwestern University alle Wünsche und Probleme der motorradfahrenden Polizeitruppe berücksichtigt. In ständigen Fahr- und Mechaniker-Kursen werden die Motorcycle-Officers aus- und weitergebildet. Inzwischen gibt Harley auch eine eigene Publikation für diese wichtige Kundengruppe und ihre Interessenten heraus: *The Mounted Officer* – eine Art *Enthusiast* für Motorrad-Polizisten.

Typische Polizeistation der Californian Highway Patrol aus den 30er Jahren.

Sie nannte sich „Great White Fleet", die „Große Weiße Flotte", und ihre Kapitäne waren als die härtesten Burschen Amerikas bekannt: die Motorradpolizisten der California Highway Patrol, kurz CHP genannt. Sie wurde am 14. August 1929 gegründet und hatte 1933 inklusive der Verwaltungsangestellten 550 Bedienstete. Diese trugen grüne Uniformen, schwarze Stiefel und schwarze Lederjacken. Hinzu kam eine Smith & Wesson, Kaliber 38 Police Special oder ein Colt. Außerdem waren die Cops bestens in Jiu-Jitsu trainiert. Die CHP-Flotte bestand aus 402 Solomotorrädern und zwei Gespannen. Harleys waren gegenüber Indians in der Überzahl. Zunächst waren alle Fahrzeuge weiß lackiert, und erst später änderte sich diese Lackierung in schwarz-weiß – eine Farbkombination, die kein anderes Fahrzeug in Kalifornien haben durfte. Die Motorräder waren mit diversen Extras ausgerüstet, etwa mit einem bis 100 Meilen (160 km/h) geeichten Tachometer, zwei Zusatzscheinwerfern – einer davon rot – sowie mit einem Feuerlöscher, einem Erste-Hilfe-Set und natürlich der mechanischen Sirene. Im Durchschnitt waren diese Fahrzeuge jeweils 24.100 km pro Jahr im Einsatz.

Die CHP war für die weltweit höchsten Standards und die strengsten Beschaffungsrichtlinien bekannt. In den 70er Jahren testete das CHP-Department auch Hondas und Moto-Guzzis, entschied sich jedoch für 130 Kawasakis, bei denen Harley weder preislich noch qualitativ mithalten konnte. Obwohl Harley nichts unversucht ließ, stoppte bald darauf auch das LAPD (Los Angeles Police Department) alle Eignungstests mit Harleys und gab das ernüchternde Statement heraus, daß die zum Vergleich stehenden Kawasakis die geforderten Standards „um Welten" besser erfüllten. Erst 1983 war das LAPD wieder bereit, Harleys zu testen. Das Ergebnis brachte eine Menge Kritikpunkte: Die Krümmung des Lenkers war unhandlich, der Kupplungshebel erforderte zuviel Kraft, der Schalthebel und der Fußbremshebel waren schlecht zu erreichen, der Seitenständer war schwer zu finden, die Windschutzscheibe hielt den Wind nicht ab, die Fahrstabilität war allgemein schlecht, die Motorvibrationen zu stark, in 45 Grad-Kurvenfahrten setzten der Rahmen und die Trittbretter auf, 150 km/h Höchstgeschwindigkeit waren zu langsam, und der Sitz war nicht gerade bequem. Fazit: Durchgefallen!

Erst mit der neuen 1985er Evolution FXRP Pursuit, die speziell für die Anforderungen der Polizeieinheiten umgerüstet wurde, machte Harley-Davidson diese Beanstandungen wieder gut, und die Tester waren begeistert. CHP und LAPD – die beiden Police Departments in den USA, die vorwiegend Motorräder benutzten – entschlossen sich, nun auch Harley-Maschinen zu ordern. Dabei half wohl die gerade in Mode gekommene, politische „Buy American!"-Kampagne ein wenig mit. Die FXRP und die ab 1993 gebauten FLHTP Police-Modelle waren wieder nach Kalifornien zurückgekehrt – trotz unendlicher Wiederholungen der berühmten TV-Polizeiserie „CHiPs" samt Erik Estradas ewiger Kawasaki.

Feuerwehr und Rotes Kreuz

Einsatzbereit auch in Friedenszeiten

© Harley-Davidson

Stolz präsentiert er das rasante Gefährt, mit dem er schnell zum Einsatzort brausen kann: Milwaukees Feuerwehrhauptmann Kirby.

Die zündende Idee des Texaners Andrew Morales – eine private „fliegende Ambulanz" – wird im *Enthusiast* von 1925 (Nr. 83) vorgestellt.

Als treue und effiziente Helfer öffentlicher und kommunaler Organisationen bewährten sich Harleys nicht nur im Krieg, sondern auch im normalen Leben. Rettungstransporte, Katastropheneinsätze, Überwachungs- und Kontrollfahrten zeigten in vielen Fällen die Überlegenheit gegenüber dem Auto. Einige Beispiele:

In Florida liebte ein Feuerwehrhauptmann seine Harley so sehr, daß er sie zur Chefsache erklärte. Er ließ sie im damals üblichen Rot lackieren und mit der nötigen Sonderausrüstung – Sirene, Rotlichtlampen, Feuerlöscher – versehen und fuhr sie als Dienstfahrzeug bei jedem Brand-Einsatz in vorderster Position. Heute ist diese Harley auf Paraden ein gern vorgeführtes Museumsstück.

Während des zweiten Weltkriegs wurden Harley-Davidson-Motorräder und -Gespanne oft im Sanitätsdienst und für Verwundeten-Transporte eingesetzt. Nach dem Krieg gab es in England mehrere Motorradstaffeln des British Red Cross, die sich The Red Cross Flying Squad nannten und die gewissermaßen auf „fliegende" Einsätze spezialisiert waren, unter anderem bei Sportveranstaltungen und Speedway-Rennen.

Einer Harley-Pressemitteilung aus dem Jahr 1985 zufolge stiftete die deutsche Werksniederlassung in Flörsheim-Wicker dem Deutschen Roten Kreuz zwei California Highway Patrol-Motorräder vom Typ FXRP. Sie wurden zusammen mit drei einheimischen BMW-Maschinen auf der Urlauberautobahn A 8 zwischen München und Salzburg eingesetzt – eine Bewährungsprobe der besonderen Art. Ausgestattet mit Funk, Radio und einem Nothilfe-Medikamenten-Set, flitzten sie wieselgleich durch die kilometerlangen Staus und konnten schneller als jedes Auto auch Unfallorte erreichen. Gefahren wurden sie von ausgebildeten Notärzten mit den Spezialdisziplinen Schwächeanfälle, Herzattacken und Geburten.

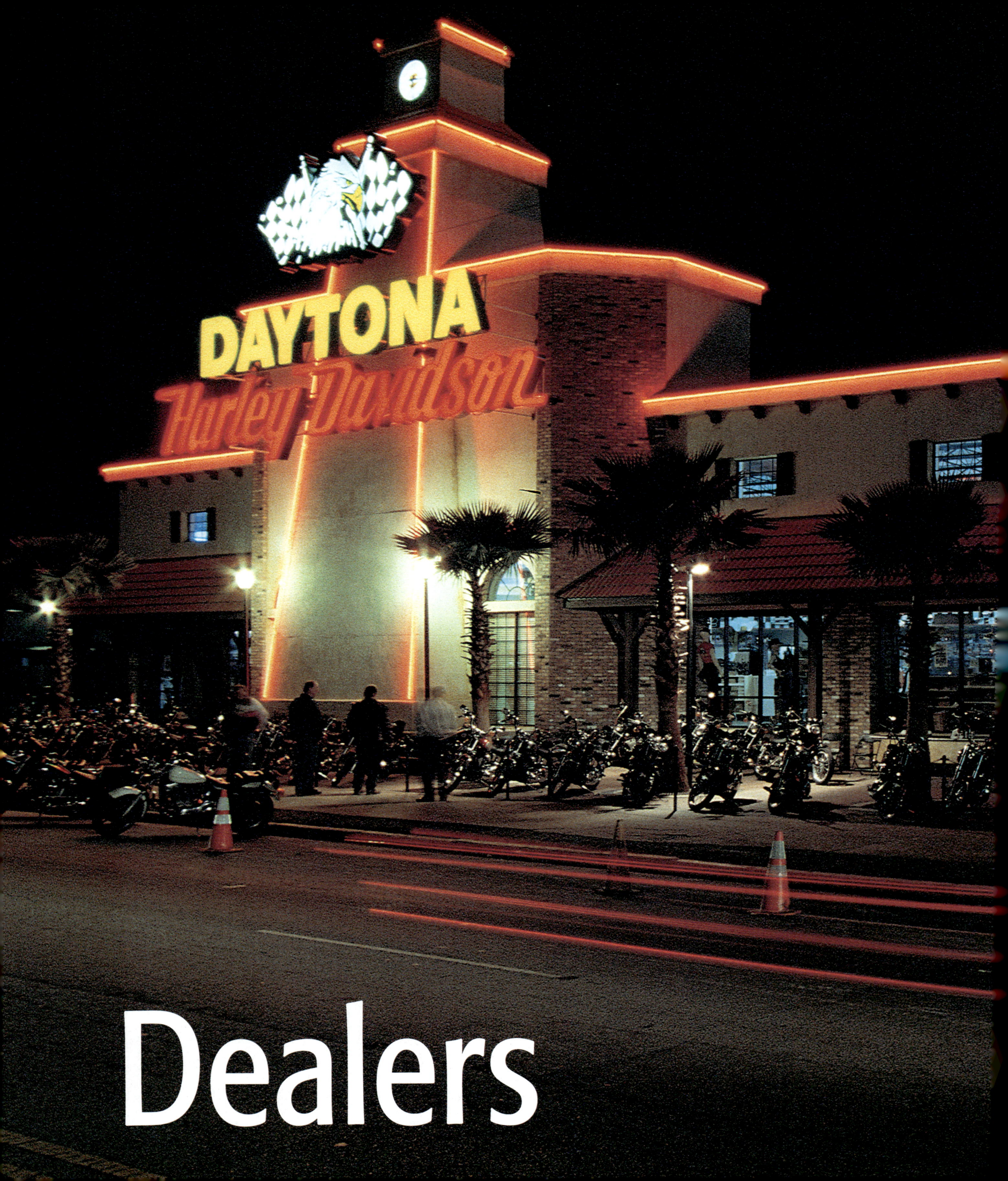

Dealers

DOWNTOWN WELCOMES RACE FANS
MOTOR
HARLEY-DAVIDSON
CYCLES
JOHNNY PAYCHECK

Die knebeligen Verträge

Fremdgehen ausgeschlossen und Zahlen bei Erhalt

Wohl wissend, daß nur ein gut ausgebautes und funktionierendes Händlernetz für Absatz sorgt und Erfolg garantiert, machte sich Arthur Davidson 1907 – unmittelbar nach der offiziellen Firmengründung – auf den langen Weg quer durch die USA. Er begann in Neuengland und reiste von dort weiter nach Süden und bis in den entferntesten Westen, um sein kommendes Reich zu etablieren. Bei seiner legendären Händler-Rekrutierungskampagne hatte er ein zukunftsträchtiges, gewinnversprechendes Qualitätsprodukt in seinem „Musterkoffer" – den neuen Silent Grey Fellow, das Universalmotorrad der damaligen Zeit. Getreu seinem eisern praktizierten Geschäftsprinzip von Markenbindung – Loyalität bei garantierter Gegenleistung – suchte sich Arthur seine neuen „Frontsoldaten" sorgfältig aus. Meist waren es Leute, die schon in einer ähnlichen Branche arbeiteten – Fahrrad- oder Autohändler, Mechaniker und Maschinenschlosser – es waren aber auch völlige Newcomer darunter, die sich eine neue Existenz aufbauen wollten. Dabei sah er besonders auf ihre charakterliche und moralische Eignung, prüfte gewissenhaft das technische Verständnis und Können jedes Bewerbers sowie seine finanzielle Situation und lokale Reputation. Um allen späteren Problemen vorzubeugen, vermied er wohlweislich, Motorradhändler anderer Marken anzuheuern. Die Franchise-Verträge, die er abschloß, waren bis ins letzte Detail ausgeklügelte Meisterwerke einer genialen Gesamtkonzeption – ebenso hart wie seriös und unerbittlich in Finanz- und Loyalitätsbedingungen, was seiner Company später noch viel Ärger bereiten sollte. Trotz der strengen „Standards" gab es aber Ausnahmen. Je nach Bevölkerungsdichte wurden die Händlerschaften in vier Kategorien eingeteilt, wobei in abgelegenen, ländlichen Gebieten von seiten der Company grundsätzlich mehr Zugeständnisse gemacht wurden. Aber auch besonders erfolgreiche Dealer erhielten (manchmal seltsame) Privilegien. Andere, die es mit Arthur nicht so gut konnten, wurden oft rigoros von der Familiengemeinschaft ausgeschlossen. Grundsätzlich galt (und gilt bis heute), daß die Händler ihre bestellte Ware bei Auslieferung sofort bezahlten. Säumige Zahler sind der Company seit jeher ein Dorn im Auge. Die Gewinnspanne wurde – vor allem aus kalkulatorischen Sicherheitsgründen, mal salopp gesagt – ziemlich niedrig gehalten, speziell bei den Motorrädern. Für erfolgreiche Verkäufer gab es am Jahresende einen Bonus – ein später ebenfalls umstrittenes Verfahren. Ansonsten wurden die Dealer aber von der Firma, in deren nahezu völliger Abhängigkeit sie bald waren, finanziell im Stich gelassen. So mußten sie zum Beispiel mit 1,5% Zinsen pro Monat für nicht verkaufte Harleys rechnen – da schmolzen eventuelle Profite schnell dahin. Zudem achtete die Company peinlichst genau darauf, daß ihre Händler keine Produkte der Konkurrenz verkauften – weder Motorräder noch Ersatzteile noch Zubehör. Taten sie es dennoch und kam die Firmenleitung dahinter, wurden meist die auf ein Jahr befristeten Franchise-Verträge gekündigt. Generell galt: Wer sich mit der Konkurrenz einließ – speziell mit dem Erzfeind Indian –, flog bei Harley raus.

Andererseits setzte Harley-Davidson alles daran, daß die Händler nicht zu solchem Zubrot greifen mußten. Seit Anfang der 20er Jahre – besonders aber in den wirtschaftlich schweren 30er Jahren – sorgte die Company mit umfangreicher, teils aggressiver Werbung für die dringend nötige Bedarfsweckung und versorgte gleichzeitig ihre Händlerschaft mit allen nur denkbaren Verkaufshilfen.

So bekamen die Dealer Service Bulletins, Motorcycle Manuals, Motor Repair Manuals, Motor- und Getriebe-Blaupausen, Anleitungen und Ratschläge, wie die „Standards of Practice", und ein über-

Bei schönem Wetter vor dem Laden, bei schlechtem Wetter drinnen – stolz präsentierten die Händler aus der frühen Motorradzeit ihre Harleys in möglichst großer Zahl und perfekter Formation, zeugten sie doch von der geschäftlichen Potenz und der Kompetenz des Händlers.

© Harley-Davidson

Fertig zur gemeinsamen Ausfahrt stehen sie in langer Reihe vor ihrem Händler. Links im Hintergrund: die Benzinstation.

Typisches Ausstellungsarrangement, hier gezeigt von der Hobbie Auto Co. in Hampton, Iowa (unten).

aus reiches, um nicht zu sagen einmaliges Zubehör- und Ersatzteil-Sortiment. Keine andere Motorradfirma konnte ein derartig breit gestreutes Zubehör- und Ersatzteilprogramm aufweisen wie Harley-Davidson, das von der kompletten Bekleidungspalette bis zum mit Firmenlogo bedruckten Bleistift oder Feuerzeug reichte – Grundlage einer fest installierten Markenbindung und unerschöpfliches Sammelreservoir aller Harley-Freaks. Zusätzlich wurden Harley-Dealer und ihre Erfolge – zu denen auch ihre lokalen Aktivitäten im Club- und Sportgeschehen gehörten – in den firmeneigenen Publikationen *The Harley Dealer* und *The Harley-Davidson Enthusiast* ausführlich vorgestellt.

Es zeigte sich rasch, daß Harley-Händler nicht nur ergebene Befehlsempfänger der Headquarters in Milwaukee waren, sondern eigenständige Charaktere, selbstbewußte Geschäftsleute, oftmals Pioniere des Motorradgedankens und nicht selten aufmüpfige Individualisten. Es lag in der Natur der Sache, daß sie mit den Vorstellungen der Company und den Wünschen ihrer örtlichen Kundschaft in Konflikt kamen. Bei sportlichen Veranstaltungen, die vor allem von der lokalen Händlerschaft gesponsert wurden, verschärften sich diese Differenzen noch. Aber natürlich gab es auch bedingungslos treue Harley-Dealer.

Um das Händler-Netz besser in den Griff zu bekommen, teilte Arthur Davidson die Vereinigten Staaten in mehrere große Distrikte und Bezirke ein und etablierte dort Gebietsmanager, die die Dealer in allen geschäftlichen Dingen beraten und ihnen bei allen Problemen helfen sollten, sie aber auch kontrollieren und der Geschäftsleitung in Milwaukee entsprechend berichten mußten. Sie wurden damit so etwas wie Vermittler und Blitzableiter und in Krisenzeiten zu einer Art Unterhändler.

Eine schwierige Zeit für beide Parteien, die sich aufgrund dieser Organisation auf Gedeih und Verderb zusammengeschweißt sahen, waren ohne Zweifel die 80er Jahre. Dealer mußten damals etwa 30.000 Dollar Eigenkapital aufbringen und anspruchsvolle Eignungstests bestehen, um eine befristete Händlerschaft zu erhalten. Das Interesse war sehr groß, aber die Konkurrenz blühte, und es war nicht leicht, ein erfolgreiches Geschäft aufzubauen. Viele Händler mußten ihre Vertretung aufgeben oder liefen zur Konkurrenz über, und die Lage wurde kritisch für Harley.

Seit den AMF-Direktiven bestimmte die Retail Sale & Warranty Registration (RSWR) die Produktionskapazität. Dieses 1978 eingeführte Kontrollsystem zeigte in monatlicher Folge an, was die Händler verkauft hatten und was noch nicht, und bestimmte dementsprechend die laufenden Produktionsziffern.

Natürlich tat die Company alles, um ihre Produktverteiler bei der Stange zu halten. Die Dealer Conventions – aufwendige, jedes Jahr im August stattfindende Händlertagungen mit Vorstellung der neuesten Produkte und Strategien in festlicher Umgebung mit prächtigen Banketten – waren obligatorisch, doch nicht immer verliefen sie befriedigend, was die Sorgen und Wünsche der Händler betraf. Interne Schulungen und technische Kurse für Mechaniker und Werkstattpersonal hatte Harley-Davidson schon seit dem Ersten Weltkrieg eingeführt und später zu einer Art Fachhochschule mit Diplom-Abschluß ausgeweitet.

Insgesamt ist das Verhältnis zwischen Harley-Davidson und seiner Händlerschaft immer sehr lebendig gewesen – mit den typischen Hochs und Tiefs des Geschäftslebens. Inzwischen haben aber beide Seiten gelernt, miteinander umzugehen – in der nüchternen Erkenntnis, daß man nur dann gemeinsam leben und profitieren kann, wenn man die Bedürfnisse beider Partner berücksichtigt.

Ein Teil der großen und mächtigen, weltweiten Händlerschaft soll hier wertungsfrei und stellvertretend für alle ihre Kollegen vorgestellt werden – soweit das im Rahmen dieses Buches möglich ist.

Die späte Würdigung

Zwar verboten, aber üblich: geheime Preisabsprachen

Ein repräsentativer Harley-Laden aus den 30er Jahren: Kenny's Harley-Davidson in Kansas City.

Young *aggressive management*

WALTER C. DAVIDSON
Vice President — Sales

As an authorized Harley-Davidson dealer, you will become an important member of a successful business organization.

Harley-Davidson has the experience gained from the past but is directed by a young, aggressive management team. The sons of the founders have grown up with the Company and are now directing the continued growth of the Company in a progressive manner.

Representatives of the major departments meet regularly to review Company operating policies, initiate searching market studies and to plan now — for your tomorrow. As a direct result of this team work, the Company is alerted to every opportunity which might improve its competitive position and make your dealership even more valuable and more profitable.

The Company is continuing to expand its line of motorcycles and a whole new market is being opened up with the development of a line of motor scooters. Many new luxury features are being perfected and will be added on a regular basis to keep Harley-Davidson at the TOP in product quality and performance.

This young-minded management team meets regularly to plan now . . . for your tomorrow. The success of Harley-Davidson Motor Co. is based directly on the success of each dealer.

Harleys Händlerschaft! Von Anfang an ein schwierig zu managender Haufen von Charakteren und Individualisten, nicht selten Nonkonformisten und manchmal auch Rebellen.

Speziell im motorradaktiven Kalifornien wechselten sie oft und gerne zwischen verschiedenen Marken und Tätigkeiten hin und her, unterstützten mal diese, mal jene Sportveranstaltung, machten viel Geld oder auch schon mal Pleite, legten sich mit ihrer Firma oder der AMA bzw. FAM an, sponserten Sportler, tunten und manipulierten Rennmaschinen, gründeten und unterstützten Motorradclubs oder Associations, und nicht immer waren sie von der absoluten Markenbindung zu überzeugen, sehr zum Verdruß von Präsident Walter Davidson, der jeglichem Kontakt zur Konkurrenz – und sei es nur persönlich – mit unerbittlicher Härte begegnete. Oft mußte Bruder Arthur, der die Probleme der Händler aus eigener Anschauung besser kannte und verstand, als Vermittler einspringen.

Im Herbst des Jahres 1916 gab Arthur Davidson bekannt, daß er seine amerikanische Händlerschaft in verschiedene geographische Distrikte einteilen würde, um damit eine bessere und überschaubare Bindung an die Company zu erreichen. Gleichzeitig erwirkte er damit auch eine bessere Kontrolle.

In jedem Distrikt gab es einen Gebietsmanager. Dieser mußte über alle Händler in seinem Bezirk genaue Dossiers anlegen und sie der Geschäftsführung zur Überprüfung vorlegen. Danach wurde entschieden, ob der Franchise-Vertrag des jeweiligen Händlers erneuert wurde.

Beinahe wie in der Apotheke: Schau- und Verkaufsraum eines Harley-Händlers in Milwaukee.

© Harley-Davidson

Anders als bei Indian oder Excelsior konnten Harleys Händler nie direkt im Werk selbst einkaufen. Der gesamte Einkauf wurde über die Bezirksvertreter abgewickelt. Nur bei lokalen Händlern, die in Milwaukee ansässig waren, wurden Ausnahmen gemacht. Die Händler konnten jedoch, um hohe Transportkosten zu sparen, ihre Motorräder persönlich in Milwaukee abholen. Dabei wurden sie stets zu geführten Besichtigungen – sogenannten Guided Tours – durch die Fabrik eingeladen.

In den 20er Jahren erging mehrfach eine interne Richtlinie der Firmenleitung an die Händler, in der diese aufgefordert wurden, ihre Läden und die Werkstätten ordentlich, sauber, attraktiv und hell zu halten. Der Grundtenor lautete: das Produkt in der rechten Umgebung präsentieren!

Obwohl er offiziell jeden Kontakt zu anderen Motorradherstellern strikt ablehnte, nahm Walter Davidson an ständigen Geheimkonferenzen teil, die er teilweise sogar selbst einberufen hatte. Als Repräsentant der größten Motorradfabrik hatte er eine starke Position, die er unnachgiebig gegen seine Mitkonkurrenten – wie Indian, Excelsior, Cleveland, Reading Standard und andere – ausspielte und vor allem (zwar illegale, aber allgemein übliche) Preisabsprachen durchsetzte, um einem ruinösen Wettbewerb vorzubeugen.

Eine seiner umstrittensten Ideen anläßlich einer solchen Geheimabsprache war die – in der eigenen Firma längst zum Usus gewordene – Forderung der „totalen Markenbindung". Alle Motorradhändler sollten darauf verpflichtet werden, grundsätzlich nur die Produkte einer einzigen Marke verkaufen zu dürfen. Nur widerwillig gab Indians Präsident Frank J. Weschler dieser rigorosen Forderung nach, da er sehr wohl um die Nöte und Sorgen seiner Händler wußte.

Aber auch er mußte erkennen, daß in dem sich bereits abzeichnenden harten Überlebenskampf zumindest das Weiterbestehen der größten Firmen durch diese Maßnahme Erfolg versprach. Und selbst wenn das verschiedene Händler damals anders sahen, war es doch gerade die von Walter Davidson einfach und emotionslos praktizierte geschäftliche Maxime, nur seiner eigenen Firma den Fortbestand zu sichern und nicht Indian, Excelsior oder irgendwem sonst, die letztendlich Erfolg hatte.

Blickt man heute auf das zurück, was aus all den großartigen amerikanischen Motorradherstellern geworden ist, kann man Walter Davidsons oftmals als stur und unfair gescholtene Entscheidung gar nicht genug würdigen.

Eine der ersten Harley-Dealerships in Neu England. Noch wartet eine Lieferung Silent Grey Fellows darauf, ausgepackt zu werden.

© Harley-Davidson

Frühe Händler aus aller Welt: England (oben links), Japan (unten links), Mexico City (unten).

In großformatigen Anzeigen, wie hier kurz vor dem Zweiten Weltkrieg, suchte die Company neue Händler (rechts).

Daten und Fakten

1913 – Die erste Harley-Vertretung wurde in Kanada gegründet.

1920 – Harley-Davidson etablierte eine eigene „Kader-Abteilung“ für südafrikanische Händler.

1921 – Harley-Davidson hatte Vertretungen in 67 Ländern.

1922 – Broschüren wurden für den Export in den Sprachen Dänisch, Italienisch, Französisch, Spanisch, Niederländisch, Schwedisch und Deutsch gedruckt.

In seiner Nummer 27 aus dem Jahr 1920 berichtet *The Harley-Davidson Enthusiast* von zahlreichen Besuchen ausländischer Harley-Händler, die das Werk in Milwaukee besichtigten und sich über die Methoden der Herstellung, Reparaturen und Verkaufsstrategien ausgiebig informierten.

Unter ihnen waren im Jahr 1919 Signor Mario Landucci und Amleto Orlandi aus Lucca in Italien, ferner Mr. Gulliver, Repräsentant der Firma Bartle & Co. aus Johannesburg in Südafrika, der sogar zwei Monate blieb.

Ebenfalls von einer Filiale der Firma Bartle & Co. war Mr. W. W. Haak aus Pretoria angereist. Aus Holland besuchte ein Mr. L. Van Beckhoven das Werk, und aus Neuseeland war Mr. Frank R. Jones, Harley-Davidson-Importeur aus Christchurch, angereist.

1924 erließ die Company ein neues Händlerprogramm, um eine „bessere Versorgung in kleinen Städten und Landgemeinden zu erreichen“: Nebenerwerbshändler, die nicht in der Motorradindustrie direkt tätig waren, konnten jetzt an Wochenenden oder den abendlichen „after hours“ Harley-Motorräder verkaufen. Die seltsame Initiative hieß „Part Time Dealerships“ und hatte vor allem ein Ziel im Auge: sie sollte der Konkurrenz kleinerer Motorradfirmen das Wasser abgraben.

1927 entwickelte Arthur Davidson ein neues Konzept, um seine Klientel bei der Stange zu halten: Seine Vertragshändler sollten mit ihren Kunden gemeinsame Ausfahrten und Touren zu Sportveranstaltungen organisieren und sie so zu markengebundenen Aktivitäten animieren. Der Name dafür: „Pay as You Ride“.

Händler für alles: Fahrräder, Tabak, Soft Drinks und Benzinstation, vor allem aber Harley-Davidson-Motorräder. Ein typisches Bild aus den 20er Jahren mit dem lokalen Law Enforcement.

Als der Absatz in den 30er Jahren immer weiter zurückging, wurde es unter den Händlern üblich, voll ausgerüstete Modelle sofort abzuspecken (zu „strippen"), um dann alle demontierten Teile als teures Extra-Zubehör wieder zu verkaufen. Angeboten wurden meist nur die blanken Basis-Modelle mit Solosattel, ohne Windshield, Zusatzlampen oder Saddlebags.

Hauptgrund waren vor allem die nunmehr heftig propagierten Club-Wettbewerbe um die Best-Equipped-Trophäen, die wahre Dekorationsorgien auslösten. Individuell überladene Full Dresser waren in Mode gekommen, und manche preisgekrönte Harley sah eher wie ein übertakelter Weihnachtsbaum aus. Die geschickt vermarktete Strategie half jedoch den Händlern über die schwere Zeit der Wirtschaftskrise mit profitablen Zusatzgeschäften hinweg.

Kurz nach dem Zweiten Weltkrieg: hier der Harley-Händler King aus Jonesboro, Arkansas, auf der Craighead County Fair.

1931 gab Präsident Walter Davidson bekannt, daß ab sofort alle Polizeimotorräder direkt vom Werk an die Law-Enforcement-Agenturen verkauft würden – eine interne Maßnahme, um alte Bestände schneller, weil billiger – abzubauen. Das löste bei den Händlern, die bisher Polizeimotorräder nicht nur profitabel verkauften, sondern sie auch zu besonders kulanten Bedingungen warteten und reparierten, sofort wütende Proteste aus. Sie verloren dadurch nicht nur lokalen Einfluß, sondern auch ihre vertragliche Provision, die 25% betragen konnte.

Wie schwierig das Leben in der Wirtschaftskrise Anfang der 30er Jahre war, berichtet Tom Sifton, Händler aus San Francisco, in einer Dokumentation des Historikers Jerry Hatfield: Es war üblich, sieben Tage in der Woche zu arbeiten, meist bis spät in die Nacht hinein. Motorräder waren kaum noch an den Mann zu bringen, und kaum jemand hatte noch Geld. Aber immer öfter mußte Tom Sifton Reparaturen durchführen und liegengebliebene Motorräder aller Art oft aus Entfernungen von über 300 km in seine Werkstatt schleppen – ob sonn- oder werktags sowie zu jeder Tages- und Nachtzeit. Üblicherweise kümmerte er sich an Sonntagen noch intensiv um das Clubleben, das ein wichtiger Bestandteil seiner Verpflichtungen war, so daß seine Frau genauso hart mitarbeiten mußte. Durchschnittlich hatte er etwa nur 50 Dollar im Monat, um sein Geschäft und die Familie durchzubringen ...

Harley-Davidson Sales and Service

Service! This dandy picture shows the sales and service establishment of the Bronx Motorcycle Mart Inc., New York City. These Harley-Davidson dealers realize the importance of "service with a smile."

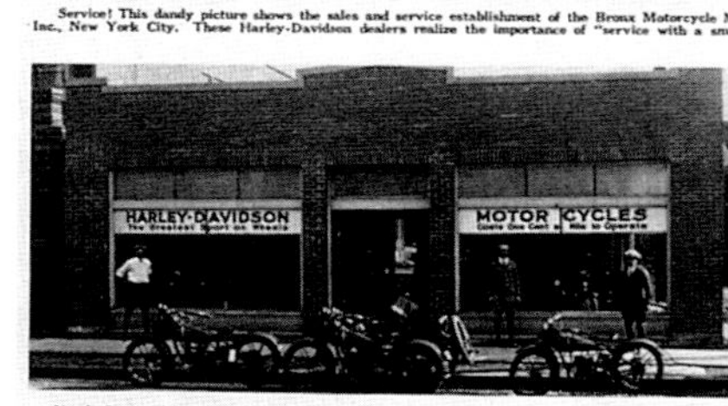

Here's Louis Fluke's new Harley-Davidson store in Dayton, Ohio. It may be rightly called the "house that service built." The personnel left to right: R. Underhill, Louis Fluke, proprietor, and serviceman Ray Eddy.

In Denver! A crowd of motorcyclists gathered at H. D. Cooper's store in Denver, Colorado. This is not an uncommon scene for where Harley-Davidsons are sold there's always something doing.

Händlerschaften waren von jeher Treffpunkt aller Harley-Fahrer.

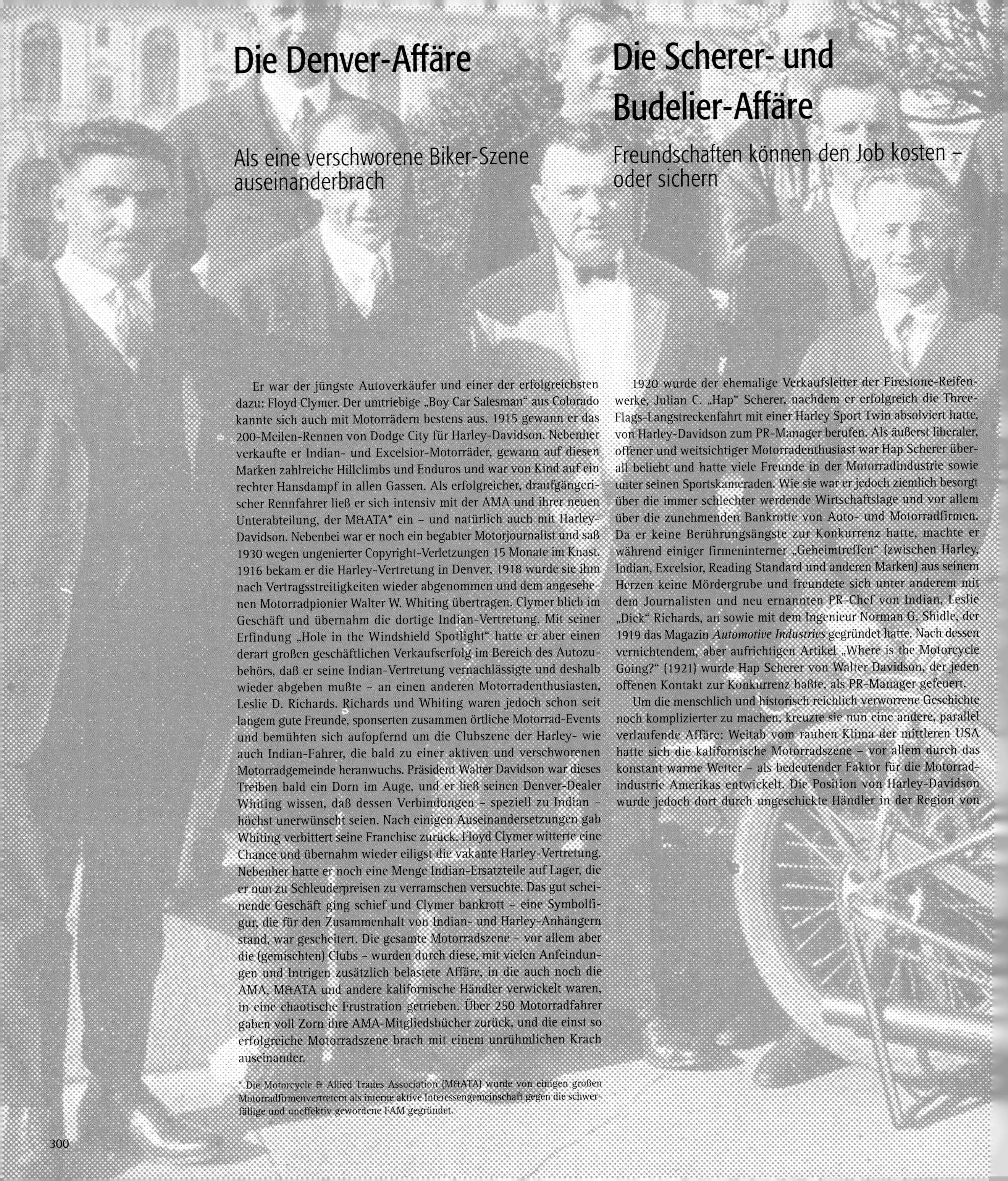

Die Denver-Affäre

Als eine verschworene Biker-Szene auseinanderbrach

Er war der jüngste Autoverkäufer und einer der erfolgreichsten dazu: Floyd Clymer. Der umtriebige „Boy Car Salesman" aus Colorado kannte sich auch mit Motorrädern bestens aus. 1915 gewann er das 200-Meilen-Rennen von Dodge City für Harley-Davidson. Nebenher verkaufte er Indian- und Excelsior-Motorräder, gewann auf diesen Marken zahlreiche Hillclimbs und Enduros und war von Kind auf ein rechter Hansdampf in allen Gassen. Als erfolgreicher, draufgängerischer Rennfahrer ließ er sich intensiv mit der AMA und ihrer neuen Unterabteilung, der M&ATA* ein – und natürlich auch mit Harley-Davidson. Nebenbei war er noch ein begabter Motorjournalist und saß 1930 wegen ungenierter Copyright-Verletzungen 15 Monate im Knast. 1916 bekam er die Harley-Vertretung in Denver, 1918 wurde sie ihm nach Vertragsstreitigkeiten wieder abgenommen und dem angesehenen Motorradpionier Walter W. Whiting übertragen. Clymer blieb im Geschäft und übernahm die dortige Indian-Vertretung. Mit seiner Erfindung „Hole in the Windshield Spotlight" hatte er aber einen derart großen geschäftlichen Verkaufserfolg im Bereich des Autozubehörs, daß er seine Indian-Vertretung vernachlässigte und deshalb wieder abgeben mußte – an einen anderen Motorradenthusiasten, Leslie D. Richards. Richards und Whiting waren jedoch schon seit langem gute Freunde, sponserten zusammen örtliche Motorrad-Events und bemühten sich aufopfernd um die Clubszene der Harley- wie auch Indian-Fahrer, die bald zu einer aktiven und verschworenen Motorradgemeinde heranwuchs. Präsident Walter Davidson war dieses Treiben bald ein Dorn im Auge, und er ließ seinen Denver-Dealer Whiting wissen, daß dessen Verbindungen – speziell zu Indian – höchst unerwünscht seien. Nach einigen Auseinandersetzungen gab Whiting verbittert seine Franchise zurück. Floyd Clymer witterte eine Chance und übernahm wieder eiligst die vakante Harley-Vertretung. Nebenher hatte er noch eine Menge Indian-Ersatzteile auf Lager, die er nun zu Schleuderpreisen zu verramschen versuchte. Das gut scheinende Geschäft ging schief und Clymer bankrott – eine Symbolfigur, die für den Zusammenhalt von Indian- und Harley-Anhängern stand, war gescheitert. Die gesamte Motorradszene – vor allem aber die (gemischten) Clubs – wurden durch diese, mit vielen Anfeindungen und Intrigen zusätzlich belastete Affäre, in die auch noch die AMA, M&ATA und andere kalifornische Händler verwickelt waren, in eine chaotische Frustration getrieben. Über 250 Motorradfahrer gaben voll Zorn ihre AMA-Mitgliedsbücher zurück, und die einst so erfolgreiche Motorradszene brach mit einem unrühmlichen Krach auseinander.

* Die Motorcycle & Allied Trades Association (M&ATA) wurde von einigen großen Motorradfirmenvertretern als interne aktive Interessengemeinschaft gegen die schwerfällige und uneffektiv gewordene FAM gegründet.

Die Scherer- und Budelier-Affäre

Freundschaften können den Job kosten – oder sichern

1920 wurde der ehemalige Verkaufsleiter der Firestone-Reifenwerke, Julian C. „Hap" Scherer, nachdem er erfolgreich die Three-Flags-Langstreckenfahrt mit einer Harley Sport Twin absolviert hatte, von Harley-Davidson zum PR-Manager berufen. Als äußerst liberaler, offener und weitsichtiger Motorradenthusiast war Hap Scherer überall beliebt und hatte viele Freunde in der Motorradindustrie sowie unter seinen Sportskameraden. Wie sie war er jedoch ziemlich besorgt über die immer schlechter werdende Wirtschaftslage und vor allem über die zunehmenden Bankrotte von Auto- und Motorradfirmen. Da er keine Berührungsängste zur Konkurrenz hatte, machte er während einiger firmeninterner „Geheimtreffen" (zwischen Harley, Indian, Excelsior, Reading Standard und anderen Marken) aus seinem Herzen keine Mördergrube und freundete sich unter anderem mit dem Journalisten und neu ernannten PR-Chef von Indian, Leslie „Dick" Richards, an sowie mit dem Ingenieur Norman G. Shidle, der 1919 das Magazin *Automotive Industries* gegründet hatte. Nach dessen vernichtendem, aber aufrichtigen Artikel „Where is the Motorcycle Going?" (1921) wurde Hap Scherer von Walter Davidson, der jeden offenen Kontakt zur Konkurrenz haßte, als PR-Manager gefeuert.

Um die menschlich und historisch reichlich verworrene Geschichte noch komplizierter zu machen, kreuzte sie nun eine andere, parallel verlaufende Affäre: Weitab vom rauhen Klima der mittleren USA hatte sich die kalifornische Motorradszene – vor allem durch das konstant warme Wetter – als bedeutender Faktor für die Motorradindustrie Amerikas entwickelt. Die Position von Harley-Davidson wurde jedoch dort durch ungeschickte Händler in der Region von

Die Risden- und van-Order-Affäre

Der Zufall in Form einer brennenden Werkstatt

Los Angeles und San Diego zunehmend geschwächt. Erst als der damalige Gebietsmanager Vern Guthrie Rich Budelier kennenlernte und dem hochgewachsenen, ideenreichen und genialen Motorradfan mit großer persönlicher Ausstrahlung die Vertretung von San Diego andiente, ging es dort wieder aufwärts.

Los Angeles blieb allerdings Harleys Sorgenkind. Auf einer Inspektionsreise war Arthur Davidson entsetzt über den verwahrlosten Zustand seiner dortigen Dependance, die sich mitten in einer schmuddeligen Straße voller „obskurer" Motorradläden befand, die ständig die Polizei beschäftigten. Vern Guthrie überredete seinen Chef daraufhin, Rich Budelier, dem erfolgreichen Dealer aus San Diego, die Filiale in Los Angeles zu übertragen. Rich Budelier nahm an, überließ seine gutgehende San-Diego-Filiale den beiden erfahrenen Harley-Enthusiasten und Rennfahrern Roy Artley und William J. Ruhle und eröffnete in Los Angeles einen großen neuen, attraktiven Laden an der Ecke Main und Adams Street, weit weg von der übel beleumundeten Motorcycle Row. Und nun kommt der allseits beliebte und von Harley in Ungnaden entlassene Hap Scherer wieder ins Spiel: Sofort bot Rich Budelier seinem alten Bekannten Hap den Posten eines Verkaufsdirektors an. Walter Davidson war darüber so wütend, daß er schon den Vertrag mit Rich Budelier kippen wollte, wurde aber schließlich von Bruder Arthur davon überzeugt, daß Hap Scherers Beliebtheit und Popularität auch für das Image von Harley-Davidson von Nutzen sei, und Budelier blieb – samt seinem neuen Verkaufsleiter im Amt – erfolgreich, versteht sich, trotz des heimlichen Grolls seiner obersten Personalchefs ...

Obgleich Rich Budelier alle Anstrengungen machte, das vernachlässigte Terrain von Los Angeles für Harley-Davidson zurückzuerobern, verlor er die ersten Runden gegen seinen dortigen Widersacher, den erfolgreichen Indian-Dealer C. Will Risden, der ihm einige lukrative Aufträge des Police Department weggeschnappt hatte. Inzwischen hatte auch Präsident Walter Davidson eine interne Direktive erlassen, in der er alle Harley-Händler davor warnte, mit Will Risden irgendwelche Geschäfte zu machen. Als Risden sich 1925 jedoch in sein Privatleben zurückziehen wollte, gab es beim Verkauf seiner Händlerschaft eine überraschende Wende. Anstatt sie wie geplant dem integren Indian-Mann Thomas Callahan Butler zu verkaufen, machte überraschenderweise ein gewisser A. F. van Order – u.a. Gründer der Motorsportvereinigung Trail Blazers und enger Vertrauter von Rich Budelier – das Geschäft, indem er Butler um ein Vielfaches überbot. Ein paar Wochen später ging unter zwielichtigen Umständen die neuerworbene Indian-Vertretung in Flammen auf, und das Gerücht, daß van Order und Rich Budelier dahintersteckten, hielt sich hartnäckig, obwohl ihnen nichts bewiesen werden konnte. Jedenfalls gab es drei Jahre lang keine Indian-Vertretung mehr in Los Angeles, erst 1928 baute Albert C. Crocker, der aus Kansas City kam, sie wieder auf.

Inzwischen hatte auch der kalifornische Harley-Repräsentant Vern Guthrie nach einer Auseinandersetzung mit Walter Davidson sein Amt bei Harley niedergelegt und übernahm in Monterey eine Autovertretung für Essex und Hudson. Nachdem er 1930 mit diesem Geschäft scheiterte, wurde er freischaffender Motorjournalist.

Beide Affären haben unter der gesamten Motorradhändlerschaft Kaliforniens jahrelang für ziemliche Aufregung gesorgt und viele alte Freundschaften zerstört.

Das Hintergrundbild zeigt ein Gruppenfoto der Northern California Harley-Davidson Dealers Association anläßlich einer Konferenz in den 20er Jahren. Im Vordergrund das erste nach Kalifornien gelieferte Seitenventil-Single-Modell.

Die Pflichtveranstaltung

Effektivität kommt erst beim Treffen an der Bar

Nach 1930 spielten die nunmehr ständig einberufenen regionalen Dealer Meetings eine immer wichtigere Rolle. Üblicherweise fanden sie jedes Jahr im Herbst statt, manchmal auch im Frühjahr zur Saisoneröffnung, und auf ihnen wurden der gesamten Verkaufstruppe die Modelle des kommenden Jahres vorgestellt. Die Presse war nicht zugelassen. Dafür waren stets die wichtigsten Repräsentanten des Werks und der Company anwesend, allen voran Walter und Arthur Davidson, sowie technische Zulieferer, Techniker, Konstrukteure und als Gäste Familienmitglieder und assoziierte Freunde. Die Teilnahme aller Händler war obligatorisch und wurde als Voraussetzung für den Weiterbestand der Franchise-Verträge angesehen.

Wie der Historiker Harry W. Sucher, der einige Male an diesen Händlertagungen teilgenommen hat, berichtet, war es üblich, daß Präsident Walter Davidson eine „bombastische" Eröffnungsrede hielt, in der er Firmenpolitik und Erfolge verherrlichte, die konservativen Management-Methoden der Familie hervorhob und stets stolz darauf hinwies, wie glücklich er sei, daß die Firma noch nicht in die Hände „geldgieriger Bankiers" gefallen sei. Im Anschluß folgten verschiedene Vorträge über die anstehende Modellstrategie, technische Neuerungen, neues Zubehör, neue Produkte – die meist im Foyer ausgestellt waren – und Verkaufstaktiken sowie die allgemeine Firmenpolitik.

Aussprachen mit den zwischen Langeweile und Ehrfurcht lauschenden Händlern fanden allerdings nicht oder nur sehr selten statt. Das Beste an diesen Meetings aber war übereinstimmend das gesellige Beisammensein in der angrenzenden Bar, wo man sich menschlich näherkam, Erfahrungen austauschen konnte und viele der anstehenden Probleme besprechen, wenn nicht gar lösen konnte.

Die Hofberichterstattung über diese Conventions oblag dem Firmenmagazin *The Enthusiast* – natürlich tendenziös und das herausstellend, was die Öffentlichkeit im Sinne der Firmenbosse erfahren sollte.

Ständige Schulung war eine Maxime der Company. Hier das Abschlußbild eines Lehrgangs aus den 30er Jahren; vierter von links in der hinteren Reihe: Walter Davidson.

Die Rebellion der Händler

Ein falscher Ton baut harte Fronten

Die Franchise-Bedingungen für die Händler waren in den meisten Fällen unerbittlich strikt, und jedes Jahr wurde im fernen Milwaukee hauptsächlich aufgrund der akribisch geführten Bezirksvertreter-Berichte darüber entschieden, ob die Konzession wieder für ein weiteres Jahr verlängert wurde.

Die Händler waren sich aber von jeher ihrer Macht bewußt – sind sie doch in Wirklichkeit die Firma, zumindest ihren Kunden gegenüber. So gab es regelmäßig kleinere oder größere Aufstände, und je nach Ansehen und Umsatz eines aufmüpfigen Dealers schlug die Company hart zu oder hielt sich abwartend zurück, ohne je mit Warnungen und Drohungen zu sparen.

Um mit ihrer Verkaufsorganisation besser kommunizieren zu können, gab die Company von Anfang an ein eigenes Mitteilungsblatt, die *Dealer News*, heraus und gründete später ein beratendes Konsortium aus Händlerkreisen – das Harley-Davidson Dealers Advisory Council (DAC). Der oft erhobene Vorwurf, dieses Gremium sei eine firmenhörige Marionetten-Vereinigung, war sicher falsch, aber manchmal sah es so aus, als träfe das Management Entscheidungen, ohne die Wünsche und Probleme seiner „Fronttruppe" zu berücksichtigen.

Zum Eklat kam es 1983, als Harleys CEO Vaughn Beals kurz nach dem Rückkauf von AMF – vom brutalen Klima der Vorstandsetage gestählt – überall die Zügel straffziehen mußte, um der Company eine Überlebenschance auf einem veränderten Markt zu sichern, und anläßlich einer Händlertagung einige harte Fakten vorlegte. In seiner stets direkten Art schlug Beals eine rauhe Gangart ein und stellte ein neues Mehrpunkteprogramm vor, das ab sofort strikt zu befolgen sei: Ein kundenorientiertes und attraktives Showroom-Ambiente (Designer Store) mit einheitlich vorgegebenem neuen Standard sollte das Image der Firma heben. Im Firmenjargon nannte man das Corporate Identity (CI). Extrem kundenfreundlich sollten sie sein, die neuen Händler, Aushängeschild ihrer Firma, wohlsortiert, sauber und keine Schmuddelbude in zwielichtiger Nachbarschaft. Jeder, der den Laden betrat, sollte willkommen sein, abfällige Bemerkungen über „Japan-Schrott" oder andere Überheblichkeiten sollten tabu sein: Der Kunde war ab jetzt König und hatte grundsätzlich recht. Das war nicht unbedingt neu, aber für Harley ein gewaltiger Turnaround.

Die Händler hörten es mit Erstaunen und gemischten Gefühlen. Was sie aber in Rage brachte, war die von Beals festgelegte Reduzierung ihrer Verdienstspanne (bei Big-Twin-Verkäufen) von 25 auf 20%. Als Ausgleich bot er ihnen einen Bonus von 5% an, den sie sich als „Extra" verdienen konnten, wenn sie sich den neuen Spielregeln und Bedingungen unterwarfen und an Schulungen teilnahmen. Das abschließende Statement klang sehr diktatorisch nach: „So ist es nun einmal, Leute, und damit basta!"

Für die Firma war dies sicher ein richtiges Programm und langfristig für die Händler erfolgsträchtig, aber im Ton und in der Form hatte sich Beals damals völlig vergriffen.

Das Bonus-Bucks-Programm wurde zum Auslöser einer heftigen Revolte. Viele düpierte Händler, die zum Teil schon jahrzehntelang treu und allen Widrigkeiten zum Trotz zu ihrer Firma gestanden hatten, schlossen sich zu einer neuen Vereinigung – der National Harley-Davidson Dealers Alliance – zusammen, die aggressiv gegen das Management vorging und, teils mit falschen Anschuldigungen, Ärger machte. Fast über zwei Jahre standen sich verhärtete Fronten unversöhnlich gegenüber.

Vaughn Beals, der die Vorstandsbeschlüsse auf Gedeih und Verderb durchführen mußte, hatte keine andere Wahl, als unnachgiebig hart zu bleiben, und so fühlten sich die Händler wieder einmal verraten und mit ihren Sorgen und Problemen im Stich gelassen. Erst mit der Zeit konnte Jim Marcolina, der Marketingmanager, diese Barriere abbauen und die Händler davon überzeugen, daß die Firma sehr wohl voll hinter ihnen stand.

Eine typische Händlerschaft aus den 70er Jahren: Harley-Davidson von Sante Fe, New Mexico.

Die friedliche Koexistenz

Sonne über Riverside wärmt Honda und Harley

SKIP FORDYCE MOTORCYCLE CENTER
HONDA
Harley-Davidson
Buell
7840 INDIANA AVENUE, RIVERSIDE, CALIFORNIA 92504

Als die Company 1949 ihren Händlern strikt den Verkauf der bisher so beliebten und profitablen Cushman-Roller untersagte, um ihren eigenen Leichtgewicht-Motorrädern nicht selbst Konkurrenz zu machen, waren die Händler zwar verärgert und geschockt, hielten sich aber zähneknirschend an die restriktive Anweisung. Allerdings tanzten bald ein paar Rebellen – auch mit anderen Produkten als dem Cushman – aus der Reihe. Einer davon war der allseits beliebte, sehr erfolgreiche und respektierte Harley-Händler Arthur „Skip" Fordyce aus Riverside, Kalifornien. Mit der Begründung, daß Harley-Davidson kein alternatives Modell in der Mittelklasse anbieten konnte, übernahm er eine Ariel- und Triumph-Vertretung, deren Modelle er als eine wichtige Ergänzung für das Harley-Programm ansah, das nur Leicht- und Schwergewichte bot, während die Nachfrage nach den 350er und 500er Singles und Twins immer mehr zunahm. Trotz aller Drohungen und Warnungen, seine Franchise zu verlieren, blieb Fordyce bei seiner Entscheidung. Im Zuge heftiger Auseinandersetzungen, die auch eine böse Attacke durch den Gebietsmanager A. S. Goodwin beinhaltete, wurde Skip Fordyce immer mehr durch die, wie er sagte „diktatorische Firmenpolitik", frustriert, sah sich jedoch angesichts Hunderter ermunternder und zustimmender Briefe und Telegramme anderer Harley-Händler bestätigt. Letztlich aber behielt er seine Harley-Konzession. Ein anderer Händler war nicht so glücklich – an ihm glaubte Harley-Davidson ein Exempel statuieren zu müssen: Carl's Cycle Service in Minneapolis, das eine BSA- und Zündapp-Vertretung übernommen hatte, wurde der Harley-Vertragshändlerstatus entzogen.
Bei Skip Fordyce ist man aber auch heute noch dem Prinzip der Koexistenz treu geblieben. In seinem Laden in Riverside werden neben Harley-Davidson auch Motorräder des ärgsten Konkurrenten verkauft: Honda. Erstaunlicherweise geht die Welt nicht unter.

USA: Händler in den 70ern

Einige Stützpunkte der Company: lizensierte Harley-Händler. Petersen HD, Key West, FL, HD of Beaumont, TX, Sports Ltd. HD Hattiesburg, MS, mit Händler Andy Moore, Jim's Harley-Davidson in Yuma, CA (v.o.n.u.).

Neue Freunde und immer viel zu sehen – Harley-Händler aus den 70er Jahren waren die Magnete für die kleiner werdende, aber treue Harley-Szene.
Großes Bild: Robbie Robertson aus Ocean Springs, MS, darunter Mr. C's (Cutrera), HD of Morgan City, LA (unten) und HD of Colusa, CA (unten rechts).

Der Haudegen aus San Francisco

Rennen und Stunts als Motorrad-Marketing

Der bekannteste und berühmteste Harley-Händlername dürfte wohl Dudley Perkins sein. 1893 in Kern bei Bakersfield, Kalifornien, geboren, war Dudley Perkins von klein auf ein von Motorrädern und Motorradsport besessener Junge. Er fuhr bei Geländerennen mit, wo immer er konnte, und arbeitete in seinen Schulferien in der Jerome-Garage – ein Job, den ihm der Indian-Rennfahrer Hap Alzina verschaffte – und danach als Mechaniker bei dem bekannten Indian-Händler Gus Shelane in San Francisco. Als 14jähriger war er mit Motorrädern der Marken Reading Standard, Excelsior, DeLuxe, Jefferson oder Harley-Davidson bestens vertraut und gewann 1911 sein erstes Rennen – den One-Miler in Stockton. Seiner Braut zuliebe gab er 1914 das „gefährliche" Dirt-Track-Rennen auf und fuhr dann 1915 ebenso begeistert und erfolgreich Hillclimb-Rennen. Dudley Perkins hatte die AMA-Mitgliedsnummer 12 und war Life Member des AMA Competition Congress. Zehn Jahre lang hielt er den Titel des „West Coast National Hillclimb Champion". Auch für verrückte und ebenso gefährliche Stunts war er stets zu haben. Zunächst als Partner des Motorradhändlers Al Maggini aus San Francisco eröffnete er 1914 in der 626. Market Street seine berühmte Exclusive Harley-Davidson Dealership – Harley-Davidson Dudley Perkins Co. San Francisco, die sich seither die „Oldest Dealership still in Business" nennen darf.

Schon bald nach seiner Geschäftseröffnung wurde er der größte Package-Truck-Händler (Harleys kommerzielle Lastenseitenwagen) Amerikas und machte zudem gute Geschäfte im Ersten und Zweiten Weltkrieg mit Surplus-Motorrädern aus Militärbeständen, die er in großen Mengen preiswert erstand, umlackierte und weiterverkaufte. Als sich die California Highway Patrol (CHP) etablierte, versorgte er sie mit Harleys und unterrichtete die Motorradpolizisten als technischer Schulungsinstrukteur. Selbst erfolgreicher Motorradsportler, erkannte Dudley Perkins schon früh die Bedeutung des Motorradsports für die Vermarktung einer Marke und setzte sich auch in seinen späten Jahren unvermindert für seinen geliebten Rennsport ein. Er sponserte stets eine ganze Menge von Rennfahrern, darunter auch Mert Lawwill und Mark Brelsford.

Dudley Perkins mußte seinen Laden mehrere Male vergrößern und umbauen. Heute sind es zwei große Lokalitäten voll mit historischen Dokumenten, Bildern und Motorrädern, die 1968 von seinem Sohn Dudley jun. übernommen wurden. Einige Jahre lang betrieb er auch in Oakland eine Filiale. Der legendäre Familienbetrieb ist ein Muß für jeden Harley-Freund, der San Francisco besucht – allein schon, um danach stolz sagen zu können: Ich war bei Dudley Perkins!

Der ursprüngliche Laden von Dudley Perkins in den 50er Jahren.

Das neue Geschäft in der Page Street und der Storage-Raum des alten Ladens (Bild unten Mitte).

Dudley Perkins war einer der bekanntesten Hillclimb-Champions seiner Zeit.

Der jährliche Love Ride

Pamela, Easy Rider und 30.000 Biker für Kranke

Prominenz beim Love Ride: Peter Fonda (oben) und Larry Hagman (unten).

1976 gegründet, ist Harley-Davidson of Glendale Ende der 90er Jahre einer der größten Dealerships der USA und bietet in aufwendig gestalteten Art-Deco-Show- und Verkaufsräumen eine beeindruckende Sammlung historischer und aktueller Harleys.

Hinzu kommt ein nahezu unüberschaubares Angebot an Bekleidung, Zubehör- und Ersatzteilen sowie den besten Aftermarket-Produkten im Bereich Zubehör und Custom-Teilen. Bekannt geworden ist Oliver Shokouh aber vor allem durch seinen alljährlichen Love Ride, eine weltberühmte – inzwischen auch in der Schweiz organisierte – Wohltätigkeitsveranstaltung zugunsten der Muscular Dystrophy Association, die 1984 zum ersten Mal stattfand und bei der nach einer etwa 80 km langen gemeinsamen Ausfahrt Barbecue, Live-Konzerte mit Top-Bands, eine riesige Trade Show sowie reichlich Prominenz zum Anfassen auf die Biker warteten – darunter Jay Leno, Peter Fonda, Larry Hagman, Willie G. Davidson, Pamela Anderson, Lorenzo Llamas, Jackson Brown, ZZ-Top und viele andere.

Inzwischen ist der Love Ride zum größten Fundraising Event der Welt geworden – mit 20.000 bis 30.000 Motorradfahrern und einem Ertrag von über 1 Mio. Dollar für muskelkranke Kinder.

Besonders beliebt sind auch die vielen Special Events – wie Ostereier-Suchen, eine große Sommer- und Bademodenschau, ein Weenie Bite Ride, der Midnight Madness Sale, die Halloween-Party und diverse Holiday-Open-House-Parties –, die Harley-Davidson of Glendale das ganze Jahr über veranstaltet.

Initiator und Harley-Händler: Oliver Shokouh.

Prominenz beim Love Ride II: Brett Michaels und Pamela Anderson.

Der Schöpfergenius von Oakland

Wilde Kreationen – nicht nur für Harleys

Ein wahrer Palast ist das neue Harley-Imperium von Bob Dron in Oakland mit riesigen Schauräumen und einem Office, in dem sich der Chef sichtlich wohl fühlt (Bild rechts).

Bob Dron gilt als einer der fantasievollsten und extremsten kalifornischen Custom-Designer, Tuner und Stylisten – sowohl für Hot-Rod-Autos als auch für Harley-Davidson-Umbauten. 1970 gründete er in Concord, Kalifornien, seine Spezialfirma American Chopper Enterprises – eine Werkstatt, aus der einige der radikalsten und wildesten Kreationen kamen, die auf internationalen Shows und Ausstellungen Aufsehen erregten und Preise bekamen – wie etwa die berühmte Heritage Royale (1990), die auch Einzug in die Ausstellung „The Art of the Harley" der Londoner Kunstgalerie Barbican hielt.

Nach langjährigen Bewerbungen bekam Bob Dron 1981 die Harley-Davidson Franchise von Oakland, Kalifornien, und eröffnete dort 1993 eine riesige Firmenvertretung, die heute als die größte Harley-Niederlassung der Welt gilt. Allein der elegante, in Art-Deco-Design gestaltete Showroom verfügt über eine Fläche von 3.000 m².

In seinem neuen Custom- und Hot-Rod-Imperium stehen neben den neuesten Harley-Modellen auch fantastische Custom Bikes und Cars von „mild bis wild". Sechsmal hat Bob Dron den begehrten Bar & Shield Circle of Excellence Award der Company erhalten – eine besondere Auszeichnung für außergewöhnliche Leistungen und Performance.

1994 wurde er mit seiner Gattin Tracey vom führenden amerikanischen Motorrad-Handelsmagazin *Dealer News* zum „Motorradhändler Nr. 1" gewählt. 1992 war er Gewinner der Grand National Oakland Roadster Show. Jedes Jahr veranstaltet Bob Dron den bekannten Charity Event B.I.G. Run mit einer großen Lebensmittelsammlung für bedürftige Mitbürger.

Angefangen hatte es wesentlich bescheidener, wie ein Bild aus den 70ern zeigt: Bob Dron (2.v.l.) mit Custom-Freunden und Arlen Ness (ganz links).

Das größte Sortiment

MotorClothes, Film Bikes und Custom Harleys: Show Time im Glaspalast

„Come in and see!" lautet das einladende Motto, eine Aufforderung an jedermann, den attraktiven Harley-Designer-Store von Bill Bartels in Marina Del Rey näher zu beschnuppern. Er ist es in jedem Fall wert – schon der aufragende Glaspalast, der einmal einen Automobil-Showsalon beherbergte, ist imposant, aber drinnen wartet „The Los Angeles' largest selection of Officially Licensed Harley-Davidson T-Shirts, MotorClothes and Accessories" auf die staunende Kundschaft, die schon vom nahegelegenen Strandzirkus des Venice Beach allerhand gewöhnt ist. Natürlich hat Bartels HD auch eine breite Palette von Stock- und Super-Custom-Harleys im Angebot mit tausend witzigen Ideen. Aber das ist nicht alles. Der Name Bartels steht außerdem für zahlreiche Sonderanfertigungen, die der Spezialist Gene Thomason für aufwendige Film- und Videoproduktionen sowie Stunt Shows zusammenbaut – das nahegelegene Hollywood läßt grüßen. Teilweise werden bei den Dreharbeiten bis zu zehn Harley-Filmbikes verbraten, die alle perfekt maßgeschneidert sein müssen.

Daneben unterhält Bartels noch eines der bekanntesten Harley-Davidson Racing Teams Amerikas und sponsert so bekannte Harley-Champions wie Jay Springsteen, Mike Hale und Shawn Higbee. Werkstattleiter Will Pfizenmaier ist das technische Genie hinter dem Bartels Racing Department, und die zahlreichen Siegestrophäen in Bartels' Showroom gehören auch ihm.

Bei Bartels HD in Marina Del Rey (unten links) ist einer der versiertesten Experten für Harley-Motoren am Werk: Will Pfizenmaier (links) und sein Reich (unten).

BARTELS' Performance Products MARINA DEL REY, CA
WILL PFIZENMAIER

ROBISON
MOTORCYCLES
Daytona Beach, Florida
Since 1962

Der gute Geist von Daytona

Robison hält, was Harley verspricht

Legendäres Zentrum in Daytona: Laden und Werkstatt von Joe Robison (Mitte, hinter der Theke). Ein frühes Bild aus seinem Familienalbum zeigt ihn mit Sohn und Tochter auf einem K-Modell von 1952 in Ohio (unten).

Es war für mich eine schicksalhafte Begegnung, als ich bei meinem ersten Besuch zur Bike Week 1975 Joe Robison kennenlernte, der als Harley-Händler den Traum meines Lebens gleich in mehrfacher Ausfertigung vorrätig hatte. Ein Jahr später verkaufte er ihn mir dann: eine wundervolle FX Super Glide zum Preis von 2.500 Dollar, was damals ungeheuer viel Geld für einen Schmalspur-Touristen aus Germany war.

Joe sorgte sich von Anfang an rührend um jede Kleinigkeit, versorgte mich und meine Freunde mit unzähligen guten Tips, notwendigen Kleinigkeiten und Eintrittskarten für Rennen und Veranstaltungen – kurzum, wir wurden bald gute Freunde, und Joe Robisons magischer Laden an der Volusia Avenue (gleich hinter den Bahnschranken) wurde seither zur ersten und wichtigsten Anlaufstelle, bevor wir uns in den Trubel der Daytona Bike Week stürzten. Das Traummotorrad war jedoch von Anfang an eine rechte Katastrophe: Rostige Schrauben und Muttern waren obligatorisch, und schon am ersten Tag brach die Unterbrecherfeder. Aber „no problem" – Joe Robison brachte alles schnell und gründlich in Ordnung (kostenlos natürlich), und anschließend fuhr meine Freundin Claudia das Ungetüm ohne größere Pannen 20.000 km durch Amerika. Wieder am Ausgangspunkt angekommen, konnte ich mit gutem Gewissen sagen: Wäre Joe nicht gewesen, hätte ich wahrscheinlich eine andere Meinung von Harley-Davidson bekommen.

Joe Robison verkaufte Anfang der 90er Jahre aus persönlichen Gründen – seine Tochter wurde schwer krank – die Harley-Franchise von Daytona, behielt sich aber das Recht vor, sein Geschäft, die Werkstatt und das Rennteam, das er so lange Zeit aufgebaut hatte – Joe war früher selbst aktiver Harley-Rennfahrer –, weiterzuführen, solange ihm das noch möglich ist. Sein Name wird für immer mit den Daytona-Rennen und der Bike Week verbunden bleiben. O.Z.

Der Rekordhalter von Ohio

Der beständigste Harley-Tresen

Alfred D. Farrow (1889–1927), der im Alter von 23 Jahren A. D. Farrow Harley-Davidson in Nelsonville, Ohio, eröffnete, war unter jenen ersten 200 Händlern, die Arthur Davidson 1912 in seiner legendären Rekrutierungskampagne für die Company anwarb.

Seither blieb er strikt bei dieser Marke, heiratete Lillian Matheny, mit der er zusammen das Geschäft betrieb, bis er 1924 die Gelegenheit hatte, die Harley-Vertretung von Columbus, Ohio, zu übernehmen. Die Farrows waren kompromißlose Motorrad- und Harley-Fans – sie besaßen nicht mal ein Auto – und gründeten den berühmten Buckeye Motorcycle Club. Als A. D. Farrow unerwartet am 11. Oktober 1927 starb, hinterließ er drei Kinder: Jane, Donald und Robert; seine Frau Lillian, die den Laden perfekt weiterführte, wurde so die erste weibliche Harley-Händlerin. 1939 starb der älteste Sohn bei einem Motorradunfall. Am 21. Januar 1948 heiratete Donald Farrow seine Freundin Dorothy und übernahm die Harley-Dealership, die ihr Freund H. B. Kinnel treuhänderisch weitergeführt hatte, und Dorothy erledigte unter anderem nun die Buchhaltung. Die Farrows eröffneten einige Filialen – zum Beispiel in Newark, Ohio, und an der Parsons Avenue in Langley, wo Jane Farrow Geschäftsführerin wurde. Jane wurde auch aktives Mitglied bei den Motor Maids und freundete sich mit deren Präsidentin Dot Robinson an.

In den 60er Jahren unterstützten die Farrows vor allem Dragster-Rennen und den Bau von Custom Bikes. Der verstärkte Verkauf von Harley Golfcarts bescherte den Farrows 1963 ein besonders profitables Geschäftsjahr. Inzwischen war auch Tochter Donna zur begeisterten Harley-Fahrerin geworden und vertrat die Farrows als jüngstes aktives Mitglied der Motor Maids bei Paraden und Veranstaltungen. 1970 übernahm Bobby Farrow (der Sohn von Don und Dorothy) das Familienunternehmen. Langjährige Freunde der Familie – Al Doerman und seine Gattin Pat – erwarben 1983 das Geschäft. Beide engagierten sich besonders in H.O.G.-Aktivitäten und gaben 1997 eine riesige Festveranstaltung zum 85. Jubiläum der Firma, die das Privileg hat, sich als die „Oldest Continuously Operated Harley-Davidson Dealership in America" bezeichnen zu dürfen.

Prominenz bei Farrows: Willie G. und Nancy Davidson mit den heutigen Besitzern Pat und Al Doerman (Bild links).

Der Texaner

Barnett liefert Harleys

Als Sherman Barnett 1977 seine Harley-Vertretung in El Paso – damals noch an der Montana, Nr. 9.505 – eröffnete, ahnte kaum jemand, was für eine innovative Kraft in dem groß gewachsenen, energiegeladenen Texaner steckte. Durch seinen internationalen Handel mit gebrauchten Harleys wurde „Sherm" Barnett rasch weltweit bekannt. Anfang der 90er Jahre, als eine allgemeine Knappheit an Harleys die Preise hochschnellen ließ, waren diese aus den USA kaum noch zu beziehen. Nur Barnett konnte liefern – zwar teuer (also nichts für spekulierende Zwischenhändler), aber nahezu alles!

Sherm Barnett und seine neue Niederlassung in El Paso, Texas.

1995 eröffnete Sherman Barnett an der Kreuzung Interstate 10, Gateway East eine gigantische neue Niederlassung, den „Super Store". Zum zweitägigen Volksfest des Grand Opening fanden sich über 15.000 Besucher ein, sechs Bands spielten auf, und alles – nicht nur der neue 5.111 m² große Laden – hatte texanische Dimensionen, die, wie man ja weiß, immer etwas größer und gewaltiger sind als sonstwo auf der Welt. Ein riesiges Ersatzteillager an neuen und gebrauchten Teilen sowie Zubehörartikel lassen keine Wünsche unerfüllt.

Barnett nahm für diese Operation den bisher größten Kredit der Company-eigenen Harley-Davidson Motor Credit Bank von 1,3 Mio. Dollar für 30 Tage in Anspruch – etwa zwei Drittel seines Monatsumsatzes. Typisch für den geschäftstüchtigen Texaner: Er hat keine Scheu, über Geld zu reden.

Eine seiner neuesten, ausgesprochen verrückten, aber beliebten Ideen ist seit 1997 das Eine-Million-Dollar-Enten-Rennen: 30.000 durchnumerierte Plastik-Enten zum Lospreis von 5 Dollar werden in den Grenzfluß von El Paso, den Rio Grande, gekippt und nach ein paar Kilometern in einer Trichter-Röhre wieder eingefangen – ähnlich wie bei einer Lottomaschine. Der Reinerlös ist natürlich für eine gute Sache vorgesehen – er geht an das YMCA-Jugendcenter. Als weitere Attraktion bei Barnett gilt die stets gut bestückte Low Rider Show.

US-Harley-Dealers

Harley-Dealers heute: HD of Santa Barbara, CA (oben links), Wisconsin HD in Oconomovok, WI (rechts), Phil Petersen, HD of Miami, FL (oben rechts) und HD in Bettendorf, IA.

Dale's HD in Mt. Vernon, ILL (oben links), Dick Farmer's HD Orlando, FL (oben rechts), HD of Stuart, FL (unten links) und Hutchins HD, Yucca Valley, CA.

Brunswick HD in Troy, NY (oben), Illinois HD in Berwyn, ILL (oben links), Central Maine HD in Bangor, ME (oben rechts) und White's HD in Lebanon, PA (unten).

Dealer-T-Shirts

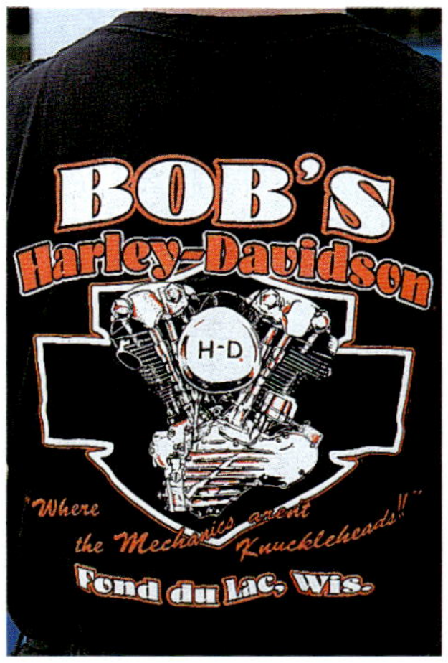

Zu den beliebtesten Pflichtübungen bei jedem Harley-Davidson-Dealerbesuch gehört der Kauf eines T-Shirts. Als Souvenirs sind sie begehrte Objekte der wohl ausgeprägtesten Sammelleidenschaft aller Harley-Fahrer. Dementsprechend attraktiv ist die Auswahl bei den Händlern.

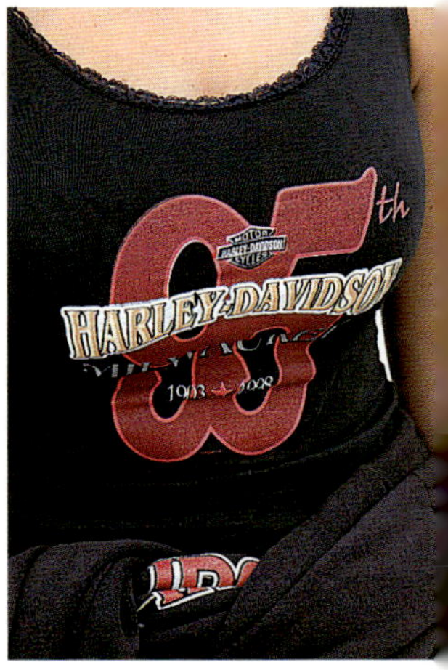

Die Lust am Nutzlosen

Von der Harley-Unterhose bis zur Bandanna

Die neue Generation: einige typische Harley-Designer- und Art-Deco-Stores, prachtvoller Glanz innen wie außen: Gerold Vogel AG in Weinfelden/Schweiz (oben), HD of Chicago, IL/USA (oben Mitte und rechts), Bartels HD in Marina Del Rey, CA/USA (unten Mitte) und Pauki's in Berndshofen/Deutschland (rechts unten) sowie Bob Dron in Oakland, CA/USA (ganz unten).

Der Harley-Laden! Nur mit ehrfürchtiger Scheu wagtest du, ihn zu betreten. Es roch verführerisch nach Öl, Benzin und diversen Schmiermitteln, und im Hintergrund rumorte der Mechaniker mit metallenen Geräten herum. Harley-Heaven! Das elitäre Zentrum eines legendären Motorrads. Da wurde schon mal rauh angefahren, wer nicht sogleich fand, was er suchte: „... Kommen Sie wieder, wenn Sie wissen, was Sie kaufen wollen, Sie stehlen mir nur die Zeit. Und sagen Sie Ihren Rotznasen, daß sie gefälligst ihre Schmutzfinger von den Bikes lassen sollen! ..." Na ja, so oder ähnlich.

Früher mußte man es sich hart verdienen, zum Kreis der Erlauchten und Erlesenen zu gehören. Selbst Prospekte wurden nur zögerlich unter der Theke gehandelt. Selige Zeiten, in denen sich nicht jeder x-beliebige Schickimicki-Möchtegern-Freak eine Harley kaufen konnte, nur weil sie gerade in ist (und er das Geld dazu hat).

Elitäres Gebaren hielt jedoch den Markt klein, und wer wollte schon eine Harley kaufen, wenn er sich zunächst einem kritischen Eignungstest oder gar einer Gesichtskontrolle unterziehen mußte? So ließ – leider – der Umsatz recht zu wünschen übrig, die alten Harley-Freaks waren ziemlich zurückhaltend, wenn es um den Kauf eines neuen Motorrads ging.

Doch die Zeiten haben sich geändert. Heute heißen die Harley-Läden „Stores" und sind oft chromblitzende, neonblinkende Paläste, vollgepackt mit allen Herrlichkeiten, die auf die eine oder andere Weise mit dem Mythos Harley zu tun haben.

Harley-Läden sollen das Aushängeschild der Company sein, und nachdem sich diese nach ihrer Eigenständigkeit 1982/83 der neuen Marktsituation anpassen mußte, waren auch die Händler im Zuge des CI-Programms gefordert. Das Designer-Store-Programm wurde zur Basis für den neuen Harley Store, ein wohlsortiertes, hochglanzpoliertes Shopping Center: hell, luftig, freundlich. Ein Supermarkt mit diversen Unterabteilungen, in denen für jeden etwas zu finden ist, ob er nun eine Harley kaufen will oder nicht.

Die Modeboutique etwa, offiziell „Harley-Davidson MotorClothes" genannt, worunter alles zu verstehen ist, was zum originalen Harley-Outfit gehört – von der Harley-Unterhose bis zur stilecht gefransten Lederjacke, einschließlich unzähliger modischer Accessoires, von der obligaten Sonnenbrille bis zum unverzichtbaren Biker-Kopfschmuck, der Bandanna. Ergänzt wird diese Ausrüstung durch Gold- und Silberschmuck und alles, was der Harley-Fahrer oder die Harley-Fahrerin zum täglichen Leben braucht: Parfüm, Lotion, Geschirr, Armbanduhren, Duftspender und dergleichen, bis hin zum Billardtisch oder der Wurlitzer-Orgel. Original Harley-Davidson versteht sich.

Im Coffee Shop der Harley-Vertretung duftet immer frischgebrühter Kaffee auf der Warmhalteplatte, und wenn ein Händler besonders aufmerksam ist, steht genügend Gebäck zur Selbstbedienung bereit. In Amerika sind dies die unverzichtbaren Schachteln voller Donuts!

Ganz in der Nähe einer komfortablen Sitzgelegenheit sollte auch die Infothek vorhanden sein, an der kostenlose Prospekte, Kataloge oder Veranstaltungsdrucksachen sowie diverse Magazine ausliegen und vor allem das „bulletin board" zu finden ist, jenes schwarze Brett, das vor Zetteln, An- und Verkaufsgesuchen, Nachrichten und Visitenkarten überquillt. Wer sie alle studiert hat, ist über das gesamte Umfeld der lokalen Szene nahezu umfassend informiert.

Besonders interessant ist natürlich auch die Sammler-Ecke, wo es die „collectibles" gibt, eine ungeheure und erschreckend teure Fülle von herrlichem, nutzlosem Kleinkram, der leidenschaftlichen Sammlern die Tränen in die Augen treibt, vor allem, wenn einem brillantenbesetzten Silbermodell das Schildchen „Not for Sale" beigefügt ist. Möglicherweise gehört es zur exklusiven Dealers Collection, einer Art Shop-Museum, das historische Fotos und andere klassische Exponate ausstellt. Alle Wände und Regale sind vollgehängt mit chromblitzenden „Genuine Harley-Davidson Parts & Accessories", mit denen Harleys bis zum glitzernden Full Dresser individuell hochgerüstet werden können.

Selbstverständlich kann jeder auf den neuesten Modellen probesitzen, und für die Kleinen ist ein Kids Corner eingerichtet, in dem sie nicht allzuviel Unheil anrichten können. Kurz – es ist eine Lust, einen modernen Harley-Designer-Store zu besuchen und herumzuschnüffeln, und irgend etwas findet man immer. Doch letzten Endes wird der persönliche Umgangston mit den Kunden den guten Ruf der Händler und damit auch das Image von Harley-Davidson bestimmen.

Ein alter Mann und die Company

Corporate Identity und Sentimentalität vertragen sich nicht

Harry Molenaar in seinem alten Harley-Laden – er erhielt die Ehrenplakette von der Company für seine treuen Dienste. Als er sich aus dem Geschäftsleben zurückzog, wurde seine langjährige Handelsniederlassung von einer neuen Franchise abgelöst.

Dealers' World I

Battle of Britain

England – Harleys schwierigster Markt

Der junge Kavallerist Frederick James Warr kehrte aus dem Ersten Weltkrieg als ausgebildeter Motorradmechaniker zurück und wurde 1924 offizieller Harley-Davidson-Händler in London. In den 20er und 30er Jahren erfreuten sich die Maschinen aus Milwaukee einer kleinen, aber treuen Anhängerschaft, obwohl die britische Konkurrenz nicht nur stark, sondern auch preiswerter war. Gegen altehrwürdige Hersteller wie Triumph, BSA, Royal-Enfield, Rudge, Velocette oder Brough-Superior konnten die großvolumigen Amerikaner

Robert Warr, Londoner Harley-Händler in dritter Generation.

nur schwer ankommen. 1939 klopfte wieder der kontinentale Gegner aus dem Ersten Weltkrieg an die Tür – zunächst zaghaft, dann im August und September 1940 während der Luftschlacht um England ganz heftig. Doch sowohl die deutschen Bomber wie auch die späteren V-Waffen-Angriffe verschonten das Geschäft in der Kings Road 611 am westlichen Ende Londons. Nach dem Kriegseintritt der USA rollte zum zweiten Mal in diesem Jahrhundert eine Lawine an Material auf den „unsinkbaren Flugzeugträger" England. Und wieder einmal waren es die V-Twins aus Milwaukee, die einen Großteil der zweirädrigen Kriegsunterstützung lieferten. Als Verbindungs-, Kurier- und Transportfahrzeuge versahen die WLAs ihren Dienst in allen Teilstreitkräften der Alliierten – allerdings fast ausschließlich weit hinter der Front.

Nach dem Sieg mußten Harley-Enthusiasten lange Zeit auf neue Modelle aus Milwaukee warten: Das britische Import-Verbot schützte die einheimischen Hersteller bis Mitte der 50er Jahre vor Konkurrenz, und es war unter anderem F. H. Warr, der mit Eingaben an die britische und amerikanische Regierung dieses Import-Verbot kippte. An der Wand hängt die gerahmte Eingabe an den amerikanischen Kongreß vom März 1957, welche die Rückkehr von Harleys auf die Insel in Gang setzte. Hatte Fred Warr sich bis dahin mit der Wartung und Instandsetzung „entmilitarisierter" WLAs beschäftigt, wurde er nun Harley-Davidson-Importeur für England. Noch immer war die Konkurrenz stark, und selbst während der 80er und 90er Jahre konnte man nicht gerade von einem Harley-Boom sprechen. Aber in einem Land mit starkem Hang zum Traditionellen fand sich noch immer ein harter Kern von Harley-Enthusiasten, der dem V-Twin die Treue hielt. H. R.

Die anerkannte Autorität

Ein Kanadier mit Gespür für Biker-Wünsche

Winterstürmen trotzend, fuhr er mit einem klapprigen Auto, seine Flat-Track-WR-Harley auf dem Hänger, zigtausende Kilometer quer durch Amerika, nur um an den Beach-Rennen in Daytona teilnehmen zu können. Als guter Kanadier verkaufte er neben seiner bevorzugten Marke Harley-Davidson auch englische und deutsche Motorräder. Trotz Warnungen und Widerständen brachte er die ersten japanischen Motorräder nach Kanada und wurde der erste Honda- und später auch Yamaha-Importeur der englischsprachigen Welt. Zugleich war und blieb er Generalimporteur für Harley-Davidson. 1985 wurde er 65jährig als erstes Nicht-US-Mitglied für fünf Jahre in das höchste Führungsgremium von Harley-Davidson berufen. Seinem Einfluß und energischer Ablehnung zufolge wurde das umstrittene „Projekt NOVA" des wassergekühlten Harley-Vierzylinders gekippt. Zahlreiche neue Typen wurden von ihm unter verschärften Bedingungen unerbittlich getestet, seine Vorschläge immer beachtet und seine Empfehlungen befolgt, wie etwa die Installierung der 23 Mio. Dollar teuren neuen automatischen Lackieranlage. Als erfolgreicher Rennfahrer und Track Racer unterhält er heute noch Rennteams in Kanada und den USA. Wenn ihm jemand dumm kam, ließ er auch schon mal seine Fäuste sprechen. Er trainierte das Polizei-Drill-Team von Vancouver und spendete sofort 1.000 Dollar, als sich die kanadische Biker-Rechtsorganisation BCCOM (British Columbia Coalition of Motorcyclists) zusammen mit den Hells Angels gegen behördlichen und staatlichen Zwang sowie Polizeiterror etablierte, und bekam daraufhin die Mitgliedsnummer Eins. Seine berühmte alljährliche Customer Appreciation Day Party war mehr von befreundeten Hells Angels besucht als von anderen Kunden. Sein unglaublich zuverlässiges und sicheres Gespür für die Bedürfnisse des Marktes und die Wünsche der Motorradszene machten ihn zur absoluten Autorität und nebenbei noch zum Millionär. Trev Deeley – dritte Generation einer marktbeherrschenden Fahrrad-, Auto- und Motorradhändler-Dynastie, Rennfahrer, Biker, Manager, ein Vollblut-Motorrad-Charakter von klein auf: Mit sieben Jahren fuhr er schon eine Indian-Scout, die er jedoch nicht anhalten konnte! Aber seine Erfolge und Siege kamen nie leicht, stets waren sie von Rückschlägen, Niederlagen, persönlichen und familiären Katastrophen und Tragödien überschattet. Über sein unglaublich vielseitiges und aufregendes Leben hat der Journalist Frank Hilliard eine faszinierende Biographie geschrieben. 1993 eröffnete die Fred Deeley Ltd. in Richmond, nahe am Vancouver Airport, ihr großartiges Motorrad- und Harley-Davidson-Museum. Der Eintritt ist frei.

Dealers' World II

Trotz aller Gemeinsamkeiten hat doch jeder einzelne der Harley-Läden, die über die ganze Welt verstreut sind, seinen ganz spezifischen Charakter: HD Prag/Tschechien (links oben), HD der Vereinigten Arabischen Emirate in Dubai (rechts oben), HD of Marseille/Frankreich (unten), HD Turin/Italien (ganz unten) und HD of São Paulo/Brasilien (rechts).

Das Lächeln in ihren Gesichtern spricht für sich: Ihr freundlicher Harley-Händler erwartet Sie! HD of Mexico (ganz oben), Moto-Senn HD in Densbüren/Schweiz (links), Magna HD in Santo Domingo/Dominikanische Republik (oben), HD of Tokyo/Japan (rechts oben) und Caraibes HD in Guadelupe (rechts unten).

Die deutsche Harley-Legende

Ein Stück Motorradgeschichte bei Suck in Hamburg

Georg Suck und seine Familie bei einem Ausflug ins Grüne und vor seinem Geschäft in Hamburg.

Schon als kleiner Junge interessierte sich Georg Suck (geboren 1890) für alles, was Motoren hatte, und als junger Mann reparierte er alle zwei- und vierrädrigen Gefährte, die im nahegelegenen internationalen Hafen ankamen. 1910 machte er sich selbständig und gründete die Firma Georg Suck, die einzige weit und breit, die sich mit Harleys auskannte, und so wurde die kleine Werkstatt bald Anlaufpunkt für jeden Harley-Fahrer, der sich mit seinem Motorrad über den großen Teich gewagt hatte. Nach dem Ersten Weltkrieg waren die Zeiten nicht mehr so rosig, und Georg Suck versuchte alles mögliche, um zu überleben. Schließlich wurde Harley auf ihn aufmerksam und übertrug ihm zunächst die deutsche Auslandsvertretung, bis Georg Suck 1924 offizieller Harley-Händler und -Importeur wurde.

Als von 1934 bis 1956 in Deutschland Einfuhrverbot für Harleys herrschte, mußte sich Georg Suck mit anderen Marken über Wasser halten – etwa mit Borgward, BMW Isetta und der NSU Janus. Aber stets standen ein paar Harleys in seiner Niederlassung, und Harley unterstützte ihn mit „Liebesgaben"-Lieferungen. Schließlich wurde Georg Suck 1956 der erste (und einzige) Harley-Händler und Generalimporteur für Deutschland. Sein Sohn Ewald führte ab 1961, als Georg Suck starb, die älteste Harley-Vertretung Europas zusammen mit seiner Frau Waltraud weiter. Und obwohl ab 1969 auch Laverda und Honda im Programm geführt wurden, blieb die Firma Georg Suck Harley-Davidson zeitlebens treu – auch wenn sie die 1971 erhobene Forderung von Harley-Davidson nach einer 500%igen Umsatzsteigerung und Sofortbezahlung als Voraussetzung für den Erhalt der Franchise nicht mehr erfüllen konnte ... und wohl auch nicht erfüllen wollte. Das berühmte Geschäft nahe den Deichtorhallen, über das in kurzen Abständen Fernzüge und die Hamburger S-Bahn donnern, ist ein legendärer Treff für die Harley-Szene geblieben und vollgepackt mit den unglaublichsten Dokumenten und Reliquien seit frühester Harley-Zeit. Die Firma Georg Suck – eine deutsche Motorrad-Legende, die Harley-Davidson-Geschichte geschrieben hat ...

An der Mauer auf der Lauer: Harleys zum Mitnehmen – neu oder gebraucht – so einfach war das damals. Abgesehen vom Geld allerdings, denn zu den billigsten Maschinen gehörten auch die abgetakeltsten US-Twins nicht gerade.

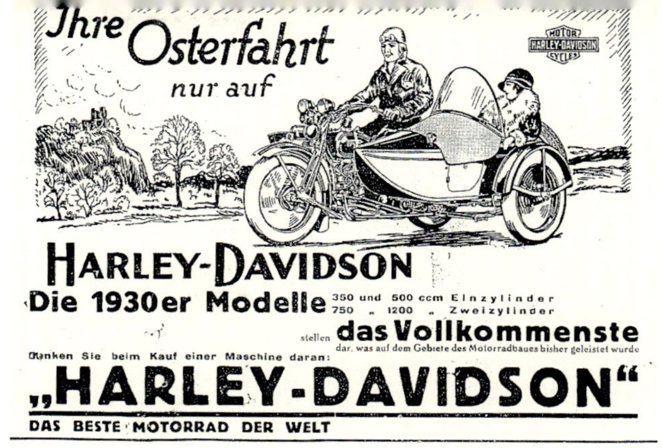

Die Firma Georg Suck war eine der traditionsreichsten Harley-Vertretungen der Welt. Georg Suck auf seinem Gespann in den 30er Jahren.

Die heutige Firma mit Sohn Ewald und Gattin sowie dem Geschäft unter den Gleisen am Dammtor Bahnhof.

Races

Stolz präsentiert Bill Harley die Titelseite des *Dodge City Daily Globe* mit dem Harley-Sieg von Jim Davis beim 200-Meilen-Rennen.

Die Bedeutung des Rennsports

Wer zu Hause nicht trainiert ...

Eine alte Regel im Boxsport besagt: Wenn man zu Hause nicht ernsthaft trainiert, dann schafft man es auch im Ring nicht. Mit Sicherheit war den Harley-Bossen in den frühen Jahren nicht nach spektakulären Auftritten in der motorsportlichen Arena zumute, sie mußten zunächst ihre Hausaufgaben machen. Während der ersten zehn Jahre – also bis 1913 – ignorierten sie daher verständlicherweise den fragwürdigen Ruhm der Arenen und kümmerten sich um die wahren Probleme: Ihre Motorräder mußten, um in der rauhen Welt von schlechten Straßen, grimmigen Wintern und miesem Service bestehen zu können, vor allem zuverlässig und robust sein. Rahmen, Räder, Reifen und Gabeln waren die kritischen Elemente, nicht etwa hochgezüchtete Kurzstreckenrenner. Folgerichtig waren es Zuverlässigkeitswettbewerbe, Langstreckenfahrten und Economy Runs, bei denen sich Harley blicken ließ – mit erstaunlichen Erfolgen, wie sich rasch zeigte. Daß an den Rennen viele Privatfahrer mit ihren Motorrädern teilnahmen und auch gewannen, war den vier Firmenbossen eher unangenehm. Sie waren wohl nicht allzu glücklich beraten, als sie 1913 ein hochnäsig klingendes Statement veröffentlichen ließen, wo sie solche Rennsiege als überflüssige Effekthascherei für seriöse Motorradhersteller abtaten.

In Wirklichkeit hatten sie sich längst für den Rennsport entschieden und klammheimlich den genialen Techniker William „Bill" Ottaway von der Konkurrenzfirma Thor abgeworben und mit dem Aufbau einer eigenen Rennabteilung beauftragt. Als gute Geschäftsleute hatten sie schnell die ungeheure Werbewirksamkeit von rennsportlichen Erfolgen erkannt. Und nun konnten sie auf ihr ausgezeichnetes und zuverlässiges Material zurückgreifen – und damit beruhigt in die mörderische Boxarena einsteigen.

Eine alte Weisheit im Rennsport besagt, daß man ein Rennen beenden muß, um zu gewinnen. Harley-Rennmaschinen waren robust genug, um in den meisten Fällen auch das Finish zu erreichen und die unbarmherzigen Strapazen der brutalen, materialverschleißenden Veranstaltungen zu überstehen. Wo andere Rennmotorräder sich oft in ihre Bestandteile auflösten oder zu Bruch gingen, schafften es die Harleys bis zum Ende der Strecke. Man mußte nur noch Erster werden. Auch darum kümmerte sich die Company nun intensiv.

Getreu dem Firmengrundsatz, daß nur das Beste gut genug ist, hatte man über Dekaden hinweg konsequent die größten Fahrertalente ins eigene Lager geholt, geschult und gefördert. Erst in späteren Jahren, als hervorragendes Talent und Top-Material für den Sieg längst nicht mehr genügten, zeigte sich Harley nicht mehr stark genug, um die Regeln noch entsprechend beeinflussen zu können. Zieht man jedoch in Betracht, daß Motorradrennen in den Augen der meisten Amerikaner immer eine zweitrangige Sportart war, kann das ständige Engagement von Harley-Davidson nicht hoch genug eingeschätzt werden. Dieser konsequenten Firmenpolitik ist es wohl letztlich zu verdanken, daß der Zwei- und Dreiradrennsport in den USA überlebte. Und: Nicht zuletzt zählte auch die Company selbst zu den großen Gewinnern ... C. P.

Rennsport-Kalender

Die ersten 30 Jahre

1910/1911 – Verschiedene Privatfahrer erringen auf Harley-Davidson-Motorrädern spektakuläre Rennsiege.

1912 – Als Einstieg in den Rennsport heuern die vier Firmengründer den genialen Techniker William „Bill" Ottaway an, der bisher bei den Thor-Werken Motoren tunte.

1913 – Harley-Davidson gibt die Gründung einer eigenen Rennabteilung bekannt.

1914 – Bill Ottaway baut konsequent das Rennteam auf und sorgt für erstklassiges Maschinen-Material.

1915–1918 – Harley-Davidson gewinnt alle großen nationalen Rennen, allen voran Otto Walker mit 76,2 mph (122,6 km/h) das wichtigste Dodge City Race. Die legendäre Wrecking Crew – der Name stammt von einem Journalisten – feiert Triumphe.

Bei der Eröffnung des riesigen, hölzernen Maywood Board Speedway bei Chicago im September 1915 fuhr das Harley-Team auf den von Bill Ottaway getunten Seitenventil-Rennmaschinen nahezu alles in Grund und Boden. Bei dem 100-Meilen-Rennen mit einer Durchschnittsgeschwindigkeit und neuem Weltrekord von 89,11 mph entstand die Legende der „Chicago Harleys". Auf der linken Seite sieht man noch das Fahrerlager im Infield.

Der wohl berühmteste Rennfahrer, der etliche Siege für Harley errang und gleichzeitig beim Motorenbau entscheidend mitwirkte: Joe Petrali.

Aufstellung der Fahrer beim Beverly Hills Board Track im Jahr 1927 (oben).

Eine Aufnahme des Harley-Davidson-Rennteams mit ihrem Rennservice nach dem Ersten Weltkrieg (links).

Board Track

Spiel mir das Lied vom Tod

Das nächtliche Höllenspektakel ist für heutige Verhältnisse nahezu unvorstellbar. In dem riesigen, hitzegeschwängerten, hölzernen Kessel tobte eine wildgewordene Meute bizarrer Rennmotorräder im Flackerschein knisternder Bogenlampen über die schwarzen öl- und laugegetränkten Holzplanken. Es roch intensiv nach verbranntem Öl und allerlei Benzinzusätzen, blaue Flammen zuckten in knallendem Stakkato aus kurzen, abgesägten Auspuffen, und ab und zu knallten auch Fahrer und Maschine irgendwo auf die harten Planken des weiten Ovals. Natürlich wurde auch bei Tage gefahren, aber gewiß nicht so spektakulär. „Thunderdomes" nannte man die mörderischen Board-Track-Rennbahnen oder auch „Speed Bowls" und besonders gerne „Todes-Arenen".

In für damalige Zeiten wahnwitzigen Geschwindigkeiten auf den bis zu 60 Grad überhöhten Steilkurven wurde ein Weltrekord nach dem anderen gebrochen, 43 allein im Jahr 1912. 150 km/h dürften üblich gewesen sein.

Die tollkühnen Piloten waren die Lieblinge des Publikums, Stars und Idole einer ganzen Nation. Die erfolgreichsten Motorradmarken wie Indian, Harley-Davidson, Excelsior, Thor oder Cyclone hatten Hochkonjunktur. Für Harley fuhren einige der berühmtesten Namen: Ray Weishaar, Fred Ludlow, Red Parkhurst und Otto Walker, alle Mitglieder der legendären Wrecking Crew. Wenn sie unter dem anfeuernden Geschrei der tobenden Zuschauer, halb blind vom Öl- und Säurenebel, sich gegenseitig abblockend und anrempelnd, immer am Limit über das glitschige Parkett donnerten, kannte die Begeisterung keine Grenzen. Ihre Wahnsinnsmaschinen konnten nur mit Vollgas gefahren werden und hatten weder Getriebe noch Bremsen. Verlangsamen konnte man sie nur durch einen Kurzschlußknopf. Drückte der Fahrer den Knopf zu lang, gaben die verölenden Kerzen schnell ihren Geist auf, und das Rennen war für ihn zu Ende. Besser war es schon, er stemmte sich mit genagelten Stiefeln so lange gegen das splitternde Holz, bis der Konkurrent aufgeben mußte. In den zerbrechlichen fahrradähnlichen, starren Rohrrahmen saßen überdimensionierte, meist zweizylindrige Motoren, die aus den in den unteren Zylinderteil gebohrten „Lüftungslöchern" reichlich Öl auf die Holzbretter spritzten, was man nur mit viel Säure und Lauge wieder auszugleichen versuchen konnte.

Sowohl Indian als auch Harley-Davidson entwickelten für diese Board Track Races spezielle achtventilige OHV-Motoren, die unglaubliche Geschwindigkeiten erbrachten. Der von Bill Ottaway entwickelte Harley-Achtventil-Production-Racer hatte nur einen Nachteil: Mit 1.500 Dollar war er für unbedarfte Anfänger unerschwinglich. Für das gleiche Geld bekam man bereits ein schönes Einfamilienhaus!

Immerhin, die Matadore dieses in ganz Amerika umherziehenden Rennzirkus wurden gut bezahlt. Wochengagen von 300 Dollar waren keine Seltenheit, und wer viel unterwegs war und überlebte, konnte es schon mal auf ein Jahreseinkommen von 20.000 Dollar bringen – und das zu einer Zeit, in der ein normaler Production Racer schon für rund 350 Dollar zu haben war.

Obwohl die Betreiber oder Eigentümer der Speed Bowls meist ihre eigenen Regeln hatten, suchten sie oftmals die „Legalisierung" durch die FAM. Zuschauern und besonders den Rennfahrern war dies ziemlich egal, die fuhren überall dort, wo es Ruhm und Geld zu gewinnen gab. Board Track Race war in den Zwanzigern die wohl typischste amerikanische Motorradsportart. Kraftvoll, rauh, brutal, lautstark, gefährlich, risikoreich und außerordentlich profitabel.

Als Anfang dieses Jahrhunderts die Dirt-Track-Rennen auf den staubigen Pferderennbahnen nicht mehr zumutbar waren, weder für

Parkhurst und Ludlow (im Sidecar) stellten 1920 in Daytona Beach Weltrekorde auf. Das Gespann erreichte 83,9 mph über fünf Meilen. Hinten links einer der Zeitmesser, R. Enos, Manager im HD-Rennteam sowie Hap Scherer.

Ray Weishaar, Gewinner der internationalen 200-Meilen-Championship.

Rennsport Kalender (Forts.)

1919 – Nach kriegsbedingten Unterbrechungen reorganisiert Bill Ottaway zusammen mit R.W. Enos und C. C. Wilborn das Rennteam der Company, und die alte/neue Wrecking Crew feiert einen Sieg nach dem anderen. Hap Scherer fährt einen neuen Rekord von 31 Std. und 24 Min. auf dem 1.012-Meilen-Run (1.628 km) von New York nach Chicago mit einer Sport-W-Längs-Twin.

1920 – Fünf nationale Championships. Fred Ludlow gewinnt das 20-Meilen-National in Syracuse. Hap Scherer erreicht einen neuen Rekord im Langstreckenrennen Denver–Chicago.

1921 – Harley-Davidson gewinnt alle acht nationalen Championships. Walter Davidson gibt bekannt, daß die Company wegen finanzieller Probleme die Rennabteilung auflöst.

1923 – Freddie Dixon gewinnt in Brooklands (England) die 1.000-ccm-Weltmeisterschaft auf einer Harley-Achtventiler.

1922–1925 – Um die Chancen für den immer wichtigeren Export zu erhöhen, werden unter der Leitung von Bill Ottaway, Arthur Constantine und Hank Syvertson neue 350 ccm und 500 ccm Einzylinder-OHV-Motoren entwickelt, die vor allem für die in England, Australien, Neuseeland und Südafrika populären Speedway-Rennen gedacht sind. Die legendäre Wrecking Crew wird endgültig aufgelöst.

1928/1929 – Harley-Davidson hat keine Werksrennmaschinen mehr, unterstützt aber wie bisher noch einige erfolgreiche Fahrer.

die Fahrer noch für die Zuschauer, ging man dazu über, überall große hölzerne Arenen zu bauen, wie sie hin und wieder bereits für Radrennen benutzt wurden.

Der aus England stammende und in Amerika gebliebene Rennrad-Champion Jack Prince erkannte seine Chance und fing an, in allen Großstädten der USA professionell konstruierte Speed Bowls zu errichten, deren „blutige Spektakel" immer mehr Zuschauer anlockten. 1909 eröffnete er das erste dieser speziell für Motorradrennen gebauten Motodrome in Los Angeles. Danach folgten weitere in Atlanta, Chicago, Kansas City, Denver, Springfield, Beverly Hills, Fresno und vielen weiteren Städten. Erst als eine wachsende Zahl von Unfällen die Öffentlichkeit aufschreckte und die schnell verrottende Holzbeplankung immer gefährlicher wurde, dachte man über Alternativen nach. Das Ende der Holzbahnrennen leitete die Katastrophe im Newark Motordrome, New Jersey, am 8. September 1912 ein, bei der es acht Tote gab, darunter einige jugendliche Zuschauer, die von einer über die Balustrade wirbelnden Maschine regelrecht enthauptet wurden.

Doch erst im Frühjahr 1928 fand in der Rockingham Board Arena in New Hampshire das letzte Speed-Bowl-Rennen statt. M. K. Frederik erreichte damals mit einer 1000er Twin erneut eine Rekordzeit von 120,2 mph (193,4 km/h). Danach wurde das Oval abgerissen und als Bauland vermarktet.

Eine anrührende Szene: Otto Walkers Frau hilft mit, seine Weltrekordmaschine rennfertig zu machen.

Strahlender Sieger: Otto Walker mit einem Pocket-Valve-Werksrenner auf einer Board-Track-Anlage.

Die Erfolge der Wrecking Crew

Trophäenjagd mit Disziplin und Drill

Drei berühmte Mitglieder der Wrecking Crew auf der Bahn von Ascot, 1919 (zusammen mit einem weiteren Fahrer): Fred Ludlow, Ralph Hepburn und Otto Walker (mit Helm).

Rennsport Kalender (Forts.)

1929/1930 – Verschiedene Harley-Händler unterstützen vor allem im Westen die Bemühungen des AMA-Sekretärs E. C. Smith auf seiner Goodwill-Tour zur Wiederbelebung des Motorradsports unter AMA-Regiment. Darunter sind W. J. Ruhle in San Diego, Rich Budelier in Los Angeles, Dudley Perkins und Claude Salmon in San Francisco und Nelson Bettencourt in Vallejo.

1930 – William H. Davidson gewinnt das 20. Jack Pine Endurance Jubiläums-Rennen auf einer 30-DLD-Harley.

1930/1931 – Bill Ottaway arbeitet an den neuen Seitenventil-Modellen, die die veralteten, jedoch von den meisten Rennfahrern immer noch bevorzugten J-Two-Cammer-Motoren ablösen sollen. Harley-Davidson nutzt seinen Einfluß bei der AMA, um die neue Klasse der Seitenventiler zu etablieren. Die kanadischen Motorradsportler schließen sich weitgehend den Regeln der FICM an, nur die dortigen Harley-Fahrer veranstalten ihre Rennen weiterhin nach AMA-Regeln.

1931/1932 – Harley-Davidson gewinnt die Daytona Grand National Championship. Joe Petrali siegt im 5-Meilen- und 10-Meilen-Rennen auf dem Speedway von Hamilton mit neuen Bestzeiten.

1933–1936 – Joe Petrali gewinnt nahezu alle Rennen, an denen er teilnimmt. Darunter: die nationale Hillclimb-Meisterschaft, das 200 Meilen Expert-Championship, die Miniatur-TT-Meisterschaft, die 200 Meilen Speedway-Meisterschaft, alle 13 nationalen Dirt-Track-Meisterschaften sowie die 3-, 10-, 15- und 25-Meilen-Meisterschaften in Syracuse, New York. Er erzielte vier neue AMA-Rekorde und wurde 1935 zum Dirt-Track-Meister gekürt.

Der erste Exkurs des Werks in die Oberliga des Rennsports fand 1914 in Dodge City, Kansas, statt. Es war die Premiere des 300 Meilen Dirt-Track-Rennens, das geradezu prädestiniert war, später einmal den Beinamen „Indianapolis des Motorradsports" zu bekommen. Fünf Harley-Davidson-Maschinen nahmen an der Veranstaltung teil. Bei allen handelte es sich um ganz spezielle, nagelneue Modelle des Typs II K, die von William Ottaway persönlich präpariert wurden. Die Konkurrenten waren ebenfalls nicht von schlechten Eltern. Unter anderem nahmen Achtventil-Indians, Excelsiors mit überdimensionierten Ventilen sowie Motorräder der Marken Merkel, Thor und Pope teil. Harleys bester Fahrer war Walter Cunningham, ein Werksfahrer, der einen vielversprechenden Platz bis knapp über die Hälfte des Rennens hielt, bis er durch Ketten- und Zündkerzenprobleme zurückgeworfen wurde. Sämtliche Harleys kamen zwar ans Ziel, und das Ganze wurde von fast allen als guter Start einer Rennkarriere gewertet, aber die Company war alles andere als zufrieden.

Das nächste Jahr sollte besser werden, doch erst 1916 kam der große Durchbruch. William Ottaway stellte ein Team überragender Fahrertalente zusammen, die bald als Wrecking Crew (in etwa: „Abbruchunternehmen") bekannt werden sollten und in den Jahren 1916–1921 den amerikanischen Motorradrennsport vollständig dominierten. Die Teilnehmerliste veränderte sich von Jahr zu Jahr zwar geringfügig, aber der harte Kern blieb: Jim Davis, Ralph Hepburn, Fred Ludlow, Otto Walker, Maldwyn Jones und Ray Weishaar.

Zur Wrecking Crew gehörten nicht nur die besten Fahrertalente, sondern auch Logistik- und Boxenspezialisten, denen die anderen Teams nichts entgegenzusetzen hatten. Zur Crew des Dodge City 300 von 1916 gehörten neben Teamchef Otto Walker noch Ray Weishaar, Floyd Clymer, Harry Brant, Irving Jahnke, Harry Crandall, Sam Corrento und Paul Gott. Gerüchten zufolge sollen Ottaway und sein Assistent E. E. Welborn das Team durch eine beinahe militärische Grundausbildung getrieben haben, die taktische Aspekte und Übungen zu den Boxenstops sowie zu den speziellen Flaggensignalen des Teams enthielt. William Ottaway stellte darüber hinaus noch einen harten Trainingsplan für sein Team auf, inklusive einer strengen Diät und vieler Ruhepausen.

Harleys neue Achtventiler, von denen insgesamt angeblich nur etwa ein halbes Dutzend gebaut wurde, führten die Aufstellung für die Rennsaison des Jahres 1916 an, doch es kamen auch Vierventiler und wechselgesteuerte Rennmaschinen zum Einsatz. Das Rennen von Dodge City war das bedeutendste Motorsportereignis Amerikas, und die neuen Achtventiler bestanden ihre Feuertaufe gegen gleichwertige Maschinen von Indian. Der junge Floyd Clymer übernahm in der zweiten Runde die Spitze und hielt sie im Wechsel mit seinem Teamkameraden Irving Jahnke während des ganzen Rennens. Clymer mußte nur wenige Meilen vor der Zielflagge mit einem Platten aufgeben und Jahnke als Sieger über die Ziellinie vorbeiziehen lassen. Die Wrecking Crew machte ihren Weg, der im Verlauf des Jahres 1916 fünfzehn amerikanische Meisterschaften beinhaltete. Teamgeist stand dabei an erster Stelle, und bei längeren Rennen galt die Taktik des Werks, mit den Achtventilern wild an die Spitze zu stürmen, um dann die wechselgesteuerten Maschinen zum Sieg zu führen, da diese als zuverlässiger

Ein Gruppenbild aus den erfolgreichsten Tagen des berühmten Factory Racing Teams, vermutlich 1917. Von links: Team-Manager Hank Syvertsen, daneben unter anderen Ray Weishaar, Maldwyn Jones, Ralph Hepburn, Shrimp Burns (?), Otto Walker und ganz rechts: Bill Ottaway, Chef der Rennabteilung.

galten. Gegen Ende der Saison 1916 wurden die offiziellen Rennsportveranstaltungen aufgrund der zunehmenden Kriegsvorbereitungen eingestellt und erst 1919 wieder aufgenommen.

Nach dem Krieg stand die Wrecking Crew mit leicht veränderter Aufstellung in den Startlöchern, und die gnadenlose Jagd nach Trophäen begann von neuem. Nun saß Red Parkhurst im Sattel eines Harley-Werksrenners und siegte beim wichtigsten Straßenrennen des Jahres in Marion, Indiana. Seine Teamkameraden Ralph Hepburn und Otto Walker errangen die Plätze zwei und drei. Triumph folgte auf Triumph, Sieg auf Sieg. Ein bedeutender Faktor war auch hier die Disziplin des Boxenteams, das mittlerweile von Dudley Perkins aus San Francisco geleitet wurde. Quellen belegen, daß zum Beispiel in 38 Sekunden getankt, Öl nachgefüllt und der Hinterradreifen gewechselt wurde. Am Ende des Jahres hatte das Team von Harley-Davidson amerikanische Titelgewinne über insgesamt 888 km errungen, während Indian lediglich 108 km aufweisen konnte. Das kampfstarke Excelsior-Team hatte diesmal das Nachsehen.

1920 entsandte das Werk Red Parkhurst mit einem Unterstützungsteam unter Leitung von Bill Ottaway nach Daytona. Parkhurst stellte eine Handvoll Kurzstreckenrekorde auf und setzte den Achtventiler für einen neuen Gespannrekord ein. Das Dodge City 300 wurde erstmals seit 1916 wieder ausgetragen. Maldwyn Jones stellte zwei neue Rekorde für Harley-Davidson auf, und Jim Davis gewann die Siegertrophäe. Im Sommer 1997 trat Jim Davis im Alter von 101 Jahren immer noch in der Öffentlichkeit auf. Er war lebhaft, erfreute sich guter Gesundheit und gab Tips wie: „Wenn man bei hohem Tempo stürzt, tut das nicht weh. Aber wenn man dabei auf ein Hindernis trifft, schmerzt das höllisch!“ Mit einigem Stolz erzählte er einem Reporter: „Ich bin immer noch Inhaber des 300-Meilen-Rekords auf einer wechselgesteuerten Harley.“ Dieser Rekord wurde in Dodge City im Jahre 1920 aufgestellt. „Im nächsten Jahr“, so Davis, „war Hepburn auf einer Achtventiler etwas schneller.“

1921 war das wirklich herausragende Jahr der Wrecking Crew und gleichzeitig Harley-Davidsons beste Zeit im Rennsport. Zur Crew von 1921 gehörten Jim Davis, Ralph Hepburn, Walter Higley, Fred Ludlow, Otto Walker und Ray Weishaar. Die Crew war nicht nur überlegen, sie beherrschte regelrecht alles. Die Wrecking Crew errang alle nationalen Siege, inklusive der Meisterschaftstitel über die 1-, 5-, 10-, 25-, 50-, 100-, 200- und 300-Meilen-Strecken. Otto Walker errang einen Riesenerfolg bei einer unbedeutenderen Veranstaltung in Fresno, Kalifornien, bei der er den absoluten Rekord über 50 Meilen auf einer holzbeplankten Strecke in nur 29 Min. und 34 Sek. fuhr. Das war gleichzeitig auch das erste Motorradrennen, das mit einer Durchschnittsgeschwindigkeit von mehr als 160 km/h gewonnen wurde. Schließlich siegte Ralph Hepburn in Dodge City auf einem Achtventiler.

Nach 1921 gab Harley seine rennsportlichen Aktivitäten auf und überließ das Feld Indian und den Harley-Privatfahrern. Ray Weishaar starb während eines Rennens in Ascot im Jahre 1924; Eddie Brinck wurde 1927 auf einer Harley während eines Rennens in Springfield, Massachusetts, getötet; Ralph Hepburn fuhr weiter Rennen, bis er 1948 in einem Rennwagen auf dem Indianapolis Motor Speedway tödlich verunglückte. Otto Walker zog sich aus dem Rennsport zurück, um einen Bootsverleih zu betreiben.

C. P.

Immer ein erfolgversprechendes Motiv: die legendäre Wrecking Crew beim Presse-Termin.

FAM, MATA, AMA und der Lauf der Dinge

Der amerikanische Motorradsport bis zum Ausbruch des Zweiten Weltkriegs

Rennsport Kalender (Forts.)

1936 – Das AMA-Wettbewerbskomitee verbannt auf Wunsch von Harley-Davidson alle Modelle F-Head-J (IOE Two Cam) von den Wettbewerben, um den neuen Seitenventil-Maschinen bessere Chancen zu geben.

1937 – Nach einjährigen geheimen Vorbereitungen erzielt Joe Petrali auf einer zunächst stromlinienförmig verkleideten EL-Knucklehead am Strand von Daytona einen neuen Weltgeschwindigkeitsrekord mit 136,183 mph – dies die exakte Messung der damaligen Timing Commission (219 km/h).

1938 – Harley-Davidson läßt von Joe Petrali insgeheim eine der gefürchteten Konkurrenzmaschinen von Crocker untersuchen, findet jedoch keine Anhaltspunkte für Patentverletzungen. Petrali verläßt Harley-Davidson, nachdem ihm eine Gehaltserhöhung verweigert wird.

1938–1940 – Neue Siege für Harley-Davidson: Ben Campanale gewinnt das 200 Meilen Expert-Rennen von Daytona, Sam Arena die 200 Meilen National-Speedway-Meisterschaft in Oakland, Armando Magri wird ebenfalls in Oakland Zweiter. Babe Tancrede siegt im 200 Meilen Classic-Expert-Rennen. Die meisten Fahrer benutzen die WLDR-Modelle.

Ende 1940 – Die AMA stellt alle Rennveranstaltungen ein. Amerika befindet sich kurz vor dem Eintritt in den Zweiten Weltkrieg.

Zu Beginn unseres Jahrhunderts produzierten in den USA etwa 60 Hersteller jährlich bis zu 75.000 Motorräder in einer Art technologischem Goldrausch – ein Gemisch aus Fortschritt, Profitsucht, Sport und Speed und auch ein wenig Nützlichkeit. Die zunehmenden sportlichen Aktivitäten und die dabei geforderte Sicherheit verlangten geradezu nach einer übergeordneten Organisation, um die Spielregeln festzulegen. 1903 gründeten 44 aufrechte Repräsentanten des Alpha Motorcycle Club und des New York Bicycle Club (Sitz Philadelphia) sowie etliche Interessierte und Enthusiasten im Kings County Wheelman's Club in Brooklyn, New York, die nationale Federation of American Motorcyclists – kurz FAM genannt. Ab diesem Zeitpunkt fanden Rennen und andere Sportveranstaltungen nach ihren Regeln statt, soweit man überhaupt von „Regeln" sprechen konnte: Leistungsbegrenzungen gab es keine, der Hubraum eines Zylinders war auf maximal 50 Kubikinch (etwa 850 ccm) beschränkt, und der Fahrer mußte mindestens 120 Pfund wiegen. Sehr schnell hatten die Motorradfirmen den Vorteil solcher Organisationsaktivitäten erkannt und stiegen mit viel Geld und Engagement in die Rennszene ein, verpflichteten bekannte Rennfahrer und bauten besondere Wettbewerbsmotorräder. Mit der zwangsläufig notwendigen Professionalität bei Funktionären und Fahrern sah es jedoch weniger gut aus. Trotz spezieller Ausbildungskurse für die Funktionäre (referees) und Zeitnehmer (timer) gab es ständig Beschwerden und Unstimmigkeiten.

Andererseits waren die Anfangsjahre von 1910 bis etwa 1916, die man auch als das „Goldene Zeitalter des Motorrads" bezeichnet, ein gewaltiger Marktöffner für erfolgreiche Motorradmarken, und die noch junge Industrie mischte kräftig mit. Überall gab es Rennen, Endurance Runs, Cross-Country-Wettbewerbe, Zuverlässigkeitsfahrten, Hillclimbs und die gefährlichen Speed Bowl Board Track Races. Bei den ländlichen Ausstellungen und Festen, den Country Fairs, waren Dirt-Track-Rennen auf den obligaten Pferderennbahnen eine außerordentliche Zuschauerattraktion, auf die kein Veranstalter verzichten mochte. Unzählige Clubs schlossen sich zu aktiven Renngemeinschaften zusammen, und die FAM organisierte für sie – zusammen mit lokalen Motorradhändlern – Picknicks, Rallies und Runs. 1913 hatte die FAM 8.567 Mitglieder, von denen jeder zwei Dollar Jahresbeitrag zahlte, zusätzliche Einnahmen kamen aus Startgeldern und industrieller Unterstützung. Aber schon bald war die FAM mit ihren weit auseinanderliegenden Bezirken den immer komplizierteren und auch kostspieligeren Betreuungen von Sportveranstaltungen nicht mehr gewachsen. Frustriert sprach man von einer Krise.

Heutiges Headquarters der AMA: 5030 N. High Street, Columbus, Ohio.

1916 waren gerade noch knapp 2.000 Mitglieder vorhanden und ganze 340 Dollar in der Kasse. Weil sie das Elend mit dem Organisationschaos nicht mehr länger mitmachen wollten, trennten sich die das ganze Jahr über aktiven Westküstler von der FAM und gründeten eine eigene Rennsportorganisation, die Western Federation of Motorcyclists mit Sitz in Los Angeles.

Um noch zu retten, was zu retten war, wandte sich die FAM an den Verband der amerikanischen Motorradindustrie AMMA (American Motorcycle Manufacturing Association) und bat um finanzielle Hilfe. 1918 wurde die Motorcycles & Allied Trades Association (M&ATA, oder kurz MATA genannt) gegründet, deren Aufgabe es war, sich um die Rennen zu kümmern. Erste Änderung waren neue Beitragssätze: Jeder Motorradfabrikant hatte als A-Mitglied jährlich 100 Dollar, Zubehörfirmen und Ausrüster als B-Mitglieder 50 Dollar zu zahlen. Dann wurden neue Regeln für das Board Track, Road Racing, Hillclimb und die Club-Regularien aufgestellt und neben der unlimitierten A-Klasse eine modifizierte B-Klasse eingeführt, mit der man den finanziell strapazierten Firmen bessere Teilnahmemöglichkeiten im Rennsport bot. Aber die von der Motorradindustrie selbst ins Leben gerufene Organisation hatte auch kein langes Leben – zu sehr hatte die Rezession der frühen 20er Jahre die Hersteller geschwächt. Die wenigsten Firmen konnten sich noch einen eigenen Rennstall leisten. Während Indian vorerst noch weitermachte und viele gute Rennfahrer in sein Lager zog, gab Harley-Davidson 1921 die Auflösung seiner Rennabteilung bekannt.

Inzwischen hatte man auch mit der FICM in Genf (Fédération Internationale de Compétition Motorcyclette) Verhandlungen aufgenommen, um mögliche Gemeinsamkeiten abzuklopfen – aber diese blieben erfolglos. Die heutige FIM (Fédération Internationale Motocyclette) ist nach wie vor die oberste Motorradsportbehörde. Zu groß waren die technischen Unterschiede. Europa bevorzugte die Halbliter-Formelklasse, Amerika die Tausender-Twins. Zu stark war die Furcht der Amerikaner vor der Konkurrenz ausländischer Rennimporte, und so blieb der amerikanische Motorradsport für die nächsten 40 Jahre vom übrigen Weltgeschehen isoliert.

1924 beschlossen Motorsportfreunde, Clubs und Firmenmitglieder der MATA zusammen mit den Resten der FAM, die noch im Hintergrund herumwurstelte, nochmals Nägel mit diesmal besonders dicken Köpfen zu machen. Eine schon 1920 gegründete Riders Division formierte sich zur American Motorcycle Association – kurz AMA genannt – und ernannte George T. Briggs von den Schebler-Vergaserwerken zu ihrem ersten Präsidenten. Ihm folgte 1928 James A. Wright, Verkaufschef von Indian, und ab 1944 Arthur Davidson. Obwohl sich alle drei sehr intensiv für die Belange der AMA einsetzten, lag die wahre Macht der neuen Organisation bei ihren geschäftsführenden Sekretären: zunächst A. B. Coffmann, danach der unermüdliche E. C. Smith und nach ihm

Die AMA und ihre Regeln

oder: Wie man die ausländische Konkurrenz in den Griff bekommt

Lin Kuchler. Natürlich war auch die AMA eine industrieorientierte Organisation – mal war es Indian, aber vor allem Harley, die dort ihren Einfluß geltend machten. Aber während die meisten Motorradhersteller und Zubehörfirmen ihren Verpflichtungen nur recht zögerlich nachkamen, leistete Harley-Davidson große Zahlungen, ohne die es die AMA wohl bald nicht mehr gegeben hätte.

Die Aktivitäten nahmen schnell zu. Im Dirt-Track-Rennen wurden flexible Seitenwagen, sogenannte „Schwenker", zugelassen, die 1925 jedoch wegen der vielen Unfälle wieder verboten wurden. Die Clubs wurden verstärkt umworben, und zahlreiche Gipsy Tours sollten die gemeinsamen Ausfahrten zu den Rennveranstaltungen fördern sowie das Zuschauerinteresse für die neuen Klassen der 350 ccm und 500 ccm Einzylinder wecken, die sich meist in Local Events bei Short Tracks und anderen staubigen Bahnrennen immer beliebter machten. Daneben kamen die 5-, 10-, 15-, und 20-Meilen-Straßenrennen in Mode, und auch wenn Harley-Davidson mit keiner eigenen Werksmannschaft mehr vertreten war, so unterstützte die Company doch erfolgreiche Privatfahrer nach Kräften.

Bald jedoch gab es wieder Probleme bei der AMA: 1928 waren nur noch 4.200 zahlende Mitglieder und ganze 64 Clubs mit von der Partie. Sekretär Smith startete eine Wiederbelebungstour, und 1930 zählte man stolz 5.800 Mitglieder und 93 Clubs.

Unter dem Druck der Weltwirtschaftskrise machte die AMA in den frühen 30er Jahren ihren wohl bedeutendsten Schritt: Sie führte 1934 die Klasse C ein. Erlaubt wurde die Teilnahme an praktisch allen Rennsportveranstaltungen mit normalen Straßenmaschinen (striktly stock), an denen nur geringfügige Änderungen zu den Rennen selbst vorgenommen werden durften: Lampen, Packtaschen und Schutzbleche konnten entfernt werden. Gefahren werden durfte nur mit Standard-Motoren und Normalsprit, und das Motorrad mußte auf eigener Achse zum Rennplatz bewegt werden, nicht etwa auf einem Hänger. Das öffnete den Motorradsport für jedermann, und dementsprechend gewaltig war der Zulauf. Die Klasse C wurde für die nächsten 40 Jahre die populärste Wettbewerbsklasse überhaupt – der Einstieg der Amateure ins Renngeschehen. Folgerichtig wurde 1937 die A-Klasse der professionellen Rennteams als nicht mehr ökonomisch vertretbar eingestellt, zunächst einmal in der völlig uninteressant gewordenen 350er Einzylinder-Klasse. Die AMA ging heftig gegen alle nicht von ihr sanktionierten Sportveranstaltungen vor. Wer an diesen sogenannten Outlaw-Rennen teilnahm und dabei „erwischt" wurde, mußte mit einer Jahressperrung für alle AMA-Rennen rechnen.

Wie sehr der Motorradsport durch die Einführung der C-Klasse zunahm, spiegelte sich auch in den AMA-Mitgliederzahlen: 1938 hatte sie 19.356 Mitglieder und 687 Clubs unter ihren Fittichen.

Und natürlich war auch Harley-Davidson wieder mit dabei, vor allem durch ihren legendären Rennfahrer und Techniker Joe Petrali, der bis zum Ausbruch des Zweiten Weltkriegs so ziemlich alles niedermachte, was klassauf und klassab zu besiegen war. Ein weiterer neuer Trend tauchte Ende der 30er Jahre bei den Rennen auf – kesse Bienen wurden nicht nur im Fahrerlager zu beliebten Maskottchen, nun standen sie auch als Beauty Queens mit auf dem Siegertreppchen, oft mehr dekoriert als die Sieger selbst, und neben Sektduschen gab es Küßchen und heiße Pin-up-Fotos.

Die bei weitem bedeutendste Entwicklung in der Geschichte des AMA-Rennsportreglements war wohl die Schaffung der Klasse C im Jahre 1933. Rennen waren zum exklusiven Spielplatz der Herstellerwerke und einiger wohlhabender Händler geworden. Die Klasse C bot dem Durchschnittsfahrer finanziell die Möglichkeit, am Motorradrennsport teilzunehmen.

Die AMA hoffte, daß eine Erweiterung des Teilnehmerfeldes ein gesteigertes Interesse der Rennsportfans nach sich ziehen würde. Der Erfolg überstieg die kühnsten Träume.

Die Zeit war reif für solche Überlegungen. Das Interesse an Motorrädern war generell gering, denn bedingt durch die Great Depression sanken die Verkaufszahlen in den USA drastisch. Darüber hinaus hatten die politischen Manöver in Übersee den für Harley so lukrativen australischen Markt so gut wie ausgelöscht. Die großen Rennsportereignisse, die die Massen mobilisiert hatten, gehörten der Vergangenheit an. Die letzte hölzerne Bretterpiste der Vereinigten Staaten stand in Rockingham, New Hampshire, und wurde 1929 abgebaut. Zahlreiche Stürze und Unfälle hatten dazu geführt, daß der Ruf nach niedrigeren Geschwindigkeiten zur Steigerung der Sicherheit immer lauter wurde.

Den Rennsportveranstaltungen der Klasse A – also sämtlichen nationalen und größeren Veranstaltungen – lagen Regeln zugrunde, die letztendlich nur die Teilnahme von werksunterstützten Fahrern erlaubten. Nach der Einführung der Klasse C verfiel die Klasse A im Jahre 1935 in eine Art vorübergehendes Koma. Sollte sich die Klasse C als nicht erfolgreich erweisen, so konnte man die Klasse A jederzeit wieder zum Leben erwecken. Aber die Klasse C wurde überaus erfolgreich. 1938 stand sie mehr oder weniger alleine da, und die letzte Meisterschaft in der Klasse A wurde im Herbst 1938 in Syracuse, New York, ausgetragen.

Das Reglement der Klasse C galt prinzipiell für Flat-Track- und Straßenrennen, wobei das Hubraumlimit für Seitenventiler bei 750 ccm lag, aber es wurden auch die OHV-Motoren bis 500 ccm zugelassen. 1933 war dieses 500-ccm-Hubraumlimit jedoch völlig bedeutungslos, da es in den Vereinigten Staaten nur sehr wenige importierte Motorräder mit 500 ccm gab – und auch nur einen erwähnenswerten Händler: Reggie Pink aus New York.

Die Regeln bezüglich der zulässigen Motormodifikationen in der Klasse C waren sehr streng. In der ursprünglichen Fassung mußten die Motorräder auf eigener Achse zur Veranstaltung gefahren werden, und die Verwendung von regulärem Kraftstoff war generell vorgeschrieben. Um eine Werksbeteiligung zu verhindern, mußten die Motorräder serienmäßige Straßenmaschinen sein, und zur Homologation war eine Mindestproduktion von 25 Einheiten vorgeschrieben. Die Fahrer mußten auch Eigentümer des von ihnen pilotierten Gefährts sein.

Während bei den Dirt-Track-Rennen das Hubraumlimit bei 750 ccm lag und die Bremszüge ausgehängt werden mußten, gab es bei den TT-Veranstaltungen Hubraumklassen bis 750 ccm und 1.200 ccm. Im Verlauf der Jahre wurden diese hehren Prinzipien von Harley jedoch stark unterlaufen, und die ins Feld geschickten, stark modifizierten Werksrenner hatten schließlich nur noch wenig Ähnlichkeit mit den entsprechenden Straßenmodellen.

Trotz dieser Regeln gehörte die Herrschaft über die Pisten der Klasse C. Die weitreichenden Auswirkungen des Klasse-C-Reglements traten in den Nachkriegsjahren deutlich zutage, als sich herausstellte, daß der 750 ccm Zweizylinder-Seitenventiler nicht der Weisheit letzter Schluß auf dem Rennsportsektor war. Vor allem die britischen Motorräder zeigten nun bei allen möglichen Rennveranstaltungen ihre Überlegenheit.

Das Resultat war ein Manipulieren des Regelwerks durch Harley und Indian mit freundlicher Unterstützung der AMA-Bosse. Genauer gesagt, gab es schon vor dem Krieg die ersten Anzeichen einer britischen Renn-Übermacht, als im Jahre 1939 das Longhorne 100 und 1941 das Daytona 200 von Norton-Motorrädern gewonnen wurde.

Die Waffe gegen die ausländischen Invasoren lag im Verdichtungsverhältnis der Motoren. Da die amerikanischen Seitenventiler selten eine höhere Verdichtung als 6 : 1 aufwiesen, während die OHV-Triebwerke ihre optimale Leistung erst in der Nähe von 9 : 1 oder darüber entfalteten, wirkte sich natürlich die Festschreibung einer niedrigeren Verdichtung äußerst negativ auf die konstruktiv höherentwickelten europäischen Maschinen aus. Von Anfang an wurde das Verdichtungsverhältnis also auf maximal 7,5 : 1 begrenzt. Dieser Wert lag hoch genug, so daß die Importe nicht komplett beschnitten wurden, sie aber doch noch meilenweit von ihrer theoretisch möglichen Höchstleistung entfernt waren.

Gegen die Verordnung über das Verdichtungsverhältnis wurde seitens der britischen Hersteller und ihrer Vertragshändler in der Motorradpresse laut und vernehmlich protestiert. 1946 gab es noch mehr Unruhe bei den Insidern, als diese von einer geplanten, noch strengeren Reglementierung erfuhren: der Absenkung des zulässigen Verdichtungsverhältnisses auf 6,5 : 1. Dadurch wären die Importe aus Übersee nun endgültig zu zahnlosen Tigern verkommen, und fast die gesamte Öffentlichkeit wertete diese Manipulation als äußerst unsportliche Aktion. Es war ein Beweis dafür, daß die amerikanischen Motorräder in einem fairen und ehrlichen Wettbewerb chancenlos geblieben wären. Angesichts derart massiver öffentlicher Proteste wurde das Verdichtungslimit sehr schnell wieder auf 7,5 : 1 angehoben.

1949 gewann eine Norton erneut das Daytona 200, und die AMA – immer noch recht empfindlich im Hinblick auf die gegen sie vorgebrachten Vorwürfe einer unfairen Bevorzugung von Harley und Indian – hob daraufhin das maximal zulässige Verdichtungsverhältnis für OHV-Motoren von 7,5 : 1 auf 8 : 1 an. Eine erneute Anhebung erfolgte 1955, nachdem Indian die Waffen gestreckt und Harley sein neues KR-Modell vorgestellt hatte.

C. P.

Rennmodelle für Jedermann

Mit F-Head Racern zum Sieg

Auch in Deutschland siegreich: ein wechselgesteuerter F-Head Racer von 1925.

Lange Zeit, bevor Harley-Davidson offiziell in den Rennsport einstieg, gab es Rennfahrer, die mit der neuen wechselgesteuerten Pocket Valve F-Head V-Twin überragende Erfolge erzielten. Die meisten Fahrer tunten ihre Zweizylinder selbst oder bauten sie entsprechend um. Als dann Bill Ottaway und Harry Ricardo die Rennabteilung auf Schwung brachten, schenkte man vor allem zahlreichen wechselgesteuerten J/JD-Racern besondere Aufmerksamkeit. Im Gegensatz zu den exklusiven, absichtlich überteuerten Achtventiler-OHV-Rennmaschinen konnte jedermann die IOE-Twins (nach Wegfall des hinteren Zylinders auch das Einzylinder-Modell) zu Preisen zwischen 260 und 320 Dollar kaufen.

Die F-Head-Rennmaschinen (J-Modelle) waren als überaus zuverlässige, robuste Wettbewerbsmaschinen äußerst beliebt und bewährten sich sowohl bei Hillclimb- als auch bei den verschiedensten Oval-, Track- und Langstreckenrennen. Bereits im Jahre 1915 standen neben zwei Einzylinder-IOEs sechs Zweizylinder-Rennmodelle zur Auswahl. Die K-Modelle wurden als Stripped Stock Racer – also ohne jedes Zubehör in der Grundausstattung – geliefert, und ihre Motoren wurden mit dem Kennbuchstaben M versehen.

Der 1926er FHAC Two Cam Factory Racer.

(Bes.: Otis Chandler/Vintage Museum of Transportation, Oxnard, CA/USA)

K:	F-Head V-Twin mit Magnet
KH:	F-Head V-Twin mit elektr. Anlage
Kt:	F-Head V-Twin Track Racer
KR:	F-Head V-Twin Roadster mit Magnet
KRH:	F-Head V-Twin Roadster mit elektr. Anlage
KTH:	Track Racer mit elektr. Anlage

Die auch als Two Pocket Valve Racer bezeichneten IOE-Rennmodelle gab es mit 61-, 65- und 74-Kubikinch-Motoren. Ab 1919 bekamen sie zwei Nockenwellen und hießen dann Banjo Two Cam Racer – nach dem Banjo Timing Cover, in dem nun sowohl der Magnetantrieb als auch die Nockensteuerräder (die früher getrennt waren) untergebracht waren. Die Zündung erfolgte mit einem deutschen Bosch-Magneten.

Die Stock-Ausführung verfügte über einen direkten Kettenantrieb mit verstellbarem Zwischenritzel, besaß jedoch keine Bremsen. Später gab es gegen Aufpreis ein Dreiganggetriebe. Das verstärkte Schmiersystem war wahlweise mit Handpumpe oder mechanischer Pumpe ausgestattet. Die Brennräume waren hoch komprimiert, und die Verdichtung lag normalerweise bei 8 : 1. Alle Rennmodelle besaßen keine Startervorrichtung und mußten angeschoben werden. Die Pedale waren nur als Fußstützen gedacht. Der Stahlrohr-Schleifenrahmen konnte mit einer „HD Original" oder einer speziellen Renngabel ausgerüstet werden. Folgende Spezialmodelle wurden unter anderem angeboten:

FHAC:	Two Cam Racer, 61 cui mit Magnet
FHAD:	als Hillclimber mit 10 : 1 Verdichtung
JHD:	Two Cammer Basismodell
SMA:	mit Mehrganggetriebe
JK:	Spezial-Solo-Version, 61 cui mit Generator

Anders als bei der beschränkten Produktion der Achtventil-OHV-Rennmaschinen wurden die Pocket Valve Racer in großen Mengen gebaut und gaben bis Mitte der 30er Jahre im Renngeschehen den Ton an. Ab 1937 wurden sie jedoch (auf Betreiben von Harley-Davidson) von der AMA nicht mehr zugelassen. Ihre ständigen Erfolge auf den Rennstrecken waren mit dem Verkaufsprogramm von Harley, das seit 1930 nur noch aus Seitenventil-Maschinen bestand und zu dem ab 1936 die neuen OHV-Knucklehead-Modelle kamen, nicht mehr in Einklang zu bringen. Das Harley-Werksrennteam, die berühmte Wrecking Crew, errang auf diesen zuverlässigen IOE-Zweizylindern ihre größten Erfolge. Unter den bekanntesten Fahrern waren nationale Heroen wie Hepburn, Parkhurst, Davis oder Weishaar, um nur einige zu nennen. Die Rennmaschinen, die Spitzengeschwindigkeiten von 100 mph (160 km/h) erreichten, wurden auch nach England, Australien, Neuseeland sowie in europäische Länder exportiert, wo sie ebenfalls recht erfolgreich waren, bis sie Anfang der 30er Jahre mehr und mehr von den neuen Seitenventil-Maschinen der D-, R- und W-Baureihen verdrängt wurden.

Einlaßventilsteuerung des 1926er FHAC Board Tracker.

Schwingarmbefestigung der Springer-Vordergabel der FHAC.

Antriebsseite des 1926 FHAC Two Cam Factory Racer mit Magnet, Vorgelege und dem verstärkten Rahmenunterzug.

(Bes.: Otis Chandler/Vintage Museum of Transportation, Oxnard, CA/USA)

Eines der vielen Titelbilder des *Enthusiast*, hier vom September 1937.

Gipfelstürmer: Hillclimbing

Kein Berg zu hoch für den „King of the Hill"

Fragt man einen Sporthistoriker der AMA, was ihm spontan zum Thema Harley-Davidson und Hillclimb einfalle, bekommt man sofort zur Antwort: Joe Petrali! Der unglaublich vielseitig talentierte Rennfahrer war sicherlich die Zentralfigur und dominierte vor allem in den 30er Jahren bei sämtlichen Hillclimb-Rennen, speziell auf Harley-Davidson-Maschinen. In Wirklichkeit überstrahlte „Smokey Joe's" Glorienschein auf den staubigen Steilhügeln eine faszinierende Motorradsport-Ära, die es schon längst vor ihm gegeben hatte.

Bereits Anfang der 20er Jahre war der rauhe Sport des Hillclimbing eine beliebte Form des Motorradwettbewerbs. Eigentlich kam die Idee aus Europa, wo Bergrennen schon sehr früh die Zuverlässigkeit und die Kraft des Motors unter Beweis stellten. Aber das waren letztendlich Straßenrennen auf geteerter oder zumindest hart geschotterter Oberfläche, die nach fahrerischem Geschick, vielen Schaltvorgängen und raffinierter Kurventechnik verlangten.

Für die ungebärdigen Amerikaner war das natürlich nicht wild genug: Sie verlangten nach echtem Nervenkitzel, Gefahr und brutaler Motorkraft im Überwinden einer extremen Natur.

Aus diesem recht übertriebenen Verlangen entstand schließlich Hillclimb, eigentlich ein Dragster-Rennen in die Vertikale. Bevorzugt wurden die gemeinsten und übelsten Steilhänge, die auf den ersten Blick unmöglich mit einem Motorrad zu erklimmen waren – je böser, desto besser. Die unerschrockenen Motorrad-Cowboys nahmen die Herausforderung an, bauten sich spezielle Bikes zusammen und krachten mit wilden Bocksprüngen die extremen Schräglagen hinauf. Steigungen von 45 Grad waren dabei keine Seltenheit. Die Hillclimber machten ihre Erfahrungen, lernten die schwierige Kombination von Schwerkraft, Fliehkraft und Motorkraft im lockeren Geröll und losen Gestein zu beherrschen und zeigten dem Publikum eine atemberaubende Akrobatik, die allen Naturgesetzen zu widersprechen schien. Hillclimbing war Aufregung pur.

Unabhängig davon, ob von der AMA sanktionierte oder freie Outlaw Events die Nerven kitzelten – lokale und regionale Hillclimbs waren ideale Veranstaltungen für Motorrad-Clubs. Alles, was man dazu brauchte, war ein passendes Stück Land und eine Stoppuhr. Die Zuschauer kamen zu Hunderten. Ein altes Bild aus den frühesten Tagen von Hornell, New York, zeigt ein mit Zuschauern vollgestopftes Tal. Ihnen wurde eine tolle Show geboten. Unter dem infernalischen Gebrüll der schweren Motoren schossen Roß und Reiter in wildem Schleuderkurs, riesige Staub- und Dreckfontänen hochfetzend, den Hügel hinauf. Große Aufregung herrschte, wenn der Fahrer irgendwann die Kontrolle über sein bockendes Gerät verlor, das sich oft mehrmals überschlug und mit seinem abgeworfenen Reiter den Steilhang ins Tal zurückpolterte oder in die entsetzten Zuschauer schoß. Noch mehr Aufregung und Beifall gab es, wenn Mann und Maschine mit einem hohen, endgültigen Sprung über die Kuppe kamen und als „King of the Hill" aus den Augen des Publikums verschwanden.

Hillclimbs waren oft so dramatisch, daß sowohl *Fox Tönende Wochenschau* als auch *Movietone Newsreels* Rennausschnitte brachten: gerne mit chaotischen Szenen und spektakulären Unfällen. Hillclimb ist eben rohe Gewalt, und die Fahrer großvolumiger V-Motoren können sie am effektivsten demonstrieren.

Die Triebwerke stammten natürlich nicht nur von Harley-Davidson. Es gab beachtliche Konkurrenz, und Excelsior und Indian waren nicht minder erfolgreich. Alle drei Fabrikate hatten nahezu gleichwertiges Maschinenmaterial, und der berühmte Steilhang-Artist Joe Petrali war auch auf anderen Motorradmarken erfolgreich. In den 20er Jahren fuhr er seine Siege mit der Super X von Excelsior heraus. In seiner späteren Karriere bei Harley-Davidson bestieg Joe Petrali nahezu jedes Motorrad der Company, aber er besaß ein ganz besonderes Talent für Hillclimb.

Harley-Davidson hielt natürlich auch noch andere Talente auf diesem Sektor in Bereitschaft: C.W. Hemmis, Joe Herb und vor allem Windy Lindstrom. Auch wenn der große Joe die meisten Siege davontrug, so war Windy Lindstrom doch ein ebenbürtiger Star auf Harley-Davidson. Von 1925 bis 1950 errang er über 300 Siege als „King of the Hill". Dabei brachte er die normalen, werksgebauten Hillclimber zum Einsatz und verschmähte jede technische Änderung

Spektakuläre Hillclimb-Fotos gibt es in großer Zahl. Hier Windy Lindstrom, der zur Elite der Hillclimber gehörte und etliche 45- und 61-Kubikinch-Meisterschaften gewann. Eine 45 Kubikinch OHV-Hillclimbmaschine kurz vor dem Überschlag (rechts).

Ob gestellt oder in „full action“: Schnappschüsse, wie hier aus den 20er Jahren, waren immer schon gefragte Sportfotos.

wie zum Beispiel verlängerte Hinterradschwingen. Seine spezielle Technik bestand darin, stets den Zündunterbrecherknopf zu drücken, wenn die Maschine vorne in die Luft stieg. Auch der von dem Harley-Händler Tom Sifton gesponserte Rennfahrer Sam Arena errang zahlreiche Siege für Harley-Davidson.

Hillclimb-Maschinen sind speziell hergerichtete Motorräder, die meist von privaten Technikern oder von den Werksrennabteilungen entwickelt wurden. Die frühen Hillclimb-Modelle waren jedoch noch Welten von dem entfernt, was heutzutage, in den späten 90er Jahren, die Steilhänge hinaufdonnert. In den 20er und 30er Jahren glaubte man, ein kurzes Fahrgestell sei am besten. Die von Harley gebauten Hillclimbers waren mit einem X (für Experimental) gekennzeichnet, hatten kurze, nur minimal gedämpfte Gabeln, die manchmal mit einer zusätzlichen Verstärkung versehen waren, wie sie auch die Steilwandfahrer benutzten. Einige X-Rahmen hatten hinter dem Sitz zusätzliche Verstrebungen, um ihn noch verwindungsfester und bruchsicherer zu machen. Sie wurden später als Keystone-Rahmen bekannt. Die Werks-Hillclimber verfügten zudem über extra starkwandige kleine Tanks, die bei keinen anderen Rennmodellen zum Einsatz kamen. Manchmal wurde der Sitz auch direkt auf den Tank montiert, damit der Fahrer sein Gewicht besser nach vorne verlagern konnte, um zu verhindern, daß sich das Motorrad überschlug. Besonders im oberen – dem üblicherweise steilsten Teil der Strecke – kam dies häufig genug vor. Auch die Fußrasten waren weit nach hinten montiert, damit der Fahrer besser auf ihnen stehen konnte, wenn sich die Maschine in die Lüfte erhob.

Für seine Hillclimb-Modelle verwendete Harley-Davidson nur das beste zur Verfügung stehende Motorenmaterial: mit Methanol betriebene OHV-Aggregate sowie auf zwei oder sogar einen Gang reduzierte Getriebe.

Als die AMA 1933 die Amateurklasse C einführte, wurden die meisten Rennklassen auf 45-Kubikinch-Motoren reduziert. So blieben diese Motorräder auch während der Weltwirtschaftskrise für den normalen Rennfahrer noch bezahlbar und waren darüber hinaus für Anfänger sicherer, weil ihre Höchstgeschwindigkeiten weit unter denen der wesentlich stärkeren 61- und 74-Kubikinch-Motoren lagen. Nur für die Hillclimbs gab es eine Ausnahme von dieser generellen Regel. Hier wurde Power ohne Ende gebraucht, und die brutale Kraft der schweren Motoren war natürlich auch eine besondere Attraktion für das Publikum.

C. P.

Einer der verwegensten Hillclimb-Rennfahrer war Sprouts Elder, hier in Capistrano 1925.

Senkrechtstarter: Hillclimber

Konstruktionen für Steilhang-Enthusiasten

Typisches Hillclimb-Outfit mit kleinem Spezialtank, vorgesetztem Sattel, Traktionsketten auf dem Hinterrad und einem besonders kräftigen V-Twin OHV-Motor, der meist mit Alkohol betrieben wurde.

Hillclimb-Motorräder von Harley-Davidson haben eine lange Tradition, denn von Anfang an krachten sie die extremsten Steilhänge hinauf. Hillclimb – diese typisch amerikanische Sportart gehörte zu den beliebtesten Motorradrennen in den USA, und berühmte Racing-Stars führten ihre unglaublichen Kunststücke mit spektakulärem Fahrstil vor – auf Harley-Davidson etwa Joe Petrali oder Dudley Perkins.

Es gab die „kleinen" 350er und 500er Einzylinder-F-Heads, Seitenventiler oder OHV-Typen wie den legendären Peashooter, oder die „großen" 750er, 1000er, 1200er und 1340er V-Twins, zunächst bis in die 30er Jahre mit IOE-F-Head-Motoren, später dann OHVs in den verschiedensten Ausführungen. Beliebt waren auch hoch verdichtete Alkohol-Motoren und unzählige Eigen- und Umbauten. Heute sind es meist hochgepowerte Sportster-Triebwerke. Die robusten, langen Rahmen waren für die Hillclimber ein spezielles Konstruktionsmerkmal, und mit der Zeit wurden sie – beziehungsweise ihre Hinterradschwingen – immer länger, um einem Überschlag entgegenzuwirken. Reifen, die man früher mit Ketten umwickelt hatte, sind mit groben Stollen bestückt. Einige der bekanntesten Modelle sollen hier vorgestellt werden.

Die heutzutage in der Klasse über 850 ccm startenden Harleys sind mit Nitromethan betriebene Spezialmaschinen und haben eine extrem verlängerte Hinterradschwinge sowie spezielle Stollenreifen, die oft noch mit zusätzlichen Ketten für bessere Bodenhaftung versehen sind. Die hinteren Ritzel haben etwa die Größe einer XXL-oversized Familien-Pizza. Das bringt – neben vielen weiteren Tuning-Tricks – die gewaltige Kraft auf den steilen Geröllboden. Üblicherweise müssen sich diese Extrem-Harleys gegen eine hochgerüstete japanische Konkurrenz durchsetzen, und meistens tun sie es auch. Es geht eben nichts über die guten alten V-Twins am Hang – Harley, „King of the Hill".

Kein Berg ist zu hoch – so lautet heute die Devise für die erfolgreichsten Harleys im Gelände. Das Ganze heißt AMA 800 cc National Hillclimb Championship Series, umfaßt über ein Dutzend professionell organisierter Veranstaltungen in den USA und ist rasch erklärt. Man nehme einen Berg, so steil wie möglich, und schicke ein paar verrückte Motorradfahrer hinauf. Wer es am weitesten schafft, hat gewonnen. Bauliche Beschränkungen gibt es fast keine, jeder kann sein Hillclimb-Gefährt mit soviel Kraft und meterlangem Radstand herrichten, wie es am erfolgversprechendsten erscheint. Herausragend in dieser spektakulären Disziplin waren in jüngster Vergangenheit Vater und Sohn Gerencer aus Middlebury, Indiana, die zusammen bislang fünf Meisterschaftstitel mit ihren vom Werk gesponserten XR-Harleys erringen konnten.

In den 90er Jahren sind Hillclimbs nicht mehr so populär wie früher, aber es gibt immer noch eine ganze Menge unverdrossener Steilhang-Enthusiasten und natürlich auch Wettbewerbe, übrigens wieder mit zunehmender Tendenz. C. P./O. Z.

Auch heute haben Hillclimb-Rennen nichts von ihrer Attraktivität verloren, wie hier in Sturgis, und noch immer sind es die gewaltigen Harleys, die den größten Beifall bekommen.
Die heute eingesetzten Hillclimb Racer haben als markantestes Kennzeichen die extrem lange Hinterradschwinge, die einen Überschlag verhindern soll.

„Beauty and Speed" nannte ein Magazin diese seltsame Pose, die den RKO-Star Dorothy Granger 1934 auf einem CAC Short-Track-Modell zeigt.

Speedway: Drift im Dreh

Kurzstreckenrennen mit englischer Note

Die Ursprünge des Speedway-Rennsports liegen in den frühen amerikanischen Geschwindigkeitswettbewerben, die Anfang dieses Jahrhunderts auf unbefestigten Sand- oder Aschenbahnen ausgetragen wurden, die ursprünglich für Pferderennen konzipiert waren. Während diese Sportart in den USA bald andere Wege ging, fand sie in Australien und England eine immer größere Anhängerschaft. Zunächst wurden die Short Track genannten Kurzstreckenrennen vor allem in New South Wales ungeheuer populär, bis das Interesse 1928 auch in England nach einer Großveranstaltung in Epping Forest nahe London sprunghaft anstieg. Speedway-Rennen wurden in England bald Volkssport. Kein Wunder, denn der Staat unterstützte das lautstarke Spektakel nachhaltig und kassierte dabei kräftig ab. Über 30.000 Zuschauer waren keine Seltenheit!

Im Frühjahr 1929 brachte der Australier Lloyd B. „Sprouts" Elder sein Speedway-Rennteam nach Kalifornien und etablierte seine Flat-Track-Shows in Los Angeles, Fresno, Emeryville und Oakland. In den frühen 30er Jahren gehörten Speedway-Rennen über eine Distanz von einer Viertelmeile (402 m) – auch als Short Track Races bezeichnet – zu den beliebtesten Sportereignissen auf dem Motorradsektor. Man fuhr vorwiegend britische 500 ccm Einzylinder-OHV-Maschinen von Rudge oder JAP (J. A. Prestwich & Co. Ltd.) oder zweizylindrige Douglas-Modelle mit hoher Verdichtung und Alkohol als Treibstoff. Der erste amerikanische Hersteller, der sich ernsthaft mit Speedway-Motorrädern beschäftigte, war Albert G. Crocker, ein Indian-Händler aus Los Angeles. Ab 1931 baute er recht erfolgreiche OHV- wie auch OHC-Einzylinder-Rennmaschinen. Der Terminus OHC (overhead camshaft) kennzeichnet ausgesprochen drehzahlfeste Motoren, deren Nockenwelle im Zylinderkopf läuft.

Speedway erfordert eine ganz bestimmte Fahrtechnik: Die relativ leichten Maschinen werden mit voller Geschwindigkeit (Speedway-Motorräder haben keine Bremsen) querdriftend durch die Kurven getrieben, wobei der eiserne „Schleifschuh" als Gegengewicht kräftig in die Kurve gestemmt wird. Je vier Fahrer treten pro Verfolgungsjagd (heat) gegeneinander an und werden nach einem Punktesystem 4-3-2-1 gewertet. In ständigen Ausscheidungsläufen wird der Gesamtsieger mit dem höchsten Punktestand ermittelt.

Die Betreiber der Speedway-Veranstaltungen waren selbständige Unternehmer mit eigenen Regeln, Funktionären und Schiedsrichtern. Zwar gab es einige Grundregeln der AMA für den Speedway-Sport, und eine bescheidene Gebühr für die Sanktionierung der Rennen wurde auch meist nach Columbus überwiesen, aber Geldpreise wurden von Fall zu Fall festgelegt, und die Gewinne gingen an die Besitzer. Die

Ein typisches Public-Relations-Bild aus den 30er Jahren mit Speedway-Modell und elegantem Racing-Outfit sowie einem höchst modisch gekleideten, weiblichen Fan.

Die frühesten Track-Rennen waren reine Geschwindigkeitswettbewerbe und fanden noch auf Pferderennbahnen statt (rechts).

Aufstellung zum Oval-Track-Rennen
auf dem Ascot Speedway 1919.

erste, von der AMA sanktionierte National Speedway Championship in der nunmehr für jedermann offenen A-Klasse wurde im Juli 1934 im Olympia Stadion von Los Angeles ausgetragen. Gefahren wurden ausschließlich mit Alkohol betriebene 500er Einzylinder-Maschinen.

Harley-Davidson befaßte sich – vor allem dank Joe Petrali – erst 1933 mit dem Bau eines eigenen Speedway-Motorrads, dem 30,50 Kubikinch (500 ccm) OHV-Modell CAC. Die offizielle Geschichtsschreibung der Company besagt, daß 1933 und 1934 lediglich neun dieser Maschinen gebaut wurden, die allerdings erfolglos blieben. Nach wie vor dominierten britische Bikes die Szene, vor allem die nahezu unschlagbaren JAPs. Nach einigen hektischen Jahren kam dann auch Amerikas Flirt mit dem „kleinkalibrigen" Speedway-Sport wieder zum Erliegen und wurde von den traditionellen Ovalkursen über längere Distanzen abgelöst. Zwar gibt es auch heute noch Kurzstrecken-Speedway-Rennen in Amerika, aber die Beliebtheit dieser Sportart ist gegenüber ihrer großen Zeit während der 30er Jahre stark zurückgegangen.

© Harley-Davidson

Die Standardausführung der CAC Speedway-Maschine war der englischen JAP täuschend ähnlich (oben).

(Bes.: Harley-Davidson San Diego, CA/USA)

Gegen den ständigen, aggressiven Staub mußten immer wieder besondere Schutzvorrichtungen für den Ansaugtrakt konstruiert werden (links).

(Bes.: Harley-Davidson San Diego, CA/USA)

Der Peashooter

Mit Schüssen zum Ziel: Klein, aber gemein

Antriebsseite des obengesteuerten Peashooters.

Nachdem der große Konkurrent Indian 1925 sein neuestes Leichtgewicht-Modell namens „Prince" mit einem 21-Kubikinch-Seitenventilmotor (in limitierter Auflage auch als OHV-Typ) zum Kampfpreis von 185 Dollar auf den Markt geworfen hatte, war es für Harley-Davidson höchste Zeit, etwas dagegen zu unternehmen. So stellte die Company ebenfalls zwei 350er-Modelle vor: die A- und B-Typen mit Seitenventilmotor für 250 Dollar sowie in kleinerer Auflage die OHV-Modelle AA (mit Magnetzündung) und BA (mit Batteriezündung und elektrischer Anlage) für 275 Dollar. Die kleinen Einzylinder waren jedoch hauptsächlich für den Export, vor allem in die Länder des United Kingdom und nach Skandinavien gedacht, da die amerikanischen Kunden und Händler nach wie vor die Big Twins bevorzugten.

Speziell in Neuseeland, Australien und England war inzwischen eine Sportart ungeheuer populär geworden, die in Amerika noch vor allem mit den großen Twins ausgetragen wurde: Flat-Track-Rennen – als Speedway bezeichnet und mit kleineren Einzylindern im engen Oval ausgefahren.

Zu den Standardmaschinen gehörte nun auch bald die getunte und auf etwa 108 kg „abgemagerte" Rennversion des OHV-AA-Modells mit Magnetzündung, die nun als Competition Version gute 80 mph (ca. 130 km/h) schnell war. Sie wurde hauptsächlich in den USA eingesetzt und war bei Track- und Hillclimb-Rennen bald sehr beliebt. Eddie Brinck und Joe Petrali waren die fast unschlagbaren Stars auf dem schnellen Renner, der oft sogar die wesentlich stärkeren 500er Einzylinder-OHV-Maschinen hinter sich ließ. Bereits 1926 gewann Harley-Davidson 14 internationale Titel, 1927 drei von neun nationalen Rennen und alle Titel in der 350er-Klasse. Seinen Spitznamen „Peashooter" (Blasrohr) erhielt der OHV-Renner durch das charakteristische trockene Knallen aus seinen extrem kurzen Auspuffkrümmern, das sich wie die Schüsse aus einer gleichnamigen kleinen Pistole anhörte. Den Peashooter gab es in drei Grundversionen. Der Prototyp hatte einen veränderten Rahmen und einen speziellen Kraftstofftank, einen Einport-Kopf und -Auspuff, einen Schebler De-Luxe-Vergaser und kein Getriebe, sonderen lediglich eine Vorgelegewelle mit zwei verschiedenen Zahnkränzen.

Daneben gab es Flat-Track-Rennmodelle mit Standard-Dreiganggetriebe und ab 1927 mit verändertem Rahmen und Tank sowie einer manuellen Ölpumpe. Charakteristisch war auch der nach unten gebogene Lenker. Ein neuer Vergaser vom Typ Wheeler-Schebler AX 4 kam hinzu. Die 1928/29er Modelle besaßen einen Zweiport-Kopf und damit auch zwei Auspuffrohre, einen Schebler-Indianapolis-Barrel-Vergaser sowie stärkere Pleuel und Kolbenbolzen. Das Exportmodell als TT und Road Racer war grundsätzlich mit Dreiganggetriebe und Doppelport-Kopf ausgestattet. Für spezielle Renneinsätze – vor allem in der A-Klasse – wurde der Peashooter auf 12 : 1 verdichtet und mit Alkohol betrieben. Diese Ausführung, vor allem für Short-Track-Rennen gedacht, hatte einen extrem steifen Rahmen und eine steile, kaum gefederte Gabel. Starten war nur durch Anschieben möglich. Obwohl der Peashooter vor allem in Schweden und Neuseeland bei Grasbahnrennen (in Skandinavien „Cinder Race" genannt), Hillclimbs und Enduros erfolgreich war, endete Anfang der 30er Jahre seine Gewinnserie angesichts der immer erfolgreicher werdenden englischen 500er JAP-Motoren in Fahrgestellen verschiedener Hersteller.

Die Rennversion des 350 ccm OHV AA-Modells mit den typischen kurzen Auspuffstutzen einer Werksrennmaschine.

Gut für den Export: Präsident Walter Davidson posiert auf einer CAC Speedway-Maschine zusammen mit William H. Davidson (rechte Seite).

Rennsport im Umbruch

Vorschriften für den Konkurrenzkampf und eine neue Klasse

1930 befand sich die gesamte amerikanische Motorrad-Rennszene in einem ziemlich desolaten Zustand. Die Rennen wurden immer teurer, die Firmen immer zurückhaltender, die Fahrer immer frustrierter. Vor allem drei große Kategorien bestimmten das Renngeschehen:

- Hillclimb: Hier durften in der lizenzierten A-Klasse Profis nur auf Motorrädern bis 750 ccm (45 Kubikinch) starten. Die meisten Veranstalter wichen daher auf nicht sanktionierte Rennen aus, denn die Attraktivität einer guten Show mit draufgängerischen Publikumslieblingen war wichtig, und nur die brachten die nötigen, profitablen Zuschauermassen.
- Track Racing: Auf diesen kürzeren oder längeren Oval-Rennen, die sowohl als Dirt Track wie auch als Speedway sehr beliebt waren, wurden hauptsächlich Einzylinder-Spezialbahn-Motorräder gefahren.
- TT Racing: Benannt nach der berühmten Tourist Trophy auf der Isle of Man, war die amerikanische TT eine Kombination von Motocross und Track-Rennen. Die Regeln für diese Sportart, für die man keine großartigen Arenen bauen mußte und die mit fast allen Motorrädern ausgefahren werden konnte, schrieben mindestens einen Sprung sowie mehrere Rechtskurven vor.

Inzwischen wurden die USA in viele einzelne AMA-Bezirke aufgeteilt. In der B-Klasse, die keine allzu große Attraktion mehr für die dringend benötigten Zuschauer darstellte, waren die 45- und 80-Kubikinch-Flathead-Motoren leider nur den professionellen Rennfahrern vorbehalten.

Das Management beschloß, sich stärker im Sport zu engagieren, und heuerte dafür den damals wohl prominentesten Fahrer an: Joseph „Joe" Petrali, der früher schon für Harley gefahren war, aber nach seinem großen Sieg im Jahre 1925 zu Excelsior ging. Sein Wochensalär betrug 40 Dollar.

Der getreue „Smokey Joe" siegte von nun an für Harley in einer unglaublichen Erfolgsserie. 1933 waren die Klasse A, die nur noch von professionellen Werksteams bestückt wurde, und die Klasse B – ebenfalls von professionellen Fahrern belegt, die ohne finanzstarke Sponsoren nicht mehr fahren konnten – nahezu eliminiert. Es war daher an der Zeit, daß sich AMA-Sekretär E. C. Smith für eine grundlegende Neuordnung der AMA-Klassifizierungen einsetzte: 1934 wurde die Klasse C eingeführt, die jetzt jedermann offenstand und weitgehend normale Straßenmaschinen für die Wettbewerbe zuließ. Diese Klasse C galt für alle Rennkategorien – also Hillclimb, Flat Track, TT und Road Races – und war wohl die Hauptursache, daß der Motorradrennsport unter dem AMA-Regime überhaupt überlebte.

Allerdings umgingen sowohl Harley wie auch Indian oft die Vorschriften der Stock-Klasse C und brachten getunte Maschinen an den Start. Die AMA sah geflissentlich darüber hinweg, und es gab nicht selten böses Blut.

In diese Zeit fiel auch die „Affäre Sifton": Der begabte kalifornische Rennmotoren-Tuner und Techniker Tom Sifton erfand eine spezielle Ölversorgung für die 45er Harley- Seitenventil-Rennmotoren und bekam sofort Ärger mit der Harley-Davidson-Rennsportabteilung, die unter Bill Ottaway ihr eigenes WR-Rennmodell baute. Vergeblich versuchte man hinter das „Geheimnis" von Tom Siftons Erfolgsrezept zu kommen. Er verriet es nicht und verlor daraufhin seine Harley-Franchise in San José.

Es gab noch andere seltsame rennsportpolitische Details. Aus nicht näher erläuterten Gründen erlaubte plötzlich die AMA, daß 30,5 Kubikinch (500 ccm) Einzylinder-OHV-Motorräder zusammen mit den 45 Kubikinch (750 ccm) Twin-Seitenventilern fahren durften, sofern ihre Verdichtung nicht höher als 7 : 1 war. Es war ein für Harley bitteres Zugeständnis an die immer heftiger mitmischenden Fahrer englischer Einzylinder, die den schwerfälligen, zweizylindrigen Seitenventilern meist überlegen waren. Einziges Handicap: Die Singles waren höher verdichtet.

Diese Verdichtungs-Regel, die später entsprechend korrigiert wurde, führte im AMA-Direktorium zu erbitterten Auseinandersetzungen. Noch 1933 baute Harley-Davidson vor allem für die A-Klasse der Flat-Track-Rennen eine neue 500 ccm Einzylinder-OHV-Maschine – die CAC –, eine erfolgreiche JAP-Kopie, die von Joe Petrali mit entwickelt wurde, um den nahezu unschlagbaren JAP- und Rudge-Speedway-Maschinen zu begegnen. Sie wurde jedoch weniger in den USA, dafür in Australien, Südafrika, Neuseeland und in England ein Erfolg.

Die Öffentlichkeitsarbeit war dagegen weniger erfolgreich. Vermutlich aus Gründen des heftigen Konkurrenzdenkens informierte die von Harley fast völlig beherrschte AMA die Presse kaum noch über das Renngeschehen. So kamen meist nur die Unfälle in die Schlagzeilen, und die Rennen selbst verkümmerten mehr und mehr zu rein lokalen Ereignissen.

Immerhin gab es neue, attraktive Aktivitäten: 1935 wurde in Camp Foster bei Jacksonville, Florida, das erste 200-Meilen-National auf einem schnellen Rundkurs abgehalten – das erste Langstreckenrennen seit 1920. Es war zugleich eine gute Gelegenheit, die Straßen-Klasse C unter Beweis zu stellen. Übrigens war Joe Petrali offizieller Referee bei diesem spektakulären Rennen, und „Canonball" Baker fungierte als Schiedsrichter.

Harley-Präsident Walter Davidson regte sich nach diesem Rennen über die Teilnahme des neuen Norton-Modells International ziemlich auf und verlangte seine sofortige Verbannung aus der C-Klasse. Aber Norton hatte alle Vorschriften sorgfältig erfüllt, und Walter Davidson wurde unter Leitung von Indian-Chef James Wright schließlich überstimmt. Die Überreaktion brachte Harley in ein schräges Licht.

Rache oder nicht: Im Herbst 1936 setzte Harley bei der AMA durch, daß die alten – recht beliebten und technisch hochgetunten – wechselgesteuerten J-Modelle aus der Zulassung für Hillclimb-Rennen genommen wurden. Schließlich wollte Harley seine neuen VL-, UL- und 61 E-Modelle verkaufen und daher auch diese bei den Rennen der B-Klasse siegen sehen.

Einige alte Two-Cam-Fahrer wie Hap Jones und Fred Toscani, die auf ihre JH-Modelle eingeschworen waren und zudem noch reichlich Ersatzteile hatten, liefen aus Ärger zu Indian über. Neben den erfolgreichen wechselgesteuerten Harley-F-Head-Racern fielen aber auch die ebenso erfolgreichen Super-X-Motorräder diesem neuen Reglement zum Opfer: Ihre Ventilsteuerung und die Hinterradbremsen wurden nicht mehr akzeptiert.

Die Racer der W-Serie

Endlich wieder konkurrenzfähig

Die 45 Kubikinch Seitenventil-Rennmaschinen (1927–1951)

WLDR – Konzipiert als Straßenmaschine, die durch einen getunten Motor, der etwa 7 PS mehr erzeugte als das reguläre Modell WLD, auch im Rennsport in der Amateurklasse C eingesetzt werden konnte.

WLDD – Ein nochmalig verbessertes Rennsportmodell, das durch einen Umrüst-Kit (Zylinder, Köpfe, Nocken, Stößel und Ansaugstutzen für 109 Dollar) aus der WLDR eine reine Wettbewerbsmaschine machte.

WR – Standard-Production-Racer. Besonders kräftige Lichtmaschine, senkrecht angeordnet (Drei-Zylinder-Harley) – zunächst von Edison-Splitdorf, ab 1947 von Wico. Getrennter Benzin- und Öltank. Der WR-Motor hatte vergrößerte, polierte Einlaßkanäle, veränderte Brennräume (System teilweise von Tom Sifton übernommen) und härtere Ventilfedern. Die WR-Modelle wurden mit 18- oder 19-Zoll-Rädern, 3,25- oder 4,00-Reifen geliefert. Für Flat-Track-Ausführungen wurde der Racer mit verstärktem Rahmen aus Chrom-Molybdän-Stahlrohr und ohne Bremsen geliefert.

WRTT – Sonderausführung für Straßenrennen und TT-Geländefahrten. Das WRTT-Modell hatte keine Lichtanlage. Es verfügte über verkürzte Schutzbleche und besaß einen regulären WL-Rahmen sowie die üblichen Kupplungs- und Bremspedale.

(Bes.: Symbolic Cars, La Jolla, CA/USA)

Eine phantasievoll bemalte Standard WLDR Flat-Track-Rennmaschine von 1939 (oben) und eine WR von 1938.

(Bes.: Otis Chandler/Museum of Transportation, Oxnard, CA/USA)

Als die AMA 1933 die allen Amateuren offenstehende Klasse C einführte – wobei neben 500 ccm OHV-Einzylinder auch 750 ccm Seitenventiler-Twins in einer Kategorie zugelassen waren –, konnte Harley-Davidson zunächst nur auf die 45 Kubikinch D-Modellreihe mit den höher verdichteten Sportversionen DL und DLD zurückgreifen, die – etwas abgespeckt und getunt – für alle Rennarten eingesetzt wurden: Hillclimb, Flat Track, TT, Road und Track Races.

Als Gegenstück zu der erfolgreichen (und verhaßten) Konkurrenzmaschine von Indian, der 750er Super Scout, wollte William Harley eine starke 750er OHV-Twin zum Einsatz bringen, doch die Entwicklungs- und Produktionskosten erschienen Walter Davidson zu hoch, und das Projekt wurde vorläufig zu den Akten gelegt.

Einige wenige Spezialmaschinen wie der 750er OHV-Factory-DAH-Hillclimber wurden aber doch schon in den späten 20er Jahren gebaut – allerdings hatte Indian ähnliche Maschinen im Programm.

1937 kam die neue W-Serie der 750er Seitenventiler heraus, und bald war die für sportliche Zwecke gedachte WLDR das beliebteste Rennsportgerät. Bereits das zweite 200-Meilen-Rennen (1938) von Daytona wurde von einer WLDR gewonnen.

Inzwischen war die Klasse C zur führenden Rennklasse geworden, und Harley-Davidson hatte dafür die WLDR, die reglementskonform auch für die Straßenfahrt tauglich sein mußte, für den Rennbetrieb ausgestattet. Sie besaß eine höhere Verdichtung, größere Ventile und Aluminiumzylinderköpfe mit vergrößerten Einlaßkanälen. Zum Rennen mußten nur das Licht sowie die Schutzbleche, Bremsen und anderes unnütze, „zivile" Zubehör abmontiert werden.

Einer der berühmtesten PS-Tuner für die WL-Modelle war der Harley-Händler Tom Sifton aus San José, dessen Protegé Sam Arena unzählige Rennen gewann. Später übernahm Harley viele Tuning-Ideen von Tom Sifton für die eigene Rennmaschinen-Produktion.

1942 entwickelte die Rennabteilung von Harley-Davidson unter der Leitung von Hank Syvertson einen neuen Production Racer: die WR, die als Standard 45 cui Racer angeboten wurde. Es war höchste Zeit, denn die Indian Sport Scout gewann besonders unter ihrem Champion Ed Kretz immer noch die meisten Rennen. Dabei bekam das Daytona-200-Rennen, das je zur Hälfte auf dem Sandstrand und zurück auf der parallel führenden Straße ausgefahren wurde, als Saisoneröffner immer größere Bedeutung, und die WR machte hier die ersten Siege einer großen, jahrelang andauernden Erfolgsserie.

Modellpolitik

Kleine Chronik der Harley-Rennmodelle bis 1970

1914 – Die ersten Harley-Rennmodelle werden angeboten. Die Identifikationsnummern der Rennmotoren beginnen mit dem Buchstaben M.

1915 – Acht Rennmodelle (Typ K) werden gelistet, darunter zwei 35 Kubikinch (500 ccm) starke Einzylinder als Track Racer und Roadster sowie sechs IOE F-Head V-Twins. Die Stückzahlen liegen bei einigen Hundert. Die Roadster-Typen (mit Fast-Motor) werden sowohl mit Magnetzündung als auch mit Batteriezündung und elektrischem System angeboten.

1916 – Als Super-Rennmaschinen stellt Harley seine Vierventil-Einzylinder-OHV-Maschinen zum Preis von 1.400 Dollar vor sowie den OHV-Achtventiler V-Twin zum Preis von 1.500 Dollar. Die Homologationsvorschriften der AMA verlangen den Verkauf an jedermann, der extrem hohe Preis sichert Harley-Davidson jedoch die Kontrolle über die wenigen Maschinen.

1917 – Standards für die getunten Fast-Motors (Motornummern 500–999) sind neue, überarbeitete Zylinder und Einlaßkanäle, gekapselte Einlaßventile, verbesserte Ventile, Ventilführungen und Federn, dazu noch Stößelführungen und andere Details.

1919 – Für die V-Twin-Rennmaschinen wird die Ventilsteuerung über zwei Nockenwellen (two cam) eingeführt und bis 1929 beibehalten.

1921 – Der V-Twin-IOE-Rennmotor bekommt die Bezeichnung E.

1922 – Der 74 Kubikinch (1.200 ccm) DCA-Motor erhält Aluminiumkolben und erleichterte Pleuel.

1923 – Die Two-Cam-Rennmaschinenmotoren erhalten einen neuen, bohnenförmigen (bean shaped) Steuergehäusedeckel.

1924 – Die Two-Cam-Rennmotoren werden nochmals verbessert.

1928 – Vier 350 ccm Einzylinder-OHV-Rennmotorräder sind neu im Angebot: S Racer (Magnetzündung), SA Special Racer (Magnetzündung), SM Racer (mit Getriebe und Magnetzündung), SMA (dito). Dazu kommen mehrere V-Twin-IOE-Big-Twins: T Racer (Magnetzünder) und die 61 Kubikinch (1.000 ccm) FHAD (Magnetzündung/US-Ausgabe) bzw. FHAC als Exportmodell. Für spezielle Rennen und Hillclimb gibt es Spezialmotoren mit hoher Verdichtung (10 : 1), die Zylinderköpfe mit Brennräumen nach Ricardo-Patenten haben.

1932 – Das Modell DAC 750 OHV wird der meistgefahrene Hillclimber.

1935 – Einführung der AMA-Klasse C. Die Rennausführung der RLDR 750er V-Twin-Seitenventiler wird zu Harleys beliebtester Allround-Rennmaschine .

1938 – Die neue 750er Seitenventil WLDR (27 PS) löst die bisherigen DR-Modelle ab und wird zur neuen Standard-Rennmaschine. Der Motor erhält eine höhere Verdichtung und größere Ventile.

1939 – Nachdem auch zahlreiche Verbesserungen aus der Tuning-Schmiede Tom Siftons von Harley übernommen werden, erhält die WLDR nun Aluminiumköpfe und größere Einlaßkanäle, stärkere Kurbelzapfen, härtere Ventilfedern, schärfere Nocken und einen größeren Vergaserdurchlaß. Sie bringt es nun auf 35 PS.

1941 – Die Fertigung der WLDR wird eingestellt. Statt dessen wird die neue 45 Kubikinch (750 ccm) WR Special das Standardmodell der Klasse C. Für Langstrecken-Rennen gibt es die WR-, für Berg- und Straßenrennen die WRTT-Variante. In der Nachkriegszeit wird die WR das erfolgreichste Production-Racer-Modell von Harley-Davidson.

1953 – Die WR-Racer werden von den völlig neu konzipierten K-Modellen abgelöst. Die DR Racer und die KRTT Track Racer sind die Rennversionen des seitengesteuerten 45-Kubikinch-Motors mit Magnetzündung, integriertem Getriebe, höherer Verdichtung und wesentlich mehr PS. Ein Jahr später kommt noch der auf 55 Kubikinch (883 ccm) aufgebohrte KHRM Racer dazu.

1955 – Fünf K-Rennmodelle werden angeboten: die KHK Super Sport Solo, die KHRM für Scramble und Enduro-Sport, die KHRTT Tourist Trophy Racer, jeweils mit 55 Kubikinch, sowie die beiden 45-Kubikinch-Modelle KR als Track Racer und KRTT als kleinerer Tourist Trophy Racer.

1958 – Zum ersten Mal taucht der neue Sportster-Typ X als Tourist Trophy mit 55 Kubikinch (883 ccm) in der OHV-Version des KRTT-Modells auf.

1970 – Die neue 750-OHV-Rennmaschine XR 750 auf der Basis des Sportster löst die Seitenventil-K-Modelle ab.

1972 – Die völlig neue XR 2750 OHV-Rennmaschine mit Leichtmetall-Motorblock wird eingeführt. Sie ist bis heute führend bei Dirt Track Races.

Steuerseite des 350 ccm OHV Production Racer, Modell G, 1926.

Einzylindriges Rennmodell S für Viertel- und Halbmeilen-Rundkurse von 1922. Der wechselgesteuerte Zylinder ist der vordere eines V-Twin-Motors, die hintere Öffnung wurde einfach verschlossen. Der Luftfilter konnte zum besseren Starten geschlossen werden, der Keystone-Rahmen ist identisch mit dem Zweizylinder-Rennmodell.

Wer, wo, wann?

Internationale Harley-Rennerfolge

Siegte für Harley-Davidson: Mr. Takashima aus Hiroshima, Japan (Bild oben).

Das Harley-Davidson-Rennteam aus den 30er Jahren in Italien.

Ein unbekannter, aber glücklicher Harley-Davidson-Sieger aus der deutschen Vorkriegszeit.

Das Harley-Davidson-Firmenmagazin *The Enthusiast* ist eine unerschöpfliche Quelle, wenn man herausfinden will, wo in aller Welt sich Harleys mit anderen Motorrädern im sportlichen Wettkampf duellieren. Seit 1916 berichtet das Journal über alle sportlichen Ereignisse, soweit sie in Milwaukee bekannt wurden.

Aber auch bei der Lektüre älterer Motorradmagazine aus aller Herren Länder taucht der Name „Harley-Davidson" seit den frühesten Motorsport-Tagen immer wieder auf, so daß sich Länder und Kontinente, Städte und vor allem die Namen der Fahrer, die als wahre Harley-Pioniere bezeichnet werden können, leicht einprägen.

In der modernen Rennsport-Ära der 90er Jahre ist Harley-Davidson auf nahezu allen Rennstrecken der Welt vertreten. Wie aber war es früher? Hier einige Beispiele aus der Vorkriegszeit:

England – Auf der Brooklands-Rennbahn stellt Douglas Davidson im Jahr 1921 einen neuen Rekord mit 100,76 mph auf.
1923 gewinnt Freddie Dixon auf einer Harley-Achtventiler-Maschine die 1.000-ccm-Meisterschaft.

Skandinavien – Olle Virgin gewinnt 1930 die Dirt-Track-Serien von Schweden und Dänemark mit einer Rekordgeschwindigkeit von 111,75 mph auf einem 45er OHV-Modell.

Brasilien – 1920 gewinnt Domingos Lopez die Seitenwagen-Meisterschaft: er erreicht eine neue beachtliche Rekordgeschwindigkeit von 80,77 mph.

Rußland/UdSSR – 1916 stellt der Petrograder Rennfahrer Makowsky den allrussischen Geschwindigkeitsrekord mit 110,35 km/h in der Klasse bis 750 ccm mit seiner Harley auf.
1924 gewinnt der Moskauer Rennfahrer Dimitriev das Erste Championat der UdSSR in der Klasse über 1.000 ccm auf Harley.
Im Jahr 1936 stellt der Fahrer Zakreskij mit einer 1000er Harley einen neuen Rekord mit 172,16 km/h auf (*MOTO*).

Frankreich – 1938 gewinnt Robert Tinoco auf einer OHV 61 das 24-Stunden-Rennen Bol d'Or in Montlhéry.
Lucien Vulliamy wird im Jahr 1923 französischer Meister in der Tourist-Kategorie der 1000er Seitenwagen-Klasse (Enthusiast).

Italien – 1925 fuhren Orlandi und Gantarini auf Harleys.
In den 30er Jahren stellt sich ein eigenes Harley-Davidson-Rennteam mit den Fahrern Faraglia, Malvisi, Rogai, Ruggeri, Visioli und Winkler vor.

Der bekannte Harley-Davidson-Straßenfahrer E. C. Clarke nach seinem Langstreckenrekord quer durch Australien (ganz oben).

Österreich – Rupert Kramer aus Wien war in den 20er Jahren auf Harley-Davidson einer der erfolgreichsten Rennfahrer Österreichs.

Niederlande – Hans Herkuleijns war Ende der 20er Jahre ein erfolgreicher Harley-Davidson-Seitenwagen-Rennfahrer.

Australien – Harley-Davidson-Rennfahrer räumen 1920 in Down Under ab: C. H. Datson, E. Dennison, H. K. Knight und W. A. Thomas gewinnen die 5-Meilen-Handicap-Rennen in Queensland und in Clifford.

Deutschland – Der Aachener Rennfahrer Paul Weyres konnte mit seiner 750er Harley sowohl in der Solo- wie auch in der Gespann-Klasse zahlreiche Siege erringen, unter anderem 1926 den „Goldenen Kranz des Siebengebirges", 1928 den Preis der Opel-Rennbahn, 1930 die Deutsche Seitenwagen-Meisterschaft, 1932 in Hannover-Eilenriede sowie 1937 den 2. Platz im Endlauf der Deutschen Seitenwagen-Meisterschaften bis 1000 ccm in Hockenheim. 1931 war Weyres bereits vierfacher Deutscher Meister in der Kategorie bis 1.000 ccm. Seine internationale Lizenz erhielt er von der Deutschen Motorsport-Gemeinschaft (DMS), die sich 1928 in Oberste Motorsport-Behörde (OMB) umbenannte. Weitere Erfolge für Harley-Davidson in Deutschland erzielten:
P. Rüttchen aus Erkelenz (1. Platz beim Nürburgring-Rennen 1931), Peter Visé aus Aachen (Großer Preis von Europa 1927), Robby Jecker jun. (Aachen) sowie die Harley-Fahrer Mahlenbrey (Stuttgart), Stolberg (Hannover), Köhler und Franz Heck (Berlin) (*Motor und Sport*).

Schweiz – 1934 gewannen Weyres und Stoll auf Harley die Seitenwagen-Klasse beim Großen Preis der Schweiz. 1935 errang Borsetti den Solo Grand Prix auf Harley. Weitere Harley-Fahrer aus der Schweiz: Carmine und Laeser in der Seitenwagen-Klasse.
Claude Ceresole wird Schweizer Meister in der 1.000er-Klasse in den Jahren 1924, 1925, 1927 und 1929. Er fährt den Achtventiler Racer und später den IOE Two Cammer.

Paul Weyres aus Aachen fuhr unzählige deutsche Siege auf seinem Harley-Davidson-Gespann heraus (oben).

Der Schweizer Harley-Davidson-Fahrer Claude Cereole bei einem Bergrennen.

Flat Track

Start des bekannten 200-Meilen-Straßenrennens im Jahr 1920 auf dem Zwei-Meilen-Ovalkurs bei Marion/Indiana. Wegen der hohen Verdichtung wurden die Rennmaschinen von Helfern angeschoben.

John Harley gratuliert dem berühmten Motorrad-Polizisten „Babe" Tancrede, der 1941 das Number One Plate als Short-Track-Champion gewann. Hier anläßlich eines Flat-Track-Wochenendes im selben Jahr in Laconia.

Rennen auf Ovalkursen haben in den USA eine lange Tradition. Sie reicht zurück bis in die Anfänge des 20. Jahrhunderts, als der Sport mit Motorrädern begann. Parallel zu den Ausdauer- und Hillclimbing-Wettbewerben im Gelände erfreuten sich Track Races auf künstlichen Bahnen mit Holzboden großer Beliebtheit. Packende Kämpfe im Pulk und Stürze waren an der Tagesordnung, die Atmosphäre im Stadion vermittelte zusätzlich reizvolle Spannung. Ständig über das Geschehen an der Spitze im Bilde, konnte man den Rennverlauf gut verfolgen. Die urzeitlichen V-Twin-Aggregate von Harley, Indian und vielen anderen Marken saßen in Fahrwerken, die noch viel Ähnlichkeit mit Fahrrädern aufwiesen: Schmalspurbereifung und keine Bremsen.

Doch Bau und Unterhalt der Bahnen erwiesen sich auf Dauer als zu kostspielig, so daß die findigen Amerikaner in den 20ern begannen, auf andere Lokalitäten auszuweichen. Zahlreiche Pferderennbahnen, die über das ganze Land verstreut waren, wurden von den Rennveranstaltern (oftmals örtliche Motorradhändler) fortan in Beschlag genommen. Links herum und immer schön im Drift fuhr man bereits in den Urtagen des Dirt Track, ansonsten herrschten höchst primitive Bedingungen mit unterschiedlichen oder gar keinen Regeln.

Viele Piloten kamen mit der Maschine per Achse angereist, hofften darauf, daß alles heil bleiben würde, und verkrümelten sich nachher günstigstenfalls mit 20 Dollar Preisgeld und einem neuen Reifen. „A hard and dangerous job", wie Harley- und Indian-Veteran Freddie Ludlow zu erzählen wußte: „Damals war es oft dermaßen staubig, daß man sich nur am blauen Auspuffqualm des Vordermanns orientieren konnte. Nach einem Rennen fanden wir mal einen armen Kerl, der weit über den Zaun geflogen war und sich den Hals gebrochen hatte. Selbst die Zuschauer hatten von diesem Unfall nichts bemerkt!" Manche Läufe dauerten einfach so lange, bis sich der Lokalmatador endlich an die Spitze gekämpft hatte.

Ein bemerkenswertes Jahr für Harley-Davidson war 1935, als Joe Petrali mit der einzylindrigen Peashooter alle 13 Rennen seiner Klasse für sich entscheiden konnte. Ein bis dahin einmaliger Rekord. Es gab unterschiedlich lange Rennen in verschiedenen Klassen auf unterschiedlich langen Bahnen: die halbe Meile (800-m-Oval) und die Meile (1,6 km). Mal war der Untergrund weich und sandig, mal sehr hart wie beispielsweise beim alten Ascot-Miler in Los Angeles, wo beinahe Topspeed-Werte wie auf Asphalt erreicht wurden. Daneben gab es auch schon die sogenannten „TT Steeplechases", eine motocrossähnliche Abart des Dirt Track mit Kurven und kleineren Sprunghügeln. Man „ritt" in der Regel mit den gleichen Motorrädern wie auf der Bahn, wobei die ansonsten überflüssige Vorderradbremse wieder eingebaut wurde.

Ab 1946 schrieb die American Motorcycle Association (AMA) jährlich einen nationalen Meisterschaftstitel aus: das begehrte „Number One Plate". Der Champion wurde in einem einzigen Rennen ermittelt, und zwar bei der Springfield Mile in Illinois. In guten Jahren kamen über 30.000 Zuschauer, um ihre Helden zu bewundern. Bis 1953 waren verschiedene Harley-Piloten insgesamt sechsmal in Springfield erfolgreich.

1954 begann die Phase, die man als Neuzeit im Motorradsport bezeichnen könnte. Die AMA führte ein Punktesystem ähnlich dem Grand Prix ein, das die Piloten zwang, möglichst alle zum Grand National Championship zählenden Rennen zu bestreiten. Unter den fünf Milern, sechs Half-Milern, fünf Road Races und zwei TT Races mußte Harley-Fahrer Joe Leonard schon acht Läufe gewinnen, um sich die begehrte Nummer Eins zu sichern.

Später kam sogar noch eine fünfte Disziplin, die Short-Track-Rennen auf Viertelmeilen-Bahnen, hinzu. Einen guten Untersatz hatte Joe Leonard zweifellos: Das zwei Jahre zuvor eingeführte neue KR-Modell mit den seitengesteuerten Ventilen erwies sich nun als ausgereift. „Smokey Joe" Leonard war noch zwei weitere Male – 1956 und 1957 – erfolgreich, bevor er bei Autorennen Karriere machte und nationale Titel einheimste.

Gegner im Drift, doch privat gute Freunde: der Rennfahrer und spätere Harley-Händler Robbie Robertson mit seinem typischen Fahrstil aus den 60er Jahren (rechts) und „Smokey" Joe Leonard (unten).

In den folgenden Jahren förderte diese Serie – nicht zuletzt wegen ihrer vielseitigen Anforderungen – immer wieder herausragende Rennfahrer zutage. Und meist waren Werkspiloten der Company in vorderster Front. Carroll Resweber holte das Number One Plate in den Jahren 1958–1961 viermal in Folge – ein Rekord, der erst 30 Jahre später wieder eingestellt werden konnte! Zwischen 1962 und 1972 glänzten Bart Markel (dreimal), Roger Reiman, Mert Lawwill und Mark Brelsford als Titelträger.

In den frühen 70ern befand sich der US-Motorradsport auf dem Höhepunkt. Die AMA registrierte in manchen Jahren über 2.000 Lizenznehmer, und mit der überarbeiteten XR 750 hatte Harley-Davidson das Top-Gerät für die Bahn. Die XR 750 war ein kurzhubiger Viertakt-V-Twin mit zwei Ventilen pro Zylinder, 150 kg Gewicht, Leistung je nach Tuningstufe (d.h. Bahnlänge) zwischen 70 und 90 PS. Das reichte auf den gut 500 m langen Geraden eines Meilen-Ovals für Spitzentempi über 200 km/h. Eine Scheibenbremse im Hinterrad hatte sich auch eingebürgert, als letzte Rettung für den Notfall ...

Die Spitzenpiloten konnten Dirt Track profimäßig betreiben. Der Tabakkonzern R. J. Reynolds pumpte ab 1974 über zehn Jahre kräftig Sponsorgelder in die Serie; die Grand National Championship hieß daher nach den Markennamen einfach kurz Camel beziehungsweise Winston Pro Series. So bieder die Dirt-Track-Gefährte auch anmuten mögen, sie bestmöglich abzustimmen, erfordert sehr viel Wissen und Erfahrung. Das fängt beim Präparieren des Triebwerks an und hört bei der Fahrwerkseinstellung, der Reifen- und Übersetzungswahl noch nicht auf. Dem Motorentuner kommt eine große Rolle zu, denn die Harley-Piloten decken sich alle mit dem gleichen Basismaterial ein. Einer der besten seiner Zunft ist Harley-Spezialist Bill Werner – seit über 20 Jahren im Geschäft. Im Juli 1995 siegte bei der Oklahoma City Half-Mile der hundertste von ihm betreute Fahrer!

Doch was nutzt der beste Tuner, wenn der Pilot dessen Arbeit nicht umsetzen kann. Einer, dem dies fast immer beeindruckend gelang, war und ist Jay Springsteen – lebende Legende und wohl populärster Rennfahrer, den die USA je hervorgebracht hat. „Springer" trat erstmals 1975 ins Rampenlicht, wurde auf Anhieb Dritter in der Meisterschaft und „Rookie of the Year" (bester Neuling). Als offizieller Harley-Davidson-Fahrer gewann er die folgenden drei Titel souverän in Reihe und war auf dem besten Weg, mit Resweber gleichzuziehen, als ihn ein langwieriges Magenleiden entscheidend zurückwarf. Danach war der stets bescheiden und bodenständig gebliebene Blondschopf immer noch für Erfolge gut, konnte aber bei der Vergabe der Nummer Eins nicht mehr mitreden. Um so erstaunlicher war das phänomenale Comeback 1995, als Jay, inzwischen 38jährig, den Pomona Half-Miler für sich entscheiden konnte und eine zehnjährige Durststrecke ohne Sieg mit einem Paukenschlag beendete!

Es sieht so aus, als sei der Bundesstaat Michigan eine ganz besondere Brutstätte für Harley fahrende Dirt Tracker. Wie seine berühmten Landsmänner Bart Markel und Jay Springsteen entwickelte sich der Draufgänger Scott Parker aus Flint, Michigan, schon in jungen Jahren zum Seriensieger und gilt mittlerweile als erfolgreichster Pilot aller Zeiten. 1992 scheiterte er nur knapp daran, nach vier Number One Plates in Serie den fünften Titel sicherzustellen. Aber Scotty und Tuner Bill Werner können es immer noch schaffen, denn 1994, 1995 und 1996 waren sie ebenfalls nicht zu schlagen. Und das bei starker Konkurrenz. Allein 1995 gab es bei 19 Rennen immerhin 11 verschiedene Laufsieger.

Ende der 90er sind die Straßenrennen aus der Grand National längst abgekoppelt. Für die Experts stehen nur noch wenige TT und Short Tracks auf dem Programm. Für alte Herren wie Springsteen und sonstige Hobby-Rennfahrer, die zuviel technischen Aufwand scheuen, führte die AMA 1993 mit Unterstützung der Company einen kostengünstigen Marken-Cup mit leicht modifizierten 883-Sportster-Maschinen ein. „Pro National Dirt Track Series" heißt der Cup und umfaßte im Premierenjahr elf Rennen. M. W.

Die seit 1916 erscheinende Firmenzeitschrift *The Enthusiast* bemühte sich von Anfang an, möglichst viele sportliche Erfolge aufzulisten. So nehmen in der 20. Ausgabe im Jahre 1919 die unzähligen amerikanischen Siege bereits über 23 Seiten ein. Geschickt werden dazwischen jede Menge Siege und Rekorde aus aller Welt eingestreut:

Australien:
Kalamunda – H. M. Smith gewinnt mit neuer Bestzeit das Lesmurdi Hillclimb.
New South Wales – Beim Newcastle Economy Test Run belegt Billy Thomas mit seiner Harley-Single den 1. Platz in der Solo-Klasse bei einem Verbrauch von 139,13 Meilen pro Gallone (2 l auf 100 km!).
Perth – H. M. Smith gewinnt die meisten Punkte beim Zuverlässigkeits-Wettbewerb.

Dänemark:
Kopenhagen – Walter Schmidt gewinnt das Solorennen mit einer Harley. In der Seitenwagen-Klasse gewinnt, ebenfalls mit einer Harley, F. Mortland.

Deutschland:
Koblenz – Harley-Davidson gewinnt den 1. und 2. Platz in der Solo-Klasse und den 2. Platz bei den Gespannen.

Japan:
Narua – Nageta Seigiro gewinnt das 25- und das 50-Meilen-Rennen auf Harley-Davidson.

Kanada:
Orilla/Ontario – Drei von sechs Rennen werden von Harleys gewonnen.

Spanien:
Madrid – Beim 12-Stunden-Rennen auf dem Quadrama-Kurs nehmen 28 Fahrer teil – elf Harleys erreichen das Finish.

Südafrika:
Durban – Bobbie Blackburn gewinnt die 15-Meilen-Meisterschaft. Auch das 10-Meilen-Handicap-Schwergewicht-Rennen geht an Harley sowie das 5-Meilen-Rennen gegen ein Flugzeug.
Johannesburg – Beim Johannesburg-Durban-Marathon fährt Bobbie Blackburn auf einer serienmäßigen Harley von 1917 die schnellste Rekordzeit.

Uruguay:
Montevideo – Im offenen Seitenwagenrennen siegt Villaveiran auf Harley-Davidson.

Der Weg ist das Ziel

Offroad und Enduro

(Bes.: Dale Walksler/Wheels Through Time Museum, Mount Vernon, IL/USA)

Mit einer V-Twin-Harley ins Gelände? Bei heutigen Enduro- und Moto-Cross-Maßstäben sicher ein etwas befremdlicher Gedanke, aber früher kannte man keine leichtfüßigen Offroad-Hüpfer – da wurde das vorhandene, schwere Eisen durchs Gelände gejagt, auch wenn das Terrain noch so übel war. Bereits 1908 stürmte kein Geringerer als Walter Davidson zum Sieg beim American Motorcyclist Endurance Run. Die Trails, deftige Geländepisten, auf denen größtenteils gefahren wurde, hatten es schon damals in sich und forderten von Mann und Maschine alles.

Anfang der 20er Jahre etablierte sich der Jack Pine Endurance Run, Amerikas ältestes und härtestes Ausdauer-Rennen für Motorräder. In zwei Tagen waren insgesamt 500 Meilen zu bewältigen. Die Strecke im nördlichen Teil Michigans bot alle erdenklichen Geländevariationen – einschließlich Eisenbahngleisen und abenteuerlichen Holzbrücken. In der Blütezeit dieser Rennstrecke, etwa Mitte der 50er Jahre, fanden sich aus ganz Nordamerika bis zu 400 Teilnehmer auf mehr als zwei Dutzend verschiedenen Marken ein.

Von nennenswerten Federwegen konnte dabei noch keine Rede sein, die Gelände-Modifikationen beschränkten sich meist auf die Montage von grobstolligen Pneus und eines breiten Lenkers. In drei verschiedenen Solo- und zwei Gespann-Klassen ging es auf die Jagd nach Sieg und Platz, die Gewinner durften stattliche Pokale und der punktbeste Fahrer die begehrte Jack-Pine-Kuhglocke in Empfang nehmen. Harley-Fahrer waren über die Jahre ungemein erfolgreich, herausragend dabei in der Anfangszeit der legendäre Oscar Lenz, der von 1923 bis 1936 insgesamt siebenmal die Trophy errang. 1930 trug sich William H. Davidson in die Siegerlisten ein – das erste Mal, daß ein siegreicher Pilot dieser Marke nicht aus dem Staat Michigan kam.

Manche Jack Pines waren so hart, daß gerade eine Handvoll Enduristen die ganze Strecke schaffte: 1940 gelang dies lediglich sieben von 51 Teilnehmern. Und von diesen sieben fuhren fünf Harley-Davidson-Motorräder – wenn das kein Qualitätsbeweis war!

Nachdem in den 60ern die kleinen Aermacchi-Modelle als geländetaugliche Scrambler mit dem Harley-Logo auf den Markt kamen, ging auch in der US-Offroad-Szene der Trend weg von den schweren V-Twins. Rasch wurden Wüstenrennen beliebt, Vorläufer der heute weltbekannten Sandschlachten wie Paris–Dakar oder Atlas-Rally. Bei der Mexican 1000 – erstmals 1967 durchgeführt – waren 832 Meilen auf der mexikanischen Halbinsel von Ensenada nach La Paz zu bewältigen. Am Start war alles, was irgendwie Räder hatte, und bei den aus zwei Fahrern bestehenden Motorradteams schafften es die besten in einer Zeit von unter 24 Stunden. 1971 fuhren Terry Clark und Dean Goldsmith mit einer Zweitakt-Harley vom Typ Baja 21 St., 9 Min. und 47 Sek. durch Sand, Staub und Geröll zum Klassensieg.

M. W.

Ein CR Track Racer von 1969 (oben rechts) und die bei der internationalen Rally im Great American Race mit einem Harley-Versuchsmotor eingesetzte, äußerlich zivile Seitenventil-Big-Twin (oben links/unten rechts).

(Bes.: Dale Walksler/Wheels Through Time Museum, Mount Vernon, IL/USA)

Die Renner aus Varese

Aermacchis Vielfalt

Die 350 ccm CR-TT Ala D'Oro mit ihrer typischen Rennverkleidung und der 250 ccm Factory Racer RR aus dem Jahr 1975 (unten links).

(Alle Fotos dieser Seite, Bes.: Otis Chandler/ Vintage Museum of Transportation, Oxnard, CA/USA)

Aus der Vielzahl der Rennmotorräder von Aermacchi hier die wichtigsten Modelle der Ära AMF Harley-Davidson:

1966–1974: CRTT 350 – Als aufgebohrte Version der Sprint, CRTT 250, aus der Ala D'Oro entwickelt, war die CRTT 350, die in den USA als 350 SS oder CRS angeboten wurde, eine der schnellsten OHV-Einzylinder, die jemals gebaut wurden. Renzo Pasolini erreichte mit ihr den 3. Platz in der Weltmeisterschaft 1966.

1971: RR 250 – Die Zweitakt-Twin-Straßenrennmaschine hatte einen kurzhubigen, kolbengesteuerten Motor mit 56 mm Bohrung und 50 mm Hub, Sechsganggetriebe und leistete 50 PS bei 10.000 U/min. Nach Umstellung auf Flüssigkeitskühlung konnte ihre Leistung auf 58 PS gesteigert werden. Walter Villa wurde mit ihr 1974, 1975 und 1976 Weltmeister der 250er-Klasse. Mit der 350er-Version gewann er 1976 ebenfalls den Weltmeistertitel. Als Champions in den USA waren Gary Scott und das Team von Trev Deeley erfolgreich.

1975: Auch in der 500er Rennserie glänzte eine flüssigkeitsgekühlte, mit vier 34 mm Dell'Orto-Vergasern und Membran-Einlaßsteuerung ausgestattete Zweitakt-Twin. Die mit einer Verdichtung von 12 : 1 operierende Maschine wurde nur in einer Kleinserie von nicht mehr als 25 Stück gebaut und später auch für die USA homologiert. Erster Pilot war Jack Findlay.

1977/1978: Mit einem stärkeren Motor versehen, wurde aus der 250er SX-Version der 250er MX Moto-Crosser, von dem nur etwa 100 Stück gebaut wurden.

1977: In Zusammenarbeit mit BIMOTA entwickelte Harley-Davidson-Aermacchi ein neues Grand-Prix-Rennmotorrad mit einem kolbengesteuerten (später Plattendrehschieber-) Dreizylinder-Zweitaktmotor, der mit 76 PS bei 12.000 U/min 10 PS mehr hatte als Walter Villas 350er Weltmeisterschaftsmaschine von 1976. Typisch waren die unterschiedlichen Zylinderdimensionen. Die beiden außenliegenden Zylinder hatten je 125 ccm, der innenliegende jedoch nur 100 ccm Hubraum.

Verschenkte Siege in Europa

Pasolini, Villa und das Aermacchi-Team

Rennerfolge werden gerne als Aufhänger für Verkaufsstrategien ausgeschlachtet, doch das alte Rezept hatte in den 70er Jahren neue Dimensionen erreicht. Inwieweit die vielen Siege der fremden, unbekannten Rennteams im fernen Europa die Amerikaner überhaupt beeindruckten und zum Kauf der Aermacchi-Harleys animierten, mag dahingestellt bleiben. Trotzdem mußte Harley etwas tun, um den auch im Rennsport immer übermächtiger werdenden Japanern Paroli bieten zu können.
1971 entwickelte der bei Aermacchi arbeitende Ingenieur William Soncini auf Wunsch von Harley-Davidson einen neuen Racing Twin, der vor allem den schnellen Yamaha-Zweitaktern in der 250er-Klasse Konkurrenz machen sollte. Dieser Production Racer, der auch um 10 mm aufgebohrt in der 350er-Klasse eingesetzt wurde, hatte die damals denkbar besten Komponenten: Danzi-Zündanlage, zwei 30er Dell'Orto-Vergaser, einen Bimota-Chrom-Molybdän-Rahmen, Ceriani-Gabel, eine Doppel-Duplex-Bremse vorne und eine Fontana-Anlage hinten sowie später noch eine Thermosyhon-Kühlung für den Motor.
Darüber hinaus war die Maschine leicht und sehr fahrstabil – kurzum, das Gerät hatte alle Chancen, die Platzhirsche aus Iwata zu schlagen. 1972 legte der einzige Werksfahrer von Aermacchi, Renzo Pasolini, los und siegte auf den Rennstrecken in Spanien, Jugoslawien und im heimischen Italien. Leider verunglückte er bei einer Massenkarambolage 1973 in Monza tödlich.
1974 wurde Walter Villa als Werksfahrer von Aermacchi-Harley-Davidson für das neu geschaffene Rennteam „Harley Italia" verpflichtet. Neben den aus den ersten Renn-Twins entwickelten Production-Racer-Typen RR 250 und RR 350 stand ab 1975 noch ein weiterer Zweitakter für die Königsklasse der Grand-Prix-Serie bereit: ein 500er Zweitakt-Twin, der vor allem durch seine Scheibenbremse an der Kupplung und die vier mächtigen 34er Mikuni-Vergaser auffiel. Aber Harley konnte diesen Renner finanziell nicht ausreichend sponsern, um damit an die Spitze zu fahren. Dafür revanchierte sich Walter Villa mit insgesamt vier Weltmeister-Titeln in der 250er- und der 350er-Klasse.
Zusammen konnte Aermacchi-Harley-Davidson – ab 1974 nur noch als AMF Harley-Davidson firmierend – 28 Grand-Prix-Siege verbuchen.
Geholfen haben diese Rennerfolge kaum. Die Händler, die eine ganz andere Motorrad-Palette verkaufen mußten, klagten zunehmend über unverkäufliche Bestände, schlechte Qualität und ein zunehmend desinteressiertes Publikum. Auf dem Höhepunkt der sportlichen Erfolge löste AMF 1977 seinen Harley-Italia-Rennstall auf, und ein Jahr später wurde Aermacchi verkauft.

Road Race

Die europäische Tradition erobert Amerika

Harleys neues Renngeschoß, die VR 1000 beim Daytona-200-Rennen 1997.

Rennfahrerlegende Roger Reimann mit seinem Vater – einenTag bevor er bei einem Unfall anläßlich des Rennens Battle of the Legends 1997 in Daytona tödlich verunglückte.

Während auf den engen Landstraßen der Isle of Man bereits 1907 die ersten Wettkämpfe ausgefochten wurden, setzten sich reine Straßenrennen nach klassisch-europäischem Muster in den USA erst relativ spät durch – zu vernarrt waren und sind die Amerikaner in ihre ovalen, hübsch übersichtlichen Flat Tracks.

Das erste 200-Meilen-Rennen von Daytona fand 1937 und auch in den nächsten Jahren auf einem kombinierten Strand/Straßenkurs von 5,2 km Länge statt. Bis zu 70 Piloten wurden in 5-Sekunden-Intervallen auf die Reise geschickt. Indian-Fahrer Ed Kretz siegte bei der Premiere mit der beachtlichen Durchschnittsgeschwindigkeit von 117 km/h. Trotz sandigem Untergrund wird der 200-Meilen-Klassiker in den Annalen bis heute als Road Race tituliert.

1961 zogen die Rennfahrer in den kurz vorher fertiggestellten Daytona International Speedway um, mußten sich aber nach Beschluß der AMA vorerst mit dem 3,2 km kleinen Kurs im Infield begnügen. Weitere drei Jahre später durften sie dann endlich den Auto-Kollegen nacheifern und die berühmt-berüchtigten Steilwände entern. Erfolgreichster Daytona-200-Teilnehmer in jener Ära war Roger Reiman aus Kewanee, Illinois, der dieses Rennen 1961, 1964 und 1965 mit der seitengesteuerten KR-750-Harley für sich entscheiden konnte.

Roger Reiman, der von seinem Vater Hank nicht nur in technischer Hinsicht bestens betreut wurde, hätte 1966 gern den Hattrick komplett gemacht. Bis dahin hatte noch niemand Daytona viermal in Folge gewonnen. Den Sieg holte sich dann doch Buddy Elmore mit einer 500er Zweizylinder-Triumph und einer Durchschnittsgeschwindigkeit von 154 km/h. Es war tragische Ironie des Schicksals, daß Roger lange nach Beendigung seiner aktiven Karriere während der Speedweek in Daytona zu Tode kam: Bei den BMW Battle of the Legends, einem populären Event mit ehemaligen US-Rennidolen, stürzte er 1997 und starb kurz nach der Einlieferung ins Hospital.

Mit der Übernahme der italienischen Marke Aermacchi Anfang 1960 war Harley-Davidson auf einen Schlag auch in den kleineren Hubraum-Klassen präsent. Der zierliche 250er Viertakter mit dem stoßstangengesteuerten, liegenden Einzylinder – Modellname CRTT 250 Sprint – war nahezu ideal für Rennanfänger und erfreute sich bald wachsender Beliebtheit. Es gab bereits einige Asphaltpisten, und die AMA führte sogar eine eigene 250-ccm-Meisterschaft ein. 1963 gewann Harley-Davidson-Pilot Dick Hammer das Viertelliter-Rennen von Daytona mit einem Schnitt von 114 km/h vor Jess Thomas (Honda) und Ducati-Fahrer Jim Hayes.

Mitte der 60er Jahre waren die KR-Motoren mit den seitlich angeordneten Ventilen außerhalb des speziellen Regelwerks der AMA – OHV-Triebwerke durften sowohl auf der Bahn als auch auf der Straße nur 500 ccm Hubraum haben – auf internationaler Ebene nicht mehr konkurrenzfähig. Ein Passus, der vor allem Harley-Davidson über lange Zeit entgegenkam, war zum Beispiel die Verdichtung. Es dauerte mehr als zwei Jahrzehnte, bis man die Obergrenze der Verdichtung von 7,5 : 1 auf 9 : 1 anhob.

Rennleiter Dick O'Brien und seine Mannen unternahmen jedoch alles, um das Ende der KR noch etwas hinauszuschieben. Es gab neue, niedrigere Low-Boy-Rahmen mit 18-Zoll-Rädern, überarbeitete Verkleidungsteile, umfangreiche Triebwerk- modifikationen mit neuen Zylinderköpfen und eine Zweivergaser-Anlage. Reiman erreichte 1968 in Daytona 239,8 km/h Höchstgeschwindigkeit – eine Motorleistung von mehr als 70 PS dürfte da nicht zu hoch gegriffen sein.

Den Sieg holte sich allerdings ein anderer. Straßenspezialist Calvin Rayborn hatte sich mit einer glanzvollen Vorstellung endgültig ins Rampenlicht geschoben: Mit der von Händler Leonard Andres betreuten KR überrundete er bis auf die Nächstplazierten Yvon Duhamel und Art Baumann (beide 350-ccm-Zweitakt-Yamaha) sämtliche Konkurrenten

Rennszene des Daytona-BoTT-Straßenrennens von 1997 und das VR-1000-Rennteam bei der Startaufstellung.

und brannte als erster Pilot überhaupt einen Schnitt von mehr als 100 mph (163 km/h) auf die Bahn. Der aus dem kalifornischen Spring Valley kommende Rayborn – „hotter than the Florida sun and smoother than Southern Comfort“ – ließ bereits zwei Jahre früher mit einem Sieg beim Meisterschaftslauf in Carlsbad erstmals aufhorchen. Im Jahr seines ersten Daytona-Erfolgs gewann der ehemalige Motorradkurier drei der vier Straßenrennen zur US-Meisterschaft und zementierte damit seinen Ruf als Top-Mann auf Asphalt schlechthin.

In der Serienproduktion mußte der SV-Motor schon 1957 dem moderneren OHV-Sportster-Triebwerk weichen. Mit 883 ccm Hubraum konnte dieses in der Leistungsausbeute gut mit den englischen Parallel-Twins mithalten, und so sprach nichts dagegen, damit auf Rennpisten jenseits des Atlantiks etwas Werbung zu betreiben. Der Kalifornier Lance Weil tauchte 1967 in England mit einer speziellen, vom Werk präparierten XLR Sportster mit Low-Boy-Chassis auf und holte in der dortigen 1.000-ccm-Klasse einige gute Resultate. Um den Zuschauern genau zu zeigen, was da für eine Maschine fährt, verzichtete Weil auf die übliche Vollverkleidung und montierte lediglich eine schlanke Halbschale!

Mit Beginn der Saison 1970 änderte die AMA das Reglement, so daß nun allgemein 750 ccm als Hubraumobergrenze galt. Harley kam nicht umhin, auf Basis des Sportster-Aggregats in kürzester Zeit einen neuen Rennmotor zu bauen. Doch die XR 750 getaufte Konstruktion von Pieter Zylstra war alles andere als ausgegoren und machte wegen der hohen Hitzeentwicklung der gußeisernen Zylinder und -köpfe enorme Probleme – daher auch der Spitzname „Waffeleisen“. Doch Supertalent Rayborn befand sich auf dem Zenit seiner Karriere, und wenn das Waffeleisen durchhielt, konnte er es mit den besten Grand-Prix-Piloten aufnehmen. So zum Beispiel Ostern 1972 beim englisch-amerikanischen Länderkampf, den sechs Rennen zählenden Match Races.

Restricted Area: Die Harley-Davidson Racing Team Box mit der VR 1000 im Daytona-Speedway-Stadion von 1997.

Ungewöhnliche Rennmotorräder

1930 – Als äußerst seltenes Exportmodell gilt der 45 Kubikinch (747 ccm) V-Twin-Straßenrenner mit dem OHV-Motor, wie er oft beim Hillclimb verwendet wurde. Tank, Sattel und doppelseitiger Rennauspuff sind typisch europäisches Outfit. Die Rezession der 30er Jahre stoppte den Weiterbau. Ebenfalls 1930 in Kleinserie wurde das Modell CAF 30 gebaut, die Straßenrennversion eines Einzylinder-Modells, das hauptsächlich für den Export nach Europa gedacht war.

1947 – Kein Rennmotorrad, aber mit einem Spezialseitenventil-V-Twin-Motor von Indian oder Harley bestückt, waren diese Midget Race Cars beliebt. Dieser „Rennzwerg“ mit einem 750 ccm Flathead-Harley-Motor für die Midget-Micro-1000-Klasse kommt aus Frankreich.

1965 – Als flüssigkeitsgekühlter Zweizylinder-Zweitakter mit einer Verdichtung von 12,8 und 53 PS bei 11.200 U/min war dieser Harley Track Racer erfolgreich gegen die japanische Konkurrenz. Einer seiner Champions war Gary Scott.

1983 – Der 500 R Dirt Tracker von Harley hatte einen 494 ccm Rotax OHC Vierventil-Einzylinder-Motor (89 mm Bohrung, 79 mm Hub). Dazu gehörte ein 38er Mikuni-Vergaser, ein Fünfganggetriebe und eine Marzocchi-Telegabel. Die ganze Maschine wog 113 kg. Der Rahmen wurde von Ron Woods gebaut. Springsteen, Parker und Goss waren die erfolgreichsten Fahrer dieser kraftvollen Moto-Crosser. Es gab auch eine von Chris Carr aufgebohrte 600er Version. Die erste Serie umfaßte lediglich 25 Stück.

1983 – Mit geringfügigen Änderungen wurde auch die XR 1000 auf Rennstrecken eingesetzt, vor allem von Privatfahrern oder Firmenteams.

Gegen hochkarätige Konkurrenz wie Phil Read, Ray Pickrell und andere holte Cal trotz Heimvorteil der Briten drei Siege und drei zweite Plätze. Anlaß genug, ihm bei der Rückkehr in die Staaten einen heldenhaften Empfang zu bereiten.

Die Rennabteilung reagierte. Rechtzeitig zur 72er Saison wurde eine überarbeitete XR 750 mit kurzhubigem Aluminiummotor fertig. Großflächige Kühlrippen unterstützten die Wärmeabfuhr zusätzlich, beide Auslaßkanäle zeigten nun in Fahrtrichtung und lagen somit besser im kühlenden Luftstrom. Doch der Milwaukee-V-Twin hatte längst mächtig Konkurrenz bekommen. Die Triumph/BSA-Triples, die Honda CB 750 und vor allem die wassergekühlten 750 ccm Dreizylinder-Zweitakter von Kawasaki und Suzuki wurden permanent besser. Rayborn – immer noch mit dem typischen Halbschalenhelm unterwegs – gewann die Läufe in Indianapolis und Laguna Seca, weil er dank geringem Spritverbrauch auf das Nachtanken verzichten konnte.

Um die Präsenz in Europa zu forcieren und vor allem wegen der bevorstehenden Formel-750-Weltmeisterschaft, erhielt der italienische Starfahrer Renzo Pasolini Mitte des Jahres ebenfalls eine XR 750. Obwohl bislang nur die Aermacchi 250er/350er-Zweitakter gewöhnt, kam Renzo mit der dicken „La donna Americana“ bestens zurecht und erreichte im kalifornischen Ontario gleich einen 3. Gesamtrang aus zwei 125-Meilen-Läufen. Bei den Frühjahrs-Meetings 1973 in Daytona und im italienischen Imola war Pasolini durch eine Infektion gesundheitlich angeschlagen und wollte sich danach ganz auf die Grand-Prix-Saison mit seinem großen Widersacher Jarno Saarinen konzentrieren. Doch beim vierten WM-Lauf in Monza kamen beide bei einem tragischen Massensturz ums Leben.

1973 war kein glückliches Jahr für Harley-Davidson: Kaum präsentiert, war die XR 750 schon zum Hinterherfahren verurteilt. Cal Rayborn zog aus einer Pechsträhne mit technischen Problemen und Verletzungen die Konsequenzen und verließ das Werksteam Ende 1973. Schlimmer war für seine Fans, daß Cal ausgerechnet beim ersten Rennen mit einer Zweitakt-Suzuki 500 zum Jahreswechsel 1973/74 in Neuseeland tödlich verunglückte. Zu Weltmeisterehren kam die Company dann doch noch, wenn auch durch die Hintertür. Die Aermacchi-Techniker traten mit Fahrer Walter Villa erfolgreich in die Fußstapfen des großen Pasolini und holten 1974–1976 den 250er-WM-Titel in Folge. Der wassergekühlte Zweizylinder-Zweitakter hatte mit klassischer Harley-Technik nicht das geringste gemein, aber auf Tank und Verkleidung prangte in großen Lettern „AMF Harley-Davidson“.

Danach war es abgesehen vom BoTT-Engagement einige Jahre ruhig um Harleys Road-Race-Aktivitäten. Aber die Gerüchteküche um ein topmodernes, wassergekühltes Vierventil-Triebwerk für Sporteinsätze brodelte zu Beginn der 90er Jahre bereits heftig. Im März 1994 war es dann soweit: Das „All American Superbike“ VR 1000 debütierte in Daytona. Mit dem erfahrenen Superbike-Piloten Miguel Duhamel im Sattel qualifizierte sich das brandneue Gefährt auf Anhieb, fiel aber im Rennen nach 20 Runden mit Motorschaden aus.

Die kleine Werksmannschaft um Cheftechniker Steve Scheibe hatte noch viel Arbeit vor sich und mußte mittlerweile feststellen, daß der Lorbeer selbst in der nationalen Superbike-Szene sehr hoch hängt – von der Weltmeisterschaft ganz zu schweigen. Die VR ist ein gutes Motorrad mit herausragenden Fahrwerksqualitäten, aber es mangelt an Motorleistung und an schierer Manpower. Das Harley-Budget beträgt nicht einmal die Hälfte dessen, was beispielsweise American Honda pro Jahr für das Superbike-Engagement ausgibt. Die Piloten Thomas Wilson und Chris Carr kamen bislang über Achtungserfolge nicht hinaus und erreichten 1996 im US-Championat lediglich die Endränge 9 und 12.

Ende der 90er Jahre ist weder eine WM-Teilnahme noch die ursprünglich geplante Straßenversion mit der VR 1000 ein Thema. Mehr als die bislang gebaute Kleinserie von 50 Stück, die an private Rennteams und Sammler auf der ganzen Welt verkauft wurden, soll es nicht geben. Die Harley-Davidson-Geschäftsleitung sieht die Renneinsätze – und nicht zu vergessen das Feedback der stolzen Besitzer – somit auch eher als Forschungs- und Versuchsfeld für zukünftige Entwicklungen. Falls eines Tages doch noch ein neues Harley-Superbike auftauchen sollte, dann sehr wahrscheinlich nur unter dem Namen „Buell“. M. W.

Der Kampf gegen Engländer und Japaner

Daytona 200 – das erste Rennen der Saison

Frühe Rennszenen und der großzügige Rennkurs des Daytona International Speedway.

Als 1937 das erste große 200-Meilen-Rennen des Jahres von Savannah und Jacksonville aufgrund eines Angebots der Stadtväter von Daytona auf den altrenommierten Hochgeschwindigkeitskurs an ihren Strand verlegt wurde (zur Hälfte auf Sand und wieder zurück auf der parallel führenden Asphaltstraße), entwickelte sich der Saisoneröffner zum Erfolgs-Index der beiden letzten US-Motorradmarken. Aber bald zeigte sich – trotz aller AMA-„Tricks“, die aufkommende Konkurrenz in Schach zu halten (Verdichtungs-Reglement) –, daß die Engländer mit ihren technisch überlegenen Ein- und Zweizylinder-Maschinen immer massiver in die Siegesserien der WR und Scouts einbrachen. 1953 konnten die neuen K-Modelle von Harley diesen Trend stoppen und die Company-Racer wieder ganz nach vorne bringen.

Ab 1961 fand das 200-Meilen-Rennen endlich im neuerbauten NASCAR-Speedway-Stadion von Bill France Senior – weit landeinwärts – statt. Kurz darauf beendeten die übermächtigen Japaner den Traum von der amerikanischen Vorherrschaft im eigenen Land. Nach 1971 war erst mal Schluß mit erfolgreichen Plazierungen für Harley-Davidson, und für die nächsten Jahre waren ihre Renner kaum noch unter den ersten 20 zu finden. Erst die XR-Sportster-Typen konnten sich – nach anfänglichen Schwierigkeiten – wieder in Siegerpositionen vorarbeiten, nur beim Dirt Track waren sie unschlagbar. Heute, Ende der 90er Jahre, ist es die VR 1000, die Harley-Davidson die Dominanz im Oval sichern soll.

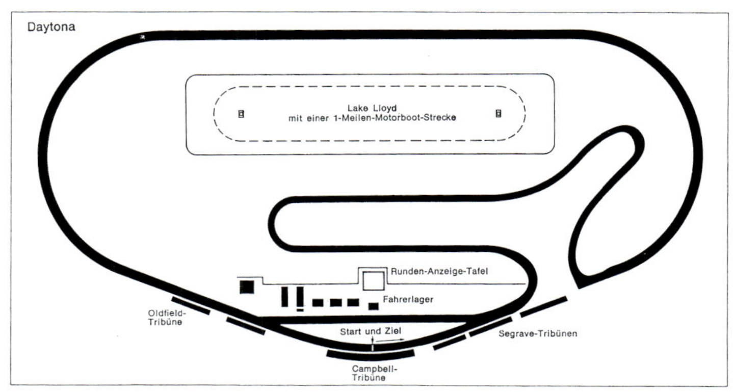

Die Daytona-200-Rennen

1937–1960 Speedway an der Beach

1961–1971 Daytona Int. Speedway Stadium

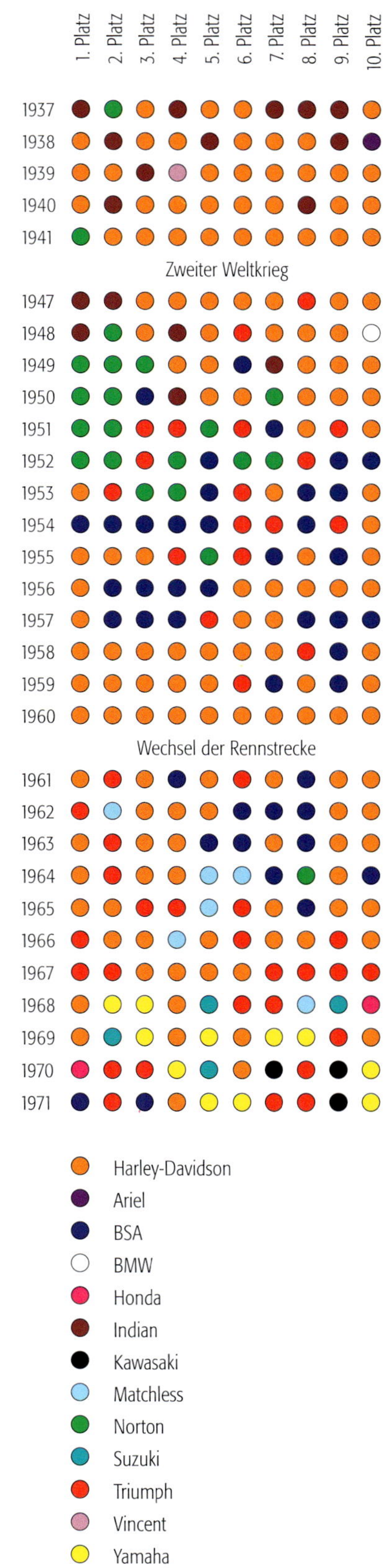

Die Schlacht der Zweizylinder

Mit „Lucifers Hammer" unter unseresgleichen

1984: Gene Church auf „Lucifers Hammer".

Gegen Ende der 70er Jahre, als die populäre US-Superbike-Klasse fest in den Händen der japanischen Vierzylinder-Meute war, spukte eine neue Idee in den Köpfen der Fans großvolumiger Zweizylinder-Motoren: „Machen wir doch eigene Rennen nur für Twins. Da haben wir diese lästigen Reiskocher vom Hals und sind unter unseresgleichen!" Gesagt, getan – und Bill France, Boß der Daytona-Rennstrecke, Norton-Spezialist Dwayne Williams sowie Harley-Tuner Jesse O'Brien leisteten einen Großteil der administrativen Vorarbeit – übrigens sehr zum Mißfallen der AMA, die in ihrem Terminkalender keinen Platz mehr für eine zusätzliche Klasse sah.

Im Frühjahr 1981 – just zum Auftakt der neuen Saison – war es dann endlich soweit. Die Premiere des treffend mit „Battle of the Twins" (Schlacht der Zweizylinder) bezeichneten Rennens ging im Rahmenprogramm der Daytona Speedweek über die Bühne. 88 Piloten hatten sich eingefunden, und die Starterliste las sich wie ein Who-is-Who der berühmtesten Marken: BMW, Ducati, Harley-Davidson, Moto Guzzi, Norton, Laverda, Triumph, Vincent sowie japanische Twins vom Schlage Kawasaki Z 750 und Yamaha XS 650 – alles war vertreten.

Zur gerechteren Chancenverteilung wurden vier Kategorien eingerichtet: Stock Production, Modified Production (je für Anfänger und Fortgeschrittene) sowie Grand Prix. Der Hubraum war auf 1.000 ccm begrenzt. Der Sieg in der Grand-Prix-Wertung, in der das freizügigste Reglement herrschte, ging an Jimmy Adamo auf einer vom Italo-Amerikaner Reno Leoni frisierten Königswellen-Ducati.

Rasch fanden andere Veranstalter Gefallen an den donnernden Twins, so daß gleich im ersten Jahr eine acht Läufe zählende Meisterschaft ausgefahren werden konnte. Das Gespann Leoni/Adamo gewann in den ersten drei Jahren den Titel dreimal hintereinander. Nach dem etwas halbherzigen, nur von Styling-Retuschen getragenen Versuch XLCR Cafe Racer wagte es die Company 1983 ein weiteres Mal, ein vom Rennsport abgeleitetes Straßenmodell auf den Markt zu bringen: die phänomenale XR 1000.

Just zu dem Zeitpunkt, als die Japaner anfingen, das Milwaukee-Original mit abgemilderten Chopper-Kopien nachzuahmen, erschien eine Harley, wie sie echter nicht sein konnte. Eine reine Fahrmaschine, nur mit den nötigsten Accessoires versehen, fast wie aus dem Dirt-Track-Fahrerlager kommend.

Um dies öffentlichkeitswirksam zu forcieren, bekam die Rennabteilung den Auftrag, auf dieser Basis eine erfolgversprechende Maschine für die BoTT-Serie zu konstruieren. In nur wenigen Monaten baute das Team um Rennchef Dick O'Brien auf der Grundlage eines zehn Jahre alten XR-750-Rahmens einen „Hammer", der gleich bei seinem ersten Auftritt im Frühjahr 1983 in Daytona sensationell einschlug.

Mit Dirt-Track-Star Jay Springsteen im Sattel holte der 104 PS starke „Lucifers Hammer" einen überlegenen Sieg mit 24 Sekunden Vorsprung auf den Zweitplazierten. Knapp eine Dekade nach dem letzten werkseitigen Road-Race-Auftritt in den Staaten – 1974 durch Gary Scott in Laguna Seca – bedeutete dies für Harley ein grandioses Comeback auf Asphalt.

„Springer" bestritt in jener Saison noch drei weitere Rennen mit Lucifer, mußte dann jedoch seinen Dirt-Track-Verpflichtungen Vortritt lassen. Zum Saison-Finale in Daytona übernahm erstmals der junge Gene Church das Motorrad und landete gleich einen Sieg vor zwei Ducatis – „Lucifers Hammer" hatte wieder zugeschlagen!

1986 – Zwei strahlende Harley-Sieger: Gene Church (Mitte) und Will Roeder (rechts).

In der Folgezeit trat die Harley Owners Group (H.O.G.) als Sponsor auf, und Harley-Händler Don Tilley kümmerte sich gemeinsam mit Pilot Gene Church um die technische Vorbereitung der Maschine. Wenn sich die beiden nicht gerade auf der Piste herumtrieben, arbeiteten sie artig in Dons Laden in Statesville, North Carolina. Gene Church kommt ursprünglich aus Turnersburg, North Carolina, und begann seine Karriere mit Minibikes. Danach versuchte er sich mit 250er Zweitaktern und auf den Flat Tracks, bevor er begann, die amerikanische BoTT-Szene unangefochten zu dominieren. 1984 holte Gene Church die Meisterschaft mit drei Siegen und drei zweiten Plätzen. Im darauffolgenden Jahr war die Bilanz noch besser: Titelträger mit fünf Siegen! 1986 kam es in Daytona zwar zur ersten Frühjahrsniederlage durch die früheren 500er Weltmeister Marco Lucchinelli (Ducati) und Paul Lewis (Quantel Cosworth), trotzdem reichte es für Gene Church noch einmal zum Gewinn des Championats. Das Werk ließ sich damals in puncto Preisgeld nicht lumpen: Ein Sieg in einem BoTT-Lauf brachte einem Harley-Fahrer 1.000 Dollar ein, und der Meisterschaftstitel wurde nochmals mit 4.000 Dollar versüßt. 1984 kam mit dem privaten Spread Eagle Racing Team der beiden Harley-Ingenieure Steve Wentworth und Bob Crane auch das erste Buell-Fahrwerk auf die Rennstrecke. Die Zeit schien reif, Lucifer I in den wohlverdienten Ruhestand zu schicken.

Die neue Maschine von Don Tilley wurde ebenfalls mit einem Buell-Rahmen versehen, doch anfangs mußten an Lucifer II noch diverse Kinderkrankheiten behoben werden. Symptomatisch für die durchwachsene 87er Saison war Gene Churchs Sturz gleich zu Saisonbeginn in Daytona, außerdem tauchte neue starke Konkurrenz auf, wie die Vierventil-Ducatis und die Dr.-John-Guzzi, der Abräumer 1987. Die Jahre 1988 und 1989 markierten sowohl Höhepunkt als auch Endstadium in der technischen Entwicklung des stoßstangengesteuerten 1.000-ccm-Zweiventilers. Jay Springsteen durfte noch einmal ein neues Versuchsgerät antesten, mit dem ihm jedoch nicht viel Glück beschieden war. In einem ungemein kompakten Gitterrohrchassis, das der frühere Dirt Tracker Mert Lawwill im Werksauftrag entwickelt hatte, steckte ein von Don Tilley getunter XR-1000-Motor mit 111 PS an der Kurbelwelle. Anders als beim Buell-Rahmen konnte hier dank Anlehnung ans Bimota-Vorbild ein sehr geringer Abstand zwischen Schwingenlagerung und Kettenritzel realisiert werden, was sowohl einem kurzen Radstand entgegenkam (in diesem Fall nur 1.350 mm) als auch den Einfluß der Antriebskräfte auf die Federung reduzierte.

Die eigentliche Problemzone jedoch war nicht das Fahrwerk, sondern der mechanisch ausgereizte Triebling. Mit extrem hoher Verdichtung von über 13 : 1 und mühevoller Feinarbeit an den Zylinderköpfen holte Tilley zwar enorme 118 PS bei 8.000U/min aus Lucifer II, allerdings spielte der in die Jahre gekommene Unterbau da nicht lange mit. Außerdem gingen wichtige Ersatzteile allmählich zur Neige. Angeblich soll 1989 nur noch ein einziges Fünfgang-Renngetriebe verfügbar gewesen sein. Wie dem auch sei: Mit fantastischen 270 km/h Höchstgeschwindigkeit zählte dieses Geschoß – wenn es denn einmal lief – nicht zuletzt dank seiner ausgefeilten Aerodynamik zu den schnellsten Zweiventilern, die jemals den geheiligten Daytona-Asphalt unter den Rädern hatten. Das Kapitel „Battle of the Twins“ (später nannte man es „Pro Twins“) war für Harley relativ kurz, aber um so ruhmreicher. Die Zukunft hatte jedenfalls begonnen, und das Projekt VR 1000 nahm langsam Gestalt an.

Der German Harley Cup

Zwischen Event und knallhartem Rennsport

Fahraufnahmen und Start des nur kurze Zeit existierenden German Harley Cup, der ausschließlich mit leicht modifizierten 883er Sportstern ausgetragen wurde.

Auf der Suche nach frischen Impulsen für die etwas stagnierenden Teilnehmerzahlen initiierte die AMA in Zusammenarbeit mit Harley-Davidson erstmals für 1989 einen Marken-Cup mit weitgehend serienmäßigen Sportster-Maschinen, genannt AMA H-D 883 Twin Sports. Ein eng gefaßtes technisches Reglement hielt den Tuning-Aufwand – und damit die Kosten – in überschaubaren Grenzen und sorgte für spannende Rennen. Dank Chancengleichheit waren die Qualitäten des Fahrers ausschlaggebend. Rennbegeisterte Harley-Händler sponserten talentierte Burschen aus der Nachbarschaft, ab und zu mischten sich sogar Altstars wie Roger Reiman und Jay Springsteen unter das bunte Völkchen der Cup-Fahrer. Kurz und gut, das Konzept schien zu stimmen, so daß der Funke bald auf andere Länder übersprang: England, Frankreich, Australien, Japan und zuletzt sogar Deutschland.

Das Auftaktrennen des für die nationale B-Lizenz ausgeschriebenen German Harley Cup fand im Mai 1995 auf dem Flugplatz Faßberg in der Lüneburger Heide statt. „Wie kann man denn mit solchen Eisenhaufen überhaupt Rennen fahren?" – Derartige Kommentare der alteingesessenen Rennfahrerkollegen gehörten noch zur harmloseren Sorte. Aber nicht nur die mußten sich belehren lassen, daß das sehr wohl ging! Natürlich war mit einer Motorleistung um die 65 PS bei weit über 200 kg Startgewicht keine Pulverisierung bestehender Rundenrekorde zu erwarten, aber das tat der Einsatzfreude der Piloten keinen Abbruch. Im Gegenteil, wie es einer der Teilnehmer formulierte: „Dieses Iron Horse will bezwungen werden. Da kämpfst du nicht nur gegen die anderen, sondern auch gegen deine eigene Maschine. Und Fehler verzeiht sie nicht ..."

Neue bunte Farbtupfer in die etwas eintönige bundesdeutsche Fahrerlager-Szenerie setzte die auf separat abgestecktem Claim residierende Harley-Clique nebst Anhang ohnedies. Lange Mähnen, Bärte, Ketten, Ringe, Tattoos, Kutten und vor allem die schwarz-orangenen Harley-Rennjacken waren äußerst beliebte Accessoires. Dazu stand allen Besuchern das Harley-Zelt als Treffpunkt offen, wo Live-Musik und Snacks die verschiedenen Bedürfnisse befriedigten. Auf der Piste ausgetragene Feindseligkeiten wurden hier abends mit einigen Bieren ad acta gelegt und neue Freundschaften geschlossen. Doch die Querelen hinter den Kulissen waren zu offensichtlich, viele Teams bezichtigten sich gegenseitig unerlaubter technischer Manipulationen (was bereits im Premierenjahr zu Protesten führte) und klagten über zu lasche Kontrollen. Marketing-Boß Manfred Kozlowsky betonte zwar, daß „unser Hauptanliegen auf dem Event-Charakter liegt und der Cup zu sehr in den knallharten Rennsport abgedriftet ist", allerdings müsse man sich auch in die Situation der Piloten hineinversetzen. „Ich spiel' doch hier nicht Halma. Wenn ich Rennen fahre, will ich auch gewinnen", hörte man im Fahrerlager häufig. Der nötige Aufwand zur schärferen Überwachung des Reglements war der Mörfeldener Harley-Zentrale zu hoch, jedoch ließ Manfred Kozlowsky, Pressesprecher von Harley-Deutschland, erkennen, daß eine Neuauflage durchaus denkbar wäre: vielleicht sogar mit einer schon von Haus aus tauglicheren Buell. M. W.

Das Sundance Team

Der schärfste Harley-Racer kommt aus Japan

Vernarrt in den Zweiventiler! Dieses Attribut trifft auf die Harley-Freaks rund um den japanischen Händler und Tuner Takehiko Shibazaki zu. Mit seiner Firma Sundance Custom Works in Tokyo hat er den nötigen personellen und finanziellen Background, um phantastische Kreationen auf Harley-Davidson-Basis auf die Räder zu stellen – etwa die Rennmaschine Daytona Weapon auf Basis einer 1200 Sportster, die mit ihrem Ausgangsprodukt kaum noch etwas gemeinsam hat.

Enorm viel Entwicklungsarbeit steckt in den modifizierten XR-1000-Zylinderköpfen, deren ehemals seitliche Einlässe radikal geändert wurden. Sie stehen jetzt im 45-Grad-Winkel schräg nach oben und werden von zwei 41er Keihin-FCR-Vergasern mit Gemisch versorgt. Das 1.199 ccm (Bohrung x Hub, 88,8 x 96,8 mm) große Triebwerk ist 12 : 1 verdichtet und leistet gut 110 PS bei 6.500 U/min. Sämtliche Teile innerhalb des Motors wurden erleichtert oder gegen neue aus besserem Material ausgetauscht, was zu einer mittlerweile befriedigenden Zuverlässigkeit führt.

Nach Buell-Vorbild ist der V-Twin per Gummilager und Gelenkköpfen elastisch in einem Alu-Rahmen des japanischen Herstellers Over aufgehängt. Daher gibt es kaum Probleme mit Vibrationen. Der Radstand beträgt 1.450 mm, das Gewicht etwa 165 kg trocken. Wo die Daytona Weapon auftaucht, zieht sie bewundernde Blicke auf sich. Mit Recht: Sie ist die schärfste Renn-Harley weltweit! M. W.

Chefmechaniker Yutaka Teshima und Fahrer Yoshiyuki Sugai (ganz rechts) beim Daytona-200-Rennen 1997.

Mit viel ausgefeilter Technik und einem meisterhaften Fahrwerks- und Rahmenbau versucht die japanische Firma Sundance Custom Works aus Tokyo eine gewinnträchtige Harley-Wettbewerbsrennmaschine auf XR-Basis zu weltweiten Erfolgen zu führen.

Einer der berühmtesten Rennfahrer und viele Male nationaler Champion war der Harley-Werksfahrer Jay Springsteen, hier bei einem Track Race der 70er Jahre und beim Battle of the Legends 1997.

Der Harley-Champion der 80er Jahre war vor allem Scott Parker, hier mit seinem Number One Plate bei einem Dirt Track Race.

Ehrung der Werksrennfahrer aus den 70er Jahren: Dick O'Brien, Renzo Pasolini, Mert Lawwill, Dave Sehl, William H. Davidson, John A. Davidson, Cal Rayborn, Scott Brelsford und Mark Brelsford (v.l.n.r.)

Aufstellung zum Start der 883er Finals 1997 in Daytona.

Art Gompper (HD Racing Department).

Hektische Startvorbereitungen (883er Finals 1997).

Craig Fillmer (HD Racing Team).

HARLEY-

Company

Die Company gibt sich die Ehre

Harley-Davidsons offizielle Aktivitäten

Weltweit unterwegs: Die berühmten Harley-Trucks verladen alles, was die Company für ihre Präsentationen benötigt.

Der Markt ist eng geworden und der Kunde wählerisch. Die Zeiten sind hart, das Geld sitzt nicht mehr so locker, und die Trends ändern sich praktisch von Woche zu Woche. Da genügt es nicht, nur gute Motorräder herzustellen, sich seinen legendären Namen patentieren zu lassen, Rennerfolge vorzuweisen und von einem nahezu geheimnisvollen Mythos umschwebt zu sein. Nichts verkauft sich auf Dauer von selbst, und sei es noch so gut oder gerade „in". Selbstverständlich gibt es eine bestens eingespielte Verkaufsorganisation, Tausende rühriger Händler, eine hervorragende Werbung, Logos und Trademarks, Hunderttausende treuer H.O.G.-Members und vielleicht auch ein paar wohlwollende Journalisten.

Zuwachsraten? Na schön – die sind relativ, wie gerade Harley aus schmerzvollen Erfahrungen weiß. Dennoch steht das weltweite Phänomen Harley-Davidson im krassen Gegensatz zu den Produktionszahlen, gemessen am Gesamtmotorradmarkt.

Wertsteigerungen? Sie sind auch schon mal den Bach hinuntergegangen. Dennoch zahlt der Käufer heute für eine 30 Jahre alte Harley oft mehr als für eine neue.

Der unsterbliche, heißgeliebte, großvolumige V-Twin-Motor? Ach ja – ist der nicht längst völlig veraltet, überholt, umweltfeindlich, ein technischer Dinosaurier, total „out of everything" – jener „Bollermann", den man so nachhaltig sieht, fühlt und hört? Von wegen!

Nun kann Harley-Davidson nicht, wie etwa die anderen Motorradhersteller, einfach neue Konzepte, Motoren und Produkte auf den Markt werfen. Harley ist Harley, und diese Einzigartigkeit verpflichtet.

Ungeachtet aller Popularität ist es bemerkenswert, daß die Company mehr denn je den Kontakt zur breiten Öffentlichkeit sucht, und wenn der Kunde nicht zu Harley kommt, geht Harley eben auf den Kunden zu. Auch das gehört zur neuen Firmenpolitik und stellt ein ziemlich aufwendiges Unterfangen dar.

Meist sind es örtliche Händler oder H.O.G.-Chapter, die einen derartigen Wanderzirkus veranstalten. Manchmal ist auch die Company höchstpersönlich präsent. Erkennungszeichen sind die wohlbekannten (auch in Kleinstformat als Spielzeug erhältlichen) schwarz-gelbrot gestreiften 48-Wheel-Trucks, die in Reih und Glied vor dem Hauptquartier parken. Traditionell ist die Daytona Bike Week der bevorzugte Treffpunkt für die Fans, und dort ist Harley-Davidson vor allem an zwei Punkten unübersehbar: dem riesigen Ocean Center an der Atlantic Avenue und im „Harley Heaven" an der Südostkurve des International Speedway Stadium. Dort läuft das Programm ab, mit dem sich die Company auch auf anderen Großveranstaltungen präsentiert – wie etwa anläßlich der Bike Week in Sturgis und auf einigen internationalen H.O.G.-Rallies. Betrachten wir einmal, was Harley-Davidson für seine Besucher, Freunde und Kunden bereithält:

Finale einer Harley-Modenschau anläßlich der Vorstellung der 98er Modellpalette in der Brewery von Milwaukee mit Willie G. und Nancy, Bill und Karen Davidson.

- Eine Ausstellung mit seltenen Exponaten, auf edlem Teppichboden und sorgfältig ausgeleuchtet.
- Demo Rides, bei denen jedermann mit entsprechendem Führerschein die gesamte Harley-Davidson-Modellpalette testen kann.
- Eine Dresser Light Show, die nächtliche Showparade der blinkenden Weihnachtsbäume unter den Full-Dressern.
- Eine Fashion Show, auf der die neueste Harley-Mode präsentiert wird. Was tragen Harley-Mann und Harley-Frau zur nächsten Saison?
- Harley Heaven: das beliebte Treffen zur Besichtigung der Endläufe zum 200-Meilen-Superbike-Classic-Rennen.
- Das Harley-Davidson-Museum: ein etwa 15 m langer Truck voller legendärer Historie.
- Ein Tattoo Contest: Wer hätte gedacht, daß die Hautbilder der Biker einmal offizielles Harley-Programm werden! Für die Gewinner beim „Show us your tats" gibt es jede Menge Preisgeld von der Company!
- Beim MDA Poker Run (frei für H.O.G.-Mitglieder) dürfen alle Teilnehmer 5 Dollar zugunsten muskelschwund-geschädigter Kinder spenden. Zu gewinnen gibt es natürlich auch etwas.
- Meet the Racers: Autogrammstunde und Legenden des Motorradrennsports zum Anfassen.
- Annual MDA Auction: Zugunsten der Muscular Dystrophy Association werden seltene Harley-Souvenirs und Motorräder versteigert.
- Eine Ride-in-Show: eine einen oder zwei Tage dauernde Custom Bike Show auf einem weitläufigen Außengelände mit vielen Klassen und prächtigen Preisen.
- Eine Parade zum Speedway-Stadion am Sonntag. Die gewaltige Parade kann zuweilen 20–30 km lang werden, und wer jemals mitgefahren ist, wird sie wohl niemals vergessen.
- Service-Seminare zeigen die richtige Pflege und Wartung einer Harley-Davidson.
- Der große Hauptgewinn ist wieder das neueste Sondermodell (handsigniert von Willie G.), das man durch den Erwerb von einem oder mehreren 5-Dollar-Losen ergattern kann. Der Reingewinn geht ebenfalls an die MDA.
- H.O.G.-Aktivitäten für Mitglieder und solche, die es werden wollen, laufen parallel dazu. Und natürlich ist auch das gesamte Top-Management mit dabei – zum „elbow rubbing", wie man so schön sagt.

Wer kann da noch widerstehen?

Endlose Kolonnen auf der Interstate im Anflug auf Sturgis (ganz oben).

Ladies haben ihren eigenen Stil: Dame mit Harley (oben).

Maskottchen bei vielen Paraden: Uncle Sam mit seiner klassischen WL (unten).

Die Nacht der bunten Dresser

Daytona Beach, Freitag abend, 20 Uhr. Die schwüle Nacht über Florida bricht an. Auf dem Parking Lot North hinter dem Civic Center erlöschen die Lichter, Dunkelheit fällt auf die vielen tausend erwartungsvollen Zuschauer. Trommelwirbel, dann blaue Lichtblitze, Polizeisirenen – es grummelt im Anflugbereich, die Spannung steigt.

Dann kommen sie, mit vielstimmigem „Aaahh" und „Ooohh" und unter heftigem Beifall empfangen – etwa 30, in allen Farben blinkende und blitzende Harley-Full-Dresser, eine faszinierende Glühwürmchen-Parade der ganz besonderen Art.

Jetzt endlich sieht jeder, wozu die unzähligen Lämpchen und Lichtleisten und die überdimensionierten Scheinwerfer gut sind. Die leuchtkraftspendende Zubehörindustrie feiert illuminierte Triumphe, und was tagsüber nur mild belächelt wird, zeigt nach Einbruch der Finsternis sein wahres Gesicht: Lichtorgeln auf Rädern!

Im Gegensatz dazu ist das abschließende Brillantfeuerwerk der Miller-Brauerei ein vergängliches Spektakel – es vergeht in nur wenigen Minuten. Die Dresser aber glühen weiter durch die Nacht ...

Frühsport: Bereits um fünf Uhr morgens findet das große Sammeln zur Parade quer durch Milwaukee zum 95. Jubiläum statt.

Tue Gutes und rede darüber

Harley-Davidson und die Muscular Dystrophy Association

Jerry's Kids – Prominenz im Rollstuhl

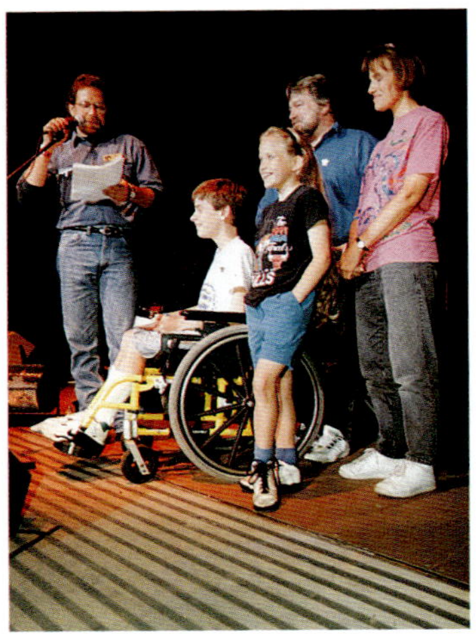

Geld hilft, aber es macht nicht unbedingt glücklich. Dabeisein zählt wohl mehr als alles andere. Und so kümmern sich die Biker auf ihren Feuerstühlen um die Kleinen in ihren Rollstühlen. In keinem anderen Land der Welt wird behinderten Kindern so viel Aufmerksamkeit und Herzlichkeit entgegengebracht wie in den Vereinigten Staaten, ganz besonders von Harley-Fahrern.

An Muskelschwund leidende Kinder sind gefeierter Mittelpunkt aller großen MDA-Runs, -Rallies und -Parties. Sie führen die Paraden an, sei es in der Luxuslimousine eines Top-Gastes oder im Seitenwagen eines prominenten Harley-Drivers. Sie werden auf der Bühne wie Showstars präsentiert und von allen verwöhnt – unvergeßliche Augenblicke für die Kleinen, die sonst kein allzu erfreuliches Dasein führen. Die Biker geben ihnen das unvergleichliche Gefühl, nichts von den schönen Seiten des Lebens zu vermissen ...

1980 begann Harley-Davidson die karitative Partnerschaft als einer von 16 Corporate Sponsors der Muscular Dystrophy Association (MDA) und wurde damit ein wichtiger „fund raiser" – also Geldsammler – zugunsten muskelschwundgeschädigter Kinder. MDA ist eine private Hilfsorganisation, die sich seit Anfang der 50er Jahre nicht nur um die Bekämpfung und Erforschung dieser heimtückischen Krankheit kümmert, sondern auch um die Pflege der Hilfsbedürftigen, vor allem der Jüngeren. Der bekannte Schauspieler Jerry Lewis hat 1976 die Patenschaft für muskelschwundgeschädigte Kinder übernommen, seitdem heißen sie „Jerry's Kids".

Für Harley-Davidson wurde das Engagement „Ride for Jerry's Kids" eine einzigartige Erfolgsstory. Es gab keine Großveranstaltung oder H.O.G.-Rally und kaum eine Händler-Party, auf der nicht für Jerry's Kids geworben, gesammelt und „pledges" – also Spendenverpflichtungen – eingelöst wurden. 1984 startete der Harley-Dealer von Glendale, Oliver Shokouh, seinen ersten Love Ride, und schon beim zweiten Mal brachte er 91.000 Dollar zusammen. Ihn übertrumpfte damals nur noch der Händler aus Denver Ken Allen, der die unglaubliche Summe von 108.000 Dollar für MDA sammelte. 1991 – beim siebten Love Ride – waren es bereits 825.000 Dollar, im Jahr zuvor 550.000 Dollar. Inzwischen finden auch in der Schweiz von Oliver Shokouh initiierte Love Rides statt, 1997 bereits zum fünften Mal. Zum 90. Firmenjubiläum konnte Harley-Davidson stolz verkünden, daß während seiner zwölfjährigen Partnerschaft mit MDA fast 13 Mio. Dollar an Spendengeldern überwiesen wurden.

Das sind keine nüchternen Zahlenspiele, sondern hier wird ein Phänomen sichtbar, das nur mit der typischen Mentalität des Biker Lifestyle zu erklären ist, hilfsbedürftige Menschen zu unterstützen, vor allem aber kranken Kindern zu helfen. Diese alte amerikanische Tradition aus den Tagen der Pionierzeit hat sich bis heute unvermindert stark erhalten. Statt ein soziales Netz vom Staat einzufordern, hilft der Amerikaner lieber selbst und direkt – aus Verantwortung und Dankbarkeit dafür, daß man gesund und frei ist – und Motorrad fahren kann, natürlich!

Keineswegs dient dies, wie vielfach unterstellt wird, der Beruhigung eines schlechten Gewissens für ein Leben in Saus und Braus. Ob arm oder reich – Biker in Amerika sein zu können (zu dürfen) ist eine Verpflichtung, Behinderten und Bedürftigen, vor allem Kindern, zu helfen. Die MDA ist eine wirkliche Alternative, und die Idee hat inzwischen weltweit gegriffen.

MDA-„Poster-Kids" bei der großen Abschluß-Show der behinderten Kinder anläßlich des 90jährigen Firmenjubiläums in Milwaukee. Bill Davidson tritt als Moderator auf (oben).

Willie G. läßt es sich nicht nehmen, eines der MDA-Kids in seinem Gespann spazierenzufahren. Hier anläßlich der Farrow-Party 1997 (rechts).

Spendenregistrierung – „pledges“ – anläßlich der Sturgis Bike Week 1997 im Harley-Headquarters von Rapid City.

Immer im Vordergrund und stets mit von der Partie: Behinderte Kinder sind die Lieblinge aller Biker, hier 1990 in Sturgis.

Jeder ist willkommen

Dealer-Parties

Total abgehoben: Manchmal werden die Harleys per Luftfracht auf ganz besondere Weise zu den Dealer-Parties eingeflogen.

Zwar veranstaltet Harley-Davidson alljährlich anläßlich seiner Händlertagungen glanzvolle Bankette oder Parties – das ist Usus und dient vor allem der notwendigen guten Zusammenarbeit –, aber dieses „soziale Engagement" ist exklusiv und ausschließlich den geladenen Gästen vorbehalten.

Meistens überläßt es Harley daher seinen Händlern selbst, kleinere oder größere Feste zu arrangieren. Auf ihnen wird vor allem das wichtige Verhältnis zwischen Hersteller und Kunde aktiviert. Natürlich sind es Werbeaktionen – und das sollen sie schließlich auch sein –, aber in Wirklichkeit steckt doch mehr dahinter als nur Lockung und Verlockung. Dealer-Parties sind lokale Mini-Messen, interne Leistungs-Shows. Dort gibt es Harleys zum Anfassen und Probesitzen, genügend interessante Ansprechpartner und immer eine nette Bewirtung. Natürlich alles ohne Kaufzwang!

Händler-Parties waren schon immer ein ideales Medium, um die Treue zur Firma, ihren Produkten und das Zusammengehörigkeitsgefühl zu einer großen Familie zu fördern. Das wissen natürlich auch die Firmenbosse und Marketing-Strategen. Bei Harley gehört es daher zur Politik des Hauses, daß bei Händler-Parties einige, zumindest aber ein hochrangiger Vertreter der Company anwesend ist. Diese zusätzliche Attraktion wirkt sich stets verkaufsfördernd aus. Auch nimmt die Party vielen Besuchern – potentiellen Kunden, versteht sich – die Scheu, sich mal ganz unauffällig umzusehen und zu testen, wie es sich im Kreis der angeblich so abgehobenen Harley-Gemeinde leben läßt.

Anlässe für Dealer-Parties gibt es immer: mal ist es die Eröffnung einer neuen Niederlassung, mal eine lokale Messe oder andere Großveranstaltungen. Auch sportive Ereignisse, Rennen oder Rallies, sind den meisten Händlern ein Dabeisein vor Ort wert. Manchmal genügt es auch, sich zu Weihnachten, Neujahr oder am Geburtstag vom Chef zu zeigen. Manche Händler machen monatliche Parties – oft verbunden mit kleinen Swap Meets und einer „Open-House"-Firmenbesichtigung – zur ständigen Einrichtung.

Ein Dealer, der keine Parties veranstaltet, verliert schnell das Interesse alter und neuer Kunden. Man sollte sich also die Chance nicht entgehen lassen, eine Händler-Party zu besuchen. Sie ist immer für eine Überraschung gut, und auch wer (noch) keine Harley fährt, ist dort stets herzlich willkommen.

Ohne Sahnetorte geht's nicht: Farrow's Harley-Davidson feiert seinen 85. Geburtstag.

Warten lohnt sich: Auf Dealer-Parties gibt es stets Essen vom Besten.

Abgeordnete, Bürgermeister und Sheriff von Columbus, Ohio, eröffnen die Parade zum Farrow's-Jubiläum.

Gekrönte Häupter

Weil vorzeiten niemand in der Werbewelt des schönen Scheins ohne weiblichen Glamour auskam, hatte natürlich auch Harley seine Schönheitsköniginnen, deren Hauptaufgabe sich nicht auf die repräsentative Dekoration von Mensch und Maschine beschränkte. Obendrein waren sie immer opferbereiter Blickfang für die lauernde Meute der Pressefotografen.

So posierten sie – vertraglich verpflichtet und unermüdlich lächelnd – in schicken, aber ermüdenden Posen neben neuen Modellen und strahlenden Siegern und mussten auch für Erinnerungsfotos herhalten. Selbstverständlich konnten sie alle Harley fahren und, wie jeder Biker, eine Sportster von einem Dresser unterscheiden.

Wie wurde man Harley-Königin? Über 18 mußte man sein, gut aussehen, nicht zu dick, nicht zu grob sein, einen in den USA und Kanada gültigen Motorradführerschein besitzen und einige Anträge ausfüllen. Dazu gehörten ein maximal auf 50 Worte begrenzter Essay „Warum ich Miss Harley-Davidson sein möchte" und Fotos, inklusive einem „Badeanzugbild in voller Größe". Wer in die engere Wahl kam (zum Schluß waren es nur noch drei Bewerberinnen), mußte sich auf einige weitere Fragen der Jury gefaßt machen, den Lebenslauf und -wandel betreffend. Die Entscheidung war – wie bei solchen Wahlen üblich – unanfechtbar. Im Falle ihrer Krönung mußte die Queen die harte Tortur ihrer Regentschaft an mindestens 25 Wochenend-Veranstaltungen auf sich nehmen und für sämtliche Foto-Sessions zur Verfügung stehen. Ein Traumjob eben. Heute gibt es keine Königinnen mehr, die Zeiten haben sich geändert …

Gerade 101 Jahre alt geworden: Rennfahrer-Legende Jim Davis (oben Mitte), flankiert von den jetzigen Besitzern der Firma Farrow HD, Pat und Al Dorman.

Macht keinen Unterschied: prominente und nicht ganz so prominente Gäste – Willie G. (2.v.l.) beim Gratulieren, dahinter Peter Fonda und rechts Biker-Billy.

Happy birthday to you – Firmenjubiläen

Geburtstage muß man feiern, wie sie kommen – Harley begann damit allerdings erst im fortgeschrittenen Alter von 50 Jahren. Die erste derartige Fete war für den Rest der Harley-Welt eher ein bescheidenes Ereignis.

Zum 50. Geburtstag, dem Golden Anniversary 1953, zog Harley-Davidson in der September-Sonderausgabe des *Enthusiast* eine stolze Bilanz mit viel Eigenlob – eine typisch amerikanische Story – und stellte dabei die Jubiläums-Modelle des Jahrgangs 1954 vor (Sportster KH, 74 OHV FL Panhead und die ST 165 Zweitakter sowie den Servi-Car), die alle die 50-Jahre-Jubiläumsplakette trugen.

Das nächste Jubiläum, das Diamond Anniversary zum 75jährigen Bestehen, fand 1978 unter fremder Regie statt, denn AMF hatte inzwischen die Herrschaft bei Harley übernommen. Immerhin feierte man anläßlich der Bike Week das Geburtstagsfest im Daytona Hilton mit einer eigens etablierten Indoor Show, auf der zum ersten Mal auch Custom Bikes, Rennmaschinen, Dragster und Oldtimer gezeigt wurden. 1983 – das Jahr des 80jährigen Jubiläums – wurde dagegen kaum gefeiert. Die Company, nun wieder auf eigenen Füßen („the eagle soars alone"), kämpfte ums Überleben, und es war ihr nicht nach Feiern zumute. Allerdings wurden alle Aktivitäten anläßlich der 1983er Daytona Bike Week im High-Society-Treff des Hilton unter das Jubiläumsmotto gestellt: eine Antique Bike Show, ein MDA-Poker-Run, die Wahl der Miss Harley-Davidson, eine Ride-In-Show, ein Kickstart-Match auf dem Parkplatz und die schon bekannte sonntägliche Abschlußparade zum Harley-Heaven, diesmal unter Leitung der neu gegründeten H.O.G.-Organisation.

Zum 85. Jubiläum 1988 nahm die optimistische, erfolgsorientierte Firmenleitung jedoch die Herausforderung einer attraktiven Jubelfete ernst und organisierte eine Sternfahrt aus allen vier Ecken der USA nach Milwaukee. Der erste derartige Cross Country Ride wurde auch „Homecoming Run" genannt. Gleichzeitig wurden mit vielen anderen Aktivitäten alle Harley-Fahrer in die große Feier einbezogen.

© Harley-Davidson

Willkommen zu Hause!

Treffpunkt: Milwaukee

Prost auf den 90sten – kunstvolle Maßkrüge: „Anniversary Steins".

Je älter Harley-Davidson wird, desto umfangreicher werden die Festivitäten der Jubiläumsfeiern, die sich nunmehr alle 5 Jahre unter Einbeziehung von Hunderttausenden Harley-Fahrern und -Fahrerinnen in wahrhaft gigantischen Ausmaßen präsentieren.

Zum Neunzigsten beispielweise, dem großen Homecoming im Jahre 1993, hatten sich tagelang stets wachsende Harley-Kolonnen aus den entferntesten Winkeln der USA und Kanadas auf Milwaukee zubewegt – jeweils von Chief Executive Officers angeführt und selbstverständlich alle auf ihren eigenen zweirädrigen Firmenprodukten:

- Von Vancouver, Kanada: Vaughn Beals, Chairman (10 Tage)
- Von Edmonton, Kanada: Scott Miller, Chef der Entwicklungsabteilung (9 Tage)
- Von San Francisco: Rich Teerlink, Generaldirektor, und Clyde Fessler, Vice President Abteilungsleiter (10 Tage)
- Von Los Angeles: Willie G. Davidson, Vice President of Design (9 Tage)
- Von San Antonio, Texas: Tim Hoelter, Rechtsabteilung, und Lou Boltik, Geschäftsentwicklung (7 Tage)
- Von Orlando, Florida: Jeff Bleustein, Präsident (8 Tage)
- Von Kittyhawk, North Carolina: Jim Ziemer, Finanzdirektor (7 Tage)
- Von Washington, D.C.: Mark Tuttle, Vice President of Engineering (7 Tage)
- Von Augusta, Maine: Ron Hutchinson, Kundendienstdirektor (8 Tage)
- Von Montreal, Kanada: Darrell Fink, Verkaufsdirektor (7 Tage)

Begleitet wurden alle Gruppen von weiteren leitenden Angestellten und untergeordneten Direktoren gemeinsam mit ihren Familien. Alle fuhren auf neuen Harleys der Sonderserie zum 90jährigen Jubiläum. Sie fungierten über die gesamten Distanzen hinweg als Road Captains oder Teilgruppenleiter. Service-Wagen und Erste-Hilfe-Einheiten unterstützten die Rallies. Die Company hatte große Hotelkomplexe als Treffpunkte angemietet, in denen Abend für Abend Parties gefeiert wurden. Manche Teilgruppen schwollen auf über sechstausend Teilnehmer an.

Am Sonntag, den 13. Juni, erreichte diese mehrtägige Monsterveranstaltung dann ihren Höhepunkt, und ganz Milwaukee feierte mit. Das war selbst in den USA einmalig: Totalsperrung des City-Interstate-Systems für viele Stunden. Schon am frühen Morgen bevölkerten Zuschauer – mit Verpflegung und Liegestühlen ausgerüstet – Brücken und Böschungen, Kinder verscherbelten Fähnchen, Jubel, Trubel auf allen Straßen.

Und dann kamen sie. In unübersehbaren Reihen. Winken und Beifallklatschen für der Welt größte Demonstration des Rolling Thunder. In und um die Riesenstadt hatten sie sich auf großen Bereitstellungsräumen versammelt und warteten geduldig, bis auch sie an der Reihe waren und in den endlosen Zug eingeschleust werden konnten. Die stählerne Karawane bewegte sich nun fast fünf Stunden lang über die breite Wisconsin Avenue bis zum Henry W. Maier Summerfest Park am Lake Michigan, der für diesen einen Tag zum Harley-Himmel umfunktioniert wurde.

Vorneweg: Harleys Chefetage samt Familien auf 1993er Sondermodellen, ZZ-Top mit ihren nachtblau gestylten HogZZillas und CadZZillas, dann die Miss Harleys, Ordonanzen und Eskorten, die MDA-Poster-Kids. Dahinter Bikes ohne Ende! Harleys forever: kraftvoll, laut und klassisch schön. Das Toleranzproblem, das in anderen Teilen der Welt die Behörden so sehr damit beschäftigt, wie man mit den schwarzen Schafen umgeht, die als Krawallmacher den gedämpften Rest der Motorradfahrer in Verruf bringen, stellte sich hier nicht: Laut ist in, besonders wenn die Musik aus sonoren Harley-Trompeten dröhnt. Und auch wenn Helme herzlich empfohlen wurden, stand es dennoch jedem frei, sich vom erfrischenden Fahrtwind Haar und Bart zerzausen zu lassen. God bless America!

Die Cops hatten alles fest im Griff: Ranger hoch zu Roß dirigierten – von Harley-Fluten umspült – den gewaltigen Strom. Von weither zusammengetrommelte „Harley mounted"- Spezialeinheiten spielten die Platzanweiser. 60.000 Eintrittskarten für den Summerfest Park hatte die Stadt erlaubt, aber schließlich wurden es doch erheblich mehr.

Bei der großen Verbrüderungsorgie gab es keine Berührungsängste: Immer freundlich und zum launischen Small Talk aufgelegt, schoben sich die Firmenchefs durchs feiernde Volk. Es gab bewegende Momente und Tausende Erinnerungsfotos, die sicher den Status von Reliquien bekommen werden. So mischte sich in den abendlichen „Harleyluja"-Abgesang mit Feuerwerk und Bühnenzauber manche Abschiedsträne.

Ganz nebenbei zählte man auch die stolze Bilanz der Sammelaktion für die Kinder der MDA. Über 750.000 Dollar kamen diesmal zusammen. Fazit: ein Jubiläum der Superlative und ein kleiner Vorgeschmack auf das Fünfundneunzigste!

Stundenlang durchs Spalier: Das Volk von Milwaukee bejubelt die Parade zum 90jährigen Jubiläum.

95 Jahre Harley-Davidson

Ihr 95. Jubiläum feierte die Company 1998 mit zwei weltweiten Super-Events: vom 8. bis 14 Juni in Milwaukee/Wisconsin, USA und vom 17. bis 21. Juni am Faaker See in Kärnten, Österreich. Zugleich beging die Harley Owners Group ihr 15jähriges Bestehen.

Harleyluja-Patriotismus in Reinkultur: Für drei turbulente Tage wurde Milwaukee zum Mittelpunkt des Biker-Universums.

Milwaukee-Fakten

Die Sternfahrt (The 95th Anniversary Ride and MDA Fund Raiser): Fünf offizielle Company Rides, jeweils von den obersten Chefs angeführt, endeten am 9. Juni bei den Harley Dealerships in Milwaukee.
Festival-Lokalitäten: Miller Brewing Company, Milwaukee County Stadium, Wisconsin State Fair Park, (H.O.G. Rally Site), Convention Center (Harley-Davidson Display), Rider's Ranch (Waukesha Expo Center Campground), Veterans Park (Festival Site) und Henry W. Maier Festival Park (Reunion Site).
H.O.G. Rally Wisconsin State Fair Park Aktivitäten: Grandstand/Infield, Chapter's Parade, Battle of the Champions-Race, Drill Team-Vorführungen, Ride-In-Parties, Budweiser Pavilion (Live Concerts), Fat Boy Park (Live Concerts) Global Living Room (Displays und Dave Barr Seminare), Heritage Theatre (History, Shows), H.O.G.-Road House (Historische Ausstellungen mit Marty Rosenblum, Miller Genuine Draft Pavilion (Live Concerts), Soft Tail Coliseum (Rodeo), Sportster Stage (Live Concerts), State Fair Park Pavilion (Live Concerts), State Fair Park Grounds.
Harley-Davidson Factory Tours: Täglich 9 bis 16 Uhr, Capitol Drive Power Train Facilities, täglich 10 bis 17 Uhr, Pilgrims Road Power Train Facilities sowie HD-Headquarters, 3700 Juneau Ave. 13 bis 15 Uhr Buell Motorcycle Co. in East Troy und Buell Battletrax. Harley-Davidson Corporate Display täglich 12 bis 20 Uhr im Convention Center.
Parade: Aufstellung in der Staging Area am County Stadium ab 5 Uhr früh mit Endlos-Staus und Wartezeiten. Ab 8 Uhr die vier Stunden währende Parade auf der für jeden anderen Verkehr gesperrten Intersta-te 94 zu den Festival Plätzen Henry Maier Summer Park und Lakefront Veterans Park. Über 100.000 Harley-Fahrer „born to be mild" wurden von über 120.000 Zuschauern mit emotionaler und patriotischer Begeisterung, fähnchenschwenkend auf Brücken und Banketten, bejubelt. „Ride proud, ride loud!"-Getöse löste Auto-Alarmanlagen noch in großer Entfernung aus. Die ganze Stadt erbebte im typischen Harley-Sound „...potato-potato-potato..." Keine Unfälle, vier Verhaftungen.
Reunion: Veterans Lakefront Park (Eintritt frei) 9-23 Uhr: Ausstellungen, Shows, Verkaufsstände, Mode Show, Drill Teams, Asphalt Angels Magazin, Travelling Museum, Prominenz, Konzerte.
Summer Fest Park: 9-23 Uhr, (Eintritt 35 Dollar); mehr als ausverkauft: mit zirka 86.000 Karten stark überbucht. Ständige Shows und Veranstaltungen, Live Concerts, T-Shirt- und Souvenirstände.
Marginalien: Anvisierter Spendenbetrag für MDA: 1,5 Millionen Dollar. Neuer Zeitgeist: wildes Outfit - Tattoos, Ketten, Nieten, Fellmützen mit Tierköpfen, schwerer Silberschmuck. Freigeister: Harley-„aficionados". Girls Bike Wash bei Jimbo's Gin Mill: 10 Dollar für MDA. Jesus is Lord - christliche Missionen und Evangelistengottesdienste im CMA-Headquarters. Jim Kobe: „Ich werde alt und möchte Harley etwas zurückgeben". Mit diesem Satz schenkte er seine 1948 für 950 Dollar gekaufte Pan Head der erfreuten Company.
Police Report: zwei Motorradunfälle mit Todesfolge, sechs Harleys als gestohlen gemeldet. „The heavy beerdrinkers back to the brewing city" (no problems). Welcome Biker-Schilder in großer Zahl als Souvenirs geklaut.
Harley Special Sales: Ein Heritage Softail Telefon (with Vroom-Engine) für 69 Dollar, ein Harley Plastic Radio und Casette Player für 80 Dollar.
Official HD 95th Anniversary Web-Site: www.harley-davidson.com. Harley bedankt sich in ganzseitigen Anzeigen: „It takes a lot of faith to give 100.000 Bikers the keys to a city", „Thanks Milwaukee", „you opened your arms, your hearts, your streets and helped make the 95th Reunion unforgettable".

Harleywood in Österreich: In Kärnten erbebten die Berge – zehntausend Harleys paradierten durch die Alpen (rechte Seite).

Faaker-Fakten

Sternfahrt der H.O.G.-Chapter und anderer Harley-Fahrer aus allen Ländern Europas zum Festival Gelände rund um den Faaker See. 95 Stunden full action. Special Events zum Eintritt zwischen 90 und 140 DM.

Harley-Village auf dem Marktgelände von Faak. Geöffnet ab 9 Uhr morgens. Party, Wettbewerbe und Preise, Schnitzeljagd, Fashion Shows, historisches Firmenmuseum, Factory Sales, Steilwandartisten (auf Indian-Scouts) Harley und Buell Demo Rides, Live Music, Barbecue, Miller Beer, VIP-Zelt.

Evolution-Zelt des Carinthian (Kärnten) Harley Club in Egg: Shows und Live Concerts, Poker-Run, Jailhouse Party, Charity-Tours des Vienna (Wien) H.O.G.-Chapter, Lady's Workshop.

Burg-Arena Finkenstein: Live Concerts, Ruinen-Biker-Clubbing.

Action Park auf dem Campingplatz Arnitz: Kindergarten.

Concert Area in Ledenitzen: Bikerparty „Shakes & Beer", L'Oreal-Show, Barbecue, Live Concerts, Samstag von 13 bis 2 Uhr 50 „More than a Sound"-Concert mit John Bon Jovi.

Alter Sportplatz in Faak: Live Concerts und Party.

Chez Fuzz in Unteraichwald: Live Concerts und Party.

Drobollach: Wirtefest, Folklore Show.

Spedition Montan in Fürnitz: Sicherheitstraining, Ladies of Harley-Kurse, Workshop, HD Services: Reparaturen und Ersatzteile.

Harley-Parade: Samstag 7 Uhr Aufstellung, ab 10 Uhr große Parade mit etwa 10.000 Teilnehmern rund 70 Kilometer durch das Rosental und entlang des Wörthersees mit einer Landesfahnen-Delegation vorweg.

Familienchronik: *The Enthusiast*

Sprachrohr in guten und schlechten Zeiten

Onkel Frank sagt ...

Eine der größten Erfolgsstories des *Enthusiast* war ohne Zweifel die Erfindung von „Uncle Frank“ alias Hap Hayes. Hinter diesem Pseudonym versteckte sich der versierte Journalist und Motorradfachmann Howard E. „Hap“ Jameson, der seit 1912 bei Harley-Davidson angestellt war. Während des Ersten Weltkriegs war er Chief Instructor der ersten Service School und schrieb auch die meisten der ersten Service Bulletins.

Als Briefkastenonkel beantwortete er im *Enthusiast* in „Frank's Mail Box“ Leserbriefe, gab technische Ratschläge und Tips und erklärte die Fertigungsmethoden in der ständigen Kolumne „Uncle Frank says“. Besonders beliebt und beschmunzelt waren seine Insider-Stories aus dem Redaktions- und Firmenalltag unter dem Titel „Steno“. Hinter „Steno“ verbarg sich die Redaktionssekretärin und Stenotypistin Nellie Newkirk, die getreulich zu Papier brachte, was „Uncle Frank“ so alles einfiel.

Zunächst hielt ein bescheidenes Informationsblättchen die Händler mehr schlecht als recht auf dem laufenden: *The Harley Dealer* wurde ab 1913 von der Company herausgegeben und war eher ein spärlich bebildertes Rundschreiben mit vielen bombastischen Statements. Auf ständiges Bitten und Drängen vieler Harley-Fahrer kam 1916 *The Harley-Davidson Enthusiast* heraus und löste damit langfristig *The Harley Dealer* ab. Bis 1926 existierten beide Blätter zunächst noch nebeneinander.

Mit dem *Enthusiast* kam damals die erste offizielle Motorrad-Werkspublikation auf den Markt – ein bis heute existierendes Kommunikationsforum für alle Kunden. Bereits lange Zeit bevor das Fabrikationsmotto „For the people by the people“ auftauchte, hatte es der monatlich erscheinende *Enthusiast* bereits mit anderen Worten beschrieben: „For the rider by the rider“ – für den Fahrer vom Fahrer.

1923 war die Auflage des Magazins schon auf über 50.000 Stück gestiegen. Bereits in dieser frühen Zeit erschien auch die spanische Ausgabe *Los Enthusiastas Latinos*, die vor allem für die Biker im mexikanischen und mittelamerikanischen Raum gedacht war.

Die Themen waren vielfältig, wenn auch im Sinne der Firmenwerbung modifiziert: neue Modelle und Produkte, Accessoires und Zubehör, schöne Touren und Reiserouten (all over the world), sportliche Ereignisse (soweit AMA-konform) und vor allem Rennerfolge, Clubleben (nur die braven Good Guys, versteht sich), Law-Enforcement-Features (unsere Freunde und Helfer) sowie Interna aus Milwaukee (we are the biggest factory ...).

In den 20er und 30er Jahren waren es vor allem die Seitenwagen-Themen, die der *Enthusiast* ausgiebig behandelte, so daß Sidecar Outfits manchmal in größeren Mengen verkauft wurden als Solomaschinen – galten sie doch als das Allround-Vehikel und Auto des kleinen Mannes. Auch selbstfahrende Damen kamen nicht zu kurz, auf Fotos in oftmals neckischen Posen mit reichlich frivolen Texten. Kurzum: „the motorcycle culture scene“ wurde als Ideal einer heilen Harley-Welt vorgestellt.

Das hat sich bis heute nicht wesentlich geändert. Probleme, Kritik und Motorrad-Verkaufszahlen waren absolute Tabuthemen. Typisch war der stets etwas überzogene Optimismus, der um so enthusiastischer wurde, je schlimmer die Zeiten für die Company waren. Den-

Alle Abbildungen dieser Seite © Harley-Davidson

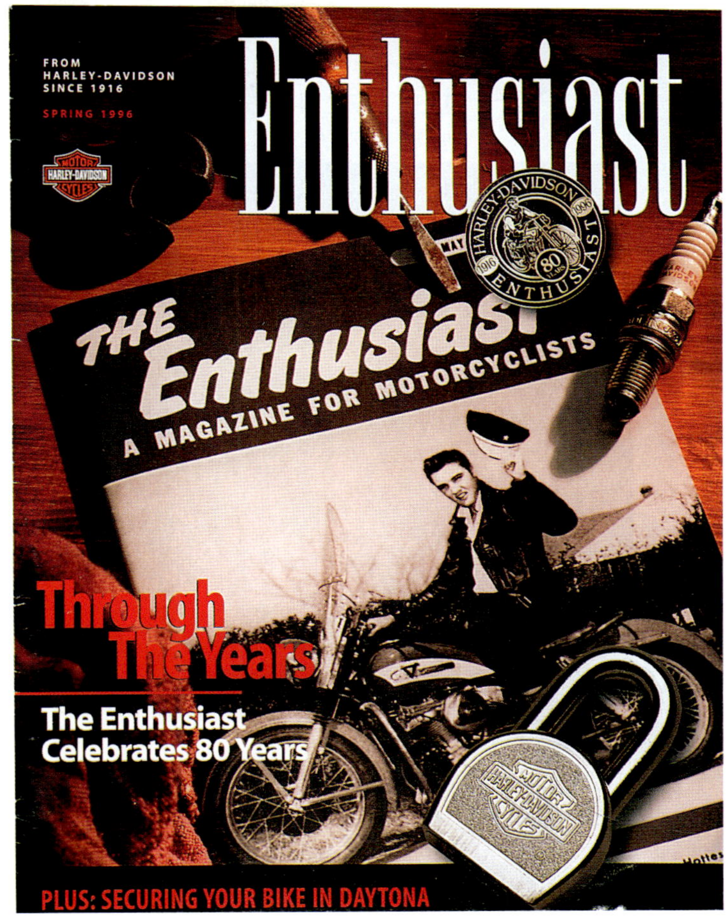

noch ist der *Enthusiast* die umfangreichste und zuverlässigste Informationsquelle über die Harley-Davidson-Firmengeschichte.

Der Titel änderte sich – entsprechend der abwechslungsreichen über 85jährigen Geschichte – mehrfach. 1916 startete *The Harley-Davidson Enthusiast*, in den 30er Jahren wurde *Harley-Davidson Enthusiast* daraus, und ab 1938 hieß das Magazin *The Enthusiast – A Magazine for Motorcyclists*. Anfang der 70er Jahre nannte man es schlicht *Enthusiast*, in den 80er Jahren wieder *The Enthusiast*. Zwischenzeitlich (1972) wurde das Magazin als *The Motorcycle ENTHUSIAST in Action* herausgebracht und enthielt vor allem Snowmobil-Werbung und Rennszenen. Umfang und Format des Heftes änderten sich ebenfalls des öfteren.

Als Anfang der 70er Jahre die Zahl der Abonnements stetig stieg, der von der Werbeabteilung zugestandene Etat jedoch stagnierte, wurde das Geld knapp, und man mußte von der monatlichen zur zweimonatlichen Erscheinungsweise übergehen. Ab 1977 gab es nur vierteljährliche Ausgaben, und Anfang der 80er Jahre erschien der *Enthusiast* nur noch dreimal im Jahr (Frühling, Sommer, Herbst). Dafür glänzte das Titelblatt nun in verschiedenen Farben, die der Farbskala der jeweiligen Motorrad-Modellpalette entsprachen. Erst Ende der 80er Jahre erschien das gesamte Magazin zunehmend in Farbe. Heute, kurz vor der Jahrtausendwende, zeigt sich der *Enthusiast* in „full color“, hat eine Auflage von über einer halben Million und erscheint viermal im Jahr.

Die *Dealer News* sind übrigens als etwas anders gestaltetes Mitteilungsblatt im Sparformat wieder auferstanden, und außerdem gibt es als lose Mitteilungsblätter für die Presse die Informationsdrucke *NEWS*. Für alle H.O.G.-Mitglieder erscheint zudem zweimonatlich das Magazin *H.O.G. TALES* mit seinen landessprachlich verschiedenen Lokalausgaben.

Der *Enthusiast* wird inzwischen (nach 40jähriger Copyright-Freigabe) von verschiedenen Verlagen, nicht jedoch von Harley selbst, in Faksimile-Ausgaben nachgedruckt. Originale aus der frühen Zeit bis in die 30er Jahre werden zum Teil mit mehreren hundert Dollar gehandelt. Für einen *Enthusiast* der 50er Jahre zahlte man vor wenigen Jahren noch 2 bis 3 Dollar, heute ist keine Originalausgabe mehr unter 15 bis 20 Dollar zu haben. Die jeweils aktuelle Ausgabe ist übrigens kostenlos und bei jedem Harley-Händler zu bekommen.

Hüter letzter Geheimnisse: Die „Bibel"

Manuals als Schlüssel zum Durchblick

Für den wahren Harley-Freak ist der *Enthusiast* bestenfalls alternative Bettlektüre. Seine wirklichen Weihen erhält er beim intensiven Studium eines nahezu wissenschaftlich aufbereiteten, technischen Regelwerks – dem *Service Manual*, in Biker-Kreisen auch „Die Bibel" genannt. Hier ist die gesamte Technik einer Typen- oder Modellserie bis zur letzten Beilagscheibe, bis zum kleinsten Dichtungsring aufgelistet, und sämtliche Daten und Diagramme sind in langen Tabellen und mit exakten Abmessungen angegeben. In den *Service Manuals* wird auch das letzte Geheimnis aus Milwaukee mit schonungsloser Offenheit detailliert entschlüsselt.

Lange Zeit wurden sowohl diese dicken Handbücher als auch die ergänzenden *Parts Catalogues* wie hochbrisante Staatsgeheimnisse gehandelt – waren sie doch im allgemeinen nur den Harley-Vertragshändlern und lizenzierten Werkstätten zugänglich. Hoffnungsfrohe Garagenbastler waren nicht allzu beliebt. Für die Kunden gab es dafür in den *Riders Handbooks* – später auch *Owners' Manuals* genannt – Gebrauchsanleitungen, in denen die wichtigsten Hinweise für Unterhalt, Betrieb und Wartung nachzulesen waren, nicht jedoch, wie man ein Getriebe auseinandernimmt und wieder zusammensetzt oder wie man an den Generator herankommt.

Für viele frühere Hardcore-Biker-Clubs war das Auswendiglernen der „Bibel" Voraussetzung für die Clubmitgliedschaft, und die Zeit für das Zerlegen und Wiederzusammensetzen eines Motors (der Rekord steht angeblich bei 28 Minuten, vermutlich für einen alten Flathead-Motor) bestimmte den Stellenwert einer Mitgliedschaft.

Diese heute fast vergessene Tradition hatte ihren Ursprung in jenen frühen Zeiten – also etwa bis in die 30er Jahre –, als der Besitz eines *Service Manuals* noch ebenso wichtig war wie das Motorrad selbst. Es hieß damals allerdings noch umständlich, wenn auch präzise: *Operation Maintenance & Specification: Instruction for the Operation and Care of Harley-Davidson Motorcycles*, aus dem später das *Manual* und das *Instruction Book* wurden.

Diese Publikationen wurden sorgfältig in die wichtigsten Sprachen der Welt übersetzt, wobei aufgrund technischer Fehlinterpretationen gewisse Begriffsverwirrungen vorkommen konnten. Daher ist nach wie vor die amerikanische Originalausgabe Basis aller technischen Grundkenntnisse, und man kann bei „echten" Bikern weltweit grundlegende englische Sprachkenntnisse voraussetzen.

Leider ist dieser schöne Brauch heutzutage durch die technische Perfektion und langjährige Garantien überflüssig geworden und gerät beim normalen Harley-Fahrer langsam in Vergessenheit. Fluch oder Segen der neuen Zeit – wer will sich heutzutage noch die Finger schmutzig machen? Wofür gibt es Abschlepp- und Rückholdienste oder Schutzbriefe?

6 *Harley-Davidson Inspected*

Easy Riding Mesinger Tandems

With a tandem seat on your bus you can give your pal or girl friend a lot of pleasure and have more fun yourself.

The famous Mesinger Tandems, shown at right, are well known for their easy riding comfort and can be readily attached in a few minutes.

The most popular tandem on the market is the Standard Mesinger Tandem. It has a very comfortable bucket type seat of finely grained leather mounted on two adjustable tension springs. A handle grip and convenient foot rests are also provided.

The Mesinger Social Seat is by far the most comfortable tandem obtainable. The form-fitting saddle is fitted to a pair of long enclosed, adjustable cushion springs, to eliminate all road shocks. The handles are adjustable and the foot rests are amply large.

Standard Tandems

		Code
11237-25—For 1925 to 1929 big twins	*$16.00	bebuy
11237-26—For 1926 to 1929 singles and 45" twins	* 16.00	bebwa
11237-30—For 1930 74" twins	* 16.00	becaf
11237-30A—For 1930 singles and 45" twins	* 16.00	becdi

Social Seats

11238-28—For 1925 to 1929 all models	* 20.00	bebyc
11238-30—For 1930 74" twins	* 20.00	beefm
11238-30A—For 1930 singles and 45" twins	* 20.00	beegn

Standard Mesinger Tandem

Mesinger Social Seat

Fork Stabilizers

The fork stabilizer is made to slip over the spring fork ends and eliminate all vibration of the fork ends. Easily attached, and adds to the appearance of your machine.

		Code
11525-22—For 1922 to 1929 big twins only	*$1.50	bieiw
11525-26—For 1926 to 1929 singles and 45" twins	* 1.50	biemy
11525-30—For all 1930 models	* 1.50	biete

Reichlich Zubehör und Ersatzteile gab es auch zur technischen Aufbesserung, wie hier im Accessoires-Katalog von 1929.

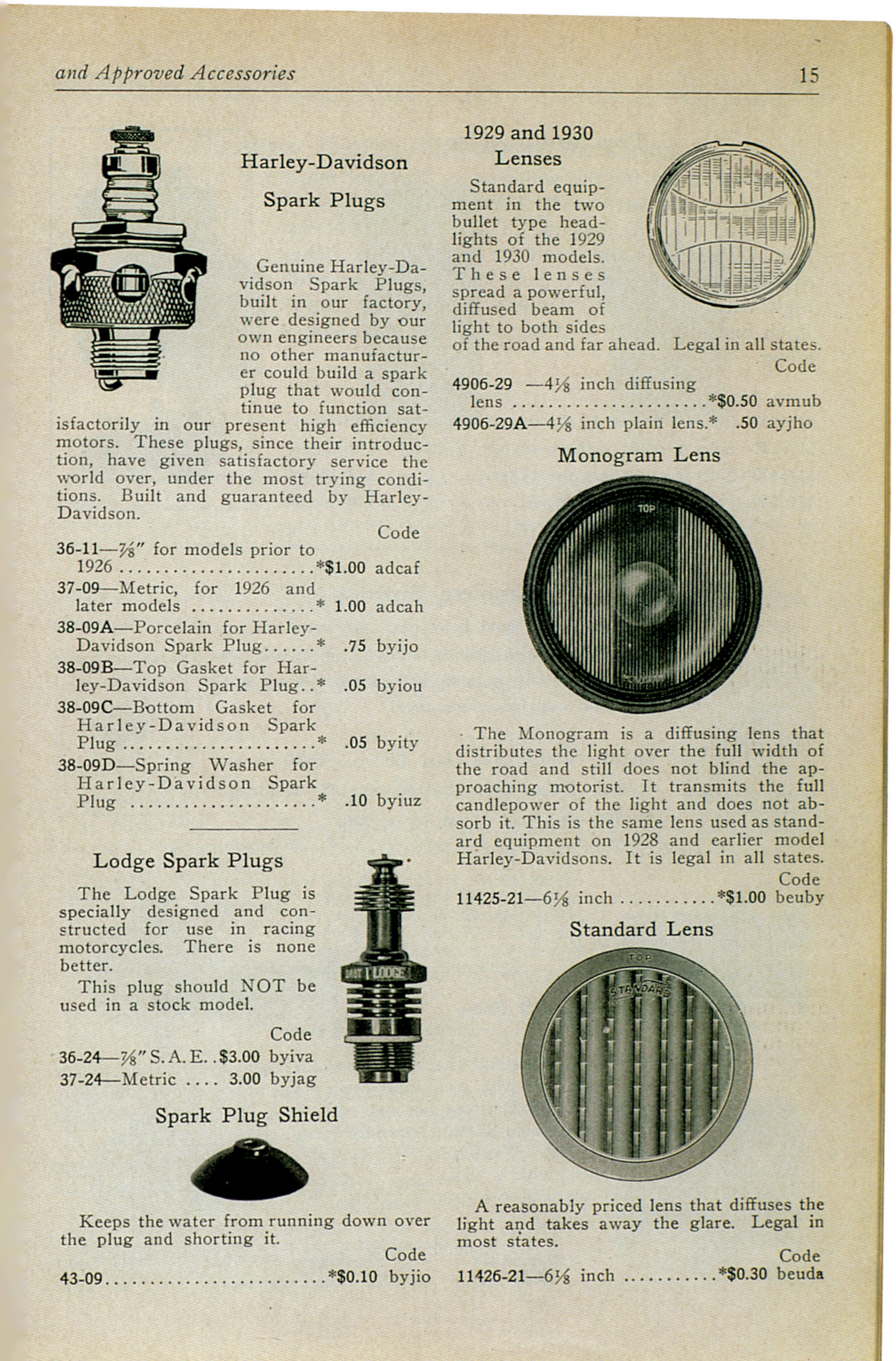
and Approved Accessories 15

Harley-Davidson Spark Plugs

Genuine Harley-Davidson Spark Plugs, built in our factory, were designed by our own engineers because no other manufacturer could build a spark plug that would continue to function satisfactorily in our present high efficiency motors. These plugs, since their introduction, have given satisfactory service the world over, under the most trying conditions. Built and guaranteed by Harley-Davidson.

Code

36-11—⅞″ for models prior to 1926 ....*$1.00 adcaf

37-09—Metric, for 1926 and later models ....* 1.00 adcah

38-09A—Porcelain for Harley-Davidson Spark Plug......* .75 byijo

38-09B—Top Gasket for Harley-Davidson Spark Plug..* .05 byiou

38-09C—Bottom Gasket for Harley-Davidson Spark Plug ....* .05 byity

38-09D—Spring Washer for Harley-Davidson Spark Plug ....* .10 byiuz

Lodge Spark Plugs

The Lodge Spark Plug is specially designed and constructed for use in racing motorcycles. There is none better.

This plug should NOT be used in a stock model.

Code

36-24—⅞″ S. A. E. .$3.00 byiva

37-24—Metric .... 3.00 byjag

Spark Plug Shield

Keeps the water from running down over the plug and shorting it.

Code

43-09........................*$0.10 byjio

1929 and 1930 Lenses

Standard equipment in the two bullet type headlights of the 1929 and 1930 models. These lenses spread a powerful, diffused beam of light to both sides of the road and far ahead. Legal in all states.

Code

4906-29 —4⅛ inch diffusing lens ....*$0.50 avmub

4906-29A—4⅛ inch plain lens.* .50 ayjho

Monogram Lens

The Monogram is a diffusing lens that distributes the light over the full width of the road and still does not blind the approaching motorist. It transmits the full candlepower of the light and does not absorb it. This is the same lens used as standard equipment on 1928 and earlier model Harley-Davidsons. It is legal in all states.

Code

11425-21—6⅛ inch ....*$1.00 beuby

Standard Lens

A reasonably priced lens that diffuses the light and takes away the glare. Legal in most states.

Code

11426-21—6⅛ inch ....*$0.30 beuda

Früher Zubehör-Katalog

Die unvermeidliche Bedienungsanleitung

Ersatzteil-Katalog

Service Manual des Clymer-Verlags

dabumm ... dabumm ... dabumm ...

Aus Harley-Davidson's „Licensing Program Guidelines" für Franchise-Nehmer 1/98.

THE HARLEY-DAVIDSON® SOUND

ENG-005

The sound which has been called the "most familiar rumble in all of motorcycling" is also available to our licensees on digital audio tape. The DAT cassette features the distinctive idle and acceleration sounds of a Harley-Davidson® V-Twin common crankpin motorcycle engine. The H-D® sound has been successfully incorporated into a variety of licensed products including motorcycle and engine replicas, telephones, and children's toys. If you believe that your product would be enhanced by the H-D sound, please speak to your General Merchandise representative to discuss how to add this unique feature to your merchandise.

HARLEY-DAVIDSON LICENSING PROGRAM GUIDELINES — DEVELOPING PRODUCTS 1/98

Please consult with your General Merchandise Representative before using any imagery shown in these guidelines and for appropriate use of trademark registration symbols.

Einer der am häufigsten publizierten Auswüchse der Rechtsschutz-Bestrebungen von Harley-Davidson ist der Urheberrechtsschutz für den typischen Harley-Motor-Sound. Wie auch immer man darüber denken mag, da ist was dran, denn Harley-Sound ist in den Ohren aller Harley-Liebhaber kein „Krach", sondern eben Sound, obwohl Umweltschützer und Gesetzgeber zeitweise versucht haben, diesen herrlichen Sound zu dämpfen – speziell das heißgeliebte Wummern, das nur von einem großvolumigen Harley-V-Twin erzeugt werden kann. Genau wie Metro-Goldwyn-Meyer sich das Gebrüll seines Logo-Löwen für Film und Fernsehen hat schützen lassen, hat sich Harley seinen sonoren Klang als „akustisches Logo" patentieren lassen.

Jeder wahre Harley-Fan liebt dieses berühmte Grollen, das untrennbar mit dem Erlebnis Harley verbunden ist. Aber in vielen Ländern ist dieser Sound verboten, wenn er zu laut ist. Viele können mit einem Geräuschpegel von 86 Phon (eine technische Einheit zur Schallmessung) leben; aber viele andere können es offensichtlich nicht, und schon gar nicht die gesetzgebende Euro-Kommission, die manchmal den Eindruck macht, als wolle sie jeglichen Auspuff-Sound gänzlich eliminieren.

Wie sagte doch Jeff Bleustein, oberster Entscheidungsträger bei Harley? „Der typische Harley-Donner ist einzigartig und für unsere Kunden ein starker Kaufanreiz." Sein Wort in Gottes Ohr. Hoffentlich bleibt es dabei. Mit oder ohne Patentschutz ...

Harley Truths

It is not for everyone.
Harley-Davidson is exclusive.
Harley-Davidson is mystical.
(If I had to explain, you wouldn't understand.)
There is an intense obsession and commitment to the sport.
Our design philosophy is unique.
(Clean, connected, evolutionary.)
Harley riders share a passion for a unique sound, feel and factory custom styling.
Harley-Davidson offers a complete fulfillment of the experience.
(Fun, reasons to ride, H.O.G. and much more.)

Auszüge aus den Harley-Davidson „Global Communication Guidelines" für Franchise-Nehmer.

Alles geschützt

Rechte, Logos und Lizenzen

Nachdem Harley-Davidson in einer fast überheblichen Art jahrzehntelang den ungeheuren Multi-Millionen-Dollar-Markt für alles nur denkbare Harley-Zubehör gänzlich ignoriert hatte, versuchten die neuen Manager Anfang der 80er Jahre, diesen fast nicht mehr übersehbaren Schaden durch eine besonders aggressive Lizenzpolitik wieder wettzumachen, notfalls auch vor Gericht. Allerdings nützte das zunächst nicht allzuviel – aus „Harley-Davidson" wurde flugs „American Made" oder „V-Twin", aber es führte zu polizeilichen Beschlagnahmeaktionen von nichtlizenzierten Produkten wie zu Beginn der Daytona Bike Week 1986. Dennoch: Nachdem sich clevere Geschäftsleute jahrelang am Namen „Harley-Davidson" ungestraft bereichert hatten und alles, was sich irgendwie in der Biker-Szene verkaufen ließ, mit Harley-Logos und Symbolen schmückten, war jetzt Schluß mit dieser Namenpiraterie. Trotzdem blieb der Aftermarket gewaltig und weiterhin vollkommen außerhalb der Kontrolle von Harley-Davidson. Zu sehr hatten sich die großen Zubehörfirmen mit ihren meist in Taiwan und Hongkong gefertigten Billigprodukten etabliert, zu groß war die Nachfrage an Umrüst- und Custom-Teilen einer Harley fanatisch ergebenen Kundschaft, der die Company nicht geben konnte, was sie wollte.

Um dem abzuhelfen, ließ der Firmenjustitiar und Vizepräsident Tim Hoelter drei große neue Abteilungen innerhalb der Company entstehen. Zunächst hatte das Rechtsschutz-Department die Aufgabe, alle Erzeugnisse der Company so weit wie möglich mit Trade Mark™ und Registered® exklusiv abzusichern. Darunter fielen auch unzählige Namen, Begriffe und Produkte, die nun patentrechtlich für die Vermarktung und die Verwertung geschützt waren.

Unter dem Management des Marketing-Vizepräsidenten David Caruso wurde zusätzlich eine breite Palette eines umfangreichen und hochwertigen Zubehörprogramms aus fernöstlicher Produktion aufgelegt, das zwar ausschließlich über lizenzierte Harley-Vertretungen vertrieben wurde (Eagle Iron, Screamin' Eagle), aber preiswerter war als die originalen Harley-Teile (Genuine Parts & Accessories).

Die dritte Abteilung kümmerte sich um die Namens-, Logo- und Lizenzvergabe an möglichst seriöse, branchenfremde Firmen, die nun ihre eigenen Produkte mit dem prestigeträchtigen Harley-Logo im eigenen Fachhandel verkaufen durften. Darunter fielen Erzeugnisse wie etwa Bier, Zigaretten, Parfüm und Toilettenartikel, Brillen, Büro- und Schreibwaren, Spielzeug, Fahrräder und Uhren – ein einträgliches Geschäft für beide Seiten.

Seit neuestem bietet Harley-Davidson auch spezielle Custom-Modelle der FRX 2 und FRX 3 in limitierten Kleinauflagen oder als Einzelstücke an, die von bekannten Designern und Technikern aus der Custom-Szene entworfen werden.

© Harley-Davidson

CHARLESTON SC
CHAPTER
HOG
HARLEY OWNERS
GROUP
H
H
H
H
H
HOG
HARLEY OWNERS
GROUP
© Harley-Davidson

H.O.G. – eine Familie entsteht

Die Harley Owners Group

Das Familienerlebnis: H.O.G.-Mitglieder beobachten nach der großen Parade die Daytona 200 Finals auf ihrem reservierten Platz an der Südkurve.

Manche H.O.G.-Mitglieder tragen wahre Kunstwerke auf ihrem Rücken.

Die „Harley Owners Group" (H.O.G.) ist eine von der Company gesponserte Vereinigung, die jedem Harley-Besitzer zugänglich ist. Hinter diesem allgemeinen Statement verbirgt sich die Philosophie des Management Involvement: Gewünscht ist die direkte Tuchfühlung mit dem Kunden.

Harleys Vice President of Communications, Kathleen Lawler-Demitros, brachte es auf die Kurzformel: „H.O.G. ist die Langzeitbindung mit unseren Kunden." Nur, die Realisierung dieser Liaison war keineswegs einfach. Die H.O.G. wurde 1983 gegründet – in einer der schwierigsten Zeiten der Company, als Harley-Davidson angesichts einer starken Konkurrenz mit grenzenlosen Möglichkeiten wieder einmal mit minimalen Verkaufszahlen und drückenden Schulden sowie der Last einer erst kürzlich abgeworfenen Fremdherrschaft durch AMF ums Überleben kämpfte.

Bei der ersten öffentlichen H.O.G.-Vorstellung anläßlich der Daytona Bike Week im März 1983 wußte noch niemand, ob das Experiment gelingen würde. Im noblen Beach-Hilton gab es eine zaghaft besuchte Ride-in Bike Show und eine unvergeßliche Cocktail-Party.

Noch im selben Jahr organisierte man mit unglaublichem Enthusiasmus und großem Publicity-Aufwand rund 50 weitere gemeinsame Treffen bei Rennveranstaltungen. Von der Ascot TT in Südkalifornien bis zur Aspencade bei New York und von der Sacramento Mile bis zur Caribou Trail Rally in Vancouver, Kanada, traten von nun an die H.O.G.-Members als eine geschlossene Gruppe auf – mit eigenem Headquarters und gut sichtbar mit ihren großen Rückenemblemen. Andere Clubs standen da oft zurück, was vielleicht auch darauf zurückzuführen war, daß sie nicht allen offenstanden und die Aufnahme vielfach durch enormen Verwaltungsaufwand erschwert wurde.

Nachdem diese gemeinsamen Ausflüge einen unerwartet großen Zulauf verzeichneten, begann man 1984 mit eigenen Rallies, den nationalen H.O.G.-Events – einem kompletten Veranstaltungsprogramm. Diese ersten nationalen H.O.G.-Rallies sollten die Mitglieder aus allen Teilen der USA zusammenbringen. Zwei große Treffen waren angesetzt: in Reno, Nevada, und Nashville, Tennessee. Die Teilnehmerzahl war vorsorglich auf jeweils 3.000 begrenzt worden. Damit lagen die Veranstalter ziemlich daneben: 1985 gab es bereits 63.000 Mitglieder, 34 Chapters (Ortsgruppen), unzählige Runs, Rallies und Parties wurden veranstaltet sowie natürlich die Love Rides zugunsten der Muscular Dystrophy Association (MDA), eine echte Herzensangelegenheit aller H.O.G.-Members. Inzwischen hatten sich auch die Ladies of Harley (LOH) etabliert, und das alle zwei Monate erscheinende Magazin *H.O.G. TALES* berichtete ausführlich über Chapters und Rallies und brachte in jeder Ausgabe den gesamten Veranstaltungskalender.

Die H.O.G.-Idee hatte voll ins Schwarze getroffen. Der Grundgedanke, Management und Kunden in familiärer Atmosphäre zusammenzubringen – bei gemeinsam verbrachter Freizeit wie Motorradfahren, Feiern und Spielen – nahm auf den nationalen und bald auch internationalen H.O.G.-Events ungeahnte Formen an. Wo und wann immer solch eine nationale H.O.G.-Rally stattfand, waren die Harley-Chefs (und ihre Familien!) mit dabei. An Wochenenden, Sonn- und Feiertagen fuhren sie oft Tausende von Kilometern auf ihren Harleys, sprachen und diskutierten mit jedermann, aßen einen Hot Dog und tranken Cola aus der Dose. Dieses Erlebnis, „eine große Familie" zu sein, war einfach grandios!

Doch das ist nur die eine Seite des H.O.G.-Kults. Die andere zeigt, wie sehr das H.O.G.-Erlebnis den Alltag bestimmt und beeinflußt.

Während man früher mit seiner neu erworbenen Harley oft ziemlich einsam war, wird man heute sogleich mit offenen Armen in einer recht aktiven Gemeinschaft aufgenommen. So veranstalten lokale

H.O.G.-Chapter fast wöchentlich gemeinsame Picknickfahrten, Parties und kleine Wettbewerbe, oder sie treffen sich auch wochentags zum gemeinsamen Abendessen in einem Downtown-Lokal.

1987 stieg der H.O.G.-Jahresbeitrag von 30 auf 35 Dollar.

1988 wurde Mark Cunningham neuer H.O.G.-Manager. Die Blue Ridge Parkway Rally nach Ashville wurde zum unvergeßlichen Erlebnis. 1989 war es der „Love Ride“ im November von Glendale nach Malibu in Kalifornien – nur zwei von vielen kleinen und großen Veranstaltungen. Für besonders aktive Vielfahrer wurde der Mileage Merit Award – der Meilen-Anerkennungs-Preis – gestiftet. Inzwischen hatte H.O.G. über 90.000 Mitglieder und wuchs und wuchs.

1990 wurde die Black Hills Classic Bike Week in Sturgis bedeutsam. Das kleine Westerndörfchen platzte aus allen Nähten, und Harley-Davidson wich ins nahegelegene Civic Center von Rapid City aus, um alle H.O.G.-Mitglieder und -Freunde standesgemäß betreuen zu können.

1991 wurde Bill Davidson, der Sohn von Willie G., neuer H.O.G.-Direktor. Im Juni desselben Jahres exportierte sich die H.O.G. zum erstenmal: Nachdem sie in einer kleinen Pressekonferenz im Kurhaus von Wiesbaden die Gründung von H.O.G. Europa bekanntgegeben hatte, fuhr das gesamte Top-Management auf ihren Harleys nach Paris, um dort den Franzosen dasselbe zu verkünden. Von dort ging es zum ersten großen H.O.G. European International Festival über den Kanal nach Cheltenham in England.

1992 gab es die erste gemeinsame European H.O.G. Rally in Mulhouse, Elsaß. Stolz wurde dort verkündet: H.O.G. hat nun weltweit 180.000 Mitglieder mit 7.000 Chapters, 3.000 davon allein in Europa!

Und wie sehen die Zahlen 1997 aus? Eine „kleine“ Zwischenbilanz verdeutlicht den Sog zur „Big Family“: 300.000 Mitglieder, davon 36.000 in Europa, 10.500 allein in Deutschland!

Spaß und Spiel und neue Freunde

H.O.G. Events als soziales Großereignis

Typisch für H.O.G.-Events, stets großartige Familientreffen, die sich weltweit als zentrale Gemeinschaftserlebnisse etabliert haben, ist der gehobene Stil, denn übernachtet wird nur in den besten Hotels vor Ort (mit speziell ausgehandelten Rabatten, wohlgemerkt!). Dort finden auch meist die allgemeinen Banketts, Vorträge, Seminare, Ausstellungen und Indoor-Shows sowie die Preisverleihungen statt. Auch wenn das – vor allem in Amerika – nicht allzu teuer ist, präsentiert sich H.O.G. so als fröhliche Motorrad-Elite der Nation. In den Anfängen der H.O.G.-Aktivitäten standen nach guter alter AMA-Clubtradition größere Rennveranstaltungen auf dem Rally-Programm. Im Gründungsjahr 1983 waren das zum Beispiel:

7. Mai – Erster Lauf der Camel Pro Series Halfmile auf dem Ascot Raceway, Long Beach, Kalifornien.

14. Mai – Besuch des Springfield Mile Race in Springfield, Illinois.

18.-22. Mai – Teilnahme an der Aspencade Motorcycle Rally in Lake George, New York.

22. Mai – Mid-Ohio Classic Motorcycle Road Race / Battle of the Twin (BoTT) auf dem Sportscar Course in Lexington, Ohio.

27. Mai – Texas Hill Country Tour in Austin, Texas.

4. Juni – Half Mile Race Luisville Downs.

5. Juni – BoTT-Rennen beim Road America am Elkhart Lake in Wisconsin (Road America Race Track).

17. Juni – BoTT-Rennen in Laudon, Laconia Bike Week.

2.-3. Juli – Indy Mile Weekend Package: Teilnahme an den dortigen Feiern des amerikanischen Unabhängigkeits-Feiertages beim Indy Mile Motorcycle Race.

10. Juli – Caribu Trail Race in Vancouver, British Columbia.

16. Juli – Hagerstown Half Mile Race in Hagerstown, Maryland.

30. Juli – DuQuoin Mile Race in DuQuoin, Illinois.

Auf fast allen Rennveranstaltungen hat H.O.G. seinen eigenen HOG-Heaven-Platz, wo die Mitglieder preiswert eine besonders gute Sicht auf das Renngeschehen haben. Um der Aktion noch ein bißchen näher zu sein und die berühmten Harley-Renn-Asse persönlich kennenzulernen, kann jeder für etwa 15 bis 20 Dollar im Jahr unterstützendes Mitglied des Harley-Rennteams werden. Die H.O.G. Racing Support Group gewährt Privilegien, die ein normaler Rennbesucher nicht erhält. Und der Name des Spenders wird auf der Ehrentafel Honor Roll Plaque verewigt. „Erhaltet die siebzigjährige Tradition am Leben“, heißt das Motto.

Zwei von vielen Tausend: H.O.G.-Chapter-Colors aus aller Welt.

1984 trafen sich die ersten H.O.G.-Chapters zu gemeinsamen Picknicks. Hier ein Mississippi-Chapter mit Harley-Händler Andy Moore aus Hattiesburg (5.v.l.).

Dabeisein ist alles

Mitgliedschaft in der H.O.G.

Stilvolles Outfit ist den meisten H.O.G.-Mitgliedern ein Bedürfnis.

Das bietet H.O.G.-Deutschland: (1997)

Die einzige Voraussetzung zum Eintritt in die H.O.G. ist, ein Harley-Davidson-Motorrad zu besitzen. Die Leistungen, die den Mitgliedern geboten werden, sind äußerst vielfältig:

- Über das Fly & Ride Programm können weltweit Harleys zu günstigen Konditionen gemietet werden.
- Durch die Zeitschriften *H.O.G. Tales*, *The Enthusiast* und die nationalen Newsletters werden die Mitglieder über alle Neuigkeiten informiert.
- Die Touring-Handbücher (Europa, USA oder weltweit) beinhalten neben Straßenkarten alle Adressen von Harley-Davidson-Händlern.
- Mitgliedskarte, Jahresaufnäher (Patch) und Anstecker (Pin).
- Die H.O.G. Assistance ist das europaweite Pannenhilfe-Programm der Harley Owners Group. In dem Jahresbeitrag von DM 75,- sind Hilfeleistungen bei Pannen, Unfällen, Kraftstoffmangel oder Verlust der Schlüssel enthalten.
- Fahrerprogramme wie Mileage Program, ABC's of Touring, Safe Rider Skills.

Die Harley Owners Group unterstützt regionale Vereinigungen, Chapter genannt, bei der Förderung des Motorradfahrens als Freizeitsport und hilft, ein enges Verhältnis zwischen den Harley-Davidson-Fahrern, der Motor Company und den autorisierten Händlern aufzubauen. Die Idee der Chapter ist, H.O.G.-Mitglieder mit gemeinsamen Interessen bei lokalen Veranstaltungen und Aktivitäten einander näherzubringen. Europaweit gibt es mittlerweile 173 Chapter, davon allein 42 in Deutschland. Die einzige Voraussetzung, um einem Chapter beizutreten, ist eine H.O.G.-Mitgliedschaft.

H.O.G. ist nicht irgendein Motorradclub. H.O.G. ist eine Familie und eine Weltanschauung auf zwei Rädern. Abgesehen von den Jahresbeiträgen (das erste Jahr ist für jeden Harley-Neukäufer ohnehin frei), erhält man ein attraktives Service-Paket, das um so kostbarer wird, je intensiver man es nutzt.

H.O.G. ist also nichts für Stubenhocker oder Kaffeehausflanierer, H.O.G. hält seine Mitglieder im Sattel, H.O.G. – das ist heute eine weltweit generalstabsmäßig durchorganisierte Superagentur mit exzellenter Logistik – Voraussetzung für den reibungslosen Ablauf unzähliger Großveranstaltungen, die den vielen tausend Teilnehmern nicht nur familiäre Harmonie und Geborgenheit bieten sollen, sondern auch Essen, Trinken, Übernachten, Spiele und Testfahrten, Seminare und Bankette, Paraden, Shows und Open-Air-Konzerte, Ausfahrten und Besichtigungen – alles in Massen und im einzelnen perfekt durchdacht und getimt. Meist sind die örtlichen Kommunen in den Event – den man getrost als „Festival" bezeichnen kann – integriert. Lokale Größen und Kommunalpolitiker sind mit dabei und setzen sich bisweilen auch zum fotogenen Propaganda-Schnappschuß auf einen heißen Ofen. Welch ein Unterschied zu den Zeiten, in denen Harley-Fahrer noch die Schrecken der Nation waren!

Die Bedingungen für eine Mitgliedschaft sowie die Programme der Harley Owners Group liegen übrigens bei allen Harley-Händlern aus. Nehmen wir als Beispiel Auszüge aus dem Angebot von H.O.G.-Deutschland im Jahre 1997 (siehe linke Spalte).

Ob in einsamen Dörfern der Pyrenäen wie bei der H.O.G.-Rally 1994 (links) oder zu abgelegenen Stränden des Golf von Mexico wie hier beim World's End Run 1996 – Touren sind Programm.

Eine State-Rally in Nordkalifornien (1997)

Im Prinzip sind alle nationalen Großveranstaltungen nach festen H.O.G.-Spielregeln durchorganisiert. Anders als auf Biker-Parties, die im allgemeinen nur dem reinen Vergnügen dienen, legt H.O.G. großen Wert auf kulturelles Ambiente und reichlich Lokalkolorit.

Nehmen wir als typisches Beispiel etwa die Northern California State Rally, die vom 6.–8. Juni (Freitag bis Sonntag) auf dem Auburn Fairground stattfand (Auburn liegt etwa 50 km nordöstlich von Sacramento im Goldrush-Bezirk am Folsom Lake). Für eine Teilnahmegebühr von 25 Dollar bekommt man das H.O.G.-Package mit Gutscheinen, Teilnahmeberechtigungen und ermäßigten Eintritten sowie ein kostenloses Barbecue-Dinner am Freitag und natürlich die Run Pin – eine weitere Trophäe für das Denim-Westchen.

Das Programm: Freitag von 12–18 Uhr erfolgt die Anmeldung (Registration) beim Headquarters im Holiday Inn, von 14–17 Uhr kostenloses BBQ, von 18–20 Uhr abends eine Bike Show, und von 18.30–23 Uhr nachts kann man den Fast Friday Motorcycle Races zusehen. Am Samstag spielt sich alles auf dem weitläufigen Gelände des Country Fairground ab. Um 7 Uhr morgens beginnt der Tag mit dem obligaten Breakfast. Wer will, kann ab 9 Uhr früh am Poker Run teilnehmen, der sich bis in den späten Nachmittag hinzieht. Schöne Preise winken dem, der die richtigen Karten an den Kontrollstellen gezogen hat. Lokale Attraktionen sind die Old Town Street Fair (9–18 Uhr) und das nasse Vergnügen im Waterslide Park. Wer Lust hat, kann der alten Goldgräberzeit etwas nachschnüffeln und dafür die Empire Mine Tour buchen, die über die kalifornische Geschichte der Fourtyniners an Ort und Stelle Auskunft gibt. Zusätzlich finden den ganzen Samstag über Biker-Spiele statt, wobei die Kids auch nicht zu kurz kommen. Anschließend erfolgen Pokal- und Preisverleihung nach altbewährtem, bekannten Zeremoniell.

Zwischen dem abendlichen Barbecue-Dinner (18–20 Uhr) und der Zeit der großen Abschiedszeremonie – dem festlichen H.O.G.-Zapfenstreich gewissermaßen – spielt eine Live-Band bis Mitternacht. Und am Sonntag kann jeder wieder nach Hause fahren, wie es ihm beliebt. Was für ein Wochenende! Eines von vielen in diesem Jahr. Am Rande erwähnt: Insgesamt 18 nordkalifornische Harley-Händler unterstützten diese Rally und nahmen daran teil.

Grenzüberschreitender Spaß

H.O.G. International

Neben der H.O.G.-Szene im „Harley-Homeland" Amerika huldigt vor allem Europa dem neuen Trend globaler Motorrad-Familientreffen auf den Reittieren aus Milwaukee. Die PS-starke Mischung aktiviert einen völlig neuen Motorradtyp – den Cruiser –, der sich mit Chic und Charme auf schweren Maschinen statussymbolträchtig durch die Lande bewegt (statt wie bisher mit dem Auto) – ganz im Sinne von Harley-Davidson, deren Firmenpolitik erfreuliche Export-Zuwachsraten aufweist: „Harleyluja-Fieber" überall!

Gerade die Europäer stürzen sich mit ungebremster Begeisterung in alle H.O.G.-Events. Besonders die großen, überregionalen Euro-Rallies haben es den Members angetan. Nachbarschaftsbesuche im Harley-Outfit – das geht vom Nordkap bis nach Gibraltar –, und wenn es wieder soweit ist, ergießen sich die Big-Bike-Ströme in chromblitzenden grollenden Harley-Kolonnen über Autobahnen und Landstraßen. An den Zielorten steht die gesamte Bevölkerung Kopf und Spalier. Schon das allein entschädigt für die oft lange und nicht selten strapaziöse Anfahrt. Wenn Europa nun auch „im Sattel" zusammenwächst, dann geschieht das auf den European H.O.G.-Rallies.

Wohin von Juli bis November?

Aktivitäten eines halben Jahres

Schauen wir mal, was H.O.G. USA allein in der zweiten Hälfte des Jahres 1997 zu bieten hatte. Da wären zum Beispiel die großen State Rallies, immer für ein paar tausend Teilnehmer gut. Sieben sind es im Juli: Indiana (Indianapolis), West Virginia (Snowshoe Resort), Idaho (Blackfoot), New York (Long Island), North Carolina (Wilkesboro), Montana (Great Falls) und Pennsylvania (University Park). Sechs weitere waren es im heißen Sommermonat August, zwangsläufig alle in nördlicheren Regionen gelegen.

Im Oktober verlagerten sich dann die State Rallies wieder mehr in den Süden. Dort wird um diese Jahreszeit das Klima wieder erträglich, wie etwa in Oklahoma (Eufaula), Nevada (Las Vegas), South Carolina (Myrtle Beach).

Irgendwelche Staaten vergessen? Nicht doch – die waren dann im Frühjahr schon dran – alle 50 US-Staaten haben jedes Jahr mindestens eine, manchmal auch zwei H.O.G. State Rallies!

Ebenfalls in dieser zweiten Jahreshälfte 1997 veranstaltete H.O.G. USA für die unermüdlichen Reiselustigen große Überland-Touren – ein einmaliges Erlebnis im Konvoi Gleichgesinnter – zum Beispiel den zehntägigen Posse Ride (dem legendären Oregon-Treck auf der Route 2 nachempfunden) durch die Staaten des Nordens von Maine bis Oregon, unmittelbar an der kanadischen Grenze entlang.

Von Juli bis September 1997 fanden in den USA zusätzlich noch 150 (!) lokale Events der H.O.G.-Chapter statt – MDA-, Poker-, Mystery-Runs, Picnics, Rallies, Shows, Benefit Rides und so weiter, alles, was das Herz begehrt, nichts und niemand wird ausgelassen. Klar ist auch, daß H.O.G. jene Rennen besucht, bei denen Harleys mitfahren – die alte AMA-Tradition wird nach wie vor sorgsam gepflegt.

Im zweiten Halbjahr 1997 war H.O.G. nahezu überall auf der Welt vertreten: im Juli in Frankreich (Vogesen, Champagne und Südfrankreich), England, Kanada (Quebec, British Columbia, Neufundland und Ontario), Deutschland (Schwarzwald und Verden an der Aller), Spanien (Cadiz), Norwegen (Nordkap-Tour), Mexico, Australien (New South Wales), Neuseeland (Christchurch), und zwischen November und Dezember lief die große South Africa Tour von Kapstadt nach Johannesburg. Das wären nur die ganz großen Termine. Nicht mitgezählt sind die unzähligen kleinen lokalen H.O.G.-Veranstaltungen rund um den Globus.

Damenwahl – die Ladies of Harley

Die Frauen sind im Kommen

Die Ladies of Harley (LOH) konstituierten sich Anfang 1986 aus Mit- und Selbstfahrerinnen unter den H.O.G.-Mitgliedern als eigenständige Organisation, um nicht immer nur attraktives Beiwerk zu sein, sondern mit „Frauenpower“ aktiv zu werden. Unter dem speziellen Protektorat der Company sind die Harley-fahrenden Frauen längst nicht mehr nur eine interessante und stets zunehmende Marketing-Zielgruppe (die 883er Sportster Hugger wurde speziell als Damen-Harley konzipiert), sondern auch vollwertige „Familienmitglieder“.

LOH-Mitglieder haben noch ihre eigenen Events: spezielle LOH-Ride-in-Shows, Mode-Vorführungen und auf allen H.O.G.-Veranstaltungen ein eigenes Headquarters, das obligate Frühstücks-Meeting „breakfast get together“, Service-Seminare, das heißt technische Lektionen und Reparatur-Kurse wie zum Beispiel „turn a wrench“ („nimm den Schraubenschlüssel“), eigene Ausfahrten, Runs und Rallies. Erste Vorsitzende der LOH wurde die Chefsekretärin des damaligen Company-Präsidenten Vaughn Beals, Linda Zorzi, die auch die wesentlichen Ziele der LOH formulierte: Unterstützung aller motorradfahrenden Frauen und Hilfe bei besonderen Bedürfnissen und Problemen, speziell aufbereitete frauenbezogene Informationen und Themen in eigenen Mitteilungen sowie die Entwicklung frauenbezogener Motorrad-Aktivitäten.

Nicht zu verwechseln sind die Ladies of Harley mit *Harley Women*, ein seit 1985 unabhängiges, speziell für Harley-Fahrerinnen herausgegebenes Magazin der Asphalt Angels Publications.

Und so, wie sich die Harley Owners Group weltweit ausbreitet, tun das auch die Ladies of Harley. Vielleicht brauchen Frauen manchmal ein bißchen mehr Mut, um sich aufs Motorrad zu schwingen – noch dazu auf ein traditionell schweres und als „männlich“ geltendes –, aber hier, bei den Ladies of Harley, sind auch Anfängerinnen bestens aufgehoben: Die Frauen sind im Kommen!

Kaffeekränzchen mit Harleys: Die LOH Germany Chapter bei einem ihrer vielen Ausflüge.

Gestandene Frauen auf kernigen Maschinen: Die Ladies of Harley haben längst den Lenker selbst in die Hand genommen.

People

Lifestyle

Der Harley-Mensch als solcher

Freedom on the road

Woran erkennt man einen Harley-Fahrer oder eine Harley-Fahrerin? Dumme Frage – an der Harley natürlich, auf der er oder sie sitzt! Na ja – auch. Aber sonst?

Sitzt – oder fährt – der „Homo Harleyensis" nicht gerade auf seinem krachenden „Alter ego", kann man ihn meist auch an gewissen Äußerlichkeiten erkennen. Was daher stets Nachfragen auslöst, sind seine individuellen Kostümierungen. Der Besucher eines größeren Harley-Events ist immer wieder von der Vielfalt der Darstellungen überrascht, und er könnte glauben, sich mitten in einer skurrilen Mischung aus Zirkus und Karneval, Pfadfindercamp, Open-Air-Konzert und Flohmarkt zu befinden. Aber das hedonistische Getöse ist relativ harmlos, steht es doch unter dem eher bescheidenen Motto: „Wir wollen nur unseren Spaß haben."

Das ist die eine Seite. Die andere manifestiert sich bei Begegnungen im alltäglichen Umfeld zwischenmenschlicher Beziehungen: auf der Straße, in der Kneipe, vor der Ampel, im Stau der Innenstädte oder Autobahnen, zu Hause, in der Garage, im Club, beim Dealer, in der Werkstatt, auf der Bike Show oder fern der Heimat auf einsamen Highways – die Möglichkeiten sind unerschöpflich! Wo immer sich Harley-Biker treffen, entstehen gewisse unverkennbare – optische, akustische und philosophische – Akzente. Es ist der sogenannte H-D Lifestyle" („Ride to live – live to ride"), der die unterschiedlichsten Kategorien von Menschen und ebenso die unterschiedlichsten Arten von Maschinen verbindet.

Obwohl – unter Umständen gibt es auch hier unüberwindbare Outfit- und Gesinnungsgrenzen. Ein „Hardcore"-Biker („Einprozenter") wird sich kaum mit einem „Rich Urban Biker" („Rubby") verbrüdern, ein grantiger Wochenend-Rocker kaum mit seinem erklärten Intimfeind, dem Schicki-Micki-Yuppie. Gibt es also Klassenunterschiede in der großen Harley-Familie? Die Antwort ist ein ehrliches „Jein". Sowohl im Outfit – martialisch aufbereitetes schwarzes Leder hier und übertrieben affig-schrille Kostümierung da – wie auch im technischen Design gibt es (äußerlich wie innerlich) gravierende Verschiedenheiten, aber ich habe stets die Erfahrung gemacht, daß man sich beim Meinungsaustausch bestens versteht. Es gibt zwar introvertierte Extremgruppen (Hardcore-MCs gehören dazu), die sich wie geheime Ordensbrüder abschotten und anders geartete und gekleidete Fremde erst gar nicht zulassen, aber das sind normale Randerscheinungen. Die „Szene" ist nicht unbedingt mit dem Lifestyle identisch. Letztendlich aber verbindet doch der gemeinsame Nenner Harley-Davidson namens „Mythos V-Twin". Dabei ist der Harley-Lifestyle so unterschiedlich und vielseitig, wie es Menschen in aller Welt eben sind.

Lifestyle – das ist der alltägliche Kampf mit den Elementen, mit Hitze und Kälte, Sturm und Regen, Mücken und Ölspuren, mit kaputten Zündkerzen und arroganten Polizisten. Lifestyle, das ist Familie, Werkstatt, Club und das Stammlokal, wo man sich trifft. Bei den meisten Clubs haben aufgestickte Vereinsabzeichen – die Colors

Motorradfahren ist das schönste Freizeitvergnügen der Welt!

Watching the people.

We are the girls!

Country Side Charity Run

und Patches mit den Insignien – die ehemalige, fast militärisch anmutende Uniformität abgelöst, und es sind neue, anders orientierte Gemeindemitglieder bei Harley & Co. hinzugekommen: jung, dynamisch und risikofreudig. Sie kleiden sich gelegentlich mit grellfarbigem Spaltleder und werden halb spöttisch, halb anerkennend „unsere Schräglagen-Schrillis" genannt – High-Tech- und High-Speed-Freaks. Ihr Credo heißt „Buell": die „Sau rauslassen" und es den „Reiskochern" zeigen, wozu echtes American Hot Iron noch gut ist. „Harleyluja" im Grenzbereich – auch das gehört zum neuen Lifestyle.

Die in Ehren ergrauten Edel-Gruftis, die sich ihre Haare seit Hollister nicht mehr haben schneiden lassen und ihren ehrwürdigen Habitus genauso pflegen wie ihre unverwüstlichen Seitenventiler, bilden eine weitere Biker-Gruppe. Sie verstehen sich als Gralshüter des Mythos und halten nichts von hysterischen, menschheitsbeglückenden Weltverbesserern, von elektronischer Zündung, Elektrostart und Lärmschutzauflagen.

Harley-Lifestyle ist zumindest der zum Überleben notwendige Versuch, aus den übermächtigen Zwängen einer regulierten „Spießerwelt" auszubrechen und – wenn auch nur für kurze Zeit – Freiheitserleben, Selbstverwirklichung, Abenteuer und echtes Feeling nachzutanken. Große Begriffe für ganz einfache Dinge: den Wind im Gesicht zu spüren und die „good vibrations", denn wer sich einmal für das faszinierende Medium Harley-Davidson entschieden hat, wird nie mehr davon loskommen.

Charles Sprouse, Orlando, FL, Tätowierer, '80 FLH.

Maura (in the way) Corey, Cloquet, MN, Künstler, '72 Shovel 92 cui Custom.

Rob Jordan, Culver City, L.A. CA, Heritage Softail.

David A. Brown jr., Newport News, VA, Leiter eines Warenlagers, '69 FLH 1200.

Gary Spicer „Bear", Sturgis, SD, Maschinist, '80 FLT.

Günter Jacoby, Pousthomy/France, Gastronom, Roadking Police Special '96.

Cliff Pease, Virginia Beach, VA, Marine-Pilot i.R., '22 JD.

Tineke Hartmann, Rotterdam/Niederlande, Verkehrsplanerin, '93 Sportster Hugger 883.

Philippe Chapelle, Charleroi/Belgien, Mechaniker, FXR '85.

Robert Verniers, Saint-Niklaas/Belgien, Chefkoch, '95 Heritage Softail.

Chris Warler, Grandville, PA, Supervisor, '86 Softail Custom.

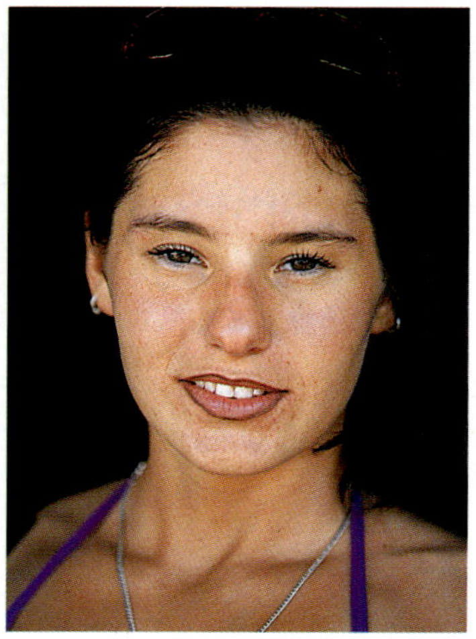
Melanie Dandurans, St. Jean Quebec/Kanada, Studentin, Heritage Softail '94.

Jasper Orlando, Budlake, NJ, Bauinspektor, '89 FXR.

Darius Wolf, Sosnowiec/Polen, Konstrukteur, '96 Heritage.

Michael Preuß, Berlin/Deutschland, Gerüstbauer, HD '91 Softail.

Manon Provost, Quebec/Kanada, Kellnerin, '92 Sportster.

Corallo Giancarco, La Spezia/Italien, E-Glide '85.

Hans Krah, Passau/Deutschland, Physiotherapeut, Softail Custom.

Jeny Franz, Luzern/Schweiz, Maurer, Softail '86.

Max Middelbosch, Zwolle/Niederlande, Antiquitäten-Händler, ID '28.

Alisandra Bakor, Beverly Hills, CA, Fat Boy '95.

John Richeson, Louisville, KY, Vietnam-Veteran, '69 E-Glide.

Douglas Lawry, Flint, MI, Motorrad-Händler, '83 FHT.

Michie Cohen, Daytona Beach, FL, Händler, '90 Ultra Classic.

Albert C. Humphrey, Los Angeles, CA, Künstler, '97 Heritage.

Fred Riches, N.S.W. Australien, Konstrukteur, '90 FXST Softail.

Danny Spires, Hertfordshire/GB, Bauunternehmer, Dyna Wide Glide '94 FXDWG.

Monique DuTar, Pretoria/Südafrika, Mode-Designerin, '96 FXD Super Glide.

Heinz Schied, Dreieich/Deutschland, Kaufmann, HD '93.

Bill Tequila, York, PA, Drucker, '49 Shovel Trike.

John „Speed" Finlay, Cottageville, SC, Farmer, '51 Rat.

Lori Signs, Hyx Valle Vista, CA, Rock'n Roll Road Manager, '94 FXR 4" Stretched.

Jim Tsinois, Sydney/Australien, Bike Designer, Sportster 883.

Kazuyoshi „Janta" Ueda, Tokyo/Japan, Journalist, '80 Wide Glide.

Salvo Dell'Arte, Turin/Italien, Rechtsanwalt, FXSTS '91.

David Lainsamputty, Rijnwarde/Niederlande, Finanzbeamter, FXE 1200 '79.

Dolores Karavides, Chicago, Versicherungskauffrau, '96 Heritage Softail.

Leonidas Dimopoulus, Athen/Griechenland, Juwelier, WL '44.

Monique Perverlli, Breda/Niederlande, Verkäuferin, '94 Sportster Hugger.

Uwe Gänsch, Friesland/Deutschland, Maurer, FXER '85.

Das Harley-Biker-Bestiarium

Kleiner Führer durch die Harley-Szenen

Natürlich ist es ziemlich albern, Harley-Biker in Kategorien einzuteilen, doch irgendwie sind sie auch selbst schuld daran – kräftig unterstützt von den an der Kundschaft orientierten Marketing-Strategien der Company. Man sollte aber immer daran denken, daß hinter jedem noch so ungewöhnlichen Outfit ein Mensch steckt, so wie in jeder noch so verschieden konstruierten Harley ihr unvergleichlicher Mythos lebt. Individualismus ist die treibende Kraft dahinter, so paradox das manchmal auch sein mag, wenn man die Uniformiertheit mancher Gesinnungsgemeinschaften betrachtet. Schnell wird da eine Typisierung zum oberflächlichen, unsachlichen und vielleicht auch dümmlichen Versuch, Zusammenhänge zu erklären, aber da Harley-Fahrer von jeher einen guten Schuß kritischer Selbstironie besitzen, halte ich eine eher humorvoll-sarkastische Betrachtungsweise – bei allem Respekt – gar nicht für so abwegig.

Der Hardcore-Biker (auch Einprozenter)

Der Hardcore-Biker ist das extremste und oft auch furchterregendste Exemplar an der Spitze einer kompromißlosen Elite. Er will vor allem respektiert werden und seine Ruhe haben. Nietenbeschlagenes, speckiges Leder, grobe Stiefel und die mit Abzeichen und Patches verzierte Denim-Weste („Kutte") gehören zu seinem zweckmäßigen Outfit, dazu trägt er – auch in schwärzester Nacht – eine dunkle Sonnenbrille. Wilde Haarpracht und markante Tätowierungen gehen einher mit einer Sprache, in der jedes zweite Wort mit „f..." anfängt.

In jeder Hinsicht kommt hier der rebellische Outlaw des ehemaligen Wilden Westens zum Vorschein. Ein martialischer Macho? Wer ihn so sehen möchte, dem sei Vorsicht ins Stammbuch geschrieben: Die Jungs sind echt und nicht etwa eine Imitation! Seine Harley ist ein möglichst unbequemer, brutaler, PS-starker Umbau, laut, aggressiv und meist im illegalen Bereich. Der hartgesottene Biker liebt die Company nicht unbedingt, steht aber eisern zu ihren Produkten, vor allem, wenn sie seinen Vorstellungen entsprechen. Eines ist sicher: Dem Hardcore-Biker werden wir noch oft begegnen.

Der Biker als Kultfigur

Gewissermaßen als Parallelausgabe zum Hardcore-Biker gilt er als eher umgänglicher Charaktertyp. Er ist im großen und ganzen eine Persönlichkeit und keineswegs öffentlichkeitsscheu. Sein Kleidungskodex (Leder und Jeans) gipfelt in der Maxime, daß ihm jede Farbe recht ist, solange sie nur schwarz ist. Zu seinen beliebtesten Accessoires gehören schwerer Silberschmuck, tolle Totenköpfe und obszöne Tattoos. Er frönt gerne sexbetonter Hedonie, ist aber oft auch fürsorglicher Familienvater. Und wer meint, das paßt nicht zusammen, hat definitiv die falsche Brille auf. Die Harley des Kult-Bikers ist „modified" – was immer man darunter verstehen mag, und sei es nur das obligatorische „live to ride, ride to live"-Gold & Chrome-Cover –, aber Harley muß sein, alles andere ist einfach wertlos.

Lassen Sie sich nicht irreführen, wenn Sie ihm stets mit einer Dose Bier in der Hand begegnen. Er ist ein liebenswerter, fröhlicher, gerne lachender und immer zu Späßchen aufgelegter Zeitgenosse, mit dem man sich durchaus gepflegt über Gott und die Welt unterhalten kann. Nur nach dem Sinn eines Schutzhelms sollten Sie ihn besser nicht fragen. Auch ihm werden wir noch häufiger begegnen.

Der „Rich Urban Biker" – auch „Rubby" genannt

Er ist am anderen Ende der Harley-Gruppierungen angesiedelt – immer adrett, immer auf dem neuesten Stand, immer im Zentrum des Geschehens. Er rekrutiert sich vorwiegend aus Über-Zehntausend-Mark-im-Monat-Berufen, und Hauptbestandteil seines Upper-Class-Motorradfahrer-Daseins ist demnach die Credit Card (danach auch etwas herablassend als „C.C.-Rider" bezeichnet). In gewissem Sinne repräsentiert er die wichtigste Zielgruppe der Company und garantiert den florierenden Absatz immer neuer Designer-Modelle. Dementsprechend sieht auch seine typische Harley aus: neu! Er braucht sie jedoch nicht zur Selbstverwirklichung, denn er fährt zur Entspannung. Gern umgibt er sich mit Gleichgesinnten, und manche Spritztour betrachtet er als eine Art überdimensionale Golfkurs-Tour, im Fachjargon cruisen genannt. Erstaunliche Zugabe der emanzipierten Überflieger-Society: Auch die Gattin fährt begeistert ihren eigenen Soft-Vibrator. Ein Bekannter aus dem Chefetagen-Umfeld hat mir einmal gestanden: „Wenn ich auf der Harley sitze, bin ich ein anderer Mensch!" Ein besserer, nehme ich an, denn „on the road" ist er ein Biker wie jeder andere ...

Der Schicki-Micki R&F (Rich and Famous) Biker

Er ist die etwas überzogene Variante des „Rubby", und man findet ihn vorwiegend in den einschlägigen Promi-Lokalen, auf internationalen Bussi-Bussi-Boulevards sowie in den VIP-Ecken der Harley-Events. Der echte Harley-Schicki-Micki-Profi gehört nicht zur wahren Prominenz, sondern imitiert nur seine High-Society-Idole und ist daher verständlicherweise ein wenig „gaga" in Aussage und Outfit. Er präsentiert einen abgehobenen Lifestyle mit den ungewöhnlichsten Harley-MotorClothes™ und dem schrillsten Zubehör – sowohl am wie unter einem durchgestylten Body. Als Harley fahrender Trendverfolger läßt er kein noch so albernes Detail aus, um es dem Rest der staunenden Welt als neueste Biker-Philosophie unterzujubeln. Die Company sieht's mit Wohlgefallen, steckt doch mächtig Kohle unter der edlen Fransenjacke. Und schließlich – irgendwer muß sich ja die todschicken Harley-Krawatten umbinden. Ansonsten ist er „on the road" so supercool wie all die andern.

Der große Rest – Herr und Frau Harley-Normalo

Der große Rest – also Mama, Papa, Oma, Opa, der Nachbar um die Ecke, Johnny von der Tankstelle und alle anderen – bestimmt das Bild der Szene. Für sie alle ist die Harley (sie muß nicht unbedingt neu sein) ein unverzichtbarer Bestandteil ihres „way of life", und ihr gemeinsamer Standpunkt besteht in dem Credo, daß sie schon selbst entscheiden können, was für sie gut ist.

Alle zusammen – Millionen von Individualisten (doch, es sind tatsächlich Millionen) und jeder uniformen Normierung abhold – sind ihrem Markenprodukt treu ergebene Harley-People. Einige von ihnen wollen wir im folgenden vorstellen.

Belt Buckles

Born in the U.S.A.
HARLEY DAVIDSON Motorcycles
Harley-Davidson
THE LEGEND LIVES ON
HARLEY-DAVIDSON The American Legend
EST. MADE IN USA 1903
Harley Davidson
HARLEY-DAVIDSON
AMERICAN PRIDE
EST. MADE IN USA 1903
HARLEY-DAVIDSON
"ASPHALT WARRIOR"
HARLEY-DAVIDSON
HARLEY-DAVIDSON
HARLEY-DAVIDSON
EST. 1903
MOTOR HARLEY-DAVIDSON CYCLES
MOTOR HARLEY-DAVIDSON CYCLES
The U.S.A.

Der geteerte Straßenfeger

Porträt Nr. 1

Der „Sheriff of Bavaria"! Meist steht er mit dem Maßkrug in der Hand auf dem Parkplatz des Biergartens vom Kloster Andechs oder an der Zufahrt irgendeiner Biker-Party und regelt mit stets dröhnendem Lachen den an- und ablaufenden Verkehr. Längst zur Kultfigur geworden, bringt der selbsternannte Sheriff von Bayern und schelmische Biker-Philosoph manch eingefahrene Weltanschauung ins Wanken, wie eine der vielen Anekdoten über ihn berichtet:

Als er sich einmal eine nagelneue Low Rider gekauft hatte, tat er etwas Verrücktes: Kaum zu Hause angekommen, erhitzte er ein Faß mit klebrigem, übelriechendem Straßenteer und schmierte mit einer groben Malerquaste das neue Custom Bike von oben bis unten damit zu – weder Chrom noch Lack, Sitze oder Räder, Motor, Tacho oder Lampengläser blieben verschont. Mit dem so verunstalteten „Un-Motorrad" fuhr er dann zum nächsten Harley-Schickeria-Treff, wo die Reichen und Schönen ihre aufgemotzten Chromschlitten selbstgefällig zur Schau stellten. Auf dem elitären Stellplatz der hochglanzgelackten Eitelkeiten schlug der verschmierte Teerklotz wie eine Bombe ein. Mit einem Aufschrei des Entsetzens scharte sich die verstörte Harley-Gemeinde um den niederträchtigen Schandfleck, und Kommentare wie „Um Himmels willen, wie kann man so was nur tun?" waren noch die harmlosesten. Da hatte der Sheriff of Bavaria gleich Antworten bereit: „Damit so ein Blödmann wie du so dumme Fragen stellt!" oder „Das ist Kunst, das verstehst du nicht, du Trottel!" Er konnte recht grob werden und auch direkt, aber die Leute begannen, über seine provokativen Statements nachzudenken. Es kam, wie es kommen mußte, und bald war des Sheriffs „Schwarzes Miststück" das meistfotografierte Motorrad der Szene, und der coole, mattschwarze Anti-Glamour-Trend war geboren.

Und mit seiner (nunmehr edlen) Pinselstrichstruktur wird des Sheriffs üble Gurke sicher einmal in einem vornehmen Museum landen ... O. Z.

Das Erfolgserlebnis

Porträt Nr. 2

Da hatte sich doch der Herr Direktor den unsäglichen Traum seiner zugegebenermaßen etwas kindlichen zweiten Jugend erfüllt. Der nannte sich, hochtrabend wie es sich gehört, FXSTC, auf gut deutsch also Softail Custom, wog satte sechs Zentner und war einfach nur „die Sahne". Vor allem, weil er alles in allem 38.000 Möpse kostete, ein Klacks für den Herrn Direktor, der sich nicht entblödet hatte, ihn noch mit allerlei höchst unwichtigem, aber blitzblankem Zubehör aufzumotzen. Die alten Kumpels am Promi-Stammtisch in seiner Bussi-Bussi-Kneipe haben schön dumm aus ihrer Designer-Wäsche geguckt.

Ja nun, aber was tun mit dem unhandlichen Symbolträger, nachdem der erste Überraschungseffekt verpufft war? Im Grunde war der Herr Direktor mit seinem neuen Spielmobil doch ziemlich allein und frustete entsprechend vor sich hin. Bis die H.O.G.-Rally in seine betuliche Heimatstadt kam. Als automatisches Mitglied war er eingeladen, und Status verpflichtet, egal wozu. So fuhr er hin, fein herausgeputzt mit Harley-Helm und in Harley-Fransen an jenem Samstag, hinaus zu der ihm wohlvertrauten Pferderennbahn, wo diesmal die Biker aus ganz Europa den kostbaren Rasen schamlos durchpflügten – was für Prolos, ächz!

Gleich hinter dem Eingangstor hatte sich dort ein lärmendes, beidseitiges Spalier aus Säufern und Schreihälsen etabliert, das jedem Ankömmling nur eine schmale Gasse zum Durchfahren ließ. Je wilder und krachiger sich die einreisenden Harley-Treiber dabei benahmen und je mehr Getöse sie aus ihren total illegalen Auspuffrohren produzierten, um so heftiger wurde das Harleyluja-Geschrei, und die größten Rabauken wurden am meisten bejubelt, mit frenetischem Beifall und frischen Dosenbierspritzern überschüttet. Nicht so der Herr Direktor. Sein überteuertes Juwel und sein prächtiges Outfit erzeugten höchstens gelangweiltes Nasenbohren, sofern er überhaupt wahrgenommen wurde, denn schon richtete sich die Aufmerksamkeit der Claqueure auf einen abartigen Schmuddelrocker, der mit offenem Rohr noch weit entfernt vor dem Eingang rumorte. Das wurmte.

Der Herr Direktor schaute dem imageintensiven Spektakel eine Weile zu und schritt dann zur Tat. Er riß sich die schicke Harley-Krawatte vom Hals, band sich eine echt mexikanische Bandanna ums angegraute Haupt und versteckte seinen Prestige-Wanst unter einem knöchellangen australischen Schäfermantel, wodurch er furchterregend und gefährlich aussah. Schließlich montierte er noch – mit einiger Mühe, versteht sich – jene zwei gurkenförmigen Chromcontainer ab, die sich Auspuffanlage nannten, und bretterte dann von kernigen Explosionen begleitet hinaus, um sich nochmals, diesmal allerdings anders geartet, in die Prestige-Parade der PS-Gladiatoren einzureihen. Flugs packte er noch eine aufreizende miniberockte Stand-by-Braut hinten drauf, die es darauf angelegt hatte, auf diese Weise ohne Eintritt in den Harley-Himmel zu gelangen, und ließ es deftig knallen. Das gezielt vorprogrammierte Erfolgserlebnis kam prompt, und grölend wurde auch er bejubelt, mit Bier überschüttet und heftig fotografiert und gecamcordert – was für ein Triumph!

Nie war der Herr Direktor glücklicher gewesen, es wurde ihm so richtig warm um sein sonst so eiskalt im Börsentakt schlagendes Kapitalistenherz. Und als ich ihn vorsichtig fragte, was er denn zu tun gedenke, wenn ihm die in einem Dunkelscheibenbus vor dem Eingang lauernden uniformierten Machtinhaber, die jeden durchgedrehten Verkehrs-Rowdy vollelektronisch erfaßten, sein geliebtes Spielzeug wieder wegnehmen würden, sagte er – wieder ganz kampferprobter Boß – im rasch assimilierten Biker-Slang: „Nehm' ich eben das Handy aus den Saddlebags und ruf' meinen Rechtsanwalt an, er soll doch mal schnell mit dem Heli rüberdüsen, den Jungs in Grün gefallen meine open shorties nicht ..."

Ach ja, der gute Herr Direktor, nun ist er tatsächlich einer der Unseren geworden. Willkommen im Club! O. Z.

Vielfalt und Gemeinschaft

Die afro-amerikanische Harley-Gemeinde

Stolzer Besitzer einer mit viel Gold aufgebauten E-Glide: David A. Brown Jr., New Port News, Virginia.

Emanzipation ist bei Harley-Davidson noch nie ein Problem gewesen.

Die Angehörigen der Militärpolizei waren erklärte Harley-Fans.

Welche Hautfarbe hat eine Harley? So lächerlich es klingen mag, manche Leute haben darauf schnell eine Antwort, aber ganz so einfach ist es nicht. Es stimmt schon irgendwie: Obwohl es bei der Company nie thematisiert wurde, galt eine Harley lange Zeit im landläufigen Sinne als das klassisch-patriotische Sport- und Freizeitgefährt der gehobenen weißen Bevölkerung. Dabei gab es schon immer farbige Biker – ich erinnere nur an die berühmte Bessie B. Stringfield –, vor allem natürlich außerhalb der USA. Man denke etwa an die Marketing-Touren von Richard A. Child zu Beginn der 20er Jahre quer durch Afrika und daran, wie erfolgreich er damals das Zweirad-Produkt aus Milwaukee den afrikanischen Stammesfürsten (und weißen Missionaren) verkaufte.

Erst im Polizei- und Militäreinsatz verlor die Harley ihr pseudorassistisches Attribut – wenn auch zunächst noch recht zögerlich, wie man auf dem Militärpolizei-Bild aus den 40er Jahren unschwer erkennen kann. So wundert es eigentlich nicht, daß farbige Biker die japanischen Produkte bevorzugen, doch es gibt eine ganze Menge Farbiger, die sich über alles hinwegsetzen und ohne Wenn und Aber ihre Harley fahren. Einzeln oder in Clubs zusammengeschlossen, haben sie es jedoch schwer, sich in die restliche Harley-Gemeinschaft zu integrieren, sofern sie das überhaupt wollen. Wer zum Beispiel bei der Daytona Bike Week zur Second Avenue kommt, wird sein „schwarzes" Wunder erleben. Ich habe selten so viel unbeschwerte Fröhlichkeit erlebt wie bei den „Brothers of the Hoood". Die afroamerikanische Harley-Gemeinde, die 1949 noch nicht an der Daytona Bike Week teilnehmen durfte, hat hier ihr eigenes Zentrum gefunden – dort geht es laut, aber gesittet zu: Sex und Obszönitäten sind tabu, die Kids spielen, und an allen Ecken und Enden wird Leckeres gebrutzelt. Und wie drüben auf der Main Street werden auch hier phantasievolle Harley-Custom-Umbauten bestaunt. Keine Spur von dem schlechten Image, das Gewaltfilme wie „Black Angels" oder „Angels Hard As They Come" ihnen anhängen wollten.

Zum Thema fragte ich einmal einen MC-Präsident aus den Südstaaten, wie es denn zu erklären sei, daß auch farbige Biker auf einer typischen Rebel-Flag-Party zu finden seien. „Oh", erwiderte er lächelnd, „ganz einfach – wenn der Typ o.k. ist, dann ist uns seine Hautfarbe egal, und wenn er nicht o.k. ist, gilt das genauso ..." So einfach ist das nämlich in Wirklichkeit.

Besuch in der Second Avenue: ob H.O.G.-Member (oben) oder die Mitglieder des G. A. Bad Boys MC, jeder ist hier gern gesehen.

Bekenntnis eines Unverbesserlichen

Harley pur – oder die Wandlung vom Mastschwein zum wilden Eber

Als ich meine erste Harley bekam, konnte mir nichts gewaltig und auffallend genug sein. Ich überlud das Motorrad mit allem, was drauf ging: Vollverkleidung, Lampen, Saddlebags, Tourpack, Sturz- und Zierbügel, Sitzbank mit Stützen und Rückenlehne, Blenden und Grillen, Instrumenten und Elektronik, Zotteln und Troddeln – es war eine fahrende Jahrmarktbude voll poppigem Firlefanz und poliertem Unrat, eine Zubehörschau wie eine rollende Mini-IFMA. Bis mich einmal jemand fragte, der staunend um das Blechmonster herumschlich: „ ... und, bitteschön – wo ist der Motor?"

Mit einem Schlag wurde mir da die ganze Lächerlichkeit meiner übertakelten Highway-Fregatte bewußt. Was ist meine geliebte Harley, wenn man das mächtige Herz dieser wundervollen (zugegeben, veralteten) Maschine hinter einem Haufen Blech-, Chrom- und Plastikpofel nicht mehr sehen kann?

Ich begann zu demontieren. Zuerst meine Zweirad-Weltanschauung, dann die Harley. Auf einmal konnte ich meine amerikanischen Harley-Brothers verstehen, warum sie all das überflüssige Zeugs von ihren Harleys herunterreißen und den „Hog" pur fahren: Verkleidungen sind zu überhaupt nichts nütze. Sie halten nur all die wunderbaren Gerüche von Land und Natur ab (und den Wind im Gesicht, und freilich auch den Regen und die Kälte), verstärken dafür überlaut und belästigend allerlei Klappergeräusche vom Motor.

Verkleidungen schützen auch den Fahrer nur bedingt, gute und zweckmäßige Kleidung tut das viel besser, und wer unbedingt trocken bleiben will, soll sich ein Auto zulegen. Verkleidung als Stromlinienfaktor ist eine weitere Idiotie. Wer Rennen fahren will, soll auf die Rennbahn gehen.

Harleys sind ohnehin nicht für Geschwindigkeitsrekorde gedacht, wer's dennoch rasant will, braucht bestimmt kein flattriges Windschildchen.

Es ist auch nicht wahr, daß Verkleidungen vor Verschmutzung und Korrosion schützen. Unter dem Blech- oder Plastikkleid setzt sich der Schmutz an, und weil man ihn nicht sieht, tut man nichts dagegen. Und dann wandelt sich das Schmuddelbike langsam in eine Rostlaube. Daß Verkleidungen schön sind, ist keine Geschmacksfrage, sondern eine schlichte Werbelüge. Schön an einem Motorrad ist die funktionelle Technik, der Motor, das sichtbare Zusammenwirken von Krafterzeugung, Kraftübertragung und deren technische Konstruktion.

Meine Harley hat ohne Verkleidung zu sein – alles gut zugänglich, jede unnütze, überflüssige Abdeckung entfernt; alles sichtbar, erreichbar, kontrollierbar, überschaubar, pflegeleicht und von klassischer Einfachheit. Verständlich und vertrauenerweckend. Wer weiß schon, welcher konstruktive Mist sich unter bunten Glitzerschalen versteckt – außen hui, innen murks, nein: pfuidanke. Verkleidungen sind falsche Fassaden, unehrlich und angeberisch, papageienhafte Harlekinaden.

Eine Lampe ist wieder eine Lampe und kein verbeulter Kochtopf. Eine Batterie nicht mehr ein verchromter Eisschrank und ein Öltank keine Colani-Espressomaschine. Statt des potthäßlichen Luftfilters mit den Dimensionen einer Waschschüssel, der den machtvollen Motor total verdeckt und eh nur eine idiotische Paragraphenreiterei dokumentiert anstatt Luft zu filtern, wird nunmehr wieder die komplette Gasfabrik sichtbar und zeigt ihr flammenspuckendes wahres Gesicht: „One or two throat" – weit offene Rachen, durch die du tief in die feurige Kehle des Drachens blicken kannst (Schmirgeleffekte bei nicht ganz staubfreier Umwelt inbegriffen).

Die billigen, schrägen Plastikkoffer, die windschnittig sein sollen, aber nur unpraktisch sind, mit dem dümmsten Schließ- und Haltesystem, das ich je gesehen habe – weg damit! Das Werkzeug kommt in ein kleines Ledertäschchen, das unter der Lampe an den Gabelholmen befestigt wird. Ehrlich, es verändert die Lenkeigenschaften nicht! Für mehr Gepäck tun es lose über das hintere Schutzblech gelegte Lederpacktaschen praktischer und besser als der hirnrissige Plastik-Klapperatismus.

Daß ein Primärkettenkasten geschlossen sein muß, ist purer Nonsens. Schutzbleche und ein „Mini-Kettenschutz" sind vielleicht das letzte Zugeständnis an

verkorkstem Styling – sofern sie nicht zu einer (imaginären) Gefahr für flatternde Hosenbeine werden –, aber Biker tragen ohnehin derbe Stiefel.

Die monströse, schwammig-weiche Sitzbank, ein unförmiges Plüschsofa, welches das mächtige Motorrad unproportioniert erscheinen läßt, habe ich längst gegen einen spartanischen Solo-Sattel getauscht, der nur lose auf dem Rahmen liegt. Diese extrem niedrige Sitzposition läßt plötzlich die gewaltige Harley auch für meine kleine Freundin sicher werden, nachdem sie in jeder Lage die viertel Tonne nunmehr bequem abstützen kann, ohne befürchten zu müssen, daß das Monster umfällt und sie zerquetscht.

Und beim Fahren hast du den direkten Kontakt mit dem vibrierenden, stampfenden Motor und fühlst jede Härte und Unregelmäßigkeit körperlich, wenn du ihn zu sehr quälst. Läuft er aber rund und satt, fühlst du dich wohl und glücklich.

Kickstart, ha! Sowieso. Eine Harley ohne Kickstarter kommt mir immer vor wie ein Brauereipferd auf Rollschuhen, außerdem gehört es einfach zur Biker-Macho-Weltanschauung, daß man seinen powervollen Dinosaurier mit einem kräftigen Tritt zum Leben erweckt.

„Wer seinen Motor nicht aus eigener Kraft starten kann, soll besser Moped fahren" und „Wer seinen Motor in Ordnung hält, dem springt er auch an!" Derlei Weisheiten klingen dir natürlich in den Ohren. Softies sollten nun mal keine Harley fahren.

„Ein richtiger Mann tritt seinen Motor an – nur Schwächlinge und kleine Mädchen drücken aufs Knöpfchen!" Das hat meine kleine Freundin immer mächtig gewurmt, und ihre stets trittkräftig bewiesene Weltanschauung hieß: „Wenn ich die Harley nicht antreten kann, bin ich's auch nicht wert, sie zu fahren!" Sie trifft halt immer den Nagel auf den Kopf, meine süße Kleine.

Auch in einer anderen Sache bin ich absolut kompromißlos und nehme Schimpf, Schmach und alle Strafen ungerührt hin. Das ist der „Sound", der satte, tiefbrüllende Donner aus langen, dicken, offenen Rohren – Dragpipes –, die natürlich verboten sind, wie alles andere auch, was Spaß macht. Besser als alle noch so heißen Rockrhythmen ist der kraftvolle Herzschlag aus den zwei dicken Töpfen, der sich mit dem Herzschlag des Fahrers vereinigt und ihn tief pulsierend durchdringt. Über dieses unbeschreibliche Gefühl, das beglückt und stärkt, kann man nicht diskutieren. Entweder man hat's oder man hat's nicht.

Ein echter Harley-Fahrer braucht kein Radio. Seine schönste Musik kommt aus zwei armdicken offenen Rohren.

Und dann all die unnützen Kleinigkeiten, die eine Harley häßlich machen. Instrumente zum Beispiel. Der nichtsnutzige Tacho etwa. Du fährst ja erwiesenermaßen so schnell, wie du dich sicher fühlst oder die jeweilige Verkehrssituation es erlaubt. An Geschwindigkeitsvorschriften hält sich eh niemand, rücksichtsvolles Fahren ist eine Charakterfrage und nicht eine Tachometer-Attitüde.

Total überflüssig ist der Tourenzähler - du fährst ein Motorrad nach Gehör und Gefühl, und wer's nicht hat, dem hilft auch der ständige Angstblick auf den roten Idioten-Strich nicht. Und wozu – außer zur Befriedigung der Verkehrsbürokraten – sollen all die Zusatzlampen und Glühfunzeln denn gut sein? Daß sie deine Harley zu einem Weihnachtsbaum deklassieren? Wer sich auf zittrige Rückspiegel und blinzelnde Bremslichter verläßt, der ist selber schuld. Wer sich auf Blinker verläßt, der ist fast schon so gut wie tot. Schon mal in Bagdad, Kairo, Istanbul oder Mexiko City gewesen? Good luck ...

Abgesehen davon, ein bißchen vergammelt darf er schon sein, der Donnerbolzen, ein paar Rost- und Ölflecken schänden nicht – denn wie sagt doch der alte Harley-Spruch: „Nicht der Chrom ist's, der dich heimbringt!" Und so wurde meine Harley wieder zum Ur-Motorrad.

„Take care of yourself", wie man in good old Amerika sagt, ohne Helm und Geschwindigkeitsbegrenzungen – und manchmal auch ohne Bremsen. Gesetzliche Sicherheit ist trügerisch – lerne, nur dir selbst zu vertrauen.

Eine radikale Harley ist eine echte Überlebenschance. Auch wenn's der TÜV ums Verrecken nicht erlaubt. O. Z.

The Sexmachine

Über die kribbelnde Seite der Harley

Daß Motorradfahren immer auch etwas mit Erotik zu tun hat, wird wohl niemand bestreiten wollen; unzählige Filme, Fernseh-Shows, Bücher, Zeitschriften, Poster und auch Kalender spielen darauf an. Welcher Mann würde eine Frau auf einem großen, PS-starken Motorrad nicht aufregend finden? Und auch viele Frauen werden zugeben, daß ein Mann auf einem Motorrad in gewisser Weise „anmacht" – Vorstellungen eines furchtlosen, unnahbaren Machos, der mit einem Hauch von Gefahr umweht ist, spielen da hinein. Das gilt natürlich ganz allgemein für alle Motorräder, aber eine Harley verkörpert wie keine andere Maschine Sexualität pur.

Seit immer mehr Frauen selbst fahren, muß sich der männliche Macho-Sexismus, der früher in der Szene üblich war, mit dem Macho-Feminismus arrangieren, der sich eindeutig durchgesetzt hat. Die emanzipierte Motorradfahrerin ist ebenso furchtlos wie ihr Gegenüber und hat keine Probleme damit, männliche Provokationen mit scharfen Bemerkungen unterhalb der Gürtellinie zu beantworten.

Tatsache ist: das Freiheitsgefühl beim Motorradfahren beschränkt sich nicht nur darauf, den Wind in den Haaren und die Weite der Straße zu spüren, sondern es schließt eine sexuelle Freiheit ein – auch wenn das nicht jedem paßt, das ist ein Teil des Motorradfahrer-Lifestyle. Dieses Gefühl von Freiheit kann man (und vor allem frau) wahrlich nur auf einer Harley erleben. Die Kraft zu spüren, die daraus erwächst, einen donnernden, grollenden, großkalibrigen V-Twin zu bändigen – das ist einfach einzigartig, und es wäre völlig absurd, es mit dem Fahren einer BMW oder einer Yamaha zu vergleichen.

Der kommerzielle Einsatz von Harley-Erotik ist zugegebenermaßen ein ausgesprochen effektives Werbemedium. Wie kein anderes Fahrzeug in der Welt ist eine Harley-Davidson mit der Darstellung nackter Wirklichkeit assoziiert. Diese sexuell betonte Kombination von Frauen mit dem V-Twin-Fetischismus scheint in direkter Beziehung mit den Auflagenzahlen von Zeitschriften oder den Zuschauerekstasen bei öffentlichen Shows zu stehen. Die Company ist darüber nicht unbedingt erfreut, denn sie war immer um ein anständiges Image in der Öffentlichkeit bemüht und kommuniziert das auch in ihrer eigenen Werbung.

Dennoch gibt es im Bereich der Literatur zahllose Geschichten und Artikel über Harley-Erotik und den sexuellen Reiz einer „Ganzkörpermassage" auf einer Harley-Davidson. Bekannt dafür, landläufige Tabus zu brechen, beschreibt der Motorradtester und Chefredakteur des Motorradmagazins *MO*, Franz J. Schermer, eine typische Familiensituation, wenn es mit dem Sex nicht mehr klappt:

„Ein alter Freund von mir ist tagsüber Geschäftsmann mit Anzug, Krawatte, Laptop und Handy; er macht seinen Job gut, versorgt seine Angestellten mit genügend Arbeit, kommt also seiner unternehmerischen Sozialverantwortung perfekt nach. Seine Harley hat schon 20 Jahre auf dem Buckel, er fährt heute aber nur noch selten, wegen dreier Kinder und guter Frau, und seine Mutter wohnt oben im gemeinsamen Haus, und überhaupt kommt die Frau viel zu selten raus aus dem Trott, den sie meist ‚Familienleben' nennen. Sie heißt Conny, und sie hat sich sehr verändert über die Jahre. Früher war sie locker drauf, als Axel die hübsche Grafikerin immer wieder anbaggerte, mit ihm auf der Harley doch mal eine Runde zu fahren, und trug Lederjacke und Jeans mit alten Stiefeln. Sie hat es genossen, das Vibrieren der zweimal 108 Millimeter Hub zu spüren. (...) Sie blühte richtig auf, die Pickel im Gesicht verschwanden, ihre Mundwinkel zogen sich nach oben, und sie war glücklich. Wenn Axel mal wieder anhalten mußte, weil irgendeine Schraube oder Mutter locker war, mit denen die selbst angeschraubten Zubehörteile (Auspuff, Vergaser, Zündspule, Lenker, Lampe, Rücklicht, Tank, Sitzbank, Gepäckträger, Handhebel, vorversetzte Fußrasten, manchmal auch eine der Achsen für Schwinge, Vorder- oder Hinterrad) befestigt waren, dann setzte Conny sich am Straßenrand ins Gras, sah versonnen in den Himmel und summte „Je t'aime" vor sich hin. (...)

Seit Conny die Kinder hat, findet sie Motorradfahren blöde, weil Axel, wenn er mal für „eine Stunde" aus dem Haus geht, um mit der Harley „kurz um die Ecke zu fahren, um zu sehen, ob sie überhaupt noch läuft", erst am nächsten oder übernächsten Tag nach Hause zurückkommt. „Mußte irgendwie schrauben, um die Sache wieder in Ordnung zu bringen", murmelt er jedesmal, wenn er wieder daheim ist, um gleich ins Bett zu fallen und 24 Stunden laut schnarchend zu schlafen. Conny liegt dann oben im Gästezimmer der Schwiegermutter auf der Couch, hat nasse Augen und kann nicht schlafen. Ihr Mund hat sich ganz nach unten gezogen, irgend etwas stimmt nicht in ihrem Leben. Dabei ist doch alles in Ordnung, die Kinder sind gesund und haben die schönste Kleidung aller Kids der Straße, denn jeden langen Donnerstag geht sie in die Stadt und findet Schnäppchen bei Benetton. Wenn sie dann gegen Morgen in unruhigen Schlaf fällt, drückt sie das alte Kissen von früher ganz fest an sich und träumt von den Fahrten auf Axels Harley und wie sie damals zwischen Köln und Wuppertal sieben Mal angehalten haben, um die Auspuffe festzuschrauben und den Vergaser und das Rücklicht ..."

Rico Remberg beschreibt in seinem Buchreport „Sex auf Rädern" (PPS-Verlag, Stuttgart, 1970) in dem beziehungsreichen Kapitel „Motor zwischen den Beinen" die ganze Palette erotischer Erlebnisse und sexueller Emotionen mit und auf Motorrädern:

„Das Auto macht seinen Fahrer scharf. Aber von einem Motorrad kann er noch intensiver zugespitzt werden. Allerdings, man muß das richtige Motorrad besitzen. Und man muß der geeignete Mensch dafür sein. Doch werden diese Bedingungen heute verhältnismäßig leicht erfüllt. Das Motorrad fördert nicht nur durch seinen Symbolgehalt – abenteuerlich, maskulin, kraftgeladen –, sondern auch auf ganz direkte, mechanische Art den sexuellen Frohsinn, egal ob Männlein oder Weiblein (...) Für manche Frau scheint das Erlebnis auf dem schweren und schnellen Motorrad noch nachhaltiger zu sein als für den Mann: Das Auf und Ab des Kolbens zwischen ihren Beinen ist ja als Symbol kaum zu übersehen, es ist die urtümlichste aller Bewegungen."

Noch intensiver schildert der Schriftsteller und ehemalige französische Kultusminister André Pieyre de Mandiargues mit dichterischem Enthusiasmus in seinem Roman „Das Motorrad" (Rowohlt Verlag, Hamburg, 1965, mit Marianne Faithful unter dem Titel „Nackt unter Leder" verfilmt) das sexuelle Erlebnis. Seine Harley-Heldin Rebecca gehört inzwischen längst zur Weltliteratur:

„Zwischen ihren Beinen, die der Tank auseinandergespreizt hält, arbeitet der Motor mit der ganzen Kraft seiner beiden riesigen Zylinder – ein so lebendiges, bebendes und tobendes Etwas, daß seine Entfesselung sie noch immer begeistert wie in dem Augenblick, als sie ihr zum erstenmal aufgegangen ist. Was für ein wildes Tier!" Wie so oft in der klassischen Literatur nimmt es ein tragisches Ende. Rebecca verunglückt tödlich im Moment des höchsten Lustgefühls.

Die Company wehrt sich energisch gegen jede sexuelle Konnotation ihrer Maschinen, und die Frauen-Motorrad-Vereinigung Women on Wheels vergibt „goldene Abfalleimer" für derartige Äußerungen, die Harleys mit Sexappeal in Verbindung bringen. Aber auch wenn es genügend Leute gibt, die einen großen Widerwillen gegen die teilweise pornographischen Fotos oder Stories empfinden – eine Harley ist und bleibt nun mal ein kraftvolles, erotisches, aufregendes Motorrad, und eine Harley zu fahren, ist einfach ein Erlebnis.

Keine Schweinereien bitte

Auch wenn eine Harley gerne als „Hog" bezeichnet wird, was soviel wie Schwein bedeutet, legt die Company größten Wert auf seriöses Image. Pornographie ist unerwünscht, und der Ganzkörpervibrator sollte auch unter der Ladentheke nicht als Lotterbett dienen. Anläßlich des Erscheinens eines diesbezüglichen Porno-Videos klagte Harley-Davidson auf sofortige Unterlassung und verlangte von dem Produzenten die Herausgabe der Kundenliste, um die bereits ausgelieferten Harley-Schweinereien – polizeilich unterstützt – wieder einsammeln zu können.

Mit Cowboy-Chaps bleibt der direkte Kontakt zum stampfenden V-Twin gewahrt!

Show-offs I

Obszönität als Ausdruck von Rebellion gegen eine prüde Gesellschaft

Harley ist nicht nur Motorrad-Mythos, Harley ist auch Show – technisch, künstlerisch und vor allem menschlich. Allzu menschlich, manchmal.

Show-offs, Selbstdarsteller, muß es geben – die Welt wäre ärmer ohne sie, speziell die Welt der krachigen Harley-Machos.

Show-offs sind die Spezialisten für Sehen und Gesehenwerden, die ihre Normalität hinter einer grellen, marktschreierischen Fassade verstecken.

Show-offs sind Einzelgänger, sie werden belächelt, belacht, fotografiert (dieses vor allem!) und meist als ulkige Spinner abgetan.

Aber man sollte nicht vorschnell urteilen. Es gehört schon viel positives Selbstwertgefühl dazu, Alleinunterhalter, Solokabarettist, harmloser Gelegenheitsexhibitionist oder Spaßvogel der komischen Sorte unter bunt gemixten Zuschauern zu sein – jeder eine perfekte Zirkusnummer für sich. Natürlich sieht man sie nicht überall. Wie alle guten Schauspieler brauchen sie eine Bühne und Publikum. Biker-Parties und Großveranstaltungen – die Events zum Beispiel – sind ihr bevorzugtes Ambiente.

Ist es nicht herrlich, wenn Motorradfahren (und speziell Harley fahren) und alles, was dazugehört, nicht ganz so tierisch ernst genommen wird? In Wirklichkeit sind diese Leute einfach nur große Kinder, die sich gerne verkleiden und ein bißchen verrückt benehmen – und sie selbst haben den meisten Spaß an der Sache. Hinter der Bühne sind sie normale, liebenswerte Menschen ...

Ein verrücktes Kostüm, ein aus der Menge fallendes Outfit oder fast nackt, und schon ist die persönliche Show perfekt. Was zusammenpaßt, gehört auch zusammen – eine typische Show-off-Kombination.

Ein gelungenes Show-off-Outfit honoriert Willie G. mit einem Autogramm (oben links).

Gesehen werden um jeden Preis: Show-offs sind mal bizarr, mal obszön, aber immer ein fröhlicher Bestandteil aller Harley Events, wobei der Fantasie oder dem Outfit weder künstlerische noch moralische Grenzen gesetzt sind.

Eiskrem und andere Dinge

Er nennt sich „The Ice Cream Man From Hell" – eine typisch amerikanische Redewendung aus den 50er Jahren. Das auffällige Flammen-Dekor ist sein Markenzeichen, den Namen hat er sich schützen lassen. Sein Produkt dagegen ist eisig: Eiscreme, die er aus einem extra gekühlten Thermo-Trunk seines geliebten Harley 1971er Servi-Car serviert, besonders gerne den offenherzigen Damen auf Shows und Wet-T-Shirt-Contests. Seine Nummer kommt immer gut an, und auch sonst ist er auf allen Biker-Events gerne gesehen. Bürgerlich heißt der Eiscreme-Mann von der Hölle Jim Trotta (43), stammt aus dem New Yorker Stadtteil Queens und ist seit 19 Jahren glücklich verheiratet. Neben Eis verkauft er diverse Souvenirs, die er ebenso fröhlich wie hemmungslos unters Volk bringt. Manchmal bekommt er Schwierigkeiten wegen seines rot-weißen Designs, das man einem berühmten Outlaw-Club zuordnen könnte. Dem ist jedoch nicht so, für Jimmy ist das Dekor eine alte amerikanische Tradition. Wenn die Sache zu heiß wird, kühlt er sie mit einer großzügigen Portion Eiskrem wieder ab. Als sein eigener Promoter läßt er dazu natürlich keine Gelegenheit aus!

Biker

Die unbekannte Bruderschaft

Statement der Company:
Diese Geste repräsentiert nur einen ganz bestimmten Ausschnitt aus der Welt der Biker (rechts).

Über Biker wird viel geschrieben, klug geredet und manch dummes Zeug verbreitet. Sie sind in aller Munde, sobald es um Motorräder geht, und sie werden gern und oft von der Werbung mißbraucht. Manches, wie die Sache mit den „Rockern" zum Beispiel, kommt dabei durcheinander. Sind Biker Rocker? Oder umgekehrt? Was Rocker sind, glaubt jeder zu wissen: böse Buben auf schweren, lauten Motorrädern, rauh, manchmal herzlich und meist gewaltbereit; sie tragen Bärte und Leder, Nieten und Ketten und sind immer scharf auf Frauen. So oder ähnlich geistern die Klischeevorstellungen immer noch in naiven Köpfen herum. Dabei sind Rocker ein europäisches Phänomen, das in den 50er Jahren in England aufgetaucht ist.

Aber was sind Biker? Grundsätzlich gilt: Biker zu sein ist eine Lebensart und bezieht sich nicht auf die Art und Weise, ein Motorrad zu fahren. Biker zu sein ist eine typisch amerikanische Lebensweise, die in den USA als Produkt der dortigen Verhältnisse entstanden ist. Inzwischen ist eine einzigartige „Bewegung" daraus geworden – schätzungsweise 15% aller amerikanischen Motorradfahrer kann man als Biker bezeichnen –, wenn auch mit einigen Differenzierungen.

Es ist allerdings schwer zu definieren, was man mitbringen muß, um ein echter Biker zu sein, aber es hat unter anderem etwas mit den möglichst ungedämpften, sonoren Explosionstakten eines langhubigen 45 Grad V-Twin-Motors zu tun – vor allem Harley-Davidson-Motoren – und mit den „good vibrations", die dieser erzeugt, Schwingungen, die die Japaner erstaunlicherweise nicht produzieren können.

Aber „Biker" ist ein weiter Begriff, und da gilt es vorab, einige Mißverständnisse auszuräumen. Leider wird der Biker oft mit dem radfahrenden Cyclist verwechselt, ein unverzeihlicher Fehler. Zum anderen glaubt jeder, der auf irgendeinem – neuerdings Chopper genannten – Motorrad sitzt und Lederjacke und Jeans als ultimatives Outfit kultiviert, ein Biker zu sein. Da kommen schnell dumme Fragen auf, die man jedoch besser nicht stellen sollte: Warum tragen diese Typen so komische Jeanswestchen mit so vielen Abzeichen und Orden darauf? Warum haben sie so wilde Haare, Bärte und Ohrringe, und warum tragen sie keinen Helm, wie es sich gehört? Warum waschen sie sich nicht ab und zu? Warum ist ihr Motorrad eher ein feuerspuckendes, ohrenbetäubendes, demontiertes, häßliches Monster, absolut nicht verkehrssicher und barbarisch unbequem? Was bedeuten all die Buchstaben und Zahlen, die sie aufgenäht haben, und warum sind sie so stark tätowiert? Alles dumme Fragen!

Lassen Sie mich einige von ihnen beantworten, schon um Mißverständnissen mit schlimmem Ausgang vorzubeugen. US-Biker sind Außenseiter einer von ihnen ungeliebten, verachteten, verweichlichten Gesellschaft, und sie wollen es auch sein. Sie haben sich ihre eigene Gesellschaft geschaffen, mit eigenen Regeln und Moralbegriffen – bei denen Sex und Crime bei weitem nicht die beherrschende Rolle spielen, die man ihnen immer unterstellt. Sie sind glühende Patrioten, teilweise üble Rassisten, respektieren (zähneknirschend) staatliche Autorität, wünschen aber in ihrem eigenen Umfeld ebenso respektiert zu werden. Für mich sind sie die letzten „Westernhelden" – im Guten wie im Bösen – in bester amerikanischer Tradition (die ja auch nicht immer die erfreulichste war) und, wie ihre Fahrzeuge auch, ein wenig „aus der Zeit gerutscht".

Nichts ist ihnen mehr zuwider als plumpe Annäherungsversuche aufdringlicher Fremder; lernt man sie jedoch näher kennen, kommen oft unter der rauhen Schale ganz prächtige Menschen zum Vorschein. Dabei gibt es ein schmales Verbindungsglied, das ab und zu eine Verständigung fördert: die Harley – jenes vergewaltigte, unförmige, urige Standardfortbewegungsmittel (fast) aller Biker. Biker in den USA repräsentieren einen „lifestyle under pressure" – das gilt vor allem für die etwa 10%, die sich in MCs zusammengeschlossen haben, von denen wiederum nur ein ganz kleiner Teil „Hardcore" (der „harte Kern")-Biker sind, die in den USA gerne und fälschlich als „Biker-Gangs" bezeichnet werden. Es ist eine geschlossene Gesellschaft, zu der man als Außenseiter keinen Zugang hat, ganz gleich, wie man angezogen ist oder was für einen wilden Hobel man fährt.

Darüber hinaus gibt es gewisse Kriterien, die man beachten sollte. Vor allem ist jede Allgemein- und Einzelwertung unangebracht. „True Biker" steht nicht für gut oder böse, klug oder dumm, besser oder schlechter, reich oder arm, nicht einmal für männlich oder weiblich. Außerdem muß ein Harley-Fahrer nicht unbedingt ein echter Biker sein, und ein echter Biker muß nicht unbedingt eine Harley fahren. Aber bleiben wir bei den Harley-fahrenden Bikern, sie sind ohnehin in der Überzahl.

Das Maß aller Dinge ist die Freiheit im Herzen und jenes besagte Stück „heavy metal" aus Milwaukee, so es denn mindestens tausend Kubik und zwei dicke Töpfe hat. Na schön – 750 Kubik tun es zur Not auch, wenn es sich um historischen Tragezwang handelt. Nichts kann einen wahren Harley-Freak von seinem Milwaukee-Alteisen abbringen – keine noch so technische Perfektion und kein Fortschritt

können ihn überzeugen. Stur hält er zu seinem Dinosaurier, wahre Liebe hat nämlich wenig mit moderner Technik und Fortschritt zu tun. Weder Rennerfolge noch Verkaufsstrategien können ihn von der Überzeugung abbringen, daß seine Harley das einzig wahre Motorrad der Welt ist. Arroganz? Wohl kaum. Der Harley-Freak kann es sich leisten, so zu sein, wie er ist.

Obwohl ein Biker eher ein ruhiger, „cooler" Typ ist, dem aufgeregtes und hysterisches Gehabe zutiefst zuwider ist, gibt es doch Dinge, die er aus ganzer Seele haßt – Helme und Polizisten gehören dazu sowie einschränkende Vorschriften und die ewigen Bedenken besorgter Besserwisser, die ihm seine Fahrweise, seine Ausrüstung, seine technische und kreative Philosophie bis ins letzte Detail vorschreiben wollen.

Deutschland – der zweitwichtigste Harley-Markt – hält der Harley-Freak nicht für ein freies Land, denn es erlaubt seinen Bürgern nicht, so Motorrad zu fahren, wie er es will. Kalifornien ist da übrigens auch nicht besser. Man sieht förmlich die drohenden Gewitterwolken kommender Konflikte – staatliche Vorschriften, die die „Freiheit" des Fahrens beschneiden – am Harley-Himmel aufziehen.

Biker sind meist kompromißlose Puristen. Unabhängigkeit und Souveränität gehen ihnen über alles, und so haben sie kein gutes Verhältnis zu totalitären oder anderen staatlichen Machtstrukturen. Für Biker sind auch nicht das gepflegte Äußere, die Krawatte oder gar Bügelfalten das Maß aller Dinge. Eine glatte Rasur und ein gestylter Haarschnitt stehen nicht unbedingt für Moral, Ehrlichkeit und Offenheit. Natürlich wäscht sich ein Biker genauso oft wie jeder andere Mensch, nur seine Arbeit ist oft wesentlich dreckiger, zumindest äußerlich. Wer ihn deswegen jedoch einen Proleten nennt, tut ihm bitter unrecht. Echte Biker findet man kaum im gehobenen Mittelstand, sie räkeln sich nicht in den bequemen Sesseln der Vorstandsetagen (Ausnahmen bestätigen die Regel). Sie gehören eher der hart arbeitenden Bevölkerungsschicht an und haben schwielige Hände, die zupacken können und mit schwerem Gerät bestens vertraut sind.

Damit wären wir wieder beim Ausgangspunkt: der geliebten Harley, der ein echter Biker lebenslang die Treue hält, egal, was ihm die Company zumutet. Sie muß so sein, wie sie seinen Idealen, Vorstellungen und Gefühlen entspricht: stark, laut, mächtig, schwer und „gnadenlos".

Längst sind Biker überall auf der Welt heimisch geworden – nämlich überall dort, wo auch die Harley zu Hause ist. Wie kein anderes Motorrad hat sich der urige V-Twin aus Milwaukee auch außerhalb der USA stets sein unverwechselbares, eigenes menschliches Umfeld geschaffen. Einen Teil davon nennt man Biker. „Freedom on the road" – wobei der Begriff „road" ruhig etwas weiter ausgelegt werden darf und sich auf alles erstreckt, wo eine Harley noch fahren kann – ist ihr höchstes Gut und das höchste Glück ihres Lebens – ein Teil ihrer Freiheit. Es ist genau diese Philosophie, die ihr Leben lebenswert macht, und die Harley gehört unabdingbar dazu. Das ist die Luft, die man zum Atmen braucht, auch wenn sie manchmal dünn ist und das Atmen schwerfällt ...

Turtles Chopper

Was einen am Leben erhält

Schicksale ...

Um das Biker-Leben etwas genauer zu beleuchten, habe ich zwei Episoden ausgewählt, die beide thematisieren, was ein Biker-Dasein nachhaltig beherrscht: das Leben mit der geliebten Harley und der stets nahe Tod. Beides sind Erlebnisse aus meinem unmittelbaren Bekanntenkreis.

Turtles Chopper wurde in den Fieberphantasien eines hitzegeschwängerten, nach Tod und Verwesung stinkenden Feldlazaretts im Dschungel Vietnams geboren. Damals kämpfte Turtle als 18jähriger Sergeant verzweifelt gegen das Gift an, das seinen Körper aufzufressen drohte, und gegen all das Zeug, das sie in ihn hineinspritzten. Zunächst war es nur das Phantom eines idealen Choppers, das ihn am Leben hielt, bis sich schließlich jedes kleinste Detail genau in sein gemartertes Gehirn einbrannte – der schmale, feingliedrige Rahmen, die überlange, vorgereckte Springer-Gabel, das 21er Vorderrad mit seinen chromblitzenden Speichen, die Höckersitzbank und die steile Sissybar, an der sie hinten befestigt war, vor allem aber der powervolle, 1.200 ccm Panhead-Motor, über dem ein 2 Gallonen fassender Tropfentank saß. Es war nichts Überflüssiges und nichts Außerordentliches an diesem Chopper, keine Gemälde, Verzierungen oder Streifen, sondern nur das, was man zum Fahren brauchte – zum Fahren in einer besseren Welt, in Sonne und Freiheit, und in einem weiten Land, das keine verborgenen Scharfschützen, Minen und Kinder kannte, die mit einem zusammen in die Luft flogen, wenn man ihnen ein Stückchen Schokolade gab ...

Turtle schleppte dieses Bild seines Choppers durch unzählige Hospitäler, und als sie ihn endlich halbwegs zusammengeflickt nach Hause entließen, fing er an, seine Vorstellung zu verwirklichen. Zu Hause – das war ein kleines, gottverlassenes Kaff irgendwo in den Urwäldern des Mississippi-Deltas, wo sein Onkel eine Tankstelle, eine Werkstatt und einen Abschleppdienst besaß. Und weil es ihm nichts mehr ausmachte, Blut und Tod zu sehen, und auch nicht, nach Mitternacht aus schlaflosem Warten gerissen zu werden, schleppte er die Wracks irgendwelcher Trunkenbolde ab, die sich ins Unglück gestürzt hatten. Aber dann kam der Augenblick, an dem Turtle genug Geld zusammengespart hatte und es nicht mehr in der heimatlichen Enge aushielt. Inzwischen stand sein Chopper in schlichtem Schwarz und glänzendem Chrom in seinem Wohnzimmer, und er war unwiderstehlich. Zudem hatte Turtle Jennifer kennengelernt, die 19jährige Ausreißerin, die aus einer Großstadt irgendwo an der Ostküste kam. Eine stille, sanfte Begleiterin ohne sichtbare Vergangenheit. Sie konnte fast genausogut mit dem Motorrad umgehen wie er, aber das war es nicht. Es war die Unabhängigkeit, die sie ihm ließ, und sie war immer da, wenn er sie brauchte.

Wenn sie zusammen auf ihre wilden, langen Runs gingen, glaubte er manchmal, in der Hölle zu sein. Immer dann, wenn ihn seine Schmerzen zu verbrennen drohten, Schmerzen, die ihm der verdammte Krieg vor so vielen Jahren beschert hatte und die er nicht mehr abwehren konnte. Aber manchmal glaubte er auch, im Paradies zu sein, wenn ihn der kraftvolle Motor über die Straße riß, der kühlende Fahrtwind durch sein Haar zauste und wenn Jennifer sich von hinten an ihn schmiegte. Sie hielten dann irgendwo, und wenn sie Glück hatten, fanden sie Freunde, die ihnen Schutz und Geborgenheit gaben. Dann konnte sich Turtle gehen lassen und seine Buds trinken, bis ihm schwindlig wurde und die ewigen Schmerzen einer wohligen Gelöstheit wichen.

Am nächsten Tag waren sie wieder auf einem Highway, und langsam begann sich die gestörte Seele zu beruhigen. Denn es war für Turtle das höchste Glück auf dieser elenden Welt, etwas zu haben, für das es sich lohnte zu überleben: Turtles Chopper – das einfache Bike eines Vietnam-Veteranen und seiner Gefährtin. Ich weiß, wovon ich rede, denn Turtle war mein Biker-Bruder, der mich jahrelang auf den einsamen Straßen des tiefen Südens begleitet hat.

Der Augenblick, der nie endet

Zum Gedenken an Frosty, den Biker

Frosty ist tot. Das Unglück – und ich spreche hier bewußt nicht von einem Unfall (obwohl es natürlich einer war), weil es jeder rationalen Erklärung spottete – ereignete sich wie ein furchtbarer Blitzschlag aus heiterem Himmel.

Das Bild – im Rückspiegel mit Entsetzen beobachtet – brannte sich unauslöschlich ein: das riesige Rentier, das sich langsam-lässig über die einsame Straße bewegte, und Frosty, der mit ungeminderter Geschwindigkeit direkt darauf zufuhr und in einer Explosion aus Fleisch und Metall, Fell und Stoff, Tier, Mensch und Maschine in einem wilden Knäuel über die Böschung schoß. Der Rest war wie ein böser Traum, aus dem es kein Erwachen mehr gab ...

Na schön, werden jetzt einige sagen, so etwas kommt ja immer wieder vor, was immer auch der tragische Grund war. Aber was geht mich dieser Frosty (der im „bürgerlichen Leben" eigentlich Erich Hufnagel hieß) überhaupt an? Frosty, achtundvierzig Jahre alt, hatte in einer stillen Stunde einmal zu mir gesagt, er sei immer ein Nonkonformist gewesen – ein Gammler, der die Natur über alles liebte – und speziell die im hohen Norden, wo das Leben noch einfach und hart ist. Zu diesem Norden ist er unzählige Male hinaufgefahren, immer allein, immer voller Glückszustände, die er niemandem mitteilen konnte, bis er mich gefunden hatte.

Ein Jahr später fuhren zwei Freunde in den Norden, die das „Wagnis" Polarkreis gleichermaßen faszinierte. Frosty war das erste deutsche Mitglied des ursprünglich rein amerikanischen Clubs Wheels of Steel, und er war eigentlich immer ein Einzelgänger, aber kein „Gammler", und natürlich war er auch kein „eiskalter" Bursche, wie ich ihn einmal ironisch (wegen seiner Vorliebe zum kühlen Norden) genannt habe. Er war ein außerordentlich warmherziger, sensibler Mensch, und er wußte das immer gut zu verbergen. Wer ihn aber kennenlernen wollte, fand leicht Zugang zu seinem Herzen.

Er besaß nur seine Harley, die mit dem Pferdesattel, und die war immer mit allem beladen, was ein Mensch in der Wildnis so zum Überleben braucht. Und die Wildnis, das war nicht nur der Polarkreis, das war auch seine Bude in München, seine Parties, seine Touren, seine ganze Umwelt. Frosty hatte immer alles dabei. In seinem Club – der sein eigentliches Zuhause war – wurde er der Road Captain.

Wenn er mit seinen Freunden unterwegs war, wußte Frosty ihnen in der unberührten Einsamkeit der Natur alle Schönheiten aufzuzeigen – Orte und Menschen, die man sonst übersieht oder an denen man achtlos vorbeifährt. Um so schwerer fiel es ihm, von sich zu reden – von seiner Zeit in der Fremdenlegion, die er illegal wieder verlassen hatte, von seinem Erfolg im Kampf gegen den Alkohol, von seiner Arbeit als LKW-Fahrer und wie er versuchte, sich immer wieder in diese üble, ausbeuterische, gnadenlose, erbärmliche Gesellschaft, in der er nun mal leben mußte, zu integrieren.

Der Traum war das Indianerleben, irgendwo in unberührter Einsamkeit in Einklang mit der Natur. Oh Frosty, warum bist du nicht so konsequent gewesen? Müßig, darüber zu reden, aber das ist wohl der Punkt, wo uns Frosty alle angeht.

Während wir zwei endlose, quälend lange Tage in einem Motelzimmer im finnischen Rovaniemi saßen und verzweifelt in den strahlendblauen Sonnenhimmel des Polarkreises starrten, lag Frosty allein auf der Intensivstation – in akuter Lebensgefahr, wie uns die Ärzte mitteilten –, angeschlossen an technische Geräte, an Überwachungskabel und Versorgungsschläuche, neon-nüchtern, ohne das Bewußtsein darüber wiedererlangt zu haben, was eigentlich geschehen war.

Immer wieder kamen uns diese Gedanken der allbeschwichtigenden Biker-Klischees: „Live to ride – ride to live", und: „Ride free – die hard."

Als um Mitternacht des 7. August das Telefon klingelte, wußte ich es schon vorher: Frosty ist tot. Leider starb er nicht so, wie Biker sterben wollen: in seinen Stiefeln, „on the road", dort, wo er am liebsten war.

O. Z.

True Biker

OLD PISTONS TREVISO

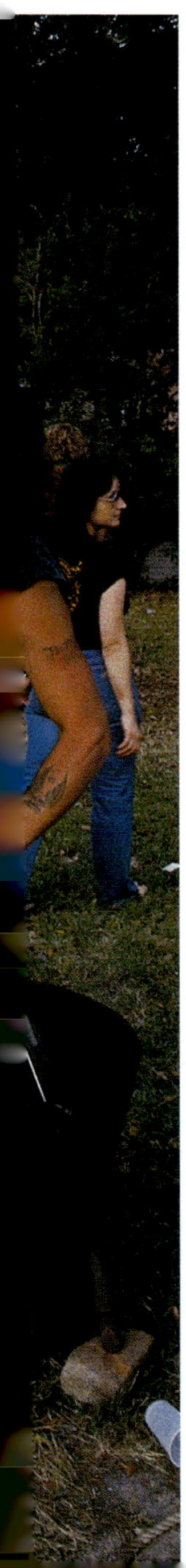

GREG

HOBOKEN
M.C.

Frauen im Sattel

Namen, Daten, Fakten

Ein modisches Outfit war für emanzipierte Harley-Fahrerinnen von Anfang an eine Selbstverständlichkeit, auch wenn es nicht gerade praktisch oder sexy war.

Das Foto wurde freundlicherweise von der Milwaukee County Historical Society zur Verfügung gestellt.

Clara Wagner, die als junges Mädchen schon Werbung für die Motorräder ihres Vaters machte, wurde im zarten Alter von 17 Jahren Mitglied der amerikanischen Motorsport-Organisation FAM. Ihr bravouröser Sieg bei einem 365-Meilen-Endurance-Rennen von Chicago nach Indianapolis wurde jedoch kurzerhand als „unofficial" erklärt und die ihr zustehende Siegestrophäe im Oktober 1910 verweigert. Die Schmach der gesamten geschlagenen männlichen Teilnehmer wäre wohl zu groß gewesen. Die Geschwister Adeline und Augusta van Buren (Verwandte des früheren US-Präsidenten Martin van Buren) starteten am Independence Day 1916 in New York zu einer Überlandtour, an deren Ende Kalifornien und Mexico standen. Unterwegs erklommen sie mit ihren beiden Indians die extrem schwere Bergstrecke zur Spitze des 4.300 m hohen Pikes Peak und wurden wegen ihrer „maskulinen Uniformen" mehrmals von der Polizei verhaftet und eingesperrt.

Ein Jahr zuvor (1915) durchquerte ein Mutter-Tochter-Duo die Vereinigten Staaten auf einem Harley-Gespann von New York nach San Francisco: Avis Hotchkiss und ihre Tochter Effie, die sich in jungen Jahren eine Harley gekauft hatte und für die große Reise einen Seitenwagen dranschraubte, um ihre Mutter mitnehmen zu können.

Wann immer sich mutige Damen auf Motorräder schwangen – in den ersten Ausgaben des *Enthusiast* wurden sie stets gebührend erwähnt. Daraufhin meldeten sich immer mehr Harley-Fahrerinnen zu Wort und berichteten begeistert über ihre Liebe zum Motorradfahren als die aufregendste Erfahrung in ihrem Leben. Während sich die AMA noch recht zurückhielt, wurden weibliche Motorradfahrer bei Harley mit offenen Armen willkommen geheißen. Eine von ihnen, ein junges Mädchen namens Vivian Bales, schrieb so hinreißende Briefe an Harley, daß sie von der Company gesponsert wurde und als erstes „Enthusiast Girl" in der November-ausgabe 1929 auf dem Titel der Firmenzeitung erschien. Der *Enthusiast* der 20er und 30er Jahre war gespickt mit Bildern von Harley-fahrenden Frauen und Mädchen.

Wie in anderen technischen Lebensbereichen gab es auch in der normalerweise als „maskulin" geltenden Motorradszene herausragende weibliche Persönlichkeiten. Was Amelia Erhart etwa für die Fliegerei bedeutete, war Dot Robinson für die Welt des Motorradfahrens – speziell für die von Harley-Davidson: Sie wurde praktisch auf dem Motorrad geboren und war als Tochter des Seitenwagenfabrikanten Jim Goulding, der in Saginaw, Michigan, eine Harley-Dealership hatte, in der die junge rothaarige Dorothy mitarbeitete, seit jeher im Motorradgeschäft zu Hause. Ihre besondere Spezialität waren Enduro- und schwere Gelände-Wettbe-

© Harley-Davidson

Berühmte Frauen aus der Harley-Szene: Miss Ethel Bruce aus Wooster, Ohio, mit ihrer Mutter im Seitenwagengespann, mit dem sie einen rauhen Endurance-Wettbewerb bestritten.

© Harley-Davidson

werbe, die sie in der Seitenwagenklasse meist gewann. Dorothy war zu klein, um im schwierigen Gelände sicher den Boden zu erreichen, und fuhr deshalb ein Gespann, das noch dazu in provozierendem Rosa lackiert war. Gegen den Widerstand des AMA-Sekretärs E. C. Smith setzte sich Dot mit unglaublichem Engagement durch. Ihre Tochter Betty – ebenfalls von klein auf zum Harley-fahren animiert – war bald ebenso bekannt wie ihre famose Mutter. Dot setzte sich rigoros für „damengerechtes" Motorradfahren ein – ihr Lippenstifthalter an der Harley wurde ein Symbol dafür. Sie gründete zusammen mit Linda Dugeau Ende der 30er Jahre die Motor Maids und wurde 1940 deren erste Präsidentin, ein Amt, dem sie 25 Jahre lang treu blieb. Noch im Alter von 79 Jahren fuhr sie 1991 unverdrossen auf ihrem pinkfarbenen Full Dresser zu allen großen Events, stets als die große alte Dame, als „First Lady of Motorcycling", gefeiert. Insgesamt hat sie über anderthalb Millionen Meilen auf 35 Harleys zurückgelegt.

Eine weitere ungewöhnliche Persönlichkeit war Bessie B. Stringfield. Mit 16 Jahren hat sie sich eine Indian Scout, Baujahr 1928, besorgt und frönte ihrem geliebten Sport mit Stunt-Shows und Steilwandfahren, wo immer sich die Gelegenheit dazu bot. 1930 erstand sie ihre erste Harley und startete sofort eine große Überlandtour – allein, sechs Monate lang. Bessie Stringfield überwand alle nur denkbaren Hindernisse, die sich ihr in den Weg stellten – sie war klein und eine Farbige – mit ungeheurem Mut und einer überwältigenden Unabhängigkeit. Sie durchlitt alle Höhen und Tiefen eines Biker-Lebens unter rassistischen Verhältnissen. Erst im fortgeschrittenen Alter erhielt sie höchste Anerkennung und wurde mit Ehrungen überhäuft – auch wenn immer noch Leute über eine Harley-fahrende Black Lady die Nase rümpften. Das Buch über sie ist leider noch nicht geschrieben, es würde wahrscheinlich die aufregendste und aufsehenerregendste Chronik eines Motorradfahrerinnen-Lebens werden.

Nach ihrer Amerika-Durchquerung tauft Miss Effie Hotchkins am Pazifischen Ozean ihr erfolgreiches Gespann mit mitgebrachtem Atlantik-Wasser. Im Beiwagen ihre Mutter, im Hintergrund Cliff House und Seal Rocks (oben).

Dot und Earl Robinson (links im Bild) anläßlich einer Harley-Dealer-Tagung in Milwaukee 1952 mit einem Panhead-Motormodell (links oben).

Zwei unbekannte Damen, die in Milwaukee vor dem Fabrikgebäude der Company auf einer neuen Maschine der 20er Jahre posieren.

© Harley-Davidson

Der Silent Grey Fellow war offensichtlich ein Liebling der Damen, die Abdeckung des Hinterrades zum Schutz der langen Röcke zeigt, daß die Lady ihr Gerät tatsächlich fuhr (rechts).

Auch in Deutschland zeigten sich Frauen gerne auf Harley-Maschinen, wie hier bei Suck in Hamburg (oben und Mitte); die Damen des Orange County Club von Santa Ana in Kalifornien haben dagegen keine Wetterprobleme und bervorzugen leichtere Bekleidung (rechts unten).

Das Foto wurde freundlicherweise von der Milwaukee County Historical Society zur Verfügung gestellt.

Harley Women

Neues aus den USA

Wußten Sie schon, daß ...

- ... 20% aller Mitglieder der Harley Owners Group Frauen sind? (Gegenüber 8% der restlichen Motorradfahrer)
- ... sich seit 1987 die Zahl der Frauen, die eine Harley kaufen, verdoppelt hat?
- ... jedes vierte 883er Sportster-Modell Hugger von einer Frau gekauft wird?
- ... die Ladies of Harley innerhalb der H.O.G. weltweit mehr als 30.000 Mitglieder zählen?
- ... 50% aller motorradfahrenden Frauen in den USA ein Modell über 750 ccm fahren und knapp die Hälfte ihrer Zeit als Solofahrerin verbringen (AMA)?

Frau fährt Harley – und das schon von Anfang an. Die frühen Motorradmagazine und vor allem der *Enthusiast* sind voller Bilder motorradfahrender Damen. Die Berichte zeugen von abenteuerlichen Unternehmungen, bei denen die meist jungen und emanzipierten Frauen mit den Tücken der Technik, der Unbill des Wetters, dem schlimmen Zustand der noch unbefestigten Straßen und der verständnislosen Intoleranz mancher Männer zu kämpfen hatten. In wallenden Kleidern, sittlich verhüllt, entsprachen sie nicht dem üblichen Motorradfahrer-Image (rauhbeinige, rohe und schmutzige Gesellen) und schon gar nicht dem damaligen Idealbild einer treusorgenden Hausfrau (züchtig, liebevoll und untertänigst). Dennoch fuhren sie und hatten Riesenspaß dabei, übrigens nicht nur in Amerika. Weltweit gehörten Frauen zu den Pionieren des Motorradzeitalters. In den 20er Jahren kam die flotte Lederbekleidung auch weiblichen Sattelamazonen gelegen, denn die „sexuelle Befreiung" befand sich bereits auf dem Vormarsch – die moralische Entrüstung allerdings auch. Aber Amerika war ein freies Land mit freien Menschen, und dazu zählten (mit einigen Einschränkungen, versteht sich) auch die Frauen, denen die Teilnahme an den sportlichen Wettkämpfen der AMA grundsätzlich verweigert wurde, bis Dot Robinson in den 30er Jahren damit gründlich aufräumte. Trotzdem blieben weibliche AMA-Rennlizenzen die Ausnahme. Erst kurz vor dem Zweiten Weltkrieg gelang es den Motor Maids, Motorradfahrerinnen in die „Great American Society" voll zu integrieren und entsprechend gesellschaftsfähig zu machen. Heute, Ende der 90er Jahre, sind Frauen im Motorradsattel – zumindest in einigen Ländern der Welt – eine Selbstverständlichkeit, wenngleich ihnen immer noch abgesprochen wird, mit einem so schweren Brocken wie einer Harley umgehen zu können. Als ob das etwas mit Kraft zu tun hätte! Wenn eine Frau vom Soziussitz nach vorne rutscht, um den Lenker in die eigenen Hände zu nehmen, geschieht eine grundlegende Verwandlung: Sie entwickelt sich vom „buddy" (Kumpel) zum motorradfahrenden Individuum – mit anderen Worten: Nicht eine „Frau" fährt Motorrad, sondern ein Mensch! Der Unterschied zum Mann wird dabei völlig unwichtig, auch wenn das immer noch halb spöttisch, halb anerkennend in Frage gestellt wird. Das brachte die gern als „maskulin" verstandene Harley-Szene mit ihrem zur Schau gestellten „Macho"-Biker-Lifestyle manchmal in eine arge emotionale Zwickmühle, zumal weibliche Sexualattribute in Medien und Werbung stets mit augenzwinkernder Anzüglichkeit vermarktet werden. Für die Company war das allerdings weniger ein Problem, denn sie hatte von jeher dem weiblichen Moment größte Aufmerksamkeit und Achtung gezollt und die Frauen als wichtige Zielgruppe erkannt. „Gender correctness" war selbstverständlich, und heute haben Frauen (Harley-fahrende, natürlich) ihren Sonderstatus als ungläubig bestaunte Wundertiere verloren und sind in allen Positionen, bis hinauf zum Vizepräsidenten, gleichberechtigt.

Die chauvinistische Macho-Attitüde, die von Harley verständlicherweise strikt abgelehnt wird, beschränkt sich eigentlich mehr auf die Hardcore-Biker-Szene, die ihre eigenen Verhaltensregeln entwickelt hat.

Es würde zu weit führen, wollte ich auch nur einem kleinen Teil der vielen tausend herausragenden Harley-Fahrerinnen in aller Welt gerecht werden. So möge man mir verzeihen, wenn ich es stellvertretend bei einigen belasse, die mir gerade einfallen oder denen ich irgendwann einmal über den Weg gelaufen bin. Ein paar Erinnerungsfotos waren oft die einzigen Andenken an solche Begegnungen. Am besten ist es, die vielen Harley-fahrenden Frauen und Mädchen selbst „vor Ort" kennenzulernen – sie sind überall anzutreffen, wo es Harleys gibt!

Bärbels Pfanne

Zeremonielles Biken ist nicht nur harte Männersache

Steht da im Regen und ist abgesoffen. Es riecht verdammt gut nach bleihaltigem Treibstoff. Süffig sozusagen. Ein supercooler Chopper vom Stammbaum der Hydra Glides, stark modifiziert jedoch. Panhead-Power satt, ein Oldie-Monsterbike, mucho-macho-brutalo. Und oben drauf? Ein kleines Girl – „grins, grins"! Zur Zeit noch vorrangig: Startschwierigkeiten (Scheißvergaser!). Die Kleine trampelt sich die Lunge aus der Brust, keuch – runter mit den Klamotten. „Kannste mal meinen Helm halten?" (Helm runter.) Aber es sieht gut aus – Zuschauer fehlen nie (und gute Ratschläge auch nicht). Dann endlich: Ha! Es hat gehustet! Spotz-Knall. Denkste. Pause. Erst mal fachsimpeln. Bärbel heißt die Kleine. Versteht was von Choppern. Macht auch alles selber. Dann die Zeremonie noch mal: Zündung aus – 4 bis 5 mal leer durchtappen, linkes Bein hinten abstützen – Knie auf den harten Sitz, rechtes Bein in Kickstartposition ansetzen, OT suchen, Zündung ein, tief Luft holen, hochspringen und ... wieder nix. Heftiger Beifall von allen Seiten. Aber Bärbel ist erprobte Kampf-Starterin. Beim fünften Kraftakt klappt's – der Vergaser überlegt sich's noch – ein paar bockige Rückschlagfürze, na endlich rüttelt sich der Höllenofen warm – Choke reingefummelt – und BRÜÜLLL! Nicht Harley-fahrende Beisteher treten ehrfurchtsvoll zurück. Endlich im Sattel – besser ohne Federung, tief im Rahmen, Vibrations pur. Kupplungsgerangel ganz links vorne: ohne Biker-Boots hoffnungslos. Suicide-Clutch – das Selbstmordgestänge: per Knüppel links hinten, mal kräftig runtergelangt – Klack, knirsch – Gang ist drin. Das muß man können. Zwei dicke Walzen rollen los. Wide-Glide-Gabel und dahinter drei Zentner kühlgerippte Brachialgewalt pur. Da fetzt der Dreck gewaltig um die Ohren. So hämmert sich der Traktor seinen Weg durchs Land. Blonde Haare fliegen im Wind (Blöder Helm!) – wer faselt da noch von Emanzi-was-doch-gleich? Wer so 'nen Pfannenkopf fährt, darf sich unwidersprochen Brother nennen, auch wenn ...

Nur über Auspuffrohre müssen wir noch mal reden, Bärbel – gelle? O. Z.

Ganz schön groß, der Verein: die Ladies of Harley (LOH) in Deutschland.

Die Motor Maids

Botschafterinnen für Gleichberechtigung, Toleranz und attraktives Motorradfahren

Mitbegründerin und langjährige Präsidentin der Motor Maids: Dot Robinson.

In den 30er Jahren sank – aus welchen Gründen auch immer – das Image der Motorradfahrer kontinuierlich. In der etablierten amerikanischen Gesellschaft hatten sie ohnehin keinen guten Leumund. Bestenfalls wurden sie als rauhe Gesellen, schmuddelige, ölverschmierte Rohlinge mit ordinären Ausdrucksformen angesehen – kurzum Rowdies, die man auch gerne als „der letzte Abschaum" bezeichnete. Es war natürlich eines jener beliebten Klischees, die so nicht stimmten, sich aber immer weiter ausbreiteten – zum Kummer der seriösen Fahrer und natürlich der an Seriosität besonders interessierten AMA, die sich als Vertreter aller „ordentlichen" Motorradfahrer betrachtete. Waren es doch vor allem ihre (an sich fairen) Sportveranstaltungen, die dieses schlechte Image in der Öffentlichkeit förderten.

Wilde Macho-Kerle – na schön, aber was war mit den motorradfahrenden Frauen? Es gab sie ja zur Genüge, und sie beanspruchten in der rauhen Motorradwelt der Männer eine Art Ritterlichkeit, mit der man sonst recht sparsam umging. Doch die Sitten verrohten zusehends, und so war die AMA mit ihrem stets auf gutes Image bedachten Generalsekretär E. C. Smith hocherfreut, als sich eines Tages eine gewisse Linda Dugeau bei ihm meldete ...

Linda Allen Dugeau, Privatsekretärin und Mutter von vier Kindern aus Providence, Rhode Island, war eine begeisterte Motorradfahrerin. Seit 1931 besaß sie eine alte 45er Flathead, die ihr Mann für 12 Dollar in Teilen zerlegt gekauft und dann zusammengebaut hatte. Linda war besorgt über das immer schlechter werdende Ansehen der Motorradfahrer, und irgendwann hatte sie die zündende Idee, daß vor allem Frauen etwas dran ändern könnten – Frauen wie sie. Im Sommer 1938 startete sie eine bemerkenswerte Briefkampagne und schickte an Händler, Bekannte und Organisationen jenes berühmte Rundschreiben, das gewissermaßen die Geburtsurkunde eines der erstaunlichsten Motorrad-Clubs der Welt wurde – der Motor Maids of America – kurz „Motor Maids" genannt. Sein Wortlaut sollte nicht vorenthalten werden: „I am convinced that one way to help the sport of motorcycling remove the silly prejudice which so many hold against it, because of the actions of certain thoughtless members of our fraternity, is to persuade more and more girls to own and ride machines. No one condemns a girl because she flies an airplane and pretty soon I hope that no one will believe that because a girl rides a motorcycle, she must necessarily be tough, immoral and, in general, not fit for decent people's society."*

© Harley-Davidson

Gruppenbild der Motor Maids anläßlich ihres Treffens in Washington D.C. im Mai 1954.

Linda Allen Dugeau gründete 1940 die Motor Maids (rechts).

Der Brief schloß mit einer persönlichen Biographie und der Bitte an alle Interessierten, mit Bild und kurzem Lebenslauf zurückzuschreiben. Es meldeten sich 51 Frauen, und 1940 gründete Linda mit ihnen die Motor Maids of America. Zuvor hatte sie allerdings noch die wohl bekannteste, respektierteste und berühmteste Motorradfahrerin ihrer Zeit aufgesucht, die sich längst als Botschafterin motorradfahrender Frauen einen Namen gemacht hatte: Dorothy „Dot" Robinson aus Detroit, Michigan. Dot war ebenso begeistert von dieser Idee wie Linda selbst, und natürlich wurde sie Präsidentin der Motor Maids, ein Amt, das sie 25 Jahre lang innehaben sollte. Die AMA gab ihre volle Unterstützung, und 1941 wurden die Motor Maids der AMA-Charter-Club Nummer 509.

Im ersten Vorstand befanden sich einige wohlbekannte „Ladyriders": Lou Rigsby aus Chattanooga, Tennessee, wurde Vizepräsidentin, Helen Kiss aus Pottstown, Pennsylvania, Schatzmeisterin, Hazel Duckworth aus Valley Falls, Rhode Island, deren Sekretärin. Linda wurde Generalsekretärin. Daneben gab es noch vier wichtige Ämter: Public-Relation-Chefin (Publicity Director), Schriftführerin (Advisory Editor), technische Managerin (Supply Officer) und die Historikerin und Chronistin (Historian). Das in ihren Clubregeln festgelegte Ziel war, alle motorradfahrenden Frauen zu vereinen, den Motorsport ganz allgemein zu unterstützen und darüber hinaus durch ihre Präsenz das Image aller Motorradfahrer zu verbessern. Vor allem aber war Bedingung, daß jede Motor Maid ihr eigenes Motorrad hatte und grundsätzlich damit fuhr, wohin auch immer. Dementsprechend schick und auffallend war das Outfit der Motor Maids: Ihre bis heute beibehaltene Uniform besteht aus dunkelblauen Hemden, grauen Hosen, weißen Handschuhen und weißen Stiefeletten – eine Ausstattung, die sich sichtlich von der bisherigen Motorradfahrer-Kleidung unterschied. Die meisten Motor Maids fuhren zudem schwere Motorräder, vorwiegend Harleys, und wollten damit beweisen, daß auch (zarte) Frauen dicke Dresser – die oft mehr als fünfmal soviel wogen wie die Fahrerinnen selbst – und lange Strecken über Land fahren konnten, ohne dabei dreckige Fingernägel und verölte Klamotten zu bekommen.

Als die Motor Maids 1941 beim Newsies Race paradierten, bekamen sie den Spitznamen „Ladies of the White Gloves", auf den sie sehr stolz waren. Berühmt wurden auch einige ihrer in zartem Creme-Rosa provozierend lackierten Fahrzeuge, wie die Indian von

Helen Kiss, und bald avancierte der Begriff „Pink Lady" zu einem bekannten Synonym für einen weiblichen Motorrad-Club.

Seit 1944 halten die Motor Maids ihre nationalen Conventions in 25 US-Bundesstaaten und im Nachbarland Kanada ab. Beim 1944er-Treffen kamen gerade noch 14 Mitglieder zusammen – vor allem aufgrund der staatlich verfügten Benzinrationierung und weil einige Motor Maids in der U.S. Army dienten, wie etwa Nellie Jo Gill, Marion Trow und Arlene Sonnefeldt.

Nach dem Krieg reorganisierten Vera Griffin und ihre Freundin Ruth Fordyce mit tatkräftiger Hilfe von Dot Robinson den Damenclub. Er hatte nun über 500 Mitglieder, und beim National Convention in Nashville, Indiana, waren bereits wieder 43 Maids mit dabei. Inzwischen war auch das State-Director-System installiert, und die Aktivitäten nahmen zu: Club-Treffen, Teilnahme an Gipsy Tours, AMA-Sportveranstaltungen, Paraden und Rallies. Besonders beliebt waren die Road Runs, bei denen die Zeiten an verschiedenen Checkpoints gestoppt wurden.

Wer zweimal an National Conventions teilgenommen hatte, konnte Life Member werden. Die 25jährige Mitgliedschaft nannte man Silver Life Membership, und wer an zehn Conventions teilgenommen hatte und 50 Jahre lang aktives Mitglied war, bekam die höchste Auszeichnung: die Golden Life Membership, von denen es mittlerweile eine ganze Menge gibt!

Dot Robinson trat 1965 hochgeehrt als Präsidentin der Motor Maids in den „Ruhestand", der für sie jedoch immer neue Aufgaben brachte. Sie versäumte kaum eine große Veranstaltung. Ihre Nachfolgerin wurde Dorine Hamilton aus Wichita, Kansas, dritte Präsidentin wurde Mary Cutright aus Chillicothe, Ohio. Danach folgten Kathleen Anderson und Jeanne Deak aus Chardon, Ohio. Jane Barrett aus Englewood, Florida, ist nunmehr die sechste Präsidentin.

1966 wurde der nationale Konvent zum erstenmal in Sturgis, South Dakota, anläßlich der Sturgis Bike Week als Black Hills Motor Classic abgehalten, damals von Kathy Anderson und ihrer Tochter Pat Crosby organisiert. 89 Mitglieder trafen sich dort. Und seit dem 50jährigen Jubiläum der Black Hills Motor Classic kommen die Motor Maids zu einem ungezwungenen, alljährlichen Frühstück bei Mama Hoel, der Witwe des Gründers dieser Rally, zusammen.

Natürlich sind die Motor Maids inzwischen so etwas wie ein „Alter-Damen-Club" geworden, doch es gibt auch eine ganze Reihe Jüngere darunter, die die recht strengen, alten Traditionen weiterführen wollen. Die Motor Maids of America, Incorporated, haben heute (1997) 420 Mitglieder in den USA und Kanada sowie je eine Vertreterin in Australien und Israel.

Zu ihrem 50 jährigen Jubiläum posierten die Motor Maids vor dem AMA-Hauptquarier in Ohio (Bild oben) und paradierten auf fast allen größeren Events, wie hier auf der Sturgis Bike Week im International Speedway Stadium.

Rennfahrerinnen

Die Dragster-Pilotinnen Annemarie Datzer aus Deutschland (oben) und die fünfzehnjährige Joyce Holley (unten).

Manche sagen, man müßte sie suchen wie Stecknadeln im Heuhaufen. Ihre Mimikry ist perfekt, und oft kann man sie nur erkennen, wenn sie den Helm abnehmen. Ein Kompliment – denn fahren können sie auch: Frauen im Motorradsport. Motorradrennen sind – oberflächlich betrachtet – reiner Männersport, speziell was die Schwergewichte (also Harleys) angeht. Motorradrennen sind Kraftsport – so extrem sah es jedenfalls die AMA, die jahrzehntelang das zarte Geschlecht vor unziemlicher Kraftanstrengung bewahren wollte –, und Lizenzen gab es nur für echte Kerle.

Erstaunlicherweise sind Frauen im modernen Motorradsport auch auf den kubikstarken Harleys keine Ausnahmeerscheinung. Vor allem in den frühen Jahren des Zweirad-Rennsports gab es viele Frauen und Mädchen, die auf ihren bockigen und schwer zu beherrschenden Geräten große sportliche Leistungen erbrachten – meist bei Enduro- und Langstreckenfahrten, Track- und Bergrennen sowie strapaziösen Geländeprüfungen.

Zugegeben, einige Rennsportarten setzen enorme Körperkräfte und auch erhöhte Risikobereitschaft (früher sagte man noch Mut dazu) voraus. Straßen- und Dirt-Track-Rennen gehören dazu, aber auch Speedway, Hillclimb und American TT – eine Härtetest-Kombination, aus der alle erfolgreichen US-Champions hervorgingen. Auch hier gibt es einige Frauen, die ganz vorne mitmischen. Zu den bekanntesten gehören zum Beispiel Diane Cox und Tammy Kirk, die „Racing Lady" aus Dalton, Ohio. In den 80er Jahren fuhr sie nationale Dirt-Track-Rennen der AMA Camel Pro Series auf ihrem XR 750 Racer und Dirt Tracker und wurde Mitglied im exklusiven 100-Miles-Club. Tammy fährt vielen Männern davon und duelliert sich oft mit Jay Springsteen. 1984 erhielt sie das National Plate Number 57. Lynn Wilson wurde Mitglied des Harley-Davidson Enduro-Teams. Nancy Delgado fährt seit 1987 verschiedene Marken im Straßenrennsport, 1991/92 auch eine Sportster 883er. Selbst ein schwerer Unfall, bei dem ein anderer Fahrer in sie hineinfuhr, konnte sie nicht von weiteren Rennen abhalten.

Aber speziell in einer Sportart sind besonders viele Frauen zu finden: bei den Harley-Dragstern. Die feuerspuckenden, brüllenden V-Twin PS-Monster zu beherrschen, erfordert weniger Muskelkraft als vielmehr Gefühl und schnelles Reaktionsvermögen. Und da Dragster-Rennen vor allem eine „family affair" sind, kommt es vor, daß viele der Pilotinnen „Töchter ihrer Väter" sind, Ehefrauen oder Freundinnen von Motorradtechnikern, Harley-Mechanikern und Szene-Freaks. Längst sind sie anerkannt und gleichberechtigt, und so wie die Männer ihre „King of the Hill"-Trophäe haben, fahren die Damen ihre „Queen of the Hill" aus.

Mit zu den ersten Harley-Dragster-Fahrerinnen gehörte in den 70er Jahren Bonnie Truett, die einige spektakuläre Starts hinlegte. Cathy „Cat Lou" West war die erste Frau bei den AMRA-Drags auf einer gewaltigen Top-Gas-Harley. Mary Baisley aus Portland, Oregon, fuhr schon Anfang der 70er Jahre bei den AHRA-Nationals auf einer High-Performance Sportster mit, die von ihrem Mann gebaut wurde. Debbie Bearup, Mutter von zwei Kindern, fuhr Mitte der 80er Jahre bei IDBA-, AMRA- und Dragbike-Rennen im rosa Rennleder auf einer Low Rider Dragster in der Pro-Street-Klasse mit. Sie fuhr übrigens schon mit 13 Jahren eine Harley. Linda Jackson aus Columbia, Missouri, wurde vom Magazin *Harley Women* 1991 zur „Queen of the Hill" gekürt. Seit 1988 fuhr sie auf einer 74 Kubikinch Sportster in der Super-Stock XL-Klasse und hatte durch einen Rahmenbruch 1992 einen schlimmen Unfall bei fast 190 km/h. Sie ist stolze Trägerin des Number One Plate in ihrer Klasse. Kristine Becker war die erste Frau, die eine Nitro-Klasse (Top-Fuel) gewann. Auch Pam Cummings, eine Polizei-Inspektorin aus Waukeegan, Illinois, jagte ein solches Nitro-Monster über den Dragstrip – sie war die erste Frau auf einem Top-Fueler. Ihr Ex-Mann war Mechaniker, und ihr Team hatte den passenden Namen „Hellraisers". 1993 ist ihr während eines Rennens der Motor explodiert, ein Kolben schoß 20 m hoch in die Luft, und Pam wurde über und über mit Öl und Nitro getränkt. Zum Glück brach sie sich „nur" ein paar Rippen. Die wohl bekannteste Top-Fuel-Pilotin ist sicher Doris Wiggins, eine lustige rothaarige Friseurin aus Clayton, North Carolina. „Baby Doris" war zuerst Asphalt-Track-Racer, bevor sie 1986 bei HDRA-Rennen auf einer modifizierten Big-Twin startete. 1992 wurde sie auf ihrem 113 Kubikinch/300 PS Nitro-Super-Pro-Fueler mit 172 mph bei 7,9 Sekunden die schnellste Frau ihrer Klasse. Nach einem schweren Unfall war sie fünf Tage ohne Bewußtsein, danach ging es wieder voll zur Sache.

Nicht weniger bekannt ist Lori Volmert-Francis aus St. Louis, Missouri, auch „Lady Thunder" genannt. Sie kommt aus der Moto-Cross-Szene und fuhr schon als Kind Flat-Track-Rennen mit Dirt Bikes. Mit 23 Jahren begann sie zuerst in der Pro-Stock-Klasse auf einer aufgemotzten Sporty und setzte 1995 den Rekord von 158,4 mph als zweitschnellste Frau der USA. Sharon Garrison aus Alabama fuhr mit ihrer Sportster acht Nationale Rekorde in der Super Modified XL-Klasse heraus und ist ebenfalls Inhaber des Number One Plate in dieser Klasse.

Auch in Europa sieht man immer mehr Frauen im Sattel der Beschleunigungsboliden, vor allem in den beliebten Street- und Pro-Street-Klassen sowie bei der „run what you brung"-Klasse, die oft auch als Public Races bezeichnet wird. Hat das Rennfieber die schnellen Damen erst einmal gepackt, steigen sie auch schon mal in die Pro-Klassen um – wie Gabi Weigand aus Eichendorf etwa, die auf ihrer Sportster in der Street-Klasse eine Geschwindigkeit von 132,35 km/h auf der Achtelmeile erreichte. Recht bekannt ist auch Annemarie Datzer aus Vilsbiburg, die ab 1995 in der Szene mitmischte. Auf ihrer 1450 ccm/90 PS Street-Harley erreichte sie zuerst Platz 10 und wurde zuletzt Zweite. Gerlind „Linda" Osthues aus Berlin ist ebenfalls eine professionelle Dragster-Fahrerin, die sogar die Drag Racing School von Frank Hawley in den USA absolvierte. Nachdem sie 1986 mit 30 Jahren mit dem Enduro-Sport anfing, startete sie 1992 mit einer schnelleren 883er Sportster in der Modified-Klasse, später in der Top-Gas-Klasse und erreichte immer wieder Bestplazierungen. Linda gilt als die schnellste Frau Europas.

Daß auch der Nachwuchs seine Chancen wahrnimmt, beweisen zwei erstaunliche Mädchen – Töchter von erfolgreichen Dragster-Fahrern, Technikern und Harley-Händlern. Joyce Holley saß schon als kleines Kind bei Moto-Cross- und Enduro-Wettbewerben auf Gelände-Harleys, bis ihr Vater „Campi" Anson, ein bekannter Top-Fuel Harley-Dragster-Konstrukteur aus New Orleans, ihr schließlich einen echten Pro-Gas-Dragster als Café-Racer-Replica baute, mit dem die 15jährige bei lokalen IDBA-Events einige wilde Runs über die Viertelmeile absolvierte. Noch extremer legte sich Kersten Hopkins aus Shawano, Wisconsin, ins Zeug: Bereits mit 13 Jahren machte sie ihre ersten Versuche auf Vater „Doc" Hopkin's gewaltigem Top-Fuel Panhead-Dragster, einem 1850 ccm-Monster mit über 300 PS auf der riesigen Hinterradwalze. Mit 15 Jahren wurde sie die jüngste lizenzierte Top-Fuel-Pilotin der Welt in der AHDRA-Königsklasse Pro Dragster.

Die bekannte Rennfahrerin des Robison-Teams, Tammy Kirk (Bild oben), und die fünfzehnjährige Kersten Hopkins auf ihrem Top Fuel Dragster beim Burnout (unten).

Harley Toys

Blechspielzeug-Replika, Frankreich, 90er Jahre

Früh übt sich ...
Harleys für den Nachwuchs

Es knattert, es fiept, es pfeift, es blinkt, und es hat in den meisten Kinderzimmern ein besonderes Lieblingsplätzchen. Gekauft hat es Papi irgendwann, im K-Markt oder im Penny-Store um die Ecke, und ab und zu muß eine Batterie ersetzt werden. Manchmal sitzt ein Plastikpolizist auf ihr und seit neuestem auch – das lange Goldhaar schick über den Lederdress geworfen – die unsterbliche Barbie oder ihre Konkurrentin Steffi Love. Ihr Untersatz: eine etwa dreißig Zentimeter hohe Electra Glide im feinsten Plastikdesign. Was sagt wohl Ken dazu?

Das ultimative Harley-Spielzeug gibt es vom Matchbox-Size bis zum Kinderfahrrad mit eingebautem Motorgeräusch. Die ersten gußeisernen Spielzeug-Harleys wurden 1928 von Hubley Mfg. Co., einer Spielzeugfabrik in Lancaster, Pennsylvania, hergestellt, die später vom CBS-Konzern übernommen wurde. Die Miniaturmodelle waren robust und konnten imposant auf dem Fußboden hin- und herflitzen. Neben unzähligen Motorrad-Modellen und -Miniaturen in allen Sorten und Größen gibt es die obligaten Schaukelpferd-Harleys, elektrische Modellrennbahnen, Brett- und Kartenspiele – auch ein Harley-Monopoly ist dabei – und natürlich unendlich viele Kuscheltiere. Viele Kaufhäuser halten für die Kleinen elektrische Aufsitzmodelle bereit, und in den Spielhallen, den „amusement game halls", warten elektronische Harley-Fahrsimulatoren auf die kleinen Rennfahrer. Und auf dem Rummelplatz geht's auf der Karussell-Harley mit Getöse immer im Kreis herum. Wer fühlt sich da nicht wie Betty Boop, die sich nach fast siebzigjährigem Cartoon-Leben mit ihrer Harley zum Mini-Kiddy-Vamp-Symbol entwickelt hat.

Wenn dann aus Kindern schließlich Erwachsene geworden sind, wird das wahre Spielzeug die echte Harley sein.

Champion Hardware Company, 30er Jahre

Dreizylinder, Nomura-TN Auto Cycles, 60er Jahre

Harley-Gespann aus Spritzguß

Polizei-Gespann, Eisenguß, 30er Jahre

Zivilfahrer in Blau, 30er Jahre

Rennfahrer mit Speichenrädern, 30er Jahre

Police mit Stützrädern, Champion Hardware, 30er Jahre

Parcel Post, Hubley, 1928

Harley-Fahrer aus Spritzguß

Hillclimber, Hubley, 30er Jahre

Tourenfahrer mit Stützrädern, Champion Hardware, 30er Jahre

Steffi Love, 90er Jahre

Springender Affe, Blechspielzeug

Police, Auburn Company, 50er Jahre

Kleinmodell, 80er Jahre

Police Servi Car, Nomura (Japan), 60er Jahre

Tourengespann, 30er Jahre

Sexy-Plastikpuppe, 80er Jahre

Harley-Barbie, Mattell, 1998

Biker-Plastikpuppe, 90er Jahre

Statement der Company:
Bei den abgebildeten Spielzeugen handelt es sich nicht in jedem Fall um lizenzierte Harley-Davidson-Produkte.

Betty Boop-Schlüssel-anhänger .

Hölzerne „Schaukel-Harleys“ (Mitte und unten).
Links von oben nach unten:
Kinder-Electra Glide mit Elektromotor, ein Kinderfahrrad, ein Mini-Fahrrad und ein richtiges „Sportster“-Fahrrad.

Familienbande

Harley schafft Zusammenhalt

Ob bei Mami auf dem Sozius oder noch in den Windeln: Harley-Kids sind immer dabei, und kein noch so harter Biker-Vater vernachlässigt ihre Bedürfnisse.

Motorrad-Familien haben vor allem in den USA eine gewisse Tradition. Entstanden sind sie eigentlich in den Roaring Twenties auf dem Land, wo das Motorrad mit Beiwagen das preiswerte Transportmittel war und zugleich einer gesamten Familie zum erstenmal eine gewisse Mobilität, einschließlich Reisen und Abenteuer, bot. Bald übernahm der Ford T diese Rolle, doch ein echter Biker schraubte lieber einen Seitenwagen an seine Harley. Gespanne als Familientransporter waren daher auch bei Harley-Davidson ein wichtiges Produkt, und dementsprechend wurde dafür geworben. Ein Motorradgespann war das „Auto des kleinen Mannes“, und wenn die Familie wuchs, kamen meist noch einige Solomaschinen hinzu.

Echte Motorradfamilien sind eine eingeschworene Gemeinschaft. Im Mittelpunkt des Familienglücks steht vor allem das Motorrad – speziell die getreue Harley – gewissermaßen als ein technisches Haustier mit durchaus pflegebedürftigem Eigenleben. „Families who live together, ride together“ – Familien, die zusammen leben, fahren auch zusammen. Und zwar alle, egal wie alt oder jung sie sind. Die Großeltern werden im Seitenwagen mitgenommen, die Babies kommen schon mal in extra Saddlebags oder werden hinten an die Mutti geschnallt, irgendwie muß es gehen, denn Autofahren ist bei echten Biker-Familien nicht drin.

Aber eine Biker-Familie zu sein, bedeutet noch viel mehr. Als Lebensphilosophie verbindet das Motorrad – hier eben die Harley – Gleichgesinnte untereinander wie ein starkes Band, und man hilft sich gegenseitig, wann und wo immer es nötig ist. So feiert man nicht nur gemeinsam, sondern organisiert auch nachbarschaftliche Hilfe – vom Babysitten bis zur Kinderbetreuung, von Unterstützung in plötzlichen Notsituationen bis zur gemeinsamen Planung größerer Unternehmungen. Biker Communities finden sich in den USA sowohl in ländlichen als auch großstädtischen Gebieten in einer Intensität, die einmalig auf der Welt ist. Oder um das Wortspiel weiterzuführen: „Families who ride together, stick together“ – Familien, die zusammen motorradfahren, halten auch sonst zusammen.

Das Foto wurde freundlicherweise von der Milwaukee County Historical Society zur Verfügung gestellt.

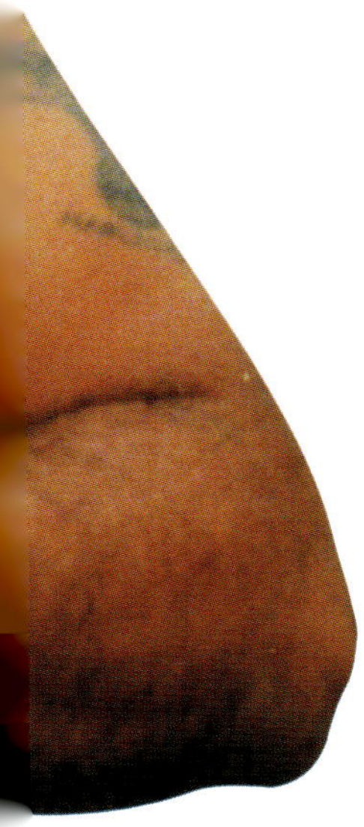

Motorradausflüge waren für kinderreiche Familien kein Problem, dafür gab es die großen Harley-Boote, wenn sie auch manchmal ein wenig überladen waren.

„Rug rats" und ihr liebstes Spielzeug

Kids in der Biker-Welt

Die ersten Schritte und die ersten Ausfahrten – für die Kids gibt es nichts Aufregenderes, als selbst einmal auf dem Motorrad zu sitzen.

Harley-Kinder sind etwas Besonderes! Schon im zarten Windelalter werden sie untrennbar mit dem Mythos aus Milwaukee verkuppelt – im Harley-Bettchen, das einer FLH zum Verwechseln ähnlich sieht, mit Harley-Kissen, Harley-Deckchen und Harley-Schnuller.

Selbstverständlich sind sie bei jeder Ausfahrt mit dabei, ihrem Alter und Temperament entsprechend vorne auf dem Tank (verboten ...), zwischen Mama und Papa plaziert (Sandwich-Methode) oder hintendrauf geschnallt, samt H.O.G.-Plüschi und Mini-Police-Helm – oder, wenn es gar nicht anders geht, im Seitenwagen (Pro-Familia-System).

Inzwischen hat auch die Company die Bedeutung des boomenden Kinderbedarfs erkannt und ein unwiderstehliches Sortiment in ihr Angebot aufgenommen: vom Mini-XXS-T-Shirt mit zwar (für die Kleinen) noch nicht lesbaren, aber ungemein tiefsinnigen Sprüchen bedruckt („My daddy rides a Harley") bis zum todschicken Leder-Outfit, Stiefelchen, Pins und Patches und – zum grenzenlosen Neid aller Schul- und Spielgefährten – Harley-Fahrräder (mit sonorem Sound), Mini-Harleys (mit schaltbarem Elektroantrieb), unübersehbares Plastik-Spielzeug und anderes Milwaukee-Ballaballa – man achte bitte auf das Marken-Logo „TM, Registered" oder „officially licensed", denn nur wo Harley drauf steht, ist noch lange nicht Harley drin – na egal, Hauptsache, Papi bezahlt.

Jedoch – das schönste Spielzeug für die Kleinen ist und bleibt die dicke Harley selbst – nichts ist herrlicher als das satte Brumm-Brumm und auf dem Monster herumzuturnen, es fällt nie um! Meist sind es jedoch die Mädchen, die liebevoll mit ihren PS-starken Reittieren umgehen, während die Jungs mehr ihrer angeborenen Zerstörungswut frönen und Extremtests bevorzugen. Zum Entsetzen aller nicht Harley-fahrenden Großmütter werden die lieben Kleinen vor allem als niedliche Fotomodelle für das Familien-Vorzeige-Album mißbraucht, vornehmlich in (offensichtlich gestellten) Posen, die sie als erfahrene, abgeklärte Piloten und Pilotinnen zeigen.

Fragt man nach, ist für kleine Mädchen eine Harley immer ein wildes Märchenwesen, für kleine Jungs, die grundsätzlich alles besser wissen, jedoch immer ein total veraltetes Modell, das noch dazu unfähig ist, die heutzutage übliche Mindestgeschwindigkeit zu erreichen. Beliebtes Spiel ist das ständige Am-Gasgriff-Drehen mit gleichzeitigem lauten Motorimitationsgeschrei, was Vati gar nicht mag, weil's nun mal ein Einspritzer ist, den der Sohnemann da in gespielter Unschuld betätigt, und so gibt es kräftig was hinter die Ohren, was wiederum den Lernprozeß ungemein beschleunigt. Und wer sich einmal die Finger am heißen Auspuff verbrannt hat, wird nie wieder etwas unüberlegt anfassen.

Tatsächlich habe ich nirgendwo sonst so wohlerzogene und gesittete Kinder gesehen wie bei gestandenen Biker-Familien. Zum liebevollen Ausgleich werden die Kids professionell in die Geheimnisse des Explosionsantriebs eingeweiht, was in ihren Dimensionen einer Weltraumfahrt gleichkommt. Bald wissen sie, welcher Zollschlüssel auf welche Mutter paßt und daß die gesamte Straßenverkehrszulassungsordnung totaler Schwachsinn ist. Wie alle Harley-Fahrer (passive oder aktive) sind sie allen Schräglagen-Schrillies, Zweitakt-Stinkis oder anderem japanischen Zweirad-Pipifax haushoch überlegen, einschließlich solchem Mist wie Fahrschulen oder gar dem Führerschein. Mit Papi total illegal auf abgelegenen Waldstraßen (sagen Sie es bitte den Grünen nicht weiter) herumzutoben, ist nun mal das Größte!

Und so wächst unaufhaltsam eine besondere Brut von „rug rats" (in etwa: Teppich-Ratten, das szenegängige Kleinkinder-Synonym) heran, und aus den Harley-Kids werden letztendlich auch Erwachsene. Erwachsene Harley-Fahrer und -Fahrerinnen, versteht sich ...

Kids Party

Wie die Biker-Kids mit den Motorrädern aufwachsen

„Dumme Frage! Natürlich fahre ich eine Harley, was denn sonst!"

Tessi stürzt weinend in die Küche und schreit mich tränenüberströmt an: „Geh sofort raus und verhau Liza, die blöde Kuh, dafür bist du ja schließlich da!" Ich geh' also nachsehen, was jetzt schon wieder los ist. Draußen fläzt sich Tessis beste Freundin Liza, gerade 10 Jahre alt, auf der neuen Sporty von ihrem Daddy, der sie hergebracht hat. Sie tut so, als wäre sie eine waschechte Harley-Frau, und bricht in Tränen aus, als ich ihr entgegne, daß sie ja noch nicht mal an die Fußrasten kommt.

Später finde ich die beiden fröhlich vereint in Tessis Zimmer, wo sie in einem unbeschreiblichen Chaos aus Kissen, Decken und kaputtem Spielzeug die gesamten Eiscremevorräte des Kühlschranks verputzen: Es ist wieder einmal Kinderparty angesagt, und diesmal trifft es mich mit voller Wucht. Die anderen Kids sind längst schon unterwegs, ich hätte es wissen müssen, nachdem unser Telefon den ganzen Tag ununterbrochen geklingelt hat.

„Ich bin dir ja so dankbar, daß du mir die Ratte für ein paar Tage abnimmst!" Joe, Lizas Daddy, braucht auch mal eine Pause, klar doch. Kurz darauf trifft Bekki ein, das designierte Oberhaupt der „Pink Lady Gang" – ursprünglich eine von Film und Fernsehen gut vermarktete Auto-Girlie-Bande im rundum rosa Outfit, stets auf Männermord und Sex aus, was sie in aller Zudringlichkeit mediengerecht demonstrierte. Doch dank den Idoltraumfrauen Barbie und Betty Boop hat sich unsere kleine Hausgemeinschaft zur beinharten, echten Harley-Gang gewandelt.

Nun ja, man soll die empfindsamen Kinderseelen nicht durch autoritäre Erziehungsmaßnahmen erschrecken. Kommen noch Lucy und die dicke Rosie dazu, bricht die Hölle los. Unverzichtbares Status-Symbol für Frauenpower ist bei der zarten Youngster-Horde natürlich das schwarze Leder, und so plündern sie gnadenlos unsere Garderobe. Auch wenn der Minirock noch weit über dem zerkratzten Knie schlottert, Papas Lederjacke weder die Patschhändchen noch kaum den Wuschelkopf freiläßt und Mamis Stiefel gut vier Nummern zu groß sind, muß es wohl die passende Biker-Mode sein, voll kraß und saustark, wie sie immer sagen. Wo sie das nur herhaben?

Und schon sind sie draußen in der Werkstatt und bringen es irgendwie fertig, meine E-Glide zu starten, obwohl sie keine Ahnung haben, daß man dazu den Choke ziehen muß, und so brennt der Schuppen fast ab vor lauter Fehlzündungen, und es stinkt gewaltig nach Sprit und Abgasen.

„Seid ihr wahnsinnig geworden, ihr wißt doch, daß man den Motor nicht in geschlossenen Räumen anlassen darf!" – Man kann die lieben Kleinen aber auch keine Sekunde allein lassen! Sie husten und schreien durcheinander: „Hau ab, alter Knacker, hier ist absolutes Eintrittsverbot für durchgeknallte Spießertypen – kannst aber schon mal größere Mengen Softeis und Marshmallows anliefern ...", der übliche familiäre Umgangston, eine immer hungrige Rasselbande eben.

Voller Rührung betrachten wir dieses stark ausgeprägte Interesse unseres Nachwuchses an der geliebten Heavy-Metal-Maschinerie, wissen wir doch, daß er einmal die Stütze einer elitären Biker-Gemeinde sein wird. „Ride to live and live to ride", wie es heißt, doch im Augenblick befinden wir uns noch in der unumgänglichen Vorstufe dazu, die man gemeinhin auch als Pubertätskrise bezeichnet.

Der Schuppen ist inzwischen teilweise eingestürzt, na ja, er war sowieso schon ziemlich von Termiten unterwandert, die Harleys haben wir zur allgemeinen Belustigung gerade noch retten können. Ich rufe vorsichtshalber meinen Versicherungsagenten an – wegen größerer Hausreparaturen, die anstehen. Cindy haben wir ambulant behandeln müssen, weil sie sich an Marshmallows, Popcorn und Mixed Pickles überfressen hat, und Mamis schicke Stiefel sind hinüber – beide hochhackigen Absätze abgebrochen, verschwunden, sorry ...

Gegen Mitternacht schläft der ganze Unschuldsverein bei der neuesten Sex & Crime-Serie vor dem Fernseher endlich ein, und wir können zwischen den Ruinen unseres ehemaligen Wohnsitzes in Ruhe unser wohlverdientes Feierabend-Budweiser zischen. Ohne Zweifel, das war wieder eine gelungene Veranstaltung. Morgen beginnt der Wiederaufbau ...

Animals

© Harley-Davidson

Hunde und Katzen fahren liebend gerne Motorrad. Sie haben ein ausgeprägtes Gefühl für Gleichgewicht in den unmöglichsten Positionen und hassen es, wenn ihnen – wie tatsächlich geschehen – vom Tierschutzbund Helm und Brille vorgeschrieben werden sollen.

Harley VIP's I

Elvis Presley (unten links) – Obwohl er eigentlich aufgemotzte Überschlitten auf vier Rädern bevorzugte, hatte King Elvis (geboren am 8. Januar 1935 in Tupelo, Mississippi) auch einige klassische Harleys in seinem umfangreichen Fuhrpark. Vier davon sind auch heute noch im Graceland-Museum bei Memphis, Tennessee, zu sehen: eine 1957er Hydra Glide, ein 1966er Chopper 1200 und zwei Electra Glides, eine davon als Liberty-Edition. 1965 erschien er als relativ unbekannter Neuling 21jährig auf dem Titelblatt des *Enthusiast*, mit Yachtkäppi und dem unwiderstehlichen Grinsen im Gesicht, auf einer 1956er KH Sporty (in Pepper-Rot und Weiß) mit einer freundlichen Vorstellung im Inneren des Heftes. Es war sein drittes Motorrad, das er besaß, und seine erste Harley V-Twin. Er fuhr gern und oft Motorrad, wobei er ein spezielles Outfit zur Schau stellte. Elvis war auch Mitglied der AMA. Bekannt wurden seine zweirädrigen Eskapaden, als er während der Dreharbeiten zum Film „Viva Las Vegas" mit seiner Sportster und der Kollegin Ann-Margret die Feldwege rund um Hollywood unsicher machte. Obwohl auch er dem Mythos Harley-Davidson stets Tribut zollte, gibt es nur wenige Fotos, die ihn auf einer Harley zeigen.

Malcolm Forbes (unten rechts) – Der 1919 geborene, millionenschwere Verleger des amerikanischen Magazins *Forbes* mit Sitz in New York und Dependancen in England, Frankreich, Marokko und Tahiti fuhr manchmal mit seinem Cafe Racer oder seiner Low Rider zu seinem Office in Manhattan. Darüber hinaus trieb sich der Besitzer einer Fidschi-Insel gerne mit Biker-Freunden und seiner Harley-Flotte in der ganzen Welt herum – ein Kreis von Gleichgesinnten, der sich Capitalist-Tools nennt.

Malcolm Stevenson Forbes – Besitzer der größten Zinnsoldaten-Sammlung der Welt, Sammler von Spielbooten und Fabergé-Juwelier-Eiern und zugleich Heißluftballonfahrer mit einigen Rekorden und vielen eigenen Ballons, von denen einer auch wie eine gigantische Heritage Softail aussieht – besaß über 40 verschiedene Motorräder. Zwei waren ständig auf seiner Yacht „Highlander" stationiert.

Neben seinen Goodwill-Ballonabenteuern sind vor allem seine Motorradexkursionen bekannt geworden, eine raffinierte Mischung aus internationalen Biker-Events, Völkerfreundschaft und Verlagsreklame.

In den 80er Jahren war es vor allem seine Rußland-Tour, die ihm als erstem Amerikaner genehmigt wurde. 1988 unternahm er eine türkisch-amerikanische Freundschaftstour mit acht Harleys und einem Ballon durch Anatolien und Istanbul sowie Exkursionen nach Thailand und Ägypten. Weltweit bekannt wurde seine 1983er Motorrad-Abenteuerreise durch die Volksrepublik China, die ihm mit fünf FXR-Harleys im Gepäck als erstem Amerikaner in dieser Form gestattet wurde. Seiner langjährigen Freundin und Sozia Elizabeth Taylor schenkte er eine 883er Sportster, die nach ihrem Parfum „Passion" benannt wurde.

Malcolm Forbes starb am 23. Februar 1990. Der Nachruf eines Szene-Magazins titelte: „Ein Biker ist von uns gegangen."

Reinhold Würth (unten Mitte) – Es gibt kaum einen Harley-Laden auf der Welt, in dem nicht Schrauben und Montageteile, Werkzeug oder Pflegemittel der Firma des internationalen Industriekonzerns Adolf Würth GmbH und Co. KG aus dem Württembergischen Künzelsau zu finden sind.

Die Angebotspalette umfaßt daher auch komplette Werkstattprogramme für Harley-Niederlassungen.

Der Chef der Firma, der deutsche Großindustrielle Reinhold Würth, ist bekannt als Kunstsammler und als sozialer „Vater" seiner Belegschaft – er hat aber auch ein persönliches Faible für den Mythos aus Milwaukee.

So war Reinhold Würth offizieller Sponsor des German 883 Harley-Davidson Cup, und als ihm seine Angestellten zum 60. Geburtstag eine 95er Fat Boy schenkten, wurde auch er begeisterter Selbstfahrer.

Top Guns (oben) – Er ist wohl der exklusivste Harley-Club der Welt, schon weil er die berühmtesten Mitglieder hat – rund 65 Prominente, die sich vorwiegend aus der Harleyselbstfahrer-High-Society rekrutieren: der Ugly MC, traulich vereint unter dem alten Piratenemblem von weißem Totenkopf und Knochenkreuz auf schwarzem Grund.

Bill Elkins hatte 1984 die zündende Idee, den MC anläßlich des ersten Love Ride unter der Regie von Oliver Shokouh zu gründen, der auch dieses hochkarätige Erinnerungsfoto veranlaßte.

Unter den echten Harley-Freaks im Hardcore-Biker-Look sind unter anderem zu sehen: Hoyt Axton, Ben „Nighthorse" Campbell, Willie G. Davidson, Bill Davidson, Marty J. Rosenblum, Peter Fonda, Larry Hagman, Newt Harrell, Tom Perkins, Barry Matkron, Mike Lombardi und Oliver Shokouh.

Harley VIP's II

Mickey Rourke, hier in „Harley-Davidson & the Marlborough Man" (unten Mitte), und Cher, die in dem Film „Mask" die Rolle der Rusty spielte (unten rechts).

Im *Enthusiast* erschienene Bilder des Fotografen Hyman Fink: Harley-Fan Clark Gable mit Kollegen Ward Bond und Regisseur Victor Fleming (ganz oben rechts) und der Komiker und spätere MDA-Häuptling Jerry Lewis (ganz oben links).

Auch politisch ein unzertrennliches Gespann: Der Ex-Präsident Indonesiens Suharto mit seinem Nachfolger Jusuf Habibie im Seitenwagen, aufgenommen am 1. September 1996 (oben links).

Heute fast schon ein offizieller Harley-Moderator: Talkmaster Jay Leno.

Die High-Society der Reichen und Schönen, die neben diversen Luxuskarossen auch gelegentlich höchstpersönlich eine Harley bewegen, ist seltsamerweise trotz allem Medienrummel weit weniger bekannt als die untere Kaste der Harley-Welt – die Biker und Outlaws. Vielleicht liegt es daran, daß ihr facettenreiches Leben glänzendere Dinge zu bieten hat als Lack und Chrom auf zwei dicken Rädern. Für die meisten von ihnen dürfte eine Harley sicher kein Prestigeobjekt des Way of Life sein, sondern eher eine bescheidene Marotte, wobei das Bike allenfalls als Aussteigegerät denn als Vorzeigeobjekt fungiert oder gar den Rückfall in bürgerliche Verhaltensweisen ausdrückt. Sicher wird es hier auch Ausnahmen geben. Harley-fahrende Prominenz findet man vorrangig in der Filmbranche, aber auch Künstler und Sportler sowie königliche und andere Hoheiten, Wirtschaftsbosse und Politiker zeigen sich gerne mit einem Luxusgefährt aus Milwaukee. Für manche Prominente scheint eine Harley ein zusätzliches Statussymbol zu sein, mit dem sie sich öffentlich bereitwillig schmücken, für andere aber ist sie eine echte Love-Affair. Ein Problem dabei ist natürlich, mit wem und wohin man fährt, wenn einen das gaffende Volk fast erdrückt, sobald man den Helm abnimmt, und so ähneln viele öffentliche Ausritte zwangsläufig gut arrangierten Auftritten.

Seltsamerweise hat sich die Company wenig um die imagefördernde Prominenz gekümmert. Es waren meist die Händler, die den werbeträchtigen Effekt von Persönlichkeiten erkannten. Wie David K. Wright in seinem Buch „The Harley-Davidson Motor Company, An Official Eighty-Year History" schreibt, fand die erste derartige Zurschaustellung 1918 in Seattle statt, als der dortige Harley-Dealer Harry Taintor die vollgewichtige Vaudeville-Queen Trixie Friganza stolz im Seitenwagen durch die Stadt chauffierte. Obwohl die aufkommende Filmindustrie mit Vorliebe Motorräder und wilde Stunts auf die Leinwand brachte (Dudley Perkins war oft dabei) und es auch später einen Hollywood-Motorcycle-Club gab, der von Filmregisseur Victor Fleming und dem Händler Rich Budelier gegründet wurde, bemühte sich die Company selbst – aus welchen Gründen auch immer – zunächst nicht allzusehr um die Harley-fahrende Prominenz.

Zu den frühen Stars, die sich bereitwillig auf eine Harley setzten, gehörten zum Beispiel Marlene Dietrich, Clark Gable, Randolph Scott, Ward Bond, John Wayne und Robert Taylor. Der oft im *Enthusiast* abgelichtete Clark Gable war ein echter Harley-Freak und kaufte seine erste UL-Big Twin 1937 bei Rich Budelier. Aus den 20er Jahren kennen wir viele prominente Harley-Fans, wie etwa die Schauspielerin des Orpheum-Theaters Gertrude Hoffmann oder den Stummfilm-Komiker Bill Dooly. Bob Taylor, Barbara Stanwycks Ehemann, besaß eine 74-Kubikinch-Knucklehead, mit der er sich gerne fotografieren ließ.

Der Fotograf Hymann Fink (*Fotoplay* Magazin), der sich auf das Ablichten von Prominenz spezialisiert hatte, schickte alle Bilder, auf denen Harleys zu sehen waren, an den *Enthusiast*, und die Company war nur allzugern bereit, sie dann auch zu veröffentlichen, galten sie doch als Grundlage für den historischen Nachweis einer weltweiten Sympathie für das Firmenprodukt.

Die Boxweltmeister Jack Dempsey, Joe Frazier, Max Schmeling und Mohammed Ali fuhren Harley sowie der Weltmeister im Gewichtheben, Paul Andersen. Der Catcher Hulk Hoogan ließ sich eine Custom-Harley, die „Hulkster", bauen. Professionelle Motorradsportler wie der Stuntmann Evel Knievel, der Harley-Rennfahrer Mert Lawwill

Pamela Anderson (mit dabei auf dem Love Ride II), Musikstar Billy Idol und Diamond Dallas Page, der wie fast alle prominenten Wrestler auch dicke Harleys liebt (v.l.n.r.).

Sex-Symbol Brigitte Bardot auf ihrem alten Seitenventil-Chopper (unten). Bei allen Love Rides mit dabei: Lorenzo Llamas (unten rechts).

Sylvester Stallone (oben) und der Colorado-Senator Ben „Nighthorse" Campbell vor dem Capitol (oben Mitte).

Arnold Schwarzenegger auf seiner Maschine.

(in dem berühmten Film „At Any Sunday"), der Hochgeschwindigkeits-Rekordfahrer Sir Malcolm Campell, Indy-Star Al Unser jun. und Formel-Eins-Pilot Michael Schumacher waren beziehungsweise sind Harley-Fans. Unzählige Spitzensportler wie zum Beispiel der berühmte Basketball-Spieler Kareem Abdul-Jabbar oder die Football-Profis Terry Bradshaw und Earl Campbell – um nur einige zu nennen – sind ebenfalls stolze Harley-Besitzer. Große Luftpioniere bewegten auf der Erde ihre Harleys: Glenn Curtiss (selbst Motorradkonstrukteur), Clarence Chamberlain und Charles Lindbergh.

Die Liste der Show-, Film- und Fernsehstars – vor allem aus der Zeit nach dem Zweiten Weltkrieg – ist endlos. Jede Aufzählung würde den Rahmen dieser Zusammenfassung sprengen, aber einige der besonders bekannten Publikumslieblinge sollen genannt werden: Roy Rogers, der Countrysänger, Film- und TV-Star aus den 50ern, Peter Fonda, der 1969 im Film „Easy Rider" mit seinem Motorrad „Captain America" berühmt wurde, seine Kollegen und Kolleginnen Brigitte Bardot, Barbra Streisand, Ann-Margret, Senta Berger oder Michael Parks auf seiner 69er Sportster in der TV-Serie „Then came Bronson", Johnny Depp, Mickey Rourke mit einer Custom Heritage-Harley in dem Streifen „Harley-Davidson & the Marlborough-Man", Lorenzo Llamas (TV-Serie „Renegade"), Larry Hagman („Dallas") und Jay Leno („The Tonight Show"). Sie alle sind ebenso Harley-Fahrer wie Burt Reynolds, Arnold Schwarzenegger oder Silvester Stallone, und das nicht nur auf der Leinwand. Fast noch länger ist die Liste der Rock- und Popstars. Ganz vorne rangieren Elvis Presley, Roy Clark, Eric Burdon, Wayne Cochran, Isaac Hayes, David Alan Coe, Neil Diamond, Bruce Springsteen, Hank Williams jun., Billy Idol, Dan Aykroyd und David Crosby.

Bekannt für ihre Harley-Vorliebe sind auch Cher, Tanya Tucker und Olivia Newton-John. Unter den vielen Bands, die mitunter ihre Harleys auf die Bühne fahren, befinden sich ZZ Top, Hank Davison und die Marshall Tucker Band. Das Pop-Idol Neil Young trifft man auch schon mal ganz zufällig auf irgendeiner Biker-Party. In der Öffentlickeit vornehm bedeckt halten sich dagegen unsere Volksvertreter, die aber ihre Vorliebe für das Statussymbol aus Milwaukee durchaus nicht verleugnen: Aus den 20er Jahren ist Prinz Axel von Dänemark als Harley-Fahrer bekannt, Olaf von Norwegen besaß als Kronprinz eine Sport Flat-Twin K. König Albert I. von Belgien rüstete seine Polizei mit Harleys aus wie auch Schah Reza Pahlevi von Persien, und Haile Selasse, der Kaiser von Äthiopien. König Hussein von Jordanien besitzt eine ganze Harley-Flotte, der frühere indonesische Präsident Suharto kutschierte seine höchsten Staatsbeamten persönlich im Seitenwagen umher. Seine königliche Hoheit Emanuele Filiberto, Prinz von Savoyen, mußte dagegen seine geliebte Harley verkaufen, da sie für einen Thronfolger zu gefährlich war. Weniger Probleme damit haben die US-Senatoren Berry Goldwater, Robert Stafford, Ben „Nighthorse" Campbell oder die ehemalige Gouverneurin von Texas, Ann Richards. General Douglas MacArthur fuhr ebenso begeistert Harley wie der Revolutionär „Che" Guevara. Bekannt für ihre Harley-Vorliebe waren auch Rodney C. Gott, der Präsident von AMF, oder Bob Mitchell, Vizepräsident von General Motors, der Verleger und Millionär Malcolm Forbes oder der Großindustrielle Reinhold Würth. Auch Gloria von Thurn und Taxis, der Pariser Koch und Gastronomie-Millionär Paul Bocuse und David Chu, millionenschwerer Parlamentarier und Grundstücksmakler aus Hongkong, steigen mit Vergnügen auf ihre Harleys.

Clubs

NO. 1

Verschworene Gemeinden

Vereine und Puristen

© Harley-Davidson

Still on the road

Nach ausgiebigen historischen Recherchen stellte der San Francisco Motorcycle Club eine Liste der ältesten, heute noch existierenden Motorrad-Clubs der USA wie folgt zusammen:

Yonkers M.C.	(1903)	New York
San Francisco M.C.	(1904)	California
New Jersey M.C.	(1904)	New Jersey
Oakland M.C.	(1907)	California
Pasadena M.C.	(1907)	California
National Capital M.C.	(1908)	Maryland
Orange County M.C.	(1909)	California
Dayton, Ohio M.C.	(1910)	Ohio
Richmond M.C.	(1910)	Virginia
Reading MC.	(1911)	Pennsylvania
Crotona M.C.	(1912)	New York
Capital City M.C.	(1912)	California
Billings M.C.	(1914)	Montana
Manchester M.C.	(1915)	New Hampshire
Lansing M.C.	(1920)	Michigan

(Quelle: San Francisco Motorcycle Club, 2194 Folsom Street, San Francisco, California 94110)

Motorradclubs gibt es, seit es Motorräder gibt – einfach weil es mehr Spaß macht, dieses Hobby in Geselligkeit zu betreiben. Zudem machen Clubs stark, üben eine hohe Schutzfunktion aus und ersetzen in manchen Fällen sogar die Familie. Motorradclubs sind verschworene Gemeinschaften. Das gilt ganz besonders auch für Harley-Clubs, wobei es von Anfang an verschiedene Gruppierungen gab. Da gab es vor allem die sportlich orientierten Gruppen, die gerne ihre Kräfte und Fahrkünste messen wollten. Sie integrierten sich fast ausschließlich in die FAM/AMA. Dann gab es die markenorientierten Clubs, die von ihren jeweiligen Händlern betreut wurden und meist gesellschaftliche, aber auch sportliche Aktivitäten entwickelten. Sie hatten ihren eigenen Benimm- und Bekleidungskodex – zum Beispiel schicke Uniformen – und trugen reichlich Firmenzubehör und -zugehörigkeit zur Schau. Anderen wiederum paßten diese einseitigen „Reklamefahrer" nicht. Sie gründeten eigene Clubs, gingen eigene Wege und fanden natürlich auch die etablierten „Kaffeekränzchen"-Treffen total lächerlich. Eine ihrer Lieblingsbeschäftigungen war das Tunen und Umrüsten der meist überladenen, aber untermotorisierten Bikes, die man von allem „Ballast" befreite, also „strippte". So entstanden, vor allem nach dem Zweiten Weltkrieg, die Californian Boppers – motorisch hochgetrimmte und bis aufs Allernötigste abgespeckte Indian- und Harley-Umbauten. Obwohl Indian sehr beliebt war, wurde die Harley-Technik bevorzugt, und so nahm man Harley-Lager und -Kurbelwellen, um robuste Stroker – egal welcher Marke – zu bauen. Solche Geräte entsprachen natürlich weder dem starren technischen Reglement der AMA, noch waren sie für lange Überlandtouren geeignet. Dafür paßten sie herrlich in die Philosophie jener aufmüpfigen motorradfahrenden Gegenbewegung, die sich von Kalifornien aus im ganzen Land verbreitete: die zweirädrige Rebellion gegen das Spießertum mit möglichst verrufenem Outfit – aggressiv, wild, laut und gewollt furchterregend.

AMA, Harley-Davidson und die meisten ihrer Händler distanzierten sich heftig von diesen Roughnecks, die man jetzt Biker und im schlimmsten Fall Outlaws nannte. Diese Bezeichnungen wurden zu Ehrennamen für die gesamte Szene. Gruppen organisierten sich, MCs entstanden, und viele von ihnen traten als permanente Störenfriede bei den heiteren, fröhlich-unbedarften AMA-Rallies auf. Die Daseinsberechtigung vieler Gruppen ergab sich aus der Ablehnung der von ständig bis zum Überdruß gepredigten moralischen und patriotischen Ideale und gipfelte in neuen Dimensionen persönlicher Freiheitsnormen, die man von den restlichen Motorradfahrern und vor allem von ihren Organisationen schnöde verraten glaubte. Kein Wunder, daß sich der Protest auch auf alles überladene Gehabe technischer Designs ausdehnte. Die Dressers (garbage waggons) wurden ebenso abgelehnt wie der uniformierte Glamour etablierter Motorrad-Vereinigungen. Die Biker und ihre Nachahmer setzten auf totales Machogehabe und -image und spielten sich als Kämpfertypen ohne Pardon auf. Von Frauen und Teenies wurden sie wegen ihrer Männlichkeit bewundert, verstärkt durch ihre typischen Motorräder – Harleys brutal.

Outlaw-Clubs sind natürlich keine Chorknaben, sie aber dem „organisierten Verbrechen" zuzuordnen, ist völliger Unsinn. Daß sie oft als gewaltbereite Gruppen betrachtet werden, liegt mehr in ihren internen Strukturen begründet, die für Außenstehende weder zu durchschauen noch zu verstehen sind. „Territoriale Ansprüche", oft tödliche Clubauseinandersetzungen, Feindschaften und Freundschaften sowie der ewige Kampf mit und gegen das Law Enforcement resultieren vorrangig nicht etwa aus kriminellen Beschäftigungen wie Prostitution, Schutzgelderpressung, Waffen- und Menschenhandel, die man den MCs gerne andichtet, sondern vor allem aus ethisch-moralischen Gründen, so seltsam das zunächst klingen mag.

Aber gerade bei den MCs stehen so „altmodische" Begriffe wie Ehre, Vertrauen, Treue, Kameradschaft, Ehrlichkeit oder Gerechtigkeit hoch im Kurs – ungleich höher als beim Rest der Gesellschaft – Ausnahmen immer mit inbegriffen. Bezugspunkt aller MCs ist

dabei vor allem das „schwere“ Motorrad – sprich Harley – mit all seinen technischen und mythischen Unsäglichkeiten. Verständlich, daß sich die Company von derartigen Strukturen distanzieren mußte. Die Clubs haben es überlebt, und Harley hat sich inzwischen arrangiert. Zudem trat ab den 70er Jahren ein völliger Imagewandel ein. Es gab zwar immer noch einige unverbesserliche „böse Buben“ in der Biker-Gemeinschaft, aber grobe Stiefel, derbes Outfit, wilde Mähnen, dunkle Sonnenbrillen, wehende Haare im Wind und makabre Tattoos lagen plötzlich im Trend. Harleys bestverkaufte und meistgefragte Modelle waren unverhüllte Huldigungen an die Outlaw-Szenerie – angefangen von der Super Glide bis zur Bad Boy.

Noch in den 60er und 70er Jahren gehörten Harley-Besitzer zu mehr oder minder geschlossenen Fahrgemeinschaften, das galt sowohl für Biker als auch für Nicht-Biker, für MCs und Motorcycle Associations. Inzwischen hat sich eine neue Generation entwickelt, der wohlhabende Geschäftsleute und Mittelständler angehören, die eine Harley als standesgemäßes Spielzeug und Statussymbol entdeckt haben – eine gute Kundschaft, die ziemlich genau der Zielgruppe entspricht, für die Harley-Davidson ihre Produkte entwirft. Nur Spötter nennen sie leicht ironisch „Rubbies“ – Rich Urban Bikers. Sind sie aber erst auf ihren Harleys unterwegs, bilden sich schnell Freundeskreise und Cliquen, und eine Neuentdeckung der Welt mit Touren, Reisen, Abenteuern und Gemeinschaftserlebnissen bestimmt den für sie oft ungewohnten Lebensstil. Dabei geschieht manchmal die wundersame Wandlung, daß aus braven Spießern, betulichen Autofahrern und verplanten Urlaubern neue Menschen mit neuen Blickwinkeln und Lebensphilosophien werden. Clubmagazine und Motorradzeitungen sind voll mit begeisterten Berichten über derartige Erlebnisse, gemeinsame Abenteuer, Pannen, Treffen und diverse Preisverleihungen – Krisen und Höhepunkte –, alles Dinge, die man am besten gemeinsam erlebt. Die Clique wird zum zweiten Zuhause und entwickelt sich zu einem „special way of life“. Das ist bis heute so geblieben.

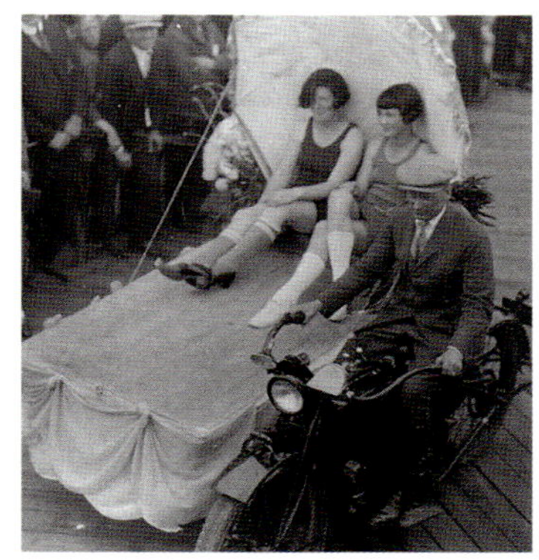

Ausgedehnte Exkursionen in die freie Natur und Teilnahme bei allen möglichen Paraden und Umzügen waren von Anfang an ein wichtiger Bestandteil des Club-Lebens.

Organisierte Gemeinsamkeit

Clubs und Associations

Für die Teilnahme an den sogenannten Gypsy Tours gab es begehrte Trophäen: oben die Vorder- und Rückseite eines solchen Anhängers.

Motorradfahren war dem amerikanischen Bürgertum schon immer suspekt, verbreitete es doch den Ruch von Illegalität, Gefahr, Rebellion, Sex, ein bißchen Gottlosigkeit und primitiver Westernmentalität, Dinge, die man endlich überwunden zu haben glaubte.

Harley-Davidson selbst verstand sich jedoch von Anfang an als Lieferant einer Upper-Class-Motorrad-Elite, baute seine Motorräder danach, suchte seine Händler danach aus und bewertete seine Kundschaft – vor allem jedoch die Clubs – danach. Dennoch lief es bei einigen Kunden anders.

Es waren natürlich keine AMA-Clubs, die versuchten, als Ausdruck ihrer gesellschaftlichen Opposition das wieder kaputtzumachen, was andere mit allen Mitteln zu erhalten und zu reparieren versuchten. Bald standen sich extreme Gruppen unversöhnlich gegenüber, und Outlaw-Parties wurden zu echten Image-Killern, sobald sie sich mit den braven, wohldisziplinierten Teilnehmern der AMA-Sportveranstaltungen, wie zum Beispiel den Gypsy Tours, mischten. Zu Zeiten gesellschaftlicher Umbrüche, wie beispielsweise in Kriegs- und Nachkriegszeiten, war das besonders kraß. Heute, gegen Ende des Jahrhunderts, sind diese Konflikte weitgehend aus der Welt geschafft, und die Szene hat sich selbst gezähmt.

Die AMA war sich seit jeher des Problems bewußt, und auch Harley, ihr stärkster und einflußreichster Partner, redete seinen Kunden ständig ins Gewissen, sich „anständig zu benehmen". „Fahrt nicht mit offenem Rohr herum!" war noch die mildeste Ermahnung an die krachigen Verkehrsrowdies. Bereits 1912 gab es offene und geschlossene Rohre – offene fürs freie Land und fürs Ohr, geschlossene für Städte und sensible Mitbürger – sowie einen ungeschriebenen und einen geschriebenen Benimmkodex für Motorradfahrer. Zu den ungeschriebenen Regeln gehörte vor allem, sich bei „illegalem" Verhalten nicht erwischen zu lassen, während die geschriebenen Gesetze Illegalität erst gar nicht zuließen.

Aber für beide Gruppen (die einen nannten sich später zur besseren Unterscheidung MC – Motorcycle Clubs, die anderen MA – Motorcycle Associations) war ein solches Verhalten nicht nur Fassade, sondern eine tief verwurzelte Ausdrucksform ihrer Lebenseinstellung, die immer mehr von einer einzigen Motorradmarke bestimmt wurde: Harley-Davidson.

Von Anfang an versuchte die AMA möglichst viele Clubs, die ja auch Träger der vielfältigen Motorradsport-Veranstaltungen waren, unter ihre fürsorglichen Fittiche zu nehmen. Die meisten Clubs begrüßten das, denn nur ein gemeinsames, übergeordnetes und nationales Reglement konnte in ganz Amerika anerkannte Wertungen garantieren. Zu diesen Sportveranstaltungen organisierte die AMA ihre bekannten alljährlichen Gypsy Tours, für die es allerlei Preise,

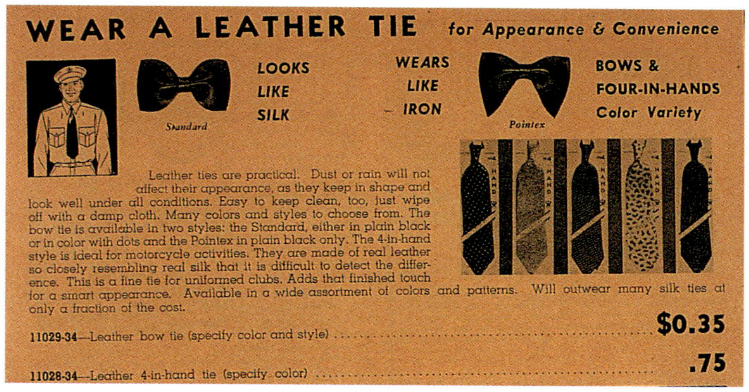

Members of the Klu Klux Dux Mcy. Club of Toledo, Ohio, are justly proud of their reputation as endurance riders. Here is the entire club and the trophies they have won in runs since their organization was founded in January 1949. See additional news about the Dux on page 17.

Trophäen und Teilnehmer-Souvenirs gab. Die Gypsy Tours hatten ihre ideelle Grundlage in dem unverfälschten Naturerleben mit Camping und Lagerfeuerromantik. Die (AMA-) Clubregeln schrieben Wohlverhalten, Fairneß, anständiges Aussehen (möglichst mit eigenen Clubuniformen), Ordnung und Sauberkeit sowie hilfsbereite Kameradschaftlichkeit vor.

Die langatmigen „rules of the road" lasen sich dabei eher wie eine veraltete Fahrschulanweisung fürs Kolonnenfahren – aber Sicherheit war nun mal eines der obersten Gebote. Bei diesen restriktiven Anstandsregeln war es kein Wunder, daß manch heißgeliebtes Attribut auf der Strecke zu bleiben drohte – der kernig-bullige Sound etwa, der für viele Biker am schönsten war, wenn er aus offenem Rohr brüllte. Er war in den zwanziger Jahren ein echtes Problem, mit dem sich (allerdings nicht nur) Harley und die AMA herumschlagen mußten. Der brüllende Sound wurde schnell ein stetig wachsendes öffentliches Ärgernis, das speziell beim Motorradsport – für den wiederum die AMA verantwortlich zeichnete – auf die Motorradindustrie zurückschlug. Harley-Davidson initiierte bereits zu Beginn der zwanziger Jahre eine großangelegte Goodwill-Kampagne „Cut out the cut out" – etwa „Schließt die offenen Rohre aus!" Geholfen hat es nicht allzuviel: Sound gehört für den klassischen Harley-Mann nun einmal zum intensiven Motorraderleben und zum Sport. Hier trennen sich die Welten der Harley-Fahrer, und das ist bis heute so geblieben ...

Hail to the NATIONAL A.M.A. CLUB CONTEST WINNERS!

We are proud to show these pictures of the winners of the 1939 A.M.A. National Club Contest. Unfortunately, we had no pictures available of the second place winner, the Bridgeport Motorcycle Assn., Bridgeport, Conn.; of the Buckeye Girls Club, Columbus, Ohio, winner of first place in the Ladies Division; nor of the seventh place Rose City Club, Portland, Ore. Those shown are:

1. First place went to the Victor McLaglen Motorcycle Corps, Los Angeles. **2.** Queen City Club, Charlotte, N. C., took fifth place. **3.** Third place went to the Madison Club of Madison, Wis., and their auxiliary took fourth in their class. **4.** Winner of ninth place, the Greyhound Club, Elizabeth, N. J. **5.** Sixth place went to the Lansdowne, Pa., Blue Comets. **6.** Little Rock, Ark., Golden Eagles won eighth. **7.** The Peoria Club won fourth and their auxiliary fifth. **8.** The Motorettes of San Francisco won second in their class. **9.** Tenth in the men's and third in the ladies' class went to the Wayne County, Newark, N. Y. Club

Harley-Clubs waren meist straff organisierte Vereine, oft mit eleganten Uniformen, für die es besondere Auszeichnungen gab.

Im Schatten der Vergangenheit

Hollister zum Fünfzigsten

Die San Benito Street in Hollister birgt ein gerne verschwiegenes Geheimnis: ihre Assoziationen mit dem internationalen Bikertum, das 1947 dort entstanden ist.

Sonny Barger, der legendäre Präsident der Hells Angels (hier mit seiner Frau) anläßlich des 50jährigen Jubiläums der Hollister-Krawalle, zu dem sich Biker aus aller Welt in friedlicher Atmosphäre einfanden (oben rechts).

Hollister, Kalifornien:

Hollister, die Bezirkshauptstadt von San Benito County, liegt etwa 160 Kilometer südlich von San Francisco und wurde 1868 von Colonel W.W. Hollister gegründet, nachdem dieser eine große Schafherde durch Kalifornien getrieben hatte. Hollister ist auch heute noch vorwiegend eine landwirtschaftliche Stadt, die von Schafzucht, Obst- und Gemüseanbau (vor allem Knoblauch) lebt. 1870 erfuhr Hollister durch den Bau der Southern Pacific Railroad einen starken wirtschaftlichen Aufschwung. Heute, gegen Ende des 20. Jahrhunderts, hat die Kleinstadt 25.000 Einwohner (52% Mexikaner) und nennt sich „Erdbeben-Hauptstadt der Welt", da sie genau am San-Andreas-Graben liegt, der als das aktivste Erdbebengebiet der Erde gilt. Weltweit bekannt wurde Hollister durch die Ereignisse des „Hollister Bash" (Hollister-Krawall) von 1947 und den danach gedrehten Film „The Wild One" (Der Wilde).

Hollister-Fakten 1997

Besucher: Downtown 35.000
Bolado Park 9.000
Corbin 5.000
The Ranch 4.000

Polizei-Statistik:
2 Unfalltote sowie 59 Verhaftungen:
1 Unfall durch Trunkenheit mit Todesfolge, 1 Unfall durch Trunkenheit mit vier Verletzten
1 wegen Vergewaltigung
2 wegen Prostitution
31 wegen Trunkenheit am Lenker
23 wegen Trunkenheit und ungebührlichem Verhalten in der Öffentlichkeit

Es gab zwei Messerstechereien und eine Schießerei unter ortsansässigen Jugendlichen.

(Quelle: Public Information Center und Hollister Police)

Am Independence-Day-Wochenende vom 4. bis 6. Juli 1997 fand im kalifornischen Knoblauchanbaustädtchen Hollister eine Biker-Jubiläumsfete statt, die einem Ereignis gewidmet war, das vor 50 Jahren aus Motorradfahrern Staatsfeinde machte, aus jugendlichen Rebellen „Outlaws", aus Halbstarkenkrawallen terroristischen Aufruhr und aus Motorradclubs illegale „Einprozenter": den „Hollister-Krawallen", auch „The Hollister Riots" oder „Hollister Bash" genannt.

Ein seltsames Jubiläum: ein Ereignis feiern, für das man lebenslang büßen muß, für das man bestraft und zum Außenseiter der Gesellschaft abgestempelt wird, nur weil man ein Motorradfahrer mit eigenen Vorstellungen, Zielen und Idealen ist. Aber Jubiläen sind Jubiläen, vor allem, wenn sie einem Mythos huldigen, der sich inzwischen zum weltweiten Trend entwickelt hat. So war auch 1997 auf der San Benito Street, wo sich 1947 die größten „Krawalle" abspielten, wieder alles voller Motorräder und Polizisten, diesmal aber floß bestenfalls das Bier in Strömen, und alles verlief in durchaus gesitteten Bahnen. Illegale Burnouts und „Straßenrennen" waren schon aufgrund der dicht geparkten Doppelreihen von Motorrädern nicht möglich, und eventuelle „Obszönitäten" wurden – wie damals – sofort unterbunden. Der Rest war ein gutes Geschäft für die vier untereinander konkurrierenden Veranstalter („productions" genannt). Dazu kamen einige Begegnungen mit noch lebenden Veteranen des Jahres 1947, die immer wieder ihre Erlebnisse auftischten und versicherten, daß es damals in Wirklichkeit gar nicht so schlimm zugegangen sei.

Was geschah 1947 wirklich in Hollister?

Chronik der Ereignisse

Top four in Expert TT Final. Wilson (left) fourth; Andres, third; Leonard first; Phillips, second.

Leonard and his TT trophy. At his side is Dist. Ref. George Alcala.

HARLEY-DAVIDSON RIDERS STAR AT HOLLISTER RALLY

THE biggest gathering of motorcyclists of the season in Northern California took place May 28 - 30 in Hollister — scene of the annual Gypsy Tour and Rally. A full program of thrilling TT and dirt track racing and a red hot Class C Hillclimb kept the rally visitors well entertained.

Just as he did last year, Joe Leonard again dominated the racing. The Grand Champion and his model KR took two big victories in the race meet and three TT events on his KHR. In the Class C Hillclimb, Harley-Davidson slant artists took the first four places in each of the four events.

In the Sunday half-mile race meet before nearly 4,000 riders and spectators,

Below: Leonard leads the pack into the first turn.

Circle: Andres leads field in TT race.

Wie in jedem Jahr seit 1930 wurde in Hollister auch 1947 zum Independence-Day-Wochenende eines der vielen traditionellen kalifornischen Motorradsport-Ereignisse veranstaltet – organisiert von dem Salinas Ramblers Motorcycle Club und der Hollister Veteran's Memorial Parc Associaton –, zu dem man Tausende von Motorradfahrern und Sportfans erwartete. Wie üblich begann das heiße Wochenende am Freitag, den 4. Juli, mit einem „offenen" Hillclimb auf der Lavignino-Ranch, fünf Kilometer südlich von Hollister – ein sehr beliebtes Spektakel, an dem alle Interessierten gegen eine geringe Startgebühr teilnehmen konnte.

Am Samstag, den 5. Juli, fanden im Veteran's Memorial Parc allgemeine Wettbewerbe für jedermann und vor allem für die vielen (meist AMA-)Clubs statt, wie Slow Race (Langsamfahren), Digout Race (Heuhaufen-Kartoffelsuche), Plank Ride (Geschicklichkeitsbalance auf einem Brett), und es gab viele Preise und Trophäen zu gewinnen, etwa für die „best dressed"-Gruppe, -Boy und -Girl, oder für die weiteste Anfahrt – kurzum, die üblichen Spiele und Wertungen. Abends konnte jeder gegen Eintritt am gesellschaftlichen Höhepunkt des Rennwochenendes teilnehmen: dem großen Tanz-Dinner im Legion Memorial Auditorium.

Am Sonntag, den 6. Juli, fand schließlich der sportliche Höhepunkt – das von der AMA sanktionierte Half Mile Flat-Track-Rennen Race of the Champions – statt, bei dem unter 50 Teilnehmern um 1.200 Dollar Preisgeld gefahren wurde. Der Eintritt von happigen 1.50 Dollar brachte das nötige Geld in die Kassen der Veranstalter.

Das war der „offizielle" Teil des Wochenendes. Der „inoffizielle" Teil spielte sich downtown in Hollister ab, vor allem auf der San Benito Street, wo die meisten Kneipen und Lokale auf ein umsatzstarkes Wochenende hofften.

Derartige Veranstaltungen – die sportlichen und gesellschaftlichen Highlights der Motorradfahrer-Gemeinde – waren schon seit Jahrzehnten sehr beliebt und fanden überall in den USA statt. Und auch in Hollister versammelten sich 1947 wieder an die 5.000 Besucher.

Aber in den letzten Jahren mischte sich zunehmend ein „fremdes Element" unter die fröhlich-aufgekratzten Motorradfans, das vor allem Veranstaltern und Behörden Sorgen bereitete: wilde, bärtige, tätowierte Typen auf umgebauten, lautstarken und schweren Maschinen (hauptsächlich Harleys, Indians, BSA's, Nortons und Triumphs) mit rowdyhaftem Benehmen, provokantem Gehabe und undiszipliniertem Auftreten. Sie lehnten das betuliche AMA-Sportreglement generell ab, veranstalteten ihre eigenen „Outlaw-Rennen" und kamen, wie es so üblich war, damals natürlich auch nach Hollister, um sich zu produzieren, zu saufen und ein wenig die Sau rauszulassen.

Organisiert in rebellischen Clubs mit abartigen Namen (wie „Boozefighters", „Yellow Jackets", „13 Rebels", „Winoes", „Satans Sinners", „Satans Daughters" oder die „POBOB – Pissed Off Bastards Of Bloomington"), spielten sie Bürgerschreck und gingen keiner Auseinandersetzung aus dem Weg – „ihren Spaß haben" nannten sie es. Nach Augenzeugenberichten fuhren sie sogar mit ihren Motorrädern und lautem Getöse in die Bars – zum Entsetzen der Gäste.

Während die Motorrad-Presse die Hollister-Krawalle ignorierte (oben), wartete die Menge auf die Konfrontation von Bikern und Polizei (unten).

Folgen einer Nacht

Reaktionen auf die Hollister-Ereignisse

Dort zertrümmerten die Rowdies auch schon mal eine Einrichtung, umwickelten ein Hotel mit Klopapier, warfen Mülltonnen um, prügelten sich auch mit anderen Halbstarken und Polizisten, und besonders gern urinierten sie öffentlich, was stets als „obszönes Verhalten" streng geahndet wurde. An jenem später so berühmt – oder berüchtigt – gewordenen Wochenende 1947 in Hollister waren sie zwar nur eine kleine Minderheit, aber mit Sicherheit die Attraktion auf der San Benito Street, die bald wie ein Schlachtfeld aussah und mit Tausenden von Bierflaschen übersät war.

Die Bevölkerung sah dem wüsten Treiben mit gemischten Gefühlen zu. Die einen, die mitsoffen und mitgrölten, feuerten die Spaßvögel kräftig an, und die Wirte, denen es bald doch etwas blümerant wurde, schenkten kein billiges Bier mehr aus, sondern nur noch harte (und vor allem teure) Sachen, was nachweislich eine verschlimmernde Wirkung zur Folge hatte. Die anderen entrüsteten sich angesichts des ungebührlichen Benehmens und riefen nach Recht und Ordnung und der Polizei. Hier war Police-Chief Roy McPhall mit seiner Mannschaft zunächst total überfordert. Zwar hatte er die San Benito Street vorsorglich für jeden Durchgangsverkehr absperren lassen, aber die wenigen Ordnungshüter hatten auf der qualmverhüllten und zum Dragstrip umfunktionierten Hauptstraße bald nichts mehr zu sagen. „A hell of a mess" – ein Wahnsinnschaos – nannten es später einige Zeitzeugen.

Polizeichef Roy McPhall rief daher am Samstag die Highway Patrol (CHP) des San Benito County zu Hilfe, und bald begann deren Chef, Captain L. T. Torres, mit 30 Troopers und Hilfskräften gründlich aufzuräumen – vorrangig mit Gummiknüppeln und Tränengas.

50 Personen (andere Quellen sprechen von 35 „Aufrührern") wurden verhaftet, einer der Boozefighters bekam als Höchststrafe 90 Tage Haft aufgebrummt, weil er öffentlich in den Kühler des Clubbusses gepinkelt hatte, die anderen wurden meist gegen Kaution wieder freigelassen. 50 Verletzte - nicht unbedingt alle Opfer der Straßenkrawalle – wurden in dieser Nacht und den folgenden Tagen im örtlichen Hospital

Kurz nach Einbruch der Dunkelheit trafen 40 Highway Patrol Officers ein und machten von ihren Tränengas-Pistolen Gebrauch. Schon nach kurzer Zeit hatten die Streitkräfte des zu Hilfe gerufenen Law Enforcement die Szene voll im Griff, was einige betrunkene Biker nicht daran hinderte, mitten auf dem Gehsteig zu übernachten (oben).

behandelt. Die Auseinandersetzungen wären eigentlich gar nicht so eskaliert, wenn nicht die State Troopers so furios auf alles losgegangen wären, was irgendwie nach Krawallbruder aussah oder betrunken war. Augenzeugen meinten, sie wären die wahre Ursache für die bösartige Auseinandersetzung gewesen. Wie auch immer, die Sheriffs hatten am Sonntag alles wieder unter Kontrolle, und die Biker verließen mit brummenden Schädeln und einigen blutigen Nasen den Ort des Kampfgeschehens. Damit hätte man die Akte über das diesjährige Hollister-Ereignis schließen können und es bei den Urteilen des Schnellgerichts unter Richter Frank C. Buchter belassen können, der damals den Schlußstrich zog.

Aber es lief alles anders. Schuld daran waren zwei Presseleute: ein Journalist des Magazins *Life* und Barney Peterson, Fotograf des *San Francisco Chronicle*, die beide zufällig anwesend waren und ein paar (gestellte!) Bilder machten, von denen eines am 21. Juli 1947 in *Life* mit der legendären „115-Worte-Dokumentation" veröffentlicht wurde.

Weit über fünfzig Personen wurden verhaftet, hauptsächlich wegen Trunkenheit und ungebührlichem Verhalten in der Öfffentlichkeit. Normale Biker, die keinerlei Anzeichen boten, ins Bild eines potentiellen „Krawallmachers" zu passen, wurden jedoch kaum behelligt.

Die berühmte „115-Worte-Dokumentation"

Text zum Bild der *Life*-Ausgabe vom 21. Juli 1947 in sinngemäßer Übersetzung:

Motorradfahrer-Feiertag: Er terrorisierte mit seinen Freunden eine Stadt
Am 4. Juli-Wochenende röhrten 4.000 Mitglieder eines Motorradclubs nach Hollister, Kalifornien, zu einer Drei-Tage-Versammlung. Sie wurden der normalen Motorradabenteuer bald überdrüssig und wandten sich aufregenderen Kunststücken zu. Sie veranstalteten Rennen straßauf und straßab, rasten über Rotlichter, rammten (mit ihren Motorrädern) in Restaurants die Bar, wobei Spiegel und Mobiliar zu Bruch gingen. Manche ruhten sich am Randstein auf ihre Art aus (siehe Foto). Andere gönnten sich keine Pause. Die Polizei verhaftete viele wegen Trunkenheit und unanständiger Entblößung, konnte aber die Ordnung nicht wiederherstellen. Schließlich, nach zwei Tagen, verschwanden die Motorradfahrer mit den kaltschnäuzigen Worten: „Wir lieben es nun mal, die Sau rauszulassen, das macht jede Menge Spaß!" Der Polizeichef von Hollister sieht es allerdings anders. Er klagte: „Es ist einfach ein totales Chaos!"

Mit Marlon Brando fing die „Biker-Kultur“ an: Im Film „Der Wilde“ (The Wild One), der Vorbild aller frühen Biker-Clubs war, fuhr er jedoch eine Triumph.

Eine neue „Biker-Kultur“ entsteht

Protest gegen neunundneunzig Prozent

Vielleicht hätte es nie eine „Biker-Kultur“ gegeben und auch keine „Outlaw“-Clubs, denen man bis heute alle nur erdenklichen kriminellen Aktivitäten unterstellt, wenn damals nicht jener unselige Bericht im Magazin *Life* erschienen wäre. Er entsprach zwar nicht ganz den Tatsachen, hatte aber mit dem ganzseitigen, unsäglichen (gestellten) Bild eine durchschlagende Wirkung. Die „Dokumentation“ wurde zum Auslöser einer der typischen amerikanischen Hysteriewellen, die sich diesmal über alles ergoß, was mehr oder minder unbedarft auf zwei Rädern herumkrachte. Nicht nur die seriöse Motorradwelt, ihre Clubs und Organisationen waren geschockt und entsetzt. Die Hunnen kommen! Zu Tausenden überfallen sie friedliche Städte, rauben, morden, plündern und vergewaltigen alles, was ihnen über den Weg läuft, und haben noch ihren Spaß dabei!

Zusätzlich aufgeheizt durch immer neue Schreckensmeldungen der kalifornischen Presse und des Fernsehens über ständige Krawalle bei Motorradsport-Veranstaltungen (besonders in Riverside, sowie 1948 in Ensenada, Neu Mexiko, Porterville, Kalifornien, und wiederum in Riverside), begannen auch die bravsten amerikanischen Kleinstädte, sich auf den bevorstehenden Weltuntergang durch mordbrennende Biker-Gangs vorzubereiten, die auch demnächst in ihre Idylle einfallen und sie dem Erdboden gleichmachen würden. Sogar das Militär und die Nationalgarde wurden in Alarmbereitschaft versetzt. Die League of Californian Cities (etwa: Kalifornischer Städtebund) verlangte ein generelles staatliches Verbot aller Motorradrennen.

Obwohl es immer nur eine verschwindend geringe Minderheit war, die bei den sonst durchaus seriösen und disziplinierten AMA-Gipsy-Tours randalierte, sprach Sheriff Carl F. Bayburn vom Police Department Riverside von Riff-Raff-Hoodlums und einem „Hooligan-Element“, und sein Polizeichef J. A. Bennet bezeichnete die Motorradrowdies zum ersten Mal öffentlich als „Outlaws“. Der damalige AMA-Sekretär Lin A. Kuchler sah sich deshalb zu einer vielpublizierten und -zitierten Stellungnahme genötigt, die als AMA-Statement in die Geschichte einging. „The disreputable cyclist were possibly one per cent of the total number of motorcyclists, only one per cent are hoodlums and troublemakers.“ („Möglicherweise 1% bringt hier die Gesamtheit aller Motorradfahrer in Veruf, nur 1% von ihnen sind Rowdies und Unruhestifter.“) Aus Protest gegen diese als arrogant und intolerant empfundene „Vorverurteilung“ tauchte bald das 1%-Zeichen auf, und die „Outlaw“-Motorradszene begann sich zu formieren.

In San Francisco luden die neu gegründeten Hells Angels zur sogenannten „Einprozenter-Konferenz“ ein. Mit befreundeten Clubs wie den Gipsy Jokers, Road Rats, Galloping Gooses, Satans Slaves, The Presidents und den Mofos beschlossen sie auf dem Treffen, von nun an alle das 1%-Patch gegen die „Diskriminierung“ der AMA zu tragen. Inzwischen wurden die Zusammenstöße mit dem „Motorrad-Mob“ immer heftiger. Im Frühjahr 1951 brachen rund 1.000 Motorradfahrer zum mexikanischen Grenzort Tecate auf, um dort richtig Randale zu machen. Daraufhin wurden die avisierten Rennen abgesagt, und zwei Bataillone der Armee und der Nationalgarde eskortierten die Biker aus dem Städtchen wieder zurück nach Kalifornien – ein Zwischenfall von vielen. Die AMA, die sich ja als die offizielle Vertretung aller Motorradfahrer verstand, versuchte die Vorfälle herunterzuspielen. Präsident E. C. Smith schrieb beruhigende Editorials über die „verschwindend kleine“ Gruppe von Störenfrieden. Verleger Paul Brockaw (*The Motorcyclist*) war schockiert über die Krawalle, gab sich aber optimistisch und interpretierte die Störenfriede als unbedeutende Zeiterscheinung.

Zusätzlichen Auftrieb bekam die Anti-Biker-Bewegung (unter der besonders die AMA und Harley-Davidson zu leiden hatten), als der Autor Frank Rooney 1951 mit „The Cyclists' Raid“ eine aufrührerisch-reißerische Story im *Harpers*-Magazin veröffentlichte.

Für die rebellische Jugend war das genau die richtige Lektüre – sie hatte die ewig nölende Bevormundung ihrer spießigen Umgebung und des meist betulich-besorgten Elternhauses gründlich satt und suchte nach neuen, eigenen Horizonten. Der Begriff „Freiheit“ bekam bald eine andere Dimension, der Hollister Bash wurde ihr Heldenepos, und die Einprozenter-Clubs avancierten zum großen Vorbild. Jesse James und Doc Holliday waren wieder auferstanden.

Der Preis der neuen „Freiheit“ war jedoch hoch. Von Moral und Staatsgewalt regelrecht verfolgt und von jedermann nach Kräften beschimpft und bedroht, blieb den jungen Rebellen nichts anderes übrig, als sich in introvertierten, geschlossenen Gemeinschaften, den MCs, um das unverzichtbare Machtsymbol des schweren Motorrads zusammenzuschließen.

Fasziniert von Rooneys Geschichte, die den Ereignissen von Hollister nachempfunden war, schrieb John Paxter das Drehbuch zu „The Cyclists Raid“, und Produzent Stanley Kramer – ebenso fasziniert von der neuen Bewegung – kratzte sein letztes Geld zusammen und produzierte mit einigen jungen und unbekannten Schauspielern und Motorradclub-Mitgliedern einen Film, der 1953 in die Kinos kam und sofort ungeheures Aufsehen erregte. Sein Titel wurde zum Mythos: „The Wild One“ (Der Wilde) mit Marlon Brando als Anführer der Black Rebels und Lee Marvin als rüpelhaftem Gang-Mitglied. Der Film verherrlichte die neue Gewalt und wurde Vorbild für unzählige weitere Hollywood-Produktionen, die nicht unwesentlich zum schlechten Image der Biker beitrugen. Zum Ärger von Harley-Davidson waren ihre Motorräder dabei die mißbrauchten Furchterreger. Leider oder zum Glück – je nach Perspektive – brummte allerdings „Der Wilde“-Hauptdarsteller Marlon Brando auf einer Triumph Thunderbird über die Leinwand. Daß durch den Erfolg des Films auch ein riesiger Markt entstand, wurde von der Company geflissentlich übersehen.

„The Wild One“ aber wurde zum Fanal für eine aufmüpfige, neue Motorradfahrer-Generation, die „Outlaw“-Biker hatten ihr Verhaltensmuster, Amerika hatte ein neues „inneres Feindbild“, und seither herrschte Krieg ...

Im Namen der Company

Motorradclubs in den USA

1977 gründete der in Long Beach, Kalifornien, beheimatete Pilot und Harley-Enthusiast Carl T. Wicks, der übrigens auch Inhaber eines Motorradeskorte-Begräbnisservice war, die spätere Harley-Davidson Owners Association (HDOA). Bis zur Gründung der Harley Owners Group (H.O.G.) im Jahre 1983 erhielt er auch kräftig Unterstützung von Harley-Davidson. Als er sich jedoch nicht in die neue Firmenvereinigung integrieren wollte, sich auf sein Erstlingsrecht berief und auf Eigenständigkeit beharrte, zog die Company ihre Unterstützung zurück. Ein Dilemma, das allerdings nicht nur er ausbaden mußte, sondern auch unzählige andere Motorrad-Clubs in aller Welt, die sich auf privater Basis lange vor dem Firmenverein H.O.G. etabliert hatten.

Andere Clubs behielten Namen und Funktion und assoziierten sich teilweise in die Harley Owners Group. Manche gingen vollkommen eigene Wege, wie zum Beispiel der Dresser Club – eine Vereinigung von Liebhabern besonders aufwendig mit Zubehör bestückter Electra Glides und Tour Glides –, die 1981 in Florida gegründet wurde. Im Vergleich zu ihren Maschinen wirken die von der Company mit allem erdenklichen Zubehör (Classic- und Ultra Classic-Ausführungen) ausgestatteten, vergleichbaren Modelle geradezu armselig. Der Florida DresserClub organisiert gerne Paraden – speziell die lichtersprühende Dresser Light Show – und gibt das Magazin *News Letters* heraus.

Fertig zur Ausfahrt – vor einem Clubhaus in den Südstaaten formieren sich Mitglieder und Gäste zu einem Club-Run.

Die Taufe

oder: wie Buddy sein Patch bekam

Fast ein Jahr ging das nun so – Probate hin und Prospect her und Dienst schieben rund um die Uhr, Bierkisten schleppen, Zigaretten holen, Klo saubermachen, aufräumen ohne Ende und immer schön das Maul halten, na ja, er hatte es ja so gewollt. Abgesehen von alldem war Buddy doch recht glücklich dabei, denn der Streß und die Arbeit brachten ihm Respekt und Geborgenheit und die Gewißheit, daß er ein nützliches Mitglied der Familie ist. Ein nützliches Mitglied der Gesellschaft war er natürlich nicht, da fehlten ihm ein paar Accessoires – Kohle zum Beispiel –, ohne die man in den USA nämlich weniger als ein Nichts ist und vielerorts sogar als kriminell angesehen wird. Hier in den Südstaaten zum Beispiel ganz besonders. Obwohl er recht hart und viel arbeitete – meist auf irgendwelchen Baustellen, wo er stets die schwerste und dreckigste Arbeit machen durfte, lag Buddys Verdienst meist unter dem amtlichen „minimum wage" – dem Mindestlohn, der ohnehin ein Witz war, weil sich keine Sau dran hielt. Die Zeiten waren schlecht, und entweder willst du den Job, oder du läßt es bleiben. Buddy hat es auch schon mal mit der „Kirche" versucht, die hierzulande von den Südstaaten-Baptisten repräsentiert wird, aber das süße Geschleime ist ihm bald ebenso auf den Geist gegangen wie die vielen Andachten, wo es wieder nur ums Geld ging und er schuften mußte, ohne Bezahlung, „für Gotteslohn", sagten sie herzlich, weil er seine Kirchenabgaben nicht zahlen konnte ... Na, dann schon lieber der Club. Der hatte vor allem nix dagegen, daß er eine Uralt-Harley fuhr, die verdammt nach Zusammenbruch aussah und ziemlich ruppig war und deshalb nicht gerade eine Empfehlung, wenn er damit auf dem blitzblank geleckten und geheiligten Parking Lot der Holzkirche zum „Guten Hirten" parkte. Dieser Club. Er war immer das Ziel seiner Sehnsucht gewesen, er fühlte sich hier zu Hause, er genoß die Gemeinschaft, das unbedingte gegenseitige Vertrauen und die Geborgenheit, die von ihr ausging.

Nein, Buddy war nicht zum „Independent" geboren, er war kein Einzelgänger. Normalerweise wurde er überall rumgeschubst, untergebuttert, ausgenutzt, weil er vielleicht ein bißchen simpel war in seinem gutmütigen Herzen und alles tat und ziemlich alles glaubte, was man ihm einredete. Außerdem fühlte er sich immer mehr verloren in dieser verrückten Welt voll ungeschriebener und unverständlicher Gesetze, die anscheinend alle kannten, nur er nicht, so war das schon immer gewesen. Er war ein Waisenkind und frühzeitig mit autoritären Erziehungsstrukturen, die – wie man ihm sagte – seinen Charakter stärken und verbessern sollten, recht intensiv in Berührung gekommen, und Befehlen zu gehorchen war ihm nichts Fremdes.

Zum Militär konnte er nicht gehen, denn er hatte einige Gebrechen von Geburt an, und „Krüppel" nehmen sie nun mal nicht in die Elite der Nation auf. Na schön, so hatte er wenigstens die Chance, nicht irgendwo im Dschungel oder in einer fernen Wüste vergast oder zerfleischt zu werden. Kurzum – das Leben war ziemlich kompliziert, und Buddy haßte komplizierte Dinge. So hing er immer bei diesem Club rum, nahm an seinen Parties und Runs teil, und schließlich fragte er schüchtern an, ob er vielleicht ein echtes Member sein könnte, nicht bloß so ein freundlich geduldeter Associate.

Der Club hatte natürlich auch längst einen Narren an Buddy gefressen, denn er war stets gleichbleibend freundlich und immer hilfsbereit, schrie nicht ständig wüst herum, und wenn er mal besoffen

war (was selten vorkam), lag er still im Eckchen und betrachtete vergnügt rülpsend das Chaos um ihn herum. Irgendwann hatte er sein Westchen bekommen, das „denim cutoff", wie sie es nannten, mit dem unteren Rocker drauf und dem Namen ihres Heimatortes.

Und heute war nun der große Tag der Taufe, alle hatten zugestimmt und klammheimlich das Fest vorbereitet. Freunde und andere „affiliates" wurden eingeladen, und alles war schrecklich geheim, und Buddy spielte, so gut er eben konnte, ziemlich aufgeregt den absolut Ahnungslosen. Die Zeremonie selbst war ihm fremd, denn er war seit langem der einzige Neuzugang. Der Club war recht zurückhaltend in seiner Personalpolitik.

Zu guter Letzt hatten sie ihn fortgeschickt, um zwei Dutzend Eier zu holen – die übliche Frühstücksportion. Als er zurückkam, herrschte vor dem Clubhaus schon ziemliches Gedränge. Es war knackig heiß, und das kühle Bud aus der Eistonne floß bereits in Strömen. Der Grill, mit scharf gewürzten Steaks und Hühnerbeinchen überladen, brutzelte fast von alleine und stank in dicken Rauchwolken gen Himmel.

Die Clubmembers standen mit bedeutungsschweren Gesichtern herum und äußerten sich mit lauter Stimme (so daß es auch bestimmt jeder mitkriegen konnte) zur Person des zukünftigen Clubmitglieds, das eigentlich einen total unaussprechlichen Namen hatte, deshalb blieb es bei Buddy.

„Ist er denn zuverlässig? Weiß einer was Nachteiliges?" – „Er hat zweimal in diesem Jahr wegen Trunkenheit seinen Arbeitsplatz zu spät erreicht", krakeelte einer der Zuschauer. Der amtierende Zeremonienmeister runzelte die Stirn: „Trunkenheit und geregelte Arbeitszeiten sind keine Clubkriterien. Abgelehnt. Next!" „Wie steht's mit seiner Intelligenz?" schrie ein anderer. Hägar der Schreckliche winkte ab. „Und wie ist es mit der Körperkraft?" Unter dem Beifallsgemurmel der Zuhörer schritt man zur öffentlichen Kraftprobe.

„Also Buddy, nun leg dich mal schön flach auf den Bauch", sagte Hägar der Schreckliche und deutete auf jenen Platz, der vorher gut mit Unsäglichem präpariert worden war und bestialisch stank. – „Und dann immer auf und ab und auf und ab, wir zählen einfach mit, wenn es dir schwerfällt." Und Buddy zelebrierte Liegestütze. Derweil ging das Examen weiter. „Wie steht's mit der Zuverlässigkeit, Hilfsbereitschaft und Treue, hä?" wollte ein herausfordernd aufgeputztes Girl wissen, das ihre besseren Tage offensichtlich schon hinter sich hatte. Aber Hägar ging zum nächsten Teil des Ritus über. „Wo bleiben die Ham & Eggs?"

Jemand brachte eiligst den Karton mit den Eiern, und man stopfte dem überraschten Buddy eins nach dem andern in seine Taschen, in die Hose, unters Hemd – er lag ja noch völlig außer Atem auf dem Boden. – „Das Ham – also der Schinken – das bist nämlich du, und gleich wird's Rühreier geben", lachten die Eier-Verstecker und hauten ihm kräftig auf die Schultern und überall hin, wo sie vorher die Eier plaziert hatten. Es waren auch sehr intime Zonen dabei, und bald glitschte Buddy vor Eierschleim, und die Pampe rann an ihm herunter.

Bevor er auch nur Luft holen konnte, schrie jemand anders: „Pomade – wo ist denn die Pomade?" Ach ja – da war sie schon – Haarpomade vom allerfeinsten: HD-Heavy Duty SAE 70-Öl, „Getriebe-Dünnschiß in Dosen", wie es allgemein genannt wurde, und seine hervorstechendste Eigenschaft war anhaltende, klebrige Zähigkeit. Weil Buddy unvorsichtigerweise sein altes Käppi noch aufhatte, wurde das gleich mitpomadisiert (innen und außen versteht sich), und alle fanden es toll, wie gut ihm diese Kultivierung zu Gesicht stand.

„Na, und nun die Dusche, der Junge soll ja sauber sein als neues Mitglied", ereiferte sich der Road Captain, der von jeher für seinen Schmuddel bekannt war. So goß jeder Anwesende respektvoll den Rest seiner Bierdose über Buddy aus, der diese willkommene Abkühlung dankbar aufnahm.

Schließlich durfte er sein altes, speckiges Westchen ausziehen und die nagelneuen Colors anziehen, die schon auf dem Gartentisch in aller Pracht zur Schau gestellt waren. Ja, nun war er also endlich Mitglied, und voller Begeisterung fing Buddy an, seine Rechte sogleich wahrzunehmen und seine Brothers (auch die Gäste wurden keineswegs verschont) rundum abzuküssen und ans Herz zu drücken, bis alle in etwa so aussahen wie Buddy ein paar Minuten zuvor.

„Wir hätten da nicht hingehen sollen", meinten einige der vorher so schick frisierten Damen, denn das Taufmaterial klebte erbärmlich und trocknete schnell, und die Duschkabine im Clubhaus war natürlich vorerst für die nächsten Stunden besetzt. Na ja, das haben solche Aufnahmerituale eben so an sich, und leider, leider war noch niemand da, den man mit „hey probate"-Geschrei herumkommandieren konnte, um all das Durcheinander wieder wegzuputzen. Man würde einen neuen Prospect brauchen ... Hägars schreckliche Augen richteten sich bohrend auf mich: „Wie wär's denn mit dir, Oluf?"

O. Z.

Eine herrliche Schmuddel-Orgie: Die geheiligten Riten der Aufnahme als vollwertiges Clubmitglied verlangen einen standfesten Charakter.

Eine Veteranen-Vereinigung der besonderen Art

Der Vietnam Vets MC

Respektbezeugung: Ein Drill Team der U.S. Navy salutiert am Memorial Day vor einer Abordnung des Vietnam Veterans MC.

Der Vietnam Vets MC – abgekürzt auch oft Nam Vets genannt – ist eine hochrespektierte Biker-Vereinigung mit lokalen Chapters in sämtlichen Staaten der USA und in aller Welt. Mitglied kann jeder werden, der zur Zeit des Vietnamkrieges in die U.S. Army eingezogen wurde und ein Motorrad besitzt, das verständlicherweise (aber nicht zwingend vorgeschrieben) eine Harley sein sollte.

Der Vietnam Vets MC versteht sich vor allem als überregionale Veteranen-Vereinigung, die für alle Kriegskameraden Hilfe und Unterstützung leistet, sich um kranke oder in Not geratene Kameraden kümmert und diese betreut. Darüber hinaus geht er der Frage nach, was mit den noch über zweitausend vermißten US-Soldaten des Vietnamkrieges geschehen ist. In Kontakt mit Abgeordneten und Senatoren verlangen sie Aufklärung über das Schicksal der POW/MIA (Prisoner of War/ Missing in Action)-Kameraden. Am Memorial Day (dem amerikanischen Krieger- und Veteranen-Gedenktag), jeweils am letzten Montag im Mai, veranstalten sie bei entsprechenden Festlichkeiten und Paraden Gedenkfeiern.

Eine ihrer berühmtesten Aktionen wurde der Run to the Wall zu jenem 1982 errichteten schwarzen Vietnam-Memorial-Denkmal auf dem Soldatenfriedhof in Washington D.C., das die 58.183 Namen der im Vietnamkrieg Gefallenen trägt. Der 1987 von den Vietnam Vets zum ersten Mal organisierte Run to the Wall (nach einer militärischen Aktion auch „Rolling Thunder" genannt) und „Freedom March" nach Washington D.C. begann zunächst mit bescheidenen 4.000 Teilnehmern und hat heute über 150.000 Mitstreiter. Parolen wie „proud to be an American" oder „let's bring them home America!" verdeutlichen ihr Anliegen. Da aber viele Veteranen aufgrund ihrer Invalidität oder sonstigen Behinderung nicht zu der Gedenkstätte nach Washington reisen können, wurde auf Initiative der Vietnam-Veteranen eine verkleinerte Kopie des Denkmals – die „Moving Wall" – geschaffen, die an verschiedenen Orten innerhalb der USA anläßlich von Gedenkfeiern aufgestellt wird. Diese Aktion wird übrigens auch von Harley-Davidson und vielen anderen Firmen und Organisationen gesponsert, wie zum Beispiel dem Magazin *Easyriders*, das sich ja schon lange mit seiner ständigen Vietnam-Vets-Kolumne „Vet Voice" erfolgreich für die Belange der vermißten Kriegsgefangenen einsetzt und über die Erfolge und Mißerfolge amtlicher Regierungsstellen und Aktionen berichtet.

Neben der Organisation regionaler Rallies und State Rallies – wie zum Beispiel July Jam in Commerce, Georgia – arbeiten die Vietnam Vets eng mit den Behinderten-Special-Olympics zusammen, organisierten Wohltätigkeitsveranstaltungen wie Toy Runs oder Toys for Tots Rallies, helfen aktiv inhaftierten Brothers und bemühen sich um die Betreuung kriegsversehrter und krebskranker Kameraden, die vor allem durch das Entlaubungsgift Agent Orange und Atombombentests verseucht wurden. Nach einer internen Statistik leben 20% aller Vietnam-Veteranen in US-Gefängnissen, 13% von ihnen sind immer noch Pflegefälle in Veteranen-Hospitälern. Der Anteil der psychisch Erkrankten lag 1996 bei 19% – alles in allem erschreckende Zahlen, die aber auch die soziale und politische Bedeutung des Vietnam Vets MC verdeutlichen.

Jesus is Lord

Christliche Motorradgruppen

Eine typisch amerikanische Erscheinung im Land der absoluten Religionsfreiheit, des privaten Sektierertums und der steuerfreien Kirchengemeinschaften sind die christlichen Motorradgruppen. Man kann darüber denken, wie man will, aber christliche Motorradclubs sind durchaus ernstzunehmende „Überzeugungstäter" für eine bessere Welt und ein friedliches Zusammenleben – allen voran die Christian Motorcyclists Association (CMA). 1977 von Herbert Shreve gegründet, hatte sie schon zehn Jahre später 2.500 Mitglieder, die meisten davon in den USA, eigene TV-Stationen, wie zum Beispiel in Clearwater, Florida, sowie eine ganze Menge CMA Area- und Road Representatives sowie „evangelists", also Prediger und Missionare. Mitglied kann jeder Christ werden. Der Mitgliedsbeitrag wird als Spende nach eigenem Ermessen und eigener Vorgabe festgelegt. Ihre Hauptaufgabe sieht die CMA in der Veranstaltung von Vereinsgottesdiensten (motorcycle ministries), in Wohlfahrts- und missionarischen Rallies sowie Runs mit Campouts, Games und eigenem Headquarters. Hinzu kommt die Herausgabe von mehreren Broschüren, Magazinen, Videos und anderen christlichen Utensilien. Überregionale Missions-Rallies wie „Riding for the Son" oder „Run for the Son" werden seit 1987 veranstaltet.

Der CMA haben sich bisher viele kirchliche und andere christlich-religiöse Institutionen angeschlossen. Dazu zählt auch der bekannte Evangelist Kenneth Copeland, der mit dem Eagle Motorcycle Club im September 1997 in Texas die über seine eigene Fernsehstation propagierte Big Rally veranstaltete und mit seinem „Great Healing" eine Teufelsaustreibung (im Trend der Zeit) vornahm. Andere christliche Vereinigungen huldigen der gesellschaftlichen Wiedergutmachung. „From Crime to Christ" heißt die Devise ehemals gefallener motorradfahrender Engel, die aufgrund eines Rehabilitationsprogramms christliche Bekenner wurden, ohne jedoch auf ihr geliebtes Leben mit der Harley verzichten zu müssen. Zu ihnen gehört zum Beispiel der bekennende, christliche Biker-Club Tribes of Judah, dessen Mitglieder sich für ein neues Leben entschieden haben und sich als aktive, moderne Jünger von Jesus Christus verstehen. Darüber hinaus gibt es unter anderem noch den Soldiers for Jesus MC, den Christ Motor Club, den Sons of God MC und die Christian Motorcycle Fellowship (C.M.F.), eine internationale Vereinigung, die das Clubmagazin *Biking News* herausgibt.

Der Evangelist Kenneth Copeland in einer Fernsehsendung anläßlich seiner „Great Healing" genannten Rally im September 1997 in Texas (Bilder rechts oben).
Biker-Gottesdienste des CMA sind für jedes Clubmitglied emotionale Erlebnisse (links).

Ein Jesus-Bild auf der Clubjacke zu tragen, ist in den USA nichts Ungewöhnliches – der symbolträchtige Harley-Sattel ist dagegen gewöhnungsbedürftig.

Hells Angels

Leben für Harley

50jähriges Jubiläum in Berdoo, Kalifornien: Gruppenbild aller anwesenden Hells Angels

Die Hells Angels – bewundert, gefürchtet, respektiert, oft verleumdet und verfolgt, vorbildhaft und meist mißverstanden –, der wohl berühmteste Outlaw-Club der gesamten Biker-Szene, sind bedingungslos ihren Harley-Davidsons ergeben. Die Company selbst hat diese Gruppe nie unterstützt. Bis heute hat Harley-Davidson keine Verbindung zu den Hells Angels und teilt ihre Lebenseinstellung keineswegs. Ein Mitglied der Hells Angels gibt eine authentische Darstellung ihres Way of Life.

„1965 befand sich Harley-Davidson in einer verdammt schlechten Wirtschaftslage. Knapp vier Prozent Marktanteil in den USA – ein klitzekleines Stück vom Motorradkuchen –, denn für den durchschnittlichen Kradler, der lieber fahren wollte anstatt zu schrauben und der einfach nur seinen Spaß haben wollte, war eine Harley einfach unattraktiv. Seinen Spaß hatte er auf einer Honda und nicht auf dem Eisenhaufen aus Milwaukee. Auf wahre Liebe traf eine Harley manchmal ganz woanders, nämlich bei den Typen, mit denen sich die Herren Erzeuger am liebsten gar nicht abgeben wollten – die Harley-Freaks der Biker-Szene, in der die Hells Angels eine nicht ganz unbedeutende Rolle spielen.

Um die ganze Geschichte unseres Clubs zu referieren, müßte ich ein Buch schreiben. Jeder aus unserem Club könnte ein Buch schreiben. Weil ein Leben ohne Motorrad, ohne Harley für uns unvorstellbar ist, kämen dabei sicher lauter Liebesgeschichten heraus. Mit allem, was dazugehört: dem Reiz der ersten Begegnung, der einen nächtelang nicht schlafen, nur träumen läßt. Dann das Sich-Kennenlernen, das Entdecken der Stärken und Schwächen, die Erkenntnis, daß man zusammenpaßt. Unter einer Voraussetzung: Der Partner muß alles, was seinem Charakter fremd ist, abstreifen. „Choppen" nennt man das. Das kann nicht jeder, das kann nur ein Biker, der – wie seine Maschine – eine ganze Menge Ballast abzuwerfen hat. Damit zusammenwächst, was zusammengehört."

Ein Freund wirft ein: „Das klingt zwar kitschig, ist aber so. Bereits als Junge hatte ich den Traum, irgendwann einmal zu den Hells Angels zu gehören. Da gab es diese Filme, die ich mir in den Stuttgarter Vorort-Kinos angeschaut habe. In den Untertiteln tauchten immer die Namen „Engel" oder „Hölle" auf. Heute weiß ich, daß das billig hergestellte B-Movies aus Hollywood waren, mit denen die Produzenten sich eine goldene Nase verdienen wollten. Aber der ganze Mist machte mich an, weil da echte Angels mitspielten. Schauspielerisch waren sie zwar Laien, aber für mich waren es Profis, weil sie sich selbst spielten. Typen, die mit den Regeln dieser Gesellschaft gebrochen hatten und sich ihre eigenen schufen."

„Die ersten Angels waren Piloten, Soldaten, die, nachdem sie aus dem Zweiten Weltkrieg in ihre Heimat zurückgekehrt waren, sich nicht mehr in die bürgerliche Welt eingliedern konnten. Das allgemeine Statussymbol in Amerika war das Auto, also fuhren sie Motorrad. Sie fuhren Harley, weil ihnen Indian, die einzig mögliche Alternative, viel zu snobistisch vorkam.

Das wollte ich auch. Aber an eine Harley war 1977, als ich meinen Motorradführerschein machte, nicht zu denken. Sie war viel zu teuer. Also fuhr ich Triumph, machte bei einem Händler dieser Marke eine Lehre zum Kfz-Mechaniker und gründete mit Freunden, die ähnlich empfanden und dachten wie ich, die „Hammers of Hell". Wir suchten

sofort Kontakt mit dem Hamburger Chapter der Angels und fanden ihn auch, avancierten zu Prospects. Jetzt mußte eine Harley her. Seitdem lebe und arbeite ich für diese Motorräder. Bis auf die letzte Schraube lernte ich sie kennen – wie jeder im Club, der schon längst als ausgewiesener Expertenhaufen in Sachen Harley-Davidson gilt, erfolgreich in der Dragster-Szene mitmischt, tunt und stylt.

Für viele waren es die Biker, die Harley am Leben erhalten haben, als die Firma vor dem Bankrott stand. Bis auf den heutigen Tag ist das Image lebendig, das die Szene geschaffen hat, ein Image, über das die Company selbst nicht unbedingt glücklich ist. Zugegeben, die Fertigungsqualität hat sich enorm gesteigert, und deshalb kann jetzt auch jeder Zahnarzt oder Buchhalter eine Fat Boy fahren, ohne sich die Finger schmutzig zu machen. Aber der Name Hells Angels ist aus der Geschichte nicht wegzudenken."

„Daß der Big Twin für viele zum mächtigen Symbol für einen alternativen Lebensstil schlechthin avancierte, haben die Biker zu verantworten, ob's ihnen paßt oder nicht", meint der Freund des Erzählers. „Viele glauben, daß es vor allem die Hells Angels waren, die diese Maschinen zum festen Bestandteil eines gesellschaftlichen Gegenentwurfs gemacht haben. Das war natürlich nicht unsere Absicht – der Big Twin ist einfach ein Bestandteil unseres Lebensgefühls. Weil wir so leben, wie wir es uns vorstellen. Hier und jetzt.

Ich habe Tag und Nacht gearbeitet, um eine Firma auf die Beine zu stellen, die nicht nur mit Harley genug Geld für meine drei Kinder, für meine Frau und für mich abwirft. Daß ich mit meinen Motorrädern Preise gewonnen habe, stört dabei wirklich nicht. Aber selbst wenn kein Mensch davon Notiz genommen hätte: Mir verschafft diese Arbeit Befriedigung, weil ich dabei umsetzen kann, was mir vorschwebt - das ideale Motorrad, das zuerst in meinem Kopf entsteht, dann auf dem Zeichenbrett Konturen annimmt und zuletzt in der Werkstatt zum Leben erweckt wird.

Zum Hells-Angels-Dasein gehört für mich, daß wir ein Motorradclub, der Hells Angels Motorcycle Club, sind. Ohne unsere Maschinen wären wir nicht wir selbst. Ein Normalbürger kann das nicht nachvollziehen. Nur Biker. Und das ist auch gut so. Dabei gerät uns der Big Twin nicht zum Fetisch. Wir verehren keine toten Gegenstände – das überlassen wir den Leuten, die samstags nachmittags ihre Blechkisten heiligen Waschungen unterziehen. Deshalb stilisieren wir Harley auch nicht zu unserem Abgott.

So, wie die Bikes das Werk verlassen, sind sie einfach langweilig, zumindest sieht das ein Hells Angel so. Zum Glück für Harley begreifen das nur die wenigsten. Da überrascht es nicht, daß die Verkaufszahlen auf über 100.000 Maschinen im Jahr angestiegen sind, und bis zum Jahr 2003 sollen es gar 200.000 sein. Der Mythos Harley mutiert zur Massenware.

Aber Mythos und Masse vertragen sich wie Feuer und Wasser, nämlich gar nicht. „Was wäre eigentlich, wenn alle Angels BMW fahren würden?" fragte ich Roy Mayer, Motoren-Ingenieur von Harley-Davidson, auf der IFMA 1996. Der wurde daraufhin ziemlich bleich – und das nicht nur der paar Biere wegen, die wir zusammen getrunken hatten.

Harley braucht nun mal die Hells Angels, Harley braucht die gesamte Biker-Szene, gerade weil die Firma eine Philosophie verkauft. Allerdings nicht an uns – denn wir haben sie gemacht."

Lutz Schelhorn, der fotografierte und auch das nebenstehende Statement verfaßte.

Die Ursprünge der Outlaw-Motorradclubs

Die Wurzeln der Hardcore-Biker

Motorradclubs in der Bronx in New York, anläßlich des Run to the Sun. Unterwegs, on the road, sind sie eine verschworene Gemeinschaft – Familie und Kinder mit eingeschlossen.

Die Geschichte der sogenannten Outlaw-Clubs beginnt unmittelbar nach dem Zweiten Weltkrieg. Als die aus dem Militärdienst entlassenen Soldaten zurück in die heile, aber reichlich spießige Welt ihres Heimatlandes kamen, wurde Motorradfahren – vor allem in Kalifornien – eine ihrer Lieblingsbeschäftigungen, um den Frust an der verklemmten Gesellschaft abzureagieren, die kein Verständnis für ihre Freiheitssehnsüchte hatte. Und zwangsläufig haben sie sich – getreu alter Kameradschaften – zu Clubs zusammengeschlossen, wie das Motorradfahrer ja schon immer getan haben.

Aber es gab schon in den 30er Jahren Clubs, die sich als „Outlaws" bezeichneten. Auch wenn uns ihre Namen nicht mehr bekannt sind, so gibt es doch genügend Augenzeugenberichte über wilde Motorradtypen, die in eine Bar oder einen Saloon hineinfuhren, mit Handölpumpe und tobendem Motor reichlich Rauch produzierten, bis das Bike und alle Anwesenden in einer beißenden Wolke aus Öl und Nebel untergingen, um dann in ihrem Schutz das Lokal mit Getöse wieder zu verlassen.

Andere Oldtimer-Sagas berichten von jenen bösen Buben, die ihrem Sozius zwei offene Öldosen in die Hand drückten, die dieser dann in den nächsten Kurven vor dem verfolgenden Motorrad-Cop auf die Straße schüttete und damit den lästigen Hüter des Gesetzes über die Böschung schickte.

Die Ursache für solche Verfolgungsjagden war fast immer dieselbe: Übertretung der Verkehrsregeln wegen zu schnellen Fahrens. Und beide sich bis aufs Blut bekämpfende Gegner fuhren die gleichen Maschinen: Harleys.

Die Geschichte der Namen der Nachkriegsclubs samt ihrer Abzeichen (Colors) sowie der von ihnen favorisierte Gebrauch aller Arten von Hakenkreuz- und Nazi-Emblemen lassen sich dagegen leicht nachvollziehen. Man braucht sich nur die bunt bemalten Fliegerjacken aus dem Zweiten Weltkrieg anzusehen, auf denen sogar Namen wie die heute so berühmten Hells Angels verewigt wurden.

Die lederne „Standard A-2"-Bomberjacke gibt eine exzellente Motorradjacke ab, und viele der Flieger, die in Europa stationiert waren, hatten die Rückseite mit Hakenkreuzen bemalt, um damit die Abschüsse deutscher Flugzeuge oder ihren Kampfeinsatz über Nazi-Deutschland zu dokumentieren.

Als die Outlaw-Clubs in den 60er Jahren mit ihren Krawallen begannen, entdeckten sie, daß speziell Hakenkreuze die Bevölkerung in Angst, Schrecken und Wut versetzten. Da die Öffentlichkeit diese Symbole nicht als „Zeichen des Sieges über den Feind" verstand, sondern als Beleidigung ihres geheiligten „American Way of Life", wurden Hakenkreuze beliebte Objekte, um die Spießer zu ärgern und rechtschaffene Demokraten zur Weißglut zu bringen.

Bald modifizierten die zunehmend selbstbewußt auftretenden Clubs ihre Embleme, und aus den aufgemalten Symbolen wurden gestickte Patches.

Einer der frühesten Patchholder-Clubs der Nachkriegszeit waren die Boozefighters. Ihr Name wurde als Verursacher der 1947er Krawalle von Hollister legendär, und aus ihnen entwickelte sich später die gesamte Outlaw- bzw. Einprozenter-Szene. Damals standen wohl mehr die üblichen „Volksbelustigungen" im Vordergrund ihres

Treibens, deren Tragweite jedoch niemand ahnen konnte. In den 80er Jahren hatten die Boozefighters ein beachtliches Comeback und eröffneten diverse Club-Chapters in vielen Teilen der USA. Danach wurde es relativ ruhig um sie.

Zeitlich dicht hinter den Boozefighters formierten sich die Hells Angels, von denen man sagt, daß sie ihr erstes Chapter bereits 1948 in Berdoo oder San Bernadino gründeten.

Andere kalifornische Clubs aus den frühen Tagen waren etwa die Satan's Slaves, die ein besonders auffälliges, viereckiges Patch trugen. Das ursprüngliche Gebiet der Satan's Slaves war das San Fernando Valley der Los-Angeles-Area, und ihr Patch trug die Buchstaben SFV. Sie waren als harter Motorradclub gefürchtet und avancierten später zum SFV-Chapter der Hells Angels.

Auch die Galloping Gooses existierten bereits in den frühen 50er Jahren. Bei ihren Clubausfahrten, meist aus dem östlichen Ende des San Fernando Valley kommend, fielen sie durch ihr typisches, in Goldränder gefaßtes lila Patch auf, das eine Stinkefinger-Hand zeigt, die mit kleinen Füßchen versehen war.

Der Bruder des Rock-'n-Roll-Stars Ritchie Valens fuhr oft mit ihnen. Die Galloping Gooses gibt es auch heute noch, allerdings nicht in allzu großer Zahl.

Das Gebiet um Los Angeles, speziell die Pasadena-Area, war auch die Heimat der Chosen Few, eines rassisch gemischten Clubs. Manchmal standen vor der Garage des Pasadena Police Departments bis zu einem Dutzend extremer Chopper herum, über deren Sissy-bar-Bügel Denim-Westen mit den Clubemblemen der Chosen Few hingen. Die Biker arbeiteten unter anderem auch als Mechaniker für das Police Department. Ein anderer kalifornischer Club waren die Gypsy Jokers. Er existierte mit vielen Chapters in den verschiedensten Teilen Kaliforniens bis in die späten 60er Jahre.

Nach einem verlorenen Krieg gegen die Hells Angels verschwanden die Gypsy Jokers urplötzlich von der Bildfläche, und erst heute, gegen Ende der 90er Jahre, tauchten einige ihrer Colors im Nordwesten der USA wieder auf.

Mitte der 60er Jahre gab es in Südkalifornien noch die Huns, die auch heute noch bestehen, die Commancheros, die Sundowners, die Vagos (ursprünglich ein mexikanischer Club aus der Sunland-Tujunga-Area), die Heathens von der South Bay und andere, kleinere Clubs wie etwa die Bravados aus Santa Barbara.

Die Outlaws wurden 1957 in Chicago gegründet, die Pagans 1959 in Maryland. New York wurde von auswärtigen Outlaws bevorzugt, und als ein echter Biker-Club formierte sich später der New York City-Club der Hells Angels, und in Detroit, der „Motor City USA" etablierten sich irgendwann im Laufe der 60er Jahre die Detroit Renegades.

Die Outlaw-Szene der späten 90er Jahre mit ihren vielfältigen Schichtungen, Machtstrukturen und territorialen Ansprüchen ist von ihren Anfängen aus der Nachkriegszeit jedoch Welten entfernt, und Südkalifornien mit seinem ganzjährig heißen, trockenen Wüstenklima ist längst nicht mehr das legendäre Biker-Paradies der wilden Motorrad-Rebellen. Ein zentraler Beziehungspunkt ist ihnen jedoch geblieben: die Harley. C.P.

Geheimzeichen

Eine Wissenschaft für sich

Rausgekriegt? Auch ganz „normale" Harley-Fahrer zeigen schon mal ihre geheimen Lüste.

Die vielfältigen Biker-Patches mit Zeichen, Zahlen, Buchstaben und Symbolen sind bis in die 90er Jahre selbst für Insider ein Mysterium und Ursache für mancherlei Mißverständnisse geblieben. Jetzt, kurz vor der Jahrtausendwende, ist allerdings die Bedeutung, die sie einst hatten, weitgehend verblichen. Zum Teil werden sie aber immer noch getragen, wenngleich sich ihre ursprünglichen Aussagen oft völlig verändert haben. Andere sind an ihre Stelle getreten, oder die ehemals durch Patches ausgedrückten Messages werden auf andere Weise kenntlich gemacht.

Dazu kommt, daß Biker heutzutage cleverer sind als früher. Nur ein Idiot würde noch das DFFL-Patch tragen, das „Dope forever, forever loaded" (Drogen für immer, für immer high) bedeutet. Es wäre geradezu ein Magnet für die Polizei und würde an manchem Ort Grund genug für eine sofortige Durchsuchung oder gar Verhaftung bieten.

Das gilt auch für das berühmte „13 Patch", das den 13. Buchstaben des Alphabets meint: M, der hier für Marihuana steht. Früher hat man gutgläubigen Reportern weisgemacht, es bedeute die Glücks- (oder Unglücks-) Zahl 13, und manche haben das tatsächlich auch geglaubt.

Die Auswahl an Patches und ihre Bedeutungen sind vielfältig. Es gibt aber auch Patches, die nur eine einzige Bedeutung haben, so wie das wohlbekannte 69-Zeichen – dessen Bedeutung sich von selbst versteht.

Häufig sieht man das FTW – „Fuck The World" –, eine generelle Einstellung, die in Biker-Kreisen weit verbreitet ist. Ursprung ist die Abkürzung FTA (Fuck The Army). Das FT-Kürzel findet sich noch in vielen weiteren Varianten.

Andere Patches, wie zum Beispiel Totenköpfe, sind dagegen ernster zu nehmen. Ein amerikanischer Club trägt das berüchtigte ITCOB-Patch: „I Took Care Of Business" (Ich hab' mich drum gekümmert), worunter man alles mögliche verstehen kann.

Ein Patch der Hells Angels, das die Polizei besonders fürchtet, ist das sogenannte Daguello-Patch. Es besagt, daß es keine Gnade geben

Geheim oder nicht: informierte Biker wissen um jedes Zeichen.

wird, und speziell bei den Hells Angels hieß es, daß der Träger bereit ist (oder war), sich seiner Verhaftung gewalttätig und mit allen Mitteln zu widersetzen. „Daguello" ist der Titel eines mexikanischen Volksliedes, das die Soldaten von General Antonio López de Santa Anna vor der belagerten Festung „The Alamo" in San Antonio, Texas, sangen, bevor es zu dem berühmten Massaker vom 6. März 1836 kam – Santa Anna befahl, keine Gefangenen zu nehmen, 183 Texaner starben. Der Song hieß auf amerikanisch „No mercy" und wurde durch den Western „Rio Bravo" (mit John Wayne, Dean Martin und Ricky Nelson) weltbekannt.

Die FF-Patches sind recht geläufig. Den Anfangsbuchstaben eines Clubs davor- und dahintergesetzt, ergibt dies das Symbol „Forever-Forever" (zum Beispiel in der Kombination AFFA = Angels Forever, Forever Angels).

Das 1%-Patch geht zurück auf die Ereignisse des Hollister Bash von 1947 und drückt den Protest gegen die offizielle Aussage der AMA aus, daß nur 1% aller Motorradfahrer üble Rowdys seien. Bis heute versteht sich der Träger eines 1%-Patches als echter Biker oder als Outlaw. In den USA ist das 1%-Zeichen ein rotes Tuch für das Law Enforcement und oftmals alleiniger Grund für eine Verhaftung.

MC steht generell für Motorcycle Club, womit normalerweise alle Color-tragenden Biker-Clubs gemeint sind. In Europa gibt es auch die Varianten MCC (Motor Cycle Club), CC (Chopper Club) und CCC (Custom Chopper Club). Das Kürzel MF (Motorcycle Family) macht deutlich, daß es sich wahrscheinlich um einen Outlaw-Club handelt.

Die umstrittenen Swastika-Patches, Hakenkreuze oder SS-Runen entstammen den Fliegerjacken der US-Bomberpiloten, die sich diese Symbole als Siegestrophäen für abgeschossene deutsche Flugzeuge aufmalten. Später erwiesen sich die Bomberjacken als ideale Motorradbekleidung; die aufgemalten Nazi-Symbole waren jedoch allgemein verhaßt und wurden mit tiefer Abscheu betrachtet. Rebellische Biker werteten diese schnell zum Spießerschreck-Symbol auf. Sie müssen nicht immer etwas mit antisemitischer Einstellung zu tun haben, sondern spielen eher auf die Kameradschaft unter Kriegshelden an.

Ein besonderes Kapitel gebührt den berüchtigten Wings, den Flügel-Patches. Die berühmten Red Wings – eine Erfindung der Hells Angels aus ihren frühen Tagen – besagen, daß ihr Träger gewisse Dinge getan hat. Dieses Wing-Patch ist das einzige, das lange getragen wurde; es ist heute jedoch kaum mehr zu sehen.

Darüber hinaus gibt es eine mehr oder minder phantasievolle Regenbogenpalette farbiger Flügel, die meisten davon sind schlicht und ergreifend selbst erfunden. Dennoch sind sie vor allem in polizeilichen Instruktionsbüchern akribisch registriert – kein Wunder, daß Biker manchmal so argwöhnisch betrachtet werden. Einige dieser – manchmal recht dümmlichen – farbigen Flügel-Patches sollen hier vorgestellt werden, auch wenn viele Bedeutungen arg weit hergeholt erscheinen.

Die unterschiedlichen Farben stehen für diverse Bedeutungen, die sich meist auf die Sexualpraxis beziehen. Ein Beispiel dafür ist der blaue oder gelbe Flügel, der für Sex mit einer Polizistin steht – einer der wenigen Flügel, der wahrscheinlich echt ist. Der goldene Flügel ist eine Art Medaille, die anzeigt, daß ihr Träger an einem Bandenkampf teilgenommen hat. Darüber hinaus gibt es den weißen, den schwarzen, den gelben, den purpurfarbenen und den braunen Flügel. Das Eightball Patch (die schwarze Billardkugel Nummer acht) ist ein weiteres Symbol, das immer wieder unterschiedlich interpretiert wird und nachweislich aus dem militärischen Untergrund stammt. Es wird angenommen, daß sein Träger von anderen Bikern beim Ausüben gewisser Sexualpraktiken beobachtet wurde – aber das ist Unsinn. Viele Patches haben ihre ursprüngliche Bedeutung längst verloren und werden oft gedankenlos ohne jeden Bezug als flottes Souvenir an die Jacke oder die Kutte genäht – ein weiteres Symptom, das den Niedergang der einstmals so verschworenen Biker-Gemeinschaft kennzeichnet.

Lifetime Bikers

Aus dem vollen Leben gegriffen:

Geliebt – geachtet – respektiert: Bekannt in der Szene und immer für die Biker und ihre Rechte da. Mit anderen Worten: Autoritäten, Experten, Gurus, Häuptlinge, Vorbilder. „Pops“ zum Beispiel mit seiner Frau aus New Orleans, Gabriel Sage und seine Frau aus Florida, „Wildman“ aus Mississippi, „Papa John“ – immer unterwegs, „Tiny“, vielbegehrter Harley-Mechaniker, Santa Claus, die großen Häuptlinge der Southern Riders, die besonders harten Repressalien ausgesetzt waren, Walt und seine Freundin von den Vietnam-Veteranen oder ein einsamer Südstaaten-Biker; Harleys sind ihr Leben, und ihr Way of Life ist von bedingungsloser Treue geprägt.

Bring Them Home!
Vets M/C

SOUTHERN RIDERS
M.C.
MOBILE, CO.

Präsidentenrallies und Feierabend-Rocker

Motorrad-Szene in Deutschland

Statement der Company:

Die Harley-Davidson Motor Company hat nur Verbindung zu ihren eigenen offiziellen Clubs, die der Company angeschlossen sind. Zu den privaten Clubs, die auf den folgenden Seiten vorgestellt werden, unterhält Harley-Davidson keine Beziehungen. Private Clubs nennen sich manchmal „Harley-Club", auch wenn die Benutzung dieses Namens nicht autorisiert ist. In gewissen Fällen sieht sich die Company gezwungen, dagegen einzuschreiten. Man muß ganz eindeutig unterscheiden zwischen offiziellen Harley-Clubs, die von der Company getragen werden, und privaten Clubs, die ein Zusammenschluß von Leuten sind, die gerne Harley fahren und dieses Hobby mit Gleichgesinnten teilen möchten.

Deutsche, vorwiegend Harley-orientierte Biker-Clubs und MCs:

BONES MC
CAVE MEN MC
GREMIUM MC
FREE SPIRITS MC (seit 1975)
BOMBHOLDERS MC
WARLORDS MC
KNIGHT RIDERS MC (US-Club)
MOTOR TRAMPS MC
FREE BIRDS MC (seit 1976)
FIREBIRDS MC
ROAD EAGLES MC, München
HELLS ANGELS MC
DEVILS ADVOCATES MC
OUTLAWS MC (integrierte Clubs sind z. B. TORROS MC oder ANGELI NEGRI MC)
Kleinere Clubs sind z. B.: LOST SONS MC, FALCONS MC, BRONCOS MC, CHOPPERS MC, VULTURES MC ...

1960 hielt die Hardcore-Biker-Szene, unterstützt von unzähligen Hollywood-Vorgaben, auch in Europa Einzug. Zunächst kam sie nach England, einem Land mit eigener Beat- und Rock-'n'-Roll-Kultur, wo sich kurz nach dem Krieg die Rockers, die Teds und die Mods prügelten und wo sich nun auch das schlechte Image aus Übersee eingebürgert hat. Die Öffentlichkeit betrachtete die Hardcore-Biker als Harley-Prolos und Asoziale, als arbeitsscheue und schmuddelige bis dreckige Schläger. Der Ausdruck „ungewaschene Schweine" wurde zum gruppentypischen Unwort, „besoffene und bekiffte Wüstlinge" zum Neid- und Frustbegriff.

Das amerikanische Rebellentum sprang zündend auf den alten Kontinent über und weckte Freiheitsträume, die die Flucht aus monotoner Arbeit und spießigen, autoritären Elternhäusern vorbereiteten. Der gemeinsame Haß auf staatliche Autorität und bürokratische Zwänge kam hinzu, und die Clubs entwickelten sich zum Domizil einer neuen Biker-Generation. Der „Bock" zum gemeinsamen Auftritt – am liebsten mit einer Harley – ließ den „Furchterreger"-Effekt aufkommen. Etwa ab den 70er Jahren konsolidierte sich die Rocker-Szene in Deutschland mit unzähligen MCs – darunter auch einige reine Harley-Clubs –, die aber vor allem aus den in Deutschland stationierten Soldaten der US-Streitkräfte hervorgegangen waren. Aus „ride free" wurde „streß- und bullenfreie Anfahrt", und die Polizei schoß sich schon mal auf das neue Feindbild ein. Kulminationspunkte waren gut organisierte Club-Rallies, die Ende der 70er bis Mitte der 80er Jahre entstanden. Mit normalerweise 500 bis 2.000 Teilnehmern zählten sie bereits zu den großen Runs der Szene. Da auch jeder noch so kleine MC in der Ausrichtung einer solchen Party ein Riesengeschäft sah, überschnitten sich die Termine bald und wurden daraufhin bei sogenannten „Präsidentenrallies" beantragt und vergeben. Einige Events aus dieser Zeit sind bis heute gekennzeichnet von Krawallen – Schießereien, Clubfehden mit Messerstechereien, Massenschlägereien und gewalttätigen Brandaktionen.

Behörden und Gemeinden schikanierten derartige Veranstaltungen mit immer neuen und nahezu unerfüllbaren Auflagen. Nachdem die Clubs dazu übergingen, sich mit Schußwaffen auszurüsten, wurde die Polizei zunehmend nervöser und aggressiver. Dazu kam das Phänomen der Wandlung von der typischen Rocker-Szene (jugendliche Mofa-, Motorrad- und Autofahrer) zu Bikern, die man mit schweren Motorrädern – vor allem Harleys – identifizierte. Während auf der einen Seite Rocker und Biker immer mehr in das Blickfeld von „Ermittlungen", der Kripo und des Staatsschutzes („verdeckte Fahnder" oder „Rockerdezernate" wie das K122 in Offenbach) gerieten, wurden die territorialen Ansprüche untereinander mit ungewohnter Brutalität ausgefochten.

Große Clubs tendierten dazu, kleinere Clubs unter Drohung gewaltsamer Auflösung zu annektieren – eine Entwicklung, die in der Wirtschaft längst üblich ist und als „Fusion" beziehungsweise „feindliche Übernahme" bezeichnet wird. Inzwischen werden viele große MCs in Europa wie internationale Konzerne geführt, wobei die eigentliche Bestimmung des gemeinsamen Motorradfahrens immer mehr zur organisierten Freizeitbeschäftigung verkommt. Von echten Bikern wird dieses Phänomen etwas spöttisch als „Feierabend-Rockertum" bezeichnet, andererseits gibt es in ganz Europa kaum noch ein Wochenende, an dem nicht ein oder mehrere Biker-Events stattfinden.

Moskau, Luxemburg, Stockholm …

Biker-Clubs in Europa

Auch hier kann aus verständlichen Gründen nur ein kleiner Teil genannt werden. Dabei handelt es sich nicht um eine Bevorzugung, sondern einfach um eine Auflistung jener Clubs, die ich entweder persönlich kenne oder die mir von Korrespondenten genannt worden sind. Erwähnt werden auch die Clubs, die aus den verschiedenen Publikationen europäischer Biker-Magazine ins – und das muß ich leider zugeben – sehr begrenzte Blickfeld gerieten.

In Osteuropa sind neben dem Harley-fahrenden Werewolves Club aus St. Petersburg auch die Moskauer Nightwolves zu erwähnen. Auch bei dem Scorpions MC aus Polen setzen sich seit Beginn der 90er Jahre Harleys durch. In Ungarn gibt es den Geronimo MC. Ein extremer Harley-Club, der 1990 in den Niederlanden gegründet wurde, ist der Maluku MC, ein politisch orientierter Verein ehemaliger Kolonialsoldaten, der sich für die Freiheit der Molukken einsetzt. 1974 wurde in Luxemburg der Les Copains MC gegründet und in den 80er Jahren in der Schweiz der Harley-Club Cheyenne. Besonders viele Hardcore-Biker-Clubs gibt es in den skandinavischen Ländern, aber nicht alle sind so bekannt wie die Hells Angels und Bandidos, die sich 1997 in Dänemark blutige Auseinandersetzungen lieferten. In Schweden existiert seit langem der Sundbäckens MC, weiterhin gibt es den Mothers Freak MC aus Göteborg, den Brotherhood MC aus Karlstad und als ältesten Club die Sofia Hogs aus Stockholm.

Selbstverständlich gibt es daneben auch viele Hardcore- und Einprozenter-Clubs in nahezu allen Ländern Europas. Ihre Parties und Runs sind zum Teil entweder Groß-Events oder aber Geheimtips unter Eingeweihten.

Namensgebung, Outfit, Clubleben und nicht zuletzt das Motorrad sind grundsätzlich an amerikanischen Vorbildern orientiert, was jedoch einen gewissen Lokalpatriotismus nicht ausschließt. Freiheit ist schließlich international. „Freedom on the road“ ist dagegen eine völlig andere Sache, die von Fall zu Fall und von Ort zu Ort oft hart erkämpft werden muß.

Biker News-Leserumfrage

Interessant ist die ständige Leserumfrage der *Biker News* über die Beliebtheit von Harley-Davidson in der Biker- und Rocker-Szene:

A) Von rund 130.000 Lesern fuhren Harleys:

1988 – 19%
1989 – 23%
1991 – 26%
1993 – 24%
1996 – 33%

B) Von gleichbleibend vielen Lesern ist eine Harley das „Wunschtraum-Motorrad“:

1991 – 66%
1993 – 54%
1996 – 55%

Foto: Sheriff

„On the road“ in aller Welt: nach der Öffnung des Ostens treten auch die nunmehr „befreiten“ Harley-Clubs immer mehr in das Bewußtsein der restlichen Biker-Kommunen. Ganz oben und Bild unten Mitte: Members des Nightwolves MC von Moskau.

Harley-Clubs in Europa

Lange bevor sich in den 60er und 70er Jahren weltweit Harley-Fahrer zu Clubs zusammenfanden, führten die frühen Exporte der Company nach England, den Niederlanden und Deutschland dazu, daß sich Harley-Fahrer zusammenschlossen, vor allem, um sich gegenseitig zu helfen, Erfahrungen auszutauschen und eine zentrale Ersatzteilversorgung zu organisieren. Diese Clubs waren in keiner Weise mit der Company verbunden, sondern führten den Namen Harley in ihren Clubbezeichnungen, um deutlich zu zeigen, daß ihre Mitglieder ausschließlich Harleys fuhren.

Der erste bekannte Harley-Davidson-Club dürfte der Harley-Davidson Club Praha (Prag) in der ehemaligen Tschechoslowakei gewesen sein. Er ist durch ein Hotelgästebuch aus dem Jahre 1926 belegt. Kurz nach dem Zweiten Weltkrieg gründeten sich fast überall in Europa spezielle Harley-Davidson-Clubs, wobei einige weitgehend aus dem Fundus an Restbeständen diesbezüglicher Hinterlassenschaften der alliierten Streitkräfte schöpften. Einer der frühen Clubs war der 1948 in Paris gegründete Harley Club de Paris mit seinem Präsidenten Lionel Matra. Später entstand der Harley-Davidson Club de France. Ebenfalls ein früher Harley-Club aus Frankreich war der Clodos Sauvages. Wie in Amerika taten sich auch in England ehemalige militärische Harley-Fahrer zusammen und gründeten 1949 den Harley-Davidson Riders Club of Great Britain.

Allmählich wuchsen die zunächst eigenständigen Harley-Clubs zu einer gesamteuropäischen Gemeinschaft zusammen, wobei der östliche Teil zwangsläufig etwas abgesondert blieb. Aber auch dort gab es sehr aktive Vereinigungen, wie zum Beispiel ab 1964 den Harley Club Brno in der CSSR oder den Freundeskreis von Harley-Fahrern in der DDR, der seine internen Treffen mit den Motorrädern des Klassenfeindes stets als Oldtimer- und Veteranen-Schau tarnte. Auch in Polen und Rußland fanden sich genügend Harley-Fahrer, die sich allerdings erst nach 1990 als entsprechende Clubs konstituieren konnten, darunter der Werewolve Biker Club in St. Petersburg oder der Nightwolves MC in Moskau sowie verschiedene MCs in Polen oder Ungarn. Die europaweit als Harley-Davidson-Clubs entstandenen Freundeskreise – beispielsweise der H-D Club Schweden (HDCS), der Harley Club Netherlands aus Groningen (der schon seit Ende der 70er Jahre interne Rennen veranstaltet), der H-D Club of

Denmark oder der H-D Club Deutschland – veranstalteten nun abwechselnd die bereits erwähnten Superrallies. Andere Clubs – wie etwa der Mainzer Harley-Davidson Classic e.V. oder der Harley-Davidson Club Big Twin España – machten ihre eigenen Veranstaltungen. Unzählige kleinere Harley-Clubs der verschiedensten Art in ganz Europa hatten ihre kleineren und größeren Feste, die entsprechend ihrem Zuspruch und ihrer Atmosphäre teilweise einen gewissen Bekanntheitsgrad erreichten. Viele Clubs lösten sich mangels Mitgliedschaft wieder auf oder verschwanden aufgrund von Desinteresse oder Streitigkeiten, andere wiederum wurden aufgelöst oder mußten sich den territorialen Ansprüchen mächtigerer Clubs beugen – eine Erscheinung, die besonders Mitte der 90er Jahre immer stärker in den Vordergrund der gesamteuropäischen, vor allem aber der deutschen Biker-Szene trat. Zudem sorgten die von der Company initiierten Aktivitäten der Harley Owners Group für eine Umorientierung der Harley-Szene, wobei sich viele kleinere lokale Gruppen als H.O.G.-Chapter umstrukturierten, während andere in die Hardcore- beziehungsweise Outlaw-Szene abdrifteten.

Besondere Probleme gab es dabei mit den alteingesessenen europäischen Clubs,die sich selbst Harley-Clubs nannten. Sie wollten ihre Eigenständigkeit und ihren Namen nicht ohne weiteres aufgeben und stellten ihre Mitglieder vor die Wahl, bei ihnen zu bleiben oder zu H.O.G. zu gehen. Eine Doppelmitgliedschaft war und ist meist nicht möglich, da die Clubs ihre Identität dadurch in Frage gestellt sehen, während die H.O.G.-Mitgliedschaft jedem offensteht, der eine Harley fährt. Obwohl man sich durchaus gegenseitig besucht und respektiert, bestehen zwischen der Harley Owners Group und anderen Clubs, Freundeskreisen oder Vereinigungen kaum partnerschaftliche Beziehungen.

Exklusiv und mächtig exotisch: in den 60er Jahren waren Harley-Clubs eine vielbestaunte Welt für sich.

Harley-Clubs weltweit

Der Harley-Riders-Club in England.

Harley-Davidson-Club Schweden (HDCS).

Sammelt Trophäen für daheim: Ein Mitglied der tschechischen Harley-Gemeinde.

Mitglied des Big Twin MC bei einem Treffen in Kinugawa, Japan.

Immer zeigen, wo man herkommt: British Harley Riders (rechts).

Harley-Highlanders aus Schottland.

Club-Parade in Milwaukee, USA.

Sie sind überall: Harley-Fans in Kuba.

Harley-Clubtreffen in „Down Under“: Sidney, Australien.

Stolzer Harley-Besitzer in Kuba.

Harley-Club Polen: Treffen in Zielonka.

Alt, aber zuverlässig: Wassilij Kostins treue WL in Moskau.

Hochzeiten

Die etwas andere Kutsche

Biker-Hochzeiten, das ist „Harleylujah" auf Erden, in der Kirche, im Bett - und natürlich auch im Club. Die an sich nicht allzu christlich orientierten Biker halten sich, was Ehe und Hochzeit betrifft, streng an gesellschaftliche und religiöse Moralvorstellungen und Traditionen. Biker-Hochzeiten werden deshalb meistens von Priestern geschlossen. Die standesamtliche Trauung ist eher eine lästige Formsache. In den religionstoleranten USA gibt es zudem viele Clubpräsidenten, die gleichzeitig ein Priesteramt bekleiden und deshalb Ehen schließen dürfen. Darüber hinaus bemühen sich weltweit spezielle „Motorrad-Priester" um die „wilden Rocker", veranstalten Motorrad-Gottesdienste und nehmen Trauungen vor. Kirche hin, Tradition her, wie und wo auch immer – bei Biker-Hochzeiten sind die festlich geschmückten Harleys immer dabei, und manchmal dürfen sie sogar in das Gotteshaus gefahren werden. Selbstverständlich fehlt dabei auch das zünftige Biker-Outfit nicht: Stiefel, Jeans und Kutte sowie alle Insignien in voller Pracht.

Mit Getöse zum Standesamt: Wer sagt denn, daß eine Harley keine perfekte Hochzeitskutsche ist?

Funerals – die letzte Fahrt

Memorial Runs: Zum Gedenken

Mitglieder von Biker-Clubs haben ein Anrecht sowohl auf ein standesgemäßes Begräbnis wie auch auf den alljährlichen Memorial Run. Die Clubrituale und das Memory-Patch sind „geheiligte" Zeremonien und Insignien.

Die lange Kolonne schwerer Harleys nähert sich mit abgeblendeten Lichtern in langsamer Fahrt dem abgelegenen Friedhof. In der Mitte des Zuges eine schwarze Limousine, die bärtigen Biker fahren ohne Helm. Vor dem Eingang stellen sie ihre Maschinen in langer Reihe ab, das urweltliche Grollen erstirbt. Stille lastet über dem schattigen Platz, acht Biker fassen mit ihren muskulösen Armen den schmucklosen Sarg und tragen ihn auf den Friedhof.

Die anderen, alle in Jeans und Kutte und mit sämtlichen Abzeichen und Insignien versehen, trotten schweigend hinterher, die Mädels am Schluß. Ein mitgebrachter Priester spricht ein paar belanglose Worte, wie es der christliche Brauch ist, und dann sagt der eine oder andere Brother noch etwas, meist ist es der Präsident des Clubs, dessen Mitglied der Tote war. Ein paar Souvenirs fallen in die offene Grube, danach schaufeln die Members das Loch zu. Anschließend werden mit einem Höllengetöse die Bikes gestartet, und in einer Staubwolke verschwindet der ganze Spuk in der Ferne.

So in etwa stellt man sich ein Biker-Begräbnis vor, und so sieht man es meist auch in den einschlägigen Filmen. In Wirklichkeit spielen sich die meisten Biker-Begräbnisse aber in konventionellen Formen ab, sieht man von der Trauerkleidung, der traditionellen Biker-Kluft mit einem schwarzen Armband und einem neu aufgenähten Patch „in Memory of ..." – dem typischen Outfit, das hier als „Ehrenkleid" getragen wird –, einmal ab. Der Leichenzug besteht zumeist aus Bikes – und zwar generell Harleys –, die ja auch als unverzichtbares Symbol für Leben und Tod gelten.

Es gibt aber noch andere Funeral-Formen. So wird manchmal die Asche des Toten auf hoher See ins Meer gestreut, manchmal wird sie auch auf einem Funeral-Run vom Fahrtwind verweht.

Oft benutzen das FBI und andere Law-Enforcement-Agenten Biker-Begräbnisse, um direkte Ermittlungen vor Ort anzustellen. Vor allem bei Outlaw-Funerals sieht man des öfteren solch ungebetene Besucher.

Jedes verstorbene Clubmitglied hat Anspruch auf einen jährlichen Memorial Run – eine Clubausfahrt zu seinem Grab, wo dann eine Flasche Bier die Runde macht und zur Hälfte ausgetrunken in den Grabhügel gesteckt wird, damit auch der begrabene Brother seinen Teil bekommt. Anschließend findet eine Party statt.

Sehr selten kommt es vor, daß das Motorrad des Verstorbenen mit beerdigt wird. Dieser Brauch geht zwar auf eine Legende zurück, doch die Behörden verbieten so etwas grundsätzlich, und so „verfolgt" die Bürokratie die Biker bis in den Tod.

ABATE – dedicated to freedom of the road

Eine der größten ABATE-Aktionen war der berühmte Helmet-Protest-Run zum Parlament von Louisiana in Baten Rouge (1984), bei dem Tausende von Unterschriften gegen den neu eingeführten Helmzwang gesammelt und den Abgeordneten übergeben wurden.

Die American Biker Aimed Toward Education – ABATE – entstand 1966 als in einzelnen US-Staaten eigenständig operierende Organisation, die nach Einführung des Helmzwangs (Highway Safety Act of 1966) für die verbrieften Rechte amerikanischer Motorradfahrer Partei ergriffen hatte. Damals bedeutete das schon fast staatsfeindlich anmutende Kürzel jedoch „A Brotherhood Against Totalitarian Enactments", was etwa „Interessengemeinschaft zur Bekämpfung totalitärer Staatsgesetze" hieß und natürlich aus der Hardcore-Szene kam. Da besonders die Outlaw-Gruppen stets unter staatlichen Repressalien (Police Harassment) zu leiden hatten, andererseits schon aufgrund ihrer rebellisch-rabiaten Freiheitsmentalität bei allen staatlichen Auflagen besonders empfindlich reagierten, waren es anfangs vor allem einige Einprozenter-Clubs (unter anderem Hells Angels, Hessians, Chosen Few, Mongols, Outlaws, Sons of Silence, Bandidos), die mit wütenden Protesten gegen das neue Helmzwang-Gesetz Sturm liefen.

Obwohl ihr Aufruhr eine durchaus ehrenwerte altamerikanische Tradition der Bürgerrechtsbewegung verkörperte, bekam ABATE dadurch zunächst ein negatives Image unter den „guten", sprich gesetzestreuen Motorradfahrern. Einen wesentlichen, positiven Einfluß auf die ABATE-Bewegung hatte vor allem das *Easyriders*-Magazin, das unermüdlich neue gesetzgeberische „Schikanen" veröffentlichte, über den aktuellen Stand der Helmzwang-Gesetzgebung in den einzelnen Staaten berichtete und den ABATE-Gruppen einen redaktionellen Rahmen zur Verfügung stellte. Obwohl dieses Engagement von *Easyriders* gleichzeitig eine geschickte und erfolgreiche Werbekampagne darstellte, war es doch eine gute und ehrenwerte Sache, für die sich das Biker-Magazin stark machte, und sicher einer der Gründe für den Erfolg von ABATE. Zur Schande der sonst so freiheitsliebenden amerikanischen Presse muß gesagt werden, daß nahezu alle anderen Motorradmagazine staatskonform den Helmzwang als eine gute Sache ansahen und die inzwischen mächtig gewordene ABATE-Bewegung völlig ignorierten, wenn nicht sogar bekämpften. Dabei ging es ABATE gar nicht darum, den Helm zu verteufeln (dessen Schutzfunktion sie nie bezweifelten), sondern nur um den Zwang, ihn tragen zu müssen. Inzwischen ist ABATE längst eine anerkannte Bürgerrechtsbewegung geworden, arbeitet eng mit der Motorcycle Safety Foundation (MSF) zusammen und änderte in diesem Zusammenhang auch seine Abkürzungsformel in die nunmehr etwas gequält wirkende Aussage „Amerikanische Biker für eine bessere Ausbildung". Die Erkenntnis, daß eine bessere Ausbildung dringend nötig ist, hat ihre Berechtigung: Amerika hat keinen Fahrschul-Zwang, und die Statistik weist die meisten Todesfälle unter jugendlichen Motorradfahrern auf.

ABATE finanzierte sich zunächst durch Fundraiser Runs und Parties (der legendäre „Bean Blossom Boogie" in Indiana und zahlreiche „Helmet Protest Runs" sind Beispiele dafür) und hatte bald genügend Geld in der Kasse, um sich teure Rechtsanwälte und Verfassungsklagen leisten zu können, von denen einige durchaus erfolgreich verliefen: Verschiedene Staaten nahmen das Helmzwang-Gesetz – meist aus verfassungsrechtlichen Gründen – wieder zurück.

Heute ist ABATE eine weltweite Organisation, die sich zusammen mit anderen Motorrad- bzw. Bürgerrechtsgruppen international gegen staatliche und bürokratische Bevormundung wehrt und sich für ursprünglich garantierte Bürgerrechte einsetzt.

Obwohl sich Harley-Davidson immer von ABATE distanzierte, hat die Company heute keine Berührungsängste mehr und setzt sich nun auch gegen die Beschneidung bürgerlicher Grundrechte ein, soweit sie die Motorradbranche betreffen. Schließlich steht heute nicht mehr nur der Helm (bzw. sein Tragezwang) zur Debatte, sondern ein ganzer Way of life – und der ist eben sehr stark Harley-orientiert.

ABATE-Erklärung

Wiederholt sich die Vergangenheit?

Um 1880 gab es in Amerika eine Gruppe von Menschen, die es liebten, durch die Berge und Täler ihrer wundervollen Heimat zu streifen.
Sie liebten es, dabei den Wind in ihrem Gesicht und die Sonne auf ihrem Körper zu fühlen.
Sie waren naturverbunden und hatten einen besonderen Sinn für persönliche Freiheit.
Ihre Kleidung war aus Leder, und sie schufen sich dabei ihren eigenen Stil.
Oft hatten sie lange Haare, und manche trugen Ohrringe.
Sie versammelten sich gerne um Lagerfeuer und feierten Bruderschaft.
Sie teilten sich in viele Stämme und Gruppen auf, und jede hatte ihre eigenen Anführer.
Sie hegten jedoch Mißtrauen unter sich, und ihre Wortführer stritten und argumentierten ständig.
Sie brachten es niemals fertig, alle ihre Gruppen und Stämme zu vereinen.

Man nannte sie Indianer.

Die Regierung und die ewigen Moralapostel der Gesellschaft hatten jedoch nichts übrig für die Indianer, denn sie waren anders, und Leute, die anders dachten und lebten, wurden schon immer als eine Bedrohung empfunden.
So erließ die Regierung Gesetze, welche die Rechte der Indianer beschnitten und ihnen ihre Freiheit nahmen. Schließlich sperrte man sie in umzäunte Lager, die man „Reservate" nannte, wo ihre Lebensweise letztendlich wirkungsvoll vernichtet wurde.

Jetzt, um 1980, gibt es in Amerika eine Gruppe von Menschen, die es lieben, durch die Berge und Täler ihrer wundervollen Heimat zu streifen.
Sie lieben es, dabei den Wind in ihrem Gesicht und die Sonne auf ihrem Buckel zu spüren.
Sie sind naturverbunden und haben einen besonderen Sinn für persönliche Freiheit.
Ihre Kleidung ist aus Leder und hat ihren eigenen Stil.
Viele tragen lange Haare, und einige haben Ringe in den Ohren.
Sie versammeln sich gerne um Lagerfeuer und feiern Bruderschaft.
Sie sind in viele Sippschaften, Clubs und Vereinigungen gegliedert, die alle ihren eigenen Anführer haben.
Sie hegen jedoch Mißtrauen gegen sich und ihre Wortführer, sie streiten und argumentieren ständig.
Sie bringen es nicht fertig, alle ihre Clubs, Gruppen und Sippen zu vereinen.

Man nennt sie Biker.

Und natürlich haben weder Regierung noch die ewigen Wichtigtuer und Moralapostel der Gesellschaft etwas für Biker übrig, denn sie sind anders. Und Leute, die anders denken und leben, werden immer als eine Bedrohung angesehen. So erließ die Regierung wieder Gesetze, welche die Rechte der Biker beschneiden und ihre Freiheit einengen. Wir fragen uns, wohin das letztlich führen wird. Ist die Geschichte dabei, sich zu wiederholen? Wird man eines Tages auch Biker in Reservate sperren?

ABATE of USA

Der ungeliebte Helm

„Mein Kopf gehört mir!“ Ungerührt durch die polizeilichen Sicherheitsauflagen machen sich die Biker einen Jux daraus, möglichst alberne Helme als Zeichen ihres Protests zu tragen.

Niemand bestreitet seine Notwendigkeit und Schutzfunktion. Ein Helm ist eine gute Sache und oftmals Lebensretter. Aber hier prallen zwei Welten aufeinander: einerseits das vom Staat inzwischen oft beschnittene Gefühl von Freiheit und Eigenverantwortung und andererseits die für das Motorradfahren erforderlichen Schutzmaßnahmen. Der Stein des Anstoßes ist dabei aber gar nicht der Helm, sondern der Zwang, diesen mit all den verordneten Auflagen tragen zu müssen. Viele Befürworter dieser Schutzmaßnahmen betrachten den Helmzwang gewissermaßen als Ausgleich für die scheinbar zunehmende Gefährlichkeit der Motorräder, was nach Ansicht der Helmzwang-Gegner eine fragwürdige Pauschalrechtfertigung ist. Sie befürworten statt dessen eine bessere Ausbildung. Ihre Devise lautet: „Laßt die entscheiden, die selber fahren!" Selbstredend sprechen sich die Motorradindustrie – vielleicht mit ein wenig schlechtem Gewissen – und die mit ihr verbündete Motorrad-Presse für den Helmzwang aus. In den verkehrsreichen Bundesländern sieht der Gesetzgeber bereits Handlungsbedarf, und die Polizei darf wieder die Rolle des Ordnungshüters spielen.

Unzählige Statistiken seriöser Unfallforscher werden in hitzigen Kampagnen für und gegen den Helm ins Schlachtfeld geführt – aber eigentlich gehen sie alle an der Sache vorbei. Als bedenklich dagegen wird die zunehmende Reglementierungswut staatlicher Behörden angesehen. Ein typisches Beispiel dafür ist die unsinnige ECE-Norm (Europa-Helm-Norm), die sich nachträglich als nicht praktikabel erwies. Es mag nun erziehungspolitisch relevant sein oder nicht: Erwachsene Menschen lassen sich nun mal nicht gerne vorschreiben, wie sie sich vor sich selbst zu schützen haben. Amerikaner schon gar nicht – ihre persönliche Freiheit ist durch ihre Verfassung garantiert.

Während zahlreiche Motorrad- und Verkehrssicherheits-Institute den Helmzwang strikt befürworten, sehen das sowohl Harley-Davidson wie auch die AMA – gewissermaßen als Hauptbetroffene – etwas differenzierter. Beide unterstützen das Helmtragen zwar nach Kräften, nicht aber den staatlich verordneten Tragezwang.

Im Prinzip bleibt es aber eines der wenigen Tabuthemen der Company und der mit ihr verbündeten AMA. Harley hat zwar sehr schicke Helme (etwa die „sportsman"- oder die „Police"-Typen) im Programm, doch der wahre Biker will gelegentlich den Fahrtwind im Haar spüren. Als Protest gegen die staatliche Bevormundung unter dem Motto: „Erziehung ja – aber keine Zwangserziehung" bedeckt er sein Haupt mit absolut lächerlichen Plastik-Plätzchen, oder er bevorzugt provokante Nazi-Stahlhelm-Attrappen. Und er legt großen Wert darauf, daß er sich durchaus stets der Gefahren und Risiken des Motorradfahrens bewußt ist.

Motorradfahrer leben gefährlich – unvermittelte Crashs gehen nicht immer so glimpflich aus wie dieser (oben). Die Harley-Fahrer sind gespalten: Kopf-Freiheit contra Vollhelm sind ihre Glaubensbekenntnisse.

Events

Daytona Bike Week

Tagebuch einer Weltanschauung

Genaugenommen hat Florida ein böses Klima: heiß und oft unerträglich schwül, viel Regen im Frühjahr und Sommer, eine äußerst aggressive Sonne, ringsum moskito-, schlangen- und alligatorverseuchte Sümpfe und Urwälder, dazu von Mai bis November die ständige Gefahr verheerender Hurricans.

Nur am Atlantik ist es angenehm kühl, und wie im restlichen Florida haben die rastlosen Siedler auch hier ein tropisches Paradies geschaffen, selbst wenn das Auto und die Aircondition daran wesentlichen Anteil haben. An diesem so einmaligen Atlantik hat eine Laune der Natur einen herrlichen, festen Sandstrand entstehen lassen, etwa 40 km lang und seit nunmehr fast 70 Jahren zunehmend mit Hotels zugebaut. Heute, Ende der 90er Jahre, hat Daytona ca. 50.000 Einwohner, aber ein Vielfaches an Hotelbetten.

Seit 1920 pflegt man auf diesem berühmten Beach in der frischen, salzigen Meeresbrise bei streng überwachtem Speedlimit von 10 mph (16 km/h) motorisiert auf- und abzufahren. Seit 1989 ist der Zugang zum Strand kostenlos – die Drei-Dollar-Tagesgebühr für Fahrzeuge wird nur während der „Bike Week“ erhoben.

Damit wären wir bei jenem alljährlichen Ereignis, das stets in der ersten Märzwoche wie ein Tornado über das sonst eher beschauliche Rentnerparadies hereinbricht. Die Bike Week etablierte sich in der Nachkriegszeit zunächst mit saisoneröffnenden Hochgeschwindigkeits-Rennen entlang des Strandes. Man nannte es Daytona 200, und das erste fand 1937 unter der Veranstaltungsleitung der American Motorcyclist Association (AMA-sanctioned) statt.

Zuvor war man den Strand zwischen Daytona und Ormond Beach hinauf- und hinuntergerast und hatte vor allem Geschwindigkeitsrekorde gebrochen. Später richteten die Veranstalter einen 3,12 Meilen langen Rundkurs ein: anderthalb Meilen auf dem Sand nach Norden und dieselbe Strecke auf der parallel laufenden Asphaltstraße wieder nach Süden – so lange, bis 200 Meilen (etwa 330 km) erreicht waren.

Bei diesem 200-Meilen-Rennen zur Saisoneröffnung ging es ziemlich chaotisch zu – nicht nur bei den Rennfahrern. Noch war Daytona keine Touristenmetropole, aber schon beklagten sich verstörte Rentner über die rüpelhaften Zuschauer.

Viele der Angereisten hatten keine Eintrittskarte, sie fuhren über die Dünen, manchmal auch mitten im Rennen über den zur Rennstrecke umfunktionierten Highway A1A, und für die etlichen tausend Rennfans gab es gerade mal zwei primitive Toilettenhäuschen.

In der ersten Rennwoche nach dem Zweiten Weltkrieg wurde in den Kneipen viel getrunken, und die Polizei verteilte unzählige Strafmandate für zu schnelles Fahren, offene Auspuffrohre und (natürlich) Trunkenheit am Lenker.

Dennoch erkannten die Stadtväter von Daytona schnell die (vor allem finanzielle) Bedeutung des lautstarken Spektakels und stifteten einen schönen Preis für denjenigen, der dreimal das Daytona-200-Meilen-Rennen gewann. Der erste, dem dies gelang, war Dick Klamfoth auf einer Norton Manx. Brad Anders holte den nächsten „Großen Preis von Daytona Beach" auf seiner KR 750 für Harley-Davidson durch seine Siege in den Jahren 1955, 1959 und 1960.

Die 60er Jahre – Als die Zustände am Beach langsam unhaltbar wurden, baute der im Stock-Car-Rennsport engagierte Bill France sen. unter dem Protektorat der AMA endlich das riesige Daytona International Speedway Stadium, weit weg vom Beach, der nun wieder ganz den Strandbesuchern gehörte.

Während sich nach 1961 nun das Renn- und Trainingsgeschehen 15 km landeinwärts ins Speedway-Stadium verlagerte, begann sich rund um die Main Street von Daytona Beach eine eigenständige Motorradszene zu entwickeln, die langsam den Charakter einer großen Party annahm: Tagsüber war am Beach und nachts auf der knapp 1 km langen Main Street „der Bär los".

Die 70er Jahre – Die Rennen interessierten die Biker herzlich wenig, aber das warme Wetter (während im restlichen Amerika meist noch Eis und Schnee lag) und das „heiße" Motorradklima fanden sie äußerst attraktiv. Wie in Laconia, wo es inzwischen häufiger zu Ausschreitungen, Exzessen und Polizeiterror kam, suchten sie neue Plätze, um ihren „hedonistischen" Parties frönen zu können: Saufen, Sex, Spaß haben – kurz, der Beach und die Main Street mit ihren zahlreichen Biker-Kneipen wurden bevorzugte Ziele.

Biker kamen zu Tausenden aus allen Teilen der USA. Auch Händler und diverse Geschäftemacher etablierten sich für diese wilde Woche in der Main Street. Das Law Enforcement sah die neue Invasion der bärtigen, tattooverzierten Motorradhorden mit Unbehagen auf sich zukommen und begann, eingedenk der schlechten Erfahrungen von Laconia, seine Muskeln spielen zu lassen.

1973 – fand auf einem Parkplatz vor einem Supermarkt eine lockere Zusammenkunft einiger besonders verrückter Motorradfahrer statt, die dort ihre Bastlerergebnisse – umgebaute und veredelte Maschinen – aufstellten. Die Veranstaltung nannte sich die „Rats Hole Chopper Show" und wurde von einem T-Shirt-Ladenbesitzer aus St. Petersburg organisiert, der Karl Smith hieß und sich „Big Daddy Rat" nannte. Dies war der Anfang einer langen Tradition ...

1974 –, im zweiten Jahr, fand die nunmehr „Annual Custom Chopper Bike Show" genannte Veranstaltung auf dem sonnendurchglühten, aber von kühlen Atlantikbrisen angenehm durchlüfteten Boardwalk direkt am Beach statt und wurde ein Riesenerfolg. Der Eintritt war frei, und Polizeichef Palmer erwartete an jenem Samstag 5.000 Besucher. Es kamen über 15.000, und die 191 Bikes, die dort ausgestellt waren, repräsentierten einen Gegenwert von 668.000 Dollar – woraufhin Karl Smith seine Veranstaltung sofort „the World Largest Motorcycle Show" nannte.

Auf 20 km ist der Beach voll. Auto neben Auto, ein paar Harleys im Pulk dazwischen im Sand geparkt. Längs zur anrollenden Brandung schiebt sich der Verkehr im Schrittempo mühsam voran.
Die Sonne sticht in gnadenlosen Hitzewellen vom wolkenlosen Himmel herab. Nur die frische, dunstige Atlantikbrise kühlt die Luft bis zum Frösteln ab. Die anlaufenden Wellen schäumen durch die Speichenräder, Salzwasser pur. Lässig, nur in Badehose und ohne Helm, Biker mit der Old Lady im Bikini eng hinten drauf. Motorradbummeln pur. Winken, Zurufe, Lachen. Muskulöse Bodybuilder-Typen beim Ballspiel. Körperkult in Reinkultur. Sonnenölschwaden überlagern Schweißdünste. Intensive Fleischbeschau. Hinternwackelnde Girlie-Gruppen, begehrlichen Blicke im Schlepptau. Youngster-Rudel grölen aus überfüllten Custom-Vans. „Show your Tits!“ Die Schilder sind erlaubt, blanke Busen nicht.
Langgabel-Chopper rutschen quer im losen Sand, manche schwere Maschine gräbt sich wie ein Maulwurf ein. Absteigen, Schieben, Fluchen, Lachen. Zwischen stur dahineilenden Joggern streichen unverdrossen Rentner mit Metallsuchgeräten wedelnd durch das Strandleben. Kids und Teenies dröhnen sich mit Walkman-Sound per Ohrknopf zu.
Der Rest ist Träumen. Träumen von Freiheit, ewiger Sonne und Weite ohne Ende, wie das weite glitzernde Meer.
America forever!

Eine der Hauptattraktionen der Daytona Bike Week sind der endlose sonnendurchglühte Sandstrand und die frische Brise vom kühlen Atlantik – Motorradfahren, wie man es nirgendwo anders erleben kann.

Im selben Jahr entdeckte auch das französische Fernsehen diese Show, und ein großes amerikanisches Motorrad-Magazin wunderte sich begeistert darüber, daß dort keine Absperrungsseile zu sehen waren und jeder Besucher ungehindert bis zu den technischen Leckerbissen vordringen konnte.

Auf der Rückseite des Anmeldeformulars zur Rats Hole Show waren unübersehbar alle wichtigen Motorcycle Regulations der Public Safety Agency, der städtischen Ordnungsbehörde, aufgelistet – insgesamt 14 Regeln, die eigentlich völlig normal und verständlich waren, jedoch unter den amerikanischen Bikern helles Entsetzen auslösten. Zu lesen war, daß jeder Motorradfahrer einen Führerschein und ein Nummernschild benötigte, daß der Lenker nicht höher als 38 cm über dem Sattel positioniert sein durfte, das Licht (das 24 Stunden zu brennen hatte) nicht niedriger als 61 cm und nicht höher als 1,37 m über dem Erdboden angebracht sein mußte und daß man einen Helm tragen sollte (besonders empörend bei der Hitze!). Vorgeschrieben waren außerdem „ordentliche“ Schalldämpfer (zur Hölle mit ihnen!), ein Rücklicht und ein Bremslicht, ein Signalhorn, ein Spiegel, Fußrasten und ein fest mit dem Motorrad verbundener Soziussitz. „Last but not least“ wurde auch festgelegt, wie man zu fahren hatte: aufrecht sitzend mit dem Gesicht nach vorne und mit einem Bein auf jeder Seite des Motorrads. Es bestand striktes Überholverbot, und mehr als zwei Motorräder durften nicht nebeneinander fahren. Hinzu kamen weitere Verhaltensregeln: kein Alkohol auf öffentlichem Boden und am Beach, keine offenen Bierdosen auf den Straßen (das berüchtigte Open Container Law) und vor allem keine „Obszönitäten“ – was immer darunter zu verstehen war. Damit war der Grundstein für alle nachfolgenden Probleme gelegt.

Während der Bike Week gab es eine „Flut von Verhaftungen“, und zum ersten Mal wurde ein gepanzerter Gefängnis-LKW eingesetzt, um alle Verhafteten abtransportieren zu können. Die Polizei sprach verharmlosend von nur 34 Inhaftierungen – meist aufgrund von „violations of the liquor laws“, also öffentlichen Biertrinkens. Darüber hinaus gab es jedoch noch einige hundert Strafzettel wegen Verkehrsdelikten, 17 Motorräder wurden gestohlen, und in den Bars gab es zahlreiche Schlägereien. Zur Aufrechterhaltung von Law and Order wurden zusätzlich 16 Polizisten der FHP (Federal Highway Patrol) dienstverpflichtet – humorlose Hardliner, denen nichts entging.

1975 – Auf dem Boardwalk fand die nunmehr dritte Rats Hole Custom Chopper Bike Show statt – diesmal mit zwei insgesamt etwa 500 m langen Reihen und 267 Teilnehmern in zwölf Klassen, für die 48 Pokale bereitstanden. Eintritt und Teilnahme waren frei, und neun ehrenamtliche Judges bemühten sich schwitzend, gerechte Urteile zu fällen. Eine Truppe der Junior Police Explorers absolvierte den Ordnungsdienst, und anstatt der erwarteten 6.000 bis 8.000 Besucher kamen etwa 35.000. Big Daddy Rat strahlte über alle Backen.

Inzwischen hatte auch die restliche Motorradwelt das attraktive Ereignis entdeckt und veranstaltete eine Trade Show. Harley zeigte seine komplette AMF-Production-Line: FX 1200, FXE 1200, FLH 1200 und die beiden 1000er Sportsters XL und XLH.

Auf der Main Street präsentierte sich die neue „State of Art“-Customwelle mit Tankgemälden und Römerhelmen sowie ersten Trikes, extremen Choppern, einige mit V-Motoren. Neben Harleys waren auch Nortons, Triumphs und gechoppte Honda 750 Fours zu sehen.

Zum ersten Mal kreuzten sich die Wochen der Semesterferien des „spring break“ mit der alljährlichen Bike Week. Studenten und Biker gingen sich jedoch tunlichst aus dem Weg, und das CC-Magazin (Custom Chopper) veröffentlichte einen bitterbösen Artikel über den „unerträglichen Polizei-Terror“ auf den Straßen von Daytona.

Etwa 80 km weiter südlich veranstaltete die AMDRA (American Motorcycle Drag Racing Association) zur gleichen Zeit ihr Sunshine-Nationals-Dragster-Rennen in Bithlo. Bei dem zweitägigen lautstarken Spektakel an der Highway 50 südlich des Kennedy Space Center starteten vier Klassen, darunter eine für Kinder von 8 bis 16 Jahren. Prominente Dragster-Stars wie Russ Collins (Honda Triple-Dragster), Terry Vance, Marion Owens, Mike Bruso und Joe Smith waren mit dabei.

1976 – Jubiläumsjahr zum 200jährigen Bestehen der USA. Die 4th Annual Custom Chopper Bike Show wurde jetzt in 13 Klassen ausgetragen und vergab Trophäen bis zum 4. bzw. 8. Platz.

Sie war immer noch kostenlos zu besuchen, und als eine der großen Attraktionen konnte eine mit Lämpchen überladene Harley-Davidson bestaunt werden, die einem gutgelaunten Schwarzen gehörte und weltweit Aufsehen über die „crazy" Amis erregte.

chef Ashe war angesichts der zunehmenden Gewalt besorgt und forderte Verstärkung für seine „Streitkräfte" an.

Die 5th Rats Hole Custom Chopper Show glänzte mit skurrilen Designs, Ziselierungen und Vergoldungen – 300 Teilnehmer, 84 Preise, und noch immer war der Eintritt kostenlos.

Auf der Harley-Show im South Daytona Hilton wurde zum 75. Firmenjubiläum Renngeschichte unter dem Motto „Harley-Davidson on Track" gezeigt. 1978 veranstaltete Harley die erste World Largest Motorcycle Parade zum Harley-Heaven im Speedway-Stadium (Südkurve). Ein Flugblatt erregte Aufsehen: ABATE of Florida, gerade gegründet, rief zum ersten Helmet Protest Run im April zur Hauptstadt Tallahassee auf. Unerhört!

1979 – Die Daytona Bike Week wurde in diesem Jahr zum Tollhaus. Bob „Bitchin" Lipkin signierte sein Buch *Brotherhood of Outlaws* im gutbesuchten THE PIT, dem Insider-Biker-Laden für Hardcore Stuff.

Für jeden etwas: Marktstände, Airbrush- und Tattookünstler oder hitzige Damenringkämpfe im geschnitzelten Weißkohlsalat (cole slaw wrestling).

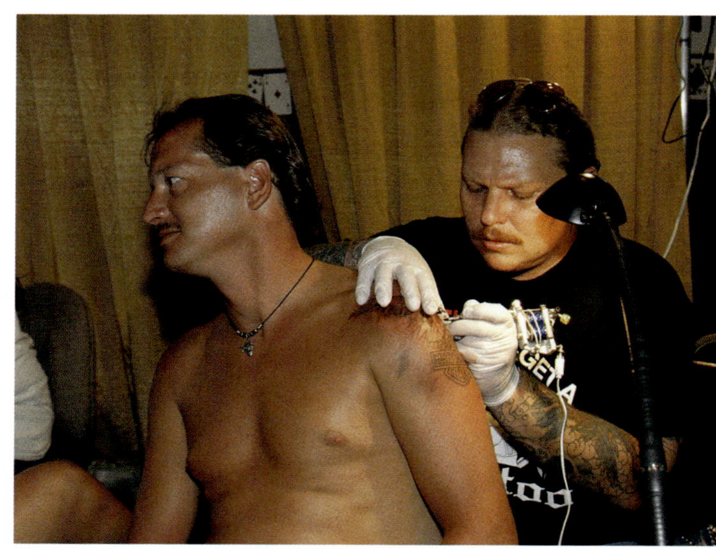

AMF-Harley-Davidson hatte sich zur ersten eigenen Show im Hilton entschlossen, mit einer Sonderschau von Joe Smith's Double-HD-Dragster und dem Bonneville Streamliner. Die restlichen Harleys waren über das gesamte Parking Lot verteilt.

Am Ende des Beach wurden wilde Sand Drags gefahren, nach dem Motto: „Run what you brung" (Jeder fährt, was er hat). Die Polizei schaltete sich ein und ermittelte per Radar die Geschwindigkeiten, und der Outlaw MC gewann.

1977/78 – Auch die letzten Beach-Souvenir-Shops am östlichen Ende der Main Street (Richtung Strand) besorgten sich Biker Stuff, aber Postkarten von der Bike Week gab es immer noch nicht. Verschiedene Biker-Clubs sorgten für Straßenschlachten und Schießereien. Polizei-

Noch gab es das Magazin *FTW* (Fuck The World), das sich jedoch wegen Schwierigkeiten mit dem Gesetz aufgrund von Anzeigen mit obszönem Inhalt bald in *Outlaw Biker* umbenennen mußte.

AMF-Harley-Davidson veranstaltete auf dem Parking Lot vor dem Hilton Hotel sein erstes Motorcycle Happening mit gutbesuchten Demo-Rides, Vorführungen und Wettbewerben – und stellte hier die neuesten Modelle zur Schau, auch den 80 Kubikinch-Motor (1340 ccm), mit dem etwa der Low Rider und der Fat Bob ausgestattet waren.

Die Harley-Parade am letzten Sonntag nannte sich jetzt „Show off your iron" und kostete 20 Dollar – inklusive Chicken Dinner und einer Cola.

Main Street

Oben am Pier fängt sie an, aber erst nach der Kreuzung mit der breiten A1A bricht die Hölle los. Zufahrt für Autos gesperrt. Hilfssheriffs rudern armwedelnd durch die Fußgängermassen, die sich rücksichtslos zwischen Autos und Motorräder drängen. Trillerpfeifen, Schreie, Gelächter, Hupen, heulende Motoren, Gestank, Getöse, Auspuffgase, süßliche Parfümschwaden, schwüle Hitze. Harleys links und rechts in endlosen Reihen geparkt – eine bizarre Galerie aus Chrom und Stahl, bestaunt, begafft, belacht, gefilmt und fotografiert, Anfassen verboten! Sehen und gesehen werden. Showtime. Alle Verrücktheiten, Intimitäten und ein paar Obszönitäten sind Tag und Nacht im Sightseeing-Angebot. Dazwischen in exakter Parallelformation: die Doppelmotorrad-Polizeistreifen, zwei stoische Gestalten in Bügelfalten und makellosen Uniformen, den griffbereiten Colt am Gürtel, das wachsame Auge des Gesetzes hinter dunklen Sonnenbrillen verborgen. Die ganze Main Street entlang nahezu stehender Verkehr. Die Fußgänger drücken sich schwitzend und schwatzend durch das Gewühl der Bürgersteige, schieben und drängeln. Sonnenverbranntes, nacktes Fleisch reibt sich an schwarzem Leder, speckige Chaps zwischen Designer-Jeans. Qualmender Burnout vor dem Boothill-Saloon, Gejohle, Gegröle, die Motorrad-Cops kommen nicht durch. An den Eingängen der Bars dicke Menschentrauben. Innen alles überfüllt. Schwergewichtige Muskelmänner schieben die Eindringlinge zurück. Sorry – 170 Personen ist das gesetzliche Limit für den Bierladen. Zwei raus, zwei rein. Und niemand unter 21! Fliegende Händler auf quadratmetergroßen Stellplätzen – Wundermittel, Indianerschmuck, Liga für Menschenrechte, „win-this-bike"-Lotterie, Pipifax.

Grölendes Geschrei – eine Sozia entblößt ihre Brüste, Blitzlichtgewitter, ein Cop drängt sich durch. Die Dame wird in Handschellen abgeführt. Hinter Schaufenstern: Tattookünstler mit Gummihandschuhen, Airbrusher mit Atemschutz. Überall das Harley-Motiv: „The Eagle soars alone". Dazu French Fries, Hot Dogs, Pickles, Softeis, Bier (nie auf der Straße!) – Minilokale servieren im Schnelldurchgang. Papierkörbe und Mülleimer quellen über. Das Paradies auf Erden. Oder die Hölle ...

Daytona einmal anders: Besucher auf fetzigen „Riceburners" und Polizisten auf knuffigen Harleys, was sie jedoch nicht hindert, auch mal ein illegales Custom Bike an den Haken zu nehmen.

Die 80er Jahre – Die Brotherhood unter den Bikern ging zum Teufel, und in den Bars fanden ständig Schießereien statt. Die großen Clubs bekämpften sich zunehmend: Einprozenter hieß automatisch Kanone und Messer raus. Erste Folge war das generelle Trageverbot aller Colors. Die Polizei setzte einen gepanzerten und schwerbewaffneten LKW – den „Puff the Magic Wagon“ – ein. Er provozierte bei den Bikern den Aufruf zum Bürgerkrieg. Große Organisationen proklamierten den „Biker-Boykott“ unter dem Motto „Sie wollen nicht dich, sondern nur dein Geld“ – „Biker kauft nicht mehr in den Daytona-Läden“, „stay outside“, „geht nicht mehr in die (überteuerten) Hotels“. Neue Campgrounds entstanden weitab, und verschiedene Biker-Bars zogen sich aus dem Zentrum zurück, wie zum Beispiel das Iron Horse, das sich weit draußen am Highway 1 neu etablierte.

Als Protest gegen das mobile „Your friendly Gestapo-Headquarters“ genannte Polizeizentrum neben der Main Street tauchten immer mehr Nazi-Embleme auf. Deutsche Stahlhelme, Totenköpfe, SS-Runen und Hakenkreuze waren die Renner der Saison. Die Polizei gab offiziell 1.670 Verhaftungen bekannt, und eine irrsinnige Flut von Strafzetteln wurde verteilt. Neue City Laws heizten die ohnehin schon überhitzte Stimmung an: Ab sofort war das Befahren des Beach nachts verboten (die Biker-Presse: ein Desaster!). Auf der Main Street sollte nur noch derjenige verkaufen dürfen, der dort mindestens drei Jahre ansässig war.

Die Consumer Trade Show breitete sich auf den oberen Ebenen des Daytona Plaza-Hotels aus. AMF-Harley-Davidson – immer noch im Luxushotel Hilton einquartiert – zelebrierte die Verkaufs-Schau „More than a machine“, und die Indoor-Show zeigte „Artistry on Iron“ – Konkurrenz zu Karl Smiths Chopper-Show. Im *Road Rider* schrieb Roger Hull ein bitterböses Editorial über das schamlose Abzocken der Biker unter dem Titel „Support a cop“ und prophezeite Daytonas „End of the Tradition“. „Police harassment“ war zum Reizwort der Szene geworden. Polizeichef Charles Willits erklärte, etwa 1.000 Motorradfahrer seien das „kriminelle Element“; 28.000 Motorradfahrer erhielten Strafmandate, aber Bürgermeister J. Kelly verharmloste alles und wollte seine rosarote Brille (just be happy) nicht ablegen.

Die berühmte Grande Dame von Harley-Davidson, Dot Robinson, erhielt einen Strafzettel, weil sie tagsüber das Licht an ihrer rosafarbenen FLH nicht eingeschaltet hatte. Die privaten Dragster-Rennen am Beach wurden verboten und die traditionellen wilden Drags auf der Landstraße vor dem Cabbage Patch von der Polizei unterbunden – jetzt fanden sie auf privatem Grund (private property) – der großen Wiese hinter der Kneipe – statt, und sie nannten sich Sand Drags. Das Motto hieß: „Shit happens“.

Die Custom-Fahrer versteckten ihre nach dem Florida Vehicle Code illegalen Kunstwerke in Hotelzimmern und Garagen und schwörten, nie wiederzukommen. Die Rats Hole Custom Chopper Show war als Ride-in-Show konzipiert, und genau dies war nun nicht mehr möglich. Vor dem Pub 44 standen endlose Reihen dicht hintereinander geparkter Police Patrol Cars aus ganz Florida. Sie kassierten bei jedem vorbeikommenden Biker ab. Ein Biker zeigte 46 Strafzettel, die er dort auf einer Strecke von 200 Metern erhalten hatte.

Schließlich fand die Bewegung „Nie wieder Daytona“ immer mehr Zustimmung, und eine Gegenveranstaltung in Kalifornien war geplant. Aber Kalifornien war wohl zu weit weg. Die Daytona Bike Week war am Ende. Tragischer Höhepunkt, nach dem sich alles änderte, war die Erschießung eines Bikers, der sich bei einer Polizeikontrolle unvorschriftsmäßig verhielt – am hellichten Mittag mitten in der Stadt. Die bei der Gerichtsverhandlung zutage kommende Tatsache, daß die Polizei speziell zur Bike Week auf den Todesschuß trainiert und verpflichtet wurde, brach den beiden größten Scharfmachern des Law Enforcement das Genick: Der Polizeichef und der District Attorney mußten zurücktreten.

Der neue Polizeichef Crow sorgte dafür, daß die Daytona Bike Week wieder zu dem wurde, was sie war und ist: eine Woche Spaß und Unterhaltung im sonnigen Florida. Nur nicht mehr ganz so billig. Auch Daytonas Unschuld ist ein für allemal verloren, meinen die Biker, aber Alternativen gibt es inzwischen rund um Daytona wahrlich mehr als genug ...

Viel Prominenz bei den prämierten Custom-Schöpfungen der Rats Hole Bike Show: Big Daddy Rat (2.v.r.) im Kreise seiner Rat-Mates und Freund Wolfgang (ganz r.), Organisator der Motor Show Essen.

Welcome Bikers!

Noch in den 70er Jahren war die Daytona Bike Week eine einzige große Biker-Party. Heute, Ende der 90er, ist sie weitgehend zu einem bis ins letzte vermarkteten Vergnügungszirkus verkommen. Ein typischer Florida Way of Life-Rummelplatz, der inzwischen mehr Touristen als tatsächliche Biker anzieht.

Selbst wenn die legendäre Main Street noch immer das Zentrum der Bike Week ist, haben sich unzählige andere Aktivitäten wie Satelliten im Umkreis von über 100 Meilen verteilt. Vor allem die speziellen Biker-Kneipen haben Hochkonjunktur, und die bekanntesten unter ihnen präsentieren zehn Tage lang durchgehend ein volles Programm. Im abgezäunten Partybereich, hinter dem „Iron Horse Saloon“ an der A1 im Norden von Ormond Beach gelegen, drängen sich die Biker zwischen Vendors, Imbißbuden, Wettbewerbsaktionen, dem Steilwandfahrerkessel und vor der Open-Air-Konzertbühne. Knapp 30 km südlich zieht Al Bullings Biker-Refugium Last Resort Bar ebenfalls Tausende von Bikern an, die ihre Harleys in langen Reihen an der A1 von Port Orange parken. Im relativ kleinen Hinterhof, wo der legendäre Japanese Hanging Tree steht, herrscht bei Rockkonzert und Barbecue täglich eine ausgesprochen familiäre Atmosphäre. Wer ein wenig weiter südlich den Biker-Kolonnen auf dem Highway 44 ins Landesinnere folgt, erreicht zwangsläufig das Pub 44 – auch hier im dichten Gedränge Verkaufsstände, Tauschbörse (swap meet), Party und jede Nacht voller Aktion: „full action“ mit Contests und Live Concerts hochkarätiger Bands.

Im ländlichen Umfeld von Samsula treffen sich die Biker-Massen bei Spotnick´s Cabbage Patch. Das oft unentwirrbare Knäuel an der sonst so einsamen Kreuzung können auch die vielen Cops kaum noch auseinanderhalten.

Startaufstellung zu einem Trainings- bzw. Vorlauf zum Daytona-883-Rennen 1997 auf dem großen Rundkurs des International Speedway (links). Während die Trainingsläufe für das Daytona 200, der BoTT oder des 883er Rennens sich über die ganze Woche hinziehen, finden im Infield bzw. auf einer verkürzten Teilstrecke des International Speedway die Oldtimer-Rennen der AHRMA statt. Bei den Veteranenläufen fahren auch echte Klassiker mit, wie diese Seitenventil-Flat Track WR aus den 30er Jahren (unten).

Der riesige Campingplatz ist vollgepackt mit Zelten und Fahnen aus aller Herren Länder. Berühmt ist das Cabbage Patch für seine salatölgetränkten Damenringkämpfe im gehäckselten Weißkraut und die Riceburner-Demolition-Aktion vom 50-Meter-Kran.
In Richtung DeLand öffnet ab Wochenmitte der „world's largest" Flohmarkt und Swap Meet auf dem Volusia County Fairground mit drei überdachten Hallen und einem riesigen Freigelände. Das Daytona-Flea-Market-Gelände, auf dem sich Spiders Gigantic Swapatona abspielt, ist jedoch auch nicht viel kleiner.
Im New-Smyrna-Speedway-Stadion gegenüber dem ABATE-Campground läuft allabendlich das Easyriders-Rodeo mit Motorcycle-Pulls, Demolition-Aktionen und anderen fröhlich-aberwitzigen Spielen. Nahezu unübersehbar an allen Ecken und Enden der Daytona Beach Resort Area – Special Events, Local Shows, Dealer Parties, Bike Contests, Live Music, Foto-Sessions, Biker Games, Auktionen, Rallies, Runs, Attraktionen und Entertainment ohne Ende.
Na, und wem dies noch nicht genügt, für den gibt es Ende Oktober dasselbe in etwas verkleinerter Ausführung – das „Biketoberfest". Die offensichtliche Parallele zu Old Germany hat sich seit 1996 auch umgekehrt etabliert: Jetzt gibt es endlich auch in Deutschland das zwar etwas alberne, aber doch attraktive Daytona Europe Festival statt, nachdem sich der Begriff „Bike Week" ja schon seit Jahren international eingefahren hat. „See you later, alligator", wie man in Florida zu sagen pflegt ...

WELCOME
Coca-Cola
WELCOME BIKERS

STURGIS
THE
WORLD
ON
TWO
WHEELS
NO
U
TURNS
STOP
TWO
HOUR
PARKING
ONLY

Sommergewitter in den Black Hills

Zirkus Maximus

Momentaufnahmen vom 50jährigen Jubiläum der Sturgis Rally im August 1990: Seit den frühen Morgenstunden donnern in ununterbrochenem Strom von allen Seiten nicht enden wollende Schlangen von Bikes, Pickups, Motorhomes, Club-Bussen und Pkws nach Sturgis, der Biker-Metropole Amerikas – in erster Linie aber Harleys. In South Dakota besteht kein Helmzwang (hoch lebe Gouverneur George Mickelson), und die Riders lenken mit wehenden Haaren und fliegenden Bärten ihre meist illegalen Maschinen über den Highway: offene Rohre, meterhohe Lenker – „no lights, no brakes, no nothing!", aber: „Who cares, this is showtime ..." – wer kann schon Tausende überprüfen, kontrollieren, drangsalieren? Hunderttausend Freaks befinden sich bereits in der Stadt, darunter 2.500 Hells Angels und etliche tausend Bandidos. Doch wer zählt die Clubs und nennt die Namen? Bei den normalen Touristen hat man schon gar nicht mit dem Zählen angefangen. Ansonsten rechnet der zahlende Besucher stets im Singular: 150 Dollar kostet das Hotelbett, 15 Dollar der Zeltplatz, und für lächerliche 8.000 Dollar die Woche kann man downtown ein ganzes Häuschen mieten. Und ein Becher Cola ist schon für einen ganzen Dollar zu haben. Gemessen an der mörderischen Hitze und dem grausamen Durst müssen die Einnahmen für jeden, der daran mitverdient, gewaltig sein.

Während der Sturgis Bike Week sind die gesamten Black Hills voller Harleys. Ob sportliche Veranstaltungen wie hier beim Hillclimb (oben) oder Nationalmonumente wie der Mount Rushmore (rechte Seite), die Attraktionen sind nahezu unbegrenzt.

Die Sturgis Bike Week – oder wie sie richtig heißt: Black Hills Motor Classics (seit 1994 auch Sturgis Rally & Races) – ist 1938 aus den Ideen und Aktivitäten des umtriebigen lokalen Indian- (später Yamaha-) Dealers Clarence J. C. „Pappy" Hoel mit seinem fröhlichen Freundeskreis, der sich „Jack Pine Gipsies" nannte, hervorgegangen. Bei einer der ersten Vorkriegsveranstaltungen waren vor allem die fetzigen Vorführungen auf der neu angelegten „Rennbahn" – einem Half Mile (800 m) Dirt-Track-Oval – die große Attraktion: Stuntshows, der Sprung über die Schanze oder durch die brennende Holzwand, Frontalzusammenstöße mit Autos, Paraden und Field Meetings, um nur einiges zu nennen. „Pappy" Hoel war selbst ein begeisterter Motorrad-Stuntrider, den meisten Erfolg aber hatte Johnny Spiegelhoff, der „Speed Demon from Milwaukee". Mittelpunkt waren damals die von der AMA sanktionierten Dirt Track Races, eine wilde und staubige Verfolgungsjagd im neuen Stadion.

Anders jedoch als in Daytona oder Laconia haben Rennveranstaltungen für die Entwicklung der Sturgis Bike Week nur eine untergeordnete Rolle gespielt, und noch bis Ende der 70er Jahre war das kleine Motorradtreffen in den romantischen Black Hills von South Dakota eher ein Geheimtip unter Freunden. Fast drei Jahrzehnte lang kokelte die Rally als Insider-Party auf Sparflamme, bis sie in den 80er Jahren wahrhaft unvermittelt explodierte. Der mittelbare Anlaß dazu waren wohl einige überschwengliche Berichte der Biker-Presse sowie ein TV-Report, die Sturgis als kernig-unverfälschtes Outlaw-Idyll der Harley-Biker verkauften und damit auf ein Publikum trafen, das die ewigen Schikanen von Daytona und Laconia längst leid war. Zudem: Harleys waren „in", große Überlandtouren waren „in", Riesenfeten waren „in", und ursprüngliches Naturerleben war „in" – und Sturgis, mitten im „klassischen Indianerland" gelegen, vereinigte alles.

Harley-Davidson selbst erkannte erst relativ spät die enorme Werbewirksamkeit einer derartigen Massenveranstaltung und mußte zudem die angestammten Berührungsängste zum ordinären Biker-Leben überwinden. Die Company zog ins 45 km entfernte Rapid City, wo man sich in der nüchtern-modernen Atmosphäre des Mount Rushmore Civic Center einer gewissen gehobenen Exklusivität erfreute, weit weg vom lästerlichen Trubel in Sturgis. Heute sind die Aktivitäten von Harley-Davidson in Rapid City jedoch voll in das Geschehen der Bike Week integriert, und der Strom der zwischen Sturgis und Rapid City hin- und hereilenden Motorräder auf der Interstate 90 reißt nicht ab. Schon aus Platzgründen wäre die von Harley angepeilte Größenordnung von 200. – 300.000 Besuchern nirgendwo anders zu verwirklichen gewesen.

Doch zurück zu den Anfängen. Damals war Harley eher unterrepräsentiert, schon weil „Pappy" Hoel mehr Indian zugetan war. Aber egal, was man fuhr, es war immer eine lange Reise, bis man im heißen Hochsommer Sturgis erreichte. Nach der dreijährigen Kriegs-

pause zählte die AMA-Gypsy-Tour 1947 wieder 400 Teilnehmer. 1965 campierten rund tausend Biker im gepflegten City Park, der jedoch 1982 wegen Überfüllung, unhaltbarer hygienischer Zustände, Vandalismus und Obszönitäten geschlossen wurde.

1987 kamen 80.000 motorradfahrende Besucher nach Sturgis und überforderten die beiden hoffnungslos überfüllten Motels und wenigen Campingplätze völlig, und zum 50jährigen Jubiläum 1990 gab es die bisher größte Invasion von fast 400.000 Bikern, die in das betuliche Westernstädtchen einfielen. Wenn sich solch lukrative Überfälle Jahr für Jahr wiederholen, verändert ein Ort allmählich sein Gesicht, und auch die Bewohner ändern ihre Gewohnheiten und Ansichten. Heute, Ende der 90er Jahre, ist die Sturgis Bike Week die wahrscheinlich größte derartige Veranstaltung der Welt und ziemlich stolz auf den Ehrentitel-Spitznamen „Bike City USA".

Zudem hat sich das weltweite Biker-Treffen inzwischen als zugkräftiger Vorspann für den Tourismus in den Black Hills erwiesen, und so werden alle Besucher der Sturgis Bike Week sowohl vom Gouverneur South Dakotas als auch vom Bürgermeister in Sturgis herzlich willkommen geheißen. Doch der „Arm des Gesetzes" hat inzwischen alles fest im Griff: Sturgis ist trotz seines raschen Wachstums friedlich geworden. Auch das scheint ein Zug der Zeit zu sein. „Have fun and be happy" ist das momentane Grundmotiv. Und alle hoffen, daß es so bleibt.

Die Szene im Wandel der Zeit:

Wenn die Biker die ihnen so verhaßte Heile-Welt-Prüderie verspotten wollen, zitieren sie gerne das Bonmot von der guten alten Zeit, wo die Motorräder noch sauber waren und der Sex schmutzig. War es wirklich so? In Sturgis ist man der Meinung, die Zeiten ändern sich, die Biker nie. Was man halt so als „Biker" bezeichnet ...

Als J. C. „Pappy" Hoel mit dem Jack Pine Gypsy Motorcycle Club noch vor dem Zweiten Weltkrieg die heute so berühmte Rally mit Rennen, Ausflügen und Wohltätigkeitsbasaren ins Leben rief, ahnte noch niemand, was da einmal auf die Motorradfreunde zukommen würde. Zunächst kam „Es" jedoch nicht auf Sturgis zu, das lange Zeit eine Domäne der „anständigen" Motorradfahrer – jener adrett gekleideten, stramm frisierten Dresser-Treiber – blieb, die man die AMA-Typen (von der Dachorganisation American Motorcycle Association) nannte, sondern auf das putzige, ebenso antiquierte wie historisch belastete 35 km entfernte Fassadenstädtchen Deadwood. Dort trieben sich die „Outlaws" – also Biker und MCs – herum und soffen, lärmten und randalierten in den ehrwürdigen Kneipen, bis die Stadtverwaltung die fundamenterschütternden Hämmer bei 100 Dollar Strafe verbannte ...

Damals begann man, sich gegenseitig zu „besuchen", und 1976 schließlich wurde Sturgis zur Hauptstadt der Harley-Szene: „Bike City USA" hatte sich etabliert, und ihr City Park war das Zentrum der

Party ohne Pause

Ein gewaltiges Schauspiel wird ebenso rundum auf den sanft geschwungenen Präriegras-Hügeln und in den lichten Kiefernwäldern dem Publikum geboten.

Da die Main Street, knapp eine halbe Meile lang, auch in Sturgis das Zentrum der Motorradwelt – bei etwa 8.000 vierreihig geparkten Zweirädern und der fünffachen Menge Schaulustiger – dicht ist, spielen sich die Super-Parties auf teils quadratkilometergroßen Campingplätzen ab, die oftmals ein nostalgisches Woodstock-Feeling erzeugen, wenn Hunderttausende dort, unter der brennenden Gebirgssonne lagernd, mit brüllender Rockmusik aus fünf Stockwerk hohen Speakertürmen zugedröhnt werden: Tanya Tucker, Steppenwolf, die Allman Brothers – alle allererste Sahne.

Tag und Nacht unüberhörbar ist der dominierende, meist ungedämpfte Donner der Big Twins: Harleys in allen möglichen und unmöglichen Varianten, von geil bis steil, von satt bis matt, von mild bis wild. Zehn Tage lang ist Sturgis Showtime und Bühne für jedermann.

Nichts ist verrückt, sexy oder abartig genug, um nicht bestaunt, bewundert, fotografiert oder auf einem Video festgehalten zu werden. Typen und Titten, Schubser und Schläger, Jesus People und martialische Sheriffs, Omas, Opas, Kleinkinder und eine Boa Constrictor – Chrom und Glanz, Glitter und Flitter betäuben die Sinne.

An ihren Problemen wären die „Black Hills Motor Classic" beinahe zugrunde gegangen. Das war 1982, als die aufgebrachte Bevölkerung über das „obszöne" Verhalten und den Vandalismus im gepflegten City Park um Moral und Bestand ihres betulichen Western-Idylls fürchtete und der Highway-Patrol-Direktor Jerry Baum die Biker ein „kriminelles Element" nannte, das man eingeladen habe, aber nicht mehr los würde. Da wurden zwar die lächerlichen acht überlaufenden Toiletten abgebrannt und die Feuerwehr mit Steinen beworfen, die das brennende Benzin löschen wollte, das man zur Belustigung aller auf dem zum Dragstrip umfunktionierten Highway 34 in Flammen aufgehen ließ, und auch sonst gab es viel Unanständiges zu sehen –, aber wie zu erwarten war, siegte zuletzt doch wie immer der Dollar, auch wenn einige lokale Kirchenfürsten diese Art von Kapitalismus heftig verdammten.

Welt. Etwa 10.000 Biker mögen es seinerzeit zwischen 1975 und 1980 gewesen sein, und in Sturgis brach die Hölle los – eine „Motorrad-Hölle“, die für andere jedoch den Himmel bedeutete und Sturgis von Grund auf verwandelte.

Seine Einwohner sowie Zigtausende braver Durchschnittstouristen, die alljährlich das Ferienparadies der Black Hills besuchen, lernten dabei, daß es auch noch eine andere, unbekannte Seite der „Great American Society“ gab – eine auf zwei Rädern, krachend, laut, roh und wild, mit bärtigen Ledertypen und halbnackten Girls, vollgepackt mit Sex, Fun und obszönen Sprüchen, Ketten und Nieten, Messern, „nasty boots“ („groben Stiefeln“) und irren Blicken.

Harley sportlich: mit Karacho über den Hügel.

Eine Außenseiter-Gesellschaft, die – wie man jetzt selbst gesehen und fotografiert hat – Hunderttausende zählt. Sie will und muß respektiert werden. Was in Daytona jedoch jahrzehntelang zum permanenten Ärgernis geriet – jenes hochgeredete Spannungsverhältnis mit der Polizei – war seit jeher in Sturgis nie ein ernsthaftes Problem. Die Massen geben sich zwar laut, aber friedlich, doch die Ordnungsstreitkräfte haben die Szene hoheitsvoll-höflich, aber fest im Griff. Das Volk freilich feiert auf Teufel komm raus. Ganz ohne Zweifel: Für viele brave US-Urlauber ist die Sturgis Bike Week ein wirklicher Kulturschock. Was für ein Nervenkitzel, sich Schulter an Schulter mit den nackten, tätowierten Muskeln der schweißgetränkten Outlaws zu reiben.

Und Nomen muß wohl Omen sein, sonst wäre es wohl kaum die Gunners Lounge am vorderen Ende der Main Street gewesen, in der am Freitag, mitten im dicksten Gedränge, zwei verfeindete Motorradclubmitglieder aneinandergerieten. Der eine zog sein Messer und stach zu, der andere zückte seine Kanone aus dem Stiefel und drückte ab (siebenmal, glaube ich, drei Kugeln steckten später noch in der Decke), und beide purzelten, der eine schon tot, der andere blutüberströmt, durch die splitternde Eingangstür zwischen die Massen der umherstehenden Zuschauer.

„Tschiisäß Kreist!“ quietschten die wohlbeleibten Sugarmummies und drückten bibbernd vor Aufregung auf die Auslöser ihrer Wegwerf-Pocket-Kameras; Wildwest live und alles ohne Eintritt.

Polizeichef Jim Bush findet so etwas dagegen gar nicht lustig. Er sei die ewigen Gang-Fehden richtig leid, meint er, und da müsse man in Zukunft was ändern. Doch der Shootout wird sich sicher nahtlos in die blutige Geschichte der Black Hills einfügen. Immerhin: Zuschauer wurden nicht verletzt.

Es gibt aber auch andere, friedliche Shows. Stunt-Teams, Paraden, Rodeos, Runs und Swap Meets sowie eine Bike-Auktion mit müden Bietern. Gar nicht müde verlaufen dagegen die unzähligen Rennen, die tagaus, tagein voller Begeisterung durchgezogen werden.

Bei den ohrenbetäubenden All-Harley-Drags ist zum erstenmal eine Damenriege dabei: „Queen of the Hill“ nennt sich der Endkampf mit den Kings. Die Queens gewinnen. Dachte ich es mir doch.

Staubkaskaden und Dreckfontänen überschütten die Zuschauer, die entlang des Steilhangs stehen, wo die Hillclimber (im Alter ab 5 Jahren) den Hügel hochkrachen. Wer in der fünfstündigen Vorstellung weder verdurstet noch erstickt ist, kann am Ende auch noch die bizarren Harley-Hillclimb-Konstruktionen bewundern, sofern er dazu noch in der Lage ist.

Insgesamt 124 Großveranstaltungen verteilen sich auf die zehn wilden Tage, die Nächte mit eingeschlossen. Es sind heiße Nächte, nahezu ohne Schlaf, denn das tiefe Grollen und die weithin hallenden Fehlzündungen aus überdrehten Harley-Motoren lassen auch den müdesten Penner immer wieder aus seinem Wigwam fallen und erinnern ihn nachdrücklich daran, daß während der Sturgis Bike Week keine Zeit zum Schlafen ist.

Wer dem Getöse und Trubel von Sturgis entfliehen will, kann einen erholsamen Ausflug in den nahegelegenen Badlands-Nationalpark machen (oben). Sonst nur als Privileg für einige wenige amerikanische Großstädte, haben die Organisatoren der World Championship Wrestling die Biker in Sturgis entdeckt. Nachdem zahlreiche Wrestler selbst eingefleischte Harley-Freaks sind, ist der Zulauf zur riesigen Open-Air-Veranstaltung des WCW entsprechend groß (links unten).

Sturgis Bike Week – Daten und Fakten:

1990 wurden 243 Genehmigungen für Verkaufsstände zu je 250 Dollar erteilt sowie 43 Genehmigungen zum Tätowieren für je 75 Dollar. Die Stadt nahm 78.000 Dollar am Foto-Tower der Main Street ein. Die höchsten Temperaturen wurden an drei Tagen mit 110° F (38° C) gemessen. Die Polizei verhängte 802 Strafmandate. 163 Personen wurden wegen Trunkenheit und 44 Personen wegen Drogenbesitz verhaftet. Es gab neun Tote bei Verkehrsunfällen und einen Toten durch Kohlenmonoxidvergiftung (im Zelt). Eine Person wurde von der Polizei beim Amoklaufen erschossen. Bei Biker-Gang-Streitigkeiten wurden eine Person erschossen und drei durch Messerstiche schwer verletzt. Der Benzinpreis stieg in der Bike Week von 1.16 Dollar auf 1.28 Dollar per Gallone. 1994 wurde folgende Erhebung veröffentlicht: Insgesamt waren 652 auswärtige fliegende Händler registriert. Von 1.000 befragten Besuchern waren 71% männlich, 29% weiblich. Die größte Altersgruppe lag zwischen 31 und 50 Jahren, 57% waren verheiratet. Über 80% verbrachten mindestens sieben Nächte in Sturgis. 27% waren zum erstenmal hier. 62% reisten mit Gemahlin an, 78% auf einer Harley. Jede Person gab durchschnittlich 781 Dollar aus. 84% sprachen sich gegen einen Helmtragezwang aus. Die Besucher kamen aus 50 US-Bundesstaaten sowie aus 17 ausländischen Staaten. Die Gesamtbesucherzahl wurde auf 350.000 geschätzt.

Rodeos

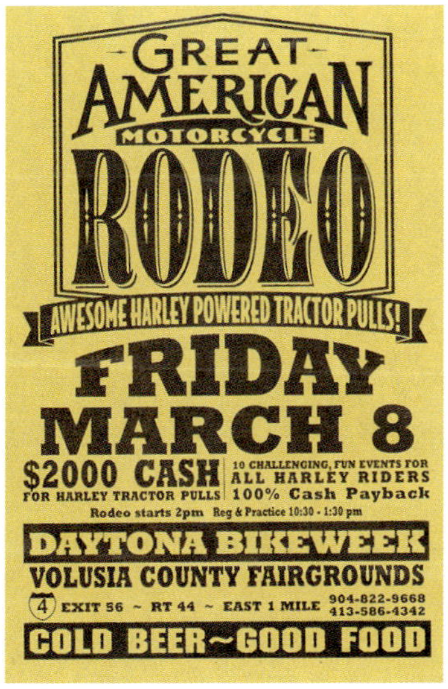

Die Manager des Magazins *Easyriders* (Paisano Publications, Agoura Hills, Kalifornien) waren noch nie um gute Ideen verlegen, wenn es um werbewirksame Aktionen in der Biker-Welt ging. Eine ihrer besten und attraktivsten Einfälle sind die Rodeo-Veranstaltungen, ein Wanderzirkus mit einer geschickt propagierten und vermarkteten Mischung aus altehrwürdigen Biker-Spielen, sportlichen Wettbewerben und den szeneüblichen Partyelementen. Die leidenschaftlich publizierte Veranstaltungswelle brach Ende der 80er Jahre über die Biker-Welt Amerikas herein, und weil alles seine Ordnung haben mußte, gründete man – mit geschütztem Copyright und Sitz ebenfalls in Agoura Hills – eine Dachorganisation, die sich ARROW nannte: „Associated Rodeo Riders On Wheels".

Vorsitzender der Organisation wurde der Verleger Joe Teresi. Wie es sich für eine anständige, auf Gewinn bedachte Corporation gehört, gibt es bei ARROW den „board of directors", einen Präsidenten und das Rules Committee für fünf verschiedene Bezirke: Northeast (Sitz in Pennsylvania), Southeast (Sitz in Florida), North Central (Sitz in Ohio), Central (Sitz in Iowa) und West Coast (Sitz in Kalifornien). Sanktionen und Regeln wurden erstellt und die Rodeos in drei Kategorien mit Preisgeld-Limits von 10.000 (50 Dollar Teilnahmegebühr), 5.000 Dollar (30 Dollar Teilnahmegebühr) und 2.500 Dollar (20 Dollar Teilnahmegebühr) eingeteilt. Aktive Mitglieder zahlen 30 Dollar Jahresbeitrag, unterstützende Mitglieder 20 Dollar.

Die Rodeos werden in jährlichen „Easyriders Rodeo Tours" und „Grand Nationals" genannten „Finals", den Schlußwettbewerben, ausgetragen. Die Events beeinhalten die Spiele: Slow Race (Langsamfahren), Keg Derby (Faßrollen), Weenie Bite (Würstchenschnappen), Barrel Race (Tonnenumrunden nach Zeit), Potato Haystack (Kartoffeln aus dem Heuhaufen sammeln), Tire Ride (Schlepp im Reifen) und vor allem die eigene Erfindung – das Sled Drag Race (Gewichtziehen). Für alles gibt es feste Spielregeln, Start- und Zielrichter sowie einen Sportausschuß. Inzwischen hat die AMA die Rodeos auch als Wettbewerbe sanktioniert. Zugelassen sind jedoch nur amerikanische Motorräder, also in erster Linie Harleys und Indians.

Die Preisgelder werden je nach Beteiligung ausgeschüttet, und die ist meist ziemlich hoch, denn fast jedes Rodeo wird in *Easyriders*, der Biker-Publikation mit der weltweit höchsten Auflage, ausführlich vorgestellt. Da kann man schnell bekannt und berühmt werden. Wohl kaum eine andere Veranstaltung bietet eine derartige Publicity. Auf den meist dreitägigen Rodeos gibt es natürlich auch noch alles andere, was zu einer richtigen Biker-Party gehört: eine Bike-Show mit Prämierung und Trophäen, Live Music mit mehr oder minder berühmten Biker-Bands, Bikini-Wettbewerbe und andere Contests, Tattoo-Künstler und jede Menge fliegende Händler, Zeltplätze und genügend Fast-food-Buden für die nötige Verpflegung sowie vor allem flüssige Nahrung.

Die Rodeos finden auf großen, öffentlichen Veranstaltungsplätzen, den „fairgrounds", statt und werden regelmäßig in den vielen Publikationen des Paisano-Imperiums beworben, meist mit wunderschönen Illustrationen von Dave Mann.

Da man aber selbst im Hauptland der Urheberrechtskläger den Begriff „Rodeo" nicht exklusivrechtlich schützen kann, blieben die *Easyriders*-Organisatoren mit ihren Rodeos nicht lange allein. Seit Jahren gibt es ein Konkurrenzunternehmen, das sich „The Great American Motorcycle Rodeo" nennt und sich zum Beispiel auf dem Buffalo Chip Campground in Sturgis, dem Volusia Speedway Stadium zur Daytona Bike Week und auf anderen großen Biker-Events mit ähnlichen Wettbewerbsprogrammen präsentiert.

Viele Clubs, Organisationen und Firmen unterstützen inzwischen als Sponsoren die zahlreichen Rodeos, die längst ein fester und ausgesprochen attraktiver Bestandteil der amerikanischen Biker-Welt geworden sind.

Kartoffel gefunden – Beeil´ dich, Mädchen!

Rechte Seite: Volles Rohr vor dem Schlitten – Harley-Trikes beim Pulling (oben, rechts unten). Volle Pulle im Dreck: Im Reifen gezogen zu werden erfordert starke Nerven (links unten).

SPECTRO
SPECTRO
MOTORCYCLE
BAY FL.

GREAT
AMERICAN
MOTOICYCLE
RODEO
THANX to
Gram & Harry
WELCOME
BIKERS
BUD
LIGHT
may have
forgotten

Big Bike Moto Cross: Gar nicht so einfach, sich auf dem schweren Hammer rutschend und schleudernd schnellstmöglich durch den enggesteckten Slalomkurs zu kämpfen.

Laconia Rally & Races

Rennen, Rummel und Krawalle

Jedes Jahr vermischen sich Anfang Juni in Laconia, New Hampshire, alle nur denkbaren Elemente von Harley-Kultur und Biker-Lifestyle auf einzigartige Weise.

Wer heute von einer Bike Week spricht, denkt zunächst einmal an Daytona oder Sturgis. Früher war Laconia damit gemeint – ein hübsches, typisches Neu-England-Städtchen mit etwa 16.000 Einwohnern, im malerischen Belknap County von New Hampshire am Lake Winnisquam gelegen. Dort findet seit 1923 jeweils in der ersten Junihälfte jenes legendäre Ereignis statt, das sich „Laconia Rally and Race Week" oder kurz „Laconia Bike Week" nennt.

Seit 1917 gibt es dort Motorradrennen, anfangs ziemlich primitiv, bis 1938 das erste Grand National Dirt Track in der neuen, von der AMA sanktionierten Amateur-Klasse C stattfand und ein paar tausend Zuschauer anzog. Später wurde dieser staubige Rundkurs etwas modernisiert, und 1965 entstand schließlich ein neues, geteertes Speedway-Oval. Heute, gegen Ende der neunziger Jahre, verfügt Laconia über das 1990 erbaute riesige New Hampshire International Speedway Stadium, das die alte Tradition fortsetzt. Die Rennen heißen wie schon zuvor „Loudon" oder „Loudon Classic". Das Stadion liegt an der Route 106, in der Nähe des kleinen Ortes Loudon.

Nicht weit davon entfernt werden zur gleichen Jahreszeit beim Mount Belknap die Gunstock-Hillclimb-Wettbewerbe ausgetragen. Gunstock liegt an der Route 11 in Gilford, New Hampshire. Das Hillclimb wird vom ortsansässigen Ridgerunners MC ausgerichtet. Daneben gibt es noch Drag Races und ebenfalls AMA-sanktionierte Flat-Track-Rennen. Zur Laconia Bike Week gehören auch noch Moto-Cross-Rennen, die obligate Custom Bike Show und der Rummel von Weirs Beach.

Weirs Beach – das Zentrum des wahren Geschehens – ist eine etwas heruntergekommene Amüsiermeile entlang des Lake-Winnipesaukee-Strandes mit unzähligen Vergnügungsarkaden, Fahrgeschäften wie Karussells und Scooter sowie Fast-Food-Buden. Während der Laconia Bike Week gehört Weirs Beach den Bikern. Dort parken sie, dort treffen sie sich, dort feiern sie, und dort prügeln sie sich – sowohl gegenseitig als auch mit Schaulustigen. Das alles hat eine gewisse Tradition, und diese notorischen Gewalttätigkeiten wurden unter dem Begriff „Laconia Riots" – also die „Krawalle von Laconia" – bekannt. Normalerweise herrscht an der Weirs Beach Jubel, Trubel, Heiterkeit, aber wenn es mal knallt, dann knallt es richtig. Zwar werden die ausbrechenden Krawalle meist nur von einem verschwindend kleinen Teil alkoholisierter Rowdies ausgelöst, aber ihre Wirkung ist enorm und extrem ansteckend.

Die stets positiv schreibenden Medien schwiegen diese soziale Erscheinung grundsäzlich tot, die Stadtverwaltung hingegen bezeichnete die Biker als Outlaws – und schon 1947 gab es öffentliche Ermahnungen, sich „wie Gentlemen zu betragen". Als 1963 die bierselige Randale für die ansässige Bevölkerung unzumutbar wurde, sagten die Behörden für das nächste Jahr die Veranstaltung kurzerhand ab. Nachdem man jedoch gesehen hatte, wie groß der daraus entstandene Einkommensverlust war, wurde die „New Hampshire Rally" wieder zugelassen. Und während sich der *Enthusiast* in überschwenglichen Hinweisen über die herrliche Landschaft der Belknap-Berge ausließ und alles wunderbar fand, spannende Rennen avisierte und die „best dressed" Clubs hochlobte, waren 1965 überall Plakate und Spruchbänder mit der Aufschrift „Come to see Weirs Beach burn" zu sehen – kommt und laßt uns Weirs Beach abfackeln!

Es ist friedlich geworden in Laconia, und auch das obligatorische Verkehrschaos hat man wieder im Griff (rechts).

Laconia heute: Es bleiben die Rennen, der Rummel an der Weirs Beach und die geliebte lockere Biker-Atmosphäre.

Es kam zu den bis dahin schlimmsten Ausschreitungen, und tragischer Höhepunkt war, daß eine vollbesetzte Familienkutsche in Flammen aufging – die Insassen konnten nur knapp entkommen. Das Feuer breitete sich rasch aus und zog auch einige Buden in Mitleidenschaft. Der damalige Bürgermeister, der vielleicht ein paar Hollywood-Rockerfilme zuviel gesehen hatte, beschuldigte öffentlich die Hells Angels für diese „Katastrophe" und verbreitete das unsterblich gewordene Bonmot, sie seien durch eine „Wall of Fire" – eine Feuerwand – entkommen. Die „Burn the Weirs Beach"-Krawalle wurden so zur vielzitierten Legende.

Zwangsläufig herrschte in den kommenden Jahren in Weirs Beach immer eine gewisse Spannung, die sich aufbaute, angeheizt wurde und ab und zu eine Entladung brachte. Ein massives Polizeiaufgebot mischte stets kräftig mit. In den 70er Jahren ging es wieder ziemlich rowdyhaft zu, in den 80er Jahren lag ständig ein Geruch von Tränengas über dem Vergnügungs-Strip, und Anfang der 90er Jahre rächten sich die Ordnungshüter auf ihre eigene Art: Sie sorgten durch besonders restriktive Verkehrsregelungen für ein totales Chaos auf allen Zufahrten zum Weirs Beach, vor allem am Highway 3, dem Weirs Boulevard, auf dem stundenlang nichts mehr ging. Da ein spezielles Verkehrsgesetz das Abstellen der Motoren mitten auf der Straße verbot (und dies sofort mit horrenden Strafen geahndet wurde), gab es permanent überhitzte und defekte Motorradmotoren. Außerdem wurde jeder, den man biertrinkend auf der Straße erwischte, sofort ins Gefängnis gesteckt. Im Jahr darauf wurden alle Ampeln so geschaltet, daß sich Staus bis zu 20 km Länge und stundenlanges Warten (natürlich mit laufenden Motoren) ergaben – kurz, die Polizei provozierte durch gezieltes Chaos geradezu permanenten Ärger.

Inzwischen haben jedoch die Stadtverwaltung und das Law Enforcement gelernt, wie man 150.000 bis 200.000 Biker in den Griff bekommt: Die Veranstalter bieten den Besuchern ein so umfangreiches und weiträumig verteiltes sowie bestens organisiertes Aktionsprogramm, daß die ewigen Krawalle an der Flaniermeile von Weirs Beach unattraktiv geworden sind. Täglich gibt es – neben den zahlreichen Renn- und Trainingsläufen – Open-House-Partys, Ausstellungen, Bike Shows, Swap Meets, Tours und Runs, wie etwa den seit 1993 bestehenden, vom Harley-Davidson Riders MC veranstalteten Freedom Ride zum Gedenken an die POW/MIA (Prisoner Of War/Missing In Action) Rolling Thunder Rally zur berühmten „Wall" in Washington, D.C., oder die traditionelle AMA-Gypsy-Tour, die vom Lakeside Sharks MC ausgerichtet wird.

Darüber hinaus werden Wettbewerbe, Live Music und Open-Air-Konzerte angeboten. Ein weiterer Höhepunkt ist die große Motorrad-Parade von der Rally-Zentrale am Weirs Boulevard zum 30 km entfernten New Hampshire International Speedway Stadium, wo die Endläufe des Loudon Camel Classic stattfinden – eine Kombination von verschiedenen Klassen und Rennen. Ein gigantisches Feuerwerk bildet den Abschluß der Laconia Bike Week.

Übrigens: New Hampshire gehört trotz aller skurrilen Gesetze, die den Bikern das Leben schwermachen, zu den wenigen Staaten der USA, in denen es keine vorgeschriebene Helmtragepflicht gibt. Was eine sinn- und verantwortungsvolle Benutzung ja nicht ausschließt ...

Harley-Rendez-Vous

Festival im alten Stil

Eine weitere legendäre, große Biker-Party im besten Sinne des Wortes ist das „Harley Rendezvous". Seit 1978 wird es jedes Jahr im Juni auf dem fast ein Quadratkilometer großen Gelände des Indian Lookout Country Club von echten Bikern für echte Biker veranstaltet. Der sonst übliche Kommerz spielt hier also eine untergeordnete Rolle. Natürlich wollen die vielen tausend Biker, die hier traditionell ausschließlich auf Harleys (na ja, ein paar Indians mögen auch darunter sein ...) anreisen, mit allem versorgt werden, was ein Biker-Herz glücklich macht. Das Motto lautet etwas überspitzt ausgedrückt: „Sex, Bier und Rock 'n' Roll", wie man früher sagte, und „having fun", wie es heute heißt.

Das romantische Treffen bei Mariaville im Staate New York – etwa 40 km nordwestlich der Hauptstadt Albany – ist seit jeher ein Refugium des unverfälschten amerikanischen Bikertums. Die Harley- und Indian-Fahrer aus den Neu-England-Staaten und die Biker-Szene aus dem Nordosten der USA finden sich auf dem Harley-Rendezvous zu ihrem alljährlichen Treffen ein. Eine besonders gut ausgebildete Mannschaft betreut und organisiert die Veranstaltung. Schließlich ist der Indian Lookout Country Club speziell von und nur für Biker geschaffen worden. So herrscht ein fröhliches Treiben: Händler, Tattoo-Künstler, Wettbewerbe, Shows, Live Music, eine „topless" Oben-ohne-Bar und eine extra Antique Bike Show (der Indian Lookout Country Club hat ein eigenes kleines Motorrad-Museum) gehören ebenso dazu wie Biker Games, die Daredevil Motordrome Show der California Hell Riders. Auch das Great American Motorcycle Rodeo hat sich inzwischen erfolgreich integriert.

Es ist also ein lautstarkes Wochenende voll Spaß und Spiel, feinster „Harley-Hedonismus", wie es die zweirädrigen Party-Freaks mit selbstironischem Augenzwinkern nennen. In den riesigen Zelten kann man sich zusätzlich mit allem bedienen und im Waterin' Hole Saloon oder im Knocker's Cafe den herrlichen Berichten des „Radio Free Rendezvous" WFSX auf dem 90.74 er FM-Band zuhören. Souvenirs werden massenhaft angepriesen: Von Pins und Stickers, T-Shirts, Belt Buckles, Videos, Postern bis zu Bierkrügen und „christmas ornaments" gibt es so ziemlich alles an Memorabilien zu kaufen, um die lange Zeit bis zum nächsten Mal zu überstehen, wenn man das gleiche, nur mit neuem Jahrgang, wieder kauft.

Seit einiger Zeit leidet das Harley-Rendezvous, das sich seinen Namen vor vielen Jahren in aller firmentreuen Unschuld gab, unter zunehmend heftiger werdenden juristischen Attacken der Firma Harley-Davidson, die sich den Namen „Harley" inzwischen urheberrechtlich schützen ließ. Um jedem Mißverständnis vorzubeugen, legen die Veranstalter Wert auf die Feststellung, daß die Party nichts mit der Company in Milwaukee zu tun hat.

Big Parties USA

Natürlich – jeder ist willkommen, aber obwohl es in Amerika auch andere Motorräder gibt, sieht man auf den typischen Biker-Veranstaltungen nur wenige nichtamerikanische Marken, da diese zumeist ihre eigenen Zusammenkünfte ausrichten. Biker-Events haben stets einen stark patriotischen Einschlag – die USA sind „god's own country", Harley-Territorium! –, und offensichtlich besteht großer Bedarf. Neben den unzähligen, das ganze Jahr über stattfindenden Biker-Parties, Runs und Rallies gibt es einige Events, die inzwischen eine Größenordnung erreicht haben, die jede Vorstellung des Normalen sprengt. Hier einige Beispiele:

• Der Laughlin River Run findet seit 1983 jedes Jahr Ende April in der kleinen Wüstenstadt Laughlin, Nevada, am unteren Lauf des Colorado River im Drei-Staaten-Eck von Kalifornien, Arizona und Nevada statt. Inzwischen nehmen über 40.000 Besucher an dem dreitägigen Super-

Welcome Bikers!

Event zwischen Luxus und klassischer Western-Atmosphäre in den hitzeknackenden Wüsten- und Gebirgsgegenden der östlichen Mohave-Wüste teil. Organisierte Ausflüge – wie zum Hoover-Damm, zur London Bridge in Havasu City oder in die nahegelegenen Westernstädtchen sowie in die Ghost-Town Oatman an der Route 66 – lassen keine Langeweile aufkommen. Daneben sorgen zahllose Shows und andere Vergnügungen für Abwechslung. Fliegende Händler, Swap Meets und Sonderveranstaltungen wie der „Miss River Contest", Poker-Runs, eine klassische Bike Show und die Verlosung von vier brandneuen Harleys ergänzen die Angebotspalette. Veranstalter des Laughlin River Run ist die Southern California Harley-Davidson Dealers Association, unterstützt von Dodge Ram-Pickups und Coors Light Beer. Präsentiert wird das ganze Spektakel von DalCon Promotions. Die Teilnahmegebühr von 35 Dollar (registration fee) enthält freien Eintritt zu allen Live Concerts, Shows & Entertainments sowie sonstige Eintritte, inklusive zwei Soft-Drinks ...

• Ein anderer klassischer Event, dessen Ursprung auf das Jahr 1946 zurückgeht, ist die jährliche Myrtle Beach Spring Rally, die sich 1996 zum 56. Mal jährte und bei der etwa 75.000 Biker kamen. Traditionsgemäß sind hier die Flat Track Races die größte Attraktion.

• Eine Woche vor der Daytona Bike Week veranstaltet ABATE of Georgia den berühmten Run to the Sun zur Eröffnung der Saison als „season opener", eine Rally, die oftmals unter heftiger „surveillance" (Überwachung) des Florida Law Enforcement stand.

• Eine weitere Biker-Fete, auf der es etwas ruhiger zugeht als zur Daytona Bike Week, ist das im Herbst in Daytona Beach stattfindende Biketoberfest. Obwohl erst seit ein paar Jahren existent, nähern sich auch hier die Besucherzahlen schon der 100.000er-Grenze.

• Inzwischen ist noch eine Alternative zu den Daytona-Festivitäten hinzugekommen: die Arizona Bike Week, die zum ersten Mal vom 7. bis 15. Februar 1997 in Avondale, Arizona, stattfand und etwa 86.000 Biker anlockte. Der Neun-Tage-Event umfaßt weiträumig die Gebiete von Phoenix, Scottdale, Avondale, Glendale und Tucson und ist aus dem ehemaligen Avondale Cycle Fest hervorgegangen.

• Seit 1994 findet ganz in der Nähe ein paar Wochen später der von Lorenzo Llamas unterstützte Benefit Run Ride for Life statt. Veranstalter ist die bekannte und in dieser Art von Hilfsbedürftigen-Rally legendäre Harley-Dealerschaft von Glendale, Kalifornien (Oliver Shokouh). Alle Einnahmen gehen an den World Children's Transplant Fund (WCTF). Die Teilnahme an den Runs von Glendale zur Calamigos Ranch kostet 35 Dollar. Das Souvenir-T-Shirt ist schon für ganze 10 Dollar zu haben. Eine echte Biker-Rally übrigens, ohne Autofahrer!

• Ebenfalls ausschließlich einem wohltätigen Zweck dient der Orange County March of Dimes Ride America in Newport Beach, Kalifornien, zugunsten der March of Dimes Birth Defects Foundation – ein auch als „biker for babies" bekannt gewordener Charity-Event mit vielen Preisen und hochkarätigen Spendenverpflichtungen.

Und so geht das weiter, die Biker-Szene hat ihre eigenen Motivationen und Gesetzmäßigkeiten und ist längst ein eigenständiger Way of Life geworden. Parties, Runs, Shows und Swap Meets sind ihre Kulminationspunkte. Es gibt keinen Staat, kein County und keine Stadt in den USA, wo nicht ständig Biker- bzw. Harley-Events stattfinden. Das breitgefächerte Spektrum reicht dabei von hochmotivierten Wohltätigkeitsveranstaltungen über religiöse Missions-Events bis zu politischen Aktionen, wie zum Beispiel dem Ride on the Convention Run mit Senator Ben „Nighthorse" Campbell zum Republikanischen Convent am 11. August 1996 in San Diego, Kalifornien – eine Veranstaltung, die unter dem Motto „Kämpfe für deine Rechte" stand.

Leider können hier nicht alle Biker-Events aufgeführt werden. Am besten ist es, selbst einmal dabeizusein.

Unterwegs zur nächsten Party: Tausende von Harley-Fahrern sind Wochenende für Wochenende on the road, manchmal über Tage hinweg und natürlich nicht nur in Amerika.

Heiße Harley-Party im tiefen Süden

Das Memorial Day Blowout in Gulfport, Mississippi

Weitläufig und stets in brüllender Hitze: das Camping-Areal des Gulfport Dragway beim Blowout.

Als es 1982 zum erstenmal auftauchte, hieß es noch schlicht „Independence Day Blowout“ und fand als bescheidene lokale Biker-Party in einer alten Hangar-Halle am Biloxi Beach statt. Ganze 200 Brothers trafen sich damals, und dem veranstaltenden Club, dem Asgard MC, der sich zwei Jahre zuvor etabliert hatte, schien das eine ganze Menge Leute zu sein. Hauptattraktion war dabei die Bike Show, von der die meisten sagten, sie hätten noch nie so viel Glanz und Gloria im tiefen Süden gesehen. 25 Bikes, darunter mehrere Harleys und einige Custom Bikes, brachten die Lokalzeitung, den *Sun Herald,* dazu, einen kleinen, aber freundlichen Bericht über das seltsame Ereignis zu schreiben.

Inzwischen hat sich die urige Biker-Fete (zumindest äußerlich) gründlich gewandelt: Über 20.000 echte Biker und Harley-Fahrer aus ganz Amerika – Clubs und Patchholders („Kuttenträger“) eingeschlossen – reisen jedes Jahr an die sonnige Golfküste, um die sprichwörtliche „southern hospitality“, die südliche Gastfreundschaft, zu genießen. Hier gibt es keine albernen oder lästigen Zuschauer, Gaffer oder Outsiders. Das Blowout ist eine Art Stammestreffen der großen Biker-Familie Amerikas, und man ist (noch) unter sich, was etwa dem Zustand von Daytona vor 20 Jahren und Sturgis vor 10 Jahren entspricht.

Das einzigartige Erlebnis des viertägigen Blowouts beruht jedoch nicht nur auf der besonders freundlichen und locker-fröhlichen Atmosphäre, sondern auch auf der Tatsache, daß alles – was in Daytona etwa kilometerweit auseinanderliegt – hier auf einem etwa ein Quadratkilometer großen idealen Gelände zusammengelegt ist: dem Gulfport Dragway. Dort gibt es Wiesen, schattige Pinien, interne Straßen und jede Menge Park- und Campingplätze sowie den Quarter Mile Dragstrip. Alle nötigen „facilities“ für Essen und Trinken sind rund um die Uhr in Betrieb (inklusive der 80 „Port-O-Lets“ – Klohäuschen mit veranstaltungseigener Entsorgung, doch das nur nebenbei ...).

Hunderte von Anbietern, Verkäufern und Händlern aus ganz USA haben dort ihre Stände aufgebaut, dazu gibt es Swap Meets (Tauschmärkte) und Flea Markets (Flohmärkte) sowie alles, was ein Biker-Herz sonst noch höher schlagen läßt. Vier Tage und Nächte lang Action und Shows (große und kleine private ...), Dragster-Rennen zum Zuschauen oder Mitfahren, die berühmte Bike Show, Tattoo-Wettbewerbe und jede Menge Biker Events, wie zum Beispiel Weenie Bite, Slow Race, Kickstart Contest und Tonnenrollen bis hin zum patriotisch gefärbten, infantil-brutalen Riceburner Hammering, der Zerstörung eines japanischen Motorrads. Auf dem Blowout ist die CMA (Christian Motorcycle Association) mit eigenen Veranstaltungen wie Morgenandacht, Kinderzirkus und Festzelt ebenso zu finden wie lautstarke Live-Shows mehrerer Rock'-n'-Roll-Bands und natürlich die obligate nächtliche Busenshow, die man hier (schamhaft) als Wet-T-Shirt-Contest umschreibt.

Die Security, die für die Aufrechterhaltung der Ordnung zu sorgen hat, ist strikt zu alkoholfreien Softdrinks verdonnert, die Gatorade-Flaschen liegen zu Hunderten in den eisgefüllten Kühlboxen. Viel zu tun haben die Sicherheitskräfte trotz über zwanzigtausend herumkrachender Biker aber kaum. Es gibt keine großen Diskussionen wegen abgelaufener „inspection stickers“ (TÜV-Plaketten) – man sieht ja, ob das Licht brennt, und wenn nicht, kann man nachts halt nicht fahren, so einfach ist das. Bremsen sollte man dagegen schon haben – für den Notfall (aber im Ernstfall bremst man ja mit dem Motor oder fährt halt um das Hindernis herum). Gegen den Veranstalter, den lokalen Motorradclub Asgard MC, lief deswegen ein Gerichtsverfahren. Nun müssen Fahr- und Gehwege getrennt werden, als ob das bei dem Gewusel eines solchen Festivals überhaupt möglich ist. Aber so wurden eben pro forma ein paar Latten aufgestellt und ein paar Spannbänder sowie zwei winzige Schildchen „no motorcycles, pedestrians only“ zumindest da installiert, wo der größte Trubel herrscht.

Und auch wenn die Emotionen hochsteigen, regt man sich hier nicht noch künstlich auf, obgleich schon einiges zur allgemeinen Erheiterung beiträgt – ein paar blanke Busen etwa und andere vielbelachte „Obszönitäten“. Die Harleys aber sind wie eh und je und so, wie Harleys eben sein sollen: laut, gestrippt und gechoppt, oft unförmig und brutal und nicht unbedingt in verkehrs- oder betriebssicherem Zustand. Aber solche Lappalien hat man im Griff, auch nach dem 25. Budweiser.

Das weitläufige Areal des Gulfport Dragway ist zwar Privatgelände, dennoch gelten hier die öffentlichen Verkehrsregeln – offiziell zumindest. Natürlich hat niemand (oder fast niemand) einen Helm auf, und ein schon stark abgenutztes T-Shirt ist das Äußerste an Schutzbekleidung – doch es würde keinem der vielen Sheriffs und Cops, die hier martialisch bewaffnet herumspazieren, auch nur im Traum einfallen, sich deswegen aufzuregen.

Draußen auf den Highways ist das natürlich anders. Da trägt man, weil es eben ein Gesetz gibt (und Geldstrafen bei Nichtbefolgen), meist so ein unsäglich lächerliches, flaches Plastik-Plätzchen auf dem Kopf, natürlich ohne DOT-Approval (DOT: Department of Transportation), was bedeutet, daß man beim Kauf gleich dreimal unterschreiben muß: einmal, daß man weiß, daß es illegal ist, zum zweiten, daß man es nicht aufsetzen darf, wenn man auf öffentlichen Straßen fährt, und zum dritten, daß man selbst haftbar ist, wenn man sich den Kopf einschlägt. So bleibt alles, wie es immer war.

Klar, daß auf dem Blowout ziemlich viel getrunken wird. Kein Wunder, der Name sagt es schon (er bedeutet etwa soviel wie „totales Besäufnis“ – durchaus eine typische Südstaaten-Eigenart, denn fast Dreiviertel aller ländlichen Counties sind dort noch „dry“ – leiden also unter völligem Alkoholverbot). Das Saufen beschränkt sich jedoch weitgehend auf das Stammesgetränk aller „Southern Bro's“ – das Bier – genauer gesagt Budweiser, obwohl es zur Not auch eine andere Marke sein darf, wenn es nur eiskalt ist. Schuld an dem nagenden Durstgefühl (und an der Sauferei) ist jedoch mehr die mörderische schwüle Hitze, die bereits in dieser Jahreszeit (Ende Mai) ihr Maximum erreicht hat: tags wie nachts durchschnittlich 35 bis 40 Grad bei fast 100 % Luftfeuchtigkeit. 20 l Flüssigkeit, sagt man, verbraucht der Körper an so einem Tag, und die wollen nachgefüllt sein.

Die Saison der schweren Gewitterstürme, die jedes Frühjahr die Golfküste heimsuchen, ist jedoch noch weit entfernt, auch wenn das Blowout des Vorjahres durch einen verfrühten Hurricane beinahe wörtlich abgeblasen und Zelte und Buden am Sonntagabend weggerissen wurden. Trotzdem herrschte eine ausgelassene Stimmung – die Superfete war ohnehin gelaufen.

Am Montagmorgen sammeln die Brothers ihre Frauen und Kinder sowie ihre Habseligkeiten wieder ein, verstauen alles mehr oder weniger sorgfältig auf ihren Reittieren und verlassen – noch ein wenig benommen im Kopf – einzeln oder in lärmenden Gruppen den verwüsteten Lagerplatz. Das große „Pow Wow“ aller Stämme und Freien ist zu Ende ...

Das war es dann mal wieder. Auch wenn die Hitze wie jedesmal unerträglich war, an ruhigen Schlaf nicht zu denken, das Essen furchtbar und der Staub, Dreck und Schlamm unbeschreiblich – das Blowout ist eine Party, die immer zu Herzen geht.

Einmal im Jahr muß man wieder auftanken und braucht eine Generalüberholung, einmal müssen die leeren Batterien wieder aufgeladen werden, damit man den ganzen Alltagsstreß zu Hause für 365 Tage ertragen kann.

Südstaatler zeigen gerne Flagge, aber der Sheriff beobachtet das Treiben gelassen.

Europäische Traditionstreffen

Die Super-Rallies

Schon lange bevor die Harley Owners Group (H.O.G.) ihre nationalen und internationalen Events konstituierte, gab es in Europa alljährliche Großveranstaltungen – von den Harley-Clubs der betreffenden Länder organisiert, die sich in der Federation of Harley-Davidson Clubs zusammengeschlossen hatten – vergnügliche Festchen, die ab 1975 Super-Rallies hießen.

Die Idee, einmal im Jahr irgendwo allen Harley-Fahrern und -Freunden ein großes familiäres, grenzüberschreitendes Beisammensein zu bieten, entsprach ohnehin der typisch weltoffenen Harley-Mentalität und hatte sich aus zahllosen kleinen Einzeltreffen entwickelt, die in der Nachkriegszeit der gemeinsamen Reiselust und dem allgemeinen Wunsch, sich gegenseitig kennenzulernen, entsprangen.

Während früher eine Super-Rally noch fast einem beschaulichen Kaffeekränzchen mit Campingidylle und Lagerfeuerromantik glich, hat sich inzwischen der Trend zur internationalen Biker-Monsterfete durchgesetzt. Heutzutage sind 20.000 und mehr Besucher normal, was bei teils noch gemäßigten, aber meist hohen Eintrittspreisen den veranstaltenden Club oft für Jahre hinaus aller finanziellen Sorgen enthebt.

Ein gewisses Risiko ist jedoch immer dabei: das Wetter. Das europäische Klima, vor allem in den nördlichen Regionen, ist launisch und speziell bei Motorrad-Events ausschlaggebend für Teilnahme und Erfolg. Regen und Kälte können eine zu üppig ausgelegte Super-Rally schnell zur allgemeinen und finanziellen Katastrophe werden lassen. Manchmal sind es aber auch organisatorische Fehler und Nachlässigkeiten, die den durchgreifenden Erfolg einer Rally vereiteln – wie etwa schlechte Verpflegung, schwer passierbare Zufahrten, mangelhafte sanitäre Einrichtungen oder fehlende Sicherheitsmaßnahmen, um etwa die gefürchteten Showeinlagen betrunkener Kamikaze-Piloten zu verhindern.

Die europäischen Super-Rallies sind inzwischen zu riesigen Verkaufs- und Mustermessen ausgebaut worden, auf denen es alles gibt, was der Harley-Fahrer braucht – oder auch nicht braucht. Darüber hinaus findet eine Vielzahl exklusiver Shows statt, vom Stunt-Riding bis zur professionellen Strip-Vorführung, und es gibt jede Menge Biker-Spiele und Sondershows mit wertvollen Preisen, Tombolas und Wettbewerben. Berühmte Bands werden für spektakuläre Auftritte verpflichtet, und offizielle Harley-Bosse sonnen sich als vielbestaunte VIPs beim Bad in der Menge.

Firmenunabhängige Super-Rallies sind längst eine internationale gesellschaftliche Institution geworden und ein Muß für jeden echten Harley-Liebhaber, ganz gleich, aus welchem Lager oder welcher Fraktion er kommt.

Vorläufer der Super-Rallies:

1964 Internationale Pinkster Rally in Franchorchamps, Belgien
1965 Rye, England
1966 Hamburg, Deutschland
1967 Graft en de Rijp, Niederlande
1969 Wijk Bij Duurstede, Niederlande
1970 Hamburg, Deutschland
1971 Beckley, England
1972 Doetinchem, Niederlande
1973 Heresford, GB/Wales

Die Super-Rallies:

1975 Kastelree, Belgien
1976 Simlangsdalen, Schweden
1977 Geulle, Niederlande
1978 Köln, Deutschland
1979 Brighton, England
1980 Berlin, Deutschland
1981 Grenau, Dänemark
1982 Frankfurt a/M, Deutschland
1983 High Chaparral, Schweden
1984 Brighton, England
1985 Paris, Frankreich
1986 Kliplev, Dänemark
1987 Slagharen, Niederlande
1988 Acosse, Belgien
1989 Stratford upon Avon, England
1990 Heure, Belgien
1991 Hunderfossen, Norwegen
1992 Paris, Frankreich
1993 Murrazano, Italien
1994 Silkeborg, Dänemark
1995 Valkenswaard, Niederlande
1996 Nenzing, Österreich
1997 Hillerstorp, Schweden

Free Wheels Cunlhat

Das Sturgis Europas

Name: Free Wheels Party
Datum: Mitte August 1996
Ort: Cunlhat im französischen Zentralmassiv bei Clermont-Ferrand
Veranstalter: Hells Angels Frankreich (Organisation „Red & White")
Seit: 1987, jährlich
Besucherzahl: etwa 30.000 aus ganz Europa und Übersee
Live-Musik: Zombie Lovers, Calvin Russel, Gary Moore, Too Bad!, Rebel, The Stranglers, Brothers Grimm, Barrance Whitefield and the Savages, Iron Maiden
Attraktionen: „Spectacle Pyrotechnique" – ein außergewöhnliches Riesenfeuerwerk im Hollywood-Stil, das in der Öffentlichkeit einmalig sein dürfte; Helicopterflüge, Bungee-Jumps
Events: Bike Show, Erotic- und Striptease-Show, Dragster-Rennen, großes Angebot an Zubehör, Schmuck, Leder und Souvenirs, Tattoos, Bierzelt und riesiger Zeltplatz im Grünen

Allgemein: Cunlhat gilt als das Sturgis Europas. Es dürfte die wildeste Biker-Party mit exzentrischem Entertainment sein, wie es selbst unter der partyerfahrenen Regie der Hells Angels ungewöhnlich ist. Hinzu kommt das typisch französische Flair von Toleranz und Freude am Feiern. So ist es üblich, daß das nahe gelegene kleine Dorf Cunlhat die gesamten drei Partytage mit durchfeiert: 24 Stunden Fete auf dem kleinen Dorfplatz, stets frisch zubereitetes Essen und Trinken, Tag und Nacht unablässiges Getöse und eine unglaublich fröhliche Atmosphäre. Zutritt zum Centre Ville erhält man jedoch nur mit einem reifenqualmenden Burnout. Da wurde das uralte Feuerwehrauto nicht verschont (als Belohnung gab es einen Satz längst benötigter neuer Reifen), aber bei allem Qualm und Lärm wurde nie die leiseste Beschwerde laut. Ein glückliches Land mit solcher Einstellung, der übrigens auch die sehr konziliante Polizei huldigt, die für dieses Wochenende zwar alles unter Kontrolle hat, sich insgesamt aber stets großzügig zeigt.

Selbstverständlich für Cunlhat: Camping auf der großen Wiese.

Wildenrath „Route 66“

Trotz Pannen eine Legende

Name: „Route 66“ Harley-Davidson Summer Festival
Datum: 24. bis 26. Juni 1994
Ort: Ehemaliger Britischer Militärflugplatz Wildenrath bei Wegberg-Mönchengladbach
Veranstalter: Mama Concerts & Rau Produktion, gesponsert unter anderem von Harley-Davidson, H.O.G., MOTORRAD, Michelob und Sol Mexican Beer
Besucherzahl: 20.000 (statt der erwarteten 50.000)
Live-Musik: Steppenwolf, Deep Purple, Huey Lewis & The News, Bonnie Tyler, Andrew Strong, Birth Control, Highlander
Attraktionen: Besuch von Bill und Karen Davidson, 63-Meter-Bungee-Jump von Jochen Schweizer auf einer Sportster sowie die Verlosung von zwei Harley-Sportstern
Events: Bike Show, Dragster-Rennen, Biker-Hochzeit, Erlebnisinseln, Spielwiese, Bike Wash, Biker Games, Bungee-Jumping, Airpower Body Flying, Modenschau, Bull Riding, Sumo Wrestling etc.
Allgemein: Ein groß angelegter Feldversuch als kombiniertes Open-Air-Konzert und Biker-Event, der von einer organisatorischen und thematischen Fehlkalkulation ausging. Lizenz-Verträge mit Harley-Davidson, von deren Namen man sich mehr Zulauf versprach, schlossen nahezu alle anderen Motorradmarken mit ihren Fahrern und Händlern aus. Die falsche Terminierung zu einem zu frühen, wetterunsicheren Zeitpunkt und die gleichzeitige Biker-Großveranstaltung der Biker Union Party in Schleiz waren ein weiteres Handicap. Zu lange vorverkaufte Eintrittskarten wurden in großem Umfang gefälscht, Veranstalter und assoziierte Firmen machten Millionenverluste. Erstaunlicherweise wurde dieser in bisher nie bekanntem Umfang propagierte Event noch dazu von allen umliegenden Harley-Händlern gemieden, außer von H-D Hannover. Trotzdem wurde Wildenrath ein legendäres Biker-Festival, hauptsächlich aufgrund der drei Tage währenden „kalifornischen“ Hitzewelle und der absoluten Bewegungsfreiheit auf dem Gelände des riesigen Flugplatzes mit einer schön aufgebauten Bier- und Freßbudenstraße, Westernkneipen und vielen Bike-Shops. Wohltuend war auch die sonst so seltene Distanz der örtlichen Polizeikräfte sowie die effektive Security durch die Hells Angels. Zwar fanden die Open-Air-Konzerte nur mäßigen Zuspruch, der Eintrittspreis von 80 Mark war aber dennoch gut angelegt.

Platz genug: Die Massen verliefen sich auf dem riesigen Flugfeld von Wildenrath.

Ibiza Bike Week

Name: 6. Ibiza Bike Week
Datum: 3. bis 8. August 1996 (Foto)
Ort: Ibiza, Spanien
Veranstalter: KCK (Kalle, Carlos, Klaus) und der Gremium MC Karlsruhe
Seit: 1994, alljährlich als Harley-Biker-Urlaubsfestival gedacht
Besucherzahl: etwa 2.000
Live-Musik: verschiedene lokale und befreundete Bands, unter anderem Bullet
Attraktionen: Verrückte Beach-Party und exklusive Bike Show
Events: Inselrundfahrten, Grillfete, Beach Party, Dragstervorführungen, Bar Runs, Bike Show, Striptease, Tattoo Contest, Feuerwerk
Allgemein: Als „Fun in the Sun" wurde die Urlaubsparty von ausgeflippten Harley-Freaks in Sonne und Hitze zwangsläufig ein kleines Daytona mit „Sehen und gesehen werden" in allen nur denkbaren Varianten. „Schräge Vögel", Show-offs oder – wie die Lokalzeitung sie nennt – „piratas del asfalto" fallen eine Woche lang über die hitzeknackende spanische Urlaubsinsel her. Biker-Kneipen und Szenelokale haben Hochkonjunktur. Da bei dieser Party nicht das Hinfahren, sondern das Da-Sein im Vordergrund steht, bietet zum Beispiel „Scholz Transport" aus Berlin einen Lastkahn-Transfer (1.995 DM) für alle wertvollen Custom Bikes an. Der Rest kommt mit eigenem Transporter, Hänger oder ganz selten auch mal als Selbstfahrer. Entsprechend hochkarätig und mit viel Prominenz gemischt ist das Harley-fahrende Publikum. Geld spielt keine Rolle.

Harley-Davidson Jamboree Biesenthal

Name: 6. Harley-Davidson Motorcycle Jamboree
Datum: 19. bis 21. Juli 1996 (Foto)
Ort: Biesenthal, 40 Kilometer nördlich von Berlin
Veranstalter: Wildsite Events und Born To Be Wild MC Berlin
Seit: 1990, jährlich
Besucherzahl: rund 40.000
Live-Musik: Rammstein, Dr. Feelgood, Bad Pilots, Canned Heat, Skew Siskin, Highlander – insgesamt 22 Bands
Attraktionen: Harley-Davidson 3D-Laser-Show und Feuerwerk sowie die Verlosung einer neuen Ultra Classic Electra Glide
Events: Große Bike Show im eigenen Zelt, Biker Games, Ladies Schlamm-Ringen und Girl-Boxen, Late Night Strip Shows, Tattoo Contest, Bull Riding, Bungee-Jumping, Kinder-Motorradbahn. Dazu ein breites Angebot an Motorradteilen und Zubehör von über hundert Händlern.
Allgemein: Biesenthal gehört ohne Zweifel zu den größten und bestorganisierten Biker-Treffen in ganz Europa. Auf der drei Tage langen Nonstop-Action-Jamboree wird ununterbrochen eine Attraktion nach der anderen geboten. Ein riesiges Party-Zirkuszelt bürgt auch bei schlechtem Wetter für stets gute Laune.

German Bike Week

Name: German Bike Week
Datum: 12. bis 14. Juli 1996 (Foto)
Ort: Sandbahn Stadium in Altrip, Pfalz
Veranstalter: MC Bones mit 14 Chapters und 260 helfenden Mitgliedern
Seit: 1991, zunächst alljährlich im September, dann auf Juni verlegt
Besucherzahl: über 10.000
Live-Musik: Doro, Leningrad Cowboys, Hank Davison, Alvin Lee, Molly Hatchet, Stahl, L.O.D. Girlband, Canned Heat, Statement, Luck up! und andere
Attraktionen: Dragster-Vorführungen, Ballonfahrten, 500 Liter Freibier, Flugverlosung nach Daytona
Events: Custom Bike Show mit ausgesuchten Exponaten, 36 x 36 Meter großes Zirkuszelt, Video-Live-Übertragung auf Großbildwänden, Armdrücken, Wettsägen, Sado- und Strip-Shows, Besucherpokale und Brillantfeuerwerk.
Allgemein: Die German Bike Week gilt, obwohl sie keine ganze Woche dauert, als eine mehrtägige echte Biker-Großparty, dementsprechend viele MCs aus ganz Europa und den USA geben sich dort ein Stelldichein, darunter die Ghost Riders und Gremium, aber auch Banditos und Outlaws aus den USA. Da sich die Bones stark im Dragster-Rennen engagiert haben, treffen sie hier auf viele Teamkollegen aus Frankreich, Österreich, England und Australien sowie den umliegenden europäischen Dragster-Freunden. Dementsprechend ist auch die Bike-Show mit hochkarätiger Dragster-Technik bestückt. Der Rest ist Party pur.

Harley Glühn

Name: Harley-Glühn
Datum: 4. bis 6. Juni 1993 / 15. bis 18. Juni 1995 (Fotos)
Ort: Auf der Kreut Alm, zwischen Kochl und Murnau, Oberbayern
Veranstalter: Marion und Michl Mayr von der Kreut Alm
Besucherzahl: circa 3.000 bis 4.000
Live-Musik: Hank Davison, Highlander, Permanent Rosa, Doghouse Blues Band, Racky & Rollers, Williams Wetsox, Nick Woodlands & The Magnets, The Travelling Dildos und andere
Attraktionen: Ochsenbraterei vom Grill, Ballonfahrten mit dem Krafft-Heißluftballon
Events: Strip-Show, Bungee Jumping, Kinderspielplatz
Allgemein: „Harley-Fest im Trachtenlook" hat man das Harley-Glühn einmal genannt, hauptsächlich ein Treffpunkt der Harley-Schickeria vor den Toren Münchens, der jedoch auch echte Biker und jede Menge Harley-Normalos in sehr geselliger Atmosphäre zusammenbringt. Eine typische Alpin-Party in oberbayrischer Tradition: extrem gutes Essen, angemessene Preise, Volksfest-Atmosphäre und eine herrliche Voralpen-Kulisse direkt unter dem Herzogstand-Heimgartenmassiv mit phantastischem Weitblick.

Biker Union Jahresrally

Name: 10. Biker Union Jahres-Rally
Datum: 28. bis 30. Juni 1996 (Foto)
Ort: Rennstrecke Schleizer Dreieck, Schleiz, Thüringen
Veranstalter: Biker Union e.V.
Seit: 1992 in Schleiz
Besucherzahl: circa 15.000, für Mitglieder Eintritt frei
Live-Musik: Unter anderen Glenn Hughes, Alvin Lee, Gotthard, Stahl, Lost Gain und ein Band-Wettbewerb
Attraktionen: Verlosung einer Harley, Rundflüge, Blutspenden-Aktion
Events: Beschleunigungsrennen über 300 Meter für jedermann, Pokalverleihung für Besucher, Stunt Shows, Bungee Jumping, Miss-Wahl, Lack- und Ledershow, Schlammringkämpfe, Strip-Show sowie eine große Bike Show von High-Performance- bis Veteranen-Motorräder im eigenen Zelt, reichlich Info-Stände, Händler und Zubehör
Allgemein: Die Biker Union Jahres-Rallies nennen sich „größte Biker-Treffen Deutschlands“ und sind typisch deutsche Biker-Treffen der besonderen Art. Auf ihnen findet gemäß der demokratischen Verfassung der Biker Union die Jahreshauptversammlung des Vereins satt, der am 15. November 1986 gegründet wurde. Die Biker Union versteht sich als Interessenvertretung aller Motorradfahrer, speziell aber von Bikern und Biker-Clubs, gegen Diskriminierung und Motorradfahrer relevante staatliche oder andere behördliche Sondererlasse wie Streckensperrungen, Smogverordnung oder Schutzkleidungsnormen. Die jedes Jahr stattfindende Rally hat ohne Zweifel neben ihrem gut organisierten Party-Charakter auch eine politische Funktion, die heute mit anderen europäischen Motorradfahrer-Interessenvertretungen (BAGMO und FEM) konform geht. Trotz allem ist aber auch die Biker Union Jahres-Rally ein typischer Biker-Event geblieben.

Easyrider Party Schweiz

Name: 10. Easy-Rider-Party Switzerland
Datum: 23. bis 25. August 1996 (Foto)
Ort: Reithalle von Egliswil, Schweiz
Seit: 1987, jährlich
Veranstalter: Rebels of Road MC (ein Schweizer Club, dessen Polen-Chapter auch die Easy-Rider-Party in Niepolomice veranstaltet)
Besucherzahl: circa 3.000 aus ganz Europa
Live-Musik: The Animals II, DRAFT, Papa Blues Band, Omas & The Howlers sowie Schweizer Newcomer-Bands, (einige Bands der Vorjahre: Arny Kay, Walter Traut, Highlander, Alvin Lee, The Hamsters, Michael Katon, The Birds, Canned Heat, Mark Hodgson, Boot Hill Band, Brothers Grimm)
Attraktionen: Umfangreiches Programmheft mit viel lokaler und europäischer Biker-Historie sowie der Auflistung der 80 Gönner und Sponsoren des Clubs
Events: Typische Biker-Games, Swap Meet, Miss-Wahl, großes Angebot an Biker-Stuff sowie Händler mit Motorradzubehör und Accessoires, Dragster- und Custom-Zubehör
Allgemein: Die seit Jahren alljährlich stattfindende Easy-Rider-Party im dörflichen – in „Rebelswil“ umgetauften – Egliswil ist bekannt als kernige Biker-Party der unverzagten eidgenössischen Ritter ohne Furcht und Tadel gegen Behördenwillkür, Beschränkungen und sonstige Umstände, die speziell den Schweizer Bikern das Leben schwermachen. Verständlich, daß über der ganzen, stets bestens organisierten Veranstaltung ein Hauch von echtem Rebellentum liegt – eine Atmosphäre, die dem wahren Harley-Fahrer aus dem Herzen spricht. Eine enge Beziehung unterhält der Rebels of Road MC zum Schweizer Love Ride, dem er auch diesmal wieder eine beachtliche Spende (3.000 Sfr) überreichte.

Biker Jamboree Mainbullau

Name: Biker Jamboree '96
Datum: 21. bis 23. Juni 1996 (Foto)
Ort: Flugplatz Mainbullau bei Miltenberg
Veranstalter: Ghost Riders MC Germany
Besucherzahl: circa 10.000
Live-Musik: Saxon, Canned Heat, Motörhead, ZZ Top, Gotthard, Seven Little Sisters
Attraktionen: Freier Eintritt, Bungee Jumping
Events: Bike-Show, Night-Entertainment, großes Angebot von Harley-Teilen- und -Accessoires sowie Biker-Paraphernalien, große Open-Air-Bühne und riesiger Campingplatz neben der Startbahn
Allgemein: Klassische Hardcore-Biker-Party, bestens organisiert und mit allen Attraktionen eines solchen Events ausgestattet. Mainbullau wurde jedoch aus anderem Grunde berühmt, oder besser gesagt, berüchtigt: Es war ein ebenso klassisches Beispiel für Behördenterror und total überzogene Polizeiaktionen. Nicht nur im Vorfeld mußte der Veranstalter nahezu unerfüllbare Auflagen unzähliger Behörden bewältigen (großes Lob für diese Leistung), auch während der gesamten drei Partytage bauten starke Polizeikräfte an der einzigen Zufahrt, versteckt im Wald, unumgehbare Fahrzeug- und Personenkontrollen auf, wo mit Drogentests, Leibesvisitationen und erkennungsdienstlicher Erfassung alles eingezogen wurde, was auch nur den kleinsten Verdacht von Illegalität oder Gefahrenpotential zeigte: Vom zu lauten Motorrad bis zu Klappmessern wurde alles beschlagnahmt. Ständige Zivilkontrollen auf dem gesamten Partygelände machten einen unschönen Eindruck, konnten die Biker aber nicht von ihrer gewohnten guten Laune abbringen. Für die Veranstalter muß die Präsentation schikanöser staatlicher Allmacht ein Alptraum gewesen sein. Die Präsenz der Staatsgewalt ist übrigens eine ebenso typische wie unangenehme Begleiterscheinung bei vielen Veranstaltungen deutscher Hardcore-Biker-Clubs und bei H.O.G.-Rallies, die nicht nur bei den Veranstaltern ständige Proteste, sondern auch bei Harley-Davidson eine gewisse Besorgnis über das ansonsten so sorgsam gepflegte gute Image hervorruft.

Name: Praia de Faro
Ort: Faro an der Algarve, Südportugal
Veranstalter: Moto Clube de Faro
Seit: 1982, jährlich
Besucherzahl: circa 8.000
Attraktionen: Custom Bike Show, Laser Show und gute Musik
Allgemein: Früher einmal ein Geheimtip unter Hardcore-Bikern, hat sich die Party in Faro inzwischen zu einer wilden, aber attraktiven Biker-Veranstaltung mit extrem vielen Outlaw-Clubs aus ganz Europa sowie den USA entwickelt. Kaum anderswo sieht man so viele MC-Patches, zum Beispiel die der Blue Angels aus Schottland, der Outcasts Bordeaux aus Frankreich, der Patriots of Great Britain aus England, des Tatanka MC, des Wakka MC aus Finnland und des Heathens MC aus England.

Name: The Bulldog Bash
Datum: Sommeranfang
Ort: Avon Race Park in Warwickshire, in der Nähe von Stratford-upon-Avon, Engl.
Veranstalter: Hells Angels England
Seit: ab 1986, jährlich
Besucherzahl: über 10.000
Live-Musik: Cenobyte, Mudshark, Reggety Anne, Panama Grin, Carnival of Thieves und viele andere
Attraktionen: Striptease Show, Wet-T-Shirt-Contests, Dragster-Vorführungen
Events: Biker Games, Shows, Stunts, Bungee Jumping, Laser Show, Feuerwerk
Allgemein: Eine berühmte, von Donnerstag bis Sonntag währende, nonstop-action Party, wie sie nur die Hells Angels zu organisieren verstehen. Ein riesiger Zeltplatz, Open-Air-Konzerte vom Allerfeinsten und typisch englisches Entertainment machten den Bulldog Bash bald zu einem der bekanntesten Biker-Events Europas.

Name: All American Day - American Way of Drive
Datum: Sommer 1993 und 1994
Ort: Rennstrecke am Nürburgring, Deutschland
Schirmherrschaft: Der US-Botschafter in Deutschland
Events: Dragster-Rennen in vielen Klassen, einschließlich Public Race
Allgemein: Ein unterhaltsames und sportliches Festival rund um US-Cars und Harley-Davidson-Motorräder.

Biker-Parties und kein Ende

Europa, Japan und der Rest der Welt

Abgesehen von den USA, wo Harleys ohnehin jedes größere Biker-Treffen dominieren, fassen die legendären V-Twins aus Milwaukee auf den größeren und kleineren Biker-Parties in aller Welt nur langsam Fuß. Allerdings gab es schon immer spezielle Harley-Treffen, denn allein die Exklusivität dieser Motorradmarke schuf automatisch eine ganz besondere Verbundenheit. Natürlich wurden bei diesen Treffen, Parties, Runs und Rallies – nennen wir sie einfach Events – auch die Harley-typischen Eigenarten aus den USA übernommen, die teils durch entsprechende Filme, aber auch durch den bei allen Harley-Händlern erhältlichen *Enthusiast* propagiert wurden. Shows, Games, und Contests waren zunächst eher bieder und von kindlicher Vergnügungssucht geprägt, wurden später jedoch immer wilder und sind heute, Ende der 90er Jahre, von exzessiven Saufereien, Sex und Hardcore-Musik gekennzeichnet.

In Deutschland, Japan, Frankreich und Australien bildete sich Anfang der 80er Jahre eine spezifische Harley-Szene, die weitgehend von Clubs beherrscht und organisiert wird und die – oberflächlich betrachtet – der amerikanischen sehr ähnelt. Heute sind „echte" Biker-Parties in aller Regel Harley-Events, bei denen die Schwergewichte aus Milwaukee optisch und vor allem akustisch dominieren.

Ein kleiner Bilderbogen, der keinen Anspruch auf Vollständigkeit erhebt, soll – über den Globus verteilt – mit ein paar typischen Beispielen die Bedeutung und die Vielfalt, aber auch die vielen Gemeinsamkeiten solcher regionaler und überregionaler Harley-Events demonstrieren.

Wer genügend Zeit und Geld hat sowie eine zuverlässige Harley, Wind und Wetter nicht scheut und auch sonst gut drauf ist, kann speziell in Europa eigentlich das ganze Jahr über – Monat für Monat, Woche für Woche, ja eigentlich Tag für Tag – von einer Party zur anderen düsen. In Frankreich zum Beispiel gibt es jede Menge Harley-Open-Air-Festivals, American Weekends, Motor-Shows und Expositions sowie Lokalveranstaltungen unzähliger Harley-Clubs. Das deutsche *Street Magazin* veranstaltet jedes Jahr seine sommerliche US Car & Bike Show Tour als Wheels National Tour oder

The Big Car & Harley Meetings – sei es auf der Theresienwiese in München, auf dem Heiligengeistfeld in Hamburg, am Dutzendteich in Nürnberg, der Frankfurter Messe, dem Schützenplatz in Hannover oder der Pferderennbahn in Wien. Österreich entwickelt sich immer mehr zu einem Zentrum europäischer Harley-Biker- und Country-Festivals, wozu meist der hohe Erholungswert der beliebten Alpenlandschaft beiträgt. Riesige Harley-Treffen in Saalbach oder in Wellersdorf wie auch das Europäische Festival zum 95. Firmenjubiläum am Faaker See, die besonders gern unter der Regie der Harley Owners Group laufen, zeigen das deutlich.

Auch in Italien, Spanien und Griechenland gibt es immer mehr Biker-Events. Aber die nordischen Länder wie etwa Schweden und die Ostländer, besonders Polen, Tschechien und Ungarn, bieten ebenso immer häufigere und größere Harley-Davidson-Veranstaltungen an. In der Zwischenzeit ist das Angebot so unübersichtlich geworden, daß man wohlüberlegt jene Parties heraussuchen muß, die in Form und Stil dem persönlichen Geschmack entsprechen.

Toys for Tots

Alles für die Kiddies

Überall in der Welt sind zur Weihnachtszeit Harley-Fahrer unterwegs, um Spielzeug für bedürftige Kinder zu sammeln, wie hier in den Südstaaten der USA oder auch in Deutschland.

Immer, wenn Weihnachten naht und jedermann in Sentimentalität versinkt, befällt die Biker eine hektische Betriebsamkeit. Landauf, landab sammeln sie Geld und Spielzeug für arme und kranke Kinder: „toys for tots". Der Brauch hat in der Welt der Motorradfahrer eine lange Tradition, und es gibt kaum keinen Club oder Verein, der hier nicht aktiv wird. Und wie immer sind es die Kinder, die den sonst oft so rauhbeinigen Harley-Rebellen (anderen natürlich auch!) besonders am Herzen liegen, Kinder, die arm oder krank sind – oder noch schlimmer, beides – und die niemanden haben, der sie einmal im Jahr mit Geschenken beglückt. Für sie bereiten die Biker mit großem Aufwand und noch größerer Begeisterung ihren Toys-for-Tots-Run vor. Das ist nicht etwa eine Wohltätigkeitsveranstaltung, sondern eine besondere Art der praktizierten Nächstenliebe – zielgenau auf diejenigen gerichtet, die am dankbarsten sind. Schon Wochen vorher wird gesammelt und zusammengetragen, was sich irgendwie verschenken läßt. Überall gibt es Spendenaufrufe und „pledges" (Verpflichtungen), und bei allen Händlern sind Sammelstellen eingerichtet.

Die Motivation der Biker ist unwiderstehlich, ihre Sammelwut schier grenzenlos. Wenn der große Tag der Zuteilung gekommen ist, versammelt man sich an bestimmten Treffpunkten. Es ist ein Fest für groß und klein, doch jetzt stehen die Kids im Mittelpunkt. Auch der Biker-Nachwuchs schult dabei sein soziales Engagement, und wenn die Kleinen mit Tränen in den Augen ihre Kuscheltiere dem Nikolaus übergeben, wissen sie, daß sie andere Kids damit glücklich machen.

Wenn sich dann der lange Festzug in Bewegung setzt, ist meist die ganze Stadt auf den Beinen, und auch die Medien lassen sich das Spektakel nicht entgehen. Vorneweg patrouillieren die Sheriffs mit Blaulicht und Sirenengeheul, dahinter fährt Santa Claus in vollem Ornat auf seiner Harley oder hoch oben auf dem mit Spielzeug vollbeladenen Truck. Dann folgt die eindrucksvolle Parade, die an allen Straßenecken und Verkehrsampeln Vorfahrt hat. Die lange Kolonne der Biker auf ihren weihnachtlich dekorierten Harleys, auf denen meist noch ein extrahübsches Plüschtier vorne oder hinten draufgeschnallt ist, folgt mit Gehupe und Getöse.

Ziel ist zumeist die Zentrale der Heilsarmee oder das Headquarters der Marine Corps (USMC), das eine Art Patenschaft für die bedürftigen Kinder übernommen hat. Dort werden dann das Geld und das gesammelte Spielzeug abgeliefert, aber oft geht die ganze Parade auch direkt zu den Waisen- und Krankenhäusern, Reha-Center oder anderen sozialen Einrichtungen. Anschließend findet eine Party statt, die ja nicht gerade so riesig sein muß wie die Christmas Parade 1997 in Chicago, wo nahezu 15.000 Motorradfahrer zu den bereits 27.000 gespendeten nochmals 7.000 Spielzeuge einsammelten. Wie gesagt – alles für die Kiddies!

Uniformierte Wohltäter

The Shriners

Nicht etwa eine Handwerkergilde, sondern eine weithin bekannte uneigennützige, private Freimaurerloge verbirgt sich hinter diesem Namen, der verkürzten Form von „The Ancient Arabic Order of Nobles of the Mystic Shrine" – frei übersetzt „Der alte arabische Orden der Edlen des mystischen Altars".

Diese Wohltätigkeitsorganisation wohlhabender Amerikaner – eine der angesehensten des Landes – wurde 1872 mit dem Mecca Temple gegründet und verfolgt hohe ethische und idealistische Ziele. In erster Linie ist die heute 885.000 Mitglieder in 191 Shrine-Temple-Logen umfassende Gemeinschaft in den USA, Kanada, Mexiko und Panama dank großzügiger Unterstützungsfonds karitativ tätig. So unterhalten die Shriners 22 Hospitäler für kranke, behinderte und bedürftige Kinder, die dort kostenlos behandelt werden.

Shriners – meist enthusiastische Harley-Fans und erfahrene Stunt-Riders – vollführen auf ihren spektakulären Shows und auch bei öffentlichen Paraden wahre Kunststücke auf den schweren, überwiegend Full-Dresser-Motorrädern.

Shriner-Modelle

Als Kundengruppe wurden die Shriners von der Polizei-Abteilung der Company betreut. Auch sie bestellen Maschinen in größeren Mengen unter besonderen Konditionen. Shriner-Modelle sind, bis auf Rotlicht, Sirene und Funkgerät, nahezu identisch mit Polizeimotorrädern. Sie erhalten nach den Wünschen der jeweiligen Shriner-Logen ihre spezielle Farbgebung, eine Sonderlackierung, die nur den Shriner Motor Corps zusteht. Shriner-Harleys sind ausgesprochene Parade-Maschinen, die ebenfalls unter extremen Bedingungen eingesetzt werden.

Die Shriner-Drill-Teams sind in einer Association of Shrine Motor Corps zusammengefaßt, die sich mit ihren motorisierten Mitgliedern zu alljährlichen internationalen Wettbewerben anläßlich der jeweils anstehenden National Shriners Conventions treffen.

Für die Wohltätigkeitsveranstaltungen der verschiedenen Freimaurerverbände der Shriners – wie hier die des Bahia-Tempels – stellt Harley-Davidson eigene Modelltypen her, die fast identisch mit den Police-Modellen sind, nur ohne Funkausrüstung. Die Shriner-Bikes werden vornehmlich bei Paraden und Formations-Shows benutzt.

Alles Party, oder was?

Parties haben ihre eigene Terminologie. Besonders wenn Harley-Fans sie organisieren. Parties sind ein Teil des Lebens – der beste, sagen viele. Auf Parties trifft man seine Freunde. Parties sind saugut. Party ist alles.

Statt einer langatmigen Einleitung hier die wichtigsten Party-Opener:

Let's have a party! Auf Parties freut man sich die ganze Woche. Jeden Tag. Immer. Ohne Parties wäre das Leben nichts wert. Party forever!

Wer Harley sagt, sagt auch Party. Party – wann – wo?

P.P.P. – Permanentes Party-Paradies: Geburtstags-Party, Feiertags-Party, X-Mas-Party, Party to go, Hurricane-Party, Faschings-Party, Überaschungs-Party, Abschieds-Party, Freß-Party, Sauf-Party, Beach-Party, sagte da irgendwo jemand Party?

Party is Life! It's Party-Time again. Party-Party!

Wie mir das alles doch zum Halse heraushängt – but you are invited.

SCHOOL BUS

Small Parties

Auch wenn sie keine ungeheuren Attraktionen, Shows, Field Meetings, Biker Games oder Open-Air-Konzerte bieten – kleine Parties gehören zu den schönsten, zumindest aber zu den intensivsten ihrer Art. Die Attraktionen sind anfaßbar, die lieben Kleinen gestalten die Show, die Games finden im Fernsehen statt, und die Musik ist auf der Kassette und stets vom allerbesten. Man ist unter sich, mit persönlich geladenen Gästen, sprich Freunden: Home-Parties, House-Parties, Club-Parties, Picknicks und Grillfeten – das ist „relaxing time". Kein stressiges Vorwärtskommen, keine Rempeleien, kein Getöse, keine Massenhysterie, kein Geschrei, kein Gejohle und kein Zelt im Sumpf. Auch kann man seinen Rausch ungestört im eigenen Bett ausschlafen. Small Parties – das ist eine intensiv gepflegte Harley-Kultur und die unkomplizierteste Form des geselligen Beisammenseins. Persönliche Freunde sind immer zur Stelle, lange An- und Rückfahrten entfallen, und die Kosten halten sich in überschaubaren Grenzen. Hauptsache, das Bier reicht und die Kartoffelchips gehen nicht aus. Die Bikes stehen in sicherer Entfernung, immer schnell erreichbar, und man braucht keine Angst zu haben, daß jemand unbefugt daran rumfummelt. Die Kids sind „under control" und im Blickfeld. Manch großartige Aktion oder zündende Idee wurde auf solch gemütlichem Beisammensein geboren.

Meist telefoniert man sich auf die Schnelle zusammen, Anlässe gibt es genug, und findet man keinen Anlaß, ist auch das wieder ein Grund, um mal wieder eine Party in Gang zu bringen. Oft sind es nur langweilige Nachmittage in der Kneipe, aus denen sich solche Parties entwickeln, manchmal sind es Spritztouren mit dem Club, die da enden, wo sich gerade ein idyllisches Plätzchen anbietet. Und am schönsten ist es, wenn alles völlig unorganisiert und wie von selbst entsteht. In Amerika – dem Small-Party-Land par excellence – hat sich daraus eine Bewegung entwickelt, die sich unter Einbeziehung der geliebten Harleys als Biker Community etabliert hat. Ohne solche ständigen Begegnungen wäre in vielen Fällen das Leben einsam, beziehungslos und nahezu unerträglich. Die Small-Party-Kultur ist unbestritten die Basis des Harley-bezogenen American Way of Life.

Organisiert oder nicht organisiert: Small Parties sind das Lebenselixier aller echten Harley-Biker. Es gibt immer genügend zu essen und zu trinken, und manchmal ist auch für die nötige nächtliche Unterhaltung gesorgt. Grundsätzlich und wie das schon immer war: man festet in freier Natur.

Was ißt der Biker?

… und dazu ein Sixpack

Nun, der echte Harley-Fahrer „frißt“ zunächst einmal Japaner – egal ob roh oder gekocht. Gewissermaßen mit Haut und Haaren. Doch jetzt im Ernst:

Der wahre Biker ist nicht wählerisch. Er mag Grundnahrungsmittel wie Fleisch, Fisch, Brot, Kartoffeln und Salat. Auch ißt der Biker nur, wenn er Hunger hat. Unnötig zu sagen, daß er immer Hunger hat. Vor allem aber ißt er viel. Daher bevorzugt er – sofern erreichbar – jene All-You-Can-Eat-Abfütterungsbetriebe, die bei einer größeren Biker-Invasion schon mal ihr „Going out of business“-Schild bereithalten sollten. Fremdartigen Speisen steht der echte Biker mit Mißtrauen gegenüber. Feine Restaurants sind ihm schon wegen ihres oftmals affigen Getues zutiefst zuwider. Auch bei flüssiger Nahrung bleibt er beim Altbewährten: Bier für den Durst, Jack Daniels fürs Gemüt. Keine Cola, kein Sprudel, kein Saft, kein Wein, kein Wasser, kein Schnaps und schon gar keine Milch – Bier und Jacky, dabei bleibt es, da weiß man, was man hat, und Durst hat man immer. Die europäische Unsitte, Bier mit allerlei Hochprozentigem zu verunreinigen, erfüllt den wahren Biker mit äußerstem Mißtrauen, ebenso der seltsame Brauch, Bier nur aus riesigen Glaskrügen zu trinken. Was gibt es Herrlicheres als jenes herzerfrischende „zisch“, wenn man aus dem Sixpack wieder eine neue Dose aufreißt. Sixpacks sind übrigens ein wichtiger Bestandteil jeder echten Biker-Philosophie.

Der Rest der Harley-Biker-Welt darf sich ruhig an den diversen Kochbüchern orientieren, die Rezepte jener Speisen enthalten, die angeblich Harley-Fahrern besonders schmecken.

Na ja, bis auf die Japaner, wie gesagt …

Biker wissen, was die Brothers erwarten: Hunger und Durst sind gewaltig, das Spanferkel muß durch sein, die Steaks riesig, Meeresfrüchte reichlich und das Bier immer eiskalt.

Mit Geheimrezepten zubereitet und eine typische Biker-Südstaaten-Delikatesse: scharf gewürzter Crawfish-Eintopf.

Biker-Games – Die Gladiatoren vom Dienst

Streß für Mann und Maschine: Burnout und Tonnenrollen.

Sie könnten als „Kleinolympische Motorsport-Wettbewerbe" ohne Konkurrenzdenken gelten, auch wenn es dafür gelegentlich Pokale oder sogar Geldpreise gibt. Biker Games – belassen wir es einmal bei diesem Terminus – sind eine Mischung aus Kindergarten-Vergnügen und Pfadfinder-Ritterspielen. Aber gerade das ist das Reizvolle an ihnen – jene harmlose Mixtur aus fröhlicher Unschuld, kindlichem Spieltrieb und lustbetonten Anzüglichkeiten, gepaart mit Geschicklichkeit, körperlicher Balance und gut zu beherrschender Motorkraft.

Das Motorrad spielte schon immer eine wichtige Rolle als Sport- und Freizeitgerät, und in den 20er und 30er Jahren waren unterhaltsame Spiele und Wettbewerbe das gesellschaftlich-clubrelevante Rückgrat aller Gipsy-Tours. Bei diesen Clubausfahrten, Treffen oder Parties wurden die Spiele vom jeweiligen Programmkomitee arrangiert, zum einen aus Spaß am Spieltrieb und zum anderen, um „Dampf abzulassen". Das ist im Prinzip bis heute so geblieben. Im Harley-Firmenblättchen *Enthusiast* wie auch im *American Motorcyclist* und *Bicyclist* wurden die verschiedenen Spiele und ihre Regeln immer wieder vorgestellt und propagiert. Heute sind Biker Games hauptsächlich attraktive Zugaben für die Zuschauer und dienen eher der allgemeinen Volksbelustigung als dem individuellen Wettkampf.

Biker Games früher – Die klassischen Motorcycle Games der Vorkriegszeit setzten sich aus jenen „for the boys" (mit und auf dem Motorrad) und jenen „for the girls" (ohne Motorrad) zusammen. In der ersten Kategorie waren es zum Beispiel:

Swat the Murphy – (Hau den Murphy, den Kartoffelkopf): Auf Stäben, die bis zur Sattelhöhe in den Boden gesteckt sind, wird jeweils eine Kartoffel plaziert. Jeweils zwei Bewerber versuchen abwechselnd beim Vorbeifahren mit einem Knüppel oder einem Baseballschläger die Kartoffeln zu zermatschen. Wer danebenschlägt oder die Kartoffel zu Boden fallen läßt, scheidet aus.

Barrel Rolling – (Faßrollen): Zwei oder mehrere Teilnehmer versuchen, eine große, leere Tonne oder auch ein Ölfaß so weit wie möglich mit dem Vorderrad auf einer vorgegebenen geraden Bahn voranzurollen. Sieger ist, wer am weitesten kommt.

Riesen-Gaudi mit Getöse: Fest aneinander gebunden versuchen zwei mutige Biker sich gegenseitig über den glitschigen Untergrund zu ziehen. Wer verliert, hat kaum Chancen, nicht vom Bike zu fallen.

Obstacle Race – (Hindernisrennen): Ein inzwischen in jeder Fahrschule praktiziertes Umfahren von in bestimmten Abständen aufgestellten Hindernissen.
Slow Race – (Langsamfahren): Zwei oder mehrere Teilnehmer versuchen, eine vorgegebene Strecke so langsam wie möglich zu durchfahren. Sieger ist, wer ohne mit den Füßen den Boden zu berühren am langsamsten ist.
Plank Riding – (Brettfahren): Eine mehr oder weniger schmale Planke ist von vorne bis hinten mit beiden Rädern zu befahren – ein schwieriger Balanceakt.
Weenie Bite – (Würstchenschnappen): Bei diesem wohl beliebtesten und auch leicht anrüchigen Wettbewerb fährt der jeweilige Fahrer mit seiner Sozia (und hier muß es nun wirklich eine Sozia sein) unter einem relativ hoch aufgehängten Würstchen her. Die Sozia muß dabei – ohne Zuhilfenahme der Hände – die Wurst schnappen oder abbeißen. Sieger ist das Team, dessen Sozia die meisten Würstchen erwischt.

In der zweiten Kategorie durften sich die Mädchen mit harmloseren Spielen wie Eiertransport oder Sackhüpfen vergnügen. Für die „Jungs", die sich noch ein bißchen austoben wollten, gab es verschiedene Enduro-Wettbewerbe – wie Sandkuhlen durchfahren, Steilhänge erklimmen oder im Kreis herumschlittern. Selbstverständlich durfte das allgemeine Sahnetorten- oder Chilibohnen-Essen nicht fehlen – ohne Zuhilfenahme der Hände, versteht sich.

Biker-Games heute – Ganz im Vordergrund steht der allseits beliebte Klassiker Wienie Bite, dann folgen Barrel Race, Slow Race und das Plank Riding, bei dem das Brett durch einen untergelegten Klotz gerne zur Wippe umfunktioniert wird. Andere Geschicklichkeitswettbewerbe mit und auf dem Motorrad sind zum Beispiel: das Ringewerfen, bei dem der Sozius oder die Sozia möglichst viele mehr oder minder große Ringe (auch Kolbenringe) über einen Stab werfen müssen, der Eiertransport, bei dem ein Ei entweder auf einem Teelöffel im Mund über eine bestimmte Strecke balanciert oder im Vorbeifahren

Sand Drags, Abschlepp-Orgien, Kickstart Contest, Dosen-Sammeln.

aufgenommen und auf einem extrem kleinen Ständer wieder abgelegt werden muß, das Bierdosensammeln, bei dem die Sozia versucht, im Vorbeifahren an einem Bierdosendepot (etwa in Sattelhöhe) so viele Bierdosen wie möglich zu grapschen. Dabei darf weder angehalten werden, noch dürfen die Füße den Boden berühren. Dieser Wettbewerb kann noch dadurch erschwert werden, daß auf einer ähnlichen Sammelstelle die Bierdosen während der Vorbeifahrt wieder abgelegt werden müssen.

Wasserballonschlagen – hier durchfährt ein Team ein Gestell, an dem in etwa 2,5 m Höhe ein mit Wasser gefüllter Ballon hängt. Die Sozia muß mit einem spitzen Stock den Wasserballon zum Platzen bringen, wobei der Fahrer versucht, eine Geschwindigkeit zu erreichen, bei der seine Sozia möglichst nicht naß wird.

Kickstart Contest – jeder Teilnehmer muß innerhalb einer Minute den Motor seiner Maschine so oft wie möglich mit dem Kickstarter starten. Vor jedem Neustart muß der Motor korrekt mit dem Kill-Knopf wieder abgestellt werden.

Daneben gibt es eine ganze Reihe Spiele ohne Motorräder wie etwa Mud Wrestling (Schlammringkämpfe) in verschiedenen Variationen – bevorzugt mit weiblichen Teilnehmern –, das Armdrücken, den Bungee-Test – ein Versuch, am Gummiseil so weit wie möglich voranzukommen, um einen Gegenstand zu ergreifen – sowie vor allem das Tug-o-war (Tauziehen) zweier Mannschaften. Bei einer besonders beliebten Variante des Tug-o-war befindet sich in der Mitte zwischen beiden Parteien ein kleiner Tümpel mit allerlei übelriechendem Müll.

Pfeilewerfen – ist eine Disziplin, die eigentlich nicht den Biker-Games unter freiem Himmel zuzuordnen ist, bei der es jedoch inzwischen internationale Harley-Davidson-Dart-Cups-Wettkämpfe gibt.

Neben diesen „normalen" Wettbewerben gibt es noch die „illegalen Spiele", auch Outlaw Contests genannt:

Motorcycle Tug-o-war – Zwei Motorräder werden an ihren hinteren Rahmenteilen zusammengebunden, und der eine Fahrer versucht, den anderen rückwärts zu ziehen.

Publikumslieblinge: Die Damen beim Schlammringen und Würstchenschnappen.

Burnouts – Entweder auf Asphalt den hinteren Reifen bei blockiertem Vorderrad so lange drehen, bis er platzt, oder im weichen Untergrund, bis sich das Hinterrad eingegraben hat und festsitzt.
Street Drags/Sand Drags – Beschleunigungs-Rennen über eine bestimmte Kurzstrecke ohne Zeitmessung.
Demolition/Crash – Mehrere Motorradfahrer versuchen, durch Zusammenstöße ihre Bikes bis zur Fahruntüchtigkeit zu demolieren. Sieger ist, wer zuletzt noch fahren kann.
Riceburner Hammering – ein seltsames, typisch amerikanisches Ritual, bei dem ein japanisches Motorrad entweder von Hand oder mit maschineller Hilfe verschrottet wird.

Hinter diesem Vergnügen offenbart sich jedoch eher eine Rambo-Mentalität als Ausdruck eines tief verwurzelten US-Traumas von der (verlorenen) technischen Weltherrschaft. Das patriotische Phänomen huldigt zwar der naiven Zerstörungswut, die auf eine alte Frontier-Tradition zurückgeht, in Wirklichkeit ist aber nicht das Motorrad, sondern der frühere Kriegsgegner Japan die Zielscheibe der Attacke. Der japanische Überfall auf Pearl Harbour 1941 bleibt unvergessen, und selbst die schreckliche atomare „Kopfnuß“ von Hiroshima und Nagasaki (1945) wird von Hardliner-Patrioten immer noch als gerechtfertigte Konsequenz betrachtet.

Japanische Motorräder symbolisieren in den Augen vieler amerikanischer Biker immer noch ein eingeprägtes Feindbild, obwohl man es eigentlich besser wissen sollte.
Riceburner Hammering – ein Spektakel, das nicht nur von der Company zu Recht abgelehnt wird. Abgesehen von der Biker-Szene in Australien, die ja auch weitgehend auf anti-japanische Ressentiments getrimmt ist, macht das Riceburner Hammering bei außeramerikanischen Events eigentlich kaum Sinn, obwohl es dort oft und gern vorgeführt wird.

In Deutschland stößt es eher auf mißbilligendes Unverständnis. Hier waren die Japaner auch keine Gegner, sondern ehemals „Verbündete“. und die weitaus größere Zahl deutscher Biker fährt japanische Motorräder.

Patriotisch oder nicht: die Japan Demolition Show – in 30 Metern Höhe mit fixiertem Vollgas, bis der Motor festgeht, dann vom Kran gelassen und auf dem Scheiterhaufen verbrannt.

Auch das in Amerika gerne vorgebrachte Argument des „Job-Klaus" gilt inzwischen als veraltet: Längst werden japanische „Dickschiffe" (also die unmittelbare Konkurrenz zu Harley) in Amerika gebaut. Der ausländerfeindliche Affront gegen die Japaner ist daher für viele „normale" Harley-Fahrer tabu.

Motorcycle Rodeos (Motorradturniere) – als wohlorganisierte und entsprechend große Mammut-Events sind sie die neueste Form der diversen Biker Games. Hier gibt es feste Regeln für die bereits erwähnten Spiele Slow Race, Keg Derby – allerdings mit jeweils fünf Bikes – und Wienie Bite.

Barrel Race – bei diesem Wettbewerb müssen die Teilnehmer einzeln drei dreieckige Tonnen im gegenläufigen Sinn so schnell wie möglich umrunden.

Potato Haystack – fünf Teilnehmer umkreisen in diesem beinahe archaisch anmutenden Spiel einen Heuhaufen, in dem vier Kartoffeln versteckt sind. Auf ein Signal hin springen die Sozias ab und suchen die Kartoffeln. Wer leer ausgeht, scheidet aus. Bis zum letzten Paar, das um eine Kartoffel kämpft.

Tire Ride – zwei Teilnehmer ziehen an einem Seil einen Reifen hinter sich her, in dem eine Person sitzt, die verzweifelt versucht, nicht herauszufallen.

Sled Drags (Schlitten ziehen) – ein aus dem Tractor Pulling übernommener, spektakulärer Wettbewerb – hier besteht die Aufgabe darin, einen Schlitten, dessen Gewicht bei zunehmender Strecke immer stärker auf die Schlittenkufen drückt, so weit wie möglich zu ziehen. Es gibt verschiedene Start-Kategorien, die von der jeweiligen Motorenstärke abhängig sind.

Natürlich finden einige dieser Spiele auch bei anderen Biker-Parties statt mit dem Unterschied, daß den Gewinnern ein oft ansehnliches Preisgeld nach einem bestimmten Schlüssel ausbezahlt wird. Dafür ist allerdings ein entsprechendes Startgeld zu entrichten. Bei normalen Biker Events ist es üblich, bei einigen dieser Spiele von jedem Teilnehmer einen Dollar einzusammeln, wobei der Gewinner die Gesamtsumme erhält (Winner takes it all), während bei karitativen Veranstaltungen die Startgelder selbstverständlich in den großen Spendentopf eingehen.

Vernichtungsorgie: Riceburner-Hammering ist seit dem Zweiten Weltkrieg Tradition, man zahlt für jeden Zerstörungsschlag zugunsten Bedürftiger, und auch der Sheriff darf mal draufhalten.

Ortsbesichtigungen I

Places, Bars and Waterholes

Leider ist Saufen – ein typisch deutscher Begriff übrigens – ein wesentlicher Teil des „echten“ Biker-Lebens. Und das hat Geschichte. Nicht nur, daß sich der erste Outlaw-Motorrad-Club Boozefighters (Kampftrinker) nannte – Alkohol gilt in der Hardcore-Szene als gesellschaftliches Statussymbol, und die Wahl der Getränke ist eindeutig: Biker bevorzugen Bier, das sogar auch in lizenzierten Harley-Dosen verkauft wird.
Da sich der früher kaum existierende Verkehr im Laufe dieses Jahrhunderts zum unerbittlichen Killer entwickelt hat, sind besoffene Biker extrem gefährdet. Inzwischen haben aber auch die erfahrensten Kampftrinker erkannt, daß Motorräder und Alkohol die wohl tödlichste Mixtur für ein Biker-Leben darstellt.
Mit anderen Worten: Die Trinksitten haben sich dem Umstand angepaßt. Ein paar Bierchen vielleicht – das genügt dann aber auch. Die Folge sind rückläufige Barbesuche und schwindende Profite einerseits und die erhöhte Neigung, seinen Rausch irgendwo sicher auszuschlafen, andererseits.
Dennoch – ein Rest der alten Trinkkultur hat sich hartnäckig gehalten. Die dafür bevorzugten Kultstätten nennt man Places.

Places

Places sind Lokalitäten, an denen sich die Biker – vorwiegend Harley-Fahrer – treffen. Meist sind es Bars und Saloons, oft auch Watering Holes genannt, Restaurants, Cafés, Gasthäuser und Kneipen (Pubs). Autobahntreffs, Geheimtips wie hochkarätige Schlösser und Nobelhotels gehören ebenfalls in diese Kategorie.
Alle Places haben ein ganz spezielles Image und ein nur den Insidern bekanntes Renommee. Weltweit gibt es versteckte, herrliche Biker-Winzkneipen, die man allerdings nur mit einem erfahrenen Führer entdeckt, oder grelle, doch ebenso herrliche Schickimicki-Cafes, die mit skurriler Werbung auf sich aufmerksam machen.
Beliebte Namen für solche Places sind zum Beispiel Iron Horse, Road Kill Cafe, Broke Spoke oder einfach Biker's Place.

Watering Holes

Wie andere hart arbeitende Mitbürger sind auch Biker stets durstig und immer auf der Suche nach rettenden „Wasserlöchern“, wo sie ihren Brand löschen können. Doch sie sind nicht an allen Wasserlöchern gleichermaßen willkommen.
Zumindest die „echten“ Biker, jene Hardcore-Typen, die als maskuline Furchterreger ängstliche Gäste schnell vergraulen können, sind nicht immer gern gesehen. Typische Merkmale solcher Tendenzen sind Hinweisschilder wie „no colors“ oder „no attitudes“, die jedoch nicht besagen, daß wohlgesittete Motorrad-Touristen nicht willkommen wären. Aber wir reden ja von den echten Watering Holes: Biker-Bars, Saloons oder Pubs, die es geschafft haben, für längere Zeit zu überleben, indem sie sich ein treues Klientel (meist lokale Motorrad-Clubs) halten konnten und darüber hinaus die diplomatische Fähigkeit entwickelt haben, sich gegen alle Auflagen und Belästigungen durch örtliche Behörden, Polizei und Ordnungsämter zu behaupten.

Biker Bars

Biker Bars gelten als Inbegriff des bikermäßigen Soziallebens. Hier trifft man sich mit Gleichgesinnten („brothers in the wind“), spricht über seine Probleme und Motorräder (meist ein und dasselbe), schimpft gemeinsam auf die Spießer und Bürokraten oder läßt sich einfach vollaufen. Es stehen immer ein paar kernige Hogs vor der Kneipentür (manchmal auch drin), und es sind auch immer ein paar willige Girls zur Hand – kurz, es ist ersichtlich, daß sich hier lebenswichtige Dinge abspielen.
Aber nicht jeder Fremde – mag seine Harley auch noch so super sein – ist sogleich willkommen. Echte Biker-Kneipen sind meist Versammlungsorte einer geschlossenen Gesellschaft und dienen manchmal auch als MC-Clubhäuser, wo die lokalen Members allemal die Platzhirsche sind. Jeder Fremde wird zumindest mit Mißtrauen empfangen und nicht selten einer ziemlich rüden Prüfung unterzogen. Das verlangt schon der Selbsterhaltungstrieb. Der einzig richtige Weg für den Zugang zu einer echten Biker-Kneipe ist daher die Einführung durch einen Brother, der dort schon seit langem verkehrt, oder eine entsprechende Empfehlung. Danach hat man so etwas wie ein zweites Zuhause.

Das Innenleben einer echten Biker-Kneipe ist sehenswert und enthält oft szenetypische Unsäglichkeiten, die zudem nicht immer jugendfrei sind. Gern werden die legendären Centerfolds des Magazins *Easyriders* von Dave Mann an die Wände geklebt. Nahezu unverzichtbar aber ist der Billardtisch und ein paar elektronische Game Machines, vorwiegend Pacman und Flipper. Die richtig bestückte Music-Box gehört ebenfalls zum unverzichtbaren Inventar.
Doch nicht jede Bar, vor der ein paar Harleys parken, ist sogleich eine echte Biker-Kneipe. Viele Clubs huldigen dem traditionellen Brauch, wöchentliche Bar Runs zu veranstalten, um die örtlichen Lokalitäten reihum zu beglücken oder um eventuelle Ordnungshüter irrezuführen, und so kann es vorkommen, daß Biker, die in voller Montur den Laden erwartungsfroh betreten, erstaunten Blicken ausgesetzt sind. Wer sich also zünftig amüsieren will, sollte sich vorher genau erkundigen. Der nächstgelegene Harley Dealer kann da sicher weiterhelfen.

Saloons

So ganz genau kann man sie natürlich nicht klassifizieren und auseinanderhalten, aber Biker Saloons sind vorrangig umfangreiche Lokalitäten. Dort wird nicht nur Bier ausgeschenkt, sondern auch reichlich Souvenir (Biker-Paraphernalias) verkauft, bevorzugt T-Shirts und Bier-Mugs (Plastikkrüge).

Viele der großen Biker Saloons sind das ganze Jahr über gähnend leer, es sei denn, der Wirt organisiert spezielle Events, wie Barbecue Parties, Ladies Nights, Charity Runs oder Free-Food-Abende.

Einige Biker Saloons im Einzugsgebiet der großen Bike-Week-Stätten wie Daytona, Sturgis oder Laconia sind einmal im Jahr Zentren der Biker-Welt und platzen dann aus allen Nähten. Nicht selten kann danach der Wirt für den Rest des Jahres getrost in Urlaub gehen. Viele der bekannten Saloons haben große Hinterhöfe oder Private-Property-Areale, auf denen man ungestört campen, feiern oder anderen Aktivitäten nachgehen darf. Wie, wo und wann auch immer – Watering holes sind die klassischen Treffpunkte der gesamten Biker-Welt. Ihre Gastlichkeit auszukosten gehört zu den intensivsten Erlebnissen zwischenmenschlicher Beziehungen. Übrigens muß es nicht immer Bier sein. Cola tut's inzwischen auch ...

Berühmte Biker-Kneipen: Sopotnick´s Cabbage Patch in Samsula, Florida (oben), Polizeiaufmarsch vor dem Pub 44 in Deeland (links), nach einem Biker Shootout: Die Gunners Lounge in Sturgis (rechts) und das kalifornische Rock Store Cafe (unten).

Ortsbesichtigungen II

Places, Bars and Waterholes

Typische Places: Das Broken Spoke in Kiln, Mississippi (oben links), das Broken Spoke in Sturgis (oben), der Boothill Saloon in Daytona Beach (Mitte), der Iron Horse Saloon in Ormond Beach, Florida (unten links) und das Last Resort in Harbour Oaks, Florida (unten rechts).

Immer Full House in Action: Während der Biker Week haben die Kneipen in Daytona Hochkonjunktur. Hier das Squeeze-In Pub, Froggy's Saloon und der Boothill Saloon.

T&S
HARLEY-

Customs

Customizing Harleys

Des Wahnsinns kesse Beute

Dem wahren Harley-Puritaner ist alles heilig, was original Harley-Davidson ist, solange es nur aus den Produktionsstätten der Company kommt, egal ob diese in Milwaukee stehen, in York oder in Kansas City. Es gibt aber auch andere Puritaner. Ich erinnere mich an ein Erlebnis, das ich auf einem Treffen in den Südstaaten hatte. Ein Biker fragte mich damals, ob er mir sein Motorrad zeigen dürfe. Natürlich – und so führte er mich zu einer nahezu neuwertigen Wide Glide FXWG aus den frühen Achtzigern.

„Fällt dir irgend etwas auf?“ Es war ein wunderschönes Bike, aber sosehr ich es mir auch ansah, es fiel mir nichts Besonderes auf, rundrum nur das Allerfeinste aus Milwaukee. Er grinste ein wenig und rückte dann mit einer seltsamen Erklärung heraus.

„Das ist eine Harley, an der garantiert jedes Teil in den USA gefertigt wurde“, meinte er stolz, und nun wurde mir auch die wahre Bedeutung des eher unscheinbaren Aufklebers klar, mit dem sich viele Harleys gerne schmücken: „100% made in America“ – sicher ein Custom Bike der besonderen Art.

Es wären einige hundert Teile gewesen, und sie hätten ihn einige tausend Dollar gekostet, fügte er noch hinzu. Er muß ein absoluter Insider gewesen sein, und ich bedaure es noch heute, ihn nicht um eine Liste aller nicht in den USA gefertigten Teile gefragt zu haben. Einige sind ja hinlänglich bekannt – die Kolben (Mahle/Deutschland) und Vergaser (Keihin/Japan) etwa, andere Teile sind wiederum absolutes Firmengeheimnis.

Jeff Bleustein, den ich einmal danach fragte, meinte, es könnten so um die 8% sein (vom Gesamtproduktionswert her gesehen), nun ja. Danach konterte er unverblümt mit der Gretchenfrage der Company: „Würden Sie auch dann noch eine Harley kaufen, wenn Sie wüßten, daß sie komplett außerhalb der USA gebaut wurde?“

Es muß eine wichtige Frage für Harley-Davidson sein, und er hatte mich prompt in der Falle: Ich konnte nicht antworten.

Ein Custom-Fanatiker stellt solche patriotisch-philosophischen Überlegungen kaum an. Er will vor allem ein absolut einmaliges, einzigartiges Unikat haben und bemüht dafür die verschiedensten Stil- und Kunstrichtungen. Ob der Motor – ein großvolumiger 45 Grad V-Twin natürlich – und das Fahrgestell aber dabei echte Harley-Teile sind, scheint ihm eher zweitrangig zu sein. Wer es sich leisten kann, verwendet oft nur ein paar Basiskomponenten (Kurbelwellengehäuse, Pleuel und Zylinder etwa) original von Harley und besorgt sich den Rest nach eigener Zusammenstellung aus dem fast unüberschaubaren Angebot des Aftermarket.

Heute bietet auch Harley-Davidson umfangreiches Custom- und Touring-Zubehör (Eagle Iron oder Screamin' Eagle) an, wobei jedoch die absolute Einzigartigkeit, auf die der Edelschrauber so großen Wert legt, nicht garantiert wird. Zudem passen die meisten Aftermarket-Teile schlecht oder gar nicht – weder technisch noch stilistisch – und müssen in vielen Fällen nach- und umgearbeitet werden. Auch das ist ein wichtiger Bestandteil des persönlichen Customizings.

Längst schon gibt es Motorräder, die einer originalen (stock) Harley äußerlich gleichen und doch kein einziges Originalteil besitzen, was die Company ziemlich frustriert und sie zu immer neuen Plagiatsklagen veranlaßt.

Erstaunlicherweise gibt sich Harley-Davidson bei den großen internationalen oder nationalen Bike Shows wie in Daytona oder Sturgis sehr konziliant, und auf ihren Ride-in-Shows und anderen Extravaganza-Ausstellungen finden sich oft die extremsten Umbauten, von den offiziellen Bossen der Company mild lächelnd bewundert. Individualismus war immer schon ein wichtiges Moment der gesamten Harley-Szene, und diesen besonderen Touch will man nicht aufs Spiel setzen.

Das Problem, das dahintersteckt, ist das ungeheure Geschäft. Man schätzt, daß der Aftermarket-Produkthandel mit nichtlizenzierten Harley-Zubehörteilen und der Custom-Markt zwar mehrfach höhere Gewinne einfahren als Harley-Davidson selbst, dafür aber auch ein Vielfaches mehr an Arbeitsplätzen sichern.

Vor allem im zentraleuropäischen Raum und oftmals auf Initiative von Harley-Davidson selbst reagieren inzwischen die Behörden bereits empfindlich auf diese (nicht homologierten, das heißt typenzugelassenen) Um- und Anbauteile. Immer strengere Umweltschutz-Auflagen und immer rigorosere Produkthaftungsvorgaben der Company machen die Situation für den Harley-typischen Individualismus zunehmend schwieriger.

Speziell in Deutschland, wo grundsätzlich der Fahrer beziehungsweise der Halter eines Fahrzeugs für alles haftet, werden Umbauten durch extrem komplizierte und oft unverständliche Vorschriften immer kostspieliger, sofern man wirklich „am öffentlichen Verkehr teilnehmen“ will, wie es die durchaus zweideutige Formulierung im typischen Bürokratendeutsch ausdrückt.

In Amerika hat es der Custom-Fahrer einfacher. Hier haftet (neben der Versicherung) immer der Hersteller. Diese „uneingeschränkte Produkthaftung“ hat ihre eigenen, hausgemachten Probleme.

Trotzdem sieht man – weder in den USA noch in Deutschland – kaum echte Custom Bikes auf der Straße. Lediglich die Hamsters mit ihren skurrilen Arlen-Ness-Kreationen sind da eine rühmliche Ausnahme. Meist werden die Custom Bikes von Show zu Show auf dem Hänger oder in einem sicheren Transporter befördert, und manchmal gewinnt man den Eindruck, sie seien allein zum Zweck des Pokalsammelns gebaut worden.

Wichtige Gründe für den Transport solcher Maschinen sind aber schlechte Wetter- und Straßenverhältnisse, die aus einem makellosen Custom-Juwel schnell ein schmutzstarrendes Dreckstück machen können. Da hilft dann kein einfaches Putzen mehr, sondern nur noch totales Zerlegen.

Eine Ausnahme bilden die Rat Bikes, die gar nicht vergammelt genug sein können und die hingebungsvoll über große Entfernungen geprügelt werden. Je verrotteter und rostiger, desto besser. Aber der arge Augenschein trügt: Ihre motorische Technik ist absolut topfit – wie Smittys berühmte Ur-Ratte beweist, die stets alle (!) Kickstartwettbewerbe geradezu mühelos mit maximal 59 korrekt gemessenen Einzelstarts in der Minute gewann.

Wieder andere Custom Harleys, wie Chopper oder Dresser, sind lediglich individuelle Modifikationen verschiedener, bereits vorgegebener Arten, auf zwei Rädern zu reisen.

Die Custom-Szene ist eine faszinierende Mischung aus Können, Kunst und Technik – manchmal mehr Kunst und manchmal mehr Technik. Sie ist untrennbar und grundsätzlich mit Harley-Davidson verbunden, und sie wird sicherlich nie aufhören zu existieren. Dazu sind Harley-Fahrer viel zu große Individualisten. Gott sei Dank, möchte man sagen …

Angehängt

Harley-Hänger für die große Tour

Normalerweise stellt man sich den typischen Harley Rider auf Tour als lederbekleideten Solisten vor, der seinen Schlafsack lässig auf den Lenker geschnallt hat. Maximal hängen zwei abgewetzte Ledertaschen über dem Heck. Gut, es gibt da noch Full Dresser, und auch E-Glides bieten in ihren Plastikkoffern Stauraum – doch das kann den echten Mega-Tourer nicht befriedigen. Auch in der Harley-Szene gibt es World Traveller, die bei ihrer Tour weder auf Fernsehen, Kühlschrank oder die eigene Bierzapfanlage verzichten wollen. Besonders auf längeren Strecken hat der Hänger den Vorteil, daß man das Gepäck nicht immer von der Maschine abladen muß, auch kann der Hänger einfach auf dem Campingplatz stehenbleiben. Natürlich ist so ein Hänger auch ein Eyecatcher nach dem Motto: „Schaut her, ich hab' alles dabei!“ Obwohl es einige Hersteller von ein- und zweirädrigen Anhängseln plus der dazu notwendigen Kupplung gibt, setzen die meisten Harley-Fahrer auf Eigenbau – allein schon, um ein Stück individuelles Customizing an die Maschine zu hängen. Dabei sorgt das kraftvolle Drehmoment des Milwaukee Twin für zügiges Vorwärtskommen auch mit Anhängelast. H. R.

100
80
60
40
20
0
KM
IGNITION

140
160
180
200
220
ACCESSORY
STREET DRAG FOREVER

Chopper

Der Traum vom Easy Rider

Die berühmteste Panhead aller Zeiten: Zwei identische Captain-America Motorräder wurden für den Film „Easy Rider" gebaut. Unzählige Kopien folgten.

Wann zum erstenmal ein Custom-Bike-Fan auf die Idee gekommen ist, eine lange Gabel in sein Motorrad zu bauen, wird wohl nie ganz zu klären sein – doch es hatte schon seine Gründe, daß sich der Inhalt des ersten *Choppers Magazine* von „Big Daddy" Ed Roth mit Motorrädern beschäftigte und nicht etwa mit Hackmessern, Hubschraubern oder dem Sensenmann.

Für viele Harley-Davidson-Fans erscheint es heute, als wäre der Chopper im Jahre 1969 vom Himmel gefallen oder aus der Kinoleinwand gerollt, doch es gab auch schon lange vor „Easy Rider" Harleys mit langen Gabeln und geschwungenen Auspuffanlagen.

Die Ursprünge dessen, was man heute als Chopper bezeichnet, liegt in den Bobbern der späten 30er und 40er Jahre. Vielen Harley-Fans, denen die Eisen aus Milwaukee für ihren täglichen Gebrauch oder für die am Wochenende veranstalteten Rennen zu schwergewichtig waren, bauten alle nicht benötigten Teile von ihren Maschinen einfach ab oder sägten sie auf ein Minimum zusammen. Die so erleichterten Maschinen eigneten sich wesentlich besser fürs Rennen, waren auch im Straßenverkehr besser zu händeln, und in den sonnenverwöhnten Staaten wie Kalifornien konnte man auf Schutzbleche ohnehin verzichten. Gleichzeitig waren die rauhen Bobber ein Gegensatz zum angepaßten Design der Serienmaschinen aus Milwaukee und dem chromlastigen Ziertand der „offiziellen" Zubehörkataloge – ein Protest gegen Spießertum und Anpassung.

Die Biker-Szene führte während der 50er Jahre ein eher verstecktes Dasein. Die Nachkriegsgeneration schwärmte zumeist mehr für den vierrädrigen Fahruntersatz – schließlich konnte man auf dem breiten Rücksitz eines Bel Air wesentlich bequemer mit seiner Flamme nächtigen als auf dem Sattel einer Hydra Glide. Die Produktionsziffern der 50er Jahre lesen sich eher wie der Abgesang auf den V-Twin der amerikanischen Bauart. Selbst nach dem „Skandalfilm" über die Hollister Riots, der dem Image der Motorradfahrer eher schadete, dauerte es nochmals über zehn Jahre, bis Custom Bikes und Rocker wieder auf der Leinwand erschienen. Diesmal inszenierte Trash-Filmer Roger Corman mit „Wild Angels" einen Rockerfilm, der auch die Evolution des Choppers zeigte: Hohe Lenker, Sissybar und hochgezogene Auspuffe sind inzwischen Kennzeichen der Outlaw Bikes. Inspirationen zur Modifikation der Bikes kamen aus der kalifornischen Hot-Rod-Szene, wo durchaus phantasievolle Bike-Kreationen auf den jährlich veranstalteten Shows und Meetings zu sehen waren. Dort überboten sich die Hobbyschrauber nicht nur mit vierrädrigen Phantasiegebilden, auch umgebaute Motorräder wurden – wenn auch selten – gezeigt. Dabei spielten Harleys nicht einmal die Hauptrolle. Gechoppt wurde alles, was zwei Räder hatte, je exotischer, desto besser. Harleys hatten den Vorteil, daß alte Maschinen billig zu beschaffen waren.

Andere Impulse kamen aus dem Drag Racing, wo der Einfluß des Lenkkopfwinkels auf den Geradeauslauf bei hohen Geschwindigkeiten getestet wurde. Wenn nach vorne gewinkelte Gabeln bei hohen Geschwindigkeiten stabilisierend wirkten, dann würden weit nach vorne gestreckte Gabeln auch bei niedrigen Geschwindigkeiten einen guten Geradeauslauf bewirken. Kurven kannte man auf den ewig langen Straßen Amerikas ja kaum, und die breiten Straßen ließen genügend Raum zum Wenden. Der neue Look sprach sich natürlich schnell herum und fand ebenso schnell Nachahmer.

Gerade die langen bzw. verlängerten Gabeln waren es allerdings, die dem Chopper am Anfang die Aura der Verkehrsunsicherheit verliehen. Eine längere Gabel bedeutet immer auch eine größere Hebelwirkung auf Brücken, Lager und Verbindungsflächen. Weder die Werkstoffe der 60er noch die Schweißkünste der meisten Wochenend-Customizer waren diesen Anforderungen immer gewachsen. Das Resultat einer abreißenden Schweißstelle an einer stumpf aufgeschweißten Springergabel kann sich jeder Motorradfahrer selbst ausmalen.

Eine besonders selbstmörderische Variante war auch die Verlängerung der Standrohre mit Distanzstücken, sogenannten „slugs". So ein Teil konnte sich jeder Lehrling im ersten Lehrjahr in beliebiger Länge auf der Drehbank fertigen. Die Slugs wurden anstelle der Öleinfüllschrauben an die Serienrohre geschraubt und verlängerten die Gabel auf einfache und preiswerte Weise – bis zum nächsten größeren Schlagloch ...

Das lockere Leben im Kalifornien der 60er Jahre war noch um einiges leichter als heute, und die Jugendkultur war vielfältig miteinander verzahnt. Besonders in der Gegend um die San Francisco Bay war die Szene lebendig, und neben den Hippies florierten auch die Motorradclubs. Diese ließen sich von den Filmgesellschaften als Komparsen für billige Rockerproduktionen ködern, was eine wahre Flut von Filmen dieses Genres zur Folge hatte. Damit schaukelte sich das Interesse am Custom Bike nach und nach hoch, bis Cliff Vaughs 1968 die beiden ultimativen Chopper für den Film „Easy Rider" baute. Peter Fondas Panhead-Rahmen wurde in klassischer Manier hinter dem Lenkkopf durchgeflext, sprich „gechoppt", und auf eine Rake von 45 Grad gebracht. 12-Inch-over-Gabelstandrohre gaben dem Bike sein typisches Aussehen. Peter Fonda wollte die Maschine nach dem Vorbild von Captain Americas Schild – einer populären Marvel-Comicfigur – bemalt haben und kreierte damit eine Legende.

Hatte sich schon während der 60er Jahre ein kleiner, aber lebendiger Zubehörmarkt für Custom-Teile entwickelt, brachte „Easy Rider" die Initialzündung. Danach schossen die Chopper-Magazine wie Pilze aus dem Boden. Dem ersten, noch in schwarz-weiß publizierten DIN-A5-Kultblatt von Ed Roth folgten mehrfarbige Zeitschriften – die „Choppermania" war auf dem Weg.

Der Kern des Choppers – Was sind die Merkmale eines echten Choppers, welche Typen gab und gibt es? Kann man so individuelle Einzelstücke wie Chopper überhaupt in Kategorien einteilen?

Kennzeichen der frühen Chopper – und daran hat sich bis heute nichts geändert – ist der Rahmen. Starr muß er sein, damit man die Straße in ihrer ganzen Vielfalt pur genießen kann. Alles, was ein Minimum an Schwinge oder Federung besitzt, hat schon den Ruch eines Softies. Dazu ein „klassischer" Motor – was natürlich je nach Bauzeit des Choppers variiert. Waren für den Sixties Customizer Flatheads und Knuckles das einzig Wahre, so sind heutzutage Pans und Shovels gefragte Objekte der Begierde. Lange Gabel und hoher Lenker sind nicht unbedingt erforderlich. Die Faustregel „Je kürzer die Gabel, desto höher der Lenker" hat einiges für sich. Hochgezogene Auspuffe und Sissybars sind ebenfalls typische Kennzeichen, haben aber im Verlauf der Jahre stark an Popularität eingebüßt. Strenggenommen hat Harley-Davidson noch nie einen echten Chopper gebaut. Zu mehr als einem Softy hat es nie gereicht, und selbst diese Maschinen mußten in den 70ern gegen den Widerstand des AMF-Managements durchgesetzt werden.

Welch ein Markt bot sich da in den Jahren nach „Easy Rider" für Rahmenbauer und Zubehörfirmen, die fortan alles lieferten, was man in Milwaukee nicht liefern konnte oder wollte. Die Ära des Bolt-on-Choppers – gebaut aus fertigen und für jedermann zu kaufenden Accessoires – war angebrochen und hält bis heute an.

(Bes.: Matthias Bilek, D)

Typisch Schweden: Die vermutlich längste Gabel der Welt von der Sorte, von der der Fachmann sagt, daß man das Vorderrad mit dem Fernglas suchen muß. Angeblich soll das Gerät fahren, zumindest auf kurvenfreien Strecken.

Chopper-Typen

Ein individuelles Fahrzeug wie einen Chopper in Kategorien einzuteilen, ist schon ein Anachronismus an sich, doch seit den Anfangstagen gab es immer schon Stilrichtungen, die wegweisend waren für die Entwicklung der Szene.

Bobber – Als Ur-Chopper haben die Bobber auch in Zeiten der High Performance Bikes noch ihre Anhänger. Säge oder Trennschleifer genügen zum Customizing, um alles Überflüssige vom Serienteil zu entfernen. Übergänge zu den Rat Bikes sind manchmal fließend. Die Funktion hat Vorrang vor der Form. Ihre Ahnen und Vorbilder haben die Bobber ihrerseits in den Race Bikes. In den 20er und 30er Jahren war es nicht unüblich, mit dem Serienmotorrad zum Rennwochenende zu kommen, Packtaschen und Schutzbleche abzuschrauben und mit dem Serien-Bike auf die Rennstrecke zu gehen.

West-Coast Chopper – Die Westküste der USA kann mit einiger Bestimmtheit als Geburtsstätte des Choppers bezeichnet werden. Die Starrahmen-Flatheads und Panheads der Swinging Sixties wurden mit Hochlenker, bequemer oder weniger bequemer Sitzbank (Serien-Harleys hatten damals Schwingsättel) und Sissybar ausgestattet. Die berühmteste Maschine im West Coast Style ist wohl Billys Bike aus dem Film „Easy Rider". Obwohl nicht halb so spektakulär und bunt wie der Captain America Chopper von Peter Fonda, gibt es bis heute eine große Anhängerschaft dieses Stils.

California Chopper – Obwohl nicht auf Stil und Motor festgelegt, assoziierte man mit dem Begriff California Chopper lange Zeit den Langgabel-Chopper in all seinen Variationen, der von Kalifornien aus die Welt eroberte. „Gechoppt" wurden indes nicht nur Harleys, sondern alles, was zwei oder drei Räder hatte. Lackierungen und Metallarbeiten in vielfältigen Formen und Farben machen eine Unterteilung oder Klassifizierung jedoch unmöglich.

Gooseneck Chopper – Eine seltene, inzwischen nahezu ausgestorbene Variante des Langgabel-Choppers waren die Gooseneck Chopper. Bei dieser Rahmenbauart liefen die Rahmenrohre geschwungen vor dem Lenkkopf zusammen und wurden dann in einem schwanenhals-ähnlichen Schwung zum weit vorgelegten Lenkkopf geführt. Diese Bauart erfordert neben extrem festen Rohren und guten Schweißnähten vor allem auch sorgfältiges Arbeiten. Die auf den Lenkkopf wirkenden Hebelkräfte werden durch den Gooseneck noch verstärkt, weshalb viele dieser Kreationen oft zum Abplatzen von Lack und Spachtelmasse neigten. Auch die Fahreigenschaften der Maschinen ließen oft zu wünschen übrig. Trotz ihrer prunkvollen Optik war es immer riskant, Goosenecks zu fahren.

Low Rider – Möglichst tief über der Straße dahingleiten in extrem niedriger Sitzposition und langgezogenen Linien – das ist der typische Low-Rider-Stil. Vor allem Sportster-Triebwerke finden sich in den extrem niedrig über der Straße liegenden Rahmenwerken. Den vielleicht extremsten Low-Rider Kit stellte Magna Cycles her: Die Träger für Gabel und Schwinge werden direkt an das Triebwerk geschraubt, und der Tank wandert unter die Sitzbank, so daß der Fahrer direkt auf die Zylinderköpfe blickt. Tiefer sitzt man nur noch auf der Straße.

Made in Europe: Schwedenchopper – die „saubere" Lösung: Ein „europäischer" Chopper-Stil hat sich vor allem in Skandinavien entwickelt, wobei sich die Eigenheiten des Schwedenchoppers vor allem aus den langgabligen US-Choppern der 70er Jahre ableiten. Das Grundrezept lautet: Starrahmen, schmale, durch möglichst breite, hintere Gummiwalzen gekonterte 21-Zoll-Vorderräder und eine lange Gabel. Die klaren Linien werden durch die Verlegung von Elektrik und Bowdenzügen ins Lenker- und Rahmeninnere erreicht. Der Minimalismus an Ausstattung wird durch reichlich bespeichte oder aus dem Vollen gedrehte Räder wettgemacht. Oft wird auf die Vorderradbremse völlig verzichtet. Am Hinterrad bremst eine gut geölte Kombination aus Bremsscheibe und Kettenrad, die sogenannte Ritzelbremse, das nicht ganz leichte Gefährt. Trotz ihrer spartanischen Ausstattung touren die Schwedenchopper-Fans gerne und häufig, weshalb oft auch die Sissybar als Gepäckträger wiederentdeckt wird. Statt ausladender Airbrush-Gemälde genügt den echten Schweden eine sparsame Grafik. H.R.

Das unbekannte Flugobjekt

Peterchens Himmelfahrt

Chopperfahren, ein grenzenloses Erlebnis – das Abenteuer eines Freundes

Es war einer jener frustrierenden Augenblicke im Leben, in dem ich versuchen mußte, einem guten Freund seinen Lebenstraum auszureden. Begonnen hatte es vor vielen Jahren in Daytona, wo der Peter plötzlich eine Begegnung mit der dritten Art hatte. Das außerirdische Wesen (später entpuppte es sich als ein 69er XLH-Sportster Chopper mit Jammer-Gabel) tobte und hüpfte wie ein unter „heavy dopeshit" stehender Frosch über die zum Glück breiten und leeren Boulevards im heißen Florida, krachte und furzte dabei gottserbärmlich und klapperte und rasselte wie ein auseinanderfallender Marketender-Karren. Kurz, es war ein „hörenswerter Anblick", bei dem die Passanten mit offenen Mäulern stehenblieben und erst dann schluckten, als das Ding irgendwo in der Ferne mit grotesken Sprüngen verschwunden war. Peter war – mal milde ausgedrückt – fasziniert. So was in Deutschland, das mußte es sein. Genau das, genau so! „Laß bloß die Finger davon", warnte ich, „das Ding läßt sich nicht fahren!" – „Na, wieso denn", schrie Peter dem entschwundenen außerirdischen Relikt nach, „es fährt doch – oder?"
Natürlich hatte ich seinen bayrischen Dickschädel unterschätzt. Er hatte sich nun mal in das Un-Ding verknallt, und es hatte ihn – trotz all seiner abgrundtiefen Häßlichkeit – offensichtlich wie ein Blitzschlag mitten ins Herz getroffen (da kamma halt nix mach'n, alsdann, pack ma's). Dazu muß man sagen, daß das Ungeheuer ein großes Schild „4 sale" umgebunden hatte, was darauf hindeutete, daß sein Besitzer damit irgend jemand übers Ohr zu hauen gedachte.
Wir fanden es wenig später in Dougs berühmtem Kings Cycle Heaven wieder, wo sich die wildesten aller Outlaw Biker die Klinke in die Hand gaben, und Doug schüttelte bedenklich sein weises Haupt ob Peters Wahnsinnsidee.
Aber des Menschen Wille ist sein Himmelreich oder so, meinte er, und natürlich müsse man da erst noch ein wenig dran richten – die Kupplung zum Beispiel und den Vergaser (oder was immer dieses metallische Gewurstel auch war) justieren, denn Doug ist ein guter Freund von mir und sehr darauf bedacht, unsere langjährige Freundschaft nicht durch ein „foul-play-sale" – ein krummes Geschäft – zu gefährden. Also, die Reparatur würde etwas dauern – ein paar Tage vielleicht, und der Preis war recht niedrig, was mich, nüchtern betrachtet, ziemlich beunruhigte. Aber Nüchternheit war nicht gefragt, mein Peter war besoffen von dieser technischen Absurdität, und genau gesehen ist er es auch heute noch (im literarischen Sinne, versteht sich), obwohl das Wahnsinnsgerät inzwischen eine langjährige Bewährungsprobe mit etlichen weiten Reisen problemlos überstanden hat. Denn der Peter gehört mittlerweile ohne Zweifel zum harten Kern der oberbayrischen Chopper Cowboys, die sich das Leben so schwer wie möglich machen, um es richtig genießen zu können.
Damals schleppten wir das unheimliche Wesen zu mir heim nach Mississippi, und die Gabel mit dem Vorderrad hing mit einem roten Warnfetzen versehen ellenlang hinten aus dem Van raus, aber es klappte, und dank Dougs fürsorglicher Instandsetzung sprang das Bike auch immer auf den ersten Kick an.
Zu dieser Zeit begann Peter, sich in den USA zu etablieren, was eine wichtige Voraussetzung war, um das wilde Metallgebilde auch in seiner Heimat bewegen zu können, und meine Kinder machten sich einen Spaß daraus, es gelegentlich zu starten, was die sonst so gutmütigen Nachbarn reihenweise aus dem Häuschen brachte. Aber gefahren hat es außer Peter niemand. Bo, unser Chefmechaniker, versuchte es einmal, gab jedoch nach ein paar Metern voller Entsetzen wieder auf und stellte das Monster sofort zurück in die Garage. „Das ist kein Motorrad", sagte er immer noch zitternd, „das ist ein Profi-Killer ..."
Schließlich wurde der Profi-Killer in einen Container gepackt, und ich hoffte inständig, ihm nie wieder begegnen zu müssen. Von Peter hatte ich bereits für immer Abschied genommen.
Nun ja – auch ich kann mal danebenliegen, Gott sei Dank, und Peter und sein Sportster-Chopper sind nach wie vor wohlauf. Kein kaputtes Kreuz, keine ausgerenkten Schultern, keine Spastiker-Finger, kein lahmendes Trittbein – und die Gurke läuft und läuft und läuft.
Es gibt eben Dinge im Leben, die man einfach nicht begreift, und da sie mir bis heute nicht geheuer sind, glaube ich mehr denn je an die unheimliche Invasion jener seltsamen Art, die uns von fernen Planeten insgeheim beglückt. Wer weiß!
Es sei nur nebenbei erwähnt: Peter arbeitet bei der Deutschen NASA im Weltraum-Kontrollzentrum in Oberpfaffenhofen (dem Institut für Luft- und Raumfahrt). Da ist natürlich manches erklärlich ...

O. Z.

Fährt sie auch? Aber sicher! Nachdem in Dougs Shop noch alles Nötige repariert wurde (oben), bewegt sich die „Sportster extrem" (unten) seit vielen Jahren zuverlässig auf deutschen Straßen.

Full Dresser

Die Prachtstücke der Custom-Szene

© Harley-Davidson

Die Idee, ein Uralt-Outfit mit modernster (versteckter) Technik wieder auferstehen zu lassen, ist nicht neu. Dazu gehören ein eckiger Tank, eine nostalgische Töpfchen-Lampe, eine Springer-Gabel, klassische Schutzbleche, ein breiter Lenker und vor allem ein, zumindest optisch, starrer Trapezrahmen, ungefedert und ungedämpft, sowie ein stilvoller Ledersattel. Außerdem sollte das Bike mit modernen Bremsen und einem wartungsfreien High-Tech-Motor ausgestattet sein – nun gut, ein Evo tut´s auch. Eine edle Lackierung, vielleicht ein pompöser Seitenwagen und nostalgisches Zubehör nach Belieben runden das Oldtimer-Outfit ab. Auch Replikate der barocken Harley-Formen aus den klassischen 50er Jahren stehen in der Oldtimer-Kultur hoch im Kurs. Nostalgie-Bikes sollten eine moderne Technik und einige Zugeständnisse an modernen Fahrkomfort aufweisen und dazu den allgemeinen Sicherheitsstandards genügen. The Chaplin kommt mit seinem Design ganz nah an die moderne Harley-Palette heran. XZOTIC Cycle Products zum Beispiel baut Harleys, die einer Indian Chief täuschend ähnlich sehen, in Wirklichkeit aber mit einem Evo-Motor bestückt sind. Als Superneuheit gibt es von XZOTIC auch einen Evo-Knucklehead-Nachbau der klassischen Vorkriegs-EL. Vintage Cycle Works in Kalifornien hat sich – ebenfalls mit dem Evo-Motor – ganz auf den Stil von 1918 konzentriert und bietet sogar ein entsprechendes Umbau-Kit für normale Harleys an. Daneben bemühen sich einige Spezialisten um den Nachbau von nicht mehr erhältlichen Altteilen: Andres Nygren Motor (Delsbo, Schweden) fertigt zum Beispiel Teile für Flathead Big Twins und Knucklehead-Motoren neu an („Flathead Power"). Bekannt ist auch das Milwaukee Iron-Team aus Lynchburg, Virginia, mit seinen stilvollen Nachschöpfungen der Big V-Twin-Modelle aus den 20er Jahren.

Es leuchtet, es blinkt, es hupt, und der Rock'n'Roll-Soundtrack dröhnt aus wohlplazierten Lautsprechern auf Fahrer und Zuschauer ein, wenn die gigantischen Maschinen langsam über die Mainstreet rollen: Einen Full Dresser in Aktion zu erleben, ist wahrlich ein Ereignis. Die chrom- und zubehörbeladenen Maschinen sind in der Harley-Szene immer häufiger zu sehen. Die japanische Konkurrenz hat einen Einbruch in die Szene versucht, aber natürlich vesetzt das sechszylindrige Säuseln einer Gold Wing die Lampen nicht so schön in Schwingung.

Als direkte Fortsetzung der „offiziellen" Harley-Philosophie liegt der Ursprung der Dresser in den Harley-Zubehörkatalogen der 40er, 50er und 60er Jahre: Die damaligen Clubaktivitäten der H.O.G.-Vorläufer umfaßten auch „Schönheitswettbewerbe" der bestgestylten Dresser – sogar Fahrer und Clubs wurden für die beste Bekleidung und die beste Ausstattung bewertet. Waren es früher noch viele bunte Lichter, Stereo-Radios, CB-Funk und ausladendes Chrom-Zubehör, so geht der Trend der Dresser heute hin zum High-Tech. Quadrophonie, Bordcomputer, Mobiltelefon und Neonbeleuchtung setzen Akzente, die man auch im Trubel der Mainstreets von Sturgis und Daytona Beach schwer übersehen kann.

Obwohl die Full Dresser den Gegenpol zu den Choppern bilden, existieren beide schon seit vielen Jahren friedlich nebeneinander. Schließlich teilen sie das Schicksal, schon mehrmals totgesagt worden zu sein. Ähnlich wie bei den Custom Cars, wo Mexikaner und Farbige mit ihren überladenen Low Ridern eine ähnliche Stilrichtung zeigen, werden viele der extremen Full Dresser von Farbigen gebaut und gefahren. Die wildesten Schöpfungen sind bei den von Harley-Davidson veranstalteten Dresser Light Shows zu bestaunen – dann wird auch die finsterste Nacht zum Tage.

Ergänzt wird der Full Dresser in den letzten Jahren von den Streamlinern und den High-Tech-Tourern, die elegante, geschwungene Formen und Leistung in den Vordergrund stellen. Doch keine Angst: Solange es noch Chromvorräte auf der Erde gibt, so lange wird es auch Full Dresser geben. Die Dinosaurier haben ein zähes Leben. H.R.

Das Eigenheim auf Rädern bietet noch viel Platz für neckischen Zierrat.

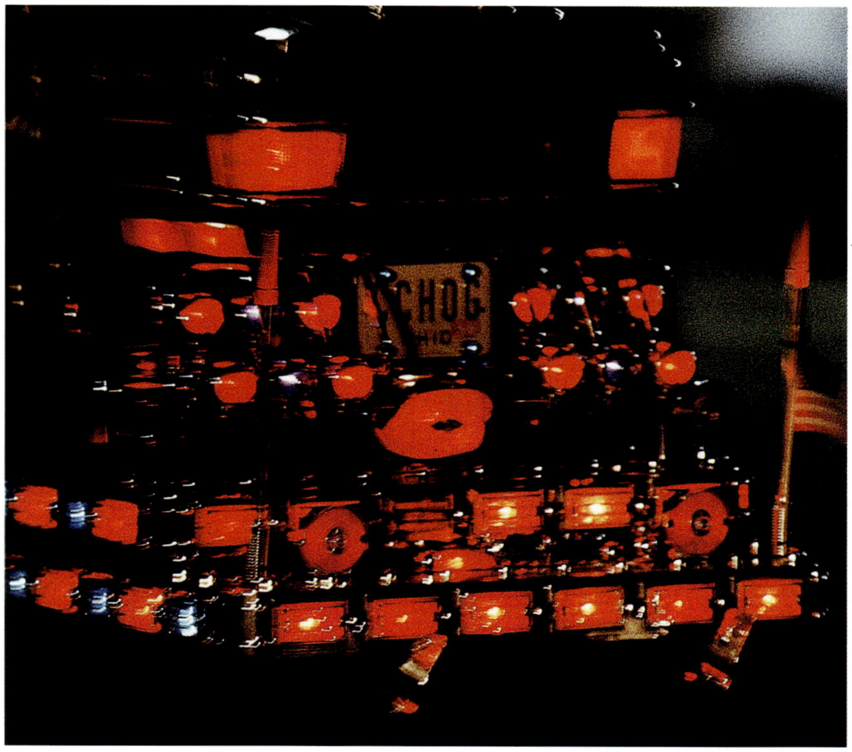

Kitsch oder Kunst, zumindest brauchen Full Dresser für ihre leuchtende Präsenz gewaltige Batterien und überdimensionierte Stromerzeuger. Chrom blendet das Auge bei Tag, zirkusartige Illumination bei Nacht.

Custom Harley

Anything goes: Mit Customizing ins nächste Jahrtausend

Die Stilrichtungen

Custom Bike

Was ist ein Custom Bike? Ist es nur der Aluminium-Billet-Rückspiegel, den man gegen das Serienteil auswechselt, ist es die Tanklackierung, oder macht erst der komplette Umbau das „echte" Custom Bike aus? Dem Namen nach ist wohl fast jedes Motorrad ein Custom Bike, stellt es doch die Verwirklichung der Sehnsüchte und Wünsche seiner/ihrer Fahrer(in) dar. Zudem verzichtet kaum ein Biker darauf, seinem Motorrad eine individuelle Note zu verleihen.

Trotzdem sind es heute gerade die V-Twins aus Milwaukee und ihre Nachahmer, die den Begriff Custom Bike verkörpern. Schon das vom Fließband rollende Bike stellt für die meisten Harley-Fans das Custom Bike schlechthin dar, das spricht auch für den Service in Amerika: Dort kann man sich „seine" Harley schon „ab Band" je nach Geschmack aus dem Universalkatalog zusammenstellen lassen. In Europa und dem Rest der Welt besorgen das Händler, indem sie entweder die original Harley-Davidson-Teile montieren oder sich aus den Abertausenden Custom Parts die gewünschten Teile an die Maschine schrauben lassen. Bolt On – einfach dranschrauben und losfahren – nennt sich diese Spielart des Customizing, die nahezu 90% der Custom-Fans bedient und die es meist auch müde sind, den Schraubenschlüssel selbst anzusetzen.

Weitaus schwieriger zu haben ist ein exklusives Lackdesign, möglichst noch über die ganze Maschine verteilt. Wenige Harley-Besitzer machen sich eine Vorstellung davon, wie aufwendig es ist, einen Rahmen komplett zu strippen, abzuschleifen und neu zu lackieren. Nach den ersten Selbstversuchen steigt die Ehrfurcht vor denen, die es getan haben.

Die nächsthöhere Stufe im Customizing-Himmel ist das Selbstentwerfen und -bauen eigener Teile. Das fängt an bei Kleinigkeiten wie Tankdash und Sitzbank, muß aber bei Motor und Rahmen nicht aufhören. So mancher Do-it-Yourself-Customizer merkt erst während des Zusammenbaus, was er sich da eigentlich aufgeladen hat, und so können für wirklich meisterhafte Custom Bikes auch mal vier bis fünf Jahre Bauzeit ins Land gehen.

Was bis Mitte der 60er Jahre ein relativ kleiner Kreis von Outlaws oder Custom-Bike-Schraubern war – schwerpunktmäßig begrenzt auf die Westküste der USA –, bekam durch den Film „Easy Rider" internationale Publizität. Wie kein anderer Biker-Film inspirierte die Fahrt zweier Drogendealer von Los Angeles nach New Orleans die Phantasie der Jugend weltweit.

Sicher waren bis zu diesem Zeitpunkt Chopper in Europa und Deutschland nicht unbekannt geblieben, doch sie wurden zumeist vom einzig existierenden Sprachrohr für Motorradfahrer totgeschwiegen, belächelt oder bekämpft. So bezeichnete der Motorrad-Profi Klacks in der Dezember-Ausgabe 1965 der Zeitschrift *Das Motorrad* einen Revell-Plastikmodell-Chopper als „Spinner-Harley". Bereits durch die Anfang der 70er Jahre erscheinenden Zeitschriften wie zum Beispiel *Chopper* und *Easyriders* verzeichneten die englischsprachigen Länder einen beachtlichen Vorsprung in Sachen Customizing.

Das als Freizeitobjekt wiederentdeckte Motorrad avancierte gleichzeitig zum Kunstobjekt und stellte eine Möglichkeit der Selbstverwirklichung dar: Mit der neuen Welle entstand ein riesiger Markt an Chopper-Zubehörteilen, und 1971 realisierte Harley-Davidson mit der FX Super Glide erstmals einen Custom-Bike-Trendsetter.

Die 70er waren überfüllt mit Customizing-Trends, doch erst Anfang der 80er Jahre erkannten die japanischen Hersteller das enorme Potential derer, die, bequem und entspannt nach hinten gelehnt, auf dem Motorrad durch die Landschaft touren wollten.

Die Soft-Chopper-Welle überflutete den Motorrad-Markt zwar mit japanischen Ein-, Zwei- und Vierzylindern, die mittels Hochlenker, Sitzbank und optischer Retusche auf Chopper getrimmt waren, doch nur die Werbung konnte den Geist von „Easy Rider" vermitteln. Echte Hardcore-Chopperfans mußten sich auf importierte Teile stützen oder ihre Chopper selbst bauen und über die Zulassungshürden bringen. Obwohl Firmen wie AME in Deutschland und Senn in der Schweiz auf diesem Gebiet Pionierarbeit leisteten, blieben die echten Chopper in Europa ein eher seltener Anblick. Echte Starrahmen sah man nur bei den in Westdeutschland stationierten GIs oder bei Biker-Treffen in England. 1979 veranstalteten die Hells Angels in England ihre erste Kent Custom Bike Show und begründeten damit eine der traditionellen Veranstaltungen der Szene.

Auch in anderen europäischen Staaten hatten sich inzwischen motorradfahrende Rockergruppen als Ableger der US-Vorbilder oder unter eigenem Color gebildet, doch es dauerte einige Zeit, bis sich – nicht zuletzt aus finanziellen Gründen (schließlich waren Harleys ein nahezu unerschwinglicher Luxus) – der V-Twin aus Milwaukee als dominierendes Fortbewegungsmittel durchsetzte.

Die 80er Jahre sahen den Chopper als gleichberechtigtes Fortbewegungsmittel neben Sportlern, Tourern und Enduros, und mit der Entwicklung der Evolution-Baureihe machte Harley-Davidson schließlich auf die großvolumigen V-Twins aufmerksam – eine Entscheidung, die in den 90ern die langerwarteten Früchte tragen sollte.

Wie auf einen Schlag ist die Fortbewegung auf zwei Rädern en vogue, Harley-Davidson hat mit einem Mal Profil, und aufwendige Custom Bikes avancieren zum Statussymbol. Steter Tropfen höhlt den Stein – auch bei den Homologationsbehörden, und die europäische Einheit tut ein übriges. Plötzlich sind Motorräder möglich, von denen man bislang nur träumen durfte. Selbst in Deutschland und der Schweiz sind die „Langgabligen" auf dem Vormarsch – und das nicht nur bei den besserverdienenden Bevölkerungsgruppen ... H.R.

Abgesehen von den überall und in unzähligen Varianten zur Schau gestellten Custom Bikes, die einfach durch ihre besondere Lackierung (Bild linke Seite) oder durch ihr sorgfältig abgestimmtes Styling (rechts) auffallen, gibt es natürlich einzelne Schöpfungen, die auch unter diesen Exoten noch aus der Reihe fallen (unten).

(Bes.: Michelle Ethier, Can)

Taildragger

Eine ganze Custom-Bike-Sparte lediglich nach einem Schutzblech zu benennen, erscheint übertrieben, doch tatsächlich könnte man die meisten Taildragger auch als Low Rider bezeichnen. Es bedarf schon eines Customizing-Altmeisters wie Arlen Ness, ein Schutzblech zu kreieren, welches einer eigenen Stilrichtung den Namen gibt. Der fast zum Boden heruntergezogene Kotflügel aus San Leandro schaffte dieses Kunststück in den 90er Jahren mit Leichtigkeit. Ob als Original oder als Kopie: Der Taildragger hat weltweit seine Freunde – nicht zuletzt bei den Zulassungsbehörden, die bei der Eintragung dieses Teils bestimmt keinen Ärger machen. Neben dem Spritzschutz bietet der Taildragger vor allem auch dem Lackierer genügend Platz, um sich einmal richtig auszutoben. Taildragger befinden sich deshalb inzwischen weltweit auf dem Vormarsch. H.R.

Streamliner/Lead Sled

Was bleibt, wenn die Gabeln nicht mehr verlängert werden können, der Rahmen schon am Boden schleift und das Hinterrad so breit ist, daß die Maschine auch ohne Ständer steht? Eine Verkleidung. Versuche, Motorräder vollkommen zu verkleiden, hat es schon immer gegeben, doch die Custom-Szene entdeckte die ausladende Blechverkleidung im Stil der eleganten Vorkriegslimousinen vor allem Mitte der 90er Jahre. Customizer wie Bob Lowe, Bob Dron, Pete Chapouris und natürlich Arlen Ness scheuen nicht den größten Aufwand, ihre Bikes mit dekorativen Aluminium- oder Kunststoffverkleidungen zu verschalen. Trendsetter wie ZZ-Top-Gitarrist Bill Gibbons' Hogzilla und Arlen Ness' Nesstalgia markieren Meilensteine in diesem Trend, der auch von europäischen Customizern wie François Bruère aufgegriffen wird. Von den Amerikanern liebevoll (und nicht ganz unpassend) Lead Sled (Bleischlitten) getauft, lehnen sich die Streamliner zumeist an automobile Vorbilder an. Da gibt es zweirädrige Chevrolets, Fords, AC Cobras, Ferraris und Bugattis, gnadenlos aus dem vollen Blech gedengelt. Natürlich lassen sich solche Bikes nur mit Schwierigkeit im Straßenverkehr bewegen – von dem permanenten Menschenauflauf ganz abgesehen –, aber wer steht nicht mit staunend offenem Mund vor so einem Meisterwerk auf zwei Rädern?

Ein Streamliner/Lead Sled.

Custom Bike im Indian Style.

Harley Trikes

Schon die ersten motorisierten Fortbewegungsmittel rollten auf drei Rädern. Der Vorteil der dreirädrigen Kraftpakete lag klar auf der Hand: Man konnte mit ihnen nicht umfallen. Zudem unterschied sich das Fahrverhalten des Servi-Car grundlegend von dem eines Motorrads – sogar in Kombination mit einem Seitenwagen. Harley Trikes wurden zumeist auf Basis der Servi-Cars „gechoppt". Mit langer Gabel und den verschiedensten Aufbauten ließen sich die abartigsten Gerätschaften installieren. Wer genügend Zeit und Kenntnisse mitbrachte, baute sich eigene Rahmen um die neuen Shovelhead Big Twins oder die Sportster-Triebwerke. Erst nach der Einstellung des Servi-Car 1972 und der nachfolgenden Ausmusterung aus dem Polizeidienst, die sich noch über Jahre hinzog, begannen einige Firmen, sich auf die Herstellung von Trikes zu spezialisieren. Ausgehend von der Hot-Rod-Szene fuhren vor allem in Kalifornien die ausgefallensten Konstruktionen herum. „Big Daddy" Roths *Choppers Magazine* war voll von verrückten dreirädrigen Ungetümen.

Classic Style/Indian Style

„Back to the Roots" lautet das Motto bei vielen Harley-Liebhabern, und auch die Company folgt diesem Trend zu mehr Nostalgie mit ihren neuen Modellen, respektive den dezenter und mehr ins Klassische tendierenden Lackierungen. Ausladende Lederpacktaschen mit Fransen, viel Chromzierat, Werkzeugkästen, Sturzbügel, Tourenscheiben und Schwingsättel sind die Kennzeichen des Classic Look. Das offizielle Harley-Zubehörprogramm wie auch eine riesige Anzahl Aftermarket-Anbieter liefern die passenden Utensilien, um auch den modernsten Evolution-Big-Twin wie eine Panhead, Knucklehead und neuerdings sogar Flathead aussehen zu lassen! Vorteil: Mit der nostalgischen Optik nicht verbunden ist die oft notorische Unzuverlässigkeit und Wartungsintensität einer alten Maschine. Unbeschwert kann man mit einer Harley im Stil der 30er, 40er, 50er oder 60er Jahre, ja im Extremfall sogar als Roaring-Twenties-Bike durch die Landschaft tuckern, ohne ständig nach Ölstand, Reifendruck, Ventilspiel oder anderen Kleinigkeiten zu sehen.

Einen Sonderfall des Classic Style stellt der Indian Style dar. Obwohl der einstige Erzrivale aus Springfield, Massachussetts, bereits im Jahre 1953 die Tore schließen mußte, haben sich die großvolumigen „Indianer" einen guten Ruf bewahrt. Rein optisch waren die V-Twins von Indian ab den 40ern vor allem durch die ausladenden Kotflügel vorne und hinten von der Konkurrenz zu unterscheiden – eine aufwendig zu produzierende Spielart, die zunächst zusammen mit den eisernen Indianern ausstarb. Doch die Suche nach nostalgischer Optik macht auch bei alten Designs nicht halt: Was damals gut aussah, kann man auch heute gebrauchen. Die monumentalen Fender gibt es mittlerweile auch wieder, allerdings aus Fiberglass oder Aluminium– heute für die Big Twins aus Milwaukee, die sich damit in ein richtig nostalgisches Fortbewegungsmittel verwandeln lassen.

Trike mit Harley-Heckmotor.

Das Bike als Gesamtkunstwerk

Während es zu den Anfangszeiten des Customizing bittere Realität war, sich alle seine Teile selbst fertigen zu müssen, so hat heute ein reger Zubehörmarkt fast alles auf Lager, was das Customizing leicht, schnell und bequem macht. Neue Werkstoffe und Werkzeuge machen auch die unmöglichsten Formen realisierbar, ohne daß an Zuverlässigkeit und Stabilität gespart werden müßte. War früher noch jeder Chopper ein individuelles Stück Kunst auf zwei Rädern, so muß es im Zeitalter der Fließband-Individualität schon das ganz Besondere sein. Und tatsächlich gibt es sie noch: die abgefahrenen Freaks, die ihre Harley mit unglaublichem Aufwand in absolut einzigartige Kunstobjekte verwandeln. Terry Evans war bekannt für seine modellierten Drachenköpfe, von denen einige sogar mittels Schweißbrenner Feuer spuckten, inzwischen haben sich einige Meister der Skulptur in den Annalen der Custom -Bike-Historie verewigt: Arlen Ness, Ron Simms, Donnie Smith, Dave Perewitz, Pat Kennedy, Cyril Huze, Bob Dron, Rick Doss, Harold Mutter, John Reed und Don Hotop sind einige der bekannten Namen der Custom-Bike-Szene. Auch hier kommen die neuen Ideen oft von Privatleuten, kleinen Customizing-Künstlern, die ihre gesamte Kreativität in „ihre“ Custom Harleys stecken. Von diesen „Kometen“ des Customizing lebt die Szene – und das hoffentlich noch viele, viele Jahre ...

Skip Hoaglands Thema: Das Coca-Cola-Bike.

Street Dragster von Harold Mutter mit beachtlicher die Aluminiumschwinge.

Street Dragster

Obwohl dieser Typ schon ausführlich bei den Performance Bikes behandelt wird, hier noch einmal eine kurze Definition. Mit dem Custom Bike auf die Rennstrecken zu gehen, ist heute nicht mehr ungewöhnlich. In den Vereinigten Staaten wie in Europa sieht man Motorräder auf den Quartermiles, nach denen man sich früher auf der Bike Show umgedreht hätte. Heute wird das Material auf der Strecke gequält und gemartert, bis der Reifen qualmt. Nitroaufladung, Kompressor und die äußerst populären Aerocharger hauchen selbst den Serienbikes so viel Power ein, daß auf dem Racetrack beeindruckende Zeiten erreicht werden. Auch wenn unverbesserliche Lästermäuler behaupten, Harleys würden zu nichts anderem taugen als geradeaus zu fahren – dort zeigen sie's selbst den Japanern! Ebenfalls ein Trend: Self Modified, Top-Gas- und Top-Fuel-Dragster sehen heute so sauber und technisch perfekt aus, daß sie in jeder Bike-Show auf die vorderen Plätze rollen könnten – doch das ist eine andere Geschichte ...

Warbird vom Typ Café Racer.

Café Racer/Warbird

Als Harley-Davidson mit der XLCR 1977 in die Café-Racer-Nische hauen wollte, war dieser Zug schon vor knapp 13 Jahren abgefahren. Wieder einmal hatte man einen Trend verschlafen – für einen Supersportler, wie sie in den multizylindrigen 70er Jahren zu diesem Zeitpunkt gefragt waren, schleppte der 1.000 ccm Sportster-Ableger ein paar Kilogramm zuviel mit sich herum. Doch wie es mit der Mode so ist: Wenn man nur lange genug wartet, kommt alles wieder. Und so begrüßten die 90er Jahre nach dem Naked Bike und dem jetzt „Cruiser“ getauften Softchopper auch den Café Racer als Wiederauflage. Das ehemals ungeliebte Alteisen mutierte zum seltenen Kultobjekt, und neue Café-Racer-Imitationen beleben die Szene. Die Sitzbank-Konstrukteure von Corbin an der kalifornischen Westküste, vor allem bekannt durch ihre hochwertigen Ledersitze, haben mit dem Warbird-Kit einen eigenen, dem Café Racer eng verwandten Stil kreiert. Ron Simms von Bay Area Customs entwarf den aus Sitzbank, Tank, Spoiler, Schutzblech und kleiner aerodynamischer Halbschalen-Verkleidung bestehenden Bausatz, mit dem zunächst die FXR-Modelle, später auch die Sportys zum Warbird hochgerüstet wurden.

Die 148 Kubikinch Double-Twin von Mike Roach.

Multi-Engine

Hubraum ist durch nichts zu ersetzen: Eigentlich sind mehr als zwei Zylinder bei Harley-Fahrern verpönt. Einzige Ausnahme: Es handelt sich um zusätzliche Harley-Zylinder. Da gibt es von einzelnen Technik-Freaks und Tüftlern Erstaunliches zu sehen: V-Dreizylinder mit einem zusätzlich angeflanschten 45-Grad-Zylinder, der nach vorne ragt, gekoppelte Motorgehäuse mit V-4-Stellung, zwei oder gar drei in Reihe geschaltete Motoren. Für den echten Techno-Tüftler können gar nicht genug Zylinder in Reihe geschaltet werden. Synchronisation und Betrieb werfen einige Probleme auf, und doch sieht man diese Versuche immer wieder. Natürlich gab es die meisten gekoppelten Motoren zunächst im Drag Racing. Frei nach dem Motto „Vier Zylinder leisten mehr als zwei“ koppelte man dort nicht allein Harley-Twins zu wahren Motoren-Monstern. Die Inspiration kam allerdings von den Speedfreaks aus Bonneville, wo sich die Rekordjäger jährlich zu ihrer Speedweek trafen. Bei den Autos war das Koppeln von bis zu vier Motoren schon Routine, auch hier befruchteten die Vierräder die Custom-Szene. 1995 rollten die Heads Bad Boys den bisherigen Höhepunkt der Motormania auf die Rat's Hole Chopper Custom Show in Daytona: drei 1200er Sportster-Motoren in Reihe geschaltet! H. R.

„Roter Drachen“ gegen „Gelbes Biest“

oder: Design contra Funktion

Links das Gelbe Biest mit der Rasterstahl-Tankkonsole samt integrierten Kontrolleuchten und dem markanten Heckteil. Rechts der rote Drachen und seine phantasiereich gestalteten künstlerischen Details.

Was für Andreas Winters philosophische Technik ist, ist für Horst Gall technische Philosophie. Beide wagen sich in gestalterische Extreme vor – Andreas mit seinem „Roten Drachen“ mehr in die ideellen, Horst mit dem „Gelben Biest“ mehr in die funktionellen. Beide sind phantasiereiche, begnadete Harley-Custom-Spezialisten, beide vertreten die typisch deutsche Linie: romantisch, intuitiv, formal der eine – klar, verständlich, technisch der andere. Beide Custom Harleys sind sowohl Gesamtkunstwerke wie auch technische Meisterstücke. Beide sind nicht nur schön, sondern auch fahrbar.

Andreas Winters baut Philosophien: amerikanische Träume von der Freiheit des technischen Individualismus, Horst Gall baut technische Innovationen – nicht einfach in einem Land, in dem man für jede andersartige Schraube eine amtlich geprüfte Genehmigung braucht. Der „Rote Drachen“ ist aus vielen einzelnen Ideen entstanden, mit einer großen Anzahl auffälliger Details, die Andreas meist während des Zusammenbaus einfallen. Manchmal findet er irgendwo ein Teil, das ihn fasziniert, und dann sagt ihm nur sein ästhetisches Gefühl, ob es dazu paßt oder nicht.

Wie er verwendet auch Horst Gall einige technische Komponenten aus der Zubehörindustrie, aber das meiste – und wesentliche – konstruiert er selbst. Vor allem wollte Horst Gall beweisen, daß der alte Panhead-Motor, den er für den schönsten hält, den Harley-Davidson je gebaut hat, sich so tunen läßt, daß er einem modernen High-Tech-Aggregat entspricht, ohne dabei seine klassische Form zu verlieren. Alles andere hat sich dem unterzuordnen. Sowohl sein 1958er Panhead- wie auch der 1973er Shovelhead-Motor von Andreas Winters sind jedoch von Grund auf neu überarbeitet. Der Rest sind Glaubensbekenntnisse.

High Performance

Höchstleistungen aus der Harley

High Performance – zwei Wörter, über deren Inhalt und Bedeutung in der Harley-Szene wenig Zweifel herrscht. High Performance heißt „Höchstleistung“ – und zwar auf allen Gebieten.

Auch in der Harley-Davidson-Geschichte finden sich einige Beispiele von High Performance Bikes, die im Motorsport und bei den Serienmotoren Furore machten. 1914 konstruierte Harley den ersten Achtventil-V-Twin als Antwort auf die seit 1911 eingesetzten Achtventiler von Indian. Bedenkt man, daß die Harley-Serienmodelle bis in die 90er Jahre mit nur zwei Ventilen pro Zylinder auskommen mußten, war diese Maschine wahrscheinlich die erste High-Performance-Harley. Der einzylindrige Peashooter setzte diese Tradition in den 20er und 30er Jahren fort, gewann doch Joe Petrali in der 35er-Saison jedes AMA Dirt-Track-Rennen. Harley-Davidson fuhr 1937 auch den Geschwindigkeitsrekord auf der neuentwickelten Knucklehead am Strand von Daytona Beach. Nach dem Krieg setzten die KR-Rennmaschinen und später die XR Dirt Track Racer die High-Performance-Werkstradition fort. Wenn 1962 der Prospekt des Topper-Motorrollers die High Performance Features des Rollers heraushob, dann unterstreicht dies nur die Wichtigkeit, die Harley-Davidson diesem Begriff zeitweise zuerkannte.

In den 90er Jahren ist High Performance vor allem ein Begriff für kompromißlos auf Leistung getrimmte Streetbikes geworden, sah doch dieses Jahrzehnt eine nie erwartete Renaissance des V-Twins als Motorradantrieb. Ausgehend von der All-Harley-Drags-Szene boomte der Zubehör- und Tuningmarkt international und produzierte immer neue leistungssteigernde Teile. Tatsächlich gibt es heute an einer Harley kein Teil mehr, das man nicht durch ein entsprechendes High-Performance-Zubehörteil ersetzen könnte. In den USA beschäftigt sich ein gutes Dutzend Firmen mit der mehr oder minder umfangreichen Produktion Harley-ähnlicher V-Twins, die in Sachen Performance dem Original oft weit überlegen sind.

Daß das Serienprodukt es dem Performance-Fan so einfach macht, in seinem Motor nach Leistung zu fahnden, liegt nicht zuletzt am Ausgangsprodukt selbst. Das Prinzip der Evolution-Motor-Baureihe geht noch auf die Ursprünge des Motorenbaus zu Anfang unseres Jahrhunderts zurück: zwei Zylinder, ein gemeinsamer Kurbelwellenzapfen für beide Kolben, zwei stoßstangenbetätigte Ventile mit untenliegender Nockenwelle. Abgesehen vom fehlenden Schnüffelventil ist nichts vorhanden, was es nicht auch schon um die Jahrhundertwende im Motorenbau gegeben hätte. Um so größer ist die Herausforderung, dem eher auf langlebige Zuverlässigkeit getrimmten Serienaggregat ein bißchen Pep einzuhauchen, das Fahrwerk zu verbessern oder das Gewicht zu verringern. Weltweit arbeitet die High-Performance-Szene an Aussehen und Leistung des V-Twins. Es ist nahezu unmöglich festzulegen, welche Parts den meisten Einfluß ausübten. Sind es die Aftermarket-Motoren von S&S oder Keck, die Mikuni-Vergaser, die Crane-Nockenwellen, die Whitek-Einspritzanlagen, die Accel-Zündungen, die Primo-Belts, die Barnett-Kupplungen oder die Pro-Street-Rahmen? – Die Liste der High-Performance-Teile ist endlos. Daß Mehrleistung im Triebwerk nicht alles ist, haben Harley-Performer inzwischen erkannt, weshalb zunehmend auch selbstentwickelte Rahmen und Fahrwerke angeboten werden. Lästerzungen behaupten, daß die High-Performance-Schrauber versuchen, „ihre Bikes auf einen Standard zu bringen, den japanische Sportbikes schon serienmäßig haben“, doch das ist nur die halbe Wahrheit. Das Potential der Harley-Davidson-Motorbaureihen ist vorhanden, es zu nutzen ist zwar aufwendig, aber möglich – die Ergebnisse sprechen für sich!

Hochtechnisiertes Zubehör wie dieses Digitalinstrument hält immer mehr Einzug in der High-Performance-Austattung (rechts). Es ist aber nur ein optisches Element, wahre Technik tobt sich in anderen Dimensionen aus, wie die Achtbacken-Bremszange (ganz rechts) zeigt. Beide Accessoires haben ihren Ursprung in der Dragster-Technik, aus der sie meist zusammenhanglos übernommen werden.

Leistung zum Anschrauben war schon immer ein Traum vieler Harley-Fahrer – der „Aerocharger“ vom First Choice Turbo Center macht diesen Traum zur Wirklichkeit.
Das ausgereifte System ist einfach zu montieren und besteht aus einem links neben dem Motor sitzenden Lader, der die durch einen K&N-Filter angesaugte Luft verdichtet, sie durch einen zusätzlichen Kühler schickt und dann in den 42er Mikuni-Vergaser preßt. Je nach eingestelltem Ladedruck entlockt der Turbo dem 1340er Evo-Motor mehr als 100 PS – und das bei ansonsten serienmäßigem Motorinnenleben.

Der Warbird-Dragster von Michael Mulderink wurde auf Basis einer 1200er Sportster aufgebaut. Saubere Verarbeitung und Top-Optik kennzeichnen dieses Performance-Bike (oben).

Harley-Hochleistungs-Aggregate erkennt man schon rein äußerlich meist an den extremen Vergasern oder besonders aufwendig gestalteten Zündanlagen, technische Finessen, die dem unbedarften Besucher ein „Buch mit sieben Siegeln" bleiben. Ab und zu zeigen jedoch die Hersteller von High-Performance-Bauteilen funktionstechnische Schnittmodelle, wie bei diesem umgebauten Shovelhead-Motor auf der Indianapolis Dealer Show 1998 (rechts).

Rat Bikes

Hat es bis zum Strand von Daytona geschafft: Willi Millers deutsche Ratte aus Ravensburg (oben). Die legendäre Ur-Ratte: Smitty auf seiner 1949er Knucklehead.

Die Rats sind nicht unbedingt der letzte Schrei in Sachen Design, sie sind dafür aber unübersehbar und werden immer wieder bestaunt. Was ist ein Rat Bike? Die Amerikaner wissen es längst: Es ist ein „tagaus-tagein-Transportmittel-do-it-yourself-ohne-Geld-repariertes" Motorrad. Und so sieht es auch aus: verrottet, verrostet, verbaut und verbeult, tausendmal repariert, verschraubt und geschweißt, Lack und Chrom passé, dafür reichlich Fett und Dreck in fingerdicker Auflage, offen geflickte Drähte überall – kurz, ein fahrender Schrotthaufen mit aberwitzigen Bastlerideen.

Ein Rat Bike offenbart oftmals eine Lebensanschauung und ist zumeist ein Langstreckenläufer mit ungezählten harten Überlandstunden. Aufkleber wie: „Lach nicht – es ist bezahlt!", „Ich weiß, was du denkst – aber es fährt" und „Brauchst ja nicht hinsehen" kennzeichnen die Philosophie dieser Schrott-Bikes besser als jedes Stilargument. Intoleranz ist nicht gefragt. Dennoch haben Rat Biker unter öffentlicher Belästigung zu leiden. Den ordnungsliebenden Sheriffs sind die „asozialen Verkehrselemente" natürlich ein Dorn im Auge, und die Chancen, sich ein Ticket einzufangen, sind mit einem Rat Bike ungleich größer als mit einem „normalen" Motorrad.

Daß es so viele Harleys unter den Rat Bikes gibt, war der stets auf geschniegeltem Upper-Class-Image bedachten Company zunächst recht peinlich. Rat-Bike-Besitzer sehen das ganz anders: „Ein Motorrad, das man so herunterkommen lassen kann und das einen auch dann noch nach vielen, vielen Jahren immer noch zuverlässig von einem Ort zum anderen bringt, hat einsame Qualität!" Mit dem patriotischen Zusatz „american made". Richtig ist, daß sich wohl keine anderen Motorräder selbst im schlimmsten Zustand noch so brav fahren lassen wie die guten alten Harleys – zweirädrige Traktoren, denen es nichts ausmacht, verdreckt und verrostet zu sein, die aber unverwüstlich und zuverlässig sind. „Sie sollten stolz drauf sein, die Herren Bosse", meint ein strubbeliger Gammel-Bike-Besitzer. Es erinnert ein bißchen an fernöstliche Zustände, wo solche Uralt-Modelle heute noch in allen möglichen und unmöglichen Varianten herumfahren.

Wie populär Rat Bikes sind, zeigt die Tatsache, daß nahezu auf jeder lokalen, nationalen und auch internationalen Motorrad-Schau die „Rat-Klasse" mit wertvollen Preisen bedacht wird.

Die Schiedsrichter sind besonders streng und achten darauf, ob auch sicher nichts gewaschen und geputzt wurde, ob genügend Schrauben locker sind und ob Universaldraht zur Genüge als Befestiger verwendet wurde, ob Schmutz und Öl auch an den wichtigsten Stellen in ausreichendem Maß vorhanden sind und ob der Lack abgeblättert und der Chrom in Rost verwandelt ist. Wer die meisten Minuspunkte sammelt, gewinnt.

Inzwischen sind Rat Bikes als hochgezüchtete Schau-Objekte die Zierde jeder Bike- und Custom-Show und werden – wie auf der chromglitzernden Motorshow-Essen auch gelegentlich auf Spiegelglas gestellt und mit grellen Spotlights dramatisch ins rechte Licht gesetzt.

Fragte doch ein verwirrter Besucher aus Old Germany bei einer solchen Zurschaustellung: „Wie kann man ein Motorrad bloß so verkommen lassen?"

Antwortete ihm der fröhlich-stolze Besitzer: „Betrachten Sie's mal von der menschlichen Seite, Mister – würden Sie Ihre Frau umbringen, nur weil sie alt wird?"

Alles Ratte oder was?

Wie der legendäre große amerikanische Rat-Bike-Wettbewerb ausging

Irgendwann mußte es mal passieren. Wer jahrelang so rattig wie Smitty und so abgefuckt junky wie Jim von Show zu Show und von Party zu Party stänkert und dort Pokale und Begeisterung absahnt, den trifft letztendlich einmal der Blitzstrahl des tödlichen Zweikampfes – alte amerikanische Tradition, versteht sich – bike noon sozusagen. Wer ist das größte Schwein, wer die schäbigste Ratte? Irgendwann muß das mal ausgeschossen werden.
Nun muß man wissen, daß die beiden Duellanten sich schon recht lange kennen und längst gute Freunde geworden sind. Erschwerend kommt noch dazu, daß beide aus Kentucky stammen, jenem ziemlich wilden Land inmitten der USA, wo die unendlichen Weizenfelder und der ebenso unendlich fließende Whiskey daheim sind, und da ballert man sich nicht so einfach gegenseitig über den Haufen – oh no, Mann – und auch die Duellwaffen sind nicht die landesüblichen, wie blaues-Auge gegen Tritt-in-die-Eier, sondern eben die Rat Bikes, und das Motto könnte aus einem alten deutschen Märchen stammen: „Spieglein, Spieglein an der Wand, wer ist die größte Ratte im ganzen Land?"
Die Gretchenfrage stellte schließlich ein gewitzter Veranstalter auf einer Daytona Bike Week, und er rief alle Ratten im ganzen Land auf, zu ihm zu kommen und sich dem großen Contest zu stellen, schöne Preise gäbe es dafür und sogar 300 Mäuse cash.
Nun ja, wie dem auch sei, es kamen nur zwei. Die waren allerdings so ungeheuer in ihrer – ja schon lange berühmten – Rattigkeit, daß sich natürlich niemand sonst mehr traute, gegen sie anzutreten. Es wäre auch nichts anderes herausgekommen als Hohngelächter, das kann man sich sparen, die beiden Matadore waren sowieso unschlagbar. Aber die beiden wollten es nun selber wissen.
Das Publikum sammelte sich erwartungsfroh, und der Schiedsrichter, eine gewaltige Autorität namens Wizzard, beheimatet im Gott sei Dank weit entfernten Rochester, New Hampshire (ganz rechts oben, you know), war schließlich Manns genug, die Sache richtig in die Wege zu leiten. „Hoho", schrie er, „hier sinn also Smitty aus Flatlick in Kentucky" (Beifall, Beifall!) „und hier steht Junky Jim Fisher aus Louisville, auch in Kentucky" (Beifall, Beifall!), und dann kratzte er sich hinter den Ohren, denn so einfach, wie er sich das vorgestellt hatte, war die Sache nicht. Wizzard also schlich – soweit man sein bäriges Getrampel noch als Schleichen bezeichnen konnte – ächzend und schnaufend in gebückter Haltung um die beiden Ratten herum und murmelte unverständliche Flüche in seinen schwarzen Bart. „Lauter – lauter!" rief das Publikum, und Smitty und Jim grinsten sich eins.
„Na schön", grunzte schließlich Wizzard hoheitsvoll und ließ zur Bekräftigung ein gewaltiges Geräusch hören – „da gibt's nur'n cross-examination!" Den beiden Duellanten erstarb ganz plötzlich das Grinsen, das Publikum wich ehrfurchtsvoll zurück – es roch auch sehr nach Rattenduft, so will es eben das Gesetz, Kreuzverhör!
„Ersma", brüllte also Richter Wizzard, „wie isses denn mitte Verkehrs-Sicherheit?" Smitty begann es ruhig und gefaßt zu erklären: „Hab da ne Hasenpfote, hilft nachweislich immer!" (Stimmen aus dem Publikum: wahr, wahr!). Wizzard wackelte bedenklich mit dem Kopf – das fängt ja gut an, aber gegen Hasenpfoten ist schwer was einzuwenden. „Was noch?" – „Na ja", meinte Smitty, „die Kuhglocke!" „Buuhhh", riefen die Leute. „Abgelehnt", entschied Wizzard, „Kuhglocken sind irreführend!"
„Ich habe eine Sirene", trumpfte jetzt Jim auf und ließ das Ding aufheulen. Das Publikum heulte entsprechend mit. „Stop!" schrie Smitty – „Sirenen sind in Kentucky illegal, nach Paragraph 286, Absatz 16 der landesweiten Straßenverkehrsbedienungsverordnung, Unterabsatz 291!" Dagegen war schlecht was einzuwenden. „Da habe ich noch den Anker", meinte etwas kleinlauter schließlich Jim. „Stop!" schrie Smitty. „Anker sind für Motorradfahrzeuge illegal in Kentucky, nach Paragraph..." Der Rest ging im allgemeinen Gejohle unter – „Ein Rechtsgelehrter, ein schlauer Junge, der Smitty." Und so war's wieder nix. „Hab ich noch die Tröte", murmelte Jim und trötete mit ihr, es klang sehr häßlich. „Na gut", entschied Wizzard, „Tröte gilt, eins zu eins! Machtma's Licht an!" sagte er dann. Während Smitty sich vergeblich um seine wunderschöne Alteisen-Taschenlampe bemühte, die nicht anging, weil keine Batterie drin war, und er als Entschuldigung vorbrachte, daß er eh' nur tags fahre, weil er nachts immer besoffen ist, ließ Junky Jim ein ganzes Feuerwerk los, hantierte an mannigfachen Schaltern und Hebeln, und schon blinkte und blitzte es in allen Farben und an den verstecktesten Ecken und Winkeln. Rattenaugen glühten magisch auf, und auch kleine Feuerwerkskörper explodierten mit niedlichen Böllerschüssen. Das Publikum raste gemäßigt, aber es langte zu einem „Zweizueins für Jim" bei Judge Wizzard. „Aber", bellte er dann – „wie isses mit der Notausrüstung, hä?"
Die beiden rasselten das nur so runter: „Ketten aller Sorten, Instamatic-Pocket-Kamera, Wecker mit Doppelglockenläutwerk..." rief Smitty, doch schon unterbrach ihn Jim: „Zwirnrolle!" – „Halt", schrie Smitty, „gilt nicht, da fehlt der Faden dran!" „Aber eine leere Bierdose habe ich, und auch eine Spiegelreflex-Box!" Na, das ging so eine Zeitlang hin und her, bis der Lokalreporter vom „Daily Shit" nicht mehr mitkam und das Getöse abbrach. Wizzard entschied weise: „Jim hat gewonnen – die Bierdose ist, wie allgemein bekannt, die wichtigste Notausrüstung, wenn man mal unterwegs liegenbleibt. Für alles zu gebrauchen!" Drei zu Eins für Jim. Das Publikum murrte dumpf, noch war Flatlick nicht gefallen.
„Pannenwerkzeug", dröhnte Wizzard – „wie isses damit?" Smitty lachte verächtlich. „Brauch ich nicht, hab keine Pannen!" Das Publikum haute sich auf die Schenkel vor Vergnügen, „recht so, Smitty, sag wie's is, gib ihm Saures!"
Aber dann rückte er doch damit raus. Eine Schöpfkelle hätte er, ein Boots-Tau und einen noch verwendbaren Kerzendocht, aber der sei schon ganz morsch – denn wie gesagt, er braucht das nicht. „Is' was für Idioten." Jetzt lief aber Jim rot an. „Hat sich was mit Idiot! Und wozu ist das dann gut?" schrie er und riß den Handspaten aus dem Schlafsack – und den Klebestreifen (leicht gebraucht) zum Abziehen. „Rattenpisse", sagte Smitty und spuckte seinen Priem auf Jims Pferdesattel. Wizzard war in Beweisnot, und in solchen Fällen hat immer Volkes Stimme recht.
So war es diesmal Smitty, der den Pluspunkt bekam, so isses mit dem Recht, das blind ist. „Schnauze!" schrie er ob vereinzelter Proteste, „kommen wir zu den patriotischen Attributen – also?" Smitty verwies gleich auf seine unzähligen Buttons, Knöpfe, Orden, Medaillen und den ganzen Klimperscheiß, den er nach diversen Paraden und Veteranentreffen aufgelesen hatte. Alles erstklassiger Patriotenschmu! Und Handschellen habe er auch noch, gehört ja irgendwie dazu, nä? Jim konterte sehr geschickt: „Ha – und meine wahren amerikanischen Werte? Mickey Mouse, echt Plastik, Dreimalfünf Inch, Cabbage Kid, lebensgroß, und die Rebelflag..." „Stop!" Smitty wieder – „Rebellflagge gilt nicht – Kentucky war nie bei den Konföderierten!" Das Publikum schrie und johlte, schon drohten die ersten Yankees verprügelt zu werden.
„Ruhe!" brüllte Wizzard und kratzte sich am Hintern, immer diese blöde Politik! „Jim hat gewonnen, Mickey Mouse ist unschlagbar!" Das sah schlimm aus. Nahezu unaufholbar für Smitty, Vier zu Eins für Jim, und das, wo er doch jeden Kickstart-Contest gewonnen hatte, mit 59 Starts pro Minute, was legendär geworden ist – und jetzt diese Schmach! „Diese Richter sind alle bestechlich!" rief er, und das war nicht gut, denn Richter ist Richter, bestechlich oder nicht. Wizzard blickte finster: „Das Finale!" verkündete er unheilschwanger – „what about the sanitary equipment?" Jetzt, heiliger Sanitätsgefreiter Neumann, hilf! Smitty zog milde lächelnd einen wohlbekannten lappigen Gegenstand aus dem Werkzeugkasten und hielt ihn triumphierend in die Höhe.
„Ahhh" – murmelte das Publikum andächtig, „ein Gummi, ein Verhüterli, wie elegant!" Da fiel das gebrauchte Heftpflaster, das abziehbereit auf dem Tank klebte, gar nicht mehr weiter ins Gewicht. Und Jim, der mißmutig seine Klopapierrolle endlos entwickelte, auch nicht.
„Zwei zu Vier", entschied Wizzard salomonisch und knallte dem Junky Jim, der eigentlich ja gar kein Rat Bike hatte, sondern ein Junk Bike, den trophänalen Helm mit der schon stinkenden Ratte aufs Haupt. Und drei grüne Lappen, die der Jim grinsend einsackte. Für Smitty aber gab's eine total etablierte Plakette, is' ja auch was, und er nagelte sie an sein Rat Bike. „Piß drauf!" schrien die Leute, und dann umarmten sich die beiden und schmissen ihre Gurken an, um zur nächsten Kneipe zu fahren, Kentucky zu feiern und die dreihundert Eier zu verbraten. Das Volk sah dumm aus der Wäsche, als die beiden hohnlachend entschwanden. O. Z.

Jims Cockpit: Armaturen der Extraklasse (oben) und Smittys Notausrüstung mit (fast) neuem Wecker.

Designer I

Ingenieure des Kunsthandwerks

Trends werden nicht konstruiert – sie werden bestenfalls nachgeahmt. Trends entstehen auf seltsamste Art und unter den verschiedensten Einflüssen. Medien – wie Filme oder Magazine – spielen manchmal eine große Rolle. Aber niemand weiß, wie, wo und wieso der erste Bopper, der erste Chopper oder der erste Low Rider entstand und wer sie gebaut hat.

Am schnellsten reagierte die Zubehörindustrie auf derartige Trends, obwohl man oft nicht von „Industrie“ sprechen konnte. Es waren einzelne Kleinhersteller, Bastler, Ingenieure, Werkstätten oder auch nur begabte Erfinder, die die gewünschten Bauteile herstellten: lange Gabeln, kleine oder eckige Tanks, veränderte Rahmen, Lampen und Rücklichter, Schutzbleche, Spiegel, Armaturen und so weiter.

Aber daneben gab es einige wenige Leute, die mehr wollten als nur Custom Bikes – wie die Umbauten jetzt hießen – aus den verschiedensten Zubehörteilen des Aftermarket-Angebotes zusammenzuschrauben. Sie wollten eine völlig eigenständige, oft persönliche Linie entwickeln, sozusagen ein Gesamtkunstwerk schaffen. Dabei entstanden verschiedene Stilrichtungen. Diese Custom-Stylisten – jetzt „Designer“ genannt – stellten ihre Schöpfungen meist auf der Rat's Hole Custom Chopper Show in Daytona oder auf der bekannten kalifornischen Trendsetter Oakland Bike Show dem breiten Publikum vor.

Spezialmagazine wurden aufmerksam, und manche Custom Bikes schlugen ein wie eine Bombe, andere wurden totale Flops. Kamen sie aber beim Publikum an, konnten Trends entstehen, und ihre Schöpfer – sofort nachgeahmt und mit Aufträgen überhäuft – wurden Trendsetter. Manche Designer wechselten dabei von einem Extrem ins andere, manche blieben ihrem Stil treu, und manche ließen sich auch von der Company anwerben. Apropos Company: Harley-Davidson sprang – zwar relativ spät, aber dafür um so heftiger – auf den lukrativen Zug auf, obwohl es nicht ihr Zug war und er sich schon in voller Fahrt befand. Begriffe wie zum Beispiel Fat Bob oder Low Rider versuchte die Company durch Copyrights zu vereinnahmen. Die meisten Custom-Begriffe wurden jedoch aus witzigen Idioms der Szene geboren und nicht von cleveren Werbeagenturen erfunden.

Zurück zu den Designern. Einige Trendsetter unter ihnen wollen wir im folgenden kurz vorstellen. H. R.

Eine der neuesten Kreationen des kalifornischen Custom-Godfathers Arlen Ness: die „Smooth-Ness“.

Arlen Ness – gilt unbestritten als die oberste Autorität in Sachen Custom Harley, wenn nicht als der „Custom-Papst" in aller Welt. In den 60er Jahren arbeitete er als Möbeltransporteur, aber schon damals waren Custom Bikes und spezielle Lackierungseffekte sein Hobby. Seine Flammendekors waren berühmt. 1967 errang seine alte Knucklehead, die er zum Show Bike aufgemotzt hatte, den ersten Platz in der San Francisco Bike Show. In harter Arbeit zog er ab 1971 seinen eigenen Laden für Motorräder und Zubehör hoch.

Bei seinen frühen Designs wurden die Pullback Handlebars (Ramhorn) ein großer Erfolg, und seine gedrungenen Low Rider im aggressiven Bay-Area-Style brachten seine Stilideen in die Magazine und machten ihn schnell bekannt. Arlen Ness bevorzugt Teamwork, arbeitet mit verschiedenen Designern und Firmen wie zum Beispiel Drag Specialties eng zusammen und verkauft seine Accessoires und Arlen-Ness-Parts über einen 200 Seiten starken Katalog in alle Welt. Sein Sohn Cory Ness ist heute Chefmanager der Firma. In einem neuen 15.000 Quadratmeter großen Gebäudekomplex werden in alter Ness-Tradition die wildesten Harley-Umbauten produziert.

Seine Vorliebe für starke Motoren kommt im bevorzugten Dragster-Stil oder durch die Verwendung von Turboladern oder Magnusson-Kompressoren zum Ausdruck, wobei in allen Variationen technische Perfektion das oberste Gebot ist.

Bekannte Arlen-Ness-Schöpfungen sind: Ferrari Bike, Toobad (Twobad), Twin Sportster, Nesstalgia, Sled Convertible Concept mit austauschbaren Custom-Teilen, Luxury Liner, The Hulkster, Flamin' Ape, Smooth Ness, Metzeler Dyno, Drag Ness.

Zwei der berühmtesten Arlen-Ness-Schöpfungen sind das Ferrari Bike (oben) und der Toobad (unten).
Die Karosserie des Ferrari Bike wurde von Crag Nat gestaltet, der High-Performance-Motor mit zwei Kompressoren von Harman getunt.
Die Doppel-Sportster-Maschine baute Arlen Ness bereits Ende der 70er Jahre. Das Getriebe des vorderen Motors wurde entfernt, der Benzintank befindet sich im vorderen Bereich des Monocoque-Rahmens, der Öltank im hinteren.

Ein Mitglied der Hamsters unterwegs.

The Hamsters MC – ist eigentlich kein Motorrad Club, sondern ein Verein, der 1978 aus der Laune einer fröhlichen Zusammenkunft einiger bekannter Custom-Designer – unter anderem Donny Smith, Arlin Fatland, Barry Cooney, Garry Bang und Dave Perewitz – in Daytona entstand. Ein Club ohne Regeln, aber mit speziellen Grundsätzen. Der Verein mit den bekannten gelben T-Shirts machte es sich zur Aufgabe, mit den wildesten Ness-Kreationen möglichst viele und lange Strecken zu fahren. Er hat heute, Ende der 90er Jahre, etwa 180 „Mitglieder" – darunter viele selbstfahrende Frauen – eine lockere Gruppe, die den wohl exklusivsten Harley-Fan-Club der Welt darstellt. Im jährlichen Unkostenbeitrag von 25 Dollar sind das gelbe T-Shirt und ein Steak Dinner enthalten. Seit einigen Jahren organisiert man die Hamster Rides: gemeinsame Ausfahrten von San Francisco nach Daytona, Sturgis, zu den Minnesota Winter Nationals oder zum Laughlin River Love Ride.

Bob Bauder & Pete Chapouris – sind zwei bekannte Custom-Konstrukteure aus der Los Angeles Area, wobei Bob mehr als Manager und Pete mehr als Designer tätig ist. Zusammen haben sie für den Custom-Bau von Hot Rods und Harleys die Syntassein Corporation (aus dem griechischen Begriff für „Zusammenwirken") gegründet, nachdem Pete, ein langjähriger Custom-Enthusiast, seine kleine Firma Pete and Jake's Street Rod Operation verkauft hatte und danach die Specialty Equipment Market Association (SEMA) übernahm. Beide arbeiten eng mit Custom Chrome, einer Firma für Aftermarket-Zubehör, zusammen. Ihre bekanntesten Schöpfungen waren Ende der 80er Jahre die mit Unterstützung der Company für den Bandleader von ZZ Top, Billy Gibbons, gebaute Evo Harley Softail namens HogZZilla sowie das Pendant dazu, der CadZZilla.

Jay Brake Enterprise – gilt als Spezialist für ausgefallene technische Lösungen, besonders im Bereich von Bremsanlagen und Lenkgeometrie (eine typische Jay-Brake-Erfindung: die Verlegung der Bremsklötze auf die innere Seite des Felgenrandes). Jay Brainard, der Chef, arbeitet ebenfalls mit verschiedenen großen Custom-Firmen zusammen, die er mit seinen Accessoires beliefert. Die Custom-Modelle Originator und Nightmare sind seine bekanntesten Schöpfungen.

Ein Corbin-Custom-Bike.

Mike Corbin – ist heute, Ende der 90er Jahre, eine große Firma, die durch die Entwicklung von Karosserien und Sitzbank-Designs bekannt wurde und in Zusammenarbeit mit diversen Designern die verschiedensten Custom Bikes konstruiert. Typisch dafür sind die ersten Projekte, die bei Ron Simms' Bay Area Custom Cycles in Auftrag gegeben wurden: die Fertigbausätze Warlady und Warbird. Auch bei dem Designer Arlin Fatland entstanden stromlinienförmige Custom Harleys mit Karosserien von Corbin im Airplane-Design und mit Pin-up Airbrush-Bildern.

Rick Doss – begann in seiner kleinen Reparaturwerkstatt für Autos und Trucks in Danville, Virginia, auch Custom-Teile für Harleys zu entwerfen und zu produzieren. Die Werkstatt nannte sich damals Rick's Custom Harleys und war für schwarze Lackierungen sowie stets neue Ideen und ausgefallene Details bekannt. Viele Bikes von Rick Doss wurden im Magazin *Easyriders* publiziert, und bald wurde er auch ein vielbeschäftigter Spezialist bei Custom Chrome. Rick Doss Incorporated baut heute, Ende der 90er Jahre, für verschiedene Auftraggeber, aber auch für eigene Zwecke Custom-Harleys – in High-Tech und auch in Classic, vor allem aber im Fantasy Look –, die weltweit für ihre stilistische Perfektion bekannt sind. Einige berühmte Motorräder sind die 1963 FLH Custom (1984), die Knucklehead für seine Frau Dixie (1986), die FXSTC Eclypse (1992) und die Orange Classic, ein technischer und optischer Show Stopper (Lackierung von Teresa Crane).

Bob Dron – bereits in den frühen 60er Jahren ein bekannter Auto- und Motorrad-Custom-Designer, wurde 1969 Sieger auf der San Francisco Motorcycle Show. Im Jahre 1970 gründete Bob die Firma American Chopper Enterprises in Concord, Kalifornien. 1981 übernahm er die Harley-Davidson-Vertretung von Oakland. Bekannt sind der Roadster Royale, ein permanenter Sieger auf Bike Shows, sowie die Heritage Royale, ferner das Indy Cycle, eine Harley-Beiwagen-Maschine im Indycar Look, die auf der Rennstrecke Sears Point vom Rennfahrer Bob Bondurand getestet wurde, oder das Cycletron, ein wildes Harley Trike mit einer extremen Lackierung von Art Himsl.

Ron Finch – ist seit fast 40 Jahren im Custom-Geschäft und bekannt für seine ungewöhnlichen Kreationen und extremen Designs. Er arbeitete 16 Jahre bei Joselyn & Brown Roads in seiner Heimatstadt Pontiac, Michigan, und machte sich später selbständig. Berühmte Custom Bikes: 1975er Sportster mit „Käfig" Skelett-Rahmenstruktur und integriertem Tank oder die Cool Hand Loop mit Knochenskulpturen und ausgefallenen Design-Details.

Hardly Civilized Incorporated – aus Liberty, North Carolina, besteht aus Eddy & Simon und wurde 1995 vor allem durch ihre originellen Details

Rückspiegel-Design von Ron Finchs Cool Hand Loop.

wie ineinander verflochtene Auspuffrohre und neuartige Lenkerkonstruktionen bekannt.

Don Hotop – Seine Stärke sind vorrangig praktische Stilübungen in klassischem Harley-Design. Dons erstes Motorrad war ein alter, vergammelter 45-Kubikinch-Seitenventiler, den er in seiner kleinen Garage in seiner Freizeit restaurierte. Obwohl er noch bei Chevron arbeitete, eröffnete der Detail-Freak eine eigene kleine Harley-Werkstatt. Er läßt sich Zeit für seine Schöpfungen, die für ihre technische und handwerkliche Perfektion schnell bekannt und berühmt wurden.

Ein verschlungenes Auspuff-Design von Hardly Civilized.

Cyril Huze – 1986 in die USA ausgewanderter Franzose, der seine Traumklischees der europäischen Jugend vom Land der Cowboys, Hollywoods, des Rock'n'Roll und vor allem der Harleys verwirklichte. Bald sah man seine auffälligen Harleys bei diversen Ausstellungen sowie bei einigen offiziellen Harley-Davidson-Shows. Bekannte Motorräder sind unter anderem: Deanager mit dem Tankporträt von James Dean, die Harley-Davidstones mit den Rolling Stones als Tankbild und die im Art Deco gestylte 1977er FLH Miami Nice.

Bob Lowe – versuchte 1993 mit seiner ersten Harley, einer Fat Boy Custom, Stilelemente und Arbeitstechniken des extremen Automobil-Customizings auf Motorräder zu übertragen. In der Folgezeit entstanden Themen-Bikes, die konsequent in allen Details durchgestylt waren. 1995 gewann er den ersten Preis in der Oakland Bike Show und baute als nächstes den Evil Twin im Haifisch-Design. Sein Freund, der Karosserieschlosser Ron Englert, hämmerte die geschmackvollen Formen ins Metall.

Dave Perewitz – Seit 1964, als er mit 16 Jahren seine erste Sportster bekam, arbeitete Dave in diversen Werkstätten, in denen Autos und Motorräder repariert und restauriert wurden, und übte sich in ausgefallenen Speziallackierungen. Seit 1980 hat er einen eigenen großen Laden (Aufträge unter anderem für Custom Chrome und Drag Specialties). Sein Bruder Donnie hilft im Geschäft, und Unterstützung kam auch von Arlen Ness. Unter der kleinen Schar seiner Mitarbeiter wurden Nancy Brooks und Roy Mason bald für ihre künstlerischen Arbeiten bekannt. Dave Perewitz verarbeitet seine künstlerischen Intuitionen meist direkt aus dem Kopf heraus, ohne Pläne und Zeichnungen.

Typisches Design von Bob Lowe.

J. P. Poland – der in Lake Worth, Florida, ansässige Styling-Spezialist, schuf die Flasche für Absolut Wodka, baut phantasievolle Dekors für Harleys, die als Schaustücke für Ausstellungen oder als Eyecatcher bei Werbeaktionen dienen. Zu den bekanntesten Motorrädern aus seiner Kollektion zählen: El Tigre – ein in zwei Exemplaren für eine Fernsehshow und das New Yorker Harley-Davidson-Café geschaffene FL Shovel mit vorgerecktem Polyester-Tigerkopf – und die 1994er FLHTC Dragon mit dem wuchtigen Drachenkopf, der das Lieblingstier seiner kleinen Tochter darstellt.

Al Reichenbach – ein stiller und eher introvertierter Einzelgänger aus Black River Falls, Wisconsin, der zuerst John-Deere-Landmaschinen reparierte und dann Angestellter bei General Motors wurde, gilt als stilsicherer Perfektionist. Seine unauffällig zur Schau getragene Eleganz zeigt sich bei jeder seiner Custom-Kreationen, speziell bei den bis ins kleinste Detail perfektionierten Verzierungen, Vergoldungen und

Verkleidungsstudie von Bob Lowes' Evil Twin.

Radikal futuristisches Design: Der Apache Warrior, der 1995 von Next World Design Inc., Columbus/Ohio, vorgestellt wurde (rechts). Extreme Filligranarbeit: Oberflächenveredlung von Al Reichenbach (ganz rechts). Drachenbrut: Frontaufsatz des Dragon von J. P. Poland (unten). Zwei Tiefflieger von Malcolm Ross mit Turbolader (unten rechts).

Gravuren. Seine extremen, oft bizarren, aber immer technisch perfekten Konstruktionen sichern ihm seit Jahrzehnten Preise bei fast jeder Bike Show – meistens die ersten.

Malcolm Ross – ist seit etwa 15 Jahren selbständig und baut in seiner Werkstatt in Spring Valley bei New York extreme Custom-Harleys, wie zum Beispiel Long Chopper mit langgezogenem Radstand und einer Sitzhöhe, die auch für Kinder geeignet ist. Die technisch hochentwickelten Aggregate mit Verdichtern oder Turbomotoren ab 150 PS erzeugen enorme Kräfte. Malcolm Ross hat dazu eigene Rahmen entwickelt und versteht es, jeden Motor bis ins kleinste Detail zu zerlegen, zu verbessern oder von Grund auf neu aufzubauen. Lackierungen haben bei ihm üblicherweise bis zu 50 Lackschichten.

Randy Simpson – Besitzer des Genuine Milwaukee Iron Shop und Retail Store in Lynchburg, Virginia, ist bekannt für seine extremen Stahlkonstruktionen mit antiken bis futuristischen Designs. Er setzt bei seiner Arbeit unter anderem computergesteuerte Lasertechnik ein. Typisch für Randy Simpson ist das besonders sorgfältige Finish von Chrom und Lackarbeiten, wobei er extreme Details wie originell gestaltete Auspuffenden, Luftfilter, Rücklichter, Tankdeckel oder Armaturen bevorzugt.

Ron Simms – ist graduierter Maschinenbauingenieur und Architekt. Er baute schon 1969 seine erste schwarze Fat Bob Custom Panhead auf, kaufte danach ein großes Ersatzteillager und gründete die Bay Area Custom Cycles (BACC) in Hayward, Kalifornien. Mit seinen tiefgelegten Sporties mit langen Springer-Gabeln im typischen Californian Style wurde er schnell bekannt und begann bereits 1972 mit einer bunten Farbpalette zu experimentieren. Er entwickelte spezielle Fat-Bob- und Low-Rider-Rahmen, Schutzbleche und aus Aluminium gefräste Billet-Teile. Seine Firma hat acht Angestellte, pro-

duziert etwa 45 Custom Bikes pro Jahr und arbeitet eng mit Ron Paugh (Paughco) zusammen. Simms' bekannteste Bikes, auf der Oakland Custom Show 1993 prämiert: Goldrush in Weiß und Gold mit Turbolader und die Fandango, eine Softail.

Weitere bekannte Custom Designer und Trendsetter, deren Namen längst zur „Hall of Fame" der Custom-Szene gehören:

Donnie Smith aus Minneapolis, Minnesota; Lawayne Matthies aus Grand Prairie, Texas (Xzotic Cycle Products); Pat Kennedy und Brook Bryant aus Kalifornien und Arizona; Wyatt Fuller, ehemals der Chef von Razorback, jetzt bei Harley-Davidson; Mike & Felix La Fore aus Lakewood, Colorado; Petersen aus Miami, Florida; Paragon Locomotion, Florida, sowie Motor Arts aus Kalifornien, um nur einige wenige zu nennen.

William „Willie G." Davidson – bekleidet bei der Harley-Davidson Motorcycle Division den Posten des Vice President of Styling. Auf ihn geht das erfolgreiche, traditionelle Design der Harley-Davidson-Maschinen zurück. Alle Motorräder werden von ihm und seinen Mitarbeitern im Headquarters in Milwaukee entworfen. Willie G. ist der Sohn des ehemaligen Präsidenten William H. Davidson und der Enkel eines der Gründerväter des Unternehmens. Sein Verdienst ist es, daß die Company mit dem von ihm entwickelten einzigartigen Harley-Design im Geschäft blieb, wobei die technologische Entwicklung und die Verbesserung des Fertigungsstandards sicher auch eine Rolle spielten. Mit der Tradition und dem Erbe der Firma verbunden, zeichnet er für das äußere Bild aller Harley-Davidson-Produkte verantwortlich, genauso wie für das klassische Design der FX Super Glide, FX Low Rider, Cafe Racer, Heritage Softail Classic und Springer oder Fat Boy. Willie. G. Davidson ist einer der 13 Verantwortlichen, die 1981 mehr als 75 Millionen Dollar aufbrachten, um Harley-Davidson von AMF zurückzukaufen.

Designelemente: Auspuff und Rücklichter von Randy Simpson.

Designer II

Worldwide

Wie eine antike Ritterrüstung umgibt das typisch französische Design von François Bruère seinen Chopper im Triangular-Stil.

Custom-Motorräder sind jedoch nicht ausschließlich Freiheitsbeweise amerikanischer Motorradkonstrukteure – auch in Europa und sogar geknebelt von der deutschen Straßenverkehrszulassungsordnung entstehen außergewöhnliche Custom-Kreationen, entworfen von begabten und unerschrockenen Designern und freigeistigen Stilisten, die Individualität und exzessiven Expressionismus nicht fürchten. Nur in der nahezu zu Tode reglementierten Schweiz oder auch in Japan haben Customizer ein von Vorschriften geplagtes Leben, was sie jedoch nicht davon abhält, ihre Ideen auf die Straße zu bringen, wobei gesagt werden muß, daß die strengen Gesetze auch ihren Vorteil haben: Die technische Konstruktion ist stets vom Feinsten.

Hans A. Muth – der bekannte Designer (Suzuki Katana) wurde durch seine frühe Sportster-XL-Studie bekannt, ein Motorrad, das leider nie in Serie ging.

Battistinis – aus Großbritannien (Battistinis Custom Bikes) entwickelten sich schnell zu einer der bekanntesten europäischen Custom-Bike-Herstellerfirmen. Die Zusammenarbeit mit Arlen Ness prägt ihren Stil, und die technische Konzeption erlaubt selbstverständlich die amerikanische Hamster-Attitude, lange Strecken mit extremen Umbauten zu fahren.

Walter & Georg Senn – (Moto Senn AG, Densbüren, Schweiz) die ultimative Chopper-Schmiede hat bereits Anfang der 70er Jahre die bikeverrückten Rockerfreunde in ganz Europa mit extremen Harley-Umbauten versorgt. Die Brüder waren Wegbereiter der neuen Biker-Philosophie im mitteleuropäischen Raum, und man konnte sich auf ihre Konstruktionen verlassen: Moto Senn Spezial hatten trotz ihrer extremen Konstruktionen den „obergöttlichen" Segen der berüchtigten Schweizer Zulassungsbehörden.

François Bruère – der Allroundkünstler, Grafiker und Designer aus Le Mans, Frankreich, „kostümierte" schon seine ersten Fahrräder und späteren Mopeds als Chopper. Mit sieben Jahren besaß er seine erste Harley – eine 750er WLA. Später arbeitete er mit seinem Freund Ferry Lambert zusammen – eine ideale Verbindung von Ideenreichtum und Handwerkskunst, aus der einige der extremsten, für Frankreich typischen Umbauten hervorgingen. Bruère entwickelte trotz seines individuellen Designs einen Stil, der respektvoll die Pionierleistungen der Harley-Davidson-Motorräder mit einbezieht. Seine Custom Harleys, bekannt durch den Triangular Style, sowie seine Grafiken und Airbrush-Kunstwerke sind weltweit bekannt und stets bei offiziellen Harley-Davidson-Shows und -Ausstellungen zu bewundern.

François Bruère mit seiner neuesten Schöpfung in Entwurf und Anfertigung; der Karosserie-Designer Ferry Lambert (oben), der alle Modelle in Handarbeit aus Aluminiumblech formt.

Schön wie ein Samurai-Krieger – ein Radikal-Design aus Japan.

Die extremsten Chopper-Konstruktionen aber entstanden in Skandinavien, vor allem in Schweden. Swedish Style ist ein Begriff für die ganz große technische Freiheit im Chopper-Bau, und neiderfüllt blickt der Rest der Welt auf die lebendige Custom-Szene in diesem kleinen Land, das – zumindest bis Ende der 90er Jahre – keine technischen Restriktionen für den Motorradbau vorschreibt. Im Zuge der Europa-Normierung kann sich das jedoch schnell ändern, dann sind Drei-Meter-Gabeln nicht mehr erlaubt, ganz gleich, ob man mit ihnen fahren kann oder nicht. (P.S.: Die Schweden haben übrigens bewiesen, daß man mit ihnen fahren kann.)

Umbauten aus Japan muten manchmal wie eine motorisierte Fortführung alter Samurai-Traditionen an, die mit ihrem martialischen Rüstungs-Outfit an Stahl, Leder und hochglanzpolierten Teilen auch nicht gespart hatten. Ausgerechnet in einem Land, dessen Motorradprodukte den traditionellen, patriotischen Harley-Fahrern in Amerika zutiefst zuwider waren, entstanden Harley-Kreationen, wie sie amerikanischer nicht sein konnten. Chopper-Traditionen und Macho-Allüren in Japan stehen denen der amerikanischen Biker-Szene in nichts nach.

Ähnlich und ebenso bedeutend hat sich die Harley-Custom-Szene auch in Australien entwickelt, nur war dort die Ursache eine andere: Die Australier, die im Zweiten Weltkrieg nichts für die aggressiven Japaner übrig hatten, brachten ihre ganze Zuneigung den amerikanischen Helfern entgegen, die sie als die Retter ihres Kontinents ansahen. Bis zu den Harley-Clubs mit ihren rassigen Umbauten war es daher nur ein kleiner Schritt.

Auch die Custom- und Chopper-Szene kam auf der Insel erst langsam in Gang. Neben dem Café Racer der 60er Jahre waren in den 70ern vor allem Sport-Bikes gefragt – ein Umstand, der sich erst Ende des Jahrzehnts änderte, als 1979 der Hells Angels MC England die erste Kent Custom Show veranstaltete, was für die englische Szene wegweisend sein sollte.

England genießt seit jeher in Sachen Umbauten zahlreiche Freiheiten, von denen man anderswo nur träumen kann, weshalb hier sowohl verrückte wie auch technisch innovative Neuerungen auch für den Straßengebrauch zugelassen werden.

John Reed – war eine der großen Customizing-Legenden, die in den wilden 50er und 60er Jahren nicht nur in Großbritannien von sich reden machten.

Die Brüder Dean und Rikki Battistini – sattelten Anfang der 90er Jahre vom Autorestaurieren aufs Customizen von Harleys um und begründeten damit das englische Customizing neu. Ihre Maschinen machten den Battistini-Style europaweit bekannt und erregten sogar international Aufsehen.

Obwohl der Harley-Import mit dem Wechsel des Harley-Managements an AMF übergegangen war, blieb F. H. Warrs im Familienbesitz. Robert Warr wird das traditionsreiche Londoner Harley-Davidson-Unternehmen ins nächste Jahrtausend begleiten, und mit einem neuen Shop in der King's Road – in dessen Fundament eine Harley-Davidson eingelassen ist, die in drei Meter Höhe zur Hälfte herausragt – wird man sich auch zukünftig für die V-Twins aus Milwaukee engagieren.

Gesamtansicht und typische Details des Flying Tiger von Christoph Madaus.

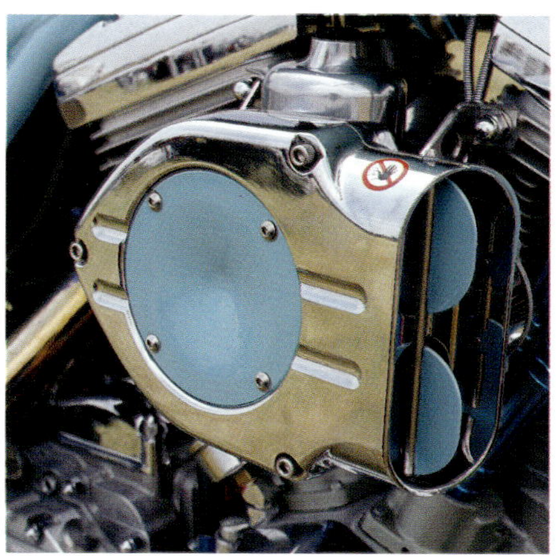

Harley-Designer in Deutschland

Was den Deutschen von jeher in die Wiege gelegt wurde, ist technische Perfektion. In den 70er Jahren entwickelte sich langsam eine eigenständige Custom-Szene, die maßgeblich von Biker-Clubs und der neu erwachenden Dragster-Szene beeinflußt wurde. High Performance wurde zum Symbol technischer Qualität, weniger dagegen der Showeffekt pompöser Selbstdarstellungen, wie sie in Amerika üblich sind. Einige Beispiele mögen dies demonstrieren:

Christoph Madaus – zeigt mit seinem Flying Tiger einen hochtechnisierten Umbau mit vielen Einzelteilen aus dem internationalen Custom Teileangebot.
Lutz Schelhorn – baute seine Silver Viper im klassischen California Style auf, der jedoch einen unverkennbaren deutschen „touch of technical perfection" aufweist – ein Meisterstück der Metallverarbeitung in allen Details.
Fred Kodlin – dagegen ging andere Wege und schuf mit seinem international prämierten F1 ein Custom Design, das dem Styling eines Formel Eins Rennwagens nachempfunden ist. Ebenfalls extravagant in Stil und Technik ist die Moulin Rouge mit Keckmotor, die kaum noch als Harley-Davidson zu bezeichnen ist.
Giovanni – aus Memmingen ist einer der interessantesten Designer aus Deutschland. Seine High-Performance-Harleys sind sowohl von der Technik, wie auch vom Design her extrem und ideenreich gestaltet.

Die Schokoladenseite der Silver Viper von Lutz Schelhorn.

Harley Aftermarket

Customs aus dem Katalog

Wenn man heute rückblickend betrachtet, wie der Multi-Millionen-Dollar-Zubehörmarkt entstanden ist, stellt man fest, daß er eine interessante und in gewisser Weise einzigartige Entwicklung genommen hat. Harley-Davidson-Fahrer waren (und sind) ausgesprochene Individualisten, die ihr Bike gerne nach ihrem ganz ureigenen Stil gestalten. Für keine andere Motorradmarke auf der Welt gibt es so viel Zubehör, Accessoires und Ersatzteile wie für Harley-Davidson. Es ist möglich, eine exakte Kopie eines Harley-Davidson-Serienmodells zu bauen, ohne ein einziges Originalteil zu verwenden.

Als 1903 der erste Harley-Einzylinder noch auf der Werkbank in seinem Holzschuppen in Milwaukee zusammengeschraubt wurde, boomte vor der Tür schon der Zubehörmarkt. Natürlich nicht der für Harley-Davidson-Motorräder, die es ja im Jahr 1903 noch gar nicht zu kaufen gab, dafür aber für den aufstrebenden Markt der zahlreichen motorisierten Zweiräder, die es schon gab. 1904 gab die Motorcycle Equipment Company in Hammondsport, New York, ihren ersten Katalog heraus. 1913 umfaßte dieses Werk schon 1.216 Teilepositionen – von Rädern, Lampen, Handschuhen und Packtaschen bis hin zu Drehzahlmessern, Vergasern und anderen Motorteilen. Dabei beschränkte sich das frühe Customizing nicht allein auf die technische und praktische Verbesserung durch zusätzliche Sättel, Seitenwagen und Gepäckträger – Lampen, Hupen und Griffe wurden darüber hinaus auch nach optischen Gesichtspunkten ausgewählt.

Im übrigen war es in der ersten Hälfte dieses Jahrhunderts allgemein üblich, daß selbst bekannte Marken-Motorräder aus Teilen anderer Hersteller zusammengesetzt wurden. Getriebe von Sturmey Archer oder Motoren von JAP wurden in zahlreiche Maschinen eingebaut. Die amerikanischen Hersteller versuchten frühzeitig, die Kunden ihrer Marke an sich zu binden. Schnell erkannten sie den Wert von Zubehör und Bekleidung und boten selbst entsprechende Teile an. Gegenüber den „nicht autorisierten“ Zubehöranbietern versuchte die Company ihre Geschäftsinteressen zu schützen: Offizielle Harley-Dealer konnten lange Zeit nur das direkt über die Factory gelieferte Zubehör kaufen wurden aufgefordert, Motorräder mit Zubehörteilen anderer Hersteller nicht mehr zu warten. Dazu kam die Verkaufspolitik, die – im Gegensatz zur „keep them on the road“-Doktrin von Indian – darauf zielte, Neumaschinen zu verkaufen. Mit der Einstellung eines bestimmten Harley-Modells wurde zugleich auch die Ersatzteilfertigung beendet, so daß die Fahrer älterer Baujahre früher oder später das Problem hatten, sich die Ersatzteile anderweitig zu beschaffen.

Nach dem Zweiten Weltkrieg spitzte sich die Lage zu, als sich die amerikanische Motorradwelt durch die Ereignisse in Hollister in Gut und Böse aufsplittete. Natürlich sah sich Harley-Davidson auf der Seite der Guten, was bedeutete: Der adrett gekleidete Motorradclub auf sauber geputzten Big Twins, ausgestattet mit den neuesten Harley-Accessoires, war das Idealbild des Motorradfahrers, und nur dieser durfte einen Big Twin aus Milwaukee bewegen. Mit Outlaws auf gestrippten Bikes wollte man nichts zu tun haben – zumal diese Kunden auch keine Käufergruppe waren, der man Packtaschen, Tourenscheiben und verchromte Sturzbügel verkaufen konnte.

Die Ausklammerung der zumeist jugendlichen Outlaws als Kunden für den offiziellen Harley-Dealer bewirkte aber eher das Gegenteil: Die geschmähten Harley-Fans lernten ihre Motorräder selbst zu warten und beschafften sich die Teile aus anderen Quellen. Die gab es vor

Harley-Klau

Die große Beliebtheit, der hohe Preis von Ersatzteilen und die riesige Custom-Szene haben speziell bei Harley-Davidson-Motorrädern mittlerweile einen recht unerfreulichen Nebeneffekt ausgelöst: den Harley-Klau.

Überall und immer wieder verschwinden Harleys von Straßen, Parkplätzen, Campgrounds oder sogar aus Garagen. Ob in Europa, Asien oder Amerika, überall wird lebhafter Handel mit gestohlenen Harleys – komplett oder in Teilen – praktiziert. Meist von Banden organisiert, die sich auf Harley-Klau spezialisiert haben, werden die gestohlenen Bikes zerlegt und an Hehler, aber auch oft an ahnungslose Händler zum Weiterverkauf verteilt.

Gestohlene Harleys tauchen somit praktisch nie wieder auf. Was codiert ist, wird vernichtet, der Rest wird verscherbelt.

Harley-Davidson selbst versucht, mit international koordinierten Polizeiaktionen gegen diese Verbrecher vorzugehen und die wichtigsten (und teuersten) Motorradteile – wie Motor, Getriebe, Lichtmaschine, Gabel und Rahmen – mit unauslöschbaren Seriennummern zu versehen und über international computervernetzte Kodierungssysteme in ihrer Originalität erkennbar zu machen.

So passiert es, daß bei Großfahndungen oder bei Verkehrskontrollen einem ahnungslosen Harley-Besitzer sein Liebling unter dem Hintern weg beschlagnahmt wird und er dann noch froh sein darf, mit einer Geldstrafe davonzukommen, nur weil er bei einem Freund, auf einem Flohmarkt oder bei einem ebenfalls ahnungslosen Händler ein Ersatzteil günstig erworben hat.

Fast auf jedem Biker-Event gibt es fliegende Händler mit einem reichhaltigen Angebot von Aftermarket-Teilen der verschiedensten Hersteller.

allem für die Flatheads aus der Kriegszeit. Dabei scheute sich Harley auch nicht vor konkreten Maßnahmen, wenn es darum ging, die offiziellen Händler auf offizielle Ersatzteile festzulegen: Wer nicht spurte, mußte seine nur für jeweils ein Jahr vergebenen Lizenz neu absprechen. Mitte der 60er Jahre bildete sich schließlich – ausgehend von der Custom-Car- und Chopper-Szene sowie den Dragster-Rennen in Kalifornien – die Aftermarket-Szene, wie wir sie heute kennen. Die von den offiziellen Händlern geschmähten Fans des amerikanischen Big Twin begannen sich selbst mit dem zu versorgen, was ihnen die Factory aus Milwaukee vorenthielt: Leistung und Stil.

Nach und nach wurden aus den Freizeitschraubern, die ihre Sissy Bars, verdrehten Lenker und flammenverzierten Auspuffanlagen selbst gestalteten, Kleinserien-Hersteller und später renommierte Designer, die ihre Teile in Südostasien fertigen ließen.

C. B. Clausen und Jim Magnera aus Los Angeles lieferten mit ihrer Firma MC Supply schon seit 1956 Kolben für höhere Verdichtung, Kurbelwellen für Stroker und andere leistungsfördernde Teile an interessierte Dealer. 1969 umfaßte ihr Katalog bereits 2.000 Teile.

Tom Sifton, ein Spezialist für schnelle Harleys, setzte seine Erfahrungen in ein Performance-Programm von Nockenwellen, Bremsen, Rädern, Bremszylindern und Motorteilen für den Ventiltrieb um – vor allem seine Nockenwellen verliehen so manchem Dragster Flügel.

Im Hobbykeller seines Hauses in Blue Island, Illinois, fertigte ein gewisser George Smith, Mitbegründer einer Firma namens Smith & Stankus (später Smith & Smith, abgekürzt S&S) leichtere Lifter, andere Vergaseranschlüsse für Stroker-Umbauten, Kurbelwellen und Vergaser, bevor er nach Viola, Wisconsin, ging.

Ed „Big Daddy" Roth war einer der Gurus, die die kalifornische Szene damals auch publizistisch vorantrieben: Sein *Choppers Magazine*, obwohl klein in Format und Auflage, bot handfeste technische Hilfe, Adressen und Anregungen in Form von Bildern. Hier wurden nicht nur die Motorräder abgebildet und die Schrauber vorgestellt, die Tips reichten bis in die technischen Details – auch wenn sich heute so manchem Leser angesichts der wild umgeschweißten Rahmenkonstruktionen die Fußnägel nach hinten rollen. Schon in den 60er Jahren hatte sich in Kalifornien eine Chopper-Szene etabliert, die die benötigten Teile für ihre Maschinen selbst herstellte und in Kleinserien an entsprechend interessierte Kunden verkaufte.

Tom McMullen und sein AEE Choppers Shop in Buena Park revolutionierten die Custom-Industrie mit Springer-Gabeln, Gabelbrücken und anderen Accessoires, und sein Konkurrent American Motorcycle Engeneering, kurz „AMEN", bot die Starrahmen oder Geradeweg-Federung für Harleys und Japaner an. Die Vielfalt der verfügbaren Teile war beeindruckend. Zubehörteile sind immer ein Spiegelbild der gerade aktuellen (und preiswerten) Fertigungsmethoden, und so überrascht es nicht, daß die ersten Custom Parts vorwiegend aus Blech gestanzt oder aus vollem Eisen gefertigt waren. Entsprechend schwer gerieten auch die überlangen Springer- oder Parallelogramm-Gabeln mit verdrehten Standbügeln, wie sie zum Beispiel California Cycle Works seit Anfang der 60er Jahre produziert.

Für das Harley-Management der späten Sechziger entwickelte sich die Chopper-Szene zum reinen Horror, und man versuchte sie mit allen Mitteln zu unterdrücken. Harley setzte noch immer auf die konservativen Dresser, deren Zahl jedoch ständig abnahm, während die japanischen und englischen Hersteller den Publikumsgeschmack eher trafen. Um den Motorenaufbau für Chopper zu verhindern, wurden 1969 in Milwaukee neue Gehäusehälften zunächst mit den Nummern der alten gekennzeichnet und dann erst den Kunden ausgehändigt, was den Chopper-Bau mit Harley-Originalteilen nicht gerade ankurbelte. Der Markt produzierte seine Motorgehäuse dann lieber selbst, und das Geschäft lief an Harley-Davidson vorbei. Mit „Easy Rider" kam in den Siebzigern auch die Customania so richtig ins Rollen: Plötzlich waren Starrahmen, Sissy Bars, Peanut-oder Coffin-Tanks, verdrehte Hochlenker und lange Gabeln „in", und die Nachfrage nach diesen Produkten stieg nicht nur in den USA.

Angeheizt durch weitere Custom-Bike-Publikationen wie das *Street Chopper* Magazine von Tom McMullen's TRM Publications, Keith R. Balls *Easy Rider*, *Iron Horse* und *Super Cycle* stürzte sich eine Industrie auf den willigen Käufer, der seinen Traum von Freiheit auf einem V-Twin-getriebenen Starrahmen-Unikum ohne viel Fahrkomfort zu finden suchte. Große Distributionsfirmen wie „Jammer", Chrome Specialties und Custom Chrome International faßten die Produkte der vielen Kleinanbieter in umfangreichen Katalogen zusammen. Fast zaghaft versuchte auch Harley nun die Motorräder zu bauen, die die Kundschaft schon seit zehn Jahren baute.

Dieses Spezialgeschäft in Japan verweist stolz auf ein Custom-Sortiment aller Hersteller der Welt.

Komplette Custom Bikes mit handgearbeiteten Design-Komponenten können bis zu 200.000 DM kosten.

Harley-Klau (Forts.)

Die DEKRA-Identifikationszentrale speichert zum Beispiel alle Daten und Kodierungen eines zugelassenen Fahrzeugs, aus denen seine Herkunft hervorgeht. Trotzdem reißt die Serie von Diebstählen nicht ab, vor allem die extremen Custom-Modelle von Harley-Davidson wie die Fat-Boy-, Bad-Boy-, Heritage-Springer-, Road-King- und Classics-Serien bieten soviel wertvolles uncodiertes Zubehör, daß noch genügend Profit für die hochspezialisierten Diebesbanden dabei herausspringt.

Ratsam ist es daher, das Motorrad mit massiven Wegfahrsperren und elektronischen Alarmanlagen zu sichern und sich beim Kauf von Ersatzteilen Quittungsnachweise und eventuelle Garantien geben zu lassen. Bei allzu verlockenden Inseraten ist Vorsicht geboten, und es empfiehlt sich, die Motor und Rahmennummer gegebenfalls von Sachverständigen auf eine Fälschung hin überprüfen zu lassen.

Das Ergebnis war 1971 die Super Glide, die zunächst mit dem Boat Tail der Sportster und danach mit einer schon eher chopperähnlichen Sitzbank ausgeliefert wurde. Die Maschine war ein Verkaufserfolg und wurde in ständig steigenden Produktionsziffern hergestellt. Als „Grundmodell" für die boomende Zubehörindustrie ist die Super Glide eine beliebte Custom-Bike-Basis für zahllose Bolt-On-Accessoires, das heißt Zubehörteile, die man ohne viel Aufwand an die Maschine schrauben kann. In den 70er und 80er Jahren festigte der Zubehörmarkt seine Position in Amerika und begann sich weltweit auszubreiten. Bei Harley-Davidson stemmte man sich nur noch bedingt gegen die Flut, die ja schließlich auch neue Käufer für das betagte Motorenkonzept brachte. Eine Anzeigekampagne im Juni 1976 verbreitete mit dem Statement „We don't want other peoples parts on our motorcycles" die Aufforderung, nur Original HD-Teile zu verwenden und beim autorisierten HD-Dealer einbauen zu lassen.

Erst spät lernte die Company „mit den Wölfen zu heulen" und mit dem eigenen Teile-Programm für den Custom-Bike-Fan zusätzliche Einnahmequellen zu erschließen.

In Europa und Japan wurden zunächst die US-Parts importiert, später dann – um die entsprechenden Zulassungsvorschriften der einzelnen Länder zu erfüllen – eigene Teile entwickelt und gefertigt. Mit dem Harley-Boom der 90er Jahre vervielfältigte sich auch die Zahl der Teile-Produzenten. Ausstattung und Umbau von Harley-Motorrädern wurden weltweit zum Millionen-Dollar-Business, von dem Hersteller, Großhändler, Zeitschriften sowie zahllose große und kleine Schrauber leben. Der Aufkauf des langjährigen Konkurrenten Chrome Specialties durch Custom Chrome International für 36 Mio. Dollar im Jahre 1997 läßt den Umfang des Marktes erahnen. Aus dem „Hobbyschrauber" S&S wurde eine Motorenschmiede, die einen Großteil der mit V-Twin-Triebwerken ausgestatteten Harley-Clones antreibt, und ehemals kleine Customizer wie Arlen Ness wurden Legenden, deren Neukonstruktionen weltweit Absatz fanden. Fachmessen und Shows wie Cincinatti in den USA oder die Custom Performance in Deutschland zeigen neue, immer ausgefeiltere Teile, wie sie auf den großen Treffen in Daytona, Sturgis oder der europäischen HD-Superrally in Custom-Bike-Form wiederzufinden sind.

Wie die Mode, so verändert sich auch der Geschmack der Custom-Bike- und Harley-Fans. Zahlreiche Stilrichtungen sowie lokale Eigenheiten sorgen für ein ständiges Auf und Ab – neue Produktionsmethoden und verbilligte Materialien formen das Gesicht des Marktes. Wo früher noch mühselig mit der Nadel graviert werden mußte, kommt heute der Laser zum Einsatz. Gefräste Aluminiumteile fanden ebenso wie leistungsfördernde Motorteile, mit denen die immer noch etwas schwächlich wirkenden Big Twins etwas mehr Power bekamen, reißenden Absatz.

Heute, in den 90er Jahren, lassen sich Harley-ähnliche Motorräder nicht nur aus gekauften Einzelteilen zusammensetzen – man kann sich sogar seinen Teile-Anbieter selbst aussuchen. Zudem gibt es mittlerweile eine Menge Zubehörkataloge, und jedes Jahr kommen neue hinzu.

Neben den unzähligen Kombinationsmöglichkeiten, die zum Kauf angeboten werden, gibt es immer noch die zahllosen kleinen Schrauber, die in Garagen und Schuppen auf kleinen Fräsen und Drehbänken eigene Teile kreieren. „Anything goes", lautet das Motto des Harley-Zubehör-Marktes für das nächste Jahrtausend – auch wenn Harley-Davidson nicht immer damit einverstanden ist, was mit den Motorrädern so alles getrieben wird, aber das hat ja auch eine gewisse Tradition ... H.R.

Harley-Clones

Nicht überall, wo Harley draufsteht, ist auch Harley drin

Harley-Kopien – wie hier vor dem Verkaufsraum des American Legend Cycles – können einen unkundigen Käufer schon mal in die Irre führen.

Angeblich soll es keine größere Ehre geben, als kopiert zu werden, heißt es – und nach dieser Weisheit müßte sich Harley-Davidson angesichts der Vielzahl der in den letzten Jahren erschienenen Kopien und Nachbauten sehr geehrt fühlen. Die Rede ist nicht von den japanischen V-Twins, die dem amerikanischen Vorbild vor allem in Sachen Optik ebenfalls immer ähnlicher werden, sondern von den Harley-Clones – jenen Maschinen, die wie eine Serien-Harley aussehen, ohne das entsprechende Logo am Tank zu führen. Anfang der 90er Jahre, als der Harley-Boom so richtig ins Rollen kam, konnte Harley-Davidsons Produktion nicht mehr mit der Nachfrage Schritt halten – ein Umstand, der vor allem den Preis des Produkts und die Wartezeit in die Höhe trieben. Das war die Lücke, in die viele Firmen – kleine Customizer oder Businessmen aus anderen Industriezweigen – vorstießen. Bereits in den 70er und 80er Jahren sorgte ein reichhaltiger Zubehörmarkt dafür, daß man Ersatzteile bis hin zu Motoren und Rahmen erwerben konnte, aber erst der Harley-Boom der 90er brachte das Geschäft mit den „Klonen" so richtig in Schwung. Die Rechnung der Anbieter ist einfach: Warum eine Serien-Harley für 10.000 bis 15.000 Dollar kaufen und noch mal die gleiche Summe in den Um- und Ausbau stecken, wenn das Wunschmotorrad bereits für zwei Drittel dieser Summe und in weitaus kürzerer Lieferzeit bereitsteht? Firmen wie Titan, American Image, Big Dog Motorcycles, American Eagle, American Legend, Confederate Choppers und andere bauen entweder S&S-Motoren in ihre Rahmen, oder sie montieren die Motoren aus diversen Einzelteilen und bieten neben mehr Motorleistung meist auch ein Custom-Baukastensystem an sowie die vom Kunden gewünschte Lackierung. Die Stückzahlen variieren zwischen einigen Dutzend und mehreren hundert Motorrädern pro Jahr – in den letzten Jahren mit stetig steigender Tendenz. Heute gibt es über ein Dutzend Firmen in den Vereinigten Staaten, die Motorräder bauen. Rechnet man die von Rahmenherstellern und Customizern gefertigten Maschinen hinzu, so geht die Zahl in die Hunderte. Auch in Europa hat der Trend zum individuellen V-Twin zahlreiche Hersteller animiert, die V-Twins unter eigenem Label anzubieten. Rahmen werden inzwischen auch in Deutschland, Schweden, Holland und England gefertigt, oft verwendet man auch aus den USA importierte Rahmen, die dann entsprechend der Homologationsvorschriften der einzelnen Länder zugelassen werden. Teilweise sind identische Rahmen mit unterschiedlichen Markennamen erhältlich. Wo man sein Custom Bike letztendlich zusammensetzen läßt, ist eine Frage des Geldbeutels und des Geschmacks.

Doch eins können die Clones trotz aller Ähnlichkeit dem Kunden nicht bieten: den Namen. Und gerade auf diesen setzen die Harley-Davidson-Kunden in starkem Maße.

Der kalifornische Design-Spezialist Ray Leslie und eine seiner Harley-Nachbauten, aus der Produktion der Advanced Automative Eng. Techn. (unten).

Zwei Motoren, die komplett aus der Aftermarket-Produktion stammen: Titan und S&S.

Das Original

The Rat's Hole Custom Chopper Show

Die Warteschlange ist lang, und jedes Bike muß mit eigener Kraft auf die Show gefahren werden.

Sie ist die Mutter aller Custom Shows schlechthin, und es ist für jeden Designer und Custom-Konstrukteur ein absolutes Muß, zumindest einmal dabeigewesen zu sein. Die Rat's Hole Custom Chopper Show ist die wohl meist propagierte und berühmteste Custom Show der Welt, und wer auf ihr jemals einen Preis gewonnen hat, darf sich zur Prominenz der internationalen Crème de la Crème aller Erbauer von Motorradverrücktheiten zählen.

Erfinder und Initiator dieser Show ist Big Daddy Rat, mit bürgerlichem Namen Karl Smith, geboren in Melrose Park bei Chicago, Illinois, wohin seine Familie aus Bayern kommend 1868 emigrierte. Daher das „K" in seinem Vornamen. Als Footballplayer der Winterburg-Universität in Springfield, Ohio, bekam er seinen Spitznamen Rat und wegen seiner stattlichen Körpergröße den Zusatz Big. 1954 begann er T-Shirt-Motive, hauptsächlich für die Biker- und Hot-Rod-Szene, zu entwerfen, besuchte Messen und Shows und gründete später ein T-Shirt-Business mit Hauptsitz in St. Petersburg, Florida, mit mehr als sieben Filialen in den USA, darunter auch (1971) kurzzeitig einen Laden in Las Vegas gegenüber dem Stardust. 1962 eröffnete er in Daytona ein T-Shirt-Lädchen, das sogleich den Spitznamen „The Rat's Hole" bekam. 1963 legte er sich das berühmte Trike, den Cheese Hauler, mit einem 750er Honda-Motor zu, der erst Ende der 90er Jahre von Steve Jake Jakobowski mit einem 1200er Sportster-Motor umgerüstet wurde. 1972 veranstaltete er mit ein paar Freunden auf dem Parkplatz von John's Family Market seine erste Bike Show, die eine solche Begeisterung auslöste, daß sie von nun an alljährlich jeweils am Samstag der Daytona Bike Week veranstaltet wurde, bei freiem Eintritt für alle Besucher. Bis heute ist sie als Ride-in-Show konzipiert und steht in vielen verschiedenen Kategorien und Klassen jedermann offen.

Als die Rat's Hole Custom Chopper Show 1974 zum ersten Mal auf dem Boardwalk direkt vor dem Atlantischen Ozean stattfand, kamen statt der erwarteten 5.000 Besucher über 15.000. Es gab 44 Pokale, Teilnahmepreise wie den Belt Buckle and Ribbon und für jeden ersten Platz eine 17-Steine-Armbanduhr von Big Daddy Rat persönlich sowie jede Menge Küßchen von den beiden Miss Rat's Maids Donna Casper und Cindy Zimmermann, die sich gerne auf Big Daddy's käsegelbem Honda-Trike fotografieren ließen.

1975 waren es bereits 267 Aussteller in zwölf Klassen, für die 48 Pokale bereitstanden. In einer eigenen Zeitung, dem kostenlosen Magazin *Ratty Rag*, stellte er Bikes und Freunde vor und veröffentlichte Programme sowie exklusive Insider-Stories.

Ungewöhnlich: eine Monster-Sportster auf vier Riesen-Walzen.

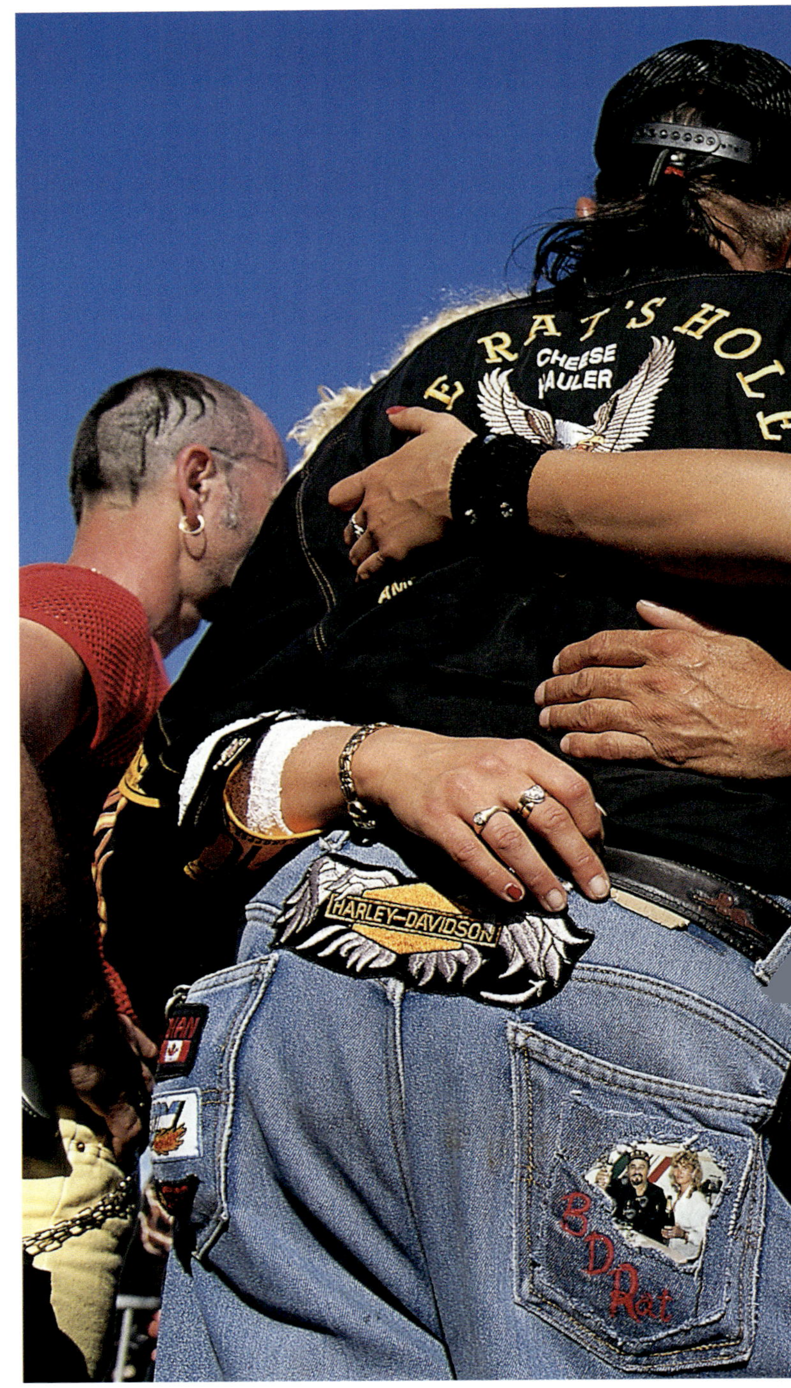

Zu Beginn der 80er Jahre, als der berühmt- berüchtigte Polizeiterror über die Biker hereinbrach und Polizeichef Charles Willits brutal den Florida Vehicle Code durchsetzte, wurden auch die Custom Biker in Mitleidenschaft gezogen und gewissermaßen zu kriminellen Elementen abgestempelt.

Trotz Big Daddy Rat's Ansehen und seiner stets vermittelnden Toleranz verlor die Rat's Hole Custom Chopper Show dabei viel von ihrer Extravaganz. Dafür gab es internationale Erfolge: Der Veranstalter der Motorshow Essen, Wolfgang Schöller, lud die Sieger-Bikes von Big Daddy Rat's Show als besondere Attraktion nach Good old Germany ein – eine Tradition, die sich seither jährlich fortsetzt. 1997 zum Beispiel wurden 15 Gewinner samt ihren Bikes im Wert von 650.000 Dollar für eine Woche nach Essen verfrachtet. Auch nach Paris und ins schwedische Jönköping wurde Big Daddy Rat mit

Mancher Fotograf nimmt sich zur besseren Vermarktung gleich sein eigenes Fotomodell mit.

seinen Gewinnermodellen eingeladen. Seit 1986 ist die Rat's Hole Custom Chopper Show fester Bestandteil des Samstagsprogramms der Sturgis Bike Week in South Dakota, wo sie auf dem Woodle Field zu bewundern ist. 1988 wurde die Show vom attraktiven Boardwalk verbannt, weil dort der neue Mariott-Hotelkomplex hochgezogen wurde. Aber selbst auf dem unattraktiven, großflächigen Parking Lot hinter dem ebenfalls neugebauten Ocean Center verlor die Bike Show nichts von ihrer Anziehungskraft.

1995 nahmen 386 Bikes an der Daytona-Show teil, und 222 waren in Sturgis mit dabei. Inzwischen ist die Bike Show auch für ihre Besucher eintrittspflichtig (acht Dollar), was ihren Erfolg aber nicht schmälert. 1996 besuchte Big Daddy Rat mit einigen Exponaten das vom Magazin *Bikers Life* veranstaltete zehnte Biker-Fest in Villanova, Italien, sowie die Vancouver Custom Motorcycle Show in Kanada. Anfang Februar 1997, zum 25. Jubiläum, gastierte die erste Rat's Custom Bike Show unter der Regie von Big Daddy Rat auf der First Bike Week in Phoenix, Arizona.

Einer der großen Verdienste von Big Daddy Rat Karl Smith war sein Engagement im Jahre 1988, als der mit ihm befreundete neue Polizeichef Crow dafür sorgte, daß die Daytona Bike Week wieder eine bikerfreundliche Veranstaltung ohne Polizeiterror und überzogene Verfolgung nicht ganz legaler Motorräder wurde.

Heute wird die Rat's Hole Custom Chopper Show in unzähligen Auflagen und Plagiaten kopiert, und irgendwann einmal wird Big Daddy Rat die Nase voll haben und sich als prominenter Privatier zur Ruhe setzen. Reich im amerikanisch landläufigen Sinne ist er trotz allem nicht geworden, ist er doch im Herzen ein echter Biker geblieben.

Das weitläufige Areal der Rat's Hole Custom Chopper Show auf dem hitzeflimmernden Parking Lot hinter dem Civic Center von Daytona Beach.

Big Daddy Rat mit Wolfgang Schöller und Frau (Mitte).

Fred Kodlins preisgekröntes Custom Bike aus Deutschland (Mitte unten).

Ob bekannter Wrestler oder einsamer Rat Biker, bei Big Daddy Rat ist jeder willkommen, und für das Siegerfoto steht immer eine Miss Rat's Mate zur Verfügung (Bilder rechte Seite unten).

BACKYARD BURGERS

MISS

Show muß sein!

Biker-Leben auf dem Lande

Man gönnt sich ja sonst nichts: aber ein herrlicher Kitschpokal tut's allemal.

Ich war früh losgefahren, teils aufgrund der Hitze, die am Morgen noch nicht ganz so mörderisch war, teils aufgrund der runden 500 km, die – einige Tabakpausen mitgerechnet – ihre Zeit brauchten. Der Anlaufpunkt war ein Bike Shop in einem mittleren Städtchen Zentral-Mississippis, der einem Mitglied der Southern Grays gehörte.

Dort fand die alljährliche Bike Show statt – mit anschließender Fete an einem nicht näher bezeichneten Ort. Ich erreichte N. am späten Mittag – eine durchschnittliche Kleinstadt mit rund 20.000 Einwohnern. Obwohl sie recht unübersichtlich angelegt und von teilweise verfallenen Hütten und Reklametafeln verwirrend entstellt war, wußte ich doch, daß sich nahezu alle Geschäfte im Bereich der Main Street (auch Washington oder Jackson Avenue genannt) und ihrer unmittelbaren Seitenstraßen befanden. So auch Bulldog's Bike Shop. Aber sei's drum – hier waren die Straßen nicht mit Namen (die sie zwar hatten), sondern mit Nummern bezeichnet, das war einfacher für die Leute, und so blieb mir die Wahl, die Highway-Ausfahrt zwischen der 1st und der 36th Straße herauszufinden.

Wie gesagt – N. war nicht sehr groß, und nach kurzem Überlegen fuhr ich einfach hinter zwei wilden Choppern her, die in einem Höllentempo (die Fahrer ohne Helm) durch die samstäglich leeren Straßen krachten. Außer ein paar Schwarzen drehte sich niemand nach ihnen um. Nach wenigen hundert Metern waren wir dann bei Bulldog's Shop, wo schon viele Bikes herumstanden und die Brothers und Sisters sowie eine Horde herumwuselnder Kinder die Straße, den Hof und den Hinterhof bevölkerten.

Obwohl sich N. im Zentrum eines der vielen Dry Counties befand – wo also jeglicher Besitz oder Konsum von Alkohol offiziell streng verboten ist –, kümmerte sich wie üblich kein Mensch darum. Überall flossen das Bier und der Whisky in Strömen. Hinter Bulldog's Laden, der eigentlich ein alter Lagerschuppen war, dem man einen ehemaligen Country Drugstore mit breiten Schaufenstern vorgebaut hatte, war die Party schon in vollem Gange. Unter dem schattigen Dach alter Pecannußbäume hatte man aus ein paar alten Brettern und Balken den obligaten Food & Drink-Stand aufgebaut. Es gab Hamburger und Hot Dogs vom Grill und Cola sowie Bier aus einer mit Eisbrocken gefüllten Badewanne. Senf und einige bekleckerte Ketchup-Flaschen vollendeten das Überlebens-Buffet – nein, große Ansprüche stellte man hier nicht, Hauptsache, das Bier ging nicht aus.

Wie die Party, so war auch die Bike Show nichts Ungewöhnliches oder Neues für mich: die paar unsäglich kitschigen Trophäen aus vergoldetem Plastik, die von den Gewinnern wie Heiligtümer aufbewahrt wurden, der Spendentopf – ein altes Gurkenglas, in dem etwas Kleingeld und ein paar Dollarscheine lagen, die Rebel- und US-Flaggen, die hinter die Schaufensterscheiben genagelt waren (Memorial Day, you know!), das Tischchen mit den Door Prizes: 10 Öldosen (HD70 Single), vier T-Shirts, mit Bulldog's Laden-Emblem geschmückt, und ein Gutschein für ein Tattoo im Wert von 10 Bucks.

Inzwischen wurden einige Bikes vor dem Laden für die Custom Show in Position geschoben. Doch es waren keine Customs, sondern ganz gewöhnliche, mehr oder minder vergammelte (meist mehr) Gebrauchs- und Alltags-Harleys, Choppers, Dressers und Rats der ortsansässigen Harley-Fahrer, und jeder mußte 5 Dollar Eintrittsgebühr bezahlen.

Das beschränkte die Anzahl der Custom-Show-Teilnehmer automatisch auf diejenigen, die unbedingt eine moralische Aufwertung und öffentliche Anerkennung nötig hatten. Jeder wienerte und polierte wie wahnsinnig herum – ein völlig sinnloses Unterfangen, denn Rost und Dreck, Öl und Fett hatten sich durch langen sorglosen Gebrauch so festgefressen, daß selbst brutale Reinigungsmethoden nichts dagegen auszurichten vermochten. Aber es sah gut aus und war eben ein geheiligtes Ritual der Zur-Schau-Stellungs-Zeremonie. In Daytona (so hörte man es gerüchteweise) machen sie es bei der berühmten Rat's Hole Bike Show genauso. Aber wer war schon jemals in Daytona ...

Endlich fand die Preisverleihung statt. Bulldog lief brummend und grummelnd herum und drückte jedem, der sein Bike in der Show hatte, eine dieser Kitschtrophäen in die Hände. Es waren 14 Bikes in der 5th Annual Bike Show, und Bulldog verteilte dann auch 14 Trophäen.

„You better do that!" sagte er grinsend zu mir – „wenn du nur einen vergißt, gibt's Mord und Totschlag, ganz abgesehen davon, daß du eine Menge Kunden verlierst und nie wieder eine Bike Show abziehen kannst. Und außerdem haben die Jungs ja ihre 5 Bucks dafür bezahlt."

Und so war eitel Freude ringsum, und jeder wedelte mit seiner Trophy herum, als habe er gerade den Grand Prix gewonnen. „That's the game!" feixte Bulldog, und alle waren entsprechend happy.

Die Custom Show Europas

Wer Kent nicht kennt, der hat verpennt

Die Kent Custom Bike Show (KCBS) galt lange Zeit als die größte und attraktivste Motorrad-Custom-Show in Europa, und in gewissem Sinn ist sie das auch heute noch. Sie wurde vom *Hells Angels MC England* ins Leben gerufen und fand 1979 zum ersten Mal statt. Etwa 800 Biker trafen sich damals am Halfway Café, wobei die Show selbst zunächst mehr japanische und britische Umbauten zeigte als Harleys. Zu dieser Zeit waren exzessive Custom-Umbauten und entsprechende Shows in ganz Europa noch relativ selten, aber die Idee der Hells Angels kam an und schlug wie eine Bombe ein.

1984 kamen bereits 18.000 Besucher nach Kent, und 1988 waren es schon 25.000, womit die Grenze der lokalen Kapazität erreicht war. 1998 siedelte die KCBS nach Dymchurch, westlich von Folkstone, unmittelbar an die Kanalküste über, wo eine riesige, grüne Rasenfläche genug Platz für alle Aktivitäten bot. Es war zugleich die Geburtsstunde des Angel Park mit Liegewiese und Woodstock-Atmosphäre – ein Versammlungs- und Zeltplatz für jede Menge Besucher. Durch den großen Erfolg der KCBS angeregt, kamen in ganz Europa ähnliche Veranstaltungen zustande, darunter auch einige aus den Reihen der Hells Angels, wie der Bulldog Bash, die Crazy Daze oder die Free Wheels Rally in Frankreich. Bis in die 90er Jahre blieben die Besucherzahlen relativ konstant, wobei die Anzahl der Teilnehmer jedoch ständig stieg und auch die Harley Customs endgültig die Show dominierten.

Wie es sich für eine anständige Hells-Angels-Party gehört, bietet die KCBS noch einiges mehr: Dazu gehört unter anderem stets eine exklusive Musik mit den besten Live-Bands der Welt auf einer riesigen Open-Air-Bühne, auf der nicht nur die obligaten Wet-T-Shirt-Contests und ähnliche Volksbelustigungen inszeniert werden, sondern auch die stets viel umjubelte Prämierung mit gewaltigen Pokalen. Daneben sorgen Verkaufsstände, Biker-Spiele und spezielles Entertainment für Dauerunterhaltung und das leibliche Wohl. In großen Festzelten werden Sondershows wie Dragster und Burnouts gezeigt sowie Zubehör-Verkaufsshows und Swap Meets. Zusätzliche Stuntshows, weitere Vorführungen und das traditionelle Biker-Treffen am Samstagnachmittag im altenglischen Ocean Inn machen die Kent Custom Bike Show zu einem stets unvergeßlichen Ereignis.

Wer es nach Kent geschafft hat, ist erst mal fertig. Die Custom Bike Show ist attraktiv, aber anstrengend.

Gehört mit zum Gemeinschaftserlebnis: Besucher der Kent Bike Show übernachten in Zelten.

Auf der riesigen Bühne ist Tag und Nacht Full Action angesagt: Live-Bands, Strip-Shows und Bike-Prämierungen wechseln sich ab.

Während der Kent Bike Show sind Tausende von Motorrädern an der Südküste Englands unterwegs, herzlich willkommen in allen Pubs und Restaurants (oben).

Wenn alles überstanden ist und – was selten vorkommt – auch das Wetter mitspielt, macht man sich glücklich, aber erschöpft wieder auf den Heimweg.

Custom Shows in den USA

Harleys von mild bis wild gibt es auf der Boardwalk Show in Daytona zu sehen.

Bike Shows in den USA, früher auch Trade Shows genannt, gibt es eigentlich schon, seit Motorräder Anfang des 20. Jahrhunderts auf dem Markt erschienen sind. Viele von ihnen haben sich aus den Bicycle Shows des ausgehenden 19. Jahrhunderts entwickelt, andere wurden als Symbole sportlich fortschrittlicher Motorisierung mit Automobil-Salons zusammengelegt, wobei auch internationale Exponate die von der neuen Technik begeisterten Besucher erfreuten. Die Ausstellungen in Chicago oder New York gehörten zu den bekanntesten und berühmtesten.

Aber erst nach dem Zweiten Weltkrieg, als sich eine neue Custom-Szene entwickelte und die ersten Harley-Umbauten vor allem in Kalifornien eine neue Welle der verschiedensten Designs hervorriefen, begannen sich lokale, nationale und internationale Events zu etablieren. Dazu gehörte auch die Oakland Bike Show und die San Francisco International Bike Show (die es übrigens schon vor dem Ersten Weltkrieg gab). Sie wurden schnell Vorbilder für die gesamte Outlaw-Szene und ganz allgemein zum Trendsetter für Custom-Harley-Umbauten.

Während fast die meisten großen amerikanischen Bike Shows noch bis in die 80er Jahre ausschließlich brave Standardprodukte zeigten, gab es schon in den 60ern in Kalifornien und ab 1973 bei der Daytona Bike Week Custom Bike Shows, die schnell durch nationale und internationale Biker-Magazine, vor allem *Easyriders*, aus der Anonymität lokalbezogener Veranstaltungen heraustraten.

Ein sich unglaublich rasch ausbreitender Markt an Custom-Zubehör und Aftermarket Products war die Folge. So etablierten sich in den 70er Jahren verschiedene Fachmessen für Händler und Zubehörhersteller. Eine der größten davon ist die Dealer Expo & Powersport in Indianapolis. Ende der 90er Jahre sprangen sowohl in Daytona wie auch in Sturgis verschiedene Organisationen und Firmen auf den Custom-Zug auf, dessen Lokomotive „Big Daddy Rat“ mit seiner Rat's Hole Custom Chopper Show langsam der Dampf ausging. Obwohl immer noch Nummer Eins, konnte seine traditionelle Form kaum noch mit dem ungeheuren Potential großer Veranstalter mithalten. So startete J & P-Promotions ab 1996 gleich eine ganze Serie von riesigen „Super Series Bike Show and Motorcycle Extravaganza“-Veranstaltungen quer durch Amerika, die an Show-Effekten, Preisen und Spezial-Events kaum noch etwas zu wünschen übrigließen.

Ähnliche Monster-Shows wie die berühmte Poetone/Chicago Bike Show veranstaltet J&P Promotions zusammen mit den meisten Aftermarket-Product-Herstellern, unter anderem auch in Belleville, Illinois; Anamosa, Iowa; Plymouth und Elkhart Lake, Wisconsin;

Die Poetone / Chicago Bike Show (Juli 1996)

In der Poetone/Chicago Bike Show im Juli 1996 vergab J&P Promotions bis zu fünf Preise in folgenden Klassen der Ride-In Bike Show, und man kann sich vorstellen, was sie für einen Zulauf hatte und was es zu sehen gab:
Exhibitors' Choice Best of Show; Antique '36–'57- Best Chrome- Best Paint-Dresser; Evolution; Dresser; Shovelhead European (full custom); European & Asian (stock); Evo Roadking Custom; Evo Softail FL (mild); Evo Softail (semi-mild); Evo Softail (stock); Evo Softail FX (mild); Evo Softail FX (semi-mild); Evo Swing-Arm (full); Evo Swing-Arm (mild); Evo Swing-Arm (semi-mild); Evo Swing-Arm (stock); H-D Police Specials; Indian; Ladies Ride (Big Twin); Ladies Ride (Sportster); Panhead & Earlier (full); Panhead (rigid frame); Panhead Swing-Arm; Servi-Car; Shovelhead FL (mild); Shovelhead FL (stock); Shovelhead FX (full); Shovelhead FX (mild); Shovelhead FX (semi-mild); Shovelhead FX (stock); Sidecar; Sportster (mild); Sportster (semi-mild); Sportster (stock); Trike (cycle engine); Trike (non-cycle engine); Exhibitors' Door Prize Drawings.

Bike Show ist eigentlich überall: wo immer eine besonders schöne Harley abgestellt ist, finden sich schnell Betrachter und Bewunderer.

Davenport, Iowa; oder St. Paul, Minnesota. Ein weiterer Veranstalter ähnlicher Shows mit integrierten Events ist das Magazin *Easyriders* geworden, das ähnlich wie J&P Promotions anläßlich der Daytona Bike Week mit einer Konkurrenzschau zur Rat's Hole Custom Show begann. Die Show findet jeweils auf dem vor dem offenen Meer liegenden Boardwalk statt, von dem die ursprünglich dort beheimatete Rat's Hole Show von der Stadtverwaltung vertrieben worden war. Aber in Daytona, Sturgis oder auch in Laconia gibt es inzwischen Bike Shows an allen Ecken und Enden, und sind sie geschickt terminiert, dann kann ein fixer Custom Biker gleich auf mehreren Shows Preise einheimsen.

Als noch intimere Veranstaltungen kann man die Tausende von lokalen Bike Shows bezeichnen, veranstaltet von Harley-Händlern oder -Clubs, die sich über die ganzen USA erstrecken. Dabei steht das fröhliche Zusammensein mit der obligaten Party mehr im Vordergrund als hochwertige künstlerische oder technische Designs, obwohl es die natürlich auch gibt. Auch hier werden alle Teilnehmer mit Preisen und Trophäen reichlich bedacht.

Auf der Daytona Boardwalk Show wird jede hübsche junge Dame vom Publikum mit wohlwollendem Applaus bedacht.

Bike und Custom Shows in aller Welt

Johnny Halliday in einer französischen TV-Show.

Deutschland

Abgesehen von der riesigen Bike-Show-Szene im Ursprungsland Amerika werden in Deutschland die meisten Bike Shows, Ausstellungen und Motorradaktivitäten veranstaltet – und zwar das ganze Jahr über, im Sommer wie im Winter, oft mehrere am Wochenende und in allen denkbaren Dimensionen. Die Vielfalt und Publicity dieser Shows, die nicht immer Harley-orientiert verlaufen, sind ein Indiz für die Größe der Szene und ihre wirtschaftliche Bedeutung.

Bike Shows, wenn wir einmal bei dieser Ausdrucksform bleiben wollen, werden sowohl von Organisationen, Messegesellschaften sowie Industrie- und Handelsverbänden als auch von privaten Veranstaltern wie Motorradclubs, Harley- Händlern oder Zubehörfirmen ausgerichtet. Viele Bike Shows sind auch integrierter Bestandteil großer Parties oder Events, die sich in dem entsprechenden Umfeld bewegen. Dazu gehören auch Rallies und Museumsveranstaltungen.

Die IFMA – als allgemeine Motorradmusterschau in Köln – und ihr neuestes Pendant, die INTERMOT in München, zählen zu den wichtigsten Veranstaltern. Ähnlich gelagert ist die alljährliche Motorshow Essen, bei der die Motorräder (vor allem bestritten von den Siegern der Rat's Hole Custom Chopper Show in den USA) zwar eine exklusive, aber zahlenmäßig untergeordnete Rolle spielen. Zu den großen Motorradmessen mit integrierten Einzelshows gehören unter anderem die MOTORRÄDER in Dortmund, die Berliner Motorradtage (BMT), die IMOT in München, die ama in Stuttgart, die Faszination Motorrad in Sinsheim und die American Days in Nürnberg.

Unzählige lokale Shows umkreisen wie Satelliten diese etablierten Großveranstaltungen mit einem breiten Angebot an allem, was ein Motorradfahrerherz begehrt, wobei Harley-Umbauten fast immer die größten Attraktionen und Showstopper sind. Special Events wie die exklusiv auf Umbauten ausgerichtete High Performance Show sind Höhepunkte sowohl der deutschen als auch der europäischen Custom-Szene. Für viele Aussteller sowie Custom- und Zubehörhändler sind diese Bike Shows, Messen und Ausstellungen längst zum Fulltimejob einer neuen Branche geworden, und das in weit größerem Umfang als die ursprünglich aus den USA stammende Kategorie der Vendors. Der Zwang, immer Neues zeigen zu müssen, wird von den Veranstaltern als eine Notwendigkeit des Überlebens betrachtet, und so kann man in Deutschland auch auf kleinen und lokalen Shows durchaus Spitzenprodukte aus aller Welt besichtigen.

Frankreich

Obwohl in Frankreich ebenfalls eine ausgeprägte Custom-Szene existiert, gibt es dort nur relativ wenige, dafür aber um so exklusivere Bike Shows. Eine der ersten war 1989 die Veranstaltung in Pecquencourt. Später folgten Besançon und American Moto in Le Bourget. In den 90er Jahren kam die Bike Show in La Roche sur Foron hinzu.

Neben diversen lokalen, kleineren Bike Shows haben vor allem zwei Veranstaltungen internationale Bedeutung erlangt: der Salon de la Moto in Paris und die Bike Show anläßlich des alljährlich von den Hells Angels France organisierten Treffens in Cunlhat. Französische Custom Shows sind im Gegensatz zu anderen europäischen Shows (mit Ausnahmen in den skandinavischen Ländern) durch die Präsentation eines spezifischen Stils geprägt.

Schweiz

Schweizer Custom Shows sind ein Erlebnis für sich. Kein anderes Land der Welt plagt die Fahrzeugkonstrukteure mit derartig extremen, restriktiven Auflagen und Vorschriften wie die eidgenössischen Behörden. Trotzdem legen die Schweizer Motorrad-Designer und Harley-Fans ihren ganzen Stolz in technische und künstlerische Konstruktionen, die Weltniveau besitzen. Es ist müßig zu erwähnen, daß sie ihre Kreationen selbstverständlich auch auf der Straße zeigen und damit ihren Freiheitswillen nachdrücklichst bekunden. Die Motorrad-Shows diverser Schweizer Harley-Clubs wie auch der Firma MOTO SENN, die ja schon immer Vorreiter im europäischen Custombau war, oder die exzellente Moto Faszination Custom Show der Gerold Vogel AG sind dafür beispielhaft.

Skandinavien

Was die behördlichen Vorschriften und Auflagen betrifft, gehört Schweden zu den freiesten Ländern der Welt. Biker und Custom-Konstrukteure haben hier einen unverwechselbaren, eigenen Stil entwickelt, der sich vor allem durch extrem lange Gabeln auszeichnet und dadurch die Bikes, die mit besonders starken Motoren ausgerüstet sind, unglaublich niedrig erscheinen läßt. Schweden-Chopper sind ein Synonym für extremes Fahrwerk-Design, das es sonst nirgendwo auf der Welt gibt. Bike Shows in Jönköping und auf den Super-Rallies in Schweden, Norwegen und Finnland oder bei den Hells Angels in Dänemark sind gute Beispiele, daß auch im hohen Norden, den man im allgemeinen nicht als ideales Biker-Land bezeichnet, der Mythos von Freiheit und Abenteuer auf einer Harley im weitesten Sinne lebt.

Niederlande

Angesichts der räumlichen Nähe zu Deutschland, Frankreich und Skandinavien finden in Holland und Belgien bis auf wenige Ausnahmen kaum landeseigene Custom Shows statt. Seit etwa Mitte der 90er Jahre hat aber das Bike-Magazin *Big Twin* in Eindhoven eine eigene Bike Show ins Leben gerufen, die sich eines großen Zuspruchs erfreut. Lokale Bike Shows – organisiert durch Händler und Clubs – tragen dem in den Niederlanden besonders beliebten Dragster-Sport Rechnung.

England

Obwohl es in England relativ viele Bike Shows gibt (zum Beispiel die Birmingham International Motorcycle Show), sind reine Harley-Shows relativ selten und werden eigentlich nur innerhalb der bekannten Kent Bike Show und des Bulldog Bash der Hells Angels präsentiert. Eine interessante Ausnahme bildete im Frühjahr 1998 die „The Art of the Harley"-Kunstausstellung der Barbican Art Gallery in London, die eine exklusive, internationale Auswahl von Designer-Harleys zeigte.

Italien, Spanien, Griechenland

Selbstverständlich gibt es auch in den südlichen Ländern Europas viele Motorrad- und Bike Shows. Bedingt durch eine andere Mentalität sind Custom-Harleys dort nur relativ schwach vertreten. Ausnahmen zeigen jedoch, daß auch in diesen Ländern der Umbau von Harleys (zum Teil mit futuristischen Stilelementen) eine neue Welt des Motorradfahrens im sonnigen Süden erschließt. Zu den großen

internationalen Bike Shows mit fast 25.000 Besuchern und über 13.000 Motorrädern (vorwiegend Harleys aus ganz Europa) gehören zum Beispiel das vom italienischen Biker-Magazin *Bikers Life* gesponserte Biker-Fest, das 1996 zum zehnten Mal in Villanova stattfand, oder solche Großveranstaltungen wie in Marvella, Spanien, oder anläßlich der Ibiza Bike Week.

Dubai

Ganz ohne Zweifel sind die Arabischen Emirate ein ideales Land zum Motorradfahren. Seitdem sich das Arabian Gulf Chapter der Harley Owners Group in Dubai etabliert hat, findet seit 1996 dort auch eine Bike Show statt, die neben einigen edlen Um- und Eigenbauten zwar nichts Extremes und Aufregendes zu bieten hat, für die lokale Harley-Szene mit internationalem Publikum jedoch ein Riesenerfolg ist.

Australien

Auf dem fünften Kontinent Down Under gibt es vor allem seit Ende des Zweiten Weltkriegs eine enorm aktive und breit gestreute Harley-Club- und Custom-Szene mit verschiedenen Bike Shows in allen größeren Städten des Landes. Hervorzuheben sind dabei vor allem die Bankstown Motorcycle Show in Sydney, die vom Highway 61 Motorcycle Club organisiert wird, und die Scarborough Hotel Bikeshow in Brisbane, veranstaltet vom Rebels MC Australia. In Technik und Design stehen die australischen Custom-Konstrukteure und -Designer dem Rest der Welt in nichts nach.

Japan

Vielleicht liegt es daran, daß Japan sowohl durch seine Sprache, Schrift und Mentalität der übrigen internationalen Biker-Szene gegenüber introvertiert erscheint, aber im Land der aufgehenden Sonne gibt es für Motorräder und natürlich auch für Harleys einen gigantischen Markt. Davon zeugt nicht nur die alljährliche, riesige Tokyo Motorcycle Show, sondern zahllose andere Bike Shows im ganzen Land wie etwa die Nagoya Classic & Motorcycle Fair. An Ideenreichtum, ausgefallener Technik und extremen Designs gemessen, sind japanische Custom-Bauer und -Designer absolute Weltklasse und können jedem diesbezüglichen Vergleich mit Amerika und Europa standhalten.

Mit großem Aufwand veranstaltete das französische Fernsehen eine Präsentation von Custom-Harleys.

Die Alternative: Bike Shops

Unmögliches erledigen wir sofort ...

Irgendwo im tiefen Süden: erstklassige Werkstätten werden unter Bikern wie Geheimtips gehandelt (rechts).

Bei hochgepowerten Motoren verlassen sich die Brothers auf das Können der Experten – der „Smoke-Test" ist eine arge Belastungsprobe für Motoren und Getriebe (links oben).

In seinem Lager muß selbst das vorhanden sein, was der extravaganteste Kunde wünscht: Donald Van Dusens Charleston Custom Cycle Shop in Illinois (oben Mitte). Auch bei Delta Cycles im südlichen Louisiana weiß man, was ein echter Biker braucht (unten).

Sie kaufen und verkaufen Harleys, sie reparieren Harleys und bauen sie um, sie haben jedes nur denkbare Zubehörteil auf Lager, sie sind wohlbestückt mit Spezialwerkzeug und Bearbeitungsmaschinen, sie leisten exzellente Arbeit und tun (zwangsläufig) alles, um ihre Kunden zufriedenzustellen, denn nur ihr guter Ruf und zufriedene Kunden garantieren ihr Überleben. Viele von ihnen managen oder subventionieren erfolgreiche Rennteams und warten oder tunen deren Maschinen. Immer aber sind sie Sammel- und Mittelpunkt von verschworenen Motorradfahrer- und Biker-Gemeinden, oft auch von Clubs oder Harley-relevanten Interessengruppen. Sie arbeiten unabhängig und innovativ. Man findet sie breit gestreut über das ganze Land, fast an jedem Ort und in jeder Stadt. Ihre Beschäftigtenzahl übertrifft die der offiziellen Harley-Händlerschaft um ein Vielfaches. Sie sind oft der Company ein Dorn im Auge und dürfen (per Abmahnung) weder deren werbeträchtiges Logo noch deren Namen verwenden, obwohl – oder gerade weil – sie fast ausschließlich Harley-Davidson-Produkte vermarkten beziehungsweise betreuen. Nennen wir sie einfach Bike Shops.

Bike Shops entstehen nicht infolge der großflächig konkurrierenden Versorgung lizenzierter Harley-Davidson-Franchisenehmer, wie es den strikten Richtlinien der Company-Politik entspricht, sondern aus der Szene heraus. Wo es Harley-Fahrer gibt, gibt es bald auch entsprechende Werkstätten, Dealer oder eben Bike Shops. Harley-Franchise hin oder her: Die Bike Shops arbeiten wesentlich flexibler und sind nicht an rigorose Firmenvorschriften gebunden. In guten und in schlechten Zeiten stehen (und standen) sie aber stets zu den Produkten der Company. Viele fühlen sich heute dafür bestraft.

Bike Shops fangen meist klein an und arbeiten sich dann hartnäckig nach oben. Machen sie Pfusch, sind sie ebenso schnell wieder weg vom Fenster eines profitablen Einkommens. Oftmals sind sie aus Minigaragen – Bastelbuden begabter Amateure, Technikfreaks und Harley-Fans – entstanden, die aber weder das nötige Geld noch die Lust hatten, offizielle Harley-Händler zu werden, sofern das überhaupt möglich wäre.

Aber Können und Zuverlässigkeit sprechen sich in der Szene schnell herum, und dann häufen sich Aufträge für Reparaturen und Umbauten. Harley sieht's mit gemischten Gefühlen, und da die Company Läden, die keine Harley-Franchise haben, nicht mit originalen Firmenprodukten beliefert, tendieren die unzähligen Bike Shops zu den Aftermarket-Produkten, die Harley so sehr ein Dorn im Auge sind. Das ist für die Company eine echte Zwickmühle: manchmal vertragen sich Firmenprinzipien einfach nicht mit dem, was manche Leute un-

Jeder arbeitet mit – und oft sind Frauen die feinfühligeren Mechaniker. Ganz oben: Ed's Cajun Cycle in Louisiana; unten: Professors in New Orleans.

ter freier Marktwirtschaft verstehen wollen. Vor diesem Hintergrund müssen auch die immer härter werdenden patentrechtlichen Schutzmaßnahmen von Namen, Trademark und Logo der Company verstanden werden.

Viele Bike Shops huldigen zudem der eher etwas altmodischen Tendenz einer öl- und benzingeschwängerten Hard-Working-Men-Mentalität und zeigen eine hemdsärmelige Abneigung gegen das glattgebügelte, uniforme, modische Outfit der Harley Designer Stores. In Bike Shops stehen generell Bikes im Vordergrund, nicht trendige Fransenlederjacken, Regale voller Werbebroschüren und Genuine Harley Parts & Accessories, die ohnehin für eine andere Klientel gedacht sind.

Aber auch hier muß man gerechterweise feststellen: Ausnahmen auf beiden Seiten bestätigen die Regel. In vielen Fällen haben aber offizielle Harley-Händler und extrovertierte Bike Shops eine unterschiedliche Kundschaft, machen sich im allgemeinen keine Konkurrenz und arbeiten auch oft zusammen. Werturteile gleich welcher Art sind sowohl hier als auch dort absolut unangebracht. Bike Shops haben allerdings eine eigene Atmosphäre und oft auch ein sehr persönliches Image, das nicht unbedingt jedermanns Sache zu sein braucht, der eine Harley fährt.

„Njet“ gibt´s nicht mehr: Auch in Rußland hat man alles für den Harley-Fahrer: Genadij Bytschenkow, Direktor des Motosalon Rubicon Harley-Davidson (oben).

Manchmal hat man alles, was man nicht braucht, manchmal braucht man alles, was man eigentlich nicht hat: in Kuba (Bilder oben) werden Ersatzteile für alte Harleys wie Schätze gehandelt – neue gibt es ohnehin nicht.

Selbst ist der Mann – Australien ist berühmt für seine innovativen Werkstätten, wie hier bei Jeff's Cycle Salvage nahe Brisbane.

Stets von nicht ganz „legalen“ Harleys umlagert, sind Bike Shops Anlaufstelle für alle, die etwas Besonderes wollen – hier etwa bei Bikers Asshole in Württemberg, Deutschland.

Anders in Frankreich: Big Jack in Le Mans betreut alle Harleys, egal ob alt, neu, original oder imitiert (rechts).

Veteranen-Veranstaltungen

Nostalgie im Trend

Alles noch original: Eine alte Hydra Glide, der man ansieht, daß sie viele Jahre ihrem ebenfalls alten Besitzer treu gedient hat – heute noch ein Schmuckstück jeder Veteranenveranstaltung.

(Bes.: Mark Jonas, Milwaukee, WI/USA)

Rein äußerlich geht es gemächlich und vor allem recht familiär zu. Man kennt sich seit vielen Jahren – Generationen von Edelschraubern und Harley-Oldtimern pflegen mit nie nachlassender Begeisterung das Erbe amerikanischer Motorradgeschichte. 1954 wurde der Antique Motorcycle Club of America (AMCA bzw. AMC) nach dem Vorbild des 1946 etablierten britischen Vintage Motor Cycle Club of Great Britain (VMCC) gegründet.

Die exklusiven Clubtreffen finden meist auf kleinen Flugplätzen oder auf den Parking Lots irgendeines piekfeinen Hotelkomplexes statt, der für ein chrom- und lackblitzendes Wochenende zum Headquarters nostalgischer Träume umfunktioniert wird – natürlich mit Festbankett, Showroom, Konferenz- und Tagungslounge, wo sich das etwas plüschige Social Entertainment produziert, mit dem unvermeidlichen Jahresbericht, der Kassenlage (immer bestens), der Vorstandswahl und dem anschließenden Diavortrag eines Honorable Member vom letztjährigen Treffen – Sternstunden der clubinternen Begeisterung. Man nimmt es allerdings nicht so tierisch ernst mit den anstehenden, ewig gleichen Vereinsproblemen und bedient sich locker vom Hocker in der Hotelbar bis tief in die Nacht. Die wahren Stars aber stehen draußen.

Manche sind 60 Jahre alt, manche 70, einige sogar 80, die meisten aber so zwischen 30 und 50 Jahre. Ihr Äußeres ist teils blitzblank, teils rostig, und ihre Herzen schlagen kräftige tausend oder rachitische zweihundert Mal in der Minute: Vintage Bikes – Klassiker im Brautkleid. Einige sind verkäuflich, und ihre Preise sind enorm.

Ringsumher ein wohlsortiertes Sammelsurium von Klein- und Ersatzteilen jeglichen Kalibers. Von der allerfeinsten Good old american-Machart: handgearbeitet, geliebt, gehegt und gepflegt, geputzt,

Auf der ersten Auktion 1989 in der Armory von Daytona wurden auch klassische Harleys versteigert (Bilder ganz links). Das Sunshine Chapter aus Florida gibt den Ton an bei den alljährlichen AMCA-Veteranentreffen (links).

Macht immer noch gewaltig was her: ein Uralt-Modell der frühen J-Serie (Mitte). Ein echter Oldtimer auf dem langen Weg zum großen Harley-Jubiläumstreffen 1998 am Faaker-See in Kärnten. Das 1928er Modell war das antike Schmuckstück der Party (unten).

geölt, repariert und manchmal verflucht. Klassische Motorräder, meistens Milwaukee-Alteisen, „and still on the road". Sie waren einmal die zweirädrigen Pioniere Amerikas, brave Arbeitstiere, und haben Hunderttausende von Meilen klaglos hinter sich gebracht, auf Straßen, die noch keinen Asphalt und keine Verkehrsregeln kannten.

Heute sind sie vielbewunderte Schaustücke, über die sich unzählige schaurig-schöne Geschichten erzählen lassen. Nur wenige Außenstehende wissen, welche menschlichen und technischen Triumphe und Tragödien, Erfolge und Mißerfolge sich hinter ihrem Dasein verbergen. Sie stehen nicht nur zum Bestaunen herum, sie werden auch gefahren. Und man kann sie intensiv hören und riechen. Was da ständig auf dem Parking Lot oder dem Flugfeld rasselt, röhrt, rattert, knallt und brummt, ist eine einzigartige Demonstration der unverwüstlichen Motorradbautechnik aus dem Goldenen Zeitalter, wo man den damals noch ziemlich unerschlossenen riesigen Kontinent verkehrstechnisch zu bändigen versuchte.

Oldtimer-Fans sind ein fröhliches Völkchen, aber auch eine exklusive und geschlossene Kaste, fühlen sie sich doch als traditionelle Bewahrer einer technischen Historie, die sonst gerne dem allgegenwärtigen Fortschritt geopfert wird.

Inzwischen haben sich die meisten derartigen Oldtimer-Meetings zu umfangreichen Veteranenmärkten gemausert, die mit einem breitgefächerten Angebot von der obsoleten Spezialschraube bis zur heißbegehrten Fachliteratur so ziemlich alles anbieten, was sich ein Oldie-Freak sonst nur mühselig und zeitraubend zusammensuchen müßte. Einige der Dinosaurier aus der Motorradbau-Steinzeit sind so selten und original, daß sie sicher mit Gold aufzuwiegen sind, andere wechseln schon für relativ bescheidene Summen ihren Besitzer. Auch wenn der Rostbefall beträchtlich und die Originalfarbe kaum noch zu erkennen ist, ist dieser Original-Running-Zustand offensichtlich wertvoller als beispielsweise eine perfekte Restaurierung, die oft das Original an Schönheit und technischer Qualität übertrifft. Allein die erstaunliche Tatsache, daß diese Motorräder seit über 60 Jahren zuverlässig laufen und meist auch auf den ersten – zugegebenermaßen kräftigen – Tritt anspringen, hustend und spotzend zwar, bis sich das Gemisch eingepegelt hat, gleichgültig in welch verheerendem äußeren (und vielleicht auch inneren) Zustand sie sich befinden, ist es dem AMCA wert, für diese Leistung Extra-Trophäen zu vergeben, die aber eigentlich den damaligen Motorradherstellern gebühren.

Im Zentrum jeder dieser Oldtimerveranstaltungen steht vor allem die obligate abschließende Parade, der Concours d'Elégance – eine von lautstarkem Polizeisirenen-Geheule begleitete Stadtrundfahrt von einigen Kilometern. Rallies oder gar größere Zuverlässigkeitsfahrten sind in Amerika weder gefragt noch opportun, eine derartige Tradition hat sich vor allem in England und anderen europäischen Staaten wie auch in Kanada, Australien und Südafrika entwickelt. In den USA schreiben die unumstößlichen Spielregeln vor, daß die bei jedem Treffen angemeldeten Exponate von einer versierten Jury begutachtet und entsprechend ihrer Klasse, ihrem Alter und Zustand sowie nach Seltenheit gewertet und dafür mit jeder Menge scheußlich-schöner Kitschpokale belohnt werden, die später wie Heiligtümer den heimischen Veteranenwinkel verklären.

Eine reichlich verbaute Knucklehead, mit Telegabel, Shotgun-Auspuffanlage und diversen trickreichen technischen Details: ein Oldie zwar, aber einer mit gehörig Drive! (ganz links)

Unverwüstlich und immer noch relativ preiswert: Seitenventiler der 40er und 50er Jahre (links).

Eine klassische Knucklehead in Zwei-Farben-Lackierung mit Buddy Seat und reichlich Chromzubehör – der typische Highway-Dampfer der Rock'n'Roll-Zeit (Mitte).

Aus der Zeit der großen Depression hat sich dieser Seitenventiler der 30er Jahre, leicht zerzaust, aber doch original, in unsere Zeit herübergerettet. David Wassermann, sein Besitzer, fährt ihn noch täglich (unten).

Auch in Italien werden Harley-Oldies noch sorgfältig weitergefahren – wie man an der Frontpartie dieses FL-Modells sehen kann (rechts unten).

Danach packt man alles wieder zusammen in die geräumigen, klimatisierten Mobile Homes und fährt – je nachdem – Stunden oder Tage zurück nach Hause. Ein betuliches Vereinsblättchen berichtet anschließend getreulich über alle Ereignisse und Erlebnisse.

Gemessen an den Aktivitäten in England mag einem die amerikanische Veteranenszene nicht allzu gigantisch vorkommen, selbst wenn einzelne Veranstaltungen durchaus internationalen Charakter haben, was übrigens nicht unbedingt im Sinne ihrer Initiatoren ist. Das liegt vielleicht auch daran, daß sich diese Historical Events so sehr über das riesige Land verteilen. Zudem sind auf fast allen größeren und kleineren Motorradtreffen immer ein paar Oldtimer dabei, manchmal einfach nur so, manchmal mit einer eigenen Klasse oder sogar mit einer eigenen Show, aber Termine und Lokalitäten sind schlecht zu erfahren und oft nur von Insidern herauszubekommen. Einige alljährliche, fest terminierte Großveranstaltungen bilden jedoch die Ausnahmen, die als regionale AMC-Frühjahr-, Sommer-, Herbst- und Wintertreffen bekannt sind. Dazu gehört zum Beispiel das Springtime Meeting in Florida (während der Daytona Bike Week), die Vintage Motorcycle Show in Bennington, Vermont, die Veteranen-Show in La Mirada, Kalifornien, oder das Oley's Big Springtime Antique Meeting in Pennsylvania.

Das größte und bekannteste Treffen aber ist die mehrtägige Veteranen-Show in Davenport, Iowa, die 1972 auf dem Mississippi Valley Fairgrounds zum ersten Mal stattfand und seitdem jeden Spätsommer zustande kommt. Das umfangreiche Programm umfaßt einen gigantischen Flea Market, auf dem fast alles zu finden ist, was ein Sammlerherz begehrt, ein Vintage Racing Programm, ein ausgedehntes Field Meet & Games Event und selbstverständlich das glanzvolle Bankett sowie die große Oldtimer Show mit Judgements und reichlichem Trophäensegen.

(Bes.: David Wassermann, Morgantown, WV/USA)

Ersatzteil-Paradiese

Veteranenmärkte und Schrottplätze

Früher hießen sie noch „Tauschtreffen" oder „Tauschbörsen" und waren kleine, lokale Veranstaltungen, die eigentlich nur von Insidern besucht wurden – Bastler, Sammler, Veteranen-Freunde oder Motorradfahrer, die nicht genug Geld hatten, sich teure Ersatz- oder Neuteile im normalen Handel zu besorgen. Aus Amerika kommend, hat sich dabei der Name Swap Meet eingebürgert, und in der Biker-Szene der restlichen Welt versteht man darunter heute etwas mehr als nur einen Teilemarkt für Gebrauchtschrott.

Swap Meets gibt es allerdings in allen Größenordnungen und Varianten, vom individuellen Garagenverkauf bis hin zu den gigantischen, mehrtägigen Veranstaltungen. Inzwischen organisiert auch fast jeder Biker-Club seine eigene Swap Meet, und speziell auf diesen gibt es Harley-Davidson-Teile zuhauf, flankiert von Zubehör- und Krimskramshändlern und nicht selten einer zünftigen Party. Mehr und mehr führt das Überangebot derartiger Aktivitäten zu einer gewissen Sättigung. Preiseinbrüche und geschäftliche Einbußen sind die Folge.

Hier eine kleine Übersicht über derartige Veranstaltungen, die in vielen Fällen – und das sind die attraktivsten – in andere Großveranstaltungen integriert sind:

USA – Anläßlich ihrer regionalen und nationalen Meetings, den Antique Shows & Field Meets des Antique Motorcycle Club of America (AMC/AMCA), finden dort auch größere Gebrauchtteil-Märkte statt, meist Flea Markets genannt, die eigentlich die bestsortiertesten sind, auch wenn sie mehr Teile im Veteranen-Bereich anbieten. Das größte derartige Angebot ist die Davenport Show in Iowa, die vom berühmten Chief Blackhawk Chapter veranstaltet wird. Aber auch andere AMC Chapters bieten eine Unmenge von klassischem Harley-Material zum Verkauf: Orange County Chapter, Kalifornien; Evergreen Chapter an der Nord-West-Küste des Pazifik; Empire Chapter, meist in Schenectady, New York; Sunshine Chapter, Florida; Maumee Valley Chapter, Michigan, Indiana, Ohio, oder der Confederate Chapter im zentralen Süden, um nur einige zu nennen.

Sie sind alle noch da – schön über die ganze Welt verteilt, liebevoll zur Schau gestellt, gehegt und gepflegt, nicht immer komplett, nicht immer original, aber voller Legenden und einer meist atemberaubenden Vergangenheit: alte Harleys, zu bewundern auf Bike Shows, Veteranenveranstaltungen, Swap Meets und ähnlichen Events.

Ersatzteil-Spezialisten, die als fliegende Händler große Events besuchen, hier die Daytona Bike Week, sind gut sortiert, aber nicht billig. Handeln und genaue Information über die jeweiligen Teile lohnt sich.

Auf privaten lokalen Swap Meets – wie hier in den Südstaaten –, findet man ausgemusterte oder alte Teile außerordentlich preisgünstig. Die Auswahl ist jedoch bescheiden und man muß sich auskennen, denn Garantien werden nicht gegeben.

Daneben finden auf allen großen Biker Events ebenfalls entsprechend große Swap Meets statt, auf denen es nahezu alles an Original- und Aftermarket-Teilen für Harleys aller Zeiten und Typen gibt. Zu den bekanntesten gehören anläßlich der Daytona Bike Week die riesige Swap Meet auf dem Volusia County Fairground („World's Largest Swap Meet") und die Spider's Swapatona (Daytona Flea Market) sowie unzählige kleinere Veranstaltungen. Dazu kommen noch Auktionen, die 1988 mit der legendären Motorrad-Auktion von Jerry Wood in der Armory begannen.

Weitere große Swap Meets befinden sich in Sturgis, Laconia und auf anderen Treffen. Auch Firmen und Magazine wie *Easyriders* oder *Walnecks Classic Cycles* organisieren derartige Teile-Börsen. Bekannt sind auch die Swap Meets der Arizona Antique Classic Motorcycle Enthusiasts (AACME) oder der Canadian Vintage Motorcycle Group (CVMG).

Europa – In England heißen die Swap Meets generell Auto-Jumble und sind eine traditionelle Einrichtung. Harley-Teile gibt es aber dort nur in Ausnahmefällen, dann aber recht preiswert.

Ausgerechnet in Deutschland, einem Land mit sehr hohem Lebensstandard, haben sich Swap Meets für Autos und Motorräder etwa seit den 80er Jahren zu wahren Monsterveranstaltungen entwickelt – kaum vorstellbar, daß diese „Gebrauchtteile-Märkte" oder „Veteranen-Märkte" nur von Oldtimerliebhabern und Motorrad-Bastlern frequentiert werden. Die ständigen Wertsteigerungen gut erhaltener Antiquitäten, der plötzliche Nachschub aus dem nunmehr frei zugänglichen Osten und der Anreiz weitgehend umsatzsteuerfreier Geschäfte – wodurch nicht zuletzt eine völlig neue Kategorie des Motorrad-Marktes entstand – machten einen derartigen Boom erst möglich. Die immer mehr zu minderwertigen Supermärkten verkommenen Massenveranstaltungen mit teilweise volksfestartigem Charakter und Hunderttausenden von Besuchern erreichen inzwischen in etwa mehrstellige Millionenumsätze. Die Qualität des Angebots hat jedoch stark nachgelassen.

Zu den größten Swap Meets gehören: die Veterama in Ludwigshafen bzw. Mannheim, die Technorama in Ulm und Kassel, die Classic Mobil in München, der First Classic Day in Essen, danach mit einigem Abstand die Oldiemobil in Aachen, die Nostalgica in Schlüchtern, die

Harleys in Teilen (basket case) oder im unkontrollierten Zustand: für Spezialisten sicher eine Fundgrube, für „normale" Einkäufer ein Alptraum. Es gibt immer wieder die seltsamsten Schnäppchen – und wenn es auch mal einer der beliebten Dream-Girls-Kalender ist.

Interclassic in Hennef und die Oldierama in Lörrach, wobei die letzteren nicht zwangsläufig jährlich stattfinden. Die Besucherzahlen schwanken zwischen drei- bis fünftausend und mehreren Hunderttausend. Hinzu kommen noch Teilemärkte wie zum Beispiel in Duisburg, Paderborn, Wilhelmshaven, Emden, Trier, Wolfsburg, Recklinghausen, Meßkirch und Mühldorf – teilweise in Verbindung mit lokalen Ausstellungen oder Bike Shows. Spezielle Teilemärkte, die für Harley-Besitzer interessant sind, finden natürlich auch in anderen europäischen Ländern statt, wie zum Beispiel im schweizerischen Bern, auf der Moto Legende im französischen Montlhery, in Großbritannien auf der September Swap Meet des Montague Motor Museum in Beaulieu oder anläßlich der Tourist Trophy und des Manx Grand Prix auf der Isle of Man.

Überall dort, wo Motorrad gefahren wird, sind auch Swap Meets zu finden. In stark Harley-orientierten Ländern wie Japan oder Australien sind natürlich die dortigen Teilemärkte auch mit einem entsprechend großen Angebot bestückt. Informationen über Orte und Termine kann man sowohl den einschlägigen Biker-Magazinen wie *Easyriders* in den USA oder *Bikers News* und *Thundercycles* in Deutschland als auch dem Internet entnehmen.

Swappin' Time

Der ganz besondere Harley-Flohmarkt

An Wochenenden – das ist alte amerikanische Tradition – ist „garage sale time". Unzählige Familien tragen alles, was sie nicht mehr brauchen, auf einem großen Tisch im Garten zusammen und hängen das handgemalte Schildchen GARAGE SALE daran – eine beliebte und ungemein billige Einkaufsquelle für Leute, die nicht allzuviel Geld haben – und das sind eine ganze Menge.

Jeans für zwei Dollar, ein Paar (fast) neue Tennisschuhe für einen Dollar, Plastik-Kaffeetassen für zehn Cents das Stück, Blusen und Röcke für maximal einen Dollar. Radios, Fernseher, Waschmaschinen (with minor defects ...) sind ebenso zu finden wie Wasserbetten, Möbel, Bücher – kurz, der ganze Krimskrams, der im Laufe der Zeit in jedem Haushalt zusammenkommt.

Nur Harley-Teile gibt es nicht. Und da ist der Bedarf groß, denn nicht jeder kann es sich leisten, für eine gerade verlorene Zierblende der FLH-Batterie 56 Dollar beim Händler hinzublättern. Dinge, die nicht unbedingt neu sein müssen, die sich jedoch in „useable condition" befinden, sind stark gefragt. Manche Harley-Dealer haben dem längst Rechnung getragen und entsprechende „Wühltische" in ihre Läden gestellt, aber natürlich haben sie die besten Sachen längst für sich herausgesucht. Und deshalb gibt es die „swap meets" (Tauschtreffen).

Etwa einmal im Monat findet bei Kittys Custom Cycle in Chickasaw Springs an der Golfküste eine solche Swap Meet statt. Dort wird von Brother zu Brother und von face to face gehandelt – ohne Umweg über Registrierkassen und Buchhaltung sowie unter Ausschluß des Governments, das sonst überall mit mindestens 8% „fucking sales tax" dabei ist.

Natürlich muß man sich ein bißchen auskennen und über die unzähligen Unterschiede für Teile aus der so wechselhaften Harley-Fertigung über die Jahre hinweg Bescheid wissen, damit nicht etwa falsche Bremsschuhe, Gabelrohre, Zahnkränze, Kupplungszüge, Brakelines, Dichtungen, Auspuffrohre oder Zylinder eingekauft werden, die zwar gleich aussehen, aber nur dann passen, wenn man exakt das richtige Modell erwischt.

Andererseits ist es immer eine gute Gelegenheit, seine alten oder auch nicht benutzten Teile loszuwerden, für die die Händler bestenfalls Schrottpreise zu zahlen bereit sind. Biker sind Realisten. Wer zuviel verlangt, verkauft nichts, und so sind die Preise relativ niedrig. Bis auf solche Sachen wie Panhead-Motoren und -Getriebe und „stock rigid frames" – da gibt's nichts zu handeln, sie sind im Nu verkauft.

Das Sortiment auf Kittys Custom Cycle Swap Meet ist breit gefächert, immer mehr Pickups und Vans sowie ausgediente Omnibusse treffen schon am frühen Vormittag ein – manche von weither und über Nacht unterwegs –, und alle sind mehr oder minder vollgestopft mit Harley-Zeugs. Oldtimer-Schrott ist da ebenso zu finden wie Werkzeuge (teils geklaut ...), Jewelry, Leather Crafts und all die Biker Goodies, die so ein Treffen zum Paradies für Bastler und Sammler machen.

Kittys Custom Place ist für so eine Swap Meet ideal gelegen – leicht zu finden am schnurgeraden Highway 90, Nachbarn – soweit vorhanden – sind ein paar mobile homes, eine upholstery und ein Body Welding Shop (Reparaturwerkstatt), weit entfernt in den Kiefernwäldern, die den vierspurigen Highway umgeben. Klugerweise verzichtet Kitty auf jegliche „gate charges" (Eintritt), und die Setups sind kostenlos. Sie erinnert sich nur zu genau an das eine Mal, wo sie es wagte, einen ganzen lächerlichen Dollar Eintritt zu nehmen (dafür Essen frei): Es dauerte fast ein halbes Jahr, bis all die verärgerten Biker wieder auftauchten. Jetzt verlangt sie „Twodollarfifty" für Mamas Burger Plate, einen Dollar für den Teller Chili Beans und „Onedollarfifty" für Hotdogs. Und jedermann ist zufrieden, braucht ja nix zu fressen, wer nicht will ...

Squeeky kommt mit seiner klapprigen, blauweißen 1970er FLH, die schon mehrere Male Rat Bike Contest Winner war. Aus seinen Plastik-Saddlebags, die windschief und mit Strapsen zusammengehalten links und rechts herunterhängen, tropft es verdächtig. Natürlich sind sie wie alle Harley-Packtaschen unten durchgescheuert, und bald bildet sich eine große Lache. Die Zuschauer grinsen wissend: Eis ist da drin, das in der Hitze schnell schmilzt, aber die hineingestapelten Bierdosen schön kühl hält. Squeeky verkauft die Dose für einen Dollar hinter den Büschen, denn es ist streng verboten, Alkohol ohne Lizenz (auch auf Privatgrund) zu verkaufen – und die kostet 10.000 Dollar. Aber zum Verschenken ist das dreiprozentige Rülpswasser doch zu schade. Squeeky muß nur Obacht geben, daß der Sheriff, der draußen an der Straße lauert, die Geldscheinchen nicht sieht, trinken darf man sein Mitgebrachtes immerhin (wenn auch nicht überall). Sind die Saddlebags leer, rattert Squeeky wieder los und holt Nachschub im nächsten Piggly Wiggly Store, nicht ohne jedesmal sein ID (Personalausweis) vorzuzeigen – so will es das Gesetz –, und wer unter 21 ist, hat keine Chance ...

Gegen ein Uhr in der drückendsten Mittagshitze trudelt die Band mit ihrem uralten Chevy Pickup ein, auf dem sie wie auf einem Trödlerkarren ihr Equipment transportiert. Der Pickup war wieder einmal zusammengebrochen – Leaking Waterhose – und ein wenig später war's dann noch ein flat tire, und bis alles notdürftig mit Duct-tape und Kaugummi repariert und abgedichtet war, hat Dany, den Drummer, der Hitzschlag getroffen (it's over now ...). Immerhin haben sie die 240 km von Leakesburg auf miserablen Country Roads in knapp vier Stunden geschafft und sind jetzt auch entsprechend müde; das viele Bier gegen die Hitze und der ganze shit – but: hell yeah – here they are! Kitty hat ihnen einen verrosteten Flachhänger als Bandstage vor den Laden gestellt, spärlich beschattet von zwei verdorrten Pinien. Der ganze Krachladen ist in knapp einer halben Stunde zusammengestöpselt, verdrahtet, getrimmt und verkabelt, die Speaker aufgetürmt – „check – check – check ..." haucht Meatloaf ins Mike, und dann geht's auch schon los, mit Höllengetöse – sechs Mann hoch, und die kreischenden Gitarren kopieren Jimmy Hendrix – die Jungs sind schon große Klasse.

Nach und nach finden sich alle örtlichen Biker-Typen ein. Tomato Juice zum Beispiel mit dem unbeschreiblichen Bierbauch, den er zu einer riesigen Halbkugel aufblähen kann. Ihm (oder besser: seinem Bauch) zu Ehren veranstaltet man stets einen vielbelachten Belly Contest – und er gewinnt ihn immer.

Zur allgemeinen Aufheiterung hat Kitty übers Wochenende für 50 Dollar eine Dunking machine gemietet – bezeichnenderweise von einer Methodistenkirche, die im Kleingedruckten ihres Mietvertrags vorsorglich jegliche „unmoralische" Handhabung untersagt. Das Vergnügen kostet einen Dollar für drei Basebälle. Da muß man schon genau zielen, um aus knapp acht Metern Entfernung die kaum 10 cm große Zielkelle zu treffen, die den Schnapphaken-Mechanismus auslöst, der – per Drahtseil über Rollen gelenkt – Kitty von ihrem unsicheren Sitzbrett kippt und in den unter ihr befindlichen Zehn-Kubikmeter-Wassertank platschen läßt. Nicht jedem gelingt das auf Anhieb, aber wenn, ist das Gejohle groß, und die hoch aufspritzende Wasserfontäne, in der Kitty blitzartig verschwindet, bringt auch den Zuschauern ein wenig Abkühlung. Wer das mit einem Wurf schafft, ist der King-

Kong und darf ein Bier ausgeben; wer es überhaupt nicht schafft, der rennt schon mal schnell zur Kelle und löst sie mit der Faust aus, was zwar gegen die Spielregeln ist, aber der Überraschungseffekt ist jedesmal riesig.

Es stehen zwar noch mehr Spiele auf dem Programm, ohne das eine richtige Swap Meet nicht zu denken ist, aber bei der dampfigen Hitze läßt die Beteiligung rasch nach, und jeder sucht sich ein schattiges Plätzchen und vermeidet jede unnötige Aktivität.

Das in Mengen konsumierte Bier tut ein übriges, und so zerfließt jegliches Tun im Zeitlupentempo – everything slows down. Bis auf die unermüdliche Band. Die drischt, um Versäumtes nachzuholen, unverdrossen und schwitzend auf ihre Instrumente ein – wo die Burschen nur ihre Energie herholen?

Wie der Autor aus eigener Erfahrung weiß, geht eine Swap Meet natürlich nicht ganz ohne Obrigkeit vonstatten. Viele Biker haben es immer wieder erlebt: sobald sie sich irgendwo versammeln, laufen im PD (Police Department) die Telefondrähte heiß. Mal sind es die Nachbarn (also alles im Umkreis von 25 Meilen), mal aufgeregte Eltern, die sich Sorgen machen, daß ihre minderjährigen Kinder an diesen Veranstaltungen teilnehmen, mal sind es örtliche Behörden oder verängstigte Autofahrer, die den Sheriff alarmieren, daß wieder mal Horden von Hells Angels unterwegs sind (egal ob es nun wirklich Hells Angels sind oder nicht) und auf jeden Fall Schlimmeres zu erwarten sei. Der Sheriff kennt natürlich die Hysterie mit dem Hells-Angels-Getue, aber er hält es doch für richtig, einen Patrol Car direkt vor der Swap Meet am Straßenrand zu postieren, um die ganze Angelegenheit gewissermaßen im Auge des Gesetzes zu behalten. Die Biker sind's gewöhnt und kümmern sich nicht weiter drum.

Gegen drei Uhr nachmittags kommt ein weiterer Police Car, und zwei schwerbewaffnete, fette Deputies stapfen mißmutig durch die feixende Menge, die ihrer Rockband zugrölt, die gerade zum 27ten Mal „Born to be wild" in den seltsamsten Variationen intoniert, und verschwinden in Kittys Kruschtladen. Zwei Girls, die sich unter Verrenkungen ihre blanken Busen am Windstrahl eines großen Ventilators kühlen, können eben noch hinter die Theke verschwinden.

„Wir haben 'ne Beschwerde gekriegt von den Leuten aus der Siedlung, daß die Musik zu laut und anstößig sei."

Sprachen's und stapften wieder hinaus. Trotzdem – die Band brüllt weiter in die Verstärker: „More obscenity – more obscenity!" Die Deputies verlassen finsteren Blickes den Schau- und Hörplatz des anstößigen Spektakels. Sie haben (leider noch) keine Möglichkeit, das ärgerliche Treffen dichtzumachen und ein paar von den sichtlich besoffenen und gedopten Oberschreiern wegen Ruhestörung und Störung des ländlichen Friedens ins Country Jail zu stecken. So geht der Rock 'n' Roll mitten in der amerikanischen Provinz und am hellichten Samstagnachmittag – live und mit zweimal 500 Watt – unvermindert weiter.

Kitty, die den kleinen Custom Cycle Shop ganz alleine managen muß, seit ihr Mann wegen Kokainhandel seit zwei Jahren im Knast sitzt, ist verschreckt. Sie hat normalerweise ein recht gutes Verhältnis zu den Sheriffs, und sie braucht deren Schutz und Wachsamkeit, denn meist sitzt sie mit ihren zwei Babies allein im Laden, der recht einsam und weit entfernt von den nächsten Nachbarn am Highway gelegen ist. Das Geschäft läuft ohnehin nicht besonders gut, an manchen Tagen verdient sie kaum 20 Bucks, und ab und zu auch gar nichts – aber jeder weiß, wo und wie die altmodische Registrierkasse zu knacken ist. So ist sie immer erleichtert, wenn der blau-graue Patrol Car draußen vorbeifährt und der Officer ihr zuwinkt.

Und jetzt steht so ein Patrol Car schon seit einer Stunde vorne am Straßenrand, und sie weiß nicht mal, wer drin sitzt und was der Typ eigentlich will. Man sieht ihn ständig in sein Funkgerät sprechen, weswegen Kitty ein ungutes Gefühl hat.

Die Rockband tobt unermüdlich auf ihrer schwankenden Stage, wird zur Abkühlung mit Wasser (unter anderem) übergossen (wobei die Gitarre leider auch etwas naß wird), und leere Bierdosen landen mehr oder minder gezielt auf dem schnell anwachsenden Müllhaufen, der sich in der Mitte des überfüllten Platzes auftürmt. Jemand gießt eine Kanne Benzin drauf, ein anderer wirft ein brennendes Streichholz rein, und im Nu steht der halbe Partyplatz in meterhohen Flammen, unmittelbar neben den dicht geparkten Bikes – but who cares?

Die Party beginnt langsam außer Kontrolle zu geraten. Abseits und versteckt hinter Autowracks und Holunderbüschen wird heftig Dope geraucht, und der unverkennbar süßlich-brenzlige Geruch mischt sich mit den Hamburger-Düften von Mamas Grill. Da wird's nicht lange dauern, und ein paar Undercover Agents vom Drug Enforcement werden ihre Handcuffs rausziehen. Wenn das nur gutgeht! Mit Schrecken denkt Kitty an den bösen Ausgang der legendären May Swap Meet nicht weit von hier in Louisiana, wo es zu einer wilden Schießerei unter den Bikern kam, und die Sheriffs machten den Laden kurzerhand dicht und warfen die halbe Gesellschaft ins Gefängnis. Es gibt immer wieder Typen, denen alles egal ist und die sich keinen Deut um Vorschriften, Law and Order oder gar gutes Benehmen scheren.

Die Party droht aus dem Ruder zu laufen, und die Polizisten sind in Alarmbereitschaft. Aber Kitty weiß sich zu helfen. „Closing time!" schreit sie in die rumorende Menge – „wer noch was braucht, soll sich beeilen!" Ein paar Brothers torkeln noch mit stierem Blick herum, wissen aber nicht mehr, was sie eigentlich wollten. Die meisten aber sind ohnehin der Sache müde, sammeln ihre total verdreckten Rug Rats – die lieben Kleinen – ein und schmeißen ihre Öfen an. Hinten im Lager tobt und kläfft schon der schwarze Dobermann, noch fest an der Kette, weiß er doch, daß es nun bald Zeit für ihn ist, den Laden zu bewachen und jeden zu zerfleischen, der in sein Hoheitsgebiet eindringt. Frank, der Präsident der Southern Coyotes weiß wieder mal, wo's lang geht: – „Hey Bro's, let's go, see y 'all at the Crazy Horse Saloon!"

Die Parole spricht sich schnell herum, und so macht sich Gruppe um Gruppe auf – mit brüllenden Motoren, die „chicks" hoch hinten an der Sissy-Bar, die Beine wie Grasshoppers hochgewinkelt –, um zum abendlichen Partytreff zu krachen. Gelegenheiten zum Beisammensein wie heute bieten sich nicht oft. Die Bullen haben's natürlich auch mitgekriegt, und das PD schickt ein paar Patrol Cars vorsorglich zum Crazy Horse, dem wieder mal eine heiße Nacht bevorsteht.

Gegen 6 Uhr – die glutspeiende Sonne steht schon tief im Westen, genau über dem endlosen Highway 90 – verlassen die letzten Biker und Pick Ups knallend und mit überdrehten Motoren den sandigen Platz, der übersät ist mit Bierdosen, Papptellern, weggeworfenen Speiseresten und verbrannten Abfällen. Kitty, Mom und Dad zählen die paar Extrabucks, die sie heute gemacht haben – viel ist's nicht, aber es langt wieder mal, um die dringendsten Rechnungen zu bezahlen, Miete und Zinsen für den kleinen Laden, die gottverdammte Phone Bill und natürlich die Utilities – runde 200 Dollar für Strom und Wasser. Und gerade noch, um 50 neue T-Shirts im verfemten Biker Black und mit den ganz irren, neuen Harley-Designs zu ordern.

Statement der Company:
Dieser Artikel ist ein Szene-Porträt bei einer ganz bestimmten Swap Meet und steht nicht stellvertretend für alle Swap Meets. Diese Tauschtreffen werden nicht von der Harley-Davidson Motor Company unterstützt.

27
devil
SOGEREC ASSURANCES
AFAM

Sports

Drag Races

Hölle auf Rädern

Einer der ersten Dragster aus den 50er Jahren steht in Dale Walkslers Wheels Through Time Museum in Mount Vernon, IL.

(Bes.: Dale Walksler/Wheels Through Time Museum, Mount Vernon, IL/USA)

Wer einmal dabei war, wird es nie vergessen, und wer einmal selbst mitgefahren ist, wird wahrscheinlich nie mehr davon loskommen: Dragster-Rennen, auch Sprints genannt – die wahnsinnigste Form, sich fortzubewegen. Vom Stand weg auf Höchstgeschwindigkeit zu beschleunigen, um eine genau festgelegte Strecke in Rekordzeit zu durchfahren, ist eine elementare Herausforderung an Mensch und Maschine und die wohl ursprünglichste Form des Motorradsports. Brutalste Kraftentwicklung und Höchstgeschwindigkeit stets am Limit kontrolliert zu beherrschen entspricht dem menschlichen Urtrieb nach Leistung, Wettbewerb und Erfolg in unvergleichlicher Weise. Motorrad-Dragster-Rennen sind ohrenbetäubende Höllenspektakel der Selbstverwirklichung, und kein anderer Motor übt dabei eine solche Faszination auf Techniker, Fahrer und Zuschauer aus wie der urtümliche, großvolumige Harley V-Twin, der hier bis an seine Grenzen ausgereizt wird.

Beschleunigungsrennen gab es, seit es Motorräder gibt. Sie entsprachen in idealer Weise den Attributen, mit denen das neue Zivilisationsvehikel belegt wurde: unsicher, gefährlich, selbstmörderisch, waghalsig und wahnsinnig.

So trafen sich an einem frühen Sommermorgen des Jahres 1903 in Frankreich weit außerhalb aller menschlichen Ansiedlungen einige Herren, um ihrer neuen Lust zu frönen und mit ihren Motorrädern, die eigentlich wackelige Fahrräder mit übergroßen Motoren von etwa 350 bis 500 ccm waren, loszukrachen.

Ein bis zwei PS hatten die Geräte, Zündung und Vergasung waren eine einzige Katastrophe, die Kompression gerade mal bescheidene 4 : 1, Lederriemen als Transmission, Reifen aus irgendwelchem Flickwerk gebastelt, und Sicherheit war das Letzte, an das die tollkühnen Piloten dachten. Sie durchrasten die Meile in ganzen 77 Sekunden und erreichten dabei die irrsinnige Geschwindigkeit von 47 mph – 76 Stundenkilometer! Es waren die ersten Dragster-Rennen, und sie waren höchst aufregend.

47 Jahre später wurde in den Vereinigten Staaten der erste Dragstrip in Santa Anna, Kalifornien, eröffnet. Damit hatten die vielen Hot Rodders, die sich bisher auf trockenen Salzseen und dem geteerten Flußbett des Los Angeles River austobten, endlich ein richtiges Zuhause. Sie gründeten die National Hot Rod Association (NHRA) und die Southern California Timing Association (SCTA) als Basen für die vielen neuen Rennstrecken, zu denen auch einige passende Flughäfen gehörten.

Prominente Dragstrips aus den 50er und 60er Jahren waren etwa der Kingdom Raceway in Irvindale – berühmt für seine Run-What-You-Brung-Rennen, der jedoch einem Industriegelände weichen mußte und auf dem heute eine Brauerei steht – oder der LADS (Lion Associated Dragstrip) von Famosa bei Bakersfield, den es heute auch nicht mehr gibt, und der bekannte Dragway von Pomosa. Neben diesen frühen Sprintstrecken in Kalifornien gab es sie bald überall: Acto in New Jersey, Oklahoma City, Indianapolis, und Akron, Ohio, gehörten mit zu den ersten; Bowling Green, Kentucky, wurde wegen ständiger Krawalle 1978 wieder geschlossen. Heute, Ende der 90er Jahre, gibt es insgesamt über 70 offizielle Dragstrips und jede Menge inoffizielle dazu.

Die meisten sind für die klassische Viertelmeilen-Distanz (1.320 Fuß oder 402,33 m) gebaut, es gibt aber auch die für die Achtelmeile (660 Fuß oder 201,16 m). Die alten Dragstrips hatten noch keine moderne elektronische Ausrüstung mit „Christmas Tree“, Lichtschranken und Computersteuerung. Das war Aufgabe des Flagman am Start und zweier oder mehrerer Flagmen am Ziel. Gemessen wurde mit der Stoppuhr, und man fuhr so lange gegen die Zeit, bis die beiden Schnellsten feststanden, die dann in der Endausscheidung gegeneinander antraten.

Zunächst wurden nur wenige Motorräder speziell für Beschleunigungsrennen gebaut, denn meist fuhr man mit dem Motto: Run What You Brung – „Fahr mit dem, was du mitbringst“. Die Motorräder

der frühen Zeit waren noch recht primitiv: Starrrahmen (hard tails) mit Springer- oder Girder-Gabeln. Neben den etwas moderneren englischen Singles und Twins von Norton, BSA, AJS und einigen getrimmten Vincents waren es vor allem die Harleys mit den UL- und K-Motoren, die gegen die immer beliebter werdenden, schnellen japanischen Zweitakter – speziell gegen die Yamaha RD 350 und 400 – antreten mußten. Es war ein ziemliches Durcheinander. Auch Roller (scooters) rannten mit: Cushman, Mustangs, Vespas und Lambrettas. Der schnellste war übrigens eine Zündapp Bella mit 70 mph (112 km/h). Die Teilnehmer zahlten üblicherweise einen oder zwei Dollar Eintrittsgeld, um in der Motorcycle Class starten zu dürfen. Darunter verstand man alles, was auf zwei Rädern fuhr.

Im Fuel Age – etwa bis Mitte der 60er Jahre – benutzte man meist (Flug-) Benzin für die Fuelers und Top Fuelers. Nur einige Piloten, Leo Payne etwa, beherrschten auch andere Kraftstoffe wie Methan oder Nitro, ohne daß ihnen ständig die Motoren um die Ohren flogen. (Payne legte sehr genaue Tabellen mit Luftdruck, Temperatur und Luftfeuchtigkeit zur richtigen Bedüsung an.)

Zu dieser Zeit wurde auch die Kluft zwischen den preiswerten Japanern und den teuren Viertaktern immer gravierender, und die NHRA sah sich genötigt, sich etwas intensiver mit den Motorrädern zu beschäftigen. Die Motorrad-Dragster zogen immer mehr Sponsoren an, doch Harley-Davidson zeigte sich nach wie vor nicht interessiert. Bei den Viertaktern dominierten bald Hondas die Szene – Russ Collins etwa mit seiner CB 750 und später auf der legendären „supercharged“ Doppel-Honda-Four. Immerhin unterstützte Harley dann doch einige Top-Fuel-Spezialisten, wie zum Beispiel Joe Smith mit seinem Doppel-V-Twin Top Fueler oder Anson „Campi“ Holley mit seinem A-Fueler.

Nach und nach bildeten sich verschiedene Kategorien – sogenannte Klassen – heraus, die sich in die „Professionellen“ (PRO), die „Sportsman“- und die „Straßen“-Klassen einteilen. Bald wurde es außerordentlich schwierig, sich in dem Gewirr von Klassen, Regeln und Organisationen noch zurechtzufinden, zumal Harley-Dragster sich wettbewerbsmäßig in einer völligen Außenseiterrolle befanden. Zwangsläufig etablierten sich bald eigene Harley-Dragster-Organisationen, die sich – oft wenig effektiv und untereinander zerstritten – gegenseitig Konkurrenz machten. Vor allem von der großen „Mutterorganisation“ aller Rennfahrer, der AMA, bekamen sie nahezu gar keine Hilfe, und auch die Nationalen Hot-Rod-Vereinigungen neigten eher dazu, ihre eigenen Süppchen zu kochen, als sich um die Harley-Dragster zu kümmern.

Es bleibt ziemlich unbegreiflich, warum sich Harley-Davidson bei dieser Motorradsportart, die wie keine andere dem Mythos aus Milwaukee entspricht, bis heute weitgehend verweigert. Harley-Drags sind die absolut spektakulärsten derartigen Veranstaltungen weltweit, und sie haben die treuesten Anhänger dieser Marke unter Rennfahrern und Zuschauern. Dragster-Zubehör sowie spezielle Rennteile waren bei Harley-Davidson nicht zu bekommen, die mußten sich die Sportsfreunde woanders besorgen, und bald gab es für den schnell wachsenden Bedarf eine Menge Spezialisten, die sich von Edelschraubern zu innovativen Klein- und nicht selten auch Großbetrieben entwickelten. Es wurde ein nahezu unerschöpflicher Markt von inzwischen gewaltigen Ausmaßen. Eine – sicher unvollständige – Auflistung einiger bedeutender Firmen von Dragster-Komponenten mag das verdeutlichen.

Dank ihrer ständigen Weiterentwicklung und dem ungebremsten Engagement unzähliger Techniker, Mechaniker und „Testfahrer“ bewegt sich heute die magische Grenze der Rekordzeit für Harley-Dragster in der Top-Fuel-Klasse im Tausendstelsekunden-Bereich zwischen sechs und sieben Sekunden für die Viertelmeile. Die überdimensionierten V-Twin-Hochleistungsaggregate haben allerdings außer dem berühmten Namen nichts mehr mit einer originalen Harley gemein.

Bekannte Zulieferer aus dem High Performance Harley-Dragster-Bereich

S & S Products	Truett & Osborn
Drag Specialties	Custom Chrome
Primo Products	Paughco Inc.
Truett Frame Works	Whites MC Supply
Andrews Products	Jammer Cycle Products
Axtell Sales	Delcron
Hall Engeneering	Advanced Racing Technology
Sifton MC Products	Edelbrock Corp.
Manley	Rev Tech
Performance Machine	Rivera Engeneering

Die Macher der Sanktionen

Dragster-Rennorganisationen

Klassen der Rennorganisationen

IDBA-Klassen
Pro-Klassen: Top Fuel, Super Elim, Pro Comp, Pro Stock
Sportsman-Klassen: Ultra Stock, Mod Comp, Stock Comp

DRAGBIKE-Klassen
Pro-Klassen: Super Elim, (Top Fuel), Pro Stock, Pro Comp, Pro Dragster
Sportsman-Klassen: Comp Elim, Mod Elim, Stock Elim

NMRA-Klassen
Pro-Klassen: Top Fuel, Super Elim, Pro Stock
Sportsman-Klassen: Pro Comp, Comp Elim, Mod Elim, Stock Elim, Combo Elim E.T. Elim, Youth Elim

HDRA-Klassen
Pro-Klassen: Top Fuel, Pro Fuel, Pro Stock, Pro Dragster, Pro Gas
Sportsman-Klassen: Modified Series, Street Eliminators

AMRA-Klassen
Top Fuel, Super Pro Fuel, Pro Fuel, Top Gas, Pro Stock, Pro Modified, Modified, Super Stock Big Twin, Super Stock Sportster, Three Wheel, Dresser, Stock A, Stock B, Eliminator Class

PROSTAR-Klassen (offen für Harleys und Nicht-Harleys)
Top Fuel, Top Fuel (Harley only), Pro Comp, Pro Dragster, Pro Stock Harley

Historische und aktuelle Motorrad-Dragster-Rennorganisationen in den USA und ihre Spezifikationen:

Die AMDRA (American Motorcycle Drag Racing Association, Roy Strawn, Atco Raceway, New Jersey) wurde in den späten 60er Jahren gegründet und veranstaltete die US-Nationals. Trotz enger Zusammenarbeit mit der NHRA (National Hot Rod Association) wurden die organisatorischen und finanziellen Probleme immer größer, die AMA stellte sich quer, und immer mehr kleinere Gruppen und Organisationen spalteten sich ab. 1977 gab die AMDRA auf. Eine ihrer Splittergruppen war die in den Südstaaten beheimatete IDBA (International Drag Bike Association, Wayne Molpus, später Tony Lee, Mount Olive, Alabama), bekannt für ihre Iron Man Nationals und eine spezielle Funny-Bike-Klasse, in der jedoch kaum Harleys zu finden waren.

Zum besseren Verkauf seiner Zeitschrift *Dragbike* (1973–1976) gründete Herausgeber Tom Loughlin 1977 in Utica, New York, die gleichnamige Rennorganisation und veranstaltete jährlich 10 nationale und 25 regionale Dragster-Rennen. Jim Milsted führte 1979 als technischer Direktor neue Regeln ein und dazu eine „Youth Elim" für Kinder von 8-16 Jahren auf Maschinen bis 125 ccm.

1979 kündigte die NHRA (National Hot Rod Association) eine neue „subdivision" für Motorräder an: die NMRA (National Motorcycle Racing Association unter Jim Harris, ehemaliger technischer Direktor der AMDRA, York, Pennsylvania). Als offizielle Nachfolgerin der AMDRA veranstaltete die NMRA acht nationale Dragster Events für Motorräder, zwei davon in Verbindung mit Auto-Dragster.

Sie entwickelte neue Sicherheitsbestimmungen und gab eine eigene Publikation als Clubzeitung heraus, die *National Dragster* hieß. Unter ihrem späteren Präsidenten Dane Miller billigte die NMRA eigene Klassen:

1977 organisierte Red Roberts mit Darrell Flowers in Texas eine neue Art von Harley-only-Dragster-Rennen. Nach einigen Mißerfolgen wurde 1987 daraus die HDRA (Harley Drag Race Association), die 1993 von Dane Miller und Ace Paschal übernommen wurde und mit Genehmigung von Harley-Davidson in AHDRA (All Harley Drag Racing Association) umbenannt wurde.

Hinzu kommt eine ganze Reihe von nicht minder attraktiven Sponsorenläufen: Quick Throttle Top Fuel für die schnellsten Top-Fuel Nitro-Methan-Harleys mit über 400 PS und Zeiten von etwas mehr als 6 Sekunden sowie Geschwindigkeiten über 200 mph (320 km/h), Red Line Oil/Zippers Modified Series, Pingel E.T.-Series für Street Racers und zusätzlich die Aktivitäten des AHDRA Junior Fan Clubs. Zusätzliche Anreize bietet die AHDRA mit ihren King of the Hill- und Queen of the Hill-Wettkämpfen.

Die AMRA (American Motorcycle Racing Association, Itaca, Illinois) veranstaltet seit etwa 1995 die All Harley Drags.

Zum Schluß noch eine Neugründung: Ab dem Jahr 1992 konstituierte sich aus der IHRA (International Hot Rod Association) mit Fred Hamilton, Joe Sway und Jerry Byers die PROSTAR mit folgenden (gemixten) Events:

Sportsman Nationals, Thunder Nationals, Orient Express US Nationals, Gulf Coast Nationals und schließlich die Pro Cycle & Water Sport World Finals.

Ergänzt werden diese Races durch diverse Sponsorenläufe, wie zum Beispiel den Orient Express Shootout, den Vance & Hines Super Gas Series, den Star Racing Top Gas Series, den HPC Super Modified Series und den Mikuni Super Gas Series.

Dazu einige Erläuterungen:

Sanktionierte Rennveranstaltungen stehen für offiziell anerkannte nationale und internationale Rekorde, Punktewertungen und ansehnliche Preisgelder. Ihre Regeln sind kompliziert und werden streng überwacht.

Nicht sanktionierte Rennveranstaltungen, auch Outlaw Races genannt, dienen eher dem Testen und Erproben und natürlich dem Spaß lokaler Enthusiasten, die sich die kostspielige Teilnahme der sanktionierten Events nicht leisten können oder wollen.

Die Wettbewerbsbedingungen und Regeln sind jedoch grundsätzlich für beide Formen von Rennveranstaltungen dieselben, außerdem gibt es auch ansehnliche Preisgelder zu gewinnen.

Terminologie

Fuel = alle Arten von Kraftstoff erlaubt
Gas = nur Benzin erlaubt
Pro = professionelle Rennfahrer (Lizenz)
Stock = weitgehend unveränderte Straßenmaschinen
Elim = Eliminations
Modified = technisch verändert
Combo = Gespann
Mod = Modified
Comp = Competition (Wettbewerb)
E. T. = Elapsed Time (tatsächlich gefahrene Zeit zwischen zwei Meßpunkten)

Aus den Anfängen unter Red Roberts (linke Seite, ganz oben) entwickelten sich im Laufe der Jahre mehrere reine Harley-Dragster-Organisationen. Die Vorbereitungen und Läufe der Top-Fuel-Klassen gehören bei jedem Event zu den spektakulärsten Augenblicken.

Die wichtigsten Klassen

Start des schnellsten Harley-Davidson-Dragsters von Europa: Werner „Krüsi" Sohm mit seinem Nitro-Methan-Kompressor Top Fueler (2.250 ccm/500 PS).

Professionelle Klassen (PRO) benötigen eine spezielle Lizenz der sanktionierenden Organisation und sind mit vielen Auflagen und Sicherheitsbestimmungen versehen. Alle PRO-Klassen-Fahrer starten „head on", also zur gleichen Zeit, mit einem „pro christmas tree", das heißt vor dem Aufleuchten des grünen Startlichts blinken alle fünf Gelblichter zusammen nur eine Drittelsekunde lang auf.

Demgegenüber können die Teilnehmer in den Sportsman-Klassen mit einem normalen Handicap-Verfahren gegeneinander starten. Das heißt, daß dem langsameren Fahrer eine entsprechende Vorstartzeit gegeben wird. Fahren beide genau im Zeitlimit ihrer angegebenen Dial-in-Zeiten, müßten sie theoretisch gleichzeitig am Zieleinlauf ankommen. Hier sind also Gleichmäßigkeit, kurze Reaktionszeit und die richtige Zeitvorgabe entscheidend.

In den Sportsman-Kategorien werden die Motorräder in Klassen nach Verhältnis von Gewicht und Kubikinhalt eingeteilt. Beim Bracket Racing werden die Motorräder zwar nicht nach ihrem Gewicht-Kubik-Verhältnis eingestuft, es wird aber wie bei den Sportsman-Klassen nach dem Dial-in-Verfahren mit E. T.-Vorgabe gestartet. Für die Zuschauer sind diese Läufe weniger attraktiv, weil sie aufgrund der unterschiedlichen Starts nicht erkennen können, wer vorn liegt. Die Pro-Stock-Klasse ist eigentlich eine professionelle Klasse, die 1974 unter der Schirmherrschaft der NHRA von der AMDRA eingeführt wurde. Sie hat zwar kein gänzlich neues Konzept, wurde aber abgesegnet und sofort begeistert aufgenommen. So sind in den Pro-Stock-Eliminator-Klassen alle nur denkbaren Motorumbauten erlaubt, wenn nur das äußere Erscheinungsbild eines käuflichen Standard-Motorradmodells weitgehend gewahrt bleibt. Originalrahmen und Kubikbeschränkungen sind obligatorisch. Pro-Stockers haben die heißesten Aggregate in ihren Motorrädern und sehen wie ein normales „Jedermann-Bike" aus.

So ist es verständlich, daß die Zuschauer eines Rennens von ihren Sitzen springen, wenn zwei gleich starke Konkurrenten gegeneinander antreten, besonders wenn der eine davon eine Harley-Davidson fährt und der andere ein japanisches Motorrad. Meistens allerdings gewinnt der Japaner. Siegt aber die Harley, ist der Jubel unbeschreiblich ...

Grundregeln

Typische Startanlage mit Christmas Tree und dem Startpersonal (links). Startvorbereitungen eines Dragsters der Sportsman-Klasse (rechts).

• Mandatory Rules – generelle Vorschriften:
Das Motorrad muß Bremsen haben, Kettenschutz und vor allem den Deadman's Kill Switch, der durch einen „snap on throttle" die Zündung unterbricht, wenn etwas passiert. Der Fahrer muß mit Helm, Lederanzug oder Lederjacke, Handschuhen und festem Schuhwerk ausgerüstet sein.

• Tech Inspection – Technische Abnahme:
Zunächst muß die Tech Card genau ausgefüllt werden. Dann folgt die technische Inspektion nach den Auflagen für die jeweiligen Klassen. Kommt es zu Unstimmigkeiten oder Rekorden, ist die Richtigkeit der Angaben auf der Tech-Card ausschlaggebend.

• Staging Area/Staging Lanes – Aufstellung:
Hier müssen alle Teilnehmer ihre rennfertigen Motorräder in der jeweiligen Reihe der entsprechenden Klassen aufstellen und bis zum Aufruf ihrer Klasse warten.

• Burnout Area:
Das spektakuläre Burnout soll die Straßenreifen von Dreck und kleinen Steinchen befreien und bei den Rennreifen vor allem für bessere Haftung sorgen. Es gibt drei Arten des Burnout: den nassen (wet burnout), wo etwas Wasser für das bessere Anrollen des Hinterreifens sorgt, den trockenen (dry burnout) und den Bumper Burnout, bei dem sich das Bike mit dem Vorderrad an einen Pfosten preßt.

• Der Christmas Tree – die Startanlage:
Der von Chrondek entwickelte „Weihnachtsbaum" hat für jede der beiden parallel laufenden Strecken ein komplettes Lichtanzeige-Startsystem: oben die lichtschrankengesteuerten Vorstart- (pre staging) Lichter, darunter die Startbereitschafts- (staging) Lichter, dann fünf untereinander angeordnete gelbe „Achtung"-Lampen, die im Drittelsekundentakt bis zum Go, dem grünen Startfreigabelicht, ablaufen. Darunter befindet sich das rote Foul-Licht, das einen Fehlstart anzeigt.

• Die ET-Lichtschranke:
Zusammen mit der elektronisch gesteuerten Startlichtanlage befindet sich unmittelbar hinter dem Christmas Tree in Bodenhöhe die ET-(Elapsed Time) Lichtschranke. Sie wird vom durchfahrenden Vorderrad ausgelöst und mißt exakt die Zeit bis zur zweiten ET-Lichtschranke am Ende der Meßstrecke. Fährt man zu früh los, wird der ET-Vorgang abgebrochen, und das Rotlicht („foul" für ungültig) zeigt den Fehlstart an. Die Zeit zwischen dem Grünlicht und der ersten ET-Lichtschranke wird als Reaktionszeit (reaction time) gemessen. Befinden sich die beiden Maschinen vorschriftsmäßig in der Staging-Phase, löst der Starter den Startcomputer aus, der nun den gesamten Startvorgang automatisch weiterführt. In dieser Zeit ist keine Korrektur der Positionen mehr möglich.

• Time Slip Booth – der Ergebnis-Ausdruck:
Egal ob Grün- oder Rotlichtstart, jeder Fahrer erhält nach dem Lauf auf dem Weg zurück ins Fahrerlager seinen Time Slip, den Ausdruck seiner gefahrenen ET-Zeit, der Reaktionszeit und der Endgeschwindigkeit. Die gesammelten Daten aller Time Slips dienen als Berechnungsgrundlage für alle weiteren Starts und vor allem für Rekordläufe. Auch beim Dial-in der eigenen Zeitvorgabe sind die Time Slips unerläßliche Entscheidungshilfen.

• Dial-in:
Als Dial-in bezeichnet man die eigene Zeitvorgabe, die jeder Fahrer vor dem Lauf dem Auswerter mitteilt, der sie als „dial in time" in den Computer eingibt. Je näher der jeweilige Lauf an diese Zeitvorgabe heranreicht, desto besser sind die Siegeschancen gegenüber dem Konkurrenten auf der anderen Bahn. Unterschreitet der Fahrer aber seine Vorgabezeit (ist er also schneller), wird der Lauf als ungültig gewertet.

Dragster-Sport ist nichts für empfindliche Ohren. Für die wahren Harley-Freaks aber ist der Sound aus offenen Rohren die schönste Musik der Welt, vorausgesetzt man steht nicht direkt daneben – die Lautstärke kann schon mal 140 Dezibel betragen.

Kraftwerkbau

Dragster-Motor

Das berühmte Top Fuel Doppel-Aggregat von Marion Owens.

Obwohl alle Rennmotoren äußerst komplizierte Maschinen sind, gelten bei den Top-Fuel- und Top-Gas-Harley-Dragstern andere Dimensionen, die in die Grenzbereiche von Verbrennungsmotoren gehen. Die Motoren haben jedoch mit Harley selbst – außer dem 45 Grad V-Twin-Prinzip mit beiden Pleueln auf einem Kurbelzapfen – nichts mehr gemeinsam, und ihre einfach erscheinende Technik funktioniert nur mit einer fast unvorstellbaren Präzision der Fertigung. Bei Dragster-Motoren ist alles gewaltig: riesige Zylinder, übergroße Kolben, überbreite Reifen, irrsinnige Kräfte, wahnsinnige Kosten. Lebt so ein Monster-Aggregat auf, bebt die Erde mit ohrenbetäubenden Explosionen – ein technisches, optisches und vor allem akustisches Inferno, das eher zu einem Kriegsschauplatz paßt als zu einer Sportveranstaltung. Die Treibstoffe – vor allem die Nitro-Methan-Verbindungen – ähneln flüssigen Bomben, und ihre Beherrschung setzt solides Grundwissen und ein peinlich genau eingehaltenes Prozedere voraus. Nitrobefeuerte Motoren können nach dem Start praktisch nur mit Vollgas laufen, jede Gasrücknahme würde sie explodieren lassen. Sollte der Motor vor dem Start ausgehen, darf er nicht sofort neu gestartet werden. Der komplette Treibstoff muß zuvor sorgfältig aus dem gesamten Zufuhr-System entfernt werden.

Die Technik solcher Kraftwerke erfordert extrem hochwertiges Material, das zum Teil aus der Weltraumforschung stammt, wo ähnliche Treibstoffe für den Raketenantrieb verwendet werden.

Top-Fuel-Motoren – sowohl Stroker (Langhuber) als auch Big Bore (Kurzhuber) mit oft über 2.000 ccm Gesamtvolumen – können bis zu 500 PS erzeugen, wobei die Kolbengeschwindigkeit über 40 m pro Sekunde erreicht. Bei bis zu 7.000 Kurbelwellenumdrehungen pro Minute zwingt dies zu einem immer kürzeren Hub, je größer der Hubraum wird.

Da der gesamte Kraftfluß über den Primär- und Sekundärantrieb an der linken Seite läuft, muß der Pleuelzapfen an dieser Stelle besonders fest mit der Kurbelwelle verbunden sein – oft ist er mit ihr verschweißt. Während die Zylinder aus Aluguß bestehen – auf Kühlrippen wurde angesichts der kurzen Betriebszeit verzichtet –, sind die Buchsen aus Spezialstahl gefertigt. Der Kolben hat eine besonders hochwertige Aluminium-Magnesium-Legierung, und die Pleuel sind aus leichtem Titan. Zylinderkopfdichtungen gibt es nicht, da sie dem enormen Druck im Verbrennungsraum kaum standhalten würden. So sitzt Metall auf Metall, fest verschraubt.

Bei der extrem hohen Verdichtung – üblicherweise zwischen 11 : 1 und 13 : 1 – muß dem Entweichen des Drucks überall vorgebeugt werden: Die Kolben haben keine Kolbenringe und tendieren in ihrer Differenz zur Zylinderwand, dem Kolbenspiel, gegen null. Da sich aber Kolben und Zylinder unterschiedlich ausdehnen, wird die Zeitspanne, bis sich der Kolben festfrißt (und dabei den Motor zerreißt), immer kürzer. Seine Lebensdauer beträgt daher kaum ein paar Minuten, und jetzt wird auch das grausame Spiel am Start verständlich, wenn der Gegner absichtlich langsam zur imaginären Lichtschranke, die den Start auslöst, vorschleicht. Pokern nennt man das. Und wer zuviel Zeit beim Vorstart und zuviel Hitze beim Burnout verschenkt hat, für den wird es jetzt eng und zum nervenzerreißenden Abenteuer, ob er den etwa sieben Sekunden dauernden Full Power Run bis zum Ziel noch schafft.

Eine weitere Herausforderung besteht darin, die gewaltige Motorleistung möglichst effektiv auf den Asphalt zu bringen. Eine Komponente dabei ist die mächtige Mehrscheibenkupplung, die in der Regel aus drei bis fünf Scheibenpaaren zusammengesetzt ist. Je weniger Scheibenpaare es sind, um so besser gelingt die Kraftübertragung auf das Hinterrad, das mit einer möglichst breiten Lauffläche ausgestattet ist und einen genau dosierten Luftdruck erfordert. Einstellbare Fliehkraftgewichte erhöhen den Anpreßdruck der Kupplungsplatten – je höher der Motor dreht, desto fester drücken sie die Platten zusammen. Manchmal verschmelzen sie sogar, und der Verschleiß ist dementsprechend groß.

Primär erfolgt der Antrieb über einen breiten Hochleistungszahnriemen, sekundär über eine starke Kette. Das Zweiganggetriebe wird über einen Schalter zusammen mit der Kupplung automatisch betätigt. Ein „shiftlight" zeigt an, wann die Umdrehungen den zweiten Gang erfordern, mit dem übrigens auch das Burnout, das Weichdrehen des Hinterreifens, vonstatten geht.

Die Ölversorgung erfolgt direkt. Vor jedem Lauf wird das Öl oben in die Zylinderkopfdeckel eingefüllt – Verlustschmierung nennt man das. Der schon erwähnte explosive Kraftstoff besteht aus einem streng geheimgehaltenen Gemisch: etwa 95% Nitro-Methan und Alkohol. Eine mechanische Einspritzanlage, die über den Gaszug betätigt wird, regelt die Vergasung des Treibstoffs. Lediglich die Bedüsung ist eine Wissenschaft für sich, die jeder Pilot durch lange Tabellen und ebenso lange Erfahrung selbst ermittelt.

Die Probleme bei den etwa 200 PS starken Top-Gas-Motoren sind ähnlich, nur ist der Treibstoff nicht ganz so explosiv, und die Kräfte sind nicht so brutal. Top-Gas-Dragster haben ebenfalls hoch verdichtete Big-Bore- oder Stroker-Motoren, sind vielfach auf Harley-Sportster-Basis-Typen montiert, und auch bei ihnen werden die Gänge (zwei bis fünf) mit Druckluft geschaltet. Die Zündung

Sowohl auseinandergenommen wie zusammengebaut bieten Top-Fuel-Dragster-Motoren einen imponierenden Anblick. Auf dem Bild unten rechts ist dem Aggregat noch ein von der Kurbelwelle getriebener Lader (Kompressor) vorgesetzt.

erfolgt – wie auch bei den Top-Fuelern – elektronisch, und als Primärantrieb dient entweder ein Zahnriemen oder – wie bei den Sportster-Typen und den Serien-Sporties – eine Triplex-Kette. Die Kupplung ähnelt denen der Top-Fuel-Motore. Als Treibstoff ist nur hoch oktanhaltiges Benzin zugelassen. Abgasbetriebene Turbolader oder mechanisch angetriebene Kompressoren sind als Kraftverstärker allerdings erlaubt. Lachgaszusatz ist verboten – dafür gibt es eine Extraklasse mit differierender Technik.

Eine Sonderklasse für sich sind die Harley-Doppelmotor-Dragster. Nach dem erfolglosen Konstruktionsversuch eines Parallel-Twins von Anson „Campi" Holley in den Sechzigern werden in dieser Klasse seit etwa Mitte der 70er Jahre nur zwei hintereinander liegende Harley-Motoren montiert. Die Doppelmotor-Dragster-Klasse ist eine rein „experimentelle" Klasse mit einem weiten Spielraum zwischen sensationellem Erfolg und permanentem Desaster. Neben den spezifischen technischen Schwierigkeiten muß vor allem die genaue Synchronisation der Motoren übereinstimmen, damit diese sich nicht gegenseitig behindern, sondern ihre Kraft verstärken: ein High-Tech-Abenteuer in jeder Beziehung.

Aber auch die Technik der „modified" Harley-Dragster bietet begabten Bastlern, Tunern und Tüftlern, Konstrukteuren und Technikern ein weites Betätigungsfeld. Die Herausforderung, der Schnellste über eine Viertel- oder Achtelmeile zu sein, wird jedoch in Tausendstelsekunden gemessen, und neue Rekorde werden immer schwieriger. Bis wieder eine völlig neue technische Lösung kommt. Lassen wir uns also überraschen ...

Dragster Events

Eine Viertelmeile kann endlos werden, auch wenn sie in nur wenigen Sekunden durchfahren wird. Zuschauer und Fahrer erleben dabei den Kick unvermittelter Adrenalin-Schocks.

Viele Spezial-Rennveranstaltungen entstanden im Umfeld lokaler Organisationen, Rennfahrer sowie der ihnen nahestehenden Kreise und Produktionsstätten, da man auf eine ständige Überprüfung seiner Produkte in unmittelbarer Umgebung angewiesen war.

Einige dieser Events wurden von den großen Organisationen offiziell anerkannt, also sanktioniert, andere behielten ihren Outlaw-Status. Daneben gab es eine Unmenge kleinerer Veranstaltungen anläßlich von Biker-Partys, Club-Events oder auch Harley-Davidson-Rallies, die von der Company selbst oder von H.O.G. subventioniert beziehungsweise ausgerichtet wurden.

1981 fand in Dallas die First Texas Hog Rally statt (sie hatte nichts mit der Harley Owners Group zu tun). Das war die Geburtsstunde der All Harley Drag Races, aus denen später die HDRA hervorging. In den sonst von Dragster-Fans nur gering frequentierten Südstaaten, in denen sich – außer in Florida und Texas – nie eine spezielle Harley-Dragster-Szene entwickelt hatte, fanden ab 1983 die privaten All Harley Drags anläßlich des alljährlichen Memorial Day Blowout unter der Organisation des in Biloxi/Gulfport, Mississippi, beheimateten Asgard MC statt.

1986 sanktionierte die AMRA, die ausschließlich Harley-Davidson-Dragster betreut, folgende exklusive Harley-Dragster-Rennen: Marion Owens Okie National, Texas A.B.A.T.E. All Harley National, Annual Great Illinois Hawg Rally, Harley Homecoming Nationals, Annual Iowa Hog Drags, Sturgis Harley National, Great Lakes Harley Davidson U.S. Nationals. Einige dieser Rennen sind ständige

Veranstaltungen geblieben, andere haben sich umstrukturiert oder bald aufgelöst. 1989 sponserte Harley-Davidson über sein Screamin'-Eagle-Programm verschiedene, größtenteils sanktionierte Dragster Events auf den folgenden Dragstrips: Myrtle Beach, South Carolina; Eunice, Louisiana; Hagerstown, Maryland; Atco, New Jersey; Humboldt, Iowa; Epping, New Hampshire; Sturgis, South Dakota; Rockingham, North Carolina; Brandimere, Colorado (Annual H.O.G. Rally), und Atlanta, Georgia.

Eine andere Organisation für Harley-Dragster-Rennen bildete sich unter der Schirmherrschaft des *American Iron Magazine* (TAM Publications): FLASH (Fastest Legal All Street Harleys), worunter weitestgehend für die Straße zugelassene und für Dragster-Rennen modifizierte Pro-Flash-Klassen zu verstehen sind, die für jedermann lizenzfrei zugänglich sind.

Als neueste Organisation hat sich Ende der 90er Jahre die ADBA (American Drag Bike Association) mit zwölf über das Jahr verteilten Racing-Events gebildet.

Wer sich gerne intensiver mit Dragster-Rennen befassen möchte, kann sich auch für spezielle Kurse bei der All Harley Drag-Racing-Schule Thunder Alley anmelden. Die Kursgebühr (enrolment) pro Schüler beträgt zwischen 50 und 100 Dollar. *Thunder Alley* ist auch der Name eines Harley-Dragster-Magazins der TAM Communication Group, das seine Kurse und abschließenden Wettbewerbe in der FLASH- und PRO-FLASH-Klasse zum Beispiel auch während der Sturgis Bike Week anbietet.

Höhepunkt jedes Dragster-Rennens: Zwei Doppelmotor Top-Fuel-Dragster beim gleichzeitigen Start (Elimination Race).

Die ausgedruckte Geschwindigkeit und Zeitangabe, der Time Slip, wird gerne als Renommierbeleg für Höchstgeschwindigkeit mißbraucht. Immer zu Späßchen aufgelegte Rennteams demonstrieren schon mal die wahre Situation beim Bracket Race (Rennläufe mit Zeitvorgabe für den langsameren Gegner).

Dragster-Szene Europa I

Abgesehen davon, daß Dragster-Rennen eigentlich in England „erfunden" wurden (damals hießen sie noch „sprints"), kam die Harley-Dragster-Szene in Europa nur recht mühsam in Bewegung. In England, Schweden, Finnland, Spanien, Dänemark, Frankreich, den Niederlanden und zuletzt auch in Deutschland bildeten sich nach dem Zweiten Weltkrieg zwar kleinere Organisationen, die Vielfalt der US-Klassen konnte bei den Veranstaltungen jedoch nicht erreicht werden, da in Europa zuwenig wettbewerbsfähige Harleys zur Verfügung standen.

Um die Wettbewerbe überhaupt austragen zu können, wurden viele unterschiedliche Klassen zusammengelegt, was allerdings keine befriedigende Lösung darstellte. Darüber hinaus gab es nur wenige Rennstrecken, die sich für die Viertelmeilen-Wettbewerbe qualifizieren konnten. Alte Flughäfen oder Autobahn- und Straßenabschnitte waren meist wegen ihrer holprigen Struktur für derartige Hochgeschwindigkeitsorgien nicht geeignet. Nur in wenigen Ländern brachte man das Geld auf, spezielle Dragstrips – meistens Achtelmeilen-Strecken – zu bauen. Auf diesen wenigen europäischen Rennpisten veranstalteten dann verschiedene – oft nur kurze Zeit existierende – „Verbände" eine Art reisenden Wanderzirkus unter oft abstrusen Bedingungen.

1987 fuhr zum Beispiel bei den „public race" genannten Dragster-Veranstaltungen von Rico Anthes in Hockenheim nur eine einzige Harley mit: eine FXR des Krafft-Teams mit dem Fahrer Thomas Pfaff, die auch noch das Rennen gewann. Zwischen 1989 und 1991 gab es in Deutschland noch keine ausgewiesenen Harley-Dragster-Rennen und kaum High-Performance-Zubehör – alles mußte selbst gebaut und getunt werden. Für Harleys gab es nur die allgemeine Street-Klasse, wofür die Firma Krafft damals mehrere Sportster umbaute (etwa die 1600er „Schneckster" mit Hans Georg Fischer als Fahrer oder eine XR 1000 Evo Special mit Straßenzulassung).

Ab dem Jahr 1991 etablierten sich in Deutschland die All Harley Drags (AHD) unter Wolfgang Schmidt (W&W Cycles Würzburg) mit einem eigenen Harley-Pokal und sechs Rennen, unter anderem in

Alteno bei Berlin und in Garz auf Usedom. Drei Klassen wurden eingerichtet:

1. Street Harley (mit Straßenzulassung)
2. Super Street Harley (modifiziert mit Nitrooxid oder Hubraumerweiterung, jedoch ohne Wheelie-Bars)
3. Competition Harley (eine Klasse, in der alles erlaubt ist)

Die AHD-Rennsaison 1992 fuhr ihre Wettbewerbe auf folgenden Rennstrecken aus: Grossenhain bei Dresden, Alteno bei Berlin, Mulhouse in Frankreich/Elsaß, Giebelstadt bei Würzburg und in Groß Doelln bei Berlin.

Als dringend benötigte Sponsoren, die den ganzen Verein am Leben erhielten, spendeten folgende Clubs und Firmen beträchtliche Beträge: Classic Bike Berlin, Dragons MC Berlin, HD Services Berlin, Hells Angels MC Deutschland, Milwaukee Iron Shop in Damme, S&S Cycle in Zell, W&W Cycle Würzburg und Zodiac Products aus den Niederlanden – ohne sie wären Dragster-Rennen in Deutschland wohl kaum entstanden.

Organisiert wurden die Rennen von der 1991 gegründeten Drag-Racing Association Germany (DRAG) aus Hanau, die aus der Interessengemeinschaft Deutscher Dragster-Fahrer (IDDF) und der Hanau Auto Racing Association (HARA) hervorgegangen war. Später entstand die European Drag-Racing Association.

Unter der Federführung von Egbert Eschenbacher und seinem *High Performance*-Magazin entstanden in den späten 90er Jahren die „Atlas Race Days" (nach dem Atlas Airfield in Ganderkesee bei Bremen benannt). Während in der DRAG Harleys nur unter anderen Marken rangierten, etablierte sich 1997 aus der AHD die Top Gas Serie als European-Super-Twin-Veranstaltung – gesamteuropäische Verbund-Rennveranstaltungen, die als nationale und internationale Euroserie zum Beispiel in Chambley/Metz, Ganderkesee/Deutschland, Santa Pod/Großbritannien, Drachten/Niederlande, Hockenheim/Deutschland und Luckau/Österreich stattfanden. In der Schweiz gab es eigene Dragster-Rennen unter der Dragster Association Switzerland (DRAS).

Dragster-Szene Europa II

Höchste Konzentration kurz vor dem Start, dessen pre-staged-/staged-Phase nur wenige Sekunden dauert, in denen die optimale Motordrehzahl konstant gehalten werden muß.

Hauptaustragungsland für die Harley-Dragster-Rennen war jedoch England, wo 1996 zum Beispiel in Avon Park vier Rennen, in York zwei und in Santa Pod ein Harley-Dragster-Rennen ausgetragen wurden. Als Veranstalter trat die 1993 gegründete National Association of Super-Twins (NAST) auf, die an die Auto Cycle Union (ACU) angeschlossen ist. Ihre Klassen: STF für Competition, STS für Street, STM für Modified und STG für Top Gas.

1997 kamen neue Veranstaltungen der European Drag Racing Association hinzu: Zeltweg in Österreich und die Lkw-Teststrecke von Rába in Ungarn.

Neben verschiedenen eigenständigen Harley-Dragster-Veranstaltungen ist in Deutschland die European Super-Twin Top Gas Serie wohl am besten organisiert. Sie ist eine neue Veranstaltungsform der AHD.

Außer in England, Finnland und Schweden, wo sich Harley-Dragster-Rennen zu ständigen, fest etablierten Veranstaltungen entwickelt haben, stehen die Organisatoren im restlichen Europa vor großen Problemen, was Örtlichkeiten, Genehmigungen, Finanzierungen und Organisationsformen betrifft. Umweltschutz- und Behördenauflagen machen ihnen – wie übrigens dem restlichen Motor-Rennsport auch – immer mehr zu schaffen, und das Ausweichen auf alte Militärflugplätze oder oft nur kurzfristig freigegebene Rennstrecken kann auf Dauer keine Basis für einen effektiven Dragster-Sport in diesen Ländern bilden.

Europäische Dragster-Rennen

Die Saison 1998 macht die Vielfalt europäischer Harley-Dragster-Rennen und deren verschiedene Kategorien deutlich. Die Abkürzung TF bezeichnet die Top Fuel Europameisterschaft (sanktioniert von der FIM), AHD steht für All Harley Drags und TG für die Super Twin Top Gas Serie.

England – Santa Pod (Main Event, Euro Finals), TG, TF

Deutschland – Groß Doelln (Drag Racing School, Season Finals und Top Gun Nationals), AHD, TG, TF, Ganderkesee (Altas Race Days), AHD, TG, TF, Mößling (Power Race) AHD, TG, TF, Oschersleben (Dragster Rennen) AHD, TG, TF, Hockenheim (Nitro Olympics) TG, TF

Österreich – Luckau (Grand Nationals) AHD, TG, TF (Dragster Finals)

Niederlande – Lelystadt (Season Opener, Sprint), Harlingen (Sprint), Drachten, AHD, TG, TF, Gardemoen, TG, TF

Frankreich – Chambley, TG, TF

Schweden – Västeras, TG, TF Mantorp, TG, TF

Finnland – Alastaro, TG, TF

Top-Fuel-Startstudien: unmittelbar vor dem Start säubert ein Helfer das klebrige Vorderrad von Steinchen (ganz oben rechts). Beim Burnout wird der Hinterreifen zur besseren Haftung weichgefahren (oben Mitte). Praktisch schon verloren ist der Lauf, wenn die dicke Hinterwalze beim Start zu schnell dreht und dadurch die Bodenhaftung verliert.

Die beiden Bilder links zeigen den Startvorgang und die dicht zusammenliegenden Lichtschranken der obersten Kontrolleuchten (pre-staged/staged).

Angriff auf den Weltrekord: Jeff Smith (unten) 1993 in Australien mit einem Top-Fuel-Spezialmotor, der von Lucky Keizer gebaut wurde (oben rechts).
Oben links ist besonders gut die riesige Kupplung des 700-PS-Aggregats zu sehen.

Pioniere und ihre Teams

Ursprünge der Harley-Dragster-Szene

Pete und Jackie Hill, ein legendäres Team: er fährt, sie schraubt. Petes berühmte Knucklehead wird von Jackie technisch perfekt betreut und ist inzwischen unzählige Male umgebaut worden. Ein Experiment, wie es Pete Hill bezeichnet, aber ein äußerst erfolgreiches.

Bevor die organisierten Dragster-Rennen so richtig in die Gänge kamen, wurden Motoren und Fahrwerke auf Hochgeschwindigkeitsstrecken schon einmal ausgiebig getestet. Als Vorläufer galten Geschwindigkeitsrekorde, die nach dem Zweiten Weltkrieg aufgestellt wurden, so zum Beispiel auf dem Bonneville-Salzsee in Utah: 1951 erreichte Jack Dale mit einer 45 Kubikinch Seitenventiler-Harley 123,5 mph. 1958 fuhr Jack Heller mit einer 55-Kubikinch-Sportster 134,88 mph.

1971 gab es mit Einzylinder-Harleys verschiedene Rekorde für die Viertelmeile, die alle unter 9 Sekunden lagen. 1962 erreichte Less Waterman auf einem Doppel-80-Kubikinch-Dragster 164,89 mph. 1952 bauten C. B. Clausen und Bud Hood die berühmte Top Fueler-Harley „The Brute", die als damals schnellstes von Menschen gefahrenes Landfahrzeug galt. Sie beschleunigte schneller als ein F-86 Sabrejet. Zu den frühen Pionieren der Harley-Dragster-Szene gehörten auch Leo Payne mit seiner Sportster und Jim Potter aus Albany, Georgia, der 1961 mit seinem „Milwaukee Express" die Viertelmeile in 11,4 Sekunden mit 125 mph schaffte, oder „Old Man" Walter Ross, der bis in die frühen 60er Jahre mit seinem HD-Fueler die Viertelmeile in 9 Sekunden fuhr, bevor er sich mit 78 Jahren vom Dragster-Rennen zurückzog. „Tractor Man" John Heidt aus Fond du Lac, Wisconsin, war ebenso ein bekannter Harley Pro-Stock Racer wie Bob Mauriello oder Ed Ryan, dessen Korey-Sportster noch bis 1980 als schnellste Pro-Stock Harley galt.

Auch aus der frühen Zeit wurde Jim McClure zunächst mit einer Pro-Dragster Sportster Nitro Burner, danach mit verschiedenen Top-Fuelern mehrfacher AHDRA National Champion.

Einer der berühmtesten Dragster-Piloten ist Pete Hill aus Greenville, South Carolina, der „Große Alte Mann" des Dragsports, mit unzähligen Ehrungen und Auszeichnungen überhäuft. Seit 1971 hat er einen Motorradladen in South Carolina, aber für seine berühmten „schnellsten Knuckleheads der Welt" ist als Chef-Mechanikerin seine Frau Jackie zuständig. Sie tunte und wartete seit 1962 jene extremen Dragster, die zuerst mit Benzin, dann mit Alkohol und zum Schluß mit Nitro in der Top Fuel-Klasse absolut alle Rekorde brachen. Seine berühmte „World's Fastest Knuckle" wurde 1977 gebaut und ist seit 1978 im Einsatz – allerdings unzählige Male nachgebessert und im Kubikinhalt von zunächst 74 auf 81, dann 84, später 93 und zum Schluß auf 103 Kubikinch erweitert. Pete Hill wurde Träger des AMA-1-Plate 1981, im Jahr 1989 wurde er National Champion der AMRA National All Harley Finals in Clarksville, Tennessee. Seine Bestzeit für die Achtelmeile: 4,759 Sekunden mit 150,151 mph.

Eine weitere Berühmtheit aus der frühen Dragster-Szene ist der in Louisiana beheimatete Top-Fuel-Pilot Anson „Campy" Holley, samt seiner ganzen dragsterverrückten Familie – Gattin Cheryl, Tochter Joyce und Sohn Anson jun. Anfang der 70er Jahre konstruierte er einen 700 PS starken Experimental-Dragster mit zweimal 140 Kubikinch parallel montierten aber gegenläufigen Harley-Motoren mit Nitro-Befeuerung, den er bis 1979 vergeblich versuchte, heil über die Ziellinie zu bringen. 1975 wurde er für 5 Jahre Weltrekordhalter in der IDBA/MDRA-A-Fuel-Klasse (Hot Dragster) auf einer Sportster, die anschließend seine damals 15jährige Tochter weiterfuhr. 1981 brachte er eine neue Supercharged Single Shovel mit 105 Kubikinch auf den Dragstrip, mit der er 1984 vier nationale Meisterschaften errang und AMA-Push-Rod-Point-Leader der IDBA wurde. Heute fährt sein Sohn Anson jun. den Top Fueler.

Aus der Unzahl der hochqualifizierten Spitzenpiloten der 90er Jahre seien hier nur einige erwähnt, die jedes Dragster-Rennen zum unvergeßlichen Erlebnis machen: Mike Romine etwa, Happy Ring oder National Champion Bill Furr aus Orangenburg, South Carolina, der führende Top-Fuel-Punkte-Rekordhalter der AHDRA. Ebenso bekannt sind etwa Bob Spina aus Bohmia, New York, Johnny Vickers aus Baker, Louisiana, dann Fitz Maurice aus Jessup, Maryland, oder Doc Hopkins, Doug Vancil, Jay Turner oder John Blankenship, um nur einige wenige aus der enormen Zahl nahezu gleichwertiger Spitzen-Piloten zu nennen.

An der Grenze des Machbaren

Doppelmotor-Dragster

Joe Smith, auch „Grand Daddy" genannt, fing mit den zweimotorigen Monstern an: Seine Double King Rat-Harley mit zweimal 108 Kubikinch und 530 Pfund Gewicht, fuhr er in der Top-Fueler-Klasse. Mit ihr wurde er 1975 bis 1979 NHRA-Rekordhalter mit einer Zeit von 8,2 Sekunden bei 176,47 mph – damals eine vielbestaunte Sensation. Ebenfalls eine permanente Attraktion war Danny Johnson auf seiner Doppelsportster „Goliath" mit zweimal 107 Kubikinch und 440 Pfund schwer, mit der er 1975 die Viertelmeile in 8,0 Sekunden mit 179 mph schaffte. Ebenfalls ein Extrem-Pionier der Doppelmotor-Dragster war Elmer Trett aus Oxford, Ohio, der 35 Jahre lang Entwicklungsarbeit in der Top-Fuel-Klasse leistete, immer im Kreis seiner ebenso Dragster-begeisterten Familie. Mit seiner Doppel-Harley-Sportster (zweimal 96 Kubikinch und über 180 mph schnell) schlug er seit Mitte der 70er Jahre fast immer die japanische Konkurrenz seiner Klasse. 1996 errang er unglaubliche Rekorde: 4,03 Sekunden bei 190 mph für die Achtelmeile und am 18. August 1996 die bisher schnellste Zeit im Harley-Dragster-Sport über die Viertelmeile in Indianapolis – 6,069 Sekunden bei 235 mph.

Am 1. September desselben Jahres verstarb der 53jährige nach einem unerklärlichen Unfall bei einem Demonstrationslauf auf dem Indianapolis Raceway.

Ein anderer berühmter Pionier seit Ende der 70er Jahre ist Marion Owens (MO), ein gelernter Schreiner aus Oklahoma City. Mit Gattin Kathy, Sohn Bruce und Tochter Tammy als Pit Crew war er in ganz USA und 1978 auch in England mit seiner von Carl Ahlfeldt gebauten Double-Shovel (230 Kubikinch, 600 PS) der führende Nitrospezialist in seiner Klasse. Zu den großen Könnern und Beherrschern von doppelmotoriger Harley-Kraft und -Herrlichkeit auf den amerikanischen Dragstrips gehört Garry „Tator" Gilmore und sein Chrome Horse Racing Team aus Spencer, Iowa. Professioneller Rennfahrer seit 1982, wurde er mit seinem Nitromethan-befeuerten, 600 PS starken Top Fuel Doppelmotor Harley Dragster der AMRA-Champion Eins in der Top-Fuel-Klasse 1986 und 1987. Auch heute ist „Tator" Gilmore eine Attraktion bei jedem Dragster-Rennen.

Anson „Campy" Holley und sein Top Fueler, der jetzt von seinem Sohn Campy jun. gefahren wird.

Marion Owens und seine 230 Kubikinch/600 PS Nitro betriebene Double-Shovel: Seine Frau Kathy schiebt ihn nach dem Burnout zur Startlinie zurück (oben). Bei seiner extremen Experimentalmaschine gibt es ständig was zum Nachbessern (unten).

Run What You Brung

Dragster-Sport für Jedermann

Für einen echten Harley-Treiber gibt es kein größeres Vergnügen, als einmal bis zur Schmerzgrenze Vollgas geben zu können und ohne jegliche Behinderung die Leistungsfähigkeit seiner Harley auszureizen – vorausgesetzt, man verschrottet sie nicht dabei. Dragster-Sport für jedermann – ohne Vereinsmeierei, Lizenzen, Gebühren, Sanktionen, technische Abnahmen oder aufwendigen Rennstall. Mit der eigenen Alltagsmaschine endlich mal zeigen können, was in ihr und in einem selbst steckt – Harleyluja und schwarze Striche auf dem Beton!

Oft genügt ein privater Airstrip, der am Wochenende einfach für ein paar Stunden umfunktioniert wird. Viel braucht es nicht, um ein privates Run-What-You-Brung-Rennen zu organisieren – ein paar Helfer am Start und am Ziel, Stoppuhren, wenn's denn sein muß, und einen kleinen Notizblock.

Gefahren wird, wie's gerade kommt – immer im Zweier-Paarlauf, der Schnellere kommt eine Runde weiter. Zum Schluß bleibt der Schnellste übrig und ist der Held des aufregenden Tages, der dann in einer gewaltigen Party endet.

Run What You Brung ist die ursprünglichste Form des Dragster-Sports und hat eine lange Geschichte, die bis in die Anfänge des

Motorrads zurückreicht. Ihren (illegalen) Höhepunkt hatten die Beschleunigungsrennen (oder „sprints") aber kurz nach dem Zweiten Weltkrieg, als die speedverrückten Kids ihre motorisierten Untersätze für dramatische Mutproben und für Wettrennen vor der Eisdiele mißbrauchten. Aus dem pubertären Imponiergehabe wurden später auch organisierte Veranstaltungen, die zumindest über ein Minimum an Sicherheitsvorschriften verfügten. Im allgemeinen aber kümmerte man sich nicht allzusehr darum. Nervenkitzel – der Kick – war die Triebfeder und ist es auch heute noch.

Bei offiziellen (sanktionierten) Dragster-Veranstaltungen, wo die Run-What-You-Brung-Klasse gerne ins Abseits verbannt wird (auch „public race" genannt), ist sie keine allzu große Attraktion für das Publikum, das mehr Feuer, Qualm und Getöse liebt. Die Straßen-Harleys sind nun einmal keine Attraktionen, obwohl auch sie manchmal ganz beachtliche Zeiten erreichen.

Rennen fahren mit dem, was man mitbringt – also auch sonst fährt –, das ist die alte C-Klassen-Tradition der AMA aus den 30er Jahren, jene Regelung, die den Motorradsport überleben ließ. Im Dragster-Sport hat sie ihre Erfüllung gefunden.

Ob auf Sand, Straße oder einem stillgelegten Flugfeld – Beschleunigungsrennen Mann gegen Mann mit normalen oder nur leicht getunten Straßenmaschinen sind immer ein Riesenspaß für Zuschauer und Fahrer. Daß dabei der richtige Harley-Sound voll zur Geltung kommt, ist selbstverständlich. Solche Rennen werden jedoch nicht von der Harley-Davidson Motor Company oder der H.O.G. gesponsert.

Tiefsandbohrer

Sie gehören wohl zu den verrücktesten Dragster-Aktivitäten der amerikanischen Biker und sind eine typische Südstaaten-Erscheinung: Sand-Drags – eine Mischung aus „Helldorado" und Powersport, bei der reichlich Dreck spritzt. Rennen in sandigem Schlamm, den es in Florida, Alabama, Mississippi und Louisiana in jeder Menge und überall gibt, sind natürlich illegal und obendrein verschleißintensiv, also teuer. Das wilde Herumtoben ist urechter Biker-Sport. Die Regeln sind denkbar einfach: Zwei Biker fahren gegeneinander, auf „Los" geht´s los, und wer etwa 200 m weiter zuerst in die Büsche knallt, ist Sieger. Das wilde Spektakel kann man überall veranstalten, man benötigt weder eine komplizierte Startanlage – Taschentuch oder Damenhöschen tun´s allemal – noch irgendwelche unzuverlässigen Zeitmesser. Man sieht´s mit dem bloßen Auge, und wenn sich der Staub verzogen hat, wedelt der Zielrichter, der hinten im roten Gefahrenbereich ausharrt, heftig mit der Bierdose. Dann weiß man, wer gewonnen oder verloren hat. Tote gab´s noch nie, aber die Jungs sind schon hart im Nehmen, und wenn ein Bike dabei einmal verschrottet wird, gibt´s als Entschädigung reichlich Extrabeifall.

Solche Wahnsinns-Parties entstehen immer impulsiv und freigestaltet und sind daher entsprechend chaotisch. Hauptinitiator derartiger Volksbelustigungen war der extreme Südstaaten-Harley-Biker Joe, der in den undurchdringlichen Bayous im Südwesten von Mississippi eine Werkstatt unterhielt und in schlitzohriger Cajun-Tradition stets dem gesamten U.S. Law Enforcement erfolgreich die Stirn bot und mit seinen selbstinitiierten Sand-Drags alle Rekorde an Kraft, Krach und Illegalität brach. Als altgedienter Vietnam-Veteran kannte er sämtliche Schliche des Dschungelkriegs, und so war es ihm und seinen Veranstaltungen, die schnell unter dem Pseudonym „shit happens" firmierten, immer möglich, jeglichen Nachstellungen behördlicher Überwachung feixend zu entkommen. Sand-Drags gehören heute wie Hillclimbs oder Bike-Pulling zu den Höhepunkten sportiver Biker-Späße in den USA, und auch wenn die Zuschauer sie meist nur als alberne Kindereien betrachten, werden die wilden Sandschlachten doch stets lautstark von ihnen unterstützt.

Beschleunigungsrennen auf weichem Untergrund verlangen viel Kraft und gutes Gleichgewichtsgefühl, um das schlingernde Monster perfekt zu beherrschen – ein echter „Kampfsport".

Veteranensport

Ob uralt, antik oder klassisch: Auf Veteranenrennen wird das liebevoll in Schuß gehaltene Alteisen nicht geschont. Veteranenrennen sind immer Augenweide und Ohrenschmaus für die Zuschauer.

Oh doch, sie fahren noch, die alten Recken – ein paar junge sind inzwischen auch mit dabei – auf ihren unverwüstlichen und doch so zerbrechlich wirkenden Renn-Oldies, den urigen Donnerbolzen aus glorreichen Tagen, als sich die Zuschauer noch die Kehlen heiser schrien, wenn die Kämpen in abgeschliffenem schwarzen Leder mit hundert Sachen gefährlich schräg durch die Sandpistenkurven drifteten oder in Staubfontänen die Hänge hinaufsprangen.

Diese Faszination ist bis heute ungebrochen; das kernig-robuste Maschinenmaterial der stets gut sichtbaren Motoren weckt nach wie vor unvermindertes Interesse, ihre technische Konzeption und vor allem der Ohrenschmaus, wenn sie zum Leben erweckt werden, löst helle Begeisterung aus. Kein Wunder, daß es immer mehr nostalgische Veteranenrennen gibt – nicht nur in Amerika. Auch wenn sie sich meist als Gleichmäßigkeits- oder Demonstrationsläufe tarnen, sind es doch höchst spektakuläre Motorradwettbewerbe, wo gern so und so heiß gefahren wird wie früher – allerdings auf besseren Pisten und unter wesentlich sichereren Bedingungen.

Veranstalter sind vor allem der klassische Ableger der AMA – die AHRMA (American Historic Racing Motorcyle Association) –, die V.D.T.R.A. (Vintage Dirt Track Racer Association) oder auch J&P Promotions sowie viele kleinere, private Clubs oder Organisationen wie Steve Morehead & On Track Promotions, die bekannten Jackpine Gipsies von Sturgis, oder die CVRG (California Vintage Racing Group) und VROOM (Vintage Racers Of Old Motorcyles). Bei den Großveranstaltungen wie Sturgis, Daytona oder Laconia Bike Week sind Vintage Races unverzichtbarer Bestandteil und eine der Hauptattraktionen. Aber nicht nur die liebevoll restaurierten und stets gut in Schuß gehaltenen alten Rennmotorräder aus den „glücklichen Tagen“ des Motorradzeitalters sind das Ansehen und vor allem das Anhören wert – oft sitzen auch noch die alten Kämpen drauf, die längst Legenden und nationale oder internationale Symbole geworden sind – die Champions und Number One Platers, deren Namen und Siege einst ganze Jahrgänge von Motorradmagazinen füllten. Ihnen zu Ehren werden gerne Special Events (Concours de Elegance etwa oder Historic Concours) veranstaltet und Bankette gegeben. Große Motorradfirmen reißen sich um die Teilnahme der ehemaligen Renn-Asse. Vor allem Harley-Davidson (zusammen mit H.O.G.) präsentiert gerne die alten Haudegen, um sie nochmals (und immer wieder...) „full throttle“ auf die alten und neuen Rennbahnen zu schicken. „Hey man – that's racing!“ ist das Motto, und so wird es wohl für immer bleiben.

AMERICAN HISTORIC Racing MOTORCYCLE ASSOCIATION

Extremsport: Balla-balla und so weiter

Seit es Motorräder gibt, gibt es auch immer ein paar Verrückte, die nichts unversucht lassen, stets neue „Sportarten" zu erfinden, die man einem Motor zwischen zwei Rädern noch zumuten kann. Hauptsache, es funktioniert irgendwie und macht Spaß. Zum Beispiel Motoball, Motorrad-Fußball, Motorrad-Kleinwagen-Rennen (Midget Races), Motorrad-Hockey, Motorrad-Polo und als allerneueste Spinnerei Unicycle Races – Rennen auf nur einem Rad, nämlich dem hinteren.

Und soweit man sehen kann, spielen auch hier Harleys eine tragende Rolle. Unicycle Races sind so ziemlich das Absurdeste, was man mit einem Motorrad anstellen kann.

Wer einmal die völlig abgefahrenen Kisten der American National Unimotorcyclist Society, abgekürzt A.N.U.S., in Aktion gesehen hat, ist dem Wahnsinn völlig verfallen!

Aus dem Stand muß mit dem Motorrad eine 100 Fuß (etwas über 30 m) lange Strecke überwunden werden, ohne daß der vor dem Hinterrad befindliche Teil des Fahrzeugs den Boden berührt hat!

Als Low-Budget-Outlaw-Motorsport mit einer gehörigen Portion Selbstironie (man beachte schon die Namensgebung des Verbandes!) bedacht, wurde das Spektakel 1991 von William „Sidecar Willy" Nassau erfunden und zieht seitdem eine ständig wachsende Anzahl begeisterter Unicycler in seinen Bann. Als Neuauflage des schon früher legendären Zweikampfs „Indian versus Harley" sattelte Unicycles Vater William Nassau von seiner Honda CB 750 Beast auf eine 1941er Indian Chief bzw. auf das um, was davon übrigblieb. In Sichtweite des Speedway von Daytona behielt die inzwischen (fast) in den Werksfarben lackierte Harley-Davidson gegenüber dem dreisten Konkurrenten eindeutig die Oberhand – wenigstens eine Sportart, in der Harley-Davidson Erfolge aufweisen kann. Trotz großer Medienwirksamkeit ist mit einer Kommerzialisierung des Unicycle-Sports nicht zu rechnen.

Die ehemalige Sportster Ironhead – das Reglement läßt nur Motoren von über 5 Jahren Alter zu – wurde speziell auf die Bedürfnisse des 100-Fuß-Kurses abgestimmt: Low-Tech-Kastenrohrrahmen, Stabilisierungsrahmen und eine spezielle Übersetzung zum Traktorreifen sind nur einige Details, die dafür sorgen, daß die Maschine aus dem Stand in 3,11 Sekunden über die unbefestigte 100-Fuß-Strecke pflügt. Auch wenn das nicht immer klappt: Spektakulär und geräuschvoll ist jeder Lauf. Wie heißt doch das Motto: „Where there's a wheel, there's a way!"

Die wohl extremste Motorrad-Sportart ist das Rennen mit nur einem (Hinter-) Rad (oben). Früher gab es auch schon ausgefallene Motorradsportarten, wie dieses kalifornische Polomatch mit Harleys (unten).

Im Todeskessel

Steilwandakrobatik

Selten genug, aber es gibt sie tatsächlich: Harleys an der „Todeswand" im Steilwandkessel.

Kalifornische Hell Riders: Rosty Linfield, Dan Daniels, Johnny Rotton und Samantha Morgan.

Harleys an der Steilwand? Das klingt wie ein Sakrileg in Indians ureigenstem Showbiz-Territorium, denn Indian hat mehr oder weniger den „Todeskessel" als Werbegag erfunden, und bis heute ist die urtümliche, eher zerbrechlich wirkende, aber doch robuste 600 ccm Indian Scout das elitäre Standardmotorrad der Steilwandfahrer geblieben, auch wenn es meist nur noch zur Schau draußen vor dem Kessel auf der „Parade" steht.

Aber schon in früher Zeit gab es auch Harleys in dieser Disziplin. Lucky Thibeault, der berühmte Steilwandartist der alten Garde, benutzte unter anderem einen 1960er Harley 175-ccm-Zweitaktmotor in einem speziellen Scout-Rahmen und veranstaltete in seinem geschlossenen Motodrom damit ein fürchterliches Getöse. Die alte, stets lautstark verkündete Schaustellerphrase vom „schwersten Polizeimotorrad der Welt" macht zwar mächtig neugierig, ist aber so nicht ganz richtig. Sicher fuhren auch amerikanische Polizisten die Indian Scout, es waren allerdings nur Mittelgewichte. Wenn aber so ein „Mittelgewicht" – noch dazu von allen überflüssigen Zubehörs entkleidet – mit der vollen Wucht seiner enormen Fliehkraft über die vibrierende, senkrechte Bretterbohlenwand donnert, kommt es den faszinierten Zuschauern stets vor, als würde ein überschwerer Stahlkoloß an ihnen vorbeirütteln. Steilwandakrobatik ist Nervenkitzel pur – ganz gleich, was da zwei-, drei- oder vierrädrig in der Senkrechten herumkracht –, am schönsten aber ist es, wenn der sonore Sound aus offenen, feuerspuckenden Rohren noch dazukommt. Vibrationen und Explosionen erzeugen dann eine unwiderstehliche Mischung aus Angst und lustvollem Kribbeln. Ganz besonders, wenn auch mal eine Harley im Kessel dröhnt. Es mag sein, daß Indians ein besseres Image haben, weniger Öl herausschleudern, zuverlässiger und vor allem traditionell sind, aber hin und wieder ziehen auch Harleys an der Steilwand entlang. Heute, Ende der 90er Jahre, können sich viele Motodrom-Besucher unter „Indian" kaum noch etwas vorstellen – „schwere amerikanische Motorräder" sind ihrer Ansicht nach stets Harleys.

Die Evel Knievel-Story

Luftsprünge mit Harley

Vorbild und Idol war der wohl berühmteste Show-Star Evel Knievel, der mit unzähligen Knochenbrüchen auf seiner geliebten Sportster keine Gelegenheit ausließ, seine immer extremeren Luftsprünge vorzuführen.

© Harley-Davidson

Robert Craig „Evel" Knievel, der sich als „The World Greatest Motorcycle Daredevil" bezeichnete, begann nach einem ziemlich bewegten, wilden Vorleben Mitte der 60er Jahre mit seinen immer extremer werdenden Motorrad-Rekordweitsprüngen über alles Mögliche von Rampe zu Rampe eine nationale und später auch internationale Karriere im Showbusiness. Seine Ein-Mann-Show „Evel Knievel Enterprises" tingelte wie ein Wanderzirkus von Stadt zu Stadt und machte dabei jede Menge Geld. In seiner großen Zeit beschäftigte er ein 20-Mann-Team und besaß neben einem riesigen Kenworth-Truck noch einen Lear-Jet sowie eine Ferrari- und Rolls-Royce-Flotte. Nicht immer ging es gut: Bei seinem legendären 50-Meter-Weitsprung über die Springbrunnen des Caesar's Palace in Las Vegas verfehlte er die Landerampe und knallte auf das angrenzende Parking-Lot. Trotz unzähliger Knochenbrüche und einer lebenslangen Behinderung machte er unverdrossen weiter.

Ab 1970 wurde er einige Jahre auch von AMF/Harley-Davidson gesponsert und bekam zwei seiner geliebten All American Machines, XR 750er, die zeitweise von Roger Reiman betreut wurden. Es war eine auf Gegenseitigkeit basierende patriotische Propaganda-Aktion, die genau in die Zeit und in das Harley-Davidson-Programm paßte. Als eine Art motorradfahrender Superman im strahlendweißen Lederdress, mit Stars und Stripes verziert, wurde er mit bombastischen Sprüchen zur Galionsfigur einer ganzen Saubermann-Generation hochstilisiert. Eine gut gemanagte Vermarktungskampagne unzähliger Evel Knievel-Souvenirs, die es in jedem Supermarkt zu kaufen gab, tat ein übriges.

Sein letztes, mit großem PR-Aufwand propagiertes „Über-Abenteuer" – der Sprung über den 1.600 m breiten und 2.000 m tiefen Snake River Canyon in Idaho mit einem raketengetriebenen Motorrad im Düsenjäger-Design namens „Skycycle" – erwies sich als eine Nummer zu groß. Direkt nach dem Abheben von der riesigen Rampe katapultierte sich Evel aus seinem Jetbike, und Fahrer und Maschine landeten sicher mit dem Fallschirm in der Tiefe des Canyons.

Danach wurde es, abgesehen von dem Film „Viva Knievel" (eine Warner Brothers Production mit Regisseur Gordon Douglas und Strahlemann-Double George Hamilton), still um Mister Motorrad-Superman. Nach einer imageschädigenden Schlägerei mit seinem Co-Autor Sheldon Saltman trennte er sich von Harley-Davidson und verbringt seinen Lebensabend unauffällig in Florida.

Zirkusnummern auf zwei Rädern

Stunts und Tricks

All jene Dinge, die man normalerweise mit dem Motorrad nicht unternimmt – und für die das Gefährt bestimmt nicht konzipiert wurde –, werden als Stunts bezeichnet, wie zum Beispiel auf dem Vorderrad oder dem Hinterrad fahren, durch die Luft springen, rückwärts auf der Maschine sitzen, auf dem Motorrad stehen, seitlich an ihm hängen, mit verbundenen Augen fahren oder mit einer ganzen Menschen-Pyramide auf einem einzigen Fahrzeug balancieren.

Der kontrollierte Crash durch Ziegelmauern und brennende Holzwände gehört auch dazu. Turmspringen und Weitsprünge über Personen oder Fahrzeuge hinweg sowie das Umsteigen bei voller Fahrt auf ein Auto oder ein Flugzeug setzen den künstlerischen Darbietungen meist die Krone auf. Stunts sehen so aus, als könnte man alle Naturgesetze außer Kraft setzen. Dementsprechend beliebt sind sie beim hochverehrten zahlenden Publikum. Tatsächlich aber sind Stunts höchst kontrollierte und berechnete Kunststücke – Naturgesetze in der extremsten Form ihrer Anwendung.

Motorradstunts wurden Ende der 20er und Anfang der 30er Jahre von speziell trainierten Drill Teams – etwa den Motorrad-Paradecorps der Shriner oder Polizei-Eskorten – konstruiert und vor allem bei Wohltätigkeitsveranstaltungen, Festtagsparaden und Rally-Events verschiedener Motorradclubs vorgeführt.

Eines der ersten berühmten Motorrad-Drill-Teams war das Victor McLaglen Motorcycle Corps aus Los Angeles mit seiner Show on Wheels. Von den beiden Motorradfans Major Nick DeRush und Captain Hap Ruggles gegründet, wurde der bekannte Filmstar Victor McLaglen, der bereits der Lighthorse-Troop-Kavallerietruppe vorstand, sein eigentlicher Organisator. 60 Jahre lang zeigte dieses berühmte Drill Team mit seinen zuverlässigen Harleys aufsehenerregende Kunststücke und viele Filmstunts. Das Team wirkte bei der Eröffnungsparade des Boulder-Staudamms mit und hatte in Los Angeles ein eigenes Sport Center Stadium, wo die Truppe trainierte und ihre Heimspiele absolvierte.

Das Cossack-Stunt-Team bei einer Vorführung 1990 in Sturgis (unten links) und das Stunt-Team der französischen Polizei bei einer Show anläßlich der H.O.G.-Rally in Rotterdam.

Ein anderes bekanntes Drill Team war die Sioux Falls Elks Motorcycle Patrol, die 1937 von Sergeant Art Rock aus dem Sioux Falls Police Department, South Dakota, ins Leben gerufen wurde. Im Jahr 1938 wurde das Drill Team Mitglied der Sioux Falls Freimaurer „Elk Lodge #262“ und bekam seine eigenen Uniformen für Vorführungen auf Paraden und Wohltätigkeitsveranstaltungen.

1937 wurde das Rose City MC Police Drill Team in Portland, Oregon, vom Rose City Motorcycle Club gegründet. Die Truppe trug prächtige Uniformen, fuhr attraktive schwere Polizeimotorräder in venedigblauer Lackierung und ging gern und oft auf Tournee. Bekannt wurde ihre große Show, die 1940 im heimatlichen Multnomah Civic Stadium stattfand.

Die wohl bekannteste und heute noch agierende Showtruppe im Motorradstunt-Business ist mit Sicherheit das Cossack Drill Team aus Seattle, Washington, das seit mehr als 50 Jahren seine Kunststücke auf den verschiedensten Motorrad-Events vorführt. Dieses Drill Team organisierte sich 1938 in Anlehnung an die berühmten Reiterkunststücke russischer Kosaken aus einer Gruppe von Rennfahrern, die in den 30er Jahren mit ihren Stunts die Zuschauer während der Rennpausen unterhielt. Bis heute begeistern seine Mitglieder im Alter von 27 bis 67 Jahren mit spektakulären und waghalsigen Attraktionen auf ihren „Iron Horses“ – den unverwüstlichen UL und VL Big-Twin-Seitenventilern – das Publikum.

Auch in Australien gab es in den 50er Jahren eine bekannte Motorrad-Stunt-Truppe: das Royal Australian Signal Motorcycle Display Team aus Melbourne.

Neben diesen nahezu perfekten Drill-Teams glänzten aber auch viele risikofreudige Stuntrider – männlich wie weiblich. Sogar Kinder waren dabei, wie der sieben Jahre alte Jimmy Hinds, der 1940 mit einer großen V-Twin einen Board Bash vorführte – den Crash durch die brennende Holzwand. Die spektakulären Board Bashes gehörten seit den 20er Jahren zu den Hauptattraktionen der Stuntshows, demonstrierten sie doch eindrucksvoll Kraft und Stabilität von Fahrer und Maschine.

Ganz ohne Unfälle verliefen diese Crashs allerdings nicht. Das mußte auch der bekannte Harley-Dealer Harry Molenaar aus Hammond, Indiana, erfahren, der bei einem seiner gern vorgeführten Flammenwand-Crashs noch relativ glimpflich davonkam. Unter diesen Daredevils Stuntriders gab es viele Harley-Händler, wie etwa Dudley Perkins aus San Francisco, der für seine waghalsigen Filmstunts berühmt war. Reg Shanks, seit 1928 kanadischer Harley-Dealer (Brooklands Motorcycle Sales, Victoria, British Columbia), fuhr bereits mit zwölf Jahren Motorrad und zeigte noch im stolzen Alter von achtzig Jahren raffinierte Tricks auf einer alten WL 45.

Unter den frühen Motorrad-Trickriders war auch das von Ruth Kilbourne gegründete Showteam Gene & Ruth aus Lincoln, Nebraska, das seit 1925 bei verschiedenen Paraden und zahlreichen Festlichkeiten auftrat.

In Kalifornien organisierte Mary Wiggins eine Girl-Stunt-Motorradtruppe vor allem für Film-Stunts. Außerdem gab es 1943 dort die Daring Sisters und die San Francisco Motorettes.

Sehr beliebt waren auch die Weitsprünge über möglichst viele Personen, Autos oder auch Lastwagen, wie sie Bubba Blackwell mit seiner All American Daredevil Thrill Show vorführte. Auch hier ging es mal daneben: In Portland, Oregon, brach sich der Evel Knievel-Fan 1957 bei einem Sprung mit einer XR 750 über 13 Autos einige Knochen.

In Europa wurde neben anderen Stuntridern der Franzose François Schetelat mit seinen Harley-Tricks bekannt. Aber der berühmteste Daredevil und Stuntrider, den es je auf Harley-Davidson-Motorrädern gegeben hat, ist unbestrittenermaßen nach wie vor der legendäre Evel Knievel.

Immer wieder als gern gesehener Gast auf verschiedenen Harley-Events: der französische Stuntman François Schetelat, oben bei einer längeren Wheelie-Strecke, unten bei einem reifenzerfetzenden Burnout.

Erfolge im Grenzbereich I

Geschwindigkeitsrekorde

1965 erzielte George Roeder auf dem Salzsee von Bonneville mit dieser vollverkleideten Aermacchi Harley-Davidson Ala D'Oro Sprint einen neuen Weltrekord von 177.225 mph in der 250er Zweirad-Klasse.

© Harley-Davidson

Bei allem, was mit Motorrädern zu tun hat, geht es natürlich auch um Geschwindigkeiten, und Geschwindigkeiten sind zwangsläufig Rekorden unterworfen. Wer ist der Schnellste, und wer beherrscht Tempo und Technik im Spiel um den Siegerlorbeer? Wie bei allen anderen rennsportlichen Aktivitäten ging es auch bei Harley-Davidson um wirtschaftlich vermarktbare Daten und Fakten, die allerdings seitens der vier Gründerväter zunächst nicht im Vordergrund standen. Aber ganz offensichtlich war und ist das motorradfahrende Volk temposüchtig und in immer höhere Geschwindigkeiten vernarrt, somit machte derjenige, der diesbezüglich Erfolge nachweisen konnte, letztendlich auch das Geschäft.

Rekordfahrten sind aber nicht nur vom Timing abhängig, sondern auch von unzähligen anderen Bedingungen, wie zum Beispiel vom Motortyp (Ein- oder Zweizylinder, Steuerung oder Kraftstoff), von gefahrenen Strecken (einmal oder mehrere Male, 24-Stunden-Rekorde oder Langstreckenfahrten in speziellen Wettbewerben) und von Rekorden bei diversen Rennen in verschiedenen Klassen. Kein Wunder, daß Jahr für Jahr – um nicht zu sagen Tag für Tag – Rekorde und Weltrekorde nur so purzelten. Ein entscheidendes Kriterium dabei ist immer eine offizielle Anerkennung der Leistung seitens der Organisationen, die diese Messungen durchführen. Nachdem sich Harley-Davidson ein eigenes Rennteam zugelegt und sich in seiner Entwicklungsabteilung mit dem Tunen von Hochleistungsmotoren beschäftigt hatte, war der erste Schritt gegen eine fast übermächtige Konkurrenz verschiedener Motorradmarken – allen voran Indian – getan.

Dennoch gab es (inoffizielle) Rekorde schon vor dieser Zeit. So soll am 4. Juli des Jahres 1905 ein Harley-Davidson-Motorrad bei einem 15-Meilen-Rennen eine neue Bestzeit von 19,02 Minuten erreicht haben. 1908 konnte Walter Davidson höchstpersönlich einen von der FAM ausgeschriebenen Economy-Rekord erreichen: 188,234 Meilen per Gallone. Greenpeace läßt grüßen.

Geschwindigkeitsrekorde waren dagegen nicht immer von der neuesten technischen Entwicklung abhängig. So erreichte Harley-Davidsons Rennteam-Kapitän Otto Walker im September 1915 auf dem Maywood-Speedway in Chicago mit einer speziellen wechselgesteuerten Pocketvalve F-Head V-Twin-Rennmaschine einen neuen 100-Meilen-Rekord mit einer Durchschnittsgeschwindigkeit von 89,11 mph, obwohl bereits die neuen, von Cheftuner Ricardo gefertigten Achtventiler zur Verfügung standen. Im Gegensatz zu den

üblichen Ausführungen befand sich bei diesem Modell die Kerze direkt im Hauptbrennraum statt in der Ventiltasche. Normalerweise hielt keine Kerze die dabei entstehende Hitze aus, und der Sprint gestaltete sich immer als gewagtes Experiment. Später nannte man diese Art von Motoren die „Chicago-Harleys".

Noch im selben Jahr fuhr Irving Janke beim dritten jährlichen 300-Meilen-Dodge-City-Classic einen neuen Bahnrekord mit 79,79 mph auf einem 11K-Modell heraus. 1917 stellte Allen Bedel während eines 1000-Meilen-Nonstop-Geländerennens in Ascot Park mit 21 Stunden bei durchschnittlich 48,3 mph einen neuen Rekord auf. 1919 setzte Hap Scherer eine neue Bestzeit für das New York-Chicago-Rennen auf einem Modell W Sport: Die 1.012 Meilen schaffte er in 31 Stunden und 24 Minuten.

Ein Jahr später fuhr der schnelle Hap in 47,5 Stunden und mit einer Durchschnittsgeschwindigkeit von 26,4 mph erneut einen Rekord im Denver-Chicago-Rennen über 1.224 Meilen. Die Verkehrspolizisten entlang der Strecke müssen alle geschlafen haben. Ebenfalls 1920 gewann Fred Ludlow den 25-Meilen-Weltrekord auf der Einmeilen-Dirt-Track-Bahn mit 19 Minuten und einer Fünftelsekunde. Und so ging es weiter.

Auch international fielen einige Rekordfahrten an Harley-Davidson: In den Jahren 1920/21 wurden auf der speziell für Geschwindigkeitsrekorde gebauten Brooklands-Rennbahn in England von den Harley-Fahrern Freddie Dixson und Douglas Davidson (nicht verwandt mit den Firmengründern) Geschwindigkeiten von über 160 km/h erreicht. In Brasilien machte Domingos Lopez in der Gespannklasse mit seiner Rekordfahrt über 80,77 mph im Jahre 1920 von sich reden, und in Argentinien wurden bei der South American TT ebenfalls mit Harley-Davidson-Maschinen neue Rekordzeiten erreicht. In diesen rekordträchtigen Jahren erreichte Fred Ludlow mit einer 61 Kubikinch Roadster 168 km/h auf der Hochgeschwindigkeitsstrecke in Daytona Beach, und Red Parkhurst kam mit einem ähnlichen, auf 68 Kubikinch aufgebohrten Modell auf 178km/h und später sogar auf 181 km/h.

Ebenfalls ein echter Rekordfahrer war der kalifornische Harley-Davidson-Enthusiast und Polizeioffizier Fred Ham. Er brach zum Beispiel die Bestmarke des berühmten Three Flag Run (Kanada, USA, Mexico) auf einer 74-Kubikinch-Seitenventiler im Herbst 1936 mit 28 Stunden und 7 Minuten.

Im Frühjahr 1937 war dann ein neuer AMA-Rekord auf dem Muroc-Trockensee fällig: Bei einem 24-Stunden-Rennen auf dem Fünf-Meilen-Rundkurs erreichte Fred Ham eine Durchschnittsgeschwindigkeit von 83,25 mph reiner Fahrzeit auf einer 61E OHV Knucklehead. Sie benötigte nur einen Kettenwechsel, und während der kurzen Tankstops nahm Fred Ham Fruchtdrinks zu sich. Der Rekord war Anlaß für eine große Propagandaaktion in der Presse, und er wurde auch im *Enthusiast* gebührend gefeiert.

Eine andere, noch berühmtere Rekordfahrt mit der neu erschienenen 61E absolvierte Werksfahrer Joe Petrali 1937 am Strand von Daytona. Harley-Davidson-Präsident Walter Davidson stellte ihm eine Prämie von 1.000 Dollar in Aussicht, wenn er die 150-Meilen-Rekordmarke erreichen würde.

Die speziell für diesen Rekord getunte Knucklehead bekam eine bisher nicht getestete Verkleidung, die während der ersten Versuchsfahrt beinahe einen Unfall verursachte und wieder entfernt wurde. Auf der drei Meilen langen Strecke wurde unter Anleitung von John La Tour, der bereits bei Campbells Rekordfahrt mitgewirkt hatte, die Mittlere Meile (auch „Fliegende Meile" genannt) gemessen.

Roger Reimann hielt Mitte der 60er Jahre den Streamliner-Rekord.

Erfolge im Grenzbereich II

Highlights einer Rennszene

© Harley-Davidson

Nach seiner Rekordfahrt am 13. März 1937 wurde Joe Petrali von William S. Harley (links) und AMA-Sekretär Smith (rechts) beglückwünscht.

Während das verkleidete Motorrad bei frustrierenden 102,04 mph ausbrach, erreichte Joe Petrali bei der dritten Versuchsfahrt – ohne Verkleidung – mit 136,18 mph eine neue Weltbestzeit über die Fliegende Meile. Er brach damit den bisherigen Weltrekord von Johnny Seymour auf einer Achtventiler Indian aus dem Jahre 1932. Diese Rekordfahrt brachte Harley-Davidson, der neuen Knucklehead und dem Piloten Joe Petrali viel Ruhm und Ehre ein, reichte allerdings nicht für die 1000-Dollar-Belohnung.

Seit Ende des Zweiten Weltkriegs werden Weltrekord-Wettkämpfe vor allem auf dem berühmten Bonneville-Salzsee in Utah ausgetragen. Die anläßlich der alljährlichen Bonneville Speed Week von der Utah Salt Flats Racing Association (USFRA) veranstalteten und von der Southern California Timing Association (SCTA) gemessenen und bestätigten Rekordversuche gelten in verschiedensten Klassen für die schnellsten Landfahrzeuge der Welt (land speed records). Der etwa fünf Meilen lange Kurs auf dem knochentrockenen Salzsee muß dabei zweimal innerhalb einer halben Stunde hin- und zurückgefahren werden. Die Meßstrecke der Fliegenden Meile liegt etwa in der Mitte. Harley-Davidson-Motorräder erzielten auf dem Bonneville-Salzsee folgende Rekorde:

1964 – brachte es Werksfahrer Roger Reimann mit einer stromlinienförmig verkleideten 250er Ala D'Oro auf 156 mph (251 km/h), sein Kollege George Roeder kam auf 156,24 mph.

1965 – fuhr George Roeder am 21. Oktober auf einer mit Normalbenzin angetriebenen neuen 1966er Sprint CR 177 mph in den Klassen A und C.

1970 – erreichte Harley-Werksfahrer Cal Rayborn am 16. Oktober auf einer von einem Sprint-Spezialisten gebauten, mit Nitro-Methan-betriebenen Sportster (1.458 ccm, Fahrwerk von Dennis Manning) mit 265,492 mph (427 km/h) den Weltrekord für das schnellste Einspur-Landfahrzeug.

1978 – kam der Harley-Streamliner des Magazins *Easyriders* und der Jammer Products am 9. Oktober mit 276,376 mph auf einen neuen Rekord in der S-AF 3000er-Klasse.

1985 – brach der Rennfahrer Dan Kinsey auf der von S&S/BUB Enterprises gesponserten und von Dennis Manning designten, stromlinienverkleideten Tenacious mit 276,510 mph den bisherigen Weltrekord für einmotorige Maschinen.

1989 – versuchte dasselbe Team unter Joe Teresi mit seinem als Kawasaki-Rekord-Killer gebauten Doppel-Harley-Streamliner und einem von Keith Ruckstone gebauten Motor, den bestehenden Landspeedrekord (LSR) von Kawasaki zu brechen. Es gab jedoch einen – zum Glück glimpflich abgelaufenen – Crash aufgrund des verwendeten Vorderrads aus Vollaluminium.

1990 – fuhr Dave Campus mit dem *Easyriders*-Streamliner am 14. Juli 322,150 mph über die Fliegende Meile.

1991 – sicherte sich Dan Tramp auf seiner von S&S Cycle gesponserten konventionellen Harley Tramp III mit einer Rekordgeschwindigkeit von 226,492 mph das Prädikat „Fastest Stock Harley of the World".

Angesichts der vielen Rekorde konnten hier nur einige Bestleistungen aufgelistet werden – gewissermaßen die Highlights einer eigenen Rennszene, von der sich jedoch die Company vor allem nach dem Zweiten Weltkrieg zurückzog. In den 90ern sind Weltrekorde für Harley-Davidson kein Marketing-Kriterium mehr. Auch darin unterscheidet sich die Company deutlich von anderen Motorradfirmen.

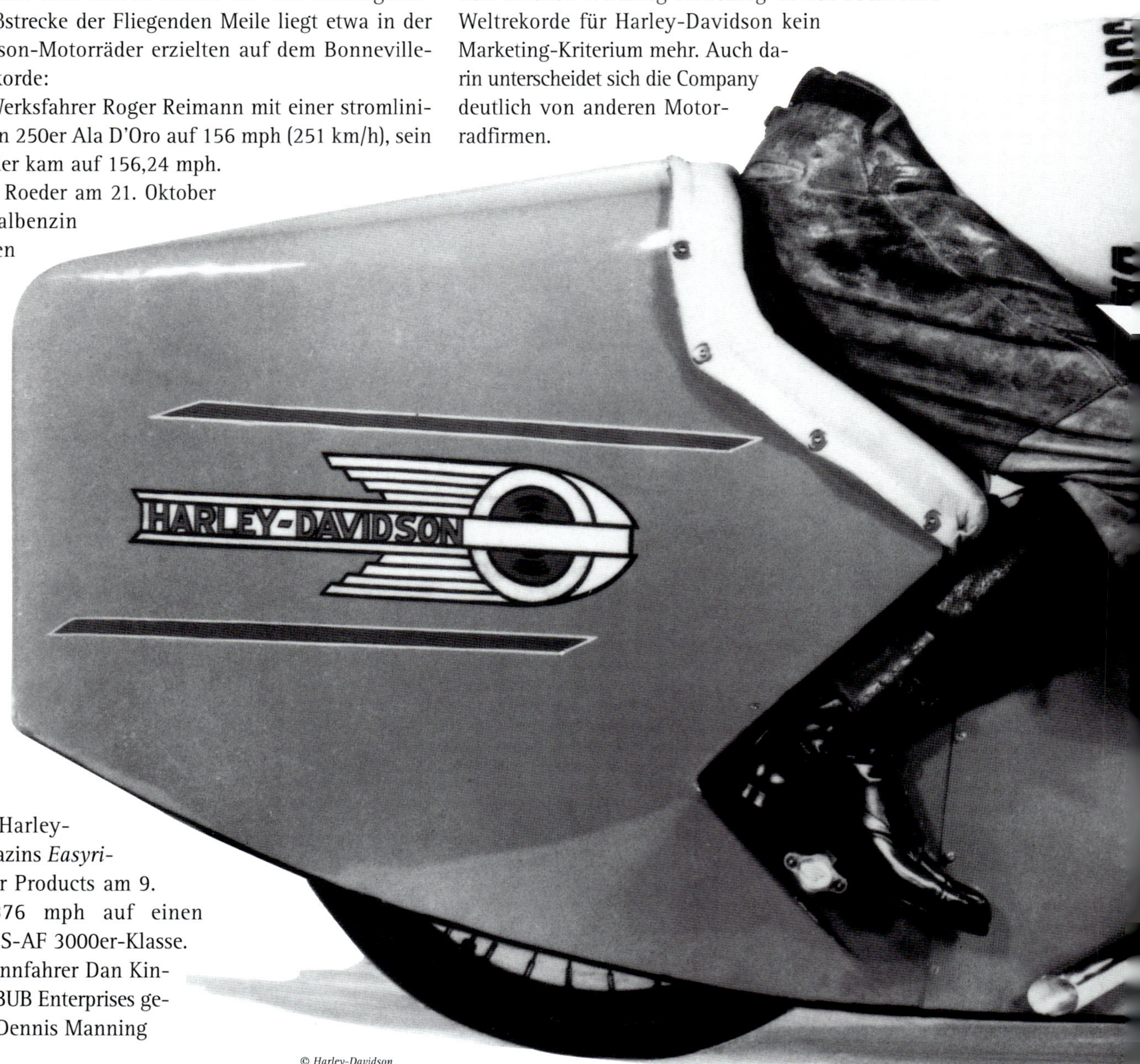

© Harley-Davidson

Joe Petrali

Der Unvergleichliche

Joe Petrali war wohl das erstaunlichste Talent, das der Motorradsport je hervorgebracht hat. Ein einfallsreicher Selfmade-Mechaniker, Techniker und dazu ein begnadeter Rennfahrer, ohne jede Starallüren – einfach, immer freundlich und dazu außerordentlich zuverlässig. 1904 als Sohn italienischer Einwanderer in San Francisco geboren, schenkte ihm sein Vater mit 13 Jahren sein erstes Motorrad – eine schrottreife Indian, mit der er bei einem Economy Run sogleich einen überragenden Sieg errang: mit weniger als einer Gallone (4,54 l) Verbrauch über 283 km wurde er nationaler Rekordhalter in der 500er Klasse. Er arbeitete als Mechaniker bei einem Indian-Händler und wurde – mehr zufällig – Nachfolger des verunglückten Rennfahrers Shrimp Burns. Er übernahm dessen beschädigte Indian-Achtventiler, die er wiederherstellte und sofort siegreich einsetzte. 1920 ging er zu Crocker nach Kansas City und entwickelte sich mehr und mehr zu einem erfolgreichen Rennfahrer. Harley-Davidson verpflichtete ihn, und bei zahlreichen Rennen errang er einen Sieg nach dem anderen, ganz gleich ob beim Hillclimb, Flat Board Track oder Sandbahnrennen. Bei Ignaz Schwinn entwickelte er die Excelsior Super-X. Bei einem Sandbahnrennen 1927 in Springfield verunglückte er durch einen Sturz seines Teamkollegen Eddie Brincks schwer. Eddie Brincks wurde dabei getötet, Joe – den man wegen der stets gewaltigen Staubfontänen, die er aufwirbelte, „Smokey Joe“ nannte – trug bleibende Narben davon, erholte sich aber rasch. Nachdem Ignaz Schwinn seine Produktion eingestellt und damit auch seinen „Rennstall“ aufgegeben hatte, wurde Joe Petrali als einziger Pro-Rennfahrer 1931 wieder bei Harley-Davidson (mit einem Monatsgehalt von 240 Dollar) eingestellt und gewann bis 1936 insgesamt fünf nationale Dirt-Track-Meisterschaften. Als technischer Ingenieur war Joe Petrali maßgebend an der Entwicklung von Rennmaschinen, Rennmotoren und vor allem an der ersten OHV Knucklehead beteiligt. Von 1932 bis 1938 war er nationaler Hillclimb-Champion, 1935 gewann er 13 nationale Meisterschaften. Am 13. März 1937 erreichte er nach streng geheimen Vorbereitungen auf der Rennstrecke an der Beach von Daytona mit einer zunächst verkleideten, in der Rekordfahrt aber wieder unverkleideten 61-Kubikinch OHV Knucklehead die neue Bestzeit von 136,183 Meilen (219,16 km/h). Nachdem die Klasse A 1938 praktisch eliminiert war, gab es für den verdienstreichen Joe auch bei Harley keine weitere Verwendung mehr. Verbittert machte er sich in Los Angeles auf Jobsuche. Eine Zeitlang arbeitete er bei dem Rennwagen-Konstrukteur Joel Thorne und wurde danach persönlicher Assistent von Howard Hughes. Als sein Flugingenieur saß er direkt hinter Howard Hughes, als dieser mit seiner legendären „Spruce Goose“, dem gigantischen achtmotorigen Wasserflugzeug DXZ, zu dem einzigen Flug am 2. November 1947 im Hafen von Long Beach abhob. Smokey Joe starb im Alter von 68 Jahren. Mit insgesamt 48 überzeugenden Siegen war Joe Petrali einer der erfolgreichsten Motorradrennfahrer der Welt – eine amerikanische Legende und seitdem untrennbar mit dem Namen Harley-Davidson verbunden.

Die werbewirksame Aufnahme der berühmten Knucklehead mit Verkleidung wurde lange vor den Rennen gemacht (links).
Auch die Darstellung im *Enthusiast* vom April 1937 war ein Fake: Die Rekordfahrt war nur ohne Verkleidung möglich.

Have Harley – will travel

Die andere Dimension des Reisens

© Harley-Davidson

1928 besuchten die Studenten Sulkowsky und Gyula sowie Fräulein Borbala, mit ihrem Harley-Gespann von Budapest kommend, die Pyramiden von Gizeh.

„... und gute Fahrt!" Was für eine magische Zauberformel! Ablegen, unterwegs sein, alles hinter sich lassen, ins Ungewisse aufbrechen, neuen Horizonten entgegen – Reisen. Mit dem Schiff, mit dem Zug, mit dem Auto oder mit dem Flugzeug. Am aufregendsten und unmittelbarsten aber kann man wohl mit dem Motorrad reisen. Ganz besonders, wenn es eine Harley ist ...

Bereits die ersten Harleys wurden fürs Touren gebaut, und Walter Davidson war nicht nur einer der ersten, sondern auch einer der erfolgreichsten Tourenfahrer. Wo auch immer Motorräder unterwegs waren, sie wurden vor allem für Reisen benutzt – es waren abenteuerliche Fahrten. Die mutigen Motorradabenteurer hatten alles dabei, was man zum Überleben brauchte: eine komplette Camping- und Kochausrüstung mit Lebensmittelvorräten – wie früher die Siedler –, Gewehr und Munition, Wasser- und Benzinvorräte, wichtige Ersatzteile – vor allem Schläuche und Reifen – sowie das nötige Werkzeug, um das Fahrzeug notfalls bis zur letzten Schraube zu zerlegen. Alles war sorgfältig, platzsparend sowie möglichst wasserdicht verstaut, und selbstverständlich wurde über alles Erlebte gewissenhaft Tagebuch geführt.

Reisen bildet nicht nur und macht Spaß – Reisen ist wohl eine Urform des menschlichen Daseins. Reisen mit dem Motorrad ist einzigartig. Viele der frühen Motorradtouristen waren auch Pioniere, und in gewissem Sinn ist das selbst heute noch so. Sie erforschten unbekannte Welten im eigenen Land: grandiose Landschaften und unberührte Weiten, die nur mit dem treuen Motorrad und notfalls querfeldein auf unwegsamen Trampelpfaden, tief eingefurchten Treck-Routen oder über staubige Wüstenpisten zu erreichen waren. Parallel dazu entdeckten sie die überwältigenden Emotionen von ergreifendem Naturerleben, Einsamkeit und absoluter Freiheit.

Über ihre Erlebnisse verfaßten sie lange und begeisterte Berichte, die sowohl in Tageszeitungen als auch in Magazinen erschienen: „Die erste Harley auf dem Grund des Grand Canyon" (1916); „Urlaub im wilden Westen" (1920); „Wir erobern den Westen quer durch alle Staaten" (1912); „Von Küste zu Küste (mindestens 6.000 Kilometer)" ...

Der *Enthusiast* brachte stets Fotos und Berichte von Harley-Fahrerinnen und -Fahrern, die die Welt entdeckten – je wilder und weiter, desto besser! „Have Harley – will travel!" war das Motto des Missionars Desmond Bittinger und seiner Frau Irene, die von 1930 bis 1932 auf ihrer Harley VL kreuz und quer durch Nigeria reisten. „Around Australia the Hard Way" nannte Jack Bowers seine abenteuerliche Durchquerung des Australischen Kontinents im Jahre 1929 mit einem Harley-Gespann.

Aber auch in den USA gab es genügend Herausforderungen und grandiose Landschaften – das hitzeknackende Death Valley war von Anfang an ein beliebtes Reiseziel von Individualisten und Clubs – auch Gypsy Tours steckten sich immer abenteuerlichere Ziele für ihre gemeinsamen Touren. Picknik in der Wüste oder auf dem 4.301 m hohen Pikes Peak in Colorado, im geheimnisvollen Monument Valley oder auf den endlosen Prärien Montanas und Wyomings – die Wunder waren alle da, man brauchte bloß hinzufahren, um sie zu entdecken. Das galt auch in erhöhtem Maße für die angrenzenden Länder. Mexiko und vor allem Mittel- und Südamerika waren stets beliebte Ziele für Motorradexpeditionen. Ganz Mutige trauten sich bereits vor und kurz nach dem Ersten Weltkrieg durch Afrika oder China. Und bereits 1946 befuhr der Navy-Veteran William Sundermeyer mit seiner Knucklehead 61 den 1942 fertiggestellten Alaska Highway (Allcan Highway) von Dawson Greek nach Fairbanks, um dort die Eskimos zu besuchen. „The World Greatest Outdoor Sport" nannte man es damals: Motorradfahren! Daran hat sich bis heute kaum etwas geändert.

© Harley-Davidson

Auch der Eiffelturm war eines der gern von Harley-Davidson-Touristen besuchten Weltwunder, wie diese Aufnahme aus dem *Enthusiast* aus den 20er Jahren zeigt.

Aus dem Fotoalbum des deutschen Harley-Händlers Georg Suck: Mal mit patriotischem Hintergrund am Deutschen Eck in Koblenz, mal malerisch gruppiert in freier Natur, mal unterwegs durch Feld und Flur – Harleys unterwegs in den 20er Jahren.

European Tours

Ob in den Schweizer Hochalpen wie am Nufenen-Paß (linke Seite), auf einer skandinavischen Fähre in der Ostsee (oben links), auf dem Col du Camps in den französischen Hautes Alpes (oben rechts) oder auf der Romantischen Straße in Rothenburg ob der Tauber (unten) – Harleys sind überall zu Hause.

Vom Glück, unterwegs zu sein

Motorradtouristik im Aufwind

Harley-Country: zu den berühmtesten Strecken gehören unter anderem die Badlands und die Route 66, hier in Arizona.

Inzwischen sind die Straßen (fast) perfekt, die unsinnigsten Verkehrsregeln gelten auch noch in den abgelegensten Winkeln, und Benzin gibt es (meist) überall. Reisen nennt man jetzt „Touristik", Tourenfahren heißt jetzt „Cruisen", und alles ist bis ins letzte reguliert, organisiert, katalogisiert und vermarktet. So weit, so gut. Doch selbst die besten Straßen, die vorbildlichste Organisation, die sichersten Verkehrsgesetze und die bestmögliche Ausrüstung haben einer Motorradreise nichts von ihrer Faszination und Abenteuerlichkeit nehmen können. Insofern hat sich seit der Pionierzeit der Motorradtouristik nicht allzuviel verändert.

Immer noch ist das Wetter ein beherrschender Faktor, immer noch ist die Technik eine persönliche Herausforderung, immer noch braucht es beim Umgang mit Gas und Bremse Umsicht, Gefühl und Verantwortung. Verliert man die Beherrschung, wird das Motorrad schnell zur lebensbedrohenden Gefahr, hat man aber alles im Griff, beschert es unvergleichliche Glücksgefühle.

Ein Psychologe würde sagen, es ist die erregende Mischung von Gefahr und ihrer Beherrschung, der den Adrenalinpegel in die Höhe treibt. Aber welcher Motorradfahrer braucht schon einen Psychologen, um dies zu erkennen ...

Längst hat sich die Motorradtouristik als weltweit bedeutsamer Wirtschaftsfaktor etabliert, und die wachsende Motorradindustrie bietet herumreisenden Motorradfahrern wirklich alles, was sie zum richtigen Touren brauchen – vom bestens ausgerüsteten Touring-Motorrad bis zur hochwertigen Bekleidung und einem allumfassenden Zubehör-Programm. Die Company hat schon immer das Reisen mit dem Motorrad in den Mittelpunkt ihrer Produktion und Modellpolitik gestellt. Die legendären Highway-Dampfer Electra Glide und Tour Glide sind in ihrer Classic-Ausführung das Nonplusultra des Motorrad-Reisens, aber auch die Rider-Serien und Custom-Modelle bieten einen höchst komfortablen Reisestandard und sind für lange Überlandtouren ideal. Selbst in der supersportlichen Buell-Reihe gibt es die S3T Thunderbolt als voll ausgerüstetes Touren-Bike.

Grundsätzlich kann man mit jeder Harley rund um die Welt fahren, denn die Schwereisen aus Milwaukee sind nun einmal unverwüstliche Langstreckenläufer – zwar mit kleinen Macken, ohne die der Spaß jedoch nur halb so schön wäre.

Harley-Langstreckenfahrer haben zu ihrer Maschine im Laufe der Zeit meist ein ganz persönliches Verhältnis entwickelt, und viele schwören darauf, daß ihre Harley, die sie durch und durch kennen, über so etwas wie menschliche Verhaltensweisen verfügt ...

Dank der modernen Motorradtouristik kann man heute in den schönsten Gegenden unserer Erde entweder Motorräder mieten (zugegeben, Harleys sind ein wenig teuer) oder sein eigenes Bike einfliegen lassen. „Fly and Ride" nennt sich das Programm, das von Harley und H.O.G. kräftig subventioniert wird.

Wer noch ein wenig ängstlich im Umgang mit Motorradabenteuern in fremden Ländern ist, auf Komfort und einen gesicherten Reiseablauf aber nicht verzichten will, bevorzugt Guided Tours oder Rental Bike – eine neue Branche im Motorradtourismus, die Reisen mit Begleitung anbietet.

Während früher ein paar Motorradmagazine hin und wieder einen eindrucksvollen Reisebericht veröffentlichten, lebt heute eine ganze Reihe von Spezial-Reisemagazinen davon, ihren Lesern die große Freiheit im Sattel – und alles, was dazugehört – schmackhaft zu machen. Dazu kommen Motorrad-Reiseführer, Motorrad-Reisekarten sowie zahlreiche Motorrad-Reisebücher. Der berühmte Motorrad-Weltenbummler Bernd Tesch führt in seinem Handbuch „Motorrad Abenteuer Touren – Reisende Reifen erobern die Welt“ über 260 Titel solch faszinierender Bücher auf.

Ob in der geführten Gruppe, mit Freunden oder allein auf weiter Flur unterwegs: Sobald man auf seiner Maschine sitzt, den Fahrtwind im Gesicht spürt, die vorüberziehende Natur mit allen Sinnen in sich einsaugt und die lockende Ferne in greifbare Nähe rückt – dann werden Träume wahr.

Der Buddhismus hat eine wunderbare Formulierung für die große Reise des Lebens gefunden, die zwar für jede Reise, speziell aber für das Motorradfahren gilt, das ja immer ein Unterwegs-Sein impliziert: „Der Weg ist das Ziel.“

Route extrem: die Sonora-Wüste in Mexiko (oben) und das Death Valley (unten).

On the road again

Du entfliehst der unsäglichen Metropole, windest dich hinaus aus all dem hektischen Gewusel und dem ganzen Gewirr von achtspurigen Freeways und Expressways in die ungeheure Weite und Einsamkeit der Mojave-Wüste. Langsam überkommt dich eine erlösende, fast magische innere Ruhe, nur der heiße Fahrtwind braust in den Ohren, fährt knatternd unters Hemd, der Lenker rüttelt an deinen Händen, der Verkehr dünnt sich aus. Du lehnst dich entspannt zurück an den stützenden Schlafsack, nimmst die Hände von den schweißigen Griffen, das kleine Feststellschräubchen hält den mächtigen Motor bei einem Durchschnittstempo von etwa 60 mph gleichmäßig am laufen, und du kannst spüren, wie er sich dabei wohl fühlt. Langsam ebbt die Erregung ab, und du genießt das unvermindert kraftvolle Dahingleiten. Was sich zuerst wie eine langweilige Langstreckenfahrt anläßt, wird unerwartet zum neuartigen Fahrerlebnis. Nichts lenkt mehr ab, Zeit zum Träumen.

Da ist immer das gleiche Auto vor dir und immer dasselbe hinter dir, die Sonne verbrennt dein Gesicht, die herben Gerüche der Wüste durchdringen dein Denken. Nur wenige Tankpausen unterbrechen deine Reise ... Das ist das eine. Doch dann ist da noch etwas anderes, und es überfällt dich mit ungeheurer Wucht. Ein neues Gefühl beginnt dich zu beherrschen. Unmerklich steigt der glühende Feuerball der Sonne höher, überschreitet den Zenit, und langsam wandert dein eigener Schatten auf dem sausenden Fließband der Straße unter dir nach vorne. Das harte Licht wird weich und geht in ein warmes, mystisches Rot über, bis es sich in einem fahlen Blaugrau verliert. Voraus dunkelt schon geheimnisvoll die aus der Tiefe des Weltalls aufsteigende Nacht, erste Sterne werden sichtbar, manchmal glitzern auch ferne Lichterketten abgelegener Orte zu dir herüber, langsam ziehen sie in der einfallenden Dunkelheit vorüber und verschwinden wieder. Nur noch schemenhaft huschen Felsblöcke und Saguaros vorbei, das Firmament füllt sich dagegen immer mehr mit blitzenden Lichtpunkten, die Harley scheint zu fliegen, die Berührung mit der im flachen Scheinwerferlicht weghuschenden Interstate wird irreal. Nach einer unruhigen Nacht, immer begleitet vom Nachhall des Motorengedröhns, bist du wieder auf dem langen Weg nach Osten, die Dunkelheit verschwindet hinter deinem Rücken.

Und während die Sonne vor dir in gleißender Helle emporsteigt, verändert sich das

Gefüge von Zeit und Raum. Plötzlich fühlst du, wie die riesige Erdkugel sich dreht und du mit ihrer Drehung wieder hinabfährst in den Schlund der Finsternis und danach wieder emporsteigst zum Licht, tagaus, tagein durch Wüsten und Berge, Senken und Wiesen, Wälder und geborstene Ebenen, umgeben von Wind und Wolken, Hitze und Kälte, Regen und Stürmen. Plötzliche unsichtbare Windböen drücken die Harley in eine absurde Schräglage, ein Hauch von Gefahr kommt auf, kleine Windhosen wirbeln davon. Die Kraft des Motors reißt dich immer weiter, und du hoffst, daß die Reise nie aufhören möge ...

Dave Barr

Der Harley-Weltreisende Dave Barr ist einer der erstaunlichsten Charaktere auf dem Gebiet der Extrem-Harley-Touristik, sofern man hier überhaupt von Touren sprechen kann. Als ehemaliger Soldat, der

1981 in Angola durch eine Anti-Panzermine beide Unterschenkel verlor, betrachtet er seine ausgeprägten Weltreisen als eine Mission gegen den Krieg und sammelt für Kriegsversehrte.

1990 startete Dave Barr seine Weltreisen von Südafrika durch die Namibische Wüste, den Dschungel Äquatorialafrikas, Zaire, Kamerun, Nigeria, durch die Sahara und Algerien, dann nach Europa bis zum Nordkap. Von der Prudhoe Bay fuhr er durch Alaska nach Süden, die Pazifikküste entlang, durch Mexiko nach Südamerika, die Transamazonas-Route bis nach Feuerland und dann von Hongkong durch ganz China. 1996 tauschte er seine treue 1972er Super Glide gegen eine 883er Sportster ein, die er für eine mörderische Durchquerung des winterlichen Sibirien speziell ausrüstete und mit einem Beiwagen versah. Das Abenteuer endete glücklich.

Dave Barr hat zwei spannende Bücher über seine Reisen geschrieben: „Riding the Edge" und „Riding the Ice". Nicht nur für Harley-Davidson ist er eine Identifikationsfigur, sondern vor allem für den Lebenswillen und das Durchhaltevermögen aller Versehrten, denen nichts unmöglich ist – was Dave Barr tatkräftig bewiesen hat.

Dave Barr auf dem Roten Platz in Moskau (oben).

License Tags

Personalized License Tags – persönliche Nummerschilder – sind besonders einprägsam und werden deshalb von den amerikanischen Verkehrsbehörden als guter Schutz gegen Diebstahl befürwortet. Den Ausdrucksmöglichkeiten der „Motorrad-Visitenkarte“ sind dabei keine Grenzen gesetzt.

Art & Culture

DAVIDSON

Tattoos

Der verkörperte Markenkult

Eigentlich ist es nur logisch, daß sich eine Harley, die ihren Liebhabern und Liebhaberinnen so nachhaltig unter die Haut geht, irgendwann auch mit farbiger Tinte auf dem menschlichen Körper verewigt. Auch wenn Tätowierungen, allgemein Tattoos genannt, nicht immer ein Symbol des braven Bürgertums waren, charakterisieren sie inzwischen eine international anerkannte Form der Kunst, die sich in unendlicher Vielfalt in den unterschiedlichsten Stilrichtungen darstellt. Noch vor einem Vierteljahrhundert galt in der Welt der Harley-Biker eine Tätowierung als unverzichtbares Markenzeichen des Outlaw-Images, heute veranstaltet Harley-Davidson selbst offizielle Tattoo Contests und vergibt Preise für die besten Körperverzierungen.

Eine schöne Anekdote aus den frühen Biker-Tagen Amerikas erzählt die Begegnung eines Hells Angels mit einem Polizisten, der ihn wutentbrannt aufforderte, seine Kutte mit dem verhaßten Totenkopf-Symbol abzulegen. Als das Symbol daraufhin auf dem Sweater des Bikers erschien, mußte er auch diesen ausziehen. Doch der grinsende Totenkopf fand sich jetzt auch auf dem T-Shirt. „Runter damit!" schrie der Cop, und feixend kam der Biker auch dieser Aufforderung nach. Dem Totenkopf auf der nackten Haut aber konnte der wütende Beamte nichts mehr entgegensetzen.

Tätowierungen sind eine der ältesten Kunstformen in der Geschichte der Menschheit, galten lange Zeit als Verunstaltung des „göttlichen" Körpers und wurden fälschlicherweise meist „primitiven" Naturvölkern, Gangstern und Seefahrern zugeordnet.

Heute gibt es weltberühmte Tätowierkünstler und -künstlerinnen sowie internationale Tattoo-Messen und -Wettbewerbe. Darüber hinaus berichten Tattoo-Magazine über Entwicklungen und Trends. Wer die Nadel scheut, kann mit Bodypainting zwar keine dauerhafte Verschönerung des eigenen Körpers erreichen, aber immerhin für eine kurzfristige Attraktion sorgen, wenn man sich nicht ganz nackt unter Leute begeben will.

Für Kinder und ganz Ängstliche gibt es seit neuestem auch Klebe-Tattoos – pfui, weg damit, Schwamm drüber, kein Wort mehr davon.

Tattoos, die von erfahrenen Künstlern gestochen wurden, behalten nahezu ein Leben lang Farbe und Feinheit ihrer Konturierung. Der Experte erkennt oft schon an ihrem Stil den Urheber des Kunstwerkes. Biker bevorzugen natürlich Harley-Motive, was last not least die absolute Markentreue impliziert, denn wer möchte sich schon mit einem Harley-Tattoo auf einem anderen Motorrad der Lächerlichkeit preisgeben?!

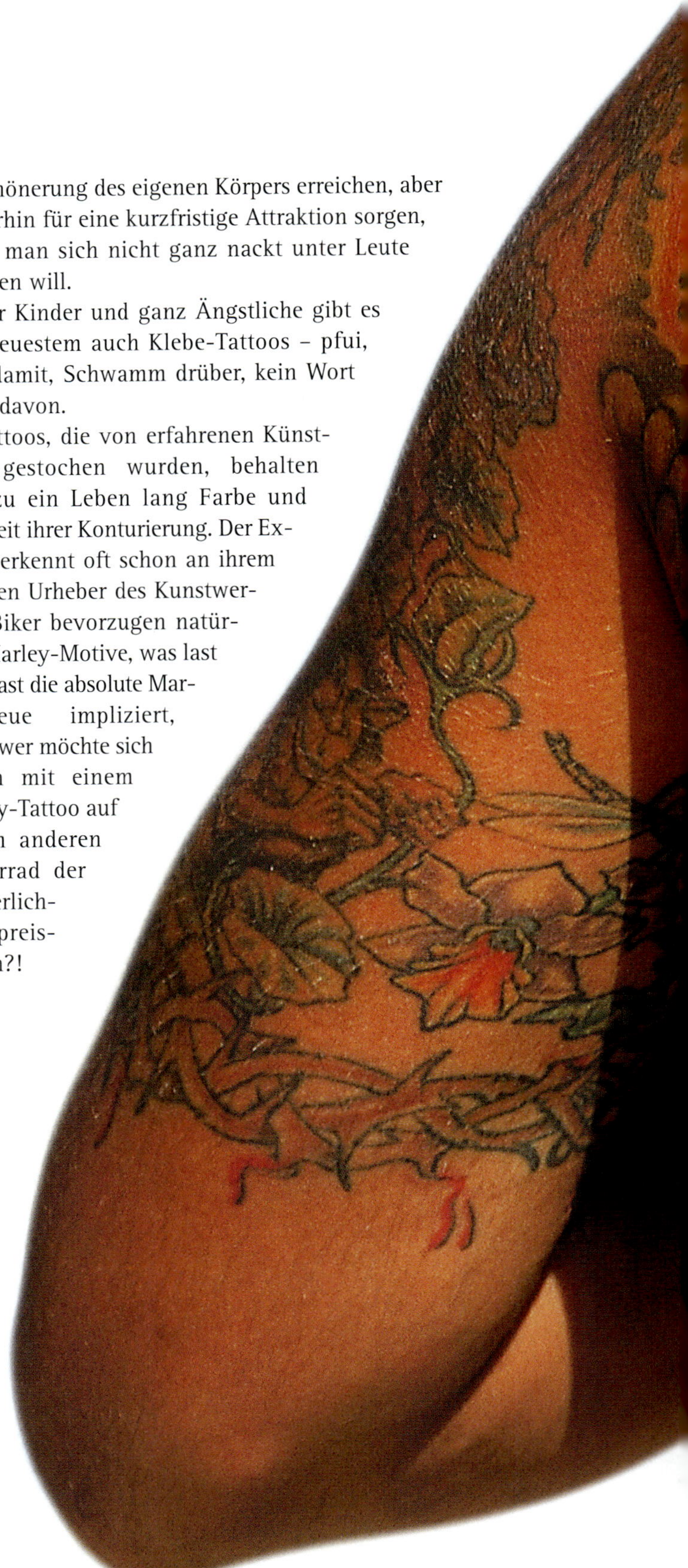

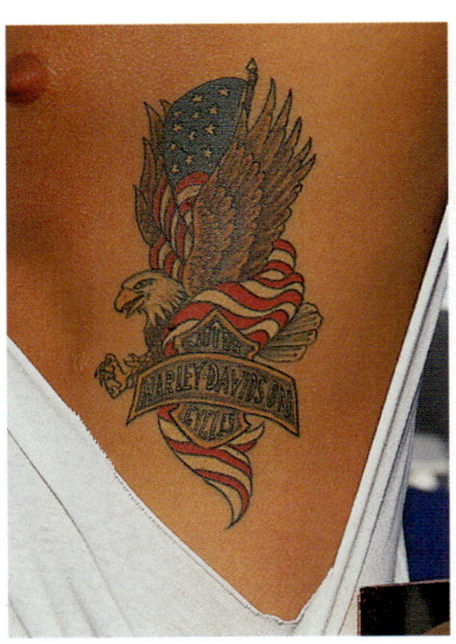

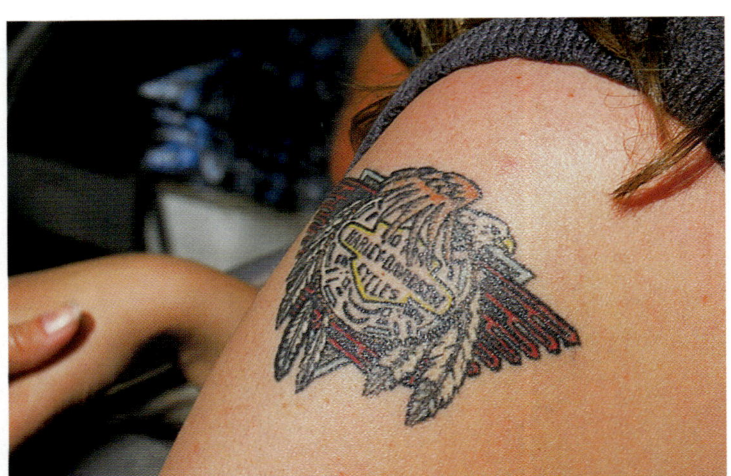

Auf besonderen Tätowierungs-Wettbewerben – wie nebenstehend auf dem Great American Rodeo Tattoo Contest 1990 in Sturgis – wird von fachkundigen Experten über die schönsten Tattoos entschieden. Die beiden Bilder oben links zeigen eher bescheidene Darstellungen, aber ein höchst kunstvolles und sicher auch kostspieliges Ganzkörper-Tattoo wie diese griechisch-mythologische Harley-Darstellung (rechte Seite) ist auf jeden Fall preisverdächtig.

Technik in Acryl und Öl

Harleys in der Kunst

Offiziell von Harley-Davidson lizenziert und von Scott Jacobs handsigniert – Drucke oder Postkarten sind beliebte Sammelobjekte.

Im Gegensatz zu Natur, Mensch und Architektur sind technische Darstellungen in der Kunst, selbst im High-Tech-Zeitalter, kein allzu häufiges Thema. Zu kalt und zu unpersönlich scheint das Sujet für die Künstler zu sein, die gerne in emotionalen Aussagen die Botschaft ihrer Darstellungen sehen.

Motorräder werden auf dem künstlerischen Sektor selten dargestellt. Relativ häufig vertreten sind sie in der Grafik – sei es die Werbegrafik, die Karikatur oder der Cartoon – was oftmals mit Kunst verwechselt wird, wenn auch die Grenzen hier oft fließend sind.

Es gibt jedoch Künstler, die Motorräder darstellen – nicht als seelenlose Funktionsmaschinen, sondern als Teil menschlicher Selbstverwirklichung. Einige von ihnen sollen hier genannt werden. Sie bevorzugen – mit großem handwerklichen Geschick – eine detailgetreue Darstellung, die sie dann in einen philosophischen Rahmen setzen. Diese Künstler haben eine spezielle Beziehung zum Thema „Motorrad", und ihre Bilder – seien es nun Originale oder Drucke – verlangen immer eine repräsentative Zurschaustellung. Es wäre ein „barbarisches" Sakrileg, sie einfach an die Garagentür zu nageln. Kunstausstellungen in Galerien sowie auf Motorrad-Messen und Custom Shows zeigen gerne die Künstler und ihre Werke, und Harley-Davidson erhebt gelegentlich einige von ihnen zu Official Artists & Artworks.

Dave Mann – ist wohl der berühmteste und bekannteste Künstler der Biker-Szene. Von Anfang an bei „Jammers Products" und *Easyriders* dabei, wurden seine Centerfolds Biker-Lifestyle-Symbole schlechthin. Es gibt kaum eine echte Biker-Kneipe, ein Biker-Heim oder einen Bike Shop, wo nicht Dave Manns *Easyriders*-Centerfolds die Wände schmücken – gerahmt oder ungerahmt. Dave Mann versteht es auf eine unnachahmliche Art, typische, wesentliche und oftmals unvorhergesehene Situationen aus dem Biker-Leben künstlerisch ins Bild zu setzen. Träume und Alpträume, Ängste und Wünsche, meist in ironischer und humorvoller Art dargestellt, werden bei ihm Realität. Die Details von Mensch, Maschine und Umfeld spiegeln das typische Biker-Leben bis in die feinsten Nuancen hinein. Jedes neue Kunstwerk von Dave Mann birgt stets köstliche Details, die jedem Harley-Fahrer nur zu gut bekannt sind. Unzählige Male kopiert und hunderttausendfach vermarktet, sind die Biker-Lifestyle-Szenen von Dave Mann auf Tanks und T-Shirts, Krügen und Tassen, Plakaten und Posters, Puzzles und Postkarten zu finden. Man kann Dave Mann auch als die Seele des *Easyriders*-Magazins bezeichnen, darüber hinaus wurde er ein Mythos der ganz besonderen Art.
Sein Ideenreichtum und seine Schaffenskraft sind ein einmaliges Phänomen – beeindruckend, wie er Monat für Monat, über Jahrzehnte hinweg, mit genialen Einfällen und witzigen Ideen die Biker-Philosophie zum Ausdruck bringt. Als Übervater aller amerikanischen Harley- und Custom-Freaks ist Dave Mann zugleich Institution und Biker-Legende.

François Bruère –, 1961 in Le Mans geboren, war schon als Kind Motorrad-Enthusiast und speziell Harley zugetan, deren in Frankreich zurückgelassene Armee-Modelle ihm die ersten Impulse gaben. Nach einem siebenjährigen Kunststudium in Paris wurden Unabhängigkeit und Selbständigkeit für François Bruère zur beherrschenden Maxime. Auf zahlreichen Ausstellungen erregten seine bis ins kleinste Detail durchgearbeiteten Motorrad-Genres, die fast ausschließlich Harley-Davidson gewidmet sind, großes Aufsehen. François Bruère bevorzugt jedoch in seinen mit speziellen Airbrush-Techniken gefertigten Bildern Themenkombinationen, die den Betrachter schnell davon überzeugen, daß nicht nur das Motorrad, sondern auch die damit verbundene Philosophie sowie die Historie ihm viel bedeuten. Übrigens ist François Bruère selbst Biker mit Leib und Seele. Er entwirft und baut seine eigenen Custom Bikes und zeigt diese zusammen mit seinen Grafiken, Litho- und Serigraphien, Airbrush-Bildern und Buchillustrationen auf eigens ihm gewidmeten Sonderausstellungen in aller Welt: Daytona (Headquarters Ocean Center), Sturgis (Hall of Fame), Chicago, Indianapolis, Montreux sowie Ausstellungen in Europa, Neuseeland, Indien oder Japan sind Stationen seines künstlerischen Werdegangs.

Scott Jacobs – gilt als der Schöpfer des Super Realistic Genre of Art. Seine fotografisch exakt wiedergegebenen Kunstwerke hat er zu einer technischen Perfektion entwickelt, die als Fotorealismus eine besondere Bedeutung in der Darstellung von Harley-Davidson-Motorrädern bekam. Bereits im Alter von 19 Jahren kratzte er seine letzten Dollars zusammen, die er sich während seiner Schulzeit dazu verdient hatte, um eine Kunstgalerie zu kaufen. Über Malcolm Forbes bekam er Zugang zur Motorradwelt und speziell zu Harley-Davidson. Sowohl von verschiedenen Agenturen als auch von Harley-Davidson gemanagt und unterstützt, wurde Scott Jacobs bald bekannt. Seine realistischen Darstellungen von Harley-Davidson-Motorrädern überzeugten die Company, so daß sie ihm die Möglichkeit gaben, von Segal Fine Art vertreten zu werden, einem offiziellen Lizenznehmer der Company. Seine Acryl- oder Ölgemälde schmücken unter anderem das Zuhause von John Elway, Karl Malone, Madonna, Senator „Nighthorse" Campbell und Willie G. Davidson.

Eric Herrmann – studierte am Triton College for Fine Art und an der Arizona State University. Er ist bekannt für seine farbenprächtigen Art-Deko-Gemälde klassischer Motorräder und Autos. Eric Herrmann zeichnet Motorräder und lebt mit ihnen seit seiner frühesten Jugend, er ist begeisterter Harley-Davidson-Fahrer und auf fast allen großen Biker Events zu finden. Obwohl er sich nicht speziell darum bemühte, wurde sein außerordentliches Talent von Harley-Davidson schnell erkannt, und anläßlich des

Phantasie und Realität mischen sich bei dem französischen Künstler François Bruère in genialer Weise. Hier ein Bild aus seiner Sammelmappe „Daytona Art“ (links).

Kultfigur aller echten Biker ist der Cartoonist des *Easyriders*, Dave Mann (oben), der mit seiner unvergleichlichen Art der Darstellung wie kein anderer Künstler den „Way of Life“ der Harley-Fahrer charakterisiert.

90jährigen Jubiläums in Milwaukee wurde er zum offiziellen Aussteller der Company ernannt. Seine großformatigen Acrylbilder sind inzwischen weltweit begehrte Sammelobjekte. Herrmanns Glas-Skulpturen mit eingeätzten Motiven von Harley-Davidson-Motorrädern (Motorcycle Artglass) kennzeichnen einen neuen Stil: eine Mischung aus Skulptur und Grafikelementen. Eric Herrmann besitzt eine Kunstgalerie in Arizona und stellt seine Werke auf internationalen Shows und Ausstellungen vor, wie etwa auf der *Easyriders* Show, Anaheim, CA; Dealer Expo Cincinnati, OH; Phoenix M/C Expo, Phoenix, AZ; Hollister, CA; Street Vibrations, Reno, NV; Concours de Elégance, Del Mar, CA.

Cliff Barney –, ein begabter Grafiker aus Minneola, Florida, wurde durch fein detaillierte Motorrad-Bleistift- und -Tuschezeichnungen bekannt, die man im allgemeinen als Motorcycle Pointilism bezeichnet. Sie sind als Poster und Postkarten in der Harley- und Indian-Szene wohlbekannt.

Wayne Peterson – ist ein bekannter Maler aus Muskego, Wisconsin, der sich als Illustrator, Designer und Bildhauer mit wunderschönen Illustrationen im altamerikanischen, klassischen Stil einen Namen gemacht hat.

Harry Miller –, ein Künstler aus Colorado Springs, Colorado, machte sich durch seine realistischen Darstellungen von klassischen und modernen Harley-Davidson-Motorrädern in Wasserfarben-Technik und mit Bleistiftzeichnungen einen Namen.

Blue Bond – aus Vancouver, Washington, fiel durch seine Ölgemälde klassischer amerikanischer Motive mit Harley-Motorrädern auf, die zum Teil an den Stil des Künstlers Norman Rockwell erinnern.

Vinc – aus Genf, Schweiz, hat sich einem ähnlichen Stil wie Eric Herrmann verschrieben, und wie jener ist auch Vinc ein absoluter Harley-Fan. Die Inspiration zu seinen großformatigen Bildern holt er sich immer wieder bei seinen Studienreisen durch die USA.
Inzwischen sind „Vinc's World“ Harley-Bilder längst über Europas Grenzen hinaus bekannt und schmücken als Originale oder Nachdrucke so manches Biker-Heim.

Waldemar Bassalig – aus Gelsenkirchen, Deutschland, ein begeisterter Motorradfahrer und Maler, hat eine lithographische Kunstmappe von Harley-Davidson-Motiven herausgegeben.

Erotische Kunstwerke mit Harley-Davidson-Motiven haben längst eine eigene Kunstrichtung etabliert und sind nicht nur von Spezialsammlern und Erotikliebhabern heiß begehrt.

Yvonne Mecialis – ist eine Künstlerin dieser Stilrichtung, und obwohl ihre techno-erotischen Heavy-Metal-Darstellungen nichts mit Harley zu tun haben, sind sie in der Biker-Szene sehr beliebt.

Jana Rhoads Godfrey – ist eine andere Künstlerin, deren Bleistiftzeichnungen das erotische beziehungsweise sexuelle Image von Harley-Davidson-Motorrädern unmittelbar zum Ausdruck bringen.

Auch in der allgemeinen erotischen Kunstszene hat Harley-Davidson längst als Stilelement oder künstlerisches Accessoire Einzug gehalten. In Cartoons, Comic-Heften, erotischer Grafik und der Scooter Art sind sexuelle Motive mit dem Mythos Harley-Davidson eng verbunden. Erst diese Art der künstlerischen Freiheit kann es sich erlauben, die erotische Stimulanz des Big Twin realistisch darzustellen – ein Thema, das in der bürgerlichen und kommerziellen Welt tabu bleibt.

© Easyriders

Biker-Cartoons bringen das Leben mit dem Motorrad in ansprechender Weise auf den Punkt: Scherz, Satire, Ironie und Kritik finden darin ihren lebendigen Ausdruck. Hier einige Beispiele des französischen Künstlers Coyote und der amerikanischen Karikaturisten Robinson und Hamming.

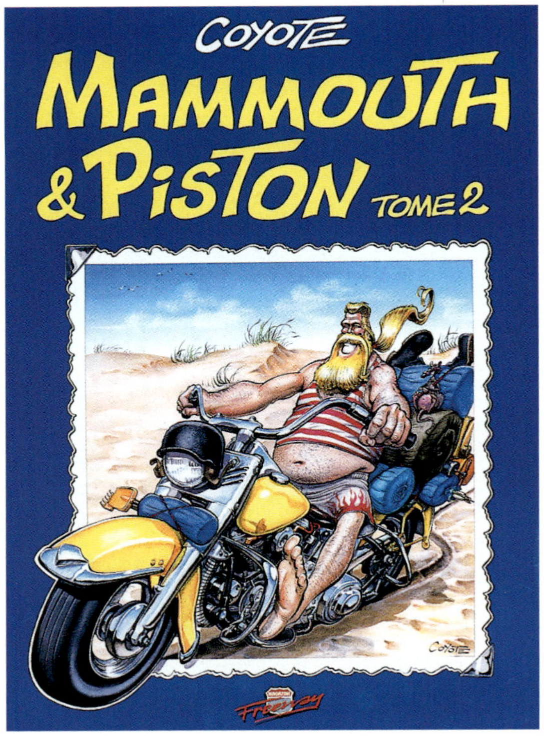

© Easyriders

Biker-Cartoons

Humor ist, wenn man trotzdem lacht

Biker Cartoons illustrieren besser und pointierter als alle Fotos das wahre Biker-Dasein, das sie mit spitzem Federstrich auf alle Schwachstellen hin analysieren. Der stets so gern verherrlichte Harley Lifestyle wird dabei unter die Lupe genommen, und niemand wird verschont. Es gibt nur wenige Künstler, die sich dem Biker Cartoon verschrieben haben. Sie genießen hohes Ansehen in der US-amerikanischen Biker-Szene, haben sich aber auch in skandinavischen, japanischen und australischen Veröffentlichungen bereits einen Namen gemacht.

Berühmte Beispiele sind die Cartoons von Robinson in *Easyriders*, von Hamming im *Supercycle* sowie von Coyote im französischen *Freeway*-Magazin oder dessen Spezialpublikationen wie *Kevin*.

Einmalig in der Firmengeschichte der Company ist die Herausgabe eines eigenen Comicheftes, *Harley Rider*, aus dem Jahre 1988. Leider blieb es bei der Einzelausgabe, die heute ein begehrtes Sammelobjekt ist. Natürlich gibt es auch eine Menge lizenzierter und nicht-lizenzierter Cartoon-Postkarten, die jedoch reinen Werbezwecken dienen und längst nicht den phantastischen Insider-Humor der großen Cartoonisten von Biker-Magazinen besitzen.

Ohne Cartoons sind Biker-Magazine gar nicht vorstellbar. Hamming arbeitet für *Supercycle*, während *Easyriders* von Robinson gezeichnet wird. Robinson wurde vor allem damit bekannt, daß er in seinen „Motorcycle Milestones" den Harley-Mythos kritisch-ironisch unter die Lupe nahm.

Small Sculptures

Ob in Holz, Metall, Ton, als Zinn- oder Bronzeguß – Harley-Plastiken haben ihren eigenen künstlerischen Stil.

Mitte links ein detailliertes Chopper-Modell, das der US-Matrose Steve Rozenko aus Sehnsucht nach seiner geliebten Harley auf See gebastelt hat. Ganz rechts der Bildhauer Walter Konle mit seinen Modellen.

Kleinkunstidyllen

Biker-Skulpturen

Harley-Skulpturen gehören in jedes gepflegte Biker-Heim. In Holz gehackt oder geschnitzt, aus Lehm gebrannt, aus Wachs geknetet oder aus Formen gegossen gibt es sie auf Biker Events und Shows, Swap Meets, bei Händlern und auch schon im Versandhandel. Einige Motive haben inzwischen Berühmtheit erlangt und riesige Auflagen erzielt. Andere können – wie bei einer Weihnachtskrippe – zu einer Szene zusammengesetzt werden. Handelt es sich hier um eine „Kleinkunst-Kitsch-Gartenzwerg-Kultur"? Was kümmert es den Sammler, der voll Entzücken über eine neue Entdeckung sein oft monströses Monument des wahren Biker-Lebens nach Hause schleppt! Biker-Skulpturen sind längst beliebte Souvenirs im Harley-Devotionalienhandel geworden. Manche wirken ziemlich grob, andere sind ein bißchen primitiv, aber gerade das macht wohl ihren Reiz aus. Und manchmal findet man darunter auch echte Kunstwerke ....

Einige der bekanntesten Skulpturen von Mark Patrik: „The Wrench" (Mitte rechts) und „The Shop" (unten). Oben ein frühes versilbertes Modell aus den 20er Jahren.

Airbrush

Kunst am Bike

Mühsame Kleinarbeit: Während der Daytona Bike Week sind überall begabte Airbrush-Künstler eifrig am Werk – wie hier in Al Bulling's Last Resort.

Ob reich vergoldet oder mit einem symbolischen Airbrush-Gemälde versehen – eine Riesen-Trophäe ist einem solchen Custom Bike auf der Rat's Hole immer sicher.

Kunstvolle Gemälde waren schon immer das Nonplusultra beim Customizing, und natürlich sind es auch hier wieder Harley-Davidson-Motorräder, die in dieser Art von dargestelltem Individualismus eine vorrangige Position einnehmen. Was früher – vor dem Zweiten Weltkrieg – eine Mehrfach-Sonderlackierung mit Streifen und Decals war, hat sich heute zu einer wahren Kunstorgie aller erdenklichen Stilrichtungen entwickelt: vom einfachen Tankgemälde bis zur fahrenden Kunstgalerie.

Ein Motorrad mit Airbrush-Paintings zu veredeln, ist eine aufwendige, zeitraubende und kostspielige Angelegenheit. Mit einer Spritzpistole, dem „Luftpinsel", und entsprechend feinen Düsen werden nach und nach wahre Kunstwerke auf einen entsprechend vorlackierten Untergrund aufgetragen (meist mit Acrylfarben auf Wasserbasis) und dann mit mehrfachen Klarlackschichten bis zur völligen Glätte überzogen. Dieser in den Grundzügen immer gleiche Airbrush-Vorgang kann jedoch mit ganz unterschiedlichen Techniken ausgeführt werden. Da gibt es Markierungen, Schablonen sowie spezielle Folien, und zum Schluß wird von Hand mit dem Pinsel aufs feinste nachkonturiert. Als Vorlagen dienen Fotos, Poster, Plattencover, Drucke, Pin-ups und spezielle Motive, wobei Harley-Fahrer vorrangig Indianer-Szenen oder Adler-Designs bevorzugen. Aber auch eigene Entwürfe, Porträts oder stilisierte Logos werden gerne in Airbrush-Kunstwerke umgesetzt.

Längst gibt es auch große, internationale Airbrushing-Veranstaltungen, wie zum Beispiel Harley Custom Painting Shows oder Airbrush Total. Darüber hinaus informieren entsprechende Magazine und eine einschlägige Fachliteratur.

Bei den internationalen Airbrush-Shows – wie zum Beispiel in Dallas, San Francisco, Chicago, New York und vielen anderen Großstädten, besonders auch in Japan und Europa – stellen die besten Künstler ihre Airbrush-Kunstwerke vor, die dann von den Veranstaltern mit Auszeichnungen und Preisgeldern bedacht werden.

Direkt aufs T-Shirt gesprüht: Ein Airbrusher bei der Arbeit.

Wiederverwertbarer Body: Zwar angezogen, sieht aber aus wie auf den nackten Körper gesprayt – eine verwirrende Kombination des Body Painting.

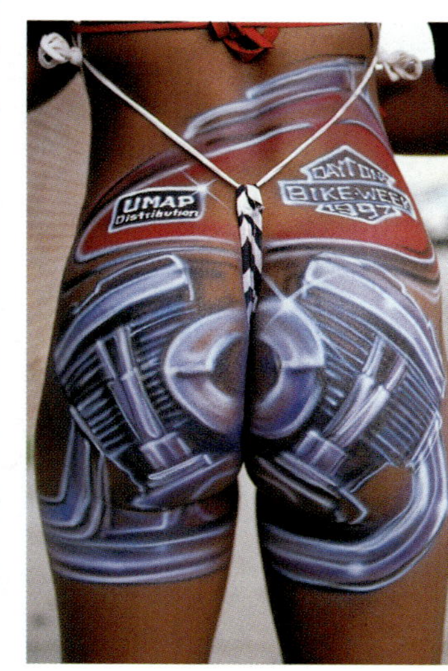

Harley-Davidson Body Painting: abwaschbares Kunstwerk direkt auf dem Körper.

Prämierungen gibt es für Best Styling & Finish, Best Freestyle, Best Paint Design (Effektlacke, Farbtöne) oder auch für die besten Harley-Motive. Wie jede andere Kunstrichtung unterliegt auch Airbrush speziellen Mode- und Trenderscheinungen. Besonders beliebt sind nach wie vor die diversen Heavy-Metal-Motive.

Unter den vielen international bekannten Künstlern befinden sich einige, die sich in der Harley-Airbrush-Custom-Szene einen Namen gemacht haben: François Bruère (Frankreich), Luis Royo und Ciruelo Cabral (Spanien), Hans Dieter Baumann, Oerny B. Lunke, Axel Hermann, Andreas Marshall, Markus Mayer oder das Atelier Fineline aus Deutschland, Holly Elsworth (Craig Fraser Airbrush Getaway Workshop), Bakersfield, Kalifornien, sowie Todd Fishers Custom Grafix Studio in Melbourne, Florida. Wie gesagt, das ist nur ein sehr kleiner Ausschnitt aus der riesigen Airbrush-Szene, die jedem hilfreich zur Seite steht, der sich ernsthaft überlegt, sein Motorrad auf diese Weise zu verschönern.

Eine Variante des Airbrush, die sich seit Mitte der 90er Jahre durchgesetzt hat, ist das Leather Airbrushing, bei dem die Lederkleidung – vor allem Jacken – zum Kunstwerk mutiert. Auf fast allen großen Bike Shows sowie in Daytona, Sturgis oder bei ähnlichen Events gibt es Künstler, die mit der Spritzpistole in oft nur wenigen Minuten ein gefälliges Motiv auf die Jacke sprühen – Angel vom The Airbrush Place aus Philadelphia ist zum Beispiel einer von ihnen.

Verwandt damit und schon seit Jahrzehnten gebräuchlich ist das T-Shirt Airbrushing, bei dem individuelle Motive mit der Spritzpistole auf T-Shirts aufgetragen werden.

Eine ebenfalls schon länger bestehende Variante des Airbrush ist das Body Painting. Hier ist allerdings die Spritzpistole weniger im Gebrauch. Wie der Name schon sagt, wird Body Painting mit dem Pinsel oder der bloßen Hand auf den nackten Körper aufgetragen – eine kunstvolle Schminktechnik, die aus dem Theatermetier stammt und im Fernen Osten eine jahrtausendealte Tradition hat.

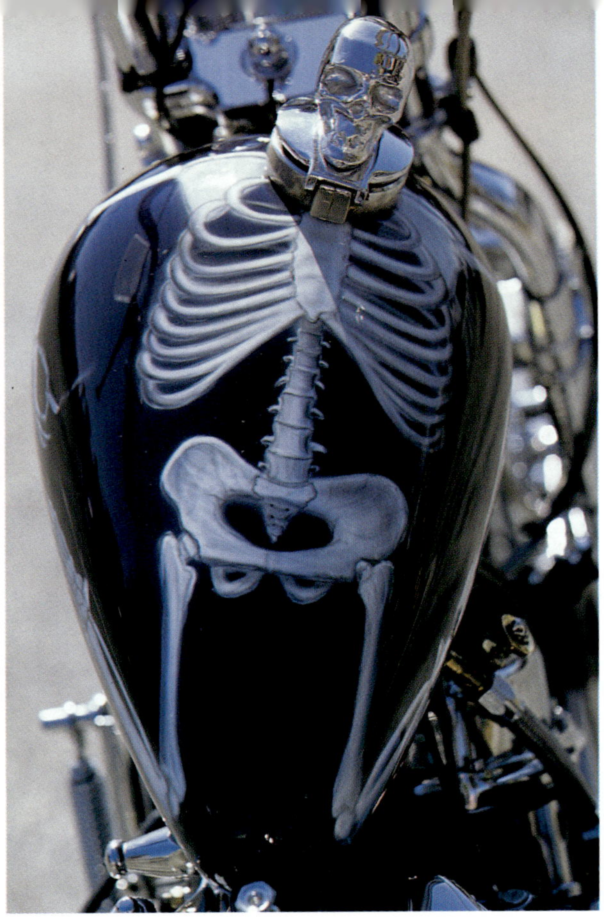

HARLEY-DAVIDSON

SALOON

HARLEY
DAVIDSON

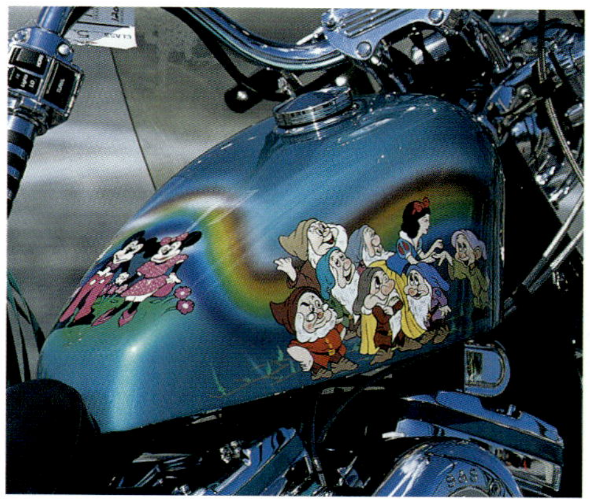

MPH

Modell und Spielzeug: kleine Motoren wie die Replika von Wallace Warner, die richtig läuft (ganz links), oder Originalmotoren, entweder als Mini-Harley mit einem 45-Kubikinch-Motor (links) oder als Mini-Monster mit einem 74-Kubikinch-Motor (unten) – der technischen Umsetzung sind keine Grenzen gesetzt.

Glücksfälle

Große Harleys für die Kleinen

Mini-Harleys – sind auf etwa Dreiviertel oder gar die Hälfte verkleinerte Harley-Originale, meist mit 45 Kubikinch Seitenventil- oder auch Sportster-Motoren, die sich auf kleinen Rädern bewegen. Sie sind teilweise mit einem speziellen Automatik-Getriebe ausgestattet oder entsprechend übersetzt, damit sie nicht zu schnell fahren. Sie sind zwar sehr beliebt, aber haben mit der Company selbst absolut nichts zu tun. Harley-Davidson produziert keine Motorräder für Kinder.

Mini-Monster – haben eine andere Philosophie. Hier wird ein möglichst großvolumiger Motor in ein möglichst kleines Fahrwerk gesetzt und das Ganze betriebs- und funktionssicher gemacht.
Horst Galls Mini-Monster wird mit einem original 1200er Seitenventil-Motor angetrieben, aber ein automatisches Viscomatic-Vorgelege läßt gerade mal 3 bis 4 PS auf das kleine Hinterrad zu. Bei einer Geschwindigkeit von 10 km/h koppelt die Automatik drehzahlbedingt den Motor ab, obwohl der mit Höllengetöse weitertobt – ein Superspaß für die Kleinen.

Grenzfälle

Harley-Zwerge und -Giganten

Scale Models – sind voll funktionsfähige Verkleinerungen von Harley-Modellen oder -Motoren. Sie sind bis ins kleinste Detail den großen Maschinen nachgebaut und erfordern bis zum letzten Schräubchen enormes handwerkliches Geschick. Jedes Detail ist eine Einzelanfertigung und wird im vorher festgelegten Verkleinerungsmaßstab hergestellt.

Monster-Harleys – sind meist vierrädrige Monster-Fahrzeuge, wie sie aus der Hot-Rod-Szene bekannt sind – vorzugsweise mit überdimensionalen Reifen oder als Four-Wheel-Spezialfahrzeug für Shows und Wettbewerbe. Hauptmerkmal in diesem Fall ist jedoch ein entsprechend übersetzter Harley-Motor.

Exakte Miniaturmodelle (scale models) im Maßstab 1 : 6 oder 1 : 12, wie die Ausstellungsstücke auf der V. Deutschen Kunstausstellung von Mike Pruett (oben und Mitte links) oder das 1 : 3-Modell (unten links) sind Resultate langjähriger Tüftelei. Eine der wenigen Monster-Harleys ist der von einem 88 Kubikinch Sportster-Motor angetriebene Swamp Buggy (rechts); der Fourwheeeler (rechts unten) ist ein Eigenbau mit einem unüblich in Längsrichtung positionierten Motor.

Sich mit fremden Federn schmücken

Blickfang Harley: Zigarettenreklame mit dem Freiheitssymbol aus dem Land der unbegrenzten Möglichkeiten. Rechts: vom Bürgerschreck zum Werbeträger: Die Bösen Buben sind salonfähig geworden.

Die Werbebranche wird von ausgefuchsten Psychologen regiert, die ihre Zielgruppen – die Kunden, denen sie ein Produkt verkaufen wollen –, bis in die hintersten Winkel ihrer Seele kennen und genau wissen, auf welche Reize sie anspringen. Dabei spielen Gedankenverbindungen zu ganz anderen Dingen eine wichtige Rolle: Freiheit und Freizeit, Abenteuer und Exklusivität, Glück und Sex sind oft die Stimulanzen für den Griff zum Portemonnaie – Assoziationen, die er mit dem erstandenen Produkt nach Hause trägt.

Das Image einer Harley-Davidson wird häufig in Werbekampagnen für Produkte benutzt, die nichts mit Motorrädern zu tun haben. Das fällt zwar nicht unter das Konzept der „Product Identity", aber das Bild einer Harley, die immer mehr darstellte als ein Gefährt auf zwei Rädern, transportiert in idealer Weise ein bestimmtes Lebensgefühl. Diese Art von Image-Transfer kommt häufig vor: Tabakfirmen machen das, Mode- und Parfümhersteller, sogar Autofabrikanten, die Bahn, die Telekom oder Uhrenfirmen hoffen, daß eine Harley die Verkaufszahlen ihrer Produkte steigert. Die Company schreitet jedoch regelmäßig gegen diese Form der Werbung ein.

Wesntlich schwerer wiegt aber der Image-Klau, wenn Firmen, Geschäfte oder Lokale das geschützte, charakteristische Harley-Logo Bar & Shield für sich verwenden und ungeniert mit dem eigenen Namen versehen. Hier ist der Harley-Kommentar verständlich: „We are not amused ..."

Logoentwicklung im Laufe der Jahre

Harley-Davidson Motor Company
3700 W. Juneau Avenue, P.O. Box 653
Milwaukee, Wisconsin 53201-0653
Phone (414)343-4974 / fax (414)343-8786

JUNE, 1998

Harley-Davidson® Factory Red Brick

This age-old brick which was salvaged during recent renovations to the Juneau Avenue complex represents an authentic piece of history and Americana.

It's been engraved with the bar and shield and dated to commemorate the Harley-Davidson 95th Anniversary.

Dr. Martin Jack Rosemblum
Harley-Davidson Motor Co. Historian

Bauschuttverwertung, Harley-Style

Als zum 95. Firmenjubiläum einige Wände beim Umbau der Firmengebäude an der Juneau Avenue eingerissen wurden, ätzte man ein Firmenlogo in die Ziegelsteine und verkaufte sie am offiziellen Firmenstand für 95 Dollar mit einem „Echtheits"-Zertifikat (links). Sie gingen weg wie warme Semmeln. Nur Stunden später wurden sie im Meyers Park zugunsten von MDA versteigert und erzielten Preise von mehreren Tausend Dollar.

Auch das „Bar & Shield"-Logo hatte sich im Laufe der Jahrzehnte häufig verändert. Von oben: 1916, 1921 von einer englischen Vertretung, 1929 und 1947. Das Firmen-Logo aus den 70er Jahren (rechts) führte „Company" im Schild; später wurde das Wort wieder gegen „Cycles" ausgetauscht.

Diese Fotos wurden uns freundlicherweise von M.F. Collection zur Verfügung gestellt.

Sonderlogo des Firmenzusammenschlusses von Aermacchi und Harley-Davidson. Heutiges offizielles Standardlogo sowie zwei Harley-Logos aus der AMF-Zeit.

Motorrad-Museen

Museumsbesuche sind Entdeckungsreisen – aufregende Rundflüge durch ein Jahrhundert technischer Motorrad-Träume und traumhafter Technik mit Irrungen und Wirrungen und ebenso genialen wie soliden Konstruktionen –, komprimiert dargeboten und manchmal auch zum Anfassen. Motorrad-Museen sind vollgespickt mit Mythen und Legenden, Fundgruben für Bastler und Historiker, Begegnungsstätten mit der Vergangenheit. Viele Museen verstehen sich als Zentren der Oldtimer-Kultur, manche sind in großartigem Ambiente, andere sind verstaubte Kruschtläden und bergen faszinierende Geheimnisse. Einige von ihnen muß man suchen und finden, andere existieren nur als zeitlich begrenzte Ausstellungen, wieder andere haben längst das Zeitliche gesegnet, wurden aufgelöst oder versteigert. Viele Motorrad-Museen sind aus Händlerschaften hervorgegangen oder entstanden durch Privatinitiativen. Einige Museen sind in große Stiftungen integriert, andere wiederum stammen aus werkseigenen Sammlungen. In jedem Fall sind sie zuverlässige und kompetente Informationsquellen, nicht selten auch Einkaufszentren für antike Schätze der Zeitgeschichte.

Außer dem firmeneigenen Werksmuseum in York gibt es jedoch nur wenige Museen, die sich ausschließlich auf Harley-Davidson-Motorräder spezialisiert haben. Dennoch stößt man immer wieder auf exklusive Harleys, oder man entdeckt Neues aus der Firmengeschichte.

Harleys in der Zeitkapsel: Otis Chandlers Museum of Transportation and Wildlife in Oxnard, CA.
Rechte Seite oben (v. l.): Peterson Museum in Los Angeles, CA, Willi's Motorcycle World, Daytona Beach, FL, und Motorradmuseum Neckarsulm/D.

MOTOR
HARLEY-DAVIDSON
CYCLES

WILLI'S MOTO

Die Macht der Presse

Biker-Magazine

Der gedruckte Way of Life

Harley-Bücher

Über keinen anderen Markenartikel der Welt gibt es so viel Literatur. Der Markt für Harley-Bücher scheint unersättlich zu sein, aber meistens handelt es sich nur um mehr oder minder schöne Fotobände oder hochglanzkaschierte Bilderbücher über Harley-Motorräder und das szenige Umfeld. Daneben gibt es aber auch ein paar recht gut recherchierte Klassiker, vornehmlich über die Company, ihre Geschichte und ihre Modelle. Herausragend sind die Bücher von Jerry Hatfield, Harry V. Sucher, Stephen Wright und dem Firmenhistoriker Thomas C. Bolfert mit seinem von Harley-Davidson herausgegebenen Standardwerk „The Big Book of Harley-Davidson“ – das allerdings halb als Bildhistorie und halb als Katalog konzipiert ist. Neben den geschichtlichen Dokumentationen der Company dürften wohl die Insiderberichte der Outlaw-, Biker- und Hells-Angels-Szene sowie ihrer verwandten Gruppen am interessantesten sein, obwohl die meisten reine Fiktion sind, wie etwa das berühmte Kultbuch „A Brotherhood Of Outlaws“ von Robert Lipkin (Pseudonym Bob Bitchin). Dokumentarische Klassiker sind dagegen „Hells Angels“ von Hunter S. Thompson oder „Freewheelin Frank“ mit Statements von Frank Reynolds. Die Standardbibliothek eines Harley-Freaks umfaßt aber nicht etwa nur ein einziges Buch – das Service Manual. Dies ist lediglich eine Behauptung böser Zungen.

Die Rolle der Custom- und Biker-Magazine hat – ohne übertreiben zu wollen – einen weltweiten Einfluß auf die moderne Gesellschaft. In vielen Ländern identifiziert man Motorradfahrer in Jeans, Stiefeln und schwarzer Lederjacke zwar instinktiv als Biker, doch der Ursprung ihrer symbolhaften Erscheinung geht auf die Biker-Magazine zurück.

Biker-Magazine erscheinen allerdings erst seit den 60er Jahren, denn in den frühen Motorrad-Magazinen wurde dieser Lebensstil noch nicht thematisiert. 1910 gab es *The Western Motorcyclist and Bicyclist* (1910 in Los Angeles gegründet), aus dem sich später *The New American Motorcyclist and Bicyclist* entwickelte. 1912 erschien in Los Angeles der *Pacific Motorcyclist,* der sich auf eine rein lokale Berichterstattung spezialisiert hatte, und 1913 entstand *Motorcycling,* ein wöchentliches Motorrad-Magazin aus Chicago. In den 20er Jahren mußten nahezu alle Motorrad-Magazine aufgrund rückläufigen Anzeigenvolumens ihren Betrieb einstellen.

Nach dem Krieg erschienen Mitte der 50er Jahre neue Magazine, andere wurden unter neuem Management wieder aufgelegt, wie *Cycle, The Motorcyclist, The Motorcycle News, American Motorcycling (AMA), Motorcycling News* (von Floyd Clymer), 1963 folgten *Cycle World* (Parkhurst) sowie *Cycle Sport* und *Cycle News.*

Das erste wirkliche Custom-Bike-Magazin war Ed „Big Daddy“ Roths *Choppers,* das Mitte der 60er Jahre auf den Markt kam – ein kleinformatiges, schwarz-weiß gedrucktes Heftchen mit unregelmäßiger Erscheinungsweise, aber voller genialer Einfälle. So beschrieb *Choppers* die radikalsten Custom Bikes, die in dieser Zeit in Kalifornien entstanden, einschließlich Arbeitsweisen und technischer Tips sowie dem berühmten „Tattoo of the Month“, entworfen von Robert Williams. *Choppers* existierte nicht allzu lange, hinterließ aber gravierende Spuren.

1971 war das Geburtsjahr der Mutter aller Biker-Magazine: *Easyriders.* Gegründet von Joe Teresi und Lou Kimzey, der bereits die Zubehör-Kataloge von Jammers Products betreut hatte, übernahm *Easyriders* die Grundelemente,die bereits in *Choppers* zu finden waren, bereitete sie mit erstklassigen Fotografien und neuester Farbdrucktechnik auf und fügte dem Ganzen einen speziell für die Szene geschriebenen Journalismus bei. Heute erscheint das Magazin im 28. Jahrgang und ist nach wie vor das meistverkaufte Motorrad-Magazin der Welt.

Natürlich hat *Easyriders* zahlreiche Nachahmer gefunden, die jedoch weder redaktionell noch ökonomisch Schritt halten konnten. *Big Bike* war das erfolgreichste von allen und erschien etwa zur gleichen Zeit wie *Easyriders.* Es beschrieb allerdings nicht nur Harleys und deren Umbauten, sondern auch europäische und japanische Motorräder. Dafür brachte es – was *Easyriders* selten tat – konsequent technische Artikel. Unter den späten Nachahmern von *Easyriders* sollte neben *Supercycle* mit seinen zeitweise brillanten Einfällen auch noch *Biker Lifestyle* erwähnt werden, das sich von einer billig gemachten Publikation zu einem Magazin mit gewisser Professionalität entwickelte.

Weltweit, vor allem aber in Europa, Australien und Japan, erschienen Mitte bis Ende der 80er Jahre aufgrund nationaler Marktstrukturen viele fast ausschließlich Harley-Davidson bezogene Biker- und Custom-Magazine, mit teilweise aus den USA übernommenen Themen, lokalen Berichterstattungen über Händler und Clubs sowie Terminkalendern. Sie alle leben vorwiegend von dem enormen Anzeigenvolumen, das die Aftermarket-Szene in diesen Ländern hervorbrachte. Einige der bekanntesten Magazine sind: *Big Twin* (NL), *BSH – Back Street Heroes*(GB), *AWOL – Alternative Way of Life, Heavy Duty* und *V-Twin* (vormals HOG, alle aus GB), *Freeway Magazine* (F), *MCM – Motorcykelmagazinet* (S), *Bikers Life, Bikers News* und *Bikers live!* sowie *Thunder Cycles* und seit neuestem das Custom-Szeneblatt *High Performance* (D). In Japan ist vor allem das Magazin *Vibes* hervorzuheben, während in Australien *Oz Bike* und *Men at Work* sowie *Heavy Duty* die Szene beherrschen.

Eine Liste der wichtigsten Magazine findet man im Anhang.

Ganz oben: das erste echte Chopper-Magazin von Big Daddy Roth.
Unten: Die legendäre erste Ausgabe des Magazins *Easyriders*.

The Beginning

Die Entstehungsgeschichte des berühmten Biker-Magazins *Easyriders*, von einem Mitbegründer erzählt

„1970 verließ ich nach drei Einsätzen in Vietnam den Militärdienst und suchte neben dem Studium und dem Biker-Leben einen Beruf. Ich verbesserte mein Einkommen, indem ich ausgemusterte Los Angeles Police Bikes kaufte, sie restaurierte und dann wieder verkaufte. Ich versuchte einige Händler davon zu überzeugen, daß ich ihnen – selbst bei meiner geringen Erfahrung – eine Hilfe für ihre Geschäfte im Custom-Bereich sein würde. U.S. Choppers in North Long Beach stellten mich ein. Neben der Arbeit und dem Studium baute und rekonstruierte ich für Freunde weiterhin Motorradmotoren im Schlafzimmer unseres Zweifamilienhauses in Long Beach. 1971 brachten drei Biker, die bereits im Verlagswesen und im Ersatzteilgeschäft tätig waren, in Seal Beach, Kalifornien, ein neues Magazin heraus. Ich bekam die erste Ausgabe in die Hände und verfaßte für das Magazin einen Artikel über eine Knucklehead, an der ich mitgebaut hatte. Darauf traf ich mich mit dem Verleger Lou Kimzey in einer Werkstatt in Belmont Shore. Er war einverstanden, die Story über das Bike zu veröffentlichen, speziell aber interessierte ihn meine vergammelte Shovelhead. Lou, Joe Teresi und Mil Blair, die Gründer des Magazins, hatten auch die erste Organisation für Motorradrechte der Biker ins Leben gerufen, die sie ABATE nannten (A Brotherhood Against Totalitarian Enactments). Bei unserem zweiten Treffen lud mich Lou in das kleine Büro ein, in dem sich die Redaktion des Magazins befand, und bot mir einen Job als Angestellter von *Easyriders* und als Manager von ABATE an.

Easyriders war das erste Magazin, das den Lifestyle biertrinkender Hardcore Biker ernst nahm und eine perfekte Mischung aus *Mad*, *National Lampoon* und *High Times* verkörperte. Das Magazin repräsentierte sowohl die guten Zeiten wie auch die harten Kämpfe des Biker-Daseins. Ausgefallene Storys und das „Glaubensbekenntnis" an die Szene machten das Magazin und ABATE groß und einflußreich. *Easyriders* wurde bald das größte Motorradmagazin der Welt. ABATE wurde eine der größten basisdemokratischen Bewegungen in den USA und verhinderte aufgrund ausführlicher Tests von Joe Teresi und dem Ingenieur Bill Otto die geplanten, einschränkenden Vorschriften für den Bau von Custom Bikes. Nahezu zwei Drittel aller Helm-Gesetze der Vereinigten Staaten wurden aufgrund massiver Bikerproteste wieder zurückgenommen ... Das *Easyriders*-Magazin thematisiert und repräsentiert sowohl die Eigenständigkeit, Custom-Motorräder zu bauen, als auch die Ungebundenheit, die der Biker zum Leben benötigt. Mit *Easyriders* Bike Shows und Rodeos, Videos, Swap Meets, einer eigenen Produktpalette sowie seit neuestem mit Franchise-Filialen setzt sich das Magazin resolut für die Menschen ein, die sich mit Haut und Haaren dem Biker Lifestyle verschrieben haben – Freiheitssucher, kompromißlose Individualisten und Männer, die versuchen, ihren eigenen Weg zu gehen in einer Welt, die von Behinderungen durch ständig zunehmende staatliche Bevormundungen gekennzeichnet ist. – Trotz allem: Jeder einzelne von uns würde für die Freiheit Amerikas kämpfen."

K. Randall „Bandit" Ball

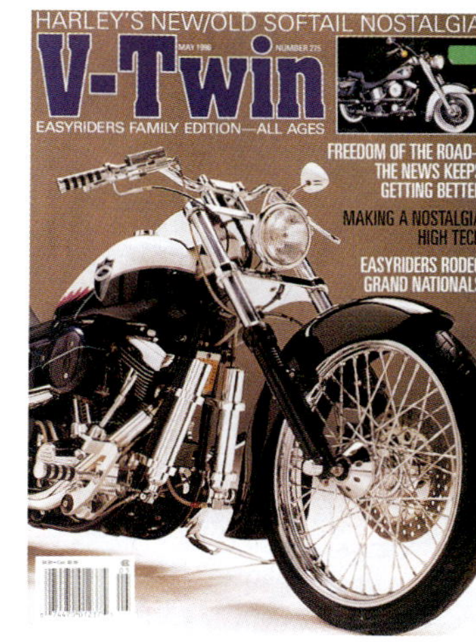

Die Auswahl aus der Flut internationaler Harley- und Biker-Magazine zeigt die Bedeutung und den Kultstatus des amerikanischen Schwereisens.

Fast wie im richtigen Leben

Biker Movies

Typische Szene aus dem filmischen Biker-Leben: Robert Fuller schlägt wieder zu („The Hard Ride").

Wie apokalyptische Hunnenhorden jagen sie in endlosen Kolonnen donnernd über den hitzeflirrenden Highway – wilde Gesellen mit vom Fahrtwind zerzausten Mähnen, die Gesichter hinter dunklen Sonnenbrillen versteckt; schwarzes Leder, Ketten und nacktes Fleisch auf brüllenden Monster-Maschinen. Sex und Gewalt im Sinn, fallen sie in verschlafene Kleinstädtchen ein, legen sich mit der Obrigkeit an, den betulichen Bürgern, verschreckten Omas und hilflosen Geistlichen; sie stänkern und provozieren nach Kräften jede sittlich-moralische Grundordnung. Das sind eindrucksvolle Szenen.

Die braven Bürger sind entsetzt, die um die Früchte ihrer Erziehung betrogenen Eltern fassungslos, aber die Jugend ist begeistert. Hollywood hatte wieder mal ins Schwarze des Zeitgeistes getroffen und eine weltweite Welle der Nachahmung ausgelöst – die internationale Biker-Szene entstand. Der millionenfache Einfluß einiger – sicher nicht aller – Biker-, Rocker-, B-Movies sollte nicht unterschätzt werden. Filme waren in den 60er und auch noch in den 70er Jahren die wichtigsten Medien zur Trendübermittlung. Selbst die wildesten Rocker-Filme vermittelten damals in ihrer ungebremsten Vitalität das neue Lebensgefühl und den Lebensstil einer jungen Generation, die sich zunächst etwas orientierungslos, dann aber immer selbstbewußter und kompromißloser gegen heuchlerisch-verklemmte bürgerliche Autorität, staatliche Allmacht und Bevormundung, Karrieredenken, Kriegslüsternheit und zunehmenden Konsumterror aufbäumte.

Die Filme waren echt, ihre Botschaft kam an, und die Saat (der Gewalt) ging auf. Die Motorradindustrie boomte. Das faszinierende Medium für die rauhen Rebellen war das überschwere, krachende, flammenspuckende Motorrad, Sexsymbol, Potenzverstärker und Machomaschine in einem. Und genau diese Filme waren es, die dann auch der stets so sorgsam auf ihren guten Ruf bedachten Firma Harley-Davidson ein schlechtes Image einbrachten. Bis auf wenige Ausnahmen wurden ihre – zugegeben meist stark modifizierten – Motorräder zum verabscheuungswürdigen Werkzeug des Bösen und Unmoralischen hochstilisiert.

Aus der langen Reihe der Biker Movies – Michael Weldon nennt in seiner Film-Enzyklopädie über 70 solcher Filme zwischen 1960 und 1975 – schlugen besonders zwei wie eine Bombe ein und wurden weltweit zu Kultfilmen: „The Wild One" und „Easy Rider".

An heutigen Maßstäben gemessen, war „The Wild One" ein harmloses Filmchen, das Produzent Stanley Kramer nach den Hollister-Krawallen aus dem Jahr 1947 und nach der Story „The Cyclists' Raid" von Frank Rooney 1953 in die Kinos brachte. John Paxton schrieb das Drehbuch, und unter der Regie von Laszlo Benedek sowie der faszinierenden Kameraführung von Hal Mohr (unter Verwendung von Garutso-Objektiven) entstand ein Fanal jugendlicher Rebellen, das den Konflikt zwischen zwei Motorrad-Gangs, dem Black Rebels MC und den Beetles, thematisiert.

Johnny, der Black-Rebels-Anführer (Marlon Brando), verprügelt Chino, den Präsidenten der anderen Gang (Lee Marvin), und eigentlich wußten die jugendlichen Rowdies noch nicht so recht, was sie taten (zwei Jahre später erschien der Film „Rebel Without A Cause" mit James Dean), brachten aber das allgemeine Gefühl des Aufbruchs komprimiert zum Ausdruck. Und obwohl Marlon Brando hier eine Triumph fuhr, bekam in diesem Film Harley-Davidson die

wahren „Prügel“ ab, denn der unterlegene Lee Marvin räkelte sich aufreizend auf einer massiven 1950er Hydra Glide.

Vom zweiten, noch nachhaltiger wirkenden Kultfilm „Easy Rider“, der 1969, also 15 Jahre später, in die Kinos kam, fielen fast zwei Drittel der Zensur zum Opfer. Der von ursprünglich 240 Minuten auf 94 Minuten gekürzte Streifen war jedoch immer noch ein aufrüttelndes Meisterwerk der drei Produzenten und Hauptdarsteller Dennis Hopper (als Billy the Kid), Peter Fonda (als Wyatt Earp auf Captain America) und Jack Nicholson (als leicht versoffener Rechtsanwalt George Hanson). Regie führte Dennis Hopper, die Kameraführung hatte Laszlo Kovacs. „Easy Rider“ – der Name bezeichnet eigentlich den Freier einer Prostituierten, der es sich auf ihre Kosten gutgehen (easy riding) läßt – war einer der vielen Low-Budget-Movies. Seine Produktionskosten von nur rund 300.000 Dollar wurden von den drei Hauptdarstellern persönlich getragen.

Die Protagonisten rechneten schonungslos mit einer sterilen, verbiesterten Gesellschaft ab, die alle persönlichen Freiheiten einer starren Funktionalität geopfert hatte. „Wir suchten das wahre Amerika und fanden nur den Tod“, war eine der wesentlichen Aussagen des Films. Dabei erwiesen sich die drogensüchtigen, verwahrlosten Schmuddelbiker als die wahren guten Helden in einer bösartigen Zeit, und ab da wandelte sich auch das schlechte Image aller Outlaw Biker und ihrer gechoppten Harleys. Plötzlich waren lange Mähnen, Tattoos und wilde Chopper in, und zu Hunderttausenden etablierten sich die ergebenen Nachahmer von Wyatt und Billy in aller Welt. Nur Harley wollte das jahrelang nicht wahrhaben. Die berühmten Motorräder wurden übrigens jeweils in doppelter Ausführung von dem Designer „Brother“ Ben Hardy entworfen und von Cliff Vaughs gebaut. Die beiden führten einen kleinen Motorradladen in Los Angeles, Hardy's Nr. 1168 an der Florence Ave.

Zwischen diesen beiden Highlights erschienen unzählige B-Movies, die die Protagonisten des neuen Genres kopierten – nicht immer in gleich guter Qualität.

Der Biker-Filmproduzent Roger Corman gründete Mitte der fünfziger Jahre für die gewinnversprechende Filmgattung des Road Movie eine Low-Budget-Produktionsgesellschaft – die AIP (American International Pictures). Für viele Filme heuerte er echte kalifornische Motorrad-Gangs an – vor allem die Hells Angels – und sorgte so für die nötige Authentizität. Bei AIP erschien 1957 bereits der Rockerstreifen „Motor Cycle Gang 1957“, aber erst 1966 landete Roger Corman einen internationalen Hit mit „The Wild Angels“ (Die wilden Engel).

1967 ging es mit „Devils Angels“ weiter. Dann folgte der berühmte Streifen „Hells Angels on Wheels“ („Die wilden Schläger von San Francisco“) mit dem Hells Angels-Präsidenten Sonny Barger (Produzent: Joe Solomon, Regie: Richard Rush, Kamera: Laszlo Kovacs). Jack Nicholson und Sabrina Scharf spielten weitere Hauptrollen, und neben den Angels sorgten die Nomads von Sacramento, Kalifornien, für den nötigen Drive.

Ebenfalls 1967 und wieder mit Jack Nicholson und dem Kameramann Laszlo Kovacs erschien „The Rebel Rousers“, dann „The Wild Rebels“ und der AIP-Film „Born Losers“ („Engel der Hölle“), ein weiterer Hells Angels-Film, bei dem T. C. Frank Regie führte. Al Adamson drehte einen ähnlichen Streifen: „Hells Bloody Devils“.

Heute hat Harley-Davidson keine Probleme mehr, seine Motorräder beim Film oder Fernsehen unterzubringen – ihre Symbolkraft, einst von Hollywood selbst geschaffen, reicht aus, um die wahnsinnigsten Produktionen zu bestücken. Nur ein paar Kilometer südwestlich der großen Filmstudios baut Gene Thomason als Partner von Bartels HD in Marina del Rey die gewünschten Film-Harleys zusammen. Bis zu 20 Stück werden bei einem atemberaubenden Action Movie benötigt – beziehungsweise verschrottet. Gene sorgt dafür, daß sie – in welchem Zustand auch immer – stets einsatzbereit sind.

Original-Filmplakat

Marianne Faithful in „Nackt unter Leder" (links), daneben ihr Kollege Alain Delon.

Gang Girls, Biker Chicks und Macho-Huren

Motorrad-Frauen im Film

Ein ganz besonders phantasiereiches Verhältnis hatten die Filmemacher Hollywoods zu ihren weiblichen Darstellern entwickelt, denen vor allem in den Trash Movies die Rolle der dümmlichen, Mini-lederberockten oder nur Bikinibekleideten Sexsymbole zugedacht war, die nach Bedarf mißhandelt oder vergewaltigt werden konnten.

Es gab aber auch das Gegenteil: emanzipierte, männerfressende Power Girls, die schwere Maschinen fuhren und den Kerlen nachstellten oder sich als blutsaugende Macho-Vampire betätigten, wie etwa in „She Devils on Wheels" (1968), „Hellcats", „Angels Wild Woman", „The Miniskirt Mob", vor allem aber in „Vamps" und „Chopper Chicks in Zombietown".

Auch für selbstbewußte Lesben mußte es schon eine schwere Harley sein – „take something exciting between your legs", hieß die zweideutige Parole. Und während das wilde, von Hollywood produzierte Machogehabe der männlichen Hardcore Biker von vielen Motorrad-Clubs bis in alle Details imitiert wurde, avancierten die aufreizenden Outfits der Biker Chicks bestenfalls zu Mode-Trendsettern. Calvin Klein mit Chanel, Donna Karan und Anne Klein machten die nietenverzierten, schwarzledernen Motor Clothes salonfähig.

1968 kam „The Glory Stompers" mit Dennis Hopper als Anführer des „Black Souls MC" und Casey Kasem auf die Leinwand. Ebenfalls 1968 erschien der Film „Angels from Hell" mit Jack Starret als Cop Bingham, der sich gegen eine Vietnam-Veteranen-Gang durchsetzen muß.

Hollywood war so begeistert von den krawalligen Motorrad-Gang-Filmen, daß immer neue Harley-gepowerte Macho-Machwerke den Markt überschwemmten. Vor allem die Hells Angels und ähnliche MCs Kaliforniens waren gesuchte Partner und lebten dementsprechend in Saus und Braus.

1969 brachte AIP den Film „Hell's Belles" heraus, und 1970 erschienen dann die wohl gewalttätigsten Biker-Filme auf einem nimmersatten Markt: „Angels Hard As They Come" mit farbigen Rockern, „Black Angels", „Angels Die Hard", „Angels Unchained" und „Wild Free and Hungry", um nur einige zu nennen.

Kurz nach dem Kultfilm „Easy Rider" (1969), in dem die Biker jetzt die Guten waren, gab es 1970 mit der Dokumentation „Gimme Shelter" über das Open-Air-Konzert der Rolling Stones in Altamont, Kalifornien, einen Rückschlag für die Szene: Bei dem angeblichen Versuch, ein Attentat auf die Rolling Stones zu verüben, wurde ein 18jähriger Fan von einem Mitglied der Hells Angels (die als Securities eingesetzt waren) erstochen. Aber die Hells-Angels-Serie war noch lange nicht zu Ende. 1973 erschienen „Bury me an Angel" und „Hex". Der extreme Cop-Streifen „Electra Glide in Blue" („Harley-Davidson 344") handelt von einem karrieresüchtigen Under-Cop, der auf seiner Harley ungeliebten Streifendienst leistet.

„Pink Angels" thematisierte das Leben homosexueller Biker, in „Harley-Davidson and the Marlboro Man" glänzte Mickey Rourke auf seiner Harley, und 1991 kam schließlich der große Action-Knaller „Terminator II" mit Arnold Schwarzenegger auf die Leinwand. Daneben gab es noch einige andere Filme, bei denen auch Harleys eine Rolle spielten: „Pulp Fiction", „Made of Steel" und „Chrome Soldiers". Einer der ergreifendsten und wahrhaftigsten Biker-Filme aber ist ohne Zweifel „Mask" (1985) mit Cher als freigeistiger Harley-Power-Frau Rusty, deren elefantengesichtiger Sohn Rocky (großartig von Eric Stoltz gespielt) von seinem Biker-Freund Dozer und dessen Biker-Club beschützt wird – übrigens eine wahre Geschichte.

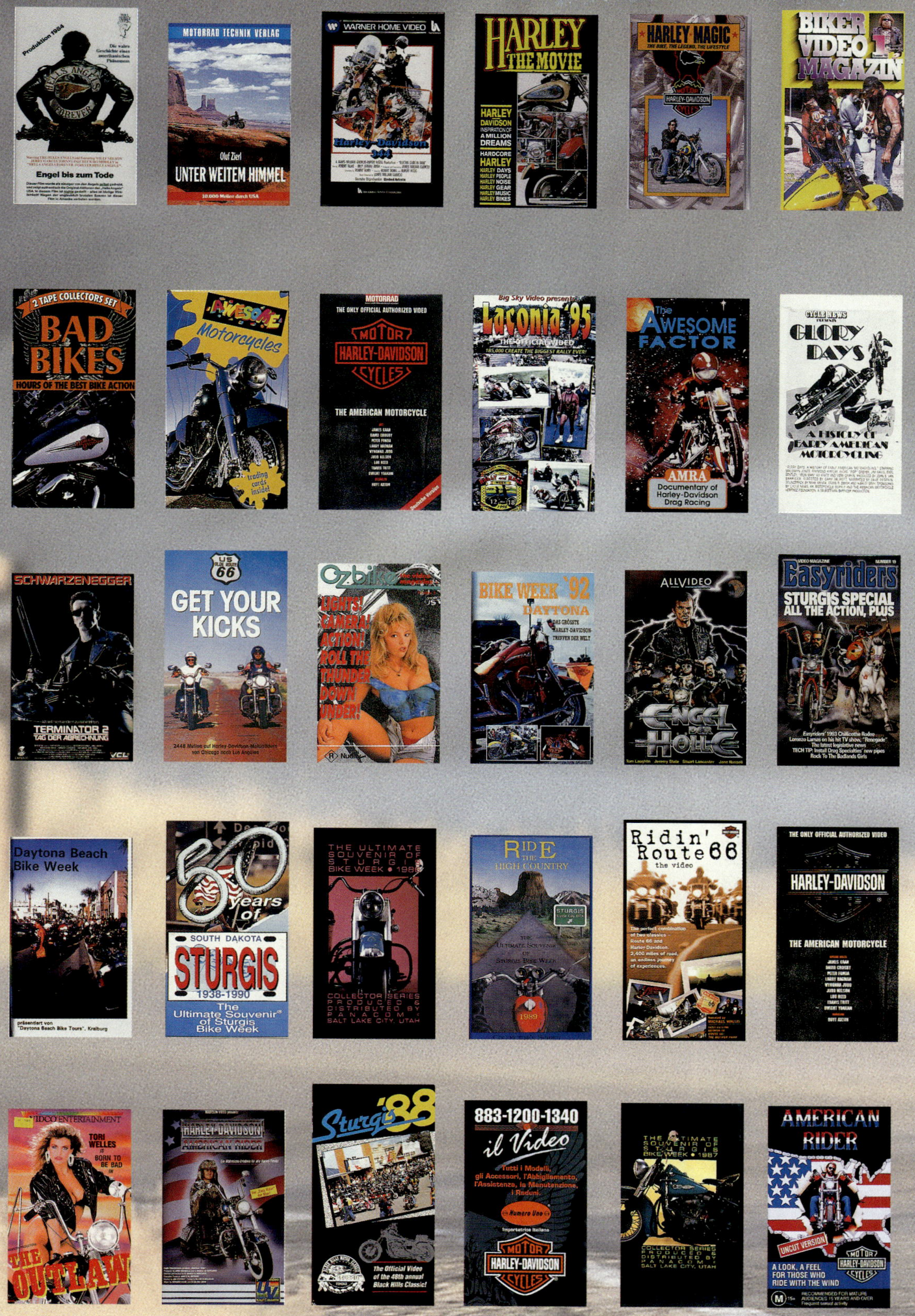

Videos & Bücher

Harley-Videos umfassen nicht nur die auf Band gezogenen Home Movies der großen Produzenten, sondern auch mehr oder minder privat produzierte Aufzeichnungen von Events, Clubs und Reisen oder auch pornographische Produkte, bei denen jedoch der Titel oft in die Irre führt. Besonders sehenswert sind die ausführlichen Dokumentationen der verschiedensten Großveranstaltungen, die vor allem über die Biker-Magazine preiswert vertrieben werden.

Live Concert in den Black Hills

Steppenwolf auf dem Buffalo Chip

Draußen im Niemandsland ein riesiger Campground – Zelte, Wimpel, Sperrgebiet. Der ewige Wind, der über das weite Grasmeer singt, hat sich gelegt, eine seltsame Stille lastet auf den verbrannten Hills der baumlosen Prärie, die, vom weichen Abendlicht vergoldet, die Hitze des Tages abzustrahlen beginnt. Ist es die eigenartige Ruhe einer alten Geisterstadt, die hier für kurze Zeit wieder zum Leben erwacht?

Die unglaublich dichte Atmosphäre drückt auf's Gemüt; Angst, Freude und Ungewißheit hängen wie vibrierende Hochspannung in der Luft. Unten, in der großen Senke, lauert eine dunkel drohende Riesenbühne, umgeben von ein paar verwitterten Bretterbuden, die lange Schatten werfen. Erste Lagerfeuer flackern auf. Ein fernes Dröhnen schwillt an und ebbt wieder ab – immer mehr Biker treffen ein, die aus einer anderen Welt zu kommen scheinen. Wie urweltliche Krustentiere dringen sie langsam zum Bandstage vor. Die Security ist wachsam. Jeder wird überprüft. Der Buffalo Chip leidet unter der Belagerung örtlicher Politriks, dunkle Elemente sollen hier ihr Unwesen treiben. Dann rollt ein tiefes Grollen über den Platz – Hunderte von Harleys brüllen auf – Steppenwolf, we love you! Scheinwerfer fingern sich durch die Masse der Maschinen, die die Bühne umlagern. Lichtzauber, rauhe Schreie, dann wieder Stille. Steppenwolf: „I love you!" Yeah-yeah-Schreie. Auf der Bühne flackern farbige Lichtgewitter. Burnouts mitten in der dicht gepackten Menge, Staubwolken hängen im Scheinwerferstrahl, der Geruch von Benzin mischt sich mit der Schärfe von gegrilltem Fleisch und zieht in Schwaden vorüber. Glücksgefühle kommen auf. Born to be wild – yeah – yeah ...

John Kay und seine Band „Steppenwolf" bei einem Gig auf dem Buffalo Chip Camp-Ground 1997.

Bones Stomp

Der stampfende Rundtanz einer ganzen Gruppe im Takt dröhnender Trommeln ist eine alte Solidaritätszeremonie der Indianer. Kein Wunder, daß er auch ein weltweites Biker-Ritual wurde. Dabumm – dabumm – dabumm – der tiefe, durch und durch gehende Schlag des mächtigen V-Twins hat die gleiche Wirkung.

So auch in Deutschland. Als der Bones MC, einer der ersten echten Biker-Clubs, Mitte der 70er Jahre diesen Tanz wieder zum Leben erweckte, bekam er schnell seinen Spitznamen: Bones Stomp. Ein paar Clubmitglieder – die Reebensteep Band – begleiteten das Vergnügen mit Waschbrett, Tröte, Kamm und Topfdeckeln.

Einer von ihnen, den sie Fips nannten, tingelte dann ein paar Jahre lang durch ganz Deutschland und machte heiße Musik auf allen – damals noch recht bescheidenen – Biker-Parties: Fips & Judy's rollende Diskothek.

1979 gründete der gelernte Kaufmann (mit bürgerlichem Namen Günter Brecht) zusammen mit dem Akademiker Dr. Hans-Dieter „Doc" Baumann die *Bikers News* – Deutschlands einziges Biker-Magazin, das sich bald zu einem renommierten Szene-Verlags-Imperium entwickelte.

Sonderhefte, ein Custom-Magazin, Bücher, Videos, ein Musikverlag und unzähliges Biker-Zubehör machten die *Bikers News* zum großen Manitou aller eingeborenen Stämme. Die Indianer tanzen wieder ...

Biker Music

Man könnte auch sagen Harley-Musik, denn in den meisten Fällen steht die Harley als Synonym für das Motorrad, das Biker im allgemeinen benutzen. Im Prinzip ist bis auf wenige Ausnahmen die sogenannte Biker-Musik zwar nicht an die Marke Harley-Davidson gebunden, aber an den Mythos, der damit verbunden und bekanntermaßen etwas ganz Besonderes ist. Das drückt sich natürlich auch in der Form der Musik aus, die letztendlich nicht nur Harley-Fahrer, sondern alle Motorradfahrer begeistert. Aber in den meisten Fällen steht doch die Harley als Gallionsfigur über jener Musikszene, die beim Rockabilly anfängt und bei Pop und Country noch nicht zu Ende ist.

Wie der ursprüngliche Sound des Big Twin muß auch die Biker-Musik dem dröhnenden Schlag huldigen – laut, tief, echt, ursprünglich, heiß und aus dem Bauch heraus muß sie sein. Natürlich gibt es Musik mit Harleys, über Harleys und über solche, die sich eine Harley nur als Aushängeschild und Cover-Schmuck zulegen oder als Verkaufshilfe benutzen. Insofern besagt ein Plattencover oder ein Name allein noch nichts. Ein guter Teil echter Biker-Musik stammt aus entsprechenden Filmen, und die Bands, die mit ihren Songs dort ihre Hits landeten, traf man später meist auch auf Biker-Parties. Steppenwolf („Born to be wild") ist das wohl berühmteste Beispiel dafür. Andere Bands entwickeln bei ihren Auftritten ganz spezielle Beziehungen zu Harley-Davidson, indem sie den V-Twin aus Milwaukee als Dekoration und Soundzugabe verwenden und sich auch privat gerne publicitywirksam damit schmücken – ZZ Top mag hier als Beispiel gelten. Andere Musiker werden in ihrem Privatleben sogar zu echten Bikern. Bedingungslose Harley-Freaks sind nicht unbedingt Liebhaber von Jazz, Volksliedern, Schlagern oder Marschmusik, Soul oder Bluegrass. Auch Countrymusik ist verpönt, von wenigen Ausnahmen – wie zum Beispiel Johnny Cash oder Willie Nelson – abgesehen.

Obwohl Biker-Musik sich nicht unbedingt mit Harley identifiziert, werden doch auf allen echten Biker-Parties ganz spezielle Titel bevorzugt und ganz bestimmte Bands eingeladen. Ein alter Biker-Spruch gilt dabei als Leitmotiv: Sex, Drugs and Rock 'n' Roll. Das gilt auch für zu Hause, für private Parties oder in der Kneipe. Typisch ist dabei, daß diese von Bikern (Harley-Fahrern) beliebte und bevorzugte Musik weltweit dieselbe ist. Ob in Amerika, Japan, Norwegen, Frankreich, Australien, in der Schweiz oder auf Ibiza – überall werden die gleichen Titel gespielt, und wer nicht mindestens mehrmals die inoffizielle Biker-Hymne „Born to be wild" (Steppenwolf) intoniert, braucht gar nicht mehr auf ein zukünftiges Engagement zu hoffen.

Eine sicher nicht vollständige Auflistung von Chartbreakern der Biker-Musikszene – auf die USA bezogen – möge einen kleinen Einblick in die Harley-Musikwelt geben:

50er: The Orlons: *He's a Rebel*; Cheers: *Black Denim Trousers* und *Motorcycle Boot.*

60er: Shangri-Las: *Leader of the Pack*; Lou Reed: *Cycle Annie*; Moby Grape: *(Motorcycle Irene MC-Slut on a Harley)*; Arlo Guthrie: *Alice's Restaurant*; David Allan & the Arrows: *13. Harley* (Instrumental); Brigitte Bardot: *Harley-Davidson*; aus dem „Easy Rider"-Film sind Bands wie Steppenwolf, The Byrds, The Electric Prunes, The Holy Modal Rounders, Fraternity of Man, Jimi Hendrix bekannt. Bill Medley: *The Hard Ride*; Robert „Baretta" Blake: *Electra Glide in Blue*; Titelmelodie der TV-Serie „Then came Bronson"; Canned Heat:

Harley Davidson Blues; Eric Burdon and the Animals: *San Francisco Nights*; Shocking Blue: *Harley Davidson.*
70er: Waylon Jennings: *Ladies Love Outlaws*; David Allan Coe: *Fuzzy was an Outlaw, Panheads Forever*; John Stewart: *The Lady & the Outlaw*; Shel Silverstein: *Big Time*; Sailcat: *Motorcycle Mama.*
80er: Neil Young: *Comes a Time*; Simon Stokes: *Wolfpack Rides the Night*; AC/DC: *Rocker*; Motörhead: *Iron Horse*; Meatloaf: *Bat out of Hell* (Plattencover); Rogene: *Milwaukee Iron, Turn me on, don't turn me out, Get down Biker Music, Cheezy Rider;* Ray Nelson (ehemaliger HD-Dealer): *Swing out for Motorcycles, Poker Run, I'm a Motorcycle Rider, Spider the Rider*; Bollock Brothers: *Harley-Davidson son of a bitch*; Moon Rose: *I'm a Rocker*; Gero: *Alles Show*; Hank Davison Band: *Panhead*; Bob van Dyke (Soundtrack zu „Hells Angels Forever"): *Gimme a Harley*; John Hiatt: *Riding with the King.*
90er: J. Boss Band: *Happy Harley*; Highlander: *Harley's the best, Harleylujah, See you later Harleygator*; Roxette: *Harley and Indians*; JB Walker and Cheap Whiskey Band: *Harleys in Heaven*; Hank Williams jun.: *Iron Horse* – um nur einige zu nennen.
Rockmusik und Motorräder – das gehört schon immer zusammen. Genau diese Verbindung ist es, die für den amerikanischen Way of Life schlechthin steht. Dieses Image von Freiheit und Selbstverwirklichung hat Millionen von Harley-Fans in seinen Bann gezogen und aus Harley-Davidson einen amerikanischen Mythos gemacht. Right Stuff hat im Oktober 98 zusammen mit Harley-Davidson die „Road Songs II" veröffentlicht (den Nachfolger des Platin Albums „Road Rock" von 1994) mit 30 klassischen Rocktiteln auf 2 CDs. Viele der hier vertretenen Musiker fahren selbst eine Harley.

Immer gut drauf: Unbekannte Biker-Bands spielen oft die beste Musik und das bis zum Umfallen und manchmal auch für Gotteslohn.

Ursprünge

Rockabilly wurde einst von dem aus Pittsburgh stammenden Autor Mike Seate als die ursprünglichste und natürlichste Form der Musik bezeichnet, und das dürfte es wahrscheinlich am genauesten treffen. Rockabilly war der Vorgänger jener musikalischen Ausdrucksform, die wir heute Rock'n'Roll nennen – entstanden aus einem Mix schwarzer und weißer Musikkulturen aus dem ländlichen Süden der USA. Rockabilly entwickelte sich als Stilrichtung, beeinflußte jedoch schnell die gesamte Musikszene und ist heute zu einer Institution geworden. Ein kultureller Mythos, der von jeder nachfolgenden Generation von Musikern aller Couleur immer wieder neu entdeckt und zum Vorbild genommen wird. Schlagbass, näselnde Gitarren, schwingende Hüften und Schluckaufschluchzen wurden ebenso zu seinem internationalen Markenzeichen wie Hochwasser-Jeans, weiße T-Shirts mit der Zigarettenpackung im umgeschlagenen Ärmel, Arbeitsstiefel und die Schmalztolle. Rockabilly entstand in den 50ern, endete dort aber nicht, sondern entwickelte sich ungebrochen weiter durch alle kommenden musikalischen Zeitläufte. Bands wie die Beatles und die Rolling Stones hatten in ihrem Repertoire alte Carl-Perkins-Hits. Ebenso wie Blue Cheer, die den Summertime Blues von Eddie Cochran nachspielten. Auch die Sex Pistols orientierten sich am Rockabilly. Motörhead brachte beispielsweise die Neufassung eines Stücks von Johnny Kidd and the Pirates. Und in den 90ern tauchten in der ganzen Welt neue Musikgruppen auf, die die guten alten Rock'n'Roll-Themen wieder aufleben ließen. Nahezu jeden Tag schossen Bands, Fan-Magazine, Produktionsfirmen, Clubs und Aufnahmestudios wie Pilze aus dem Boden. Immer neue Fans finden ihren Weg zu dieser Musik, sei es dadurch, daß ihnen Lieblingsbands und Musikstile langweilig geworden sind, sie beim Durchstöbern der elterlichen Plattensammlung fündig werden oder zufällig auf Rockabilly stoßen und so eine alte Musik wieder neu entdecken. Was auch immer kommen mag – Rockabilly ist die Basis jener aufputschenden Stilrichtung, die man auch als Biker-Musik bezeichnet. C.P.

http://www.harley-davidson…

Das digitale Motorrad

Der Biker gibt mit seiner Harley selbst auf dem digitalen Highway Vollgas. Von Verzeichnissen diverser Harley-Händler über Landkarten und Touren für Harley-Fahrer im Netz bis hin zur Fotogalerie auf der Homepage des Harley-Cafés in New York kann der Biker seiner Leidenschaft auch im Reich der Bits und Bytes frönen.

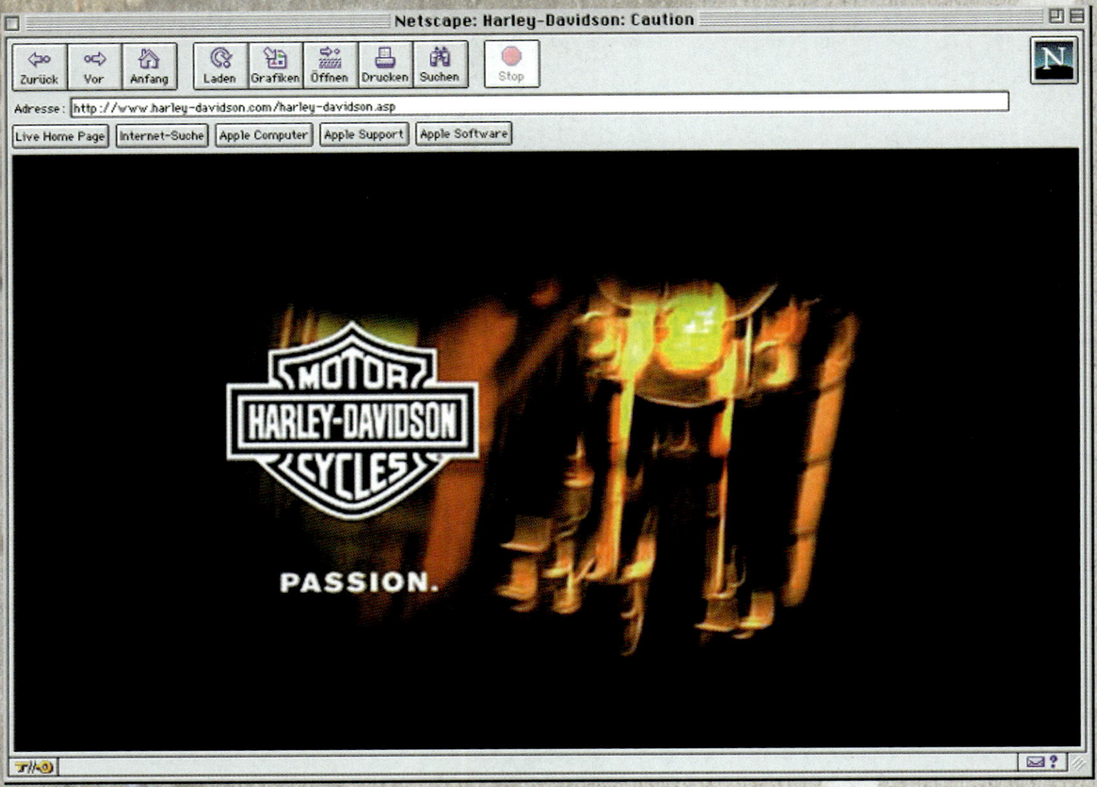

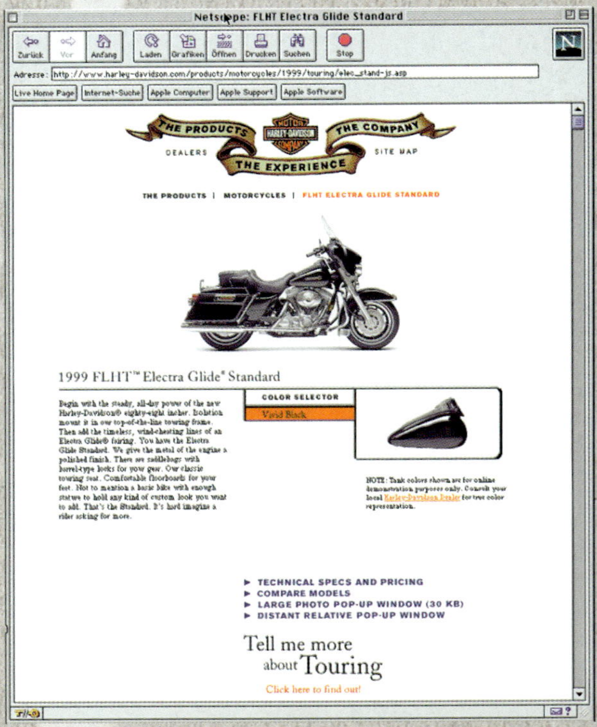

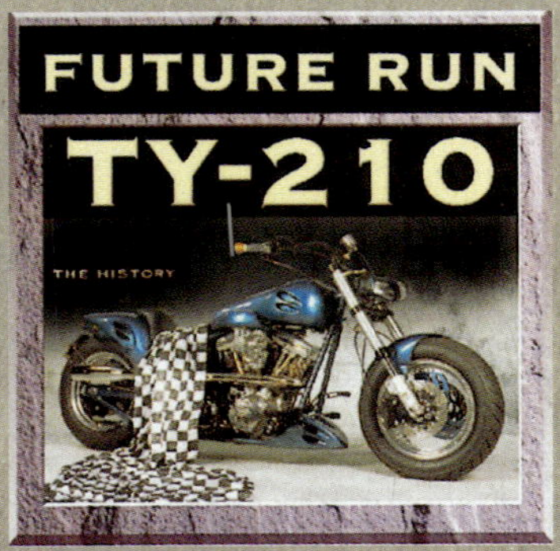

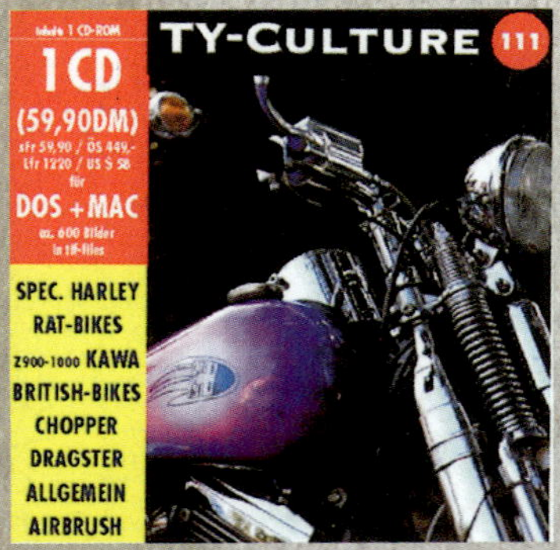

Neben der umfangreichen Homepage der Harley-Davidson Company gibt es zahllose Webpages, die sich mit dem Thema Harley befassen.

Hier eine Auswahl:

- *http://www.harley-davidson.com/home*
- *http://www.magicnet.net/mni/hog.html*
- *http://www.mapquest.com/*
- *http://www.harley-davidsoncafe.com/*

... und so klingt eine (digitale) Harley-Davidson auf der Datenautobahn:

- *http://www.cyberspacecreations.com/sounds.html*

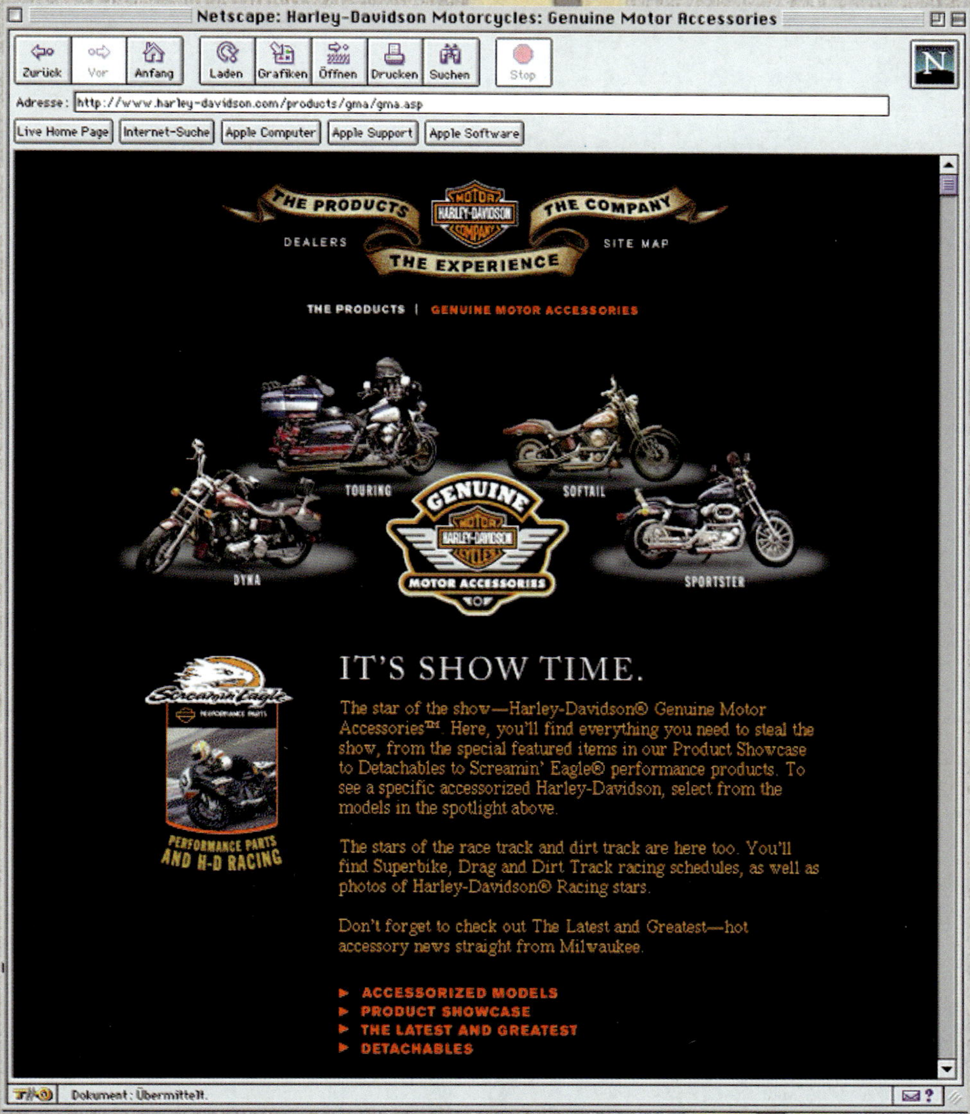

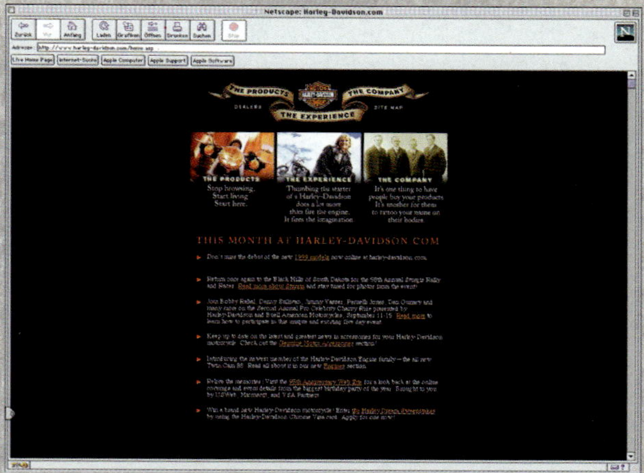

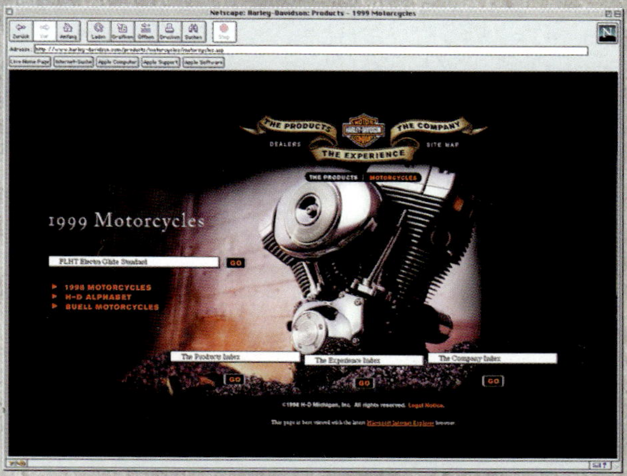

DYNA WIDE
USA

Anhang

Harley-Davidson-Produktionszahlen von 1903 bis 1998

Jahr	Stückzahl	Jahr	Stückzahl	Jahr	Stückzahl	Jahr	Stückzahl
1903	3	1929	23.989	1955	10.686	1981	41.606*
1904	8	1930	18.036	1956	11.926	1982	30.262
1905	16	1931	10.407	1957	13.079	1983	29.340
1906	50	1932	7.218	1958	12.676	1984	38.582
1907	150	1933	3.703	1959	12.347	1985	34.522
1908	450	1934	11.212	1960	15.728	1986	38.472
1909	1.149	1935	8.922	1961	10.497	1987	41.580
1910	3.168	1936	9.812	1962	11.144	1988	47.928
1911	5.625	1937	11.674	1963	9.873	1989	54.891
1912	3.852	1938	8.158	1964	13.270	1990	61.683
1913	12.966	1939	8.290	1965	25.328	1991	64.706
1914	16.427	1940	10.461	1966	36.320	1992	69.666
1915	16.493	1941	24.583	1967	27.202	1993	80.017
1916	16.924	1942	52.891	1968	26.600	1994	88.244
1917	18.522	1943	29.521	1969	27.375	1995	100.273
1918	26.708	1944	18.688	1970	28.850	1996	112.508
1919	23.279	1945	12.475	1971	37.620	1997	125.609
1920	27.040	1946	16.222	1972	59.908	1998	156.666**
1921	11.460	1947	20.115	1973	70.903		
1922	10.786	1948	29.612	1974	68.210		
1923	17.046	1949	23.861	1975	75.403		
1924	17.648	1950	17.168	1976	61.375		
1925	15.371	1951	15.882	1977	45.608		
1926	22.275	1952	15.312	1978	47.401*		
1927	18.546	1953	12.431	1979	49.578*		
1928	20.684	1954	10.568	1980	48.181*		

Gesamtzahl der produzierten Motorräder

1903–1998 **2.824.833**

** Angaben 1978–1981 ohne Export-Sondermodell*
*** Avisiertes Produktionsziel*

Die Modelle und ihre technischen Daten von 1903 bis 1997

Legende:

a.	automatisch	Conv.	Convertible
Antrieb (P./S.-A.)	Antrieb (Primär-/Sekundär-Antrieb)	cui	Kubikinch
B.	Batterie	Dupl./K.	Duplexkette/Kette
cc	Kubikcentimeter	Dupl./R.	Duplexkette/Riemen
		Dupl./Z.	Duplexkette/Zahnräder
EFI	elektronische Benzineinspritzung	IOE	Inlet Over Exhaust
Einzyl.	Einzylinder	K.	Kette
el.	elektronisch	Kol.	Kolbensteuerung
El.	Electra	M.	Magnet
		n.a.	not available
OHV	Overhead Valve	Tripl./K.	Triplex/Kette
OHC	Overhead Cam	Tripl./R.	Triplex/Riemen
Prod.-Z.	Produktionszahlen	Z.	Zahnräder
R.	Riemen	Z./K.	Zahnräder/Kette
SV	Side Valve		

Alle Angaben in der nachstehenden Tabelle sind nach bestem Wissen zusammengestellt, jedoch ohne Gewähr. Die Produktionszahlen können nur annähernd angegeben werden; bisweilen sind sie nicht bekannt (n.a. = not available). Seitenwagen, Gespanne, Sondermodelle, Armee- und Sonder-Exportmodelle sind nicht berücksichtigt.

Modell	Typ	Motortyp	Takt	Motorbauart	cui	Antrieb (P./S.-A.)	Gänge	Zündung	Prod.-Z.
1903									
Single		IOE	4	Einzyl.	25	R.	1	B.	3 / 1
1904									
Single		IOE	4	Einzyl.	25	R.	1	B.	8
1905									
Single	1	IOE	4	Einzyl.	25	R.	1	B.	16
1906									
Single	2	IOE	4	Einzyl.	27	R.	1	B.	50
1907									
Single	3	IOE	4	Einzyl.	27	R.	1	B.	150
1908									
Single	4	IOE	4	Einzyl.	27	R.	1	B.	450
1909									
Single	5	IOE	4	Einzyl.	30	R.	1	B.	864
Single	5-A	IOE	4	Einzyl.	30	R.	1	M.	54
Single	5-B	IOE	4	Einzyl.	30	R.	1	B.	168
Single	5-C	IOE	4	Einzyl.	30	R.	1	M.	36
Twin	5-D	IOE	4	V-2	50	R.	1	M.	27
1910									
Single	6	IOE	4	Einzyl.	30	R.	1	B.	2.302
Single	6-A	IOE	4	Einzyl.	30	R.	1	M.	334
Single	6-B	IOE	4	Einzyl.	30	R.	1	B.	443
Single	6-C	IOE	4	Einzyl.	30	R.	1	M.	88
Stock Racer	6-E	IOE	4	Einzyl.	30	n.a.	1	n.a.	n.a.
1911									
Single	7	IOE	4	Einzyl.	30	R.	1	B.	n.a.
Single	7-A	IOE	4	Einzyl.	30	R.	n.a.	M.	n.a.
Single	7-B	IOE	4	Einzyl.	30	R.	n.a.	B.	n.a.
Single	7-C	IOE	4	Einzyl.	30	R.	n.a.	M.	n.a.
Twin	7-D	IOE	4	V-2	50	R.	2	M.	n.a.
Twin	7-E	IOE	4	V-2	50	R.	n.a.	n.a.	n.a.
1912									
Single	8	IOE	4	Einzyl.	30	R.	n.a.	B.	n.a.

Modell	Typ	Motortyp	Takt	Motorbauart	cui	Antrieb (P./S.-A.)	Gänge	Zündung	Prod.-Z.
Single	X-8	IOE	4	Einzyl.	30	R.	n.a.	B.	n.a.
Single	8-A	IOE	4	Einzyl.	30	R.	1	M.	545
Single	X-8-A	IOE	4	Einzyl.	30	R.	n.a.	M.	n.a.
Twin	8-D	IOE	4	V-2	50	R.	n.a.	M.	n.a.
Twin	X-8-D	IOE	4	V-2	50	R.	2	M.	n.a.
Twin	X-8-E	IOE	4	V-2	61	K.	2	M.	n.a.
1913									
Single	9-A	IOE	4	Einzyl.	35	R.	1	M.	1.510
Single	9-B	IOE	4	Einzyl.	35	K.	1	M.	4.601
Twin	9-E	IOE	4	V-2	61	K.	n.a.	n.a.	6.732
Twin	9-F	IOE	4	V-2	61	K.	2	n.a.	63
1914									
Single	10-A	IOE	4	Einzyl.	35	R.	1	M.	316
Single	10-B	IOE	4	Einzyl.	35	K.	1	M.	2.034
Single	10-C	IOE	4	Einzyl.	35	K.	2	M.	877
Twin	10-E	IOE	4	V-2	61	K.	1	M.	5.055
Twin	10-F	IOE	4	V-2	61	K.	2	M.	7.956
Delivery Van	10-G	IOE	4	V-2	61	K.	2	M.	171
1915									
Single	11-B	IOE	4	Einzyl.	35	K.	1	M.	670
Single	11-C	IOE	4	Einzyl.	35	K.	2	M.	545
Twin	11-E	IOE	4	V-2	61	K.	1	M.	1.275
Twin	11-F	IOE	4	V-2	61	K.	3	M.	9.855
Twin	11-H	IOE	4	V-2	61	K.	1	B.	140
Twin	11-J	IOE	4	V-2	61	K.	3	B.	3.719
Twin	11-K	IOE	4	V-2	61	K.	1	B.	n.a.
1916									
Single	16-C	IOE	4	Einzyl.	35	K.	3	M.	862
Single	16-B	IOE	4	Einzyl.	35	K.	1	M.	292
Twin	16-F	IOE	4	V-2	61	K.	3	M.	9.496
Twin	16-J	IOE	4	V-2	61	K.	3	el.	5.898
Twin	16-E	IOE	4	V-2	61	K.	1	M.	252
Racer	16-R	IOE	4	V-2	61	K.	n.a.	M.	82
Track Racer	16-T	IOE	4	V-2	61	K.	n.a.	M.	23
Stock Racer	16-S	IOE	4	Einzyl.	35	K.	n.a.	M.	12
1917									
Single	17-B	IOE	4	Einzyl.	35	K.	1	M.	124
Single	17-C	IOE	4	Einzyl.	35	K.	3	M.	605
Twin	17-E	IOE	4	V-2	61	K.	1	M.	68
Twin	17-F	IOE	4	V-2	61	K.	3	M.	8.527
Twin	17-J	IOE	4	V-2	61	K.	3	M.	9.180
Roadster Racer	17-R	IOE	4	V-2	61	K.	n.a.	n.a.	12
Stock Racer	17-T	IOE	4	V-2	61	K.	n.a.	n.a.	1
Stock Racer	17-S	IOE	4	Einzyl.	35	K.	n.a.	n.a.	5
1918									
Single	18-B	IOE	4	Einzyl.	35	K.	1	M.	19
Single	18-C	IOE	4	Einzyl.	61	K.	3	M.	251
Twin	18-E	IOE	4	V-2	61	K.	1	M.	5
Twin	18-F	IOE	4	V-2	61	K.	3	M.	11.764
Twin	18-J	IOE	4	V-2	61	K.	3	M.	6.571
Twin	18-FUS	IOE	4	V-2	61	K.	1	n.a.	8.095
Roadster Racer	18-R	IOE	4	V-2	61	K.	3	n.a.	n.a.
1919									
Twin	19-J	IOE	4	V-2	61	K.	3	M.	9.941
Twin	19-JS	IOE	4	V-2	61	K.	3	el.	n.a.
Twin	19-F	IOE	4	V-2	61	K.	3	M.	5.064
Twin	19-FS	IOE	4	V-2	61	K.	3	M.	n.a.
Twin	19-FUS	IOE	4	V-2	61	K.	3	n.a.	7.521
Sport Twin	19-W	SV	4	Boxer	35,64	K.	3	n.a.	753
Sport Twin	19-WF	SV	4	Boxer	35,64	K.	3	M.	n.a.
1920									
Twin	20-J	IOE	4	V-2	61	K.	3	M.	14.192
Twin	20-JS	IOE	4	V-2	61	K.	3	B.	n.a.
Twin	20-F	IOE	4	V-2	61	K.	3	M.	7.579
Twin	20-FS	IOE	4	V-2	61	K.	3	M.	n.a.
Sport Twin	20-W	SV	4	Boxer	35,64	K.	3	M.	n.a.
Sport Twin	20-WF	SV	4	Boxer	35,64	K.	3	n.a.	4.459

Modell	Typ	Motortyp	Takt	Motorbauart	cui	Antrieb (P./S.-A.)	Gänge	Zündung	Prod.-Z.
Sport Twin	20-WJ	SV	4	Boxer	35,64	K.	3	B.	810
1921									
Single	21-CD	IOE	4	Einzyl.	35,64	K.	3	M.	n.a.
Twin	21-F	IOE	4	V-2	61	K.	3	M.	2.413
Twin	21-FD	IOE	4	V-2	74	K.	3	M.	277
Twin	21-J	IOE	4	V-2	61	K.	3	B.	4.526
Twin	21-JD	IOE	4	V-2	74	K.	3	B.	2.321
Twin	21-JS	IOE	4	V-2	61	K.	3	B.	n.a.
Twin	21-FS	IOE	4	V-2	61	K.	3	M.	n.a.
Twin	21-FDS	IOE	4	V-2	74	K.	3	M.	n.a.
Twin	21-JDS	IOE	4	V-2	74	K.	3	B.	n.a.
Sport Twin	21-W/WJ	SV	4	Boxer	35,64	K.	3	M.	823
Sport Twin	21-WF	SV	4	Boxer	35,64	K.	3	M.	1.100
1922									
Single	22-CD	IOE	4	Einzyl.	37	K.	3	M.	39
Twin	22-J	IOE	4	V-2	61	K.	3	B.	3.183
Twin	22-JS	IOE	4	V-2	61	K.	3	B.	n.a.
Twin	22-F	IOE	4	V-2	61	K.	3	M.	1.824
Twin	22-FS	IOE	4	V-2	61	K.	3	M.	n.a.
Twin	22-DD	IOE	4	V-2	74	K.	3	B.	n,a.
Twin	22-DDS	IOE	4	V-2	74	K.	3	B.	n.a.
Twin	22-FD	IOE	4	V-2	74	K.	3	M.	909
Twin	22-FDS	IOE	4	V-2	74	K.	3	M.	n.a.
Twin	22-JD	IOE	4	V-2	74	K.	3	B.	3.988
Twin	22-JDS	IOE	4	V-2	74	K.	3	B.	n.a.
Sport Twin	22-WJ	SV	4	Boxer	35,64	K.	3	B.	455
Sport Twin	22-WF	SV	4	Boxer	35,64	K.	3	M.	388
1923									
Twin	23-J	IOE	4	V-2	61	K.	3	B.	4.802
Twin	23-JS	IOE	4	V-2	61	K.	3	B.	n.a.
Twin	23-F	IOE	4	V-2	61	K.	3	M.	2.822
Twin	23-FS	IOE	4	V-2	61	K.	3	M.	n.a.
Twin	23-JD	IOE	4	V-2	74	K.	3	B.	7.458
Twin	23-JDS	IOE	4	V-2	74	K.	3	B.	n.a.
Twin	23-FD	IOE	4	V-2	74	K.	3	M.	869
Twin	23-FDS	IOE	4	V-2	74	K.	3	M.	n.a.
Sport Twin	23-WJ	SV	4	Boxer	35,64	K.	3	B.	481
Sport Twin	23-WF	SV	4	Boxer	35,64	K.	3	M.	614
1924									
Twin	24-FE	IOE	4	V-2	61	K.	3	M.	2.708
Twin	24-FES	IOE	4	V-2	61	K.	3	M.	n.a.
Twin	24-JE	IOE	4	V-2	61	K.	3	B.	4.994
Twin	24-JES	IOE	4	V-2	61	K.	3	B.	n.a.
Twin	24-FD	IOE	4	V-2	74	K.	3	M.	502
Twin	24-FDS	IOE	4	V-2	74	K.	3	M.	n.a.
Twin	24-JD	IOE	4	V-2	74	K.	3	B.	2.955
Twin	24-JDS	IOE	4	V-2	74	K.	3	B.	n.a.
Twin	24-FDCA	IOE	4	V-2	74	K.	3	M.	351
Twin	24-FDSCA	IOE	4	V-2	74	K.	3	M.	n.a.
Twin	24-JDCA	IOE	4	V-2	74	K.	3	B.	3.014
Twin	24-JDSCA	IOE	4	V-2	74	K.	3	B.	n.a.
1925									
Twin	25-FE	IOE	4	V-2	61	K.	3	M.	n.a.
Twin	25-FES	IOE	4	V-2	61	K.	3	M.	n.a.
Twin	25-JE	IOE	4	V-2	61	K.	3	B.	n.a.
Twin	25-JES	IOE	4	V-2	61	K.	3	B.	n.a.
Twin	25-FDCB	IOE	4	V-2	74	K.	3	M.	n.a.
Twin	25-FDCBS	IOE	4	V-2	74	K.	3	M.	n.a.
Twin	25-JDCB	IOE	4	V-2	74	K.	3	B.	n.a.
Twin	25-JDCBS	IOE	4	V-2	74	K.	3	B.	n.a.
1926									
Single	26-A	SV	4	Einzyl.	21	K.	3	M.	1.128
Single	26-B	SV	4	Einzyl.	21	K.	3	B.	5.979
Single	26-AA	OHV	4	Einzyl.	21	K.	3	M.	61
Single	26-BA	OHV	4	Einzyl.	21	K.	3	B.	515
Twin	26-J	IOE	4	V-2	61	K.	3	B.	3.749
Twin	26-JS	IOE	4	V-2	61	K.	3	B.	n.a.
Twin	26-JD	IOE	4	V-2	74	K.	3	B.	9.544
Twin	26-JDS	IOE	4	V-2	74	K.	3	B.	n.a.

Modell	Typ	Motortyp	Takt	Motorbauart	cui	Antrieb (P./S.-A.)	Gänge	Zündung	Prod.-Z.
Racer	26-S	OHV	4	Einzyl.	21	K.	3	M.	n.a.
1927									
Single	27-A	SV	4	Einzyl.	21	K.	3	M.	444
Single	27-AA	OHV	4	Einzyl.	21	K.	3	M.	32
Single	27-AAE	OHV	4	Einzyl.	21	K.	3	M.	66
Single	27-B	SV	4	Einzyl.	21	K.	3	B.	3.711
Single	27-BA	OHV	4	Einzyl.	21	K.	3	B.	481
Single	27-BAE	OHV	4	Einzyl.	21	K.	3	B.	43
Twin	27-F	IOE	4	V-2	61	K.	3	M.	246
Twin	27-FS	IOE	4	V-2	61	K.	3	M.	n.a.
Twin	27-FK	IOE	4	V-2	61	K.	3	M.	n.a.
Twin	27-FD	IOE	4	V-2	74	K.	3	M.	209
Twin	27-FDS	IOE	4	V-2	74	K.	3	M.	n.a.
Twin	27-FDL	IOE	4	V-2	74	K.	3	M.	n.a.
Twin	27-J	IOE	4	V-2	61	K.	3	B.	3.561
Twin	27-JS	IOE	4	V-2	61	K.	3	B.	n.a.
Twin	27-JK	IOE	4	V-2	61	K.	3	B.	n.a.
Twin	27-JD	IOE	4	V-2	74	K.	3	B.	9.691
Twin	27-JDS	IOE	4	V-2	74	K.	3	B.	n.a.
Twin	27-JDL	IOE	4	V-2	74	K.	3	B.	n.a.
Hillclimb	27-FHAC	IOE	4	V-2	61	K.	3	M.	11
Hillclimb	27-FHAD	IOE	4	V-2	61	K.	3	M.	8
Single Speed	27-S	SV	4	Einzyl.	21	K.	3	M.	n.a.
Single Speed	27-SM	SV	4	Einzyl.	21	K.	3	M.	26
Single Speed	27-T	SV	4	Einzyl.	21	K.	3	M.	1
Racer	27-SA	OHV	4	Einzyl.	21	K.	1	B.	n.a.
Racer	27-SMA	OHV	4	Einzyl.	21	K.	3	B.	n.a.
8 Valve Racer	27-8-V	OHV	4	V-2	61	K.		M.	2
1928									
Single	28-A	SV	4	Einzyl.	21	K.	3	M.	519
Single	28-AA	OHV	4	Einzyl.	21	K.	3	M.	65
Single	28-AAE	OHV	4	Einzyl.	21	K.	3	M.	n.a.
Single	28-B	SV	4	Einzyl.	21	K.	3	B.	3.483
Single	28-BA	OHV	4	Einzyl.	21	K.	3	B.	943
Single	28-BAE	OHV	4	Einzyl.	21	K.	3	B.	n.a.
Twin	28-F	IOE	4	V-2	61	K.	3	M.	141
Twin	28-FD	IOE	4	V-2	74	K.	3	M.	131
Twin	28-J	IOE	4	V-2	61	K.	3	B.	4.184
Twin	28-JD	IOE	4	V-2	74	K.	3	B.	11.007
Twin	28-JDS	IOE	4	V-2	74	K.	3	B.	n.a.
Twin	28-JDX	IOE	4	V-2	74	K.	3	B.	n.a.
Twin	28-JDXL	IOE	4	V-2	61	K.	3	B.	n.a.
Twin	28-JS	IOE	4	V-2	61	K.	3	B.	n.a.
Twin	28-JX	IOE	4	V-2	61	K.	3	B.	n.a.
Twin	28-JXL	IOE	4	V-2	61	K.	3	B.	n.a.
Twin	28-JH	IOE	4	V-2	61	K.	3	n.a.	n.a.
Twin	28-JDH	IOE	4	V-2	74	K.	3	n.a.	n.a.
Twin	28-FS	IOE	4	V-2	61	K.	3	M.	n.a.
1929									
Single	29-A	SV	4	Einzyl.	21	Dupl./K.	3	M.	197
Single	29-AA	OHV	4	Einzyl.	21	Dupl./K.	3	B.	21
Single	29-B	SV	4	Einzyl.	21	Dupl./K.	3	M.	1.592
Single	29-BA	OHV	4	Einzyl.	21	Dupl./K.	3	B.	191
Single	29-C	SV	4	Einzyl.	30,5	Dupl./K.	3	B.	1.570
	29-D	SV	4	V-2	45	Dupl./K.	3	B.	4.513
	29-DL	SV	4	V-2	45	Dupl./K.	3	B.	2.343
Twin	29-F	IOE	4	V-2	61	K.	3	M.	191
Twin	29-FD	IOE	4	V-2	74	K.	3	M.	73
Twin	29-J	IOE	4	V-2	61	K.	3	B.	2.886
Twin	29-JD	IOE	4	V-2	74	K.	3	B.	10.182
Twin	29-JDH	IOE	4	V-2	74	K.	3	B.	n.a.
Twin	29-JDS	IOE	4	V-2	74	K.	3	B.	n.a.
Twin	29-JXL	IOE	4	V-2	61	K.	3	B.	n.a.
Twin	29-JH	IOE	4	V-2	61	K.	3	B.	n.a.
Twin	29-JS	IOE	4	V-2	74	K.	3	B.	n.a.
1930									
Single	30-A	SV	4	Einzyl.	21	Dupl./K.	3	M.	4
Single	30-AA	OHV	4	Einzyl.	21	Dupl./K.	3	M.	1
Single	30-B	SV	4	Einzyl.	21	Dupl./K.	3	B.	577
Single	30- BR	SV	4	Einzyl.	21	Dupl./K.	3	B.	95
Single	30-BAF	OHV	4	Einzyl.	21	Dupl./K.	3	B.	86
Single	30-C	SV	4	Einzyl.	30,5	Dupl./K.	3	B.	1.483
Single	30-CM	SV	4	Einzyl.	30,5	Dupl./K.	3	B.	11
	30-D	SV	4	V-2	45	Dupl./K.	3	B.	2.000
	30-DL	SV	4	V-2	45	Dupl./K.	3	B.	3.191
	30-DS	SV	4	V-2	45	Dupl./K.	3	B.	206
	30-DLD	SV	4	V-2	45	Dupl./K.	3	B.	n.a.
Big Twin	30-V	SV	4	V-2	74	Dupl./K.	3	B.	1.960
Big Twin	30-VL	SV	4	V-2	74	Dupl./K.	3	B.	3.246
Big Twin	30-VS	SV	4	V-2	74	Dupl./K.	3	B.	3.612
Big Twin	30-VC	SV	4	V-2	74	Dupl./K.	3	B.	1.174
1931									
Single	31-C	SV	4	Einzyl.	30,5	Dupl./K.	3	B.	874
	31-D	SV	4	V-2	45	Dupl./K.	3	B.	715
	31-DS	SV	4	V-2	45	Dupl./K.	3	B.	276
	31-DL	SV	4	V-2	45	Dupl./K.	3	B.	1.306
	31-DLD	SV	4	V-2	45	Dupl./K.	3	B.	241
Big Twin	31-V	SV	4	V-2	74	Dupl./K.	3	B.	825
Big Twin	31-VS	SV	4	V-2	74	Dupl./K.	3	B.	1.994
Big Twin	31-VL	SV	4	V-2	74	Dupl./K.	3	B.	3.477
Big Twin	31-VC	SV	4	V-2	74	Dupl./K.	3	B.	n.a.
1932									
Single	32-B	SV	4	Einzyl.	21	Dupl./K.	3	B.	535
Single	32-C	SV	4	Einzyl.	30,5	Dupl./K.	3	B.	213
	32-R	SV	4	V-2	45	Dupl./K.	3	B.	410
	32-RS	SV	4	V-2	45	Dupl./K.	3	B.	111
	32-RL	SV	4	V-2	45	Dupl./K.	3	B.	628
	32-RLD	SV	4	V-2	45	Dupl./K.	3	B.	98
Big Twin	32-V	SV	4	V-2	74	Dupl./K.	3	B.	478
Big Twin	32-VS	SV	4	V-2	74	Dupl./K.	3	B.	1.233
Big Twin	32-VL	SV	4	V-2	74	Dupl./K.	3	B.	2.684
Big Twin	32-VC	SV	4	V-2	74	Dupl./K.	3	B.	n.a.
Servi-Car	32-G	SV	4	V-2	45	Dupl./K.	n.a.	B.	n.a.
Servi-Car	32-GA	SV	4	V-2	45	Dupl./K.	n.a.	B.	n.a.
Servi-Car	32-GD	SV	4	V-2	45	Dupl./K.	n.a.	B.	36
Servi-Car	32-GE	SV	4	V-2	45	Dupl./K.	n.a.	B.	5
1933									
Single	33-B	SV	4	Einzyl.	21	Dupl./K.	3	B.	123
Single	33-C	SV	4	Einzyl.	30,5	Dupl./K.	3	B.	112
	33-R	SV	4	V-2	45	Dupl./K.	3	B.	162
	33-RS	SV	4	V-2	45	Dupl./K.	3	B.	37
	33-RL	SV	4	V-2	45	Dupl./K.	3	B.	264
	33-RLD	SV	4	V-2	45	Dupl./K.	3	B.	68
Big Twin	33-V	SV	4	V-2	74	Dupl./K.	3	B.	233
Big Twin	33-VS	SV	4	V-2	74	Dupl./K.	3	B.	184
Big Twin	33-VL	SV	4	V-2	74	Dupl./K.	3	B.	886
Big Twin	33-VLD	SV	4	V-2	74	Dupl./K.	3	B.	780
Big Twin	33-VC	SV	4	V-2	74	Dupl./K.	3	B.	106
1934									
Single	34-B	SV	4	Einzyl.	21	Dupl./K.	3	B.	424
Single	34-C	SV	4	Einzyl.	30,5	Dupl./K.	3	B.	220
Single	34-CB	SV	4	Einzyl.	30,5	Dupl./K.	3	B.	310
	34-RL	SV	4	V-2	45	Dupl./K.	3	B.	743
	34-R	SV	4	V-2	45	Dupl./K.	3	B.	450
	34-RLD	SV	4	V-2	45	Dupl./K.	3	B.	240
Big Twin	34-VLD	SV	4	V-2	74	Dupl./K.	3	B.	4.527
Big Twin	34-VD	SV	4	V-2	74	Dupl./K.	3	B.	664
Big Twin	34-VDS	SV	4	V-2	74	Dupl./K.	3	B.	1.029
Big Twin	34-VFDS	SV	4	V-2	74	Dupl./K.	3	B.	1.330
1935									
	35-RL	SV	4	V-2	45	Dupl./K.	3	B.	819
	35-R	SV	4	V-2	45	Dupl./K.	3	B.	543
	35-RS	SV	4	V-2	45	Dupl./K.	3	B.	392
	35-RLD	SV	4	V-2	45	Dupl./K.	3	B.	177
Big Twin	35-VLD	SV	4	V-2	74	Dupl./K.	3	B.	3.963
Big Twin	35-VD	SV	4	V-2	74	Dupl./K.	3	B.	585
Big Twin	35-VDS	SV	4	V-2	74	Dupl./K.	3	B.	1.189
Big Twin	35-VLDJ	SV	4	V-2	74	Dupl./K.	3	B.	102
Big Twin	35-VLDD	SV	4	V-2	80	Dupl./K.	3	B.	179
Big Twin	35-VDDS	SV	4	V-2	80	Dupl./K.	3	B.	n.a.
Racer	35-RLDR	SV	4	V-2	45	Dupl./K.	3	B.	29

Modell	Typ	Motortyp	Takt	Motorbauart	cui	Antrieb (P./S.-A)	Gänge	Zündung	Prod.-Z.
Servi-Car	35-G	SV	4	V-2	45	Dupl./K.	3	B.	323
Servi-Car	35-GA	SV	4	V-2	45	Dupl./K.	3	B.	64
Servi-Car	35-GD	SV	4	V-2	45	Dupl./K.	3	B.	91
Servi-Car	35-GDT	SV	4	V-2	45	Dupl./K.	3	B.	72
Servi-Car	35-GE	SV	4	V-2	45	Dupl./K.	3	B.	17
1936									
	36-RL	SV	4	V-2	45	Dupl./K.	3	B.	355
	36-RLD	SV	4	V-2	45	Dupl./K.	3	B.	540
	36-R	SV	4	V-2	45	Dupl./K.	3	B.	539
	36-RS	SV	4	V-2	45	Dupl./K.	3	B.	437
Big Twin	36-VLD	SV	4	V-2	74	Dupl./K.	3	B.	1.577
Big Twin	36-VD	SV	4	V-2	74	Dupl./K.	3	B.	176
Big Twin	36-VDS	SV	4	V-2	74	Dupl./K.	3	B.	623
Big Twin	36-VLH	SV	4	V-2	80	Dupl./K.	3	B.	2.046
Big Twin	36-VHS	SV	4	V-2	80	Dupl./K.	4	B.	305
	36-EL	OHV	4	V-2	61	Dupl./K.	4	B.	1.526
	36-E	OHV	4	V-2	61	Dupl./K.	4	B.	152
	36-ES	OHV	4	V-2	61	Dupl./K.	4	B.	26
Racer	36-RLDR	SV	4	V-2	45	Dupl./K.	3	B.	79
Servi-Car	36-G	SV	4	V-2	45	Dupl./K.	3	B.	382
Servi-Car	36-GA	SV	4	V-2	45	Dupl./K.	3	B.	55
Servi-Car	36-GD	SV	4	V-2	45	Dupl./K.	3	B.	96
Servi-Car	36-GDT	SV	4	V-2	45	Dupl./K.	3	B.	85
Servi-Car	36-GE	SV	4	V-2	45	Dupl./K.	3	B.	30
1937									
	37-WL	SV	4	V-2	45	Dupl./K.	3	B.	560
	37-WLD	SV	4	V-2	45	Dupl./K.	3	B.	581
	37-W	SV	4	V-2	45	Dupl./K.	3	B.	509
	37-WS	SV	4	V-2	45	Dupl./K.	3	B.	232
Big Twin	37-UL	SV	4	V-2	74	Dupl./K.	4	B.	2.861
Big Twin	37-U	SV	4	V-2	74	Dupl./K.	4	B.	612
Big Twin	37-US	SV	4	V-2	74	Dupl./K.	4	B.	1.080
Big Twin	37-ULH	SV	4	V-2	80	Dupl./K.	4	B.	1.513
Big Twin	37-UH	SV	4	V-2	80	Dupl./K.	4	B.	185
Big Twin	37-UHS	SV	4	V-2	80	Dupl./K.	4	B.	400
	37-EL	OHV	4	V-2	61	Dupl./K.	4	B.	1.829
	37-E	OHV	4	V-2	61	Dupl./K.	4	B.	126
	37-ES	OHV	4	V-2	61	Dupl./K.	4	B.	70
Racer	37-WLDR	SV	4	V-2	45	Dupl./K.	3	B.	145
Servi-Car	37-G	SV	4	V-2	45	Dupl./K.	3	B.	491
Servi-Car	37-GA	SV	4	V-2	45	Dupl./K.	3	B.	55
Servi-Car	37-GD	SV	4	V-2	45	Dupl./K.	3	B.	112
Servi-Car	37-GDT	SV	4	V-2	45	Dupl./K.	3	B.	136
Servi-Car	37-GE	SV	4	V-2	45	Dupl./K.	3	B.	22
1938									
	38-WLD	SV	4	V-2	45	Dupl./K.	4	B.	402
	38-WL	SV	4	V-2	45	Dupl./K.	4	B.	309
Big Twin	38-UL	SV	4	V-2	74	Dupl./K.	4	B.	1.099
Big Twin	38-U	SV	4	V-2	74	Dupl./K.	4	B.	504
Big Twin	38-US	SV	4	V-2	74	Dupl./K.	4	B.	1.193
Big Twin	38-ULH	SV	4	V-2	80	Dupl./K.	4	B.	579
Big Twin	38-UH	SV	4	V-2	80	Dupl./K.	4	B.	108
Big Twin	38-UHS	SV	4	V-2	80	Dupl./K.	4	B.	132
	38-EL	OHV	4	V-2	61	Dupl./K.	4	B.	2.289
	38-ES	OHV	4	V-2	61	Dupl./K.	4	B.	189
Racer	38-WLDR	SV	4	V-2	45	Dupl./K.	4	B.	139
Servi-Car	38-G	SV	4	V-2	45	Dupl./K.	3	B.	259
Servi-Car	38-GA	SV	4	V-2	45	Dupl./K.	3	B.	83
Servi-Car	38-GD	SV	4	V-2	45	Dupl./K.	3	B.	81
Servi-Car	38-GDT	SV	4	V-2	45	Dupl./K.	3	B.	102
1939									
	39-WLD	SV	4	V-2	45	Dupl./K.	4	B.	326
	39-WL	SV	4	V-2	45	Dupl./K.	4	B.	212
Big Twin	39-UL	SV	4	V-2	74	Dupl./K.	4	B.	902
Big Twin	39-U	SV	4	V-2	74	Dupl./K.	4	B.	421
Big Twin	39-US	SV	4	V-2	74	Dupl./K.	4	B.	1.327
Big Twin	39-ULH	SV	4	V-2	80	Dupl./K.	4	B.	384
Big Twin	39-UH	SV	4	V-2	80	Dupl./K.	4	B.	92
Big Twin	39-UHS	SV	4	V-2	80	Dupl./K.	4	B.	109
	39-EL	OHV	4	V-2	61	Dupl./K.	4	B.	2.695
	39-ES	OHV	4	V-2	61	Dupl./K.	4	B.	214
Racer	39-WLDR	SV	4	V-2	45	Dupl./K.	4	B.	173
Servi-Car	39-G	SV	4	V-2	45	Dupl./K.	3	B.	320
Servi-Car	39-GA	SV	4	V-2	45	Dupl./K.	3	B.	126
Servi-Car	39-GD	SV	4	V-2	45	Dupl./K.	3	B.	90
Servi-Car	39-GDT	SV	4	V-2	45	Dupl./K.	3	B.	114
1940									
	40-WLD	SV	4	V-2	45	Dupl./K.	4	B.	567
	40-WL	SV	4	V-2	45	Dupl./K.	4	B.	569
Big Twin	40-UL	SV	4	V-2	74	Dupl./K.	4	B.	822
Big Twin	40-U	SV	4	V-2	74	Dupl./K.	4	B.	260
Big Twin	40-US	SV	4	V-2	74	Dupl./K.	4	B.	1.516
Big Twin	40-ULH	SV	4	V-2	80	Dupl./K.	4	B.	672
Big Twin	40-UH	SV	4	V-2	80	Dupl./K.	4	B.	187
Big Twin	40-UHS	SV	4	V-2	80	Dupl./K.	4	B.	163
	40-EL	OHV	4	V-2	61	Dupl./K.	4	B.	3.893
	40-ES	OHV	4	V-2	61	Dupl./K.	4	B.	176
Racer	40-WLDR	SV	4	V-2	45	Dupl./K.	4	B.	87
Servi-Car	40-G	SV	4	V-2	45	Dupl./K.	3	B.	468
Servi-Car	40-GA	SV	4	V-2	45	Dupl./K.	3	B.	156
Servi-Car	40-GD	SV	4	V-2	45	Dupl./K.	3	B.	158
Servi-Car	40-GDT	SV	4	V-2	45	Dupl./K.	3	B.	126
1941									
	41-WL	SV	4	V-2	45	Dupl./K.	4	B.	4.277
Sport Solo	41-WLD	SV	4	V-2	45	Dupl./K.	4	B.	455
Big Twin	41-UL	SV	4	V-2	74	Dupl./K.	4	B.	715
Big Twin	41-U	SV	4	V-2	74	Dupl./K.	4	B.	884
Big Twin	41-ULH	SV	4	V-2	80	Dupl./K.	4	B.	420
Big Twin	41-UH	SV	4	V-2	80	Dupl./K.	4	B.	126
	41-EL	OHV	4	V-2	61	Dupl./K.	4	B.	2.280
	41-ES	OHV	4	V-2	61	Dupl./K.	4	B.	261
	41-FL	OHV	4	V-2	74	Dupl./K.	4	B.	2.452
	41-F	OHV	4	V-2	74	Dupl./K.	4	B.	n.a.
Racer	41-WLDR	SV	4	V-2	45	Dupl./K.	4	B.	171
Servi-Car	41-G	OHV	4	V-2	45	Dupl./K.	3	B.	607
Servi-Car	41-GA	SV	4	V-2	45	Dupl./K.	3	B.	221
Servi-Car	41-GD	SV	4	V-2	45	Dupl./K.	3	B.	195
Servi-Car	41-GDT	SV	4	V-2	45	Dupl./K.	3	B.	136
	41-WLA	SV	4	V-2	45	Dupl./K.	3	B.	4.742
	41-WLC	SV	4	V-2	45	Dupl./K.	3	B.	149
1942									
	42-WLD	SV	4	V-2	45	Dupl./K.	4	B.	133
	42-WL	SV	4	V-2	45	Dupl./K.	4	B.	142
Big Twin	42-UL	SV	4	V-2	74	Dupl./K.	4	B.	405
Big Twin	42-U	SV	4	V-2	74	Dupl./K.	4	B.	421
	42-EL	OHV	4	V-2	61	Dupl./K.	4	B.	620
	42-E	OHV	4	V-2	61	Dupl./K.	4	B.	n.a.
	42-FL	OHV	4	V-2	74	Dupl./K.	4	B.	199
	42-F	OHV	4	V-2	74	Dupl./K.	4	B.	n.a.
	42-XA	SV	4	Boxer	738 cc	Kardan	4	B.	1.011
Servi-Car	42-G-	SV	4	V-2	45	Dupl./K.	3	B.	138
Servi-Car	42-GA	SV	4	V-2	45	Dupl./K.	3	B.	261
1943									
	43-E	OHV	4	V-2	61	Dupl./K.	4	B.	n.a.
	43-EL	OHV	4	V-2	61	Dupl./K.	4	B.	53
	43-F	OHV	4	V-2	74	Dupl./K.	4	B.	n.a.
	43-FL	OHV	4	V-2	74	Dupl./K.	4	B.	33
Big Twin	43-U	SV	4	V-2	74	Dupl./K.	4	B.	493
Big Twin	43-UL	SV	4	V-2	74	Dupl./K.	4	B.	11
Servi-Car	43-G	SV	4	V-2	45	Dupl./K.	3	B.	22
Servi-Car	43-GA	SV	4	V-2	45	Dupl./K.	3	B.	113
1944									
Big Twin	44-UL	SV	4	V-2	74	Dupl./K.	4	B.	366
Big Twin	44-U	SV	4	V-2	74	Dupl./K.	4	B.	580
	44-EL	OHV	4	V-2	61	Dupl./K.	4	B.	116
	44-E	OHV	4	V-2	61	Dupl./K.	4	B.	n.a.
	44-FL	OHV	4	V-2	74	Dupl./K.	4	B.	172
	44-F	OHV	4	V-2	74	Dupl./K.	4	B.	n.a.
Servi-Car	44-G	SV	4	V-2	45	Dupl./K.	3	B.	6
Servi-Car	44-GA	SV	4	V-2	45	Dupl./K.	3	B.	51

Modell	Typ	Motortyp	Takt	Motorbauart	cui	Antrieb (P./S.-A)	Gänge	Zündung	Prod.-Z.
1945									
	45-WL	SV	4	V-2	45	Dupl./K.	4	B.	1.357
Big Twin	45-UL	SV	4	V-2	74	Dupl./K.	4	B.	555
Big Twin	45-U	SV	4	V-2	74	Dupl./K.	4	B.	513
Big Twin	45-US	SV	4	V-2	74	Dupl./K.	4	B.	217
	45-EL	OHV	4	V-2	61	Dupl./K.	4	B.	398
	45-E	OHV	4	V-2	61	Dupl./K.	4	B.	n.a.
	45-ES	OHV	4	V-2	61	Dupl./K.	4	B.	282
	45-FL	OHV	4	V-2	74	Dupl./K.	4	B.	619
	45-F	OHV	4	V-2	74	Dupl./K.	4	B.	n.a.
	45-FS	OHV	4	V-2	74	Dupl./K.	4	B.	131
Servi-Car	45-G	SV	4	V-2	45	Dupl./K.	3	B.	26
Servi-Car	45-GA	SV	4	V-2	45	Dupl./K.	3	B.	60
1946									
	46-WL	SV	4	V-2	45	Dupl./K.	3	B.	4.410
Big Twin	46-UL	SV	4	V-2	74	Dupl./K.	4	B.	1.800
Big Twin	46-U	SV	4	V-2	74	Dupl./K.	4	B.	670
Big Twin	46-US	SV	4	V-2	74	Dupl./K.	4	B.	1.052
	46-EL	OHV	4	V-2	61	Dupl./K.	4	B.	2.098
	46-E	OHV	4	V-2	61	Dupl./K.	4	B.	n.a.
	46-ES	OHV	4	V-2	61	Dupl./K.	4	B.	244
	46-FL	OHV	4	V-2	74	Dupl./K.	4	B.	3.986
	46-F	OHV	4	V-2	74	Dupl./K.	4	B.	n.a.
	46-FS	OHV	4	V-2	74	Dupl./K.	4	B.	418
Servi-Car	46-G	SV	4	V-2	45	Dupl./K.	3	B.	766
Servi-Car	46-GA	SV	4	V-2	45	Dupl./K.	3	B.	678
1947									
	47-WL	SV	4	V-2	45	Dupl./K.	3	B.	3.338
Big Twin	47-UL	SV	4	V-2	74	Dupl./K.	4	B.	1.243
Big Twin	47-U	SV	4	V-2	74	Dupl./K.	4	B.	422
Big Twin	47-US	SV	4	V-2	74	Dupl./K.	4	B.	1.267
	47-EL	OHV	4	V-2	61	Dupl./K.	4	B.	4.117
	47-E	OHV	4	V-2	61	Dupl./K.	4	B.	n.a.
	47-ES	OHV	4	V-2	61	Dupl./K.	4	B.	237
	47-FL	OHV	4	V-2	74	Dupl./K.	4	B.	6.893
	47-F	OHV	4	V-2	74	Dupl./K.	4	B.	n.a.
	47-FS	OHV	4	V-2	74	Dupl./K.	4	B.	401
Servi-Car	47-G	SV	4	V-2	45	Dupl./K.	3	B.	1.307
Servi-Car	47-GA	SV	4	V-2	45	Dupl./K.	3	B.	870
1948									
Single	48-S	Kol.	2	Einzyl.	125cc	K.	3	B.	10.117
	48-WL	SV	4	V-2	45	Dupl./K.	3	B.	2.124
Big Twin	48-UL	SV	4	V-2	74	Dupl./K.	4	B.	970
Big Twin	48-U	SV	4	V-2	74	Dupl./K.	4	B.	401
Big Twin	48-US	SV	4	V-2	74	Dupl./K.	4	B.	1.006
	48-EL	OHV	4	V-2	61	Dupl./K.	4	B.	4.321
	48-E	OHV	4	V-2	61	Dupl./K.	4	B.	n.a.
	48-ES	OHV	4	V-2	61	Dupl./K.	4	B.	198
	48-FL	OHV	4	V-2	74	Dupl./K.	4	B.	8.071
	48-F	OHV	4	V-2	74	Dupl./K.	4	B.	n.a.
	48-FS	OHV	4	V-2	74	Dupl./K.	4	B.	334
Servi-Car	48-G	SV	4	V-2	45	Dupl./K.	3	B.	1.050
Servi-Car	48-GA	SV	4	V-2	45	Dupl./K.	3	B.	728
1949									
	49-S	Kol.	2	Einzyl.	125cc	K.	3	B.	7.291
	49-WL	SV	4	V-2	45	Dupl./K.	3	B.	2.289
Hydra Glide	49-EL	OHV	4	V-2	61	Dupl./K.	4	B.	3.419
Hydra Glide	49-E	OHV	4	V-2	61	Dupl./K.	4	B.	n.a.
Hydra Glide	49-ES	OHV	4	V-2	61	Dupl./K.	4	B.	177
Hydra Glide	49-FL	OHV	4	V-2	74	Dupl./K.	4	B.	8.014
Hydra Glide	49-F	OHV	4	V-2	74	Dupl./K.	4	B.	n.a.
Hydra Glide	49-FS	OHV	4	V-2	74	Dupl./K.	4	B.	490
Hydra Glide	49-ELP	OHV	4	V-2	61	Dupl./K.	4	B.	99
Servi-Car	49-G	SV	4	V-2	45	Dupl./K.	3	B.	494
Servi-Car	49-GA	SV	4	V-2	45	Dupl./K.	3	B.	545
	49-FLP	OHV	4	V-2	74	Dupl./K.	4	B.	486
1950									
	50-S	Kol.	2	Einzyl.	125cc	K.	3	B.	4.708
	50-WL	SV	4	V-2	45	Dupl./K.	3	B.	1.108
Hydra Glide	50-EL	OHV	4	V-2	61	Dupl./K.	4	B.	2.046
Hydra Glide	50-E	OHV	4	V-2	61	Dupl./K.	4	B.	n.a.
Hydra Glide	50-ES	OHV	4	V-2	61	Dupl./K.	4	B.	268
Hydra Glide	50-FL	OHV	4	V-2	74	Dupl./K.	4	B.	7.407
Hydra Glide	50-F	OHV	4	V-2	74	Dupl./K.	4	B.	n.a.
Hydra Glide	50-FS	OHV	4	V-2	74	Dupl./K.	4	B.	544
Servi-Car	50-G	SV	4	V-2	45	Dupl./K.	3	B.	520
Servi-Car	50-GA	SV	4	V-2	45	Dupl./K.	3	B.	483
1951									
Single	51-S	Kol.	2	Einzyl.	125cc	K.	3	B.	5.101
	51-WL	SV	4	V-2	45	Dupl./K.	3	B.	1.044
Hydra Glide	51-EL	OHV	4	V-2	61	Dupl./K.	4	B.	1.532
Hydra Glide	51-ELS	OHV	4	V-2	61	Dupl./K.	4	B.	n.a.
Hydra Glide	51-FL	OHV	4	V-2	74	Dupl./K.	4	B.	6.560
Hydra Glide	51-FLS	OHV	4	V-2	74	Dupl./K.	4	B.	n.a.
Hydra Glide	51-FS	OHV	4	V-2	74	Dupl./K.	4	B.	135
Servi-Car	51-G	SV	4	V-2	45	Dupl./K.	3	B.	778
Servi-Car	51-GA	SV	4	V-2	45	Dupl./K.	3	B.	632
1952									
Single	52-S	Kol.	2	Einzyl.	125cc	K.	3	B.	4.576
	52-WL	SV	4	V-2	45	Dupl./K.	3	B.	n.a.
Hydra Glide	52-ELF	OHV	4	V-2	61	Dupl./K.	4	B.	n.a.
Hydra Glide	52-EL	OHV	4	V-2	61	Dupl./K.	4	B.	918
Hydra Glide	52-ELS	OHV	4	V-2	61	Dupl./K.	4	B.	n.a.
Hydra Glide	52-FLF	OHV	4	V-2	74	Dupl./K.	4	B.	n.a.
Hydra Glide	52-FL	OHV	4	V-2	74	Dupl./K.	4	B.	5.554
Hydra Glide	52-FLS	OHV	4	V-2	74	Dupl./K.	4	B.	n.a.
Sport-Modell	52-K	SV	4	V-2	45	Dupl./K.	4	B.	1.970
Racer	52-WR	SV	4	V-2	45	Dupl./K.	3	B.	8
Servi-Car	52-G	SV	4	V-2	45	Dupl./K.	3	B.	515
Servi-Car	52-GA	SV	4	V-2	45	Dupl./K.	3	B.	532
1953									
	53-ST	Kol.	2	Einzyl.	165cc	K.	3	B.	4.225
Sport-Modell	53-K	SV	4	V-2	45	Dupl./K.	4	B.	1.723
Hydra Glide	53-FLF	OHV	4	V-2	74	Dupl./K.	4	B.	3.351
Hydra Glide	53-FL	OHV	4	V-2	74	Dupl./K.	4	B.	1.986
Hydra Glide	52-FLEF	OHV	4	V-2	74	Dupl./K.	4	B.	n.a.
Hydra Glide	52-FLE	OHV	4	V-2	74	Dupl./K.	4	B.	n.a.
Servi-Car	53-G	SV	4	V-2	45	Dupl./K.	3	B.	1.146
Servi-Car	53-GA	SV	4	V-2	45	Dupl./K.	3	B.	n.a.
1954									
Single	54-ST	Kol.	2	Einzyl.	165cc	K.	3	B.	2.835
Single	54-STU	Kol.	2	Einzyl.	165cc	K.	3	B.	n.a.
Sport-Modell	54-KH	SV	4	V-2	55	Dupl./K.	4	B.	1.579
Hydra Glide	54-FLF	OHV	4	V-2	74	Dupl./K.	4	B.	n.a.
Hydra Glide	54-FL	OHV	4	V-2	74	Dupl./K.	4	B.	4.757
Hydra Glide	54-FLEF	OHV	4	V-2	74	Dupl./K.	4	B.	n.a.
Hydra Glide	54-FLE	OHV	4	V-2	74	Dupl./K.	4	B.	n.a.
Servi-Car	54-G	SV	4	V-2	45	Dupl./K.	3	B.	1.397
Servi-Car	54-GA	SV	4	V-2	45	Dupl./K.	3	B.	n.a.
1955									
	55-B	Kol.	4	Einzyl.	125cc	K.	3	B.	1.040
ST-Modell	55-ST	Kol.	2	Einzyl.	165cc	K.	3	B.	2.263
	55-STU	Kol.	2	Einzyl.	165cc	K.	3	B.	n.a.
Sport-Modell	55-KH	SV	4	V-2	55	Dupl./K.	4	B.	616
Hydra Glide	55-FLF	OHV	4	V-2	74	Dupl./K.	4	B.	2.013
Hydra Glide	55-FL	OHV	4	V-2	74	Dupl./K.	4	B.	953
Hydra Glide	55-FLEF	OHV	4	V-2	74	Dupl./K.	4	B.	220
Hydra Glide	55-FLE	OHV	4	V-2	74	Dupl./K.	4	B.	853
Hydra Glide	55-FLHF	OHV	4	V-2	74	Dupl./K.	4	B.	1.040
Hydra Glide	55-FLH	OHV	4	V-2	74	Dupl./K.	4	B.	63
Servi-Car	55-G	SV	4	V-2	45	Dupl./K.	3	B.	394
Servi-Car	55-GA	SV	4	V-2	45	Dupl./K.	3	B.	647
1956									
Single	56-B	Kol.	2	Einzyl.	125cc	K.	3	B.	1.384
Single	56-ST	Kol.	2	Einzyl.	165cc	K.	3	B.	2.219
Sport-Modell	56-KH	SV	4	V-2	55	Dupl./K.	4	B.	539
Hydra Glide	56-FL	OHV	4	V-2	74	Dupl./K.	4	B.	856
Hydra Glide	56-FLE	OHV	4	V-2	74	Dupl./K.	4	B.	671
Hydra Glide	56-FLEF	OHV	4	V-2	74	Dupl./K.	4	B.	162

Modell	Typ	Motortyp	Takt	Motorbauart	cui	Antrieb (P./S.-A.)	Gänge	Zündung	Prod.-Z.
Hydra Glide	56-FLF	OHV	4	V-2	74	Dupl./K.	4	B.	1.578
Hydra Glide	56-FLHF	OHV	4	V-2	74	Dupl./K.	4	B.	2.315
Hydra Glide	56-FLH	OHV	4	V-2	74	Dupl./K.	4	B.	224
Servi-Car	56-G	SV	4	V-2	45	Dupl./K.	3	B.	467
Servi-Car	56-GA	SV	4	V-2	45	Dupl./K.	3	B.	736
1957									
Single	57-ST	Kol.	2	Einzyl.	165cc	K.	3	B.	2.401
Single	57-STU	Kol.	2	Einzyl.	165cc	K.	3	B.	n.a.
Sport-Modell	57-KR	SV	4	V-2	45	Dupl./K.	4	M.	16
Sport-Modell	57-KH	SV	4	V-2	55	Dupl./K.	4	B.	90
Sport-Modell	57-KHK	SV	4	V-2	55	Dupl./K.	4	B.	n.a.
Hydra Glide	57-FLHF	OHV	4	V-2	74	Dupl./K.	4	B.	2.614
Hydra Glide	57-FLH	OHV	4	V-2	74	Dupl./K.	4	B.	164
Hydra Glide	57-FL	OHV	4	V-2	74	Dupl./K.	4	B.	1.579
Hydra Glide	57-FLEF	OHV	4	V-2	74	Dupl./K.	4	B.	n.a.
Hydra Glide	57-FLE	OHV	4	V-2	74	Dupl./K.	4	B.	n.a.
Racer	57-KRTT	SV	4	V-2	45	Dupl./K.	4	M.	9
Racer	57-KHRTT	SV	4	V-2	45	Dupl./K.	4	n.a.	4
Servi-Car	57-G	SV	4	V-2	45	Dupl./K.	3	B.	518
Servi-Car	57-GA	SV	4	V-2	45	Dupl./K.	3	B.	674
1958									
Duo Glide	58-FLHF	OHV	4	V-2	74	Dupl./K.	4	B.	2.953
Duo Glide	58-FLH	OHV	4	V-2	74	Dupl./K.	4	B.	195
Duo Glide	58-FLF	OHV	4	V-2	74	Dupl./K.	4	B.	1.299
Duo Glide	58-FL	OHV	4	V-2	74	Dupl./K.	4	B.	1.591
Sportster	58-XL	OHV	4	V-2	55	Tripl./K.	4	B.	579
Sportster	58-XLH	OHV	4	V-2	55	Tripl./K.	4	n.a.	711
Sportster	58-XLC	OHV	4	V-2	55	Tripl./K.	4	n.a.	n.a.
	58-XLCH	OHV	4	V-2	55	Tripl./K.	4	n.a.	239
	58-Hummer	Kol.	2	Einzyl.	125cc	K.	3	B.	n.a.
	58-ST	Kol.	2	Einzyl.	165cc	K.	3	B.	2.445
	58-STU	Kol.	2	Einzyl.	165cc	K.	3	B.	465
Racer	58-KRTT	SV	4	V-2	45	Dupl./K.	4	n.a.	26
Racer	58-KR	SV	4	V-2	45	Dupl./K.	4	B.	9
Servi-Car	58-G	SV	4	V-2	45	Dupl./K.	3	B.	283
Servi-Car	58-GA	SV	4	V-2	45	Dupl./K.	3	B.	643
	58-B	Kol.	2	V-2	125cc	K.	3	B.	1.677
1959									
Single	59-Hummer	Kol.	2	Einzyl.	125cc	K.	3	B.	n.a.
Single	59-ST	Kol.	2	Einzyl.	165cc	K.	3	B.	2.311
Single	59-STU	Kol.	2	Einzyl.	165cc	K.	3	B.	n.a.
Single	59-B	Kol.	2	Einzyl.	125cc	K.	3	B.	1.285
	59-XLR	OHV	4	V-2	n.a.	Tripl./K.	4	n.a.	5
Sportster	59-XL	OHV	4	V-2	55	Tripl./K.	4	B.	42
	59-XLH	OHV	4	V-2	55	Tripl./K.	4	B.	947
	59-XLCH	OHV	4	V-2	55	Tripl./K.	4	B.	1.059
Duo Glide	59-FLHF	OHV	4	V-2	74	Dupl./K.	4	B.	3.223
Duo Glide	59-FLH	OHV	4	V-2	74	Dupl./K.	4	B.	121
Duo Glide	59-FLF	OHV	4	V-2	74	Dupl./K.	4	B.	1.222
Duo Glide	59-FL	OHV	4	V-2	74	Dupl./K.	4	B.	1.201
Servi-Car	59-G	SV	4	V-2	45	Dupl./K.	3	B.	288
Servi-Car	59-GA	SV	4	V-2	45	Dupl./K.	3	B.	524
1960									
Super 10	60-B bis BT	Kol.	4	Einzyl.	165cc	K.	3	M.	2.488
Super 10	60-BTU	Kol.	4	Einzyl.	165cc	K.	3	M.	n.a.
Super H Sportster	60-XLH	OHV	4	V-2	55	Tripl./K.	4	B.	2.765
Super CH Sportster	60-XLCH	OHV	4	V-2	55	Tripl./K.	4	B.	n.a.
Duo Glide	60-FLHF	OHV	4	V-2	74	Dupl./K.	4	B.	n.a.
Duo Glide	60-FLH	OHV	4	V-2	74	Dupl./K.	4	B.	n.a.
Duo Glide	60-FLF	OHV	4	V-2	74	Dupl./K.	4	B.	n.a.
Duo Glide	60-FL	OHV	4	V-2	74	Dupl./K.	4	B.	5.967
Topper Scooter	60-A	Kol.	4	Einzyl.	165cc	K.	a.	M.	3.801
Topper Scooter	60-AU	Kol.	4	Einzyl.	165cc	K.	a.	M.	n.a.
Servi-Car	60-G + GA	SV	4	V-2	45	Dupl./K.	3	B.	707
1961									
	61-A	Kol.	2	Einzyl.	165 cc	K.	n.a.	M.	1.341
	61-AH	Kol.	2	Einzyl.	165cc	K.	a.	M.	n.a.
	61-AU	Kol.	2	Einzyl.	165cc	K.	a.	M.	n.a.
	61-BT	Kol.	2	Einzyl.	165cc	K.	3	M.	1.587
	61-BTU	Kol.	2	Einzyl.	165cc	K.	3	M.	n.a.
	61-C	Kol.	4	Einzyl.	250cc	Z./K..	4	B.	n.a.
Super H Sportster	61-XLH	OHV	4	V-2	55	Tripl./K.	4	B.	2.014
Super CH Sportster	61-XLCH	OHV	4	V-2	55	Tripl./K.	4	B.	n.a.
Duo Glide	61-FLHF	OHV	4	V-2	74	Dupl./K.	4	B.	n.a.
Duo Glide	61-FLH	OHV	4	V-2	74	Dupl./K.	4	B.	n.a.
Duo Glide	61-FLF	OHV	4	V-2	74	Dupl./K.	4	B.	n.a.
Duo Glide	61-FL	OHV	4	V-2	74	Dupl./K.	4	B.	4.927
Racer	61-KR-KRTT	SV	4	V-2	45	Dupl./K.	4	n.a.	n.a.
Racer	61-XLRTT	SV	4	V-2	45	Dupl./K.	4	n.a.	n.a.
Racer	61-CRTT	OHV	4	Einzyl.	250cc	Z./K..	4	B.	n.a.
Servi-Car	61-G + GA	SV	4	V-2	45	Dupl./K.	3	B.	628
1962									
Sportster	62-XLH	OHV	4	V-2	55	Tripl./K.	4	B.	n.a.
Sportster	62-XLCH	OHV	4	V-2	55	Tripl./K.	4	B.	1.998
Duo Glide	62-FLHF	OHV	4	V-2	74	Dupl./K.	4	B.	n.a.
Duo Glide	62-FLH	OHV	4	V-2	74	Dupl./K.	4	B.	n.a.
Duo Glide	62-FL	OHV	4	V-2	74	Dupl./K.	4	B.	5.184
Pacer	62-BT	Kol.	2	Einzyl.	175cc	K.	3	M.	n.a.
Scat	62-BTH	Kol.	2	Einzyl.	175cc	K.	3	M.	n.a.
Ranger	62-BTF	Kol.	2	Einzyl.	165cc	K.	3	M.	n.a.
Pacer	62-BTU	Kol.	2	Einzyl.	165cc	K.	3	M.	n.a.
Sprint	62-H	OHV	4	Einzyl.	250cc	Z./K..	4	B.	n.a.
Sprint	62-C	OHV	4	Einzyl.	250cc	Z./K..	4	B.	n.a.
Racer	62KR-KRTT	SV	4	V-2	45	Dupl./K.	4	n.a.	n.a.
Racer	62-XLRTT	SV	4	V-2	45	Dupl./K.	4	n.a.	1.276
Road Racer	62-CRTT	OHV	4	Einzyl.	165cc	Z./K..	4	B.	n.a.
Topper Scooter	62-AH	Kol.	2	Einzyl.	165cc	K.	a.	n.a.	n.a.
Topper Scooter	62-AU	Kol.	2	Einzyl.	165	K.	a.	n.a.	n.a.
Servi-Car	62-G + GA	SV	4	V-2	45	Dupl./K.	3	B.	703
	62-FLF	OHV	4	V-2	74	Dupl./K.	4	B.	n.a.
1963									
Sportster	63-XLH	OHV	4	V-2	55	Tripl./K.	4	B.	432
Sportster	63-XLCJ	OHV	4	V-2	55	Tripl./K.	4	B.	975
Sportster	63-XLCH	OHV	4	V-2	55	Tripl./K.	4	B.	1.001
Duo Glide	63-FLHF	OHV	4	V-2	74	Dupl./K.	4	B.	2.100
Duo Glide	63-FLH	OHV	4	V-2	74	Dupl./K.	4	B.	100
Duo Glide	63-FLF	OHV	4	V-2	74	Dupl./K.	4	B.	950
Duo Glide	63-FL	OHV	4	V-2	74	Dupl./K.	4	B.	1.096
Pacer	63-BT	Kol.	2	Einzyl.	175cc	K.	3	M.	824
Scat	63-BTH	Kol.	2	Einzyl.	175cc	K.	3	M.	877
Pacer	63-BTU	Kol.	2	Einzyl.	175cc	K.	3	M.	39
Sprint	63-C	OHV	4	Einzyl.	175cc	Z./K..	2	B.	50
Sprint	63-H	OHV	4	Einzyl.	250cc	Z./K..	4	B.	150
Racer	63-KR	SV	4	V-2	45	Dupl./K.	4	M.	80
Racer	63-KRTT	SV	4	V-2	45	Dupl./K.	4	M.	n.a.
Racer	63-XLRTT	OHV	4	V-2	55	Dupl./K.	4	M.	n.a.
Road Racer	63-CRTT	OHV	4	Einzyl.	250cc	Z./K..	4	B.	1.550
Topper Scooter	63-AH	Kol.	2	Einzyl.	165cc	K.	a.	M.	972
Topper Scooter	63-AU	OHV	4	Einzyl.	165cc	K.	a.	B.	6
Servi-Car	63-G + GA	OHV	4	V-2	45	Dupl./K.	3	B.	80
1964									
Sportster	64-XLH	OHV	4	V-2	55	Tripl./K.	4	B.	810
Sportster	64-XLCH	OHV	4	V-2	55	Tripl./K.	4	B.	1.950
Duo Glide	64-FLHF	OHV	4	V-2	74	Dupl./K.	4	B.	n.a.
Duo Glide	64-FLH	OHV	4	V-2	74	Dupl./K.	4	B.	2.725
Duo Glide	64-FLF	OHV	4	V-2	74	Dupl./K.	4	B.	n.a.
Duo Glide	64-FL	OHV	4	V-2	74	Dupl./K.	4	B.	2.775
Pacer	64-BT	Kol.	2	Einzyl.	175cc	K.	3	M.	600
Scat	64-BTH	Kol.	2	Einzyl.	175cc	K.	3	M.	800
Pacer	64-BTU	Kol.	2	Einzyl.	175cc	K.	3	M.	50
Sprint	64-C	OHV	4	Einzyl.	250cc	Z./K..	4	B.	230
Sprint	64-H	OHV	4	Einzyl.	250cc	Z./K..	4	B.	1.550
Topper Scooter	64-AH	Kol.	2	Einzyl.	165cc	K.	a.	n.a.	800
Topper Scooter	64-AU	Kol.	2	Einzyl.	165cc	K.	a.	n.a.	25
Racer	64-KR	SV	4	V-2	45	Dupl./K.	4	M.	20
Racer	64-XLRTT	OHV	4	V-2	55	Tripl./K.	4	M.	30
Racer	64-CRTT	OHV	4	Einzyl.	250cc	Z./K..	4	B.	810
Servi-Car	64-GE	SV	4	V-2	45	Dupl./K.	3	n.a.	725
1965									
Sportster	65-XLH	OHV	4	V-2	55	Tripl./K.	4	B.	955
Sportster	65-XLCH	OHV	4	V-2	55	Tripl./K.	4	B.	2.815

Modell	Typ	Motortyp	Takt	Motorbauart	cui	Antrieb (P./S.-A.)	Gänge	Zündung	Prod.-Z.
Electra Glide	65-FLHFB	OHV	4	V-2	74	Dupl./K.	4	B.	n.a.
Electra Glide	65-FLHB	OHV	4	V-2	74	Dupl./K.	4	B.	n.a.
Electra Glide	65-FLFB	OHV	4	V-2	74	Dupl./K.	4	B.	n.a.
Electra Glide	65-FLB	OHV	4	V-2	74	Dupl./K.	4	B.	n.a.
Pacer	65-BT	Kol.	2	Einzyl.	175cc	K.	3	M.	500
Scat	65-BTH	Kol.	2	Einzyl.	175cc	K.	3	M.	750
Sprint	65-C	OHV	4	Einzyl.	250cc	Z./K..	5	B.	500
Sprint	65-H	OHV	4	Einzyl.	250cc	Z./K..	5	B.	2.500
	65-M-50	Kol.	2	Einzyl.	50cc	Z./K..	3	M.	9.000
Topper Scooter	65-AH	Kol.	2	Einzyl.	165cc	K.	a.	M.	500
Servi-Car	65-GE	SV	4	V-2	45	Dupl./K.	3	B.	625
1966									
Electra Glide	66-FLHFB	OHV	4	V-2	74	Dupl./K.	4	B.	n.a.
Electra Glide	66-FLHB	OHV	4	V-2	74	Dupl./K.	4	B.	5.625
Electra Glide	66-FLFB	OHV	4	V-2	74	Dupl./K.	4	B.	n.a.
Electra Glide	66-FLB	OHV	4	V-2	74	Dupl./K.	4	B.	2.175
Sportster	66-XLH	OHV	4	V-2	55	Tripl./K.	4	B.	900
Sportster	66-XLCH	OHV	4	V-2	55	Tripl./K.	4	B.	3.900
Sprint	66-C	OHV	4	Einzyl.	250cc	Z./K..	5	B.	60
Sprint	66-H	OHV	4	Einzyl.	250cc	Z./K..	5	B.	4.700
Bobcat	66-BTH	Kol.	2	Einzyl.	175cc	K.	3	M.	1.150
	66-M-50	Kol.	2	Einzyl.	50cc	Z./K..	3	M.	5.700
	66-M-50 Sport	Kol.	2	Einzyl.	50cc	Z./K..	3	M.	10.500
Racer	66-KR	SV	4	V-2	45	Dupl./K.	4	B.	10
Racer	66-CR	OHV	4	Einzyl.	250cc	Z./K..	4	B.	50
Racer	66-CRS	OHV	4	Einzyl.	250cc	Z./K..	4	B.	350
Servi-Car	66-GE	SV	4	V-2	45	Dupl./K.	3	B.	625
1967									
Sportster	67-XLH	OHV	4	V-2	55	Tripl./K.	4	el.	2.000
Sportster	67-XLCH	OHV	4	V-2	55	Tripl./K.	4	el.	2.500
Super Sport	67-FLHFB	OHV	4	V-2	74	Dupl./K.	4	B.	n.a.
Super Sport	67-FLHB	OHV	4	V-2	74	Dupl./K.	4	B.	n.a.
Super Sport	67-FLFB	OHV	4	V-2	74	Dupl./K.	4	B.	n.a.
Super Sport	67-FLB	OHV	4	V-2	74	Dupl./K.	4	B.	n.a.
Sprint	67-H	OHV	4	Einzyl.	250cc	Z./K..	5	B.	2.000
Sprint	67-SS	OHV	4	Einzyl.	250cc	Z./K..	5	B.	7.000
	67-M-65	Kol.	2	Einzyl.	65cc	Z./K..	3	M.	2.000
	67-M-65 Sport	Kol.	2	Einzyl.	65cc	Z./K..	3	M.	3.267
	67-M-50	Kol.	2	Einzyl.	50cc	Z./K..	3	M.	n.a.
Servi-Car	67-GE	SV	4	V-2	45	Dupl./K.	3	B.	600
1968									
Sportster	68-XLH	OHV	4	V-2	55	Tripl./K.	4	B.	1.975
Sportster	68-XLCH	OHV	4	V-2	55	Tripl./K.	4	B.	4.900
Electra Glide	68-FLHFB	OHV	4	V-2	74	Dupl./K.	4	B.	n.a.
Electra Glide	68-FLHB	OHV	4	V-2	74	Dupl./K.	4	B.	n.a.
Electra Glide	68-FLFB	OHV	4	V-2	74	Dupl./K.	4	B.	n.a.
Electra Glide	68-FLB	OHV	4	V-2	74	Dupl./K.	4	B.	n.a.
Sprint	68-H	OHV	4	Einzyl.	250cc	Z./K..	5	B.	405
Sprint	68-SS	OHV	4	Einzyl.	250cc	Z./K..	5	B.	3.745
Rapido	68-M-125	Kol.	2	Einzyl.	125cc	Z./K..	4	M.	n.a.
	68-M-65	Kol.	2	Einzyl.	65cc	Z./K..	3	M.	n.a.
	68-M-65 S	Kol.	2	Einzyl.	65cc	Z./K..	3	M.	1.200
	68-M-50	Kol.	2	Einzyl.	50cc	Z./K..	3	M.	1.700
Racer	68-CRS	OHV	4	Einzyl.	250cc	Z./K..	5	B.	125
	68-ML-125 S	Kol.	2	Einzyl.	125cc	K.	4	n.a.	500
Servi-Car	68-GE	SV	4	V-2	45	Dupl./K.	3	B.	600
1969									
Sportster	69-XLH	OHV	4	V-2	55	Tripl./K.	4	B.	2.700
Sportster	69-XLCH	OHV	4	V-2	55	Tripl./K.	4	B.	5.100
Electra Glide	69-FLHFB	OHV	4	V-2	74	Dupl./K.	4	B.	n.a.
Electra Glide	69-FLHB	OHV	4	V-2	74	Dupl./K.	4	B.	n.a.
Electra Glide	69-FLFB	OHV	4	V-2	74	Dupl./K.	4	B.	n.a.
Electra Glide	69-FLB	OHV	4	V-2	74	Dupl./K.	4	B.	n.a.
Sprint	69-SS	OHV	4	Einzyl.	350cc	Z./K..	5	B.	4.575
Sprint Scrambler	69-ERS	OHV	4	Einzyl.	350cc	Z./K..	5	M.	250
	69-ML-125	Kol.	2	Einzyl.	125cc	Z./K..	4	M.	1.000
	69-M-65	Kol.	2	Einzyl.	65cc	Z./K..	3	M.	2.700
Racer	69-XLRTT	OHV	4	V-2	55	Tripl./K.	4	M.	n.a.
Servi-Car	69-GE	SV	4	V-2	45	Dupl./K.	3	B.	475
1970									
Sportster	70-XLH	OHV	4	V-2	55	Tripl./K.	4	B.	3.033
Sportster	70-XLCH	OHV	4	V-2	55	Tripl./K.	4	B.	5.527
Electra Glide	70-FLHF	OHV	4	V-2	74	Dupl./K.	4	B.	n.a.
Electra Glide	70-FLH	OHV	4	V-2	74	Dupl./K.	4	B.	5.909
Electra Glide	70-FLPF	OHV	4	V-2	74	Dupl./K.	4	B.	n.a.
Electra Glide	70-FLP	OHV	4	V-2	74	Dupl./K.	4	B.	n.a.
Sprint	70-SS	OHV	4	Einzyl.	350cc	Z./K..	5	B.	4.513
Rapido	70-MLS	Kol.	2	Einzyl.	125cc	Z./K..	4	M.	4.059
Leggero	70-M-65	Kol.	2	Einzyl.	65cc	Z./K..	3	M.	2.080
Sprint Scrambler	70-ERS	OHV	4	Einzyl.	350cc	Z./K..	5	B.	102
	70-MSR	Kol.	2	Einzyl.	100cc	Z./K..	5	M.	1.427
Servi-Car	70-GE	SV	4	V-2	45	Dupl./K.	3	B.	494
1971									
Sportster	71-XLH	OHV	4	V-2	55	Tripl./K.	4	B.	3.950
Sportster	71-XLCH	OHV	4	V-2	55	Tripl./K.	4	B.	6.825
Electra Glide	71-FLHF	OHV	4	V-2	74	Dupl./K.	4	B.	n.a.
Electra Glide	71-FLH	OHV	4	V-2	74	Dupl./K.	4	B.	5.475
Electra Glide	71-FLPF	OHV	4	V-2	74	Dupl./K.	4	B.	n.a.
Electra Glide	71-FLP	OHV	4	V-2	74	Dupl./K.	4	B.	n.a.
Super Glide	71-FX	OHV	4	V-2	74	Dupl./K.	4	B.	4.700
Sprint	71-SX	OHV	4	Einzyl.	350cc	Z./K..	5	B.	3.920
Sprint	71-SS	OHV	4	Einzyl.	350cc	Z./K..	5	B.	1.500
Sprint Scrambler	71-ERS	OHV	4	Einzyl.	350cc	Z./K..	5	M.	50
Rapido	71-MLS	Kol.	2	Einzyl.	125cc	Z./K..	5	M.	5.200
Leggero	71-M-65	Kol.	2	Einzyl.	65cc	Z./K..	3	M.	3.100
Baja	71-MSR	Kol.	2	Einzyl.	100cc	Z./K..	5	M.	1.200
Servi-Car	71-GE	SV	4	V-2	45	Dupl./K.	3	B.	500
1972									
Sportster	72-XLH	OHV	4	V-2	1000cc	Tripl./K.	4	B.	7.500
Sportster	72-XLCH	OHV	4	V-2	1000cc	Tripl./K.	4	B.	10.650
Electra Glide	72-FLHF	OHV	4	V-2	74	Dupl./K.	4	B.	n.a.
Electra Glide	72-FLH	OHV	4	V-2	74	Dupl./K.	4	B.	8.100
Electra Glide	72-FLPF	OHV	4	V-2	74	Dupl./K.	4	B.	n.a.
Electra Glide	72-FLP	OHV	4	V-2	74	Dupl./K.	4	B.	n.a.
Super Glide	72-FX	OHV	4	V-2	74	Dupl./K.	4	B.	6.500
Rapido	72-MLS	Kol.	2	Einzyl.	125cc	Z./K..	5	M.	6.000
Leggero	72-M-65	Kol.	2	Einzyl.	65cc	Z./K..	3	M.	3.708
Sprint Scrambler	72-ERS	OHV	4	Einzyl.	350cc	Z./K..	5	M.	50
Baja 100L	72-MSR	Kol.	2	Einzyl.	100cc	Z./K..	5	M.	900
Baja 100	72-MSR	Kol.	2	Einzyl.	100cc	Z./K..	5	M.	n.a.
	72-MC-65	Kol.	2	Einzyl.	65cc	Z./K..	3	M.	8.000
Racer	72-XR750	OHV	4	V-2	45	Dupl./K.	4	n.a.	100
Servi-Car	71-GE	SV	4	V-2	45	Dupl./K.	3	B.	400
1973									
Sportster	73-XLH	OHV	4	V-2	1000cc	Tripl./K.	4	B.	9.875
Sportster	73-XLCH	OHV	4	V-2	1000cc	Tripl./K.	4	B.	10.825
Super Glide	73-FX	OHV	4	V-2	74	Dupl./K.	4	B.	7.625
Electra Glide	73-FL	OHV	4	V-2	74	Dupl./K.	4	B.	1.025
Electra Glide	73-FLH	OHV	4	V-2	74	Dupl./K.	4	B.	7.750
Sprint	73-SS	OHV	4	Einzyl.	350cc	Z./K..	5	B.	4.137
Sprint	73-SX	OHV	4	Einzyl.	350cc	Z./K..	5	B.	2.431
	73-TX	Kol.	2	Einzyl.	125cc	Z./K..	5	M.	9.925
	73-Z-90	Kol.	2	Einzyl.	90cc	Z./K..	4	M.	8.244
	73-X-90	Kol.	2	Einzyl.	90cc	Z./K..	4	M.	8.250
	73-SR-100	Kol.	2	Einzyl.	100cc	Z./K..	5	M.	986
Racer	73-XRTT	OHV	4	V-2	45	Dupl./K.	4	n.a.	n.a.
1974									
Electra Glide	74-FLH-1200	OHV	4	V-2	74	Dupl./K.	4	B.	5.166
Electra Glide	74-FLHF	OHV	4	V-2	74	Dupl./K.	4	B.	1.310
Super Glide	74-FX	OHV	4	V-2	74	Dupl./K.	4	B.	3.034
Super Glide	74-FXE	OHV	4	V-2	74	Dupl./K.	4	B.	6.199
Sportster	74-XLH	OHV	4	V-2	1000cc	Tripl./K.	4	B.	13.295
Sportster	74-XLCH	OHV	4	V-2	1000cc	Tripl./K.	4	B.	10.535
	74-SS 350	OHV	4	Einzyl.	350cc	Z./K..	5	B.	2.500
	74-SX 350	OHV	4	Einzyl.	350cc	Z./K..	5	B.	2.085
	74-SX 175	Kol.	2	Einzyl.	175cc	Z./K..	5	B.	3.612
	74-SX 125	Kol.	2	Einzyl.	125cc	Z./K..	5	B.	4.000
	74-Z-90	Kol.	2	Einzyl.	90cc	Z./K..	4	M.	7.168
	74-X-90	Kol.	2	Einzyl.	90cc	Z./K..	4	M.	7.019
	74-SR-100	Kol.	2	Einzyl.	100cc	Z./K..	5	M.	1.396

Modell	Typ	Motortyp	Takt	Motorbauart	cui	Antrieb (P./S.-A.)	Gänge	Zündung	Prod.-Z.
1975									
Sportster	75-XLH	OHV	4	V-2	1000cc	Tripl./K.	4	B.	13.515
Sportster	75-XLCH	OHV	4	V-2	1000cc	Tripl./K.	4	B.	5.895
Electra Glide	75-FLH-1200	OHV	4	V-2	1200cc	Dupl./K.	4	B.	7.400
Electra Glide	75-FLHF	OHV	4	V-2	1200cc	Dupl./K.	4	B.	1.535
Super Glide	75-FX	OHV	4	V-2	1200cc	Dupl./K.	4	B.	3.060
Super Glide	75-FXE	OHV	4	V-2	1200cc	Dupl./K.	4	B.	9.350
	75-SX-175	Kol.	2	Einzyl.	175cc	Z./K..	5	B.	3.612
	75-SX-125	Kol.	2	Einzyl.	125cc	Z./K..	5	B.	2.500
	75-Z-90	Kol.	2	Einzyl.	90cc	Z./K..	4	B.	2.562
	75-X-90	Kol.	2	Einzyl.	90cc	Z./K..	4	M.	1.568
	75-SX-250	Kol.	2	Einzyl.	250cc	Z./K..	5	el.	11.000
	75-RC-125	Kol.	2	Einzyl.	125cc	Z./K..	5	n.a.	4.500
	75-MX-250	Kol.	2	Einzyl.	250 cc	Z./K..	5	n.a.	n.a.
Racer	75-RR-250	Kol.	2	Twin	250	Z./K..	6	n.a.	n.a.
Racer	75-RR-350	Kol.	2	Twin	350	Z./K..	6	n.a.	n.a.
Racer	75-XR	OHV	4	V-2	45	Dupl./K.	4	n.a.	100
1976									
Sportster	76-XLH	OHV	4	V-2	1000cc	Tripl./K.	4	B.	12.844
Sportster	76-XLCH	OHV	4	V-2	1000cc	Tripl./K.	4	B.	5.238
Electra Glide	76-FLH-1200	OHV	4	V-2	1200cc	Dupl./K.	4	B.	11.891
Super Glide	76-FX	OHV	4	V-2	1200cc	Dupl./K.	4	B.	3.857
Super Glide	76-FXE	OHV	4	V-2	1200cc	Dupl./K.	4	B.	13.838
	76-SS-250	Kol.	2	Einzyl.	250cc	Z./K..	5	el.	1.416
	76-SX-250	Kol.	2	Einzyl.	250cc	Z./K..	5	el.	3.125
	76-SXT-125	Kol.	2	Einzyl.	125cc	Z./K..	5	M.	6.056
	76-SS-175	Kol.	2	Einzyl.	175cc	Z./K..	5	el.	1.461
	76-SS-125	Kol.	2	Einzyl.	125cc	Z./K..	5	M.	1.560
	76-MX-250	Kol.	2	Einzyl.	250cc	Z./K..	5	el.	87
Racer	76-RR-250	Kol.	2	Twin	250cc	Z./K..	6	n.a.	n.a.
Racer	76-RR-350	Kol.	2	Twin	350	Z./K..	6	n.a.	n.a.
Racer	76-RR-500	Kol.	2	Twin	500	Z./K..	6	n.a.	n.a.
1977									
Sportster	77-XLT	OHV	4	V-2	1000cc	Tripl./K.	4	B.	1.099
Café Racer	77-XLCR	OHV	4	V-2	1000cc	Tripl./K.	4	B.	1.923
Sportster	77-XLH	OHV	4	V-2	1000cc	Tripl./K.	4	B.	12.742
Sportster	77-XLCH	OHV	4	V-2	1000cc	Tripl./K.	4	B.	4.074
Electra Glide	77-FLH-1200	OHV	4	V-2	1200cc	Dupl./K.	4	B.	8.691
Electra Glide Sport	77-FLHS	OHV	4	V-2	1200cc	Dupl./K.	4	B.	535
Super Glide	77-FX	OHV	4	V-2	1200cc	Dupl./K.	4	B.	2.049
Super Glide	77-FXE	OHV	4	V-2	1200cc	Dupl./K.	4	B.	9.400
Low Rider	77-FXS	OHV	4	V-2	1200cc	Dupl./K.	4	B.	3.742
	77-SS-250	Kol.	2	Einzyl.	250cc	Z./K..	5	el.	558
	77-SX 250	Kol.	2	Einzyl.	250cc	Z./K..	5	el.	144
	77-SXT 125	Kol.	2	Einzyl.	125cc	Z./K..	5	M.	48
	77-SS 175	Kol.	2	Einzyl.	175cc	Z./K..	5	el.	110
	77-SS 125	Kol.	2	Einzyl.	125cc	Z./K..	5	M.	488
	77-RR 250	Kol.	2	Twin	250cc	Z./K..	6	n.a.	n.a.
1978									
Sportster	78-XLH	OHV	4	V-2	1000cc	Tripl./K.	4	B.	11.271
Sportster	78-XLCH	OHV	4	V-2	1000cc	Tripl./K.	4	B.	2.758
Sportster	78-XLT	OHV	4	V-2	1000cc	Tripl./K.	4	B.	6
Café Racer	78-XLCR	OHV	4	V-2	1000cc	Tripl./K.	4	B.	1.201
Roadster	78-XLS	OHV	4	V-2	1000cc	Tripl./K.	4	B.	2
Electra Glide	78-FLH-1200	OHV	4	V-2	1200cc	Dupl./K.	4	B.	4.761
Electra Glide	78-FLH 80	OHV	4	V-2	80	Dupl./K.	4	B.	2.525
Super Glide	78-FX	OHV	4	V-2	74	Dupl./K.	4	B.	1.774
Super Glide	78-FXE	OHV	4	V-2	74	Dupl./K.	4	B.	8.314
Low Rider	78-FXS	OHV	4	V-2	74	Dupl./K.	4	B.	9.787
	78-SX 250	Kol.	2	Einzyl.	250cc	Z./K..	4	B.	479
Flat Track Racer	78-XR 750	OHV	4	V-2	45	Dupl./K.	4	n.a.	80
1979									
Sportster	XLH-1000	OHV	4	V-2	1000cc	Tripl./K.	4	el.	6.525
Sportster Standard	XLCH-1000	OHV	4	V-2	1000cc	Tripl./K.	4	el.	141
Sportster Special	XLS-1000	OHV	4	V-2	1000cc	Tripl./K.	4	el.	5.123
Café Racer	XLCR	OHV	4	V-2	1000cc	Tripl./K.	4	el.	9
Tour Glide	FLT-80	OHV	4	V-2	80	Dupl./K.	4	el.	80
Electra Glide Classic	FLHC	OHV	4	V-2	80	Dupl./K.	4	el.	4368
Electra Glide	FLH-80	OHV	4	V-2	80	Dupl./K.	4	el.	3.429
Electra Glide	FLH-1200	OHV	4	V-2	1200cc	Dupl./K.	4	el.	2.612
Electra Glide	FLHS-1200	OHV	4	V-2	1200cc	Dupl./K.	4	el.	n.a.
Low Rider	FXS-1200	OHV	4	V-2	1200cc	Dupl./K.	4	el.	3.827
Low Rider	FXS-80	OHV	4	V-2	80	Dupl./K.	4	el.	9.433
Fat Bob Super Glide	FXEF-1200	OHV	4	V-2	1200cc	Dupl./K.	4	el.	4.678
Fat Bob Super Glide	FXEF-80	OHV	4	V-2	80	Dupl./K.	4	el.	5.264
Super Glide	FXE-1200	OHV	4	V-2	1200cc	Dupl./K.	4	el.	3.117
1980									
Electra Glide Classic	FLHC	OHV	4	V-2	80	Dupl./K.	4	el.	2.480
Electra Glide	FLH-80	OHV	4	V-2	80	Dupl./K.	4	el.	1.625
Electra Glide	FLH-1200	OHV	4	V-2	1200cc	Dupl./K.	4	el.	1.111
Tour Glide	FLT-80	OHV	4	V-2	80	Dupl./K.	4	el.	4.480
Sturgis	FXB-80	OHV	4	V-2	80	R.	4	el.	1.970
Wide Glide	FXWG	OHV	4	V-2	80	Dupl./K.	4	el.	6.085
Low Rider	FXS-80	OHV	4	V-2	80	Dupl./K.	4	el.	5.922
Fat Bob Wide Glide	FXEF-80	OHV	4	V-2	80	Dupl./K.	4	el.	4.773
Super Glide	FXE-1200	OHV	4	V-2	1200cc	Dupl./K.	4	el.	3.169
Roadster	XLS-1000	OHV	4	V-2	1000cc	Tripl./K.	4	el.	2.926
Sportster	XLH-1000	OHV	4	V-2	1000cc	Tripl./K.	4	el.	11.841
1981									
Electra Glide Classic	FLHC-80	OHV	4	V-2	80	Dupl./K.	4	el.	1.472
Electra Glide Classic	FLH-80	OHV	4	V-2	80	Dupl./K.	4	el.	2.131
Electra Glide	FLHS	OHV	4	V-2	80	Dupl./K.	4	el.	1.062
Tour Glide Classic	FLTC-80	OHV	4	V-2	80	Dupl./K.	5	el.	1.157
Tour Glide	FLT-80	OHV	4	V-2	80	Dupl./K.	5	el.	1.636
Sturgis	FXB-80	OHV	4	V-2	80	R.	4	el.	3.543
Wide Glide	FXWG	OHV	4	V-2	80	Dupl./K.	4	el.	5.166
Low Rider	FXS 80	OHV	4	V-2	80	Dupl./K.	4	el.	7.223
Fat Bob	FXEF-80	OHV	4	V-2	80	Dupl./K.	4	el.	3.691
Super Glide	FXE-80	OHV	4	V-2	80	Dupl./K.	4	el.	3.085
Roadster	XLS-1000	OHV	4	V-2	1000cc	Tripl./K.	4	el.	1.660
Sportster	XLH 100	OHV	4	V-2	1000cc	Tripl./K.	4	el.	8.442
1982									
Electra Glide	FLH-80	OHV	4	V-2	80	Dupl./K.	4	el.	1.491
Electra Glide Classic	FLHC-80	OHV	4	V-2	80	Dupl./K.	4	el.	n.a.
Tour Glide	FLT-80	OHV	4	V-2	80	Dupl./K.	4	el.	1.196
Tour Glide Classic	FLTC	OHV	4	V-2	80	Dupl./K.	5	el.	833
Super Glide	FXE-80	OHV	4	V-2	80	Dupl./K.	4	el.	1.617
Super Glide II	FXR	OHV	4	V-2	80	Dupl./K.	5	el.	3.065
Super Glide II	FXRS	OHV	4	V-2	80	Dupl./K.	5	el.	3.190
Fat Bob	FXEF-80	OHV	4	V-2	80	Dupl./K.	4	el.	n.a.
Low Rider	FXS-80	OHV	4	V-2	80	Dupl./K.	4	el.	1.816
Sturgis	FXB-80	OHV	4	V-2	80	R.	4	el.	1.833
Wide Glide	FXWG	OHV	4	V-2	80	Dupl./K.	4	el.	2.348
Sportster	XLH-1000	OHV	4	V-2	61	Tripl./K.	4	el.	5.015
Roadster	XLS-1000	OHV	4	V-2	61	Tripl./K.	4	el.	1.261
1983									
Electra Glide	FLHT	OHV	4	V-2	80	Dupl./K.	5	el.	1.426
Electra Glide Classic	FLHC-80	OHV	4	V-2	80	Dupl./K.	4	el.	1.302
Electra Glide Belt Drive	FLH	OHV	4	V-2	80	Dupl./R.	4	el.	1.272
Tour Glide	FLT-80	OHV	4	V-2	80	Dupl./K.	5	el.	565
Tour Glide Classic	FLTC	OHV	4	V-2	80	Dupl./K.	5	el.	475
Super Glide	FXE-80	OHV	4	V-2	80	Dupl./K.	4	el.	1.215
Super Glide II	FXR	OHV	4	V-2	80	Dupl./K.	5	el.	1.413
Wide Glide	FXWG	OHV	4	V-2	80	Dupl./K.	4	el.	2.873
Low Rider	FXS-80	OHV	4	V-2	80	Dupl./R.	4	el.	3.277
Fat Bob	FXEF-80	OHV	4	V-2	80	Dupl./K.	4	el.	n.a.
Sportster	XLX-61	OHV	4	V-2	55	Tripl./K.	4	el.	4.892
Sportster	XLH-1000	OHV	4	V-2	61	Tripl./K.	4	el.	2.230
Roadster	XLS-1000	OHV	4	V-2	61	Tripl./K.	4	el.	1.616
1984									
Electra Glide	FLHT	OHV	4	V-2	80	Dupl./K.	4	el.	208
Electra Glide Belt Drive	FLH	OHV	4	V-2	80	Dupl./R.	4	el.	2.686
Electra Glide Classic	FLHTE-80	OHV	4	V-2	80	Dupl./K.	4	el.	n.a.
Tour Glide	FLT-80	OHV	4	V-2	80	Dupl./K.	4	el.	n.a.
Tour Glide Classic	FLTC-80	OHV	4	V-2	80	Dupl./K.	4	el.	1.301
Super Glide	FXE-80	OHV	4	V-2	80	Dupl./K.	4	el.	2.606
Low Rider Belt	FXSB-80	OHV	4	V-2	80	Dupl./R.	4	el.	n.a.
Super Glide II	FXR	OHV	4	V-2	80	Dupl./K.	5	el.	n.a.
Wide Glide	FXWG-80	OHV	4	V-2	80	Dupl./R.	4	el.	n.a.
Low Rider	FXRS-80	OHV	4	V-2	80	Dupl./R.	5	el.	2.227
Sport Glide	FXRT-80	OHV	4	V-2	80	Dupl./R.	5	el.	2030

Modell	Typ	Motortyp	Takt	Motorbauart	cui	Antrieb (P./S.-A.)	Gänge	Zündung	Prod.-Z.
Sport Glide Police	FXRP-80	OHV	4	V-2	80	Dupl./K.	5	el.	820
Fat Bob	FXEF-80	OHV	4	V-2	80	Dupl./K.	4	el.	n.a.
Sportster Standard	XLX-61	OHV	4	V-2	61	Tripl./K.	4	el.	4.281
Sportster	XLH	OHV	4	V-2	61	Tripl./K.	4	el.	4442
Roadster	XLS-1000	OHV	4	V-2	61	Tripl./K.	4	el.	1.135
Sportster	XR-1000	OHV	4	V-2	61	Tripl./K.	4	el.	759

1985

Modell	Typ	Motortyp	Takt	Motorbauart	cui	Antrieb (P./S.-A.)	Gänge	Zündung	Prod.-Z.
Electra Glide Classic	FLHTE-80	OHV	4	V-2	80	Dupl./K.	5	el.	n.a.
Tour Glide Classic	FLTC-80	OHV	4	V-2	80	Dupl./K.	5	el.	1.847
Fat Bob	FXEF-80	OHV	4	V-2	80	Dupl./K.	4	el.	2.324
Low Rider Belt	FXSB-80	OHV	4	V-2	80	Dupl./R.	4	el.	2.359
Wide Glide	FXWG-80	OHV	4	V-2	80	Dupl./R.	4	el.	4.171
Low Glide	FXRS-80	OHV	4	V-2	80	Dupl./R.	5	el.	3.476
Sport Glide	FXRT-80	OHV	4	V-2	80	Dupl./R.	5	el.	1.252
Softail	FXST-80	OHV	4	V-2	80	Dupl./K.	4	el.	4.529
Sportster	XLH-1000	OHV	4	V-2	61	Tripl./K.	4	el.	4.074
Sportster Standard	XLX-61	OHV	4	V-2	61	Tripl./K.	4	el.	1.824
Roadster	XLS-1000	OHV	4	V-2	61	Tripl./K.	4	el.	616
Sportster	XR-1000	OHV	4	V-2	61	Tripl./K.	4	el.	n.a.

1986

Modell	Typ	Motortyp	Takt	Motorbauart	cui	Antrieb (P./S.-A.)	Gänge	Zündung	Prod.-Z.
Electra Glide	FLHT-80	OHV	4	V-2	80	Dupl./R.	5	el.	711
Electra Glide Classic	FLHTC-80	OHV	4	V-2	80	Dupl./R.	5	el.	3.287
Tour Glide Classic	FLTC-80	OHV	4	V-2	80	Dupl./R.	5	el.	1.401
Super Glide	FXR-80	OHV	4	V-2	80	Dupl./R.	5	el.	2.038
Low Rider	FXRS-80	OHV	4	V-2	80	Dupl./R.	5	el.	3.552
Low Rider Sport Edition	FXRS-SP-80	OHV	4	V-2	80	Dupl./R.	5	el.	1.247
Sport Glide	FXRT-80	OHV	4	V-2	80	Dupl./R.	5	el.	591
Sport Glide Grand Tour	FXRD-80	OHV	4	V-2	80	Dupl./R.	5	el.	n.a.
Softail	FXST-80	OHV	4	V-2	80	Dupl./R.	5	el.	2.402
Softail Custom	FXSTC-80	OHV	4	V-2	80	Dupl./R.	5	el.	3.782
Sportster	XLH-883	OHV	4	V-2	55	Tripl./K.	4	el.	8.032
Sportster Deluxe	XLX-883	OHV	4	V-2	55	Tripl./K.	4	el.	2.322
Sportster	XLH-1100	OHV	4	V-2	1100cc	Tripl./K.	4	el.	4.037
Sportster	XLH-1200	OHV	4	V-2	74	Tripl./K.	4	el.	14

1987

Modell	Typ	Motortyp	Takt	Motorbauart	cui	Antrieb (P./S.-A.)	Gänge	Zündung	Prod.-Z.
Electra Glide	FLHT	OHV	4	V-2	80	Dupl./R.	5	el.	87
Electra Glide Classic	FLHTC	OHV	4	V-2	80	Dupl./R.	5	el.	4.660
Tour Glide Classic	FLTC	OHV	4	V-2	80	Dupl./R.	5	el.	856
Sport Glide	FXRT	OHV	4	V-2	80	Dupl./R.	5	el.	287
Super Glide	FXR	OHV	4	V-2	80	Dupl./R.	5	el.	1.265
Low Rider	FXRS	OHV	4	V-2	80	Dupl./R.	5	el.	784
Low Rider Sport Edition	FXRS	OHV	4	V-2	80	Dupl./R.	5	el.	1.142
Low Rider Custom	FXLS	OHV	4	V-2	80	Dupl./R.	5	el.	3.221
Softail	FXST	OHV	4	V-2	80	Dupl./R.	5	el.	2.442
Softail Custom	FXSTC	OHV	4	V-2	80	Dupl./R.	5	el.	5.264
Heritage Softail	FLST	OHV	4	V-2	80	Dupl./R.	5	el.	6.445
Sportster 883	XLH	OHV	4	V-2	55	Tripl./K.	4	el.	7.096
Sportster de Luxe	XLH	OHV	4	V-2	55	Tripl./K.	4	el.	2.260
Sportster 1100	XLH	OHV	4	V-2	1100cc	Tripl./K.	4	el.	4.618

1988

Modell	Typ	Motortyp	Takt	Motorbauart	cui	Antrieb (P./S.-A.)	Gänge	Zündung	Prod.-Z.
Electra Glide Sport	FLHS	OHV	4	V-2	80	Dupl./R.	5	el.	1.677
Tour Glide Classic	FLTC	OHV	4	V-2	80	Dupl./R.	5	el.	849
Electra Glide Classic	FLHTC	OHV	4	V-2	80	Dupl./R.	5	el.	4.880
Super Glide	FXR	OHV	4	V-2	80	Dupl./R.	5	el.	1.205
Softail	FXST	OHV	4	V-2	80	Dupl./R.	5	el.	1.467
Softail Custom	FXSTC	OHV	4	V-2	80	Dupl./R.	5	el.	6.621
Heritage Softail	FLST	OHV	4	V-2	80	Dupl./R.	5	el.	2.209
Heritage Softail Classic	FLSTC	OHV	4	V-2	80	Dupl./R.	5	el.	3.755
Sport Glide	FXRT	OHV	4	V-2	80	Dupl./R.	5	el.	243
Low Rider	FXRS	OHV	4	V-2	80	Dupl./R.	5	el.	2.637
Low Rider Custom	FXLR	OHV	4	V-2	80	Dupl./R.	5	el.	902
Low Rider Sport	FXRS Sp	OHV	4	V-2	80	Dupl./R.	5	el.	818
Sportster 883 Solo	XLH	OHV	4	V-2	55	Tripl./K.	4	el.	5.387
Sportster 883 Hugger	XLH	OHV	4	V-2	55	Tripl./K.	4	el.	4.501
Sportster 883 Deluxe	XLH	OHV	4	V-2	55	Tripl./K.	4	el.	1.893
Sportster 1200	XLH	OHV	4	V-2	74	Tripl./K.	4	el.	4.752

1989

Modell	Typ	Motortyp	Takt	Motorbauart	cui	Antrieb (P./S.-A.)	Gänge	Zündung	Prod.-Z.
Electra Glide Sport	FLHS	OHV	4	V-2	80	Dupl./R.	5	el.	5.387
Electra Glide Classic	FLHTC	OHV	4	V-2	80	Dupl./R.	5	el.	4.097
Ultra Classic El. Glide	FLHTU	OHV	4	V-2	80	Dupl./R.	5	el.	2.890
Tour Glide Classic	FLTC	OHV	4	V-2	80	Dupl./R.	5	el.	603
Ultra Classic Tour Glide	FLTU	OHV	4	V-2	80	Dupl./R.	5	el.	568
Super Glide	FXR	OHV	4	V-2	80	Dupl./R.	5	el.	1.821
Low Rider	FXRS	OHV	4	V-2	80	Dupl./R.	5	el.	4.159
Sport Glide	FXRT	OHV	4	V-2	80	Dupl./R.	5	el.	255
Low Rider Sport	FXRS Sp	OHV	4	V-2	80	Dupl./R.	5	el.	n.a.
Low Rider Custom	FXLR	OHV	4	V-2	80	Dupl./R.	5	el.	1.016
Softail	FXST	OHV	4	V-2	80	Dupl./R.	5	el.	1.130
Softail Custom	FXSTC	OHV	4	V-2	80	Dupl./R.	5	el.	6.523
Springer Softail	FXSTS	OHV	4	V-2	80	Dupl./R.	5	el.	5.387
Heritage Softail	FLST	OHV	4	V-2	80	Dupl./R.	5	el.	1.506
Heritage Softail Clas.	FLSTC	OHV	4	V-2	80	Dupl./R.	5	el.	5.210
Sportster 883 „Solo"	XLH	OHV	4	V-2	55	Tripl./K.	4	el.	6.142
Sportster 883 Deluxe	XLH	OHV	4	V-2	55	Tripl./K.	4	el.	1.812
Sportster 883 Hugger	XLH	OHV	4	V-2	55	Tripl./K.	4	el.	4.467
Sportster 1200	XLH	OHV	4	V-2	74	Tripl./K.	4	el.	4.546

1990

Modell	Typ	Motortyp	Takt	Motorbauart	cui	Antrieb (P./S.-A.)	Gänge	Zündung	Prod.-Z.
Electra Glide Sport	FLHS	OHV	4	V-2	80	Dupl./R.	5	el.	2.410
Electra Glide Classic	FLHTC	OHV	4	V-2	80	Dupl./R.	5	el.	3.597
Ultra Classic El. Glide	FLHTC	OHV	4	V-2	80	Dupl./R.	5	el.	3.405
Tour Glide Classic	FLTC	OHV	4	V-2	80	Dupl./R.	5	el.	485
Ultra Classic Tour Glide	FLTC	OHV	4	V-2	80	Dupl./R.	5	el.	612
Super Glide	FXR	OHV	4	V-2	80	Dupl./R.	5	el.	1.819
Fat Boy	FLSTF	OHV	4	V-2	80	Dupl./R.	5	el.	4.440
Heritage Softail	FLST	OHV	4	V-2	80	Dupl./R.	5	el.	1.567
Heritage Softail Classic	FLSTC	OHV	4	V-2	80	Dupl./R.	5	el.	5.483
Softail	FXST	OHV	4	V-2	80	Dupl./R.	5	el.	1.601
Softail Custom	FXSTC	OHV	4	V-2	80	Dupl./R.	5	el.	6.795
Springer Softail	FXSTS	OHV	4	V-2	80	Dupl./R.	5	el.	4.252
Low Rider Conv.	FXRS-CONV	OHV	4	V-2	80	Dupl./R.	5	el.	989
Low Rider Sport Edition	FXRS-SP	OHV	4	V-2	80	Dupl./R.	5	el.	762
Low Rider Custom	FXLR	OHV	4	V-2	80	Dupl./R.	5	el.	1.143
Low Rider	FXRS	OHV	4	V-2	80	Dupl./R.	5	el.	2.615
Sport Glide	FXRT	OHV	4	V-2	80	Dupl./R.	5	el.	304
Sportster 883	XLH	OHV	4	V-2	55	Tripl./K.	4	el.	5.227
Sportster 883 Hugger	XLH	OHV	4	V-2	55	Tripl./K.	4	el.	1.298
Sportster 1200	XLH	OHV	4	V-2	74	Tripl./K.	4	el.	4.598
Sportster 883 Deluxe	XLH	OHV	4	V-2	55	Tripl./K.	4	el.	1.298

1991

Modell	Typ	Motortyp	Takt	Motorbauart	cui	Antrieb (P./S.-A.)	Gänge	Zündung	Prod.-Z.
Electra Glide Sport	FLHS	OHV	4	V-2	80	Dupl./R.	5	el.	2.383
Electra Glide Classic	FLHTC	OHV	4	V-2	80	Dupl./R.	5	el.	3.225
Ultra Classic El. Glide	FLHTCU	OHV	4	V-2	80	Dupl./R.	5	el.	3.515
Tour Glide Classic	FLTC	OHV	4	V-2	80	Dupl./R.	5	el.	259
Ultra Classic Tour Glide	FLTCU	OHV	4	V-2	80	Dupl./R.	5	el.	499
Super Glide	FXR	OHV	4	V-2	80	Dupl./R.	5	el.	1.742
Low Rider	FXRS	OHV	4	V-2	80	Dupl./R.	5	el.	2.138
Sport Glide	FXRT	OHV	4	V-2	80	Dupl./R.	5	el.	272
Low Rider Sport Edition	FXRS-SP	OHV	4	V-2	80	Dupl./R.	5	el.	683
Low Rider Conv.	FXRS-CONV.	OHV	4	V-2	80	Dupl./R.	5	el.	1.721
Low Rider Custom	FXLR	OHV	4	V-2	80	Dupl./R.	5	el.	1.197
Dyna Glide	FXDB-Sturgis	OHV	4	V-2	80	Dupl./R.	5	el.	1.546
Softail Custom	FXSTC	OHV	4	V-2	80	Dupl./R.	5	el.	n.a.
Fat Boy	FLSTF	OHV	4	V-2	80	Dupl./R.	5	el.	5.581
Springer Softail	FXSTS	OHV	4	V-2	80	Dupl./R.	5	el.	4.265
Heritage Softail Classic	FLSTC	OHV	4	V-2	80	Dupl./R.	5	el.	8.590
Sportster 883	XLH	OHV	4	V-2	80	Tripl./K.	5	el.	4.922
Sportster 883 Deluxe	XLH	OHV	4	V-2	80	Tripl./R.	5	el.	3.034
Sportster 883 Hugger	XLH	OHV	4	V-2	80	Tripl./K.	5	el.	3.487
Sportster 1200	XLH 1200	OHV	4	V-2	80	Tripl./R.	5	el.	6.282

1992

Modell	Typ	Motortyp	Takt	Motorbauart	cui	Antrieb (P./S.-A.)	Gänge	Zündung	Prod.-Z.
Electra Glide Sport	FLHS	OHV	4	V-2	80	Dupl./R.	5	el.	n.a.
Electra Glide Classic	FLHTC	OHV	4	V-2	80	Dupl./R.	5	el.	n.a.
Electra Glide Ultra Class.	FLHTCU	OHV	4	V-2	80	Dupl./R.	5	el.	n.a.
Tour Glide Classic	FLTC	OHV	4	V-2	80	Dupl./R.	5	el.	n.a.
Ultra Classic Tour Glide	FLTCU	OHV	4	V-2	80	Dupl./R.	5	el.	n.a.
Super Glide	FXR	OHV	4	V-2	80	Dupl./R.	5	el.	n.a.
Low Rider	FXRS	OHV	4	V-2	80	Dupl./R.	5	el.	n.a.
Sport Glide	FXRT	OHV	4	V-2	80	Dupl./R.	5	el.	n.a.
Low Rider Sport Edition	FXRS-SP	OHV	4	V-2	80	Dupl./R.	5	el.	n.a.
Low Rider Conv.	FXRS-CONV.	OHV	4	V-2	80	Dupl./R.	5	el.	n.a.
Low Rider Custom	FXLR	OHV	4	V-2	80	Dupl./R.	5	el.	n.a.
Dyna Glide	FXDB-Sturgis	OHV	4	V-2	80	Dupl./R.	5	el.	n.a.

Modell	Typ	Motortyp	Takt	Motorbauart	cui	Antrieb (P./S-A.)	Gänge	Zündung	Prod.-Z.
Softail Custom	FXSTC	OHV	4	V-2	80	Dupl./R.	5	el.	n.a.
Fat Boy	FLSTF	OHV	4	V-2	80	Dupl./R.	5	el.	n.a.
Springer Softail	FXSTS	OHV	4	V-2	80	Dupl./R.	5	el.	n.a.
Heritage Softail Classic	FLSTC	OHV	4	V-2	80	Dupl./R.	5	el.	n.a.
Sportster 883	XLH	OHV	4	V-2	55	Tripl./R.	5	el.	n.a.
Sportster 883 Deluxe	XLH	OHV	4	V-2	55	Tripl./R.	5	el.	n.a.
Sportster 883 Hugger	XLH	OHV	4	V-2	55	Tripl./R.	5	el.	n.a.
Sportster 1200	XLH 1200	OHV	4	V-2	74	Tripl./R.	5	el.	n.a.
1993									
Electra Glide Road King	FLHR	OHV	4	V-2	80	Dupl./R.	5	el.	n.a.
Electra Glide Sport	FLHS	OHV	4	V-2	80	Dupl./R.	5	el.	n.a.
Electra Glide Classic	FLHTC	OHV	4	V-2	80	Dupl./R.	5	el.	n.a.
Ultra Classic El. Glide	FLHTCU	OHV	4	V-2	80	Dupl./R.	5	el.	n.a.
Ultra Classic Tour Glide	FLTCU	OHV	4	V-2	80	Dupl./R.	5	el.	n.a.
Super Glide	FXD	OHV	4	V-2	80	Dupl./R.	5	el.	n.a.
Heritage Softail Classic	FLSTC	OHV	4	V-2	80	Dupl./R.	5	el.	n.a.
Heritage Softail Nostalgia	FLSTN	OHV	4	V-2	80	Dupl./R.	5	el.	n.a.
Fat Boy	FLSTF	OHV	4	V-2	80	Dupl./R.	5	el.	n.a.
Low Rider Custom	FLXR	OHV	4	V-2	80	Dupl./R.	5	el.	n.a.
Dyna Low Rider	FXDL	OHV	4	V-2	80	Dupl./R.	5	el.	n.a.
Dyna Wide Glide	FXDWG	OHV	4	V-2	80	Dupl./R.	5	el.	n.a.
Low Rider Sport Edition	FXRS-SP	OHV	4	V-2	80	Dupl./R.	5	el.	n.a.
Softail Custom	FXSTC	OHV	4	V-2	80	Dupl./R.	5	el.	n.a.
Springer Softail	FXSTS	OHV	4	V-2	80	Dupl./R.	5	el.	n.a.
Dyna Low Rider Conv.	FXDS-CONV.	OHV	4	V-2	80	Dupl./R.	5	el.	n.a.
Sportster 883	XLH	OHV	4	V-2	55	Tripl./R.	5	el.	n.a.
Sportster Hugger	XLH	OHV	4	V-2	55	Tripl./R.	5	el.	n.a.
Sportster 1200	XLH 1200	OHV	4	V-2	74	Tripl./R.	5	el.	n.a.
1994									
Electra Glide Road King	FLHR	OHV	4	V-2	80	Dupl./R.	5	el.	n.a.
Electra Glide Classic	FLHTC	OHV	4	V-2	80	Dupl./R.	5	el.	n.a.
Ultra Classic El. Glide	FLHTCU	OHV	4	V-2	80	Dupl./R.	5	el.	n.a.
Super Glide	FXD	OHV	4	V-2	80	Dupl./R.	5	el.	n.a.
Low Rider Custom	FXLR	OHV	4	V-2	80	Dupl./R.	5	el.	n.a.
Dyna Low Rider	FXDL	OHV	4	V-2	80	Dupl./R.	5	el.	n.a.
Dyna Wide Glide	FXDWG	OHV	4	V-2	80	Dupl./R.	5	el.	n.a.
Dyna Low Rider Conv.	FXDS-CONV.	OHV	4	V-2	80	Dupl./R.	5	el.	n.a.
Heritage Special	FLSTN	OHV	4	V-2	80	Dupl./R.	5	el.	n.a.
Heritage Softail Classic	FLSTC	OHV	4	V-2	80	Dupl./R.	5	el.	n.a.
Springer Softail	FXSTS	OHV	4	V-2	80	Dupl./R.	5	el.	n.a.
Softail Custom	FXSTC	OHV	4	V-2	80	Dupl./R.	5	el.	n.a.
Fat Boy	FLSTF	OHV	4	V-2	80	Dupl./R.	5	el.	n.a.
Sportster 883	XLH	OHV	4	V-2	883	Tripl./R.	5	el.	n.a.
Sportster Hugger	XLH	OHV	4	V-2	883	Tripl./R.	5	el.	n.a.
Sportster 1200	XLH 1200	OHV	4	V-2	1200	Tripl./R.	5	el.	n.a.
1994									
Electra Glide Road King	FLHR	OHV	4	V-2	80	Dupl./R.	5	el.	n.a.
Electra Glide Classic	FLHTC	OHV	4	V-2	80	Dupl./R.	5	el.	n.a.
Ultra Classic El. Glide	FLHTCU	OHV	4	V-2	80	Dupl./R.	5	el.	n.a.
Super Glide	FXD	OHV	4	V-2	80	Dupl./R.	5	el.	n.a.
Low Rider Custom	FXLR	OHV	4	V-2	80	Dupl./R.	5	el.	n.a.
Dyna Low Rider	FXDL	OHV	4	V-2	80	Dupl./R.	5	el.	n.a.
Dyna Wide Glide	FXDWG	OHV	4	V-2	80	Dupl./R.	5	el.	n.a.
Dyna Low Rider Conv.	FXDS-CONV.	OHV	4	V-2	80	Dupl./R.	5	el.	n.a.
Heritage Special	FLSTN	OHV	4	V-2	80	Dupl./R.	5	el.	n.a.
Heritage Softail Classic	FLSTC	OHV	4	V-2	80	Dupl./R.	5	el.	n.a.
Springer Softail	FXSTS	OHV	4	V-2	80	Dupl./R.	5	el.	n.a.
Softail Custom	FXSTC	OHV	4	V-2	80	Dupl./R.	5	el.	n.a.
Fat Boy	FLSTF	OHV	4	V-2	80	Dupl./R.	5	el.	n.a.
Sportster 883	XLH	OHV	4	V-2	883cc	Tripl./R.	5	el.	n.a.
Sportster Hugger	XLH	OHV	4	V-2	883cc	Tripl./R.	5	el.	n.a.
Sportster 1200	XLH 1200	OHV	4	V-2	1200cc	Tripl./R.	5	el.	n.a.

Modell	Typ	Motortyp	Takt	Motorbauart	cui	Antrieb (P./S-A.)	Gänge	Zündung	Prod.-Z.
1995									
Electra Glide Road King	FLHR	OHV	4	V-2	1340cc	Dupl./Z.	5	el.	n.a.
Electra Glide Standard	FLHT	OHV	4	V-2	1340cc	Dupl./Z.	5	el.	n.a.
Electra Glide Classic	FLHTC	OHV	4	V-2	1340cc	Dupl./Z.	5	el.	n.a.
Ultra Classic El. Glide	FLHTU	OHV	4	V-2	1340cc	Dupl./Z.	5	el.	n.a.
Ultra Classic Tour Glide	FLTCU	OHV	4	V-2	1340cc	Dupl./Z.	5	el.	n.a.
Dyna Super Glide	FXD	OHV	4	V-2	1340cc	Dupl./Z.	5	el.	n.a.
Dyna Conv.	FXDS-CONV	OHV	4	V-2	1340cc	Dupl./Z.	5	el.	n.a.
Dyna Wide Glide	FXDWG	OHV	4	V-2	80	Dupl./R.	5	el.	n.a.
Dyna Low Rider	FXDL	OHV	4	V-2	80	Dupl./R.	5	el.	n.a.
Softail Custom	FXSTC	OHV	4	V-2	80	Dupl./R.	5	el.	n.a.
Springer Softail	FXSTS	OHV	4	V-2	80	Dupl./R.	5	el.	n.a.
Bad Boy	FXSTB	OHV	4	V-2	80	Dupl./R.	5	el.	n.a.
Fat Boy	FLSTF	OHV	4	V-2	80	Dupl./R.	5	el.	n.a.
Heritage Softail Classic	FLSTC	OHV	4	V-2	80	Dupl./R.	5	el.	n.a.
Heritage Softail Special	FLSTN	OHV	4	V-2	80	Dupl./R.	5	el.	n.a.
Sportster 883 Standard	XLH	OHV	4	V-2	883cc	Tripl./R.	5	el.	n.a.
Sportster 883 Hugger	XLH 883	OHV	4	V-2	883cc	Tripl./R.	5	el.	n.a.
Sportster 883 Deluxe	XLH	OHV	4	V-2	883cc	Tripl./R.	5	el.	n.a.
Sportster 1200	XLH 1200	OHV	4	V-2	1200cc	Tripl./R.	5	el.	n.a.
1996									
Ultra Classic El. Glide	FLHTU	OHV	4	V-2	1340cc	Dupl./Z.	5	el.	n.a.
Ultra Classic El. Glide EFI	FLHTUI	OHV	4	V-2	1340cc	Dupl./Z.	5	el.	n.a.
Electra Glide Classic	FLHTC	OHV	4	V-2	1340cc	Dupl./Z.	5	el.	n.a.
Electra Gilde EFI	FLHTCI	OHV	4	V-2	1340cc	Dupl./Z.	5	el.	n.a.
Electra Glide Standard	FLHT	OHV	4	V-2	1340cc	Dupl./Z.	5	el.	n.a.
Fat Boy	FLSTF	OHV	4	V-2	80	Dupl./R.	5	el.	n.a.
Heritage Softail Classic	FLSTC	OHV	4	V-2	80	Dupl./R.	5	el.	n.a.
Heritage Softail Special	FLSTN	OHV	4	V-2	80	Dupl./R.	5	el.	n.a.
Bad Boy	FXSTB	OHV	4	V-2	80	Dupl./R.	5	el.	n.a.
Springer Softail	FXSTS	OHV	4	V-2	80	Dupl./R.	5	el.	n.a.
Softail Custom	FXSTC	OHV	4	V-2	80	Dupl./R.	5	el.	n.a.
Dyna Wide Glide	FXDWG	OHV	4	V-2	80	Dupl./R.	5	el.	n.a.
Dyna Conv.	FXDS-CONV	OHV	4	V-2	80	Dupl./R.	5	el.	n.a.
Dyna Low Rider	FXDL	OHV	4	V-2	80	Dupl./R.	5	el.	n.a.
Dyna Super Glide	FXD	OHV	4	V-2	80	Dupl./R.	5	el.	n.a.
Sportster 883	XLH 883	OHV	4	V-2	55	Tripl./R.	5	el.	n.a.
Sportster Hugger 883	XLH 883	OHV	4	V-2	55	Tripl./R.	5	el.	n.a.
Sportster 1200	XLH 1200	OHV	4	V-2	74	Tripl./R.	5	el.	n.a.
Sportster 1200 Custom	XL 1200C	OHV	4	V-2	74	Tripl./R.	5	el.	n.a.
Sportster 1200 Sport	XL 1200S	OHV	4	V-2	74	Tripl./R.	5	el.	n.a.
1997									
Ultra Classic El. Glide	FLHTCUI	OHV	4	V-2	80	Dupl./R.	5	el.	n.a.
Ultra Classic El. Glide	FLHTCU	OHV	4	V-2	80	Dupl./R.	5	el.	n.a.
Electra Glide Classic	FLHTC	OHV	4	V-2	80	Dupl./R.	5	el.	n.a.
Electra Glide Standard	FLHT	OHV	4	V-2	80	Dupl./R.	5	el.	n.a.
Road King	FLHR	OHV	4	V-2	80	Dupl./R.	5	el.	n.a.
Fat Boy	FLSTF	OHV	4	V-2	80	Dupl./R.	5	el.	n.a.
Heritage Softail Classic	FLSTC	OHV	4	V-2	80	Dupl./R.	5	el.	n.a.
Heritage Springer	FLSTS	OHV	4	V-2	80	Dupl./R.	5	el.	n.a.
Bad Boy	FXSTSB	OHV	4	V-2	80	Dupl./R.	5	el.	n.a.
Springer Softail	FXSTS	OHV	4	V-2	80	Dupl./R.	5	el.	n.a.
Softail Custom	FXSTC	OHV	4	V-2	80	Dupl./R.	5	el.	n.a.
Dyna Wide Glide	FXDWG	OHV	4	V-2	80	Dupl./R.	5	el.	n.a.
Dyna Conv.	FXDS-CONV	OHV	4	V-2	80	Dupl./R.	5	el.	n.a.
Dyna Low Rider	FXDL	OHV	4	V-2	80	Dupl./R.	5	el.	n.a.
Dyna Super Glide	FXD	OHV	4	V-2	80	Dupl./R.	5	el.	n.a.
Sportster 883	XLH 883	OHV	4	V-2	55	Tripl./R.	5	el.	n.a.
Hugger 883		OHV	4	V-2	55	Tripl./R.	5	el.	n.a.
Sportster 1200	XLH 1200	OHV	4	V-2	74	Tripl./R.	5	el.	n.a.
Sportster 1200 Custom	XL 1200C	OHV	4	V-2	74	Tripl./R.	5	el.	n.a.
Sportster 1200 Sport	XL 1200S	OHV	4	V-2	74	Tripl./R.	5	el.	n.a.

Bei der oberflächlichen Durchsicht alter Harley-Handbücher und technischer Daten fiel auf, daß die dortigen Hubraumangaben nicht stimmen konnten. Hubraum, also Kubikinhalt, ist ausschließlich von der Bewegung des Kolbens bestimmt, der Brennraum gehört nicht dazu. Wendet man zu seiner Berechnung die dafür geltende Formel ($ø^2 \times \pi : 4 \times$ Hub x Anzahl der Zylinder) an, ergeben sich andere Resultate als die in den alten Büchern angegebenen. Woher kommen solche Unstimmigkeiten? Zwei Voraussetzungen für den richtigen Kubikinhalt müssen stimmen, und die haben wir bei unseren Daten auch als absolut zuverlässig angesehen: Hub und Bohrung, beide auf Millimeterbruchteile genau von präzisen Fertigungsmaschinen kontrolliert. Alles andere ist reine Rechnerei, und hier liegen offensichtlich die alten Fehlerquellen. Rundet man nämlich die Tausendstelmillimeter (oder -inches) auf eine (oder keine) Stelle hinter dem Komma auf oder ab, kommen völlig unterschiedliche Ergebnisse des Kubikinhalts heraus. Die Ungenauigkeit vervielfältigt sich noch bei der oberflächlichen Umrechnung von Inch in Millimeter, wie es in früheren Zeiten gerne mit Hilfe eines Rechenschiebers getan wurde und nicht per Computer bis auf fünf Stellen hinter dem Komma genau. Doch selbst, wenn wir Hub- und Bohrungsangaben als gegeben annehmen, bleiben bisweilen große Differenzen zu den Hubraumangaben von Harley-Davidson bestehen, die wir rechnerisch nicht erklären können.

Organisationen, Verbände und Clubs

Harley Owners Group Offices

Harley Owners Group, USA & Kanada
3700 W. Juneau Ave.
Milwaukee, WI 53208, USA

Harley Owners Group, Kanada
830 Edgely Blvd.
Concord, ON L4K 4XI, Kanada

Harley Owners Group, Europa
Starkenburgstraße 12
64546 Mörfelden
Deutschland

Harley Owners Group, Japan
Isuzu Shiba Bldg. 4-2-3, Shiba
Minato-Ku, Tokyo 108,
Japan

Ladies of Harley (LOH)
Harley-Davidson Motor Co.
3700 Juneau Ave.
PO Box 453
Milwaukee, WI 53201
(Bestandteil der Harley Owners Group H.O.G. Unter den weltweit über 280.000 Mitgliedern befinden sich ungefähr 30.000 Frauen (Fahrerinnen und Beifahrerinnen). Die Mitgliedschaft erfolgt automatisch mit dem Erwerb einer neuen Harley.)

Die wichtigsten überregionalen Verbände und Clubs der USA

Harley Davidson ist die einzige Motorradfirma der USA – folglich sind alle großen (überregionalen) Verbände weitgehend Harley-orientiert.

Allgemein:

ABATE
American Bikers Aimed
Toward Education
(ABATE arbeitet für die Rechte der Motorradfahrer; lokale Bike Shops kennen die Adresse des nächstgelegenen Büros.)

American Motorcyclist Assn. (AMA)
33 Collegeview Rd.
PO Box 6114
Westerville, OH 43081-6114
(allgemeine Motorradfahrer-Vertretung und oberste Motorradsportbehörde)

Canadian Motorcycle Assn.
Box 448
Hamilton, ON L8L8C4
(Die kanadische Version der AMA)

Motorcycle Industry Council, Government Relations Officer
1235 Jefferson Davis Hwy.
Ste. 600
Arlington, VA 22202

Motorcycle Safety Foundation (MSF)
2 Jenner St.
Ste. 150
Irvine, CA 92718

Motorcycle Riders Foundation (MRF)
Wayne Curtin, National Director
PO Box 1808
Washington, DC 20013-1808
(Rechte für Motorradfahrer)

NCOM National Coalition of Motorcyclists
Pepper Massey
15910 Ventura Blvd.
Encino, Ca 91436
(Rechtshilfeorganisation)

National Handicap Motorcyclist Assn. (NHMA)
Bob Nevola
315 W. 21 St., #6F
New York, NY 10011
(Netzwerk für Fahrer mit körperlicher Behinderung)

Specialty Vehicle Institute of America
2 Jenner St.
Ste. 150
Irvine, CA 92718

Antique Motorcycle Club of America (AMCA)
PO Box 333
Sweetster, IN 46987
(Vertretung aller Veteranenverbände)

Blue Knights Law Enforcement M/C
38 Alden St.
Bangor, ME 04401
(Motorradfahrer-Vereinigung)

Christian Motorcyclists Assn. (CMA)
PO Box 9
Hatfield, AR 71945

Landesweite Frauen-Organisationen:

Motor Maids
601 N. McCall Rd.
Jan Barrett, President
Englewood, FL 34223
(Über 500 Mitglieder mit allen Motorrad-Marken)

Women in the Wind (WITW) Mother Chapter
PO Box 8392
Toledo, OH 43605
(Über 600 Mitglieder in 20 amerikanischen Staaten, vier kanadischen Provinzen, England und Neuseeland. Überwiegend Harleys, aber alle Marken willkommen.)

Women on Wheels (WOW)
PO Box 081454
Racine, WI 53408-1454
(Über 1.800 Mitglieder in 48 Staaten, fünf kanadischen Provinzen, England, Deutschland, Italien und Finnland)

Hardly Angels
Lynell Corbett
13492 County Rd. 250
Durango, CO 81301

Iron Angels
412 East Oak Lane
Front Royal, VA 22630

Leather & Lace
Lady Harley/Motorcycle Riders Assn.
Empire State Chapter
PO Box 2
Clintondale, NY 12515-0002
(Nur Harleys; acht Niederlassungen im Land)

Renn-Organisationen

Drag Racing:

All-Harley Drag Racing Assn.
Dane Miller, President
PO Box 1429
Elon College, NC 27244

AMA-Pro Star
Keith Kizer
PO Box 18039
Huntsville, AL 35804

American Motorcycle Racing Assn.
Richard Wegner, President
Box 50
Itasca, IL 60143
(Harleys)

East Coast Racing Assn.
Ben Petrovic, President
219 E. White Horse Pike
Galloway, Twp., NJ 08201

International Drag Bike Assn.
3936 Raceway Park Road
Mt. Olive, AL 35117

National Hot Rod Assn.
PO Box 5555
Glendora, CA 91740

Road Racing:

National American Superbike Series (NASB)
Pat Murphy
Western Eastern Racing Assn. (WERA)
PO Box 440549
Kennesaw, GA 30144

American Federation of Motorcyclists (AFM)
PO Box 5018-333
Newark, CA 94560

Vintage Racing:

American Historic Racing Motorcycle Assn. (AHRMA)
PO Box 882
Wausau, WI 54402-0882

Motorrad-Museen USA/Nordamerika

AD Farrow Co. Museum
Columbus, OH

American Classic Motorcycle Museum
Asheboro, NC

American Police Museum & Hall of Fame
Miami, FL

Armando Magri, Inc.
Sacramento, CA

Barber Vintage Motorsports Museum
Birmingham, AL

Bill's Custom Cycles
Bloomsburg, PA

Bud Etkins' Motorcycle Collection
North Hollywood, CA

Centennial Motorcycle Museum
Lyons, CO

Chicago Museum of Science & Industry
Chicago, IL

Crawford Auto Aviation Museum
Cleveland, OH

Custom Chrome's Harley Museum
Morgan Hill, CA

Dale's Harley-Davidson & Wheels Through Time Museum
Mount Vernon, IL

Daytona USA
Daytona Beach, FL

Deeley Classic & Antique Museum
Richmond, Canada

DomiRacer & Acessory Mart
Cincinnati, OH

Flat Track Motorcycle Museum
Clovis, CA

Harley-Davidson Café
New York, NY & Las Vegas/NV

Harley-Davidson Museum
York, PA

Harold Wart Pioneer Village Foundation
Minden, NB

Harrah's Automobile Collection
Reno, NV

Henry Ford Museum
Dearborn, MI

Indian Motorcycle Museum
Springfield, MA

Indianapolis Motor Speedway Museum
Indianapolis, IN

Klassix Auto Museum
Daytona Beach, FL

Molenaar Harley-Davidson
Hammond, IN

Motorcycle Heritage Museum
Westerville, OH

Motorcycle Museum
Winamac, IN

Motorsports Hall of Fame
Novi, MI

National Automobile Museum
Reno, NV

National Motorcycle Museum & Hall of Fame
Sturgis, SD

Newark Square Barber Shop
Newark, CA

Otis Chandler „Times Mirror"
Oxnard, CA

Owls Head Transportation Museum
Owls Head, ME

Peterson Automotive Museum
Los Angeles, CA

Royal Mountains Motorcycle Museum
Colorado Springs, CO

Rusty Kay & Associates
Santa Monica, CA

San Diego Hall of Champions
San Diego, CA

Smithsonian's National Museum of American History
Washington, DC

Southeast Harley-Davidson
Cleveland, OH

Sundays Only Cycle Museum
Hawthorne, FL

The American Motorcyle Museum
Pearland, TX

The Rocky Mountain Motorcycle Museum & Hall of Fame
Colorado Springs, CO

The Shop
Ventura, CA

Willi's Motorcycle World
Daytona Beach, FL

Filme, in denen auch Harleys eine Rolle spielen

Produktionsjahr	Originaltitel (deutscher Titel) (Erscheinungsjahr)	Land	Regie
1930	Hells Angels	USA	Howard Hughes
1953	The Wild One (Der Wilde) (1955)	USA	Laszlo Benedek
1957	Motorcycle Gang (Lederjacken rechnen ab) (1961)	USA	Edward L. Cahn
1958	Dragstrip Riot	UK	AIP
1965	The Leather Boys (Lederjungen) (1970)	UK	Sidney J. Furie
1963	Scorpio Rising	USA	Kenneth Anger
1965	Motorpsycho (Motorpsycho ... wie wilde Hengste) (1968)	USA	Russ Meyer
1966	The Wild Angels (Die wilden Engel) (1967)	USA	Roger Corman
1967	Born Losers (Engel der Hölle) (1967)	USA	T. C. Frank (= Tom Laughlin)
1967	The Wild Rebels (Die Engel des Satans) (1968)	USA	William Grefe
1967	The Girl on a Motorcycle (Nackt unter Leder) (1969)	UK/F	Jack Cardiff
1970	Rebel Rousers (Rebel Riders) (1977)	USA	Martin B. Cohen
1967	Devil's Angels (Rebellen in Lederjacken) (1968)	USA	Daniel Haller
1967	The Savage Seven (Die grausamen Sieben) (1968)	USA	Richard Rush
1967	Hell Angels on Wheels (Die wilden Schläger von San Francisco) (1968)	USA	Richard Rush
1967	Clambake (Nur nicht Millionär sein) (1987)	USA	Arthur H. Nadel
1967	The Glory Stompers (Die teuflischen Engel) (1968)	USA	Anthony M. Lanza
1968	Angels from Hell (1993)	USA	Bruce Kessler
1968	She Devils on Wheels	USA	Hershell G. Lewis
1969	Easy Rider (1969)	USA	Dennis Hopper
1969	Naked Angels (Nackt auf hartem Sattel) (1970)	USA	Bruce Clark
1969	Hells Angels 69 (Hells Angels 70) (1970)	USA	Lee Madden
1969	Run, Angel, Run (1971)	USA	Jack Starrett
1969	Satan's Sadist (Die Sadisten des Satans) (1970)	USA	Al Adamson
1969	Hell's Belles (Die wilden Schläger von Rockers Town) (1974)	USA	Maury Dexter
1970	Black Angels (... die sich selbst zerfleischen) (1972)	USA	Laurence Merrick
1970	C.C. and Company (C.C. und Company) (1971)	USA	Seymour Robbie
1970	Cycle Savages	USA	Bill Brame
1970	The Hard Ride (Hard Rider) (1973)	USA	Burt Topper
1970	The Losers (Verdammt, verkommen, verloren) (1971)	USA	Jack Starrett
1970	Gimme Shelter (1971)	USA	David u. Albert Maysles
1971	Angels hard as they come	USA	Joe Viola
1971	Peace Killers (Die auf heißen Öfen verrecken) (1971)	USA	Douglas Schwartz
1971	The Girls from Thunder Strip (Rasende Rocker vom Thunderstrip) (1972)	USA	David L. Hewitt
1971	Wild Riders/Angels for Kicks (1972)	USA	Richard Kanter
1972	The Dirt Gang (Gott sei den Bullen gnädig) (1973)	USA	Jerry Jameson
1972	Electra Glide in Blue (Harley-Davidson 344) (1973)	USA	James W. Guercio
1973	Trip with the Teacher (Duell bis zum Verrecken) (1975)	USA	Earl Barton
1973	Bury me Angel	USA	
1974	The Northville Cemetery Massacre (Das Northville-Massaker) (1977)	USA	William Dear, Thomas L. Dyke
1971	Angels Die Hard (Die Rocker von der Boston Street) (1976)	USA	Richard Compton
1974	The Bullfighters/Worse than Vultures (The Bullfighters – Das Todeslied der stählernen Ketten) (1975)	USA	Abel Salazar
1975	Death Riders	USA	James Wilson
1975	Uomini si nasce poliziotti si muore (Eiskalte Typen auf heißen Öfen) (1976)	I	Ruggero Deodato
1975	Il Tempo degli Assassini (Die wilde Meute) (1976)	I	Marcello Andrei
1976	Viva Knievel ! (Viva Knievel – Der Tod springt mit) (1977)	USA	Gordon Douglas
1976	Killer on Wheels (Die Wilden Engel von Hongkong) (1976)	Hongkong	Kuei Shi-Hung
1976	Smokey and the Bandit (Ein ausgekochtes Schlitzohr) (1978)	USA	Hal Needham
1977	The Gauntlet (Der Mann, der niemals aufgibt) (1978)	USA	Clint Eastwood
1979	Fast Charlie ... the Moonbeam Rider (Der rasende Charlie) (1987)	USA	Steve Carver
1978	Deathsport (Todesrallye in Helix-City) (1978)	USA	Henry Suso, Allan Arkush
1979	Brillantina Rock (Flotte Bienen auf heißen Maschinen) (1980)	I	Michele Massimo Tarantini
1979	Mil Caminos Tiene La Muerte (Mad Angels) (1980)	MEX	R. V. Kury
1978	Mad Max (1980)	AUS	George Miller
1980	The Cannonball Run (Auf dem Highway ist die Hölle los) (1981)	USA	Hal Needham
1980	Go Hog Wild (Hog Wild) (1981)	CAN	Les Rose
1980	Stingray II (Mad Foxes – Feuer auf Rädern) (1981)	E/CH	Paul Graun
1980	Spetters (Spetters – knallhart und romantisch) (1980)	NL	Paul Verhoeven
1981	Mad Max II (Mad Max II – Der Vollstrecker) (1982)	AUS	George Miller
1981	The Loveless (Die Lieblosen) (1984)	USA	Kathryn Bigelow, Monty Montgomery
1983	Rumble Fish (Rumblefish) (1984)	USA	Francis Ford Coppola
1983	Streets of Fire (Straßen in Flammen) (1984)	USA	Walter Hill
1987	Hells Angels forever	USA	
1990	Stone Cold (Stone Cold – Kalt wie Stein) (1991)	USA	Craig R. Baxley
1991	Chopper Chicks in Zombietown	USA	
1991	Born to Ride (1992)	USA	Graham Baker
1973	Werewolves on Wheels/Lost Exorzist (Blutnacht des Teufels) (1974)	USA	Michel Levesque
1990	Harley-Davidson & The Marlborough-Man (1991)	USA	Simon Wincer
1984	Mask (Die Maske) (1985)	USA	Peter Bogdanovich
1990	The Terminator 2 – Judgement Day (Terminator 2 – Tag der Abrechnung) (1991)	USA	James Cameron
1989	Wild Orchid (Wilde Orchidee) (1990)	USA	Zalman King
1991	Wild Orchid 2 – Blue movie blue (Wilde Orchidee 2) (1992)	USA	Zalman King
1992	Wild Orchid 3 – The Red Shoe diary (Wilde Orchidee 3) (1993)	USA	Zalman King
1979	1941 (1941 – wo bitte geht's nach Hollywood?) (1980)	USA	Steven Spielberg
1981	Rocky III (Das Auge des Tigers) (1982)	USA	Silvester Stallone
1957	Motorcycle Gang (Lederjacken rechnen ab) (1961)	USA	Edward L. Cahn
1970	Free Grass (Die Henker des Teufels) (1972)	USA	Bill Brame
1969	Angel unchained (Engel ohne Ketten) (1994)	USA	Lea Madden
1968	Beyond the Law (Jenseits des Gesetzes) (1969)	USA	Norman Mailer
1980	Knightriders (Knightriders – Ritter auf heißen Öfen) (1981)	USA	George A. Romero
1974	Stone (1981)	Australien	Sandy Harbutt
1983	Atlantic Interceptors (Atlantis Inferno) (1983)	Italien	Ruggero Deodato
1992	Fixing the Shadow (Made of Steel – Hart wie Stahl) (1993)	USA	Larry Ferguson
1993	Pulp Fiction (1994)	USA	Quentin Tarantino
1992	Chrome Soldiers (1992)	USA	Thomas J. Wright
1991	Rescue Me (Street Hunter – eine gnadenlose Jagd) (1992)	USA	Arthur Allan Seidelman
1993	The Crow (The Crow – Die Krähe) (1994)	USA	Alex Proyas
1991	JFK (John F. Kennedy – Tatort Dallas) (1992)	USA	Oliver Stone
1992	Twin Peaks – Fire walks with me (Twin Peaks – Der Film) (1992)	USA	David Lynch
1976	I due superpiedi quasi piatti (Zwei außer Rand und Band) (1977)	Italien	Enzo Barboni Clucher
1975	L'Ambizioso (Harley Riders – Sie kannten kein Erbarmen) (1979)	Italien	Pasquale Squitieri
1993	A Bronx Tale (In den Straßen der Bronx) (1994)	USA	Robert DeNiro

Verzeichnis der im Buch häufig verwendeten Abkürzungen

AACME	Arizona Antique Classic Motorcycle Enthusiasts
ABATE	A Brotherhood Against Totalitarian Enactments
	American Biker Aimed Toward Education
ADBA	American Drag Bike Association
AHD	All Harley Drags
AHDRA	All Harley Drag Racing Association
AHRMA	American Historic Racing Motorcycle Association
AIP	American International Pictures
AIW	Allied Industrial Workers
AL	Alabama
AMA	American Motorcycle Association
AMC/AMCA	Antique Motorcycle Club of America
AMDRA	American Motorcycle Drag Racing Association
AMEN	American Motorcycle Engineering
AMF	American Machine & Foundry Company
AMMA	American Motorcycle Manufactorer Association
AMRA	American Motorcycle Racing Association
A.N.U.S.	American National Unimotorcyclist Society
AR	Arkansas
ARROW	Associated Rodeo
AZ	Arizona
BCCOM	British Columbia Coalition of Motorcyclists
BMT	Berliner Motorradtage
BoT	Battle of Twins
BOTT	Battle of the Twins
CA	Kalifornien
CAD	Computer Aided Design
CEO	Chief Executive Officer
CHP	California Highway Patrol
CI	Corporate Identity
CMA	Christian Motorcycle Association
C.M.F.	Christian Motorcycle Fellowship
CO	Colorado
COD	Cash on Delivery
CQCP	Contractor Quality Certification Program
CR	Competition Racing
CVMG	Canadian Vintage Motorcycle Group
CVRG	California Vintage Racing Group
DAC	Harley-Davidson Dealers Advisory Council
DC	District of Columbia
DOT	Department of Transportation
DRAG	Drag-Racing Association Germany
DRAS	Dragster Association Switzerland
ECM	Electronic Control Modul
EFI	Electronic Fuel Injection
EI	Employee Involvement
EMF	Eagle Mark Financial Service
EPA	Federal Environmental Protection Agency
ESPFI	Electronic Sequential Port Fuel Injection
FAM	Federation of American Motorcyclists
FHDDC	Harley-Davidson Dresser Club
FHP	Federal Highway Patrol
FICM	Fédération Internationale de Compétition Motocyclette
FIM	Fédération Internationale Motocyclette
FL	Florida
GA	Georgia
HARA	Hanau Auto Racing Association
HDRA	Harley Drag Race Association
H.O.G.	Harley Owners Group
Hwy	Highway
IAM	Machinist and Aerospace Workers
ID	Identification
IDBA	International Drag Bike Association
IDDF	Interessengemeinschaft Deutscher Dragster Fahrer
IFMA	Internationale Fahrrad- und Motorradausstellung
IHRA	International Hot Rod Association
IL	Illinois
IN	Indiana
IOE	Inlet Over Exhaust (Wechselsteuerung)
ITC	International Trade Commission
JAP	J. A. Prestwich
JIT	Just in Time
LAPD	Los Angeles Police Department
LBO	Leveraged Buy Out
LOH	Ladies of Harley
LSR	Land Speed Record
M&ATA	Motorcycle & Allied Trades Association
M&I	Milwaukee Marshall & Ilsey Bank
MA	Motorcycle Association
MA	Massachusetts
MAN	Material as Needed
MC	Motorcycle Clubs
MDA	Muscular Distrophy Association
ME	Maine
MI	Michigan
MIA	Missing in Action
MMI	Motorcycle Mechanics Institute
MS	Mississippi
MSF	Motorcycle Safety Foundation
NB	New Brunswick
NC	North Carolina
NAST	National Association of Super-Twins
NHRA	National Hod Rod Association
NHV	Noise, Vibrations & Harshness
NJ	New Jersey
NMRA	National Motorcycle Racing Association
NV	Nevada
NY	New York
NYCPD	New York City Police Department
NYSE	New York Stock Exchange
OH	Ohio
OHC	Overhead Camshaft
ON	Ontario
PA	Pennsylvania
PD	Police Department
PDC	Product Development Center
POW	Prisoner of War
PR	Public Relation
RFD	Rural Free Delivery
RSWR	Retail Sale & Warranty Registration
RV	Recreational Vehicles
SCTA	Southern California Timing Association
SD	South Dakota
SEMA	Specialty Equipment Market Association
SOC	Statistical Operator Control
SP	Shore Patrol
S&S	Smith & Smith
StVZO	Straßenverkehrszulasssungsordnung
TX	Texas
USFRA	Utah Salt Flats Racing Association
USMC	Headquarters der Marine Corps
VA	Virginia
V.D.T.R.A.	Vintage Dirt Track Racer Association
VIP	Very Important Person
VMCC	Vintage Motor Cycle Club of Great Britain
VROOM	Vintage Racers OF Old Motorcycles
WCTF	World Children's Transplant Fund
WI	Wisconsin

Register

Seitenzahlen, die auf Bildlegenden verweisen, sind kursiv gesetzt, solche, die auf ausführliche Textpassagen oder technische Tabellen Bezug nehmen, erscheinen fett gedruckt. Bezüglich der verwendeten Abkürzungen achten Sie bitte auf das obenstehende Abkürzungsverzeichnis.

Bildnachweis

Der Verlag hat sich bis Produktionsschluß intensiv bemüht, alle Inhaber von Abbildungsrechten ausfindig zu machen. Personen und Institutionen, die möglicherweise nicht erreicht wurden und Rechte an verwendeten Abbildungen beanspruchen, werden gebeten, sich nachträglich mit dem Verlag in Verbindung zu setzen.

Die überwiegende Zahl der Abbildungen, die hier nicht im einzelnen nachgewiesen werden, sind Neuaufnahmen des Fotografen Dieter Rebmann, Filderstadt.

Legende: l.=links; r.=rechts; M.=Mitte; o.=oben; u.=unten; v.l.=von links; v.r.=von rechts; v.o.=von oben; v.u.=von unten; Sp.=Spalte; R.=Reihe;

ACME, New York, USA: 60 o.r.; 607 u.r.;
AMA-Archives, Columbus, Ohio, USA: 420 o.l., u.M.; 421 o.;
AP Photo/SETNEG, Beck Tohir, RI: 432 M.l.u.;
Archiv Barnett Harley-Davidson, El Paso, Texas, USA: 311 o.r., M.r.;
Archiv Bob Dron, Oakland, USA: 308 u.r.;
Archiv Bruce Chubbuck, Los Angeles, Kalifornien, USA: 287 u.M.; 290 o.r.; 438 u.;
Archiv HD Brunswick, New York, USA: 313 o.;
Archiv Farrows Harley-Davidson, Columbus, Ohio, USA: 356 o.; 357 o.;
Archiv Hutchins Harley-Davidson, Yucca Valley, Kalifornien, USA: 312 4.R.r.;
Archiv Oluf Fritz Zierl, Stuttgart, D: 20 o.l.; 27 o.r.; 43 u.r.; 46 M.l.; 69 o.l., u.r.; 70 o.r., u.r.; 74 o.r.; 87 o.r;. 89 o.l.; 115 u.r.; 132; 133 u.r.; 141 o.l.; 150 u.l., u.r.; 151 o.l., o.r., M.l.; 152 o.; 153 u.l.; 154; 155 u.; 157 o.l.; 161 o.l.; 165 3.R.r.; 181 u.r.; 185 3.R.l.; 187 u.r.; 193 M.l., M.r.; 202 l.; 204 o.l.; 209 u.r.; 211; 224 u.; 230 u.r.; 231 l.; 239; 258 u.l.; 265 u.r.; 274 M.M.; 283 o., u.l.; 284 o.l.; 290 u.r.; 303 u.; 304 (außer o.l.); 305; 310 2.R.r.; 313 M.r.; 318 u.r.; 343 o.r.; 369 l.; 370 o.l.; 382 o.r., u.l.; 383 o.l., u.r.; 385 o.r.; 390 u.l.; 391 o.r., u.r.; 394 u.M.; 398; 402 o.; 403 o.; 404 o.l.; 407 M.r.o., u.M.; 408/409; 410; 411; 412 o.l., o.2.v.l., o.3.v.l., M.M., M.r., u.l., u.r.; 413 o.l., o.M., o.r., M.l., M.3.v.l., M.r., u.l. u.M.; 414 o.l.; 421 u.l.; 422 u.l.; 424, u.l., r.; 425 o.l., 2.R.2.v.l., 2.R.4.v.l.; 428 o.l.; 429 o.r.; 440 o.l., M.l.; 445 o.; 446; 447; 449 o.l., o.r., r.2.v.o., r.3.v.o., u.M., u.r.; 452 o.r.; 453 o.r.; 455 o.l.; 456; 457; 458 o.r., M.r., u.l.; 459 u.l.; 462 M.l., u.r.; 463 M.M.; 464 l., r.M.; 465 (außer o.r.); 466 o.; 467; 470/471; 474/475; 476; 477; 486 u.l.; 496; 497; 500 u.; 502 o.l., u.r.; 503 o.2.v.l.; 506; 508; 510 o.; 511; 512; 513; 515; 516; 517; 518; 519; 520 o., u.l.; 521 M.M., u.r.; 522 o.l., u.l., u.r.; 529 r.M., u.l.; 530; 533; 534 u.l., u.r.; 545; 550 o.r., M.r.; 551; 553; 555; 557; 564; 572 o.r., o.l., u.l.; 573; 574 u.l., u.r.; 575; 577 o.l., o.r.; 578 o.; 579 o.; 580; 581 M.r.; 582; 583; 588 o.l.; 589 u.; 591 o.l., o.r.; 592; 593; 594 o.; 595; 599 o.l., o.r.; 600; 601; 602; 603; 604; 605; 610 u.l.; 618; 619; 620 u.l.; 621; 622; 625 1.R.l., 1.R.2.v.l., 2.R.l., 3.R.l.; 628 u.M.; 632 o.l., M.M., u.M.; 633 o., u.l.; 634 M.l.; 635 M.r.; 638 1.R.l., 3.R.2.v.l., 3.R.r., 4.R.2.v.l.; 639 2.R.M., 3.R.M., 5.R.l.; 640 o.r., u.; 641; 642 o.; 653 o.r.; 655;
Archiv Perkins, San Francisco, Kalifornien, USA: 306 o.r., u.l., u.M.; 337 o.r.;
Bildarchiv Engelmeier, München, D: 650 o.l., o.r.;
Bloomfield, Roger, Columbus, Ohio, USA: 492; 493 o.M., M.r.;
Bruère, François, Le Mans, F: 355 M.r.; 385 o.l.; 424 o.l.; 552; 570; 571; 579 u.r.;
Colburn, Peter, Mobile, Alabama, USA: 253 u.;
Collection Maz Harris „Heavy Duty", London, GB: 441 M.l., u.; 442;443; 444 o.l.;
Collections of the Dept. of Archives and Special Collections, Golda Meir Library, University of Wisconsin, Milwaukee, Wisconsin, USA: 16 o.r.;
Craig, Bruce, Phillipsburg, USA: 327 o., u.r.; 330; 336 u.r.; 337 u.r.; 340 u.l.; 341 o.r.; 361;
Deutsches Institut für Filmkunde, Frankfurt/M., D: 73 o.;
Easyriders, Paisano Publications, Agoura Hills, Kalifornien, USA: 631 M.r.; 632 o.r., u.r.; 633 u.r.;
Eger, Suzy, Los Angeles, Kalifornien, USA: 440 M.r., u.l.;
Gall, Petra, Berlin, D: 165 4.R.l.; 459 o.r., u.M.; 463 u.r.; 574 o.l.; 623;
Hansen, Michael, Bürstadt, D: 634 2.R.M.;
Harley-Davidson/Archiv Wiesner, Schmerwitz, D: 22 u.; 51 u.l.; 63 o., u.r.; 68 o.r.; 69 o.r.; 74 o.l.; 77 o.r.; 79 o.M.; 84 o.l.; 87 o.l.; 92 3.v.l., 4.v.l.; 98 o., u.l.; 99 o.; 100 l.; 101 o.l., o.r.; 102 o.r.; 105 M.r.; 114 o.; 110 M.l.; 134/135 M.;141 M.l;. 149 u.r;.151 u.r;. 163 o.l., o.r., l.2.v.o., u.r;. 167 2.R.r;. 171; 172 l.; 173 o.r.; 180 u.l.; 182 u.r.; 200 o.r.; 202 r.; 219 3.R.r;. 259 o.l., o.M., l.M., u.l.; 276 o.l.; 278 M.l., u.M.; 280 o.; 284 M.r.; 286 o.r.; 287 o.r.; 302 u.; 328 u.l.; 331 o.r.; 336 u.l;. 345 u.M.; 346 M.r.; 347 M.r., u.l.; 348; 415 M.l., M.r.; 609 o.l.; 613 u.; 648;
Harley-Davidson Motor Company, Milwaukee, Wisconsin, USA: 12/13; 16 u.l.; 18/19; 20 o.r.; 25 o.; 26 u.l.; 37 u.l.; 38 u.l.; 40 u.r., u.l., o.r.; 41; 43 o.l.; 50 o.l., o.r.;. 51 o.l., o.2.v.l., o.3.v.l.; 52 M.l.; 54 o.l.; 57 o.l.; 59 o.; 67 o., u.r.; 74 M.l.; 75 o., M.l., u.r.; 76 o.l., o.r.; 77 o.l.; 79 o.r.; 80 o.l.; 81 u.l.; 84 u.l., u.r.; 90 M.2.v.o., M.3.v.o., M.u. (Foto: Barnett); 91 u.l.; 93 l.; 99 u.r.; 100 u.r.; 126 u.; 127 u.l.; 131 o.r.; 133 o.; 153 o.r,. u.r.; 157 o.r.; 165 4.R.r.; 168 u.; 173 2.R.r., 3.R.l., 3.R.r., u.r.; 180 r.; 181 o.r.; 189 o.l.; 190 o.r.; 191 u.; 195 o.r., M.; 196 u.1.v.l., u.2.v.l., u.3.v.l. u.r.; 197 o.l., l.2.v.o., l.3.v.o., l.4.v.o., u.l.; 198 u.l., u.2.v.l., u.3.v.l., u.r.; 199 u.l., u.M., u.r.; 202; 206 M., u.; 207 o.l., M., u.r.; 209 o.l., o.r.; 210; 217 o., u.r.; 219 1.R.l., 2.R.l.; 221 1.R.l.,1.R.r., 2.R.r., 3.R.r., 4.R.l., 4.R.r.; 222 u.l., u.r.; 229; 232 r.; 236 u.; 237 o.l.; 246 o.; 248 o.l.; 249 u.l.; 250 o.l.; 255; 257 o.l., l.2.v.o.; 258 r.; 259 u.r.; 265 o.l.; 268 (außer 1.Sp. 3.v.o., 4.v.o.); 269 (außer 2.Sp.o., 3.v.o.); 275 l.M.; 285 u.M.; 286 u.l.; 289; 297 u.r.; 306 o.l.; 326; 327 u.l.; 329 o.r., u.; 331 u.; 336 o.l.; 340 u.r.; 347 o.r.; 372; 376; 377; 378; 379; 380 u.l., u.r.; 414 u.l.; 415 o.r.; 416 u.l.; 420 M.l.; 430 u.M.; 432 o.r., M.l.o.; 436 o.; 534 o.l.; 609 o.r.; 610; 613 o.r.; 614; 615; 616; 617 o.l.; 642, u.r.; 656 o., M.l., M.r.; 657;
Harley-Davidson Club Polen, PL: 463 u.M.;
Harley-Davidson Corfu, GR: 504 u.;
Harley-Davidson São Paulo, BR: 320 u.r.;
Harley-Davidson Sweden, Stockholm, S: 462 o.r.;
Harley-Davidson Toronto, CDN: 319 o.l., o.r.;
HCM, Horst Rösler, Hofheim, D: 30 u.l.; 233 u.r.; 318 o.l., M.l., u.M.; 319 l.3.v.o.; 422 o.; 488 u.; 489; 514 u.l.; 521 o.; 522/523; 524; 537 u.l.; 538 o.r., M.l.; 539 M.l.; 540; 541; 542 o.M., u.l.; 543 o., u.r.; 544 o.; 554 o.; 558; 559 u.l.; 562 M.l.; 566; 588 o.r.; 590; 591 u.r.; 594 u.; 598; 607 o., M.r.; 634 o.;
Hermann, Frank, Köngen, D: 463 M.l., u.l.; 574 o.r.;
Jacobson, Scott, Boulder, USA: 630 o.l., M.l.;
Johansson, Christer „Sheriff", Lamhult, S: 283 u.M.; 430 u.M.o.; 531 u.r.; 532; 548 o.l.;
Kaplan, Jan, Prag, CZ: 320 o.l.;
Könemann Verlagsgesellschaft mbH, Köln, D: 135 l.;
Kruit, Gig, Haarlem, NL: 462 o.r.;
Küng, Toni, Herisau, CH: 316 o.l.;
Lila Publishing, München, D: 87 M.r.; 253 o.; 254 u.l., u.r.; 257 o.r., u.; 261 o., u.l., u.r.; 358 u.r.;
Mattel, Dreieich, D: 425 2.R.3.v.l.;
Mattes, Herman, Donzdorf, D: 458 o.l.;
Michl, Ernst, Hot Springs, USA: 191 o., M.;
Milwaukee County Historical Society, Milwaukee, Wisconsin, USA: 15 u.r.; 18/19; 21 u.; 29 o.r.; 30 o.; 34 o.l., u.; 38 o.l., u.r.; 39 M.r., u.r.; 97 u.r.; 114 u.r.; 169; 291 o.l.; 294 u.r.; 297 o.; 414 M.; 415 u.l.; 416 r.; 427 o.;
MO-Archiv, Stuttgart, D: 103 o.l.; 106 u.r.; 206 o.l.; 217 u.l.; 231 o.r., M.r., u.r.; 236 o.r.; 240 u.; 241 o.M., u.; 242 u.; 243; 245; 246 M., u.l., u.r.; 247 u.l., u.r.; 249 u.r.; 250 o.r., u.l., u.r.; 253 u.l., u.r.; 261 M.l.; 265 o.r.; 277 o.l.; 285 r.M.; 320 o.r;. 358 o.l.; 368 o.l.; 412 o. 4.v.l.;
Next World Design Inc., Columbus, Ohio, USA: 550 o.l.;
Peterson, Barney, San Francisco Chronicle, San Francisco, Kalifornien, USA: 65 o.r.;
Peterson – Harley-Davidson Key West, Key West, Florida, USA: 304 o.l.;
Pfouts, Chris, Columbus, Ohio, USA: 17 o.; 31 u.l.; 32 o.l.; 35 l.; 39 o.r.; 44 o.r.; 45 o.r., M.l., M.r., u.r.; 56 o.r.; 130 o.; 131 u.r.; 278 u.r.; 287 M.r.; 288 o.l.; 295 o.l.; 296 o.; 298 M.l.; 299 o., u.l.; 328 o.l.; 332 u.l.; 337 o.l.; 349 o.r.; 373 u.r.; 413 u.r.; 431 u.l.; 437; 448 o.r.; 452 o.l.; 453 o.l.; 455 r.M., u.r.; 493 o.l.; 507 u.r.; 578 M.l.; 579 o.l.; 624 1.R.3.v.l., 5.R.2.v.l.; 625 4.R.r.;
Quantity Postcards, San Francisco, Kalifornien, USA: 291 o.r.;
RA Howard Photog., Lebanon, Pennsylvania, USA: 313 u.M.;
Rebmann, Jutta, Raunheim, D: 290 o.l.; 321 M.M., u.r.;
Robertson, Robbie, Ocean Springs, Mississippi, USA: 249 o.l.;
Robison, Daytona, USA: 310 4.R.M.; 355 o.M.; 423 o.r.;
Rosenthal, Andrew, New York, USA: 360 u.;
Rudolph, Gerhard, Ingelheim, D: 228;
Sammlung Arthur Spanjar, Stoughton, Wisconsin, USA: 332 o.l., o.r.; 333;
Sammlung Fritz Simmerlein, Nürnberg, D: 17 M.l., M.2.v.l., M.3.v.l., M.r.; 26 u.l.; 37 o.r., M.r., u.l.; 40 u.r., u.l., o.r.; 43 o.l.; 44 o.l.; 46 o.r., u.l., u.r.; 48 o.l., u.l.; 49 u.l., r.; 50 M.l., M.M.l., u.; 51 o.r.; 44 o.r.; 52 u.l.; 54 o.r.; 56 o.l.; 57 o.r.; 58 o.r.; 59 u.r.; 60 u.r.; 62 o.r,. l.1.v.o., l.2.v.o., l.3.v.o., l.4.v.o., l.u.; 64 o.l., u.; 66 o.; 61 o., u.r.; 68 o.l., M.l., u.l.; 70 o.l., u.l.; 72 u.l.; 73 u.r.; 75 M.l., u.r.; 76 o.r.; 77 o.l.; 78 o.; 81 o.r.; 84 u.l., u.r.; 92 l., 2.v.l., r.; 93 2.v.l., 3.v.l., 4.v.l.; 97 o.; 128 o.; 131 M.l.; 133 u.l.; 134 u.l.; 141 o.l., M.r., u.l.; 145 o.l.; 147 o.l.; 152 u.r.; 153 o.l., o.r., u.r.; 155 o.r.; 156 o.; 157 o.r., u.M.; 173 2.R.l.; 178 o.r.; 179 o.l., M.l., M.r., u.l.; 187 o.r.; 190 o.r.; 197 o.M.; 200 u.r.; 219 2.R.l., 3.R.l.; 274 o.l.; 278 o.; 286 u.l.; 289; 291 M.M.; 294 M.l.; 295 M.r.; 296 u.l.; 298 o.l., o.r., M.M., u.; 299 M.r.; 300/301; 306 o.l.; 321 o.r.; 328 u.r.; 329 o.r.; 336 o.l.; 340 o.l.; 343 o.r.; 346 o.l.; 347 o.r.; 355 u.M.; 372; 376; 377; 378;379; 414 u.l.; 415 o.r.; 416 u.l.; 420 M.l.; 430 u.M.u.; 433 M.l.; 439; 441 o.r.;
Sammlung John W. Parham, Anamosa, Iowa, USA: 287 o.l.;
Sammlung Reinhold Paukner, Berndshofen, D: 87 u.r.; 277 M.r.;
Schetelat, François, F: 584/585;
Schelhorn, Lutz, Stuttgart, D: 450 o.;
Shokouh, Oliver, Glendale, Kalifornien, USA: 431 o.;
Stein, Horst, Stuttgart, D: 396/397 (Hintergrundfoto); 430 o.l.;
Suck, Ewald, Hamburg, D: 150 o.; 272/273; 334 o.l.; 346 u.l.; 416 o.l., M.l.; 428 o.r.; 460/461; 617 o.r., u.l., u.r.;
Sygma, Paris, F: 307 M.l. (Foto: Ron Galella), u.l., u.M. (Foto: Frank Trapper) 387 o.r.; 425 u.l., u.r.; 431 u.r.; 432 M.M. (Foto: O'Neill), M.r. (Foto: Frank Trapper); 433 o.l., M.M. (Foto: Frank Trapper), o.M., M.r.u. (Foto: Ron Galella), M.r.o. (Foto: Visser), u.r. (Foto: Montfort); 539 u.r. (Foto: Campion); 649 o.l.;
The World's Motorcycles News Agency, Ludlow, GB: 224 o.r.;
Time Life Magazine, New York, USA: 65 u.r.;
TY Culture Production, Oerny Lunke, Stuttgart, D: 502 o.3.v.l., u.2.v.l.; 596/97; 656 u.l., u.M., u.r.;
U.S. Army/Navy Archive, Washington D.C., USA: 400 u.l.;
U.S. Naval Historical Center Photograph, Washington D.C., USA: 56 o.l.; 60 o.l.;
Walksler, Dale, Mt Vernon, Illinois, USA: 321 o.;
Warr, F.H., London, GB: 30 u.l.

Danksagung

Unser Dank gilt zunächst der gesamten Firma Harley-Davidson und ihrem internationalen Management, das diesem Projekt stets aufgeschlossen, hilfreich und mit wohlwollendem Interesse gegenüberstand. Allen voran Dr. Martin Jack Rosenblum, der uns mit seiner zupackenden und unkomplizierten Art viele Wege geebnet hat und mit seinem fundierten Wissen wertvolle Hinweise gab. Darüber hinaus möchten wir in diesem Zusammenhang folgende Namen nennen:
Angelika Adolph, Jeffrey L. Bleustein, Tom Bolfert, Erik Buell, Bill Davidson, Willie G. Davidson, Susan Farris, Clyde Fessler, Jürgen Geist, Timothy K. Hoelter, Caren Jacobsen, Bernd Gneithing, Manfred Kozlowsky, Steven Piehl, Anne Marie Paluso, Leslie Prevish, Ray Schlee, Oliver Schmitt, Estelle Siebenborn, Richard Teerlink, Earl K. Werner, Klaus Zobel, die wir oft genug mit endlosen Fragen belästigt haben und die stets bemüht waren, uns Auskünfte zu geben.

Für die Mitarbeit an speziellen Fachgebieten danken wir sehr herzlich den Autoren:
Tobias Aichele, Reinhold Paukner und dem Team HD-Berndshofen, Chris Pfouts, Horst Rösler, Lutz Schelhorn, Franz Josef Schermer, Fritz Simmerlein, Michael Weber, Christel Wiesner.

Die selbstlose Unterstützung einer Gruppe von Helfern, ohne die dieses Buch wohl nicht zustande gekommen wäre, rechnen wir hoch an. Wir nennen sie hier in formloser alphabetischer Reihenfolge, wobei nicht zuletzt persönliche Freundschaften oder langjährige Bekanntschaften eine wichtige Rolle spielten:
Bill Bartels, Glenn Bator, Dr. Hans Dieter „Doc" Baumann, Martin Bischoff, Jürgen Bohle, François Bruère, Otis Chandler, Bruce Chubbuck, CPO Cycle Products, Django (HA), Bob Dron, Egbert Eschenbacher, Farrows HD, Axel Fey, Frisco Cycle Parts, Ken Garrison, Thomas Gärtner, Fritz Hahn, Maz Harris, Günther Hepp, Frank Hermann, Pearl Hoel, Christian „The Sheriff" Johannson, Mark Jonas, Akihiro Katô, Patrick T. Keane, Christian Kleinert, Oerny B. R. Lunke, Willi Marewski, Arlen Ness, John W. Parham, Perkins HD, Fred Pistor/HD Stuttgart, Gaby Rebmann, Patrick Regis, Oliver Shokouh/HD Glendale, Arthur Spanjar, Horst Stein, Ewald Suck, Gene Thomason, Kazuyoshi „Janta" Ueda, Dale Walksler.

Ein weiterer Dank gilt den Herausgebern und Redakteuren von Zeitschriften und Magazinen, die uns in kollegialer Freundschaft mit Rat und Tat und oft einmaligem Bildmaterial unter die Arme gegriffen haben:
Bikers News/Huberverlag, Easyriders, Heavy Duty Magazine, High Performance, MO-Verlag, Reise Motorrad/LILA Publishing, Thundercycles/HCM-Verlag und Vibes-Magazine.

An den Hells Angels MC, die Milwaukee County Historical Society und den Bahia Shrine Temple geht ein besonderes Dankeschön.

Außerdem möchten wir die Leistung derjenigen Helfer anerkennen, die mit Detailkenntnissen und Insider-Informationen unsere Arbeit stets freundlich unterstützten:
James Belland, Uli Bänsch, Thomas „Turtle" Boren, Woody Carson, John „Speed" Finlay, Horst Gall, Petra Gall, Erhard Gärtner, Eugene Guizzeti, Michael Hansen, Horst Heiler, William Huykman, Prof. Dr. Helmut Krackowizer, Lixi Laufer, Hermann Mattes, Marion und Michl Mayr, Michael Mosthaf, A. Müller, Gilbert „El Jefe" Ochoa, Kurt Rappold, Jürgen und Eva Ritter, Hardy Schneider, Karl „Big Daddy Rat" Smith, Bernd Tesch, Gig Kruit, Donald Van Dusen.

Und nicht zuletzt möchten wir uns bei all den Harley-Davidson-Dealern in aller Welt bedanken, die uns aufgrund unseres Anschreibens Bild- und Textmaterial zusandten.

Der Verlag dankt darüber hinaus für die Unterstützung bei der Fertigstellung des Buches:
Thomas Wiltsch für redaktionelle Hinweise, Sabine Vonderstein, Chris Lederer für Unterstützung beim Layout sowie Miriam Rodriguez Startz, Claudia Hammer, Anna Grubba und Michael Sellen.

2W8562